༄། །རྗེ་བཙུན་བླ་མ་དམ་པ་གུང་ཐང་འཇམ་པའི་དབྱངས་དཀོན་མཆོག་བསྟན་པའི་སྒྲོན་མེ་དཔལ་བཟང་པོའི་གསུང་འབུམ་བཞུགས་སོ།།

ང

མི་རིགས་དཔེ་སྐྲུན་ཁང་།

图书在版编目(CIP)数据

贡唐·丹贝仲美文集.第11卷/贡唐·丹贝仲美著.
—北京:民族出版社,2005.12(2013.6重印)
ISBN 978-7-105-07464-8

Ⅰ.贡…　Ⅱ.贡…　Ⅲ.贡唐·丹贝仲美—文集
—藏语　Ⅳ.B946.6-53

中国版本图书馆CIP数据核字(2005)第158416号

策划编辑:才让加
责任编辑:当增扎西　索南黄加
出版发行:民族出版社
地　　址:北京市和平里北街14号
邮　　编:100013
网　　址:http://www.e56.com.cn
印　　刷:三河市华东印刷有限公司
经　　销:各地新华书店
版　　次:2006年1月第1版
印　　次:2013年6月北京第2次印刷
开　　本:850毫米×1168毫米　1/32
印　　数:2001-5000册
印　　张:16.375
定　　价:43.00元(全套11卷,定价488.00元)
ISBN　978-7-105-07464-8/B·316

ཀུང་ཐང་བསྟན་པའི་སྒྲོན་མེའི་གསུང་འབུམ་གྱི་རྩོམ་སྒྲིག་ཚོགས་པ།

བློ་འདྲི་ས།	བསེ་ཚང་བློ་བཟང་དཔལ་ལྡན།
	དོར་ཞི་གདོང་དྲུག་སྣེམས་བློ།
	གླིང་རྒྱ་བསྟན་འཛིན་རྒྱ་མཚོ།
	ཀུང་ཐང་ཐུབ་བསྟན།
	བསོད་ནམས་རྒྱ་མཚོ།
གཙོ་སྒྲིག་པ།	དོན་འགྲུབ་རྡོ་རྗེ།
གཙོ་སྒྲིག་པ་གཞོན་པ།	འཇམ་དགའ།
སྒྲི་ཁྲབ་རྩུས་འདོམས་པ།	ཚ་ལག་ཚེ་རིང་རྒྱལ།
རྩོམ་སྒྲིག་ཚོགས་པ།	ཧ་རྗེ། ཕུར་ཕོ། མགོན་པོ་དར་རྒྱས། ཧ་མགྲིན་རྡོ་རྗེ།
	འཕྲིན་ལས་རྒྱལ་མཚན། བན་དེ་མཁར།
	ཉིང་འཛིན་བཀྲ་ཤིས།
ལག་བསྒྱར་རྩོམ་སྒྲིག་པ།	འབྲུག་མོ་སྐྱིད། བསོད་ནམས་དབང་རྒྱལ།

དཔེ་སྐྲུན་གསལ་བཤད།

དེ་ཡང་གུང་ཐང་བསྟན་པའི་སྒྲོན་མེའམ་མཚན་ཡོངས་གུང་ཐང་དཀོན་མཆོག་བསྟན་པའི་སྒྲོན་མེ་དབང་ཕྱུག་སྡེར་འབོད་པའི་དམ་པ་དེ་ཉིད་རབ་བྱུང་བཅུ་གསུམ་པའི་ཆུ་ཕོ་རྟ་ལོ་སྟེ་སྤྱི་ལོ1762ལོར་མདོ་སྨད་ཤར་སྐྱོའི་མཛོད་དགེའི་སྨད་ཀྱི་ཡུལ་དུ་ཡབ་ཐེ་བོ་ལྷགས་པོ་བྱམས་པ་དང་། ཡུམ་བོ་ཆོག་གཉིས་ཀྱི་སྲས་སུ་སྐུ་འཁྲུངས། ཁོང་དགུང་ལོ་བདུན་པར་ཕེབས་དུས་ཀུན་མཁྱེན་འཇིགས་མེད་དབང་པོས་ཁྲི་ཆེན་དགེ་འདུན་ཕུན་ཚོགས་ཀྱི་ཡང་སྲིད་དུ་ངོས་འཛིན་མཛད་དེ་བླ་བྲང་བཀྲ་ཤིས་འཁྱིལ་དུ་གདན་དྲངས། ཁོང་གིས་ཀུན་མཁྱེན་འཇིགས་མེད་དབང་པོའི་དྲུང་ནས་དགེ་བསྙེན་དང་རབ་བྱུང་དགེ་ཚུལ་བཅས་དཀྱུས་གཅིག་ཏུ་ཞུས་ཤིང་མཚན་ལ་དཀོན་མཆོག་བསྟན་པའི་སྒྲོན་མེ་ཞེས་གསོལ། དེ་ནས་རྗེ་རམས་པ་བློ་བཟང་རིན་ཆེན་སློབ་དཔོན་དུ་བསྟེན་ནས་ཡི་གེའི་སྦྱོར་ཀློག་དང་བློ་འཛིན་སོགས་ལེགས་པར་སྦྱངས་པ་མ་ཟད། རིམ་གྱིས་རྒྱ་དང་སོག་པོའི་སྐད་ཡིག་སྦྱངས་པས་ཐུགས་སུ་ཆུད། དགུང་ལོ་བཅུ་བདུན་པར་དབུས་སུ་ཕེབས་ནས་འབྲས་སྤུངས་སྒོ་མང་གྲྭ་ཚང་གི་ཆོས་གྲྭར་ཞུགས། ཧོར་སྐལ་བཟང་དངོས་གྲུབ་དགེ་རྒན་དུ་བསྟེན་ནས་དབུ་མ་དང་། མཛོད། འདུལ་བ། ཚད་མ། ཕར་ཕྱིན་བཅས་གཞུང་བཀའ་པོད་ལྔ་ལ་བརྡར་ཤ་ཆོད་པར་སྦྱངས། དགུང་ལོ་ཉེར་གཅིག་པར་རྒྱལ་བ་བློ་བཟང་འཇམ་དཔལ་རྒྱ་མཚོའི་སྐུ་མདུན་ནས་བསྙེན་རྫོགས་ཀྱི་སྡོམ་པ་མནོས། དགུང་ལོ་ཉེར་གཉིས་པར་དགེ་བཤེས་ལྷ་རམས་པའི་མཚན་བཏགས་སྣངས། དབུས་སུ་ལོ་

བརྒྱད་ཙམ་བཞུགས་པའི་རིང་ལ་མདོ་སྔགས་རིག་གནས་ཀྱི་གཞུང་ཀུན་ལ་མཁྱེན་པ་ཐོགས་མེད་དུ་གྱུར་ཅིང་། དབུས་གཙང་གི་མཁས་མང་དཀྱིལ་ན་རྒྱལ་མཚན་གྱི་ཏོག་ལྟར་ཀུན་གྱིས་གཙུག་ཏུ་བཀུར་བའི་གནས་སུ་གྱུར། དགུང་ལོ་ཉེར་ལྔ་བར་ཡུལ་མདོ་སྨད་བླ་བྲང་བཀྲ་ཤིས་འཁྱིལ་དུ་ཕེབས། དགུང་ལོ་སུམ་ཅུ་བར་ཆོས་སྡེ་ཆེན་པོ་བླ་བྲང་བཀྲ་ཤིས་འཁྱིལ་གྱི་གདན་སར་འཁོད་པས་གདན་རབས་ཉེར་གཅིག་པ་ཡིན། དེ་ནས་བཟུང་ཡུལ་མདོ་སྨད་ལྷོ་བྱང་གི་ཆོས་གྲྭ་ཆེན་པོ་རྣམས་སུ་འཆད་རྩོད་རྩོམ་གསུམ་གྱི་བྱ་བའི་ཡོ་ལང་ཁོ་ནས་དུས་འདའ་བར་མཛད་ཅིང་། རབ་བྱུང་བཅུ་བཞི་པའི་ཆུ་མོ་ལུག་ལོ་སྟེ་སྤྱི་ལོ1823ལོར་གཟུགས་སྐུའི་བཀོད་པ་ཆོས་དབྱིངས་སུ་འཐིམ། དཔལ་མང་པཎྜི་ཏ་དཀོན་མཆོག་རྒྱལ་མཚན་སོགས་སློབ་མ་མཁས་ཆེན་མང་དུ་བྱུང་ངོ་། །

ཁོང་གི་གསུང་རྩོམ་ནི་ཕར་ཕྱིན་སྡོམ་དང་། མཛོད་སྡོམ། འདུལ་བ་སྡོམ། སྒྲ་དང་སྙན་ངག སྨན་དང་རྩིས། ལྷ་རིས་ཐིག་ཚད་སོགས་སྒྱུ་རྩལ་སྐོར་གྱི་བསྟན་བཅོས་རྣམས་གཅིག་ཏུ་བསྡུས་ཏེ་པོ་ཏི་བཅུ་གཅིག་བྱས་ནས་ཤིང་པར་དུ་བརྐོས་ཡོད་པ་དེ་དག་ཀུན་ཀྱང་ཚད་མའི་གསུངས་ཤ་སྟག་ཡིན་པས་ངེད་ཅག་དཔེ་སྐྲུན་ཁང་གིས་བླ་བྲང་གི་ཤིང་པར་གཞིར་བཟུང་ནས་དཔར་དུ་བཏབ་པ་དང་དགེ་བ་འདི་ཡི་ཐམས་ཅད་བཀྲ་ཤིས་བདེ་ལེགས་སུ་གྱུར་ཅིག །

མི་རིགས་དཔེ་སྐྲུན་ཁང་ནས།

དཀར་ཆག

༄༅། །གཏོར་འབུལ་བསང་མཆོད་སོགས་ཀྱི་སྐོར་བསྟན་སྲུང་དགྱེས་པའི་མཆོད་སྤྲིན་ཞེས་བྱ་བ་བཞུགས་སོ།། །

ཧཱུྃ་བདེ་སྟོང་ཡེ་ཤེས་རང་འོད་འབར་བ་ཡི། །སྤྲིན་བྲལ་དག་པ་ཆོས་ཀྱི་ཕོ་བྲང་ནས། །བརྟན་པའི་འཁོར་ལོ་ཁྲོ་བོའི་ཀློས་གར་གྱི། །རྣམ་རོལ་ཕྱི་ནང་གསང་བའི་གཤིན་རྗེའི་གཤེད། །སྙིང་རྗེའི་ལྷ་མཆོག་མྱུར་མཛད་སྤྱན་རས་གཟིགས། །དགེ་སྡིག་ཤན་འབྱེད་དམ་ཅན་ཆོས་ཀྱི་རྒྱལ། །འདོད་ཁམས་དབང་མོ་གཤིན་རྗེའི་གཤེད་ཀྱི་ལྷམ། །བསླབ་གསུམ་བསྟན་པའི་སྲུང་མ་རྣམ་ཐོས་སྲས། །རང་རང་འཁོར་ཚོགས་དམ་ཅན་རྒྱ་མཚོར་བཅས། །བདག་ཅག་དམ་ཆོས་བསྒྲུབ་པའི་མགོན་སྐྱབས་སུ། །སྤྱན་འདྲེན་ཐུགས་རྗེའི་དབང་གིས་མྱུར་བྱོན་ཏེ། །ཟག་མེད་མཆོད་གཏོར་རྒྱ་མཚོས་དགྱེས་པར་མཛོད། །ཨོཾ་གུ་རུ་ཡ་མནྟྲ་ཀ་ཧྲ་ཧྣ་བྷ་ལ་ས་བ་རི་ཝཱ་ར་ཨི་དཾ་བ་ལིཾ་ཏ་ཁ་ཁ་ཁཱ་ཧི་ཁཱ་ཧི། ལན་གསུམ་མམ་བདུན་གྱིས་བསྔོ། ཨརྒྷཾ་སོགས་བཏགས་པས་མཆོད་པ་དང་ནང་མཆོད་དབུལ། ཧཱུྃ། རིགས་ཀུན་ཁྱབ་བདག་བླ་མ་གཤིན་རྗེའི་གཤེད། ། འབྲལ་མེད་སྙིང་གི་ཟེ་འབྲུར་རྟག་བཞུགས་ནས། ། ཐུན་མོང་ཐུན་མོང་མིན་པའི་ལམ་བཟང་རྣམས། །གེགས་མེད་མངོན་དུ་འགྱུར་བའི་དངོས་གྲུབ་སྩོལ། །སྐྱེས་བུ་གསུམ་དང་གསང་ཆེན་བསྟན་པ་ཡི། །བཀའ་སྲུང་ཡེ་ཤེས་སྤྱན་ལྡན་ཁྱེད་རྣམས་ཀྱིས། །ལས་འབྲས་བླང་དོར་ངེས་འབྱུང་བྱང་སེམས་དང་། །བདེ་སྟོང་ཏིང་འཛིན་

རྒྱས་པའི་སྟོངས་གྲོགས་མཛོད། །དེ་ཡི་གེགས་གྱུར་ཕྱིན་ཅི་ལོག་གི་བློ། །རྣམ་རྟོག་རང་མདངས་ཕྱི་རོལ་གདོན་དང་བགེགས། །ལ་སོགས་ཉེ་བར་འཚེ་བ་ཀུན་ཞི་ཞིང་། །མཐུན་རྐྱེན་མ་ལུས་ལྷུན་གྱིས་གྲུབ་པར་མཛོད། །ཚེ་རབས་ཕྲེང་བར་དལ་བའི་རྟེན་ཐོབ་ཅིང་། །མཚན་ལྡན་དགེ་བའི་བཤེས་ཀྱིས་རྗེས་བཟུང་སྟེ། །ཡང་དག་ལམ་བཟང་རྒྱལ་བའི་དགོངས་པ་བཞིན། །སྒྲུབ་པའི་ལེགས་སྨོན་འགྲུབ་པར་བྱིན་གྱིས་རློབས། །མདོར་ན་རྒྱུ་འབྲས་ཐེག་པའི་ལམ་བཟང་རྣམས། །རིམ་བགྲོད་ཟུང་འཇུག་གོ་འཕང་ཐོབ་ཀྱི་བར། །ནམ་ཡང་གཡེལ་མེད་ལུས་དང་གྲིབ་མ་བཞིན། །རྟག་ཏུ་འགྲོགས་ཤིང་བརྩེ་བས་སྐྱོང་གྱུར་ཅིག །ཅེས་པ་འདི་ནི་ཀྱི་ལང་རི་ཁྲོད་པ་དཀོན་མཆོག་ཆོས་འཛིན་གྱིས་འདི་ལྟ་བུའི་གཏོར་འབུལ་མདོར་བསྡུས་ཞིག་དགོས་ཞེས་བསྐུལ་ངོར། ༧བཙུན་པ་དཀོན་མཆོག་བསྟན་པའི་སྒྲོན་མེས་བྲིས་པའོ། །

ན་མོ་གུ་རུ་ཧྲུཿ རང་ལྷའི་ང་རྒྱལ་ལ་གནས་ཤིང་མཆོད་གཏོར་རྣམས་བྱིན་གྱིས་བརླབས་ཏེ། ཧཱུྃ། བདེ་ཆེན་འོད་གསལ་ཐུགས་ཀྱི་རྡོ་རྗེ་ཡིས། །བརྟན་གཡོའི་དངོས་ཀུན་སྡུངས་པ་དག་པའི་ཁམས། །བརྟན་གཡོ་ཅིར་ཡང་འཆར་བའི་སྒྱུ་འཕྲུལ་གྱི། །རང་འོད་འཇིགས་རུང་གནས་མཆོག་སོ་སོ་ནས། །མྱུར་མཛད་སྤྱན་རས་གཟིགས་དབང་ཐུགས་རྗེའི་གཏེར། །བདེ་ཆེན་རྒྱལ་པོ་གཏུམ་དྲག་གདོང་བཞི་པ། །འཇམ་དཔལ་ཁྲོ་བོའི་བཀའ་ཉན་སྲོག་གི་བདག །འདོད་དགུའི་མཆོག་སྦྱིན་རྒྱལ་ཆེན་རྣམ་ཐོས་སྲས། །ལ་སོགས་དམ་ཆོས་སྐྱོབ་པའི་མགོན་དང་སྐྱབས། །ཡེ་ཤེས་སྤྱན་ལྡན་སྲུང་མ་འཁོར་དང་བཅས། །ཐུགས་བསྐྱེད་དམ་བཅའི་དབང་གིས་འདིར་བྱོན་ཏེ། །མཆོད་གཏོར་རྒྱ་མཚོས་ཚིམ་ཞིང་དགྱེས་གྱུར་ཅིག །དེ་ནས་རང་རང་གི་ཐུགས་ལ་བ་ལིཾ་ཏ་བཏགས་པའམ། ཨ་ཀཱ་རོ་ལན་གསུམ་མམ་བདུན་གྱིས་གཏོར་མ་ཕུལ། ཆུ་གཉིས་ཉེར་སྤྱོད་རོལ་མོ་ནང་མཆོད་དང་བཅས་དབུལ། རྣམ་སྲས་ཀྱི་གཏོར་མ་བྱིན་རླབས་སོགས་སུ་བྱེད་སྤྲོ་ན་དེ་བཞིན་བྱ་ལ

དཀྱུས་སུ་བཏང་ཡང་འགལ་བ་མེད་པར་གསུངས་སོ། །དེ་ནས། ཧཱུྃ། སྤྱན་རས་གཟིགས་དབང་དྲག་པོའི་སྐུར་བསྟན་ནས། །མཆོག་དང་ཐུན་མོང་དངོས་གྲུབ་ཆར་འབེབས་ཤིང་། །འདི་ཕྱི་བར་དོའི་འཇིགས་པ་ཀུན་སེལ་བ། །མྱུར་མཛད་མགོན་པོ་འཁོར་དང་བཅས་ལ་བསྟོད། །བདེ་ཆེན་ཐུགས་རྗེའི་བདག་ཉིད་ཧེ་རུ་ཀ །གདོང་མ་བཞིར་བཅས་སྲིན་པོ་ཁྲོས་པ་ཡི། །གར་མཛད་ཇོ་རྗེ་ནག་པོ་གདོང་བཞི་པ། །ཡུམ་བཞི་བཤན་པའི་སྡེ་དང་བཅས་ལ་བསྟོད། །འཛམ་དཔལ་དཔའ་བོའི་ཡེ་ཤེས་སྒྱུ་འཕྲུལ་ནི། །བླ་མ་ཡི་དམ་ཆོས་སྐྱོང་སྲུ་ཚོགས་སུ། །སྣང་བ་གཤིན་རྗེའི་གཤེད་ཀྱི་བཀའ་སྡོད་མཆོག །བློ་བཟང་རྒྱལ་བསྟན་སྲུང་མའི་གཙོ་ལ་བསྟོད། །རྒྱལ་ཀུན་ཡོན་ཏན་གཅིག་བསྡུས་རིན་ཆེན་མང་། །སྐྱེ་དགུ་འཕོངས་པའི་རྒུད་པ་ལས་སྒྲོལ་ཕྱིར། །འཇིག་རྟེན་སྐྱོང་བའི་ཚུལ་བཟུང་རྣམ་ཐོས་སྲས། །གནོད་སྦྱིན་ཡོངས་ཀྱི་སྡེ་དཔོན་ཆེ་ལ་བསྟོད། །རྒྱལ་བསྟན་སྲུང་མའི་གཙོ་བོ་ཁྱེད་རྣམས་ཀྱིས། །ནད་རིམས་གདོན་བགེགས་ཉེར་འཚེ་མ་ལུས་དང་། །ཉེས་ཀུན་རྩ་བ་བློ་ངན་བདུད་ཀྱི་དཔུང་། །མ་ལུས་དྲུངས་ནས་འཕྲིན་པའི་སྟོངས་གྲོགས་མཛོད། །ལས་འབྲས་བླང་དོར་བསླབ་གསུམ་ཉམས་ལེན་དང་། །ཕྱིན་དྲུག་སྤྱོད་པ་བདེ་སྟོང་ཏིང་འཛིན་སོགས། །རྒྱུ་འབྲས་ཐེག་པའི་ལམ་བཟང་མ་ལུས་པ། །གེགས་མེད་མངོན་དུ་འགྱུར་བའི་འཕྲིན་ལས་མཛོད། །དཔོན་སློབ་རྣམས་ཀྱི་ཆོས་དང་མཐུན་པའི་ཚོགས། །ཇི་ལྟར་བསམ་པ་ཡིད་བཞིན་འགྲུབ་པ་དང་། །ནད་དང་བགེགས་སོགས་བར་དུ་གཅོད་པའི་ཚོགས། །ཉེ་བར་ཞི་བར་བྱིན་གྱིས་བརླབ་ཏུ་གསོལ། །ཞེས་པ་འདི་ཡང་རྣམ་དཔྱོད་མཆོག་ཏུ་ཡངས་པའི་བི་ལིག་ཐུ་ཀུ་ཤྲིང་ག་དབང་བསྟན་འཕེལ་གྱིས་སྐྱེས་བུ་གསུམ་གྱི་ཆོས་སྐྱོང་དཔལ་མགོན་ཞལ་བཞི་པ་དང་བཅས་པའི་གཏོར་འབུལ་མདོར་བསྡུས་ཤིག་དགོས་ཚུལ་བྱུང་བ་ལྟར། ༧བཙུན་པ་དཀོན་མཆོག་བསྟན་པའི་སྒྲོན་མེས་བྲིས་པའོ། །

ཧཱུྃ། སྤྱན་རས་གཟིགས་དབང་ཁྲོས་པའི་གར་མཛད་པ། །ཡེ་ཤེས་མགོན་པོ་ཡུམ་བཅས་གཏོད་སྦྱིན་བཞི། །འཁོར་ཚོགས་དམ་ཅན་རྒྱ་མཚོར་བཅས་པ་ཀུན། །བསིལ་བ་ཚལ་གྱི་གནས་ནས་འདིར་གཤེགས་ཤིག །བདེ་ཆེན་སྒྱུ་མའི་རོལ་པ་ལས་བྱུང་བའི། །ཀུན་བཟང་མཆོད་སྤྲིན་ཕྱི་ནང་གསང་བའི་རྟེན། །མ་ཚང་མེད་པའི་དམ་རྫས་རྒྱ་མཚོ་ཡིས། །ཡེ་ཤེས་མགོན་པོ་འཁོར་བཅས་དགྱེས་གྱུར་ཅིག །ཁྱད་པར་བཟང་པོའི་སྨན་གྱི་ཐེ་བྲག་དང་། །བཟང་པོའི་དྲི་ངད་སྲོ་བའི་བསང་ཤིང་སོགས། །ལེགས་པར་སྦྱར་བའི་བསང་མཆོད་རྒྱ་མཚོ་འདིས། །ཐུགས་རྗེའི་གཏེར་ཆེན་དགྱེས་པ་སྐྱེད་གྱུར་ཅིག །སྒོ་གསུམ་དམ་ཚིག་ཉམས་ཆག་ཉེས་པའི་ཚོགས། །ཐུགས་དང་འགལ་བ་གང་བགྱིས་བྱུང་གྱུར་ཏེ། །རྟག་ཏུ་བརྩེ་བའི་སྤྱན་གྱིས་གཟིགས་པ་ཡིས། །ཕྱི་ནང་ཉེར་འཚོའི་གཡུལ་ལས་རྒྱལ་བར་མཛོད། །དཔལ་ལྡན་བླ་མའི་སྐུ་ཚེ་བརྟན་པ་དང་། །དགེ་འདུན་ཐུགས་མཐུན་བཤད་སྒྲུབ་བསྟན་པ་རྒྱས། །འགྲོ་ཀུན་དགེ་བཅུའི་དཔལ་ལ་སྤྱོད་པ་སོགས། །ལེགས་བྱས་ལྷུན་གྱིས་གྲུབ་པའི་མགོན་མཛོད་ཅིག །ཅེས་མགོན་པོའི་བསང་མཆོད་བསྡུས་པ་འདི་ནི་དད་ལྡན་དགེ་སློང་ཡེ་ཤེས་གྲགས་པས་བསྐུལ་ངོར། བཙུན་པ་དཀོན་མཆོག་བསྟན་པའི་སྒྲོན་མེས་བྲིས་པའོ། །

རྡོ་རྗེ་འཆང་སོགས་རྩ་བརྒྱུད་བླ་མ་ཡིས། །ཇི་ལྟར་བཀའ་བསྒོས་གཡར་དམ་བཅས་པ་བཞིན། །གཞི་ལམ་འབྲས་ཀྱི་ཉེར་འཚེ་ཀུན་ཞི་ཞིང་། །མཐུན་རྐྱེན་མ་ལུས་འགྲུབ་པའི་སྟོངས་གྲོགས་མཛོད། །བསྟན་སྲུང་སྲོག་བདག་དམར་པོ་འཁོར་དང་བཅས། །རྟག་ཏུ་བསྟེན་ཅིང་གསོལ་བཏབ་རེ་བ་བཞིན། །ཕྱི་ནང་དགྲ་སྡེའི་གཡུལ་ལས་རྒྱལ་བ་དང་། །ཆོས་སྲིད་དཔལ་འབྱོར་རྒྱས་པའི་གྲོགས་མཛོད་ཅིག །མདོར་ན་སྲུང་མའི་གཙོ་བོར་ཁྱོད་བསྟེན་ནས། །ཅི་གཅིག་གཏུང་བའི་ཡིད་ཀྱིས་གསོལ་འདེབས་ན། །མ་གཡེལ་མ་གཡེལ་ལུས་

དང་གྲིབ་མ་བཞིན། །རྟག་ཏུ་སྲུང་སྐྱོབ་མཛོད་ཅིག་ས་མ་ཡ། །ཞེས་བསྟན་སྲུང་སྲོག་བདག་དམར་པོའི་བསྐུལ་བ་མདོར་བསྡུས་འདིའང་ནོར་འཛིན་སྐྱོང་བའི་དབང་ཕྱུག་ཏལ་ཏ་གཡས་ཏའི་ཇིང་ཛུ་ཛ་སག་ཐུ་རྒྱལ་པོ་བུཏྲི་རཏྣ་བསྐུལ་ངོར། ༄བཙུན་པ་དཀོན་མཆོག་བསྟན་པའི་སྒྲོན་མེས་བྲིས་པའོ། །

ཀྱཻ། མ་ལུས་རྒྱལ་བའི་ཡུམ་གཅིག་དབྱིངས་ལྷན་མ། །མ་ལྷར་འགྲོ་ལ་བརྩེ་བས་དབང་བསྒྱུར་ཀྱང་། མ་ཧུང་འདུལ་ཕྱིར་དྲག་མོའི་སྐུར་བསྟན་ཅིང་། །མ་ཐོགས་དམ་ཚིག་དབང་གིས་གནས་འདིར་གཤེགས། །མ་དད་རྣམ་པར་གཡེང་དང་བག་མེད་དང་། །མ་རྟོགས་འཁྲུལ་བའི་ནོངས་པ་བགྱིས་རྣམས་ལ། །མ་དང་སྲིང་ལྟར་བརྩེ་བས་ཞེར་དགོངས་ཏེ། །མ་ལུས་སྒྲིབ་བྲལ་དབྱིངས་སུ་དག་པར་མཛོད། །མ་ཅིག་འདོད་ཁམས་དབང་མོ་དགྱེས་པའི་རྟེན། །མ་ཚང་མེད་པ་མཁོ་དགུའི་མཆོད་པའི་སྤྲིན། །མ་ལུས་དངོས་བཤམས་ཡིད་ཀྱིས་སྤྲུལ་ནས་ཀྱང་། །མ་མོ་ཆེན་མོ་འཁོར་དང་བཅས་ལ་འབུལ། །མ་ཧུང་དགྲ་ཡི་ཤ་ཁྲག་གཏོར་མའི་ཚོགས། །མ་སྨད་སྔགས་དང་ཕྱག་རྒྱས་བྱིན་རླབས་ཏེ། །མ་བཅོས་དང་བའི་སེམས་ཀྱིས་འབུལ་ལགས་ན། །མ་ལུས་འཕྲིན་ལས་བསྒྲུབ་ཕྱིར་བཞེས་སུ་གསོལ། །མ་སྐྱེས་དབྱིངས་སུ་ཞུགས་པའི་ཡེ་ཤེས་མེས། །མ་དག་ཀུན་སྦྱོར་དྲ་བ་དྲུངས་ཕྱུང་ཡང་། །མ་ཧུང་གཤེད་པོར་ཉམས་བརྒྱུས་རོལ་བ་ཅན། །མ་ཧཱ་དེ་ཝཱི་འཁོར་དང་བཅས་ལ་བསྟོད། །མ་ཅིག་ཁྱོད་ལ་གུས་པས་གསོལ་འདེབས་ན། །མ་གཡེལ་མ་གཡེལ་དཔོན་སློབ་སྡེར་བཅས་ལ། །མ་དད་འཁྲུ་བའི་བགེགས་ཚོགས་འཇོམས་པ་དང་། །མ་སྨད་ཆོས་སྲིད་དཔལ་འབྱོར་རྒྱས་པར་མཛོད། །མ་རིག་མུན་སེལ་འདྲེན་པ་རྟག་བརྟན་ཅིང་། །མ་དག་རྙོག་བྲལ་རྒྱལ་བསྟན་ཕྱོགས་མཐར་རྒྱས། །མ་ཀན་འགྲོ་ལ་རྫོགས་ལྡན་གསར་བའི་དཔལ། །མ་ལུས་ལྷུན་གྱིས་གྲུབ་པའི་བཀྲ

ཤེས་སོག །ཅེས་པ་འདི་ནི་བྲུ་མེད་པེ་སིའི་སོག་དགོན་གནས་བྱམས་པ་གླིང་གི་རྒྱུན་གྱི་སྲུང་མར་དཔལ་ལྡན་ལྷ་མོ་བསྟེན་རྒྱུར་གཏོར་འབུལ་ཞིག་དགོས་ཚུལ། དཀའ་བཅུ་བསྟན་པ་རྒྱ་མཚོས་བསྐུལ་མ་བྱུང་བར་བརྟེན་ཆོས་སྨྲ་བ། ༧བཙུན་པ་དཀོན་མཆོག་བསྟན་པའི་སྒྲོན་མེས་ཆོས་གྲྭ་ཆེན་པོ་བཀྲ་ཤིས་འཁྱིལ་དུ་བྲིས། །

ན་མོ་བཛྲ་ཧེ་རུ་ཀ་ཡ། འདིར་དཔལ་ལྡན་ལྷ་མོ་ལ་བསང་མཆོད་འབུལ་བར་འདོད་པས། བསང་རྫས་དང་མཆོད་གཏོར་ལེགས་པར་བཤམ། །སྐྱབས་སེམས་སྔོན་དུ་བཏང་ལ་རང་ལྷའི་ང་རྒྱལ་དང་ལྡན་པས་མཆོད་གཏོར་བྱིན་གྱིས་རླབས་ཏེ། ཧཱུྃ༔ མ་ལུས་རྒྱལ་བའི་ཡུམ་གཅིག་དབྱིངས་ཅན་མ། །མ་རུང་འདུལ་ཕྱིར་ཁྲོ་མོའི་རླབས་གར་མཁན། །མ་ཅིག་འདོད་ཁམས་དབང་མོ་འཁོར་དང་བཅས། །མ་གཡེལ་བསང་མཆོད་རྒྱ་མཚོའི་མགྲོན་དུ་བྱོན། །མི་ཧླུང་དུད་སྤྲིན་འཁྲིགས་པའི་ཀློང་ཡངས་པོར། །མི་བཟད་ཁྲག་ཞག་རྒྱ་མཚོ་འཁྲུགས་པའི་དབུས། །མ་མོ་མཁའ་འགྲོ་བྱེ་བའི་འཁོར་དང་བཅས། །མི་མཐུན་རྐྱེན་རྣམས་སྲུང་ཕྱིར་བརྟན་པར་བཞུགས། །མི་འགྱུར་བདེ་བ་མཆོག་གི་རོལ་བ་ལས། །སྣ་མཐའ་ཡས་པ་ངོ་མཚར་མཆོད་པའི་སྤྲིན། །མ་ཚང་མེད་པར་བཤམས་ཤིང་ལེགས་སྦྱལ་ཏེ། །མི་ཕྱེད་དད་པས་འབུལ་ལོ་བཞེས་སུ་གསོལ། །མི་དཔུང་རབ་འབར་གསེར་གྱི་མཆོད་སྡོང་ཆེར། །མེ་ཏོག་སྣ་ཚོགས་སྨན་སྤོས་ཕྱེ་མར་སོགས། །མ་ལུས་བསྒྲིགས་པའི་བསང་མཆོད་རྒྱ་མཚོ་འདིས། །མ་དག་ཉེས་པའི་ཚོགས་ཀུན་བྱང་གྱུར་ཅིག །མ་བཅོས་དད་པའི་ཡིད་ཀྱིས་ལྷ་མཆོག་ཁྱོད། །མ་ལྷར་གདུང་ཤུགས་དྲག་པོས་བསྟེན་བགྱིད་ན། །མ་ལུས་བགེགས་དཔུང་འཇོམས་ཤིང་མཐུན་པའི་རྐྱེན། །མ་ཚང་མེད་པར་ལྷུན་གྱིས་གྲུབ་པར་མཛོད། །མི་འགྱུར་རྡོ་རྗེའི་གཡར་དམ་ཉེར་དགོངས་ཏེ། །མི་ནུབ་བསྟན་པའི་རྒྱལ་མཚན་བསྒྲེང་བ་དང་། །སོས་ལྡན་རྣལ་འབྱོར་བདག་ཅག་འཁོར་དང་

བཅས། །མ་ལྷར་བརྩེ་བས་རྟག་ཏུ་སྐྱོང་བར་མཛོད། །མ་ཞུས་སྒྲིབ་བྲལ་རྣམ་ཀུན་མཁྱེན་པའི་དཔལ། །མ་ཐོབ་དེ་སྲིད་ཆོས་ལྡན་བྱ་བ་ཀུན། །མ་བཙལ་བར་ཡང་བརྩེ་བས་ཉེར་དགོངས་ཏེ། །མ་ཅིག་ཁྱོད་ཀྱིས་བརྩེ་བས་སྐྱོང་གྱུར་ཅིག །ཅེས་པ་འདི་ནི་དད་ལྡན་དགེ་སློང་བསོད་ནམས་གྲགས་པས་བསྐུལ་ངོར། །༧བཙུན་པ་དཀོན་མཆོག་བསྟན་པའི་སྒྲོན་མེས་བྲིས་པའོ།

བླམ་ཡི་དམ་ཆོས་སྲུང་རྒྱ་མཚོའི་ཚོགས། །སྤྱི་དང་ཁྱད་པར་དཔལ་ལྡན་ལྷ་མོ་ལ། །རྩེ་གཅིག་གདུང་བའི་ཡིད་ཀྱིས་གསོལ་འདེབས་ན། །མ་ལྷར་བྱམས་ཤིང་བརྩེ་བས་དགོངས་པར་མཛོད། །སྒོ་གསུམ་སྡིག་ལྟུང་དམ་ཚིག་ཉམས་ཆག་སོགས། །སྨོངས་པའི་དབང་གིས་ཇི་སྙེད་བགྱིས་པ་ཀུན། །ཁྱེད་རྣམས་ཐུགས་རྗེ་བདེན་པས་ལྷག་མེད་དག །ཞི་ཞིང་ལེགས་ཚོགས་ལྷུན་གྱིས་གྲུབ་པར་མཛོད། །འཕགས་པ་རིགས་གསུམ་མགོན་གྱི་ཐུགས་རྗེའི་མཐུས། །ཡུལ་གྱི་ཀླུ་གཉན་ས་བདག་ཚོགས་རྣམས་ཀྱི། །ཀོ་ལོང་ཕྲག་དོག་སྡུག་བསྔལ་ཀུན་ཞི་ནས། །དགའ་ཞིང་གུས་པས་རྟག་ཏུ་གྲོགས་བྱེད་ཤོག །

དཔའ་བོའི་དབང་ཕྱུག་བཅོམ་ལྡན་ཧེ་རུ་ཀ །གདོང་མ་བཞིར་བཅས་ཁྲོས་པའི་སྒྱུ་འཕྲུལ་གར། །དཔལ་གྱི་མགོན་པོ་ཡུམ་བཞིའི་འཁོར་དང་བཅས། །རྣལ་འབྱོར་འཕྲིན་ལས་སྒྲུབ་ཕྱིར་གནས་འདིར་གཤེགས། །ནག་དཀར་དམར་དང་དུད་ཁ་འཇིགས་པའི་ཞལ། །གྲི་ཐོད་རལ་གྲི་མདུང་ཐོགས་ཕྱག་བཞི་པ། །གཏུམ་ཆེན་འཁོར་བཅས་པད་ཉི་དགྲ་བགེགས་ཀྱི། །གདན་ལ་དགྱེས་དགུར་རོལ་པས་བརྟན་པར་བཞུགས། །སྨོངས་ཤིང་བག་མེད་དབང་གིས་ལྷ་ཁྱོད་ཀྱི། །དམ་ཚིག་ལས་འདས་བསྙེན་སྒྲུབ་ཆག་པ་དང་། །ཉམས་གྲིབ་ཐོག་རྣམས་བརྩེ་བས་བཟོད་བཞེས་ཤིང་། །སྤྲོས་བྲལ་ཆོས་ཀྱི་དབྱིངས་སུ་བྱང་བར་མཛོད། །བདེ་སྟོང་ཏིང་འཛིན་པིར་གྱིས་བྲིས་པ་ཡི། །མཆོད་སྦྱིན་

གནམ་ས་བར་སྣང་གང་བ་སོགས། །ཕྱི་ནང་གསང་རྟེན་མ་ཚང་མེད་པ་ཡིས། །དཔལ་མགོན་འཁོར་བཅས་ཐུགས་དམ་སྐོང་གྱུར་ཅིག །སྔོན་ཚེ་ཁས་བླངས་རྡོ་རྗེའི་གཡར་དམ་བཞིན། །ཉིན་གསུམ་བྱ་ར་མཚན་གསུམ་མེལ་ཚེ་ཡིས། །ཕ་རོལ་བསམ་ངན་སྦྱོར་རྒྱུབ་ཕྱིར་བཟློག་ཅིང་། །ནད་གདོན་ཉེར་འཚེ་ཀུན་ལས་བསྲུང་དུ་གསོལ། །རྣམ་དག་བསླབ་གསུམ་མདོ་སྔགས་བཤད་སྒྲུབ་ཀྱི། །བསྟན་པའི་བྱ་བ་དབྱར་མཚོ་ལྟར་རྒྱས་ཤིང་། །ཚེ་དཔལ་བསོད་ནམས་མངའ་ཐང་སྙན་གྲོགས་〔གྲགས〕སོགས། །མཐུན་རྐྱེན་མ་ལུས་ལྷུན་གྱིས་གྲུབ་པར་མཛོད། །མདོར་ན་ལྷ་ཁྱོད་བདག་སོགས་འཁོར་བཅས་ཀྱི། །སྲུང་མའི་གཙོ་བོར་སྙིང་ནས་མངའ་གསོལ་ན། །བདག་གིར་བཞེས་ཏེ་ཆོས་ལྡན་འདོད་དོན་ཀུན། །སྨོན་པ་ཇི་བཞིན་འགྲུབ་པའི་གྲོགས་མཛོད་ཅིག །ཅེས་པ་འདི་ནི་ཐུབ་བསྟན་ཡོངས་ཀྱི་རྩ་ལག་དམ་པ་མཆོག་གི་སྤྲུལ་པའི་སྐུ་རིན་པོ་ཆེ་བློ་བཟང་ཐུབ་བསྟན་ཆོས་ཀྱི་རྒྱལ་མཚན་དཔལ་བཟང་པོའི་རྒྱུན་གྱི་ཞལ་འདོན་དུ། །༄བཙུན་པ་དཀོན་མཆོག་བསྟན་པའི་སྒྲོན་མེས་བྲིས་པའོ། །

བརྒྱངས་བསྐུམས་གར་གྱིས་རོལ་པས་དྲག་པོ་ཚུང་མ་དང་བཅས་རྣམ་གནོན་ངན་སོང་སྲིད་པ་གནས་ནས་སྒྲོད། །ཤེས་རབ་ཕག་མོར་རྗེས་ཆགས་རོལ་པས་སྲིད་མཐར་སྦྱོར་ཞིང་མི་འགྱུར་ལྷན་སྐྱེས་བདེ་ཆེན་བདུད་རྩིས་མྱོས། །ཁྲོ་ཆགས་བརྗིད་ལྡན་གཟི་འབར་གཟུགས་སྐུའི་མཁའ་དབྱིངས་རབ་དཀར་རུས་པའི་རྒྱན་ཕྲེང་རྒྱུ་སྐར་ཚོམ་བུས་མཛེས། །ཧེ་རུ་ཀ་དཔལ་དཔའ་བོའི་དབང་ཕྱུག་དེ་ལ་བཏུད་ནས་དཔལ་མགོན་ཞལ་བཞི་པ་ལ་བསྟོད་པར་བགྱི། །དམར་ཆེན་དྲི་རྣོམ་གཙན་གཟན་ང་རོ་བརྒྱུད་མར་སྒྲོགས་ཤིང་རོ་ལངས་ཀྱིས་གང་རབ་འཇིགས་དུར་ཁྲོད་ན། །ཐ་རླབས་ནམ་མཁའི་མཐར་འཁྱུད་བམ་ཆེན་མགོ་འཕྲེང་ལྷུ་བ་རབ་གསལ་ཁྲག་ཞག་རྒྱ་མཚོ་འཁྲུགས་པའི་

སྐྱོང་། །ཞུར་ཞུར་ནག་པོའི་དུད་སྤྲིན་དང་འདྲེས་སྲིད་པའི་ས་མཐའ་ཟ་བྱེད་ཡེ་ཤེས་མེ་དཔུང་འབར་བའི་དབུས། །བད་ཉི་དགྲ་བོ་བསྒྲོལ་མའི་གདན་ལ་བརྒྱངས་བསྐྱམས་གར་མཛད་ལྷ་མཆོག་མ་ཧཱ་ཀཱ་ལ་ཁྲོད་ལ་བསྟོད། །ཡན་ལག་རགས་ཤིང་ལྟོ་བ་རབ་འཕྱང་མི་སྡུག་སྲིན་པོའི་གཟུགས་ཅན་མདོག་ནག་མུན་པའི་དཀྱིལ་འཁོར་རྫོགས། །དམར་སེར་མེ་ཡི་རལ་བ་གསེག་ཅིང་བཙུ་གཉིས་ཉི་མ་འབར་འདྲའི་སྤྱང་མིག་ཡོན་པོའི་ཚ་ཟར་[ཟེར]འཁྲོ། །ལྕགས་འདྲིལ་ཁྲག་གིས་རབ་བསྒོས་མཆེ་བ་རྣོན་པོ་བཞི་བཞི་ག་ཙོགས་ཤིང་གཏུམ་དྲག་ཧ་ཧའི་གད་རྒྱངས་མཐར། །ཀླཱིཾ་ཀླཱིཾ་ལིཾ་ཞེས་མཁའ་འགྲོ་དབང་དུ་སྡུད་ཅིང་ས་གསུམ་དཀྱིལ་འཁོར་ཡངས་པའི་ཁྱོན་ཀུན་འདར་བར་བྱེད། །གྲི་གུག་གིས་གཏུབ་དགྲ་སྙིང་ཁྲག་དྲོན་གྱིས་གང་ཐོད་པ་ཞལ་དུ་སྟོབ་ཅིང་དགྱེས་པའི་རྒྱན་སྒྲ་སྒྲོགས། །གནམ་ལྕགས་རལ་གྲིས་བདུད་རིགས་མགོ་བོ་བྲེགས་ཏེ་བརྒྱ་ཕྱེད་ཕྲེང་བ་ཁྲག་གི་རྒྱུན་ལྡན་མགུལ་བར་འཛིན། །མདུང་ཐུང་བགེགས་ཀྱི་ལྟོ་བར་བསྣུན་པའི་རྒྱུ་ལྷོན་ག་ཞལ་ལ་འཕྲིལ་སྦྲུལ་ནག་ཆུན་པོ་སྟོང་གིས་སྤྲས། །གཡེར་ཁའི་སྒྲ་ལྡན་འོག་པགས་ཀྱིས་བཅིངས་སྟག་ཤམ་གཡོ་བའི་གར་མཁན་རྡོ་རྗེ་ནག་པོ་གདོང་བཞི་པ། །གང་གི་ཕྱོགས་བཞིར་མིག་སྨན་མར་གད་རོ་ཧེ་ཏ་ཀ་གསེར་གྱི་བྲག་རི་རབ་མཐོའི་རྩེ་མོ་ཅན། །མུན་ནག་དང་འདྲེས་མེ་ལྕེའི་གོས་གྱོན་གད་མོ་རྒོད་ཅིང་ས་ཆེན་གཡོ་བའི་གོམ་སྟབས་བསྒྱུར་བ་བཞིན། །གཡུང་མོ་གཏུམ་མོ་སྲིན་མོ་སིནྡྷ་ལི་ཞེས་རབ་གཏུམ་ཁྲོ་ཞིང་རྔམས་པའི་ཡུམ་ཆེན་སྲིན་མོ་བཞི། །བདུད་ཀྱི་དཀྱིལ་འཁོར་སྲེག་བྱེད་གཟི་བྱིན་མེ་དཔུང་འབར་བའི་འཁོར་ཚོགས་དམ་ཅན་རྒྱ་མཚོར་བཅས་ལ་བསྟོད། །མདོར་ན་མཐའ་ཡས་འགྲོ་བའི་དོན་བསླད་བརྟན་གཡོའི་དངོས་ཀུན་མི་འགྱུར་ལྷན་སྐྱེས་བདེ་བའི་འཁོར་ལོ་ཆེར། །སྟོམ་མཛད་དཔའ་བོ་རྣལ་འབྱོར་མ་རྣམས་ཡོངས་ཀྱི་དབང་ཕྱུག་མཆོག་གི་གནས

དེར་བཀོད་པ་མ་རྫོགས་པ། །དེ་སྲིད་ཏེ་ནུ་ཀ་ཡི་བཀའ་རྟགས་རྡོ་རྗེ་རི་མོས་གཙུག་མཛེས་ལེགས་ལྡན་ནག་པོ་འཁོར་བཅས་ཀྱིས། །སངས་རྒྱས་བསྟན་ལ་གནོད་པའི་བགེགས་ཀྱི་དཔུང་ཚོགས་སྡེ་དང་བཅས་པ་ཐལ་བར་རློག་པའི་འཕྲིན་ལས་མཛོད། །འདིར་སྨྲས་པ། དཔལ་གྱི་མགོན་པོ་རྡོ་རྗེ་གདོང་བཞི་བར། །བསྟོད་པའི་རོལ་མོ་རྫ་མས་པ་སྒྲ་སྒྲོགས་འདི། །བྱེད་པོ་ཏེ་ནུ་ཀ་ཡི་ཞབས་བསྟེན་པའི། །བཙུན་པ་དཀོན་མཆོག་བསྟན་པའི་སྒྲོན་མེ་ཡིན། །

ན་མོ་གུ་རུ་བཛྲ་པཱ་ཎ་ཡེ། འདིར་རྒྱལ་ཆེན་རྣམ་ཐོས་སྲས་ལ་བསང་མཆོད་འབུལ་བར་འདོད་པའི་གང་ཟག་གིས་ཉེར་སྤྱོད་སྦྱིན་གཟིགས། །དཀར་གསུམ་གྱི་གཏོར་མ་ཁང་རྩེགས་མ་འམ། གླུམ་གཏོར་ཞི་བའི་རྒྱན་སྤྲས། སྦྱིན་གཟིགས་གཡང་རྟེན་གྱི་རྫས་སོགས་དང་བསང་མཆོད་རྒྱས་པར་བཤམས་ལ། རང་ཉིད་གསང་བའི་བདག་པོ་སོགས་ཡི་དམ་གང་ཡང་རུང་བའི་ང་རྒྱལ་ལ་གནས་ཏེ། །མཆོད་རྫས་རྣམས་བསངས་སྦྱངས། སྟོང་པའི་ངང་ལས་རང་རང་གི་མིང་ཡིག་དང་པོ་ཐིག་ལེས་བརྒྱན་པ་ཞུ་བ་ལས། རྒྱལ་ཆེན་འཁོར་བཅས་དགྱེས་པར་བྱེད་པའི་མཆོད་གཏོར་དང་མཐུན་པའི་དམ་རྫས་ཕུན་ཚོགས་པས་ས་དང་བར་སྣང་ནམ་མཁའི་ཁྱོན་ཐམས་ཅད་གང་བར་གྱུར་པར་བསམས་ལ། ཕྱགས་དྲུག་ཕྱག་རྒྱ་དྲུག་གིས་བྱིན་གྱིས་བརླབས་ལ། པེ། བྱང་ཕྱོགས་རི་རབ་ལྷུན་པོའི་བྱང་གི་ཆར། །བྱང་ཆུབ་མཆོག་བརྙེས་མགོན་པོ་རིན་ཆེན་མང་། །བྱང་ཆུབ་སེམས་དཔའི་སྐུ་ཡི་རྣམ་རོལ་ཏེ། །བྱང་ཕྱོགས་སྐྱོང་མཛད་རྒྱལ་ཆེན་རྣམ་ཐོས་སྲས། །ཡིད་བཞིན་ནོར་བུ་བསམ་འཕེལ་མཛོད་འཛིན་པ། །ཡིད་འོང་ལང་ཚོའི་དཔལ་ལྡན་བཙུན་མོ་དང་། །ཡིད་ཅམ་ཁྲོ་ཞིང་འཇུམ་པའི་ཉམས་འགྱུར་ཅན། །ཡིད་ལ་གང་བསམ་སྐོལ་བའི་རྟ་བདག་བརྒྱད། །འཁོར་ས་གསུམ་གྱི་གནོད་སྦྱིན་བྱེ་བ་སོགས། །འཁོར་ཚོགས་དམ་ཅན་རྒྱ་མཚོར་བཅས་པ་ཀུན། །འཁོར་འདས་དབྱེར་མེད་ཆོས་དབྱིངས་ཕོ་བྲང་ནས། །འཁོར་བའི་རྒྱུད་པ་སེལ་ཕྱིར་གཤེགས་སུ་གསོལ། །བདག་འཛིན་མ་རིག་འཁྲུལ་པའི་དབང་གྱུར་ཏེ། །

བདག་སོགས་སྒོ་གསུམ་ཉེས་པར་སྤྱོད་པ་ཀུན། །བདག་ཉིད་ཆེ་ཁྱོད་ཐུགས་རྗེའི་བདེན་པའི་མཐུས། །བདག་མེད་ཆོས་ཀྱི་དབྱིངས་སུ་དག་གྱུར་ཅིག །རྣམ་བཀྲ་ཧིང་འཛིན་པིར་གྱིས་བྲིས་པ་ཡི། །རྣམ་ནང་མཆོད་པའི་བྱེ་བྲག་མཐའ་ཡས་པ། །རྣམ་དག་དང་བའི་ཡིད་ཀྱིས་འབུལ་ལགས་ན། །རྣམ་པར་རོལ་ཞིང་དགྱེས་པ་བསྐྱེད་གྱུར་ཅིག །རི་རབ་གླིང་བཞི་ཉི་ཟླ་རིན་ཆེན་བདུན། །ར་བརྒྱའི་ཟས་སོགས་ཉེར་སྤྱོད་ནོར་དང་འབྲུ། །ཏུ་མཚོན་གོ་ཁྲབ་སྤྱན་གཟིགས་གསང་རྟེན་སོགས། །རེ་བའི་སེམས་ཀྱིས་འབུལ་ལོ་བཞེས་སུ་གསོལ། །ཁྱད་པར་དཀར་གསུམ་མངར་གསུམ་གཏོར་མ་ཡིས། །ཁྱོན་ཡངས་འཛིན་མའི་དཀྱིལ་འཁོར་མ་ལུས་པ། །ཁྱབ་པར་བཀང་ཞིང་བདུད་རྩིར་བྱིན་བརླབས་ནས། །ཁྱེད་ལ་འབུལ་ལོ་ཟག་མེད་དགྱེས་པར་རོལ། །བསྐུང་ཞིམ་སྨན་སྣ་བརྒྱ་ཕྲག་བསྲེག་པ་ཡི། །བསང་མཆོད་འདི་ཡིས་ཉམས་ཆག་ཉེས་པ་ཀུན། །བསལ་ཏེ་རྨད་བྱུང་བདེ་བས་དགྱེས་གྱུར་ནས། །བསམ་པའི་དོན་ཀུན་ལྷུན་གྱིས་གྲུབ་པར་མཛོད། །ཕུལ་བྱུང་མཆོད་སྤྲིན་རྒྱ་མཚོ་འདི་བཞེས་ནས། །ཕུན་ཚོགས་མགོ་དགུའི་དཔལ་འབྱོར་སྣན་གྲགས་སོགས། །ཕན་བདེའི་དགའ་སྟོན་གསར་བའི་མེ་ཏོག་གི །ཕོན་པོ་གཡུར་དུ་ཟ་བའི་ཕྱུ་གཡང་སྩོལ། །དད་བརྩོན་ཤེས་རབ་རྨད་བྱུང་ཆོས་ཀྱི་གཡང་། །ཚེ་རིང་ནད་མེད་འབྱོར་ལྡན་སྲིད་ཀྱི་གཡང་། །གཟུགས་བཟང་སློ་གསལ་ངག་སྣན་རིགས་ཀྱི་གཡང་། །མཛངས་ཤིང་བརྟན་ལ་གཞུང་བཟང་གྲོགས་ཀྱི་གཡང་། །ཀུན་སློམས་བྱམས་ཤིང་བརྗིད་ཆགས་རྗེ་ཡི་གཡང་། །ཁྲིལ་ཡོད་དྲང་ཞིང་མཐུ་ལྡན་བྲན་གྱི་གཡང་། །འཚོ་བྲལ་བག་ཕེབས་མཐུན་པ་གནས་ཀྱི་གཡང་། །མི་ཟད་གྲུ་ནོམ་འཕེལ་བ་ནོར་གྱི་གཡང་། །ཤ་རྒྱས་ཕྲུ་སྟུག་སྟོབས་ལྡན་ཕྱུགས་ཀྱི་གཡང་། །རོ་དང་བཅུད་ལྡན་བདེ་སྐྱེར་ཟས་ཀྱི་གཡང་། །འཕྲུལ་ཡུན་དགེ་ཞིང་མཐར་ཕྱིན་བྱ་བའི་

གཡང་། །མི་འགྱུར་བསྡུགས་འོས་དོན་མཐུན་གྲགས་པའི་གཡང་། །ལ་སོགས་སྲིད་གསུམ་འཇིག་རྟེན་མཐའ་དག་ན། །ལེགས་ཚོགས་ཕྱུ་གཡང་ཇི་སྙེད་མཆིས་པ་སོགས། །ལུགས་གཉིས་དཔལ་དང་འབྱོར་བའི་དགའ་སྟོན་ལ། །ལོངས་སུ་སྤྱོད་པའི་དངོས་གྲུབ་ཆར་བཞིན་ཐོབ། །ཕྱུ་གཡང་ཆབ་སྲིད་དབུ་འཕང་རི་ལྟར་མཐོ། །ཕྱུ་གཡང་ཚེ་དང་བསོད་ནམས་མཚོ་ལྟར་བསྐྱིལ། །ཕྱུ་གཡང་སྙན་གྲགས་ཉི་ཟླ་ལྟར་གསལ་པའི། །ཕྱུ་གཡང་འདོད་དགུའི་དཔལ་ཆེན་དེང་འདིར་ཁུག །མ་གཡེལ་མ་གཡེལ་ལྷག་པའི་ལྷ་ཁྱོད་ལ། །མི་ཕྱེད་དད་པས་སྙིང་ནས་གསོལ་འདེབས་ན། །མི་མཐུན་ཉེས་ཀུན་ཞི་ཞིང་མཐུན་པའི་རྐྱེན། །མ་ལུས་བདེ་བླག་ཉིད་དུ་འགྲུབ་པར་མཛོད། །ཐོག་མེད་དུས་ནས་འཁྱམས་པའི་འགྲོ་བ་ཀུན། །ཐུགས་རྗེས་བདག་གིར་མཛད་པའི་མགོན་ཁྱོད་ཀྱིས། །ཐབས་མཁས་མཛད་པའི་གྲུ་གཟིངས་ལ་བརྟེན་ནས། །ཐམས་ཅད་སྲིད་པའི་མཚོ་ལས་བསྒྲལ་དུ་གསོལ། །ཚེ་རབས་ཕྲེང་བར་ས་བཅུའི་མགོན་ཁྱོད་ཀྱིས། །ཚད་མེད་ཐུགས་རྗེའི་ཕྱག་གིས་ཉེར་བཟུང་ནས། །ཚོགས་གཉིས་རླབས་ཆེན་སྤྱོད་པ་མཐར་ཕྱིན་ཏེ། །ཚེ་དཔག་མེད་པའི་གོ་འཕང་མྱུར་ཐོབ་ཤོག །དེ་ཡང་སྔར་གཡང་འབོད་རྒྱས་པར་བྱས་པའི་སྐབས་ཀྱི་རྟེན་སོགས་ཡོད་ན། །གཡང་འགུག་གི་ཚོགས་བཅད་རྣམས་བརྗོད་པའི་ཚེ་རྒྱལ་ཆེན་འཁོར་དང་བཅས་པའི་ཐུགས་ཀའི་འོད་ཟེར་གྱི་ལྕགས་ཀྱུས་སྲིད་པ་གསུམ་གྱི་ཕྱུ་གཡང་ཐམས་ཅད་བསྡུས་ཏེ། དེ་དག་ལ་ཐིམ་པར་མོས་པས་གཡང་འགུག་གི་དོན་གྲུབ་ཅིང་། རྫས་དངོས་སུ་བཤམས་པ་མེད་ན་འང་། སྲིད་ཞིའི་ཕུན་ཚོགས་ཐམས་ཅད་བསྡུས་ཏེ་རང་གི་སྡོད་གནས་བང་མཛོད་ལ་སོགས་པ་ཐམས་ཅད་གང་བར་མོས་པ་བྱའོ། །མཇུག་ཏུ་མགྲོན་རྣམས་རང་གནས་སུ་གཤེགས་པར་མོས་ཤིང་། །དཀོན་མཆོག་གསུམ་གྱི་ཤིས་པ་བརྗོད་པ་ལ་སོགས་པས་མཐའ་

བརྒྱན་པར་བྱའོ། །ཞེས་པ་འདི་ནི་དད་བརྩོན་བློ་དང་ལྡན་པ་རབ་འབྱམས་པ་དཀོན་མཆོག་བསམ་གཏན་གྱིས་འདིའི་བསང་མཆོད་རྒྱས་པ་གཡང་འགུག་གི་དོན་ཚང་བ་ཞིག་དགོས་ཞེས་བསྐུལ་ངོར། །༄བཙུན་པ་དཀོན་མཆོག་བསྟན་པའི་སྒྲོན་མེས་བྲིས་པའོ། །

ན་མོ་བཛྲ་ཌཱ་ཀ་ཡེ། རང་ལྷའི་ང་རྒྱལ་དང་ལྡན་པས་མཆོད་གཏོར་དམ་རྫས་རྣམས་བྱིན་གྱིས་བརླབས་ལ། བཻ། མདུན་དུ་སེང་ཁྲི་པད་ཟླ་ཉི་མའི་སྟེང་། །བཻ་ཡིག་མདོག་དམར་འོད་ཀྱི་འཕྲོ་འདུ་ལས། །རྒྱལ་ཆེན་རྣམ་མང་ཐོས་སྲས་མདུང་དམར་ཅན། །མེ་འོད་འཁྱུག་པའི་བྱི་རུའི་ལྷུན་པོ་བཞིན། །སྐུ་མདོག་དམར་པོ་གཟི་བྱིན་ལང་ཚོ་འབར། །དམར་ཟླུམ་སྤྱན་བགྲད་མཆེ་བའི་མྱུ་གུ་གཙིགས། །གཡས་ན་སྟག་ལྤགས་རྒྱལ་མཚན་མདུང་དམར་དང་། །གཡོན་པའི་ཕྱག་གིས་ནེའུ་ལེ་ལྕུགས་ཀྱུ་འཛིན། །རིན་ཆེན་རྒྱན་སྤྲས་བསེ་ཡི་ཁྲབ་རྫོགས་གསོལ། །བསྟན་སྲུང་གནོད་སྦྱིན་བྱེ་བའི་འཁོར་དང་བཅས། །གནས་གསུམ་ཡི་གེ་གསུམ་མཚན་ཧཱུྃ་ཡིག་གིས། །བྱང་ཕྱོགས་ལྕང་ལོ་ཅན་གྱི་ཕོ་བྲང་ནས། །རྒྱལ་ཆེན་འཁོར་དང་བཅས་པ་སྤྱན་དྲངས་ཏེ། །དམ་ཚིག་པ་དང་དབྱེར་མེད་བརྟན་པར་བཞུགས། །ནོངས་པ་ཅི་བགྱིས་འགྱོད་པས་མཐོལ་བཤགས་ན། །དམིགས་མེད་སྙིང་རྗེའི་ཐུགས་ཀྱིས་དག་པར་མཛོད། །བཻ། ནམ་མཁའ་མཛོད་ཀྱི་སྒོ་འཕར་ཡོངས་ཕྱེ་བའི། །མི་ཟད་མཆོད་སྤྲིན་ཚར་དུ་དངར་བ་ནི། །དགེ་བྱེད་ཆུ་བཞིས་དྲི་མ་ཀུན་སྦྱོང་ཞིང་། །ཉེར་སྤྱོད་འདོད་ཡོན་དབང་པོའི་དཔྱིད་དུ་གྱུར། །སྙན་ཅིང་བརྗིད་ཆགས་རོལ་མོས་ས་ཆེན་གཡོ། །ངོ་མཚར་སྤྱན་གཟིགས་མཁའ་ལ་སྤྲིན་བཞིན་གཏིབས། །རི་རབ་གླིང་བཞིར་བཅས་པའི་མཎྜ་ལར། །ཟས་ནོར་མཐོ་དགུའི་ལོངས་སྤྱོད་ཕུར་བུར་སྤུངས། །གོ་མཚོན་ཕྱག་མཚན་ཕྱི་ནང་གསང་རྟེན་གྱིས། །རྒྱལ་ཆེན་འཁོར་དང་བཅས་པའི་ཐུགས་དམ་བསྐངས། །ཕ་རོལ་བསམ་སྦྱོར་ངན་པ་ཀུན་བཟློག་སྟེ། །བར་

ཚད་སེལ་ཞིང་འདོད་དགུའི་དངོས་གྲུབ་སྩོལ། །ཁྱད་པར་ཟག་མེད་བདུད་རྩིའི་མཆོད་གཏོར་གྱིས། །རྒྱལ་ཆེན་འཁོར་བཅས་དགྱེས་ཤིང་ཚིམ་གྱུར་ཏེ། །རྣལ་འབྱོར་དཔོན་སློབ་འཁོར་དང་བཅས་རྣམས་ལ། །རྗེས་སུ་བརྩེ་བས་བུ་བཞིན་སྐྱོང་བར་མཛོད། །སྟོབས་བཅུའི་དཔལ་མངའ་བདེ་གཤེགས་རིན་ཆེན་མང་། །གནོད་སྦྱིན་སྡེ་དཔོན་ནོར་ལྷའི་སྐུར་སྤྲུལ་ཏེ། །སྒྲུབ་པ་པོ་ལ་དངོས་གྲུབ་ཆར་འབེབས་པ། །བསམ་འཕེལ་དབང་གི་རྒྱལ་པོ་ཁྱོད་ལ་བསྟོད། །ཆོས་འཁོར་དཔལ་ལ་འཁྱུ་བའི་གདུག་ཅན་རྣམས། །ཟམ་པའི་སྟབས་ཀྱིས་རྡོ་རྗེའི་མདུང་ཐུང་གིས། །བསྣུན་ནས་ཕྱེ་མར་བརླག་པའི་སྟོབས་པོ་ཆེ། །ལས་བཞིའི་མཐར་སོན་ཁྱོད་ལ་ཕྱག་འཚལ་ལོ། །བདག་སོགས་དེང་ནས་བྱང་ཆུབ་སྒྲུབ་པ་ལ། །ཉེ་བར་འཚེ་བའི་བགེགས་རིགས་བཟློག་པ་དང་། །ཆོས་དང་སྲིད་ཀྱི་དཔལ་འབྱོར་རྒྱས་པ་ཡིས། །རྫོགས་ལྡན་དཔལ་ལ་སྤྱོད་པའི་གྲོགས་མཛོད་ཅིག །ཅེས་པ་འདི་ནི་ཐེ་བོ་རོང་ཕྱོགས་ཀྱི་དགོན་པ་བཀྲ་ཤིས་དར་རྒྱས་གླིང་གི་ཚོགས་འདོན་དུ་འདི་ལྟ་བུ་ཞིག་དགོས་ཚུལ་ཐུགས་རམ་པ་འཇམ་དབྱངས་ནོར་བུ། རབ་འབྱམས་པ་དགེ་འདུན་རྒྱལ་མཚན། དགེ་སློང་བསྟན་འཛིན་གྲགས་པ་རྣམས་ཀྱིས་བསྐུལ་ངོར། བཙུན་པ་དཀོན་མཆོག་བསྟན་པའི་སྒྲོན་མེས་སྦྱར་བའི་ཡི་གེ་པ་ནི་ཐུགས་རམ་པ་དཀོན་མཆོག་ཀུན་དགའོ། །

ན་མོ་གུ་རུ་ཧྲཻ་ཁ་ཧྱོ་ཏྲ་ཧྲེ་ཡ། འདིར་བཀའ་གཏེར་རིག་གནས་སྤྱི་དང་ཁྱད་པར་གསོ་བ་རིག་པའི་བསྟན་སྲུང་གཙོ་བོར་གྲགས་པ་ཞིང་སྐྱོང་རྡོ་རྗེ་བདུད་འདུལ་ལ་བསང་དང་མཆོད་གཏོར་སོགས་འབུལ་བར་འདོད་པའི་གང་ཟག་གིས་དེའི་ཡོ་བྱད་རྣམས་གཙང་ཞིང་གྱ་ནོམ་པ་འདུ་བྱས་ཏེ། རང་ཉིད་སྐད་ཅིག་གིས་དཔལ་གསང་བའི་བདག་པོ་ཕྱག་ན་རྡོ་རྗེ་སྐུ་མདོག་མཐིང་ནག གཡས་རྡོ་རྗེ་ནམ་མཁའ་ལ་འཕྱར་ཞིང་གཡོན་ཐུགས་ཀར་སྡིགས་མཛུབ་མཛད་པ། ཡེ་ཤེས་ཀྱི་མེ་དཔུང་རབ་ཏུ་འབར་བའི་དབུས་ན་བཞུགས་པར་གྱུར། མཆོད་གཏོར་རྣམས་ཨ་མྲི་ཏས་བསངས། སྭ་བྷཱ་ཝས་སྟོང་པར་སྦྱངས། །སྟོང་པའི་ངང་ལས་ཨོཾ་འོད་དུ་ཞུ་བ་ལས་བྱུང་བའི་ཕྱི་ནང་གསང་བའི་དམ་རྫས་སྤྲིན་གཟིགས་ནམ་མཁའ་གང་བ་ཟག་པ་མེད་པའི་བདེ་བ་ཁྱད་པར་ཅན་སྐྱེད་པར་

གྱུར། ཨོཾ་ཨཀྲོ་ཨཱཿཧཱུྃ་ནས་སྭཱཧཱ་ཨཱཿཧཱུྃ་གི་བར་དང་། སྔགས་དྲུག་ཕྱག་རྒྱ་དྲུག་གིས་བྱིན་གྱིས་བརླབ། ཧཱུྃ་མི་འགྱུར་མཆོག་ཏུ་ཡངས་པའི་གཞལ་ཡས་ཁང་། །མེ་ཏོག་འབྲས་ལྡན་སྨན་གྱི་ལྗོན་པས་བསྐོར། །སྨུ་ཏིག་འོད་ཆགས་ནོར་བུའི་རྒྱན་འཕྲེང་ཅན། །མ་ལུས་དཔལ་དང་འབྱོར་པས་གཏམས་པ་ནས། །སྣེ་བཞིའི་དཔལ་འབྱོར་ཀུན་སྟོལ་གནོད་སྦྱིན་གྱི། །སྡེ་དཔོན་རྗེ་ཛྫེ་བདུད་འདུལ་ཡབ་ཡུམ་དང་། །སྡེ་བརྒྱད་འབྱུང་པོའི་འཁོར་ཚོགས་རྒྱ་མཚོར་བཅས། །སྡེ་འདིར་ཐོགས་མེད་རྫུ་འཕྲུལ་ཤུགས་ཀྱིས་གཤེགས། །མདུན་དུ་རིན་ཆེན་འཁོར་ལོ་རྩིབས་བཞི་པའི། །སྟེང་དུ་དགྱེས་པ་ཆེན་པོས་ལེགས་བཞུགས་ནས། །བརྩེ་བས་དགོངས་ཏེ་སྟོན་བྱས་ནོངས་པ་ཀུན། །སྲོས་བྲལ་ཆོས་ཀྱི་དབྱིངས་སུ་སྦྱོང་བར་མཛོད། །ཡིད་འོང་ཉེར་སྤྱོད་རོལ་མོ་ཚར་དུ་དངར། །ལྷུན་སྟུག་འདོད་པའི་ཡོན་ཏན་རྣམ་ལྔ་རྫོགས། །དམ་རྫས་རྒྱན་དང་ལྡན་པའི་གཏོར་མ་སོགས། །ཕྱི་ནང་གསང་བའི་མཆོད་སྤྲིན་རྒྱ་མཚོས་མཆོད། །ལུས་སེམས་གདུང་བ་སེལ་བའི་དྲི་བཟང་གི །དྭད་ལྡན་སྤོས་དང་སྨན་སྣ་བརྒྱ་ཕྲག་སོགས། །སྤྲུར་བའི་བསང་མཆོད་རྒྱ་མཚོའི་བསུང་ཞིམ་གྱིས། །ཞང་བློན་འཁོར་བཅས་དགྱེས་པ་སྐྱེད་གྱུར་ཅིག །སྐུ་མདོག་མཐིང་ནག་རབ་བརྗིད་ཁྲོ་བོའི་ཚུལ། །ཕྱག་གཉིས་ཡིད་བཞིན་ནོར་དང་བུམ་བཟང་བསྣམས། །ཡུམ་ཆེན་གནོད་སྦྱིན་དབང་མོ་ཀུན་སྒྲུབ་མ། །བཀའ་ཉན་རྣམ་བཞི་འཁོར་དང་བཅས་ལ་བསྟོད། །སྟོན་ཚེ་རྩ་བརྒྱུད་བླ་མས་བཀའ་བསྒོས་ཤིང་། །གསང་བའི་བདག་པོའི་སྤྱན་སྔར་ཁས་བླངས་བཞིན། །རྒྱལ་བསྟན་སྤྱི་དང་ཁྱད་པར་གསོ་རིག་གི །བསྟན་པ་ཕྱོགས་བཅུར་རྒྱས་པའི་སྟོངས་གྲོགས་མཛོད། །འབྱུང་འཁྲུགས་ནད་ཀྱི་ངོ་བོ་ལེགས་རྟོགས་ཤིང་། །གཉེན་པོ་མི་འཛོལ་སྨན་རྣམས་མཐུ་དང་ལྡན། །ཁྲོ་འཚལ་སྐྱེ་བོའི་གདུང་སེལ་གཞན་ཕན་གྱི། །འཕྲིན་ལས་

ཡར་ངོའི་ཟླ་བཞིན་རྒྱས་པར་མཛོད། །མདོར་ན་བདག་ཅག་དཔོན་སློབ་ཡོན་མཆོད་ཀྱི། །ཕྱི་ནང་ཉེ་བར་འཚེ་བ་ཀུན་ཞི་ཞིང་། །ཆོས་དང་སྲིད་ཀྱི་དཔལ་འབྱོར་རྫོགས་ལྡན་གྱི། །དགའ་སྟོན་ལྷུན་གྱིས་གྲུབ་པའི་བཀྲ་ཤིས་སྩོལ། །ཅེས་མགྲོན་རྣམས་རང་གནས་སུ་གཤེགས་པར་བསམས་ལ་བཀྲ་ཤིས་ཀྱིས་མཐའ་བརྒྱན་པར་བྱའོ། །ཞེས་པ་འདི་ནི་གསོ་བ་རིག་པའི་གནས་ལ་རྣམ་དཔྱོད་ཡངས་པ་དར་ཧན་ཨེ་རྩེ་ནྡྲ་བཟང་མཆོག་གྲུབ་ཀྱིས་བསྐུལ་ངོར། ༸བཙུན་པ་དཀོན་མཆོག་བསྟན་པའི་སྒྲོན་མེས་བྲིས་པའོ། །

སྲིབ་བྲལ་ཡེ་ཤེས་ལྷ་ཡི་རང་འོད་ནི། །སྣང་སྲིད་དྲེགས་པའི་རྒྱལ་པོ་ལྷར་བཞེངས་པའི། །གཙོར་གྱུར་མེ་ལོང་ཡེ་ཤེས་ངོ་བོ་ཉིད། །སྐུ་ཡི་རྒྱལ་པོ་ཁྲིམས་པའི་རྣམ་རོལ་པའི། །གནོད་སྦྱིན་དགྲ་ལྷ་ཆེན་པོ་པུ་ཏྲ་དང་། །གསང་བའི་ཡུམ་ཆེན་བདུད་མོ་རོ་ལངས་མ། །ལས་བྱེད་ཁྱབ་འཇུག་བློན་པོ་བྱ་ཁྲིད་དང་། །ཙ་འདྲེན་སྡེ་བཞི་སྤྲུལ་པ་ཡང་སྤྲུལ་བཅས། །བསམ་ཡས་ཆོས་འཁོར་ལ་སོགས་གནས་མཆོག་ནས། །ཐོགས་མེད་རྫུ་འཕྲུལ་ཤུགས་ཀྱིས་འདིར་གཤེགས་ཏེ། །རྣལ་འབྱོར་དཔོན་སློབ་ཡོན་མཆོད་སྡེ་དང་བཅས། །སྲུང་ཞིང་སྐྱོང་བའི་མགོན་དུ་བརྟན་པར་བཞུགས། །མ་རུང་བསྒྲལ་བའི་ཤ་ཁྲག་དོན་སྙིང་ལས། །བྱུང་བའི་ཉེར་སྤྱོད་རོལ་མོའི་བྱེ་བྲག་དང་། །ཁྱད་པར་སྤྲུངས་རྟགས་སྦྱར་བྱས་གཏོར་མའི་ཚོགས། །ཟག་མེད་བདེ་ཆེན་ངང་དུ་དགྱེས་པར་རོལ། །པད་ཉི་མི་རོ་ལ་གནས་ཧ་མཆོག་སྟེང་། །གཏུམ་དྲེགས་ཚུལ་གྱིས་འགྱིང་བའི་དགྲ་ལྷ་ཆེ། །ཁྲོ་བོའི་རྗེ་རྗེ་གཏེར་བུམ་ལེགས་བཟུང་ནས། །བགེགས་འཇོམས་དངོས་གྲུབ་ཀུན་སྩོལ་ཁྱོད་ལ་བསྟོད། །ཚ་བརྒྱུད་བླ་མའི་རྡོ་རྗེའི་གཡར་དམ་བཞིན། །རྒྱལ་བའི་བསྟན་དང་བསྟན་འཛིན་སྐྱོང་བ་དང་། །ཁྱད་པར་རྩེ་གཅིག་སྒྲུབ་ཅིང་མཆོད་པ་ཡི། །རྣལ་འབྱོར་བདག་ཅག་བུ་བཞིན་སྐྱོང་བར་མཛོད། །ཕ་རོལ་བྱད་ཕུར་བསམ་སྦྱོར་ངན་པ་དང་། །ནད་མུག་

འཁྲུགས་སོགས་རྒུད་པའི་ཚོགས་ཞི་ཞིང་། །ཚེས་དང་སྲིད་ཀྱི་ལེགས་ཚོགས་མ་ལུས་པ། །དབྱར་གྱི་ཆུ་གཏེར་ཇི་བཞིན་རྒྱས་པར་མཛོད། །མདོར་ན་རྗེ་གཅིག་གུས་པས་གསོལ་བཏབ་བཞིན། །ཉིན་མཚན་ཀུན་ཏུ་གཡེལ་མེད་གྲོགས་མཛད་དེ། །མི་མཐུན་འཚེ་བའི་གཡུལ་ལས་རྒྱལ་བ་ཡི། །དགེ་མཚན་ཕྱོགས་བཅུར་རྒྱས་པའི་དཔལ་སྩོལ་ཅིག །ཅེས་པ་འདི་ནི་ཞམ་པ་དགེ་བཤེས་སྤྲུལ་སྐུ་བློ་བཟང་དཀོན་མཆོག་རྒྱ་མཚོས་བསྐུལ་ངོར། ༄བཙུན་པ་དཀོན་མཆོག་བསྟན་པའི་སྒྲོན་མེས་བྲིས་པའོ། །

ལྷུན་གྲུབ་བདེ་སྟོང་ཡེ་ཤེས་གསེར་འགྱུར་རྩེས། །ཐ་མལ་སྣོད་བཅུད་སྣང་བའི་ལྕགས་ཀྱི་ཁམས། །བསྒྱུར་བའི་རང་སྣང་དག་པའི་སུ་ཞཱ། །དག་པའི་རྟེན་དང་བརྟེན་པར་ཤར་པ་ནི། །རབ་འཇིགས་ཟངས་རིས་བསྐོར་བའི་གྲུ་གསུམ་ཀློང་། །རཀྟའི་རྒྱ་མཚོ་ཞག་གི་རླབས་འཕྲེང་ཅན། །གདུག་པའི་གཅན་གཟན་སྦྲ་སྒྲོགས་སྤྲིན་ཕྱི་རྔོད། །ཧམ་བརྗིད་བཟོད་པར་དཀའ་བའི་དུར་ཁྲོད་དབུས། །བསེ་མཁར་སྨུག་པོ་མཆོང་གི་ཁ་བད་ཅན། །རབ་དཀར་ཕྲོད་པའི་ཕྲེང་བ་ཚར་དུ་དངར། །རྒྱུ་མའི་དོ་ཤལ་ཁྲག་གི་ཞམ་ཆུ་འབབ། །མི་ལྤགས་རྒྱལ་མཚན་གཡོ་བའི་ཕོ་བྲང་ནས། །མི་རོ་ཧ་རོ་བརྣོལ་བའི་གདན་སྟེང་ན། །སྒྲོལ་གྱིང་སྲོག་བདག་དམར་པོ་བེག་ཙེ་ཅན། །གཡས་པས་ཟངས་གྱི་གཡོན་པས་གློ་སྙིང་དང་། །མདའ་གཞུ་འཛིན་ཅིང་བསེ་ཡི་ཧུ་མཚོན་བསྣོར། །གཡོན་ན་རིགས་པའི་ལྷ་མོ་གདོང་དམར་མ། །མདོག་ནག་ཟངས་གྲི་ལྕགས་ཀྱི་ཕུར་བ་བསྣམས། །དྲེད་མོ་མི་ཟན་ལ་ཞོན་གཅེར་མོའི་གཟུགས། །སྣ་ཚོགས་རྒྱན་ལྡན་གསང་བའི་ཡུམ་དང་བཅས། །ལས་བྱེད་གྲི་ཐོགས་བཤན་པའི་ཚོགས་རྣམས་དང་། །མ་མོ་ཐེའུ་རང་ལ་སོགས་གདུག་པའི་འཁོར། །གནམ་སའི་ཁོར་ཡུག་འགེངས་པའི་ལྷ་སྲིན་ཚོགས། །མ་ཐོགས་དམ་ཚིག་དབང་གིས་འདིར་གཤེགས་ཤིག །དངོས་འཛིན་ཚང་གིས་སྦྱོས་པའི་

གཉིས་འཐུང་གློ། །དགེ་ལེགས་པད་ཚལ་འཛུམས་བྱེད་གོམ་པའི་སྟབས། །ལོག་པའི་ལམ་དུ་བསྒྱུར་བའི་ཉེས་ལྟུང་ཀུན། །ཐུགས་རྗེ་ལྕགས་ཀྱུས་བཟུང་སྟེ་བྱང་བར་མཛོད། །གཟུངས་རིག་མོས་པའི་ཆུ་མཚོ་མ་རྙོག་པར། །སྣ་ཚོགས་མཆོད་པའི་རྒྱུ་སྐར་བཀྲ་བ་ནི། །ཁྲག་གི་མཆོད་ཡོན་རྣམ་ལྔའི་མེ་ཏོག་སྤྲོས། །མར་མེ་དྲི་དང་ཞལ་ཟས་རོལ་མོའི་སྒྲ །མདོག་དམར་ཏ་གཡག་ར་སྐྱེས་སྤྲིན་བྱའི་ཚོགས། །འཇིགས་པའི་གཅན་ཟན་བསེ་ཡི་ཁྲབ་རྨོག་དང་། །ཟངས་ཀྱི་གློ་སྙིང་བསེ་མཁར་སྲོག་འཁོར་སོགས། །མ་ཚང་མེད་པའི་མཆོད་སྤྲིན་ཚོགས་རྣམས་འབུལ། །ཁྱད་པར་དམར་ཆེན་གཏོར་མའི་རི་བོ་ནི། །རབ་མཐོ་ལྷུན་པོའི་རྗེས་འགྲོ་སྐུ་གསུང་ཐུགས། །རྡོ་རྗེས་སྒྱུངས་རྟོགས་སྤྱར་བྱས་བདུད་རྩི་འདི། །དགྱེས་པར་རོལ་ལ་བཙོལ་པའི་འཕྲིན་ལས་མཛོད། །བྱང་ཤར་མ་ཏུ་ཙེ་ཡི་དུར་ཁྲོད་ན། །དམར་ནག་སྒྲོལ་གླིང་ཆེན་པོ་སྲོག་གི་བདག །ནག་པོའི་རྩ་ལག་སྟེ་དང་བཅས་པ་ལ། །འཇིགས་པའི་བསྐལ་བ་སྟོན་མཛད་ཁྱོད་ལ་བསྟོད། །མཁྱེན་བརྩེའི་རྡོ་ངར་ལྡན་པའི་ཟངས་ཀྱི་གྲི །གནས་ལུགས་ནམ་མཁའི་དབྱིངས་སུ་གདེངས་པ་ཡིས། །བདག་འཛིན་གདོན་གྱི་རང་མདངས་བདུད་སྡེའི་མགོ །གཅིག་ཅར་གཙོད་པའི་དཔའ་བོ་ཁྱོད་ལ་བསྟོད། །འཇིགས་པའི་སྐུ་ལ་རབ་བགོས་བསེ་ཡི་ཁྲབ། །བྲག་དམར་ངོས་ལ་གློ་སྙིང་ཁྲག་རྒྱུན་འབབ། །ཏ་གདོང་མེ་ལྕེ་གཡོ་བས་འཁྱུད་པའི་གར། །སྣང་སྲིད་རྩེ་མོར་བསྒྱུར་བ་ཁྱོད་ལ་བསྟོད། །རབ་འཇིགས་བདུད་མོ་བསེ་ཡི་ལན་ཐྲན་ཅན། །ལས་བྱེད་བཤན་པའི་སྡེ་དང་གདུག་པའི་འཁོར། །རྒྱལ་བསྟན་བསྲུང་ཕྱིར་མི་གཡེལ་བརྩོན་མཛད་པའི། །བཀའ་ཉན་འཁོར་ཚོགས་རྒྱ་མཚོར་བཅས་ལ་བསྟོད། །དགའ་ལྡན་བསྟན་པ་ཡར་ངོའི་ཟླ་ལྟར་འཕེལ། །ཡངས་པའི་ལྗོངས་འདིར་བདེ་སྐྱིད་དཔལ་འབར་ཞིང་། །རྒྱལ་བློན་སྡེར་བཅས་མངའ་ཐང་དགུང་ལ་

བསྐྱེགས། །ཕུན་ཚོགས་དཔལ་འབྱོར་རྒྱས་པའི་བཀྲ་ཤིས་ཤོག །ཅེས་ཨ་རོ་ཏོར་ཆེན་ཤོག་དཀར་ལྷུན་ཡར་འཕེལ་གླིང་གི་ཚོགས་འདོན་དུ་འདི་ལྟ་བུ་ཞིག་དགོས་ཚུལ་རབ་འབྱམས་པ་འཇིགས་མེད་ཉི་མས་བསྐུལ་ངོར། ། ༧བཙུན་པ་དཀོན་མཆོག་བསྟན་པའི་སྒྲོན་མེས་སྦྱར་པའོ། །

བླ་མ་གཤིན་རྗེའི་གཤེད་ལ་ཕྱག་འཚལ་ལོ། །འདིར་གནས་ཆུང་དགྲ་ལྷ་སྐྱེས་གཅིག་ལ་གསོལ་མཆོད་མདོར་བསྡུས་བྱ་བར་འདོད་པས། །དམ་རྫས་རྣམས་འདུ་བྱས་ཏེ་སྐབས་སེམས་སྔོན་དུ་བཏང་། །རང་ལྷའི་ང་རྒྱལ་དང་ལྡན་པས་འདི་ལྟར། །ཧཱུྃ། བགྲང་ཡས་བདེ་གཤེགས་ཡེ་ཤེས་སྒྱུ་འཕྲུལ་ལས། །པདྨ་ཀཱ་རའི་གོ་སར་རྫོགས་པའི་དཔྱིད། །འཇམ་དཔལ་སྙིང་པོ་དཀྱིལ་འཁོར་རྒྱ་མཚོའི་མགོན། །སྔང་སྲིད་དྲེགས་ལྡན་ཡོངས་ཀྱི་གཙུག་ན་རྒྱལ། །སྲོས་བྲལ་དབྱིངས་སུ་ཞུགས་པའི་ཡེ་ཤེས་མཁར། །རྣམ་འདྲེན་ཕྱུགས་རྗེའི་ཁམས་ཀྱི་རོལ་པ་ལས། །ཅིར་ཡང་འཆར་བ་དྲེགས་པའི་སྡེ་དཔོན་ལྷ། །གདུག་པའི་འཁོར་ཚོགས་དང་བཅས་གནས་འདིར་གཤེགས། །ཁྱད་པར་ཡོངས་སྲུང་འཁོར་ལོ་སྒྲོལ་བའི་གདངས། །བཞིན་ལེགས་གར་གྱི་རི་མོ་གསུང་གི་རྒྱལ། །རིག་པ་སྔོན་པོ་རྡོ་རྗེ་དྲེགས་ལྡན་ཆེ། །འཁོར་བཅས་འདིར་གཤེགས་བརྟན་པར་བཞུགས་སུ་གསོལ། །འོད་གསལ་དབྱེར་མེད་མས་དབེན་གྱུར་ཀྱང་། །ཕྱིས་སློ་འཕྲུལ་བའི་ར་རིས་བཀྲ་བ་རྣམས། །གནོང་ཞིང་འགྱོད་པའི་ཡིད་ཀྱིས་མཐོལ་བཤགས་ན། །དམིགས་མེད་ཐུགས་རྗེའི་དབྱིངས་སུ་དག་པར་མཛོད། ཧཱུྃ། རྡོ་རྗེ་འཆང་དབང་བདེན་པའི་བཀས་བཏགས་ཤིང་། །རྣལ་འབྱོར་ཏིང་འཛིན་མོས་པའི་མཐུ་དཔལ་ལས། །སྤྲུལ་པའི་ཆོས་རྒྱལ་དགྱེས་བྱེད་མཆོད་པའི་སྤྲིན། །མི་ཟད་མཁའ་དགུའི་ལང་ཚོ་རྒྱས་གྱུར་ཅིག །ཡིད་འོང་མཆོད་ཡོན་དཔལ་གྱི་འདབ་བརྒྱ་བ། །བསུང་ཞིམ་སྤྲོས་དང་མར་མེ་དྲི་ཡི་ཆབ། །བཟའ་བཅའ་བཏུང་བ་རི་དང་རྒྱ་མཚོའི་ཟློ། །ཪམ་བརྗིད་སྒྲར་བཅས་དགྱེས་པ་སྐྱེད་ཕྱིར་འབུལ། །གཡང་

གཞི་རྒྱུ་མའི་ལྷ་ལྷིས་ཆུ་མཐོངས་འགོག. །རྟ་གཡག་གཅན་གཟན་ཚོགས་ཀྱིས་ས་ཆེན་ཁྱབ། །ཉེར་སྤྱོད་གོ་མཚོན་བར་སྣང་འགེངས་པ་འདི། །སྤྲུལ་པའི་ཆོས་རྒྱལ་འཁོར་བཅས་དགྱེས་ཕྱིར་འབུལ། །གཞན་ཡང་འདོད་ཡོན་ལྷ་སོགས་མཆོད་སྤྲིན་དང་། །ཁྱད་པར་དགྲ་ཤ་ཁྲག་ཞག་གཏོར་མ་འདི། །སྦྱངས་རྟོགས་སྦྱར་བས་བདུད་རྩིར་བྱིན་བརླབས་ནས། །གུས་པས་འབུལ་ལོ་དགྱེས་བཞིན་བཞེས་སུ་གསོལ། །བཞེས་ནས་རྣལ་འབྱོར་བདག་ཅག་འཁོར་བཅས་ལ། །གནོད་ཅིང་འཚེ་བའི་དགྲ་ཡི་ཉེར་འཚེ་ཀུན། །སྡིག་ཅན་སྡང་བའི་དགྲ་ལ་ཕྱིར་བཟློག་ནས། །ཆོས་སྲིད་རྒྱས་པའི་ལས་འདི་ཁྱོད་ཀྱིས་སྒྲུབས། ། ཧཱུྃ། ཀུན་ཁྱབ་ཀུན་བཟང་ཡེ་ཤེས་འབྱུང་བ་ལྔའི། །རང་འོད་སྐུ་ལྔར་ཤར་པ་དབང་པོའི་གཞུ། །མ་རུང་གདུག་པའི་གཤེད་པོར་མེ་ཡི་འོད། །འགྲོ་བ་དགྲ་ཡི་དགྲ་ལ་བདག་བསྟོད་དོ། །ཁྱད་པར་རྣལ་འབྱོར་ཡོངས་ཀྱི་དགྲ་ལྷ་ཆེ། །གསུང་གི་རྒྱལ་པོ་རང་རིག་གསང་བའི་ཡུམ། །རྡོ་རྗེ་དྲེགས་ལྡན་མི་བཟད་མཐུ་པོ་ཆེ། །གདུག་པའི་འཁོར་ཚོགས་རྒྱ་མཚོར་བཅས་ལ་བསྟོད། །རྒྱལ་གསུང་རྟ་རྟར་བཞད་པ་ཁྲག་འཐུང་ལྷའི། །དཀྱིལ་འཁོར་གཉན་པོར་རྩ་བརྒྱུད་བླ་མ་ཡིས། །བཀའ་བསྒོས་དམ་བཅས་ཚུལ་ལ་ཉེར་དགོངས་ནས། རྣལ་འབྱོར་དཔོན་སློབ་སྡེར་བཅས་སྲུང་བར་མཛོད། །རྒྱལ་བསྟན་སྤྱི་དགྲ་རྣལ་འབྱོར་སྒོས་ཀྱི་དགྲ །བསམ་སྦྱོར་ངན་རྣམས་ཐལ་བར་བརླག་པ་དང་། །བསྟན་དང་བསྟན་འཛིན་བསྟན་པའི་སྦྱིན་བདག་སོགས། །བསྲུང་ཞིང་རྒྱས་པའི་འཕྲིན་ལས་གཡེལ་མེད་མཛོད། །མདོར་ན་བྱང་ཆུབ་སྒྲུབ་པའི་གེགས་གྱུར་པའི། །ཕྱི་ནང་ཉེར་འཚེ་མ་ལུས་ཞི་བ་དང་། །མཐུན་རྐྱེན་ཚེ་དཔལ་སྟོབས་འབྱོར་མངའ་ཐང་སོགས། །འབད་མེད་ལྷུན་གྱིས་གྲུབ་པའི་བཀྲ་ཤིས་སྩོལ། །འཇུག་ཆོག་དཀྱུས་ལྟར་བྱའོ།། ཞེས་པ་འདི་ནི་ཐུ་མེད་པེ་སིའི་ཤོག་དགེ་སློང་བློ་བཟང་གིས་བསྐུལ་ངོར། །༄དཀོན་མཆོག་བསྟན་པའི་སྒྲོན་མེས་

བྲིས། །

ན་མོ་གུ་རུ་ཧྲཱིཿ ཁམས་གསུམ་རྣམ་པར་གནོན་པའི་དཔལ་མངའ་བ། །ཁྲོ་རྒྱལ་རྡོ་རྗེ་འཇིགས་མཛད་དྲག་སྔགས་ཀྱི །གར་གྱིས་རོལ་པ་འཇམ་མགོན་བློ་བཟང་གྲགས། །སྲིད་གསུམ་དྲེགས་ལྡན་རིགས་ཀྱི་བདག་པོར་བཞུགས། །ཧཱུཾ༔། སྐྱེ་འཇིག་མཚན་མ་ཀུན་བྲལ་སྟོང་པའི་དབྱིངས། །བདེ་གཤེགས་ཡེ་ཤེས་རང་མདངས་སྐུ་ལྔ་ལས། །གནས་ཚང་སྤྲུལ་པའི་ཆོས་རྒྱལ་བེ་ཧ་ར། །འཁོར་དང་བཅས་པ་གནས་འདིར་གཤེགས་སུ་གསོལ། །དབྱར་གྱི་མཁའ་ལ་ཆུ་འཛིན་འདུ་བ་བཞིན། སྔོན་གྱི་ཐུགས་དམ་གཉན་པོས་ཉེར་བསྐུལ་ཏེ། །ཐོགས་མེད་རྫུ་འཕྲུལ་གཡོ་བའི་རླུང་ཤུགས་ཀྱིས། །འདིར་གཤེགས་དགྱེས་བཞིན་བརྟན་པར་བཞུགས་སུ་གསོལ། །ཀུན་ཏུ་ཉོངས་པ་མུན་པའི་སྨག་རུམ་ན། །སྣོ་གསུམ་ཉོངས་པའི་འཁྲུལ་བ་ཅི་བགྱིས་པ། །ཉེས་པར་མཐོང་སྟེ་མཐོལ་ཞིང་བཤགས་བགྱིད་ན། །བརྩེ་བས་དགོངས་ཏེ་དབྱིངས་སུ་དག་པར་མཛོད། །བདེ་སྟོང་ཏིང་འཛིན་སྒྱུ་མའི་རོལ་བ་ལས། །སྣ་ཚོགས་མཆོད་པའི་སྣང་བརྙན་འབུམ་ཕྲག་ཏེ། །དབང་པོ་ཀུན་ལ་ཟག་མེད་བདེ་སྟེར་བས། །ཆོས་རྒྱལ་འཁོར་བཅས་དགྱེས་པ་སྐྱེད་གྱུར་ཅིག །ངོ་མཚར་སྤྲིན་གཟིགས་ཚོགས་ཀྱིས་ལྷ་ལམ་གང་། །དགྱེས་བྱེད་མཆོད་པའི་རྫས་ཀྱིས་ནོར་འཛིན་ཁྱབ། །སྣན་འགྱུར་གདུང་དབྱངས་རོལ་མོའི་སྒྲ་དང་བཅས། །དྲི་ཞིམ་བསངས་ཤིང་དུད་པའི་སྤྲིན་གྱིས་མཆོད། །རྒྱ་མཚོས་སྐྱེད་བཅིངས་ལྷུན་པོའི་རྗེས་འགྲོ་བ། །སེམ་བྱེད་དྲི་རོ་རེག་བྱའི་དཔལ་འཛིན་པའི། །དམར་ཆེན་གཏོར་མ་བཏུང་བའི་རིགས་དང་བཅས། །དགྱེས་པར་རོལ་ལ་བཅོལ་བའི་འཕྲིན་ལས་མཛོད། །སྔོན་ཚེ་ཙ་བརྒྱུད་བླ་མའི་སྤྱན་སྔ་རུ། །རྡོ་རྗེའི་གཡར་དམ་གཉན་པོ་ཁས་བླངས་བཞིན། །རྣལ་འབྱོར་དམ་ཚིག་ལྡན་པ་བདག་ཅག་

གི །ཆོས་སྲིད་དོན་ཀུན་སྒྲུབ་པའི་སྟོང་གྲོགས་མཛོད། །ལྷ་ཕྲག་སྙིགས་མའི་མུན་པ་འཐིབ་པའི་གླིང་། །སངས་རྒྱས་བསྟན་ལ་ཕན་སྐྱེལ་སྲིན་བུའི་ཚོགས། །ཆོས་མིན་སྤྱོད་པའི་གར་སྟབས་གཡོ་བ་ཀུན། །གཟི་བྱིན་ཉི་མའི་འོད་ཀྱིས་གཞོམ་པར་མཛོད། །ཐུགས་རྗེའི་མུ་ཁྱུད་རླུམ་བསྐོར་འཕྲིན་ལས་ཀྱི། །རྩིབས་སྟོང་རྫོགས་པའི་གསེར་སྒྱུར་འཁོར་ལོ་ཡིས། །ས་གསུམ་དྲེགས་ལྡན་མགོ་དགུའི་ཡོངས་སྤྱོད་བཅས། །མ་ལུས་དབང་དུ་བསྡུ་བའི་འཕྲིན་ལས་མཛོད། །མཐུ་སྟོབས་དཔུང་པའི་རུ་མཚོན་བསྒྲེངས་པ་ཡི། །དགྲ་ལྷ་དམ་ཅན་རྒྱ་མཚོའི་དམག་ཚོགས་ཀུན། །དམ་ཚིག་རྡོ་རྗེའི་རྒྱ་ལས་མ་འདའ་བར། །བསྟན་དང་བསྟན་འཛིན་བསྲུང་བའི་ལས་མཛོད་ཅིག །རབ་དཀར་ཤེལ་གྱི་རྟུལ་བརྩེགས་ལྷུན་པོ་ལ། །ཉི་འོད་སྟོང་འབར་མེ་ལྕེས་འཁྱུད་པ་བཞིན། །གཟི་བྱིན་བཟོད་དཀའ་གར་དགུའི་ཉམས་དང་ལྡན། །ཆོས་སྐྱོང་ཆེན་པོའི་སྐུ་ལ་བདག་བསྟོད་དོ། །དྲག་པོའི་གད་མོ་གདོང་ལྔའི་སྒྲ་དབྱངས་ཀྱིས། །ནག་ཕྱོགས་བདུད་ཀྱི་རིགས་གྱུར་རི་དྭགས་མོའི། །བསམ་སྦྱོར་ལོག་པའི་མངལ་ཁྲུར་ལྟུང་མཛད་པ། །ཆོས་སྐྱོང་ཆེན་པོའི་གསུང་ལ་བདག་བསྟོད་དོ། །ཕྱི་རོལ་འཇིག་རྟེན་དྲེགས་པའི་སྐུར་བསྟན་ཡང་། །དམིགས་མེད་སྙིང་རྗེའི་ངང་ལས་མི་གཡོ་བའི། །ཡེ་ཤེས་བདེ་སྟོང་མཆོག་གི་ངང་དུ་རོལ། །ཆོས་སྐྱོང་ཆེན་པོའི་ཐུགས་ལ་བདག་བསྟོད་དོ། །བདག་ཅག་དཔོན་སློབ་དགོན་གནས་དགེ་འདུན་སྡེ། །ཀུན་གྱི་སྲུང་མའི་གཙོ་བོར་མངའ་གསོལ་ན། །བསམ་པའི་དོན་ཀུན་ལྷུན་གྱིས་གྲུབ་པ་ཡི། །བཀྲ་ཤིས་རྒྱ་མཚོས་ཀུན་ཏུ་ཁྱབ་པར་མཛོད། །ཅེས་གནས་ཆུང་སྤྲུལ་པའི་ཆོས་རྒྱལ་ཆེན་པོའི་གསོལ་མཆོད་འདི་ནི་སུ་ཉིད་ཤོག་ནས་རབ་འབྱམས་པ་དཀོན་མཆོག་རྒྱལ་མཚན་གྱིས་ལྷག་བསམ་དག་པས་ཆོས་སྡེ་ཆེན་པོ་འདི་ཉིད་ཀྱི་སྲུང་མའི་གཙོ་བོ་ཡིན་གཤིས། ཁྲི་པའི་བླ་བྲང་དང་སྤྱི་བ་སོ་སོར་ཡང་འདིའི་སྐུ་བརྟེན་ར་བྱུང་ན་ལེགས་པའི་གྲོས་འདེབས་ཀྱིས་སོ་སོར་

གྲོགས་ལྡན་ཕྱུལ་ཕྱིན་བགྱིས་ཤིང་། དེ་ཐོག་ནས་གསོལ་མཆོད་ཅིག་ཀྱང་དགོས་ཚུལ་བྱུང་བར་བརྟེན། ༼བཙུན་པ་དཀོན་མཆོག་བསྟན་པའི་སྒྲོན་མེས་ཆོས་གྲྭ་ཆེན་པོ་བཀྲ་ཤིས་འཁྱིལ་དུ་བྲིས་པའོ། །

ཧཱུྃ་གདོད་ནས་དག་པ་ཆོས་དབྱིངས་བདེ་བའི་དངོས། །སྣང་བ་འདོད་དགུར་འགྱུར་པ་ཡངས་པའི་ཀློང་། །གཞལ་ཡས་འོད་འབར་ཏུ་མཆོན་སྤྱན་གཟིགས་ཀྱིས། །བསྐོར་བའི་དབུས་སུ་ཡིད་འོང་གདན་ཁྲི་ལ། །ཆོས་སྐྱོང་རྒྱལ་པོ་ཆེན་པོ་སྐུ་ལྔ་དང་། །སྟེང་གི་ནམ་མཁར་བླ་མ་ཡི་དམ་ལྷ། །ཕྱོགས་སུ་སྣང་སྲིད་དྲེགས་པའི་འཁོར་གྱི་ཚོགས། །མ་ཚང་མེད་པར་མགྲོན་དུ་ལྷགས་པ་རྣམས། །ཚོགས་ལ་རོལ་ཕྱིར་དགྱེས་བཞིན་བཞུགས་སུ་གསོལ། །ཨོཾ་ཨཱཿཧཱུྃ་རྡོ་རྗེ་གསུམ་གྱི་རོལ་པ་ཡིས། །ཉེས་ཀུན་སྦྱངས་ཏེ་འཆི་མེད་བདུད་རྩིའི་ཚོགས། །ནམ་མཁའ་ཁྱབ་པར་བྱིན་གྱིས་བརླབས་པ་ཡིས། །ཟད་བྱུང་དགྱེས་པ་སྐྱེད་པའི་ནུས་ལྡན་གྱུར། །སྔགས་དྲུག་ཕྱག་རྒྱ་དྲུག་དང་། བདག་གི་བསམ་པའི་སྟོབས་དང་ནི། །ཞེས་སོགས་ཀྱིས་བརླབས་ལ། ཧོཿཟག་མེད་ཚོགས་ཀྱི་འཁོར་ལོ་རྒྱ་ཆེན་འདི། །སྟེང་གི་བླ་མ་ཡི་དམ་ཚོགས་ལ་འབུལ། །དགྱེས་བཞིན་བཞེས་ནས་བདག་སོགས་ཀུན་གྱི་རྒྱུད། །བྱིན་གྱིས་བརླབས་ཏེ་དངོས་གྲུབ་མ་ལུས་སྩོལ། །ཧོཿཟག་མེད་ཚོགས་ཀྱི་འཁོར་ལོ་རྒྱ་ཆེན་འདི། །ཆོས་སྐྱོང་རྒྱལ་པོ་སྐུ་ལྔའི་ཚོགས་ལ་འབུལ། །དགྱེས་བཞིན་བཞེས་ནས་རྡོ་རྗེའི་གཡར་དམ་བཞིན། །བསྟན་དང་བསྟན་འཛིན་སྐྱོང་བའི་འཕྲིན་ལས་མཛོད། །ཧོཿཟག་མེད་ཚོགས་ཀྱི་འཁོར་ལོ་རྒྱན་ཆེན་འདི། གསང་ཡུམ་སྲུང་མ་བློན་པོ་འཁོར་ཚོགས་བཅས་ལ་འབུལ། །དགྱེས་བཞིན་བཞེས་ནས་བདག་སོགས་མི་ནོར་ཀུན། །རྟག་ཏུ་བསྲུང་ཞིང་སྐྱོང་བའི་བྱ་ར་མཛོད། །ཧོཿཟག་མེད་ཚོགས་ཀྱི་འཁོར་ལོ་རྒྱ་ཆེན་འདི། །ཡུལ་ལྷ་གཞི་བདག་གློ་བུར་ལྷགས་པ་སོགས། །ཚོགས་ལ་རེ་ཞིང་ལྟོས་པ་ཀུན་ལ་འབུལ། །བཞེས་ནས་ཀུན་ལ་ཕན་བདེའི་བསམ་སྦྱོར་

མཛོད། །ཧཱུྃ་གཙང་མར་སྦྱར་བའི་ཚོགས་འཁོར་རྒྱ་ཆེན་འདིས། །རྒྱལ་བའི་བསྟན་སྲུང་འཁོར་བཅས་དགྱེས་མཛོད་ལ། །དཔལ་ལྡན་བླ་མའི་སྐུ་ཚེ་མཛད་འཕྲིན་སྤེལ། །བསྟན་འཛིན་ཐུགས་མཐུན་བཤད་སྒྲུབ་དར་ཞིང་རྒྱས། །སྦྱིན་བདག་རྒྱལ་བློན་འབངས་བཅས་མངའ་ཐང་དར། །ཡུལ་དུ་ནད་མུག་འཁྲུག་སོགས་ཉེར་འཚེ་ཞི། །ཆོས་དང་སྲིད་ཀྱི་ལེགས་ཚོགས་མ་ལུས་པ། །དཀར་ཕྱོགས་ཆོས་ཀྱི་ཟླ་བ་བཞིན་དུ་འཕེལ། །རྣམ་སད་མཆོད་ཡོན་བཞིན་དུ་རྒྱུན་ཆད་མེད། །ནམ་མཁའི་ཁྱོན་ལྟར་ཡངས་ཤིང་རྒྱ་ཆེ་ལ། །རི་རབ་ལྷུན་པོ་ལྟ་བུར་བརྟན་ཅིང་བརྡིད། །དཔག་བསམ་ཤིང་ལྟར་ལྷུན་གྱིས་གྲུབ་པར་ཤོག །

ཅེས་པ་འདི་ནི་དུར་པིན་ཁྲུའུ་ཁེད་ཤོག་གི་བློ་དང་ལྡན་པ་དེམ་ཆེ་རབ་འབྱམས་པ་བསམ་འགྲུབ་རྒྱ་མཚོས་བསྐུལ་ངོར། །༧བཙུན་པ་དཀོན་མཆོག་བསྟན་པའི་སྒྲོན་མེས་སྦྱར་བའི་ཡི་གེ་པ་ནི་སྔགས་རམ་པ་དཀོན་མཆོག་ཀུན་དགའོ། །

ན་མོ་གུ་རུ་ཧྲཱིཿརང་ཡི་དམ་དུ་བསྐྱེད་ཅིང་བསང་མཆོད་བྱིན་གྱིས་བརླབས་ལ། །ཨོཾ་མཚོ་སྐྱེས་རྡོ་རྗེ་རྒྱལ་དབང་གྲགས་པའི་ཞབས། །ཀུན་མཁྱེན་བཞད་པའི་རྡོ་རྗེ་ལ་སོགས་པའི། །བཀའ་སྲུང་འབྲོག་གནས་ཆེན་པོའི་ཚུལ་འཛིན་པ། །ས་རྒྱལ་སྤོམ་ར་འཁོར་བཅས་གནས་འདིར་གཤེགས། །དངོས་བཤམས་ཡིད་སྤྲུལ་མཆོད་སྤྲིན་རྒྱ་མཚོ་དང་། །ཁྱད་པར་རྐང་འགྲོ་རིན་ཆེན་ནོར་དང་འབྲུ། །གོ་ཁྲབ་སྤྱན་གཟིགས་བཀོད་པ་མཐའ་ཡས་པས། །ལྷ་ཡི་དགེ་བསྙེན་འཁོར་བཅས་དགྱེས་གྱུར་ཅིག །དམ་རྫས་གཏོར་མ་རི་རབ་ལྟར་སྤུངས་ཤིང་། །ཇ་ཆང་གསེར་སྐྱེམས་བཏུང་བ་མཚོ་ལྟར་བསྐྱིལ། །ཨོཾ་ཨཱཿཧཱུྃ་གིས་བདུད་རྩིར་བྱིན་བརླབས་ནས། །གུས་པས་འབུལ་ལོ་དགྱེས་བཞིན་བཞེས་སུ་གསོལ། །བསུང་ཞིམ་སྤོས་དང་སྨན་སྣ་བརྒྱ་ཕྲག་ཚོགས། །བསྲེགས་པའི་དུད་སྤྲིན་མཁའ་དབྱིངས་ཁྱབ་པ་ཡིས། །ལྷ་ཆེན་ཐུགས་དང་འགལ་བའི་ཉེས་པ་

ཀུན། །ཁྱབ་ཞིང་ཟག་མེད་དགའ་བདེས་ཚིམ་གྱུར་ཅིག །ས་བཅུའི་དབང་ཕྱུག་རྒྱལ་སྲས་དཔའ་བོ་མཆོག ། དུས་མཐར་རྒྱལ་བའི་བསྟན་པ་སྤེལ་ཕྱིར་དུ། །འབྲོག་གནས་སྲིད་པའི་ལྷ་ཆེན་ཚུལ་བཟུང་བ། །རྨ་རྒྱལ་སྤོམ་ར་འཁོར་དང་བཅས་ལ་བསྟོད། །རིགས་རྩལ་མཐུ་ལྡན་ལྷ་ཡི་དགེ་བསྙེན་ཆེ། །ཡུམ་སྲས་བློན་པོའི་ཚོགས་དང་བཅས་པ་ཀུན། །སྟོན་ཆེ་རྩ་བརྒྱུད་བླ་མས་བཀའ་བསྒོས་བཞིན། །བསྟན་དང་བསྟན་འཛིན་མཐའ་དག་སྐྱོང་བར་མཛོད། །བདག་ཅག་དཔོན་སློབ་འཁོར་དང་བཅས་པ་ཡི། །གཞི་ལམ་བྱེས་ཀྱི་ཉེར་འཚེ་ཀུན་ཞི་ཞིང་། །ཆོས་དང་སྲིད་ཀྱི་ལེགས་ཚོགས་མ་ལུས་པ། །ཡར་ངོའི་ཟླ་བཞིན་རྒྱས་པའི་སྟོངས་གྲོགས་མཛོད། །ཅེས་པ་འདི་ནི་དད་བརྩོན་བློ་དང་ལྡན་པ་རབ་འབྱམས་པ་དཀོན་མཆོག་སེང་གེས་བསྐུལ་ངོར། ༄བཙུན་པ་དཀོན་མཆོག་བསྟན་པའི་སྒྲོན་མེས་བྲིས་པའོ། །

དཔལ་ཧེ་རུ་ཀ་ལ་ན་མོ། བསང་རྫས་རྣམས་ཚོགས་པར་བྱས། ལྷའི་ང་རྒྱལ་གྱི་གདེང་དང་ལྡན་པས་འདི་ལྟར། །ཧཱུྃ་ཧེ་རུ་ཀ་དཔལ་དབྱིངས་རིག་དབྱེར་མེད་མཁར། །ཆར་སྤྲིན་གར་གྱི་རི་མོ་གདོང་བཞི་བ། །ཡུམ་བཞི་ཉེར་གཅིག་བཤན་པའི་སྡེ་དང་བཅས། །འདིར་གཤེགས་བདག་ཅག་རྣམས་ཀྱི་མགོན་མཛོད་ཅིག །ཁྱད་པར་ཡུལ་ཕྱོགས་འདི་ཉིད་སྐྱོང་བའི་ལྷ། །སྣང་སྲིད་ཁ་ལོ་བསྒྱུར་བའི་དྲག་རྩལ་ཅན། །གཉན་ཆེན་པོ་བ་རོག་པོ་ཡུམ་སྲས་བློན། །ཀུན་དང་དར་རྒྱལ་སྤུན་གསུམ་དུང་རི་དཀར། །ཕག་པོ་ཧོར་ཡོན་གདར་སྐང་ཚ་སྟོན་དང་། །ར་ལམ་ཁྱུང་རྩེ་འདྲུ་འདྲུ་སྐྱ་སྟོ་རིང་། །ཤིང་ཆེན་ཤིང་ཚུང་མངའ་སྒྲོ་གཡའ་སྤང་རི། །ཞལ་དཀར་མཚོ་མོ་ཁྲ་ཟླུག་བསེའི་རི་རྒྱན། །སྒོ་མོ་གཡས་གཡོན་རྫོག་རི་རྫས་ཆེ་ཚུང་། །བྲག་དཀར་སོགས་ལ་གནས་བཅས་ལྷ་དང་ཀླུ། །མཐུ་ལྡན་དཀར་ཕྱོགས་སྐྱོང་བ་མ་ལུས་པ། །བསང་མཆོད་རྒྱ

མཚོའི་མགྲོན་དུ་འདིར་གཤེགས་ཤིག །བསྔོ། མཆོག་གསུམ་མཐུ་དང་ཆོས་
དབྱིངས་བདེན་པ་ལས། །བྱུང་བའི་མཆོད་སྤྲིན་ནམ་མཁའ་ཁྱོན་གང་ཞིང་། །
བསང་ཤིང་སྣ་ཚོགས་བསྲེགས་པའི་དུད་པའི་སྤྲིན། །བེ་ཧྟུར་དབྱར་སྐྱེས་ལྷ་
ལམ་འགེངས་པ་འདིས། །བླ་མ་ཡི་དམ་ཆོས་སྲུང་ཐམས་ཅད་དང་། །སྟོབས་
འཕྲོག་ནག་པོ་ཡབ་ཡུམ་འཁོར་བཅས་བསང་། །ལྷ་གཉན་ཆེན་པོ་སྔོ་ལ་གཡུ་རྩེ་
སོགས། །ཡུལ་འདིའི་གཞི་བདག་གཉན་པོ་མ་ལུས་བསང་། །བསང་ངོ་བསང་
མཆོད་རྒྱ་ཆེན་འདི་བཞེས་ལ། །ཡུལ་འདིའི་སྡེ་དགོན་རྗེ་འབངས་ཐམས་ཅད་
དང་། །ཁྱད་པར་བདག་ཅག་མི་ནོར་ལྷོས་བཅས་ཀུན། །སྲུང་སྐྱོབ་བྱ་ར་དུས་
ཀུན་མ་གཡེལ་ཞིག །ཁྱོད་མཐུ་ག་བུར་གཟིག་མའི་རྩེ་དགའ་ཡིས། །མི་ནད་
ཕྱུགས་ནད་དགྲ་རྐུན་གཅན་གཟན་དང་། །སད་སེར་ཐན་པ་ཁ་སླས་ཀྱོད་སྣ་
སོགས། །རྒུད་པའི་ཚ་གདུང་མ་ལུས་ཞི་བར་མཛོད། །གཡུང་དྲུང་ཚེ་ཡི་རྩ་བ་
རབ་བརྟན་ཅིང་། །བསོད་ནམས་སྟོབས་འབྱོར་ཡལ་གའི་ཁྱོན་ཡངས་རྩེར། །
གྲགས་སྙན་དགའ་བའི་མེ་ཏོག་འཛུམ་པ་ཡི། །རྫོགས་ལྡན་གསར་བའི་འབྲི་
ཤིང་རྒྱས་པར་མཛོད། །རྗེས་ཆགས་ཨུཏྤལ་དམར་པོའི་ལྕགས་ཀྱུ་ཡིས། །ཡིད་
འོང་གྲོགས་དང་འཁོར་གཡོག་མངའ་ཐང་དང་། །ཟས་ནོར་ལོངས་སྤྱོད་མཐོ
དགུའི་དཔལ་འབྱོར་ཀུན། །དབང་དུ་བསྡུ་བའི་འཕྲིན་ལས་མ་གཡེལ་ཞིག །
མ་ཉེས་ཉེས་པར་འཛིན་པའི་ཕས་ཀྱི་དགྲ། །གདུག་པའི་སེམས་འཆང་གནོད་
པའི་ལས་བྱེད་པ། །མ་ལུས་བདུན་བརྒྱུད་བཅས་པ་དྲུངས་ཕྱུང་སྟེ། །ཐལ་བའི་
རྡུལ་དུ་རློག་ཅིག་ས་མ་ཡ། །མདོར་ན་མི་འདོད་ཉེར་འཚེ་ཀུན་ཞི་ཞིང་། །ཆར་
ཆུ་དུས་འབེབས་ལོ་ཕྱུགས་རྟག་ཏུ་ལེགས། །ཚེ་རིང་ནད་མེད་སྡེ་བཞིའི་དཔལ་
འབྱོར་རྒྱས། །ཀུན་ཡིད་ཆོས་ལ་ཕྱོགས་པའི་བཀྲ་ཤིས་སྩོལ། །ཞེས་ཏོར་ཚང་སྤྱིའི་
ཆོས་སྐྱོང་དང་འབྲེལ་བར་ཡུལ་ལྷའི་གསོལ་མཆོད་འདི་ལྟ་བུ་ཞིག་དགོས་ཚུལ་ལྷར་བཙུན་པ་དཀོན་མཆོག

བསྟན་པའི་སྒྲོན་མེས་བྲིས། །

ཨོཾ་བདེ་ལེགས་སུ་གྱུར་ཅིག །དཀོན་མཆོག་ཐུགས་རྗེའི་ཉི་འོད་ཀྱིས་སྨིན་པའི། །དཀར་ཕྱོགས་སྐྱོང་བ་ལྷ་ཀླུའི་པད་ཚལ་ལས། །དཀའ་བ་མེད་པར་མཐུན་དངོས་སྤྲང་རྩེ་ཡི། །དགོར་མཛོད་འདྲེན་པའི་ཐབས་ཚུལ་འདི་ན་སྤྲོ། །དེ་ཡང་བོད་དང་བོད་ཆེན་གཉིས་ལས། ཆེན་པོ་བོད་ཀྱི་ཡུལ་དུ་གཏོགས་པས་རྩེ་བརྒྱད་ལུང་བ་ཕྱོགས་སུ་གྲེས། །ཞེས་ལུང་བསྟན་པའི་ཡ་གྱལ། །སྤངས་སྟོངས་མེ་ཏོག་གིས་བརྒྱན་པའི་འཁྲིག་གི་ས་མཚམས། ཕལ་སྐད་ལ་བསང་གཞུང་དུ་གྲགས་པའི་གནས་བདག་གཙོ་བོར་གྱུར་པ་ལྷ་གཉན་ཆེན་པོ་ཁྱུང་རྩེའི་བསང་མཆོད་རྒྱས་པར་ལག་ལེན་དུ་བསྟར་བར་འདོད་པའི་གང་ཟག་གིས། །དཀར་གསུམ་མངར་གསུམ་སོགས་ཀྱི་གཏོར་མ། །བཟང་པོའི་སྨན་སྣ་གང་འཛོམ། །ཕྱེ་མར་སོགས་དང་སྤྱར་བའི་བསང་རྫས། འབྲུ་ཤུག་མཁན་པ་བ་ལུ་སོགས་བསང་ཤིང་། སྤྱན་གཟིགས་དང་རྟེན་འབྲེལ་གྱི་ཡོ་བྱད། ཛ་ག་ཤང་དུང་གླིང་སོགས་ཀྱི་རོལ་ཆ་དང་བཅས་སྔ་གོན་ཚགས་སུ་ཚུད་པ་བྱས་ཏེ། སྐྱབས་སེམས་སྔོན་དུ་བཏང་། རང་ཉིད་སྐད་ཅིག་གིས་འཕགས་པ་ཐུགས་རྗེ་ཆེན་པོ་སྐུ་མདོག་དཀར་ཞིང་ཤིན་ཏུ་ཞི་བའི་ཉམས་ཅན། ཞལ་འཛུམ་པ་དང་བཅས་ཕྱག་གཡས་ལེགས་པར་བརྐྱངས་པའི་མཆོག་སྦྱིན་དང་། གཡོན་པ་སྙ་ཟུར་ལ་བརྟེན་ཏེ་སྐྱབས་སྦྱིན་གྱི་ཕྱག་རྒྱས་པདྨ་དཀར་པོའི་ཡུ་བ་ནས་འཛིན་པ། དབུ་སྒྲ་རལ་བའི་ཐོར་ཅོག་བཅིངས་ཤིང་སྤྱི་བོར་རིགས་ཀྱི་བདག་པོ་འོད་དཔག་མེད་ཀྱིས་རྒྱས་བཏབ་པ། རི་དྭགས་ཀྱི་པགས་པས་ནུ་མ་གཡོན་པ་བཀབ་ཅིང་། རིན་པོ་ཆེའི་རྒྱན་དང་དར་གྱི་ན་བཟའ་ཅན། པད་ཟླའི་གདན་ལ་ཞབས་གཉིས་མཉམ་པའི་སྟབས་ཀྱིས་བཞེངས་པའི་སྤྱི་བོར་ཨོཾ། མགྲིན་པར་ཨཱཿ། ཐུགས་ཀར་ཧཱུྃ་གིས་མཚན་པར་གྱུར། བསང་རྫས་དང་མཆོད་པ་རྣམས་ཨ་ཡིག་ཏས་བསངས། སྭ་བྷཱ་

ཕྱས་སྦྱངས། སྟོང་པ་ཉིད་དུ་གྱུར། སྟོང་པའི་ངང་ལས་མཆོད་རྫས་རྣམས་ཀྱི་རང་རང་གི་མིང་ཡིག་དང་པོ་ཐིག་ལེས་བརྒྱན་པ་ཞུ་བ་ལས། ལྷ་གཉན་ཆེན་པོ་ཁྱུང་རྩེ་མཐོན་པོ་སོགས་བསང་གཞུང་འདི་ན་གནས་པའི་ལྷ་ཀླུ་དཀར་ཕྱོགས་སྐྱོང་བ་མཐའ་དག་མཉེས་པར་བྱེད་པའི་བསང་རྫས་སྤྱན་གཟིགས་མཆོད་པའི་བྱེ་བྲག་བསམ་གྱིས་མི་ཁྱབ་པས་ས་དང་བར་སྣང་ནམ་མཁའི་ཁྱོན་ཐམས་ཅད་ཡོངས་སུ་གང་བར་གྱུར། ཨོཾ་ཨརྒྷཾ་ཨཱཿཧཱུྃ། ཨོཾ་པཱདྱཾ་ཨཱཿཧཱུྃ། ཨོཾ་པུཥྤེ་ཨཱཿཧཱུྃ། ཨོཾ་དྷཱུ་པེ་ཨཱཿཧཱུྃ། ཨོཾ་ཨཱཿལོ་ཀེ་ཨཱཿཧཱུྃ། ཨོཾ་གནྡྷེ་ཨཱཿཧཱུྃ། ཨོཾ་ནཻ་ཝི་དྱ་ཨཱཿཧཱུྃ། ཨོཾ་ཤབྡ་ཨཱཿཧཱུྃ། ཨོཾ་སརྦ་ཕ་བི་ཤུདྡྷེ་ཧྲ་ཏྲཱཿཏེ་བཛྲ་སིད་དྷི་ཧཱུྃ། ནམཿསརྦ་ཏ་ཐཱ་ག་ཏ་བྷྱོ་བི་ཤྭ་མུ་ཁེ་བྷྱཿསརྦ་ཏད་ཁཾ་ཨུད་ག་ཏེ་སྥ་ར་ཎ་ཧི་མཾ་ག་ག་ན་ཁཾ་སྭཱ་ཧཱ། ཨོཾ་ཏེ་ཛོ་ཧཱུྃ་ཕཊ། ཨོཾ་ཨ་ཀཱ་རོ་མུ་ཁཾ་སརྦ་དྷརྨཱཿཎཱཾ་ཨཱདྱ་ནུཏྤནྣ་ཏྭཱ་ཏ། ན་མཿསརྦ་ཏ་ཐཱ་ག་ཏ་ཨ་བ་ལོ་ཀི་ཏེ་ཨོཾ་སཾ་བྷཱ་ར་སཾ་བྷཱ་ར་ཧཱུྃ། ཨོཾ་རུ་རུ་སྥུ་རུ་ཛྭ་ལ་ཏིཥྛ་སིད་དྷ་ལོ་ཙ་ནི་སརྦ་ཨརྠ་སཱ་དྷ་ནི་སྭཱ་ཧཱ། དེ་བཞིན་གཤེགས་པ་རྒྱལ་བ་རིན་ཆེན་མང་ལ་ཕྱག་འཚལ་ལོ། །དེ་བཞིན་གཤེགས་པ་གཟུགས་མཛེས་དམ་པ་ལ་ཕྱག་འཚལ་ལོ། །དེ་བཞིན་གཤེགས་པ་སྐུ་འབྱམ་ཀླས་ལ་ཕྱག་འཚལ་ལོ། །དེ་བཞིན་གཤེགས་པ་འཇིགས་པ་ཐམས་ཅད་དང་བྲལ་བ་ལ་ཕྱག་འཚལ་ལོ། །ཆོས་ཀྱི་དབྱིངས་གདོད་མ་ནས་རྣམ་པར་དག་ཅིང་། ཀུན་རྫོབ་ཙམ་དུ་རྒྱུ་འབྲས་བསླུ་བ་མེད་པའི་རྟེན་འབྱུང་བདེན་པ་ཆེན་པོའི་ཞིང་སར། བདག་གི་རྣམ་པར་དག་པའི་ལྷག་བསམ་དང་རྫས་ཐོགས་ཏིང་ངེ་འཛིན་གྱི་ས་བོན་བཏབ་པ་རྣམས། མཆོག་གསུམ་བསླུ་བ་མེད་པའི་ཐུགས་རྗེའི་ཆར་གཤེར་དྲོད་ཀྱིས་སྨིན་པ་ལས་བསང་མཆོད་རྒྱ་མཚོའི་མགྲོན་རྣམས་སྤྱན་དྲངས་པ་བཞིན་ཐོགས་པ་མེད་པར་འདུ་ཞིང་། མཆོད་པའི་ཡོ་བྱད་ཇི་ལྟར་སེམས་པ་བཞིན་ཐོག་པ་མེད་པར་ལྷུན་གྱིས་གྲུབ་པར་མཆོད་ཡུལ་རྣམས་ལ་དགྱེས་པ་བླ་ན་མེད་པ་བསྐྱེད་ཅིང་། དེ་ལ་བརྟེན་ནས་ལས་བཞིའི་

འཕྲིན་ལས་གང་བཅོལ་སྐད་ཅིག་ཉིད་དུ་བསྒྲུབས་པ་སོགས་ཇི་ལྟར་སྨོན་པའི་འབྲས་བུ་ཕུན་སུམ་ཚོགས་པ་ཐམས་ཅད་བདེ་བླག་ཉིད་དུ་སྨིན་པར་གྱུར་ཅིག །བདག་གི་བསམ་པའི་སྟོབས་དང་ནི། །དེ་བཞིན་གཤེགས་པའི་བྱིན་སྟོབས་དང་། །ཆོས་ཀྱི་དབྱིངས་ཀྱི་སྟོབས་རྣམས་ཀྱིས། །དོན་རྣམས་གང་དག་བསམ་པ་ཀུན། །དེ་དག་ཐམས་ཅད་ཅི་རིགས་པར། །ཐོགས་པ་མེད་པར་འབྱུང་གྱུར་ཅིག །ཐུགས་རྗེའི་བདག་ཉིད་འཕགས་པ་སྤྱན་རས་གཟིགས་ཀྱི་བྱིན་རླབས་འོད་དཀར་སྣང་བས་ཡོངས་སུ་ཁྱབ་པ་གངས་ཅན་བོད་ཀྱི་ཡུལ་གྲུ། རིགས་ཀུན་ཁྱབ་བདག་བཞད་པའི་རྡོ་རྗེས་ཐུགས་བསྐྱེད་དཔུང་བའི་ཀ་བ་བཏན་པོས་ཡོངས་སུ་བཟུང་བའི་འདུལ་ཞིང་། མདོ་སྨད་ས་ཡི་ཐིག་ལེ་བི་ཧྲུར་ལྷུན་པོའི་རྗེས་སུ་འགྲོ་བ་རིའི་དབང་པོ་རྩེ་མོ་མངོན་པར་མཐོ་བས་ཚངས་པའི་ཡུལ་ས་སྙེགས་ཤིང་། རྩ་བ་རབ་བརྟན་དབང་ཆེན་གསེར་གྱི་གཞི་ལ་ཟུག་པ། འབྲས་བུ་ཕུན་ཚོགས་པའི་བཅུད་ཀྱིས་སྨ་བའི་རྩི་ཤིང་དང་། ཡན་ལག་བརྒྱད་དང་ལྡན་པའི་སླུང་ཕྲན་ཡོངས་སུ་བསྐོར་བ། སྟེང་དུ་ཆུ་འཛིན་སྟུག་པོའི་བླ་རེ་མངོན་པར་བྲེས་ཤིང་། སློག་ཕྲེང་འགྱུ་བའི་གསེར་གྱི་དོ་ཤལ་ཅན། སྔོན་བརྗིད་དབྱར་སྐྱེས་ཇ་གསང་རོལ་མོ་དལ་གྱིས་རྒོད་ཅིང་གྲུ་ཆར་ཀུན་ཏུ་འབེབས་པ། ཕྱི་བལྟས་བརྗིད་ཅིང་མཛེས་པའི་ས་འཛིན་མཆོག་གི་རྣམ་པ་ལ་ནང་དུ་རིན་ཆེན་བྱེ་བའི་ཁམས་ལས་གྲུབ་པའི་ཕོ་བྲང་ཆེན་པོ་གསེར་གཡུའི་ཀྲུ་ཐེབས་ཚར་དུ་དངར་ཞིང་། མཁོ་དགུའི་འབྱོར་པ་མ་ཚང་བ་མེད་པའི་དབུས་ན་འཕྲོག་གནས་ལྷ་ཡི་དགེ་བསྙེན་ཁྱུང་རྩེ་མཐོན་པོ་སྐུ་མདོག་ནོར་བུ་ཆུ་ཤེལ་བཞིན་དུ་དཀར་ཞིང་འཚེར་ལ་འོད་ཟེར་འཕྲོ་བ། ཕྱག་གཡས་མི་མཐུན་ཕྱོགས་ལས་རྣམ་པར་རྒྱལ་བའི་དར་མདུང་ཏུ་མཆོན་འཕྱར་ཞིང་། གཡོན་ན་མཐུན་རྐྱེན་དངོས་གྲུབ་ཆར་བཞིན་འབེབས་པའི་ཡིད་བཞིན་ནོར་བུ་འཛིན་པ། ཉི་ཟླའི་འོད་ལ་

འཁྲུ་བའི་གསེར་གྱི་གོ་ཁྲབ་གསོལ་ཞིང་། གཡས་གཡོན་དུ་སྟག་རལ་དང་གཟིག་ཤུབས་ཅན། མཛེས་ཤིང་བརྗིད་ལ་དཔའ་ཞིང་རྩམས་པ་སོགས་གར་དགུའི་ཉམས་དང་ལྡན་པ། ནོར་བུའི་སྣ་སྲབ་ཅན་གྱི་རྟ་མཆོག་དཀར་པོ་སྤྲིན་གྱི་ཤུགས་ཅན་གྱི་སྟེང་ན་འགྱིང་བའི་སྟབས་ཀྱིས་བཞུགས་པ། གཡས་སུ་གཉན་རྗེ་གོང་སྔོན། གཡོན་ན་ཞང་པོ་གཉན་དམར། མདུན་དུ་སྔོན་པོ་སྒྲོག་ཆེན་དང་གླང་རི་སོགས་བསང་གཞུང་ཉེན་སྲིབ་ཀུན་ཏུ་གནས་པའི་ལྷ་གླུ་གཞི་བདག་གཉན་པོའི་ཚོགས་ཀྱིས་ཡོངས་སུ་བསྐོར་ཏེ་བཞུགས་པར་གྱུར། རང་འཕགས་པ་ཐུགས་རྗེ་ཆེན་པོར་གསལ་བའི་ཐུགས་ཀ་ནས་འོད་ཟེར་འཕྲོས། དེ་དག་རྣམས་ལ་ཕོག་པའི་རྒྱུད་བསྐུལ་ཏེ་བསང་མཆོད་རྒྱ་མཚོའི་མགྲོན་དུ་སྐད་ཅིག་ཉིད་ལ་ཐོགས་པ་མེད་པར་བྱོན་ནས་རང་རང་ཇི་ལྟར་མོས་པའི་གདན་ཁྲི་ཕུན་སུམ་ཚོགས་པ་ལ་དགྱེས་པའི་ཉམས་དང་བཅས་ཏེ་བཞུགས་པར་གྱུར། ཀྱཻ།

རྨད་བྱུང་བཀྲ་ཤིས་དགེ་མཚན་ཆུ་བོ་བརྒྱ། །གཡས་སུ་འཁྱིལ་བའི་ཆུ་ལྷའི་ཕྱོགས་རོལ་ནས། །སྣང་སྲིད་སྐྱོང་བའི་ལྷ་ཆེན་འཁོར་དང་བཅས། །འདིར་བྱོན་རང་རང་དགྱེས་པའི་གདན་ལ་བཞུགས། །རིགས་ཀུན་ཁྱབ་བདག་བཞད་པའི་རྡོ་རྗེ་ཡིས། །གཞོམ་མེད་རྡོ་རྗེའི་གདངས་སུ་བསྒྲགས་པའི་བཀའ། །ཇི་ལྟར་ཁས་བླངས་དམ་ཚིག་དྲན་མཛོད་ལ། །རྒྱལ་འབྱོར་ཡོན་མཆོད་སྐྱོངས་ཤིག་ས་མ་ཡ། ཞེས་དམ་ལ་བཞག མཁའ་དང་འཛིན་མའི་དཀྱིལ་འཁོར་མ་ལུས་པ། ཡོངས་སུ་གང་བའི་མཆོད་ཡོན་དམ་པ་འདི། །ལྷ་གཉན་ཆེན་པོ་འཁོར་དང་བཅས་ལ་འབུལ། །དགྱེས་བཞིན་བཞེས་ནས་བཅོལ་བའི་འཕྲིན་ལས་མཛོད། །ཨོཾ་བྷཱུ་མི་པ་ཏིས་པ་རི་ཝཱ་ར་ཨརྒྷཾ་པྲ་ཏཱིཙྪ་སྭཱ་ཧཱ། དེ་བཞིན་དུ་མཆོད་ཡོན་གྱི་གནས་སུ། ཞབས་བསིལ། མེ་ཏོག བདུག་སྤོས། སྣང་གསལ། དྲི་ཆབ། ཞལ་ཟས། རོལ་མོ་རྣམས་དང་། ཨརྒྷཾ་གྱི་གནས་སུ། པཱདྱཾ། པུཥྤེ། དྷཱུ་པེ།

ཨཱ་ལོ་ཀེ། གནྡྷེ། ནཻ་ཝི་དྱ། ཤབྡ་རྣམས་བརྟུག་ལ་དབུལ། མགྲོན་རྣམས་ཀྱི་སྤྱི་བོར་རྡོར་རྗེ་གསུམ་གྱི་ལྷ་ཚོགས་བཞུགས་པའི་གནས་གསུམ་དུ་ཨོཾ་ཨཱཿཧཱུྃ་དང་ཡི་གེ་བརྒྱ་པ་དཀར་དམར་མཐིང་གསུམ་གྱིས་བསྐོར་བ་ལས་བདུད་རྩིའི་རྒྱུན་བབས་པས་དེ་དག་གི་སྡིག་སྒྲིབ་བག་ཆགས་གནོད་པའི་བསམ་སྦྱོར་ལ་སོགས་པ་ཐམས་ཅད་བྱང་ཞིང་དག་ནས་རྒྱུད་བྱིན་གྱིས་བརླབ་པར་བསམས་ཤིང་ཡིག་བརྒྱ་བཟླ། ཀ་དག་སྟོང་པའི་མཁའ་ལ་དཀར་ནག་ལས། །ཁ་དོག་མི་འདྲའི་ཚོན་རིས་མ་དམིགས་ཀྱང་། །ག་ཤེད་འཁྲུལ་ངོར་བཀྲ་བའི་ཉེས་ལྟུང་ཀུན། །ང་རོ་དྲག་པོས་མཐོལ་ཞིང་བཤགས་པར་བགྱི། །ཅ་ཅོ་དོན་མེད་གཏམ་གྱིས་འཕྱ་སྨོད་སོགས། །ཆ་ཤས་ཀུན་ནས་ཐུགས་དང་འགལ་བགྱིས་ཤིང་། །ཇ་ཆང་ཕུད་དང་གསེར་སྐྱེམས་བསང་གསོལ་སོགས། །ཉ་སྟོང་དུས་སུ་མ་བགྱིས་མཐོལ་ལོ་བཤགས། །ཏ་ལྟ་ག་ཏའི་བསྟན་པའི་སྐོར་ཞུགས་ཀྱང་། །ཐ་མལ་སྤྱོད་པ་བག་མེད་གྱུར་པ་ཀུན། །ད་ནི་ཉེས་པར་མཐོང་སྟེ་བཤགས་བགྱིད་ན། །ན་མ་རེར་ཡང་བྱང་ཞིང་དག་པར་མཛོད། །པ་ར་མི་ཏའི་དགོངས་དོན་ཆོས་དབྱིངས་སུ། །ཕ་མཐའ་ཡས་པའི་ཉེས་ལྟུང་སྒྲིབ་པ་ཀུན། །བ་མོའི་ཟིལ་བ་ཉི་མས་གདུངས་པ་བཞིན། །མ་ལུས་ལྷག་མེད་བྱང་ཞིང་དག་གྱུར་ཅིག །ཙ་རྒྱུད་བླ་མ་མཆོག་གསུམ་བྱིན་རླབས་ཀྱིས། །ཚ་ཟེར་འཕྲེང་བས་འདབ་བརྒྱ་བྱེ་བ་བཞིན། །ཛ་ཡའི་བསྟན་སྐྱོང་འཁོར་བཅས་སྤྱན་ལམ་དུ། །ཝ་ལེར་མཆོད་པའི་དངོས་ཀུན་རྒྱས་གྱུར་ཅིག །ཞྭ་ལྷམ་བཞོན་པ་ནོར་བུའི་སྣ་སྲབ་དང་། །ཟ་འོག་གོས་བཟང་གོ་ཁྲབ་མཚོན་ཆའི་རིགས། །འ་ཞུར་ཟང་ཟིང་འགྱུར་པའི་ཡོ་ལང་སོགས། །ཡ་མཚན་རྨད་བྱུང་སྤྱན་གཟིགས་ཚར་དུ་དངར། །རྭ་གདེངས་གཡག་རྐོད་གདུག་པའི་གཅན་གཟན་དང་། །ལ་ལུང་ཀུན་ཏུ་རྒྱུ་བའི་རི་དྭགས་ཚོགས། །ཤ་རྒྱས་ཕྲུ་སྤྱུག་ཧ་ནོར་ར་ལུག་སོགས། །ས་ཆེན་ཡངས་པའི་ཁྲོན་

ཀུན་བཀང་སྟེ་འབུལ། །ཧ་ཧོར་ཧྲཱིཿཡིས་མ་དག་སྐྱོན་སྦྱངས་ཏེ། །ཨ་མྲྀ་ཏར་བྱས་བདུད་རྩིའི་མཆོད་གཏོར་འདི། །ཧ་ལོའི་འདབ་ལྟར་ཡངས་པའི་ལྷུགས་བརྒྱངས་ནས། །ཨ་ལ་ལ་ཞེས་དགྱེས་པ་ཆེན་པོས་རོལ། །ཀ་མ་ལ་དང་དྲི་ཞིམ་བདུག་པའི་སྤྱོས། །ཁ་དོག་གསལ་འཚེར་སྒྲོན་མེའི་ཕྲེང་བ་དང་། །ག་བུར་དྲིས་བསྒོས་དྲི་ཆབ་ཞལ་ཟས་སོགས། །ང་རོ་སྙན་པའི་རོལ་མོར་བཅས་ཏེ་འབུལ། །ཅ་ཅོ་གླུ་ལེན་མཛེས་པའི་གར་སྟབས་བསྒྱུར། །ཆ་ལུགས་མཛེས་ལྡན་ལྷ་ཡི་བུ་མོ་རྣམས། །ཇ་ཆང་ཕུད་ཀྱི་མཆོད་ཡོན་སྤྲིང་བྱེད་ན། །ཉ་རྒྱས་ཟླ་ལྟར་དྭངས་ཤིང་དགྱེས་པར་མཛོད། །ཏ་ལའི་འདབ་འདྲ་ལྷ་ཤུག་མཁན་པ་སོགས། །ཐ་དད་བསང་ཤིང་སྣ་ཚོགས་དུད་པའི་སྤྲིན། །ད་ལྟ་ཉིད་དུ་མཁའ་དབྱིངས་ཁྱབ་བྱེད་པ། །ན་བུན་བཞིན་དུ་གཏིབས་པའི་བསང་གིས་མཆོད། །པ་སངས་ལྟར་དཀར་ལྷག་བསམ་བདེན་སྟོབས་ཀྱིས། །ཕ་མཐའ་ཡས་པའི་མཆོད་སྦྱིན་རབ་འབྱམས་དང་། །བ་ལིཾ་བདུད་རྩིའི་བཏུང་བ་གསེར་སྐྱེམས་སོགས། །མ་ལུས་མཆོད་པའི་ཐུགས་དམ་བསྐང་གྱུར་ཅིག །ཙ་ཏུར་འཕྲིན་ལས་འབར་བའི་འོད་སྟོང་གི །ཚ་ཟེར་ཕྲེང་བའི་རྒྱུད་པའི་མུན་པ་བཟློག །ཛ་ལང་རབ་རྒྱས་གདུག་པའི་དམག་ཛག་དང་། །ཝ་ལྟར་འཇབ་པ་རྐུན་པོའི་ཉེར་འཚེ་བཟློག །ཞྭ་སེར་བསྟན་དང་བསྟན་འཛིན་ཡོན་མཆོད་ལ། །ཟ་དན་ཁ་ཞུགས་ལྷ་འདྲེའི་གནོད་པ་བཟློག །འ་འུར་འཁྲུག་ལོང་ནད་ཡམས་མུ་གེ་སོགས། །ཡང་དུས་ཀྱི་ཆད་པ་ཐམས་ཅད་བཟློག །ར་ཧུ་ལ་དང་བཙན་བདུད་མ་མོ་སོགས། །ལ་འུར་སྒྲོག་ལ་བརྒྱལ་བའི་གནོད་པ་བཟློག །ཤ་ཟ་མཁའ་འགྲོའི་ཆོ་འཕྲུལ་བྱད་ཕུར་སོགས། །ས་སྟེང་མི་དང་མི་མིན་གྱིས་བསྐྱབས་པ། །ཧ་ལའི་དུག་འདྲ་གནོད་པའི་རིགས་བཟློག་སྟེ། །ཨམྲྀ་ཏ་མཚུངས་དངོས་གྲུབ་ཆར་དུ་བསྐྱིལ། །ཞེས་བསྐང་བཤགས་བཟློག་པ་རྣམས་བྱ། །དཀར་གཏོར་ཟུར་དུ་འབུལ་བར་

འདོད་ན། བསངས་སྦྱངས། སྟོང་པའི་ངང་ལས་ཧཱུྃ་ལས་རིན་པོ་ཆེའི་སྣོད་ཡངས་ཤིང་རྒྱ་ཆེ་བའི་ནང་དུ་ཕཻ་འོད་དུ་ཞུ་བ་ལས་ལྷའི་ཞལ་ཟས་དྲི་རོ་ཕུན་སུམ་ཚོགས་པ་མཆོད་ཡུལ་རྣམས་ལ་བདེ་དགའ་ཁྱད་པར་ཅན་བསྐྱེད་པའི་མཐུ་དང་ལྡན་པར་གྱུར། ཨོཾ་ཝཛྲ་མི་ཕྲ་ཏི་ས་པ་རི་ཕྲ་ར་ཨི་དཾ་བ་ལིཾ་ཏ་ཁ་ཁ་ཁཱ་ཧི་ཁཱ་ཧི། ལན་གསུམ་མམ་བདུན་སོགས་ཀྱིས་དབུལ། བསྟོད་བསྔལ་ནི། ཀ་མ་ལར་སྐྱེས་རིག་འཛིན་ཡོངས་ཀྱིས་རྗེ། །ཁ་བ་ཅན་ལྗོངས་བསྟན་པའི་དཔལ་དུ་གྱུར། །ག་ན་གནས་ཀུང་སྡེ་བརྒྱད་གདུག་པའི་ཚོགས། །ང་རྒྱལ་རི་བོ་འཇོམས་མཛད་དེ་ཡིས་སྐྱོངས། །ཅ་ཅོའི་སྒྲ་ལེན་ལྷ་ཀླུའི་འཁོར་གྱིས་བསྐོར། །ཆ་ཤས་ཀུན་ཚང་འབྱོར་པའི་དཔལ་གྱིས་བརྗིད། །ཇ་སོགས་མཆོད་པ་ལྷུར་ལེན་སྦྱིན་བདག་རྣམས། །ཉ་གང་ཟླ་བཞིན་རྒྱས་མཛད་ཁྱོད་ལ་བསྟོད། །ཏ་ཐཱ་ག་ཏའི་བསྟན་པ་རིན་ཆེན་ཡང་། །ཐ་མའི་དུས་འདིར་སྲི་ཞུ་ལ་ལྟོས་ཕྱིར། །ད་ནས་བཟུང་སྟེ་ཡོན་བདག་མི་ནོར་ཀུན། །ན་ཚ་ལ་སོགས་ཉེར་འཚེ་ཀུན་ལས་སྲུངས། །པ་ཧྲའི་དཔྱིབས་མཚུངས་གྱ་གྱུའི་ཐབ་སྦྱོར་སོགས། །ཕ་རོལ་བསམ་ངན་འཆང་བའི་དགྲ་སྡེ་ཀུན། །བ་དན་འཕྱར་བའི་དམག་དཔུང་རྣོ་མཚོན་གྱིས། །མ་ལུས་བཅོམ་སྟེ་རྗེས་མེད་ཀླུང་ལ་བསྐུར། །ཙ་ཤིང་ལོ་འབྲས་སྨིན་པ་ས་ཡི་བཅུད། །ཚ་གྲང་ཆུ་ཆར་སྙོམས་པ་ནམ་མཁའི་གཤིས། །ཛ་ཡས་ལེགས་བསྡུགས་དགེ་བཅུའི་སྤྱོད་པ་སོགས། །ཝ་ལེར་འཛོམས་པ་སྡེ་བཞིའི་དགའ་སྟོན་སྤེལ། །ཞྭ་སེར་བསྟན་པའི་རྒྱལ་མཚན་མདོ་དང་སྔགས། །ཟ་འོག་དར་གྱི་ཤམ་བུ་རིམ་བརྩེགས་ཤིང་། །འ་འུར་གྲགས་པའི་གཡེར་ཁ་འཁྲོལ་བ་ཡི། །ཡ་མཚན་རྨད་བྱུང་ཀུན་དགའ་རྒྱས་པར་མཛོད། །ར་གདེངས་རྡོ་རྗེ་འབར་བའི་ཕྱག་རྟགས་ཀྱི། །ལ་ལུང་སྡེ་བརྒྱད་ཀུན་གྱི་སྤྱི་བོའི་གཙུག །ཤ་རྗེན་རི་མོར་བཞག་པའི་གཡར་དམ་བཞིན། །ས་སྟེང་བསྟན་དང་ཡོན་མཆོད་འཁོར་བཅས་སྐྱོངས། །ཧ་ས་བཛྲ་

བཀའ་ལས་མ་འདའ་བར། །ཨ་ཡི་ཡུལ་གྱི་དགོན་ཆེན་ལྷ་འབངས་བཅས། །ཏ་ལོའི་འདབ་ལྟར་སྲིད་འགྱུར་རབ་རྒྱས་ཤིང་། །ཨམྲི་ཏ་མཚུངས་ཆོས་སྲིད་འཕེལ་བར་མཛོད། །ཡི་གེ་བརྒྱ་པ་བརྗོད་ཅིང་། །མ་ཧེད་ཡོངས་སུ་མ་ཤེས་དང་། །ཞེས་སོགས་ཀྱིས་ནོངས་པ་བཟོད་པར་གསོལ། མགྲོན་རྣམས་རང་གནས་སུ་གཤེགས་པར་བསམས་ལ། ཆེ་བའི་ཆེ་མཆོག་མ་སོགས་བཀྲ་ཤིས་ཀྱིས་མཐའ་བརྒྱན་པར་བྱའོ། །

སྨྲས་པ། དཀར་ཕྱོགས་སྐྱོང་བའི་མཐུ་ཆེན་ལྷ། །སྡིག་དང་མ་འདྲེས་བསང་མཆོད་ཀྱིས། །བརྟན་ཞིང་དཀར་པོའི་ལས་བཅོལ་བ། །སྦྱོར་བ་བཞི་ལྡན་ཐབས་སུ་བསྡུགས། །དེ་ཡི་ཚིག་འདི་བྲིས་པའི། །དགེ་བས་ཡུལ་ཁམས་མི་ནོར་ཀུན། །ཕན་བདེའི་དཔལ་གྱིས་རབ་མཛེས་ཤིང་། །སྤྱིན་པའི་ཕ་རོལ་ཕྱིན་རྫོགས་ཤོག །ཅེས་པ་འདི་ནི་སྦྱིན་པའི་བདག་པོ་སྟག་རིང་གནམ་ལོ་སོགས་ཀྱིས་ཡུལ་ལྷ་ཁྱུང་རྩེའི་བསང་མཆོད་རྒྱས་པ་ཞིག་དགོས་ཚུལ་ནན་ཆེར་བསྐུལ་བ་ལྟར། ༄བཙུན་པ་དཀོན་མཆོག་བསྟན་པའི་སྒྲོན་མེས་བྲིས་པའོ། །

ཕུན་ཚོགས་འདོད་དགུར་འཆར་བའི་བདེ་བ་ཆེ། །དག་པ་འོད་གསལ་དབྱིངས་སུ་འཁྱུ་བའི་གར། །མགྲོན་རྣམས་མ་ལུས་དགྱེས་བྱེད་མཆོད་སྤྲིན་དངོས། །གྲུབ་པར་མཆོག་གསུམ་བདེན་པས་བྱིན་གྱིས་རློབས། །སྣང་སྲིད་དྲེགས་པའི་ཁྲོད་ན་མཐུ་དང་རྩལ། །མི་དམན་ལྷ་ཆེན་མེར་ཏྲ་ནྡྷ་འཁོར་བཅས། །བསང་མཆོད་རྒྱ་མཚོའི་མགྲོན་དུ་འདིར་བྱོན་ཏེ། །མཆོག་ཏུ་རབ་དགའ་དགྱེས་བཞིན་བརྟན་པར་བཞུགས། །དཀར་མངར་སྒྲུར་བ་བཟའ་བཅའ་བཏུང་བའི་སྣོད། །གནག་རྟ་ལུག་གཅན་གཟན་པོ་མཆོན་ཚོགས། །བསང་ཤིང་སྨན་སྣ་བསྲེགས་པའི་བསང་མཆོད་བཅས། །མཆོད་སྤྲིན་རྒྱ་མཚོ་བསྟར་རོ་དགྱེས་པར་རོལ། །མ་ཚང་མེད་པའི་མཆོད་སྤྲིན་རྒྱ་མཚོ་འདི། །ཐོ་མའི་འཕྲིན་ལས་བསྒྲུབས་པའི་གཏང་རག་དང་། །ཕྱི་མའི་ལེགས་སོར་འབུལ

ཡོ་བཞེས་མཛོད་ལ། །ཚད་མཐུད་ཡོ་བ་སྲོང་ཞིང་བརྗེད་པ་སྐུལ། །རིག་འཛིན་རྩ་རྒྱུད་བླ་མས་བཀའ་བསྒོས་བཞིན། །བསྟན་ལ་དགའ་བའི་དཀར་ཕྱོགས་ལྷ་ཚོགས་ཀྱིས། །བྱ་བའི་འཁོར་ལོ་གཙུགས་ལག་ཁང་ཆེན་འདིའི། །མཐུན་རྐྱེན་གང་དགོས་སྒྲུབ་པའི་སྟོངས་གྲོགས་མཛོད། །འགྲོ་འདུག་སྤྱོད་ལམ་འཕྲུལ་བ་ཅི་བྱུང་ཡང་། །མ་ཡིས་བུ་བཞིན་བཟོད་པས་བརྩེར་དགོངས་ཏེ། །ཕྱི་དང་ནང་གི་ཉེར་འཚེ་ཐམས་ཅད་ལས། །སྲུང་ཞིང་སྐྱོབ་པའི་འཕྲིན་ལས་མ་གཡེལ་ཞིག །ཡུལ་ཕྱོགས་འདིར་ཡང་སད་སེར་ཐན་པ་སོགས། །མི་འདོད་ཉེར་འཚེའི་རྒྱུད་པའི་སྐྲག་བཅོམ་སྟེ། །ཕན་བདེའི་ཉིན་བྱེད་དཀྱུང་ནས་གསལ་བ་ཡིས། །དགའ་བའི་ཀུང་དྲུག་སླུ་དབྱངས་བཞད་པར་མཛོད། །ཅེས་པ་འདི་ནི་བསྟན་པའི་རྩ་ལག་དམ་པ་ཟམ་ཚ་གསེར་ཁྲི་རིན་པོ་ཆེ་ནས་འདི་གར་རྒྱལ་བ་སེང་གེ་ལིང་རོའི་ལྷ་ཁང་བཞེངས་རྒྱུའི་དོན་དུ་མེར་ཏུའི་ནགས་ནས་ཤིང་ཆ་ལེན་སྐབས། ༈བཙུན་པ་དཀོན་མཆོག་བསྟན་པའི་སྒྲོན་མེས་བྲིས་པའོ། །

ན་མོ་གུ་རུ་བཛྲ་ཧཱེར་ཀ་ཡ། དཀར་གསུམ་མངར་གསུམ་དྲི་བཟང་སྨན་སྤོས་སོགས་ཀྱི་བསང་མཆོད་དཀར་གཏོར་དང་བཅས་པ་བཤམ། སྐྱབས་སེམས་སྔོན་དུ་བཏང་། རང་གཉིས་རྗེའི་གཉེད་ཀྱི་ང་རྒྱལ་ལ་གནས་པས། ཀྱཻ་བདེ་ཆེན་ཆོས་ཀྱི་དབྱིངས་ཀྱི་ཕོ་བྲང་ནས། །བདེ་ལེགས་ཀུན་སྩོལ་བླ་མ་མཆོག་གསུམ་དང་། །བདག་སོགས་སྐྱོང་བའི་ཡུལ་ལྷ་གཉན་པོ་རྣམས། །བདག་གིས་སྤྱན་འདྲེན་གནས་འདིར་གཤེགས་སུ་གསོལ། །ཁྱད་པར་ཡུལ་འདི་ཆོས་སྲིད་དགེ་མཚན་གྱིས། །ཁྱབ་མཛད་བ་ཡན་སྣ་དག་ནོ་མོ་ཧོང་། །ཐུ་ཁྲམ་ཏུ་ཐུ་ཐུ་མེད་ཅེར་ག་ལང་ཐུ། །ཐམས་ཅད་ཐོགས་མེད་ཐུགས་རྗེས་གནས་འདིར་གཤེགས། །མ་རྟོགས་འཁྲུལ་བས་ནོངས་པ་གང་བགྱིས་པ། །མ་ལུས་སྙིང་ནས་བཤགས་སོ་བཟོད་པ་བཞེས། །མཆོད་པའི་སྤྲིན་ཕུང་མ་ཚང་མེད་པ་འདིས། །མཆོག་གསུམ་ཡུལ་

ལྷའི་ཚོགས་བཅས་དགྱེས་གྱུར་ཅིག །དྲི་མེད་འོད་འབར་རིན་ཆེན་སྣོད་ཡངས་སུ། །དྲི་ཞིམ་རོ་བདའ་བཟང་བཏུང་སྣ་ཚོགས་དང་། །བསང་ཤིང་སྨན་སྣ་སྣ་ཚོགས་སྦྱར་བ་ཡི། །བསང་མཆོད་རྒྱ་མཚོས་མཆོད་དོ་དགྱེས་པར་རོལ། །མི་འདོད་ཉེར་འཚེ་མིང་གི་ལྷག་མར་མཛོད། །མི་ནོར་ལོངས་སྤྱོད་མ་ལུས་གོང་དུ་སྤེལ། །ཚེ་དཔལ་སྐལ་གྲགས་ཕུན་སུམ་ཚོགས་པ་ཡི། །ཚད་མེད་དངོས་གྲུབ་དགའ་སྟོན་ཚང་བར་སྩོལ། །སད་སེར་ཐན་པ་ལ་སོགས་རྒུད་པའི་མུན། །སངས་ཏེ་བདེ་སྐྱིད་ཉི་མ་དགུང་ནས་ཤར། །རྗེ་འབངས་ཆོས་སྲིད་འབྱོར་པ་རྫོགས་ལྡན་གྱི། །རྗེས་འགྲོ་ཆབ་སྲིད་མངའ་ཐང་དར་བར་མཛོད། །མདོར་ན་དཔོན་སློབ་ཡོན་མཆོད་འཁོར་བཅས་ཀྱི། །འདོད་པའི་དོན་ཀུན་ལྷུན་གྱིས་གྲུབ་པ་དང་། །རྒྱལ་བ་གཉིས་པའི་ལུང་རྟོགས་དམ་ཆོས་ཀྱི། །རྒྱལ་མཚན་སྲིད་པའི་རྩེ་མོར་བསྒྲེངས་གྱུར་ཅིག །ཅེས་པ་འདི་ནི་པ་རོན་སུ་ཉིད་ཤོག་ནས་དད་གཏོང་བློ་གྲོས་སོགས་ཀྱི་རྒྱན་དང་ལྡན་པ་ཐོ་ཡོན་རབ་གསལ་གྱིས་བསྐུལ་ངོར། ཤཱཀྱའི་བཙུན་པ་དཀོན་མཆོག་བསྟན་པའི་སྒྲོན་མེས་བྲིས་པའོ། །

བླ་མ་གཤིན་རྗེའི་གཤེད་ལ་ཕྱག་འཚལ་ལོ། །ལྷ་ཆེན་དགྲ་འདུལ་དབང་པོའི་བསང་མཆོད་བྱ་བར་འདོད་པའི་གང་ཟག་གིས་མཆོད་གཏོར་སྤྲན་གཟིགས་སྨན་སྣ་དྲི་བཟང་སྦྱར་བའི་བསང་མཆོད་སོགས་འདུ་བྱས་ལ། སྐྱབས་སེམས་སྔོན་དུ་བཏང་། རང་ལྷའི་ང་རྒྱལ་བརྟན་པོ་དང་ལྡན་པའི་སྒོ་ནས། ཀྱཻ། པ་ཧུ་ནོར་བུའི་རྒྱན་སྤྲས་གཞལ་མེད་ཁང་། །ཕ་མཐའ་མི་མངོན་འབྱོར་པའི་སྲིན་གཏིབས་ཤིང་། །བ་དན་འཕྱང་འཕྲུལ་དར་གྱི་ལྡ་ལྡི་སོགས། །མ་ཚང་མེད་པས་རབ་མཛེས་ཕོ་བྲང་ནས། །པ་སངས་ལྷར་དཀར་དགྱེས་པའི་འཛུམ་ལྡན་ཡང་། །ཕ་རོལ་དགྲ་སྡེ་འཇོམས་པའི་དྲག་ཤུལ་ཅན། །བ་རིན་གནས་བདག་དགྲ་འདུལ་དབང་པོ་ཆེ། །མ་ལུས་འཁོར་ཚོགས་དང་བཅས་གནས་འདིར་གཤེགས། །པ་ར་མི་ཏའི་དབྱིངས་སུ་སྦྱོར་བྲལ་

ཡང་། །ཕ་རོལ་མཐོང་མིན་ཉེས་སྤྱོད་ནོངས་པ་ཀུན། །བ་མོའི་ཐིལ་བ་ཉི་མས་གདུངས་པ་ལྟར། །མ་བཅོས་རང་བཞིན་དག་པའི་ངང་དུ་བཤགས། །པདྨ་འདོད་པའི་ཡོན་ཏན་ཀུན་རྫོགས་ཤིང་། །ཕ་མཐའ་ཡས་པའི་མཆོད་གཏོར་རྒྱ་མཚོ་འདིས། །བ་རིན་གནས་བདག་ཆེན་པོའི་ཐུགས་དམ་བསྐང་། །མ་ལུས་འགལ་རྐྱེན་སེལ་ཞིང་མཐུན་རྐྱེན་སྒྲུབས། །པ་ཏ་ཀ་སོགས་ཡིད་འོང་སྤྲིན་གཟིགས་དང་། །ཕ་ལམ་རྩེ་རྡོའི་གོ་མཚོན་འབར་བ་ཡིས། །བ་རིན་གནས་བདག་ཆེན་པོའི་ཐུགས་དམ་བསྐང་། །མ་ལུས་འགལ་རྐྱེན་སེལ་ཞིང་མཐུན་རྐྱེན་སྒྲུབས། །པ་སངས་ལྟར་དཀར་ཅང་ཤེས་རྟ་དང་ལུག །ཕ་ཐོང་གཡག་འབྲ་བརྫིད་པའི་གནག་གི་ཁྱུས། །བ་རིན་གནས་བདག་ཆེན་པོའི་ཐུགས་དམ་བསྐང་། །མ་ལུས་འགལ་རྐྱེན་སེལ་ཞིང་མཐུན་རྐྱེན་སྒྲུབས། །པ་ཧ་ལྟར་འཁྱིལ་བསང་ཤིང་དུད་པའི་སྤྲིན། །ཕ་རོལ་ནམ་མཁའི་ཁྱོན་ཀུན་འགེངས་པ་འདིས། །བ་རིན་གནས་བདག་ཆེན་པོའི་ཐུགས་དམ་བསྐང་། །མ་ལུས་འགལ་རྐྱེན་སེལ་ཞིང་མཐུན་རྐྱེན་སྒྲུབས། །པ་ད་སྤྱི་བོར་བསྣེན་ཅིང་གུས་མཆོད་ན། །ཕ་ལྟར་བྱམས་ཤིང་འགལ་རྐྱེན་བཟློག་པ་དང་། །བ་སྤུ་གཡོ་བའི་གདུང་ཤུགས་དྲག་པོ་ཡིས། །མ་ལྟར་བརྩེ་ཞིང་ཟས་ནོར་ལོངས་སྤྱོད་སྩོལ། །པ་པ་སངས་ལྟར་དཀར་གསལ་བརྫིད་པའི་སྐུ། །ཕ་རོལ་དགྲ་སྡེའི་སྙེམས་པ་འཇོམས་པའི་གསུང་། །བ་རིན་སྤོངས་འདིར་ལྷག་པར་བརྩེ་བའི་ཐུགས། །མ་ལུས་དངོས་གྲུབ་གཏེར་ཆེན་ཁྱོད་ལ་བསྟོད། ། པྲཱུ་ཛ་བསང་མཆོད་རྒྱ་མཚོ་འདི་བཞེས་ཏེ། །ཕུ་མདའ་ཟས་ནོར་བཅུད་ཀྱིས་འགེངས་པ་དང་། །བུ་རྒྱུད་ཚེ་དཔལ་མངའ་ཐང་སྙན་གྲགས་སོགས། །མུ་མཐའ་ཡས་པའི་དགེ་ལེགས་ཆར་དུ་སྐྱོལ། །པདྨའི་དགའ་ཚལ་ཉི་མས་བྱེ་བ་བཞིན། །ཕན་དང་བདེ་བའི་དགེ་མཚན་འབུམ་བཞད་ཅིང་། །བར་དུ་གཅོད་པའི་བགེགས་ཚོགས་ཀུན་ཞི་

ནས། །མ་ལུས་ལེགས་ཚོགས་འགྲུབ་པའི་བཀྲ་ཤིས་ཤོག །ཅེས་པ་རིན་གྱི་གཞི་བདག་ལྷ་ཆེན་དགྲ་འདུལ་དབང་པོའི་གསོལ་མཆོད་བསྐང་བཤགས་བསྟོད་པ་ཀུན་ཚང་བ་འདི་ལྷ་བུ་ཞིག་དགོས་ཞེས་དད་ལྡན་སྦྱིན་བདག་ཨ་ཀེ་སེ་ན་ཛི་ཡཱ་ཐུས་བསྐུལ་ངོར། ཤཱཀྱའི་བཙུན་པ་དཀོན་མཆོག་བསྟན་པའི་སྒྲོན་མེས་བྲིས་པའོ། །

ཧྲཱིཿ ལེགས་བྱས་སྐྱོང་འཕྲོལ་ཕྲུན་ཚོགས་འབྱོར་པའི་རླབས། །འབུམ་འཁྱེད་གཞལ་ཡས་རང་བཞིན་རི་བོ་ལས། །ལྷ་གཉན་སྐུ་བླ་མཆེད་གསུམ་ཡུམ་སྲས་བློན། །འབངས་འཁོར་འབུམ་བཅས་འདིར་གཤེགས་བརྟན་པར་བཞུགས། །ཕྱོད་ཐུགས་དགྱེས་བྱེད་ཏིང་འཛིན་སྒྱུ་མའི་འཕྲུལ། །གནག་རྟ་གཅན་གཟན་རི་དྭགས་ར་དང་ལུག །གསེར་དངུལ་དར་ཟབ་གོ་མཚོན་སྣ་ཚོགས་དང་། །ཇ་ཆང་ཕུད་དང་བསངས་མཆོད་རྒྱ་མཚོ་འདིས། །མཆོད་དོ་བཞེས་ལ་པདྨ་ཀཱ་ར་ཡི། །བཀའ་རྟགས་རྡོ་རྗེའི་རྒྱ་ལས་མ་འདའ་བར། །ཉིན་གྱི་བྱ་ར་མཚན་གྱི་མེལ་ཚེ་དང་། །དགྲ་སྡེའི་དཔུང་འཇོམས་གཉེན་གྱི་ཁ་འཛིན་མཛོད། །མདོར་ན་བདག་ཅག་མི་ནོར་ལྷོས་བཅས་ཀུན། །གཏད་དོ་གཉེར་རོ་ལྷ་གཉན་འཁོར་དང་བཅས། །དམ་བཞག་དུས་ལ་བབས་ཀྱིས་དམ་མ་དྲལ། །མཐུ་རྩལ་དུས་ལ་བབས་ཀྱིས་མཐུ་མ་ཆུང་། །གཞི་ལམ་བྱེས་ཀྱི་འཇིགས་པ་ཀུན་སྲུང་ལ། །མཐུན་རྐྱེན་ཚེ་དཔལ་སྟོབས་འབྱོར་རིགས་རྒྱུད་སོགས། །ལེགས་ཚོགས་མ་ལུས་འདོད་དགུར་དཔྱིད་འཛོ་བའི། །བཀྲ་ཤིས་སྐྱེ་མ་གཡུང་དུ་ཟླ་བར་མཛོད། །ཅེས་སྐུ་བླ་གསོལ་མཆོད་མདོར་བསྡུས་འདི་ཡང་རང་གི་དཔོན་པོ་མི་སྡེ་བཅས་ཀྱིས་བསྐུལ་ངོར། ཆོས་སྨྲ་བ་དཀོན་མཆོག་བསྟན་པའི་སྒྲོན་མེས་རྣ་འགྲམ་ནས་བྲིས། །

ན་མོ་ལོ་ཀེ་ཤྭ་ར་ཡ། བསང་རྫས་རྣམས་འདུ་བྱས་ལ་སྐྱབས་སེམས་སྔོན་དུ་བཏང་། རང་ལྷའི་རྣལ་འབྱོར་ལ་གནས་བས་བསང་རྫས་བྱིན་གྱིས་བརླབས་ཏེ། ཀྱཻ། དགེ་ལེགས་འདོད་དགུའི་གྲུ་ཆར་འཛོ་བ་ཡི། །མཆོག་གསུམ་ཐུགས་རྗེའི་ཆུ་འཛིན་དཀར་པོའི་འཕྲེང་། །སྲིད་ཞིའི་གདུང་བ་སེལ་བའི་གྲིབ་བསིལ་གྱིས། །

སྣོད་བཅུད་བརྟན་གཡོ་ཀུན་ལ་བྱིན་ཕོབ་ཅིག །དགེ་བཅུའི་དཔལ་འབར་ས་ཡི་ཐིག་ལེ་མཆོག །མགོ་དགུའི་འཁྱོར་བ་རྫོགས་ལྡན་སྤྲིན་བཞིན་གཏིབས། །ནང་དུ་རིན་ཆེན་བྱེ་བའི་གཞལ་མེད་ཁང་། །ཉི་མ་སྟོང་ཁྲག་འོད་ཀྱི་རྩེ་དགའ་འགྱེད། །དེ་ན་ཡངས་པའི་ལྗོངས་འདི་སྐྱོང་མཛད་པའི། །ལྷ་ཡི་དགེ་བསྙེན་པ་ཡན་ལུད་ཁེ་ཞེས། །དྲག་རྩལ་མཐུ་དང་ལྡན་པའི་ལྷ་གཉན་ཆེ། །ཡུམ་སྲས་བློན་འབངས་ཚོགས་དང་བཅས་པ་བཞུགས། །དེ་རིང་བསང་མཆོད་རྒྱ་མཚོའི་མགྲོན་དུ་འབོད། །རྒྱལ་འཁྱོར་འཕྲིན་ལས་སྒྲུབ་པའི་གྲོགས་སུ་འབོད། །དཔལ་འབྱོར་མངའ་ཐང་སྤེལ་བའི་གཡང་དུ་འབོད། །མཐུ་དང་རྫུ་འཕྲུལ་བསྐྱེད་ལ་འདིར་གཤེགས་ཤིག །ཡིད་འཕྲོག་བལྟ་ན་སྡུག་པ་མཛེས་པའི་གཟུགས། །རྣ་བའི་བདུད་རྩིར་འཇོ་བ་སྙན་པའི་སྒྲ། །སིམ་བྱེད་མངར་བའི་བསུང་ཞིང་འཐུལ་བའི་དྲི། །ལུས་ཟུངས་རྒྱས་བྱེད་བཟའ་བཅའ་བཏུང་བའི་རོ། །འཇམ་མཉེན་བདེ་སྟེར་ལྷ་རྫས་རེག་བྱར་བཅས། །འདོད་ཡོན་ལྔ་ལྡན་མཆོད་ཚོགས་རྒྱ་མཚོ་དང་། །གཞན་ཡང་གནག་ཕྱུགས་ཕོ་མཚོན་ནོར་འབྲུ་སོགས། །སྤྱན་གཟིགས་མཆོད་སྤྲིན་ནམ་མཁའ་བཀང་སྟེ་འབུལ། །ཁྱད་པར་སྨན་དང་དྲི་བཟང་མཐའ་ཡས་པ། །བསྲེགས་པའི་དུད་སྤྲིན་བཻཌཱུར་མཆོད་སྡོང་ངམ། །དབྱར་སྐྱེས་སྤྲིན་སྟོན་བཞིན་དུ་གཏིབས་པ་ཡིས། །ལྷ་ཡི་དགེ་བསྙེན་ཆེན་པོ་འཁོར་བཅས་བསང་། །ཉེས་པ་ཀུན་སེལ་བསང་མཆོད་བདུད་རྩི་ཡིས། །ཀོ་ལྟོག་ཐབ་གཞོབ་ཉམས་ཆག་མནོལ་བ་སོགས། །ལྷ་ཆེན་ཐུགས་དང་འགལ་བགྱིས་ནོངས་པ་ཀུན། །སངས་ཞིང་དག་ནས་བདེ་དགེས་ཚིམ་གྱུར་ཅིག །སྣང་དགྲ་གནོད་པའི་བགེགས་ཀྱི་དཔུང་ཚོགས་ཚོམས། །མི་དང་ཕྱུགས་ཀྱི་ནད་རིམས་བར་ཆད་སོལ། །སད་སེར་ཐན་པ་འབྱུང་བའི་ཉེར་འཚེ་ཟློག །མིན་མཐུན་གཡུལ་ལས་རྒྱལ་བའི་བ་དན་ཕྱུར། །ཟས་ནོར་

ཡོངས་སྒྱུར་དབྱར་གྱི་མཚོ་བཞིན་རྒྱས། །མངའ་ཐང་རིགས་རྒྱུད་ཡར་ངོའི་ཟླ་བཞིན་འཕེལ། །ཐུབ་བསྟན་བཤད་སྒྲུབ་ཉི་མའི་འོད་བཞིན་གསལ། །སྡེ་བཞིའི་དཔལ་འབྱོར་རྒྱས་པའི་འཕྲིན་ལས་མཛོད། །མདོར་ན་རྩ་རྒྱུད་བླ་མའི་བཀའ་ལུང་བཞིན། །ཉིན་གསུམ་བྱ་ར་མཚན་གསུམ་མེལ་ཚེ་ཡིས། །བདག་ཅག་ཡོན་མཆོད་ཀུན་གྱི་གྲོགས་མཛད་དེ། །ལེགས་ཚོགས་ལྷུན་གྱིས་གྲུབ་པའི་བཀྲ་ཤིས་སྩོལ། །ཅེས་ཨ་བ་ག་རྫོག་གི་གཞི་བདག་ཆེན་པོ་བ་ཡན་མུར་ཁའི་བསང་མཆོད་རྫོགས་ལྡན་སྦྱིན་ཕུང་ཞེས་བྱ་བ་འདི་ནི་དད་བརྩོན་བློ་གྲོས་ཀྱི་ནོར་དང་ལྡན་པ་ཐོ་ཡོན་གུ་ཤྲཱི་བློ་བཟང་ཚུལ་ཁྲིམས་ཀྱིས་བསྐུལ་ངོར། ཞེས་བརྩོན་པ་དཀོན་མཆོག་བསྟན་པའི་སྒྲོན་མེས་བྲིས་པ་དགེ་ལེགས་འཕེལ། །

ན་མོ་བཛྲ་ཧྲི་ར་ཡ྄་ཡ། བསང་རྫས་རྣམས་འདུ་བྱས་ཏེ། རང་ལྷའི་ང་རྒྱལ་གྱི་གདེངས་དང་ལྡན་པས། ཀྲཱི། ཕུལ་བྱུང་དགེ་བཅུའི་ལང་ཚོ་དར་བ་ཡི། །ཡངས་པའི་ལྗོངས་འདིར་གཙུག་མར་གནས་འཆའ་བ། །ལྷ་ཀླུ་གཞི་བདག་གཉན་པོ་འཁོར་བཅས་དང་། །ཁྱད་པར་དཀར་ཕྱོགས་སྐྱོང་བའི་མཐུ་པོ་ཆེ། །ལྷུན་ཆགས་བཀྲ་ཤིས་པ་ཡན་ཨོ་པོ་གླ། །ཙཱཧྲི་མན་ཐུ་ཧོན་གོར་ཐེ་ཁེ་ཙང་། །བཀྲ་ཤིས་མུ་རུན་ཆོས་གྲ་ཨོ་བ་གླ། །ཆ་གླན་མན་ཏག་ཏར་གན་ཐུའི་ཙོ་དང་། །ཨུན་འདུར་མུན་ཐུ་ནོམ་གན་ཨུན་འདིར་བཅས། །ཨུན་འདུར་པོ་ནྟ་ཆུ་མིག་འོར་གི་ཁུ། །ཨེར་དེན་ཆོག་ཚ་ཨེར་དེན་ཐོ་ལོ་གེ །ཨོ་ཆེར་ཆོག་ཚ་བུར་ཏན་ཐུ་གུ་ལ། །ཨུལ་ཅོས་ཐོ་ཧོས་ན་མུག་ཕར་ཙང་གོའུ། །ཤ་ར་ཏ་ད་ཤ་ར་ཐ་ལ་ཆེ། །ན་རིན་བུ་ལག་ཨུན་འདིར་ཨུལ་ཅོས་ཐུ། །ཆ་གང་ཞིར་གེ་བ་ཡན་ཏ་ར་དང་། །ཨའི་བག་གོལ་པོམ་པ་བཀྲ་ཤིས་གླིང་། །སོགས་གནས་བསྟན་ལ་དགའ་བ་འི་ཡུལ་ལྷ་རྣམས། །མ་ཐོགས་དམ་ཚིག་དབང་གིས་འདིར་གཤེགས་ཏེ། །བསང་མཆོད་རྒྱ་མཚོའི་མགྲོན་དུ་བརྟན་པར་བཞུགས། །ཡིད་འོང་མཆོད་སྦྱིན་བཀོད་པ་མཐའ་ཀླས་བས། །ས་གཞི་བར་སྣང་ནམ་མཁའི་ཁྱོན

གང་ཞིང་། །ཁྱད་པར་བཻ་ཌཱུརྻ་ཡི་མཚོད་སྡོང་གི །རྗེས་འགྲོ་དྲི་ཞིམ་སྤྱོས་ཀྱི་དུད་སྤྲིན་འདིས། །ལྷ་གཉན་ཆེན་པོ་འཁོར་དང་བཅས་རྣམས་ཀྱི། །ཉམས་ཆག་ཉེས་པའི་དྲི་མ་ཀུན་བྱང་སྟེ། །ཕུལ་བྱུང་དགའ་བདེའི་འདབ་ཕྲེང་བཞད་པའི་དབུས། །ཡིད་ཀྱི་རེ་བའི་འབྲས་བཟང་སྨིན་གྱུར་ཅིག །ཁྱད་པར་སད་སེར་ཐན་པ་མུ་གེ་དང་། །ནད་ཡམས་འབྲུག་སོང་ལ་སོགས་རྒུད་པའི་རིགས། །མྱུར་དུ་ཞི་ནས་ཆོས་འབྱོར་དགའ་སྟོན་གྱི། །རྫོགས་ལྡན་གསར་བའི་རྩེ་དགའ་རྒྱས་པར་མཛོད། །མདོར་ན་བདག་ཅག་མི་ནོར་ཕྱོགས་བཅས་ཀུན། །ལྷ་གཉན་འཁོར་དང་ཅས་ལ་གཉེར་གཏད་ན། །འགལ་རྐྱེན་ཀུན་ཞི་ལེགས་ཚོགས་མ་ལུས་པ། །དབྱར་མཚོ་ལྟ་བུར་རྒྱས་པའི་སྡོང་གྲོགས་མཛོད། །ཅེས་མིང་གནན་ཕྱོགས་ཀྱི་ཡུལ་ལྷའི་གསོལ་མཆོད་འདི་འང་དགེ་སློང་བློ་བཟང་བསྟན་འགྲུས་ཀྱིས་བསྐུལ་ངོར། །བཙུན་པ་དཀོན་མཆོག་བསྟན་པའི་སྒྲོན་མེས་བྲིས་པའོ། །

ན་མོ་བཛྲ་ཧེ་རུ་ཀཱ་ཡ། དེའང་བསང་རྫས་དངོས་གཙང་ཞིང་རྒྱ་ཆེ་བ་དང་། དཀར་གསུམ་གྱིས་བརྒྱན་པའི་གཏོར་མ། ཟ་སིལ་སོགས་སྣ་ཚོགས་ལེགས་པར་བཤམས། སྐྱབས་སེམས་སྔོན་དུ་བཏང་། རང་སྐད་ཅིག་གིས་ལྷར་བསྐྱེད་ཅིང་བསང་རྫས་བྱིན་གྱིས་བརླབས་ནས། ཀྱཻ། ཀ་བའི་སྟག་རྩེ་རྩེ་རྒྱལ་ནག་ཡུ་སོགས། །ཁ་རྗེ་དབང་ཐང་དཔལ་བསྐྱེད་ཡུལ་གྱི་ལྷ། །ག་ཤེད་མི་མངོན་དབྱིངས་ན་བཞུགས་པ་ཀུན། །ང་ཡིས་སྤྱན་འདྲེན་གནས་འདིར་གཤེགས་སུ་གསོལ། །ཅ་ཅོའི་དབྱངས་དང་རོལ་མོ་འབྲུག་ལྟར་སྒྲོགས། །ཆ་ཤས་ཀུན་རྫོགས་གཏོར་མ་རི་ལྟར་སྤུངས། །ཛ་ཚང་དཀར་གསུམ་རྒྱ་མཚོ་ལྟར་བསྐྱིལ་ཏེ། །ཉ་རྒྱས་ཟླ་ལྟར་དྭངས་པའི་ཡིད་ཀྱིས་དབུལ། །ཏ་ལའི་འདབ་འདྲ་ལྷ་ཤུག་སྔོན་མོ་སོགས། །ཐ་དད་བསང་ཤིང་སྣ་ཚོགས་དུད་པའི་སྤྲིན། །ད་ལྟ་ཉིད་དུ་ལྷ་ལམ་དགེངས་བཟོད་པ། །ན་བུན་སྔོན་པོའི་ཕྲེང་ལྟར་གཏིབས་ཏེ་འབུལ། །པ་སངས་ལྟར་དཀར་མཆེ་ག་ཚོགས

ཀྱུ་སྟག་སོགས། །ཕ་རོལ་འཇོམས་པའི་གཅན་གཟན་སྣ་ཚོགས་དང་། །བ་གླང་ཅང་ཤེས་རྟ་དང་ར་ལུག་སོགས། །མ་ལུས་སྤྱན་གཟིགས་ཚོགས་ཀྱིས་ཐུགས་དམ་བསྐང་། །ཙ་ཏུར་འབྱུང་འབྲུགས་གག་ཕྱོག་གཉན་གཟེར་དང་། །ཚ་བའི་རིམས་སོགས་ནད་རིགས་ཀུན་ཞི་ཞིང་། །ཛ་ལང་རབ་རྒྱས་གདོང་ལྔའི་དབང་པོ་བཞིན། །ཝ་སྐྱེས་ལྟ་བུའི་དགྲ་ལས་རྒྱལ་བར་མཛོད། །ཞ་ལྷར་སྤྱི་བོའི་གཙུག་ཏུ་ཁྱོད་བཀུར་ཞིང་། །ཟ་འོག་རྒྱལ་མཚན་བཞིན་དུ་ཁྱོད་འཕྱར་ན། །འ་ཡུར་ཚེ་འཕྲུལ་སྣ་ཚོགས་ད་དུང་བཅས། །ཡ་མཚན་འཕྲིན་ལས་ཐོགས་མེད་དུས་ལ་བབ། །ར་བ་བཙན་པོས་བསྐོར་བའི་སྲོག་མཁར་བཞིན། །ལ་ལུང་གང་དུ་ཉེར་འཚེ་མི་འབྱུང་ཞིང་། །ཤ་འོད་རྩོལ་བཞིན་ཟས་ནོར་ལོངས་སྤྱོད་ཚོགས། །ས་འདིར་རྫོགས་ལྡན་ཀུན་དགའ་རྒྱས་པར་མཛོད། །ཧ་རི་ཙན་དན་དད་ལྡང་བསང་མཆོད་དང་། །ཨ་ཤྲཱི་ཧ་ཡི་རང་བཞིན་མཆོད་གཏོར་འདིས། །ལྷ་གཉན་འཁོར་བཅས་ཚིམ་ཞིང་དགྱེས་གྱུར་ཏེ། །འདོད་དོན་ལྷུན་གྱིས་འགྲུབ་པའི་བཀྲ་ཤིས་ཤོག །ཅེས་རོང་ཧུའི་ཕྱོགས་ཀྱི་ཡུལ་ལྷའི་བསང་མཆོད་ཅིག་དགོས་ཚུལ་མགོ་བ་སྙིང་ཁར་སོགས་ཀྱིས་བསྐུལ་ངོར། ༄བཙུན་པ་དཀོན་མཆོག་བསྟན་པའི་སྒྲོན་མེས་བྲིས་པའོ། །

ན་མོ་གུ་རུ་རཏྣ་ཏྲ་ཡཱ་ཡ། བསང་རྫས་འདུ་བྱས་ཏེ་སྐྱབས་སེམས་དང་བསང་མཆོད་བྱིན་རླབས་སྔོན་དུ་བཏང་ལ། ཧཱུྃ། རྒྱལ་མཆན་ཏོག་གི་བསམ་འཕེལ་ནོར་བུ་བཞིན། །དགེ་མཚན་སྣང་བར་ཁྱབ་མཛད་བླ་མ་ལྷ། །མཆོག་གསུམ་རྒྱ་མཚོར་བཅས་པ་འདིར་བྱོན་ཏེ། །བསང་མཆོད་འདོད་དགུ་འབྱུང་བའི་བྱིན་རློལ་ཞིག །དགེ་ལེགས་མཆོག་སྩོན་འཛིག་རྟེན་སྐྱོང་བའི་སྡེ། །ཕོ་ལྷ་ཞག་དུས་ས་བདག་ཆོས་ཀྱི་ལྷ། །ཁྱད་པར་ཕོ་ལྷ་མོ་ལྷ་དགྲ་ལྷ་དང་། །ཕ་མེས་རྒྱུད་ཀྱི་སྐྱེས་ལྷ་ཡུལ་གྱི་ལྷ། །ཞིང་ལྷ་ཕྱུགས་ཀྱི་ལྷ་དང་ཐབ་ལྷ་སོགས། །འགོ་ཞིང་སྟོངས་གྲོགས་མཛད་པ་

ཐམས་ཅད་དང་། །གཞན་ཡང་སྤྱོངས་འདིའི་གཡའ་སྤང་བྲག་གི་རི། །ནགས་ཚལ་ཕྲེང་བ་གཙང་རོང་ལམ་གྱི་སྲང་། །དལ་འབབ་ཀླུང་དང་ཆུ་མིག་ལྟེང་ཀ་མཚོ། །ནེའུ་གསེང་ཐང་དང་མཁར་ཁྱིམ་ཕྱུགས་ལྷས་སོགས། །ཀུན་ལ་གནས་བཅས་ལྷ་ཀླུ་བཙན་དང་བདུད། །དྲེགས་པའི་སྡེར་བཅས་ཡུལ་གྱི་གཞི་བདག་ཀུན། །ཀླུང་གི་ཤུགས་ལྟར་མྱུར་མགྱོགས་རྫུ་འཕྲུལ་གྱིས། །བསང་མཆོད་རྒྱ་མཚོའི་མགྲོན་དུ་ལེགས་བྱོན་ནས། །མཐོར་བརྩེགས་རིན་ཆེན་ཁྲི་དང་གདན་སོགས་ལ། །རབ་དགའ་རྒྱས་པས་བརྟན་པར་བཞུགས་སུ་གསོལ། །མགོ་དགུའི་སྤྱན་གཟིགས་ཡིད་འོང་ཚར་དུ་དངར། །སྙན་འགྱུར་རོལ་མོས་རྣ་བ་བདུད་རྩེར་སྐྱབ། །བསུང་ཞིམ་ངད་ཀྱིས་དྲི་འཛིན་སིམ་པ་བསྐྱེད། །དཀར་མངར་བཟའ་བཅའ་བཏུང་བའི་རོ་བརྒྱ་བདའ། །དར་ཟབ་པཉྩ་ལི་ཀའི་གོས་བཟང་སོགས། །རྣམ་ལྔ་འདོད་པའི་ཡོན་ཏན་རྫོགས་པ་ཡིས། །མཆོག་དམན་བར་མའི་མགྲོན་རྣམས་དབང་པོའི་ཡུལ། །ཀུན་དགའ་གསར་བའི་ལང་ཚོ་རྒྱས་གྱུར་ཅིག །ཁྱད་པར་ཏ་གདོང་མེ་ལྕེ་འགེམ་བཟོད་པའི། །ཁྱིན་ཟར་བརྒྱ་ཕྲག་སྨན་དང་ཤིང་སྣ་སོགས། །བསྲེག་པའི་དུད་སྤྲིན་འདོད་དགུར་འཆར་བ་ཡིས། །སྣང་བ་བདེ་དགར་བསྒྱུར་བས་རོལ་གྱུར་ཅིག །གཙང་མར་སྦྱར་བའི་བསང་གི་དག་བྱེད་འདིས། །བག་མེད་སྤྱོད་པས་ཐབ་གཞོབ་གྲི་གློགས་སོགས། །མི་གཙང་གྲིབ་དང་ཉམས་ཆག་ཉེས་པ་ཀུན། །དྲི་བྲལ་ཤེལ་གོང་བཞིན་དུ་དག་པར་མཛོད། །རང་སྤྱོད་མི་དགེའི་རླུང་གིས་བུས་པ་ལས། །ཕྱི་རོལ་ནད་བདག་ལྟོ་འགྲོ་ཁྲིས་པ་ཡི། །དུག་རླངས་གག་སྔོག་འབྲུམ་སོགས་མི་ཕྱུགས་ཀྱི། །ནད་རིམས་ཉེར་འཚེ་ལུས་ཞི་བར་མཛོད། །ཕན་བདེ་འཕྲོག་བྱེད་མི་དང་མི་མིན་གྱི། །གནོད་པས་མི་བཟེ་འཕང་མཐོའི་དཔལ་གྱི་འདབ། །མངའ་ཐང་ཚེ་དཔལ་སྦྱ་གཡང་རྒྱས་པའི་རྟེར། །བག་ཡོད་དགེ་བཅུའི་གེ་སར་

བཞད་པར་མཛོད། །གཞིས་སུ་མི་ནོར་ཕྱུགས་ཀྱི་བདེ་སྐྱིད་སྤེལ། །བྱེས་སུ་དོན་འགྲུབ་སྙན་པའི་གྲགས་པ་རྒྱས། །ལམ་དུ་དགྲ་སྲུང་མཐའ་ཆུའི་སྒྲོལ་འདོན་སོགས། །ནམ་ཡང་མི་གཡེལ་རྒྱབ་བརྟེན་སྐྱོངས་གྲོགས་མཛོད། །མདོར་ན་བསྟན་པའི་ཉི་མ་དགུང་དུ་གསལ། །ལུས་ཅན་ཕན་བདེའི་པད་ཚལ་འབུམ་དུ་བཞད། །དགའ་སྐྱིད་ཆང་དྲུག་གླུ་དབྱངས་འཁྲོལ་བ་ཡི། །དགེ་མཚན་བྱེ་བས་ནོར་འཛོམ་ཁྱབ་གྱུར་ཅིག །ཅེས་པ་འདི་ནི་ལྷག་བསམ་དང་མཁྱེན་དཔྱོད་ཕུལ་དུ་བྱུང་བ་དཀར་པོ་གཞོང་བླ་མ་དཀོན་མཆོག་འཕྲིན་ལས་ཀྱིས་དམེ་ཤུལ་སྟེ་བའི་དོན་དུ་འདི་འདྲ་ཞིག་དགོས་ཚུལ་བྱུང་བ་ལྟར། ༧བཙུན་པ་དཀོན་མཆོག་བསྟན་པའི་སྒྲོན་མེས་བྲིས་པའོ། །

བླ་མ་གཤིན་རྗེའི་གཤེད་ལ་ཕྱག་འཚལ་ལོ། །གང་དུ་འགྲོ་བའི་ཕྱོགས་ཀྱི་ཡུལ་ལྷ་ལ་བསང་མཆོད་བྱ་བར་འདོད་པས་བསང་རྫས་དཀར་གཏོར་རྣམས་སྔ་གོན་བྱས་ཏེ། རང་ཉིད་སྐད་ཅིག་གིས་དཔལ་རྡོ་རྗེ་འཇིགས་བྱེད་ཞལ་གཅིག་ཕྱག་གཉིས་ཀྱིས་གྲི་གུག་དང་ཐོད་པ་འཛིན་པའི་སྐུར་བཞེངས་པར་གྱུར། ཨོཾ་ཧྲཱིཿཥྚྲཱིཿཝི་ཀྲིཏྣ་ན་ན་ཧཱུྃ་ཕཊ། ཨོཾ་སྭ་བྷཱ་ཝ་ཤུདྡྷཿསརྦ་དྷརྨཱ་སྭ་བྷཱ་ཝ་ཤུདྡྷོ྅ཧཾ། སྟོང་པ་ཉིད་དུ་གྱུར། སྟོང་པའི་ངང་ལས་བྷྲཱུྃ་ལས་རིན་པོ་ཆེའི་སྣོད་ཡངས་ཤིང་རྒྱ་ཆེ་བ་རྣམས་ཀྱི་ནང་དུ་གཏོར་མ་དཀར་གསུམ་མངར་གསུམ་ཟག་པ་མེད་པའི་ཡེ་ཤེས་ཀྱི་བདུད་རྩིའི་རྒྱ་མཚོ་ཆེན་པོར་གྱུར། ཨོཾ་ཨཱཿཧཱུྃ། ལན་གསུམ། ཨོཾ་ཧྲཱིཿཥྚྲཱིཿས་བསང་ངས། ཨོཾ་སྭ་བྷཱ་ཝས་སྦྱངས། སྟོང་པའི་ངང་ལས་རང་རང་གི་མིང་ཡིག་དང་པོ་ཐིག་ལེས་བརྒྱན་པ་ཞུ་བ་ལས་བྱུང་བའི་ས་ཕྱོགས་ཡུལ་རིགས་འདི་དག་སྐྱོང་བའི་གནས་གཞིའི་བདག་པོ་འཁོར་དང་བཅས་པ་མཉེས་པར་བྱེད་པའི་བསང་རྫས་སྤྱན་གཟིགས་མཆོད་པའི་བྱེ་བྲག་བསམ་གྱིས་མི་ཁྱབ་པ་ཞིག་ས་ཕྱོགས་ཡུལ་རིགས་འདི་དག་སྐྱོང་བའི་གནས་གཞིའི་བདག་པོ་འཁོར་དང་བཅས་པ་རྣམས་ཀྱི་སྤྱན་ལམ་དུ་འབྱུང་ཞིང་རྒྱས་པར་གྱུར། ཨོཾ་སརྦ་བིད་པཱུ་ར་པཱུ་ར་སུ་ར་སུ་ར་ཨཱ་བརྟ་ཡ་ཨཱ་བརྟ་ཡ་ཧོཿ

བཛྲ་སྥར་ཎ་ཁཾ། ཨོཾ་སུ་རཱུ་པ་བི་ཤུདྡྷེ་ཧྲ་ཧྲ་ཧྣ་ཏེ་བཛྲ་སི་ཧླི་ཧཱུཾ། ན་མཿསརྦ་ཏ་ཐཱ་ག་ཏ་སྦྱོ་བི་ཤྭ་མུ་ཁེ་བྷྱཿ སརྦ་ཏད་ཁཾ་ཨུདྒ་ཏེ་སྥར་ཎ་ཧི་མཾ་ག་ན་ག་ཁཾ་སྭཱ་ཧཱ། ཨོཾ་ཨ་མྲི་ཏེ་ཧཱུཾ་ཕཊ། ཨོཾ་ཨ་ཀཱ་རོ་མུ་ཁཾ་སརྦ་དྷརྨཱ་ཎཾ། ཨ་དྱ་ནུ་ཏྤན་ན་ཏྭ་ཏ། ན་མཿསརྦ་ཏ་ཐཱ་ག་ཏ་ཨ་ཝ་ལོ་ཀི་ཏེ་སཾ་བྷཱ་ར་ས་བྷཱ་ར་ཧཱུཾ། ཨོཾ་ཛུ་ཛུ་སྤུ་ཛུ་ཛེ་ལ་ཏེ་ཛྲ་སེཏྟི་ལོ་ཙ་ནེ་སརྦ་ཨརྠ་སཱ་དྷ་ནི་སྭཱ་ཧཱ། དེ་བཞིན་གཤེགས་པ་རྒྱལ་བ་རིན་ཆེན་མང་ལ་ཕྱག་འཚལ་ལོ། །དེ་བཞིན་གཤེགས་པ་གཟུགས་མཛེས་དམ་པ་ལ་ཕྱག་འཚལ་ལོ། །དེ་བཞིན་གཤེགས་པ་སྐུ་འབྱམ་ཀླས་ལ་ཕྱག་འཚལ་ལོ། །དེ་བཞིན་གཤེགས་པ་འཇིགས་པ་ཐམས་ཅད་ཀྱི་མཐའ་དང་བྲལ་བ་ལ་ཕྱག་འཚལ་ལོ། །དེ་བཞིན་པ་གཤེགས་པ་བཞིའི་ཐུགས་རྗེ་བྱིན་རླབས་དང་། ཆོས་ཀྱི་དབྱིངས་རྣམ་པར་དག་ཅིང་བསམ་གྱིས་མི་ཁྱབ་པའི་བདེན་པའི་སྟོབས་ཀྱིས་ཇི་སྐད་བརྗོད་པའི་དོན་ཐམས་ཅད་དེ་དེ་བཞིན་དུ་འགྲུབ་པར་གྱུར་ཅིག །བདག་གི་བསམ་པའི་སྟོབས་དང་ནི། །དེ་བཞིན་གཤེགས་པའི་བྱིན་སྟོབས་དང་། །ཆོས་ཀྱི་དབྱིངས་ཀྱི་སྟོབས་རྣམས་ཀྱིས། །དོན་རྣམས་གང་དག་བསམ་པ་ཀུན། །དེ་དག་ཐམས་ཅད་ཅི་རིགས་པར། །ཐོགས་པ་མེད་པར་འབྱུང་གྱུར་ཅིག །ཀྱཻ་བསྒོ། ཁོར་ཡུག་ཡིད་འོང་ས་འཛིན་ཕྲེང་བས་བསྐོར། །རབ་རྒྱས་རྩེ་བཅུད་འབྲས་བུའི་ལང་ཚོ་དར། །དགེ་མཚན་བཅུ་ལྡན་ས་ཡི་ཐིག་ལེ་མཆོག །བག་ཕེབས་ཉམས་སུ་དགའ་བའི་ཡུལ་ལྗོངས་འདིའི། །བྲག་རི་སྤང་རི་གངས་རི་རི་གདོང་དང་། །ནགས་ཚལ་ཤིང་གཅིག་ལམ་སྲང་ནེའུ་གསེང་། །མཚོ་དང་ཆུ་ཀླུང་ཆུ་མིག་གྲོང་སོགས་ལ། །རྟེན་བཅས་ལྷ་ཀླུ་གནས་གཞིའི་བདག་པོ་རྣམས། །མ་ཐོགས་དམ་ཚིག་དབང་གིས་གནས་འདིར་གཤེགས། །དགའ་བའི་བྲོ་གར་ཚེལ་ལེ་གནས་འདིར་གཤེགས། །དར་མདུང་ཏུ་མཆོན་ཕུར་རེ་གནས་འདིར་གཤེགས། །འདིར་གཤེགས་རང་རང་དགྱེས་པའི་གདན་ལ་

བཞུགས། །ཀྱེ། མེ་ཆུ་ཤིང་སྤྱོད་འགྲོ་འོང་ཞག་མལ་སོགས། །སྤྱོད་ལམ་ཉེས་པས་ཁྱེད་དང་འགལ་བགྱིས་རྣམས། །མ་རིག་འཁྲུལ་བའི་དབང་དུ་གྱུར་ལགས་ན། །ཁྲོ་མེད་བཟོད་པ་ཆེན་པོའི་དབྱིངས་སུ་བཞེས། །བསྒྱི། ཁྱེད་རྣམས་དགྱེས་བྱེད་ཡིད་འོང་མཆོད་པའི་སྤྲིན། །དངོས་བཤམས་ཡིད་སྤྲུལ་བདེན་པ་བདར་བ་ལས། །འོད་འབར་མཛེས་པའི་རྡུ་མཆོན་ཕུ་རུ་རུ། །སྤྲ་མཁྲེགས་རྗོ་རྫེའི་གོ་ཆ་ཤིགས་སེ་ཤིག །ཛ་གཤང་དུང་གླིང་རོལ་མོ་ལྷི་རི་རི། །བསང་ཤིང་སྤོས་ཀྱི་དུད་པ་ཆེ་ལི་ལི། །རྟ་མཆོག་སྟོང་གི་རྟ་སྐད་ཙེ་རེ་རེ། །འཁྲོང་གཡག་ཞོལ་ཆེན་རྣ་ཁ་ཟེང་སེ་ཟེང་། །གཅན་གཟན་གདུག་པའི་ངར་སྐད་ཨུ་རུ་རུ། །མཁའ་ལ་འདབ་ཆགས་ལྡིས་གར་ལིང་སེ་ལིང་། །དཀར་མངར་ཟས་སྣ་སྣ་ཚོགས་ཉིལ་ལི་ལི། །ཛ་ཆང་འོ་མའི་རྒྱ་མཚོ་ཁྱིལ་ལི་ལི། །མགོ་དགུའི་ཡོ་བྱད་རྣམ་མང་སུ་རུ་རུ། །གླུ་དང་གར་མཁན་ལྷ་ཡི་བུ་མོ་སོགས། །ཁྱེད་རྣམས་ཐུགས་ལ་ཐུལ་བྱུང་དགའ་བདེའི་དཔལ། །སྤྲིན་བྱེད་མ་ཚང་མེད་པའི་མཆོད་སྤྲིན་འདི། །རྣལ་འབྱོར་ཕྱོགས་ནས་འོང་པའི་སྐྱེས་སུ་འབུལ། །མགྲོན་གྱི་ལེགས་སྐྱེས་མི་དམན་འདི་བཞེས་ལ། །ཕྱི་ཐག་སྤོང་བའི་གཞུང་བཟང་ཁྱེད་རྣམས་ཀྱིས། །སྐྱེས་ལན་མ་ནོངས་མགྲོན་གྱི་ཤངས་ལེན་མཛོད། །མཐའ་ཆུ་འཇིགས་པའི་ལམ་ལས་བདེ་བར་སྒྲོལ། །འགོ་ནད་དགྲ་རྐུན་གཅན་གཟན་ལམ་དང་བསྐྱོལ། །ཐོག་སེར་ཁ་སྦྲུས་གྱོད་སྣ་དགྲ་ལ་བསྒྱུར། །བརྗེད་པ་བསྐུལ་ཞིང་འདོད་པའི་རེ་བ་སྐོང་། །ཁྱེད་པར་ཡུལ་ལྷ་ཡུལ་མིའི་སེམས་ལ་དབང་། །དེ་ཕྱིར་ཁྱེད་ཅག་གང་ལ་དབང་བའི་ཡུལ། །ཀུན་ཀྱང་རྒྱལ་བའི་བསྟན་ལ་རབ་གུས་ཤིང་། །རྣལ་འབྱོར་བདག་གི་དབང་དུ་འདུ་བར་མཛོད། །མདོར་ན་དེ་རིང་བདག་ཅག་མི་ནོར་ཀུན། །ཁྱེད་ལ་བཅོལ་ལོ་གཉེར་རོ་བདག་མཛོད་ལ། །ནག་ཕྱོགས་དགྲ་ལ་རྒྱལ་ཁམ་སྤྲིན་ཞིག །རེ་ལྟོས་འཆའ་བའི་སྐྱེ

པོ་མ་བསླུ་ཞིག །དབང་ཆེན་དཀྱིལ་འཁོར་དམ་ཚིག་མ་འདྲལ་ཞིག །པད་འབྱུང་རྡོ་རྗེའི་བཀའ་ལས་མ་འདའ་ཞིག །ཁྱེད་རྣམས་མཆོད་ཅིང་བསྐུལ་བ་འབྲས་ལྡན་དུ། །སྒྲུབ་པའི་དུས་ལ་བབ་པོ་ས་མ་ཡ། །ལན་མང་དུ་བསྡོན། ཀྱཻ། མེ་ཆུ་ཤིང་། ཞེས་པ་ནས་འདིའི་བར་འདོན། ཨོཾ། འཆི་མེད་དཔལ་སྟེར་རབ་དཀར་བདུད་རྩིའི་རྒྱུས། །དབང་བསྐུར་ཐིགས་ཕྲེང་ཇི་བཞིན་ལན་ཚར་གཡོ། །ཚེ་མཐར་ཕྱིན་པའི་ཡུལ་ལྷ་རྣམས་ཀྱི་མཐུས། །ཕྱོགས་འདིར་ཚེ་རིང་ནད་མེད་བཀྲ་ཤིས་ཤོག །སྟག་ཤར་དཔའ་བོ་དགྲ་ལ་ཆས་པའི་ཞལ། །དམར་ནག་ཉི་ཟླའི་སྣང་མིག་གཡོ་བ་ཅན། །གནས་སྐྱོང་དགྲ་ལྷ་གཞོན་ནུའི་གཟི་བྱིན་གྱིས། །ནག་ཕྱོགས་གཡུལ་ལས་རྒྱལ་བའི་བཀྲ་ཤིས་ཤོག །མུ་ཏིག་འཕྲེ་ཤིང་ཡང་དག་རྒྱུ་བ་བཞིན། །ཡིད་འོང་འཛོ་སྒེག་ལང་ཚོ་ཀུན་དགའི་དཔྱིད། །ལྷ་ཀླུའི་ན་ཆུང་སྨན་པོའི་ཚོགས་ཀྱི་མཐུས། །ལྗོངས་འདིར་བདེ་སྐྱིད་འཛོམ་པའི་བཀྲ་ཤིས་ཤོག །གསེར་གྱི་རྒྱ་ཕིབས་འབར་བའི་ཁང་བཟང་སོགས། །རང་སྣང་གཞལ་ཡས་བཀོད་པ་སྣ་ཚོགས་པའི། །དགེ་མཚན་དེས་ཀྱང་ས་གཞི་བཅུད་ལྡན་ཞིང་། །རྩེ་ཤིང་ལོ་འབྲས་སྨིན་པའི་བཀྲ་ཤིས་ཤོག །དབྱར་སྐྱེས་སྒྲ་ལྡན་ལྷ་ཡི་ཆར་ཆེན་བཞིན། །ཤིས་བརྗོད་དབྱངས་དང་འབྲེལ་བའི་བསྟོད་ཚིག་འདིས། །ཁྱེད་ཐུགས་འོ་མཚོ་དགྱེས་དགུར་འཁྱུར་བ་ལས། །ལེགས་བྱས་རླབས་ཕྲེང་ཕྱོགས་བརྒྱར་གཡོ་བར་མཛོད། །ཅེས་གང་དུ་འགྲོ་བའི་ཕྱོགས་ཀྱི་ཡུལ་ལྷའི་གསོལ་མཆོད་ལྷ་ངོ་མི་ངོ་འཕྲོད་པའི་དགའ་སྟོན་ཞེས་བྱ་བ་འདི་ནི། སྤྱིར་དེང་སང་ཡུལ་དུས་ཀྱི་དབང་ལས་སོ་སོའི་འདོད་སྦྱར་གྱི་བསང་སྤྱི་སྐོར་མཐའ་ཡས་པ་ཞིག་སྣང་བས་ད་གཟོད་བྲི་དགོས་པ་མི་འདུག་ཀྱང་། གཅིག་ཏུ་ཕྱོགས་འགྲོ་ལྷ་བུར་འདི་འདྲ་རེ་དགོས་པ་བྱུང་ཚེ་ཡི་གེ་མང་པོ་ཞིག་ཀླག་ཀྱང་ལ་ལ་འབྲེལ་མེད་དང་། །ཕལ་ཆེར་སྤྱི་ཁྱབ་བམ་མེ་བ་ཞིག་ལས་ཤིག་ཐོག་མཇུ་གུ་ལྟར་གནད་ཐོག་ཏུ་ཁེལ་ངེས་ཤིག་མི་ཡོང་འདུག་པས་དེ་འདྲར་ཕན་པ་སྲིད་སྙམ་ནས་བཙུན་པ་དཀོན་མཆོག་བསྟན་པའི་སྒྲོན་མེས་ཟབ་རྒྱས་མང་པོ་མ་བསྲེས་ཤིང་། མིང་གསལ་གྱི་རིགས་དོར་ཏེ་སྐབས་དོན་འདྲིལ་བར་བཀོད་པའོ། །

རྒྱལ་ཀུན་ཡེ་ཤེས་འཁོར་ལོ་འཛམ་པའི་དབྱངས། །གཏུམ་ཆེན་ཁྲོ་བོའི་གར་གྱིས་བཞད་པའི་ལྷ། །བླ་མ་ཡི་དམ་རྡོ་རྗེ་འཇིགས་མཛད་ཀྱིས། །ལེགས་བྱས་འདོད་དགུ་ཡོངས་གྲུབ་མཆོག་སྩྩིན་མཛོད། །འཕགས་བྱེད་ཕྱིར་ཡང་བཞེངས་པ་མ་ལ་ཡའི། །དཔལ་གྱིས་སྤུད་པའི་ངོ་མཚར་ལས་རྒྱལ་བ། །སྣ་ཚོགས་རྐང་འཐུང་འཕྲེང་འཁྲིགས་རྡོ་རྗེའི་བྲག །མཁའ་ལ་བསྙེགས་པ་ལྷ་བུའི་རང་འོད་བཞིན། །ནང་ལྟར་མཚན་མའི་འཆིང་བ་ཟད་པའི་དབྱིངས། །ཡེ་ཤེས་ཞིང་ལ་དབང་འགྱུར་འཇའ་ཚོན་ལྟར། །བཀྲ་བའི་སྣང་བ་མི་ཟད་འགྱུར་པའི་སྒྱེ། །འདོད་དགུར་ལོངས་སུ་སྤྱོད་པའི་སེམས་དཔའ་ཆེ། །ཉི་མའི་གཉེན་གྱི་ཞལ་བཟང་གསེར་འོད་ རླབས། །འདྲེན་བྱེད་པདྨའི་བདུད་རྩིར་སྨིན་པའི་བཅུད། ། སྤངས་རྟོགས་མངར་བའི་སྦྲང་རྩིའི་དཔལ་འབར་ཡང་། །གདེངས་ཅན་ཟློལ་གྱིས་སྲིད་པའི་འདམ་ལ་གནས། །འགྲོ་བའི་ལས་ཉོན་མཐའ་ལྟར་ཐུགས་རྗེའི་མཐུ། །དྲག་ཏུ་འཕྲུར་བའི་མཚན་མ་བདུད་རྩིའི་ཆབ། །འགྲོ་ཀུན་ཉེར་འཚོར་ཆེ་བས་ལྷ་ཡུལ་གྱི། །བདུད་རྩིའི་ཁེངས་པ་མཐོ་ཡང་ཕྱོགས་རེར་བསྙིལ། །དཀྱིལ་འཁོར་བདག་པོའི་བཀའ་སྲུང་ སྡུགས་ཀྱི་བདག །ཁྲོ་འཚལ་སྐྱེ་བོའི་གདུང་སེལ་སྨན་གྱི་ལྷ། །རྣལ་འབྱོར་རྟོགས་པའི་བོག་འབྱིན་གྲོགས་ཀྱི་མཆོག །བདེ་ཆེན་སྙིང་རྗེའི་རོལ་པ་འབུམ་གྱིས་རྟེན། །ཟད་མི་ཤེས་པ་གསང་གསུམ་སྒྱུ་འཕྲུལ་གྱི། །ཆ་ཙམ་སྤྱེལ་པའི་བསྟོད་ཚིག་མ་ལི་ཀའི། །འཕྲེང་འདི་དགྱེས་པའི་ཐུགས་ཀྱིས་ལེགས་བཞེས་ཏེ། །ནམ་ཡང་མི་གཡེལ་ཐུགས་རྗེས་དགོངས་པར་མཛོད། །ཁྱབ་བདག་བཞད་པའི་རྡོ་རྗེའི་བདེན་ཚིག་གིས། །གསོལ་མཆོད་འཕྲིན་ལས་གཉེར་དུ་གཏད་པ་བཞིན། །བསྟན་དང་བསྟན་འཛིན་བདག་ཅག་ཡོན་མཆོད་ཀུན། །རྟག་ཏུ་བསྲུང་ཞིང་སྐྱོང་བའི་འཕྲིན་ལས་མཛོད། །བཞི་བརྒྱ་རྩ་བཞིའི་ནད་རིགས་ཀུན་ཞི་ནས། །མཐོ་རིས་ཡོན་

ཏན་དཔལ་འབྱོར་མི་ཉམས་ཤིང་། །ཡང་དག་ལམ་བཟང་བདེ་བླག་བགྲོད་པ་ཡིས། །རྣམ་ཀུན་མཁྱེན་པའི་ས་ལ་རེག་གྱུར་ཅིག །ཅེས་ཀུན་མཁྱེན་འཇམ་དབྱངས་བཞད་པའི་རྡོ་རྗེས་མཛད་པའི་སྨན་ཆུའི་ལྷ་མོའི་གསོལ་མཆོད་བྱིན་རླབས་ཀྱི་གཏེར་ཆེན་པོ་དང་འབྲེལ་བར་འདོན་རྒྱུའི་བསྐོད་ཚིག་འདོད་གསོལ་དང་བཅས་པ་འདི་ནི། ༄བཙུན་པ་དཀོན་མཆོག་བསྟན་པའི་སྒྲོན་མེས་གནས་དེ་ཉིད་དུ་བྲིས་པའོ། །

བླ་མ་གཤིན་རྗེའི་གཤེད་ལ་ཕྱག་འཚལ་ལོ། །བསང་རྫས་ཀྱི་ནོམ་པ་དཀར་གཏོར་སོགས་བཤམས་ཏེ། ལྷའི་ང་རྒྱལ་དང་ལྡན་པའི་སྔོ་ནས་བྱིན་གྱིས་བརླབས་ལ། བསྐྱི། རྩ་བ་རབ་བརྟན་ཕོར་ཡུག་བརྗིད་ཆགས་ཡངས། །རྩེ་མོ་མཐོ་བ་ཉི་ཟླའི་རྣ་ལུང་ཅན། །རྫ་དམར་ཁེས་ཆགས་མཐོན་པོ་ལ་གནས་པའི། །དཀར་ཕྱོགས་སྐྱོང་བའི་ལྷ་གཉན་མཐུ་པོ་ཆེ། །ཡུམ་སྲས་བློན་འབངས་བཅས་པ་ཐམས་ཅད་དང་། །གཞན་ཡང་སྡེ་འདིར་འགོ་ཞིང་སྲུང་སྐྱོབ་པའི། །ཕྱོགས་འདིའི་ལྷ་ཀླུ་དཀར་ཕྱོགས་སྐྱོང་བ་ཀུན། །ཐོགས་མེད་རྫུ་འཕྲུལ་ཤུགས་ཀྱིས་འདིར་གཤེགས་ཤིག །བསྐྱི། སྤྲིན་ཐལ་མཁའ་ལ་གསལ་བའི་འཇའ་ཚོན་བཞིན། །རྣལ་འབྱོར་སེམས་པའི་རོལ་པ་ལས་བྱུང་བའི། །ངོ་མཚར་མཆོད་སྤྲིན་མ་ཚང་མེད་པ་འདིས། །ཀུན་ཡིད་དགའ་བདེའི་སེམ་པ་ཐོབ་གྱུར་ཅིག །ཟ་ཚང་དཀར་གསུམ་བཏུང་བ་མཆི་ལྟར་བསྐྱིལ། །རོ་བརྒྱ་ལྡན་པའི་ཞལ་ཟས་རི་ལྟར་སྤུངས། །གོ་ཁྲབ་རྣ་མཚོན་སྣན་བརྗིད་རོལ་མོའི་ཚོགས། །རྐང་འགྲོ་རིན་ཆེན་ནོར་འབྲུའི་ཚོགས་རྣམས་འབུལ། །ཁྱད་པར་དྲི་ཞིམ་བསང་ཤིང་སྣ་ཚོགས་པ། །རབ་འབར་མེ་ལྷའི་ཞལ་དུ་བསྟབ་པ་ཡི། །དུད་སྤྲིན་པདྨ་ཡི་མཆོད་སྡོང་བཞིན། །མཁའ་དབྱིངས་ཁྱབ་པར་བསྲུང་ཞིམ་སྤྲོ་བ་འདིས། །བསང་ངོ་བླ་མ་ཡི་དམ་མཆོག་གསུམ་བསངས། །དཀར་ཕྱོགས་སྐྱོང་བའི་ལྷ་ཀླུ་མ་ལུས་བསངས། །ཁྱད་པར་ཁེས་ཆག་མཐོན་པོ་འཁོར་བཅས་བསངས། །ཉམས

ཆག་མ་ལུས་བསང་གིས་དག་གྱུར་ཅིག །བསང་མཆོད་རྒྱ་ཆེན་འདི་ཡིས་དགྱེས་མཛོད་ལ། །བདག་ཅག་མི་ནོར་འཁོར་དང་བཅས་པ་ཀུན། །ཉིན་གསུམ་བྱ་ར་མཚན་གསུམ་མེལ་ཚེ་ཡིས། །བསྲུང་ཞིང་སྐྱོང་བའི་འཕྲིན་ལས་མ་གཡེལ་ཞིག །མི་ནད་ཕྱུགས་ནད་ཐམས་ཅད་ཕྱིར་བཟློག་ཅིག །དགྲ་ཇག་ཆོམ་རྐུན་ཚོགས་ཀྱི་དཔུང་ཚོམ་ལ། །ཟས་ནོར་ལོངས་སྤྱོད་ཆོས་སྲིད་དཔལ་འབྱོར་ཀུན། །ཕུན་སུམ་ཚོགས་པའི་སྡོང་གྲོགས་མ་གཡེལ་ཞིག །མདོར་ན་རྩ་བརྒྱུད་བླ་མས་བཀའ་བསྒོས་བཞིན། །ཚུལ་བཞིན་བསྟེན་པའི་རྣལ་འབྱོར་ཡོན་མཆོད་ཀུན། །རྟག་ཏུ་སྲུང་སྐྱོབ་གཡེལ་མེད་འཕྲིན་ལས་ཀྱིས། །ཇོགས་ལྡན་ཀུན་དགའི་དཔལ་ལ་འགོད་པར་མཛོད། །ཅེས་ལྷ་གཉན་ཁྱེས་ཆག་མཐོན་པོའི་བསང་མཆོད་འདི་ནི། ཏ་རོལ་ཆེན་ སྟེ་བ་སྤྱིའི་དོན་དུ་དེ་གའི་དཀའ་རམ་རྣམས་ཀྱིས་བསྐུལ་ངོར། བཙུན་པ་དགོན་མཆོག་བསྟན་པའི་སྒྲོན་མེས་བྲིས་པའོ། །

ཕུན་ཚོགས་དགེ་བཅུའི་དཔལ་ཡོན་འབུམ། །བཞད་པའི་ནོར་འཛིན་ཐིག་ལེ་མཆོག །བ་ཡན་ཨ་ལྣན་ཨ་པོ་ག །ལ་སོགས་ཡུལ་ཕྱོགས་འདིར་གནས་པའི། །ལྷ་ཀླུ་གཉན་པོ་འཁོར་དང་བཅས། །བསང་མཆོད་མགྲོན་དུ་འདིར་གཤེགས་ཤིང་། །རང་རང་དགྱེས་པའི་གདན་ལ་བཞུགས། །ཏིང་འཛིན་སྔགས་ཀྱི་རོལ་བ་ལས། །བྱུང་བའི་ཡིད་འོང་མཆོད་པའི་སྤྲིན། །ནམ་མཁའི་ཁྱོན་ཀུན་འགེངས་པ་དང་། །ཁྱད་པར་བཟའ་བཅའ་བཏུང་བའི་རིགས། །སྣ་ཚོགས་བསང་ཤིང་དུད་པའི་སྤྲིན། །དབང་པོ་ཀུན་ལ་བདེ་བའི་དཔལ། །སྦྱིན་བྱེད་མཆོད་པའི་སྤྲིན་ཕུང་འདིས། །ལྷ་གཉན་འཁོར་བཅས་དགྱེས་གྱུར་ཅིག །བསམ་སྦྱོར་འཁྲུལ་བའི་ནོངས་པ་ཡི། །ཉམས་ཆག་ཉེས་པ་བྱང་གྱུར་ཅིག །བདག་ཅག་དཔོན་སློབ་མི་ནོར་ཀུན། །བཅོལ་ལོ་གཉེར་རོ་བདག་མཛོད་ལ། །ཕྱི་ནང་རྐྱེན་ངན་བར་ཆད་ཀུན། །སྐད་ཅིག་ཉིད་ལ་ཞི་བ་དང་། །ཚེ་དཔལ

བསོད་ནམས་མངའ་ཐང་དང་། །རིགས་རྒྱུད་སྣན་པའི་གྲགས་པ་སོགས། །ཆོས་སྲིད་དཔལ་འབྱོར་མ་ལུས་པ། །དབྱར་གྱི་མཚོ་བཞིན་རྒྱས་པར་མཛོད། །ཕན་བདེའི་འབྱུང་གནས་བསྟན་པ་དར། །བསྟན་འཛིན་ཀུན་གྱི་བཞེད་དོན་འགྲུབ། །སྦྱིན་པའི་བདག་པོའི་དཔལ་འབྱོར་རྒྱས། །ཛོགས་ལྡན་དཔལ་ལ་སྤྱོད་གྱུར་ཅིག །ཅེས་པ་འདི་འང་དར་ཧན་པེ་ལིའི་ཤོག་ནས་རྣམ་དཔྱོད་ཡངས་པ་དེམ་ཆེས་བསྐུལ་ངོར། ༧བཙུན་པ་དཀོན་མཆོག་བསྟན་པའི་སྒྲོན་མེས་བྲིས་པའོ། །

རྒྱལ་ཡུམ་འདོད་པ་ཁམས་ཀྱི་དབང་ཕྱུག་མས། །རྗེ་བཙུན་བླ་མའི་སྐུ་ཚེ་བརྟན་པ་དང་། །དགེ་འདུན་སྡེ་རྣམས་ཐུགས་མཐུན་ཁྲིམས་གཙང་ཞིང་། །བཤད་སྒྲུབ་བསྟན་པ་རྒྱས་པའི་འཕྲིན་ལས་མཛོད། །བདག་ཅག་དཔོན་སློབ་དམ་ཆོས་སྒྲུབ་པ་ལ། །ཕྱི་ནང་ཉེར་འཚེ་གང་ཡང་མི་འབྱུང་ཞིང་། །རྒྱལ་རྣམས་དགྱེས་བྱེད་སྒོ་གསུམ་དགེ་བའི་ཚོགས། །སྨོན་པ་བཞིན་དུ་འགྲུབ་པའི་སྟོངས་གྲོགས་མཛོད། །མདོར་ན་དུས་འདི་ནས་བཟུང་བྱང་ཆུབ་བར། །རྣམ་དག་ལམ་བཟང་སྒྲུབ་པའི་སྲུང་མའི་གཙོ། །ཁྱོད་མིན་གཞན་ན་མེད་པས་བརྩེར་དགོངས་ཏེ། །ནམ་ཡང་གཡེལ་མེད་བུ་བཞིན་སྐྱོང་བར་མཛོད། །

དམ་ཅན་སྐྱེས་བུ་ཆེན་པོའི་གཏོར་ཆོག་ཁྲག་ཞག་མའི་ཁ་སྐོང་ནི། ཏིང་ངེ་འཛིན་དང་སྔགས་རྒྱའི་རོལ་པ་ལས། །བྱུང་བའི་མཆོད་ཡོན་ནམ་མཁའི་ཁམས་གང་བ། །དམ་ཅན་སྐྱེས་བུ་འཁོར་དང་བཅས་ལ་འབུལ། །བཞེས་ནས་འཕྲིན་ལས་རྣམ་བཞིའི་སྟོངས་གྲོགས་མཛོད། །ཨོཾ་བཛྲ་སཏྭ་ས་པ་རི་ཝཱ་ར་ཨརྒྷཾ་པྲ་ཏཱིཙྪ་ཧཱུཾ་སྭཱ་ཧཱ། མཆོད་ཡོན་གྱི་གནས་སུ་ཞབས་བསིལ་ནས་རེག་བྱ་བར་དང་། ཨརྒྷཾ་གྱི་གནས་སུ་པཱདྱཾ་ནས་སྤྲ་ཧྣའི་བར་བཙུག་སྟེ་དབུལ། ནང་མཆོད་ནི། དུས་གསུམ་སྐྱབས་གནས་ཀུན་འདུས་ཀྱི་ངོ་བོ་དྲིན་ཅན་རྩ་བའི་བླ་མའི་ཞལ་དུ་ཨོཾ་ཨཱཿཧཱུྃ། རྒྱལ་བ་རྡོ་རྗེ་འཆང་གི་ཞལ་དུ་ཨོཾ་ཨཱཿཧཱུྃ། བཀའ་གཏེར་རིགས་གཏད་བརྒྱུད་པའི་བླ་མ་རྣམས་ཀྱི་ཞལ་དུ་ཨོཾ

ཨཱཿཧཱུྃ། ཡི་དམ་རྒྱུད་སྡེ་བཞིའི་ལྷ་ཚོགས་རྣམས་ཀྱི་ཞལ་དུ་ཨོཾ་ཨཱཿཧཱུྃ། དམ་ཅན་སྐྱེས་བུ་ཆེན་པོ་འཁོར་དང་བཅས་པ་རྣམས་ཀྱི་ཞལ་དུ་ཨོཾ་ཨཱཿཧཱུྃ། ཞེས་པ་རྣམས་མངོན་རྟོགས་ཀྱི་མཇུག་ཏུ་སྦྱོར། བསྐང་བའི་མཇུག་ཏུ་བསྐུལ་བ་བྱ་བ་ནི། དཔལ་ལྡན་གསང་བ་སྔགས་ཀྱི་བཀའ་སྲུང་ཆེ། །རྣལ་འབྱོར་དགྲ་ལྷ་དམ་ཅན་རྡོ་རྗེ་ལེགས། །དགྱེས་སྡེ་བསྟན་མ་བཅུ་གཉིས་གིང་ཆེན་བཞི། །བཙན་འཁོར་དགེ་བསྙེན་སུམ་བརྒྱ་དྲུག་ཅུ་དང་། །མ་སངས་ཕྲུན་དགུ་ཟླུ་ར་སྐྱེས་དྲུག་སོགས། །རྟུ་འདྲེན་ལས་བྱེད་སྤྲུལ་པ་ཡང་སྤྲུལ་གྱི། །གདུག་པའི་འཁོར་ཚོགས་རྒྱ་མཚོར་བཅས་པ་ཀུན། །རྣལ་འབྱོར་འཕྲིན་ལས་སྒྲུབ་ཕྱིར་དགོངས་སུ་གསོལ། །རིགས་ཀུན་བདག་པོ་རྡོ་རྗེ་འཆང་ཆེན་ནས། །རིགས་འཛིན་བརྒྱུད་པའི་བླ་མ་རིམ་བྱོན་གྱིས། །རིགས་གཏད་བྱིན་རླབས་རྡོ་རྗེའི་དམ་ཚིག་གིས། །རིགས་སྔགས་འཆང་བའི་སྲུང་མར་བསྒོས་པ་བཞིན། །བདག་ཅག་དཔོན་སློབ་ཡོན་མཆོད་དགོན་གནས་བཅས། །ཀུན་གྱི་སྲུང་མའི་གཙོ་བོ་ཁྱོད་བསྟེན་ན། །འགྱུར་མེད་རྡོ་རྗེའི་གཡར་དམ་ཉེར་དགོངས་ཏེ། །གང་བཅོལ་འཕྲིན་ལས་སྒྲུབ་ལ་མ་གཡེལ་ཅིག །ནད་རིམས་གདོན་བགེགས་གདུག་པའི་ཚེ་འཕྲུལ་དང་། །ཁ་སྨྲས་གླེང་གཞི་ཉེར་འཚེ་ཕ་རོལ་གྱི། །བསམ་སྦྱོར་ངན་པའི་བྱད་ཁ་ཕུར་ཁ་སོགས། །གནོད་པ་མཐའ་དག་བཟློག་ཅིང་བསྒྱུར་བར་མཛོད། །དགེ་འདུན་ཐུགས་མཐུན་ཚུལ་ཁྲིམས་རྣམ་པར་དག །མདོ་སྔགས་བཤད་སྒྲུབ་ཡར་ངོའི་ཟླ་བཞིན་འཕེལ། །ཆོས་དང་སྲིད་ཀྱི་དཔལ་འབྱོར་རབ་རྒྱས་ཏེ། །བློ་བཟང་བསྟན་པའི་དཔལ་དུ་འགྱུར་བར་མཛོད། །ཁྱད་པར་བསྟན་འགྲོའི་ཕན་བདེའི་གཉེན་གཅིག་པུ། །སྐྱབས་མགོན་དམ་པའི་ཞབས་བརྟན་འཕྲིན་ལས་རྒྱས། །ལྗོངས་འདིར་ཆོས་སྲིད་ལེགས་ཚོགས་དར་བ་ཡིས། །རྫོགས་ལྡན་དཔལ་གྱི་དགེ་ལེགས་སྤྲིན་པར་མཛོད། །ཉིན་གྱི་བྱ་ར་མཚན་གྱི་མེལ་ཚེ་ཡིས། །ནམ་

ཡང་གཡེལ་མེད་བུ་བཞིན་སྐྱོང་མཛད་དེ། །རེ་བའི་འབྲས་བུ་ཇི་ལྟར་གསོལ་བ་ཀུན། །སྨོན་པ་བཞིན་དུ་འགྲུབ་པའི་གྲོགས་མཛོད་ཅིག །

ཚེ་ཐར་གཏོང་ཚུལ་ནི། ཤ་རྒྱུས་ཕྲུ་སྟུག་གཡུ་ཡི་རྭ་བཞི་ཅན། །དགྲ་ལ་འཇིགས་པའི་སྐད་དང་བསྡིགས་སྒྲ་སྒྲོན། །སྨུར་མགྱོགས་རྫུ་འཕྲུལ་ཤུགས་ཀྱིས་སྟོང་གསུམ་བསྐོར། །གསེར་གྱི་ཨག་ཚོམ་མཛེས་པའི་ར་སྐྱེས་འདི། །དམ་ཅན་སྐྱེས་བུ་ཆེན་པོའི་རྟེན་དུ་འབུལ། །ཡུམ་སྲས་བློན་འབངས་འཁོར་བཅས་རྟེན་དུ་འབུལ། །རྟེན་ལས་མ་འདའ་འབེན་ལས་མ་གཡོས་པར། །རྒྱལ་འབྱོར་དཔོན་སློབ་སྲུང་ཞིང་སྐྱོང་བར་མཛོད། །འཕྱུར་བ་ཙམ་གྱིས་དམ་ཉམས་དགྲ་ཡི་ཐོད། །ཀླད་པ་ཁྲག་བཅས་འཕྱུར་བྱེད་ཐོ་བ་དང་། །དགྲ་སྡེའི་ཡུལ་འཁོར་དཀྲུག་ཅིང་འཐོར་བྱེད་པའི། །རླུང་ནག་འཚུབ་མ་འཁྲུག་པའི་སྤྲད་པ་འདི། །དམ་ཅན་སྐྱེས་བུ་ཆེན་པོའི་རྟེན་དུ་འབུལ། །ཞེས་པ་ནས། སྐྱོང་བར་མཛོད། ཉེན་བྱེད་འོད་ལ་འཁྱུ་བའི་བསོ་ཐེབས་དང་། ཆར་སྤྲིན་གཏིབས་འདྲའི་དར་ནག་འཛོལ་བེར་སོགས། །བསྟན་དགྲ་འཇོམས་ཤིང་རྒྱལ་འབྱོར་སྐྱོང་བྱེད་པའི། །ཉེར་སྤྱོད་གོ་མཚོན་མ་ཚང་མེད་པ་འདི། །དམ་ཅན་སྐྱེས་བུ་ཆེན་པོའི་རྟེན་དུ་འབུལ། ནས། རྒྱལ་འབྱོར་དཔོན་སློབ་སྲུང་ཞིང་སྐྱོང་བར་མཛོད། །ཅེས་པ་འདི་ནི་ཧལ་ཧ་ཁུ་རེ་ཆེན་མོ་ནས་ལྷག་བསམ་རྣམ་དཔྱོད་མཆོག་ཏུ་ཡངས་པ་བཀའ་བཅུ་ངག་དབང་བློ་བཟང་གིས་རང་གིས་གྲྭ་ཚང་དུ་པཎ་ཆེན་ཐམས་ཅད་མཁྱེན་པས་མཛད་པའི་དམ་ཅན་གྱི་གཏོར་ཆོག་འདོན་བཞིན་པ་དེ་ལ་ཁ་སྐོང་འདི་རྣམས་དགོས་ཞེས་བསྐུལ་བ་ལྟར། ཤཱ་བཙུན་པ་དཀོན་མཆོག་བསྟན་པའི་སྒྲོན་མེས་བྲིས་པའོ།། །།

༄༅། །ཟླ་རྒྱལ་སྒྲོམ་རའི་གཡང་འབོད་ཕྲན་ཚོགས་འདོད་དགུའི་ཪོལ་མཚོ་ཞེས་བྱ་བ་བཞུགས་སོ། །

ས་བརྒྱད་དབང་ཕྱུག་སེམས་དཔའ་ཆེ། །སྲིད་པ་ཆགས་པའི་ལྷ་ཆེན་ཚུལ། །ཟླ་རྒྱལ་སྒྲོམ་རའི་གཟི་བྱིན་གྱིས། །འདོད་དགུའི་ཕྱྭ་གཡང་ཆར་དུ་སྙིལ། དེའང་ཟླ་ཆེན་སྒྲོམ་རའི་གཡང་འབོད་བྱ་བར་འདོད་པས་གཟའ་སྐར་ཚེས་གྲངས་དགེ་བར་དེའི་ཐྲིས་སྐུ་བཞམས་ལ། མདུན་དུ་ཕྱིང་དཀར་གྱི་སྟེང་དུ་ཕྱྭ་གཞི་རས་དཀར་ལ་གངས་རི་ཆེན་པོ་མཐར་གངས་ཕྲེན་གྱིས་བསྐོར་བའི་ལྟེ་བར་པདྨ་འདབ་བརྒྱད་བྲི། དེའི་སྟེང་དུ་གཡང་བྲེ་འབྲུ་དང་རིན་པོ་ཆེས་བཀང་བའི་ཁར་གཡང་རྟེན་གྱི་གཏོར་མ་མདངར་གསུམ་བསྒྲེས་པའི་ཐུད་དམ། མར་ལས་བཅོས་པ་དབྱིབས་ཟླུམ་པོ་ཉི་ཟླ་དང་ནོར་བུ་འབར་བས་བརྒྱན་པ་རིན་པོ་ཆེའི་སྣོད་དུ་བཞམས་ཤིང་། མཐའ་སྐོར་མར་གྱི་རིལ་བུས་བཀང་། དཀར་གཏོར། ཕྱེ་མར། ཆུ་གཉིས་ཉེར་སྤྱོད་དང་བཅས་པ་བཤམ། འདོད་ཡོན་ལྔ་དང་རྒྱལ་སྲིད་སྣ་བདུན་བཀྲ་ཤིས་རྟགས་རྫས་སོགས་ཀྱི་ཙ་ཀ་ལི །མདའ་རྐོད་གཡུ་དང་མེ་ལོང་གིས་བརྒྱན་པ་དར་ཚོན་ཅན། ཟས་སྣ། གོ་མཚོན། གོས་དར་སོགས་སྤྱན་གཟིགས་ལེགས་པར་བཤམས། བདག་སྐྱེད་དང་ཟླ་ཆེན་གྱི་བསྐང་བཤགས་བསྟོད་པའི་སར་གཞུང་བཞིན་བྱས་ལ་བསང་དུད་ཆེར་བཏང་སྟེ། ཨ་ཤྲཱི་ཏྲ་ས་བསངས། སྭ་བྷཱ་ཝས་སྟོང་པར་སྦྱངས། སྟོང་པའི་ངང་ལས་རང་རང་གི་མིང་ཡིག་དང་པོ་ཐིག་ལེས་བརྒྱན་པ་ཞུ་བ་ལས་བསང་མཆོད་དམ་རྫས་སྤྲིན་གཟིགས་གཡང་རྟེན་གྱི་རྫས་རྣམས་ལྷ་གཉན་ཆེན་པོ་འཁོར་བཅས་དགྱེས་པར་བྱེད་ཅིང་། སྲིན་པའི་བདག་པོའི་ཚེ་དཔལ་རྒྱས་པར་བྱེད་པ་བཀྲ་ཤིས་དང་དགེ་མཚན་ཕུན་སུམ་ཚོགས་པའི་མཐུ་དང་ལྡན་པར་གྱུར། ཨོཾ་སརྦ་བིད་པཱུ་ར་པཱུ་ར་སུ་ར་སུ་ར་ཨ་བརྟ་ཡ་ཧོ་བཛྲ་སྥ་ར་ཎ་ཁཾ། བདག་གི་བསམ་པའི་སྟོབས་དང་ནི། །ཞེས་པ་ནས།

ཐོགས་པ་མེད་པར་འབྱུང་གྱུར་ཅིག །ཀྱཻ་བསྙོ་འཛམ་གླིང་ས་ཡི་ལྟེ་བ་ན། །མདོ་སྨད་ཡུལ་གྱི་གོང་བ་ན། །ཉི་མ་ནུབ་ཕྱོགས་ཕ་གི་ན། །གངས་དཀར་ཤེལ་གྱི་མཆོད་རྟེན་ཡོད། །རྩ་བ་དབང་ཆེན་གཞི་ལ་ཟུག །རྩེ་མོ་ཉི་ཟླའི་མཐོངས་ལ་བསྣེགས། །སྐེད་ན་ཆར་སྤྲིན་ལིང་ལིང་གཡོ། །གངས་ཕྲན་སུམ་བརྒྱ་དྲུག་ཅུས་བསྐོར། །དེ་ན་རྨ་རྒྱལ་སྤོམ་ར་བཞུགས། །དེ་ན་ཡུམ་ཆེན་གུང་སྨན་བཞུགས། །དེ་ན་སྲས་པོ་མཆེད་དགུ་བཞུགས། །དེ་ན་སྲས་མོ་སྲིན་དགུ་བཞུགས། །དེ་ན་གཉན་ཆེན་སྡེ་བཞི་བཞུགས། །རྨ་རིགས་སུམ་བརྒྱ་དྲུག་ཅུ་བཞུགས། །བཀའ་འཁོར་ལྷ་གཉན་ཐམས་ཅད་བཞུགས། །འབྲོག་གནས་རྨ་རྒྱལ་སྤོམ་ར་ཆེ། །དེ་རིང་གནས་འདིར་སྤྱན་འདྲེན་ནོ། །སྙིང་ན་གཡུ་འབྲུག་གསུང་སྐད་སྒྲོགས། །འདབ་ཆགས་གཅན་གཟན་རོལ་དུ་ཁྲིད། །བརྗིད་པའི་གར་སྟབས་ལིངས་སེ་ལིངས། །ཡོན་མཆོད་གཡང་གི་ལྷ་རུ་བྱོན། །ཡུམ་ཆེན་གུང་སྨན་ལྷ་རི་ཡང་། །དེ་རིང་གཡང་གི་ལྷ་རུ་བྱོན། །དཔའ་བའི་སྲས་པོ་མཆེད་དགུ་ཡང་། །དེ་རིང་གཡང་གི་ལྷ་རུ་བྱོན། །མཛངས་པའི་སྲས་མོ་སྲིན་དགུ་ཡང་། །དེ་རིང་གཡང་གི་ལྷ་རུ་བྱོན། བཀའ་ཉན་གཉན་ཆེན་སྡེ་བཞི་ཡང་། །དེ་རིང་གཡང་གི་ལྷ་རུ་བྱོན། །ཕོ་ཉ་མངག་གཞུག་ཐམས་ཅད་ཀྱང་། །དེ་རིང་གཡང་གི་ལྷ་རུ་བྱོན། །ཤར་ཕྱོགས་རྒྱལ་མོ་ཚེ་བརྟན་མ། །དེ་རིང་གཡང་གི་ལྷ་རུ་བྱོན། །ལྷོ་ཕྱོགས་གཡང་ལྷ་འབྲུག་རྒྱལ་མ། །དེ་རིང་གཡང་གི་ལྷ་རུ་བྱོན། ནུབ་ཕྱོགས་གཡང་ལྷ་ཕན་བྱེད་མ། དེ་རིང་གཡང་གི་ལྷ་རུ་བྱོན། །བྱང་ཕྱོགས་གཡང་ལྷ་ཚེ་འཛིན་མ། །དེ་རིང་གཡང་གི་ལྷ་རུ་བྱོན། །གཞན་ཡང་མདོ་སྨད་ཡུལ་ཕྱོགས་ན། །སྲིད་གསུམ་སྡེ་དཔོན་དགྲ་ལྷ་ཆེ། །བཀའ་དང་འཁོར་དུ་གཏོགས་པ་ཀུན། །དེ་རིང་གཡང་གི་ལྷ་རུ་བྱོན། །དར་ཟབ་རིན་ཆེན་ཁྲི་ལ་བཞུགས། །ཡིད་འོང་མཆོད་པའི་ཚོགས་འདི་

བཞེས། །རབ་དགྱེས་འཛུམ་པའི་ཞལ་བསྟན་ནས། །ཕྱྭ་གཡང་འབེབས་པའི་
གྲོགས་མཛོད་ཅིག །དེ་ནས་ཨ་ཀཱ་རོ་ས་བགེགས་གཏོར་བྱིན་གྱིས་བརླབས་ལ། རང་གི་
ཐུགས་ཀ་ནས་འོད་ཟེར་འཕྲོས། ཕྱྭ་གཡང་འགུག་པ་ལ་བར་དུ་གཅོད་པའི་
འགོང་པོ་མི་མ་ཡིན་གྱི་རིགས་གང་ཡིན་པ་དེ་དག་ཐམས་ཅད་སྐད་ཅིག་གིས་
འདིར་བཀུག་པར་གྱུར། ཨོཾ་སརྦ་བིགྷྣན་ནམཿསརྦ་ཏ་ཐཱ་ག་ཏ་སོགས་ལན་གསུམ།
ཨོཾ་སུམྦྷ་ནི་སུམྦྷ་ཧཱུྃ་སོགས་ལན་གསུམ་བརྗོད་དེ་བསྐྲོས་ལ། ན་མོ་རྗེ་བཙུན་རྩ་བ་དང་བརྒྱུད་
པར་བཅས་པའི་དཔལ་ལྡན་བླ་མ་དམ་པ་རྣམས་ཀྱི་བཀའ་བདེན་པ་དང་།
སངས་རྒྱས་ཀྱི་བདེན་པ་དང་། ཆོས་ཀྱི་བདེན་པ་དང་། དགེ་འདུན་གྱི་བདེན་
པ་དང་། ཁྱད་པར་དུ་བཅོམ་ལྡན་འདས་འཇམ་དཔལ་གཤིན་རྗེའི་གཤེད་ཀྱི་ལྷ་
ཚོགས་འཁོར་དང་བཅས་པ་རྣམས་ཀྱི་བདེན་པ་དང་། བདེན་པ་ཆེན་པོས་
བྱིན་གྱིས་བརླབས་པ་ལ་བརྟེན་ནས་བདག་ཅག་ཡོན་མཆོད་འཁོར་དང་བཅས་
པས་ཕྱྭ་གཡང་འགུག་པ་ལ་བར་དུ་གཅོད་པའི་འགོང་པོ་མི་མ་ཡིན་གྱི་རིགས་
གང་ཡིན་པ་དེ་དག་ཐམས་ཅད་མཆོད་སྦྱིན་གྱི་གཏོར་མ་འདིས་ཚིམ་པར་གྱིས་
ལ་གནོད་པ་དང་འཚེ་བའི་བསམ་པ་ངན་པ་ཐམས་ཅད་སྤོངས་ལ། ཕན་པ་
དང་བྱང་ཆུབ་ཀྱི་སེམས་དང་ལྡན་པས་རང་རང་སོ་སོའི་གནས་སུ་སོངས་ཤིག
གལ་ཏེ་མི་འགྲོ་ན་ཁྲོ་བོའི་ཡེ་ཤེས་ཀྱི་རྡོ་རྗེ་མེ་རབ་ཏུ་འབར་བ་རྣམས་ཀྱིས་
བསྲེགས་ཤིང་རྣམ་པར་འཇོམས་པར་གདོན་མི་ཟའོ། སུམ་བྷ་ནིའི་སྔགས་བརྗོད་དེ་
བགེགས་བསྐྲད། དེ་ནས་མདའ་དར་གཡབ་ཅིང་། ཕྱྭ་ཁྱེ་ཡེ། །འབྲོག་གནས་ལྷ་ཡི་དགེ་
བསྙེན་ཆེ། །ཡུམ་སྲས་བློན་དང་བཀའ་འཁོར་ཀུན། །རྣལ་འབྱོར་ཡོན་མཆོད་
འཁོར་བཅས་ལ། །ཕྱྭ་དང་གཡང་གི་དངོས་གྲུབ་སྩོལ། །ཟས་ནོར་ལོངས་སྤྱོད་
སྣན་གྲགས་སོགས། །དར་ཞིང་རྒྱས་པའི་གཡང་ཐོབ་ཅིག །ཕྱྭ་འབེབས་དེ་ནི་
མ་ཆུང་ཞིག །གཡང་འབེབས་དེ་ནི་མ་ཞན་ཅིག །ཕུན་ཚོགས་འདོད་དགུའི་ཕྱྭ་

དང་གཡང་། །དབྱར་གྱི་ཆར་སྤྲིན་བཞིན་དུ་བསྡུས། །སྦྲ་འདི་མ་ཕམ་ཁྱུ་ཡེ་གསུངས། །གཡང་འདི་མ་ཉམས་ཁྱུ་ཡེ་གསུངས། །དར་དཀར་གཡབ་ཅིང་གཡང་དུ་ལེན། །ཡོན་བདག་ཚེ་གཡང་བསྐྱབ་ཏུ་གསོལ། །སྦྲ་ཁྱུ་ཡེ། དང་བརྩོན་ཤེས་རབ་རྨད་བྱུང་བ། །དཀར་པོ་ཆོས་ཀྱི་གཡང་ཕོབ་ཅིག །ཚེ་རིང་ནད་མེད་འབྱོར་ལྡན་པ། །སྨུག་པོ་སྲིད་ཀྱི་གཡང་ཕོབ་ཅིག །གཟུགས་བཟང་བློ་གསལ་ངག་སྙན་པ། གཙང་མ་རིགས་ཀྱི་གཡང་ཕོབ་ཅིག །མཛངས་ཤིང་བརྟན་ལ་གཞུང་བཟང་བ། །མཐུན་པའི་གྲོགས་ཀྱི་གཡང་ཕོབ་ཅིག །ཀུན་སྙོམས་བྱམས་ཤིང་བརྗེད་ཆགས་པ། །མངའ་བདག་རྗེ་ཡི་གཡང་ཕོབ་ཅིག །ཁྲེལ་ཡོད་དྲང་ཞིང་མཐུ་ལྡན་པ། མངག་གཞུག་བྲན་གྱི་གཡང་ཕོབ་ཅིག །ཉེར་འཚེ་མེད་ཅིང་བག་ཕེབ་པ། །དགའ་བའི་ཡུལ་གྱི་གཡང་ཕོབ་ཅིག །མི་ཟད་གོང་དུ་འཕེལ་བ་ཡི། །དཔལ་འབྱོར་ནོར་གྱི་གཡང་ཕོབ་ཅིག །ཤ་རྒྱས་སྤུ་སྡུག་འགྲོས་བཟང་བ། །གྱི་ལིང་རྟ་ཡི་གཡང་ཕོབ་ཅིག །སྟོབས་ལྡན་འོ་མའི་རྒྱུད་འཛིན་པ། །འབྲི་ཕྱུགས་གནག་གི་གཡང་ཕོབ་ཅིག །དོག་མོ་ས་ཡི་སྙིང་འགེངས་པ། །གཡང་དཀར་ལུག་གི་གཡང་ཕོབ་ཅིག །རོ་བཅུད་ལྡན་ཞིང་བདེ་སྐྱེར་བ། །ཞིམ་མངར་ཟས་ཀྱི་གཡང་ཕོབ་ཅིག ། འཕྲལ་ཡུན་དགེ་ཞིང་བསམ་པ་བཞིན། །འགྲུབ་པའི་ལས་ཀྱི་གཡང་པོ་ཕོབ་ཅིག ། ས་སྟེང་ཀུན་ཏུ་ཁྱབ་པ་ཡི། །མངའ་ཐང་སྙན་གྲགས་གཡང་ཕོབ་ཅིག །སྦྲ་ཁྱུ་ཡེ། འདོད་དགུའི་ཆར་འབེབས་གཡང་གི་ལྷ། །འབྲོག་གནས་རྨ་རྒྱལ་སྤོམ་ར་ཡིས། །ཉམ་ཆག་བྱུར་གྱི་འཕྲོད་ཆོད་ལ། །སྦྲ་དང་གཡང་གི་སྔོ་སྨྲེ་སྨྲེ། །ཁྱིམ་ལ་གཡང་འཕེལ་མི་ཡིས་གང་། །སྔོ་ན་གཡང་འཕེལ་ཕྱུགས་ཀྱིས་གང་། །མཛོད་ལ་གཡང་འཕེལ་ནོར་གྱིས་གང་། །ཚེ་ལ་གཡང་འཕེལ་ལོ་བརྒྱ་འཚོ། །དེ་རིང་རྟ་ཡི་རྟ་ལྡན་ནོ། །དེ་རིང་སྦྲ་ཡེ་སྦྲ་ལྡན་ནོ། །སྦྲ་བུ་ཡེ། འདོད་དགུའི་ཆར་

འབེབས་གཡང་གི་ལྷ། །ཡུམ་ཆེན་གུང་སྣང་ལྷ་རི་ཡིས། །ཉམ་ཆག་བྱུང་གྱི་ ×།ཕྱུ་དང་གཡང་གི་ ×།ཁྱིམ་ལ་གཡང་འཕེལ ×།སྒོ་ན་གཡང་འཕེལ་ ×།མཛོད་ལ་གཡང་འཕེལ ×།ཚེ་ལ་གཡག་འཕེལ ×།དེ་རིང་ཧུ་ཡེ་ ×།དེ་རིང་ཕྱུ་ཡེ ×། །ཕྱུ་ཁྱེ་ཡེ། འདོད་དགུའི་ ×།དཔའ་བའི་སྲས་པོ་མཆེད་དགུ་ཡིས། །ཉམ་ཆག་ ×།ཕྱུ་དང་ ×།ཁྱིམ་ལ་ ×།སྒོ་ན་ ×།མཛོད་ལ་ ×།ཚེ་ལ་ ×།དེ་རིང་ཧུ ×།དེ་རིང་ཕྱུ་ ×། །ཕྱུ་ཁྱེ་ཡེ། འདོད་དགུའི་ ×།མཛངས་པའི་སྲས་མོ་མཆེད་དགུ་ཡིས། །ཉམས་ཆག་ ×།ཕྱུ་དང་ ×།ཁྱིམ་ལ་ ×།སྒོ་ན་གཡང་ ×།མཛོད་ལ་ ×།ཚེ་ལ་ ×།དེ་རིང་ཧུ ×། །དེ་རིང་ཕྱུ ×། ཕྱུ་ཁྱེ་ཡེ། འདོད་དགུའི་ × ། །བཀའ་ཉན་གཉན་ཆེན་སྡེ་བཞི་ཡིས། །ཉམ་ཆག ×།ཕྱུ་དང ×།ཁྱིམ ×།སྒོ ×།མཛོད ×།ཚེ ×།དེ་རིང × །དེ་རིང་ཕྱུ ×། ཕྱུ་ཁྱེ་ཡེ། འདོད་དགུའི་ ×།ཕོ་ཉ་མངག་གཞུག་ཐམས་ཅད་ཀྱིས། །ཉམ་ཆག ×།ཕྱུ ×།ཁྱིམ ×།སྒོ ×།མཛོད × ། ཚེ ×།དེ་རིང་ཧུ ×།དེ་རིང་ཕྱུ ×། །ཕྱུ་ཁྱེ་ཡེ། བཀྲ་ཤིས་ཉི་མ་དེ་རིང་ནས། །ཡོན་གྱི་བདག་པོ་འཁོར་དང་བཅས། །ལུས་ལ་ནད་མེད་གཟི་བྱིན་རྒྱས། །སེམས་ལ་དགའ་བདེའི་སྣང་བས་ཁྱབ། །བང་མཛོད་རིན་ཆེན་ནོར་གྱིས་གང་། །ཡུལ་ཁམས་སྡེ་དང་ཕྱུགས་ཀྱིས་ཁྱབ། །གྲགས་སྙན་འབྲུག་གི་སྒྲ་བཞིན་སྒྲོགས། །ལས་རླུང་དབྱར་གྱི་མཚོ་བཞིན་རྒྱས། །ཕུན་ཚོགས་ཕྱུ་དང་གཡང་གི་ཚོགས། །གང་བསམ་དངོས་གྲུབ་ཆར་བཞིན་ཕོབས། །མི་ནུབ་གཡང་གི་རྒྱལ་མཚན་ཚུགས། །མི་འགྱུར་གཡུང་དྲུང་བརྟན་པར་མཛོད། །མི་ཟད་གཡང་གི་རྒྱ་མཚོ་སྐྱིལ། །ཕྱུ་གཡང་མི་ཉམས་སྲུང་མ་མཛོད། །གཡང་གི་རྟེན་ཕུར་མ་འདོན་ཅིག །གཡང་གི་རྣ་བ་མ་སྐྱོངས་ཤིག །གཡང་གི་དམུ་དག་མ་གཅོད་ཅིག །གཡང་གི་མཆོ་མོ་མ་སྐྱེམས་ཤིག །གཡང་སྒོ་སྲུང་བའི་སྲུང་མ་མཛོད། །ཕྱུ་གཡང་བསྐྱིལ་བའི་

གཉེར་ཁ་མཛོད། །མངའ་ཐང་དར་བའི་དགྲ་ལྷ་མཛོད། །ནམ་ཡང་མི་འབྲལ་དཔུང་གཉེན་མཛོད། ཀྱཻ་དགྲ་ལྷ་ཡབ་ཡུམ་འཁོར་དང་བཅས། །ཁྱེད་ལ་གཡང་རྟེན་འཛུག་པ་ནི། །སྨུར་མགྱོགས་འཛམ་གླིང་ཡུད་ཀྱིས་བསྐོར། །ཇ་ཇོག་དར་གྱི་ཅོད་པཎ་ཅན། །ཅང་ཤེས་སྤྲིན་གྱི་ཤུགས་ཅན་འདི། །དེ་རིང་ཁྱེད་ལ་རྟེན་དུ་འཛུག །འདི་ལ་ཁྱེད་ཀྱིས་གཡང་རྟེན་མཛོད། །ཕྱྭ་གཡང་ཉམས་པ་མེད་པ་དང་། །གོང་ནས་གོང་དུ་འཕེལ་བར་མཛོད། །རྟ་ཡི་ལྷ་ནི་བྲིས་པོ་ཡིན། །དེས་ཀྱང་རྟ་གཡང་གོང་དུ་སྤེལ། །

ཀྱཻ་དགྲ་ལྷ་×།ཁྱེད་ལ་×།འཇིགས་པའི་བྲག་རི་གཡོ་བ་བཞིན། །ངར་སྒྲ་སྒྲོགས་པས་ས་ཆེན་འདར། །རྣ་གདེངས་བརྗིད་པའི་ཞོལ་གཡག་འདི། །དེ་རིང་×།འདི་ལ་×།ཕྱྭ་གཡང་×།གོང་ནས་གོང་དུ་×། །གཡག་གི་ལྷ་ནི་དུང་ཟ་ཡོན། །དེས་ཀྱང་གཡག་གཡང་གོང་དུ་སྤེལ། །ཀྱཻ་དགྲ་ལྷ་×།ཁྱེད་ལ་×།མི་ཟད་འོ་མའི་རྒྱུད་འཛིན་ཅིང་། །ཕྱུ་སྟུག་དཀར་གྱི་ཆང་སྤྲིན་བཞིན། །ས་སྙིང་མཛེས་བྱེད་ཞོལ་མོའི་ཚོགས། །དེ་རིང་×། འདི་ལ་×། ཕྱྭ་གཡང་×། གོང་ནས་×། འབྲི་ཡི་ལྷ་ནི་ཤམ་པོ་ཡིན། །དེས་ཀྱང་འབྲི་གཡང་གོང་དུ་སྤེལ། །ཀྱཻ་དགྲ་ལྷ་×། ཁྱེད་ལ་×། འཇམ་པའི་ཕྱུ་སྟུག་གོས་གྱོན་ཞིང་། །རྣ་བཞི་འཁྱིལ་བའི་ལྷ་ལུག་དང་། །ཨག་ཚོམ་མཛེས་པའི་ལྷ་ར་འདི། །དེ་རིང་×། འདི་ལ་×། ཕྱྭ་གཡང་×།གོང་ནས་×།ལུག་གི་ལྷ་ནི་མེན་བུ་ཡིན། །དེས་ཀྱང་ལུག་གཡང་གོང་དུ་སྤེལ། །ཀྱཻ་དགྲ་ལྷ་×། ཁྱེད་ལ་×། མདུང་རིང་དར་གྱི་བདན་ཅན། །རྡོ་ངར་དཔལ་དང་ལྡན་པ་སོགས། །དཔའ་བོའི་ཏྲ་མཚོན་འདི་དག་ཀྱང་། དེ་རིང་×། འདི་ལ་×། ཕྱྭ་གཡང་×།གོང་ནས་×། །ཀྱཻ་དགྲ་ལྷ་×། ཁྱེད་ལ་×། སྨུག་རྐྱང་ཚོགས་པ་དགུ་བ་ལ། །བྱ་རྒྱལ་རྐྱང་པོའི་སྒྲོ་ཡིས་བརྒྱན། །དར་ཆེན་མེ་ལོང་དང་བཅས་པ། །དེ་རིང་×།

འདི་ལ་ ×། ཕྱྭ་གཡང་ ×། གོང་ནས་ ×། །ཀྱཻ་དགྲ་ལྷ ×། ཁྲིད་ལ ×། དཀར་གསུམ་འོ་མའི་རྒྱ་མཚོ་བསྐྱིལ། །མངར་གསུམ་འབྲང་རྒྱས་རི་ལྟར་སྤུངས། །དྲི་ཞིམ་བསང་མཆོད་སྤྲིན་ལྟར་གཏིབས། །དེ་རིང་ཁྲིད་ལ་རྟེན་དུ་འཛུག །འདི་ལ་ཁྲིད་ཀྱི་གཡང་རྟེན་མཛོད། ། ཕྱྭ་གཡང་ཉམས་པ་མེད་པ་དང་། །གོང་ནས་གོང་དུ་འཕེལ་བར་མཛོད། །མདོར་ན་ལྷ་ཆེན་དགྱེས་བྱེད་པའི། །རྟེན་རྫས་གཡང་རྫས་ཚང་བར་བསགས། །གོ་མཚོན་སྤྱན་གཟིགས་ཚར་དུ་དངར། །གུས་པས་མཆོད་ཅིང་གསོལ་འདེབས་ན། ། ཕྱྭ་དང་གཡང་གི་དཔལ་སྐྱབས་ཤིག །མངའ་ཐང་རིགས་རྒྱུད་དར་བར་མཛོད། །ཚེ་བསོད་བཀྲག་མདངས་འཕེལ་བ་དང་། །མི་མཐུན་གཡུལ་ལས་རྒྱལ་བར་མཛོད། །ཀྱཻ་སྲིད་པའི་ལྷ་ཆེན་འཁོར་བཅས་ཀྱིས། །བདག་ཅག་དཔོན་སློབ་ཡོན་མཆོད་ཀུན། །གཞིས་སུ་སྡོད་ན་ཡུལ་ལྷ་མཛོད། །ཕྱིས་སུ་འགྲོ་ན་ལམ་ལྷ་མཛོད། །གཡུལ་དུ་ཆས་ན་དགྲ་ལྷ་མཛོད། །རྙེད་པ་ཚོལ་ན་ནོར་ལྷ་མཛོད། །ཉིན་གསུམ་དུས་སུ་བྱ་ར་མཛོད། །མཚན་གསུམ་དུས་སུ་མེལ་ཚེ་མཛོད། །མི་དང་ཕྱུགས་ཀྱི་ནད་ཡམས་ཆོད། །ཆོས་དང་སྲིད་ཀྱི་དཔལ་འབྱོར་སྤེལ། །གསོལ་ལོ་མཆོད་དོ་ལྷ་གཉན་ཆེ། །མ་གཡེལ་མ་གཡེལ་སྲུང་མའི་གཙོ། །རྩ་རྒྱུད་བླ་མའི་གཡར་དམ་བཞིན། །གང་བཅོལ་ལས་བཞིའི་འཕྲིན་ལས་སྒྲུབས། །འདོད་དོན་ཆོས་བཞིན་འགྲུབ་པ་ཡི། །བཀྲ་ཤིས་རྒྱ་མཚོས་ཁྱབ་པར་མཛོད། །དེ་ནས་གཏང་རག་གི་མཆོད་བསྟོད། བཀྲ་ཤིས་ཀྱིས་མཐའ་བརྒྱན་པ་སོགས་དཀྱུས་བཞིན་བྱའོ། །

སྐབས་པ། ལྷ་ཆེན་ཐུགས་རྗེའི་སྤྲིན་སྟོན་ལས། །དངོས་གྲུབ་གྲུ་ཆར་འཛེ་བ་ཡིས། ། ཕྱྭ་གཡང་རྫེ་བརྡུད་རབ་རྒྱས་ཏེ། །ལུས་ཅན་བདེ་དགས་ཚིམ་གྱུར་ཅིག །ཅེས་ཟླ་རྒྱལ་སྤྲོམ་རའི་གསང་འབོད་ལྷན་ཚོགས་འདོད་དགུའི་རོལ་མཚོ་ཞེས་བྱ་བ་འདི་ནི། གོང་ས་མཆོག་གི་ཞབས་སྡོད་དུ་བརྟེན་ལྡན་པ་ངག་དབང་ཚུལ་ཁྲིམས་ཀྱིས་བསྐུལ་ངོ་། ༼བརྩོན་པ་དཀོན་

མཆོག་བསྟན་པའི་སྒྲོན་མེས་གཡང་འབོད་ཀྱི་ཡིག་སྙིང་སྔ་ཚོགས་འདུག་པ་ལས་ལེགས་པའི་ཆ་རྣམས་བསྡུས་ཏེ་བསྒྲིགས་པ་འདིས་ཀྱང་འཇིག་རྟེན་ཀུན་ཏུ་དགེ་ཞིང་བཀྲ་ཤིས་པར་གྱུར་ཅིག །

ཨོཾ་སྭ་སྟི། ཐུབ་བསྟན་འཛིན་མར་སྐལ་བཟང་ཞིང་པའི་ཚོགས། །ཕན་བདེ་ལོ་ཏོག་ལོངས་སུ་སྤྱོད་པའི་ཕྱིར། །བཀྲ་ཤིས་གཡས་སུ་འཁྱིལ་བའི་ཆོས་གྲྭ་ལས། །ཆོས་སྤྲིན་བདུད་རྩིའི་གྲུ་ཆར་འདི་ཕབ་བོ།། །།

༧༢། །ལྷ་གཉན་ཆེན་པོ་སྤོ་ལ་གཡུ་རྩེའི་གསོལ་མཆོད་
རྒྱས་པ་ཕྱོགས་ལས་རྣམ་པར་རྒྱལ་བའི་རྔ་
མཆོད་ཞེས་བྱ་བ་བཞུགས་སོ། །

བཻཌཱུར་སྤྲིན་སྔོན་འཁྲིགས་པ་མ་ཧེའི་ཞལ། །རབ་འབར་སྤྱན་གསུམ་གཡོ་བའི་སྨུག་དམར་འོད། །དགྲ་འཛོམས་ལྷ་སྣང་ཐོག་གི་ཟེར་མ་ཅན། །ཁྲོ་བོ་གཤིན་རྗེའི་གཤེད་པོས་དགེ་ལེགས་སྐྱོལ། །རི་རླུང་ནགས་ཚལ་ཆུ་དང་ཐང་སོགས་ལ། །རྟེན་བཅས་དཀར་ཕྱོགས་འཇིག་རྟེན་སྐྱོང་བའི་སྡེ། །མཆོད་བསྟོད་བསྐྱེད་ཅིང་འཕྲིན་ལས་བཅོལ་བ་ཡང་། །སྦྱོར་བ་བཞི་ལྡན་ཐབས་ཀྱི་མཆོག་ཏུ་གསུངས། །བློ་གྲོས་མ་ལ་ཡར་སྐྱེས་དགའ་ཚལ་དུ། །ལེགས་བཤད་ཙནྡན་ནགས་རླུང་འཁྲིགས་པའི་གསེབ། །སྨྲ་ཚོགས་མི་རྟོག་ཕྲེང་བ་བཞད་པ་ཡང་། །དོན་གཉེར་རྐང་དྲུག་གཞོན་ནུའི་དགའ་སྟོན་ཡིན། །དེའང་མདོ་སྨད་ས་ཡི་ཐིག་ལེར་རྒྱུ་བའི་སྣང་སྲིད་དྲེགས་པའི་ཁྲིད་ན་མཐུ་རྩལ་ནུས་པའི་དཔུང་གིས་མངོན་པར་མཐོ་བ། འབྲོག་གནས་ཀྱི་སྡེ་དཔོན་ཆེན་པོ་གཉན་རྗེ་སྤོ་ལ་གཡུ་རྩེའི་སྒྲུབ་འཕྲིན་རྒྱས་པ་ཉམས་སུ་བསྟར་བར་འདོད་པའི་གང་ཟག་གིས། དང་པོར་མཆོད་རྫས་སྤྱན་གཟིགས་དཀར་གསུམ་མངར་གསུམ་སྦྱར་བའི་མཆོད་གཏོར་དང་བསང་རྫས་རྒྱ་ཆེ་ཞིང་དངོས་གཙང་བ། ཚེ་ཐར་བྱེད་རྒྱུའི་རྟ་གཡག་ར་ལུག་སོགས་ལ་མཛེས་པའི་དར་གྱི་ཆུན་འཕྱང་བཏགས་པ་རྣམས་སྟ་གོན་བྱས་ཏེ། སྐྱབས་སེམས་སྔོན་དུ་བཏང་ལ་འཇིགས་བྱེད་སོགས་ཀྱི་བདག་བསྐྱེད་རྒྱས་བསྡུས་གང་རུང་བྱས། རོལ་ཆ་བཀྲམ་ཞིང་བསང་དུད་ཆེར་བཏང་སྟེ། བསང་རྫས་རྣམས། ཨ་མྲྀ་ཏ་ས་བསངས། ཨོཾ་སྭ་བྷཱ་ཝ་ནས་ཧཱུཾ། ཕྱི་ནང་གསང་བའི་མཆོད་གཏོར་ཐམས་ཅད་རང་བཞིན་གྱིས་མི་དམིགས་པའི་སྟོང་པ་ཉིད་དུ་གྱུར། སྟོང་པའི་

ངང་ལས་ཧཱུྃ་ལས་རིན་པོ་ཆེའི་སྣོད་ཡངས་ཤིང་རྒྱ་ཆེ་བ་རྣམས་ཀྱི་ནང་དུ་རང་རང་གི་མིང་ཡིག་དང་པོ་ཐིག་ལེས་བརྒྱན་པ་ཞུ་བ་ལས་བྱུང་བའི་མཆོད་པའི་ཡོ་བྱད་བསམ་གྱིས་མི་ཁྱབ་པ་ས་དང་བར་སྣང་གི་ཁྱོན་ཐམས་ཅད་ཡོངས་སུ་གང་བར་གྱུར། ཨོཾ་ཨཱཿཧཱུྃ། ལན་གསུམ་གྱིས་བྱིན་གྱིས་རླབས། དེ་ནས་བླ་མ་རྡོ་རྗེ་གདན་པས། ཨོཾ་གྱིས་སྣོད་ཀྱི་ཉེས་སྐྱོན་སྦྱངས་ཨཱཿཡིས་ཟས་ཀྱི་ཉེས་སྐྱོན་སྦྱངས། ཧཱུྃ་གིས་ཀུ་ཡི་ཉེས་སྐྱོན་སྦྱངས། ཡང་ན། ཨོཾ་གྱིས་སྣོད་རིན་པོ་ཆེར་བསྒྱུར། ཨཱཿས་ཟས་རོ་བརྒྱ་བར་བསྒྱུར། ཧཱུྃ་གིས་ཆུ་བདུད་རྩིར་བསྒྱུར། ཡང་ཨོཾ་གྱིས་སྣོད་རྒྱ་ཆེན་པོར་སྤེལ། ཨཱཿས་རྒྱུ་རི་རབ་ཙམ་དུ་སྤེལ། ཧཱུྃ་གིས་ཆུབ་བདུད་རྩིའི་རྒྱ་མཚོར་བསྒྱུར་ཏེ་བྱིན་རླབས་དགྱུ་སྦྲུགས་སུ་བཞེད་ཅིང་། སློབ་དཔོན་ཀླུ་སྒྲུབ་ཀྱང་འབྲུ་གསུམ་གཏོར་མའི་བྱིན་བརླབ་ཏུ་བཞེད་དོ། གཞན་ཡང་། ཨོཾ་གྱིས་འབྱུང་པོ་དབང་དུ་སྡུད། །ཨཱཿཡིས་རྫས་རྣམས་དག་སོགས་བྱ། །ཧཱུྃ་གིས་མགྲོན་ལ་ཁྱབ་པར་སྦྱིན། །འབྲུ་གསུམ་གཏོར་མའི་དེ་ཉིད་བཤད། །ཅེས་དང་། ཡི་གེ་འབྲུ་གསུམ་སྐུ་གསུང་ཐུགས་ཀྱི་ས་བོན་ཡིན་པས་རིམ་པ་ལྟར། ཁ་དོག་དང་སྒྲ་དྲི་གཉིས་དང་། རོ་རེག་གཉིས་ཀྱི་ཉེས་པ་སྦྱོང་ཚུལ་སོགས་བཤད་པ་སྣ་ཚོགས་འབྱུང་ཡང་། དོན་ལ་འགལ་བ་མེད་དོ། །དེ་ནས། སྔགས་དྲུག་ཕྱག་རྒྱ་དྲུག་གིས་བྱིན་གྱིས་བརླབ་པ་ལ། སྦྱོང་བའི་སྔགས་ནི། ཨོཾ་སྭ་བྷཱ་ཝ་བི་ཤུདྡྷེ་ཧྲཨྨཱཿཏེ་བཛྲ་སིདྡྷི་ཧཱུྃ། ཕྱག་རྒྱ་ནི་ལག་པ་གཡས་པའི་མཐེ་བོས་མཐེའུ་ཆུང་མནན་ལྷག་མ་གསུམ་སོ་སོར་བརྒྱང་བའོ། །མང་པོར་སྤེལ་བའི་སྔགས་ནི། ནམཿསརྦ་ཏ་ཐཱ་ག་ཏ་བྷྱོ་བི་ཤྭ་མུ་ཁེ་བྷྱཿསརྦ་ཐཱ་ཁཾ་ཨུད་ག་ཏེ་སྥ་ར་ཎ་ཨི་མཾ་ག་ག་ན་ཁཾ་སྭཱཧཱ། ཕྱག་རྒྱ་ནི་ཐལ་མོ་གཉིས་བཀན་ལ་སྐྱིམ་པའི་ཚུལ་དུ་དཔྲལ་བར་བཅིང་ངོ་། །བདུད་རྩིར་བསྒྱུར་བའི་སྔགས་ནི། ཨོཾ་ཨ་མྲྀ་ཏེ་ཧཱུྃ་ཕཊ། ཕྱག་རྒྱ་ནི། ལག་པའི་སོར་མོ་ཕན་ཚུན་བསྣོལ་ལ་གུང་མོ་གཉིས་རྩེ་སྦྲད་ནས་བཅག་སྟེ་དལ་བར་བཅིང་ངོ་། །

འདོད་པ་སྒྲུབ་པའི་སྔགས་ནི། ཨོཾ་ཨ་ཀཱ་རོ་མུ་ཁཾ་སརྦ་དྷརྨཱ་ཎཱཾ་ཨཱདྱ་ནུད་པན་ན་ཏྭཏ། ཕྱག་རྒྱ་ནི། གཡས་ཁྲོ་བོའི་ཁུ་ཚུར་བཅིང་སྟེ་བསྒྲེངས་ལ་མཆོད་རྫས་རྣམས་ལ་སེ་གོལ་གདབ་ཅིང་དཀྱིལ་བར་བྱའོ། །ཐམས་ཅད་ཀྱིས་ཐོབ་པའི་སྔགས་ནི། ནམཿསརྦ་ཏ་ཐཱ་ག་ཏ་ཨ་ཝ་ལོ་ཀི་ཏེ་ཨོཾ་སམྦྷ་ར་སམྦྷ་ར་ཧཱུཾ། ཕྱག་རྒྱ་ནི་གཡོན་ཁུ་ཚུར་སྙིང་གར་བཞག གཡས་མཆོག་སྦྱིན་བྱའོ། །མཉམ་པོར་ཐོབ་པར་བྱེད་པའི་སྔགས་ནི། ཨོཾ་ཏུ་ཏུ་ཕུ་ཏུ་ཛ་ལ་ཧི་ཏྲ་སིདྡྷ་ལོ་ཙ་ནི་སརྦ་ཨརྠ་སཱ་དྷ་ནི་སྭཱཧཱ། ཕྱག་རྒྱ་ནི་གཡས་མི་འཇིགས་པ་བྱའོ། །བདག་གི་བསམ་པའི་སྟོབས་དང་ནི། །ཞེས་སོགས་ཀྱིས་བདེན་སྟོབས་བརྗོད། དེ་ནས་དངོས་གཞི་ལ། ཨོཾ་སྭ་བྷཱ་ཝ་ཤུདྡྷཿསརྦ་དྷརྨཱ་སྭ་བྷཱ་ཝ་ཤུདྡྷོ྅ཧཾ། སྟོང་པ་ཉིད་དུ་གྱུར། སྟོང་པའི་ངང་ལས་རང་གི་མདུན་དུ་རི་བོ་མྷ་ར་དང་གསེར་གྱི་བྱ་སྐྱིབས་ལ་སོགས་པའི་སྙེམས་པ་འཕྲོག་པར་བྱེད་པའི་རབ་འཇིགས་བྲག་གི་རི་བོ་རྩེ་མོ་མཐོ་ཞིང་གཟེང་བས་ཀུན་གསལ་དབྱིངས་སུ་སྙེགས་ཤིང་། རྩ་བ་བརྟན་ཅིང་བརྗིད་པས་ནོར་འཛིན་རྣམ་པར་གནོན་པ། སྟེང་ན་ཆུ་འཛིན་སྨུག་པོའི་སྤྲ་བྲེ་བྲེས་ཤིང་སྒློག་ཕྲན་འགྱུ་བའི་གསེར་གྱི་དོ་ཤལ་འཕྱང་བ། སྙན་ཅིང་བརྗིད་པའི་དབྱར་ཇ་ཕྱུགས་བརྒྱུར་རྔོད་ཅིང་། སྦྲང་ཆར་དལ་གྱིས་འབེབས་པའི་རྩ་བར་ནགས་ལྗུང་སྨུག་པོའི་ཁྲོད་ན་རྒྱ་སྟག་རི་ཁྲ་སོགས་གཅན་ཟན་གདུག་པ་དུ་མས་དར་སྐད་སྒྲོགས་པ། ཕྱི་རོལ་ས་འཛིན་དབང་པོའི་རྣམ་པ་ཅན་གྱི་ནང་དུ་རིན་ཆེན་བྱེ་བའི་ཁམས་ལས་གྲུབ་པའི་ཕོ་བྲང་ཆེན་པོ་ཁོར་ཡུག་ལྕགས་རིའི་ར་བས་བསྐོར་ཞིང་བང་རིམ་དུ་མས་མཛེས་པའི་རྩེ་མོར་གསེར་གཡུའི་རྒྱ་ཕིབས་ཚར་དུ་དངར་བ། དེའི་དབུས་སུ་འཇིགས་པའི་བསྐལ་བ་སྟོན་པའི་རླུང་དམར་འཚུབ་པའི་ཤུགས་ལ་མདོ་བའི་རྟ་མཆོག་ཁམ་པ་ཉི་མའི་འོད་ལ་འཁྲུ་བའི་གསེར་གྱི་སྒ་སྲབ་སྤྲད་པའི་སྟེང་དུ་སྲིད་པའི་ལྷ་གཉན་ཆེན་པོ་སྟོ་ལ་གཡུ་རྩེ་མདོག་དམར་སྨུག་མེ་འོད་འཕྲོ་བ། ཕྱག་གཡས་སྲིད་གསུམ་དཔལ་འབྱོར་འགུགས་པའི་ལྕགས་ཀྱུ་

དང་། གཡོན་ན་འདོད་དགུའི་དངོས་གྲུབ་སྟེར་བའི་ནོར་བུ་བསྣམས་པ། སྐུ་ལ་སྟག་ཐུལ་དང་གཡུ་ཁྲབ་དབུ་ལ་བསེའི་རྨོག་གཞུ་གསོལ་ཞིང་མཚན་ཁྱུང་གཡོན་ན་ངར་མདུང་བསྒྲེང་བ། ཧེད་པར་རྫེ་ངར་ལྡན་པའི་གནམ་ལྕགས་ཀྱི་མདའ་དང་། སྲ་ཞིང་མཁྲེགས་པའི་གནམ་ཏྲ་ཅན་གྱི་སྟག་རལ་གཟིག་ཤུབས་བཅིང་བ། དེའི་གཡས་སུ་ཡུམ་གཉན་མ་མ་ལེ་གུ་དཀར་གསལ་མཛེས་པའི་ཉམས་དང་ལྡན་ཞིང་མདའ་དར་དང་ནོར་གཞོང་བཟུང་ནས་ཤ་བ་ཡུ་མོ་ལ་ཆིབས་པ། གཡོན་ན་གཉན་སྲས་ཐོར་རེ་རྒྱལ་བ་སྐུ་མདོག་དཀར་དམར་དར་མདུང་དང་ཞགས་པ་བཟུང་ནས་གཡུ་འབྲུག་སྔོན་མོ་ལ་ཆིབས་པ། གཞན་ཡང་དྲེགས་རྩལ་མྱུར་མགྱོགས་ཅན་གྱི་སྟག་ཤར་དཔའ་བོའི་སྲས་དང་། མཆོར་སྡུག་ལང་ཚོ་ཅན་གྱི་ལྷ་སྨན་སྲས་མོ་དུ་མས་བསྐོར་བ། དེའི་ཕྱི་རོལ་ཏུ་བཀྲ་ཤིས་ལྷ་བྲག་དཀར་པོ། གྲོགས་བྱེད་མགོ་དཀར་མགོ་སྔོན་སྔོང་གྲོགས་ཟལ་དཀར་གཉན་པོ། མཐུ་དཔུང་སྤྱོས་རི་ཀླུམ་པོ། ངར་འཛིན་སྐྱེས་རི་མཐོན་པོ། དམག་བསྐུལ་གཉན་རྗེ་གོང་སྔོན། གཉན་དམག་སྐྱ་བརྒྱ་ལོང་བ་གཏུམ་དྲག་རྫམ་ཞིང་བརྗིད་པའི་འཁོར་ཚོགས་འབུམ་གྱིས་བསྐོར་བར་གྱུར། རང་ཉིད་གཤིན་རྗེའི་གཤེད་དུ་གསལ་བའི་ཐུགས་ཀའི་ས་བོན་ལས་འོད་ཟེར་ལྕགས་ཀྱུ་ལྟ་བུ་འཕྲོས། གར་བཞུགས་སྤྲུལ་པའི་ཕོ་བྲང་ཆེན་པོ་ནས་ལྷ་གཉན་འཁོར་དང་བཅས་པ་སྐད་ཅིག་གིས་སྤྱན་དྲངས་བཛྲ་ཨཾ་ཀུ་ཤཛཿགཉིས་སུ་མེད་པར་གྱུར། ཀྱཻ་རྒྱ་མཚོས་སྐྱེད་བཅིངས་ནོར་འཛིན་ཐིག་ལེ་མཆོག །གངས་རིས་ཡོངས་བསྐོར་པུར་རྒྱལ་བོད་ཀྱི་བྱང་། །བཀྲ་ཤིས་དགེ་མཚན་གཡས་སུ་འཁྱིལ་བའི་ཕྱོགས། །དགེ་བཅུའི་ལང་ཚོ་དར་བའི་ཡུལ་གྱི་ལྗོངས། །ལྕུན་སྡུག་བྲག་གི་རི་བོའི་མགུལ་བ་ནས། །རབ་དཀར་ཆུ་འཛིན་སྤྲིན་གྱི་རོལ་གར་ཅན། །སྤྲུལ་བའི་ང་རོ་གསང་མཐོར་སྒྲོག་པའི་ཀློང་། །རྟ་མཆོག་ཁམ་པ་གཡུ་འབྲུག་རྒྱ་སྟག

དང་། །ཤྭ་བ་ཡུ་མོ་འབྲོང་གཡག་ལྕེ་སྤྱང་སོགས། །སྣ་ཚོགས་བཞོན་པའི་སྟེང་ན་རབ་འགྱིང་ཞིང་། །འཇིགས་པའི་ཆ་འཕྲུལ་དཔག་མེད་སྟོན་པ་ཡི། །ལྷ་གཉན་ཆེན་པོ་ཡུམ་སྲས་མིང་སྲིང་དང་། །བཀའ་ཡི་ལས་བྱེད་ཕྱི་ནང་བློན་པོའི་ཚོགས། །དགྲ་སྡེ་གཞོམ་པའི་དམག་གི་དཔུང་དང་བཅས། །མ་ཐོགས་རིང་བའི་ཚུལ་གྱིས་འདིར་བྱོན་ཏེ། །རང་རང་དགྱེས་པའི་གདན་ལ་བཞུགས་སུ་གསོལ། །ཧྲཱིཿསྣང་སྲིད་དྲེགས་ལྡན་ཡོངས་ཀྱི་རང་རྩལ་ལ། །བདེ་སྟོང་ཏིང་འཛིན་རེ་ཁས་རྒྱས་བཏང་བ། །རིག་འཛིན་གྲུབ་དབང་པདྨ་ཀཱ་ར་དང་། །དབྱེར་མེད་བློ་བཟང་རྒྱལ་བའི་དབང་པོའི་བཀའ། །གཞོམ་མེད་རྡོ་རྗེའི་གདངས་སུ་བསྒྲགས་པ་ཡི། །དམ་ཚིག་གཉན་པོ་ཁས་བླངས་དྲན་མཛོད་ལ། །བསྟན་དང་འགྲོ་བའི་ཕན་བདེ་སྤེལ་བའི་ཕྱིར། །གཡེལ་མེད་བྱ་ར་མཛོད་ཅིག ས་མ་ཡ། །ཞེས་སྤྱན་དྲངས་ཏེ་དམ་ལ་བཞག དེ་ནས་མཆོད་པ་འབུལ་བ་ནི། ལྷ་ཆེན་ཐུགས་ལ་དགྱེས་པ་སྐྱེད་བྱེད་པ། །ས་དང་བར་སྣང་ནམ་མཁའི་ཁྱོན་གང་བའི། །ཡིད་འོང་མཆོད་ཡོན་ཚར་དུ་དངར་བ་འདི། །གུས་པས་འབུལ་ལོ་དགྱེས་བཞིན་བཞེས་སུ་གསོལ། །ཨོཾ་བྷཱུ་མི་པ་ཏེ་ས་པ་རི་ཝཱ་ར་ཨརྒྷཾ་པྲ་ཏཱིཙྪ་སྭཱཧཱ། དེ་བཞིན་དུ་མཆོད་ཡོན་གྱི་གནས་སུ་མེ་ཏོག་བདུག་སྤོས་སྒྲོན་མེ་དྲི་ཆབ་ཞལ་ཟས་རོལ་མོ་སོགས་དང་། ཨརྒྷཾ་གྱི་གནས་སུ་པུཥྤེ་དྷཱུ་པེ་ཨཱ་ལོ་ཀེ་གན་དྷེ་ནཻ་ཝི་དྱ་ཤབྡ་རྣམས་བཅུག་ལ་འབུལ། དེ་ནས་ཡིག་བརྒྱ་ཉེར་གཅིག་བཟླས་ལ། བཤགས་པ་བྱ་བ་ནི། ཧཱུཾ། བླ་མ་མཆོག་གསུམ་དཀྱིལ་འཁོར་འཁོར་ལོའི་ཚོགས། །བསྟན་སྲུང་རྒྱ་མཚོར་བཅས་པ་ཐམས་ཅད་དང་། །ལྷ་གཉན་ཆེན་པོ་གསང་ཡུམ་ལྕམ་སྲས་ཚོགས། །ལས་བྱེད་ཕོ་ཉ་དང་བཅས་དགོངས་སུ་གསོལ། །ཉེས་ཀུན་རྩ་བ་རང་སེམས་གདོན་གྱི་འཕྲུལ། །མ་རྟོགས་བདག་ཏུ་འཛིན་པའི་ཁ་འཛིན་གྱིས། །སྒོ་གསུམ་འཁྲུལ་བའི་སྤྱོད་པ་གང་བགྱིས་པ། །མཐའ་དག་མཆོག་གསུམ་ཐུགས་རྗེས་བྱང་བར་

མཛོད། །ཁྱད་པར་དྲེགས་པའི་ལྷ་གཉན་མཐུ་པོ་ཆེ། །སྣང་སྲིད་སྡེ་བརྒྱད་ཚོགས་ཀྱི་རྗེ་དཔོན་དུ། །མ་རྟོགས་དབང་གིས་བརྙས་སྨོད་སྒྲོ་སྐུར་སོགས། །ཕྱིས་བློས་ཉོངས་བ་གང་བགྱིས་མཐོལ་ལོ་བཤགས། །དུས་ཀྱི་མཆོད་གཏོར་བསང་སོགས་ཆག་པ་དང་། །མཆོད་རྫས་དམན་ཞིང་མི་གཙང་རྫས་ཀྱིས་སྒྲིབས། །ཁས་བླངས་ལུས་ཤིང་གཏང་རག་མ་བཏང་སོགས། །ཁྱེད་ཀྱི་ཐུགས་དང་འགལ་རྣམས་མཐོལ་ལོ་བཤགས། །མདོར་ན་ལོག་པར་ཞུགས་པའི་ཉེས་སྤྱོད་ཀླུང་། །གདུང་བ་དྲག་པོས་ནམ་དག་དབྱིངས་ཀྱི་མཐར། །བཟློག་སྟེ་སྙོམ་སེམས་ཚུ་ལོན་བརྟན་བགྱིད་ན། །དམིགས་མེད་བཟོད་པ་ཆེན་པོས་དགོངས་སུ་ཙིག །དེ་ནས་རོལ་མོ་དབྱངས་དང་བཅས་ཏེ་ཐུགས་དམ་བསྐང་བ་ནི། །ཧཱུྃ། རབ་ཡངས་མཁའ་ལས་འཇའ་ཚོན་དྲ་བ་དང་། །ཆུ་གཏེར་ཆེ་ལས་རླབས་ཀྱི་ཕྲེང་བ་བཞིན། །སྟོབས་དང་ཏིང་འཛིན་མོས་པ་ལས་བྱུང་བའི། །མཆོད་པའི་སྤྲིན་གྱིས་ས་གསུམ་ཁྱབ་གྱུར་ཅིག །དྭངས་བསིལ་མཆོད་ཡོན་འཁྱིལ་བ་རོལ་བའི་མཚོ། །སྣ་ཚོགས་མདངས་ལྡན་བཞད་པའི་མེ་ཏོག་ཕྲེང་། །བཻཌཱུར་ལྗོན་པོའི་རྫེས་འགྲོ་བདུག་པའི་སྤྲིན། །ཉི་མ་སྟོང་ཕྲག་འབར་བའི་སྒྲོན་མེ་གསལ། །སྤོས་ཆུའི་མཚོ་ཆེན་དྲི་བཟང་ན་བུན་ལྡང་། །ལྷ་ཡི་ཞལ་ཟས་མངར་བའི་རོ་བརྒྱ་ལྡན། །སྙན་བརྗོད་རོལ་མོ་ས་ཆེན་ལྡིར་བ་འདིས། །ལྷ་གཉན་ཆེན་པོ་ཡབ་ཡུམ་ཐུགས་དམ་བསྐངས། །ལྷམ་སྲས་བློན་པོའི་ཚོགས་ཀྱི་ × ། ལས་བྱེད་འཁོར་ཚོགས་རྒྱ་མཚོའི་ × ། རྣལ་འབྱོར་འདོད་དོན་འགྲུབ་པའི་སྟོངས་གྲོགས་མཛོད། །བསྐལ་པའི་རླུང་གི་ཤུགས་འཆང་ཙང་ཤེས་རྟ། །ས་གསུམ་འདར་བྱེད་འབྲོང་གཡག་ཁམ་པ་དང་། །ཕྱུ་སྟུག་འཛོལ་བའི་ལུག་དང་ར་སྐྱེས་ཚོགས། །འཕུར་ལྡིང་གར་གྱིས་རྩེན་པའི་འདབ་ཆགས་དང་། །སྒོ་ཁྱི་གཅན་གཟན་གདུག་པའི་ང་རོ་ཅན། །མི་བསྲུན་གཡུལ་ལས་རྒྱལ་བ་རྗེ་རྗེའི་གོ །དགྲ་

འཇོམས་མཆོན་ཆའི་ཚོགས་དང་བཅས་པ་འདིས། །ལྷ་གཉན་ཆེན་པོ་ཡབ་ཡུམ་ཕྱུགས་དམ་བསྐང་། །ཞེས་པ་ནས། འགྲུབ་པའི་སྔོངས་གྲོགས་མཛོད། །སྲིད་གསུམ་དབང་དུ་སྡུད་པའི་ལྕགས་ཀྱུ་དང་། །དགོས་འདོད་ཆར་ལྟར་འབེབས་པའི་ཡིད་བཞིན་ནོར། །མ་རྒྱུད་རྫ་རི་བསྐྱིལ་འདྲ་གཡུ་ཡི་ཁྲབ། །བསེ་ཡི་རྨོག་ཞུ་སྟག་ཐུལ་སག་ལྤམ་དང་། །དར་འཕན་མདུང་རིང་རྩེ་མོ་དགུང་ལ་བསྐྱེགས། །སྟག་དོང་གཟིག་ཤུབས་ལ་སོགས་ཉེར་སྤྱོད་ཀྱི། །མཕོ་དགུའི་དངོས་པོ་མ་ཚང་མེད་པ་འདིས། །ལྷ་གཉན་ × ཞེས་སོགས་དང་། ཙནྡན་དཀར་དམར་ལྷ་ཤུགས་ཨ་ག་རུ། །བཟང་པོའི་སྨན་སྣ་སྦྱར་བའི་བསང་གི་རྫས། །རི་ལྟར་སྤུང་པའི་སྒོ་ལ་བསྐལ་པའི་མེས། །འཁྲུད་པའི་དུད་སྤྲིན་ལྷ་ཡི་ལམ་འགེངས་ཤིང་། །བཟའ་བཅའ་བཏུང་བས་ནོར་འཛིན་ཡོངས་སུ་ཁྱབ། །མཛེས་པའི་སྤྲིན་གཟིགས་ལྷ་མིའི་དཔལ་འབྱོར་ཀུན། །གཅིག་བསྡུས་དངོས་བཤམས་ཡིད་སྤྲུལ་མཆོད་ཚོགས་འདིས། །ལྷ་གཉན་ × ཞེས་པ་ནས་སྔོངས་གྲོགས་མཛོད། །དེ་ནས་བློག་པ་བྱ་བ་ནི། ཧཱུྃ་ཛཿགཉན་ཛེ་སྔོ་ལ་གཡུ་རྩེ་ལྷ་ཡི་སྲས། །འཁོར་དང་བཅས་པས་མཆོད་གཏོར་འདི་བཞེས་ལ། །རྣལ་འབྱོར་བདག་ཅག་རྒྱུ་སྦྱོར་འཁོར་བཅས་ལ། །གདོན་བགེགས་འབྱུང་པོས་བར་ཆད་རྩོམ་པ་བཟློག །བན་བོན་སྔགས་པས་མནན་གཏད་རྦོད་གཏོང་དང་། །དྲག་པོའི་ཟོར་འཕེན་ལྷ་འདྲེའི་ཁྲམ་ཁ་བཟློག །མི་ལྟས་མཚན་ངན་ལོ་ཟླ་ཞག་དུས་སྐེགས། །ཚེ་འཕྲུལ་དུས་མིན་འཆི་བ་རྣམ་བརྒྱད་བཟློག །མི་ནད་ཕྱུགས་ནད་གོད་ཁ་དགྲ་ཇག་དང་། །ཁ་སྨྲས་གླེང་གཞི་འཐབ་རྩོད་འཁྲུག་སོགས་བཟློག །མདོར་ན་འདི་ཕྱིའི་ཕན་བདེ་ཉམས་བྱེད་པའི། །མི་མཐུན་འགལ་རྐྱེན་བར་ཆད་ཐམས་ཅད་བཟློག །བཟློག་བསྒྱུར་དག་དང་བགེགས་ཀྱི་སྙིང་དུ་ཧཱུྃཿ། །ཧཱུྃཿ། བཟློག་བཅོལ་བའི་འཕྲིན་ལས་གྲུབ་པར་མཛོད། །ཧཱུྃ། བདག་ཅག

དཔོན་སློབ་རྒྱུ་སྦྱོར་འཁོར་བཅས་ཀྱི། །ཚེ་བསོད་སྟོབས་འབྱོར་མངའ་ཐང་སྐྱན་གྲགས་དང་། །ཐོས་བསམ་སྒོམ་གསུམ་རྣམ་དཀར་བྱ་བའི་ཚོགས། །རྒྱས་པར་མཛོད་ཅིག་ལྷ་ཆེན་འཁོར་བཅས་རྣམས། །དེ་ནས་གཏོར་མ་འབུལ་བ་ནི། གཏོར་མ་བསངས་སྦྱངས། སྟོང་པའི་ངང་ལས་རིན་པོ་ཆེའི་སྣོད་ཡངས་ཤིང་རྒྱ་ཆེ་བ་རྣམས་ཀྱི་ནང་དུ་ཨོཾ་འོད་དུ་ཞུ་བ་ལས་བྱུང་བའི་གཏོར་མ་ཟག་པ་མེད་པའི་ཡེ་ཤེས་ཀྱི་བདུད་རྩིའི་རྒྱ་མཚོ་ཆེན་པོར་གྱུར། ཨོཾ་ཨཱཿཧཱུྃ། ལན་གསུམ་གྱིས་བརླབ། ཨ་ཀཱ་རོ་མུ་ཁཾ་སརྦ་དྷ་རྨཱཿཎཱཾ་ཨཱ་དྱ་ནུཏྤནྣ་ཏྭཏ་ཨོཾ་ཨཱཿཧཱུྃ་ཕཊ་སྭཱཧཱ། བདུན་ནམ་ཉེར་གཅིག་གིས་དབུལ་ལ་གོང་བཞིན་མཆོད། ཨ་དོན་སྐྱེ་མེད་ནམ་མཁའི་ཀློང་ཡངས་ནས། །ཧ་ཧར་བཞད་པ་སྣང་གྲགས་སྤྲིན་གྱི་སྤྲས། །ས་གསུམ་དཀྱིལ་འཁོར་ཤིག་ཤིག་འདར་བྱེད་པ། །ཤ་ཟ་ཁྲག་འཐུང་བྱེ་བའི་སྡེ་དཔོན་ཆེ། །ལ་ལུང་ཕྱོགས་ཀུན་ཁྱུལ་བའི་རྫུ་འཕྲུལ་གྱིས། །ར་མ་ཊ་ཡི་སྙེམས་པ་མཐར་བྱེད་ཅིང་། །ཡ་མཚན་ཆོ་འཕྲུལ་བདེ་འཐུང་རོལ་པའི་གར། །འ་ཁུར་དྲག་པོའི་ཚུ་འཛིན་ཀློང་ན་རོལ། །ཟ་བྱེད་གཤིན་རྗེ་ཁྲོས་པའི་ཏམ་སྟབས་ཀྱིས། །ཞ་སེར་བསྟན་དང་འགྲོ་ལ་འཚེ་བ་ཡི། །ཞ་སྐྱེས་ལྷ་བུའི་བགེགས་ཀྱི་དཔུང་བཙོམ་ནས། །ཛ་ཡའི་བསྟན་པ་སྐྱོང་མཛད་ཁྱོད་ལ་བསྟོད། །ཚ་ཟེར་ཕྲེང་ལྡན་མཐུ་སྟོབས་གདེངས་ཀ་ཡིས། །ཙ་ཏུར་འཕྲིན་ལས་འདབ་བརྒྱའི་གེ་སར། །མ་ལུས་གཅིག་ཅར་བཞད་པའི་གྲགས་སྐྱན་གྱི། །བ་དན་སྲིད་རྩེར་གཡོ་བ་ཁྱོད་བསྟེན་ན། །ཕ་ལྷར་བྱམས་ཤིང་མ་བཞིན་བརྩེ་བ་ཡི། །པ་སངས་ལྷར་དཀར་དགེས་པའི་འཇུམ་སྟོན་ཅིག །ན་ཚ་འབྲུག་སོང་བྱད་ཕུར་འཚེ་བ་ཀུན། །ད་ལྟ་ཉིད་དུ་རྨིག་མེད་དྲུངས་ཕྱུང་སྟེ། །ཐ་གྲུ་ཡངས་པའི་དཔལ་འབྱོར་སྐྱན་གྲགས་ཚོགས། །ཏ་ལའི་འདབ་ལྟར་རྒྱས་པའི་འཕྲིན་ལས་མཛོད། །ཉ་གང་ཟླ་བ་རྒྱས་པའི་གཟི་བྱིན་ཅན། །ཇ་ཚང་ཕུད་དང་བསང་མཆོད་རྗེས་སུ་འབྲང་། །ཆ་ལུགས་མ་ངེས་རྣམ་འགྱུར་

ཅིར་ཡང་སྟོན། །ཅ་ཅོའི་གདངས་ལྡན་འཁོར་ཚོགས་རྒྱ་མཚོར་བསྟོད། །ང་ཅག་དཔོན་སློབ་ཡོན་མཆོད་འཁོར་དང་བཅས། །ག་ན་གནས་ཀྱང་ལྷ་གཉན་ཆེན་པོ་ཁྱོད། །ཁ་ཙམ་མིན་པར་མཆོད་ཅིང་སྐུལ་བྱེད་ན། །ཀ་ཏུ་ཊ་ཡིས་སྟོང་གྲོགས་གཡེལ་མེད་མཛོད། །ཅེས་པས་བསྟོད། ལས་ལ་བསྐུལ་བ་ནི། ཀྱཻ་སྣང་སྲིད་དྲེགས་པ་ཡོངས་ཀྱི་རྗེ། །སྔོ་ལ་གཡུ་རྩེ་མཐུ་བོ་ཆེ། །བཀའ་ཡི་ལས་བྱེད་ཕོ་ཉ་བ། །གདུག་པའི་རུ་འདྲེན་དམག་གི་དཔུང་། །ནམ་མཁའི་དབྱིངས་ན་བྱ་ལྟར་འཕྱོ། །རྒྱ་མཚོའི་གཏིང་ན་ཉ་ལྟར་འཁྱུ། །བར་སྣང་ཁམས་ན་རླུང་ལྟར་གཡོ། །སྤྲུལ་བ་ཡང་སྤྲུལ་བསམ་ལས་འདས། །མུན་ནག་ཁམས་ཀྱི་སྤྲིན་ཏུམ་ན། །གཡུ་འབྲུག་སྟོན་མོ་ལྡི་རི་རི། །གློག་ཞགས་དམར་པོ་ཆ་ལ་ལ། །གནམ་ལྕགས་ཐོག་གི་སེར་བ་འབེབས། །ཕོ་ཁྲབ་གསེར་འོད་ལམ་སེ་ལམ། །དར་མདུང་རུ་མཚོན་ཟིང་སེ་ཟིང་། །ཆས་ཆས་དེ་ནི་དགྲ་ལ་ཆས། །དགྲ་བོའི་ཡུལ་འཁོར་ཐལ་བར་རློག །གསོལ་ལོ་མཆོད་དོ་མཐུ་མ་ཆུང་། །བརྟན་ནོ་ཐད་དོ་རྩལ་མ་ཞན། །མ་ཉེས་ཁོན་དུ་འཛིན་བྱེད་ཅིང་། །བསྟན་ལ་སྡང་བའི་དགྲ་བོ་འདིས། །དཀོན་མཆོག་གསུམ་གྱི་དབུ་འཕང་སྨད། །ཡི་དམ་ཆོས་སྲུང་ཁྲད་དུ་བསད། །རྣལ་འབྱོར་བདག་ལ་བརྙས་ཤིང་སྨད། །ཟས་ནོར་ལོངས་སྤྱོད་ཕྲོག་ཅིང་བརྐུས། །བསམ་པ་ཧ་ལའི་དུག་ལྟར་གནག །སྦྱོར་བ་སྤུ་གྲིའི་སོ་ལྟར་རྩུབ། །སྡིག་གཅན་བསྟན་པའི་དགྲ་བོ་འདིའི། །ཕ་རབས་བུ་རྒྱུད་རྩད་ནས་ཆོད། །ཆེ་དང་ཡང་རྒྱུད་དྲུང་ནས་ཕྱུང་། །རྗེས་མེད་ཐལ་བ་རླུང་ལ་སྐུར། །ལྷ་ཁྱོད་བསྟན་ཅིང་མཆོད་པ་ཡི། །བདག་ཅག་དཔོན་སློབ་ཡོན་མཆོད་དང་། །གཉེན་བཤེས་འཁོར་གཡོག་ལོངས་སྤྱོད་ཀུན། །གཉན་གྱི་རྗེ་བོ་འཁོར་བཅས་ལ། །བཅོལ་ལོ་གཉེར་རོ་བདག་མཛོད་ཅིག །ཉིན་གསུམ་རྒྱང་ནས་བྱ་ར་མཛོད། །མཚན་གསུམ་དྲུང་ནས་མེལ་ཚེ་མཛོད། །མི་ནོར་ཕྱུགས་ཀྱི་ཁ་འཛིན་

མཛོད། །བྱ་བའི་ལས་ལ་སྟོང་གྲོགས་མཛོད། །བྱེས་སུ་འགྲོ་ན་སྐྱེལ་མ་མཛོད། །ཆུ་དང་འཕྲང་ལ་སྒྲོལ་འདེན་མཛོད། །ནད་དང་གནོད་པའི་གཡུལ་ངོ་བཟློག །བྱད་ཁ་ཕུར་ཁ་དགྲ་ལ་བསྒྱུར། །མི་ནོར་ཕྱུགས་ཀྱི་གོད་འཕྲོ་ཆོད། །ཡོ་སྲོང་ཚད་མཐུད་བརྗེད་པ་སྐུལ། །ཉེས་ཚོགས་རྒུད་པ་ཀུན་དང་སྤོལ། །ལེགས་ཚོགས་བྱ་བ་ཀུན་དང་སྦྱོར། །མཐུ་དང་གཟི་བྱིན་དཔུང་སྐྱེད་ལ། །གྲགས་སྙན་ལྷ་ཡི་རྔ་ཆེན་བརྡུང་། །ཚེ་བསོད་གཡང་གི་རྒྱ་མཚོ་བསྐྱིལ། །བསམ་དོན་ལྷུན་གྱིས་གྲུབ་པ་དང་། །ཡུལ་དུ་ཟས་ནོར་ལོངས་སྤྱོད་འཕེལ། །མཐའ་དམག་ལྷ་འདྲེའི་གནོད་པ་ཞི། །ཕན་བདེའི་རྩ་བ་རྒྱལ་བསྟན་དར། །འགྲོ་ཀུན་དགའ་བདེས་འཚོ་བར་མཛོད། །མདོར་ན་རྩ་རྒྱུད་བླ་མའི་བཀའ། །ཁས་བླངས་རྡོ་རྗེའི་ཐ་ཚིག་བཞིན། །གཡོལ་མེད་འཕྲིན་ལས་བསྒྲུབ་པ་ཡི། །དུས་ལ་བབ་པོ་ས་མ་ཡ། །ཞེས་དྲག་བསྐུལ་འདི་དུས་དམིགས་བསལ་ཚེ་གཏོང་། དེ་ནས་གཏང་རག་གི་མཆོད་པར་སྔགས་ཀྱིས་འབུལ་བ་སྔར་བཞིན་ལ། ཀ་དག་སྤྲོས་བྲལ་དབྱིངས་ལས་མ་གཡོས་ཀྱང་། །ཁ་དོག་མ་ངེས་རྣམ་འགྱུར་ཅིར་ཡང་སྟོན། །ག་ན་གནས་ཀྱང་ལུས་དང་གྲིབ་མ་བཞིན། །ང་ཅག་བསྲུང་ཞིང་སྐྱོད་མཛོད་ཁྱོད་ལ་བསྟོད། །ཅེས་པས་བསྟོད། ཡིག་བརྒྱ་བཟླས་ལ། གང་ཡང་བདག་བློ་ཞེས་སོགས་ཀྱིས་བཟོད་པར་གསོལ། རྟེན་ཡོད་ན། ལྷ་གཉན་ཆེན་པོ་བྲིས་སྐུ་དང་དབྱེར་མེད་དུ་བཞུགས། འཁོར་རྣམས་རང་གནས་སུ་གཤེགས་པར་གྱུར། ཞེས་བརྗོད་ཅིང་། རྟེན་མེད་ན། ལྷ་གཉན་འཁོར་བཅས་རང་གནས་སུ་གཤེགས་པར་གྱུར། དེ་ནས། ཚེ་བའི་ཚེ་མཆོག་སོགས་དཀོན་མཆོག་གསུམ་གྱི་ཤིས་པ་བརྗོད། ཕྱི་རྟེན་སྐེར་དུ་བཙུག་པ་ཡོད་ཚེ། བསྐང་པའི་རྗེས་སུ་རྟ་གཡག་ར་ལུག་སོགས་ལ་དར་གྱི་ཅོད་པན་བཏགས། སོ་ཁྲབ་སྐྱུན་གཟིགས་རྣམས་བཤམས་ལ། འཕྲིལ་པའི་སྔགས་ཀྱིས་བསངས་ཏེ། རྟ་འབུལ་བ་ནི། ཧཱུྃ་མྱུར་མགྱོགས་འགྲོས་ཀྱིས་རྒྱ་མཚོའི་གོས་ཅན་ཁྱོན། །ཡུད་ཙམ་གཅིག་ལ་བགྲོད་བྱེད་སྤྲིན་ཤུགས་འཆང་། །

ཙ་རྫོག་དར་གྱི་ཅོད་པན་རབ་གཡོ་བའི། །མཛེས་ལྡན་ཡིད་འོང་རྟ་མཆོག་ཁམ་པ་འདི། །དྲེགས་པའི་ལྷ་གཉན་ཆེན་པོའི་རྟེན་དུ་འབུལ། །བཀའ་ཉན་འཁོར་ཚོགས་རྒྱ་མཚོའི་རྟེན་དུ་འབུལ། །རྟེན་ལས་མ་འདའ་འབེན་ལས་མ་གཡོ་བར། །བློ་བཟང་རྒྱལ་བསྟན་ཕྱོགས་བརྒྱར་དར་བ་དང་། །རྣལ་འབྱོར་བདག་ཅག་རྒྱུ་སྦྱོར་འཁོར་བཅས་ཀྱི། །ཚེ་དཔལ་བསོད་ནམས་སྙན་གྲགས་རྒྱས་པར་མཛོད། །གཡག་ལ། དབང་སྔོན་རྡོ་རྗེའི་རྨིག་རྩེའི་རྣོས་གར་གྱིས། །ནོར་འཛིན་བུ་མོའི་བཞིན་རས་འདར་བྱེད་ཅིང་། །རོ་འཛིན་གློག་གི་རྩེ་དཀར་རྐྱོད་པ་ཅན། །འཇིགས་རུང་ངར་སྒྲ་སྒྲོགས་པའི་ཞོལ་གཡག་འདི། །དྲེགས་པའི་ལྷ་གཉན་ཆེན་པོའི་ཞེས་སོགས་ཚིག་ཕྱི་མ་རྣམས་འདྲ། ལུག་ལ། ཡིད་འོང་ཆུ་འཛིན་འཕྲེང་བའི་བླ་གོས་གྱོན། །བི་ཧུར་ལྡོན་པ་ལྷུང་གིས་བསྐྱོད་པ་བཞིན། །ཡིད་འོང་རྣ་བཞི་འཁྱིལ་བའི་ལྷ་ཡི་ལུག །སྣ་ཚོགས་དར་གྱི་རྒྱན་མང་སྤྲས་པ་འདི། །དྲེགས་པའི་ཞེས་སོགས་དང་། རྟ་ལ། ཨག་ཚོམ་ལྡོན་པའི་ལོ་འདབ་རབ་གཡོ་ཞིང་། །ཡན་ལག་ཀུན་ཚང་སྤྱི་གཙུགས་འདབ་བརྒྱའི་རྩེར། །ཡིད་འོང་རྣ་ཟུང་བུང་བའི་འཕུར་ལྡིང་འཛིན། །འབབ་སྒྲའི་དབྱངས་སྙན་སྒྲོགས་པའི་ལྷ་ར་འདི། །དྲེགས་པའི་སོགས་དང་། གོ་ཁྲབ་ལ། མི་བཟད་གནམ་ལྕགས་ཐོག་ཆེན་སྦོང་ཐབ་ཀྱང་། །འབིགས་མེད་ཕ་རོལ་གཡུལ་ལས་རྒྱལ་བྱེད་པའི། །རྡོ་རྗེའི་ཁྲབ་ཆེན་ཞལ་བཏགས་རྨོག་དཀར་དང་། །སྨྲ་བཙན་ཕུབ་སོགས་རྣམ་མང་གོ་ཆའི་ཚོགས། །དྲེགས་པའི་སོགས་དང་། རྫ་མཆོད་ལ། དགྲ་སྡེའི་སྲོག་དབང་གནམ་ལྕགས་ལྷ་བུ་ཡང་། །སྐད་ཅིག་ཙམ་གྱིས་རྡུལ་ཕྲན་གནས་འགོད་ཅིང་། །ཞོ་འཐུང་རུས་པའི་སྙེམས་པ་འཇོམ་བྱེད་པའི། །མདའ་མདུང་རལ་གྲི་ལ་སོགས་མཚོན་ཆའི་རིགས། །དྲེགས་པའི་ ×། བཀའ་ ×། རྟེན ×། བློ་བཟང ×། རྣལ་འབྱོར ×། ཚེ་དཔལ་བསོད་ནམས་སྙན་གྲགས་རྒྱས་པར་

མཇོད། །ཅེས་བརྗོད་ཅིང་མེ་ཏོག་གི་ཆར་དབབ་པར་བྱའོ། །

སྨྲས་པ། མངོན་འདོད་གྲུ་གཟིངས་སྟོན་དགེའི་བ་དན་ཅན། །དྲེགས་པའི་མཐུ་དཔུང་དྲི་བཞིན་གྱིས་བསྐུལ་ན། །རྒྱ་ཆེན་ལེགས་བྱས་རྒྱ་མཚོའི་ཕ་རོལ་ཏུ། །ཕྱིན་པར་ངེས་པས་ཚུལ་འདི་བརྟེན་པར་རིགས། །སྣང་སེམས་ཕོ་ནས་ཐད་པར་འདོད་པ་དང་། །མངོན་འདོད་ཙམ་གྱིས་འགྲུབ་པར་རེ་བ་ཡང་། །རྒྱུ་འབྲས་དང་ཚུལ་ཤར་ནུབ་རྒྱ་མཚོའི་མཐའ། །ཁྲིས་པའི་འདོམས་ཀྱིས་གཞལ་འདོད་སྨོངས་པའི་རྟགས། །ལེགས་བཤད་ཚོན་བརྒྱའི་རང་མདངས་ལྷན་སྐྱེས་སུ། །བཀྲ་བ་བདག་བློ་དབང་གཞུའི་མཚམས་སྦྱོར་གྱིས། །ལྷ་ཆེན་ཐུགས་ཀྱི་མཁའ་དང་ཡངས་པའི་ལྟོངས། །དགེ་ལེགས་མཛའ་གཙུག་སྣང་བས་འཕེལ་གྱུར་ཅིག །ཅེས་ལྷ་གཉན་ཆེན་པོ་སྤོ་ལ་གཡུ་རྩེའི་གསོལ་མཆོད་རྒྱས་པ་ཕྱོགས་ལས་རྣམ་པར་རྒྱལ་བའི་རྔ་མཆོད་ཞེས་བྱ་བ་འདི་ནི་དད་བརྩོན་ལྡན་པ་དགེ་སློང་དཀོན་མཆོག་ལྷུན་གྲུབ་ཀྱིས་ནན་ཏན་ཆེན་པོས་ཡང་ཡང་བསྐུལ་བའི་ངོར། ༄ཆོས་སྨྲ་བའི་སྤོབས་པ་དགེ་བ་ཅན་བཙུན་པ་དཀོན་མཆོག་བསྟན་པའི་སྒྲོན་མེས་ཆོས་སྡེ་ཆེན་པོ་དགོན་ལུང་བྱམས་པ་གླིང་དུ་བྲིས་པའོ།། །།

༄༅། །ལྷ་ཆེན་གཉན་རྡོ་རྗེ་གུང་སྔོན་གྱི་བསང་མཆོད་སྙན་པའི་དབྱར་རྔ་ཞེས་བྱ་བ་བཞུགས་སོ། །

བཀྲ་ཤིས་དགེ་མཚན་མེ་ཏོག་ཆར་འབེབས་པ། །འཇམ་དབྱངས་ཞི་ཁྲོ་དགྱེས་བཞད་རྡོ་རྗེ་སོགས། །བླ་མ་ཡི་དམ་མཆོག་གསུམ་བཅས་པ་ཡིས། །འབྲལ་མེད་ཐུགས་རྗེས་བྱང་ཆུབ་པར་དུ་སྐྱོངས། །དེའང་དཀར་ཕྱོགས་སྐྱོང་བའི་ལྷ་ཆེན་མཐུ་རྩལ་དྲེགས་པའི་མངའ་བདག་གཉན་རྡོ་རྗེ་གུང་སྔོན་གྱི་གསོལ་མཆོད་ལག་ཏུ་བསྟར་བར་འདོད་པས་དཀར་གསུམ་མངར་གསུམ་དྲི་བཟང་པོའི་ཤིང་དང་སྨན་སྣ་བརྒྱ་ཕྲག་སྦྱར་བའི་བསང་རྫས་དཀར་གཏོར་སོགས་འདུ་བྱས་ལ་སྐྱབས་སེམས་སྔོན་དུ་བཏང་རང་ཉིད་རྡོ་རྗེ་འཇིགས་བྱེད་སོགས་ཡི་དམ་གྱི་ང་རྒྱལ་ལ་གནས་པས་མཆོད་གཏོར་རྣམས་བསངས་སྦྱངས། སྟོང་པའི་ངང་ལས་ཨོཾ་ལས་རིན་པོ་ཆེའི་སྣོད་ཡངས་ཤིང་རྒྱ་ཆེ་བའི་ནང་དུ་ཨོཾ་འོད་དུ་ཞུ་བ་ལས་བྱུང་བའི་ཟག་པ་མེད་པའི་མཆོད་གཏོར་དམ་རྫས་སྤྱན་གཟིགས་སོགས་ས་དང་བར་སྣང་ནམ་མཁའི་ཁྱོན་ཡོངས་སུ་གང་བ་ལྷ་གཉན་འཁོར་བཅས་དགྱེས་པར་བྱེད་པའི་མཐུ་དང་ལྡན་པར་གྱུར། ཨོཾ་སརྦ་བིད་པུ་ར་པུ་ར་ཞེས་སོགས་དང་། སྔགས་དྲུག་ཕྱག་རྒྱ་དྲུག་གིས་བྱིན་གྱིས་བརླབ། བདག་གི་བསམ་པའི་ཞེས་སོགས་ཀྱིས་བདེན་སྟོབས་བརྗོད། ན་མོ་དཀོན་མཆོག་གསུམ་གྱི་བྱིན་རླབས་དང་ཆོས་དབྱིངས་རྣམ་པར་དག་ཅིང་རྟེན་འབྱུང་བསླུ་བ་མེད་པའི་བདེན་པའི་མཐུ་ལས་ཇི་ལྟར་བརྗོད་པ་བཞིན་དུ་གྲུབ་པར་གྱུར་པ་ནི། མཐོ་ཞིང་མཛེས་ལ་བརྟན་ཅིང་བརྗིད་ཆགས་པའི་རི་རྒྱལ་ལྷུན་པོའི་རྩེ་མོ་དགུང་སྔོན་གནམ་ལ་བསྙེགས་ཤིང་། རྩ་བ་དབང་ཆེན་གཞི་ལ་ཟུག་པ། སྟེང་ན་གཡུ་འབྲུག་སྔོན་མོ་ལྡིར་བ། བར་ན་སྦྲང་ཆར་ཟིམ་བུ་འབབ་

པ། འདབ་ན་རྩེ་ཤིང་ལོ་འབྲས་སྨིན་པ། ཁོར་ཡུག་རི་བྲན་སྟོང་གིས་བསྐོར་བའི་ནང་དུ་རང་སྣང་དག་པ་ལྷའི་གཞལ་མེད་ཁང་ཆེན་པོ་ཤེལ་གྱི་རྩིག་པས་བསྐོར་ཞིང་ཀ་བ་བརྒྱ་དང་ལྡན་པ། མུ་ཏིག་གི་དོ་ཤལ་དང་གསེར་གཡུའི་རྒྱ་ཕིབ་སོགས་རྒྱན་གྱི་བཀོད་པ་བསམ་གྱིས་མི་ཁྱབ་པའི་དབུས་ན་ཙང་ཤེས་གཡུ་རྗོག་སྤྱིན་གྱི་ཤུགས་ཅན་ནོར་བུའི་སྣ་སྲབ་སྤྲད་པའི་སྟེང་དུ་སྣང་སྲིད་དྲེགས་པའི་རྒྱལ་པོ་གཉན་རྗེ་གུང་སྔོན་ནམ་མཁའི་མདངས་དང་ལྡན་ཞིང་ཉི་མ་བྱེ་བའི་གཟི་བྱིན་འབར་བ། ཕྱག་གཡས་དར་མདུང་ལྕེ་བརྒྱད་དགུང་ལ་འཕྱར་ཞིང། གཡོན་གྱིས་འདོད་འཇོའི་བུམ་བཟང་ཐུགས་ཀར་འཛིན་པ། སྐུ་ལ་དར་དཀར་གྱི་རལ་གུ་དང་གཡུ་ཁྲབ་གསེར་ཞོལ་མནབས་ཤིང། དབུ་ལ་མུ་མེན་གྱི་རྨོག་མོ་གསོལ་བ། གཡས་ན་སྟག་རལ་མདའ་མོས་གང་བ་དང། གཡོན་ན་གཟིག་ཤུབས་གནམ་རུས་བརྒྱན་པ། ཞབས་ལ་སག་ལྷམ་གསོལ་ཞིང་དགྱེས་འཛུམ་བཅོ་ལྔའི་ཟླ་བ་ལྟར་རྒྱས་པ། མདུན་དུ་ཡུམ་ཆེན་གཡུ་སྒྲོན་དཀར་མོ་མདའ་དར་མེ་ལོང་འཛིན་པ། དར་གྱི་ན་བཟའ་དང་རིན་པོ་ཆེའི་རྒྱན་ཅན་ཡུ་མོ་ལ་བཅིབས་པ། སྲས་སྨོན་པ་དོན་གྲུབ་ཟླ་ཤེལ་ལྟར་མཛེས་ཤིང་དར་སྔོན་པོའི་ན་བཟའ་ཅན་ཕྱག་གཉིས་བུམ་བཟང་བསྣམས་ཤིང་རྟ་མཆོག་ངང་དཀར་ལ་བཅིབས་པ། ལྕམ་གངས་ཀྱི་ཡུམ་ཆེན་ཀུན་བཟང་མ་དམར་མོ་སེང་གེ་ལ་བཅིབས་ཤིང་ཚེ་བུམ་འཛིན་པ། གཡས་ཀྱི་བློན་པོ་སྤྱེན་དཀར་བསེ་ཁྲབ་གྱོན་པ་མི་དམར་རྟ་དམར་བཙན་མདུང་དམར་པོ་འཛིན་པ། རྒྱབ་ཀྱི་མ་ཞིང་ཁྱུང་རྩེ་སྐྱ་མདོག་དཀར་པོ་རྟ་མཆོག་དུང་གི་མདོག་ཅན་བཅིབས་ཤིང་དར་མདུང་ཁྲ་བོ་འཕྱར་བ། གཡོན་ན་ཉེ་གནས་ལྷུང་དཀར་གསེར་གཞུང་རིན་པོ་ཆེས་བཀང་བ་བཟུང་སྟེ་བཞེངས་པ། གཞན་ཡང་གཉན་དམག་བརྒྱད་ཁྲི་བཞི་སྟོང། སྣང་སྲིད་ཀྱི་ལྷ་སྲིན་སྡེ་བརྒྱད། སྨན་མོའི་ཚོགས་དང་བཅས་པ་ཐམས་ཅད

མཆོག་གསུམ་བདེན་པས་བསྐུལ་ཞིང༌། མངོན་ཤེས་སྤྱན་གྱིས་གཟིགས་ནས་དགྱེས་བཞིན་མགྲོན་དུ་བྱོན་པར་ཤུར། ཀྱཻ། འཛམ་གླིང་གསེར་ལྡན་ཡངས་པའི་དཀྱིལ་འཁོར་ན། །གངས་ཅན་མདོ་སྨད་ནོར་འཛིན་ཐིག་ལེ་ན། །དཔལ་ལྡན་བཀྲ་ཤིས་འཁྱིལ་གྱི་ལྷོ་སྟོད་ན། །རོང་ཁམས་ཀུན་གྱི་ས་ཡི་གོང་བ་ན། །མི་ནོར་ཕྱུག་གསུམ་བདེ་སྐྱིད་འཛོམས་པའི་ས། །ས་ཡི་དགེ་བཅུ་ཚང་བའི་ཡུལ་གྱི་དབུས། །དབུས་རི་སྲ་བརྟན་ལྷུན་ཆགས་བརྗིད་ཅིང་མཐོ། །མཐོ་ཁྱད་རྩེ་མོ་ཉི་ཟླའི་དབྱིངས་སུ་བསྙེགས། །འཇའ་ཚོན་སྤྲིན་དང་ན་བུན་སྟོད་གཡོགས་ཅན། །གློག་དམར་འཁྱུག་ཅིང་འབྲུག་སྒྲ་ལྡིར་རེ་རེ། །ཁེད་སྐབས་རི་སུལ་དར་གྱི་ཤམ་བུས་མཛེས། །འདབ་ཆགས་གཅན་གཟན་སྣ་ཚོགས་འདོད་དགུར་འགྲོ། །རྩ་བར་ཆུ་མིག་རྩེ་ཤིང་ཕུན་སུམ་ཚོགས། །མི་ཕྱུགས་ཐམས་ཅད་དགའ་སྐྱིད་རྩེད་འཛོམས་གཡེང༌། །ཕྱི་བལྟས་རི་བོ་ནང་བལྟས་གཞལ་མེད་ཁང༌། །སུམ་རྩེན་ལྷ་ཡི་འཁོར་བ་མ་ཚང་མེད། །དཔའ་བོ་འབུམ་གྱི་ཧ་རྒྱུག་ཞུར་རུ་རུ། །སྨན་མོ་འབུམ་གྱི་གླུ་སྙན་སིལ་ལི་ལི། །ནོར་བུའི་གཟི་འབར་གསེར་གྱི་རྒྱལ་མཚན་བསྒྲེང༌། །འགྱུར་བའི་གཡང་ཆགས་བརྩན་པོའི་སྐུ་མཁར་ན། །བཞུགས་པ་གཉན་གྱི་ཇོ་བོ་འཁོར་དང་བཅས། །སྤྱན་འདྲེན་མཆོད་དོ་དེ་རིང་གནས་འདིར་བྱོན། །ལྷ་ཆེན་གཉན་ཇོ་གུང་སྟོན་གནས་འདིར་བྱོན། །ཡུམ་ཆེན་གཡུ་སྒྲོན་དཀར་མོ་གནས་འདིར་བྱོན། །སྲས་པོ་སྨོན་པ་དོན་གྲུབ་གནས་འདིར་བྱོན། །ལྕམ་མོ་ཀུན་ཏུ་བཟང་མོ་གནས་འདིར་བྱོན། །གཡས་ཀྱི་བློན་པོ་སྤྱན་དཀར་གནས་འདིར་བྱོན། །རྒྱབ་ཀྱི་མ་ཞང་ཁྱུང་རྩེ་གནས་འདིར་བྱོན། །གཡོན་གྱི་ཉེ་གནས་ལྕང་དཀར་གནས་འདིར་བྱོན། །གཉན་དམག་བྱེ་བ་ཕྲག་བརྒྱ་གནས་འདིར་བྱོན། །ལྷ་ཀླུ་སྨན་མོའི་ཚོགས་ཀུན་གནས་འདིར་བྱོན། །བྱོན་ནས་རང་རང་དགྱེས་པའི་གདན་ལ་བཞུགས། །ཀྱཻ།

མཆོག་གསུམ་ཐུགས་རྗེའི་ནམ་མཁའ་ཡངས་པ་ལ། །རྫས་སྔགས་ཏིང་འཛིན་འབྱུང་བ་ལྔ་ཚོགས་པས། །ཡིད་འཕྲོག་མཆོད་པའི་འཇའ་སྤྲིན་འཁྲིགས་པ་འདིས། །ལྷ་ཆེན་འཁོར་བཅས་དགྱེས་པ་སྐྱེད་གྱུར་ཅིག །དཀར་གསུམ་བདུད་རྩིའི་མཆོད་ཡོན་མཚོ་ལྟ་འཁྱིལ། །བསུང་ཞིམ་མེ་ཏོག་སིལ་མས་ས་སྟེང་ཁྱབ། །མངར་གསུམ་བཟའ་བཅའ་གཏོར་མ་རི་བཞིན་སྤུངས། །སྐན་འགྱུར་རོལ་མོས་བར་སྣང་གང་བ་འདིས། །ལྷ་ཆེན་གཉན་རྗེ་གུང་སྟོན་ཐུགས་དམ་བསྐང་། །ཡུམ་ཆེན་གཡུ་སྒྲོན་དཀར་མོའི་ཐུགས་དམ་བསྐང་། །སྲས་པོ་སྨོན་པ་དོན་གྲུབ་ཐུགས་དམ་བསྐང་། །ལྕམ་མོ་ཀུན་ཏུ་བཟང་མོའི་ཐུགས་དམ་བསྐང་། །གཡས་ཀྱི་བློན་པོ་སྤེན་དཀར་ཐུགས་དམ་བསྐང་། །རྒྱབ་ཀྱི་མ་ཞང་ཁྱུང་རྩེའི་ཐུགས་དམ་བསྐང་། །གཡོན་གྱི་ཉེ་གནས་ལྕང་དཀར་ཐུགས་དམ་བསྐང་། །གཉན་དམག་བྱེ་བ་ཕྲག་བརྒྱའི་ཐུགས་དམ་བསྐང་། །ལྷ་ཀླུ་སྨན་མོའི་ཚོགས་ཀྱི་ཐུགས་དམ་བསྐང་། །ཉམས་ཆག་ཉེས་པ་ཐམས་ཅད་དབྱིངས་སུ་སྦྱོངས། །མཐུན་རྐྱེན་བསམ་དོན་ལྷུན་གྱིས་གྲུབ་པར་མཛོད། །གཟུགས་བཟང་མདོག་ལེགས་འགྲོས་མགྱོགས་ཀྱི་ལང་རྟ། །རྟམ་འཛིགས་སྒྲ་སྒྲོགས་ཞོལ་པོ་ཞོལ་མོའི་ཚོགས། །ཤ་རྒྱས་གཡང་མོ་ལུག་དང་ཙེ་ཙེ་ར། །སྒོ་ཁྱི་སྟག་གཟིག་གཉན་གཟན་སྣ་ཚོགས་ཀྱིས། །ལྷ་ཆེན་གཉན་རྗེ་ × × × གྲུབ་པར་མཛོད། །ཕོ་བེམ་ཁྲབ་རྨོག་རྫ་རི་བཞིན་དུ་བསྐྱིལ། །རྣོ་དང་རྟ་མཆོན་ནགས་ཀྱི་ཚལ་བཞིན་བསྒྲེངས། །གདུགས་དང་རྒྱལ་མཚན་འཇའ་ཚོན་བཞིན་དུ་བཤམས། །ཇ་ཕུད་ཆང་ཕུད་རྒྱ་མཚོ་བཞིན་འཁྱིལ་བས། །ལྷ་ཆེན་སོགས་འགྲོ། སྨན་ལྔ་འབྲུ་ལྔ་སྙིང་པོ་ལྔ་ལ་སོགས། །ནས་དཀར་གཙང་མའི་ཟན་དང་སྦྱར་བ་ཡི། །གཏོར་མ་ཁ་དོག་དྲི་རོ་ཕུན་ཚོགས་ཤིང་། །ཟག་མེད་བདུད་རྩིར་བྱིན་གྱིས་བརླབས་པ་འདིས། །ལྷ་ཆེན་ × × × । །ལྷ་མདའ་ཚོགས་དྲུག་རྐོད་

ཆེན་སྒྲ་ཡིས་བརྒྱན། །རྡོ་དར་མི་བཟད་གནམ་ལྕགས་མདེའུ་ཅན། །སྣང་སྲིད་གསལ་བའི་མེ་ལོང་མཁྱུལ་དུ་བཏགས། །མཛེས་པའི་དར་ཚོན་སྣ་ལྔས་སྤུད་པ་འདིས། །ལྷ་ཆེན་ × × × ། །གསེར་གཡུ་དར་ཟབ་མགོ་དགུའི་བང་མཛོད་དང་། །ནོར་བུའི་རྒྱན་ཕྲེང་ལྷ་རྫས་ན་བཟའི་ཚོགས། །འདོད་ཡོན་རྣམ་ལྔ་བཀྲ་ཤིས་རྟགས་རྫས་བརྒྱད། །སྤྱན་གཟིགས་དགོར་ནོར་མ་ཚང་མེད་པ་འདིས། །ལྷ་ཆེན་ × × × ། །བཟང་དྲུག་ཙནྡན་དཀར་དམར་ཨ་ག་རུ། །ལྷ་ཤུག་མཁན་པ་བ་ལུ་སུ་ལུ་སོགས། །བསང་ཤིང་སྣ་ཚོགས་ཕྱེ་མར་བཟས་སྣ་ཀུན། །བསྲེགས་པའི་དུད་སྤྲིན་ནམ་མཁའ་གང་བ་འདིས། །ལྷ་ཆེན་གཉན་རྗེ་གུང་སྔོན་ཐུགས་དམ་བསྐང་། །ཞེས་པ་ནས། མཐུན་རྐྱེན་བསམ་དོན་ལྷུན་གྱིས་གྲུབ་པར་མཛོད། །གཙང་ཞིང་གཙང་མར་སྦྱར་བའི་བསང་མཆོད་ཀྱི། །དྲི་ངད་བསུང་ཞིམ་ཕྱོགས་བརྒྱར་འཕྲུལ་བ་ཡིས། །དམེ་འགོན་གྲི་ནལ་རོ་གྲིབ་ཡུག་གྲིབ་སོགས། །ཉམས་གྲིབ་རྫོག་གྲིབ་ཐམས་ཅད་སྦྱོང་གྱུར་ཅིག །ས་གཉན་ཀླུ་ཞིང་ཆུ་གཉན་དཀྲུག་པ་དང་། །ཤིང་གཉན་བཅད་པ་ཐམས་ཅད་བསང་གིས་བསངས། །རྒྱུན་གྱི་བསང་གསོལ་ཚེ་ཐར་ཆགས་པ་དང་། །ཐབ་གཞོབ་ནོངས་པ་གང་བགྱིས་བསང་གིས་བསངས། །མདོར་ན་སྒོ་གསུམ་ཉེས་པས་ལྷ་མནོལ་ཏེ། །འཐིབ་ཅིང་རྨུགས་པ་ཐམས་ཅད་བསང་གིས་བསངས། །བདེ་གཤེགས་རིན་ཆེན་མང་དང་གཟུགས་མཛེས་དང་། །འཇམ་གླས་འཇིགས་པ་ཀུན་དང་བྲལ་སོགས་ཀྱི། །ཐུགས་རྗེས་བསང་མཆོད་མགོ་དགུའི་ལོངས་སྤྱོད་ཀུན། །མ་ཚང་མེད་པའི་རྣམ་པར་ཤར་བ་ཡིས། །ལྷ་གཉན་འཁོར་བཅས་དགྱེས་ཤིང་ཚིམ་གྱུར་ཏེ། །མཐུན་རྐྱེན་དངོས་གྲུབ་ཆར་བཞིན་དབབ་གྱུར་ཅིག །ཀྱཻ། །ཡུལ་གྱི་ལྷ་གཉན་ཆེན་པོ་འཁོར་དང་བཅས། །མཐུན་པའི་བསང་དང་མཆོད་གཏོར་འདི་བཞེས་ལ། །མངོན་ཤེས་སྒྲིབ་པ་མེད་པའི་སྤྱན

བཀྲད་དེ། །མཐུ་སྟོབས་ཐོགས་པ་མེད་པའི་དཔུང་སྐྱེད་ལ། །བསྟན་འགྲོ་ཡོངས་ལ་གནོད་པའི་སྤྱི་དགྲ་ཟློག །ཡོན་མཆོད་རྣམས་ལ་འཚེ་བའི་སློས་དགྲ་ཟློག །ཕ་རོལ་གདུག་པའི་བསམ་སྦྱོར་ངན་པ་ཟློག །བན་བོན་སྔགས་པའི་མནན་གཏད་ཕུར་ཁ་ཟློག །ཁ་རྗེ་དབང་ཐང་རླུང་རྟ་རྒུད་པ་ཟློག །ཡོ་སྐག་ཟླ་སྐག་ཞག་སྐག་ཐམས་ཅད་ཟློག །བདུན་རྒྱུར་དྲུག་ཁྲམ་འབྱུང་བའི་བཞི་གཤེད་ཟློག །ཕ་ཁུ་རྒས་སུ་མི་འཇུག་ཆེ་སྲི་ཟློག །བུ་ཚ་འཚར་དུ་མི་འཇུག་ཆུང་སྲི་ཟློག །མཆོན་སྲིས་སྨས་ཤིང་ཆུ་སྲིས་ཁྱེར་བ་ཟློག །ལྟེབ་སྲིས་འཁྱུ་ཞིང་ཕུང་སྲིས་དཀུགས་པ་ཟློག །རྒྱུ་ཟོག་འཕེལ་ཁར་ཉམས་པའི་གོད་སྲི་ཟློག །བསམ་པའི་དོན་ལ་འཚེ་བའི་དགྲ་སྲི་ཟློག །དོན་མེད་དགྲ་ཡི་ཁ་སྨྲས་ལྷུང་པ་ཟློག །ཉིན་གྱི་ཇག་ཁ་མཚན་གྱི་རྐུན་ཁ་ཟློག །བརྒྱ་སྡེའི་མི་ཁ་ཉེ་དུའི་ཐོལ་ཁ་ཟློག །གཟའ་ཚང་བྱེ་བྲལ་ཕུ་ནུའི་ནང་འཁྲུག་ཟློག །མི་ཡི་ན་ཚ་ཕྱུགས་ཀྱི་གོད་ཁ་ཟློག །ཚ་གྲང་རྗེ་སོགས་ཧ་ནད་ཐམས་ཅད་ཟློག །གློ་གོར་ལྷོག་པ་ནོར་ནད་ཐམས་ཅད་ཟློག །འོལ་འགག་འབྲུ་སོགས་ལུག་ནད་ཐམས་ཅད་ཟློག །རླུང་མཁྲིས་བད་ཀན་མི་ནད་ཐམས་ཅད་ཟློག །ལྷག་པའི་བདུད་གཙོད་གདོང་གི་མདངས་འཕྲོག་ཟློག །ཡས་ཀྱི་བདུད་གཡོས་མས་ཀྱི་སྲི་ལང་ཟློག །བགེགས་རིགས་བརྒྱད་ཁྲི་གདོན་རིགས་སུམ་བརྒྱ་ཟློག །དེ་སྙེད་སྒྲག་ཅིང་དངངས་པའི་ཡི་འབྲོག་ཟློག །ཐོག་སེར་གཟའ་བདུད་བཙན་གྱི་གནོད་པ་ཟློག །རྨི་ལམ་ངན་དང་མཚན་ལྟས་ངན་པ་ལ་ཟློག །གཟའ་སྐར་ངན་དང་དུས་སྦྱོར་ངན་པ་ཟློག །མདོར་ན་མི་འདོད་ཉེར་འཚེ་ཐམས་ཅད་ཟློག །བཟློག་ཐོག་སྟང་བར་བྱེད་པའི་དགྲ་ལ་བཟློག །བསྒྱུར་རོ་གནོད་པར་བྱེད་པའི་བགེགས་ལ་བསྒྱུར། །མཐུན་པའི་དངོས་གྲུབ་མ་ལུས་པ། །ཞེས་པ་ནས། རྒྱས་པར་མཛོད་ཅིག་ཡུལ་ལྷའི་ཚོགས། །ཀྱེ་མཆོ་སྐྱེས་རྡོ་རྗེ་རྒྱལ་བ་ཅོང་ཁ་པ། །ཀུན་མཁྱེན་འཇམ་

དཀྲུངས་བཞད་པའི་རྡོ་རྗེ་སོགས། །རྩ་བརྒྱུད་བླ་མའི་ཚོགས་ཀྱིས་བཀའ་བསྒོས་བཞིན། །དཀར་ཕྱོགས་སྐྱོང་པའི་ལྷ་ཆེན་ཁྱོད་ལ་བསྟོད། །གངས་སེང་དཀར་མོ་བཞིན་དུ་སྟོབས་རྩལ་རྒྱས། །ནགས་ཀྱི་རྒྱ་སྟག་བཞིན་དུ་བཀྲག་མདངས་རྒྱས། །གཡུ་འབྲུག་སྔོན་མོ་བཞིན་དུ་སྙན་གྲགས་རྒྱས། །དཀར་ཕྱོགས་×། །ནམ་མཁའི་ཉི་ཟླ་བཞིན་དུ་གཟི་མདངས་གསལ། །གློག་དམར་ཞགས་པ་བཞིན་དུ་མཐུ་རྩལ་མྱུར། །གནམ་ལྕགས་ཐོག་མདའ་བཞིན་དུ་དྲག་རྩལ་ཆེ། །དཀར་ཕྱོགས་×། །རི་རྒྱལ་ལྷུན་པོ་བཞིན་དུ་བརྟན་ཅིང་བརྗིད། །ལྷ་དབང་བརྒྱ་བྱིན་བཞིན་དུ་མངའ་ཐང་རྒྱས། །ཡིད་བཞིན་ནོར་བུ་བཞིན་དུ་དགོས་འདོད་སྩོལ། །དཀར་ཕྱོགས×། །ཡུལ་གྱི་ལྷ་ཆེན་དཔག་བསམ་ལྗོན་ཤིང་འདྲ། །ངེད་ཙག་ཡུལ་མི་ཤིང་གི་ལོ་འདབ་ཡིན། །ཡུལ་གྱི་ལྷ་ཆེན་ཡིད་བཞིན་རྒྱ་མཚོ་འདྲ། །ངེད་ཙག་ཡུལ་མི་མཚོ་ཡི་ཉ་མོ་ཡིན། །ཡུལ་གྱི་ལྷ་ཆེན་དཀྱུང་སྔོན་ནམ་མཁའ་འདྲ། །ངེད་ཙག་ཡུལ་མི་ནམ་མཁའི་རྒྱུ་སྐར་ཡིན། །ཡུལ་གྱི་ལྷ་ཆེན་རི་བོ་སྤྱི་མཐོ་འདྲ། །ངེད་ཙག་ཡུལ་མི་རི་ཡི་རྩི་ཤིང་ཡིན། །ཡུལ་མིའི་བདེ་སྐྱིད་ཡུལ་གྱི་ལྷ་ལ་ཐུག །ཡུལ་ལྷའི་ཐུགས་རྗེ་སྐུལ་བྱེད་བསང་མཆོད་ཡིན། །དེ་རིང་བསང་མཆོད་རྒྱ་མཚོ་འདི་འབུལ་ན། །མཐུ་རྩལ་དུས་ལ་བབ་ཀྱི་མཐུ་མ་ཆུང་། །མདའ་དར་གཡབ་མོ་གཡབ་པོ་ སྦྱིན་མ་རྟུལ། །ལྷང་ལྷང་ལན་གསུམ་འབོད་དོ་སྙན་མ་སྲོ། །མྱུར་མགྱོགས་ལས་ལ་སྐུལ་མོ་བང་མ་ཞན། །མི་ནོར་ཟས་གསུམ་དར་ཞིང་རྒྱས་པར་མཛོད། །བདེ་སྐྱིད་སྣན་གསུམ་འཕེལ་ཞིང་བརྟན་པར་མཛོད། །མགོན་སྐྱབས་དཔུང་གཉེན་ཁ་འཛིན་རྒྱབ་བརྟེན་མཛོད། །ཉིན་གསུམ་བྱ་ར་མཚན་གསུམ་མེལ་ཚེ་མཛོད། །ཚེ་དང་བསོད་ནམས་རླུང་རྟ་དར་བར་མཛོད། །མངའ་ཐང་རིགས་རྒྱུད་སྙན་གྲགས་རྒྱས་པར་མཛོད། །གཞིས་སུ་ཚེས་སྲིད་ལེགས་ཚོགས་འདུ་བར་མཛོད། །ལམ་

དུ་འཛིགས་སྒྲོལ་བསུ་ཞིང་སྐྱོལ་བར་མཛོད། །བྱེས་སུ་བསམ་དོན་ཆོས་བཞིན་འགྲུབ་པར་མཛོད། །མི་ཕྱུགས་ནད་དང་གོད་ཁ་ཞི་བར་མཛོད། །ཡུལ་ལ་གཡང་ཆགས་ཟས་ལ་རོ་བཅུད་འདུས། །གོས་ལ་བཀྲག་འཁོར་ལུས་ལ་གཟི་མདངས་རྒྱས། །ཚེ་ལ་གཡུང་དྲུང་སེམས་ལ་དགེ་བློ་སྐྱེས། །འདི་ཕྱིའི་བསམ་དོན་ལྷུན་གྱིས་གྲུབ་པར་མཛོད། །མདོར་ན་བཀྲ་ཤིས་ཉི་ཟླ་འོད་སྟོང་གསལ། །དགེ་ལེགས་སྣང་བས་ས་གསུམ་འཛིག་རྟེན་ཁྱབ། །ནད་མུག་འཁྲུག་རྩོད་མུན་པའི་ཚོགས་ཞི་ནས། །དགའ་སྐྱིད་སྨྲ་དབྱངས་སྲིད་རྩེར་སྒྲོག་གྱུར་ཅིག །ཡིག་བརྒྱ་ལན་གསུམ་བརྗོད་པས་བསང་མཆོད་དམན་ཞིང་གཙང་སྦྲ་མ་ཐོན་པ་སོགས་ཉེས་པ་རྣམས་བྱང་བར་བསམས་ལ། མགྲོན་རྣམས་དགྱེས་བཞིན་རང་གནས་སུ་གཤེགས་པར་གྱུར་པར་མོས་ཏེ་བཀྲ་ཤིས་ཀྱིས་མཐའ་བརྒྱན་པར་བྱའོ། །ཚེ་ཐར་གཏོང་ན་བསྐང་བའི་འཕྲོར། རྟ་ནོར་སོགས་ཚེ་ཐར་གཏོང་རྒྱུ་དེ་ལ་དར་ཚོན་གཙང་མས་བརྒྱན། དཔྲལ་བར་མར་ཕྱུགས། གཙང་སྦྲ་བྱས་ཏེ་བསང་གི་མཐར་གཡས་སྐོར་དུ་འཁྲིད་ཅིང་། རྟ་ལ། ཡུལ་གྱི་ལྷ་ཆེན་སྣང་རྗེའི་བདག་ཉིད་ཅན། །ཁྱེད་རྣམས་འགྲོ་བའི་ཚེ་སྲོག་སྐྱོབ་ལ་དགྱེས། །སྲིན་གྱི་ཤུགས་འཆང་ཅང་ཤེས་རྟ་མཆོག་འདི། །ལྷ་ཆེན་གཉན་རྗེ་གུང་སྔོན་རྟེན་དུ་འཛུགས། །ཡུམ་ཆེན་གཡུ་སྒྲོན་དཀར་མོའི་རྟེན་དུ་འཛུགས། །ཅེས་པ་ནས། ལྷ་ཀླུ་སྨན་མོའི་ཚོགས་ཀྱི་རྟེན་དུ་འཛུགས། །རྟེན་ལས་མ་འདའ་འབེམ་ལས་མ་གཡོ་བར། །རབ་ཏུ་དགྱེས་བས་མཐུ་དང་དཔུང་བསྐྱེད་དེ། །ནག་ཕྱོགས་དགྲ་སྡེའི་གཡུལ་ལས་རྒྱལ་བ་དང་། །ཡོན་མཆོད་མཐའ་དག་ཚེ་དཔལ་མངའ་ཐང་རྒྱས། །ཆོས་སྲིད་ལེགས་ཚོགས་ལྷུན་གྱིས་གྲུབ་པར་མཛོད། །ནོལ་མོ་ལ། གཞན་རྣམས་འདྲ་ཞིང་སྲིན་གྱི་ཤུགས་འཆང་ཞེས་པའི་ཟབ་ཏུ། རྔམ་བརྗིད་ངར་སྒྲ་སྒྲོགས་པའི་ནོལ་ཐོ་འདི། །ཞེས་དང་། ནོལ་མོ་ལ། བརྗིད་ཆགས་འོ་མའི་རྒྱུད་འཛིན་ནོལ་མོ་འདི། །ཞེས་དང་། ལུག་ལ། གཟུགས་བཟང་ཤ་རྒྱས་ལྷ་ལུག་དཀར་མོ་འདི། །ཞེས་དང་། ལུག་ལ། གཟུགས་བཟང་ཤ་རྒྱས་ལྷ་ལུག་དཀར་མོ་འདི། །ཞེས་སྦྱར་རོ། །ལྷ་ཆེན་དགྱེས་པ་སྐྱེད་པའི་དབྱངས། །དབྱར་གྱི་རྔ་གསང་སྒྲོག་པ་ཡིས། །དགེ་ལེགས་

བྱེ་བའི་གྲུ་ཆར་གྱིས། །འཇིག་རྟེན་ཞིས་པས་སྐྱོང་གྱུར་ཅིག །ཅེས་ལྷ་ཆེན་གཉན་རྗེ་གུང་སྟོན་གྱི་བསང་མཆོད་སྙན་པའི་དབྱར་རྔ་ཞེས་བྱ་བ་འདི་ནི། སྤྱིར་ལྷ་ཆེན་འདི་ཉིད་སྟོན་ཀུན་མཁྱེན་འཇམ་དབྱངས་བཞད་པས་དགོན་སྡེ་གསར་འདེབས་ཀྱི་དུས་ནས་གྲོགས་ལྷན་མཛད་ཚུལ་གྱི་ལོ་རྒྱུས་མང་བས་དཀར་ཕྱོགས་སྐྱོང་བ་ཁྱད་པར་ཅན་ཡིན་སྟབས་བསང་མཆོད་ཅིག་ཡོད་ན་ལེགས་པར་སེམས་ཤིང་། །དེའི་ཉེ་འཁོར་དུ་འཁོད་པའི་ཨ་མཆོག་གི་སྦྱིན་བདག་རྣམས་ནས་ཀྱང་སྐུལ་མ་བྱུང་བས་མཚམས་སྦྱར། དེའང་ལྷོ་བྲག་གྲུབ་ཆེན་ལས་ཀྱི་རྡོ་རྗེས་ཆོས་བ་ལ་བླ་མ་ཡི་དམ་དང་ཆོས་སྐྱོང་མཉེས་པ་གལ་ཆེ། འཇིག་རྟེན་པ་ལ་ཡུལ་ལྷ་མཉེས་པ་གལ་ཆེ་གསུངས་པ་བཞིན་གྲོང་པ་རྣམས་ལ་ལྷག་པར་མཁོ་ཞིང་། དེའང་སྙན་ངག་མངོན་བརྗོད་སོགས་ཀྱིས་བཅིངས་ན་གོ་མི་ནུས་པས་ཕལ་གཏམ་གྱི་ཚུལ་དུ་༧བཙུན་པ་དཀོན་མཆོག་བསྟན་པའི་སྒྲོན་མེས་བསྒྲིགས་པའི་ཡི་གེ་པ་ནི་སྔགས་རམ་པ་དཀོན་མཆོག་ལྷོ་བྲག་ཀུན་དགའ་བཀྲིས་པ་འདིས་ཀྱང་སྐྱེ་བོ་རྣམས་ལ་ཕན་ཐོགས་པར་གྱུར་ཅིག། ||

༧༢། །རྒྱལ་བ་མི་ཕམ་མགོན་པོ་ལ་མདོ་ཆོག་གི་ལུགས་བཞིན་མཆོད་ཚུལ་སོགས་བཀའ་རྫོམ་སྣ་ཚོགས་ཕྱོགས་གཅིག་ཏུ་བསྒྲིགས་པ་བཞུགས་སོ།།

རབ་འབྱམས་རྒྱལ་བ་ཀུན་གྱི་བྱམས་བརྩེའི་ཐུགས། །མཚན་དཔེའི་དཔལ་འབར་གཟུགས་ཀྱི་སྐུར་བཞེངས་པ། །མི་ཕམ་མགོན་དང་ཡབ་རྗེ་བློ་བཟང་གྲགས། །དབྱེར་མེད་ཐུགས་རྗེས་བྱང་ཆུབ་བར་དུ་སྐྱོངས། །གང་གི་ཐུགས་རྗེ་བྱིན་རླབས་བདུད་རྩིའི་ཆུས། །ཡིད་ཀྱི་བུམ་བཟང་གང་བར་འདོད་པ་རྣམས། །མགོན་དེའི་ཞབས་རྟུལ་བསྙེན་ཅིང་མཆོད་པའི་ཚུལ། །མདོ་ཆོག་སྙིང་པོར་དྲིལ་ཏེ་འགོད་པར་བྱ། །དེའང་རྗེ་བཙུན་བྱམས་མགོན་དང་རྗེ་བླ་མའི་སྐུ་བརྙན་བྲིས་འབུར་ཅི་རིགས། ཤེར་ཕྱིན་གྱི་མདོ་སྡེ་རྣམས་ཆོས་ལྔ་སོགས་ཀྱིས་གཙོས་པའི་སྐུ་གསུང་ཐུགས་ཀྱི་རྟེན་ལེགས་པར་དགྲམ། །གཙང་ཞིང་གྱ་ནོམ་པའི་མཆོད་པ་ཕུན་སུམ་ཚོགས་པ་བཤམ། །ཐེག་ཆེན་གསོ་སྦྱོང་དང་འབྲེལ་བ་བྱེད་ན་ཐོ་རངས་ལག་རིས་མཐོང་བའི་ཚོད་ཙམ་དུ་བླ་མའི་རྟེན་གྱི་དྲུང་དུ་ལེན་ཅིང་། མཐའ་གཅིག་ཏུ་དགོས་པའི་ངེས་མེད་ཀུན་སློང་ལེགས་པར་བཅོས་ཏེ་དགེ་སེམས་ཁྱད་པར་ཅན་གྱི་དད་ནས་སྐྱབས་འགྲོ་སེམས་བསྐྱེད་རྒྱུད་དང་འདྲེས་ངེས་པ་བྱས་ལ་གནས་དང་ཡོ་བྱད་སོགས་བྱིན་གྱིས་བརླབས་པ་ནི། དཀོན་མཆོག་གསུམ་གྱི་བདེན་པ་དང་། སངས་རྒྱས་དང་བྱང་ཆུབ་སེམས་དཔའ་ཐམས་ཅད་ཀྱི་བྱིན་གྱིས་བརླབས་དང་། ཚོགས་གཉིས་ཡོངས་སུ

རྫོགས་པའི་མངའ་ཐང་ཆེན་པོ་དང་། ཆོས་ཀྱི་དབྱིངས་རྣམ་པར་དག་ཅིང་བསམ་གྱིས་མི་ཁྱབ་པའི་སྟོབས་ཀྱིས་རྒྱལ་བ་མི་ཕམ་མགོན་པོ་རྒྱལ་སྲས་རྒྱ་མཚོའི་ཚོགས་དང་བཅས་པ་གང་དུ་སྤྱན་འདྲེན་པའི་གནས་འདི་ཉིད་སངས་རྒྱས་ཀྱི་ཞིང་ཡོངས་སུ་དག་པ་བྱམས་མགོན་ཉིད་ཀྱི་ཐུགས་བསྐྱེད་རླབས་པོ་ཆེའི་མཐུ་ལས་གྲུབ་པའི་ཞིང་ཁམས་ཡིད་དགའ་ཆོས་འཛིན་ལྷ་བུས་གཞི་རིན་པོ་ཆེ་སྣ་ཚོགས་ཀྱི་རང་བཞིན་ལག་མཐིལ་ལྟར་མཉམ་པ། ཐ་གྲུ་ཆེ་བ། ཡངས་པ། རེག་ན་འཇམ་ཞིང་བདེ་བ་དྲི་མ་མེད་ཅིང་འོད་གསལ་བ། ཙན་དན་སྤྲུལ་གྱི་སྙིང་པོའི་དྲི་བསུང་ངད་དང་ལྡན་པའི་ལྷའི་མེ་ཏོག་སྣ་ཚོགས་གཅལ་དུ་བཀྲམ་པ། མཐའ་རིན་པོ་ཆེའི་ཕ་གུས་བརྩིགས་པ། གསེར་དང་དངུལ་དང་མུ་ཏིག་གི་ཕྱེ་མ་སྤྲམ་བུར་བརྡལ་བ། ཨུཏྤལ་དང་། ཀུ་མུ་ད་དང་། པདྨ་འཁྱིལ་ཞིང་ལྡེམ་པས་ཁེབས་པ། ཆུ་བྱ་སྣ་ཚོགས་ལྡིང་བའི་མཚོ་དང་རྫིང་བུའི་ཚོགས་ཀྱིས་མཛེས་ཤིང་། རིན་པོ་ཆེ་སྣ་བདུན་གྱི་རང་བཞིན་དཔག་བསམ་གྱི་ལྗོན་པ་ཚར་དུ་དངར་བས་ཡོངས་སུ་བསྐོར་བ་དང་། །དེའི་དབུས་སུ་གཞལ་མེད་ཁང་རིན་པོ་ཆེ་སྣ་བདུན་མཆོག་ཏུ་འབར་བ་བཀོད་པ། འཇིག་རྟེན་གྱི་ཁམས་དཔག་ཏུ་མེད་པ་རྒྱས་པར་འགེངས་པའི་འོད་ཟེར་ཆེན་པོ་རབ་ཏུ་འབྱུང་བ། གནས་ཐ་དད་པ་ཤིན་ཏུ་རྣམ་པར་ཕྱེ་བ་མཐའ་ཡས་པ་རྣམ་པར་གནས་པ་རྒྱ་ཡོངས་སུ་མི་ཆད་པ་ཁམས་གསུམ་ལས་ཡང་དག་པར་འདས་པའི་སྤྱོད་ཡུལ་འཇིག་རྟེན་ལས་ཡང་དག་པར་འདས་པ་དེའི་བླ་མའི་དགེ་བའི་རྩ་བ་ལས་བྱུང་བ། ཤིན་ཏུ་རྣམ་པར་དག་ཅིང་དབང་སྒྱུར་བའི་རྣམ་པར་རིག་པའི་མཚན་ཉིད། རྒྱལ་བ་སྲས་དང་བཅས་པ་ཆོས་ཀྱི་དགའ་བདེས་རོལ་པའི་གནས་ཕུན་སུམ་ཚོགས་པར་གྱུར། དེའི་དབུས་སུ་སེང་གེ་ཆེན་པོ་བརྒྱད་ཀྱིས་བཏེགས་པའི་རིན་པོ་ཆེའི་ཁྲི་པད་ཟླའི་གདན་དང་བཅས་པ། གཡས་གཡོན་དུ་རིན་པོ་ཆེའི་ཁྲིའུ་ཆུང་དུ་མ་དང་བཅས་

པ། དེའི་མཐའ་སྐོར་ཕྱོགས་མཚམས་ཀུན་ཏུ་མཆོད་པའི་སྤྲིན་གྱི་ཕུང་པོ་ལྷ་དང་མིའི་ཡོ་བྱད་དམ་པ་ཞལ་ཟས་དང་། ན་བཟའ་དང་། རྒྱན་དང་རོལ་མོ་ལ་སོགས་པ་ཕུལ་དུ་ཕྱིན་པ་སྣ་ཚོགས་ཕུང་པོ་གསུམ་པའི་མདོ་དང་། བཟང་པོ་སྤྱོད་པའི་སྨོན་ལམ་ལས་བྱུང་བའི་མཆོད་པའི་སྤྲིན་རྒྱ་མཚོ་ཐམས་ཅད་ཀྱིས་རྒྱས་པར་གང་ཞིང་རྒྱན་ཀླུབས་པ་དང་ལྡན་པར་གྱུར་ཅིག །འཕགས་པ་ཐམས་ཅད་ཀྱང་གདན་འཛོམ་ནས་དེ་བཞིན་དུ་བྱིན་གྱིས་བརླབས་ཤིང་བཞེས་ཏེ་ལོངས་སྤྱོད་པར་གྱུར་ཅིག །ཅེས་ལན་གསུམ་བརྗོ། ཨོཾ་ནམོ་བྷ་ག་ཝ་ཏེ་བཛྲ་སཱ་ར་པྲ་མ་རྡ་ནི། ཏ་ཐཱ་ག་ཏཱ་ཡ་ཨརྷ་ཏེ་ས་མྱཀྶཾ་བུདྡྷཱ་ཡ། ཏདྱཐཱ། ཨོཾ་བཛྲེ་བཛྲེ། མ་ཧཱ་བཛྲེ། མ་ཧཱ་ཏེ་ཛ་བཛྲེ། མཧཱ་བི་དྱཱ་བཛྲེ། མཧཱ་བོ་དྷི་ཙིཏྟ་བཛྲེ། མ་ཧཱ་བོ་དྷི་མཎྜོ་པ་སཾ་ཀྲ་མ་ཎ་བཛྲེ། སརྦ་ཀརྨ་ཨཱ་ཝ་ར་ཎ་བི་ཤོ་དྷ་ན་བཛྲེ་སྭཱཧཱ། ཞེས་ལན་གསུམ་མམ་བདུན་སོགས་བརྗོད། ཡང་། དཀོན་མཆོག་གསུམ་གྱི་བདེན་པ་དང་། སངས་རྒྱས་དང་བྱང་ཆུབ་སེམས་དཔའ་ཐམས་ཅད་ཀྱི་བྱིན་གྱི་བརླབ་དང་། ཚོགས་གཉིས་ཡོངས་སུ་རྫོགས་པའི་མངའ་ཐང་ཆེན་པོ་དང་། ཆོས་ཀྱི་དབྱིངས་རྣམ་པར་དག་ཅིང་བསམ་གྱིས་མི་ཁྱབ་པའི་སྟོབས་ཀྱིས་དེ་བཞིན་ཉིད་དུ་གྱུར་ཅིག ཅེས་ལན་གསུམ་བརྗོས། དེ་ནས་མ་ཧཱ་ཧཱ་བཟང་མོའི་རྟོགས་བརྗོད་ལྟར་མགྲོན་གྱི་ཚུལ་དུ་སྤྱན་འདྲེན་པ་ལ་ཐོག་མར་གང་དུ་བཞུགས་པའི་གནས་གསལ་འདེབས་དགོས་པས། བསྐལ་བཟང་རྣམ་འདྲེན་རྒྱལ་བ་མཐའ་དག་གིས། །བཅུ་གཉིས་མཛད་པའི་རོལ་གར་བསྒྱུར་བའི་གནས། །ཛམྦུའི་བྲིཀྵའི་ལྗོན་པས་མཚན་པ་ཡི། །ལྷོ་གླིང་ལས་ཀྱི་ས་བ་འདི་ཡི་སྟེང་། །དཔག་ཚད་སུམ་འབུམ་ཉི་ཁྲི་བརྒལ་བ་ན། །འདོད་པའི་ལྷ་གནས་བཞི་པ་དགའ་ལྡན་དང་། །དེ་ཡི་ལོགས་སུ་གྲོང་ལས་དགོན་པའི་ཚུལ། །རྒྱལ་བའི་ཞིང་མཆོག་ཡིད་དགའ་ཆོས་འཛིན་ཞེས། །མ་ཕམ་མགོན་གྱི་ཐུགས་བསྐྱེད་ལས་གྲུབ་པ། །དག་པའི་ཞིང་གི་སྣོད་བཅུད་འཁོར་བའི་དཔལ། །མ་ཚང་མེད་

པས་ཡོངས་སུ་བརྒྱན་པའི་དབུས། །ཆོས་ཀྱི་ཕོ་བྲང་རྒྱལ་མཚན་མཐོན་པོ་རུ། །གདོང་ལྔ་འབར་བས་བཏེགས་པའི་ནོར་བུའི་ཁྲིར། །སྟོབས་བཅུའི་དཔལ་མངའ་རྒྱལ་ཚབ་བྱམས་པ་མགོན། །ནམ་མཁའ་དྲི་མེད་འཛམ་དཔལ་སྙིང་པོ་སོགས། །རྒྱལ་སྲས་རྒྱ་མཚོའི་ཚོགས་ཀྱིས་ཡོངས་བསྐོར་ཏེ། །འགག་མེད་ཚངས་པའི་དབྱངས་ཀྱིས་ཟབ་རྒྱས་ཆོས། །ལྷང་ལྷང་འདོམས་ཞིང་དགྱེས་བཞིན་བཞུགས་པ་རྣམས། །རིང་ནས་གོམས་པའི་ཐུགས་བསྐྱེད་ཉེར་དགོངས་ཏེ། །བདག་སོགས་མགོན་དུ་ཉེ་བར་འབྱོན་པར་རིགས། ། ཞེས་སྙན་གནས་དབབ། མ་ལུས་སེམས་ཅན། ཞེས་པ་ནས། དེ་སྲིད་བཅོམ་ལྡན་བཞུགས་སུ་གསོལ། །གང་འདིར། ནས། གསོལ་བར་བགྱིའོ། ཁྲུས་ཀྱི་ཁང་པ། ཇི་ལྟར་བལྟམས་པ། རྒྱལ་བའི་སྐུ་གསུང་ཐུགས་ལ། ཁྱེད་སྐུ་རང་བཞིན། འདི་ནི་ཁྲུས་མཆོག འདི་ནི་སྦྱིན་པའི་ཞེས་སོགས་དང་། དེ་བཞིན་གཤེགས་དང་དེ་ཡི་སྲས་ཞེས་སོགས་ཚིགས་བཅད་རྣམས་ཀྱི་མཐར་ཐུགས་སྦྱར་བ་རེ་རེ་འམ་གཉིས་གསུམ་གྱི་མཚམས་སུ། དེ་དག་སྐུ་ལ་ཞེས་སོགས་ཀྱིས་སྐུ་དབྱི། སྟོང་གསུམ་ཀུན་ཏུ་ཞེས་སོགས་ཀྱིས་གོས་རྒྱན་གང་བུམ་རྣམས་དབུལ། །ཁྲུས་ཁང་ནས་ཚུར་བྱོན་ཏེ་མདུན་གྱི་ནམ་མཁར་སེང་གེའི་ཁྲི་སོགས་ལ་བཞུགས་པར་མོས་ཞིང་། ཕུན་ཚོགས་གཟི་འོད་ཕྱོགས་བཅུར་རབ་ཏུ་འཕྲོ། །ཞེས་པ་ནས། མ་ཕམ་མགོན་པོའི་དབུ་ལ་ཕུལ་བ་ཡིས། །ཞེས་སོགས་ཀྱིས་དབུ་རྒྱན་ཕུལ། བྱམས་ཆེན་མེ་ཡིས་ཞེ་སྡང་བུད་ཤིང་བསྲེགས། །ཡེ་ཤེས་འོད་ཀྱིས་མ་རིག་མུན་པ་སེལ། །ཆོས་ཀྱི་རྒྱལ་ཚབ་འགྲོ་བའི་དོན་མཛད་པ། །དགའ་ལྡན་བཞུགས་པ་དེ་ལ་ཕྱག་འཚལ་ལོ། །ཇི་སྙེད་སུ་དག ནས། ཕྱག་འཚལ་མཆོད་པར་བགྱི། །རྒྱལ་བ་རྒྱ་མཚོའི་མཆོད་རྫས་ལས་གྲུབ་པའི། །ཞིང་ཁམས་རྒྱ་མཚོའི་མཆོད་ཡོན་རྒྱ་མཚོ་ ཞེས་སོགས་དང་། ཞིང་འདི་འཁོར་ལོ་རིན་ཆེན་གྱིས། །ཞེས་སོགས་ཀྱིས་རྒྱལ་སྲིད་སྣ་བདུན་

རྣམས་དབུལ། དེ་ལས་གཞན་ཡང་མཆོད་པའི་ཚོགས། །ཞེས་པ་ནས། ངེས་པར་ཀུན་ཏུ་འབྱུང་གྱུར་ཅིག །སོང་ཡོད་ན་ལྷུང་བཤགས་དང་སྤྱི་བཤགས་ཀྱང་འདོན། དེ་ནས། འདོད་ཆགས་ཞི་སྣང་། ཞེས་པ་ནས། བྱང་ཆུབ་ཆེན་པོར་བསྔོ། །ཞིང་ཁམས་འབུལ་བར་ཞུ། ཨོཾ་བཛྲ་བྷཱུ་མི་ཨཱཿཧཱུཾ། ཞེས་སོགས་ནས། ཞིང་ཁམས་རྣམ་པར་དག་པ་འདི་ཉིད་རྒྱལ་བ་མ་ཕམ་མགོན་པོ་རྒྱལ་སྲས་རྒྱ་མཚོའི་ཚོགས་དང་བཅས་པ་རྣམས་ལ་དབུལ་བར་བགྱིའོ། །ཐུགས་རྗེས་འགྲོ་བའི་དོན་དུ་བཞེས་སུ་གསོལ། བཞེས་ནས་བདག་སོགས་སེམས་ཅན་ཐམས་ཅད་ཀྱི་རྒྱུད་ལ་ཟབ་པ་དང་རྒྱ་ཆེ་བའི་མངོན་པར་རྟོགས་པ་མཐའ་དག་གེགས་མེད་དུ་སྐྱེས་ཏེ་འབྲས་བུ་སྐུ་བཞིའི་གོ་འཕང་བདེ་བླག་ཏུ་ཐོབ་པར་བྱིན་གྱིས་བརླབ་ཏུ་གསོལ། ཞེས་སོགས་ཀྱིས་མཎྜལ་རྒྱས་པ་དབུལ། དེ་ནས་རྒྱལ་བ་བྱམས་པ་མགོན་པོ་དགྱེས་པའི་འཛུམ་ཞལ་མངོན་པར་བསྟན་ཏེ། རྒྱལ་བའི་ཡུམ་རྣམ་པ་གསུམ་གྱི་དགོངས་པའི་དོན་ལྷང་ལྷང་འདོམས་པར་མཛད་ཅིང་། རང་གི་རྒྱུད་ལའང་དེ་དང་དེའི་དོན་རྟོགས་པའི་བག་ཆགས་ཁྱད་པར་ཅན་བཞག་བྱུང་སྙམ་པའི་དམིགས་པ་དང་བཅས་མངོན་རྟོགས་རྒྱན་དང་བྱམས་ཆོས་གཞན་བཞིའང་ཇི་ལྟར་འཚམ་པ་བསླབ་པའི་མཐར། དེའི་དགོངས་དོན་ལམ་གྱི་རིམ་པའི་རྟོགས་པ་མཐའ་དག་རྒྱུད་ལ་སྐྱེ་བའི་དམིགས་པ་དང་བཅས་ཟབ་ཡངས་མ་དང་བྱིན་རླབས་དཔུང་ཞུས་སམ་ཡོན་ཏན་གཞིར་གྱུར་མ། ལམ་རིམ་སྨོན་ལམ་སོགས་བསྔོ་བའི་མཚམས་སྦྱོར་ནན་ཏན་བྱ། དེ་ནས་འཁོར་རྣམས་གཙོ་བོ་ལ་བསྡུ། བྱམས་མགོན་རང་གི་སྤྱི་བོ་ནས་ཞུགས་ཏེ་སྙིང་གར་བཞུགས་པར་བསམས་ལ། ཚེ་རབས་ཀུན་ཏུ་མི་འབྲལ་བར་རྗེས་སུ་འཛིན་པའི་སྨོན་པ་ཤུགས་དྲག་པོ་དང་བཅས་བྱམས་པས་དམ་པའི་གཟུངས་གང་མང་བཟླས་ལ་བྱམས་སྨོན་གདོན་པ་དང་དགེ་ཚོགས་མཐའ་དག་བསྟན་པ་རྒྱས་པའི་རྒྱུར་བསྔོ་བས་རྒྱས་གདབ་པར་

བྱའོ། །བློ་བཟང་རྒྱལ་བའི་ཐུགས་རྗེའི་གྲུ་གཟིངས་ལ། །བརྟེན་ནས་དགའ་ལྡན་ཆོས་ཀྱི་ཞིང་མཆོག་དེར། །སྐྱེས་ཤིང་མ་ཕམ་མགོན་གྱིས་རྗེས་བཟུང་སྟེ། །ཡང་དག་ལམ་གྱི་བགྲོད་པ་མཐར་ཕྱིན་ཤོག །ཅེས་རྒྱལ་བ་མ་ཕམ་མགོན་པོ་ལ་མདོ་ཚིག་གི་ལུགས་བཞིན་མཆོད་ཅིང་གསོལ་བ་གདབ་པའི་རིམ་པ་འདི་ནི་ཧལ་ཧ་དོ་ལོད་ཤོག་གི་དད་བརྩོན་བློ་དང་ལྡན་པ་རབ་འབྱམས་པ་དཀོན་མཆོག་གྲགས་པས་ཡུལ་མཐའ་དེར་བསྟན་པའི་རྩ་བ་གཞི་འཛུག་པའི་ལྷག་བསམ་རྣམ་དག་གིས་བསྐུལ་བ་བཞིན། ༼བཙུན་པ་དཀོན་མཆོག་བསྟན་པའི་སྒྲོན་མེས་སྦྱར་བའི་ཡི་གེ་པ་ སྡུགས་རམ་དཀོན་མཆོག་ཀུན་དགའོ། །

དགའ་ལྡན་ལྷ་བརྒྱ་མ་དང་སྦྱར་བའི་ཆོས་དྲུག་དཀྱུས་གཅིག་ཏུ་ཉམས་སུ་ལེན་ཚུལ་ལམ་བཟང་སྒོ་འབྱེད་ཅེས་བྱ་བ་བཞུགས་སོ། །

ཐུབ་བསྟན་ཡོངས་སུ་རྫོགས་པའི་ཁུར་འཛིན་པར། །འཕགས་ཡུལ་རྒྱལ་བ་གཉིས་པ་ཀླུ་སྒྲུབ་ལས། །འཛམ་གླིང་འདི་ན་མཚུངས་ཟླ་གཞན་མེད་པ། །བློ་བཟང་རྒྱལ་བ་གཉིས་པར་སྣང་ནས་འདུད། །གང་ལ་བརྟེན་ན་སྲིད་ཞིའི་འཇིགས་མཚོ་ལས། །ཡུད་ཀྱིས་བགྲོད་ཕྱིར་སྦྱོར་བའི་ཆོས་ཀྱི་གཟིངས། །ཐོག་འཁྲིན་ཟབ་མོའི་རྣལ་འབྱོར་བ་དན་གྱིས། །མཛེས་པར་སྐལ་བཟང་དོན་མཐུན་འཇུག་པར་མཛོད། །དེའང་བྱང་ཆུབ་ལམ་རིམ་ཆེན་མོའི་དངོས་ཟིན་ལྟར་བཤེས་གཉེན་སྟེན་ཚུལ་གྱི་རིམ་པ་སྔོན་འགྲོ་སྦྱོར་བའི་ཆོས་ཀྱི་ཕྱོགས་སུ་བསྡུས་ཏེ་ཉམས་སུ་ལེན་ཚུལ་ཀུན་གཟིགས་ལྔ་པ་ཆེན་པོས་འཇམ་དཔལ་ཞལ་ལུང་དུ་གསལ་པར་མཛད་པ་དང་། ཡང་ལམ་རིམ་གྱི་དགོངས་པ་ཡོན་ཏན་རིན་པོ་ཆེ་སྡུད་པར། ཇི་སྐད་སྨྲས་བཞིན་བྱེད་དང་བདེ་གཤེགས་བྱིན་རླབས་ཅན། །ཞེས་སྦྱོར་བའི་ཆོས་དྲུག་གི་སྒོ་ནས་སྐྱབས་ཡུལ་རྣམས་ཀྱི་བྱིན་རླབས་རྒྱུད་ལ་

ཞུགས་ཏེ་རྒྱུད་སྡོད་རུང་དུ་བྱས་པ་ལ་དངོས་གཞི་ལམ་གྱི་རྩ་བ་བཤེས་གཉེན་སྟེན་ཚུལ་གྱི་རྟོགས་པ་སྐྱེས་ནས་བཀའ་བཞིན་སྒྲུབ་པ་འབྱུང་བར་གསུངས་པའི་མན་ངག་གིས་སྦྱོར་བའི་ཆོས་དྲུག་སྔོན་དུ་བཏང་ནས་གཟོད་བཤེས་གཉེན་སྟེན་ཚུལ་གྱི་དམིགས་སྐོར་སྐྱོང་བར་གསུངས་པ་གཉིས་ག་རྗེ་བླ་མའི་དགོངས་པ་ཡིན་པས། རྗེས་འཇུག་སོ་སོས་རང་རང་གི་མོས་པ་བཞིན་ལག་ཏུ་བླང་ཚོག་ལ། འདིར་འཇུག་པ་བདེ་བའི་ཕྱིར་འཇམ་དཔལ་ཞལ་ལུང་གི་ལུགས་བཞིན་དཀྱུས་གཅིག་ཏུ་དྲིལ་ནས་ལག་ཏུ་ལེན་ཚུལ་ནི། ཚོགས་ཞིང་སྤྱན་འདྲེན་རྒྱུར་བཀར་སྟེའི་བསམ་པ་དང༌། རང་གི་སྒྲིབ་པ་སྦྱོང་ཞིང་ཞིང་སྦྱོང་བའི་དམིགས་པ་སོགས་དང་བཅས་ཆུ་གཙང་གིས་ཆག་ཆག་བཏབ་སྟེ་གནས་ཁང་ཕྱི་དོར་བྱས་ལ་རྗེ་བླ་མའི་སྐུ་བྲིས་འབུར་རྩི་རིགས་སོགས་སྐུ་གསུང་ཐུགས་ཀྱི་རྟེན་དགྲམ། ཆུ་གཙང་གི་ཡོན་ཆབ་ཚུལ་བཞིན་དུ་བཤམ། མེ་ཏོག་བདུག་སྤོས་མར་མེ་ལྷ་བཤོས་སོགས་གང་ལེགས་དང༌། འཕན་གདུགས་རོལ་ཆས་སོགས་ཅི་འབྱོར་བའི་མཆོད་པ་བཤམ། བདེ་བའི་སྟན་ལ་རྣམ་སྣང་གི་ཆོས་བདུན་ལྡན་དུ་འཁོད་དེ་རང་རྒྱུད་ལ་ལེགས་པར་བརྟག དགེ་སེམས་ཁྱད་པར་ཅན་གྱི་ངང་ནས་འདི་ལྟར་གདོན་པར་བྱའོ། །རྩེ་གཅིག་དད་པས་རང་གི་སྡིག་ལྟུང་དང༌། །ལྷན་ཅིག་བྱི་དོར་བྱས་པ་གཙང་མའི་གནས། །དངོས་བཤམས་ཡིད་སྤྲུལ་མཆོད་སྤྲིན་བསྟར་བའི་དབུས། །སྐྱབས་ཡུལ་མ་ལུས་དགྱེས་བཞིན་བཞུགས་པར་གྱུར། །བསླུ་མེད་རིན་ཆེན་གསུམ་གྱི་ངོ་བོ་ཉིད། །དངོས་བརྒྱུད་བླ་མ་རྣམས་ལ་སྐྱབས་སུ་མཆི། །སྤངས་རྟོགས་མཐར་སོན་སྐུ་བཞིའི་བདག་ཉིད་མཆོག །སྟོན་པ་སངས་རྒྱས་རྣམས་ལ་སྐྱབས་སུ་མཆི། །འགོག་ལམ་ཡོན་ཏན་སྡེ་སྣོད་གསུམ་དང་བཅས། །སྐྱོབ་པ་དམ་ཆོས་རྣམས་ལ་སྐྱབས་སུ་མཆི། །རིག་གྲོལ་བརྒྱད་ལྡན་བསོད་ནམས་ཞིང་གི་མཆོག །འདྲེན་པ་དགེ་

འདུན་རྣམས་ལ་སྐྱབས་སུ་མཆི། །ཡི་དམ་རྒྱུད་སྡེ་བཞི་ཡི་ལྷ་ཚོགས་དང་། །ཆོས་སྐྱོང་སྲུང་མ་རྣམས་ལ་སྐྱབས་སུ་མཆི། །ཁྱད་པར་ཆོས་ཀྱི་རྒྱལ་པོ་ཙོང་ཁ་པ། །ཡབ་སྲས་བརྒྱུད་པར་བཅས་ལ་སྐྱབས་སུ་མཆི། །བླ་མ་ལྷ་ཡི་གོ་འཕང་མྱུར་ཐོབ་ནས། །མཁའ་མཉམ་འགྲོ་ཀུན་སྲིད་ལས་བསྒྲལ་བར་བྱ། །ཞེས་སྐྱབས་འགྲོའི་ཚིག་རྣམས་ལན་མང་དུ་བརྗོད་ཅིང་བདུད་རྩི་འབེབ་སྦྱང་གི་དམིགས་པས་སྐྱབས་ཡུལ་སོ་སོ་ལ་བརྟེན་པའི་ཉེས་པ་བྱང་སྟེ་དེ་དང་དེའི་བྱིན་རླབས་ཞུགས་པས། དེ་དང་དེའི་སྐྱབས་འོག་ཏུ་ཚུད་པར་བསམས། དེ་ནས་རྗེ་བླ་མ་ཡབ་སྲས་སོགས་ཚོགས་ཞིང་རྣམས་མ་གཏྟ་བཟང་མོའི་རྟོགས་བརྗོད་བཞིན་སྤྲུལ་པའི་བཀོད་པ་མཐའ་ཡས་པ་དང་བཅས་མགྲོན་ཐབས་སུ་སྤྱན་དྲངས་པར་བསམས་ལ། དགའ་ལྡན་ལྷ་བརྒྱའི། ནས། གཤེགས་སུ་གསོལ། །འཇམ་མགོན་ཡེ་ཤེས་ལྷ་ཡི་སྒྱུ་འཕྲུལ་གར། །ཡི་དམ་སངས་རྒྱས་བྱང་སེམས་ཉན་རང་དང་། །དཔའ་བོ་མཁའ་འགྲོ་ཆོས་སྐྱོང་སྲུང་ཚོགས་བཅས། །སྐྱབས་གནས་མ་ཚང་མེད་པ་གནས་འདིར་གཤེགས། །ཞེས་ཚོགས་ཞིང་སྤྱན་དྲངས་ཏེ་མདུན་དུ་བཞུགས་པའི་རྣམ་པ་གསལ་གདབ། སྐྱབས་ཡུལ་དེ་ཐམས་ཅད་ཀྱང་རྗེ་བླ་མའི་ཐུགས་རྗེ་སྒྱུ་འཕྲུལ་ཡིན་དང་། དེའང་ད་ལྟ་ལ་རང་ལ་དངོས་སུ་སྣང་དུ་ཡོད་པ་རང་གི་དྲིན་ཅན་རྩ་བའི་བླ་མ་འདི་ཉིད་ཡིན་ཚུལ་དང་། རྒྱལ་བ་རྡོ་རྗེ་འཆང་གིས་སྙིགས་དུས་བཤེས་གཉེན་གྱི་ཚུལ་དུ་འབྱོན་པར་གསུངས་པའང་འདི་ཉིད་ཡིན་ཚུལ་བསམས་ཏེ། ཐུབ་པའི་དབང་པོ། རྗེ་བླ་མ། རང་གི་རྩ་བའི་བླ་མ་གསུམ་དབྱེར་མི་ཕྱེད་པའི་དད་གུས་སྦྱོང་ཞིང་སངས་རྒྱས་ཀུན་ལས་ལྷག་པའི་བཀའ་དྲིན་རྗེས་སུ་དྲན་པ་དང་། སྦྱོར་བས་བསྟེན་ཚུལ་ཁྲུས་དང་བསྐུ་མཉེ་སོགས་ཀྱི་དོད་དུ་ཁྲུས་གསོལ་བྱེད་པ་ཞལ་ལུང་གི་ལུགས་ཡིན་པས། ཁྲུས་ཀྱི་ཁང་པ། ཞེས་པ་ནས། སྟོབས་བཅུ་མངའ་བའི་གོ་འཕང་ཐོབ་པར་

ཧོག །ཅེས་པའི་བར་གྱིས་ཁྱེས་གསོལ་ཞིང་གོས་དང་རྒྱན་འབུལ་བ་སོགས་དཀྱུས་བཞིན་བྱ། སླར་ཡང་ཚོགས་ཞིང་གི་གདན་ཁྲི་སོ་སོ་ལ་བཞུགས་པར་མོས་ཏེ། མདུན་གྱི་ནམ་མཁར་སེང་ཁྲི། ཞེས་པ་ནས། གསལ་བྱེད་ཧོག །ཅེས་བསག་སྦྱོང་གི་གནད་བསྡུས་པ་ཡན་ལག་བདུན་བརྒྱུད་དང་འབྲེས་ངེས་སུ་བྱ། མཎྜལ་རྒྱས་བསྡུས་ཅི་རིགས་ཕུལ་ཏེ་མཇུག་ཏུ། བདག་སོགས་འགྲོ་བ་ནམ་མཁའི་མཐའ་དང་མཉམ་པའི་སེམས་ཅན་ཐམས་ཅད་ཀྱི་ལུས་ལོངས་སྤྱོད་དུས་གསུམ་གྱི་དགེ་ཚོགས་དང་བཅས་པ་ཐམས་ཅད་རིན་ཆེན་མཎྜལ་བཟང་པོ་མཁོ་དགུའི་ཡོ་བྱད་མ་ཚང་བ་མེད་པའི་རྣམ་པར་སྤྲུལ་ཏེ་དུས་གསུམ་སྐྱབས་གནས་ཀུན་འདུས་ཀྱི་ངོ་བོ་རྒྱལ་བ་བློ་བཟང་གྲགས་པ་ཡབ་སྲས་ཡི་དམ་སངས་རྒྱས་བྱང་སེམས་དཔའ་བོ་མཁའ་འགྲོ་ཆོས་སྐྱོང་སྲུང་མའི་ཚོགས་དང་བཅས་པ་རྣམས་ལ་དབུལ་བར་བགྱིའོ། །ཐུགས་བརྩེ་བ་ཆེན་པོའི་སྒོ་ནས་བཞེས་སུ་གསོལ། བཞེས་ནས་བདག་སོགས་སེམས་ཅན་ཐམས་ཅད་ཀྱི་རྒྱུད་བྱིན་གྱིས་བརླབ་ཏུ་གསོལ། བཤེས་གཉེན་ལ་མ་གུས་པ་ནས་བདེན་གཉིས་ངོ་བོ་ཐ་དད་དུ་འཛིན་པའི་བར་གྱི་ཕྱིན་ཅི་ལོག་གི་བློ་སྣ་མཐའ་དག་འགག་པར་བྱིན་གྱིས་བརླབ་ཏུ་གསོལ། བཤེས་གཉེན་ལ་གུས་པ་ནས་བདེན་གཉིས་དབྱེར་མེད་རོ་གཅིག་པའི་བར་གྱི་ཕྱིན་ཅི་མ་ལོག་པའི་བློ་སྣ་མཐའ་དག་སྐྱེ་བར་བྱིན་གྱིས་བརླབ་ཏུ་གསོལ། ཕྱིའི་ནང་གི་བར་ཆད་ཐམས་ཅད་ཉེ་བར་ཞི་བར་བྱིན་གྱིས་བརླབ་ཏུ་གསོལ། ཞེས་དོན་ཆེན་པོ་གསུམ་གྱི་སྒོ་ནས་གསོལ་བ་བཏབ་པས་སྐྱབས་ཡུལ་རྣམས་ཀྱི་སྐུ་ལས་བདུད་རྩི་སྣ་ལྔ་འོད་ཟེར་དང་བཅས་པའི་རྒྱུན་བབས། རང་གཞན་སེམས་ཅན་ཐམས་ཅད་ཀྱི་ལུས་སེམས་ལ་ཞུགས་པས་ཐོག་མེད་ནས་བསགས་པའི་སྡིག་སྒྲིབ་བག་ཆགས་དང་བཅས་པ་ཐམས་ཅད་སྦྱངས་ལུས་དྭངས་གསལ་འོད་ཀྱི་རང་བཞིན་ཅན་དུ་གྱུར། ཚེ་དང་བསོད་ནམས་ལ་སོགས་པའི་ཡོན་ཏན་ཐམས་ཅད་འཕེལ་ཞིང་རྒྱས། སྐྱེས་བུ་གསུམ་གྱི་ལམ་གྱི་རིམ་པའི་རྟོགས་པ་

མཐའ་དག་རང་གཞན་གྱི་རྒྱུད་ལ་སྐྱེས་པར་བསམས་ཏེ་མ་ཡེངས་པའི་སྒོ་ནས་དམིགས་བརྗེ་མ་ཅི་འགྲུབ་བཟླ། དཔལ་ལྡན་རྩ་བའི་བླ་མ་ཞེས་སོགས་ཀྱི་ཚེ་སྐྱབས་ཡུལ་རྣམས་བསྡུས་ཏེ་རྗེ་བླ་མར་བསྡིམ་ཞིང་། དེ་རང་གི་སྙིང་གར་རང་སེམས་དང་དབྱེར་མེད་དུ་བཞུགས་པར་བསམ་ལ་བསྔོ་བས་རྒྱས་གདབ་པ་སོགས་སྔ་ལྟར་བྱའོ། །ཞེས་པ་འདི་ནི་བསྟན་པའི་གསལ་བྱེད་མཁར་སྟོན་ཆོས་སྐྱབས་ཏེ་ཡུན་ཆེའི་སྤྲུལ་པའི་སྐུ་དཀོན་མཆོག་བསྟན་འཛིན་རྒྱ་མཚོ་དང་། ཨོར་དུ་སུ་ཧུང་གིན་པེ་ཟེའི་ཤོག་གི་ལྷག་བསམ་དགེ་བ་དགེ་སློང་དཀོན་མཆོག་དཔལ་བཟང་། ཨོ་ར་དུ་སུ་ཨོ་ཐོག་པེ་ལེའི་ཤོག་དགེ་སློང་ངག་དབང་དཔལ་འབྱོར་བཅས་ཀྱིས་བསྐུལ་ངོར། ༧བཙུན་པ་དཀོན་མཆོག་བསྟན་པའི་སྒྲོན་མེས་སྦྱར་བའི་ཡི་གེ་ནི་ཐུགས་རམ་པ་དཀོན་མཆོག་ཀུན་དགའོ། །

དགའ་ལྡན་ལྷ་བརྒྱ་མ་དང་འབྲེལ་བར་རིགས་གསུམ་མགོན་པོའི་བཟླས་བརྗོད་བྱེད་ཚུལ་བྱིན་རླབས་གཏེར་ཆེན་ཞེས་བྱ་བ་བཞུགས་སོ། །

རྒྱལ་རྣམས་འགྲོ་ཀུན་སྐྱབས་སུ་འོས་པའི་རྒྱུ། །མཁྱེན་པའི་ཡེ་ཤེས་བརྩེ་བའི་ཐུགས་རྗེ་དང་། །སྐྱོབ་པའི་ནུས་མཐུ་ལྷག་པའི་ལྷར་ཤར་བ། །འཕགས་མཆོག་རིགས་གསུམ་མགོན་ལ་གུས་བཏུད་ནས། །ཟབ་མོ་བླ་མའི་ལམ་གྱིས་གཞུང་བསྒྲངས་ཏེ། །དེ་ཡི་སྒྲུབ་པ་མདོར་བསྡུས་སྤེལ་བར་བྱ། །དེའང་རང་གིས་བྱིན་རླབས་ཞུ་བ་ཙམ་ལ་རྗེ་བླ་མ་མགྲོན་ཐབས་སུ་སྤྱན་དྲངས་པའི་གནས་གསུམ་དུ་རིགས་གསུམ་མགོན་པོ་གསལ་བཏབ་པས་ཆོག་ལ། ཐུམ་ཚོག་སོགས་ཀྱི་སྒོ་ནས་རང་གཞན་གྱི་དོན་བྱེད་པར་སྟོན་དུ་དམ་ཚིག་པ་བསྐྱེད་དེ་ཡེ་ཤེས་པའི་ཚུལ་དུ་སྤྱན་འདྲེན་དགོས་ཤིང་། རང་ཉིད་ཀྱང་ལྷའི་ང་རྒྱལ་ལ་གནས་པ་དགོས། བདག་སྐྱེད་རྗེ་བླ་མ་བྱེད་པར་ཚད་ལྡན་འགའ་ཞིག་གིས་གསུངས་ལ།

འོན་ཀྱང་འཇམ་དཔལ་རྩ་རྒྱུད་དང་གཏམ་རྒྱུད་ཀྱི་རྟོགས་པ། ཆོས་རྗེ་དོན་རིན་པར་ལྷ་དང་བླ་མའི་ལུང་བསྟན་བྱུང་ཚུལ་སོགས་གྱུང་མཐུན་པར་དངོས་སྤྲུལ་གཞི་རྡོ་རྗེ་འཇིགས་བྱེད་མིའི་གཟུགས་སུ་ཤར་པའི་ཚུལ་རྒྱལ་བ་དགེ་འདུན་རྒྱ་མཚོས། མ་རུང་གདུལ་དཀའ་འདུལ་ཕྱིར་གཤིན་རྗེའི་གཤེད། །མི་ཡི་གཟུགས་ཀྱི་རྣམ་རོལ་ཙོང་ཁ་པ། །ཞེས་གསུངས་པ་ལྟར་ཡིན་པས། རང་ཉིད་སྐད་ཅིག་གིས་དཔལ་རྡོ་རྗེ་འཇིགས་བྱེད་ཞལ་གཅིག་ཕྱག་གཉིས་ཀྱིས་གྲི་གུག་དང་ཐོད་པ་འཛིན་པའི་སྐུར་བཞེངས་པར་གྱུར། སྭ་ཧཱ་ཕས་སྤྲུངས། སྟོང་པའི་ངང་ལས་རང་གི་མདུན་དུ་སེང་ཁྲི་པད་ཟླའི་གདན་ལ་འཇམ་མགོན་བླ་མ་ཙོང་ཁ་པ་ཆེན་པོ་ཕྱག་གཉིས་ཆོས་འཁོར་གྱི་ཕྱག་རྒྱས་གླེགས་རལ་བསྣམས་པ། གཡས་གཡོན་དུ་སེང་ཁྲི་ཆུང་བ་གཉིས་ལ་རྒྱལ་ཚབ་མཁས་གྲུབ་རྣམ་གཉིས་ཆོས་འཆད་མཉམ་གཞག་གི་ཕྱག་རྒྱ་ཅན། གསུམ་གའང་ཆོས་གོས་རྣམ་གསུམ་དང་པཎ་ཞྭ་གསེར་གྱི་མདོག་ཅན་གསོལ་ཏེ་རྡོ་རྗེ་སྐྱིལ་མོ་ཀྲུང་གིས་བཞུགས་པའི་རྗེ་བླ་མའི་དཔྲལ་བར་དེ་བཞིན་གཤེགས་པའི་རིགས་ཀྱི་མགོན་པོ་འཇམ་པའི་དབྱངས་གཡས་ཤེས་རབ་ཀྱི་རལ་གྲི་འཕྱར་ཞིང་། གཡོན་ཨུཏྤལ་གནས་པའི་གླེགས་བམ་བསྣམས་པ། རལ་པའི་ཟུར་ཕུད་ལྔ་དང་ལྡན་ཞིང་མེ་ཏོག་གི་ཕྲེང་བ་སོགས་གཞོན་ནུའི་རྒྱན་དང་ཆ་ལུགས་ཅན། མགྲིན་པར་པདྨའི་རིགས་ཀྱི་མགོན་པོ་སྤྱན་རས་གཟིགས་སྐུ་མདོག་དཀར་པོ་ཞལ་གཅིག་ཕྱག་བཞིའི་དང་པོ་གཉིས་ཐལ་མོ་སྦྱར་ཞིང་། འོག་མ་གཉིས་ཀྱིས་ཤེལ་ཕྲེང་དང་པདྨ་བསྣམས་པ། རི་དྭགས་ཀྱི་པགས་པས་ནུ་མ་གཡོན་པ་བཀབ་ཅིང་དར་གྱི་ན་བཟའ་གསོལ་བ། རྡོ་རྗེའི་སྐྱིལ་ཀྲུང་གིས་བཞུགས་པ། ཐུགས་ཀར་རྡོ་རྗེའི་རིགས་ཀྱི་མགོན་པོ་ཕྱག་ན་རྡོ་རྗེ་སྐུ་མདོག་མཐིང་ག་གཡས་པ་རྡོ་རྗེ་འཕྱར་ཞིང་གཡོན་སྡིགས་མཛུབ་མཛད་པ། ཁྲོ་བོའི་ཉམས་ཇོགས་ཤིང་སྟག་གི་པགས་པའི་ཤམ་ཐབས་

ཅན། གཡས་བསྐུམ་གཡོན་བརྐྱང་གི་སྟབས་ཀྱིས་བཞུགས་པ། དེ་དག་གི་གནས་གསུམ་དུ་ཡི་གེ་གསུམ་གྱིས་མཚན་པའི་ཐུགས་ཀའི་ཧཱུྃ་ལས་འོད་ཟེར་འཕྲོས། དགའ་ལྡན་གྱི་གནས་ནས་རྗེ་བླ་མ་ཡབ་སྲས་རྣམས་སྤྱན་དྲངས། དགའ་ལྡན་ལྷ་བརྒྱའི། ནས། གཤེགས་སུ་གསོལ། ཛཿཧཱུྃ་བཾཧོཿདམ་ཚིག་པ་དང་གཉིས་སུ་མེད་པར་གྱུར། མདུན་གྱི་ནམ་མཁར་སེང་ཁྲི། ཞེས་པ་ནས། གསལ་བྱེད་ཤོག ཅེས་པའི་བར་གྱིས་ཡན་ལག་བདུན་པ་འབུལ། རྗེ་བླ་མའི་ཐུགས་ཀར་ཧཱུྃ་ཡིག་གི་ཐིག་ལེའི་ནང་དུ་ཨཾ་ཡིག་གིས་མཚན་པའི་མཐའ་ལ་དམིགས་བརྩེ་མའི་སྔགས་ཕྲེང་གིས་བསྐོར་བ་ལས་འོད་ཟེར་འཕྲོས། རྒྱལ་བ་སྲས་བཅས་ཀྱི་བྱིན་རླབས་ཐམས་ཅད་བསྡུས་ཏེ་སྔགས་ཕྲེང་ལ་ཐིམ། དེ་ལས་བདུད་རྩིའི་རྒྱུན་བབས་པས་རང་དང་བསྒྲུབ་བྱ་རྣམས་ཀྱི་ནད་གདོན་སྡིག་སྒྲིབ་ཐམས་ཅད་སྦྱངས། སྐུ་གསུང་ཐུགས་ཀྱི་བྱིན་རླབས་མ་ལུས་པ་ཐོབ་པར་བསམས་ལ་དམིགས་བརྩེ་མ་བཟླ། རྗེ་བླ་མའི་དཔྲལ་བའི་འཛམ་དབྱངས་ཀྱི་ཐུགས་ཀར་ཀླིཿཡིག་ལ་སྔགས་ཕྲེང་གིས་བསྐོར་བའི་འོད་ཟེར་སྤྲོ་བསྡུས་རིགས་དྲུག་གི་སྡུག་བསྔལ་རྒྱུ་དང་བཅས་པ་སྦྱངས། བྱམས་སྙིང་རྗེའི་རྟོགས་པ་ཁྱད་པར་ཅན་རྒྱས་པར་བསམས་ལ་ཡིག་དྲུག་བཟླ། རྗེ་བླ་མའི་ཐུགས་ཀའི་ཕྱག་ན་རྡོ་རྗེའི་ཐུགས་ཀར་ཧཱུྃ་ལ་སྔགས་ཕྲེང་གིས་བསྐོར་བའི་འོད་ཟེར་སྤྲོ་བསྡུས། ཕྱི་ནང་གི་ནད་གདོན་འགལ་རྐྱེན་བར་ཆད་ཐམས་ཅད་སྦྱངས། མཐུ་སྟོབས་ནུས་པ་ཕུན་སུམ་ཚོགས་པ་ཐོབ་པར་བསམས་ལ་བཛྲ་པཱ་ཎི་བཟླ། མཐུག་ཏུ་ཡིག་བརྒྱས་ལྷག་ཆད་བསྐང་། སྒྲུབ་གཞི་བྲིས་འབུར་གྱི་སྐུ་སོགས་ཡོད་ན་ཡེ་ཤེས་པ་དམ་ཚིག་པ་དང་བཅས་པ་སྐུ་བརྟན་སོགས་ཀྱི་རྣམ་པར་གྱུར་པར་བསམས་ལ། སུ་པྲ་ཏིཥྛས་བརྟན་པར་བྱ། བུམ་ཆོག་བྱེད་ན་གོང་ལྟར་བསངས་སྦྱངས། སྟོང་པའི་ངང་ལས་བཾ་ལས་བྱུང་བའི་རིན་པོ་ཆེའི་བུམ་པ་དཀར་པོ་ལྟོ་བ་ཆེ་བ། མགྲིན་པ་རིང་

བ། མཆུ་འཕྱུང་བ་ལ་སོགས་པའི་མཚན་ཉིད་ཐམས་ཅད་དང་ལྡན་པར་གྱུར། ཨོཾ་ཏཊྚེ་ཏཊྚེ་མཧཱ་ཏཱཊྚེ་སྭཱཧཱ། ལྷའི་ཆུ་བོ་གངྒཱ་དང་བུམ་པའི་ཆུ་དབྱེར་མི་ཕྱེད་པར་གྱུར། བུམ་པའི་ནང་དུ་སེང་ཁྲི་པད་ཟླའི་གདན་ལ་འཛམ་མགོན་བླ་མ། ཞེས་པ་ནས། བཟླས་པའི་བར་འདྲ། བཟླས་པའི་སྐབས། ཐུགས་ཕྲེང་ལ་ཐིམ། དེ་ལས་བདུད་རྩིའི་རྒྱུན་བབས་པས་བུམ་པ་གང་བར་བསམས་ལ་དམིགས་བརྩེ་མ་བཟླ། ཤེས་རབ་ཀྱི་སྣང་བ་རྒྱས་པར་བྱས། རྒྱལ་བ་སྲས་བཅས་ཀྱི་མཁྱེན་པའི་ཡོན་ཏན་ཐམས་ཅད་བསྡུས་ཏེ་ཐུགས་ཕྲེང་ལ་ཐིམ། དེ་ལས་བདུད་རྩིའི་རྒྱུན་བབས་པས་བུམ་པ་གང་བར་བསམས་ལ་ཨ་ར་པ་ཙ་བཟླ། རྟོགས་པ་ཁྱད་པར་ཅན་སྐྱེས་པར་བྱས། རྒྱལ་བ་སྲས་བཅས་ཀྱི་བརྩེ་བའི་ཡོན་ཏན་ཐམས་ཅད་བསྡུས་ཏེ་ཐུགས་ཕྲེང་ལ་ཐིམ། དེ་ལས་བདུད་རྩིའི་རྒྱུན་བབས་པས་བུམ་པ་གང་བར་བསམས་ལ་ཡིག་དྲུག ཕུན་སུམ་ཚོགས་པ་ཐོབ་པར་བྱས། རྒྱལ་བ་སྲས་བཅས་ཀྱི་ནུས་པའི་ཡོན་ཏན་ཐམས་ཅད་བསྡུས་ཏེ་ཐུགས་ཕྲེང་ལ་ཐིམ། དེ་ལས་བདུད་རྩིའི་རྒྱུན་བབས་པས་བུམ་པ་གང་བར་བསམས་ལ། བཛྲ་པཱ་ཎི་བཟླ། ཡིག་བརྒྱས་ལྷག་ཆད་བསྐང་། མཧཱ་ཏྲ། ཡེ་ཤེས་པ་རང་བཞིན་གྱི་གནས་སུ་གཤེགས། དམ་ཚིག་པ་བུམ་པའི་ཆུ་དང་རོ་གཅིག་ཏུ་གྱུར་བར་བསམས། དམིགས་བརྩེ་མ་དང་རིགས་གསུམ་མགོན་པོའི་གཟུངས། ཕྱིན་དྲུག་གི་ཚིགས་བཅད་སྦྲེལ་ཏེ་ཁྲུས་བྱ་བའམ། རྣམ་འཇོམས་ལྷ་བུའི་བཀྲུ་བྱབས་སྲུང་བའི་འགྲོས་སྦྱར་ཏེ་ཁྲུས་བྱ་ཞིང་། མཆོག་གསུམ་གྱི་ཤེས་པ་བརྗོད་པས་མཐའ་བརྒྱད་པ་སོགས་སྐབས་དང་མཐུན་པར་ཁ་སྦྱར་ཚུལ་ཤེས་ན་ཕུན་སུམ་ཚོགས་པར་འགྱུར་རོ། །ཞེས་པ་འདི་ནི་བསྟན་པའི་གསལ་བྱེད་མཁར་སྟོན་ཆོས་སྐྱབས་ཏེ་ཡན་ཆེའི་སྤྲུལ་སྐུ་དཀོན་མཆོག་བསྟན་འཛིན་རྒྱ་མཚོ་དང་། ཨོར་དུ་སུ་ཏང་གིན་པེ་ཟེའི་ཤོག་ལྷག་བསམ་དགེ་བ་དགེ་སློང་དཀོན་མཆོག་དཔལ་བཟང་གཉིས་ཀྱིས་བསྐུལ་ངོར། ༈བཙུན་པ་དཀོན་མཆོག་བསྟན་

པའི་སྒྲོན་མེས་སྦྱར་བའི་ཡི་གེ་པ་ནི་སྔགས་རམ་པ་རཏྣ་ཤྲཱི་ཨཱ་ནནྡ་དྷྭ་ཛ་ཤྲཱི་བྷ་དྲོ། །

དེ་ཡང་ཇི་སྐད་དུ། ངོ་མཚར་གྲགས་སྙན་འབྲུག་གི་སྒྲ་ལྡན་པ། །ཐུབ་བསྟན་ཡོན་ཏན་བྱེ་བའི་ཆུ་ཁུར་ཅན། །དཔལ་ལྡན་བླ་མའི་སྤྲིན་ལས་གྱུ་ཆར་གྱིས། །བསྟན་འགྲོའི་བདེ་སྐྱིད་སློ་མ་རྒྱས་གྱུར་ཅིག །ཅེས་ཤིས་པར་བརྗོད་པའི་ཚིག་གིས་རྫོགས་བསྒྲུས་ཏེ། སྲིད་གསུམ་སྐྱེ་འགྲོ་ཡོངས་ཀྱི་བླ་མ། ཐར་འདོད་ཐར་བར་འཁྲིད་པའི་ས་མཁན། ཤཱཀྱའི་རྒྱལ་པོའི་ཆོས་ཀྱི་རྒྱལ་ཚབ། དགེ་ལྡན་བསྟན་པའི་གདུགས་དཀར་གྱེན་དུ་འདེགས་པའི་སྲོག་ཤིང་། དཀྱིལ་འཁོར་རྒྱ་མཚོ་བསྐོ་བ་དང་སྤྱད་པའི་བདག་ཉིད་ཅན་གྱི་དཔལ་ཧེ་རུ་ཀ་དང་གཉིས་སུ་མེད་པའི་བླ་མ་རྡོ་རྗེ་འཆང་ཆེན་པོའི་ཞབས་ཀྱི་པདྨོ་ལ་སྤྱི་བོས་ཉེ་བར་བཏུད་དེ། སྐབས་དོན་གསོལ་བ་འདེབས་པའི་དོན་གྱི་སྙིང་པོ་ནི། པཎ་ཆེན་ཐམས་ཅད་མཁྱེན་པའི་ཞལ་ནས། མཐའ་དག་འགྲོ་བའི་བདེ་ལེགས་རྩ་བ་ཀུན། །རྒྱལ་བསྟན་ཕྱོགས་བཅུར་རྒྱས་ལ་རག་ལས་པས། །དེ་ཕྱིར་བསྟན་པའི་རྩ་བ་འཛིན་བྱེད་ཁྱོད། །འགྱུར་མེད་རྡོ་རྗེའི་ཁྲི་ལ་བཞུགས་སུ་གསོལ། ཞེས་གསུངས་པ་ལྟར། མཐའ་ཡས་ལུས་ཅན་ཀུན་གྱི་གནས་སྐབས་མངོན་པར་མཐོ་བ་དང་། མཐར་ཐུག་ངེས་པར་ལེགས་པའི་བདེ་དགེ་མ་ལུས་པའི་འབྱུང་གནས་ཞག་གཅིག་པུར་གྱུར་པ་ནི། སྟོན་པ་ཐུགས་རྗེའི་བདག་ཉིད་ཅན་དེས། མ་བུ་གཅིག་པ་ལྟ་བུའི་བརྩེ་བ་ཆེན་པོའི་སྒོ་ནས་འདོམས་པར་མཛད་པའི་ལུང་གི་བསྟན་པ་རིན་པོ་ཆེ་དང་། དེ་དོན་ཚུལ་བཞིན་བསྒྲུབ་པའི་རྟོགས་པའི་བསྟན་པ་རིན་པོ་ཆེ་འདི་གཉིས་ལས་མ་འདས་ལ། བསྟན་པ་རིན་པོ་ཆེ་དེ་ཉིད་ཡུན་དུ་གནས་པའང་བཤད་སྒྲུབ་གཉིས་ཀྱི་སྒོ་ནས་ཉམས་པ་མེད་པར་འཛིན་པའི་སྐྱེས་མཆོག་བསྟན་པའི་བདག་པོ་རྣམས་ཞབས་པད་རིང་དུ་བརྟན་པ་ལ་རག་ལས་ཤིང་། བསྟན་པ་འཛིན་པའི་སྐྱེས་བུའང་སྤྱིར་གསུང་རབ་ལས་བཤད་

པའི་བཤེས་གཉེན་གྱི་མཚན་ཉིད་ཚང་བ་དང་། ཁྱད་པར་དུ་རྗེ་བཙུན་འཇམ་པའི་དབྱངས་ཀྱི་མན་ངག་ལ་བརྟེན་ནས་རྗེ་བླ་མས་དག་ཐེར་མཛད་དེ་རྒྱལ་བའི་དགོངས་པ་མཐར་གཏུགས་པ་ཟབ་ལམ་དབུ་མའི་ལྟ་བ་དང་། གསང་ཆེན་རྡོ་རྗེ་ཐེག་པ་ཟུང་འབྲེལ་དུ་བྱས་ཏེ། རྒྱལ་བའི་གསུང་རབ་དགོངས་འགྲེལ་དང་བཅས་པ་ཐམས་ཅད་ཡི་གེ་གཅིག་ཀྱང་འདོར་རྒྱུ་མེད་པར་ཉམས་ལེན་དུ་འཁྱེར་ཤེས་པ། མདོ་སྔགས་གང་གི་ཐད་ནས་ཀྱང་འཁྲུལ་པའི་དྲི་མ་ཙུང་ཟད་ཀྱང་མེད་པའི་གསེར་སྦྱངས་བཙོ་མ་ལྟ་བུ་འདི་ཉིད་འཁོར་ལོ་གསུམ་གྱི་སྒོ་ནས་ཚུལ་བཞིན་དུ་འཛིན་པར་བྱེད་པ་ཆེས་ཤིན་ཏུ་ཉག་ཕྲ་བའི་སྐབས་འདིར། རྗེ་བཙུན་བླ་མ་ཉིད་ནི་ངེས་པའི་དོན་དུ་འཇམ་མགོན་ཙོང་ཁ་པ་ཆེན་པོ་དེ་ཉིད་རང་གིས་ཕྱེ་བའི་ལམ་སྲོལ་བཟང་པོ་སྲིད་མཐར་སྤེལ་བའི་ཕྱིར་དུ་བསམ་བཞིན་མིའི་སྲིད་པ་བཟུང་བ་ཡིན་ནའང་། དོན་མཐུན་པའི་སྒོ་ནས་སྙིགས་དུས་ཀྱི་གདུལ་བྱ་རྣམས་རང་ཉིད་གཤེགས་པའི་ལམ་བཟང་པོ་དེར་འཁྲིད་པའི་སླད་དུ་ཐུན་མོང་སྣང་ཚོད་དང་མཐུན་པར་གཞོན་ནུ་ནས་རབ་ཏུ་བྱུང་ཞིང་། བཤེས་གཉེན་དམ་པ་དུ་མ་རིགས་ཀྱི་ཙོད་པཋ་དུ་བཞེས་ཏེ་མཉེས་པ་གསུམ་གྱི་སྒོ་ནས་མཉེས་པར་མཛད་ཅིང་གསུང་རབ་རྒྱ་མཚོ་ལྟ་བུ་ལ་ཐོས་བསམ་གྱིས་སྒྲོ་འདོགས་ལྷག་མ་མེད་པར་བཅད། དེ་ནས་ཡང་དཔལ་གསང་བ་འདུས་པ་ལས། དགོན་པ་ཆེན་པོའི་ས་ཕྱོགས་སུ། ཞེས་སོགས་ཀྱི་དགོངས་པ་དང་མཐུན་པ་སྔོན་གྱི་རྗེ་བཙུན་མི་ལ་སོགས་གྲུབ་པའི་དབང་ཕྱུག་དུ་མའི་སྒྲུབ་གནས་དབེན་པའི་རི་སུལ་གཡའ་ཁྲོད་རྣམས་སུ་ཐོན་ཞིང་། མཐོ་མཐོ་ཕྲུང་ལ་བསྐྱུར། དམའ་དམའ་ཆུ་ལ་བསྐྱུར་ནས་འཇིག་རྟེན་ཆོས་བརྒྱད་ཀྱི་འཁྲི་བ་དྲུངས་ཕྱུང་སྟེ། ཇི་སྐད་དུ། མདོ་སྡེ་རྒྱན་ལས། བྱིས་པ་ཤིན་ཏུ་གོས་བཟང་གྱོན་ཡང་ནི། །ཁྲེལ་དང་བྲལ་ཕྱིར་ཉེས་པའི་དྲི་མ་ཅན། །རྒྱལ་སྲས་ངོ་ཚ་ཤེས་པའི་གོས་ཅན་ནི། །དགབ་པ་

མེད་ཀྱང་ཉེས་པའི་དྲི་མ་བྲལ། །ཞེས་གསུངས་པ་ལྟར། །གོས་སྨུག་དར་ཁྲིད་དང་། །འཚོ་བ་དཀའ་ཐུབ་ཙམ་ལ་བརྟེན་ནས་སྐུ་དང་སྲོག་ལའང་ལྟོས་པ་མེད་པར་མཛད་དེ་དཀའ་བ་བརྒྱ་ཕྲག་དུ་མའི་སྒོ་ནས་ཐུགས་ཉམས་སུ་བསྟར་བ་ལས། ལུང་གི་བསྟན་པ་ཀཎྜི་ཀ་ལྔ་བཅུ་པ་ནས་རྒྱུད་རྒྱལ་གསང་བ་འདུས་པའི་བར་དང་། རྟོགས་པའི་བསྟན་པ་རྟུང་ཆུ་འདེབ་པ་ཚུན་ཆོད་ཀྱི་འདུལ་བའི་བཅས་ཀྲུང་ཕྲ་མོ་ནས་བཟུང་བདེན་གཉིས་ཟུང་འཇུག་གི་བར་མཐའ་དག་རང་གིས་ཐུགས་སུ་ཆུད་ཅིང་། དོན་དེ་ཉིད་གདུལ་བྱ་རྣམས་ལའང་འདོམས་པར་མཛད་པ་སོགས་ཀྱི་སྒོ་ནས་རྒྱལ་བསྟན་རིན་པོ་ཆེའི་རྩ་ལག་དམ་པར་འཚོ་ཞིང་བཞེས་པའི་བཀའ་དྲིན་བླ་ན་མེད་པ་ནི་ཀུན་གྱི་མངོན་སུམ་དུ་གྲུབ་པ་འདི་བཞིན་ལགས་ལ། ཁྱད་པར་དུ་ད་རེས་ཀྱང་རང་ཅག་འདིར་འཚོགས་པ་རྣམས་ལ་ཐུགས་བརྩེ་བས་ཉེ་བར་དགོངས་ཏེ་ཟླ་བ་ཕྱེད་གཉིས་ཙམ་གྱི་བར་དུ་ཐོག་མར་ཐུན་མོང་ལམ་སྦྱོང་རིམ་པ་སྟོན་དུ་བཏང་ནས། དེའི་འོག་ཏུ་རྒྱུད་ཀྱི་སྟོན་པ་རྡོ་རྗེ་འཆང་ཆེན་པོའི་ཐུགས་ཀྱི་བཅུད། གསང་ཆེན་རྒྱུད་སྡེ་ཀུན་གྱི་བླ་མ། དོན་དམ་འོད་གསལ་གྱི་རིམ་པ་གཙོ་བོར་སྟོན་པའི་རྣལ་འབྱོར་མ་རྒྱུད་དུང་ཕྱུར་ཕྲག་གཅིག་དང་བྱེ་བ་དྲུག་གསུངས་པའི་ཡང་རྩེ། ཟབ་པ་ལས་ཀྱང་ཟབ་པ། གསང་བ་ལས་ཀྱང་གསང་བ། བླ་མ་གོང་མ་རྣམས་ཀྱི་རིམ་པ་བཞིན་དུ་སྙན་ནས་སྙན་དུ་བརྒྱུད་ཅིང་། ཞལ་ནས་ཞལ་དུ་བརྒྱུད་པའི་མན་ངག་མཁའ་འགྲོའི་ཁ་རླངས་གྲོལ་ལེ་བ། དཔལ་འཁོར་ལོ་སྡོམ་པའི་ལམ་རིམ་པ་གཉིས་ཀྱི་དམར་ཁྲིད་ཟབ་མོ་དགྱེས་བཞིན་ལྷུག་པར་སྩལ་པའི་བཀའ་དྲིན་བསབ་ཕྱིར་མཚོན་བྱེད་དང་། ཆེད་དོན་མདོ་སྡེ་རྒྱན་ལས། དེ་ཡི་ཆོས་ཀུན་སྒྱུ་མ་ལྟ་བུ་དང་། །སྐྱེ་བ་སྐྱེད་མོས་ཚལ་འགྲོ་ལྟར་རྟོགས་ནས། །འབྱོར་པའི་དུས་སམ་རྒུད་པའི་དུས་ན་ཡང་། །སེམས་ཅན་སྡུག་བསྔལ་དག་གིས་འཇིགས་པ་

མེད། ཅེས་དང་། ཚད་མ་རྣམ་འགྲེལ་ལས། སྙིང་རྗེ་དམན་པའི་ཉིད་ཕྱིར་ཡང་། །གནས་པའི་འབད་རྩོལ་ཆེན་པོ་མེད། །གང་དག་བརྩེ་བ་ཆེན་པོ་པ། །གཞན་གྱི་དོན་ནི་བཞུགས་པ་ཡིན། ཞེས་གསུངས་པ་ལྟར། ད་ལྟ་སྙིགས་མ་ལྔ་ཤིན་ཏུ་བདོ་བའི་དབང་གིས་འགྲོ་བ་རྣམས་དམུ་རྒོད་འདུལ་བར་དཀའ་ཞིང་། དྲིན་ལན་ལོག་པར་འཇལ་བ་མང་མོད་ཀྱང་། དེ་དག་ལ་ཁྲེལ་བའི་ཚུལ་མི་མཛད་པར་མ་ཟད། ལྷག་པར་ཡང་ཐུགས་བརྩེ་བ་ཆེན་པོའི་གཞན་དབང་དུ་གྱུར་ཏེ། དཔེར་ན་བུ་ཆུང་སྨྱོས་པས་བྱེད་པ་ངན་པ་ཇི་འདྲ་ཞིག་བྱས་ཀྱང་ཕ་མས་འཁྲུག་དགོན་པ་འཇིགས་སུ་རུང་བ་ནས་ཡལ་བར་འདོར་བ་ནམ་ཡང་མི་སྲིད་པ་བཞིན་དུ། རང་ཅག་རྣམས་ཀྱི་མགོན་དང་། སྐྱབས་དང་། གླིང་དང་། དཔུང་གཉེན་དམ་པར་མི་འཇིགས་གདོང་ལྔས་བཏེགས་པའི་ཁྲི་འཕང་མཐོན་པོར་ཞབས་པད་བསྐལ་བ་རྒྱ་མཚོའི་བར་དུ་བརྟན་པར་བཞུགས་ནས་ཟབ་རྒྱས་ཆོས་ཀྱི་འཁོར་ལོ་རྒྱུན་མི་འཆད་དུ་བསྐོར་དུ་གསོལ་ཞེས། ཇི་སྐད་དུ་མདོ་ལས། དངོས་པོ་དམན་ཡང་བསམ་པ་དམ་པ་ཡིས། །རྒྱལ་བ་མཆོད་པའི་ཡོན་ནི་གཞལ་དུ་མེད། ཅེས་གསུང་པ་ལྟར་རིན་ཆེན་མཎྜལ་བཟང་པོས་ཐོགས་དྲངས་དངོས་བཤམས་ཡིད་སྤྲུལ་གྱི་མཆོད་པའི་ཚོགས་དང་བཅས་ཏེ། རང་ཅག་འདིར་འཚོགས་པ་ཐམས་ཅད་ཀྱིས་མགྲིན་གཅིག་དབྱངས་གཅིག་སྒོ་ནས་ཁ་ཙམ་ཚིག་ཙམ་མ་ཡིན་པར་སྙིང་ཁུང་རུས་པའི་གཏིང་ནས་གསོལ་བ་རྩེ་གཅིག་ཏུ་འདེབས་པ་ལགས་ན། རེ་འབྲས་དོན་སྨིན་གྱི་ཞལ་བཞེས་བཟང་པོ་སྩྩོལ་བ་མཁྱེན་མཁྱེན་ལགས།

ཞེས་པ་འདི་ནི་དཔལ་ལྡན་བླ་མ་དམ་པ་དམིགས་པ་མེད་པའི་ཐུགས་རྗེ་ཆེན་པོ་དང་ལྡན་པ། རྗེ་བཙུན་ཡེ་ཤེས་རྒྱལ་མཚན་དཔལ་བཟང་པོས་ཆོས་འཁོར་ལྷ་སར་དགེ་འདུན་སུམ་སྟོང་ལྷག་ཙམ་ལ་ཆོས་བཀའ་ཟླ་བ་ཕྱེད་གཉིས་ཀྱི་བར་དུ་གནང་བའི་གཏང་རག་གི་སྐབས་སུ་གང་གི་སློབ་མའི་ཐ་ཤལ། ༄བཙུན་པ་དཀོན་མཆོག་བསྟན་པའི་སྒྲོན་མེས་

གུས་པ་ཆེན་པོས་ཕྱུལ་བའོ། །

གང་གི་ཐུགས་རྗེའི་བདུད་རྩིའི་གཟེགས་མ་ཙམ། །སྙིང་ལ་ཞུགས་པས་སྲིད་ཞིའི་གདུང་སེལ་བ། །བསླུ་མེད་མཆོག་གསུམ་ཞབས་ཀྱི་པདྨོ་ལ། །གུས་པས་འདུད་དོ་བྱང་ཆུབ་བར་དུ་སྐྱོངས། །རྣམ་དཀར་ལས་ལ་འཇུག་པའི་སྒོ་གསུམ་ལས། །ལུས་ཀྱི་བྱ་བ་ཕྱག་དང་སྐོར་བ་ཡི། །ཕན་ཡོན་མཐོང་སྟེ་འདག་པར་བྱེད་པ་ནི། །ཚབས་ཆེན་བསོད་ནམས་སྒྲུབ་པའི་ཐབས་མཆོག་ཡིན། །དེ་ཡི་ཕན་ཡོན་མཆོད་རྟེན་བསྐོར་བའི་མདོ། །པད་དཀར་ཏིང་འཛིན་རྒྱལ་པོ་ཟ་མ་ཏོག །སྤྱན་རས་གཟིགས་དང་གསལ་རྒྱལ་གྱིས་ཞུས་སོགས། །མདོ་དང་དམ་པའི་གསུང་རྒྱུན་མཐའ་ཡས་པ། །ཟུར་ཙམ་གཞན་དུ་བཀོད་ལས་ཤེས་དགོས་ལ། །འདིར་ནི་དེ་དག་རྣམས་ཀྱི་སྙིང་པོའི་དོན། །མཐོང་དང་མ་མཐོང་ཕན་ཡོན་མདོར་བསྡུས་ཙམ། །གཟུང་བདེ་གོ་སླའི་ངག་གིས་རྗོད་བྱེད་ན། །མཆོག་གསུམ་ཞིང་ལ་དད་གུས་རྩེ་གཅིག་གིས། །བརླས་བརྗོད་དང་བཅས་བསྐོར་བ་བྱ་བ་ནི། །ནད་རིམས་དྲི་མ་འཕྲུད་བྱེད་གཙང་མའི་ཆབ། །གདོན་དང་བགེགས་ཀྱིས་མི་ཚུགས་སྲུང་བའི་མཆོག །དུས་མིན་འཆི་བ་འཛློག་བྱེད་བདུད་རྩིའི་རྒྱུན། །བག་མེད་བྱ་བའི་རྒྱུན་གཅོད་རལ་གྲི་བཞིན། །སྡིག་ལྟུང་མུན་པ་སེལ་བྱེད་སྒྲོན་མེ་དང་། །སྡུག་བསྔལ་ཚ་གདུང་སེལ་བ་ཟླ་བའི་འོད། །དད་པའི་མྱུ་གུ་སྐྱེད་བྱེད་ཆར་གྱི་རྒྱུན། །བྱིན་རླབས་གླུང་རྒྱུན་འབབ་པའི་འཇུག་ངོགས་ཟབ། །ཤེས་རབ་པདྨ་རྒྱས་པའི་ཉིན་མོར་བྱེད། །བསོད་ནམས་རིན་ཆེན་འདྲེན་པའི་ཤིང་རྟ་ཆེ། །འཇིག་རྟེན་ཕ་རོལ་འགྲོ་བའི་ལམ་གྱི་རྒྱགས། །སུས་ཀྱང་འཕྲོག་པར་མི་ནུས་ནོར་གྱི་མཆོག །འབྲས་བུ་ཟད་མི་ཤེས་པའི་དཔག་བསམ་ལྗོན། །རབ་འབྱམས་རྒྱལ་བ་དགྱེས་བྱེད་མཆོད་པའི་སྤྲིན། །མངོན་མཐོའི་ཚལ་དུ་བགྲོད་པའི་བཞོན་པ་དང་། །ངེས་ལེགས་ཐར་

པར་འཇུག་པའི་ཐེམ་སྐས་ཏེ། །ཚོགས་གཉིས་རྒྱ་མཚོར་བགྲོད་པའི་གྲུ་བོ་ཆེ། །དོན་གཉིས་ལྷུན་གྱིས་གྲུབ་པའི་ནོར་བུ་ཡིན། །མཁའ་ལྟར་རྒྱ་ཆེ་རྒྱ་མཚོ་ལྟ་བུར་ཟབ། །ལྷུན་པོའི་སྤོ་ལྟར་མཐོ་བའི་བསོད་ནམས་ཀྱི། །ཕ་མཐའ་འཕགས་མཆོག་རྣམས་ཀྱང་གཞལ་དཀའ་ན། །བདག་ལྟས་ཇི་བཞིན་བརྗོད་པར་ག་ལ་ནུས། །སྐར་ཚད་གཅིག་ཏུ་ငེས་པ་མ་མཆིས་ཀྱང་། །རྟེན་གཙོར་གཞལ་པའི་འབུམ་ལ་སྐར་ཚད་དྲུ། །ཅེད་པར་རྒྱལ་དབང་བདུན་པས་གསུངས་པ་བཞིན། །འགྲོ་བའི་བསོད་ནམས་ཞིང་མཆོག་འདི་ལ་ཡང་། །རྟེན་གཙོ་ཇོ་བོའི་སྐར་ཚད་ཆིག་ཁྲི་དང་། །ཆིག་སྟོང་སུམ་བརྒྱ་ཅྲམས་སྐར་ཁྲི་ཕྲག་གསུམ། །ཡིན་ཀྱང་བརྒྱ་ཕྲག་ཙམ་རེ་ལྷག་དང་བཅས། །སོང་སྟེ་བསྡོ་བས་རྒྱས་གདབ་བྱས་ན་ལེགས། །རྟེད་པར་དཀའ་བ་དལ་འབྱོར་རྟེན་བཟང་ཐོབ། །མཇལ་དཀའ་མཆོག་གསུམ་རྟེན་དང་མཇལ་བའི་དུས། །དོན་མེད་ལེ་ལོའི་དབང་དུ་མ་བཏང་བར། །མྱུར་བ་མྱུར་བར་སྙིང་པོ་བླངས་ན་ལེགས། །འདི་ཡིས་དགེ་བས་འབྲེལ་ཐོགས་ལུས་ཅན་ཀུན། །མཆོག་གསུམ་ཐུགས་རྗེའི་བྱིན་རླབས་གྲུ་གཟིངས་ལ། །བརྟེན་ནས་ཕྲ་རགས་སྲིད་པའི་མཚོ་བརྒལ་ཏེ། །སྐུ་གསུམ་ནོར་བུའི་གླིང་དུ་ཕྱིན་གྱུར་ཅིག །ཅེས་པ་འདི་ནི་གཞུང་བརྒྱ་སྨྲ་བའི་དབང་པོ་དམུ་དགེའི་སློབ་ཟུར་ལྷ་རམ་པ་ངག་དབང་རྒྱལ་མཚན་གྱིས་དེ་ཀའི་དགོན་པའི་རྟེན་དུ་ཇོ་བོའི་ལྷ་ཁང་གསར་བསྐྲུན་བགྱིས་སྐབས་སྐར་ཚད་པན་ཡོན་དང་བཅས་གོ་བདེ་བ་ཞིག་དགོས་ཚུལ་བྱུང་བ་ལྟར། ༧བཙུན་པ་དཀོན་མཆོག་བསྟན་པའི་སྒྲོན་མེས་འཕྲལ་དུ་སྦྱར་བའི་ཡི་གེ་པ་ནི་ཐུགས་རམ་པ་དཀོན་མཆོག་ཀུན་དགའོ། །

རྣམ་དག་ཆོས་དབྱིངས་བདེ་བའི་ཀུན་གསལ་ལས། །ཐེག་མཆོག་ལོངས་སྤྱོད་ཆ་ཤས་རྫོགས་པའི་ཟླ། །སྤྲུལ་པའི་འོད་དཀར་བཀོད་པའི་སྣང་བརྙན་བཅས། །སྤྲོས་པས་འཇིག་རྟེན་རྒྱན་གྱུར་དེ་ལ་འདུད། །རྒྱལ་རྣམས་ཐུགས་རྗེ་དབྱར་གྱི་ལང་ཚོ་ཡིས། །ཡོངས་བཟུང་གདུལ་བྱའི་བསོད་ནམས

འཛིན་མ་ལས། །ཇི་ལྟར་འཚམ་པའི་དགེ་ལེགས་ཆར་འཐུང་འཕྲེང་། །གཏན་
བདེ་འབྲས་བུས་སྨ་བ་ཅི་ཡང་འཆར། །བསླབ་གསུམ་ཆུ་གཏེར་ལྗུང་གིས་
རླབས་འཕྲེང་ཅན། །ཕན་བདེའི་འབྱུང་གནས་ཐུབ་བསྟན་རྒྱ་མཚོ་ཡང་། །
མཆོག་གསུམ་རྟེན་གྱི་གདེངས་ཅན་དབང་པོའི་བྱིན། །ཉམས་པ་མེད་པའི་
རྟེན་འབྲེལ་མཐུ་ལ་རག །དེ་ཕྱིར་མ་འོངས་སྐྱེ་བའི་འཕྲེང་བ་ཀུན། །སྟོན་པ་
མཆོག་དེས་འབྲལ་མེད་རྗེས་འཛིན་ཅིང་། །བསྟན་པ་རིན་ཆེན་ཕྱོགས་བཅུར་
རྒྱས་བྱའི་ཕྱིར། །བྱ་བ་ལས་ཀྱི་འཁོར་ལོ་མཆོག་འདི་བཙམས། །དེ་ཡི་ངོ་
མཚར་ཐོག་མ་བར་དང་མཐར། །དགེ་བའི་བརྗོད་པ་ཟད་མི་ཤེས་པ་ལས། །
སྙིང་པོ་རིང་བསྲེལ་རྣམ་བཞིའི་ཕུང་པོ་རུ། །བསྒྲུབས་པའི་གླིང་གཞི་མདོ་ཙམ་
སྤེལ་བར་བྱ། །དེའང་འཇིག་རྟེན་གསུམ་གྱི་བླ་མ། རྣམ་འདྲེན་སྟོབས་བཅུའི་

བདག་ཉིད་མཉམ་མེད་ཤཱཀྱའི་རྒྱལ་པོའི་སྐུ་ལ་འཛམ་མགོན་ཙོང་ཁ་པ་ཆེན་པོས་བསྟན་པ་ཡུན་རིང་དུ་གནས་པའི་རྟེན་འབྲེལ་དུ་མདོ་ལས་ལུང་བསྟན་པ་བཞིན་དབུ་རྒྱན་ཕུལ་བ་དང་རྣམ་པ་མཐུན་པར་ཇོ་བོ་རིན་པོ་ཆེའི་སྐུ་བརྙན་མཐོང་བ་དོན་ལྡན་འདིའི་ལོ་རྒྱུས་ནི། ༈སྐྱབས་མགོན་མཆོག་སྤྲུལ་རིན་པོ་ཆེ་བློ་བཟང་འཇིགས་མེད་རྒྱ་མཚོའི་གསན་སྦྱར་སོགས་ཆོས་སྲིད་ཀྱི་ཞབས་འདེགས་སུ་འཛམ་དབྱངས་གོང་མ་ཆེན་པོའི་བཀས་ཨེར་ཏེམ་ཐུ་མེར་གེན་མཁན་པོ་ཞེས་བསྔགས་པའི་དོན་བཞིན། ཀུན་གཟིགས་རྒྱལ་བའི་དབང་པོ་མཆོག་ནས་དེ་ལྟར་གཟིངས་བསྐོད་ཅིང་། དཔལ་ལྡན་བཀྲ་ཤིས་འཁྱིལ་གྱི་ཁྲི་ཐོག་༢༠པ་གཞུང་ལུགས་རྒྱ་མཚོའི་དོན་ལ་ཐོགས་པ་མེད་པའི་མཁྱེན་རབ་ཀྱི་དབང་ཕྱུག་དཀོན་མཆོག་སེནྡ་ནས་རྒྱལ་བའི་ལུང་གིས་ཟིན་པའི་ཆོས་གྲྭ་ཆེན་པོ་འདིས་མཚོན། མཐའ་དབུས་ཀུན་ཏུ་བསྟན་པ་རྒྱས་པ་དང་། རང་གཞན་འབྲེལ་ཐོགས་ཀུན་གྱང་ཚེ་རབས་ཀྱི་ཕྲེང་བར་བསྟན་པའི་སྙིང་པོ་ཐོས་བསམ་སྒོམ་པས་ཉམས་སུ

བླངས་ཏེ་རྒྱལ་བ་དགྱེས་པར་བྱེད་པའི་རྟེན་འབྲེལ་དུ་དམིགས་ནས་བཞེངས་པའི་འདུན་པ་བསྐྱེད་ཅིང་། ཡང་རྒྱུས་ནས་མགར་བ་འདི་ཉིད་འོངས་ཏེ་ངེད་ལ་ལུང་སྟོན་བྱམས་པའི་སྐུ་བཞེངས་པ་ད་ལྟའི་རྒྱ་བོད་ཀྱི་བཟོ་བོ་ཀུན་གྱི་ངང་ཚུལ་ལས་ཆེས་རིང་དུ་འདས་པའི་ངོ་མཚར་ཕུལ་དུ་ཕྱིན་པས་ཀྱང་དམིགས་རྐྱེན་བྱས་ཏེ། རབ་བྱུང་བཅུ་བཞི་པའི་ནང་ཚན་དངོས་པོ་ཞེས་པ་ཤིང་ཕོ་ཁྱིའི་ལོའི་ས་ག་ཟླ་བའི་ཚེས་བཅོ་ལྔར་ལས་མགོ་བརྩམས། དེ་ནས་བཟུང་སྟེ་བར་མ་ཆད་པར་སྒྲུབ་པས་འཛིན་བྱེད་ཅེས་པ་མེ་ཕྱིའི་དགུན་ལེགས་པར་གྲུབ། ཕྱིའི་རྒྱུ་བཟོ་མཐའ་དག་ཤིན་ཏུ་བཟང་བའི་ཚོད་ཀྱིས་ནང་རྟེན་ཡང་འབད་རྩོལ་ཆེན་པོས་བསྒྲུབ་ཏེ་རིང་བསྲེལ་རྣམ་བཞིས་ཕྱུར་བུར་གཏམས་པའི་རིམ་པ་ནི། སྟོན་པ་ཐུབ་པའི་དབང་པོ་དང་སངས་རྒྱས་འོད་སྲུང་གི་འཕེལ་གདུང་མདོ་དབུས་རི་བོ་རྩེ་ལྔ་སོགས་ནས་བྱུང་བ་བཅུ་ལྷག བྱང་ཆུབ་སེམས་དཔའ་ཆོས་འཕགས་ཀྱི་ཚེམས། ཤཱ་རིའི་བུའི་ན་བཟའ། རྒྱ་གར་གྲུབ་ཆེན་དུ་མའི་གདུང་རུས་སྐུ་ཤ། ནག་པོ་སྤྱོད་པའི་རུས་རྒྱན། མ་ཅིག་གྲུབ་པའི་རྒྱལ་མོའི་ཚེམས། རྗེ་བོ་རྗེའི་སྣམ་སྦྱར་དབུ་ཞྭ། མར་པའི་བེར། རྗེ་བཙུན་མི་ལའི་སྣམ་ཐབ་ན་བཟའ། པོ་ཏོ་བའི་དབུ་ཞྭ་ན་བཟའ་གདུང་རུས། སྲས་དར་མ་མདོ་སྡེའི་ན་བཟའ། ལྷ་བླ་མ་བྱང་ཆུབ་འོད་ཀྱི་སྐུ་ཤ། ཕག་མོ་གྲུ་བའི་དབུ་ཞྭ། ཀརྨ་པཀྴིའི་ན་བཟའ། ཡང་དགོན་པའི་དབུ་སྐྲ། པཎ་ཆེན་ཤཱཀྱ་ཤྲཱིའི་ན་བཟའ་སྣམ་སྦྱར། འགྲོ་མགོན་ཆོས་རྒྱལ་འཕགས་པའི་རྗེ་རྒྱུས་ཀྱི་སྣམ་ཐབ། བང་ཁེབ། བུ་སྟོན་རིན་པོ་ཆེའི་ན་བཟའ། བླ་མ་དམ་པ་བསོད་ནམས་རྒྱལ་མཚན་གྱི་སྐུ་ཚེམས། ལྷོ་བྲག་གྲུབ་ཆེན་གྱི་ཚེམས་གདུང་དྲིལ། ཆོས་རྗེ་དོན་རིན་པོ་ཆེའི་ཕྱག་ཕྲེང་། རྗེ་རིན་པོ་ཆེའི་དབུ་སྐྲ་ན་བཟའ་སྐུ་ཚེམས་སྐུ་གཟན་དབུ་ཞྭ་སྣམ་སྦྱར། རྒྱལ་བ་བློ་བཟང་དོན་འགྲུབ་ཀྱི་ན་བཟའ་བཞུགས་འབོལ། མཁས་གྲུབ་སངས་རྒྱས་ཡེ་ཤེས་ཀྱི་

དབུ་སྐྲ། པཎ་ཆེན་བློ་བཟང་ཆོས་རྒྱན་གྱི་ཚེམས་དབུ་ལོ་དབུ་ཞྭ་སྐུ་གཟན་བཞེས་རྩམ། ཞྭ་ལུ་བསོད་ནམས་མཆོག་གྲུབ་ཀྱི་ན་བཟའ། རྒྱལ་དབང་ལྔ་བའི་མགུལ་སྒྲུང་ཤངས་མཚལ། གདུང་དྲིལ་ན་བཟའ། གུ་རུ་ཆོས་དབང་གི་ཞབས་ལྷུག པོ་ཏོ་གྲུབ་ཆེན་ཡེ་ཤེས་བཟང་གི་སྐུ་ཆོས། རིག་འཛིན་ངག་དབང་རྡོ་རྗེའི་འགན་སྦྲུར། ཁྲ་ཚང་བའི་སྣམ་སྦྲུར། བདུད་རྩི་ཆོས་སྨན། རྒྱལ་བ་ཚངས་དབྱངས་རྒྱ་མཚོའི་དབུ་སྐྲ་ན་བཟའ། པཎ་ཆེན་བློ་བཟང་ཡེ་ཤེས་ཀྱི་ན་བཟའ་དབུ་ལོ། རྒྱལ་བ་བསྐལ་བཟང་རྒྱ་མཚོའི་སྐུ་གཟན་དབུ་ལོ། རྒྱལ་བ་འཇམ་དཔལ་རྒྱ་མཚོའི་དབུ་ཞྭ་ན་བཟའ་གདུང་ཚྭ། པཎ་ཆེན་དཔལ་ལྡན་ཡེ་ཤེས་ཀྱི་དབུ་སྐྲ་སྐུ་ཆོས་སྐུ་གཟན། གྲུབ་ཆེན་སྐལ་ལྡན་རྒྱ་མཚོའི་ན་བཟའ། བ་སོ་སྤྲུལ་སྐུ་ངག་དབང་ཆོས་ཀྱི་དབང་ཕྱུག་གིས་སྐུ་འགག །སེ་སྟོན་རིན་ཆེན་རྒྱལ་མཚན་གྱི་སྐུ་ཤམ། བ་སོ་སྤྲུལ་སྐུ་ངག་དབང་དཀོན་མཆོག་ཉི་མའི་དབུ་ཞྭ། རྗེ་འཇམ་དབྱངས་བཞད་པའི་ན་བཟའ་ཕྱག་ཕྲེང་གསེར་འཛབ། ཀུན་མཁྱེན་འཇིགས་མེད་དབང་པོའི་ཚེམས་དབུ་ལོ་ན་བཟའ། རྡོར་ཕྲེང་མི་ཏྲ་སོགས་གནང་དུས་ཀྱི་བུམ་ཆུའི་རྒྱུན། གདུང་ཚྭ། ཁྲི་ཆེན་དགེ་འདུན་ཕུན་ཚོགས། ཁྲི་ཆེན་དཔལ་ལྡན་གྲགས་པ། ཁྲི་ཆེན་ངག་དབང་མཆོག་ལྡན་རྣམས་ཀྱི་ན་བཟའ་གདུང་རུས། དཔོན་སློབ་བྱམས་པ་རིན་པོ་ཆེའི་སྐུ་ཆོས། ཡོངས་འཛིན་ཡེ་ཤེས་རྒྱལ་མཚན་དཔལ་བཟང་པོའི་ཚེམས་དབུ་ལོ་ན་བཟའ། གདུང་དྲིལ། སྐུ་ལྷུག ཀློང་རྡོལ་གྲུབ་དབང་རིན་པོ་ཆེའི་གདུང་དྲིལ་ན་བཟའ། འོན་རྒྱལ་སྲས་རིན་པོ་ཆེའི་དབུ་ལོ་གཙང་ཆབ། མཆོག་སྤྲུལ་རིན་པོ་ཆེ་བློ་བཟང་འཇིགས་མེད་རྒྱ་མཚོའི་ཕྱག་ཕྲེང་། སྟོང་སྐོར་རིན་པོ་ཆེའི་ན་བཟའ། ཁྲི་ཆེན་སྤྲུལ་སྐུ་འཇིགས་མེད་རིག་པའི་སེངྒེའི་ན་བཟའ་དབུ་ལོའོ། སྒོམ་ཆེན་བློ་བཟང་དཀོན་མཆོག་གི་དབུ་སྐྲ། བཀའ་འགྱུར་བ་འཇིགས་མེད་རབ་རྒྱས་ཀྱི་གདུང་རུས་བདེ་

མཆོག་རང་བྱོན་གྱི་ན་བཟའ། སྒྲུབ་ཕྱུགས་ཀྱི་ས། མར་པའི་བཞུགས་ཁྲི་རྡོ་ཨ་མོ་ལི་ཀའི་དུམ་བུ། རྗེའི་གསོལ་ལྷུང་ནང་གི་ནས། རྩེ་ལྷའི་དཔག་བསམ་ཤིང་གི་ཡལ་ག སྒོམ་མང་མགོན་པོའི་གཏོར་སྒྲུ། དགའ་ལྡན་ཆོས་རྒྱལ་གྱི་ན་བཟའ་དང་ཞལ་གྱི་ནས། སྐུ་འབུམ་ཙན་དན། ཨ་ར་པ་ཙའི་སྒྲུབ་ཕྱུགས་ཀྱི་ས། རྒྱ་གར་རྡོ་རྗེའི་གདན་དང་མཆོམ་རྡོས་པའི་བྱེ་མ། གངྒའི་ཆབ་རིལ། སྙེ་ཐང་རྡོ་པོའི་ཁྲིའི་ས། མ་ཕམ་གཡུ་མཚོའི་སིནྡྷུ་ར། ཙ་ཏུ་སོགས་དབུས་གཙང་གི་གནས་ཆེན་མཐའ་དག་གི་ས་སྣ་གཞུང་གི་རྟེན་སྣ་འཛོམ་གང་ཆེའི་ཕབ་རྒྱུན། གཙང་དབུས་ཀྱི་རྟེན་བསྟུས་དང་མ་ཎི་རིལ་བུ་ཁག་མང་པོ། གཙང་དང་བྱ་ཁྱུང་ས་སྐྱ་རྣམས་ཀྱི་བདུད་རྩི་རིལ་བུ། ནཱ་ག་རྫུ་ནའི་མི་མཐུན་ཀུན་འཛོམ་སོགས་ཕོར་བུ་སྒྲོམ་ཀྱིས་མི་ལང་ལ། ངེད་ཀྱི་རྟེན་ཞིག་དགོས་ཚུལ་ནན་ཆེ་བར་ཕྲེང་བ་ནི་ལྷའི་བསྐྱེད་ཚོགས་བྱས་པ་དང་གཟུངས་སྔགས་བགྲང་བའི་རྟེན་བྱས་པ་དེ་རང་གི་དངོས་ནས་ཀྱང་ཕྱག་མཆོད་ཀྱི་རྟེན་དུ་བྱས་པ་འགལ་བ་མེད་དམ་སྙམ་སྟེ་བཞེད་པ་བཞིན་བྱས་པ་ཡིན། གཟུངས་ཀྱི་རིམ་པའང་། གཟུངས་གཞུག་རྒྱུས་པ་ཚར་ཉེར་གཅིག འབྲིང་དང་བསྡུས་པ་ཚར་སྟོང་ཕྲག་རེ། དམིགས་བརྩེ་མ། རིགས་གསུམ་མགོན་པོའི་སྙིང་པོ། རྡོར་སེམས་ཡིག་བརྒྱ། དེ་བཞིན་གཤེགས་པའི་ཡིག་བརྒྱ། གསང་བདེ་འཇིགས་གསུམ་གྱི་སྙིང་པོ། གཙུག་ཏོར་འཁོར་བསྒྱུར་དང་བགེགས་མཐར་བྱེད་གཉིས་ཀྱི་སྔགས། རིགས་བྱེད་མའི་སྙིང་པོ། རྟ་མགྲིན་མགོན་པོ་ཆོས་རྒྱལ། ལྷ་མོ། རྣམ་སྲས་རྣམས་ཀྱི་སྙིང་པོ། བྱམས་པས་དམ་བཅའི་གཟུངས། ཐུགས་རྗེ་ཆེན་པོའི་གཟུངས་སོགས་ཁྲི་ཕྲག་རེ་ལས་མི་ཉུང་བ། སྐྱབས་འགྲོ་ཁྲི་ཕྲག་ལྔ། གསང་འདུས་རྩ་རྒྱུད་གཅིག མཚན་བརྗོད་གདུགས་དཀར་ཚར་མང་པོ། པོ་ཏི་ལྔའི་རྩ་བ་ཚར་རེ། ཐུགས་ཀར་ཡེ་ཤེས་སེམས་དཔའི་ཚུལ་གྱིས་རྗེ་བླ་མའི་སྐུ་བྱིན་ཅན། འོད་

དཔག་མེད་ཀྱི་སྐུ་སོགས་རྗེའི་ཕྱག་ཚ་འགའ་ཞིག་དང་། ཐུབ་དབང་བྱམས་འཇམ་དབྱངས། ཀླུ་སྒྲུབ་ཐོགས་མེད། ཇོ་བོ་རྗེ། རྗེ་རིན་པོ་ཆེ། རྡོ་རྗེ་འཆང་རྒྱལ་པོ་ཟླ་བཟང་། ཨིནྡྲ་བོདྷི། ལུ་ཨི་པ། དྲིལ་བུ་པ། ལཱ་ལི་ཏ། སྐྱབས་མགོན་རིན་པོ་ཆེའི་འཁྲུངས་རབས་ཚ་ཚང་། འཇིགས་བྱེད་དཔའ་གཅིག འཇམ་དབྱངས་ཀུན་གཟིགས། འཇམ་དབྱངས་རིགས་ལྔ། དབྱངས་ཅན་མ། རིགས་བྱེད་མ་རྣམས་ཀྱི་སྐུ་དྲི་བཟང་བསྒོས་པའི་ཤོག་བུ་ལ་དཔར་དུ་བཏབ་པ་སྟོང་ཕྲག་རེ། འཇིགས་བྱེད་ཀྱི་སྒོ་ནས་མན་ངག་ལྟར་བྲི་སྒྲུབ་བྱས་པའི་འཁོར་ལོ་བཞི། བགེགས་མཐར་བྱེད་དང་གཙུག་གཏོར་འཁོར་བསྒྱུར་གྱི་འཁོར་ལོ་གཉིས། ཁྲིའི་ནང་དུ་གཏེར་བུམ་གྱི་ཁར་བྲི་སྒྲུབ་བྱས་པའི་གནོད་སྦྱིན་དང་ཚོགས་བདག་འཁོར་ལོ། གཏེར་རྫས་རིན་པོ་ཆེའི་རིགས། འབྲུ་སྣ། གོས་དར། ཟས་སྣ་སོགས་དང་། ༄གོང་མ་ཁང་ཤི་རྒྱལ་པོའི་གདན་ཚན་ལུང་རྒྱལ་པོའི་བཞེས་འཁྲི་ཕྱག་ནས། ༄གོང་མའི་ཕོ་བྲང་གི་མཁར་ས་དང་ཐབས། པེ་ཅིང་གི་སྒོ་དགུའི་ས་སོགས་བཀྲ་ཤིས་པའི་རྫས་དང་གཡང་ཆགས་པའི་དངོས་པོ་དུ་མས་དགེ་མཚན་གྱི་གཏེར་ཆེན་པོར་བསྒྲུབས་སོ། །བདེ་གཤེགས་འཕྲིན་ལས་ཟླ་ཟེར་ཕྲ་མོས་ཀྱང་། །གདུང་སེལ་བསིལ་བའི་བདེ་དགའ་མཆོག་སྦྱིན་ན། །སྐུ་གསུམ་རྟེན་གྱི་ཆ་ཤས་ཡོངས་གང་བས། །བསིལ་ཟེར་བྱེད་པ་སྙིང་གི་ཐིག་ལེ་ཡིན། །འོན་ཀྱང་ལེགས་བྱས་ཀུ་མུད་བཞད་པ་ལ། །ལོག་རྟོག་རི་བོང་སྒྲིབ་མེད་སྨོས་ཅི་འཚལ། སོམ་ཉི་ཆུ་འཛིན་དྲ་བ་སེལ་དགོས་པས། །བློ་ལྡན་རྣམས་ཀྱིས་རང་སེམས་བྱི་དོར་གྱིས། །བཞུ་བཏུལ་ལན་གྲངས་དུ་མར་བྱས་པའི་གསེར་སྦྱངས་ཉི་འོད་འབར་ཞིང་། རྡོ་རྗེ་ཕ་ལམ། མུ་ཏིག སུ་གནྡྷ། གཡུ་བྱི་རུ། རིན་པོ་ཆེའི་ཕྲ་ཚོམས་ཀྱིས་མཛེས་པར་བྱས། གདོང་ཞལ་བཏེགས་པའི་ཁྲི་དང་རྒྱབ་ཡོལ་ལ་ཕ་རོལ་ཏུ་ཕྱིན་པ་དྲུག་མཚོན་པའི་ཁྲི་དྲུག་

འཁྲུག་གི་བཀོད་པ་དང་མཐའ་སྐོར་དུ་པཏྨའི་ལྟོངས་ལ་འཕགས་པའི་གནས་བརྟན་བཅུ་དྲུག་དགེ་བསྙེན་ཧྭ་ཤང་། རྒྱལ་ཆེན་བཞི་སོགས་ཀྱིས་བསྐོར་ནས་བཞུགས་པ་ཐམས་ཅད་ཀུང་རྒྱུ་དང་ཚོགས་ལ་མ་གཙོགས་པར་ཤིན་ཏུ་ཧྲུ་ད་དངོས་དག་པར་བསྒྲུབ་པས་བཟོ་ཁྱད་ཕུལ་དུ་ཕྱིན་ཅིང་གསེར་འོད་འཁྱུག་པ་མིག་གི་བདུད་རྩི་ལྟ་བུར་བསྐྲུན་པའི་ཐོག་མཐའ་བར་གསུམ་གྱི་རྒྱུ་སོང་རགས་པ་ཕྱོགས་བསྡོམས་སུ་བྱས་པར་དངུལ་ཀྲུང་སྲང་དྲུག་བརྒྱ་དང་སོ་ལྔ། དུང་ཅེ་ཁྲིན་ཉིས་སྟོང་བཞི་བཅུ་ཞེ་གཅིག་དང་ལྔ་བརྒྱ་བཅས་སོང་། སྒྱུ་མའི་ནོར་རྫས་ཀྱིས་ཕུང་པོ་བསོད་ནམས་མི་ཟད་པའི་གཏེར་དུ་བསྒྲུབས་པ་ཡིན་ཏེ། རྒྱལ་བའི་སྐུ་གཟུགས་བཞེངས་པའི་ཕན་ཡོན་ནི་སྤྱན་རས་གཟིགས་ཀྱི་མདོ་ལས། འདྲེན་པའི་སྐུ་གཟུགས་རབ་ཏུ་མཛེས་བྱས་ན། །དེ་ནི་མཆོག་གྱུར་སྐྱེས་བུ་མང་མཆོད་འོས། །བློ་ལྡན་ཕྱུག་ཅིང་ཆེ་ཉིད་རྒྱ་ཆེན་ལྡན། །དབང་ལྡན་འཁོར་ལོས་བསྒྱུར་བའི་རྒྱལ་པོར་འགྱུར། །ཞེས་གནས་སྐབས་མངོན་མཐོའི་དཔལ་འབྱོར་ཕུན་སུམ་ཚོགས་པ་དང་། ཏིང་ངེ་འཛིན་རྒྱལ་པོ་ལས། འཛིམ་པ་དང་ནི་དེ་བཞིན་རྗེ་བ་དང་། །ཤིང་དང་རི་མོར་བྲིས་པའི་སྐུ་གཟུགས་དག །ཤིན་ཏུ་མཛེས་ཤིང་བལྟ་ན་སྡུག་པར་བགྱིས། །རིང་པོར་མི་ཐོགས་ཏིང་འཛིན་མཆོག་འདི་འཐོབ། །ཅེས་དང་། པད་དཀར་ལས། གང་གིས་རྩིག་ངོས་གཟུགས་ཀྱི་རི་མོ་དག །བསོད་ནམས་རྒྱལ་མཚན་ཡོངས་སུ་རྫོགས་པའི་སྐུ། །བདག་གིས་བྲིས་སམ་འབྲི་རུ་བཅུག་ཀྱང་རུང་། དེ་དག་ཐམས་ཅད་བྱང་ཆུབ་ཐོབ་པར་འགྱུར། ཞེས་ངེས་ལེགས་བྱང་ཆུབ་ཀྱི་གོ་འཕང་ངེས་པར་ཐོབ་པ་སོགས་ཕན་ཡོན་བསམ་གྱིས་མི་ཁྱབ་པར་གསུངས་ལ། དེའི་རྒྱུ་མཚན་ཡང་སྤྱན་རས་གཟིགས་ཀྱི་མདོ་ལས། དེ་ཅིའི་ཕྱིར་ཞེ་ན། དེ་བཞིན་གཤེགས་པའི་སངས་རྒྱས་ཀྱི་ཆོས་ཐམས་ཅད་ཚད་མེད་པ་དེ་བཞིན་དུ། དེ་བཞིན་གཤེགས་

པ་ལ་ཡོན་ཕུལ་བའང་ཚད་མེད་དོ། །མཐའ་ཡས་སོ། །བསམ་གྱིས་མི་ཁྱབ་བོ། །མཚུངས་པ་མེད་དོ། །དཔག་ཏུ་མེད་དོ། །གྲངས་མེད་དོ། །ཞེས་ཞིང་གི་མཐུ་ཡིན་པར་གསུངས་སོ། །འདིར་ཕན་ཡོན་ཟུར་ཙམ་སྨོས་པ་ཡིན་པས་ཞིབ་ཏུ་མདོ་སྡེ་དང༌། དེ་ལས་བཀོལ་བ་རྗེ་བདག་ཉིད་ཆེན་པོ། ཀུན་མཁྱེན་འཇིགས་མེད་དབང་པོ་རྣམས་ཀྱི་གསུང་འབུམ་དུ་བཞུགས་པ་དང༌། དེ་དག་ལས་རགས་རིམ་ཙམ་ཁོ་བོས་མཆོད་རྟེན་མཐོང་གྲོལ་ཆེན་མོའི་དཀར་ཆག་ཏུ་བསྡེབས་པ་རྣམས་ལས་ཤེས་པར་བྱའོ། །སླར་ཡང་དགེ་བ་གོང་ནས་གོང་དུ་སྤེལ་ཏེ་བྱང་ཆུབ་མཆོག་གི་རྒྱུར་བསྔོ་བས་རྒྱས་གདབ་པ་ནི། སིདྡྷནྟུ། འདིར་འབད་ལས་བྱུང་བསོད་རྣམས་འཛམ་བུའི་འབྲས། །བདེ་གཤེགས་ཐུགས་རྗེ་མ་ཏྲས་མཆོར་སྨིན་པས། །དོན་གཉིས་ཕུན་ཚོགས་རང་འོད་འབར་བའི་གཟིས། །ས་གསུམ་རྒྱུད་པའི་མུན་པ་འཕྲོག་གྱུར་ཅིག །རྣམ་སྨིན་ཡོན་ཏན་རི་དྭགས་མཚན་མ་ཅན། །དལ་འབྱོར་ཆ་ཤས་ཡོངས་གང་ཟླ་བའི་ཕྲེང༌། །ཆད་མེད་མངོན་མཐོ་དགེ་བའི་འོད་དཀར་གྱིས། །ངེས་ལེགས་ཀུན་དའི་སྐེ་མ་འཛུམ་གྱུར་ཅིག །བསམ་སྦྱོར་རྣམ་དག་མཐོན་མཐིང་ཟུར་ཕུད་ལ། །ཐེག་མཆོག་བཤེས་གཉེན་ནོར་བུའི་ཅོད་པཎ་དང༌། །རྣ་བར་འབྲལ་མེད་ལེགས་བཤད་འཁྱིལ་བའི་རྒྱན། །རྣམ་དཔྱོད་ལང་ཚོའི་དཔྱིད་དུ་འབར་གྱུར་ཅིག །ཞེན་ལོག་འཁྲུག་པས་བཅད་པའི་སྲིད་པའི་མཚོར། །སྲིད་པའི་འདྲེན་བྱེད་ཆ་ཙམ་མི་གཡོ་ཞིང༌། །བསླབ་གསུམ་གཤོག་རླབས་གཡོ་བའི་ཐར་འདོད་ཀྱི། །ངང་མོ་ཞི་བའི་རྒྱ་མཚོར་འཇུག་གྱུར་ཅིག །ཕ་རོལ་ཕྱིན་དྲུག་རིན་ཆེན་ཁམས་ལས་གྲུབ། །བསྡུ་བ་རྣམ་བཞིའི་བང་རིམ་མངོན་པར་མཐོ། །བྱང་ཆུབ་སེམས་གཉིས་ཉི་ཟླའི་སྣང་བ་ཅན། །ཐེག་མཆོག་ལྷུན་པོའི་རྩེ་མོར་འཛེག་གྱུར་ཅིག །ཟློ་བཟང་ཐུབ་དབང་གཉིས་པའི་མདོ་སྔགས་བསྟན། །འཛིན་སྐྱོང་སྤེལ་ལ་

འཇིགས་བྲལ་སྐྱེས་མཆོག་རྣམས། །ཞབས་པད་བརྟན་ཅིང་མཛད་འཕྲིན་གེགས་མེད་དུ། །རྒྱས་པས་རྒྱ་མཚོའི་གོས་ཅན་ཁྱབ་གྱུར་ཅིག །སྤོས་བཅས་འབྲེལ་བ་ཐོགས་པ་རྣམས་ཀྱིས་མཚོན། །ནམ་མཁའི་མཐས་གཏུགས་མར་གྱུར་འགྲོ་བ་ཀུན། །བསྟན་ལ་ཐོས་བསམ་སྒོམ་པས་རབ་ཞུགས་ཏེ། །ཡང་དག་ལམ་བཟང་བདེ་སླག་བགྲོད་གྱུར་ཅིག །ལྗོངས་འདིར་ནད་མུག་འཁྲུག་བྲལ་བདེ་འབྱོར་རྒྱས། །སྡེ་འདིར་མདོ་སྔགས་ཆོས་སྲིད་བཤད་སྒྲུབ་འཕེལ། །རྟེན་འདིར་གཏན་གྱི་མདུན་མ་འགྲུབ་པ་སོགས། །དེང་འདིར་སྨོན་པའི་གནས་ཀུན་འགྲུབ་གྱུར་ཅིག །དགེ་བའི་གྲུ་གཟིངས་སྨོན་པའི་བ་དན་ཅན། །མཆོག་གསུམ་ཐུགས་རྗེ་མཐུན་པའི་དྲི་བཞོན་གྱིས། །བསྐྱོད་ནས་ཕྲ་རགས་སྲིད་མཚོའི་ཕ་རོལ་ཏུ། །ཕྱིན་ཏེ་མཁའ་མཉམ་འགྲོ་ཀུན་འདྲེན་གྱུར་ཅིག །

ཅེས་པ་འདི་ནི་མཁྱེན་རབ་ཀྱི་དབང་ཕྱུག་ཁྲི་ཟུར་དཀོན་མཆོག་སྣྲེས་ཇོ་བོ་རིན་པོ་ཆེའི་སྐུ་བརྙན་ཁྱད་འཕགས་གསར་བསྐྲུན་གནང་སྐབས་དེ་ལ་དཀར་ཆག་སྨོན་ཚིག་དང་བཅས་པ་ཞིག་དགོས་ཚུལ་གྱི་སྐུལ་མ་མཛད་པ་ལྟར། ༧བཙུན་པ་དཀོན་མཆོག་བསྟན་པའི་སྒྲོན་མེས་སྦྱར་བའི་ཡི་གེ་པ་ནི་ཐུགས་རམ་པ་དཀོན་མཆོག་ཀུན་དགའོ། །

སེམས་བསྐྱེད་མཆོད་པའི་ཕྱག་ལེན་ནི། ཆོས་ཐུན་སྔ་མ་ནས་དགེ་སྦྱོར་དང་། གད་དར་ན་བཟའ་དབུ་ཞྭ་སོགས་གང་ལེགས་དགོས་ཚུལ་བརྟའ་སྦྱར། ཕྱི་ནང་ཀུན་ཏུ་ཆག་ཆག །མཆོད་པ་རྒྱ་གང་ཆེ། མེ་ཏོག་གི་ཕྲེང་བས་བརྒྱན་པའི་ཁྲི་སོགས་བཤམ། མཆོད་གྲལ་དུ་ཐུབ་སྐུ་གཅིག་དང་ཤེར་མདོ་གཅིག་ངེས་པར་དགོས། བརྒྱ་རྩ་དང་ཆ་གསུམ་གཏོང་བ། ཤེར་མདོ་སྒྲིག་མཁན་སོགས་ཀྱང་བཞག ཚོགས་སུ་བསྙེན་བཀུར་དང་སྦྱིན་གཏོང་ཡང་རྒྱ་ཆེ་བ་གྲ་བསྒྲིག་འཚོགས་ནས། ཐོག་མར་བླ་མ་ཁྲིའི་མདུན་ནས་ཡར་ཕྱོགས་ཏེ་བཞུགས་ནས་གཞི་བདག་གཏོར་མ་ཕུལ། ས་གཞི་དང་མཆོད་པ་བྱིན་རླབས། མཆོད་པའི་སྤྲིན་གྱི་གཟུངས་ཚར་གསུམ། ཚོགས་ཞིང་སྤྱན་དྲངས་ཏེ་ཡན་ལག་བདུན་པ་

མཇལ་བཅས་ཕྱུལ་ནས་རྟེན་གྱི་དྲུང་དུ་སྨོན་འཇུག་གི་སྡོམ་པ་བླངས་ཏེ་ལེགས་པར་གསོས། ཁྲི་ཁར་ཕེབས་ནས་བླ་མས་བསྐུལ་ཏེ་ཤེར་སྙིང་ཚར་གསུམ། སེང་གདོང་མའི་ཟློག་བདུད་ཟློག་བཅས། སྤྱིའི་ཆོས་བཤད། ཚོགས་ཞིང་གསལ་འདེབས་ཚུལ། རྗེ་བའི་བླ་མ་ཕུབ་དབང་རྡོ་རྗེ་འཆང་ལ་སོགས་པའི་ཚོགས་ཞིང་རྣམས་ཀྱི་ཡོན་ཏན། བསགས་སྦྱོང་གལ་ཆེ་བས་ཡན་ལག་བདུན་པའི་དམིགས་སྐོར། ཁྱད་པར་སེམས་བསྐྱེད་ཞུ་བ་ལ་མཆོད་པ་གཙོ་བའི་ལོ་རྒྱུས་སོགས་བཤད། ཀུན་གྱིས་ལྷན་དུ། ཐམས་ཅད་དུ་ནི་ས་གཞི་དག །ཅེས་སོགས་དང་། མཆོད་པའི་སྤྲིན་གྱི་གསུངས་ཚར་གསུམ། མ་ལུས་སེམས་ཅན་ཀུན་གྱི་ནས། སྐྱབས་བཅུ་མངའ་བའི་གོ་འཕང་ཐོབ་པར་ཤོག །ཅེས་པའི་བར་གྱིས་སྦྱིན་འདྲེན་ཁྲུས་གསོལ། སློབ་མ་རྣམས་ཀྱིས་ཕྱག་འཚལ་བཞིན་དུ། སངས་རྒྱས་ཐམས་ཅད་འདུས་པའི་སྐུ། འདྲེན་པ་མཉམ་མེད་ནས། དྲིན་ཅན་བླ་མ་རྣམས་ལ་ཕྱག་འཚལ་ལོ། །ཞེས་པའི་བར་གསོལ་འདེབས་ཕྱག་འཚལ་དུ་བསྒྱུར། སྒྲུབ་པ་པོ་ལ། མཐུན་པའི་སྨོན་ལམ། འཇམ་དབྱངས་ཕྱག་ན་རྡོ་རྗེ། བཅོམ་ལྡན་འདས་ཀྱི། ཕྱག་བྱར་འོས་པ། ཇི་སྙེད་སུ་དག་ནས། བདག་གིས་བསྟོད། །ས་ལ་བཞུགས་ཏེ། མི་ཏོག་དམ་པ། ཞེས་སོགས་ཤྲཱི་ཀ་གསུམ། རྒྱལ་བ་རྒྱ་མཚོའི། རིན་ཆེན་དབང་གི་ཞིང་འདི་འཁོར་ལོ། དེ་ལས་གཞན་ཡང་། ནས། ངེས་པར་ཀུན་ཏུ་འབྱུང་གྱུར་ཅིག །ས་གཞི་མ་ཚར་ཉེར་གཅིག བདུན་རེའི་མཚམས་ནས་དབུ་བསྐུལ། ཕྱག་དང་སྦྲགས་པའི་ལྷུང་བཤགས་ཚར་གཅིག བཞུགས་ཏེ་སྤྱི་བཤགས་ཚར་གསུམ། སློབ་མ་རྣམས་ལ་མཐོང་སྡོམ་འདྲི། ཐབས་ལགས་བྱ། འདོད་ཆགས་ཞེ་སྡང་ནས། ཆེན་པོར་བསྒོ། སྟོན་པ་ཤཱཀྱ་ཐུབ་ཆེན་ལ་བདག་ཅག་གི་སྟོན་པས་ཐུག་བསྐྱེད་པའི་རྟེན་འབྲེལ་བཞིན་འདིར་ཡང་སྟོན་པའི་འདུ་ཤེས་ཀྱིས། བླ་མར་ཕྱག་གསུམ་བཙལ་དུ་གཞུག མཇལ་རྒྱུས་པ་དང་ཡོན་ཕྱུལ།

ཐེག་པ་མཆོག་གི་སེམས་བསྐྱེད་ཟབ་མོ་ཞུ་བའི་ཡོན་དུ་ཞེས་ཚིག་སྒྱུར། གསོལ་གདབ་ལན་གསུམ་ཕུས་བཙུག་ཐལ་མོ་སྦྱར་ཏེ་རྗེས་ཟློས་བྱ། ཆུང་འབྲིང་ཐུན་མོང་བའི་དམིགས་སྐོར་དེ་དང་དེ་ལས་ལྷག་ཚུལ་སྐྱབས་འགྲོ་ཐུན་མོང་མ་ཡིན་པའི་དམིགས་སྐོར་དམན་པའི་ཡིད་བྱེད་ལས་སྐྱོབ་ཚུལ་སོགས་བཏང་སྤྲད་སྡོམ་པའི་རྩོམ་བྱེད་དུ་དགོས་ཚུལ་གསལ་བཏབ་ནས། སྤྱོད་ལམ་སྤྱི་མས་སྐྱབས་འགྲོའི་རྗེས་ཟློས་ལན་གསུམ། དེའི་བསླབ་བྱ་ཕན་ཡོན་དང་བཅས་རྒྱས་པར་བཤད་ཅིང་། དངོས་གཞི་ལ་ཡང་ལམ་རིམ་ལྟར་ཡན་ལག་བདུན་པ་མཎྜལ་དང་བཅས་པ་མདོར་བསྡུས་འབུལ་དུ་གཞུག་དགོས་པས། རབ་འབྱམས་གསུང་རབ། ནས། བཤེས་གཉེན་རྣམས་ལ་གུས་ཕྱག་འཚལ། ཇི་སྙེད་སུ་དག །ནས། ཆེན་པོར་བསྔོ། །ས་གཞི་སྤོས་ཆུགས་མ། བྱམས་སྙིང་རྗེའི་དམིགས་རྣམ། བྱང་ཆུབ་དོན་གཉེར་གྱི་འདུན་པ་སྐྱེད་ཚུལ་རྒྱས་པར་བཤད། དངོས་གཞིའི་རྗེས་ཟློས་ལན་གཉིས་བྱ། ཐོག་དུས་སོགས་བཏང་སྤྲད་དེ། ཡང་རྗེས་ཟློས་གཅིག་བྱ། སྤྲོ་བ་བསྐྱེད་ཅིང་སྨོན་སེམས་ཀྱི་བསླབ་བྱ་རྒྱས་པར་བཤད། ཕྱིར་བཟློག་པ་གསོ་ཚུལ་དང་། བྱམས་མགོན་ལ་བསྟོད་ཚུལ་ཕྱག་ལེན་ལྟར་བཏང་སྤྲད། བྱམས་སྨོན་འདོན། དེ་དག་རྗེས་སུ་བདག་སློབ། ཟེར་བའི་ཚེ་ཁ་དར་བྱམས་མགོན་ལ་འབུལ། བྱམས་སྨོན་མཇུག་ཏུ། བྱང་ཆུབ་སེམས་མཆོག ×
ཕ་མ་སེམས་ཅན་ × དཔལ་ལྡན་བླ་མའི་སྐུ་ཚེ་ × གཏང་རག་མཎྜལ་ལམ་རིམ་སྨོན་ལམ་བཅས་གསུངས་ཏེ་གྲོལ། སྐར་གྲལ་དུ་འཚོགས་ཏེ། ཆོས་སྤྱོད་སྨོན་ལམ་གང་འགྲོ། མཇུག་ཏུ་བསྔོ་བ། ཞྭ་གྱོན་ནས་བསྟན་འབར་མ་དང་། ཆོས་རྒྱལ་མ་ཚར་གསུམ་བཅས་བྱའོ། ལམ་སྒྲོན་ལས། ལྡོག་མེད་པར་དམ་བཅས་པའི། བྱང་ཆུབ་སེམས་ནི་བསྐྱེད་པར་བྱ། ཞེས་དམ་བཅའ་ཅན་ནི་སྨོན་པ་ལེན་ཚུལ་ཡིན་པས། ཚོ་ག་གཅིག་གི་ཁྲིད་ནས་ཀྱང་བྱང་སེམས་ཀྱི་

བསླབ་བྱ་སྲུང་མི་ནུས་པ་རྣམས་སེམས་བསྐྱེད་པར་བྱའོ་སྙམ་པ་ཙམ་བྱས་ན་སྨོན་སེམས་ཚོ་གས་གཟུང་བར་འགྱུར་གྱི། སྡོམ་པ་གཟུང་བ་མ་ཡིན་པར་གསུང་། སེམས་བསྐྱེད་ཚོ་ག་ལམ་རིམ་ཆེན་མོར་གསལ་ལ། ཕྱག་ལེན་མདོར་བསྡུས་ཡོངས་འཛིན་རིན་པོ་ཆེས་གསུངས་པའི་སེམས་བསྐྱེད་ཚོ་གའི་མཇུག་ཏུ་གསལ། ཤིན་ཏུ་བསྡུས་པ་བདེ་ལམ་རང་གི་དེབ་ཡོད། ལམ་སྒྲོན་ལས། འདི་ནི་སྐྱེ་བ་གཞན་དུའང་དྲན་དོན་དུ། །ཇི་སྐད་བཤད་པའི་བསླབ་པ་ཡོངས་སུ་བསྲུང་། ཞེས་སོགས་གསུངས་སོ། །

ན་མོ་གུ་རུ་བེ། དེའང་དམིགས་བརྩེ་མའི་བསྙེན་པ་བྱེད་ཚུལ་ནི། རྗེ་བླ་མ་རིགས་གསུམ་མགོན་པོ། དགའ་ལྡན་གྱི་ཞིང་བཀོད་དམ་བྱམས་མགོན་གྱི་སྐུ་སོགས་འདི་དང་འབྲེལ་བའི་སྐུ་གསུང་ཐུགས་ཀྱི་རྟེན་ལེགས་པར་དགྲམ། མདུན་དུ་ཆུ་གཉིས་ཉེར་སྤྱོད་སོགས་ཀྱི་མཆོད་པ་གཙང་མ་བཤམ། སྐྱབས་འགྲོ་སེམས་བསྐྱེད་སྔོན་དུ་བཏང་། དགའ་ལྡན་ལྷ་བརྒྱ་མ་མཇལ་རྒྱས་བསྡུས་ཅི་རིགས་དང་བཅས་པ། དཔལ་ལྡན་ས་གསུམ་མའི། མཆོག་གི་དངོས་གྲུབ་བརྙེས་ལ་གསོལ་བ་འདེབས། ཞེས་པའི་བར་གྱིས་རྗེ་བླ་མའི་རྣམ་ཐར་རྗེས་སུ་དྲན་པའི་མོས་གུས་ཤུགས་དྲག་གིས་གསོལ་བ་རྩེ་གཅིག་ཏུ་བཏབ་ལ། དེ་ནས་མ་དག་པ་འཁྲུད་པ་དང་། མི་ཤེས་པ་བསལ་བ་སོགས་ཀྱི་དམིགས་པ་ལས་ཚོགས་ནས་འབྱུང་བ་བཞིན་དང་བཅས་དམིགས་བརྩེ་མ་ཅི་འགྲུབ་བཟླ། དེང་ནས་བརྩམས་ཏེ་ཞེས་སོགས་དང་། སྐྱབས་མགོན་རྡོ་རྗེ་འཆང་དཀོན་མཆོག་འཇིགས་མེད་དབང་པོའི་གསུང་ནས་འབྱུང་བ་བཞིན། དེ་ལྟར་མཁའ་དབྱིངས་ཆུ་འཛིན་དཀར་པོའི་དབུས། ཞེས་སོགས་དང་། རྒྱལ་ཀུན་མཁྱེན་བརྩེ་ནུས་པའི་ངོ་བོ་ཉིད། །འཇམ་མགོན་བླ་མའི་ཐུགས་རྗེ་བྱིན་རླབས་མཐུས། །དགེ་འདུན་ཐུགས་མཐུན་ཁྲིམས་གཙང་བཤད་སྒྲུབ་འཕེལ། །ཕྱི་

ནང་ཉེར་འཚོའི་གཡུལ་ལས་རྒྱལ་བ་དང་། །ཡུལ་ལྗོངས་འདིར་ཡང་ནད་མུག་འཁྲུག་རྩོད་སོགས། །ཉེར་འཚེ་མཐའ་དག་ཞི་ནས་རྗེ་འབངས་ཀུན། །ཆོས་སྲིད་རྫོགས་ལྡན་དཔལ་ལ་སྤྱོད་པ་ཡི། །བྱིན་རླབས་ཟད་མི་ཤེས་པའི་བཀྲ་ཤིས་སྩོལ། །ཅེས་སྨོན་ཅིང་འདོད་དོན་ཞུ་བས་མཚམས་སྦྱར། དཔལ་ལྡན་རྩ་བའི་བླ་མ་རིན་པོ་ཆེ། ཞེས་སོགས་ཀྱིས་རྗེ་བླ་མ་སྙིང་གར་སྒྲུབ་འདྲེན་ཞིང་། སྐྱེ་བ་ཀུན་ཏུ་ཡང་དག་བླ་མ་དང་། །ཞེས་སོགས་དང་། ཆོས་རྒྱལ་མ་སོགས་སྨོན་ལམ་དང་བཀྲ་ཤིས་ཀྱིས་མཐའ་བརྒྱན་པར་བྱའོ། །འདིའང་དཔྱོད་ལྡན་ཡེ་ཤེས་ཆོས་འཕེལ་གྱིས་བསྐུལ་ངོར། ༼བཙུན་པ་དཀོན་མཆོག་བསྟན་པའི་སྒྲོན་མེས་བྲིས་པའོ། །

རྣམ་རྒྱལ་བུམ་པ་ཚད་ལྡན་བྱ་ཚུལ་ནི། སྔགས་རིམ་ལས་དུས་འཁོར་གྱི་བཤད་པ་དང་། ཟུང་འཇུག་གསལ་བའི་བཤད་པ་གཉིས་བཀོད་པ་དངོས་ཟིན་མི་འདྲ་བ་ལྟར་སྣང་ཡང་། གཙོ་བོ་འདི་བཞིན་བྱེད་དགོས་ཚུལ་ལམ། གང་བྱས་ཀྱང་རུང་བའི་གདམ་ང་ལྟ་བུ་མ་མཛད་པ་དང་། སྟ་མའི་སྟེང་ནས་རྒྱ་དཔངས་ཀྱི་ཚད་ཞིབ་ཏུ་གསུངས་ཏེ། ཕྱི་མར་འགྲེལ་རྒྱུག་སྐབས་རྣམ་རྒྱལ་བུམ་པ་ཚད་དང་ལྡན་པ་ངེས་པར་དགོས་ཀྱི། གཞན་ལ་ངེས་གཟུང་མི་དགོས་ཚུལ་ཙམ་ཞིག་གསུངས་ཀྱི། ཚད་ལ་བཤད་པ་མ་མཛད་པས་སྟ་མ་གཉིས་ཀ་དགོངས་པ་གཅིག་པའི་དབང་དུ་མཛད་པར་སྣང་ངོ་། །འོ་ན་སྟ་མར་ལྟོ་བའི་ཟླུམ་ལ་སོར་བཅུ་དྲུག་དང་། ཕྱི་མ་ལས། ལྟོ་བའི་རྒྱར་ནི་མཐོ་ལྔའོ། །ཞེས་གསུངས་པ་ཇི་ལྟར་མཚུངས་སྙམ་ན། སྟ་མ་ལྟོ་བའི་མཐའ་སྐོར་ཡིན་ན་ཧ་ཅང་ཕྲ་བས་བྱེད་ལུགས་མེད་ལ། དཀྱིལ་ནས་འཕྲེད་དུ་ཡིན་ནའང་དེ་རྒྱང་བ་ཕོར་ཡུག་ཏུ་སུམ་འགྱུར་བྱས་ཚེ་སོར་ཞེ་བརྒྱད་ལས་མི་འོང་བས་མཐོ་ལྔ་མི་ལོང་མོད། དེས་ན་ལྟོ་བའི་སྟེང་ནས་མཁྲིན་པའི་གཡས་གཡོན་དུ་གཞལ་བས་སོར་བརྒྱད་བརྒྱད་དེ་བཅུ་དྲུག་དང་། །བར་གྱི་མཁྲིན་པའི་ཐད་ལ་སོར་བཞི་སྟེ་ཉི་ཤུ་པོ་

སུམ་འགྱུར་གྱིས་བསྐོར་ནས་སོར་དྲུག་ཅུ་ཡིན་ཞིང་། མཐོ་གང་ལ་སོར་བཅུ་གཉིས་འབྱུང་བས་མཐོ་ལྔར་བཤད་པ་དང་ཤིན་ཏུ་འགྲིག་གོ །འོ་ན་སྔ་མའི་སྐབས་སུ་མཆུའི་མཐའ་ནས་མཐའི་བར་ལ་སོར་བརྒྱད་ཡོད་པས། ཆ་གཉིས་མགུལ་བའི་སྦུབས་དང་། ཆ་གཅིག་མཆུ་གཉིས་ཀྱི་ཞེང་དུ་གསུངས་པས། མགུལ་པའི་སྦུབས་ལ་སོར་བརྒྱད་ཀྱི་སུམ་ཆ་སྟེ་སོར་ལྔ་དང་ནས་གཉིས་འབྱུང་བས། དེ་སུམ་སྐོར་བྱས་ན་སོར་རེ་བཞི་འབྱུང་སྟབས་མཐོ་ལྔར་བཤད་པ་ལས་སོར་བཞིས་ལྷག་པ་མིན་ནམ་སྙམ་ན། མགུལ་བའི་སྦུབས་ཆ་གཉིས་སུ་གསུངས་པ་ནི་ཆ་བཞིར་བགོས་པའི་གཉིས་ཡིན། ཆ་གཅིག་མཆུ་གཉིས་ཀྱི་ཞེང་ཞེས་པའང་ཕྱིར་གཡེལ་པའི་ཐད་ལ་བཞི་ཆ་རེ་རེ་སྟེ་གཡས་གཡོན་གཉིས་ཀར་དེ་འདྲ་རེ་དགོས་པས་མཆུ་གཉིས་ཞེས་གསུངས་པ་ཡིན་ནམ་སྙམ། མགྲིན་པའང་དུས་འཁོར་ལས་དཔངས་སོར་དྲུག་དང་། ཕྱི་མར་སོར་མོ་བརྒྱད་ཀྱི་ཚད་ཀྱིས་ནི། མགྲིན་པ་མཐོ་ཞིང་ཞེས་གསུངས་པ་གཉིས་ཀྱང་མི་འགལ་ཏེ། སྔ་མས་དྲང་པོར་སོང་བའི་ཆ་དེ་སོར་དྲུག་བྱས་ནས། དེའི་སྟེང་དུ་ཕྱིར་གཡེལ་བའི་ཆས་སོར་དོ་ཡོད་པ་ལམ་མཆུ་ཞེས་ལོགས་སུ་སྨོས་པ་དང་། ཕྱི་མས་དེ་གཉིས་ཀ་བསྡོམས་ཏེ་སོར་བརྒྱད་དུ་བྱས་པ་ཡིན་ནོ། །དེ་ལྟར་ན་ལྟེ་བའི་ཐད་ནས་གཞལ་བའི་ཚེ་ཞེང་དུ་སོར་ཉི་ཤུ་དང་། འོག་གཞི་ནས་ཁའི་བར་དུ་སོར་ཉི་ཤུ་འབྱུང་བས་རྒྱ་དཔངས་མཉམ། ཁའི་ཞེང་ཐད་དུ་སོར་བརྒྱད་དང་། དེ་ནས་མགྲིན་པའི་རྩ་བ་བར་དུ་སོར་བརྒྱད་དེ་འདིའང་རྒྱ་དཔངས་མཉམ་པས། དེ་གཉིས་ཀ་ལའང་དགོས་པ་དང་མཚོན་དོན་སྦྱོར་ཚུལ་ཞིག་ཡོད་དམ་སྙམ། ཞེས་པ་འདི་ནི་ཕྲན་རཏྣ་ཨཱ་ནནྡ་བདག་གིས་རྣམ་བུམ་ཚད་ལྡན་བཟོ་ཚུལ་དུས་འཁོར་དང་ཟུང་འཇུག་གསལ་བ་གཉིས་ཀའི་ཚིག་ཟིན་མི་མཐུན་པ་ཇི་ལྟར་ཡིན་ཞེས་ཞུས་པའི་ལན་དུ་སྩལ་བ་བཞིན་ཡི་གེར་བཀོད་པའོ། །

སློབ་མའི་སྤྱི་བོར་པདྨ་དང་ཉི་མའི་གདན་ལ་ཧྲཱིཿཡིག་དམར་པོ་དེ་ལས་འོད་ཟེར་འཕྲོས། དོན་གཉིས་བྱས་འདུས་ཡོངས་སུ་གྱུར་བ་ལས་དཔལ་རྟ་མགྲིན་སྐུ་མདོག་དམར་ལྷང་དཀར་པའི་ཞལ་གསུམ་ཕྱག་དྲུག་གི་གཡས་རྡོ་རྗེ། རྩེ་གསུམ། རལ་གྲི། གཡོན་ཐིགས་མཛུབ། མདུང་ཐུང་རྒྱ་ཞགས་བསྣམས་པ། དབུའི་སྟེང་ན་རྟ་མགོ་ལྗང་གུ་གསུམ་གྱིས་རྟ་སྐད་དྲག་ཏུ་འཚེར་བ། མགོ་འཕྲེང་། སྦྲང་ཤ་ལྤགས། སྟག་ཤམ། སྦྲུལ་དང་རུས་པའི་རྒྱན་སོགས་ཀྱིས་སྤྲས་ཤིང་ཁྲོ་བོའི་ཉམས་རྗོགས་པ། ཞབས་གཡས་བཞི་བསྐུམ་ཞིང་གཡོན་བཞི་བརྐྱང་སྟེ་ཀླུ་བརྒྱད་བརྫིས་ནས་མེ་དཔུང་རབ་ཏུ་འབར་བའི་དབུས་ན་བཞུགས་པའི་སྤྱི་བོར་ཨོཾ། མགྲིན་པར་ཨཱཿཐུགས་ཀར་ཧཱུྃ། ཐུགས་ཀའི་ཧཱུྃ་ལས་འོད་ཟེར་འཕྲོས། བསྒོམས་པ་དང་འདྲ་བའི་ཡེ་ཤེས་པ་དང་དབང་ལྷ་སྤྱན་དྲངས། དབང་ལྷས་དབང་བསྐུར། འོད་དཔག་མེད་ཀྱིས་དབུ་བརྒྱན་པར་གྱུར། རྒྱལ་ཀུན་སོར་རྟོག་ཡེ་ཤེས་དངོས། །གཏུམ་ཆེན་ཁྲོ་བོའི་སྐུར་བཞེངས་ཏེ། །གདུག་པའི་གདོན་གསུམ་མཐར་བྱེད་པ། །རྟ་མཆོག་རོལ་པར་ཕྱག་འཚལ་ལོ། །

ཐུགས་ཅི་འགྲུབ་བཟླ། རྩ་བ་དང་བརྒྱུད་པའི་བླ་མ་རྣམས་ཀྱིས་བྱིན་གྱིས་རློབས་ཤིག །དཔལ་རྟ་མཆོག་རོལ་པའི་ལྷ་ཚོགས་འཁོར་དང་བཅས་པས་བྱིན་གྱིས་རློབས་ཤིག །བཀའ་ཉན་ཆོས་སྐྱོང་རྣམས་ཀྱིས་བྱིན་གྱིས་རློབས་ཤིག །རྡོ་རྗེ་སློབ་མ་འདི་སྟེང་གདོན་གཟའ་དང་རྒྱུ་སྐར་གྱི་གནོད་པ་ལས་སྐྱོབས་ཤིག །བར་གདོན་བཙན་དང་རྒྱལ་པོའི་གནོད་པ་ལས་སྐྱོབས་ཤིག །འོག་གདོན་ཀླུ་དང་ས་བདག་གི་གནོད་པ་ལས་སྐྱོབས་ཤིག །ནད་རིམས་གདོན་བགེགས་མི་འདོད་པའི་ཉེར་འཚེ་ཐམས་ཅད་ལས་སྲུངས་ཤིག །སྐྱོབས་ཤིག །སྲུ་བར་མཛོད་ཅིག །རྒྱལ་བ་སྲས་བཅས་བདེན་པའི་བྱིན་རླབས་དང་། །ཁྲོ་རྒྱལ་རྟ་མཆོག་རོལ་བའི་མཐུ་སྟོབས་ཀྱིས། །སློབ་མ་འདི་ལ་བདག་གིས་བསྲུངས་ཟིན་གྱི། །འདི་ལ་

སུས་ཀྱང་གནོད་པ་མ་བྱེད་ཅིག །དཔལ་ཧ་མགྲིན་སྒྲོལ་མའི་སྤྱི་བོ་ནས་ཞུགས་ཏེ་སྙིང་གར་ཐིམ་པ་སྤུའི་བུ་ག་ཐམས་ཅད་ཀྱང་སྤྲུལ་པའི་ཁྲོ་ཆུང་དང་མེའི་ཚ་ཚ་དཔག་ཏུ་མེད་པས་གཏམས་པས། གདོན་བགེགས་གང་གིས་ཀྱང་མི་ཚུགས་པའི་སྲུང་བ་ཆེན་པོར་བྱིན་གྱིས་བརླབ་པར་གྱུར། །

ཁྱ་དགེ་ལེགས་བཤད་གླིང་གི་རྗེ་བོ་བསོད་ནམས་རིན་ཆེན་འདྲེན་པའི་ཤིང་རྟ་ཞེས་བྱ་བ་བཞུགས་སོ། །

རྒྱལ་ཀུན་མཁྱེན་བརྩེའི་བློ་གྲོས་ཆུ་ཤེལ་ཁམས། །ཐུབ་བསྟན་རྒྱ་མཚོའི་དཔལ་དུ་ཤར་པའི་མགོན། །ཐར་འདོད་ཀུན་དའི་ཚོགས་ཀྱི་གཉེན་གཅིག་པུ། །རྗེ་བཙུན་བླ་མའི་ཞབས་རྡུལ་སྤྱི་བོས་མཆོད། །རིང་ནས་གོམས་པའི་སྨོན་ལམ་རླབས་པོ་ཆེ། །ནོར་བུ་དོན་ཡོད་ཞགས་པའི་འཕྲུལ་འཁོར་གྱིས། །སྲིད་ཞིའི་དཔལ་འབྱོར་མཆོག་གསུམ་རྟེན་གྱི་ཚོགས། །གཅིག་ཏུ་བསྡུས་པའི་ངོ་མཚར་ཨེ་མ་རྨད། །གང་གི་ཐུགས་བསྐྱེད་ལྷེ་བ་ལས་ཐོན་པའི། །བཤད་སྒྲུབ་རྩིབས་སྟོང་རྫོགས་པའི་གདུགས་དཀར་པོ། །སྲིད་ཞིའི་བླ་ན་ཕན་བདེའི་བསིལ་སྒྲིབ་མཁན། །ལེགས་བཤད་གླིང་ཞེས་གྲགས་པའི་གཡེར་ཁ་འཁྲོལ། །གང་དུ་སྐྱེ་དགུའི་བསོད་ནམས་ཞིང་གི་མཆོག །བྱིན་རླབས་མི་ཟད་འདོད་པ་འཇོ་བ་ཡི། །མཆོག་གསུམ་རྟེན་གྱི་སྙེ་མ་གཡུར་ཟ་བའི། །ངོ་མཚར་བཀོད་པ་མདོ་ཙམ་སྤེལ་བར་བྱ། དེའང་བློ་བཟང་རྒྱལ་བ་གཉིས་པའི་བཤད་སྒྲུབ་ཀྱི་བསྟན་པ་རིན་པོ་ཆེ་མདོ་སྨད་སྡོ་རྒྱུད་ཀྱི་ལྗོངས་འདིར་སྤེལ་བ་ལ་ཐུགས་བསྐྱེད་རླབས་པོ་ཆེའི་མཐུ་གྲུབ་པ་ལུང་དང་རྟོགས་པའི་ཡོན་ཏན་རྒྱ་མཚོའི་ཕ་རོལ་ཏུ་སོང་ཡང་སྦས་པའི་བརྟུལ་ཞུགས་ལྷུར་མཛད་དེ་བཀའ་གདམས་ལྷ་ཆོས་བདུན་

ལྡན་གྱི་རྣམ་ཐར་གཙང་མའི་སྒོ་ནས་གདུལ་བྱ་མཐའ་དག་སྨིན་གྲོལ་གྱི་ལམ་ལ་སྦྱོར་བ་འཕགས་མཆོག་སྤྱན་རས་གཟིགས་ཀྱི་ཐུགས་རྗེའི་སྤྲུལ་འཕྲུལ་རྗེ་བཙུན་བླ་མ་དམ་པ་བློ་གྲོས་རྒྱ་མཚོ་དཔལ་བཟང་པོ་ཞེས་གྲགས་སྙན་སྒྲིད་པ་གསུམ་ནས་གཡོ་བ་དེ་ཉིད་ཀྱི་གདན་ས་འཁོར་ལོ་གསུམ་གྱི་སྒོ་ནས་ཐུབ་བསྟན་རིན་པོ་ཆེའི་རྒྱུན་དུ་གྱུར་པའི་ཆོས་སྡེ་ཆེན་པོ་བྲེ་དགེ་ལེགས་བཤད་གླིང་ཞེས་གྲགས་པ་འདིར་བླམ་ཡབ་སྲས་ཀྱི་ཐུགས་བསྐྱེད་ལ་བརྟེན་ནས་འདུས་པའི་མཆོག་གསུམ་གྱི་རྟེན་དང་། རིང་བསྲེལ་རྣམ་བཞིའི་ཕུང་པོ་མཐའ་ཀླས་པར་བཞུགས་ནའང་། གཙོ་བོར་གྱུར་པ་ནི་ས་གསུམ་གྱི་ཡིད་བཞིན་ནོར་བུ་གཅིག་པུ་གདུལ་བྱའི་བསོད་ནམས་ཀྱི་ཞིང་དམ་པར་རྒྱལ་བ་རྡོ་རྗེ་འཆང་གིས་ཆེད་དུ་བསྔགས་པ་ནི་བླ་མའི་གདུང་རྟེན་ཡིན་པས། མགོན་པོ་དེ་ཉིད་ཀྱི་སྐུ་གདུང་རིན་པོ་ཆེ་བཞུགས་པའི་ཐོ་བྲང་བྱང་ཆུབ་ཆེན་པོའི་མཆོད་རྟེན་གྱི་ནང་རྟེན་གྱི་རིམ་པ་ནི། ཐུབ་པའི་དབང་པོའི་འཕེལ་གདུང་གསུམ། སངས་རྒྱས་འོད་སྲུངས་ཀྱི་འཕེལ་གདུང་གཅིག མི་འཁྲུགས་པའི་སྐུ་སྟོང་། སྨན་བླའི་སྐུ་ཉིས་སྟོང་བདེ་གཤེགས་བརྒྱད་ཀྱི་སྐུ་ཉིས་སྟོང་། རྒྱལ་བ་རིགས་ལྔ་ལ་སོགས་པའི་སངས་རྒྱས་བྱང་སེམས། བླ་མ་ཡི་དམ་སོགས་ཀྱི་སྐུ་འདྲ་ཁྲོན་སྡོམ་ན་ཁྲི་ཕྲག་གཉིས་དང་སྟོང་ཕྲག་དྲུག་ལྷག ཐུབ་དབང་བྱམས་པ་སོགས་ཀྱི་ལི་སྐུ་རེ། བདེ་གསང་གཉིས་ཀྱི་རྩ་རྒྱུད། འཇམ་སྟོད་བཟང་གསུམ། སྨན་མདོ་བརྒྱད་བརྒྱ་པ། སྤྱོད་འཇུག རྗེའི་ལམ་རིམ་སྔགས་རིམ། གསལ་སྒྲོན། བསླབ་བྱ་ཆེན་མོ་ལ་སོགས་པའི་བཀའ་དང་བསྟན་བཅོས་ཀྱི་པོ་ཏི་མང་པོ། རྒྱུད་སྡེ་བཞིའི་ལྷ་ཚོགས་རྣམས་ཀྱི་གཟུངས་སྔགས་རིན་པོ་ཆེས་བྲིས་པ་དང་སྦྱར་བ་མང་པོ། བཀའ་གདམས་མཆོད་རྟེན། འབྲོམ་སྟོན་པའི་དབུ་སྐྲས། པཎ་ཆེན་ཤཱཀྱ་ཤྲཱི་དང་། བུ་སྟོན་རིན་པོ་ཆེ། རྗེ་བཙུན་ཀ་ལོ་སོགས་ཀྱི་ན་བཟའི་དུམ་བུ་རེ། རྗེ་ཙོང་ཁ་པའི་གསང་ཆབ་རིལ་བུ།

ན་བཟའི་ཚུལ་བྱུ། པཎ་ཆེན་སྐུ་གོང་མའི་ཕྱག་སེན། སྐུ་མཚལ། ན་བཟའ། རྒྱལ་དབང་ལྔ་བའི་ན་བཟའ། ཤངས་ཁྲག པཎ་ཆེན་བློ་བཟང་ཡེ་ཤེས་ཀྱི་དབུ་སྐྲ་དང་གསང་ཆབ་རིལ་བུ། ན་བཟའ། འཇམ་དབྱངས་བཞད་པའི་རྡོ་རྗེའི་དབུ་སྐྲ་ན་བཟའ། ཕྱག་འཕྲེང་། སྲུབ་ཁང་དཔོན་སློབ་དང་། མཁར་རྡོ་དཔོན་སློབ་ཀྱི་ན་བཟའི་ཚུལ་བྱུ། གླིང་དཔོན་པའི་དབུ་ཐོད། ར་རིང་ཆོས་གྲགས་དང་། རྗེ་ཆོས་སྐྱོང་རྒྱ་མཚོའི་གདུང་རུས། ཀླུ་འཛིམ་ལས་གྲུབ་པའི་རྒྱལ་བ་རིགས་ལྔ། སྨྲི་ཏི་དང་པཎ་ཆེན་རིན་པོ་ཆེའི་ཕྱག་ཚ། ཤར་འབུམ་པའི་རུང་རང་བྱོན་སོགས་བྱིན་རྟེན་རྣམས་སོ་སོར་དངོས་སུ་བཞུགས་ལ། རྟེན་སྙིང་མང་པོའི་ཕབ་རྒྱུན་འཁྲུལ་མེད་ཅིག་ཀྱང་གཟུངས་གཞུག་ཏུ་ཕུལ་ཡོད་པ་དེའི་ནང་དུ་བསྒྲེས་པའི་རྟེན་གྱི་རིམ་པ་ནི། ཤྰ་རིའི་བུ་དང་། ཕ་དམ་པ་རྒྱ་གར་གྱི་རིང་བསྲེལ། ཨོ་རྒྱན་རིན་པོ་ཆེ། བན་དེ་ཡེ་ཤེས་སྡེ། ཁྲི་སྲོང་ལྡེ་བཙན། མ་ཅིག་ལབ་སྒྲོན་སོགས་ཀྱི་དབུ་སྐྲ། ཆོས་འཕགས་དང་ཞང་པཎྜི་ཏ་ཀུ་རུའི་ཆེམས། ཇོ་བོ་རྗེ་ཤ་པོ་སྒང་བ། དབྱེར་སྒོམ་ཞབས། གྲུབ་ཆེན་ཁྱུང་པོ། དྭགས་པོ་ལྷ་རྗེ། ཕག་མོ་གྲུ་པ། ལྷ་ལུང་དཔལ་རྡོར། བུ་སྟོན་རིན་པོ་ཆེ་སོགས་ཀྱི་གདུང་རུས། སྟོ་བྲག་མར་པ། རྗེ་བཙུན་མི་ལ། རས་ཆུང་རྡོར་གྲགས། རྡོག་ལེགས་པའི་ཤེས་རབ་སོགས་ཀྱི་དབུ་ཞྭ། རྔོག་བློ་ལྡན་ཤེས་རབ། རྗེ་བཙུན་རེད་མདའ་པ། རྗེ་ཙོང་ཁ་པ། འདུལ་འཛིན་གྲགས་རྒྱན། མཁས་གྲུབ་རིན་པོ་ཆེ། འཇམ་དབྱངས་ཆོས་རྗེ། དགེན་ས་པ། མཁས་གྲུབ་སངས་རྒྱས་ཡེ་ཤེས། རྒྱལ་སྲས་རིན་པོ་ཆེ། དེ་མོ་སྤྲུལ་སྐུ། མངའ་རིས་སྤྲུལ་སྐུ། གཟིམས་ཁང་སྤྲུལ་སྐུ། ཕ་བོང་ཁ་བ་དཔལ་འབྱོར་ལྷུན་གྲུབ། འཇམ་དབྱངས་གྲགས་པ། རོང་པོའི་སྐལ་ལྡན་རྒྱ་མཚོ་སོགས་ཀྱི་ན་བཟའི་ཚུལ་བྱུ། རྒྱལ་དབང་གོང་མ་ལྔའི་དབུ་སྐྲ། ས་ཆེན་ཀུན་སྙིང་། གྲགས་པ་རྒྱལ་མཚན། ས་སྐྱ་པཎྜིཏ། བླ་མ་

འཕགས་པ་སོགས་ཀྱི་དབུ་ལོ་དང་ན་བཟའ། ཀཱརྨ་རབས་བདུན་གྱི་དབུ་སྒྲ། ན་བཟའ། ཀུན་མཁྱེན་ལེགས་པ་དོན་གྲུབ་དང་། སྐྱེ་བ་བདུན་པའི་སྐུ་ཤ། པོ་ཏོང་པ་ཕྱོགས་ལས་རྣམ་རྒྱལ་དང་། ཞྭ་ལུ་ལོ་ཙཱ་བ་ཆོས་སྐྱོང་བཟང་པོའི་ན་བཟའ་སོགས་བཞུགས་པར་གསུང་བའང་འཁྲུལ་མེད་ངེས་དག་ཁོ་ན་ཡིན། གཞན་ཡང་རྒྱ་གར་རྒྱ་ནག་བལ་བོད་སོགས་ཀྱི་ས་སྣ་རྫ་སྣ་སོགས་བྱིན་ཅན་མང་པོ་བཞུགས་ཤིང་། རིན་པོ་ཆེ་སྣ་ཚོགས། དྲི་བཟང་སྣ་ཚོགས་ཀྱི་ཐུམ་བུ་དུམ་དང་བཅས་པས་གོ་མཚམས་མེད་པར་གཏམས་པའི་སྙིང་པོར་སྐུ་གདུང་ཡིད་བཞིན་ནོར་བུ་སྒོམ་ཆེན་རིན་པོ་ཆེའི་ཐབས་མཁས་ཀྱི་མཛད་པ་ལ་བརྟེན་ནས་ཙུང་ཟད་ཀྱང་མ་ཉམས་པ་ཕྱག་གཉིས་ཀྱིས་རྡོར་དྲིལ་བསྣམས་ཤིང་སྐྱིལ་མོ་ཀྲུང་གིས་བཞུགས་པའི་སྐུ་ལ་སྣན་འདམ་དང་གསེར་སྤྲང་གིས་བྱུགས་ཏེ་གསུམ་ལྡན་རྡོ་རྗེ་འཛིན་པའི་རྣམ་པར་བྱས་ཏེ་མཐོང་ཐོས་དྲན་རེག་མ་ལུས་པ་མངོན་མཐོ་ངེས་ལེགས་ཀྱི་དཔལ་ལ་སྦྱོར་བའི་བྱིན་རླབས་ཀྱི་གཟི་འོད་འཕྲོ་བཞིན་པར་བཞུགས་སོ། །ཕལ་བའི་ས་བོན་ཙུང་ཟད་བཏབ་པས་ཀྱང་། དོན་གཉིས་གསེར་གྱི་སྙེ་མ་འདོད་དགུ་རུ། །སྐྱེ་བའི་ཞིང་མཆོག་ལག་ཏུ་ཆུད་པའི་ཚེ། །འདས་པས་སྙིང་པོ་ལོངས་ཤིག་ཤེས་ལྡན་དག །ཕྱག་འཚལ་ལུས་ཀྱིས་ནོན་སའི་རྡུལ་གྲངས་ཀྱི། །འཁོར་སྒྱུར་གྲངས་མེད་འཐོབ་པར་རྒྱལ་བས་གསུངས། །དེ་ལྟར་རྣམ་དཀར་ལས་ལམ་འབད་ན། །དལ་འབྱོར་རྟེན་བཟང་ཐོབ་པ་དོན་རེ་ཆུང་། །གང་གི་བ་སྤུའི་བུ་ག་གཅིག་ཙམ་ཡང་། །བསོད་ནམས་ཞིང་གི་དམ་པར་བསྔགས་པ་དེའི། །རགས་པའི་གཟུགས་སྐུ་ཚང་བར་བསོད་ནམས་ཀྱི། །ཞིང་དུ་ཐོབ་པ་སྐལ་བཟང་ཨེ་མ་རྨད། །དཔལ་ལྡན་བླ་མ་དེ་ཉིད་ཀྱི་ཐུགས་ཀྱི་སྲས་པོ་མཁས་ཤིང་གྲུབ་པའི་དབང་ཕྱུག་སྒོམ་ཆེན་རིན་པོ་ཆེ་བློ་བཟང་བཀྲ་ཤིས་ཀྱི་སྐུ་གདུང་མཆོད་རྟེན་གྱི་ནང་དུ་བཞུགས་པའི་རྟེན་གྱི་རིམ་པ་ནི། སངས་

རྒྱས་ཀྱི་འཕེལ་གདུང་འབྲུལ་མེད། རྫོ་བོ་རྗེའི་དབུ་ལོ་དང་ན་བཟའ། ས་པཎ་དང་ཆོས་རྗེ་དོན་གྲུབ་རིན་པོ་ཆེའི་ན་བཟའ། རྗེ་བདག་ཉིད་ཆེན་པོའི་དབུ་ལོ། ན་བཟའ་གདུང་རས། སྡོ་བྲག་གྲུབ་ཆེན་གྱི་ན་བཟའ། ནཱ་ལོའི་ན་བཟའ། གྲུབ་ཆེན་ཐང་སྟོང་རྒྱལ་པོའི་དབུ་ལོ་དང་ན་བཟའ། རྒྱལ་ཚབ་རྗེའི་ན་བཟའ། མཁས་གྲུབ་རྗེའི་ན་བཟའ་དང་དབུ་ལོ། འདུལ་འཛིན་པའི་ན་བཟའ། བ་སོ་ཆོས་རྒྱན་གྱི་དབུ་ལོ་དང་ན་བཟའ། རྒྱལ་བ་དགེ་འདུན་རྒྱ་མཚོའི་དབུ་ལོ། རྒྱལ་བ་བསོད་ནམས་རྒྱ་མཚོའི་ན་བཟའ། རྒྱལ་བ་ཡོན་ཏན་རྒྱ་མཚོའི་དབུ་ལོ། པཎ་ཆེན་བློ་བཟང་ཆོས་རྒྱན་གྱི་དབུ་ལོ། ཕྱག་དཔེ། ན་བཟའ། རྒྱལ་དབང་ལྔ་པ་ཆེན་པོའི་དབུ་ལོ་དང་ཕྱག་སེན། པཎ་ཆེན་བློ་བཟང་ཡེ་ཤེས་ཀྱི་ན་བཟའ། རྒྱལ་བ་བསྐལ་བཟང་རྒྱ་མཚོའི་དབུ་ལོ་དང་ན་བཟའ། རོང་པོ་ཆོས་ པྲ་རིན་པོ་ཆེ་དང་། སྐལ་ལྡན་རྒྱ་མཚོའི་ན་བཟའ། འགོན་སྟོན་གྱི་ན་བཟའ། ཀུན་མཁྱེན་འཇམ་དབྱངས་བཞད་པ། དཔོན་སློབ་བྱམས་པ་རིན་པོ་ཆེ། མཁར་རྡོ་བཟོད་པ་རྒྱ་མཚོ། ཁྲི་ཆེན་རྒྱལ་མཚན་སེང་གེ དུང་དཀར་འབྲུག་གྲགས། བྱ་ཁྱུང་མཁན་པོ་སོགས་ཀྱི་ན་བཟའ། ལྕང་སྐྱ་རོལ་པའི་རྡོ་རྗེ། བཀའ་འགྱུར་བ་ནོ་མོན་ཧན། གྲུབ་དབང་སྟོབས་ལྡན་རིན་པོ་ཆེ། ཀུན་མཁྱེན་འཇིགས་མེད་དབང་པོ། ཁྲི་ཆེན་ངག་དབང་བཀྲ་ཤིས། ཆས་པ་སྤྲུལ་སྐུ་རྣམས་ཀྱི་དབུ་ལོ། སླེན་གྲོལ་ཆོས་ཀྱི་རྒྱལ་པོ་དང་། སྔགས་ཆེན་རིན་པོ་ཆེ་ཉིད་ཀྱི་དབུ་སྐྲ། རྗེ་ཆོས་སྐྱོང་རྒྱ་མཚོ་དང་། ཁྲི་ནམ་མཁའ་བཟང་གི་གདུང་རུས། གྲུབ་པའི་དབང་ཕྱུག་ཉིད་ཀྱི་པུར་ཚྭ་རྗེ་བླ་མའི་སྐུ་སྟོང་ཐྲག་བཞི། སྨན་བླའི་སྐུ་སྟོང་ཐྲག་བཞི། ཚེ་དཔག་མེད་དང་སྒྲོལ་མའི་སྐུ་སྟོང་ཐྲག་རེ། བདེ་གཤེགས་བརྒྱད། འོད་དཔག་མེད། འཇམ་དབྱངས། སྤྱན་རས་གཟིགས། འཇིགས་བྱེད། རྣམ་རྒྱལ་མ་སོགས་ཀྱི་སྐུ་སྟོང་ཐྲག་ལྷག་ཙམ། འཕགས་པོད་ཀྱི་རྟེན་སྣ་དུ་མ་བསྡུས་

པའི་རིལ་རྒྱུན་མང་པོ། རྒྱ་གར་རྒྱ་ནག མངའ་རིས། བལ་པོ། དབུས་གཙང་། མདོ་སྨད་སོགས་ཀྱི་གནས་ཆེན་དུ་མའི་ས་སྣ་ཆུ་སྣ་གནས་རྫ་ཤིང་སྣ་སོགས་དང་། གཞན་ཡང་དྲི་བཟང་པོའི་སྨན་དང་། སྤོས་ཀྱི་རིགས། རིན་པོ་ཆེའི་ཕྲེམ་སོགས་གོས་དར་སྣ་ཚོགས་པའི་ན་བཟའ་དང་བཅས་གོ་མཚམས་མེད་པར་བསྒྲིགས་པས་ཡོངས་སུ་གཏམས་ཤིང་། སྙིང་པོར་གྱུར་བ་རིང་བསྲེལ་རྣམ་བཞིའི་གཙོ་བོ་ཆོས་སྐུའི་རིང་བསྲེལ་ཞེས་གྲགས་པ་སྟོད་སྨད་བར་གསུམ་གྱི་གཟུངས་འཛུག་ཆ་ཚང་བ་སོགས་བྲི་བསྒྲུབས་ཚུལ་བཞིན་དུ་བགྱིས་པའི་གཟུངས་ཀྱི་རིགས་མཐའ་ཡས་པ་བཞུགས་སོ། བློ་བཟང་རྒྱལ་ཀུན་མཁྱེན་བརྩེ་ཡིད་བཞིན་ནོར། །གང་ལ་བརྟེན་པའི་གཟུགས་སྐུའི་ཟ་མ་ཏོག །བྱིན་རླབས་བཀྲ་ཤིས་གཟི་འོད་སྟོང་འབར་བས། །ས་གསུམ་དགེ་ལེགས་སྣང་བས་ཡོངས་སུ་ཁྱབ། །གསང་གསུམ་སྒྱུ་འཕྲུལ་འདབ་བརྒྱའི་སྙིང་པོ་ལས། །བྱིན་རླབས་སྤྲིང་རྩེའི་ཟིལ་མངར་འབུམ་འཛག་པས། །ལམ་བཟང་ལུས་སྟོབས་རྒྱས་པའི་ཧྲ་མ་རཿ། །ངེས་ལེགས་ཀུན་དགའི་ར་བར་རྩེན་གྱུར་ཅིག །དཔོན་སློབ་རིན་པོ་ཆེ་ནས་བཞེངས་པར་མཛད་པ་འདུ་ཁང་ཕུའི་དྲི་གཙང་ཁང་གི་རྟེན་གཙོ་ཐུབ་པའི་དབང་པོ་དང་བཅས་བཀའ་གདམས་ལྷ་བཞི། རིགས་གསུམ་མགོན་པོ་སོགས་ཞི་དྲག་གི་སྐུ་མང་དུ་བཞུགས་པ་རྣམས་ཀྱི་ནང་རྟེན་རིང་བསྲེལ་རྣམ་བཞིའི་ཚོགས་ཇི་སྙེད་ཅིག་ཡོད་པ་རྣམས་ཕྱོགས་གཅིག་ཏུ་བསྡོམས་ཏེ་བཀོད་ན། འཕེལ་གདུང་འཁྲུལ་མེད་བཅོ་ལྔ། འཇོན་དམར་ལས་གྲུབ་པའི་བྱམས་པ། རྡོ་ནག་ལས་གྲུབ་པའི་ཛམ་ལྷ། པཎ་ཆེན་བློ་བཟང་ཆོས་རྒྱན་གྱི་སྐུ་འདི་གསུམ་གའང་རིང་བསྲེལ་བཞེས་པའི་བྱིན་ཅན་འཁྲུལ་མེད་ཡིན། གཞན་ཡང་རྟེན་འདམ་སྣ་ཚོགས་ལས་གྲུབ་པའི་ཐུབ་པ་དང་མགོན་པོའི་སྐུ་བྱིན་ཅན། པཎ་ཆེན་སྒྲོ་ཏི། རྗེ་རིན་པོ་ཆེ། རྒྱལ་དབང་པཎ་ཆེན་སོགས་ཀྱི་ཕྱག་ཚྭ་ཅི་རིགས།

རྗེ་རིན་པོ་ཆེ་དང་། འཇིགས་བྱེད་ཀྱི་སྐུ་མེ་འཛིན་མ། འཇམ་དབྱངས་ཀྱི་ཕྱག་ཞབས་ཀྱི་རྗེས་དང་། ཚེམས་དཔར་མ། ཤ་བ་རི་དབང་ཕྱུག ཇོ་བོ་རྗེ། རྗེ་བླ་མ། ཐང་སྟོང་རྒྱལ་པོ། རྒྱལ་དབང་། པཎ་ཆེན། ཀུན་མཁྱེན་འཇམ་དབྱངས་བཞད་པ་སོགས་མཁས་གྲུབ་མང་པོའི་དབུ་ཞྭ་དང་ན་བཟའ། འཇམ་སྟོད་བཟང་གསུམ། གསང་འདུས་ཀྱི་རྒྱུད་སོགས་དམ་པ་མང་པོའི་ཞལ་འདོན་ཕྱག་དཔེ་པོ་ཏི་དུ་མ། གསེར་དངུལ་ཟངས་གསུམ་སོགས་ཀྱིས་བྲིས་པའི་གཟུངས་འདུག་ཆ་ཚང་བརྒྱ་ཕྲག་མང་པོ། ཁྱད་པར་དུ་ཀུན་མཁྱེན་འཇམ་དབྱངས་བཞད་པའི་རྡོ་རྗེའི་པཎ་ཞྭ་དང་སྐུ་འགག་རྒྱུན་བསྐམས་ཀྱི་ཧྲུ་མ་ཧུ་དང་རྡོར་དྲིལ། རྗེ་ལུང་རིགས་རྒྱ་མཚོ་དང་། དཔོན་སློབ་རིན་པོ་ཆེ་རྣམ་གཉིས་ཀྱིས་གསོལ་བའི་སྣམ་སྦྱར་དང་རིགས་ལྔ། དཔོན་སློབ་རང་ཉིད་ཀྱིས་རྒྱུན་དུ་འཆང་བའི་དམ་ཚིག་གི་རྡོར་དྲིལ། འཛོན་དམར་ལས་གྲུབ་པའི་དབང་དྲིལ་སོགས་རྡོར་དྲིལ་བྱིན་ཅན་འགའ་རེ། གདུང་རུས་ལས་གྲུབ་པའི་ཨོཾ་རང་བྱོན། རྗེ་དགེ་འདུན་གྲུབ་པ་དང་། འདུལ་འཛིན་ཐག་མ་པ་སོགས་ཀྱི་གདུང་རུས་དང་གངས་ཐིགས་མང་པོ། རྟེན་བསྟུས། སྐྱེ་བདུན། བདུད་རྩི་རིལ་བུ་སོགས་རིལ་བུའི་རིགས་སྣ་ཚོགས། རིན་པོ་ཆེའི་ཕྱེ་མ་དང་། དྲི་བཟང་སྣ་ཚོགས་ཀྱིས་ཕྱུར་བུར་གཏམས་ཤིང་། སྐུ་རྣམས་ཀྱི་ཆ་ཚད་དང་རྟེན་རྣམས་ཀྱི་བཞུགས་ཚུལ། གཏེར་འཁོར་གྱི་སྒྲུབ་ཚུལ་དང་རབ་གནས་སོགས་རང་རང་གི་གཞུང་ནས་འབྱུང་བ་བཞིན་རྒྱུད་སྡེའི་དགོངས་པ་དང་མཐུན་པར་ལེགས་པར་བསྒྲུབས་ཏེ་འགྲོ་བའི་བསོད་ནམས་ཀྱི་ཞིང་ས་དམ་པར་བྱིན་རླབས་ཀྱི་གཟི་འོད་འཕྲོ་བཞིན་པར་བཞུགས་སོ། །ཚོགས་གཉིས་ས་བོན་དུས་སུ་སྨིན་པ་ལས། །མཐོང་ཐོས་དྲན་རེག་དོན་ལྡན་ཆོས་ཀྱི་སྐུས། །རབ་ཏུ་ཕྱེ་བའི་ངོ་མཚར་རྟེན་གྱི་ཕྲེང་། །སྤྲིན་བྲལ་ལྷ་ཡི་ལམ་དུ་སྐར་ཚོགས་བཞིན། །བསོད་ནམས་ཞིང་ས་

གཞིན་པོ་འདི་འདྲ་ལ། །ཕྱག་མཆོད་རྣམ་དཀར་ས་བོན་ཅེ་ཐེབས་ཀྱིས། །དོན་གཉིས་འབྲས་བཟང་སྨིན་པའི་དགའ་སྟོན་ལ། །འདོད་དགུར་ལོངས་སུ་སྤྱོད་ཅིག་ཤེས་ལྡན་དག །འདུ་ཁང་སྟེང་གི་ལི་མ་ཁང་དུ་ཡང་། ཐུགས་ཀྱི་གསང་བ་ཟབ་མོ་སྟོབས་དང་མི་འཇིགས་པ་སོགས་ཀྱི་བདག་ཉིད་ཆོས་སྐུའི་རྟེན་དུ་གྲགས་པ་མཆོད་རྟེན་བརྒྱད་ཀྱི་ནང་བཞུགས་ནི། མཆོད་རྟེན་རེ་རེའི་ནང་དུ་སངས་རྒྱས་ཀྱི་འཕེལ་གདུང་གཉིས་རེ། དཔལ་ཨ་ཏི་ཤའི་དབུ་སྐྲ་དང་། རྣལ་འབྱོར་པ་ཆེན་པོ་བྱང་ཆུབ་རིན་ཆེན་གྱི་དབུ་སྐྲ། སྔོ་ཐྲག་ཕྱག་རྡོར་གྱི་ན་བཟའ། །རྗེ་ཙོང་ཁ་པ་ཆེན་པོའི་དབུ་ལོ་ན་བཟའ། གསང་ཆབ་རིལ་བུ། རྒྱལ་ཚ་བརྗེའི་དབུ་ལོ། མཁས་གྲུབ་རྗེའི་དབུ་ལོ། རྗེ་བློ་བཟང་དོན་གྲུབ་ཀྱི་ན་བཟའ། པཎ་ཆེན་བློ་བཟང་ཆོས་ཀྱི་རྒྱལ་མཚན་གྱི་ན་བཟའ་དང་དབུ་ལོ། རྗེ་དགེ་འདུན་རྒྱ་མཚོ། བསོད་ནམ་རྒྱ་མཚོ། ཡོན་ཏན་རྒྱ་མཚོ་རྣམ་གསུམ་གྱི་དབུ་སྐྲ། རྒྱལ་དབང་བློ་བཟང་རྒྱ་མཚོའི་དབུ་སྐྲ་དང་ན་བཟའ། པཎ་ཆེན་བློ་བཟང་ཡེ་ཤེས་ཀྱི་དབུ་ལོ་དང་ན་བཟའ། རྗེ་དྲུང་རིན་པོ་ཆེའི་དབུ་སྐྲ་དང་ན་བཟའ། འཇམ་དབྱངས་བཞད་པའི་རྡོ་རྗེའི་དབུ་ལོ་དང་། ན་བཟའ། མངའ་རིས་སྤྲུལ་སྐུའི་དབུ་སྐྲས། ཞང་བ་དམ་ཆོས་དཔལ་འབར་བའི་ཚེམས་ཀྱི་དུམ་བུམ། དྭགས་པོ་བསོད་ནམས་རིན་ཆེན་གྱི་གདུང་རུས། ལྷ་རྗེ་དགེ་བ་འབུམ་གྱི་དབུ་ཐོད། གྲུབ་ཆེན་དཔལ་འབར་བའི་ཚེམས། རྗེ་བློ་གྲོས་བཟང་པོའི་གདུང་རུས། གྲུབ་ཆེན་ན་ག་པའི་ཚེམས། བྱང་བ་འཇམ་དབྱངས་བཤེས་གཉེན་གྱི་གདུང་རུས། གྲུབ་ཆེན་དཀའ་བཅུ་བསོད་ནམས་དར་རྒྱས་ཀྱི་ཚེམས། ཆོས་རྗེ་བློ་བཟང་དར་རྒྱས་ཀྱི་གདུང་རུས། ཁྲི་ཆེན་བློ་བཟང་ཆོས་འཕེལ་གྱི་གདུང་རུས། བྲམ་ཟེ་སྐྱེ་བ་བདུན་པའི་གདུང་རུས་སོགས་གདུང་རུས་མང་པོ། ཨོ་རྒྱན་རིན་པོ་ཆེའི་ན་བཟའི་ཚལ་བུ། གྲུབ་ཐོབ་ཐང་སྟོང་རྒྱལ་པོའི་དབུ་སྐྲ།

ས་སྐྱ་པཎ་ཆེན་གྱི་ན་བཟའ། ལྕགས་ཟམ་སྤྲུལ་སྐུའི་དབུ་སྐྲ། དུང་དཀར་འབྲུག་སྒྲའི་ན་བཟའ། རྗེ་པདྨ་འཕྲིན་ལས་ཀྱི་དབུ་སྐྲ། ཕ་བོང་ཁ་པ་དཔལ་འབྱོར་ལྷུན་གྲུབ་ཀྱི་ན་བཟའ། སྐྱབས་ཁང་དཔོན་སློབ་ཀྱི་ན་བཟའ། ལྕང་སྐྱ་ངག་དབང་བློ་བཟང་ཆོས་ལྡན་གྱི་ན་བཟའ་སོགས་དམ་པ་མང་པོའི་ན་བཟའི་ཚལ་བུ། གསེར་དངུལ་ལས་བཞེངས་པའི་པོ་ཏི་མང་པོ། རྒྱུད་སྡེ་བཞིའི་གཟུངས་རིགས་སྣ་ཚོགས་དང་སྐུ་པར་དུ་མ། སངས་རྒྱས་བྱང་སེམས་མང་པོའི་གདུང་རུས་ལས་གྲུབ་པའི་རིལ་བུ་སྣ་ཚོགས། དབུ་སྐྲ་སྣ་ཚོགས་དང་ན་བཟའ་སྣ་ཚོགས་བསྲེས་པའི་ཕྱེ་མ། སིནྡྷུ་རའི་རིགས་སྣ་ཚོགས་གངས་ཐིགས་མང་པོ། སྐྱེ་བདུན་རིགས་མི་འདྲ་བ་མང་པོའི་རིལ་བུ། རྒྱ་གར་ནག་བལ་བོད་སོགས་ཀྱི་གནས་ཆེན་མང་པོའི་ས་རྡོ་བྱིན་ཅན་སྣ་ཚོགས། རྡམ་འཁོར་དང་ཚོགས་བདག་འཁོར་ལོ་སོགས་བྱིན་རླབས་ཅན་དུ་བསྒྲུབས་ཤིང་། དེ་དག་གི་བར་བར་དུ་དྲི་བཟང་སྣ་ཚོགས་དང་། རིན་པོ་ཆེ་སྣ་ཚོགས་དང་། བཟང་སྨན་སྣ་ཚོགས་ཀྱིས་ལེགས་པར་བཀང་ཞིང་། གསེར་ཆེན་མཛེས་པར་གསོལ་ནས་སྤྱན་དབྱེའི་ཆོ་ག་རྒྱུད་སྡེའི་དགོངས་པ་བཞིན་ཕྱག་ལེན་དུ་བསྟར་གོས་དར་སོགས་ཀྱི་ན་བཟའ་དང་། མཆོད་པའི་བྱེ་བྲག་མཐའ་ཡས་པ་ཕུལ་ནས་འགྲོ་བའི་བསོད་ནམས་ཀྱི་ཞིང་ས་དམ་པར་བཞུགས་སོ། །ལས་ཉོན་མི་བཟད་གདུག་པའི་མཁའ་ལྡིང་གི །ཕན་བདེའི་སྲོག་དང་བྲལ་བའི་གེང་རུས་ཀྱང་། །གསོས་ནས་མངོན་མཐོ་ངེས་ལེགས་བདེ་དགའ་ལ། །སྦྱོར་བྱེད་ཐུགས་ཀྱི་མཆོད་སྡོང་ཨེ་མ་རྨད། །

ཡང་དམིགས་བཙེ་མའི་ལྷ་ཁང་དུ་བཞུགས་པའི་འཇམ་མགོན་རྒྱལ་བ་གཉིས་པ་དང་། བཅོམ་ལྡན་འདས་མི་འཁྲུགས་པ། སངས་རྒྱས་མཚན་ལེགས་གསུམ་གྱི་སྐུའི་ནང་བཞུགས་ནི། པཎ་ཆེན་ཐམས་ཅད་མཁྱེན་པ་བློ

བཟང་ཡེ་ཤེས་དཔལ་བཟང་པོའི་ཞལ་སྔ་ནས་ཀྱིས་གནང་བའི་དགེ་འདུན་འདུ་བའི་འཁོར་ལོ། དབུ་སྐྲ་དང་ན་བཟའ། ཤངས་མཚལ་རིལ་བུ། རྗེ་སྐལ་ལྡན་རྒྱ་མཚོས་ཕྱག་བཟོ་མཛད་པའི་རྗེ་རིན་པོ་ཆེའི་རྡོ་སྐུ། པཎ་ཆེན་སྐུ་གོང་མའི་ཕྱག་ཚ་པཎ་ཆེན་ཉིད་ཀྱི་སྐུ། སྐུ་འདིའི་ཕྱག་ཚ་བཀའ་གདམས་ལྷ་བཞི། གཞན་ཡང་སྟོན་པ་ཡབ་སྲས་གསུམ་གྱི་སྨན་སྐུ་སོགས་དང་སླཱཙྪ། རྗེ་རིན་པོ་ཆེ་དང་། རྒྱལ་དབང་གོང་མ་རྣམས་ཀྱི་ན་བཟའི་ཚལ་བུ་འཕེལ་གདུང་སོགས་རྟེན་སྣ་ཚོགས་ལས་གྲུབ་པའི་རིལ་བུའི་ཚོགས་མང་པོ། ལྷ་གཟུངས་དང་རྒྱུད་སྡེ་བཞིར་བཤད་པའི་གཟུངས་གཞུག ནོར་རྒྱུན་འཁོར་དང་བཅས་པ། རྣ་ལོ་སྤྲུལ་སྐུའི་ཕྱག་འཕྲེང་། དཔོན་སློབ་རིན་པོ་ཆེའི་སྐུ་ཆོས་དང་དབུ་པཎ། གནས་ཆེན་མང་པོའི་ས་སྣ་སོགས་བྱིན་རླབས་ཀྱི་རྟེན་དང་། བཀྲ་ཤིས་པའི་རྫས་མཐའ་ཀླས་པས་གཏམས་ཤིང་དམ་ཡེ་དབྱེར་མེད་དུ་བསྒྲུབས་པས་གཟི་བྱིན་ལྷམ་མེ་བར་བཞུགས་སོ། །

ཡང་དབྱིན་ཀླུམ་མཆོད་རྟེན་གྱི་ནང་རྟེན་ནི། ཡང་དག་པར་རྫོགས་པའི་སངས་རྒྱས་ཀྱི་འཕེལ་གདུང་། ཇོ་བོའི་ཕྱག་ནས། རྣལ་འབྱོར་པ་ཆེན་པོ་བྱང་ཆུབ་རིན་ཆེན་གྱི་དབུ་སྐྲ། དྭགས་པོ་ལྷ་རྗེ་བསོད་ནམས་རིན་ཆེན་གྱི་གདུང་རུས་དང་ན་བཟའ། རྒྱལ་བུ་གཞོན་ནུ་དོན་གྲུབ་ཀྱི་ཆིབས་བསྟགས་ལྡན་གྱི་ཚེམས། སྦྲི་ཏིའི་ཕྱག་ཚ་ཐུབ་པའི་སྐུ། དགེ་བ་འབུམ་གྱི་གདུང་རུས། རྔོག་བྲག་ཕྱག་རྡོར་གྱི་ཤངས་ཕྱིས། རྗེ་ཙོང་ཁ་པའི་དབུ་སྐྲ་དང་ན་བཟའ་སྣ་ཚོགས། གསང་ཆབ་རིལ་བུ། བྱང་ཆུབ་ཤིང་གི་ད་རང་བྱོན། རྗེའི་ཕྱག་ཚ་མི་འཁྲུག་པའི་སྐུ། རྒྱལ་ཚབ་དར་མ་རིན་ཆེན་གྱི་དབུ་སྐྲ། མཁས་གྲུབ་ཐམས་ཅད་མཁྱེན་པའི་དབུ་ལོ་དང་ན་བཟའ། བྱང་བ་འཇམ་དབྱངས་བཤེས་གཉེན་གྱི་གདུང་རུས། གྲུབ་ཆེན་དཔལ་འབར་བའི་གདུང་རུས། འབྲི་གུང་ཞབས་དྲུང་

གི་དབུལ་ལོ། རྗེ་དགེ་འདུན་གྲུབ་ཀྱི་གདུང་རུས་དང་ན་བཟའ། རྒྱལ་བ་དགེ་འདུན་རྒྱ་མཚོའི་དབུ་སྐྲ་དང་ན་བཟའ། རྒྱལ་བ་བསོད་ནམས་རྒྱ་མཚོའི་དབུ་སྐྲ་དང་ན་བཟའ། རྒྱལ་བ་ཡོན་ཏན་རྒྱ་མཚོའི་དབུ་སྐྲ་དང་ན་བཟའ། རྒྱལ་དབང་བློ་བཟང་རྒྱ་མཚོའི་དབུ་སྐྲ་དང་ན་བཟའ། གསང་ཆབ་རིལ་བུ། དུང་དཀར་འབྲུག་སྒྲའི་སྐུ་རགས། རྗེ་དྲུང་རིན་པོ་ཆེའི་སྐྲ་ལོ་དང་ན་བཟའ། རྒྱལ་དབང་བློ་བཟང་དོན་གྲུབ་ཀྱི་ན་བཟའ་ཚལ་བུ། པཎ་ཆེན་བློ་བཟང་ཆོས་ཀྱི་རྒྱལ་མཚན་གྱི་དབུ་ལོ་དང་ན་བཟའ། པཎ་ཆེན་བློ་བཟང་ཡེ་ཤེས་ཀྱི་དབུ་ལོ་དང་ན་བཟའ། གསང་ཆབ་རིལ་བུ། གཙང་དཀའ་ཆེན་རིན་པོ་ཆེའི་དབུ་ལོ་དང་ན་བཟའ། ཁྲི་ཡང་སྟེང་བའི་གདུང་རུས་དང་ན་བཟའ། རྒྱལ་སྲས་སྤྲུལ་སྐུའི་སྐྲ་ལོ། སྐྱབས་ཁང་དཔོན་སློབ་དགེ་ལེགས་རྒྱ་མཚོའི་དབུ་སྐྲ་དང་ན་བཟའ། མངའ་རིས་སྤྲུལ་སྐུའི་དབུ་ལོ། སེམས་དཔའ་སྤྲུལ་སྐུའི་སྐྲ་ལོ། སྟོང་སྐོར་རིན་པོ་ཆེའི་དབུ་སྐྲ། འཇམ་དབྱངས་བཞད་པའི་རྡོ་རྗེའི་ཕྱེད་པ། ཕྱག་མདུད། དཔོན་སློབ་རིན་པོ་ཆེའི་མེ་ཆ། ཕྱག་ཕྲེང་། ཁྲི་རིན་པོ་ཆེ་འགའ་ཡི་ན་བཟའ། ཆོས་རྗེ་བློ་བཟང་སྨིན་པའི་དབུ་སྐྲ། དགེ་སློང་ཨ་རིགས་པའི་དབུ་ཐོད། ཕུར་རྩྭའི་ས། གདུང་རུས་སྣ་ཚོགས་དང་། ན་བཟའ་སྣ་ཚོགས་བསྲེས་པའི་ཕྱེ་མ་རྟེན་འདུས་རིལ་བུ་དང་། བདུད་རྩི་རིལ་བུ་སོགས་རིལ་བུ་སྣ་ཚོགས། གསང་བདེ་འཇིགས་གསུམ་དང་། དུས་གསུམ་སངས་རྒྱས། ཆོས་སྐྱོང་འགའ་རེའི་སྐུ་བརྙན་སོགས་སྐུ་ཕྱར་དུ་མ། རྒྱུད་སྡེ་བཞིའི་སྙིང་པོ་དང་། གཟུངས་ཆེན་སྡེ་ལྔ་སོགས་གཟུངས་རིགས་སྣ་ཚོགས། བཟང་སྤྱོད་དང་གདུགས་དཀར་མང་པོ། ཚོགས་བདག་འཁོར་ལོ་སོགས་དང་། དྲི་བཟང་སྣ་ཚོགས། གནས་ཆེན་མང་པོའི་ས་སྣ་ཆུ་སྣ་དང་། བཀྲ་ཤིས་པའི་རྟེན་རྫས་དུ་མ་དང་བཅས་འགྲོ་བའི་ཞིང་ས་དམ་པར་བཞུགས་སོ། །

བྱམས་མགོན་ཐུགས་རྗེའི་སྤྲུལ་འཕྲུལ་དུས་ཀྱི་མཐར། །བློ་བཟང་རྒྱལ་བསྟན་འཛིན་སྐྱོང་སྤེལ་བའི་ཕྱིར། །མཁས་ཤིང་གྲུབ་བརྙེས་བསྟན་འཛིན་སྐྱེས་མཆོག་གི །རྣམ་རོལ་བླམ་ཡབ་སྲས་ཞབས་ལ་འདུད། །གཞན་ཕན་རྨད་བྱུང་ཐབས་མཁས་མཛད་བཟང་གིས། །འགྲོ་རྣམས་དགའ་ལྡན་ཞིང་དུ་འཁྲིད་པའི་ཕྱིར། །སྣང་བརྙན་མཐོང་བ་དོན་ལྡན་བཞེངས་པ་ཡི། །དགོས་དོན་བཞེད་པ་ཇི་བཞིན་འགྲུབ་གྱུར་ཅིག །ཕྱིས་སུའང་མཁས་གྲུབ་གཉིས་འཛོམ་གྱི་སྐྱེས་ཆེན་དམ་པ་ཁ་རྡོའི་དཔོན་སློབ་བློ་བཟང་བསྟན་འཛིན་དང་། བསྟན་པའི་རྩ་ལག་ཆེན་པོ་མཁས་གྲུབ་བསྟན་འཛིན་རྣམ་གཉིས་ནས་སྟོན་སློམ་ཆེན་རིན་པོ་ཆེས་ལུང་བསྟན་དང་བཀའ་ཕེབས་ཀྱི་དོན་བཞིན་ཇོ་བོའི་ལྷ་ཁང་དུ་གསར་དུ་བཞེངས་པ་རྒྱལ་བ་བྱམས་པ་མགོན་པོའི་སྐུ་བརྙན་མཐོང་བ་དོན་ལྡན་གྱི་ནང་རྟེན་ནི། ཐུབ་པའི་དབང་པོའི་འཕེལ་གདུང་གསུམ། ཇོ་བོ་རྗེ་དང་། འབྲོམ་རིན་པོ་ཆེ། ཛོག་ལེགས་པའི་ཤེས་རབ། ཕྱྭ་བྲག་གྲུབ་ཆེན། རྗེ་བཙུན་རེད་མདའ་བ། ཆོས་རྗེ་དོན་གྲུབ་རིན་ཆེན་གྱི་དབུ་སྐྲ། མཁས་གྲུབ་ཁྱུང་པོ་དང་། ཆོས་རྗེ་སྣམ་པོ་པ་རྣམ་གཉིས་ཀྱི་གདུང་རུས། རྒྱལ་བ་ཙོང་ཁ་པ་ཆེན་པོའི་དབུ་ཞྭ་དང་། ན་བཟའ། གསང་ཆབ་རིལ་བུ། བྱམས་ཆེན་ཆོས་རྗེ་དང་འཇམ་དབྱངས་ཆོས་རྗེ་དང་གཉིས་ཀྱི་དབུ་སྐྲ་དང་། ན་བཟའ། རྒྱལ་ཚབ་རིན་པོ་ཆེ་དང་། མཁས་གྲུབ་ཐམས་ཅད་མཁྱེན་པ་རྣམ་གཉིས་ཀྱི་དབུ་ཞྭ། རྗེ་དགེ་འདུན་གྲུབ་ཀྱི་གདུང་རུས། རྒྱལ་བ་བློ་བཟང་དོན་གྲུབ། གྲུབ་ཆེན་ཆོས་ཀྱི་རྡོ་རྗེ། མཁས་གྲུབ་སངས་རྒྱས་ཡེ་ཤེས་རྣམ་གསུམ་གྱི་ན་བཟའ། པཎ་ཆེན་ཐམས་ཅད་མཁྱེན་པ་བློ་བཟང་ཆོས་ཀྱི་རྒྱལ་མཚན། པཎ་ཆེན་བློ་བཟང་ཡེ་ཤེས་དབང་པོ། པཎ་ཆེན་བློ་བཟང་དཔལ་ལྡན་ཡེ་ཤེས་རྣམ་གསུམ་གྱི་དབུ་སྐྲ། ན་བཟའ། གསང་ཆབ་རིལ་བུ། རྒྱལ་བ་དགེ་འདུན་རྒྱ་མཚོ། བསོད་ནམས་

རྒྱ་མཚོ། ཡོན་ཏན་རྒྱ་མཚོ། ཀུན་མཁྱེན་ལྷ་བ་ཆེན་པོ། རྒྱལ་དབང་བསྐལ་བཟང་རྒྱ་མཚོ། རྒྱལ་བ་འཇམ་དཔལ་རྒྱ་མཚོ་རྣམས་ཀྱི་དབུ་སྐྲ་དང་གསང་ཆབ་རིལ་བུ། རོང་པོ་བསྐལ་ལྡན་རྒྱ་མཚོ། ལྕང་སྐྱ་ངག་དབང་བློ་བཟང་ཆོས་ལྡན། ཀུན་མཁྱེན་འཇམ་དབྱངས་བཞད་པའི་རྡོ་རྗེ། ཁྲི་ཆེན་དགེ་འདུན་ཕུན་ཚོགས། ཁྲི་རྒྱལ་མཚན་སེང་གེ ཁྲི་ངག་དབང་མཆོག་ལྡན། དཔོན་སློབ་བྱམས་པ་རིན་པོ་ཆེ། ལྕང་སྐྱ་རོལ་པའི་རྡོ་རྗེ། ཀུན་མཁྱེན་འཇིགས་མེད་དབང་པོ། །དཔོན་སློབ་རིན་པོ་ཆེ། ཐུགས་འཆང་སྟོབས་ལྡན་རྒྱ་མཚོ། རྗེ་བཙུན་གྲགས་པ་བཤད་སྒྲུབ། སྒོམ་ཆེན་བློ་བཟང་བཀྲ་ཤིས། ཆས་པ་བློ་བཟང་འཕྲིན་ལས། ཙ་ནེ་དཔོན་སློབ་སངས་རྒྱས་དཔལ་བཟང་། གེཧྲེ་བློ་བཟང་བསྟན་པའི་རྒྱལ་མཚན། ཀྱི་གྱུ་དཔོན་སློབ། དགོན་ལི་མཁས་མཆོག བེ་ཧུ་དཔོན་སློབ་མཐུ་སྟོབས་རྒྱལ་མཚན་སོགས་ཁོང་རྣམ་གཉིས་ནས་ཆོས་འབྲེལ་མནོས་པའི་བླ་མ་རྣམས་ཀྱི་དབུ་སྐྲ་དང་ན་བཟའ། སྲོག་ཤིང་གི་ངོས་བཞིར་གཟུངས་ཆེན་སྡེ་ལྔ་གསེར་ཞུན་གྱིས་བྲིས་པ། རྒྱུད་སྡེ་བཞིའི་སྙིང་པོ། སངས་རྒྱས་རབས་བདུན་གྱི་གསོ་སྦྱོང་ཚར་ཤིན་ཏུ་མང་པོ་སོགས་ཆོས་སྐུའི་རིང་བསྲེལ་འདྲི་སྦྱར་གྲངས་ལས་འདས་པ་བྲི་བསྐྲུན་དང་། ཕོས་དར་གྱི་ན་བཟའ་བརྩེགས་མ་མང་པོ་ཕུལ་ཏེ་གོ་རིམ་མ་འཁྲུགས་པར་བཞུགས་པའི་བར་མཚམས་དྲི་བཟང་སྣ་ཚོགས་ཀྱི་ཕྱེ་མས་གཏམས་པ། བྲིས་འབུར་ཅི་རིགས་པའི་སྐུ་བརྙན་གྱི་རིམ་པ་འང་རྒྱལ་བ་ཚེ་དཔག་མེད། ཐུབ་དབང་། མི་འཁྲུགས་པ། སྨན་བླ་བདེ་གཤེགས་བརྒྱད། རྒྱལ་བ་རིགས་ལྔ། སངས་རྒྱས་སུམ་ཅུ་སོ་ལྔ། དུས་གསུམ་སངས་རྒྱས། བཀའ་གདམས་ལྷ་བཞི། བྱམས་པ། བཅུ་གཅིག་ཞལ། སྒྲོལ་དཀར་ལྗང་། རིགས་གསུམ་མགོན་པོ། རྗེ་ཡབ་སྲས། ལམ་རིམ་བརྒྱུད་པ། ཉེ་སྲས་བརྒྱད། གནས་བརྟན་བཅུ་དྲུག ཛཾ་དཀར། ནོར་ལྷ། མགོན་ཆོས་རྣམ་སྲས་སོགས་ཀྱི་

སྐུ་བརྙན་མང་པོ་དང་། གཞན་ཡང་བྱིན་རྟེན་སྐུ་འབུམ་ཅན་དན་ཤིང་གི་ཆ་ཤས་ལོ་མ། རྟེན་བསྟུས་རིལ་བུ། བདུད་རྩི་རིལ་བུ། སྐྱེ་བདུན་དང་། ན་ཻ་དུང་ཕྱུར་མང་པོ་བསྒྲུབས་ཟིན་གྱི་རིལ་བུ་སོགས་དང་། རྒྱ་གར་ནག་བལ་བོད། ཐྭ་རི། རི་བོ་རྩེ་ལྔ་སོགས་གནས་འགང་ཆེ་མང་པོའི་ས་སྣ་ཆུ་སྣ་རྡོ་སྣ་བཀྲ་ཤིས་པའི་རྟེན་རྫས་དུམ་དང་རྫོངདཀར་དང་། ཚོགས་བདག་གི་གཏེར་འཁོར་སོགས་སྟོད་སྨད་བར་གསུམ་དུ་བཞུགས་རྒྱུའི་གཟུངས་གཞུག་གི་རིམ་པ་པཎ་ཆེན་རིན་པོ་ཆེ་དང་། རྒྱལ་དབང་གི་གཟུངས་གཞུག་གི་རྣམ་གཞག་དང་མཐུན་པར་བསྒྲུབས་ཏེ། རྒྱུད་སྡེ་དང་མཐུན་པའི་རབ་གནས་ཀྱི་ཆོ་ག་དམ་པའི་ཕྱག་བཞེས་ཉམས་པ་མེད་པར་བསྒྲུབས་ཏེ། འགྲོ་བའི་བསོད་ནམས་ཀྱི་ཞིང་ས་བླ་ན་མེད་པར་བཞུགས་སོ། །

སྐོར་ཚད་ནི་རྟེན་གཙོ་ལ་གཞལ་ཏེ། དེ་ལ་འབུམ་ཕྲག་གཅིག་འགྲོ་བའི་ཚོད་ལ་སྐོར་འབུམ་ཞེས་བརྗེ་བའི་གྲོལ་འདུག་པ་བཞིན། སྐུ་གསུང་ཡིད་བཞིན་ནོར་བུའི་མཆོད་རྟེན་རྣམ་གཉིས་ལ་གཞལ་བའི་དབང་དུ་བཏང་ན་ནང་སྐོར་ཁྲི་ཚོ་གཅིག དགོན་པའི་ཕྱི་སྐོར་ལ་སྟོང་ཚོ་གཉིས་དང་ལྔ་བརྒྱུས་གྲངས་ལེགས་པར་འགྲོ་ཞིང་། སྐོར་བ་བྱེད་ཚུལ་དང་། ཕྱག་མཆོད་སྐོར་བ་རྣམས་ཀྱི་ཕན་ཡོན་སོགས་ནི་དམ་པ་གོང་མ་རྣམས་ཀྱི་གསུང་ལས་འབྱུང་བ་དང་། ཁོ་བོའི་མཆོད་རྟེན་མཐོང་གྲོལ་ཆེན་མོའི་དཀར་ཆག་ཏུ་བྲིས་ཡོད་པ་སོགས་ལས་ཤེས་པར་བྱའོ། །མ་འོངས་སྐྱེ་དགུ་ཚེ་ལོ་བརྒྱད་ཁྲིའི་ཚེ། །མ་ཕམ་བསྟན་པའི་རྒྱ་མཚོར་འཇུག་འདོད་རྣམས། །རྣམ་འདྲེན་དེ་ལ་བརྟེན་པའི་ལེགས་བྱས་ཀྱི། །བསོད་ནམས་གྲུ་གཟིངས་ཚོགས་སུ་ཚུད་པར་གྱིས། །དལ་པའི་རྟེན་ཐོབ་རྒྱལ་བའི་བསྟན་དང་མཇལ། །སྐབས་ཆེན་བསོད་ནམས་ཞིང་གིས་མི་ཐོངས་པ། །འདི་འདྲའི་རྟེན་འབྲེལ་ལེགས་པར་འགྲིག་པའི་དུས། །དོན་མེད་ཀྱི་ནར་སྟོད་

རྣམས་ཀྱི་མ་རྗོ། །ཕྱག་མཆོད་སྐོར་བ་ལ་སོགས་ལུས་ཀྱི་ལས། །བཟླས་བརྗོད་
གསོལ་འདེབས་ཚད་མེད་ངག་གི་ལས། །རྩེ་གཅིག་མོས་གུས་བསྒོམ་པའི་ཡིད་
ལས་རྣམས། །རྟག་ཏུ་སྒྲུབ་པས་དལ་འབྱོར་དོན་ཡོད་མཛོད། །དེ་ལྟའི་རྣམ་
དཀར་ལྷུར་ལེན་སྐྱེ་བོ་རྣམས། །དུས་གསུམ་རྒྱལ་བ་སྲས་དང་བཅས་པའི་
དངོས། །བླ་མ་ཡབ་སྲས་ཐུགས་རྗེའི་སྐྱོ་བ་ཡིས། །ནམ་ཡང་མི་གཏོང་སྲིད་
ལས་འདྲེན་པར་ངེས། །མཆོག་གསུམ་རྟེན་དང་བརྟེན་པ་འདི་དག་ལ། །གུས་
པ་ལྷུར་ལེན་འབྲེལ་ཐོགས་སྐྱེ་བོ་ཀུན། །མི་ཁོམ་གནས་སུ་ནམ་ཡང་མི་སྐྱེ་
བར། །དལ་བའི་རྟེན་ལ་ལམ་བཟང་བགྲོད་གྱུར་ཅིག །གང་གི་ཐུགས་རྗེ་བྱིན་
རླབས་ལ་བརྟེན་ནས། །དགོན་གནས་འདིར་ཡང་ཁྲིམས་ལྡན་འདུས་པའི་
ཚོགས། །བཤད་སྒྲུབ་དང་བཅས་དབྱར་མཚོ་བཞིན་འཕེལ་བས། །དགེ་ལྡན་
ལུགས་བཟང་ཡུན་དུ་སྐྱོང་གྱུར་ཅིག །རྩ་བརྒྱུད་བླ་མ་རྣམས་ཀྱི་སྤྱན་སྔ་རུ། །
རྡོ་རྗེའི་གཡར་དམ་ལྷུར་བཞེས་སྲུང་ཚོགས་ཀྱིས། །མཆོག་གསུམ་རྟེན་དང་
དཔོན་སློབ་ཡོན་མཆོད་ཀུན། །རྟག་ཏུ་སྲུང་སྐྱོབ་བྱ་ར་མ་གཡེལ་མཛོད། །
མདོར་ན་བསྟན་འཛིན་ཚོགས་རྣམས་ཞབས་པད་བརྟན། །བློ་བཟང་རྒྱལ་བའི་
བསྟན་པ་དར་ཞིང་རྒྱས། །འགྲོ་ཀུན་ཆོས་འབྱོར་བདེ་དགས་འཚོ་བ་ཡི། །དགེ་
ལེགས་རྒྱ་མཚོས་ནོར་འཛིན་ཁྱབ་གྱུར་ཅིག །ཅེས་བྱ་དགེ་ལེགས་བཤད་གླིང་གི་རྟེན་
རྣམས་ཀྱི་དཀར་ཆག་ཕྱོགས་བསྡེབས་སུ་བྱས་པ་འདི་ནི། སྔ་མའི་དཀར་ཆག་ལྷེབ་རིམ་སུ་བཞུགས་པ་
རྣམས་ཏ་ཙང་བགྲིས་སྐྲོན་གྱིས་ནུབ་པར་ཉེ་བས་སྐྱེ་བོ་རྣམས་ཀྱི་དད་པའི་གསོས་སུ་འདི་འདྲ་ཞིག་དགོས་
ཞེས་དད་བརྩོན་པ་དགེ་སློང་དཀོན་མཆོག་དར་རྒྱས་ཀྱིས་བསྐུལ་བའི་ངོར། ༑བཙུན་པ་དཀོན་མཆོག་
བསྟན་པའི་སྒྲོན་མེས་དགོན་གསར་དགའ་ལྡན་རབ་རྒྱས་གླིང་དུ་བྲིས་པའོ། །

ཡབ་རྗེ་ཆོས་ཀྱི་རྒྱལ་པོ་དེ་ཉིད་ཀྱི་ཞལ་ནས། དྲི་མེད་ལུང་རིགས་སྨྲ་སྟན་
སྒྲོགས་པའི་ཚལ། །སྨད་བྱུང་ཐོས་བསམ་གླིང་གི་སྡེ་ཆེན་འདིར། །རྒྱུན་དྲུག་
མཆོག་གཉིས་ལྟ་བུའི་མཁས་མང་གིས། །ཡོངས་གང་བཤད་སྒྲུབ་རྒྱལ་མཚན་

འཛིན་པར་ཤོག །ཅེས་གསུངས་པ་ལྟར། མདོ་རྒྱུད་ཚད་མའི་ལུང་དང་དཔྱད་གསུམ་དག་པའི་རིགས་ལམ་གྱི་དབྱངས་སྙན་སྐལ་བཟང་རྣ་བའི་བདུད་རྩིར་སྦྱོ་ཞིང་། ཐུབ་བསྟན་མི་ནུབ་པའི་རྒྱལ་མཚན་བསྒྲེང་བར་མཛད་པ་རྒྱན་དྲུག་མཆོག་གཉིས་ལྟ་བུའི་མཁས་མང་འདུས་པ་རྒྱ་མཚོའི་སྙན་དབང་ཟབ་མོའི་དྲུང་དུ་གང་ཞུ་ན། རྒྱལ་བ་མི་ཡི་ཉི་མ་རྣམ་འདྲེན་ཤཱཀྱ་སེང་གེ་དེ་ཉིད་སྐྱེ་རྒུ་ཚེ་ལོ་བརྒྱ་པའི་དུས་སུ་བྱོན་ཏེ། མཆོག་གི་སྤྲུལ་སྐུའི་མཛད་པའི་གཙོ་བོ་ནི་ཆོས་ཀྱི་འཁོར་ལོ་རིམ་པ་གསུམ་དུ་བསྐོར་བ་འདི་ཡིན། དེའང་བཀའ་དང་པོ་བདེན་བཞིའི་ཆོས་འཁོར་གྱིས་མཛོད་དང་འདུལ་བ། བཀའ་བར་པ་མཚན་ཉིད་མེད་པའི་ཆོས་འཁོར་གྱིས་དབུ་མ་དང་ཕར་ཕྱིན། བཀའ་ཐ་མ་ལེགས་ཕྱེའི་ཆོས་འཁོར་གྱིས་རྣམ་རིག་པའི་ལུགས་རྣམ་འགྲེལ་ལྟར་གསུངས་པ་ཡིན་པས། ཆོས་འཁོར་གསུམ། གསུང་རབ་ཡན་ལག་བཅུ་གཉིས། ཆོས་ཕུང་བརྒྱད་ཁྲི་བཞི་སྟོང་ཟེར་བ་ཐམས་ཅད་ཀྱིས་བཀའ་པོད་ལྔ་པོ་འདི་གསུངས་པ་ཡིན། སངས་རྒྱས་ཀྱི་བསྟན་པའང་ལུང་རྟོགས་གཉིས་ལས་མ་འདས་ཤིང་། རྟོགས་པའི་བསྟན་པ་བསླབ་པ་གསུམ་དུ་གྲངས་ངེས། ལུང་གི་བསྟན་པ་སྡེ་སྣོད་གསུམ་དུ་གྲངས་ངེས། དེས་ན་ཚུལ་ཁྲིམས་ཀྱི་བསླབ་པ་སྟོན་བྱེད་འདུལ་བ་ཡིན། ཏིང་ངེ་འཛིན་གྱི་བསླབ་པ་སྟོན་བྱེད་མདོ་སྡེ་ཀུན་གྱི་གཙོ་བོ་ཤེས་རབ་ཀྱི་ཕ་རོལ་ཏུ་ཕྱིན་པ་ཡིན། ཤེས་རབ་ཀྱི་བསླབ་པ་སྟོན་བྱེད་མངོན་པ་གཉིས་ཡོད་པས་མངོན་པ་མཛོད། མངོན་པ་གོང་མ་དབུ་མ། རིགས་པའི་མངོན་པ་རྣམས་འགྲེལ་ཡིན་པས་འདི་ལྟའི་ཚིག་དོན་ལ་མ་འདུས་པའི་སངས་རྒྱས་ཀྱི་བསྟན་པ་ཞིག་མེད། རྒྱ་གར་པཎ་གྲུབ་གནམ་གྱི་སྐར་མ་ལྟ་བུ་བྱོན་པའི་ནང་ན་ཉི་ཟླ་ལྟར་གྲགས་པ་འཛམ་གླིང་རྒྱན་དྲུག་མཆོག་གཉིས་ཡིན། དེའི་ནང་ནས་ཀླུ་སྒྲུབ་ཡབ་སྲས་གཉིས་ཀྱིས་དབུ་མ། ཐོགས་མེད་སྐུ་མཆེད་གཉིས་ཀྱིས་ཕར་ཕྱིན་དང་

མཛོད། ཕྱོགས་གླང་ཆོས་གྲགས་གཉིས་ཀྱིས་གཏན་ཚིགས་གསུམ་དང་བློ་རིགས་བདུན་སོགས་ཚད་མའི་སྐོར། ཡོན་ཤཱཀ་གཉིས་ཀྱིས་འདུལ་བའི་དགོངས་དོན་བཀྲལ་ཏེ་རྒྱ་གར་ཆོས་ཀྱི་འབྱུང་གནས་ཟེར་བ་དེ་བྱུང་བ་ཡིན། དེའི་རྒྱུན་ཆོས་རྒྱལ་ལོ་པཎ་རྣམས་ཀྱིས་བྱང་ཕྱོགས་ཁ་བ་ཅན་གྱི་ལྗོངས་འདིར་སྤྱན་དྲངས་ཏེ་མཁས་པ་རྣམས་ཀྱིས་བཤད་སྒྲུབ་གཉེ་གའི་སྒོ་ནས་སྤེལ། ཁྱད་པར་མཉམ་མེད་ཇོ་བོ་ཆེན་པོས་ལུང་བསྟན་ཏེ་རྔོག་ལེགས་པའི་ཤེས་རབ་ཀྱིས་གསང་ནེའུ་ཐོག་བཏབ་ནས་རྩོད་གྲྭའི་སྲོལ་བཙུགས། ཚ་པ་ཆོས་ཀྱི་སེང་གེ་སོགས་ཀྱིས་ཇེ་རྒྱས་སུ་བཏང་། ལྷག་པར་འཇམ་མགོན་རྒྱལ་བ་གཉིས་པ་ཡབ་སྲས་ཀྱིས་གདན་ས་ཆེན་པོ་གསུམ་ལ་སོགས་པ་བཏབ་ནས་བཀའ་པོད་ལྔའི་འཆད་ཉན་གྱི་རྒྱལ་མཚན་བསྒྲེངས། མདོ་ལས་བསྟན་པ་བྱང་ནས་བྱང་དུ་དར་བར་གསུངས་པ་དང་། བཀའ་གདམས་གླེགས་བམ་ལས། བོད་བྱང་གི་ཕྱོགས་ནས་བྱང་ཕྱོགས་སུ། །མི་ཁྱོད་ཀྱི་སྤྲུལ་པ་དམ་པ་ཞིག །ཅེས་སོགས་ཀྱི་ལུང་བསྟན་དུས་ལ་བབ་པ་ན་བཤད་གྲྭ་ཀུན་གྱི་ཆུ་མགོ་གངས་ལ་ཐུག་པ་ལྟ་བུ་གསང་ནེའུ་ཐོག་ནས་ཀུན་མཁྱེན་འཇམ་དབྱངས་བཞད་པའི་རྡོ་རྗེ་ཉིད་ལ། ཉིད་ཀྱི་ལེགས་པར་བཤད་པས་ས་སྟེང་ཁྱབ་པར་ལུང་བསྟན་བྱུང་བ་བཞིན། ཇྟོན་མེད་ཀྱི་ལེགས་བཤད་བཀའ་པོད་ཆེན་པོ་ལྔ་མཛད་པས་དེང་སང་སྟོད་ཛ་ཏིའི་མེ་ཏོག་བཀྲ་བ་ནས་ཤར་རྒྱ་མཚོའི་མཐའི་བར་དུ་ཐོས་བསམ་རྣལ་མ་ཞིག་བྱེད་འདོད་པ་ཀུན་གྱི་མིག་གཅིག་པུར་གྱུར་པ་འདི་བྱུང་བ་ཡིན། དེའི་ནང་ནས་ཀྱང་ཐུགས་བསྐྱེད་ཀྱི་བཀའ་བབ་པ་དང་། བྱིན་རླབས་ཀྱི་བཅུད་འཁྱིལ་པ་ནི་གོང་གི་ལུང་བསྟན་བཞིན་བོད་ཆེན་པོ་མདོ་ཁམས་སྨད་ཀྱི་བསྟན་པའི་འབྱུང་གནས་ཆོས་གྲྭ་ཆེན་པོ་བཀྲ་ཤིས་འཁྱིལ་འདི་ཉིད་དང་། དེའི་ནང་ནས་ཀྱང་གྲྭ་ཚང་ཐོས་བསམ་གླིང་འདི་ཉིད་ཡིན། དེའི་རྒྱུ་མཚན་གྱིས་གྲྭ་ཚང་འདིའི་ཆོས་འཆད་

ཉན། འཁྲིག་ལམ་ཀུན་སྤྱོད་སོགས་གྲ་མ་ཆག གྲུ་མ་ཉམས་པ་ཞིག་བསྟན་འགྲོ་ཡོངས་ཀྱི་ཕན་བདེའི་རྩ་བར་གལ་ཆེ་བས། ཁྱུར་ལེན་གནས་སྐབས་ཀྱི་ལས་སྣ་རྣམས་ཀྱིས་བྱེད་དགོས་སྟབས་དབྱར་ཆོས་དགུན་ཆོས་གཉིས་ཀྱི་མཚམས་སུ་དགེ་བསྐོས་གསར་བ་ལང་སྐབས་བཅའ་ཡིག་གི་སྟེང་ནས་ཚོགས་གཏམ་རྒྱས་པ་རེ་འབུལ་བའི་སྲོལ་ཡོད་པ་བཞིན་ཞུ་བ་ལ། །

འོ་ལགས་སོ། །མདོ་རྒྱ་ཆེར་རོལ་པ་ལས། འཆི་དང་འཕོ་དང་འཆི་འཕོ་དུས་བྱེད་པ། །ཕངས་ཤིང་སྡུག་པའི་སྐྱེ་བོ་རྟག་ཏུ་འབྲལ། །ཕྱིར་མི་འོང་ཞིང་འཕྲད་པར་འགྱུར་མ་ཡིན། །ཤིང་ལས་ལོ་འགྱུལ་འདྲ་ཞིང་ཀླུང་རྒྱུན་མཚུངས། །ཞེས་གསུངས་པ་ལྟར། སྟོན་འཁོར་བ་ཐོག་མ་མེད་པ་ནས་བཟུང་སྟེ་འཁོར་བ་འདིར་ལས་ཀྱི་རླུང་གིས་བདས་ཏེ་གནས་མཐོ་དམན་སྣ་ཚོགས་པར་ལུས་བཟང་ངན་ཅི་རིགས་པ་རེ་བླངས། ལུས་རེ་རེ་བླངས་པའི་སྐབས་སུ་དེའི་མིང་ལ་ཚེ་འདི་ཞེས་བཏགས་ནས་དེར་ཡུན་རིང་ཞིག་སྡོད་རྒྱུའི་གྲབ་རྫོམ། དགྲ་འདུལ་གཉེན་སྐྱོང་ལ་སོགས་པ་དོན་མེད་པའི་བྱ་བ་མང་པོ་ཞིག་ལ་མགོ་འཁོར་ནས་བསྡད་ཡོད་པའི་ཐོག་ཏུ་འཆི་བདག་གི་ཕོ་ཉས་སླེབས་ཏེ། ཚེ་དེའི་ལུས་ལོངས་སྤྱོད་གཉེན་ཉེ་དུ་གྲོགས་མཛའ་བཤེས་ཐམས་ཅད་ཤུལ་དུ་བཞག རང་ཉིད་གཅིག་པུ་མར་ནང་ནས་སྐྲ་བཏོན་པ་བཞིན་འཇིག་རྟེན་ཕྱི་མའི་གནས་སུ་འགྲོ་དགོས་པ་ནི་མཐོ་ཚངས་པ་དང་བརྒྱ་བྱིན་འཁོར་ལོས་བསྒྱུར་པའི་རྒྱལ་པོ་ཚུན་ཆད་ནས། དམའ་འབུ་སྲིན་ཕྲ་མོ་ཡན་ཆད་ཀྱི་སྟེང་དུ་ཁྱད་པར་མེད་པར་འབབ་ངེས་པ་ཡིན། དེ་ཐོག་ཏུ་བབས་པའི་ཚེ་ན་ཐབས་གང་གིས་ཀྱང་བཟློག་ཏུ་མེད་པ་པཎ་ཆེན་ཐམས་ཅད་མཁྱེན་པའི་ཞལ་ནས། མགྱོགས་པོའི་འགྲོས་དང་སྟོབས་ཀྱིས་བཟློག་ཏུ་མེད། །ཟས་ནོར་སྨན་དང་སྔགས་ཀྱིས་བཟློག་ཏུ་མེད། གསུངས་པ་ལྟར་ཡིན། དེ་ལྟ་བུའི་ཟློག་མེད་ཀྱི་འཆི་བ་དེ་ཆེ་ཆུང་ཀུན

གཞན་ཐམས་ཅད་ཀྱི་སྟེང་དུ་གོ་རིམ་ངེས་པ་མེད་པར་གནམ་རྗོ་བཞིན་དུ་བབ་པ་ལས་ད་ལན་ཁྱོད་ཀྱི་ཐོག་ཏུ་བབས་པ་ཡིན། དེ་ལ་འགྱོད་པ་དང་སྐྲག་པས་གོ་མི་ཆོད། འཇིགས་པའི་འཕྲང་འདི་ནས་ཐར་བ་དང་ཕྱི་མར་བདེ་བ་ནས་བདེ་བར་འགྲོ་བའི་ཐབས་ཤིག་བྱེད་དགོས། དེའི་ཐབས་ནི་འབྲེལ་ཤུལ་ན་ཡོད་པ་རྣམས་ཀྱིས་དགེ་རྩ་སྡིག་དང་མ་འདྲེས་པ་ཞིག་བྱས། ངེད་ཅག་ལའང་རང་ངོས་ནས་ནུས་པ་མེད་ཙང་བླ་མ་དཀོན་མཆོག་ལ་བློ་བཀལ་ཏེ་ཆོ་ག་ཚུལ་དང་མཐུན་པར་བྱས། གཙོ་བོར་དུས་ཀྱི་ཆོས་ཉིད་དུ་གྱུར་པ་ཁྱོད་རང་གིས་སེམས་འཇིགས་སྐྲག་འཁྲུལ་སྣང་ལ་སོགས་པའི་དབང་དུ་མ་བཏང་བར། སྐབས་འདི་ཡར་འགྲོ་མར་འགྲོའི་སོ་མཚམས། སྙིང་སྟུག་ལེགས་ཉེས་ཐམས་ཅད་བླ་མ་དཀོན་མཆོག་ལ་གཏད་དགོས་པའི་དུས་སུ་འདུག་སྙམ་ནས་གསོལ་བ་རྩེ་གཅིག་ཏུ་འདེབས་ཐུབ་ན། བླ་མ་དཀོན་མཆོག་གི་ངོས་ནས་ཐུགས་རྗེས་གཟིགས་པ་སྐད་ཅིག་ཀྱང་དུས་ལས་ཡོལ་མི་སྲིད་པས། ཕྱི་ནང་གི་རྐྱེན་འབྲེལ་ཐམས་ཅད་འཛོམ་ལུགས་འདིས་གཏན་དུ་སྐྱིད་པའི་མགོ་ཞིག་ཚུགས་ཐུབ་པར་འདུག་སྙམ་དུ་དགའ་བ་སྐྱེད་དགོས། ད་ལྟ་ཆགས་སྡང་རྨོངས་གསུམ་གྱིས་རྐྱེན་བྱེད་པའི་སྣང་བ་ཡིད་དུ་འོང་མི་འོང་སྣ་ཚོགས་པ་འཆར་མོད་ཀྱང་། གསོན་པའི་དུས་ན་རྨི་ལམ་རྨིས་པ་དང་འདྲ་བས་དེ་ལ་དགའ་བས་ཆགས་པ་སྐྱེ་དོན་དང་། མི་དགའ་བས་འཇིགས་སྐྲག་སྐྱེ་དོན་གང་ཡང་མེད། དེར་ཆགས་སྡང་གི་བློ་སྐྱེས་ན་སླར་ཡང་མ་དག་པའི་སྐྱེ་གནས་དམན་པ་རྣམས་སུ་འཁྲིད་པའི་ཉེན་ཡོད་པས། དྲན་ཤེས་བཞིན་ཤུགས་དྲག་ཏུ་བསྐྱེད་ནས་དཀོན་མཆོག་གི་སྐྱབས་འོག་ཏུ་ཚུད་ངེས་པ་ཞིག་བྱེད་དགོས། དེས་ན་ངེད་ཀྱིས་དཔལ་ངན་སོང་ཐམས་ཅད་ཡོངས་སུ་སྦྱོང་བའི་དཀྱིལ་འཁོར་གྱི་འཁོར་ལོའམ་དཔལ་རྡོ་རྗེ་འཇིགས་བྱེད་ཆེན་པོའི་དཀྱིལ་འཁོར་གྱི་འཁོར་ལོ་ཞལ་ཕྱི་སྟེ་ཆོ་ག་ཚུལ་བཞིན་དུ

བསྒྲུབས། ཉམ་ཐག་ལུས་ཅན་རྣམས་ཀྱི་མགོན་སྐྱབས་སུ་སྨོན་ལམ་གྱི་མཐུ་ལྷག་པར་བཙན་པས་མཚན་ཐོས་པ་ཙམ་གྱིས་ཀྱང་ངན་སོང་ངན་འགྲོའི་སྐྱེ་སྒོ་མཐའ་དག་བཀག་ནས་ཞིང་མཆོག་བདེ་བ་ཅན་དུ་འཁྲིད་པའི་ས་མཁན་ཟླ་ན་མ་མཆིས་པ་མགོན་པོ་འོད་དཔག་མེད་ཉེ་བའི་སྲས་དང་བཅས་པ་སྤྱན་དྲངས་ཏེ་མདུན་དུ་བཞུགས་ཡོད་པས། ངེད་ཀྱིས་གསོལ་འདེབས་ཀྱི་ཚིགས་བཅོད་པའི་རྗེས་སུ་འབྲངས་ཏེ་རེ་ས་གཞན་ན་མེད་པའི་དད་གདུང་ཤུགས་དྲག་པོ་སྐྱེད་པར་མཛོད། །

འོ་དེ་འང་རྣམ་སྣང་མངོན་བྱང་ལས། བསྐལ་བ་བྱེ་བ་དུ་མ་རུ། །སྡིག་པ་གང་ཞིག་བྱས་པ་ཡང་། །འདི་འདྲའི་དཀྱིལ་འཁོར་མཐོང་བ་ཡིས། །དེ་མ་ཐག་ཏུ་ཟད་འགྱུར་ན། །གྲགས་པ་མཐའ་ཡས་སྔགས་སྤྱོད་པའི། །ཚུལ་ལ་བརྟེན་ན་སྨོས་ཅི་དགོས། །ཞེས་གསུངས་པ་ལྟར། འཁོར་བ་ཕྲ་རགས་ཀྱི་མཚོ་ལས་རྒྱལ་བར་བྱེད་པའི་ཐབས་ལ་གསང་སྔགས་རྡོ་རྗེ་ཐེག་པ་ལས་ཟབ་པ་མེད་ཅིང་། གསང་སྔགས་རྡོ་རྗེ་ཐེག་པ་དེ་ལ་སྤྱོད་པའི་ཚུལ་དཔྱིད་བཟང་གི་རྒྱུད་ལས། སྔགས་ཀྱི་རྩ་བ་དང་པོར་ཚུལ་ཁྲིམས་ཏེ། ཞེས་དང་པོར་དབང་རྣམ་པར་དག་པ་ཐོབ། དེ་ནས་དམ་ཚིག་ཚུལ་བཞིན་དུ་བསྲུང་ན་མཆོག་ཐུན་མོང་གི་དངོས་གྲུབ་ཐམས་ཅད་ཚེ་གཅིག་ཉིད་ལ་བདེ་བླག་ཏུ་འགྲུབ་ནུས་ཤིང་། ཐ་ན་དད་པ་བཅོས་མ་ཙམ་གྱི་སྒོ་ནས་དཀྱིལ་འཁོར་ལན་གཅིག་མཐོང་བ་ཙམ་གྱིས་ཀྱང་བསྐལ་བ་དུ་མར་བསགས་པའི་སྡིག་ལྟུང་མཐའ་ཡས་པ་སྐད་ཅིག་ཉིད་ལ་སྦྱོང་ནུས་པ་ཡིན། འཇམ་དཔལ་རྩ་རྒྱུད་ལས་ཀྱང་། ངས་བྲིས་མཐོང་བ་ཙམ་གྱིས་ཀྱང་། །གཙང་མའི་གནས་སུ་སྐྱེ་བར་འགྱུར། །ཞེས་མངོན་མཐོའི་རྟེན་ཁྱད་པར་ཅན་ཐོབ་པ་དང་། མདོ་ཏིང་ངེ་འཛིན་རྒྱལ་པོར། འབྲུགས་བཞིན་པ་ཡི་སེམས་ཀྱིས་བལྟས་ན་ཡང་། དེ་དག་གིས་ཀྱང་བྱང་ཆུབ་མཆོག

འདི་འཐོབ། །ཅེས་མཐར་ཐུག་ངེས་ལེགས་ཐོབ་པར་གསུངས་པ་སོགས་ཕན་ཡོན་མཐའ་ཡས་པ་བརྗོད་ཀྱིས་མི་ལང་། དབང་ཆོག་འདི་ནང་དུའང་། ཚེ་འདིའི་བདེ་བ་མ་ལུས་དང་། །འཇིག་རྟེན་ཕྱི་མའི་བདེ་མཆོག་དང་། །སངས་རྒྱས་ཉིད་ཀྱང་འཐོབ་འགྱུར་ན། །ལྷ་མིའི་བདེ་བ་སྨོས་ཅི་དགོས། །ཞེས་གནས་སྐབས་མཐར་ཐུག་གི་དགོས་དོན་ཐམས་ཅད་སྒྲུབ་ནུས་པར་གསུངས་ཡོད་པ་འདི་ཡིན། དབང་བསྐུར་བ་ལ་གྲུབ་ཆེན་དྲིལ་བུ་ཞབས་ཀྱིས། དབང་བསྐུར་དཀྱིལ་འཁོར་སྔོན་འགྲོ་བར། །རྡོ་རྗེ་འཆང་གིས་གསུངས་པ་སྟེ། །ཞེས་དཀྱིལ་འཁོར་དུ་བཙུག་ཅིང་ལྷ་ངོ་སྟོན་པ་སོགས་སྔོན་དུ་བྱེད་དགོས། དཀྱིལ་འཁོར་སྟོན་པའི་རིམ་པའང་ཕྱི་རིམ་དང་ནང་རིམ་ནས་སྟོན་ཚུལ་རྒྱུད་དང་གྲུབ་ཆེན་གྱི་བཞེད་སྲོལ་སྣ་ཚོགས་པ་ཡོད་ཀྱང་། སྐབས་འདིར་རྒྱུད་རྡོ་རྗེ་རྩེ་མོ་ལས། སྒོ་པ་རྡོ་རྗེ་ལྕགས་ཀྱུ་ནས་བཅོམ་ལྡན་འདས་ལ་ཐུག་གི་བར་དུ་བསྟན་ཏོ། །ཞེས་གསུངས་ཤིང་། རྡོ་རྗེ་འབྱུང་བ་ལས་ཀྱང་དེ་ལྟར་གསུངས་པས་ཕྱི་རིམ་ནས་སྟོན་དགོས། དེའང་འབྱུང་བཞི་རིམ་བརྩེགས་སྲུང་བའི་འཁོར་ལོ་མེ་རི་དང་བཅས་པའི་དབུས་སུ་སྣ་ཚོགས་པདྨ་ལ་གནས་པའི་སྣ་ཚོགས་རྡོ་རྗེའི་ལྟེ་བར་གཞལ་ཡས་ཁང་གྲུ་བཞི་སྒོ་བཞི་རྒྱན་རྟ་བབ་ལ་སོགས་པའི་མཚན་ཉིད་ཐམས་ཅད་ཡོངས་སུ་རྫོགས་པ་རིམ་པ་གཉིས་སུ་ཡོད་པའི་ནང་མའི་ཤར་སྒོར་རྡོ་རྗེ་ལྕགས་ཀྱུ། ལྷོ་སྒོར་རྡོ་རྗེ་ཞགས་པ། ནུབ་སྒོར་རྡོ་རྗེ་ལྕགས་སྒྲོག བྱང་སྒོར་རྡོ་རྗེ་འབེབས་པ། ཕྱིའི་ཤར་ལྷོར་བདུག་སྤོས་མ། ལྷོ་ནུབ་ཏུ་མེ་ཏོག་མ། ནུབ་བྱང་དུ་མར་མེ་མ། བྱང་ཤར་དུ་དྲི་ཆབ་མ། ནང་གི་ཤར་ལྷོར་སྒེག་མོ། ལྷོ་ནུབ་ཏུ་ཕྲེང་བ་མ། ནུབ་བྱང་དུ་གླུ་མ། བྱང་ཤར་དུ་གར་མ། ཤར་གྱི་རྩིབས་དང་པོ་ལ་རྡོ་རྗེ་སེམས་དཔའ། གཉིས་པ་ལ་རྡོ་རྗེ་རྒྱལ་པོ། གསུམ་པ་ལ་རྡོ་རྗེ་ཆགས་པ་། བཞི་པ་ལ་རྡོ་རྗེ་ལེགས་པ། ལྷོའི་རྩིབས་དང་པོ་ལ་རྡོ་རྗེ་རིན་ཆེན།

གཉིས་པ་ལ་རྡོ་རྗེ་གཟི་བརྗིད། གསུམ་པ་ལ་རྡོ་རྗེ་རྒྱལ་མཚན། བཞི་པ་ལ་རྡོ་རྗེ་བཞད་པ། ནུབ་ཀྱི་རྩིབས་དང་པོ་ལ་རྡོ་རྗེ་ཆོས། གཉིས་པ་ལ་རྡོ་རྗེ་རྣོན་པོ། གསུམ་པ་ལ་རྡོ་རྗེ་རྒྱུ། བཞི་པ་ལ་རྡོ་རྗེ་སྨྲ་བ། བྱང་གི་རྩིབས་དང་པོ་ལ་རྡོ་རྗེ་ལས། གཉིས་པ་ལ་རྡོ་རྗེ་སྲུང་བ། གསུམ་པ་ལ་རྡོ་རྗེ་གནོད་སྦྱིན། བཞི་པ་ལ་རྡོ་རྗེ་ཁུ་ཚུར་རྣམས་དང་། ཤར་ལྷོར་སྤྱན་མ། ལྷོ་ནུབ་ཏུ་མ་མ་ཀཱི། ནུབ་བྱང་དུ་གོས་དཀར་མོ། བྱང་ཤར་དུ་སྒྲོལ་མ། ཤར་དུ་ངན་སོང་སྦྱོང་པའི་རྒྱལ་པོ། ལྷོར་རྒྱལ་མཆོག་རིན་ཆེན། ནུབ་ཏུ་ཤཱཀྱ་རིགས་དབང་། བྱང་དུ་མེ་ཏོག་ཆེར་རྒྱས། དབུས་སུ་དཀྱིལ་འཁོར་ལོ་གྱི་འཁོར་མཐའ་དག་སྒྲོ་ཞིང་སྟུད་པའི་བྱེད་པོ་ཆོས་ཀྱི་དབྱིངས་ཀྱི་ཡེ་ཤེས་ཀྱི་རང་བཞིན་ངན་སོང་ཐམས་ཅད་ཡོངས་སུ་སྦྱོང་བ་གཟི་བརྗིད་ཀྱི་རྒྱལ་པོ་བཅོམ་ལྡན་འདས་ཀུན་རིག་རྣམ་པར་སྣང་མཛད་དེ་ལྷ་སོ་བདུན་གྱི་རྟེན་དང་བརྟེན་པའི་དཀྱིལ་འཁོར་གྱི་འཁོར་ལོ་མངོན་སུམ་དུ་མཐོང་བའི་མོས་པ་མཛོད། ཅེས་བརྗ་སྒྲད། །

དེའང་ཀུན་མཁྱེན་བླ་མ་མཆོག་གི་ཞལ་གྱི་བུམ་བཟང་ལས། ངག་དབང་ལྷ་མོ་མགྲིན་མཆོར་ཞུགས་པ་ལས། །བློ་བཟང་ལེགས་བཤད་ཆོས་ཀྱི་སྒྲ་དབྱངས་སྒྲོགས། །ཐུབ་ཆེན་བསྟན་པའི་རྒྱལ་མཚན་བསྒྲེང་མཁས་པ། །དཔལ་ལྡན་བླ་མ་ཞེས་གསུངས་པ་ལྟར། ཟབ་ཡངས་ཆོས་ཚུལ་མི་ཟད་ངག་གི་འདོད་པ་འཇོ་བའི་དབྱངས་ཅན་དད་པའི་བུ་མོ་ཡོངས་སྤྱོད་འཁོར་ལོའི་འོ་མཆོར་ཅི་དགས་རོལ་བའི་གར་དང་ལྡན་ཅིག །བློ་བཟང་རྒྱལ་བ་གཉིས་པའི་ལེགས་བཤད་སྙན་པའི་ཛ་ཛ་ཕྱོགས་བརྒྱར་འཁྲོལ་བའི་ཁྲི་ཆེན་མཆོག་གི་སྤྲུལ་པའི་སྐུ་ངག་དབང་བསྟན་པའི་རྒྱལ་མཚན་དཔལ་བཟང་པོ་དེ་ཉིད་ཀྱི་དུས་མཆོད་དང་འབྲེལ་བར་རྣམ་ཐར་ལོ་རྒྱུས་ཙུང་ཟད་ཞུ་བར་བྱེད་པ་ལ། དེའང་ཁྲི་ཐོག་ལྔ་བཅུ་བ་རྗེ་བཙུན་ཤེས་རབ་སེང་གེའི་རྣམ་འཕྲུལ་དུ་ལྷ་དང་བླ་མའི་ལུང་

གིས་ཟིན་པའི་སྐྱེས་མཆོག མདོ་སྔགས་བསྟན་པ་ཡོངས་ཀྱི་མངའ་བདག ཁྲི་ཆེན་དགེ་འདུན་ཕུན་ཚོགས་དཔལ་བཟང་པོ་དེ་ཉ་ཏད་མདོ་སྨད་ཀྱི་ཡུལ་འདིར་སྐུ་འཁྲུངས། དབུས་གཙང་དག་པའི་ཞིང་དུ་ཕེབས་ནས་ཐོས་བསམ་མཐར་ཕྱིན་ཏེ་ཀུན་མཁྱེན་འཇམ་དབྱངས་བཞད་པའི་ནང་གི་ཐུགས་སྲས་གཅིག་པུར་གྱུར། རྒྱུད་སྨད་ཀྱི་མཁན་པོར་ཕེབས་ནས་འཁོར་ལོ་སྡོམ་པའི་རྒྱུད་ཀྱི་འཆད་ཉན་རྒྱང་བཙུགས་ཤིང་། འགྲེལ་པ་བཞི་སྦྲགས་ཀྱི་ཚིག་དོན་ཀུན་ལ་རྗེ་བླ་མའི་དགོངས་པ་ལྟར་གྱི་དག་ཐེར་མཛད་དེ་པར་དུ་བསྒྲུབ་པས་ཕྱི་རབས་ཀྱི་བླ་གྲྭ་ཐམས་ཅད་ལེགས་པའི་ལམ་དུ་དབུགས་དབྱུང་། རྒྱུད་ཁང་གསུམ་དང་གཞིས་ཀ་མང་པོ་སོགས་བྱ་བ་ལས་ཀྱི་འཁོར་ལོའི་སྒོ་ནས་རྒྱ་ཆེར་བསྐྱངས་ཏེ། དགའ་ལྡན་ཁྲིར་ཕེབས། རྗེ་བླ་མའི་གསེར་གདུང་ཆེན་མོ་བཞེངས་ཤིང་། གདན་ས་ཆེན་པོ་བཞིའི་ཆོས་སྲིད་ཀྱི་ཁུར་མ་ལུས་པ་བཞེས་ཏེ་རི་བོ་དགེ་ལྡན་པའི་བསྟན་པའི་སྲོག་ཤིང་གཅིག་པུར་གྱུར། རྒྱལ་དབང་ཐམས་ཅད་མཁྱེན་པ་ཡེ་ཤེས་རྒྱ་མཚོ་དང་། ཁྲི་ཆེན་རྡོ་རྗེ་འཆང་ངག་དབང་མཆོག་ལྡན་སོགས་གསུང་ལས་སྐྱེས་པའི་བུ་སློབ་ཀྱིས་ནོར་འཛིན་ཡོངས་སུ་ཁྱབ། མཐར་མྱ་ངན་ལས་འདས་པའི་སྐུ་གདུང་ཞུགས་ལ་ཕུལ་བར་འཁོར་ལོ་བདེ་མཆོག་ལྷ་དྲུག་ཅུ་རྩ་གཉིས་ཀྱི་སྐུ་རང་བྱོན་དུ་ཕེབས། དེ་ནས་མི་རིང་བར་དགའ་ལྡན་ཤོད་དུ་སྐུ་འཁྲུངས། ལྷན་སྐྱེས་དམ་པའི་རང་བཞིན་དང་། འཁྲུལ་བྲལ་ལུང་གི་གཏན་ཚིགས་ལ་བརྟེན་ནས་གདན་སར་བཀོད། དཔལ་ལྡན་བཀྲ་ཤིས་སྒོ་མང་གི་ཆོས་གྲར་ཕེབས་ཡོད་པའི་སྐབས་སྡེ་ཁྲི་རིན་པོ་ཆེ་སོགས་ནས་འཆར་བསྟན་པ་ལྟར། ཡུལ་མདོ་སྨད་ཀྱི་མ་ག་རྫ་བཟང་མོ་དཔོན་མོ་རྣམ་རྒྱལ་སྒྲོལ་མས་གཞུང་ས་དགའ་ལྡན་ཕོ་བྲང་དུ་ཞུས་ཏེ་མཆོད་གནས་སུ་གདན་དྲངས། གདན་ས་ཆེན་པོ་འདི་ཀ་རང་དུ་གསན་སྦྱོང་མཐིལ་ཕྱིན་པ་མཛད་པས། མདོ་སྔགས། སྒྲ་

སྣོན། སྨན་རྩིས་སོགས་རིག་གནས་རྒྱ་མཚོའི་ཕ་རོལ་ཏུ་སོན། གོང་ས་ཐམས་ཅད་མཁྱེན་པ་དེ་ཉིད་སོགས་དམ་པ་དུ་མ་ལས་ཆོས་ཀྱི་བདུད་རྩི་ངོམས་མེད་དུ་བཞེས་པས་དབང་ལུང་ཁྲིད་མན་ངག་ཕྱག་བཞེས་སོགས་ཟབ་པ་དང་རྒྱ་ཆེ་བའི་གདམས་པ་ཡོངས་ཀྱི་གཏེར་དུ་གྱུར། བྱམས་སྙིང་རྗེ་མཚུངས་པ་མེད་པའི་རང་བཞིན་མངོན་དུ་གྱུར་པས་སྐལ་ལྡན་རྣམས་ལ་མོས་པ་བཞིན་དུ་ཆོས་ཀྱི་བདུད་རྩིའི་དགའ་སྟོན་འདོད་དགུར་སྩལ་པས་མཐའ་འཁོབ་འདི་ཡང་ཆོས་ཀྱི་འབྱུང་ཁུངས་ལྟ་བུར་མཛད། ལྷག་པར་སྐྱབས་མགོན་རྡོ་རྗེ་འཆང་དང་སྔར་ནས་ཐུགས་བསྐྱེད་སྨོན་ལམ་ལུ་གུ་རྒྱུད་དུ་འབྲེལ་བའི་རྟེན་འབྲེལ་གྱི་དབང་གིས་རྡོ་རྗེ་འཆབ་དབུས་གཙང་ཕྱོགས་སུ་ཕེབས་ནས་དགོན་པར་ཕྲ་ཞག་གི་སྐབས་སུ་གདན་སའི་འཛིན་སྐྱོང་ལན་གཉིས་མཛད་དེ་ཆོས་སྲིད་ཟུང་འབྲེལ་གྱི་སྒོ་ནས་བསྐྱངས་པ་སོགས་བཀའ་དྲིན་བསམ་ལས་འདས། དེ་ནས་དཔེན་གནས་ཡིད་དགའ་ཆོས་འཛིན་གྱི་རི་ཁྲོད་བཏབ་སྟེ་ལམ་ཐུན་མོང་བ་བཤེས་གཉེན་བསྟེན་ཚུལ་ནས་ཞི་ལྷག་གི་བར་དང་། གསང་ཆེན་རྡོ་རྗེ་ཐེག་པའི་རིམ་པ་གཉིས་ཀྱི་རྣལ་འབྱོར་སོགས་བསྟན་པའི་གནད་ཀུན་རྫོགས་པའི་ཉམས་བཞེས་ལྟར་མཛད་དེ་སྒྲུབ་པའི་རྒྱལ་མཚན་བསྒྲེངས། དེ་ནས་སྙན་གྲགས་ཀྱི་བ་དན་དཀར་པོས་ས་སྟེང་ཀུན་ཁྱབ་པར་གྱུར་ཏེ། ༧འཇམ་དབྱངས་གོང་མ་ཆེན་པོས་ཀྱང་གསེར་གྱི་རྒྱལ་ཁབ་ཆེན་པོར་གདན་དྲངས་ནས་བཀུར་གཟོས་བླ་ན་མེད་པ་མཛད། དེ་ནས་གདུལ་བྱའི་ཐམ་མ་ཧཱ་ཙཱིནའི་ཡུལ་གྱི་འགྲོ་བ་རྣམས་སྨིན་གྲོལ་གྱི་ལམ་ལ་བཀོད་དེ་དགུང་ལོ་སོ་གསུམ་པ་ས་མོ་ཡོས་ཀྱི་ལོ་རྒྱལ་གྱི་ཟླ་བའི་ཡར་ཚེས་བཅུ་གསུམ་གྱི་ཉིན་གཟུགས་སྐུའི་བཀོད་པ་ཉེར་ཞིའི་དབྱིངས་སུ་བསྡུས་ཏེ་དགའ་ལྡན་ཡིད་དགའ་ཆོས་འཛིན་དུ་བློ་བཟང་འཇམ་དཔལ་སྙིང་པོའི་མདུན་སར་ཕེབས་པའི་དུས་ཆེན་ཁྱད་པར་ཅན་ཡིན་པས་ཐམས་ཅད་ཀྱིས་དེ་དོན་

ཐུགས་ལ་བཞག་ནས་བླ་མའི་ཡོན་ཏན་ཤེས་པའི་དད་པ། བཀའ་དྲིན་རྗེས་སུ་དྲན་པའི་གུས་པ། དངོས་བཤམས་ཡིད་ཀྱིས་སྤྲུལ་པའི་མཆོད་པ། ལྷ་འདུར་དབྱངས་དང་བཅས་པའི་ཞལ་འདོན། བསླབ་གསུམ་རྣམ་པར་དག་པའི་ཀུན་སྤྱོད། རྒྱ་ཆེན་ཐོས་བསམ་བསྒོམ་པའི་བྱ་བ། ལམ་གྱི་གཙོ་བོ་གསུམ་གྱི་ཉམས་ལེན། མཚན་བཅས་མཚན་མེད་པའི་རྣལ་འབྱོར། གསང་ཆེན་རིམ་གཉིས་ཟབ་མོའི་ཏིང་འཛིན། དགེ་ཚོགས་གོང་དུ་སྤེལ་བའི་བསྔོ་སྨོན་སོགས་སྒོ་ཐམས་ཅད་ནས་ཐུགས་ཡིངས་སྤྱན་ཡིངས་སུ་མ་སོང་བས་བླ་མའི་དགོངས་པ་རྫོགས་ཐབས་གནད་དུ་འགྲོ་ངེས་ཤིག་ཅི་ནས་ཀྱང་བཀའ་དྲིན་སྐྱོང་བར་ཞུ །

དེའང་ཇི་སྐད་དུ། སྐྱབས་མགོན་ཐམས་ཅད་གཟིགས་པ་ཆེན་པོའི་ཞལ་ནས། སྐྱེ་དགུའི་བདེ་སྐྱིད་མ་ལུས་འབྱུང་བའི་གནས། ཞེས་པ་ནས། རྒྱལ་ཚབ་དམ་པར་འདུད། ཅེས་གསུངས་པ་ལྟར། ལྷར་བཅས་སྐྱེ་དགུ་ཡོངས་ཀྱི་ཕན་བདེ་མ་ལུས་པའི་འབྱུང་གནས། དཔལ་ལྡན་སྟོབས་བཅུ་མངའ་བ་རྣམ་འདྲེན་ཤཱཀྱ་སེང་གེའི་བསྟན་པ་སྤྱི་དང་། ཁྱད་པར་བློ་བཟང་འཇམ་དཔལ་སྙིང་པོའི་རིང་ལུགས་མདོ་སྔགས་ཟུང་དུ་འཇུག་པ་འདི་ཉིད་ཕྱོགས་བརྒྱར་སྤེལ་བ་ལ་ཐུགས་སྐྱེད་དང་རྣམ་དཔྱོད་མཚུངས་ཟླ་མེད་པའི་གྲགས་པ་ལྷའི་ཇ་བོ་ཆེའི་དབྱངས་སྙན་འཇིག་རྟེན་གསུམ་དུ་ཁྱབ་པ་ཁྲི་ཆེན་དཔལ་ལྡན་གྲགས་པ་ཞེས་བསྟན་འགྲོའི་དཔུང་གཉེན་བླ་ན་མེད་པར་གྱུར་པ་དེ་ཉིད་ཡུལ་མདོ་སྨད་ཀྱི་ལྗོངས་དཔལ་འཁོར་ལོ་སྡོམ་པའི་གནས་མཆོག་རྐན་གྱི་བྲག་དཀར་གྱི་ཉེ་འདབ་གཉན་ཆེན་སྟོ་ལ་གཡུ་རྩེའི་ལྷ་ཞོལ་ཏོར་ཚང་གོ་ཉིན་གྱི་ལུང་པའི་དབོན་ས་སེནྡྷི་བཙོ་བརྒྱད་སོགས་རིམ་པར་འོང་པའི་བརྒྱུད། རིགས་རུས་ཚེ་འབྲང་ཕུན་སུམ་ཚོགས་པ་ཤིང་སྣལ་ཆེན་པོ་ལྷ་བུར་ཡབ་མགོན་པོ་སེང་གེ་དང་ཡུམ་སྐྱིད་མོ་ཡག་གཉིས་ཀྱི་སྲས་སུ་དགེ་མཚན་དུ་མའི་ལྟས་དང་བཅས་ཏེ་འཁྲུངས། གཞོན་ནུ་

ནས་ཐེག་མཆོག་རིགས་ཀྱི་ནུས་པ་ཡོངས་སུ་སྨིན་པས་ངེས་འབྱུང་དང་བྱང་ཆུབ་ཀྱི་སེམས་ཀྱིས་ཐུགས་རྒྱུད་བསྐུལ་ཏེ་རབ་ཏུ་བྱུང་ཞིང་དབུས་གཙང་ཆོས་ཀྱི་མདུན་སར་དཔལ་ལྡན་བཀྲ་ཤིས་སྒོ་མང་གི་ཆོས་གྲར་ཕེབས་རིགས་པའི་སྒོ་འབྱེད་བསྡུས་གྲྭ་ནས་བཟུང་བཀའ་པོད་ཆེན་པོ་ལྔ་ལ་སྦྱངས་པས་སྨྲ་བའི་དབང་ཕྱུག་ཆེན་པོར་གྱུར། ཀུན་མཁྱེན་འཇམ་དབྱངས་བཞད་པའི་རྡོ་རྗེ་རིགས་ཀྱི་ཅོད་པན་དུ་བཀུར་ཏེ་མདོ་སྔགས་ཟབ་རྒྱས་ཀྱི་གདམས་པ་རྒྱ་མཚོ་ནས་ཆུ་བཙུ་བ་བཞིན་དུ་བཞེས་པས་ཐུགས་ཀྱི་བུམ་བཟང་ཡོངས་སུ་གང་སྟེ་ཆོས་ཀྱི་མཛོད་དུ་གྱུར། ཀུན་མཁྱེན་བླ་མ་མཆོག་ནས་ཀྱང་ཤིན་ཏུ་དགྱེས་པ་ཆེན་པོས་ཕས་བུ་སྐྱོང་བ་བཞིན་སྤྱན་རས་ཀྱིས་བཙའ་བར་མཛད། ཁྲི་རྒྱལ་མཚན་སེངྒེ་ཆོས་གྲྭ་ཞུགས་ཏེ་དམ་པ་འདི་ཉིད་དགེ་རྒན་དུ་བརྟེན་ནས་ཉིན་གཅིག་གསོལ་ཚོགས་ཀྱི་སྐབས་གསན་ཕབ་སྟེ་གདན་འདྲེན་ལ་ཕེབ་པའི་ཤུལ་དུ་དམ་པ་འདི་དང་ཡུལ་གཅིག་པའི་དགེ་བཤེས་ཀྱི་མིང་ཅན་ཕྲག་དོག་གིས་རྒྱུད་དཀྲུགས་པ་ཞིག་གིས་བཞེས་པར་དུག་བཏབ། ཕྱི་ཉིན་རྒྱལ་མཚན་སེངྒེ་ཚང་དགེ་རྒན་གྱི་མདུན་དུ་ཕེབས་ནས་མ་བདེ་ཚུལ་ཞུས་པས་ང་ཡང་ཁ་སང་ནས་བདེ་རྒྱུ་མི་འདུག་ཡིན་མི་ཤེས་པས་ངེད་རང་གཉིས་དཔོན་སློབ་ཀྱི་མདུན་དུ་འགྲོ་ཞེས་ཀུན་མཁྱེན་བླ་མ་མཆོག་གི་སྤྱན་སྔར་ཕེབ། གནས་ཚུལ་ཞུས་པ་ན་ངའི་དགའ་ལྡན་གསེར་ཁྲི་གཉིས་ལ་བསྟན་པ་ཤིག་ཅིག་གིས་བསམ་ངན་བྱས་པ་ཡིན་པར་འདུག་གསུང་སྟེ་ཞར་ལ་རྣམ་པ་གཉིས་ཀ་དགའ་ལྡན་ཁྲིར་ཕེབ་རྒྱུ་ལུང་བསྟན། སྐྱོན་མེད་གསུང་ནས་བུམ་ཆུ་གནང་བས་ཕྱིར་སྐྱེ་ཁང་དུ་ཕེབ་པའི་ལམ་ཁ་དེ་རང་དུ་བསྐྱུགས་ཏེ་ཉེར་འཚེའི་ཡུལ་ལས་རྒྱལ་བར་མཛད། སྨོན་ལམ་གྱི་མཚོན་བཏགས་གནང་སྟེ་གདན་ས་གསུམ་གྱི་མཁས་པའི་ཚོགས་སུ་ལེགས་བཤད་དགའ་སྟོན་སྤེལ་བས་གྲགས་སྙན་དབྱར་རྔ་བཞིན་དུ་ལྡིར། དེ་ནས་རྒྱུད་གྲྭར་ཕེབས་ཏེ་སྔགས་ཀྱི་

གསན་སྦྱོང་མཐར་ཕྱིན་མཛད་པས་རྒྱུད་སྟོད་བླ་མ་དབུ་མཛད་དང་རྒྱུད་པ་མཁན་པོ་ཤར་རྩེའི་མཁན་ས་རྣམས་སུ་རིམ་པར་ཕེབ། ཁྲི་ཐོག་ལྔ་བཅུ་པ་ཁྲི་དགེ་འདུན་ཕུན་ཚོགས་པའི་རྗེས་སུ་ང་གཅིག་པ་རྗེ་འདི་ཉིད་འཛམ་མགོན་བླ་མའི་ཆོས་ཀྱི་ཁྲི་ལ་མངའ་གསོལ་ཏེ་གསེར་མདོག་ཅན་པཎ་འཆང་བ་ཡོངས་ཀྱི་གཙུག་རྒྱན་དུ་གྱུར། དགའ་ལྡན་ནས་ངག་དབང་མཆོག་ལྡན་ཟེར་བ་ཞིག་ལ་རྨ་ཆེན་གྱི་ལྷ་ཐོར་བསང་གཏོང་དུ་བཅུག་སྐབས་ཁོས་གྱོན་པ་ཞིག་ཕྱུང་ན་སྙམ་འཕྲིན་བཅོལ་བྱས་པ་མངོན་ཤེས་ཀྱིས་མཁྱེན་ཏེ་ཕྱག་མཛོད་ལ་སྐྱེར་དུ་བཅུག་པ་སོགས་གསང་བའི་རྣམ་པར་ཐར་པའང་ཤིན་ཏུ་མང་། ཡེར་བའི་རྒྱུད་ཁང་གསར་རྒྱག་དང་དགེ་འདུན་ལ་བསྙེན་བཀུར་སོགས་ཀྱང་རྒྱ་ཆེན་པོ་མཛད། རྒྱལ་དབང་ཐམས་ཅད་མཁྱེན་པ་བསྐལ་བཟང་རྒྱ་མཚོའི་ཡོངས་འཛིན་མཛད་དེ་དབུ་མའི་གསན་སྦྱོང་སྐབས་ཀྱི་བརྩེ་བཞག་འབུལ་བ་གནང་ཞིང་། པཎ་ཆེན་བློ་བཟང་ཡེ་ཤེས་ཀྱི་ཞབས་དྲུང་ནས་བསྙེན་རྫོགས་བཞེས་དུས་ལས་སློབ་མཛད། རྒྱལ་བ་མགར་ཐར་དུ་ཆིབས་བསྒྱུར་བའི་ཞབས་ཕྱིར་ཕེབས་ཤིང་དེ་ནས་མྱུ་ངན་ལས་འདའ་ཚུལ་བསྟན་པའི་སྐུ་གདུང་ཞུགས་ལ་ཕུལ་བར་འཛམ་དབྱངས་དང་འཇིགས་བྱེད་ཀྱི་སྐུ་རང་བྱོན། སྔགས་ཀྱི་ཡི་གེ་མང་པོ་ཐུགས་ལྗགས་སྤྱན་གསུམ། ཞུན་ཐིགས་ནོར་བུ་དཀར་འཁྱིལ་གྱི་དབྱིངས་ཅན་སོགས་ངོ་མཚར་བའི་རྟེན་མང་པོ་བྱོན་པས་སྐྱེ་བོ་རྣམས་དད་པའི་ས་ལ་བཀོད། དེ་ནས་མ་འགྱངས་བར་སྐུ་གོང་མའི་འཁྲུངས་ཡུལ་དེ་ཉིད་དུ་སྐུ་འཁྲུངས། འདིའི་རྒྱུ་མཚན་ནི་ཀུན་མཁྱེན་བླ་མས་ཕར་ཕྱིན་སྐབས་དང་པོའི་བར་སྐབས་ཀྱི་ཚོགས་བཅད་ལས། ད་དུང་ལྔ་ཕྲག་དྲུག་སྐད་བདེན་སྙམ་ནས། །ཐུབ་དབང་འཁོར་གྱི་རྒྱལ་སྲས་དཔའ་མང་གིས། །ཐུབ་བསྟན་སྤེལ་བའི་ཐུགས་སྐྱེད་མི་འདོར་བས། །འདི་ཕྱིའི་སྐལ་མཉམ་ལ་བསམས་གཡར་ཁྲལ་འང་ཡིན། ཞེས་སྨོན་ཐུབ་པའི་

དབང་པོའི་དྲུང་དུ་ཀུན་མཁྱེན་བླ་མ་རང་ཉིད་ནས་ལྔ་བརྒྱ་ཐ་མའི་དུས་སུ་བསྟན་པའི་རྒྱལ་མཚན་བསྒྲེངས་པ་དང་། རྒྱལ་སྲས་དཔའ་བོ་གཞན་རྣམས་ཀྱིས་ཀྱང་དེའི་འགྲོ་སྐྱོང་བའི་དམ་བཅའ་མཛད་ཚུལ་ཞལ་གྱིས་བཞེས་པ་དང་། ཀུན་མཁྱེན་གོང་མ་མདོ་སྨད་དུ་ཕེབ་ཁར་སྒོམ་པ་རིན་ཆེན་བསྟན་འཛིན་གྱིས་མདོ་སྨད་ནས་དགོན་བཏབ་ཉིད་ཀྱི་སྐུ་རིང་ལ་རྒྱས་མོད་ཀྱང་འགྲོ་ཅི་འདྲ་ཡིན་ཞུས་པར་ངའི་རྗེས་ལ་སངས་རྒྱས་བྱང་སེམས་དུ་མས་བསམ་བཞིན་དུ་སྐྱེ་བ་བཞེས་ནས་བསྐྱང་འོང་གསུང་བའི་གཙོ་བོ་གསེར་ཁྲི་རྣམས་ཡིན་ཞེས་ཀུན་མཁྱེན་སྐུ་བར་མས་རྗེ་བཙུན་བླ་མ་འདི་ཉིད་ལ་དངོས་སུ་གསུངས། གྲུབ་དབང་སྡེ་ཁྲི་རིན་པོ་ཆེ་ནས་ཚོགས་ཆེན་འདུ་ཁང་དུ་ཀུན་མཁྱེན་བླ་མའི་སྐུའི་གཡས་གཡོན་རྒྱལ་ཚབ་མཁས་གྲུབ་གཉིས་ཀྱི་ཚུལ་དུ་ཁྲི་དགེ་འདུན་ཕུན་ཚོགས་དང་ཁྲི་དཔལ་ལྡན་གྲགས་པ་རྣམ་གཉིས་འཁྲི་རྒྱུའི་ཞལ་བཀོད་མཛད་པའང་རྟེན་འབྲེལ་གྱི་སྒོ་དང་མ་འོང་ལུང་བསྟན་ལྟ་བུ་ཡིན་པས། དམ་པ་འདི་ཉིད་རྟོར་ཚང་དུ་འཁྲུངས་ནས་མ་འགྱངས་བར་དགོན་གནས་འདི་ཉིད་དུ་ཡར་ཕེབ། ཁྲི་དགེ་འདུན་ཕུན་ཚོགས་པའི་སྤྲུལ་སྐུ་དབུས་སུ་འཁྲུངས་ཀྱང་དཔོན་མོ་རྣམ་རྒྱལ་སྒྲོལ་མས་གདན་དྲངས་ཏེ་མར་ཕེབ་པས་རྣམ་པ་གཉིས་ཀ་ཞལ་འཛོམས། བགྲེས་གཞོན་གྱིས་འཛིན་གྲྭ་གོང་འོག་ཡོད་ཀྱང་ཆོས་གྲྭ་ལྷན་དུ་འགྲིམས། ལོ་གཅིག་ཐན་པ་ཆེ་བས་ཡོང་རྣམ་གཉིས་གྲྭ་ཚང་དང་བཅས་བྲེ་ལག་ལ་ཆར་འབེབ་ཏུ་ཕེབ། ཆར་འབེབ་གནང་ཙམ་ཉིད་ནས་སྤྲི་ཐུར་དུ་སྤྲིན་བསྡུས་ཏེ་ཆར་དྲག་ཆེན་པོ་བབ་པས། དམ་པ་དེ་ཉིད་ཞབས་ཐང་ཡིན་སྟབས་ཀྱང་ཐང་རིན་པོ་ཆེའི་ཆིབས་པ་ལ་རྣམ་པ་གཉིས་ཀས་བཅིབས་ཏེ་གྲྭ་པ་གཞོན་པ་ཁ་ཤས་དང་བཅས་མགྱོགས་འགྲོས་ཀྱིས་ཕེབས་པ་བཅོས་མའི་མཛེས་ལམ་གྱིས་མ་བསླད་པའི་དམ་པའི་ངང་ཚུལ་དང་ཐུགས་ནང་ཤིན་ཏུ་ཆེ་བའི་རང་རྟགས་ཡིན། རྒྱུས་

ཡོད་མེད་ཀྱི་སྐྱེ་བོ་སུས་མཐོང་ཡང་དང་བ་འདྲེན་པ་ཞི་ཞིང་དུལ་བའི་རྣམ་ཐར་བྱམས་སྙིང་རྗེའི་རང་མདངས་མངོན་པར་ཤར་པའི་ཡ་མཚན་བསམ་གྱིས་མི་ཁྱབ་པ་ཞིག་ཡིན་འདུག་ཀྱང་སྔོ་རྒན་རིན་པོ་ཆེ་དག་ཞིང་དུ་ཕེབ་པའི་རྐྱེན་གྱིས་ཐུགས་སྐྱོ་བ་དང་སྐུ་ཚེ་དེའི་དངོས་ཀྱི་འདུལ་སྐལ་རྫོགས་པའི་དབང་གིས་དགུང་ལོ་བཅུ་བདུན་གྱི་སྟེང་དུ་མྱུ་ངན་ལས་འདའ་ཚུལ་བསྟན་མ་འགྱུར་བར་ཡང་སྲིད་འགྲོན་རྒྱུའི་ཞལ་བཞེས་གནང་བའི་དོན་བཞིན་དེའི་ལོ་མཇུག་ལ་ཧོར་ཚང་འབྲུ་འདྲེན་གྱི་ལུང་པར་ཁྱུ་མཆོག་གི་རིགས་སུ་འཁྲུངས། དགུང་ལོ་བཞི་པའི་དུས་སྐབས་མགོན་རྡོ་རྗེ་འཆང་འཇིགས་མེད་དབང་པོའི་ཞབས་དྲུང་དུ་གཙུག་ཕུད་ཕུལ་ཏེ་མཚན་འཇིགས་མེད་གྲགས་པར་གསོལ། སྐྱབས་མགོན་རྡོ་རྗེ་འཆང་དགུས་ནས་ཕྱིར་ཕེབས་པ་ལ་ཆིབས་བསུ་ཞུ་སྐབས་འདི་ནས་ཆོས་གྲར་བཞུགས་དགོས་ཚུལ་གྱི་བཀའ་གནང་བ་བཞིན་སྐྱབས་མགོན་མཆོག་ནས་དགོན་པའི་འཆད་ཉན་གྱི་ཁྲི་མཛད་པའི་ཐོག་མའི་ཉིན་སྔ་ཁྲི་རིན་ཆེའི་སྤྲུལ་པའི་སྐུ་དང་རྣམ་པ་གཉིས་ག་ཆོས་གྲར་ལྷན་དུ་ཞུགས་ཏེ་རིང་མོ་ཞིག་ནས་ཐུགས་སྐྱིད་སྔོན་ལམ་ལྷན་ཅིག་པའི་འབྲས་བཟང་དུས་སུ་སྨིན་པའི་དགེ་མཚན་གསལ་བར་ཤར། སྐྱབས་མགོན་མཆོག་གི་ཞབས་པད་ནས་བསྙེན་རྫོགས་ཀྱི་སྡོམ་པ་བཞེས་ཏེ་འཇིགས་མེད་རིག་པའི་སེངྒེ་ཞེས་དུར་སྨྲིག་འཆང་བ་ཀུན་གྱི་རྗེ་བོར་མངའ་གསོལ། འདི་ནས་དབུ་མ་མན་ཆད་ལ་གསན་སྦྱོང་གནང་ཞིང་། དགུང་ལོ་ཉེར་བཞི་པ་ལ་དབུས་སུ་ཕེབས་ཏེ་ལོ་ངོ་བཅུའི་རིང་བཀའ་པོད་ཡོངས་སུ་རྫོགས་པར་ཐུགས་གཉེར་གནང་སྟེ་གཞུང་ལུགས་རྒྱ་མཚོ་ལྟ་བུའི་དགོངས་དོན་མ་ཚང་བ་མེད་པར་ཐུགས་སུ་ཆུད། རྒྱལ་བ་ཡབ་སྲས། ཡོངས་འཛིན་རིན་པོ་ཆེ། རྒྱལ་སྲས་རིན་པོ་ཆེ། སློང་རྡོལ་གྲུབ་པའི་དབང་ཕྱུག བྲག་རྒྱབ་བློ་མ། ཉི་མ་ཐང་དགེ་བཤེས་ངག་དབང་དོན་གྲུབ་སོགས་ལས་མདོ་སྔགས་ཀྱི་གདམས་པ་

མཐའ་ཡས་པ་གསན། མདོ་སྨད་དུ་ཕེབས་ཏེ་སྐྱབས་མགོན་རྡོ་རྗེ་འཆང་གི་ཞབས་རྡུལ་ནས་ཀྱང་དབང་ལུང་ཁྲིད་མན་ངག་སོགས་གདམས་པའི་ནོར་བུ་ཐུགས་ཀྱི་གན་མཛོད་བྱུར་བུར་གཏམས། བྲག་ལུང་གི་སྒྲུབ་སྡེ་འཛིན་སྐྱོང་གནང་ཞིང་དེ་ཕྱོགས་ཀྱི་སྐྱེ་བོ་དཔག་ཏུ་མེད་པའི་དོན་མཛད། དགོན་པའི་ཁྲིར་བཞུགས་ཏེ་ཆོས་འཆད་ཉན་སོགས་ཡར་རྒྱས་ཀྱི་ཟླ་བ་བཞིན་འཕེལ་ཞིང་རིགས་གྲྭ་གསུམ་བཏང་བ་སོགས་ཆོས་སྲིད་གཉིས་གའི་སྡོམ་ནས་འཛིན་སྐྱོང་བསམ་གྱིས་མི་ཁྱབ་པ་བཀའ་དྲིན་བསྐྱངས། སྐྱབས་མགོན་རིན་པོ་ཆེར་རིན་འབྱུང་གི་རྗེས་གནང་སོགས་ཆོས་བཀའ་མང་དུ་ཕུལ། ཞབས་བརྟན་ལྷ་ཁང་གནས་བརྟན་བྲག་རི་མའི་བཀོད་པ་དང་བཅས་པ་གསར་བཞེངས་ཚ་ཁོའི་ཕྱོགས་སུའང་ཆིབས་བསྒྱུར་ནས་སྐྱེ་བོ་མཐའ་ཡས་པ་སྨིན་གྲོལ་ལ་བཀོད། མདོར་ན་དགུང་ལོ་བདུན་ཅུའི་བར་དུ་སྐལ་ལྡན་གྱི་གདུལ་བྱ་སོ་སོ་ལ་རང་རང་གི་སྐལ་བ་དང་འཚམ་པར་དབང་ལུང་མན་ངག་སོགས་ཀྱི་ཆར་འབེབས་པས་ཐར་འདོད་ཡོངས་ཀྱི་དེད་དཔོན་དང་འགྲོ་བ་མཆོག་དམན་ཀུན་ལ་ལེགས་ཉེས་བླང་དོར་མ་ལུས་པ་གསལ་བར་སྟོན་པའི་དམིགས་བུར་གྱུར་ཏེ་བསྟན་འགྲོ་ཀུན་ལ་བཀའ་དྲིན་བསམ་གྱིས་མི་ཁྱབ་པའི་མཛད་བཟང་ལྷུན་གྱིས་གྲུབ་ནས་མཐར་གདུལ་བྱ་རྟག་འཛིན་ཅན་རྣམས་ཆོས་ལ་བསྐུལ་བའི་ཕྱིར་གཟུགས་སྐུའི་བཀོད་པ་བསྡུས་པའི་དུས་ཆེན་ལ་དམིགས་ཏེ། ཁྱད་པར་དུ་རྗེ་བཙུན་བླ་མ་མཆོག་གི་ཡང་སྲིད་འཁྲུལ་བ་མེད་པ་མྱུར་དུ་ཕྱོན་ཏེ་གདན་སར་མངའ་གསོལ་ནས་རྗེ་གོང་མ་ཇི་ལྟ་བ་བཞིན་མཁས་བཙུན་བཟང་པོའི་རྣམ་ཐར་དང་། བསྟན་འགྲོར་སྨན་པའི་འཕྲིན་ལས་ཀྱི་གདུགས་དཀར་པོས་ནོར་འཛིན་ཡངས་པའི་ཁྱོན་ཀུན་ཡོངས་སུ་ཁྱབ་པའི་དགའ་སྟོན་ལ་དུས་མྱུར་བ་ཉིད་དུ་ལོངས་སྤྱོད་ཚོག་པའི་སྐབས་འཇུག ཐུགས་སྨོན་རྣམ་པར་དག་པའི་མཚམས་སྦྱོར་སོགས་ནན་ཏན་

ཏུ་མཛད་དགོས་ཅེ་ནས་ཀྱང་གཡེལ་བ་མེད་པ་ཞུ་ལགས། །

ཨཪྻ་ཤྲཱ་པྲཱ་དེ་པུ་ཛྙཱ་བ་ནྟ་མི་ཏཿ ཨནུ་ཏྲཱན་ཏུ་ཧྨཱ་ཕྲོམ་ཛྷ་པཏཿ བྲཧྨ་སུ་བེདྫྙན་ཙ་ཀྲིཾ་དེ་ཤྲཱཿ ཧ་ལབྷ་ལཛ་ཡོ་མྦ་ཧ་ཡེནམཿ སྨྲ་བསམ་བརྗོད་མེད་ཤེས་རབ་ཕ་རོལ་ཕྱིན། །མ་སྐྱེས་མ་འགགས་ནམ་མཁའི་ངོ་བོ་ཉིད། །སོ་སོར་རང་རིག་ཡེ་ཤེས་སྤྱོད་ཡུལ་བ། །དུས་གསུམ་རྒྱལ་བའི་ཡུམ་ལ་ཕྱག་འཚལ་ལོ། །རྒྱལ་བ་མ་ལུས་སྐྱེད་མཛད་ཤེར་ཕྱིན་མ། །ལྷན་སྐྱེས་དགའ་བའི་མཆོག་སྦྱིན་རྣལ་འབྱོར་མ། །སངས་རྒྱས་མཁའ་འགྲོ་མི་ཡི་གཟུགས་ཅན་མ། །མ་གཅིག་ལབ་ཀྱི་སྒྲོན་མས་དེང་འདིར་སྐྱོངས། །མང་ཐོས་དམ་གཙང་བྱང་ཆུབ་སེམས་གཉིས་འབྱོངས། །ཞེན་མེད་ཚོགས་ཆེན་མྱུར་དུ་རྫོགས་འདོད་པས། །དབེན་པར་རྟེན་དགྲམ་ཀང་གླིང་ཌ་མ་རུ། །མཆོད་གཏོར་སོགས་བཤམས་སྐྱབས་སེམས་སྔོན་བཏང་སྟེ། །ཕཊ། གདོད་ནས་སྤྲོས་བྲལ་སྟོང་པའི་རང་གདངས་ལས། །པད་ཟླའི་གདན་ལྟར་བདག་ཉིད་ཡུམ་ཆེན་མོ། །མ་གཅིག་ལབ་ཀྱི་སྒྲོན་མ་སྐུ་མདོག་དཀར། ཕྱག་བཞིར་རྡོ་རྗེ་རིན་ཆེན་པདྨ་དང་། །ལས་ཀྱི་མཁའ་འགྲོ་སྔོ་སེར་དམར་ལྗང་མདོག །བཅུ་དྲུག་ལང་ཚོའི་སྒེག་འཆང་ནུ་འབུར་རྒྱས། །གཡས་ན་གསེར་གྱི་ཅང་ཏེའུ་འཁྲོལ་ལོ་ལོ། །གཡོན་ན་དངུལ་དཀར་དྲིལ་བུ་སིལ་ལི་ལི། །གཡས་བསྐུམ་གཡོན་བརྐྱང་གར་སྟབས་ལིང་ལིང་བསྒྱུར། །གནག་སྐྲུམ་རལ་པའི་ཐོར་ཅོག་ལྡེམས་སེ་ལྡེམ། །རུས་པའི་རྒྱན་ལྡན་དར་གྱི་ན་བཟའ་གསོལ། །རབ་མཛེས་འཛུམ་ཞིང་ཆགས་པའི་ཉམས་དང་ལྡན། །ཕཊ། གནས་གསུམ་རྡོ་རྗེ་གསུམ་མཚན་ཧཱུྃ་འོད་ཀྱིས། །སྟེ་ལྷའི་མཁའ་འགྲོ་སྤྱན་དྲངས་དབྱེར་མེད་བསྟིམ། །སླར་ཡང་དབང་ལྷ་སྤྱན་དྲངས་བདུད་རྩིའི་རྒྱས། །དབང་བསྐུར་རིགས་ལྔས་དབུ་ལ་བརྒྱན་པར་གྱུར། ཕཊ། ཨོཾ་ཨཱཿཧཱུྃ། ཧ་ཧོཿཧྲཱིཿ། མ་ཚང་མེད་པ་ཀུན་བཟང་མཆོད་པའི་ཚོགས། །བདེ་

ཆེན་དབྱིངས་སུ་དགྱེས་རོལ་ཨར་ལི་ཧོཿ། །ཕཊ། དམིགས་མེད་སྟོང་ཉིད་ཤེས་རབ་ཕ་རོལ་ཕྱིན། །བདེ་བ་མཆོག་གིས་རྒྱས་བཏབ་ཕ་ར་ཧྲི། །གནས་གསུམ་མཁའ་འགྲོ་སྣེ་ལྔའི་དབང་ཕྱུག་མ། །ཨ་མ་ལབ་ཀྱི་སྒྲོན་མར་ཕྱག་འཚལ་ལོ། །སྙིང་གའི་ཐུགས་དང་ས་བོན་འོད་ཟེར་གྱིས། །རྒྱལ་རྣམས་མཆོད་ཅིང་བྱིན་རླབས་མཐའ་དག་བསྡུས། །རིགས་དྲུག་འགྲོ་བའི་སྡུག་བསྔལ་རྒྱུ་བཅས་སྦྱངས། །ཀུན་ཀྱང་ཡུམ་ཆེན་གསང་གསུམ་རོལ་པར་གྱུར། །བཟླས་པ་ཐུན་མོང་དུ་བྱེད་ན་གཙོ་མོའི་ཐུགས་ཀར་ཟླ་བ་ལ་ཨ་ཡིག་གི་མཐར་སྔགས་འཕྲེང་གིས་བསྐོར་བར་བསམས་ཏེ་ག་ཏེ་བཟླ་བའམ། ས་བོན་བཾ་ཡིག་གི་མཐར། ཨོཾ་ཨཱཿཧཱུྃ་གུ་རུ་བཾ་ཧ་རི་ནི་ས་སིདྡྷི་ཛཿཞེས་པས་བསྐོར་བར་བསམས་ནས་བཟླས་ཀྱང་རུང་། སོ་སོར་བཟླ་བར་འདོད་ན་རང་རང་གི་ཐུགས་ཀར་ས་བོན་སྔགས་འཕྲེང་བཀོད་ལ་ཨོཾ་བཛྲ་ཌཱ་ཀི་ནཱི་ཧཱུྃ་ཕཊ་སྭཱཧཱ། ཞེས་དང་། བཛྲའི་ཚབ་ཏུ། བཛྲ། རཏྣ།པདྨ། ཀརྨ་རྣམས་བཅུག་སྟེ་བཟླ། ཡིག་བརྒྱས་ལྷག་ཆད་བསྐང་། སླར་ཡང་ཀུན་བཟང་མཆོད་པས་ཡོངས་སུ་ཚིམ། །ཚིམ་ཡང་དམིགས་པ་མ་མཆིས་སྟོང་པར་ཤེས། །ཤེས་རབ་ཕ་རོལ་ཕྱིན་དངོས་དབྱིངས་ཀྱི་ཡུམ། །ཡུམ་ཆེན་མཁའ་འགྲོའི་གཙོ་ལ་ཕྱག་འཚལ་བསྟོད། །ཅེས་མཆོད་བསྟོད་མདོར་བསྡུས་བྱ། ཚོགས་འཁོར་བྱ་བར་འདོད་ན་མཆོད་གཏོར་སོགས་བཤམས་ལ། ཨོཾ་ཨཱཿཧཱུྃ་ཧ་ཧོཿཧྲཱིཿ། ཆོས་ཉིད་སྟོང་པའི་དབྱིངས་དང་། །དབྱེར་མེད་བདེ་ཆེན་རོལ་པས། །ཚོགས་མཆོད་ཟག་མེད་བདུད་རྩིའི། །རྒྱ་མཚོ་ཆེན་པོར་གྱུར་ཅིག །ཕཊ། ཡུམ་ཆེན་ཐུགས་ལས་འོད་ཟེར་མཁའ་ཁྱབ་སྤྲོས། །རབ་འབྱམས་རྒྱལ་བ་རྒྱ་མཚོའི་ཞིང་ཁམས་ནས། །དུར་ཁྲོད་བརྒྱད་དང་ཉེར་བཞིའི་གནས་མཆོག་ནས། །མཐའ་ཡས་མུ་མེད་ཕྱོགས་བཅུའི་འཇིག་རྟེན་ནས། །མཆོག་འབྲིང་དམན་པའི་མགྲོན་ཀུན་འདིར་ལྷགས་ཤིང་། །འོད་གསལ་དག

པའི་ལྷ་ཡི་འཁོར་ལོར་གྱུར། ཕཊ། གནས་དག་པ་མཁའ་སྤྱོད་རྡོ་རྗེའི་གྲོང་། །ཡུལ་དག་པ་དཔའ་བོ་དཔའ་མོའི་ཚོགས། །རྫས་དག་པ་སྣང་སྟོང་མཆོད་པའི་སྤྲིན། །ཨ་ལ་ལ་ཟབ་མེད་དགའ་བའི་ངང་། །ཕཊ། །དྲིན་ཅན་རྩ་བརྒྱུད་ཀྱི་བླ་མ་མཆོད་དང་། །སྐོབ་ཅིག་རོལ་ཅིག་བདག་རྒྱུད་བྱིན་གྱིས་རློབས། །ཡི་དམ་རྒྱུད་སྡེ་བཞིའི་ལྷ་ཚོགས་མཆོད། །སྐོབ་ཅིག་རོལ་ཅིག་དངོས་གྲུབ་ཆར་དུ་ཕོབ། །བསླུ་མེད་དཀོན་མཆོག་རྣམ་གསུམ་མཆོད། །སྐོབ་ཅིག་རོལ་ཅིག་ཐར་པའི་ལམ་དུ་དྲོངས། །གསན་གསུམ་དཔའ་བོ་མཁའ་འགྲོ་མཆོད། །སྐོབ་ཅིག་རོལ་ཅིག་སྔགས་ཀྱི་བོག་འབྱིན་མཛོད། །དམ་ཅན་ཆོས་སྲུང་རྒྱ་མཚོ་མཆོད། །སྐོབ་ཅིག་རོལ་ཅིག་རྐྱེན་ངན་བར་ཆད་སོལ། །ཡུལ་ལྷ་གཞི་བདག་གཉན་པོ་མཆོད། །སྐོབ་ཅིག་རོལ་ཅིག་སྐོངས་གྲོགས་གནས་པོ་མཛོད། །མཁའ་ཁྱབ་རིགས་དྲུག་སེམས་ཅན་མཆོད། །སྐོབ་ཅིག་རོལ་ཅིག་སྒྲིབ་པ་བྱང་གྱུར་ཅིག །གདོན་བགེགས་ཤ་འཁོན་གཉེར་བ་མཆོད། །སྐོབ་ཅིག་རོལ་ཅིག་བུ་ལོན་འཁོར་གྱུར་ཅིག །ཅེས་བརྗོད་ཅིང་རེ་རེ་བཞིན་འབུལ་བའི་སྐབས་ཀར་བྱ། དེ་ནས་ཚོགས་རྫས་ལག་ཏུ་ཐོགས། ཕཊ། བདག་ཉིད་དཔའ་བོའི་དབང་ཕྱུག །རང་ལུས་ལྷ་ཡི་འཁོར་ལོ། །ཨ་ཧོ་མ་ཧཱ་སུ་ཁ། ཀྱི་མ་བདེ་བ་ཆེན་པོ། །ཅེས་བརྗོད་ཅིང་ལོངས་སྤྱོད། ཁ་ཁྲུས་བཏབ་པའི་ཚོགས་ལྷག་གཏོར་ཞིང་། ཕཊ། འབྱུང་པོ་ལྷག་ལ་དབང་བ་ཐམས་ཅད་མཆོད། །སྐོབ་ཅིག་རོལ་ཅིག་རེ་བ་ཚིམ་གྱུར་ཅིག ཕཊ། ཞེན་མེད་ཀྱི་ངང་ནས་སྦྱིན་པ་བཏང་། །དམིགས་མེད་ཀྱི་དབྱིངས་སུ་ཚོགས་ཆེན་རྫོགས། །སྒྲིབ་མེད་ཀྱི་རང་དོན་ཆོས་སྐུ་བརྙེས། །ཚད་མེད་ཀྱི་འགྲོ་བའི་དོན་བྱེད་ཤོག །ལུས་སྦྱིན་ནི་ཚོགས་འཁོར་གྱི་འཕྲོ་ཡིན་ན་སྤྱན་འདྲེན་ཟུར་དུ་མི་དགོས་ལ། མིན་ན་ཡུམ་ཆེན་ཐུགས་ལས་འདོ་ཟེར། ཞེས་པ་ནས། ལྷ་ཡི་འཁོར་ལོར་གྱུར། ཅེས་སྤྱན་འདྲེན། ཕཊ། རང་རིག་ཡེ་

ཤེས་མཁའ་འགྲོ་རྒྱངས་ཀྱིས་ཐོན། །རང་ལུས་ཚོ་སྨུམ་བེམ་པོ་ལིང་གིས་འཁྱིལ། །ཡེ་ཤེས་མཁའ་འགྲོས་བམ་ཆེན་པགས་པ་བཤུས། །ཤ་ཁྲག་ཕུང་ཁམས་དྭངས་སྙིགས་སོ་སོར་ཕྱེ། །ཕཊ། དྭངས་མ་ཨ་ལས་བྱུང་བའི་ཐོད་པར་བསྐོལ། །སྙིངས་རྗོགས་སྦར་བྱས་བདུད་རྩིའི་རྒྱ་མཚོར་གྱུར། བླ་མ་ཡིད་དམ་མཆོག་གསུམ་སྲུང་མའི་ཚོགས། །རིགས་དྲུག་གདོན་བགེགས་མགྲོན་རྣམས་མ་ལུས་མཆོད། །ཕཊ། སྙིགས་མ་དམར་ཆེན་ཤ་ཡི་རི་བོ་དང་། །ཁྲག་ཞག་གླད་པ་རྒྱ་མཚོ་ལྷ་བུར་གྱུར། །བླ་མ་ཡི་དམ་མཆོག་གསུམ་སྲུང་མའི་ཚོགས། །རིགས་དྲུག་གདོན་བགེགས་མགྲོན་རྣམས་མ་ལུས་མཆོད། ཕཊ། པགས་པ་དུམ་བུར་གཏུབས་པ་ཟས་ནོར་སོགས། །ལྷ་མིའི་ལོངས་སྤྱོད་མཐོ་དགུའི་དངོས་པོར་གྱུར། །བླ་མ་ཡི་དམ་མཆོག་གསུམ་སྲུང་མའི་ཚོགས། །རིགས་དྲུག་གདོན་བགེགས་མགྲོན་རྣམས་མ་ལུས་མཆོད། །འཁོར་འདས་ཀུན་གྱི་དངོས་པོ་གདོད་ནས་སྟོང་། །རྣམ་པ་རྟེན་ཅིང་འབྲེལ་འབྱུང་ཅིར་ཡང་སྣང་འཆར། སྣང་པ་འཛའ་ཚོན་བཞིན་དུ་མཐའ་ནས་བསྡུས། །དོན་གྱི་ཤེར་ཕྱིན་སྤྲོས་བྲལ་དབྱིབས་སུ་ཕཊ། །ཅེས་པ་འདི་ནི་སྤྲུལ་སྐུ་དཀོན་མཆོག་བསོད་ནམས་རྒྱ་མཚོས་བསྐུལ་ངོར། ༼བཙུན་པ་དཀོན་མཆོག་བསྟན་པའི་སྒྲོན་མེས་འཕྲལ་དུ་སྦྱར་བའི་ཡི་གེ་པ་ནི་ཐུགས་རམ་པ་དཀོན་མཆོག་ཀུན་དགའོ། །

སློབ་མའི་སྤྱི་བོར་པད་ཟླ་ཉི་མའི་གདན་ལ་དུས་གསུམ་རྒྱལ་བ་སྐྱིད་པའི་ཡུམ་ཆེན་ཤེས་རབ་ཀྱི་ཕ་རོལ་ཏུ་ཕྱིན་མ་མིའི་གཟུགས་ཅན་མ་གཅིག་ལབ་ཀྱི་སྒྲོན་མ་སྐུ་མདོག་དཀར་མོ་ཕྱག་གཡས་གསེར་གྱི་ཌཱ་མ་རུ་ནམ་མཁའ་ལ་འཁྲོལ་ལོ་ལོ་ཁྲོལ་ཞིང་། གཡོན་པས་དངུལ་དཀར་གྱི་དྲིལ་བུ་གསིལ་བ། དར་གྱི་ན་བཟའ་གསོལ་ཞིང་སྐྱིལ་ཀྲུང་ཕྱེད་པའི་གར་སྟབས་ལིང་ལིང་བཞུགས་པ། མཁའ་འགྲོ་སྡེ་ལྔ་སོགས་དཔའ་བོ་ཌཱ་ཀིའི་ཚོགས་ཀྱིས་བསྐོར་བར་གྱུར། རང་

བཞིན་དག་པའི་ཀློང་ནས་ཡེ་ཤེས་པ་རྣམས་སྤྱན་དྲངས་པ་དང་དབྱེར་མེད་དུ་གྱུར། སྐྱབས་གསུམ་ཀུན་འདུས་ཀྱི་ངོ་བོ་ཡུམ་ཆེན་ལབ་ཀྱི་སྒྲོན་མ་དཔའ་བོ་མཁའ་འགྲོའི་ཚོགས་དང་བཅས་པ་ཁྱེད་རྣམས་ལ་མཁྱེན་པའི་ཡེ་ཤེས། བརྩེ་བའི་ཐུགས་རྗེ། མཛད་པའི་འཕྲིན་ལས། སྐྱོབ་པའི་ནུས་མཐུ་བསམ་གྱིས་མི་ཁྱབ་པ་མངའ་བས་རྗེ་རྗེ་སློབ་མ་འདི་རྣམས་སྒོ་གསུམ་གྱི་ཉེས་སྤྱོད་མཐའ་དག་ལས་སྐྱུངས་ཤིག །སྐྱབས་ཤིང་། །སྟེང་གདོན་གཟའི་གནོད་པ་ལས་སྐྱུངས་ཤིག །སྐྱབས་ཤིག །བར་གདོན་བཙན་དང་རྒྱལ་པོའི་གནོད་པ་ལས་སྐྱུངས་ཤིག །སྐྱབས་ཤིག །འོག་གདོན་ཀླུའི་གནོད་པ་ལས་སྐྱུངས་ཤིག །སྐྱབས་ཤིག །བགེགས་རིགས་སྟོང་ཕྲག་བརྒྱད་ཅུའི་གནོད་པ་ལས་སྐྱུངས་ཤིག །སྐྱབས་ཤིག །གདོན་རིགས་སུམ་བརྒྱ་དྲུག་ཅུའི་གནོད་པ་ལས་སྐྱུངས་ཤིག །སྐྱབས་ཤིག །ནད་རིགས་བཞི་བརྒྱ་རྩ་བཞིའི་གནོད་པ་ལས་སྐྱུངས་ཤིག །སྐྱབས་ཤིག །འགོ་ནད་གག་ལྟོག་གཟེར་གསུམ་ལས་སྐྱུངས་ཤིག །སྐྱབས་ཤིག །རྨི་ལམ་མཚན་ལྟས་ངན་པ་དང་། ཁ་སྨྲས་གླེང་བརྗོད་སོགས་མི་འདོད་པའི་ཉེར་འཚེ་ཐམས་ཅད་ལས་སྐྱུངས་ཤིག །སྐྱབས་ཤིག །སྨྲ་བར་མཛོད་ཅིག །དུས་གསུམ་རྒྱལ་བ་སྐྱིད་མཛད་མ། །ཡུམ་ཆེན་མཁའ་འགྲོའི་ཚོགས་བཅས་ཀྱི། །སློབ་མ་འདི་ལ་བསྲུངས་ཟིན་གྱི། །སུས་ཀྱང་གནོད་པ་མ་བྱེད་ཅིག །གཏེ་དང་མཁའ་འགྲོ་ལྷའི་གཟུངས་བཟླས་ལ་ཕུ་གདབ། འདི་འང་སྤྲུལ་སྐུ་དཀོན་མཆོག་བསོད་ནམས་རྒྱ་མཚོའི་ངོར་གནང་བའོ། །

སྨན་པའི་རྒྱལ་པོ་ལ་ཕྱག་འཚལ་ལོ། །གཅིག་ཏུ་འགྲོ་བ་ཀུན་ལ་བུ་ལྟར་བརྩེ་བ་པོ། །གཉིས་མེད་སྤྲོས་བྲལ་དེ་ཉིད་ཇི་བཞིན་གཟིགས་པ་པོ། །གསུམ་མཐར་མཛད་ཅིག་འགྲོ་ཀུན་སྲིད་ལས་སྒྲོལ་བ་པོ། །བཞི་བརྒྱ་རྩ་བཞིའི་ནད་ཀྱི་གདུང་བ་སེལ་བ་པོ། །ལྔ་བདོའི་སྙིགས་དུས་ཕྱིན་ཆད་ཀླབས་ལྷག་པར་སྨུར་བ་

པོ། །དྲུག་ཅུའི་དབྱངས་དང་མཚན་དཔེའི་དཔལ་གྱིས་བརྒྱན་པ་པོ། །བདུན་ཕྲག་བདེ་གཤེགས་སྨོན་ལམ་ལྷན་ཅིག་གྲུབ་པ་པོ། །བརྒྱད་བརྒྱ་པ་སོགས་མདོ་སྡེ་དུ་མར་བསྔགས་པ་པོ། །དགུ་ཚོགས་སྙིང་རྗེས་ལུས་ཅན་མཁའ་ལྟར་འཁྱུད་པ་པོ། །བཅུ་གཉིས་སྨོན་གྲུབ་སྐྱབས་པ་བླ་ན་མེད་པ་པོ། །ཁྱོད་ལ་རྩེ་གཅིག་གུས་པས་མཆོད་ཅིང་གསོལ་འདེབས་ན། །ནམ་ཡང་འབྲལ་མེད་རྗེས་བཟུང་བྱིན་གྱིས་བརླབ་ཏུ་གསོལ། །འདིའང་ཞབས་དྲུང་བློ་བཟང་གཞོན་ནུས་སྨན་བླའི་པོ་བསྟོད་ཞུང་དུ་ཞིག་དགོས་ཟེར་བར། ༧བཙུན་པ་དཀོན་མཆོག་བསྟན་པའི་སྒྲོན་མེས་འཕྲལ་དུ་སྦྲུས་པའི་ཡི་གེ་པ་ནི་སྔགས་རམ་པ་དཀོན་མཆོག་ཀུན་དགའོ། །

ཏལ་ཏ་རྗེ་བཙུན་དམ་པའི་འཁྲུངས་རབས་གསོལ་འདེབས་བཞུགས་སོ། །

ཡེ་ཤེས་ལྷ་ཡི་དཀྱིལ་འཁོར་རབ་རྫོགས་པ། །རྒྱལ་བའི་ཉི་མ་རྣམ་གཟིགས་སྤྱན་སྔ་རུ། །གྱད་ཀྱི་གཙོ་བོ་མཐའ་མེད་སྟོབས་གྱུར་ཏེ། །དང་པོར་བྱང་ཆུབ་མཆོག་ཏུ་ཐུགས་བསྐྱེད་ཚེ། །ལྷག་བསམ་དག་པའི་རང་མདངས་ཇི་བཞིན་དུ། །མཆོད་ཚོགས་གསལ་ཞིང་ཉམས་པ་མེད་པར་གྱུར། །རྗེ་བཙུན་བླ་མའི་ཞབས་ལ་གསོལ་བ་འདེབས། །འགྲོ་ཀུན་སྨིན་ཅིང་གྲོལ་བར་བྱིན་གྱིས་རློབས། །དེ་ནས་བརྩམས་ཏེ་མོས་པ་སྤྱོད་པ་དང་། །ལྷག་བསམ་རྣམ་དག་རྣམ་པར་སྨིན་པ་ཡི། །གནས་སྐབས་ཀུན་ཏུ་རྫོགས་སྨིན་སྦྱང་བྱས་ཕྱིར། །བར་གྱི་བསྐལ་པ་གྲངས་མེད་གསུམ་གྱི་རིང་། །དག་དང་མ་དག་སྐྱེ་བའི་རྣམ་རོལ་གྱིས། །བསོད་ནམས་ཡེ་ཤེས་ཚོགས་གཉིས་རྫོགས་པར་མཛད། །རྗེ་བཙུན་བླ་མའི་ཞབས་ལ་གསོལ་བ་འདེབས། །འགྲོ་ཀུན་སྨིན་ཅིང་གྲོལ་བར་

བྱིན་གྱིས་རློབས། །དངོས་འཛིན་བག་ཆགས་དང་བཅས་སྒྲིབ་པ་ཀུན། །རྡོ་རྗེ་
ལྟ་བུའི་ཏིང་འཛིན་གྱིས་བཅོམ་སྟེ། །ཉི་ཟླ་སྐར་མའི་འོད་སྐོར་ཞིང་ཁམས་
སུ། །ཐམར་མངོན་པར་རྫོགས་པར་སངས་རྒྱས་ཏེ། །དེ་བཞིན་གཤེགས་པ་
ནམ་མཁའི་ཐིག་ལེ་ཞེས། །མཁའ་མཉམ་ལུས་ཅན་ཀུན་གྱི་མགོན་དུ་གྱུར། །
རྗེ་བཙུན་བླ་མའི་ཞབས་ལ་གསོལ་བ་འདེབས། །འགྲོ་ཀུན་སྨིན་ཅིང་གྲོལ་བར་
བྱིན་གྱིས་རློབས། །གསང་གསུམ་སྒྱུ་འཕྲུལ་ཕ་མཐའ་གཞལ་མེད་ཀྱང་། །
བདེན་ཚིག་རྡོ་རྗེའི་ལུང་གིས་ཟིན་པ་བཞིན། །འབར་བའི་གཙོ་དང་སྤྱོད་
འཆད་དབང་པོའི་ཞབས། །ར་ཏན་ཆེན་པོ་བིཥྞུ་རྣ་ཛ་སོགས། །རྒྱ་གར་ཤར་
ནུབ་ཨུ་རྒྱན་མི་ཡི་ཡུལ། །ཀུན་ཏུ་མཁས་གྲུབ་རྒྱལ་བློན་རྣམ་པར་བསྟན། །རྗེ་
བཙུན་བླ་མའི་ཞབས་ལ་གསོལ་བ་འདེབས། །འགྲོ་ཀུན་སྨིན་ཅིང་གྲོལ་བར་
བྱིན་གྱིས་རློབས། །བསིལ་ལྡན་ར་བས་བསྐོར་བའི་ལྗོངས་སུ་ཡང་། །རོང་ཟོམ་
ཆོས་བཟང་རྒྱལ་བ་ཀླ་པ། །འབྲུག་སྨྲ་རྒྱལ་མཚན་སངས་རྒྱས་རས་ཆེན་
དང་། །ཨུ་རྒྱན་པ་སོགས་རིམ་དང་དུས་མཉམ་དུ། །ཐོན་པའི་སྐྱེས་མཆོག
གྲུབ་མཐའ་རིས་མེད་དང་། །ཀུན་དགའི་མཚན་གྱི་སྙིང་པོ་གསལ་བྱེད་པ། །
རྗེ་བཙུན་བླ་མའི་ཞབས་ལ་གསོལ་བ་འདེབས། །འགྲོ་ཀུན་སྨིན་ཅིང་གྲོལ་བར་
བྱིན་གྱིས་རློབས། །བྱེ་བྲག་བློ་བཟང་རྒྱལ་བའི་བསྟན་པ་ལ། །འཕྲིན་ལས་རྨད་
བྱུང་བཀྲ་ཤིས་དཔལ་དང་ལྡན། །ལུང་རྟོགས་ཆོས་ཀྱི་རྒྱལ་མཚན་བསྒྲེང་བྱེད་
ཅིང་། །འགྲོ་བའི་ཡིད་ཀྱི་མུན་སེལ་སྒྲོན་མེ་མཆོག །ཐུབ་བསྟན་དབང་ཕྱུག
འཇིགས་མེད་རྒྱ་མཚོ་ཞེས། །བྱང་ཕྱོགས་སྐྱེ་དགུའི་འདྲེན་པ་གཅིག་པུར་
གྱུར། །རྗེ་བཙུན་བླ་མའི་ཞབས་ལ་གསོལ་བ་འདེབས། །འགྲོ་ཀུན་སྨིན་ཅིང་
གྲོལ་བར་བྱིན་གྱིས་རློབས། །ནམ་མཁའི་མཐའ་གདུགས་བསྟན་དང་འགྲོ་བའི་
དོན། །མ་ལུས་བདག་གིར་བཞེས་པའི་ཐུགས་སྐྱེད་བཞིན། །སླར་ཡང་སྤྲུལ་

པའི་གར་གྱིས་རྣམ་རོལ་ཞིང་། འཁོར་ལོ་གསུམ་གྱི་མཛད་བཟང་ལྷུན་གྲུབ་སྟེ། །ཟབ་དང་རྒྱ་ཆེའི་ཆོས་ཀྱི་དགའ་སྟོན་ལ། །འདོད་དགུར་སྤྱོད་པའི་སྐལ་བཟང་སྨིན་པ་དང་། རྗེ་བཙུན་བླ་མའི་ཞབས་ལ་གསོལ་བ་འདེབས། །འགྲོ་ཀུན་བདེ་ལེགས་སྨིན་ཅིང་གྲོལ་གྱུར་ཅིག །ཅེས་པ་འདི་ནི་དད་ལྡན་དཀོན་མཆོག་སྐྱབས་ཀྱིས་སྐུལ་ངོར། ༄བཙུན་པ་དཀོན་མཆོག་བསྟན་པའི་སྒྲོན་མེས་འཕྲལ་དུ་སྦྱར་བའི་ཡི་གེ་པ་ནི་སྟོགས་རམ་པ་དཀོན་མཆོག་ཀུན་དགའོ། །

རབ་འབྱམས་རྒྱལ་བའི་ཡེ་ཤེས་སྒྱུ་འཕྲུལ་གར། །དུས་མཐར་གསུམ་ལྡན་དུར་སྨིག་འཆང་བའི་ཚུལ། །རྒྱལ་བ་གཉིས་པ་འཇམ་མགོན་ཙོང་ཁ་པའི། །ཐུགས་རྗེས་སྨོན་པའི་གནས་ཀུན་འགྲུབ་གྱུར་ཅིག །གང་གི་འཕྲིན་ལས་བདུད་རྩིའི་ཐིགས་པ་ཡིས། །བློ་གྲོས་འདབ་ཕྲེང་བཞད་པའི་ཀུན་དའི་ཚོགས། །ཡངས་པའི་འཛིག་རྟེན་ཀུན་ཏུ་འཕེལ་བ་ཡིས། །ནོར་འཛིན་ཁྱོན་ལ་དགེ་ལེགས་མཆོག་སྦྱིན་འགྱེད། །ཁྱད་པར་བྱང་ཕྱོགས་ཆེན་པོ་ཧོར་གྱི་ཡུལ། །གང་དུ་ཐུབ་བསྟན་དར་བའི་དུས་བབ་ཀྱིས། །མཁས་ཤིང་གྲུབ་པའི་སྐྱེས་མཆོག་དམ་པ་རྣམས། །འཁོར་ལོ་གསུམ་གྱི་རོལ་པ་ཅི་ཡང་སྟོན། །དེ་ལས་བདག་ཅག་བསོད་ནམས་ཀུན་གསལ་ངོས། །མཁས་བཙུན་བཟང་པོའི་ཆ་ཤས་ཡོངས་གང་བའི། །ཡོངས་འཛིན་བདུད་རྩིའི་ཐིག་ལེར་གསལ་བ་ལ། །བསྟོད་ཚིག་ཟླབས་ཕྲེང་ཙུང་ཟད་སྒྲོ་བར་བགྱི། །བློ་བཟང་རྒྱལ་བ་གཉིས་པའི་ལུང་རྟོགས་བསྟན། །བཤད་སྒྲུབ་བྱ་བའི་རོལ་བ་འབུམ་ཕྲག་གིས། །དར་ཞིང་རྒྱས་མཛད་ཐར་འདོད་འགྲོ་བའི་མགོན། །རྗེ་བཙུན་བླ་མའི་ཞབས་ལ་གསོལ་བ་འདེབས། །རྣམ་དག་རིགས་ཀྱི་དགའ་ཚལ་ཡངས་པོ་རུ། །ཟླབས་ཆེན་ཐུགས་བསྐྱེད་ས་བོན་སྨིན་པ་ལས། །རྒྱལ་སྲས་སྤྱོད་པའི་ཡལ་འདབ་རྫོགས་པ་ཡི། །བཤེས་གཉེན་དཔག་བསམ་ལྗོན་པར་གསོལ་བ་འདེབས། །མདོ་རྒྱུད་

གསུང་རབ་དགོངས་འགྲེལ་དང་བཅས་པར། །རྒྱ་ཆེན་མང་དུ་ཐོས་པས་སྒྲོ་འདོགས་བཅད། །ཐོས་དོན་མཐའ་དག་གདམས་པར་ཤར་བ་ཡི། །ངེས་དོན་བཤེས་གཉེན་དམ་པར་གསོལ་བ་འདེབས། །ལེགས་པར་བཤད་པས་བློ་གསལ་དགའ་བ་བསྐྱེད། །དྲི་མེད་རིགས་པས་རྒོལ་ངན་སྤོབས་པ་ཕྲོགས། །སྙིང་ལེགས་རྩོམ་པས་དགའ་སྟོན་འགྱེད་མཁས་པ། །སྨྲ་བའི་དབང་པོ་མཆོག་ལ་གསོལ་བ་འདེབས། །སྲིད་ལས་ངེས་འབྱུང་འདུལ་ཁྲིམས་ཀ་ལྤྲ་ཤ། །བྱང་སེམས་སྡོམ་པའི་བདུད་རྩིའི་བཅུད་ཀྱིས་གཏམས། །རྣམ་དག་དམ་ཚིག་ཟླ་བའི་མདོངས་ཀྱིས་མཛེས། །གསུམ་ལྡན་རྡོ་རྗེ་འཛིན་ལ་གསོལ་བ་འདེབས། །བསྟན་འགྲོར་སྨན་པའི་ཐུགས་བསྐྱེད་གྲུབ་པའི་མཐུས། །གང་ལ་གང་འཚམ་ཐབས་མཁས་སྤྱོད་པ་ཡིས། །སྲིད་ཞིའི་གདུང་སེལ་ཕན་བདེའི་མཆོག་སྦྱིན་པ། །མཚུངས་བྲལ་འགྲོ་བའི་མགོན་པོར་གསོལ་བ་འདེབས། །ཡི་དམ་དཀྱིལ་འཁོར་རྒྱ་མཚོའི་རིག་སྔགས་མཐུ། །གྲུབ་པས་ནག་ཕྱོགས་གཡུལ་ལས་རྣམ་རྒྱལ་ཞིང་། །འཕྲིན་ལས་རྣམ་བཞིས་འགྲོ་བའི་དོན་མཛད་པ། །བསླུ་མེད་སྐྱབས་ཀྱི་དམ་པར་གསོལ་བ་འདེབས། །ཁྱད་པར་བདག་སོགས་གདུལ་བྱའི་ཚོགས་རྣམས་ལ། །ཟབ་ཅིང་རྒྱ་ཆེའི་ཆོས་ཀྱི་མཛོད་ཕྱེ་སྟེ། །དོན་གཉིས་ལྷུན་གྲུབ་དགའ་བའི་མཆོག་སྦྱིན་པ། བཀའ་དྲིན་མཚུངས་མེད་དམ་པར་གསོལ་བ་འདེབས། །དུས་གསུམ་ཕྱོགས་བཅུའི་རྒྱལ་བ་ཀུན་ལས་ཀྱང་། །ཡུལ་དང་དུས་ཀྱི་སྙིགས་མའི་ཐ་མ་འདིར། །རྒྱལ་བའི་མཛད་པ་མ་ལུས་སྒྲུབ་མཛད་པ། །མཚུངས་མེད་ཐུགས་རྗེའི་གཏེར་ལ་གསོལ་བ་འདེབས། །གང་གི་གསང་གསུམ་ཡོན་ཏན་མཐའ་ཡས་ཤིང་། །བཀའ་དྲིན་ཕུང་པོ་གཞལ་དུ་མེད་པའི་ཚུལ། །ལེགས་པར་བསམས་ཏེ་ཁྱོད་ཞབས་པདྨོ་ལ། །སྒོ་གསུམ་མི་ཕྱེད་དད་པས་ཕྱག་འཚལ་ལོ། །ལུས་དང་ལོངས་སྤྱོད་དུས་གསུམ་དགེ་ཚོགས་བཅས། །ཡིད་འོང་

མཚོད་པའི་སྤྲིན་དུ་ལེགས་སྤྲུལ་ཏེ། །དམིགས་མེད་བདེ་ཆེན་ངང་དུ་འབུལ་ལགས་ན། །བདག་ལ་སྨན་སྣད་བརྩེ་བས་བཞེས་སུ་གསོལ། །འཁོར་བ་མུ་མཐའ་ཡས་པར་འཁྱམས་པའི་ཚེ། །སྣ་ཚོགས་ཉེས་པ་ཇི་སྙེད་བགྱིས་པ་དང་། །ཁྱད་པར་སྡོམ་གསུམ་ལས་འདས་ཉེས་ལྟུང་ཀུན། །གདུང་པའི་འགྱོད་པ་དྲག་པོས་མཐོལ་ལོ་བཤགས། །རང་གཞན་ཀུན་གྱི་དགེ་ཚོགས་མཐའ་དག་དང་། །ཁྱད་པར་དམིགས་མེད་སྙིང་རྗེའི་དཔང་གྱུར་ཏེ། །ཐར་ལམ་གསལ་མཛད་རྗེ་བཙུན་བླ་མ་ཡི། །རྨད་བྱུང་རྣམ་པར་ཐར་ལ་རྗེས་ཡི་རང་། །གང་གི་མཁྱེན་རབ་ནམ་མཁའི་ཀློང་ཡངས་ནས། །ལེགས་བཤད་འོད་སྟོང་འབར་བའི་ཉིན་བྱེད་ཀྱི། །སྣང་བས་ས་གསུམ་ལུས་ཅན་མཐའ་དག་གི། །ཀུན་རྨོངས་མུན་པའི་དྲ་བ་བསལ་དུ་གསོལ། །མ་དག་སྙིགས་མའི་གདུལ་བྱར་གང་འཚམ་དུ། །བསྟན་པའི་གཟུགས་སྐུ་རགས་པའི་ཟ་མ་ཏོག །འགྲོ་རྣམས་སྲིད་པའི་མཚོ་ལས་བསྒྲལ་གྱི་བར། །མི་ཤིགས་རྡོ་རྗེའི་ཁམས་སུ་བརྟན་པར་བཞུགས། །འདིས་མཚོན་དགེ་བས་དེང་ནས་བྱང་ཆུབ་བར། །མགོན་པོ་ཁྱོད་ཀྱིས་འབྲལ་མེད་རྗེས་བཟུང་སྟེ། །གདམས་དང་རྗེས་སུ་བསྟན་པའི་མཛད་འཛིན་ཞིང་། །མཉེས་པ་གསུམ་གྱིས་མཉེས་པ་བསྒྲུབ་པར་ཤོག །རྗེ་བཙུན་བླ་མས་ཇི་ལྟར་གདམས་པ་བཞིན། ངེས་འབྱུང་ཤུགས་དྲག་གཞན་ཕན་བྱང་ཆུབ་སེམས། །སྲིད་རྩ་གཅོད་བྱེད་ཟབ་མོའི་ལྟ་བ་སོགས། །ཐུན་མོང་ལམ་གྱི་རྟོགས་པ་སྐྱེ་བར་ཤོག །དེ་ནས་མགོན་ཁྱོད་དཀྱིལ་འཁོར་བདག་པོ་རུ། །བཞེངས་ཏེ་གསང་བ་སྔགས་ཀྱི་སྨིན་བཅུག་ནས། །ཟབ་ལམ་རིམ་གཉིས་རྣལ་འབྱོར་མཐར་སོན་པས། །བླ་མ་ལྷ་ཡི་གོ་འཕང་མྱུར་ཐོབ་ཤོག །དཔལ་ལྡན་བླ་མའི་སྐུ་ཚེ་བརྟན་པ་དང་། །དགེ་འདུན་ཐུགས་མཐུན་བཤད་སྒྲུབ་གོང་དུ་འཕེལ། །ལྗོངས་འདིར་དགེ་བཅུའི་ཕུན་ཚོགས་དར་བ་ཡི། །ཤིས་པའི་དབྱངས་སྙན་སྲིད་རྩེར་

སྒྲོག་གྱུར་ཅིག །ཅེས་མཁས་བཙུན་བཟང་པོའི་བདག་ཉིད་བསྟན་པའི་གསལ་བྱེད། སློ་བཟང་བསྟན་དར་པའི་གསོལ་འདེབས་སྨོན་ཚིག་ཡན་ལག་བདུན་པ་དང་འབྲེལ་བ་ཞིག་དགོས་ཚུལ། ཡོངས་ཀྱི་དགེ་བའི་བཤེས་གཉེན་འཇམ་དཔལ་རྒྱ་མཚོས་བསྐུལ་ངོར། ༼བཙུན་པ་དཀོན་ཚིག་བསྟན་པའི་སྒྲོན་མེས་སྦྱར་བའི་ཡི་གེ་པ་ནི་ཐུགས་རམ་པ་དཀོན་མཆོག་ཀུན་དགའོ། །

འཕགས་ཆེན་འདུས་པ་རྒྱ་མཚོའི་ཞབས་རྡུལ་དུ། གུང་ཐང་པས་ཞུ་གསོལ། རང་གི་སྐྱེ་ཡུལ་མཛོ་དགེ་དགོན་གསར་དགའ་ལྡན་རབ་རྒྱས་གླིང་དུ་འཛོག་རྒྱུར་སྟོན་པའི་གོས་སྐུ་གསར་བསྐྲུན་བགྱིས་པའི་དགེ་ཚོགས་ལ་བརྟེན་ནས་བསྟན་པ་སྤྱི་སྨོས་དར་ཞིང་། ༼སྐྱབས་མགོན་མཆོག་གིས་གཙོས་པའི་བསྟན་འཛིན་རྣམས་ཞབས་བརྟན་འཕྲིན་ལས་རྒྱས་པ་འཛིག་རྟེན་མཐའ་དག་བདེ་སྐྱིད་ཀྱིས་འཚོ་ཞིང་འབྲེལ་ཐོགས་ཐམས་ཅད་ཚེ་རབས་ཀུན་ཏུ་རྒྱལ་བའི་བསྟན་པ་དང་མི་འབྲལ་བ་སོགས་དང་། ཁྱད་པར་ཕན་ཚུན་གྱི་མ་དགོན་བུ་དགོན་འདི་དག་ཏུ་བཤད་སྒྲུབ་བསྟན་པའི་བྱ་བ་དབྱར་མཚོན་བཞིན་རྒྱས་པའི་སྐྱབས་འཇུག་ཐུགས་རྗེས་གཟིགས་པ་མཁྱེན་མཁྱེན་ཞེས་ཞུ་བའི་རྟེན་དུ་དུང་ཆེ་ཁྲིན་བཅུ་གསུམ་ལྷ་དར་བཅས་འབུལ་ལམ་ཞུ་ལགས་པས། གོང་ཞུས་ལྟར་གྱི་སྨྱུན་དམིགས་དང་བཅས་ཆོས་རྒྱལ་མ་གསུང་བཞིན་པར་ཤེས་བརྗོད་ཀྱི་མེ་ཏོག་འཐོར་གནང་བཀའ་དྲིན་སྐྱོང་བར་ཞུ། འདི་འང་མཛོ་དགེ་དགོན་གསར་གྱི་རྟེན་གཙོར་སྟོན་པའི་གོས་སྐུ་ཆེ་བ་ཁྱད་མཚར་གསར་བསྐྲུན་གནང་སྐྱེ་གྲ་ཚང་བཞིའི་དགེ་འདུན་མང་གིས་ཕྱག་ནས་འཐོར་སྐབས་ཚོགས་ཆེན་ཞལ་ངོ་ལ་སྤྲུལ་བའོ། །

ལེགས་ཉེས་ཅི་བྱུང་ཡང་དཀོན་མཆོག་ལ་བློ་སྙིང་གཏོད། བྱ་བ་གང་བྱེད་ཀྱང་ལས་འབྲས་དཔང་པོར་ཞོག །རྐྱེན་ཅི་ལ་ཐུག་ཀྱང་དམ་ཚིག་དང་སྡོམ་པ་སྲུངས། འདི་ཆོས་ཀྱི་བསླབ་བྱའི་སྙིང་པོ་ཚིག་གསུམ་ཡིན། སེམས་ཁོང་ཡངས་ཤིང་རང་དཔེ་གཞན་ལ་སྦྱོར། །གསར་འགྲོགས་ཚུང་ལ་ཁྲེལ་དང་ཕྱི་ཐག་སྲིངས། །ཞིབ་ཏུ་བརྟག་ཅིང་བརྩམས་ནས་མཐར་ཕྱིན་བྱེད། །འདི་

འཇིག་རྟེན་གྱི་བསླབ་བྱའི་སྙིང་པོ་ཚིག་གསུམ་ཡིན། ཞེས་པ་འདིའང་བླ་མ་འཇམ་པའི་དབྱངས་ཀྱི་གསུང་ངོ་། །

བླ་མ་ཡི་དམ་དཀོན་མཆོག་རྣམ་གསུམ་ལ། །སྙིང་ནས་མི་ཕྱེད་དད་པས་གསོལ་འདེབས་ན། །གནས་འདིར་ཕྱིན་ཐོབ་ཁྲིམས་ལྡན་འདུས་པའི་སྡེ། །དབྱར་གྱི་ཆུ་མཚོ་བཞིན་དུ་རྒྱས་པ་དང་། །མདོ་སྔགས་ལམ་བཟང་བཤད་སྒྲུབ་བྱ་བ་ཀུན། །ཡར་ངོའི་ཟླ་ལྟར་འཕེལ་བའི་དགེ་ལེགས་སྩོལ། །དེའང་འདུས་སྡེ་འདི་ཉིད་དུ་ཞལ་འདོན་གྱི་རིམ་པ་སོགས་སྔར་ཡོད་གཞིར་བྱས་པའི་སྟེང་དུ་ཤིན་ཏུ་གལ་ཆེ་ཞིང་ཉེ་བར་མཁོ་བ་འགའ་ཞིག་བསྣན་ཏེ་ཁྲིགས་སུ་འགོད་པ་ལ། །རྒྱུན་དུ་བསྟན་པའི་གཞི་མ་གཞི་གསུམ་གྱི་ཕྱག་ལེན་ཡིན་པས་གསོ་སྦྱོང་མ་ཆག་པ་དང་། །དེའི་ཚེ་འཕགས་པའི་གནས་བརྟན་རྣམས་ཀྱིས་ལྷན་ཅིག་ལས་ཉམས་སུ་སྦྱོང་བར་བསམས་ལ་གནས་བཅུའི་ཕྱག་མཆོག་མགོ་ནས་ཡན་ལག་བདུན་པ་ཡན་ཆད་སྔོན་དུ་བཏང་། དེ་ནས་ཕྱག་བཙལ་ཏེ་སྣན་གསན་ཕུལ་ནས་ཕྱིར་བཅོས་སོགས་དཀྱུས་བཞིན་བྱ། མཇུག་གི་བསྔོ་བའི་འཕྲོར། སངས་རྒྱས་སྤྲུལ་པ་ཞེས་སོགས་གདོན། དུས་བཟང་གི་རིམ་པ་ཆོས་ལྔར་བླ་མཆོད། བརྒྱད་སྨན་བླའི་དུས་ཆེན་དུ་གྲགས་པས་སྨན་ཆོག བཅོ་ལྔ་སྦྱིར་ལེགས་གྲུབ་སོགས་ལས་རྒྱས་པའི་ལས་ལ་བརྟགས་པར་མ་ཟད། རྣམ་རྒྱལ་མའི་རྟོག་པ་ལས་ཀྱང་གཙོ་བོར་གསུངས་པས་རྣམ་རྒྱལ་མའི་ཆོག ཉི་ཤུ་ལྔ་རྗེ་བླ་མའི་དུས་མཆོད་ཡིན་པས་འཛིགས་བྱེད་བདག་འཇུག །ཉི་ཤུ་དགུ་ལ་དགུ་གཏོར་ཏེ་དུས་བཟང་ལྔ་མ་ཆད་པ་དགོས། ཚོགས་འཚོགས་སྐབས་ཐམས་ཅད་ཞལ་ཡར་ཕྱོགས་ཏེ་དལ་བུས་ཕྱག་འཚལ་ཞིང་ས་གཞི་བྱིན་རླབས། སྤྱན་འདྲེན་བཅས་སྔོན་དུ་བཏང་ལ། ཤཱ་སོ་ཀ་རེ་དང་ཕྱག་རེ་འགྲིག་པ་བྱས་ཏེ། སངས་རྒྱས་ཐམས་ཅད་འདུས་པའི་སྐུ། །ཞེས་སོགས། ཕུན་ཚོགས་དགེ་ལེགས་

ནས། གསལ་མཛད་བཤེས་གཉེན་གྱི་བར་རམ། ཡང་ན། ཕུན་ཚོགས་དགེ་ལེགས་ཞེས་པའི་ཤྲཱ་ལོ་ཀ་དའི་འཁྲོར། བྱམས་པ་ཐོགས་མེད་ཅེས་སོགས་ཚིགས་བཅད་གསུམ་དང་། རབ་འབྱམས་གསུང་རབ་ཅེས་སོགས། མཐུན་པའི་སྨོན་ལམ་ཞེས་སོགས་དང་། སྐྱོན་གྱིས་མ་གོས། གཞོན་ནུའི་ཆ་ལུགས་ ×། ལྷང་ལོ་ཅན་གྱི ×། ལྷ་དང་ལྷ་མིན་ ×། ཛེ་སྙེད་སུ་དག་ནས། ཕྱག་འཚལ་མཆོད་པར་བགྱི། །དེ་ནས་ལྷུང་བཤགས་དང་སྤྱི་བཤགས་བྱས་ལ། འདོད་ཆགས་ཞེ་སྡང་ནས། ཕྱིར་བཟློག་པའི་བར་དང་། མཎྜལ་རྒྱས་པར་ཕུལ། དུས་གསུམ་སྐྱབས་གནས་ཀུན་འདུས་ཀྱི་ངོ་བོ་བླ་མ་རིན་པོ་ཆེ་ལ་གསོལ་བ་འདེབས་སོ། །བཤེས་གཉེན་ལ་མ་གུས་པ་ནས་བདག་གཉིས་སུ་མཚན་མར་འཛིན་པའི་བར་གྱི་ཕྱིན་ཅི་ལོག་གི་བློ་སྣ་མཐའ་དག་འགག་པར་བྱིན་གྱིས་བརླབ་ཏུ་གསོལ། དགེ་བའི་བཤེས་གཉེན་སངས་རྒྱས་སུ་མཐོང་བ་ནས་ཟུང་འཇུག་གི་བར་གྱི་ལམ་གྱི་རྟོགས་པ་མཐའ་དག་རྒྱུད་ལ་སྐྱེ་བར་བྱིན་གྱི་བརླབ་ཏུ་གསོལ། རྐྱེན་ཕྱི་དང་ནང་གི་བར་དུ་གཅོད་པ་ཐམས་ཅད་ཉེ་བར་ཞི་བར་བྱིན་གྱིས་བརླབ་ཏུ་གསོལ། །ཞེས་དོན་ཆེན་པོ་གསུམ་གྱི་སྒོ་ནས་གསོལ་བ་གདབ། དེ་ནས་པུས་མོ་གཡས་པའི་ལྷ་ང་ས་ལ་བཙུགས་ཏེ་ཐལ་མོ་སྦྱར་ནས་སངས་རྒྱས་ཆོས་ཚོགས་མ་ཚར་གསུམ་གྱིས་སེམས་བསྐྱེད་བཟུང་ལ། སླར་ཡང་ཕྱག་དང་སྦྲགས། བྱང་ཆུབ་སེམས་མཆོག་ཅེས་སོགས་ཀྱི་ཚིགས་བཅད་བརྒྱད་དགུ་ཙམ་གསུང་རྒྱུན་བཞིན་བྱ། དམིགས་བཅེ་མ་འདོན་བཞིན་པར་ས་ལ་བཞུགས་ཏེ་སྐྱབས་འགྲོ་རྒྱས་པ་དང་གནས་བཙུ་གསུང་། འདི་ཡན་ཆད་ཚོགས་ཐལ་ཆེར་ལ་འདྲ། བླ་མཆོད་དུས་བཟང་སྐབས། བདེ་ཆེན་དང་ལས་ཞེས་པ་ནས། ལུས་སྤྲུལ་ཕྱག་འཚལ་ལོ། །ཞེས་པའི་བར་དཀྱུས་ལྟར། མཆོད་པའི་སྐབས། སྐྱབས་མགོན་ཛེ་བཙུན་བླ་མ་འཁོར་བཅས་ལ། །སྣ་ཚོགས་མཆོད་སྤྲིན་རྒྱ་མཚོ་འབུལ་བ་ནི། །བཀོད་ལེགས་

རིན་ཆེན་འོད་འབར་སྣོད་ཡངས་ལས། །དག་བྱེད་བདུད་རྩིའི་མཆོད་ཡོན་དལ་གྱིས་འབབ། །དང་བའི་སེམས་ཀྱིས་ཕུལ་བྱུང་ཞིང་གི་མཆོག །སྐྱབས་མགོན་ཐུགས་རྗེའི་གཏེར་ལ་འབུལ་བར་བགྱི། །ཨོཾ་གུ་རུ་བུདྡྷ་བོ་དྷི་སཏྭ་སཏྭ་ཧྲ་ཏྲཱ་ཡཱ་ལས་པ་རི་ཝར་ཨརྒྷཾ་པྲ་ཏཱིཙྪ་ཧཱུཾ་སྭཱཧཱ། མཆོད་ཡོན་གྱི་གནས་སུ་ཞབས་བསིལ་སོགས་དང་། ཨརྒྷཾ་གྱི་གནས་སུ་པཱདྱཾ་སོགས་བཅུག་པས་ཆུ་བཞི་དབུལ། ཀང་པ་བར་བ་གཉིས་ཀྱི་གནས་སུ། སྟོང་བུ་སིལ་མ་འཕྲེང་བ་སྤེལ་ལེགས་པའི། །མཛེས་པའི་མེ་ཏོག་ས་དང་བར་སྣང་གང་། །ཞེས་པ་བཅུག་ལ། ཨོཾ་གུ་རུ་ནས་ཕཱར་པུཥྤེ་ཞེས་སྦྱར་བས་མཆོན་ཏེ་ཉེར་སྤྱོད་རོལ་མོ་རྣམས་དབུལ། དེ་ནས། གསང་བའི་འཁོར་ལོ་ཞེས་སོགས་གསང་འདུས་ནས་འབྱུང་བའི་ཚོགས་བཅད་རྣམས་ཀྱིས་ནང་གི་ཉེར་སྤྱོད་དབུལ། ཚོགས་ཐམ། བླ་མ་ལྷ་ཡི་ཚོགས་རྣམས་མཉེས་ཕྱིར་འབུལ། །ཞེས་སྦྱར། རིན་ཆེན་དབང་གི་རྒྱལ་པོ་ནས། བླ་མ་ལྷ་ཡི་སྤྱན་ལ་དབུལ་བར་བགྱི། །ཞེས་སོགས་དང་། འདོད་པའི་སྒྱུ་རྩལ་ཞེས་སོགས་ཕྱི་ནང་གི་འདོད་ཡོན་དབུལ། མཎྜལ་རྒྱས་པར་ཕུལ་ལ། མཇུག་ཏུ་བྱེ་བ་ཕྲག་བརྒྱའི་ཞེས་སོགས་དང་། བདག་གཞན་མ། ས་གཞི་མ་སོགས་འདོན། དེ་ནས། དངོས་བཤམས་ཡིད་སྤྲུལ་ཞེས་སོགས་ཀྱི་མཆོད་པ་ལྷག་མ་གཞུང་བཞིན་བྱ། བཤགས་པའི་མཚམས་སུ་ལྟུང་བཤགས་དང་། སྡོམ་པ་གོང་མ་གཉིས་ཀྱི་ཕྱིར་བཅོས། སྤྱི་བཤགས་བཅས་ཀྱི་འཕྲོས། ཐོག་མེད་དུས་ནས། ཞེས་པ་ནས། ཐོབ་ཕྱིར་བསྔོའི་བར་དཀྱུས་བཞིན་བྱ། དེ་ནས་ཐུབ་དབང་གི་བསྟོད་པ། ལམ་རིམ་གསོལ་འདེབས། བྱིན་རླབས་ཉེ་བརྒྱུད་ཀྱི་གསོལ་འདེབས་དང་། རྗེའི་སྐུ་བསྟོད། རྣམ་ཐར། དངོས་བརྒྱུད་ཀྱི་བླ་མའི་སྐུ་བསྟོད་གསོལ་འདེབས་ཀྱི་སྐོར་སོགས་བླ་མ་སངས་རྒྱས་བྱང་སེམས་ཀྱི་བསྟོད་ཚོགས་གང་འོས་འདོན། ཡོན་ཏན་འབྱུང་གནས་མན་ཆད་གཞུང་ལྟར་ལ།

མཇུག་ཏུ་ལམ་རིམ་བསྡུས་དོན་དང་། སྨོན་ལམ་རྣམ་ལྔ། བདེ་གཤེགས་མ། བྱམས་ཆེན་མ། ལམ་རིམ་སྨོན་ལམ་བཅས་གསུངས། གསང་བདེ་འཇིགས་གསུམ་ཡ་མ་བྲལ་བའི་ལམ་ལ་བག་ཆགས་འཇོག་པའི་ཕྱིར་དེ་གསུམ་གྱི་སྨོན་ལམ་ཡང་ཆ་ཚང་བ་བྱུང་ན་ལེགས། སྨན་ཆོག་རྒྱས་པ་དངོས་དག་བྱུང་ན་ལེགས་ཀྱང་། ཟློ་ནས་མི་ཐོན་ཚེ་གནད་སྨིན་ཞིག་དཀའ་ལ། པཎ་ཆེན་ཐམས་ཅད་མཁྱེན་པའི་སྨན་ཆོག་བསྡུས་པ་འདི་ཚིག་ཉུང་ཡང་། སྔ་མའི་དོན་གཅིག་ཀྱང་མ་ཆད་པར་ནང་དུ་འདུས་ཏེ་ཡ་མཚན་ཆེ་བས་འདི་ཉིད་ཀྱིས་འཐུས། ཐམས་ཅད་ལ་ཇེ་རྒྱས་སུ་བཏང་ན་ཉོག་འགྲོ་བས། གཙོ་བོའི་སྐབས། བཻཌཱུརྻ་ཡི་འོད་ལ་ཕྱག་འཚལ་ལོ། །ཞེས་པའི་འཕྲོར། ཛེ་སྟེང་སུ་དག་ཅེས་སོགས་ཕྱག་མཆོད་ཀྱི་ཚིགས་བཅད་བདུན་དང་། རབ་འབྱམས་རྒྱ་མཚོ་དཔག་མེད་ན། །ཞེས་སོགས་ཚིགས་བཅད་རྣམས་ཀྱིས་ཆུ་གཉིས་ཉེར་སྤྱོད་རོལ་མོ་བཅས་དབུལ། འདོད་ཆགས་ཞེ་སྡང་ནས། ཕྱིར་བཟློག །ཞེས་པའི་འཕྲོར། རྒྱལ་བའི་མཚན་ཐོས་ཞེས་སོགས་སྤྱིར། བཟླས་པ་གང་མང་དང་། སྨོན་ལམ་སོགས་རྒྱས་པར་བྱ། རྣམ་རྒྱལ་ཆོ་གའི་མགོར། རྩ་བའི་སྤྲུལ་གཞི་ལྷ་བུ་ཚེ་དཔག་མེད་ཡིན་པས། ཚེ་དཔག་མེད་དང་འབྲེལ་པའི་བླ་མའི་རྣལ་འབྱོར་གྱི་སྒོ་ནས་ཚེ་གཟུངས་གང་མང་དང་བླ་མའི་ཞབས་བརྟན་གྱི་རིགས་སྟོན་དུ་བཏང་ན་ལེགས། དབྱར་གནས་ལྷ་བུ་ཟློས་འདོན་ཡོད་སྐབས་རྣམས་སུའང་སྒྲོལ་མ་གདུགས་ཤེར། སེང་གདོང་མ་སོགས་སྟེར་རྒྱུན་མ་ཉམས་པའི་ཐོག །བླ་མའི་རྣམ་འབྱོར་དང་འབྲེལ་བར་ཚེ་གཟུངས་བཟླ། སྒྲོལ་དཀར། ཨ་ར་པ་ཙ། སོ་སྐྱོན་མ་སོགས་གཟུངས་སྔགས་ཅི་རིགས་ཀྱང་བཟླས་ན་ལེགས། བདག་འཇུག་སྐབས་གཞན་གྱི་འདོན་པ་བསྡུས་ཙམ་བྱས་ཏེ་དངོས་གཞིའི་འདོན་ཏ་དབྱངས་ཕྱག་ལེན་ཐམས་ཅད་རྒྱུད་གྲྭའི་ལུགས་སྲོལ་ཟུར་མ་ཉམས་པ་བྱས་ན་ལེགས། དགུ་གཏོར་ལ།

འཇིགས་བྱེད་མགོན་ཆོས། གསེར་ཞུན་མ་སོགས་དང་། ལོ་མཇུག་གི་དགུ་གཏོར་ཉི་མ་གསུམ་གྱི་སྐབས་དེའི་སྟེང་དུ་ལྷ་མོ་རྣམ་སྲས། བེ་གཙོ། ཐ་འོག་པ་རྣམས་ཀྱང་བསྣན་ཏེ་བྱ། ལོ་གསར་ཆོས་གཅིག་ལ་བླ་མཆོད་སོགས་འདོན་པ་གཞན་རྣམས་བསྡུས་ཙམ་བྱས་ལ་ལྷ་མོའི་ཆོས་གཏོར་ཕྱག་ལེན་དང་མཐུན་པར་བསྟར་ན་ལེགས། འདིར་མདོར་བསྡུས་ཀྱི་ཐོ་ཙམ་བཀོད་པ་ཡིན་པས། འཁྲིག་ལམ་གྱི་ཀ་ཆང་ཚུགས་ནས་ཞིབ་ཆ་རྒྱས་པར་བྱས་ན་ལེགས། ཙ་ནེའི་ཤོག་གི་དགོན་རྣམ་རྒྱལ་གླིང་གི་ཞལ་འདོན་སྐོར་གྱི་འདོན་འཁྲིག་ལེགས་ཚོགས་ལྷུན་གྲུབ་ཅེས་བྱ་བ་འདི་འང་དེ་ཀའི་བླ་མ་ལས་སྐེ་ཐུབ་མོང་ནས་བསྐུལ་ངོར་ཙ་ནེ་དགོན་ཆེན་ནས་གནང་བའོ། །

དཀོན་མཆོག་གསུམ་འདུས་འཇིགས་མཛད་བླ་མ་ལྷས། །ཚད་མེད་ཐུགས་རྗེའི་བྱིན་གྱིས་དབང་བསྐུར་ཏེ། །གསང་ཆེན་བསྟན་པའི་སྒྲོན་མེ་འཆང་བ་པོའི། །བདེན་ཚིག་འགྱུར་བ་མེད་པ་རྡོ་རྗེའི་ལུང་། །སྣང་ཞིང་སྲིད་པར་རྒྱུ་བའི་ལྷ་འདྲེའི་ཚོགས། །ཙ་བརྒྱུད་བླ་མའི་རྡོ་རྗེའི་ཐ་ཚིག་གིས། །རྡོ་རྗེའི་གཡར་དམ་བསྒོས་པ་ཉེར་དགོངས་ལ། །སྐྱེ་འགྲོ་ཀུན་ལ་གནོད་འཚེའི་བསམ་སྦྱོར་སྤོངས། །ཁྱད་པར་དགེ་འདུན་འདུས་ཚོགས་དཔོན་སློབ་ཀུན། །ཐུབ་བསྟན་རིན་ཆེན་བཤད་སྒྲུབ་བསྒྲིད་པ་ལ། །རྟག་ཏུ་ཉེར་འཚེ་སྤོང་ཞིང་མཐུན་པའི་རྐྱེན། །ཇི་ལྟར་ནུས་བཞིན་སྒྲུབས་ཤིག་ས་མ་ཡཿ། ཅེས་སྣང་སྲིད་ལྷ་འདྲེའི་ཚོགས་ལ་བཀའ་བསྒོ་འདི་ནི། སྐྱབས་མགོན་རྡོ་རྗེའི་འཆང་དཀོན་མཆོག་བསྟན་པའི་སྒྲོན་མེས་གནང་བའོ། །

དགེ་སྦྱོང་དཀོན་མཆོག་བསྟན་པའི་སྒྲོན་མེ་བདག །རང་སྟོབས་ཀྱིས་དཀོར་སྦྱོང་མི་ནུས་པས། དད་ཛས་ཆུད་མི་ཟ་བའི་ཕྱིར་འདི་ལྟར་བསྒྲུབ་པས་མཚོན། དུས་གསུམ་གྱི་དགེ་ཚོགས་བསྩོམས་པའི་མཐུ་ལ་བརྟེན་ནས་ཕྱག་མཛོད་དགེ་འདུན་གྲགས་པ། དཔོན་པོ་བློ་བཟང་དཀོན་མཆོག གཉེར་བ་བློ་

བཟང་དར་རྒྱས། མ་རྒན་མོ་ཚོག་སྐྱིད་སོགས་ཉེ་འབྲེལ་གྲྭ་སློབ་སྦྱིན་བདག་བཀོལ་སྤྱོད་ཀྱི་དུད་འགྲོ་སོགས་འབྲེལ་ཐོགས་རྣམས་ཀྱིས་གཙོས། མར་གྱུར་སེམས་ཅན་ཐམས་ཅད་མངོན་མཐོ་ངེས་ལེགས་ཀྱི་དཔལ་ལ་སྤྱོད་པ་དང་། །ཁྱད་པར་དག་པའི་ཞིང་བདེ་བ་ཅན་དུ་སྐྱེས་ནས་མགོན་པོ་འོད་དཔག་མེད་ཀྱིས་འབྲལ་མེད་རྗེས་སུ་བཟུང་སྟེ། ཡང་དག་པའི་ལམ་བཟང་རིམ་གྱིས་བགྲོད་ནས་མཐར་ཐུག་སྐུ་བཞིའི་གོ་འཕང་བདེ་བླག་ཏུ་ཐོབ་པར་གྱུར་ཅིག །ཅེས་པ་འདི་འང་དཔལ་ལྡན་བཀྲ་ཤིས་འཁྱིལ་གྱི་སྡེ་འཛོམ་ཏུ་ཆོ་འཕྲུལ་སྨོན་ལམ་གྱི་བཅུ་གསུམ་ཉིན་བཀྲམ་རྒྱུའི་འོད་དཔག་མེད་ཀྱི་གོས་སྐུ་ཆེ་ལེགས་ཁྱད་མཚར་ཅན་གོས་ཆེན་རྒྱུ་བཟང་སྣ་ཚོགས་ཀྱིས་བསྒྲུབ་སྐབས་དེའི་ཁ་བྱང་དུ་སྦྱར་བའོ། །

བདེ་སྟོང་དབྱིངས་སུ་གདེངས་པ་མ་ཧེའི་ཞལ། །སྲིད་གསུམ་ཁམ་དུ་བྱེད་པ་ཛམ་པའི་གར། །བདུད་སྡེའི་གཤེད་དུ་བསྒྱུར་པའི་ཁྲོ་ཆེན་གྱི། །བདེན་གསུང་འགྱུར་པ་མེད་པ་རྡོ་རྗེའི་ལུང་། །སྣང་སྲིད་ལྷ་འདྲེ་འབྱུང་པོ་མི་མ་ཡིན། །ཀུན་ལ་ཕྱག་རྒྱས་བཏབ་སྟེ་བསྒོ་བ་ནི། །དཀར་ནག་ལས་འབྲས་འཆོལ་བ་མེད་པ་དང་། །རྩ་བརྒྱུད་བླ་མའི་གཡར་དམ་གཉན་པོ་ལ། །བསམས་ནས་རིག་འཛིན་འདི་ཉིད་ཡོན་མཆོད་བཅས། །ཀུན་ལ་གནོད་འཚེའི་བསམ་སྦྱོར་སྤོང་བར་གྱིས། །རིང་མོ་ཞིག་ནས་མཆོད་སྦྱིན་གཏོར་ཚོགས་ཀྱིས། །བརྟན་ཞིང་ལན་ཆགས་འཁོར་བར་བྱས་ཟིན་གྱིས། །ད་དུང་ཤ་འཁོན་གཉེར་ན་དམ་ཚིག་གི །རྡོ་རྗེས་མགོ་བོ་འགེམས་སོ་ཤེས་པར་གྱིས། །འདི་འང་ཀཿཐོག་སྤྲུལ་སྐུའི་མོས་འདུན་བཞིན་སྦྱར་བའོ། །མཚན་དཔེའི་དཔལ་འབར་ཁ་སྦྱོར་བདེ་ཆེན་གྱིས། །སྤྲོས་བྲལ་ངང་དུ་སྲིད་མཐའི་བར་བཞུགས་ནས། །འགྲོ་བའི་དོན་མཛད་ཡན་ལག་བདུན་ལྡན་མགོན། །བཅོམ་ལྡན་མི་བསྐྱོད་རྡོ་རྗེ་ལ་ཕྱག་འཚལ། །ལྷག་བསམ་རྣམ་པར་དག་པས་གང་གི་སྐུ། །མིག་གི་

བདུད་རྩེར་བསྒྱུར་བའི་དགེ་ཚོགས་མཐུས། །ཚེ་རབས་ཀུན་ཏུ་འབྲལ་མེད་རྗེས་བཟུང་སྟེ། །རིམ་གཉིས་ལམ་གྱི་བགྲོད་པ་མཐར་ཕྱིན་ཤོག །རབ་འབྱམས་བརྟན་དང་གཡོ་བའི་དངོས་པོ་ཀུན། །ལྷན་སྐྱེས་བདེ་བའི་འཁོར་ལོར་སྡོམ་མཛད་པ། །གནས་གསུམ་དཔའ་བོ་མཁའ་འགྲོའི་ཚོགས་ཀྱི་རྗེ། །བཅོམ་ལྡན་ཧེ་རུ་ཀ་ལ་ཕྱག་འཚལ་ལོ། །ལྷག་བསམ་ཞེས་པ་ནས་དག་པ་མཁའ་སྤྱོད་གནས་དེར་དྲང་དུ་གསོལ། །རབ་འབྱམས་རྒྱལ་བའི་ཡེ་ཤེས་སྒྱུ་མའི་འཕྲུལ། །གཏུམ་དྲག་ཁྲོ་བོ་ཆེན་པོའི་སྐུར་བཞེངས་ཏེ། །མ་རུངས་བདུད་སྡེའི་དཔུང་ཚོགས་འཇོམས་མཛད་པ། །བཅོམ་ལྡན་རྡོ་རྗེ་འཇིགས་བྱེད་ལ་ཕྱག་འཚལ། །ལྷག་བསམ་ཞེས་པ་ནས་ཕྱི་ནང་བདུད་སྡེའི་གཡུལ་ལས་རྒྱལ་བར་མཛོད། །རྣམ་པ་ཀུན་གྱི་མཆོག་ལྡན་སྟོང་གཟུགས་སྐུ། །དམིགས་མེད་བདེ་ཆེན་ཐུགས་དང་རོ་གཅིག་པ། །ཕྱི་ནང་གཞན་གསུམ་རྣམ་པར་དག་པའི་བདག །དཔལ་ལྡན་དུས་ཀྱི་འཁོར་ལོ་ལ་ཕྱག་འཚལ། །ལྷག་བསམ་ཞེས་པ་ནས་སྟོང་གཟུགས་ཕྱག་རྒྱ་ཆེན་པོ་གྲུབ་པར་མཛོད། །རྗེས་ཆགས་དགའ་བས་རབ་སྦྱོས་བདག་མེད་མར། །མི་ཕྱེད་དམ་དུ་འཁྱུད་པའི་བདེ་བ་ཆེས། །དགྱེས་པའི་གར་གྱིས་རྩེན་པའི་ཧེ་རུ་ཀཿ བཅོམ་ལྡན་དགྱེས་པ་རྡོ་རྗེ་ལ་ཕྱག་འཚལ། །ལྷག་བསམ་ཞེས་པ་ནས་ལྷན་སྐྱེས་བདེ་ཆེན་འཆར་བར་བྱིན་གྱིས་རློབས། སྙིང་རྗེའི་ངང་ལས་དྲག་པོའི་སྐུར་བཞེངས་ཏེ། །མ་རུངས་གདུལ་དཀའི་འགྲོ་རྣམས་འདུལ་མཛད་པ། །ཐུགས་རྗེའི་གཏེར་ཆེན་མྱུར་མཛད་སྤྱན་རས་གཟིགས། །ཡེ་ཤེས་མགོན་པོ་འཁོར་བཅས་ལ་ཕྱག་འཚལ། །ལྷག་བསམ་ཞེས་པ་ནས་ཐེག་མཆོག་ལམ་བཟང་བགྲོད་པའི་སྟོངས་གྲོགས་མཛོད། །བློ་བཟང་རྒྱལ་བའི་བསྟན་སྲུང་ཀུན་གྱི་གཙོ། །དཀར་ནག་ལས་ཀྱི་བླང་དོར་ཤན་འབྱེད་པ། །ཁམས་གསུམ་སྐྱེ་འགྲོ་ཡོངས་ཀྱི་སྲོག་གི་བདག །དམ་ཅན་ཆོས་ཀྱི་རྒྱལ་པོ་

ལ་ཕྱག་འཚལ། །ལྷག་བསམ་ཞེས་པ་ནས་དགེ་ལྡན་བསྟན་དགྲ་མ་ལུས་ཕྱེ་མར་བརླགས། །རྒྱལ་བ་ཀུན་ཡུམ་རྡོ་རྗེ་དབྱིངས་ཕྱུག་མ། །སྣང་སྟོང་སྤྲིན་པོ་ཁྲིས་པའི་སྐྲུར་བཞེངས་ཏེ། །བསྟན་དགྲ་འཇོམས་ཤིང་བསྟན་འཛིན་བུ་བཞིན་དུ། །སྐྱོང་མཛད་དམག་ཟོར་རྒྱལ་མོའི་ཞབས་ལ་འདུད། །ལྷག་བསམ་ཞེས་པ་ནས་ཕྱི་ནང་ཉེར་འཚེ་ཀུན་ལས་སྲུང་དུ་གསོལ། །ཕུན་ཚོགས་དཔལ་འབྱོར་འདོད་དགུའི་དཔྱིད་འཛོ་བས། །རྣལ་འབྱོར་དཔོན་སློབ་སྡེ་དང་བཅས་པ་ཡི། །འདོད་དོན་མ་ལུས་ལྷུན་གྱིས་གྲུབ་མཛད་པ། །རྒྱལ་ཆེན་རྣམ་ཐོས་སྲས་ལ་ཕྱག་འཚལ་ལོ། །ལྷག་བསམ་ཞེས་པ་ནས་ཆོས་སྲིད་དཔལ་འབྱོར་མཐའ་དག་རྒྱས་པར་མཛོད། ཤཱ་ས་ཀ་འདི་རྣམས་ཞུ་བ་པོའི་འདུན་པ་བཞིན་ཐང་གའི་ཁ་བྱང་དུ་སྦྱོལ་པའོ། །

གསུང་གི་རྡོ་རྗེ་འོད་དཔག་མེད་མགོན་གྱི། །གསུང་ངག་རྡོ་རྗེའི་ཚིག་དོན་ཟབ་ཅིང་བརླིང་། །གསུང་ཟེར་རྡོ་རྗེའི་གཟེགས་མ་འབུམ་འཕྲོ་བས། །གསུང་རབ་རྡོ་རྗེ་རིན་ཆེན་འཕྲེང་བར་སྤེལ། །དེའང་པཎ་ཆེན་སྣང་བ་མཐའ་ཡས་ཀྱི་མཛད་པའི་ལྷ་མགུར་འདི་ཉིད་མཚན་ཁྱུ་བུའི་ཚུལ་གྱིས་མདོར་བསྡུས་ཏེ་བགྲོལ་བ་ལ། །ཀླད་གཞུང་མཇུག་གསུམ་ལས། དང་པོ་ཀླད་ཀྱི་དོན་མཆོད་པར་བརྗོད་པ་ནི། ན་མོ་གུ་རུ་བྷྱཿ སྐྱབས་ཀུན་འདུས་བླ་མ་ཡིད་བཞིན་ནོར། །ཐུགས་འགྲོ་ལ་ཕྱོགས་ལྷུང་མི་མངའ་ཡང་། །གང་རྗེ་གཅིག་དྲན་ལ། ནོར་བུ་རྒྱལ་མཚན་གྱི་རྩེར་མཆོད་ན་འདོད་དགུ་འབྱུང་བ་ལྟར། འདི་ཕྱི་ཡི། དོན་བདེ་བླག་སྟོལ་ལ་སྙིང་ནས་འདུད། །གཉིས་པ་གཞུང་དོན་ལ་གནད་བཞིའི་སྒོ་ནས་གཏན་ལ་དབབ་པ། གཏན་ལ་ཕབ་པས་བདག་མེད་སྒོམ་ཚུལ། དེའི་གྲུབ་པའི་དོན་དང་གསུམ། དང་པོ་ལ་གནད་བཞི་ལས། དགག་བྱ་ངེས་པའི་གནད་ལ་དགག་བྱ་ངོས་འཛིན་དགོས་པའི་རྒྱུ་མཚན་དང་། འཛིན་ཚུལ་དངོས་གཉིས། དང་པོ་ནི། གནས་སྲིད་པའི་རྩེ་ནས་དམྱལ་བའི་བར། །སྐྱེ་རྒ་དང་འཆི་བས་འཁོར་བ་འདིར། །

ཡོང་གཞན་གྱིས་བཟུང་ནས་དབང་མེད་དུ། །སྡུག་སྣ་དགུ་བཏང་བ་མ་ཡིན་གྱི། །སྤྱོད་འཇུག་ལས། གནོད་པའི་ཚོགས་རབ་འཕེལ་བའི་རྒྱུ་གཅིག་པུ། །བདག་གི་སྙིང་ལ་ངེས་པར་གནས་འཆའ་ན། གསུངས་པ་ལྟར། གདོན་རང་གི་སེམས་ལ་གནས་པ་ཡི། །དགྲ་བདག་འཛིན་འགོང་པོ་འདི་ཡིན་པས། །ཡོའི་ཞེན་ཡུལ་ཇི་བཞིན་མ་རྙེད་པར། །དཔྱད་དཔྱད་ཀྱང་འབེན་མ་མཐོང་བར་མདའ་བརྡེག་པ་ལྟར་དགག་བྱ་ཁྱབ་ཆེ་ཆུང་གང་རུང་དུ་སོང་ནས། རྟག་ཆད་མཐའ་རུ་ལྷུང་། །ཐ་མལ་གྱི་ལྷན་སྐྱེས་ཤེས་པ་ལ། །ཡུལ་གང་སྣང་བདེན་པའི་ཚུལ་དུ་སྣང་། །སྣང་ཚུལ་དེའི་སྟེང་ནས་དགག་བྱ་ངོས་ཟིན་དགོས་ཀྱི། གྲུབ་མཐས་སྒྲོ་བཏགས་ནི་གྲུབ་མཐའ་དེ་འཛིན་ཡོན་ལ་སྣང་ཞིང་། དེ་བཀག་པས་བདག་འཛིན་ལྷན་སྐྱེས་ཀྱི་འཛིན་ཚུལ་མི་ཁེགས་པས། འདི་ཀུན་བརྟགས་ཤེས་པའི་འཛིན་སྟངས་དང་། །དོན་མ་འདྲེས་ངོས་འཛིན་གནད་དུ་ཆེ། །གནད་དང་པོ་དགག་བྱའི་སྣང་ཚུལ་འདིའི། །གཏིང་མ་ཕྱིན་རྒྱུན་པོ་ནགས་ཤོར་ལ། །རྗེས་སྲུང་ལ་གཅོད་དང་འདྲ་བས་ན། །དོན་འདི་ལ་སྦྱོང་བ་ཐུལ་ཕྱིན་མཛོད། །གཉིས་པ་དགག་བྱ་ངོས་འཛིན་ཚུལ་དངོས་ཀྱི་དོན་ལ། སྒོམ་ཐོག་ནས་ལྟ་བ་ཚོལ་བའི་ལུགས་ཀྱིས་དང་པོར་ཞི་གནས་སྒྲུབ་དགོས་ཚུལ་དང་། དེའི་སྟེང་ནས་དགག་བྱ་ཚོལ་ཚུལ་གཉིས། དང་པོ་ནི། ཚུལ་འདི་ཉིད་ཇི་བཞིན་ངེས་པ་ལ། །སེམས་ཞི་གནས་སྟོན་དུ་འགྲོ་དགོས་པས། །དེང་དུས་ཀྱི་ལྟ་ཁྲིད་སྐྱོང་བ་རྣམས། །ལམ་དབུ་མའི་ཚུལ་ལས་རིང་དུ་འཁྱམས། གཉིས་པ་ནི། དོན་བསྡུས་ན་ངའམ་བདག་དེ་ནི། །རང་སེམས་ཀྱི་དབང་གིས་ཕར་བཞག་ཅིང་། །མིང་ཙམ་གྱི་བྱ་བྱེད་འཐད་པ་ལས། །ཡུལ་རང་གི་ངོས་ནས་གྲུབ་པ་མེད། །མེད་མོད་ཀྱང་རང་ངོས་གྲུབ་པར་སྣང་། །དོན་སྣང་བ་ལྟར་དུ་སེམས་ཀྱིས་ཞེན། །གང་ཞེན་པའི་ཚུགས་ཐུབ་པ་དེ་ཉིད། །དེས་གྱུར་ན་དགག་བྱ་ངེས་པར་འཛོག །གཉིས་ཁྱབ་པ་ངེས་པའི་གནད་ནི། ཆོས་གང་ཞིག་ཡོད་པ་ལ་གཅིག་གམ་ཐ་དད་གང་རུང་གི་རྣམ་པར་ཡོང་བ་ལས་

གནས་ཚུལ་གཞན་མི་སྲིད་པས། སྤྱིའི་ཁྱབ་པ་དེ་ཉིད་ཀྱི་སྒོ་ནས་བཏགས་ཆོས་ཀྱི་ང་དེ་ཉིད་གདགས་གཞིའི་ཕུང་པོའི་སྟེང་དུ་བདེན་པར་ཡོད་ན། དེ་དང་བདེན་པའི་གཅིག་ཏུ་ཡོད་པའམ། བདེན་གྲུབ་ཀྱི་ཐ་དད་དུ་ཡོད་པ་གང་རུང་ལས་མ་འདས་པའི་ཚུལ་སྟོན་པར། དེ་ཕུང་པོ་ལྔ་དང་གཅིག་ཐ་དད། །གང་རུང་དུ་གྲུབ་པ་ལས་གཞན་པའི། །ཚུལ་གཞན་དུ་གྲུབ་ཐབས་མེད་པ་རུ། །ཐག་ཆོད་པ་ཁྱབ་པ་ངེས་པའི་གནད། །གནད་གསུམ་པ་གཅིག་བྲལ་ངེས་པའི་གནད་ནི། ད་ཕུང་གཅིག་ཡིན། འཇུག་པར། གལ་ཏེ་ཕུང་པོ་བདག་ན་དེ་ཕྱིར་དེ། །མང་བས་བདག་དེ་དག་ཀྱང་མང་པོར་འགྱུར། །ཞེས་པ་ལྟར། ང་དུ་མར་ཐལ་དང་ཕུང་པོ་ལྔ། །གཅིག་འགྱུར་ཞིང་རྩ་ཤེ་ལས། ཉེ་བར་ལེན་ཉིད་བདག་ཡིན་ན། །ཁྱོད་ཀྱི་བདག་ནི་མེད་པ་ཡིན། །ཞེས་པ་ལྟར་ལས་བྲས་སྨྱོང་བ་པོའི་རྟེན་བདག་ཁས་བླངས་པ་དོན་མེད་པར་ཐལ་བ་དང་། ལེན་པ་པོ་ང་དང་བླང་བྱའི་ཕུང་པོ་སོ་སོར་མེད་པས་བྱ་བྱེད་གཅིག་ཏུ་ཐལ་བ་ནི། ཉེ་བར་བླངས་བྱ་དང་། །དེ་ལེན་པོ་ཞེས་པ་དོན་མེད་འགྱུར། བཞི་པ་བདེན་པའི་དུ་བྲལ་ངེས་པའི་གནད་ནི། ། བདག་ཕུང་པོ་དག་དང་ཐ་དད་དུ། །གྲུབ་གྱུར་ན་ཐ་དད་ཙམ་ལ་འབྲེལ་མེད་མི་དགོས་ཀྱང་། ཚུགས་ཐུབ་ཀྱི་ཐ་དད་ལ་འབྲེལ་མེད་ཀྱི་ཁྱབ་པས་འཇུག་པར། སྐྱེ་འཇིག་བྱེད་པོ་མེད་པས་དེ་འཛིན་མེད། །གཞན་གྱིས་བསགས་ལ་གཞན་གྱིས་ཟ་བར་འགྱུར། །གསུངས་པ་བཞིན་ལས་ཆུད་ཟ་བ། དགེ་སྡིག་ལ། །སྤང་བླང་གི་བྱ་བ་དོན་མེད་འགྱུར། གཉིས་པ་གཏན་ལ་ཕབ་པས་བདག་མེད་སྒོམ་ཚུལ་ལ། གང་ཟག་དང་ཆོས་ཀྱི་བདག་མེད་རྟོགས་ཚུལ། དེ་མཉམ་རྗེས་སུ་སྒོམ་ཚུལ་གཉིས། དང་པོ་ནི། ཚུལ་དེ་ལྟར་གནད་བཞིས་དཔྱད་པའི་མཐར། །ང་རང་བཞིན་མེད་པར་ངེས་པ་དེས། །བདག་མེད་པའི་ལྟ་བ་དང་པོར་སྐྱེད། དེ་ནས་མདོ་ལས། །ཇི་ལྟར་ཁྱོད་ཀྱི་བདག་གི་འདུ་ཤེས་ནི། །ཤེས་པ་དེ་བཞིན་ཀུན་ལ་བློས་སྦྱར་བྱ། །ཞེས་གསུངས་པ་བཞིན་ཆོས་ཀྱི་བདག་མེད་ལའང་ཁ་སྦྱོས་པ་ཙམ་གྱིས་ཆོག་པས། བཞི་བརྒྱ་པར་གཅིག་གི་སྟོང་ཉིད་གང་ཡིན་པ། །དེ་ནི་ཀུན་གྱི་སྟོང་ཉིད་ཡིན། །གཅིག་གི་ལྟ་པོ་གང་ཡིན་པ། །དེ་ནི་ཀུན་གྱི་ལྟ་པོ་ཡིན། །ཞེས་གསུངས་པ་ལྟར་ཡིན་པས། གཅིག་ཏུ་བྲལ་རིགས་པས་དཔྱོད་ཚུལ་འདི། །

མིག་སོགས་ཀྱི་ཆོས་ཀུན་ལ་སྦྱར་ཏེ། །ཡུལ་གང་སྣང་ངོ་བོ་ལ་ལྟོས་ཞིག །དོན་གནས་ལུགས་སྟོང་སང་རྗེན་པར་འཆར། གཉིས་པ་དེ་མཉམ་རྗེས་སུ་སྒོམ་ཚུལ་ལ་གཉིས་ལས། མཉམ་གཞག་ནམ་མཁའ་ལྟ་བུ་སྒོམ་ཚུལ་ནི། གདོན་དངོས་འཛིན་འཁྲུལ་བས་དཀྲུགས་པ་ཡི། །ཡུལ་ཀུན་རྫོབ་ཅིར་ཡང་འཆར་མོད་ཀྱི། །དཔལ་རིག་ཤེས་ལྟ་བའི་རྒྱལ་པོ་ཡིས། མཉམ་པར་བཞག་པའི་དོན། གནས་ལུགས་ཀྱི་ལྟད་མོ་ཀུན་རྫོབ་ཀྱི་སྤྲོས་པ་མཐའ་དག་དང་བྲལ་བ་ནམ་མཁའ་སྟོང་སང་ལྟ་བུའི་དགག་བྱ་ཆད་ཙམ་གྱི་དབྱིངས་ལ་ལྟོས་ཤིག་ཨང་། གཉིས་པ་རྗེས་ཐོབ་སྒྱུ་མ་ལྟ་བུའི་སྒོམ་ཚུལ་ནི། དོན་དཔྱད་ཚེ་ཉེད་པའི་ཆོས་མེད་ཀྱང་། །རྒྱུ་རྐྱེན་འབྲེལ་དུ་མ་ཚོགས་པའི་མཐུས། །བར་ནམ་མཁའི་འཇའ་ཚོན་ཇི་བཞིན་དུ། །ངོ་མཚར་བའི་ཀུན་རྫོབ་བཅིང་གྲོལ་བྱ་བྱེད་སོགས་མ་འཚོལ་བར་བསླུན་མེད་དུ་འབྱུང་བ་སྒྱུ་མའི་སྣང་བ་ལྟ་བུ་འདི་ལ་ལྟོས། གསུམ་པ་གྲུབ་དོན་ལ་རྟག་མཐའ་ཁེགས་ཚུལ། ཆད་མཐའ་ཁེགས་ཚུལ། མཐའ་གཉིས་སྤྲངས་པའི་དབུ་མར་གྲུབ་ཚུལ་གསུམ། དང་པོ་ནི། ཡོད་ཡོད་ལྟར་བདེན་པར་བཟུང་བའི་ང་། ། ཚུལ་གང་གིས་བཙལ་ཀྱང་མི་རྙེད་པ། །བྱ་ནམ་མཁར་འཕུར་བའི་རྗེས་འདྲ་འདི། །དོན་གནས་ལུགས་ལྟ་བ་རྟོགས་པ་ཡིན། གཉིས་པ་ཆད་མཐའ་ཁེགས་ཚུལ་ནི། རང་ངོས་ནས་གྲུབ་པ་ཙང་མེད་ཀྱང་། །བདེ་སྡུག་གི་སྣང་བ་ཉིན་མཚན་ཀུན། །བསླུན་པར་མེད་འཆར་བའི་རྒྱུ་འབྲས་ཀྱི། །རྟེན་འབྲེལ་ལ་བསླུ་བ་མེད་པའི་རྟགས། །གསུམ་པ་མཐའ་གཉིས་སྤྲངས་པའི་དབུ་མར་གྲུབ་ཚུལ་ནི། དོན་བདེན་པར་གྲུབ་དང་གཏན་མེད་པའི། །མཐའ་གཉིས་ཀ་དགག་པའི་ལྟ་བ་འདི། །དཔལ་ཀླུ་སྒྲུབ་ཡབ་སྲས་དགོངས་པ་བཞིན། །རྗེ་ཡབ་སྲས་ཐུགས་བཅུད་ཕྱུང་བ་ཡིན། རྩ་བའི་གསུམ་པ་མཇུག་གི་དོན་ནི། ཅེས་པ་འདི་འང་སེང་བཟང་སྤྲུལ་སྐུས་འཕྲིན་ཡིག་གི་ལམ་ནས་བསྐུལ་བ་ལྟར། ལྟ་བའི་གླུ་ལེན་པ་པོ་ནི་༄ཤཱཀྱའི་དགེ་སློང་བློ་བཟང་དཔའ་ལྡན་བསྟན་པའི་ཉི་མ་ཕྱོགས་ལས་རྣམ་རྒྱལ་ལོ། །པཎ་ཆེན་ཐམས་ཅད་གཟིགས་པ་ཆེན་པོས་ཁོང་རང་ལ་སྩལ་པའི་ལྟ་མགུར་འདིར་འགྲེལ་པ་ཞིག་དགོས་ཞེས་དམ་པ་ཉིད་ནས་བསྐུལ་མ་མཛད་པ་ལྟར། །མཆན་འགྲེལ་གནད་བསྡུས་འདི་༄བཙུན་པ་དཀོན་མཆོག་བསྟན་པའི་སྒྲོན་མེས་བྲིས་པའོ།

མགོན་པོ་རྡོ་རྗེའི་ཇ་མཆོད་ནི། ཨེ་ཨ་ཀྲུ། མྱེ་མ་ཏུས། ཧྣ་མ་ཡོང་ང་ཛ་ཁོའུ་བཞག་ཟེག རེམ་མ་གཅིག་འཐུང་ད། ད་མྱི་ཐན་གྱི་ཇ་འདི་བསྐོལ་ནི་ཁོའུ་སྐོར། ཁྱོས་དེ་བདེན་ན་དཀོན་མཆོག་གི་ཐུགས་རྗེ་ཡིན་རྒྱུ་རེད། དེ་ཡིན་དུས་དཀོན་མཆོག་ག་མཆོད་ཁ་ཟེག་མ་འཕང་ང་འཐུང་ན་ལས་འབྲས་ཨེ་མི་ཉན་ཨྣ། ཨ་རྒྱ་མཆོད་སྲུས་འཕེན། ཧ་ཧ། ང་རྒྱ་བོད་ཧོར་གསུམ་འགྲིམ་གི་མྱི་ཐན་བཟང་ངན་བར་གསུམ་རིག་གི་གོམ་ཐན། ཆོས་འཇིག་རྟེན་གཉི་གའི་ཕར་སྟེ་བུད་གི ཚུར་སྟེ་བུད་ནི་པོ་ཡིན་དུས་མཆོད་ངས་འཕེན། ཨོཾ་ཀུན་མཁྱེན་འཇམ་དབྱངས་བཞད་པའི་རྡོ་རྗེས་དབུ་མཛད་དྲིན་ཅན་རྩ་བ་བརྒྱུད་ཀྱི་བླ་མ་རྣམས་མཆོད། དེ་ཡིན་ཨྣ། བུ་རྒོད་པོ། ལས་ཟེག རྟེན་འབྲེལ་བསྒྲིག་ན་མགོ་འཛུགས་པོ་བླ་མ་ཡིན་མོ། རྗེ་བདག་ཉིད་ཆེན་པོས་ར། དེ་ནས་འདི་ཕྱིའི་ལེགས་ཚོགས་ཇི་སྙེད་པའི། །རྟེན་འབྲེལ་ལེགས་པར་འགྲིག་པའི་རྩ་བ་ནི། །ལམ་སྟོན་བཤེས་གཉེན་དམ་པ། གསུང་ཡོད་ཀི་མོ། དེའི་འཁྲོ་ཡྣ། ཨོ་གྲ་ཚང་རྒྱ་མཚོ་ལྷ་བུའི་བཀའ་རབ་འབྱམས་དགེ་བའི་བཤེས་གཉེན། མཁས་བཙུན་བཟང་གསུམ་འཛོམ་པ། རྡོའུ་བྱུར་ཏུ་ཏུ་པོ་ཧི་ལྷ་འདོམ་སྣ་འཛའ་མཁན། སྨུམ་ཙོ་རི་རི་རྒྱུད་སྟེ་བཞི་དབྱང་ང་གྱེར་མཁན། དམར་ལྷེམ་ལྷེམ་ལྷེམ། སེར་ལྷིག་ལྷིག་ལྷིག ས་ཐོག་ཐམས་ཅད་གང་ཡོད་ནི་པོ་འདི་མཆོད། ཡིན་ན་ཡིན་ན་དེ་ཡིན། མཆོད་ས་པོ་དགེ་འདུན་ཡིན་མོ། ཡིན་ནེས་མི་ཚད། དགེ་འདུན་འདྲ་པའི་སྟོད་མེད་དེ། བརྗེས་དུས་ཨེ་ཟེག་འགྱོ་ར་གྱོ། ཧེ་ཧེ ཁྱོས་བཤད་ཚོའུ་ཨ་བལྟས་ན་ཁྱོའུ་དེའི་དོན་མ་གོ་ཟེག དགེ་འདུན་འདྲ་བའི་སྟོད་མེད་བརྗེས་ནི་པོ། ཚུལ་ཁྲིམས་རྣམ་པར་དག ཐོས་བསམ་སྒོམ་གསུམ་ཡས་ནི། རང་གི་སེམས་ན་ཟས་ནོར་ར་སྲེད་པ་སྤུ་ཙམ་ཟེག་མེད་ཏུང་། ཆོས་སྐྱོང་སྲུང་མས་གྲོགས་ཡས། དཀར་ཕྱོགས་ལྷས་མཐུན་རྐྱེན་བསྒྲུབས་ནི་ཟས་ནོར་ཆར་

འབབ་འབབ་ཡས། ཡོན་བདག་དད་པ་ཅན་གི་བསོད་ནམ་གི་ཚོགས་རྫོགས་ནི་ཐོ་དེ་རེད། མང་ཇ་ཨེ་ཡོང་ཀི། ཐུག་པ་ཨེ་ནུར་གི། ཕོག་ཨེ་ཆེ་གི་ཟེར་རེས་ཁ་ཟེད་ཟེད་ད་འདུག་ནི་ཚོ་སྟོད་ཡིན་བརྗེས་ནམ་རེད། ཨ་རྒྱ་ཆོས་བཤད་བཟང་གི། ཨུ་གུའི་དབྱུག་པ་འདི་ཕྱིར་རེ་རེ་འཁོར་མི་གཏོང་མོ་ཨྰ། དྲག་དྲག་དྲམ་དྲི་མ་མཚན་ཉིད་པྰ་ཁྲབ་འཁྲིག་ཟེར་གྱི་ཟིག་གྰ་ཡོད། སྟགས་པྰ་ཕྱིར་ཟློག་ཟེར་གྱི་ཟིག་གྰ་ཡོད། ཡིན་ཙང་གདན་པ་ངས་དེ་ཁྲིག་ཁྲིག་ཡིན། ད་ཚོ་བཤད་ཀྱི་མ་མང་། ངས་མཆོད་གི་འཁྲོ་འཕེན་ཡྰ། མགོན་ཆོས་རྒྱལ་གཉིས་ལ་སོགས་པ་གྲ་དཔོན་སློབ་ཐམས་ཅད་གིས་སྐྱབ་སྐྱབ། བསྟེན་བསྟེན། མཆོད་མཆོད། བཀུར་བཀུར། བཀྲུག་བཀྲུག་པའི་སྲུང་མ་ཡེ་ཤེས་ཀྱི་སྤྱན་ལྡན་ཐམས་ཅད་མཆོད། བཟང་ཡྰ་སྣ་ཚོགས་འཕྲིན་ལས་ཚུལ་བཞིན་སྒྲུབ་མཛད་པའི། །ཆོས་སྐྱོང་སྲུང་མ་རྣམས་ཀྱི་བཀྲ་ཤིས་ཤོག །བརྗེས་དུས་ཡོང་རྣམ་ཚོ་གཅིག་མཆོད་ན་ཡོང་རྣམ་པས་ར་འཕྲིན་ལས་ཚུལ་བཞིན་དུ་སྒྲུབ་རྒྱུ་རེད། དེ་ཡས་ན། སྐུ་ཕྱོགས་ཐམས་ཅད་མཁྱེན་པ་སྐུ་ཆེ་ཞབས་པད་རི་རྒྱལ་ལྷུན་པོ་བཞིན་དུ་བརྟན། མཛད་པ་འཕྲིན་ལས་ཀིས་ས་སྟེང་ཁྱབ། དགེ་འདུན་གི་ཆོས་འཆད་ཉན་ཡར་ཟླ་བཞིན་འཕེལ། ཡུལ་ཕྱོགས་སུ་བཀྲ་ཤིས། སོ་ལེགས། བཟང་བཟང་། བརྒྱན་བརྒྱན། བསམ་བསམ། འདོད་འདོད་ཐམས་ཅད་པོ་འགྲུབ་རྒྱུ་བོ་སོས་ཡིན། ཐག་གི་ཆོད་པ་དེ་ཡིན། དེ་ཐང་མོ་སྔེས་བཟུང་ངེ་མཆོད་འཕེན་ཡ་ཨེ་རེས་མཆོད། མཆོད། མཆོད་མཆོད་མཆོད་མཆོད་མཆོད་མཆོད་མཆོད་མཆོད། བརྒྱ་མཆོད། སྟོང་མཆོད། ཁྲི་མཆོད། འབུམ་མཆོད། ཇེ་མཐོ་རྒྱ་ཡར་ཡར་མཆོད། ལྷ་རྒྱལ་ལོ། ཕཏ། མཆོད། འདོད་དགུའི་ཆར་པ་འབེབ་ བླ་མ་ཡི་དམ་ལྷ། འདོད་ཁམས་དབང་ཕྱུག་ཆོས་སྐྱོང་སྲུང་མའི་ཚོགས། འདོད་ཡོན་སྣ་ལྔའི་མཆོད་པ་འདི་བཞེས་ལ། འདོད་པའི་ད་ཡང་གྰ་རེལ། དོན་ཀུན་

འགྲུབ་པའི་འཕྲིན་ལས་མཛོད་མཛོད་མཛོད། དེ་ཇ་མཆོད་གི་མདོར་བསྟན་རེད། རྒྱས་བཤད་ཡས་ན་བསྟན་པའི་བདག་པོ་སངས་རྒྱས་བཅོམ་ལྡན་འདས། འཛམ་གླིང་རྒྱན་དྲུག་མཆོག་གཉིས་ཇོ་བོ་ཡབ་སྲས། རྗེ་རྒྱལ་བ་གཉིས་པ་ཙོང་ཁ་པ་ཆེན་པོ་ཡབ་སྲས། རྒྱལ་དབང་ཐམས་ཅད་མཁྱེན་པ། པཎ་ཆེན་སྣང་བ་མཐའ་ཡས། ཀུན་མཁྱེན་འཇམ་དབྱངས་བཞད་པ་སོགས་དཔལ་ལྡན་བླ་མ་དམ་པ་རྣམས་མཆོད་མདོར་ན་ཉིན་མཚན་མེད་པར་སངས་རྒྱས་ཀྱི་བསྟན་པ་ཐུགས་ལ་བཅང་མཁན། རྗེས་སུ་ཞུགས་ཚད་ཀི་བློ་སྣ་ཆོས་ལ་སྐོར་མཁན། མདོ་རྒྱུད་གསུང་རབ་ཀུན་ལ་ནང་བྱན་ཚུད་མཁན། ཐོས་དོན་སྒྲུབ་པས་ཉམས་སུ་ལེན་མཁན་གི་བླ་མ་སྐྱེས་བུ་དམ་པ་གང་ན་སུ་བཞུགས་པོ་མཆོད། དྷ་འཕྲ་འཕྲོ་རེ་ཡོ་ཁི་ན། དབྱར་ཚ་རྒྱུ་མེད། དགུན་འཁྱག་རྒྱུ་མེད་དྷ་གྲོང་ཆོག་བཛས་ནས་ལུང་སྐྱོག་ནེ་དགོན་པ་བག་བྱུག་རེ་གསོ་གི་ཡོད་མཁན་གི་བླ་མ་རྟོ་རམ་མཆོད་ཁྲེ་རེ་ཤིས། ཡི་དམ་བདེ་གསང་འཇིགས་གསུམ། དུས་ཀྱི་འཁོར་ལོ། ཀུན་རིག་རྣམ་པར་སྣང་མཛད་སོགས་རྒྱུད་སྡེ་བཞིའི་ལྷ་ཚོགས་ཐམས་ཅད་མཆོད། མགོན་ཆོས་རྒྱལ་གཉིས་ཀྱིས་གཙོས་པའི་ཆོས་སྐྱོང་སྲུང་མ་མཆོད། ཆེ་གི་མཆོད་ན་འདོད་ཡོན་ལྔ་ལྡན་བདུད་རྩིའི་རྒྱ་མཚོ་ཆེན་པོ་འདི་གི་མཆོད། ཁོས་བདུད་རྩིའི་རྒྱ་མཚོ་ཁྱི་ཤག་ཤག་ཤག་ཡེད་ཁེ་ཨྷ། ཁྱོད་སྟོད་སྟོད་དྷ་འཕྲིན་བཙོལ་ཡེད་ཁེ་ཚུག འདོད་པའི་དོན་ཀུན་བཛས་དུས་ཆོས་འཆད་ཉན། འཁྲིག་ལམ་ཀུན་སྤྱོད། མངའ་ཐང་སྐན་གྲགས། སྐྱིག་གཏམ་པ་ལ་འགྱེད་ཐོག་མང་ཇ་སོགས་ཆོས་སྲིད་ཀྱི་ལེགས་ཚོགས་ཐམས་ཅད་ལྷུན་གྱིས་གྲུབ་པའི་འཕྲིན་ལས་མཛོད། དྷ་དེའི་ནང་དྷ་མི་འདུས་ནི་ཟེ་གི་མེད་སོ། ཨ་ཙ་ཙ། ཐུབ་དབང་རྡོ་རྗེ་འཆང་ཆེན་པོ་འཇམ་མགོན་བླ་མ་དང་གཉིས་སུ་མེད་པའི་རྗེ་བཙུན་དམ་པ་ཐུགས་རྗེ་ཆེན་པོ་དང་ལྡན་པ་རྣམས་ལ་ཕྱག་འཚལ་ལོ། །ཚེ་རབས་ཀུན་ཏུ་

རྗེས་སུ་བཟུང་དུ་གསོལ། དེ་ཡང་མཁས་པ་དང་བླུན་པོའི་ཁྱད་པར་ཁ་བཤད་མཁས་མི་མཁས་ཀྱིས་འཇོག་པ་མིན། འདུན་མ་འགྲུབ་མ་འགྲུབ་ལ་ཟེར། འདུན་མ་མི་འགྲུབ་པ་ལ་བསམ་བློ་ལེགས་པར་གཏོང་དགོས། མི་ལུས་ཐོབ་ཀྱང་སྟར་ཡིད་ལ་འཛིན་རྒྱུའི་སྙིང་པོ་ཅི་ཡང་མ་སོན། ཁ་སང་ཡན་ཆད་ཅིག་ལ་ཤི་སྐྱེ་དམྱལ་བའི་མེ་འོབས་སུ་ལྷུང་ཡོད་ན་ཅི་འདྲ་ཞིག་འོང་རྒྱུ་རེད། དེ་ལྟར་མ་སོང་བར་ད་ལྟ་དལ་འབྱོར་གྱི་རྟེན་ལ་གནས་ཡོད་པ་འདི་དཀོན་མཆོག་གི་ཐུགས་རྗེས་སྐྱབས་ལེགས་པ་ཡིན། འཇིག་རྟེན་ཕྱི་མ་ཟེར་བ་དེར་དོ་ཁུབ་སྐྱབ་མི་འགྲོ་བའི་ངེས་པ་ཡང་མེད་ཅིང་། དེ་རྒྱ་ཆེ་ལ་ཡུན་རིང་བས་དེའི་འདང་ཞིག་རྒྱག་དགོས། དེ་ལ་འཇིགས་ཤིང་སྐྲག་པ་ཁོ་ནས་མི་ཕན། གང་ལ་བརྟེན་ན་ནམ་ཡང་བསླུ་བ་མེད་པ་སྐྱབས་དཀོན་མཆོག་གསུམ་ཡིན་པས། སྐྱིད་སྡུག་ལེགས་ཉེས་ཅི་བྱུང་ཡང་དཀོན་མཆོག་གསུམ་ལ་བློ་ཐུགས་གཏོད། སྐྱིད་སྡུག་ཐམས་ཅད་གཞན་ཞིག་གིས་བྱས་པ་མ་ཡིན་པར་རང་གིས་བསགས་པའི་ལས་ཀྱི་རྣམ་སྨིན་རང་གིས་སྤྱོང་བ་ཡིན་པས། མདོན་སྔག་གི་བྱ་བ་གང་ལ་ཡང་ལས་རྒྱུ་འབྲས་དཔང་པོར་ཞོག །ཁྱད་པར་སྡོམ་པ་གསུམ་སོགས་ཁས་བླངས་རྒྱས་ཆེ་བ་འདི། བླམ་དཀོན་མཆོག་དཔང་དུ་བཞག མནའ་ཆུ་ཚུན་ཆད་འཐུང་ནས་དམ་བཅས་པ་ཡིན་ཞིང་། འདི་དང་འགལ་ན་སྡིག་ལྷུང་གཉིས་གའི་ཆ་ནས་ཉེས་དམིགས་ཤིན་ཏུ་ཆེ། སྡོམ་གསུམ་ཚུལ་བཞིན་བསྲུང་བ་ལས་ལྷག་པའི་ཉམས་ལེན་དང་བསྟན་པའི་སྙིང་པོ་སངས་རྒྱས་ཀྱི་སར་བགྲོད་པའི་མྱུར་ལམ་ཞིག་མེད་པར་རྒྱལ་བ་རྡོ་རྗེ་འཆང་གིས་གསུངས་པས་སྡོམ་གསུམ་དག་པ་ཉམས་ལེན་གྱི་མཐིལ་དུ་གྱིས། མདོ་སྔགས་ཀྱི་བསྟན་པ་ཡོངས་སུ་རྫོགས་པ་དར་བའི་ཡུལ་དུ་སྐྱེས་པས་མི་ཆོག རང་ཉིད་དེར་ཞུགས་ནས་སྙིང་པོ་ཅིག་ལོན་གྱིས་སྐལ་བ་མ་ཆད་པ་བྱེད་དགོས། རྫོགས་པ་མཐོ་དམན་གྱི་སྤྱོད་པ་ཐམས་ཅད་གཅིག་ཆར་

ཏུ་ལག་ཏུ་ལེན་ཚུལ་མེད་ཀྱང་། ཚེ་འདིའི་སྣང་ཞེན་གཅོད་ཐབས་སོགས་ལས་དང་པོ་པ་ལ་གལ་ཆེ་བ་རྣམས་དངོས་སུ་ལག་ལེན་དུ་བཏབ། ཟབ་མོའི་ལྟ་བ་དང་རིམ་གཉིས་ཀྱི་རྣལ་འབྱོར་སོགས་གོང་མ་རྣམས་ཀྱང་ཡིད་ཀྱིས་མ་ཐོར་བར་ཞར་སྒོམ་རེ་དང་སྨོན་པའི་རྣམ་པ་ཙམ་ཆད་ཀྱིས་བསྒོམ་ན་བསྟན་པ་ཡོངས་རྫོགས་ལ་བག་ཆགས་བཞག་པ་ཡིན། དེ་དག་ཉམས་ལེན་གྱི་དངོས་གཞི་ལགས། གེགས་སེལ་རྒྱུ་གདོན་གྲིབ་རྩ་རླུང་སོགས་ཀྱི་གེགས་མང་ཡང་། སྡུག་ཤོས་སྡིག་གྲོགས་ཡིན་པས་སྤངས་དགོས། ཐོགས་འབྱིན་བྱེད་ཚོགས་གསོག་སྒྲིབ་སྦྱོང་གི་སྒོ་མང་ཡང་། མཐར་ཐུག་བླ་མ་དང་ལྷག་པའི་ལྷ་དབྱེར་མི་ཕྱེད་པའི་རྣལ་འབྱོར་སྐྱོང་དགོས། དེ་ལྟར་ཚུལ་ཁྲིམས་གཙང་མ་གཞིར་བྱས། དགེ་བ་བྲི་སོགས་ཕྱུལ་གསོག་ཏུ་བྱས་ཏེ། དེ་ཉིད་ཁོང་ཁྲོ་སོགས་ཀྱིས་མ་བཅོམ་པར་བསྔོ་སྨོན་རྣམ་པར་དག་པས་རྫོགས་བྱང་དུ་རྒྱས་ཐེབས་པ་ཞིག་གི་ངང་ནས་ཚེ་མཐར་ཐོན་ན་ཕོ་རྒོད་པོ་དོན་མ་འཁྲུགས་པ་ཟེར་བ་དེ་བྱུང་བ་ཡིན་པས་རྣ་རྒྱབ་ཏུ་མ་བཏང་བར་སྙིང་ལ་བཅང་པར་གྱིས་ཤིག །ཅེས་པ་འདི་ནི་རང་གི་སློབ་མ་ཏལ་ཏ་སྨན་ལམ་གྱིས་བསླབ་བྱ་སེམས་ལ་འཛིན་རྒྱུ་ཞིག་དགོས་ཟེར་བ་ལ་༧བཙུན་པ་དཀོན་མཆོག་བསྟན་པའི་སྒྲོན་མེས་གདམས་པའོ། །

ཚོགས་གཉིས་མཐར་ཕྱིན་སྟོན་པ་བཅོམ་ལྡན་འདས། །ལུང་དང་རྟོགས་པའི་བདག་ཉིད་དམ་པའི་ཆོས། །རིག་གྲོལ་ཐེག་གསུམ་འཕགས་པའི་དགེ་འདུན་ཏེ། །དཀོན་མཆོག་རྣམ་གསུམ་ལུས་ཅན་གཙུག་ན་རྒྱལ། །བསླུ་མེད་དཀོན་མཆོག་ཐུགས་རྗེའི་གྲུ་གཟིངས་ཀྱིས། །སྐལ་བཟང་ཐར་འདོད་སྲིད་མཚོ་ལས་བསྒྲལ་ཏེ། །རྣམ་མཁྱེན་རྒྱལ་བའི་ཞིང་དུ་ཁྲིད་མཛད་པ། །མཚུངས་མེད་བཤེས་གཉེན་དམ་པར་གསོལ་བ་འདེབས། །མི་ཤིགས་གཡུང་དྲུང་ཚེ་ཡི་མཆོག་སྦྱིན་པ། །ཡིད་བཞིན་འཁོར་ལོ་སོགས་ཀྱི་ཐུགས་རྗེ་དང་། །བསྟན་

བསྲུང་རྒྱ་མཚོའི་མཐུ་སྟོབས་བདེན་པའི་མཐུས། །ཞབས་པད་བརྟན་ཅིང་མཛད་འཕྲིན་རྒྱས་གྱུར་ཅིག །བསྟན་དང་འགྲོ་ལ་སྨིན་པའི་ཐུགས་བསྐྱེད་ཀྱི། །ས་བོན་གྲུང་པོ་དུས་སུ་སྨིན་པ་ཡིས། །རྣམ་དཀར་བཤད་སྒྲུབ་འབྲས་བཟང་གཡུར་ཟ་བས། །དོན་གཉིས་དགའ་སྟོན་ལྷུན་གྱི་འགྲུབ་པར་ཤོག །སྐྱེ་བ་ཀུན་ཏུ་ཞེས་པ་ནས་མྱུར་ཐོབ་ཤོག །ཅེས་པ་འདི་ནི་དད་ལྡན་དགེ་སློང་ངག་དབང་ནོར་འཕེལ་གྱིས་བསྐུལ་ངོར། ༧བཙུན་པ་དཀོན་མཆོག་བསྟན་པའི་སྒྲོན་མེས་བྲིས་པའོ། །

རང་གི་སྤྱི་བོར་པདྨ་འདབ་བཞི་ཡི། །དབུས་དང་ཕྱོགས་བཞི་སྣང་བྱེད་དཀྱིལ་འཁོར་ལ། ཧཱུྃ་ཧཱུྃ་ཧྲཱིཿཧྲཱིཿཏཾ་ཡིག་འཕྲོ་འདུ་ལས། །དབུས་སུ་བླ་མ་ཀུན་འདུས་རྡོ་རྗེ་འཆང་། །སྐུ་མདོག་སྔོན་པོ་རྡོ་དྲིལ་བསྣོལ་ཏེ་འཛིན། །མཚན་དཔེའི་དཔལ་འབར་སྐྱིལ་མོ་ཀྲུང་གིས་བཞུགས། །ཕྱོགས་སུ་ཡེ་ཤེས་མགོན་པོ་ཕྱག་དྲུག་པ། །མཁའ་འགྲོ་གྲི་ཐོད་འཛིན་ཅིང་སྤྱན་རས་གཟིགས། །སྐྱབས་སྦྱིན་བུམ་པ་དང་ནི་པད་དཀར་འཛིན། །མཆོག་སྦྱིན་ཨུཏྤལ་ཕྱག་བཟུང་སྒྲོལ་མར་བཅས། །ཡི་གེ་གསུམ་མཚན་ཧཱུྃ་གིས་ཡེ་ཤེས་པ། །སྤྱན་དྲངས་དབྱེར་མེད་བརྟན་པར་བཞུགས་སུ་གསོལ། །བདག་སོགས་སྲིད་ཞིའི་འཇིགས་ལས་སྒྲོལ་བའི་ཕྱིར། །བླ་མ་ཡི་དམ་ཞི་ཁྲོའི་རྣམ་རོལ་ལ། །གུས་པར་ཕྱག་འཚལ་མཆོད་ཚོགས་ཀུན་འབུལ་ན། །བདག་སོགས་སྨིན་ཅིང་གྲོལ་བར་བྱིན་གྱིས་རློབས། །ཞེས་གསོལ་བ་བཏབ་པས་སོ་སོའི་ཐུགས་ཀའི་ས་བོན་ལ་སྔགས་ཕྲེང་གིས་བསྐོར་བ་ལས་བདུད་རྩིའི་རྒྱུན་བབས་སྤྱི་བོ་ནས་ཞུགས་པས་དེ་དང་དེའི་བྱིན་རླབས་མ་ལུས་པ་ཐོབ་པར་བསམ་ལ། ན་མོ་བུདྡྷཱ་ཡ་སོགས་དང་། བཛྲ་མ་ཧཱ་ཀཱ་ལ་དང་། ནཱ་ར་གྲི་དང་། ཨོཾ་བཛྲ་རཀྵ་ས་མཧཱ་ཧཱུྃ་ཕཊ་དང་། ཨོཾ་ཏཱ་རེ་ཏུ་ཏྟཱ་རེ་ཏུ་རེ་སྭཱཧཱ་རྣམས་རིམ་པར་བཟླ། དེ་ནས་གདུང་ཤུགས་དྲག་པོ་དང་བཅས། །ཐུགས་རྗེ་ཚད་མེད་བླ་མ་རྡོ་རྗེ་འཆང་། །བྱིན་རླབས་མཚུངས་མེད

བླ་མ་རྡོ་རྗེ་འཆང་། །སྐྱབས་གནས་བསླུ་མེད་བླ་མ་རྡོ་རྗེ་འཆང་། །བཀའ་དྲིན་འཁོར་མེད་བླ་མ་རྡོ་རྗེ་འཆང་། །ལས་འབྲས་བླང་དོར་བསྟན་ནས་ངན་སོང་གི །སྡོ་འཕར་གཅོད་མཛད་བླ་མ་རྡོ་རྗེ་འཆང་། །བསླབ་གསུམ་བདེན་པ་བཞི་ཡི་འཇུག་ལྡོག་གིས། །ཐར་པར་འཁྲིད་མཛད་བླ་མ་རྡོ་རྗེ་འཆང་། །ཐབས་ཤེས་ཟུང་དུ་འཇུག་པའི་ལམ་བཟང་གིས། །སྲིད་ཞིའི་འཇིགས་སྐྲོལ་བླ་མ་རྡོ་རྗེ་འཆང་། །དབང་དང་དམ་ཚིག་རིམ་གཉིས་རྣལ་འབྱོར་གྱིས། །ཚེ་འདིར་མཆོག་སྩོལ་བླ་མ་རྡོ་རྗེ་འཆང་། །མཆོག་དང་ཐུན་མོང་དངོས་གྲུབ་ཀུན་གྱི་གཏེར། །གནས་སྐབས་མཐར་ཐུག་ཡོངས་ཀྱི་སྐྱབས་གཅིག་བུ། །རྒྱལ་བ་ཀུན་ལས་ལྷག་པའི་བཀའ་དྲིན་ཅན། །ཁྱོད་མིན་སྐྱབས་གཞན་ནམ་ཡང་མི་འཚོལ་བས། །སྤྲུལ་པའི་གར་བརྒྱ་བདེ་ཆེན་རོ་གཅིག་ཏུ། །སྟུད་མཛད་རྡོ་རྗེ་འཆང་ཆེན་བླ་མ་མཁྱེན། །ལྷ་བཞི་གཅིག་ཏུ་དྲིལ་པའི་བྱིན་རླབས་ཆུས། །བདག་རྒྱུད་སྨིན་ཅིང་གྲོལ་བར་བྱིན་གྱིས་རློབས། །དེ་ནས་སྲས་བཅས་རྒྱལ་བ་ཐམས་ཅད་དང་། །སྤྱན་རས་གཟིགས་དབང་སྒྲོལ་མ་མྱུར་མཛད་མགོན། །རྣལ་འབྱོར་མ་རྣམས་བླ་མའི་སྐུར་བསྟུས་ཏེ། །དཔྲལ་མགྲིན་སྙིང་ཁ་ལྟེ་བར་བཞུགས་པར་གྱུར། ཅེས་པསམ་ཞིང་། ན་མོ་གུ་རུ་ཡའི་གསོལ་འདེབས་གང་མང་བྱ། རང་ལུས་གཏུམ་མོ་གྲེན་དུ་འབར་བ་ཡིས། །བསྐུལ་ཏེ་བླ་མའི་སྐུ་ཡི་ལྷ་རྣམས་ཞུ། །བདུད་རྩིའི་རྒྱུན་གྱིས་སྤྱི་བོའི་རྩ་འཁོར་གང་། །ལུས་ཀྱི་སྒྲིབ་པ་བྱང་ཞིང་བུམ་དབང་ཐོབ། །བདུད་རྩིའི་རྒྱུན་གྱིས་མགྲིན་པའི་རྩ་འཁོར་གང་། །ངག་གི་སྒྲིབ་པ་བྱང་ཞིང་གསང་དབང་ཐོབ། །བདུད་རྩིའི་རྒྱུན་གྱིས་སྙིང་གའི་རྩ་འཁོར་གང་། །ཡིད་ཀྱི་སྒྲིབ་པ་དག་ཅིང་ཤེར་དབང་ཐོབ། །བླ་མ་དང་བཅས་ཞུ་བའི་བདུད་རྩི་ཡིས། །ལུས་ཐུ་ན་ཡོངས་གང་དབང་བཞི་ཐོབ་པར་གྱུར། །དེ་ནས་བླ་མགོན་དབྱེར་མེད་ཀྱི་གསོལ་འདེབས་དང་། ཚེ་རབས་རྗེས་འཛིན་གྱི་སྨོན་

པས་མཚམས་སྦྱོར་བར་བྱའོ། །ཞེས་ལྔ་བཞི་དྲིལ་སྒྲུབ་ཀྱི་དམིགས་རིམ་མདོར་བསྡུས་པ་ཞར་ལ་དཀའ་དྲིན་རྗེས་སུ་དྲན་ཚུལ་དང་བཅས་པ་འདི་ནི་སུ་ཉིད་ཐོག་ནས་ལྷག་བསམ་རྣམ་དཔྱོད་ཡངས་པ་རབ་འབྱམས་པ་འཇིགས་མེད་གྲགས་པས་བསྐུལ་ངོར། ༧བཙུན་པ་དཀོན་མཆོག་བསྟན་པའི་སྒྲོན་མེས་བྲིས་པའོ། །

ལགས། ཉིད་ནས་དོགས་པ་འགའ་ཞིག་གནང་འདུག་པའི་དོན། ཚོགས་ཞིང་སྐབས་རྩ་བའི་བླ་མ་ཞལ་རང་ལ་ཕྱོགས་སམ། ཐུབ་དབང་ལ་ཕྱོགས་གསུང་བ་དབེན་ནས་བཀའ་འབུམ་དུ། ཐུབ་དབང་ལ་ཕྱོགས་པར་གསུང་བ་མདུན་དུ་དཀྱིལ་འཁོར་བསྒོམ་པ་དང་འདྲ་བས། གང་ཟག་ཁྱད་པར་ཅན་ལ་དོན་ཡང་ཆེ་བ་ཞིག་ཡིན་ནམ་སྙམ་ཡང་། ལས་དང་པོ་པ་ལ་བློ་(བླང་) ངོར་བདེ་ཆེད་བ་རང་ལ་གཟིགས་པ་ཕོ་ན་ཏ་ལྟའི་ཁྲིད་རྒྱུན་རྣམས་སུ་འབྱུང་བར་སྣང་། གཡས་གཡོན་གྱི་བླ་མ་རྣམས་ཀྱང་ཐུབ་དབང་ལ་ཞལ་ཕྱོགས་པར་ཡོངས་འཛིན་རིན་པོ་ཆེ་ནས་ཁྲིད་གནང་སྐབས་གསུང་བྱུང་ལ། ཕུར་བུ་ལྕོག་གི་གསུང་རྒྱུན་ཐོའུ་བཀྲུན་རིན་པོ་ཆེས་ཟིན་བྲིས་མཛད་པར། བྱམས་པ་ཐུབ་དབང་ལ་སྐུའི་གཡོན་ཟུར་བསྟན་ཏེ། ཞལ་རང་ལ་ཕྱོགས་པར་གསུང་འདུག་པས་རྗེ་ཕུར་བུ་ལྕོག་པས་ཀྱང་དེ་གཉིས་བློ་ལ་གང་བདེ་ཁྱད་མེད་གནང་གིན་ཡོད་པ་ཡིན་འདྲ། སངས་རྒྱས་སོ་ལྔ་སོགས་ཡི་དམ་གྱི་ལྷ་ཨེ་ཡིན་གསུང་བར། ཐུབ་དབང་དང་རྡོ་རྗེ་འཆང་གཉིས་དོན་ལ་གཅིག་ཀྱང་། མདོ་སྔགས་སོ་སོར་གསུང་དུས་ཀྱི་རྣམ་པའི་སྟོན་ཚུལ་ཙམ་ཡིན་པས། མདོ་སྔགས་སོ་སོའི་ཉམས་ལེན་སྐབས་ཀྱང་དེ་དང་དེའི་རྣམ་པར་བསམ་ན་རྟེན་འབྲེལ་ཆེ་བ་བཞིན། དེ་དག་རྣམས་དོན་ལ་ཡི་དམ་ཡིན་ཀྱང་། མདོ་རྒྱུད་བའི་ཉམས་ལེན་སྐབས་དེའི་ཚན་སབསམ་མི་དགོས་སམ་སྙམ། སྦྱོར་ལུང་གསུམ་གྱི་ཚིང་གི་སྐབས་ཡི་དམ་དུ་གཟུང་དགོས་པར་བཤད་པ་ལྟར། བསྙེན་སྒྲུབ་བྱ་བའི་ཡུལ་གྱི་འདས་ལྷ་

ཐམས་ཅད་ཡི་དམ་དུ་འཇོག་དགོས་པ་འདྲ་ལགས། མཆོག་སྤྲུལ་རྣམས་ཀྱི་གཙུག་ཏོར་དབུ་སྐྲའི་རྣམ་པར་ཡོད་དམ། ཞ་ཧུས་ཀྱི་རྣམ་པར་ཡོད་གསུང་བ། སྔ་མ་ལྟར་ན་དབུ་སྐྲ་བསིལ་ཆེ་མེད་འགྲོ་བས་ཕྱི་མ་ལེགས་ཤིང་དེ་ཡང་ད་ལྟ་ལྟར་བཟེད་ཁ་སྦུབས་ལྟ་བུར་བཤད་ཅིང་བྱེད་པ་མང་ནའང་། སྔ་མའི་ཆག་ཚད་འགའ་ཞིག་ཏུ་འབྲུའི་ཕུང་པོ་བཞིན་སྤྱི་བོ་བགས་ཀྱིས་ཇེ་མཐོ་འགྱུར་བར་བཤད་ལ། རྒྱ་གར་ལི་མ་འགའ་ཞིག་ཏུ་འང་དེ་ལྟར་འབྱུང་བ་འཐད་དམ་སྙམ། མཐའི་མཁའ་འགྲོ་སེང་གེའི་གདོང་ཅན་སོགས་སུ་གསུང་གིན་འདུག་ལ། གོང་སློས་བཞིན་ཡི་དམ་དུ་འགྲོ་ཡང་། མཛད་པའི་ལྕོག་ཆ་ནས་ཕྱི་བས་གོང་འོག་འཆོལ་སྐྱོན་མི་འབྱུང་ངམ་སྙམ། བསྙེན་མཚམས་སྐབས་ཐུན་མོང་ཡིན་མིན་གྱི་སྲུང་འཁོར་མི་སྣང་པས། ཐུན་རྗེས་མ་ལ་ས་བོན་ལས་བསྐྱེད་ཨེ་དགོས་གསུང་བ། རྒྱུ་ཚོགས་གཉིས་ལས་དག་པའི་སྣོད་བཅུད་འགྲུབ་པའི་སྦྱོད་བྱེད་དུ་འགྲོ་དགོས་སྐབས་གནད་ཚང་བའི་གཞི་ནས་ས་བོན་ལས་བསྐྱེད་པ་ལགས། མཆོད་ལྷའི་ཙ་ཙི་ཀ་སོགས་ངོ་བོ་དེ་ཉིད་ཡིན་པ་ལས་རྣམ་པ་ཞལ་གཅིག་ཕྱག་གཉིས་པ་མཆོད་རྫས་སྣ་ཚོགས་འཛིན་པར་གསུང་གིན་འདུག་ལགས། ཙ་ཙི་ཀ་སོགས་ལ་ཡབ་ཀྱིས་འབྱེད་པ་ཡིན་ཅིང་། དེའི་སྔགས་བཟླ་སྐབས་གཏི་མུག་གཤིན་རྗེའི་གཤེད་དང་ཐོ་བ་གཤིན་རྗེའི་གཤེད་གཉིས་ཀའི་ཡུམ་གྱི་ཐུགས་ཀར་འཁོར་ལོ་ཀླིས་མཚན་པ་དང་། ཐོ་བ་ལས་མཚན་པ་འགོད་པ་ལེགས་ཏེ། གསུམ་གདོན་གཅིག་པས་སྔགས་མི་ཧ་ར་ཧི་ས་ཆོག་ཀྱང་། དང་པོ་བསྐྱེད་སྐབས་རང་རང་གི་ཡབ་དང་ས་བོན་ཕྱག་མཚན་གཅིག་ལས་སྐྱེས་པས་འདིར་ཡང་དེ་དགོས་པར་མངོན། །

ཧཱུྃ་སྒྲོ་བརྒྱ་སྟོང་སོགས་སྐུར་ཚེ་ཆོ་ག་གྲངས་མཉམ་ཨེ་དགོས་གསུང་བ། ལྷུང་སྐྱུ་ཐམས་ཅད་མཁྱེན་པར་སྐྱབས་མགོན་རྡོ་རྗེ་འཆང་དེ་ཉིད་ནས་དྲིས་ལན་

མཛོད་པ་ཞིག་ཏུ་འདི་དང་ཆ་མཐུན་ཞིག་གསུངས་འདུག་པ་ལྟར། མཐའ་གཅིག་ཏུ་གྲངས་མཉམ་དགོས་པའི་གཏན་ཚིགས་གཞན་དཀའ་ཡང་ཐུག་ལེན་སླ་ཚོས་སུ་མི་འགྱུར་ཆེད་མཉམ་དགོས་པའི་ཕྱོགས་བྱས་ན་ལེགས་སམ་སྙམ།

གདུགས་དཀར་གྱི་རྩ་ཞལ་དང་གཡས་གཡོན་རྒྱབ་དང་སྟེང་ཚལ་རྣམས་ཉིས་བརྒྱ་རེ་གསུངས་པ། རྩ་ཞལ་དངོས་དང་གཡས་གཡོན་གྱི་ཞལ་གྱི་ཐ་སྙད་ཆེར་མེད་ལ་ཕྱོགས་བཞིའི་ཞལ་རྣམས་ཀྱང་བརྩེགས་མར་ཡོད་བས། དེ་ལས་ལྷག་པའི་སྟེང་ཞལ་དུ་འཇོག་ཚུལ་ཞིག་ཀྱང་མེད་ཙང་དེ་ལྟར་གསུངས་པ་ནི། འཁོར་ཚལ་བརྒྱད་བརྒྱ་པོ་གྲངས་མཉམ་པར་ཆ་བཞིར་བགོས་པའི་མདུན་མ་རྣམས་ལ་རྩ་ཞལ་སོགས་མདོག་མཐུན་ཕྱོགས་བསྟེབས་སུ་བཏགས་པ་ཙམ་དང་། དེ་དག་གི་སྟེང་ན་ཡོད་པ་ཁ་དོག་མཐུན་པའི་ཞལ་ཉིས་བརྒྱ་ལ་སྟེང་ཞལ་དུ་བཏགས་ཙམ་ལས་རྒྱུ་མཚན་ཟུར་པ་མ་མཐོང་། །

རྣམ་རྒྱལ་མའི་ཚེ་སྒྲུབ་སྐབས་རྣམ་རྒྱལ་མཆོད་རྟེན་ཅི་སྟེ་མ་འགྲིགས་ཚེ། བུམ་པའི་ནང་དུ་མཆོད་རྟེན་ལྔ་བཅས་བསྐྱེད་ནས་བསྒྲུབ་ཨེ་རུང་ལགས། ཞུས་པར། རྣམ་རྒྱལ་ཚེ་སྒྲུབ་སྐབས། མཆོད་རྟེན་ཅི་སྟེ་མ་འགྲིགས་ན་དེ་བཞིན་བྱས་པས་འཐུས་ལགས།

ཀུན་མཁྱེན་བླ་མའི་ཡི་དམ་སྒྲུབ་སྐོར་གྱི་ཛམ་ནག་གི་སྒྲུབ་ཐབས་སུ་ཆུ་སྦྱིན་གྱི་གོང་དུ་ཆུ་འཁོར་བ་གང་ཁ་ལ་ཉེ་བར་གཏུགས་ཏེ། ཨོཾ་ཨིནྡྲ་ཎི་སོགས་སྔགས་ལན་བདུན་གྱིས་ཁ་དང་སོར་མོ་སོགས་བྱིན་གྱིས་བརླབས་པར་གསུང་བས། བྱིན་གྱིས་བརླབས་རྗེས་འཁོར་བའི་ཆུ་དེ་དུ་མ་པའི་ཆུར་བླུག་གམ་ཇི་ལྟར་བྱེད། ཞུས་པར། ཛམ་ནག་གི་ཆུ་སྦྱིན་སྐབས་ཀྱང་དམིགས་རྣམ་སྐྱོང་ཚུལ་ཉིད་ནས་གསུང་བ་དེ་ཀ་བཞིན་བྱས་པས་ཚོག་སྟེ། ཤུ་ཙུ་ཕཊ་ཞེས་པ་འཚོལ་བ་དང་སྦྱིབ་གཉིས་ཀ་ལ་འཇུག་པས། འདིར་ཡང་གཙང་སྦྲ་མེད་པ་གདོལ་སྤྱོད་

ལྟ་བུ་སྔོམས་ཀྱི་རྟེན་འབྲེལ་ལ་བརྟེན་པའི་སྒྲུབ་ཚུལ་ཞིག་ཡིན་པར་མངོན། གཏོར་མ་མདུན་བསྐྱེད་ཀྱི་ལྷ་དེ་ཉིད་ལ་ཕུལ་བས་འཐུས་ལགས། སྔགས་རིམ་པའི་མཚན་བཏགས་སྐབས་རྒྱུད་པའི་ཚིགས་སུ་བཤད་པ་འདི་ལྟར། དེའང་ཐུན་མོང་ལམ་གྱི་དཀའ་འཚལ་ཡངས་པོར་རྣམ་དག་དབང་གི་ས་བོན་སྨིན་པ་ལས། དམ་ཚིག་རྡོ་རྗེའི་རྩ་བ་རབ་ཏུ་བརྟན་ཅིང་། རྒྱུད་སྡེ་རྣམ་བཞིའི་སོ་འདབ་གཡུར་དུ་ཟ་བ། འཕྲིན་ལས་བཞི་ཡི་མེ་ཏོག་ཅེར་ཡང་བཀྲ་ཞིང་། རིམ་གཉིས་ལམ་བཟང་འབྲས་བུའི་ཁུར་གྱིས་དུད་པའི་གསང་སྔགས་ཡོངས་འདུའི་ལྗོན་པ་འཕགས་ཆེན་འདུས་པ་རྒྱ་མཚོའི་དཔུས་སུ་ཞུ་བར་བྱེད་པ་ལ། སྔོན་གྱི་སྐྱེས་ཆེན་དམ་པ་རྣམས་ཀྱིས་ཆོས་ལྡན་གྱི་བྱ་བ་ཁྱད་པར་ཅན་ལ་འཇུག་པའི་ཐོག་མར་ཡུལ་ཁྱད་པར་ཅན་ལ་བསྟོད་ཅིང་སྐྱབས་སུ་འགྲོ་བར་མཛད་པ་ནི་དོན་ཆེན་པོ་དང་ལྡན་པ་ཡིན་ཏེ། རྒྱུ་མཚན་གང་གི་ཕྱིར་ན། དཔལ་གསང་བ་འདུས་པའི་རྩ་རྒྱུད་ལེའུ་བཅུ་བདུན་པ་ལས། སངས་རྒྱས་ཀུན་གྱིས་བསྐུལ་བ་ཡི། །བསྟོད་ཚིག་ཞེ་བ་འདི་རྣམས་ཀྱིས། །རྡོ་རྗེ་ལོངས་སྤྱོད་བསྟོད་ན་ནི། དེ་ཡང་སངས་རྒྱས་འདྲ་བར་འགྱུར། །ཞེས་གསུངས་པ་ལྟར། ཞིང་ཁྱད་པར་ཅན་གྱི་མཐུ་ལ་བརྟེན་ནས་གསང་ཆེན་ལམ་བཟང་ནུས་པ་ཡོངས་སུ་སྨིན་ཏེ་ཁ་སྦྱོར་ཡན་ལག་བདུན་ལྡན་རྡོ་རྗེ་འཆང་གི་གོ་འཕང་མྱུར་དུ་འགྲུབ་པའི་ཕན་ཡོན་བསམ་ལས་འདས་པར་མ་ཟད། གནས་སྐབས་སུའང་ཇི་སྐད་དུ་དཀྱིལ་ཆོག་ཉི་ཤུ་པ་ལས། དེ་བཞིན་གཤེགས་རྣམས་ལ་བསྟོད་པ། །དེ་ལ་སངས་རྒྱས་རྡོ་རྗེ་སེམས། །རང་ཉིད་གྲོགས་པོར་ཉེ་བར་གནས། །ཞེས་གསུངས་བ་ལྟར། ཡི་དམ་ཆོས་སྐྱོང་རྒྱ་མཚོར་བཅས་པ་རྣམས་ཀྱིས་སྟོངས་གྲོགས་མཛད་པའི་སྟོབས་ཀྱིས་ཕྱི་ནང་ཉེར་འཚེའི་གཡུལ་ལས་རྣམ་པར་རྒྱལ་ཏེ་གནས་སྐབས་མཐར་ཐུག་གི་ཆོས་ལྡན་འདོད་དོན་མ་ལུས་པ་བདེ་བླག་ཏུ་འགྲུབ་པར་འགྱུར་བ་ཡིན་པས།

དེས་ན་རང་ཉིད་ཀྱིས་ཀྱང་སྐྱེས་ཆེན་དམ་པ་རྣམས་ཀྱི་རྣམ་ཐར་བཟང་པོ་སྨོན་པའི་ཡུལ་དུ་བྱས་ནས་ཡུལ་ཁྱད་པར་ཅན་སྐྱབས་གནས་ཡང་དག་ལ་མཆོད་བརྗོད་ཙུང་ཟད་འབུལ་བའི་དབང་དུ་བྱས་ན། སྣད་བྱུང་མཚན་དཔེའི་དཔལ་འབར་ལོངས་སྤྱོད་རྫོགས། །ཁ་སྦྱོར་བདེ་སྟོང་རོ་ལ་རྟག་རོལ་ཅིང་། །དམིགས་མེད་ཐུགས་རྗེ་ཞི་བའི་མཐའ་སྤངས་པ། །རྒྱལ་བ་ཡན་ལག་བདུན་ལྡན་ལ་ཕྱག་འཚལ། །ཞེས་སོགས་རྒྱུད་གཞུང་བརྒྱུད་འདེབས་ལྟར་དང་། ཞེས་མ་ཚོད་པར་བརྗོད་པ་དང་འཕྲིན་ལས་བཙོལ་བ་དེ་ཙམ་ཞིག་སྟོན་དུ་བཏང་ནས་ལས་སུ་བྱ་བ་གང་ལ་འཇུག་པ་ཡིན་ཞེ་ན་སོགས་དཀྱུས་ལྟར་རོ། །

བླམ་དང་མགོན་པོ་འོད་དཔག་ཏུ་མེད་པ་ངོ་བོ་དབྱེར་མ་མཆིས་པའི་ཞབས་ལ་གུས་པས་ཕྱག་འཚལ་ལོ། །དེ་ཡང་གཏིང་མཐའ་མེད་པ་སྲིད་པའི་རྒྱ་མཚོ་ཆེན་པོར་འཁྱམས་ཤིང་ཁྱད་པར་ངན་སོང་གསུམ་གྱི་གཡང་ས་མང་བར་བརྡེག་འཚའ་པའི་སྐྱེ་བོ་རྣམས་འཇིགས་པའི་འཕྲང་ལས་སྒྲོལ་བའི་དེད་དཔོན་ཆེན་པོ་རྒྱལ་བ་འོད་དཔག་ཏུ་མེད་པ་ཞེས་མཚན་ཙམ་རྣ་བའི་ལམ་དུ་སོན་པས་ཀྱང་སྲིད་ཞིའི་རྒུད་པ་མཐའ་དག་སེལ་བའི་འདྲེན་པ་གཅིག་པུ་དེ་ཉིད་ཀྱིས་བསྐལ་པ་ཆེན་པོ་གྲངས་མེད་པ་གསུམ་དུ་བསགས་པའི་ཚོགས་གཉིས་ཀྱི་སྤྱོད་པ་རླབས་པོ་ཆེའི་མཐུ་ལས་གྲུབ་པ། དག་པའི་ཞིང་མཆོག་བདེ་བ་ཅན་དེར་བགྲོད་པར་འདོད་པའི་གང་ཟག་གིས་ཞིང་དེར་སྐྱེ་བའི་རྒྱུའི་གཙོ་བོ་རྒྱལ་བ་འོད་དཔག་མེད་ལ་དམིགས་པའི་དད་པ་དང་། ཞིང་དེར་སྐྱེ་འདོད་ཀྱི་འདུན་པ་དྲག་པོ་སྔར་བྱས་ཀྱི་དགེ་རྩ་རྣམས་དེའི་རྒྱུར་བསྔོ་བ་གསུམ་ཡ་མ་བྲལ་བ་སོགས་དེར་སྐྱེ་བའི་རྒྱུ་ཚོགས་ཞིང་བཀོད་ཀྱི་མདོ་དང་། དེའི་དགོངས་པ་འཇམ་མགོན་བླ་མས་ཞིང་མཆོག་སྒོ་འབྱེད་དུ་གསུངས་པ་སོགས་མཐུན་རྐྱེན་རྣམས་རང་རྒྱུད་ལ་ཚང་བར་བསྒྲུབ་ཞིང་། འགལ་རྐྱེན་ཚེ་འདིའི་ལུས་ལོངས་སྤྱོད་ལ་ཆགས་པ་

སོགས་རྒྱང་བསྒྲིངས་ཏེ། དངོས་གཞི་ནི། སྐྱབས་སེམས་སྔོན་དུ་བཏང་ལ། རང་གི་སྤྱི་བོར་ཀུན་བཟང་མཆོད་སྤྲིན་དབུས། །ཡིད་འོང་རྨ་བྱས་བཏེགས་པ་ནོར་བུའི་ཁྲི། །པད་ཟླའི་གདན་ལ་རྩ་བའི་བླ་མ་དང་། །དབྱེར་མེད་འདྲེན་པ་བཅོམ་ལྡན་འོད་དཔག་མེད། །ཐུན་མཚམས་འོད་ཆགས་བྱ་རུའི་ལྷུན་པོ་བཞིན། །ལྟ་བས་མི་ངོམས་མཚན་དཔེའི་དཔལ་འབར་ཞིང་། །མཉམ་བཞག་ཕྱག་རྒྱས་བདུད་རྩིའི་ལྷུང་བཟེད་བསྣམས། །རྡོ་རྗེ་སྐྱིལ་ཀྲུང་ཚུལ་གྱིས་བཞུགས་པར་གྱུར། །གང་གི་ཚོགས་གཉིས་སྤྱོད་པས་ཡོངས་སྦྱངས་པ། །སྣ་ཚོགས་རིན་ཆེན་རང་བཞིན་དག་པའི་ཞིང་། །ཟག་མེད་བདེ་དགའ་རྒྱས་པའི་གཞལ་ཡས་ནས། །ཡེ་ཤེས་པ་རྣམས་སྤྱན་དྲངས་དབྱེར་མེད་གྱུར། །མཚན་ཙམ་ཐོས་པས་ངན་འགྲོའི་འཇིགས་ལས་སྐྱོབ། །ཡིད་ལ་དྲན་པས་སྲིད་རྩ་དྲུང་ནས་འབྱིན། །རིང་དུ་བསྟེན་ན་སྟོབས་བཅུའི་དཔལ་སྟེར་བ། །བླ་མ་འོད་དཔག་མེད་ལ་ཕྱག་འཚལ་ལོ། །ཀུན་བཟང་མཆོད་པའི་སྤྲིན་གྱི་ཕུང་པོ་ཡང་། །ཐབས་ཆེན་བསོད་ནམས་སྤེལ་སླད་གུས་པས་འབུལ། །ཞིང་མཆོག་དམ་པར་བགྲོད་ལ་གེགས་བྱེད་པ། །ཉེས་ལྟུང་སྡིག་སྒྲིབ་མ་ལུས་སྙིང་ནས་བཤགས། །ཕན་པའི་མཆོག་སྦྱིན་རྣམ་དཀར་ལེགས་བྱས་ཀྱི། །དགེ་ཚོགས་སྒྲུབ་པ་ཀུན་ལ་རྗེས་ཡི་རང་། །བདག་ཀྱང་ཞིང་མཆོག་དམ་པ་དེར་དྲངས་ཏེ། །ཟབ་རྒྱས་ཆོས་ཀྱི་དགའ་སྟོན་སྩོལ་མཛད་ཅིང་། །ཇི་སྲིད་ཁྱོད་ཀྱི་གོ་འཕང་མངོན་གྱུར་བ། །དེ་སྲིད་བདག་གི་འདྲེན་པར་བཞུགས་སུ་གསོལ། །འདིས་མཚོན་དུས་གསུམ་དགེ་བ་མཐའ་དག་ཀྱང་། །ཕན་པའི་ཚུལ་གྱིས་གནོད་ལ་སྦྱོར་བ་ཡི། །འཁོར་བའི་བདེ་འབྱོར་རྒྱུ་རུ་མི་སྨིན་པར། །བདེ་ལྡན་ཞིང་དུ་སྐྱེ་བའི་རྒྱུ་རུ་བསྔོ། །འདི་སྐད་འགག་ཚེ་བཅོམ་ལྡན་འོད་དཔག་མེད། །ཉེ་བའི་སྲས་དང་བཅས་པས་ཞལ་བསྟན་ནས། །བརྗེ་ལྡན་དགྱེས་པའི་གསུང་གིས་དབུགས་

དབྱུང་སྟེ། །སྐད་ཅིག་ཉིད་ལ་ཞིང་དེར་བགྲོད་པར་ཤོག །རིན་ཆེན་རང་བཞིན་རི་བོ་ལྗོན་ཤིང་དང་། །མཛེས་པའི་བ་གམ་ཚོགས་ཀྱིས་བསྐོར་བ་ཡི། །ཡན་ལག་བརྒྱད་ལྡན་རྙོག་བྲལ་རྫིང་བུའི་ངོགས། །འདབ་སྟོང་པདྨའི་སྦུབས་སུ་སྐྱེ་བར་ཤོག །བསོད་ནམས་བརྒྱས་བསྐྲུན་རྒྱལ་བའི་ཞལ་མཐོང་ཞིང་། །ཉོན་མོངས་གདུང་སེལ་གདམ་པའི་བཅུད་མྱང་སྟེ། །སྲིད་པའི་འཆིང་བ་རིང་དུ་དོར་བ་ཡི། །ཡིད་ཀྱི་ཁྱེའུ་ཀུན་དགས་རྩེན་པར་ཤོག །མཁའ་དབྱིངས་འོད་ཟེར་དྲྭ་བ་མཐའ་དག་ལས། །སྙན་པའི་དབྱངས་ཀྱིས་ཆོས་ལ་སྐུལ་བྱེད་ཅིང་། །གཟུངས་སྤོབས་མཐུ་ལྡན་རྒྱལ་བའི་སྲས་རྣམས་དང་། །ལྷན་ཅིག་ཆོས་ཀྱི་དགའ་སྟོན་སྤྱོད་པར་ཤོག །ཞིང་ཁམས་ཀུན་ཁྱབ་སྤྲུལ་པའི་ཟློས་གར་གྱིས། །རབ་འབྱམས་རྒྱལ་བ་སྲས་བཅས་མཉེས་བྱེད་ཅིང་། །མ་དག་ཞིང་གནས་འགྲོ་བ་ཐམས་ཅད་ཀུན། །ཡང་དག་ལམ་བཟང་མཆོག་ལ་འཁྲིད་པར་ཤོག །མདོར་ན་བདག་སོགས་འགྲོ་བ་མ་ལུས་པ། །རིང་མིན་རྒྱལ་བའི་དཀྱིལ་འཁོར་དེར་སྐྱེས་ཤིང་། །རླབས་ཆེན་རྒྱལ་སྲས་སྤྱོད་པ་མཐར་ཕྱིན་ཏེ། །འོད་དཔག་མེད་པའི་གོ་འཕང་ཐོབ་གྱུར་ཅིག །ཅེས་པ་འདི་ནི་དད་བརྩོན་རྣམ་པར་དཀར་བའི་ལྷག་བསམ་མཆོག་ཏུ་དགེ་བ་བསྟན་འཛིན་ཆོས་གྲགས་ཀྱིས་བསྐུལ་ངོར་དཀོན་མཆོག་བསྟན་པའི་སྒྲོན་མེས་བྲིས་པའོ། །

སྐྱབས་འགྲོ་སེམས་བསྐྱེད་ཚད་མེད་བཞི་བསྒོམ་པ་རྣམས་སྟོན་དུ་བཏང་། སྭ་བྷཱ་ཝས་སྟོང་པར་སྦྱངས། སྟོང་པའི་ངང་ལས་སྣ་ཚོགས་པདྨ་དང་ཟླ་བའི་གདན་གྱི་སྟེང་དུ་རང་ཉིད་སྐད་ཅིག་གིས་ཁམས་གསུམ་ཆོས་ཀྱི་རྒྱལ་པོ་ཙོང་ཁ་པ་ཆེན་པོ་སྐུ་མདོག་དཀར་ལ་དམར་བའི་མདངས་ཆགས་པ། ཞལ་གཅིག་ཕྱག་གཉིས་ཆོས་འཁོར་གྱི་ཕྱག་རྒྱ་མཛད་པས་ཡུ་བ་ནས་བཟུང་བའི་ཨུཏྤ་ལའི་སྟེང་ན་ཤེས་རབ་ཀྱི་རལ་གྲི་དང་ཤེར་ཕྱིན་གྱི་གླེགས་བམ་བསྣམས་པ། པཎ་ཞྭ་དང་ཆོས་

གོས་རྣམ་གསུམ་གསོལ་ཞིང་འོད་ཀྱི་ཕུང་པོའི་དབུས་ན་ཞབས་རྡོ་རྗེའི་སྐྱིལ་མོ་ཀྲུང་གིས་བཞུགས་པར་གྱུར་པར་བསམ་ལ། དམིགས་བརྟེ་མ་ཅི་འགྲུབ་བཟླ། དེ་ནས་མདུན་བསྐྱེད་བསྒྲུབ་པ་ནི། སྭ་བྷཱ་ཝས་སྦྱངས། སྟོང་པའི་ངང་ལས་ཧྲཱུྃ་ལས་བྱུང་བའི་རིན་པོ་ཆེའི་བུམ་པ་དཀར་པོ། ལྟོ་བ་ཆེ་བ། མགྲིན་པ་རིང་བ། མཆུ་འཕྱང་བ་ལ་སོགས་པའི་མཚན་ཉིད་ཐམས་ཅད་ཡོངས་སུ་རྫོགས་པའི་ནང་དུ་སྣ་ཚོགས་པདྨ་དང་ཟླ་བའི་གདན་གྱི་སྟེང་དུ་རིལ་བུ་རྣམས་སྐད་ཅིག་གིས་ཁམས་གསུམ་ཆོས་ཀྱི་རྒྱལ་པོ་ཙོང་ཁ་པ་ཆེན་པོ། །ཞེས་པ་ནས། ཞབས་རྡོ་རྗེའི་སྐྱིལ་མོ་ཀྲུང་གིས་བཞུགས་པར་གྱུར། ཅེས་པའི་བར་སྔར་ལྟར་བརྗོད། དེའི་སྤྱི་བོར་ཨོཾ་དཀར་པོ། །མགྲིན་པར་ཨཱཿདམར་པོ། ཐུགས་ཀར་ཧཱུྃ་སྔོན་པོ། །ཐུགས་ཀའི་ཧཱུྃ་ལས་འོད་ཟེར་འཕྲོས། རང་བཞིན་གྱི་གནས་ནས་ཁམས་གསུམ་ཆོས་ཀྱི་རྒྱལ་པོ་ཙོང་ཁ་པ་ཆེན་པོ་ལ་སངས་རྒྱས་དང་བྱང་ཆུབ་སེམས་དཔའི་ཚོགས་ཀྱིས་བསྐོར་བ་སྤྱན་དྲངས། ངོ་མཚར་རྨད་བྱུང་བཀོད་པའི་འཛིག་རྟེན་ནས། །བདེ་གཤེགས་སེང་གེའི་ང་རོ་སྒྲུལ་པའི་སྒྲ། །ཆོས་ཀྱི་རྒྱལ་པོ་ཀུན་མཁྱེན་བློ་བཟང་གྲགས། །སྙིགས་དུས་འགྲོ་བ་འདྲེན་ཕྱིར་གཤེགས་སུ་གསོལ། །རྣམ་དག་ཆོས་ཀྱི་དབྱིངས་ལས་མ་གཡོས་ཀྱང་། །ཚད་མེད་ཐུགས་རྗེས་འགྲོ་ལ་ཕྱོགས་བཅུར་གཟིགས། །རྒྱལ་བ་ཀུན་གྱིས་འཕྲིན་ལས་རྒྱས་མཛད་པ། །དུས་གསུམ་བླ་མ་འཁོར་བཅས་གནས་འདིར་གཤེགས། །ཨོཾ་སུ་མ་ཏི་ཀཱི་རྟི་ས་པ་རི་ཝཱ་ར་ཨེ་ཧྱེ་ཧི་བཛྲ་ས་མ་ཡ་ཛཿཛཿཛཿཧཱུྃ་བཾ་ཧོཿ གཉིས་སུ་མེད་པར་གྱུར། མཆོད་པ་ཨ་མྲྀ་ཏ་ས་བསངས། སྭ་བྷཱ་ཝས་སྦྱངས། སྟོང་པའི་ངང་ལས་ཨོཾ་ལས་རིན་པོ་ཆེའི་སྣོད་ཡངས་ཤིང་རྒྱ་ཆེ་བ་རྣམས་ཀྱི་ནང་དུ་ཨོཾ་འོད་དུ་ཞུ་བ་ལས་བྱུང་བའི་མཆོད་ཡོན། ཞབས་བསིལ། མེ་ཏོག བདུག་སྤོས། སྣང་གསལ། དྲི་ཆབ། ཞལ་ཟས། རོལ་མོ་རྣམས་དྭངས་ཤིང་ཐོགས་པ་མེད་པ་ནམ་མཁའ་དང་མཉམ་པར་གྱུར།

ཨོཾ་ཨརྒྷཾ་ཨཱཿཧཱུྃ། ཨོཾ་པཱདྱཾ་ཨཱཿཧཱུྃ། ཨོཾ་པུཥྤེ་ཨཱཿཧཱུྃ། ཞེས་པ་ནས། ཨོཾ་ཤབྡ་ཨཱཿཧཱུྃ། ཞེས་བྱིན་གྱིས་བརླབས། རབ་འབྱམས་རྒྱ་མཚོ་དཔག་མེད་ན། །མཆོད་ཡོན་ཇི་སྙེད་ཡོད་པ་རྣམས། །བདག་གིས་གུས་པར་བཤམས་པ་འདི། །རྗེ་བཙུན་བློ་བཟང་གྲགས་པ་ལ། །འབུལ་གྱིས་ལེགས་པར་བཞེས་ནས་ཀྱང་། །དངོས་གྲུབ་མ་ལུས་སྩོལ་དུ་གསོལ། །ཨོཾ་གུ་རུ་སུ་མ་ཏི་ཀཱིརྟི་ཨརྒྷཾ་པྲ་ཏཱིཙྪ་སྭཱཧཱ། དེ་བཞིན་དུ་མཆོད་ཡོན་གྱི་གནས་སུ་ཞབས་བསིལ་ནས་རོལ་མོའི་བར་དང་། ཨརྒྷཾ་གྱི་གནས་སུ་པཱདྱཾ་ནས་ཤབྡའི་བར་བཅུག་ལ་མཆོད་པ་ཕུལ། བློ་གྲོས་ཁང་བཟང་བསླབ་གསུམ་ནོར་གྱིས་ཕྱུག །བཟང་པོའི་འཕྲིན་ལས་གདུལ་བྱའི་དཔལ་དུ་ཤར། །གྲགས་པའི་འོད་ཟེར་འཛམ་གླིང་ཕྱོགས་བཅུར་འཕྲོ། །བློ་བཟང་གྲགས་པའི་ཞབས་ལ་ཕྱག་འཚལ་ལོ། །རིལ་བུ་རྣམས་རྗེ་བཙུན་ཙོང་ཁ་པ་ཆེན་པོའི་རྣམ་པ་ཅན་དུ་གྱུར་པའི་ཐུགས་ཀའི་ཧཱུྃ་ལས་འོད་ཟེར་འཕྲོས། ཕྱོགས་བཅུའི་སངས་རྒྱས་བྱང་སེམས་ཉན་རང་ཆོས་སྐྱོང་སྲུང་མ་སོགས་སྐྱབས་གནས་ཐམས་ཅད་ཀྱི་བྱིན་རླབས་དང་ནུས་མཐུ་ཐམས་ཅད་འོད་དང་། འོད་ཟེར་དང་། བདུད་རྩིའི་རྒྱུན་དང་། རྗེ་བཙུན་ཙོང་ཁ་པ་ཆེན་པོའི་སྐུའི་རྣམ་པར་སྤྱན་དྲངས་ཏེ། རིལ་བུ་རྣམས་དང་དབྱེར་མེད་རོ་གཅིག་ཏུ་གྱུར། དེ་ལྟ་བུའི་དམིགས་པ་དང་བཅས་ཏེ་དམིགས་བརྩེ་མ་འདོན། མཐུག་ཏུ། ཨོཾ་གུ་རུ་སུ་མ་ཏི་ཀཱིརྟི་ཨརྒྷཾ་སོགས་ཀྱིས་མཆོད། བློ་གྲོས་ཁང་བཟང་སོགས་ཀྱིས་བསྟོད། མཐུག་ཏུ། རིལ་བུ་རྗེ་བཙུན་ཙོང་ཁ་པའི་རྣམ་པར་བཞུགས་པ་འོད་དུ་ཞུ་ནས་རིལ་བུའི་རྣམ་པར་གྱུར། ཨོཾ་སུ་པྲ་ཏིཥྛ་བཛྲ་ཡེ་སྭཱཧཱ། ཞེས་བརྟན་བཞུགས་བྱ་ཞིང་མེ་ཏོག་གཏོར་ཏེ། སྨོན་ལམ་ཤིས་བརྗོད་རྒྱས་པ་བྱ། ཞེས་པ་འདི་ནི་ཨ་བ་གཉིད་ཚང་ཏུ་ཐོག་ཐུས། ཚོགས་ཆེན་དུ་དགེ་ལྡན་རིལ་སྒྲུབ་བྱེད་སྐབས་འདོན་ཆའི་རིམ་པ་ཟུར་དུ་བཀོལ་ཏེ་སྩལ་པའོ། །

ཡང་དག་རྫོགས་པའི་སངས་རྒྱས་ནས་གཟུང་སྟེ། །རྒྱ་གར་འཕགས་

པའི་ཡུལ་དང་གངས་ཅན་གྱི། །སྐྱེས་མཆོག་ཚད་མར་གྱུར་བ་ཕལ་མོ་ཆེའི། ། ཐུགས་དམ་རྟེན་དང་ན་བཟའ་ཉེར་སྤྱད་སོགས། །གང་ཞིག་མཐོང་ཞིང་རེག་པ་ཙམ་གྱིས་ཀྱང་། །གནས་སྐབས་ནད་གདོན་ཀུན་ཞི་ཚེ་བསོད་རྒྱས། ། མཐར་ཐུག་ཐར་པའི་ས་བོན་བསྐྱུན་ངེས་པའི། །བྱིན་རླབས་མི་ཟད་གཏེར་ཆེན་འདི་ན་བཞུགས། །མཆོག་གསུམ་རྟེན་གྱི་འདབ་བརྒྱའི་དགའ་ཚལ་འདིར། །སྐལ་བཟང་མགྲོན་དུ་ལྷགས་པའི་རྐང་དྲུག་རྣམས། །བྱིན་རླབས་སྦྲང་རྩིའི་ཕུང་པོ་ཉེར་སྤྱད་དེ། །དགའ་དང་དད་དང་སྨོན་པའི་གར་སྒྱུར་ཅིས། །ཅེས་པ་འདི་འང་ནང་རྟེན་རྣམས་ཀྱི་ཁ་བྱང་དུ་སྤེལ་བའོ། །

ལྷ་ཚོགས་ཡུམ་གྱི་བུམ་སྒྲུབ་བཞུགས་སོ། །

བུམ་སྒྲུབ་བྱེད་ན་བུམ་པ་བཟང་སྦྱངས། །སྟོང་པའི་ངང་ལས་པཾ་ལས་བྱུང་བའི་རིན་པོ་ཆེའི་བུམ་པ་དཀར་པོ་ལྟོ་བ་ཆེ་བ་ཞེས་པ་ནས་དབྱེར་མི་བྱེད་པར་གྱུར། བུམ་པའི་ནང་དུ་པཾ་ལས་པདྨ་དཀར་པོ་འདབ་མ་བརྒྱད་པའི་སྟེང་དུ་ཨ་ལས་ཟླ་བའི་དཀྱིལ་འཁོར། དེའི་སྟེང་དུ་ཕྲེཾ་དང་གྲི་གུག་ལས་བཅོམ་ལྡན་འདས་མ་སྣ་ཚོགས་ཡུམ་སྐུ་མདོག་དཀར་མོ་ཞལ་གཅིག་ཕྱག་གཉིས་མ། ཕྱག་གཡས་མཆོག་སྦྱིན་གྱི་ཕྱག་རྒྱ་པདྨ་དཀར་པོ་དང་། གཡོན་སྐྱབས་སྦྱིན་གྱི་ཕྱག་རྒྱ་ཨུཏྤལ་དཀར་པོའི་ཡུ་བ་ཐུགས་ཀར་བསྣམས་པ་སྣན་གྱི་ཐད་ཀར་རྒྱས་པ། དར་དང་རིན་པོ་ཆེའི་རྒྱན་གྱིས་བརྒྱན་པ། ཞབས་རྡོ་རྗེ་སྐྱིལ་དཀྲུང་གིས་བཞུགས་པ། དེའི་སྤྱི་བོར་ཨོཾ། མགྲིན་པར་ཨཱཿ ཐུགས་ཀར་ཧཱུྃ་གིས་མཚན་པ། དེ་ལས་འོད་ཟེར་འཕྲོས་ཡེ་ཤེས་པ་དང་དབང་གི་ལྷ་སྤྱན་དྲངས། ཡེ་ཤེས་པ་ཛཿཧཱུྃ་བཾ་ཧོཿ དབང་ལྷས་དབང་བསྐུར། འོད་དཔག་མེད་ཀྱིས་དབུ་བརྒྱན་

པར་གྱུར། ཨོཾ་ཧྲཱ་ག་ཕ་ཏི་བི་ཤྭ་མྣཱ་ཏ་ཨཀྵཾ་ནས་ཤཱུ་པྲ་ཏྲི་ཚྪཾ་ཧྲཾ་སྭཱཧཱ། རྒྱལ་བ་ཀུན་གྱི་བསྐྱེད་མཛད་མ། །སྐྱེ་བ་དང་ནི་འཇིགས་པ་སྤངས། །ཀུན་ཏུ་བཟང་པོའི་སྤྱོད་པ་ཅན། །སྣ་ཚོགས་ཡུམ་ལ་ཕྱག་འཚལ་བསྟོད། །དེའི་ཐུགས་ཀར་ཟླ་བའི་སྟེང་དུ་ཕྲེཾ་ཡིག་གི་མཐར་སྔགས་ཀྱི་བསྐོར་བ་ལས་འོད་ཟེར་འཕྲོས། རྒྱལ་བ་སྲས་བཅས་ཀྱི་བྱིན་རླབས་ཐམས་ཅད་བསྡུས་ཏེ་བསྟིམ། ཡང་དེ་ལས་བདུད་རྩིའི་རྒྱུན་བབས་བུམ་པའི་ཆུ་དང་གཅིག་ཏུ་འདྲེས་པས། ཚེ་རབས་འཁོར་བ་ཐོག་མེད་ནས་བསགས་པའི་སྡིག་སྒྲིབ་ཐམས་ཅད་དང་། ཁྱད་པར་དུ་རྡོ་རྗེ་ཚེར་མའི་ནད་སྦྱོང་འགྱུར་གྱི་ལས་ངན་སྡིག་སྒྲིབ་བག་ཆགས་དང་བཅས་པ་སྦྱོང་བའི་ནུས་པ་ཅན་དུ་བྱིན་གྱིས་བརླབས་པར་གྱུར། ཨོཾ་ཕྲེཾ་བི་ཤྭ་མྣཱ་ཏ། བཛྲ་ཀཎྚ་ཀན། ན་ཤ་ཡ་ན་ཤ་ཡ། མ་མ་ཤཱནྟིཾ་ཀུ་རུ་ཀུ་རུ་སྭཱཧཱ། ཞེས་ཅི་འགྲུབ་བཟླ། མཐུག་ཏུ་ཡིག་བརྒྱས་ལྷག་ཆད་བསྐང་། བུམ་པའི་ལྷ་ཡེ་ཤེས་པ་རང་བཞིན་གྱི་གནས་སུ་གཤེགས། དམ་ཚིག་པ་འོད་དུ་ཞུ་ནས་བུམ་པའི་ཆུ་དང་རོ་གཅིག་ཏུ་གྱུར་པར་བསམ། འདི་ཡང་རྡོ་རྗེ་འཆང་ཆོས་ཀྱི་ཉི་མའི་གསུང་གི་མངོན་རྟོགས་ཀྱིས་གཞིར་བྱས་ཏེ་ཁ་སྐོང་གི་ཚུལ་དུ་༧བཙུན་པ་དཀོན་མཆོག་བསྟན་པའི་སྒྲོན་མེས་བྲིས་པའོ། །

རྒྱལ་བ་རྒྱ་མཚོའི་ཐུགས་རྗེའི་ཆུ་ཤེལ་ཁམས། །བཞིན་ལེགས་བཅུ་དྲུག་ལང་ཚོ་ལྷ་ཡི་སྐུ། །མཚན་དཔེ་རི་དྭགས་མཚན་མའི་རྣམ་རོལ་པ། །སྲིད་ཞིའི་གདུང་སེལ་ཟླ་བ་སྤྱན་རས་གཟིགས། །བསྙེན་སྒྲུབ་མཆོད་བསྟོད་རྗེ་སྙེད་བགྱིས་པ་དང་། །ཁྱད་པར་དམ་རྫས་རིལ་བུའི་བདག་ཉིད་དུ། །སྒྲུབ་ཅིང་བྱིན་རླབས་ཐུགས་རྗེའི་བསྐུལ་པའི་མཐུས། །ཚེ་རབས་ཀུན་ཏུ་འཕགས་པས་རྗེས་འཛིན་ཤོག །ངན་སོང་སྐྱེ་སྒོ་གཅོད་བྱེད་ཐབས་ཀྱི་མཆོག །སྡིག་ལྟུང་ནད་བརྒྱ་སེལ་བའི་ཨ་མྲི་ཏ། །རིལ་བུ་འདི་ཉིད་གང་གིས་མྱོང་བ་ཀུན། །སྲིད་པའི་སྡུག་བསྔལ་ཀུན་ལས་ཐར་པར་ཤོག །གང་དུ་སྒྲུབ་པའི་ཡུལ་ཕྱོགས་རྣམས་སུ་ཡང་། །འཕགས་མཆོག་སྤྱན་རས་གཟིགས་ཀྱི་བྱིན་རླབས་མཐུས། །ནད་མུག་

འཁྲུགས་སོགས་ཉེར་འཚེ་ཀུན་ཞི་ཞིང་། །ཆོས་སྲིད་འབྱོར་བའི་དགའ་སྟོན་རྒྱས་པར་ཤོག །མཐོང་ཐོས་རེག་སོགས་འབྲེལ་བ་ཐོགས་པ་ཀུན། །འདི་སྣང་འགག་ཚེ་སྤྲུལ་རས་གཟིགས་མགོན་གྱིས། །ལམ་མཁན་མཛད་ནས་བདེ་ལྡན་ཞིང་ཁམས་སུ། །སྐྱེས་ཏེ་འོད་དཔག་མེད་ཀྱི་ཞལ་མཐོང་ཤོག །དེ་ཡི་གསུང་གི་དགའ་སྟོན་ལ་རོལ་ཅིང་། །ཐུན་མོང་ལམ་སྦྱངས་མཚན་བཅས་མཚན་མེད་ཀྱི། །ལམ་བཟང་མངོན་དུ་གྱུར་ནས་མི་རིང་བར། །ཕྱག་ན་པདྨོའི་གོ་འཕང་ཐོབ་གྱུར་ཅིག །མདོར་ན་བླ་མ་ཡི་དམ་མཆོག་གསུམ་དང་། །སྙིང་རྗེའི་གཏེར་ཆེན་གང་གིས་བདེན་པའི་མཐུས། །སྨོན་པའི་དོན་ཀུན་གེགས་མེད་མྱུར་འགྲུབ་ནས། །མཁའ་མཉམ་འགྲོ་བ་སྲིད་ལས་སྒྲོལ་བར་ཤོག །ཅེས་སྨོན་ལམ་བྱ་ཞིང་། ཤིས་བརྗོད་ནི། དགེ་ལེགས་ཉིན་མོར་བྱེད་པའི་འོད་ཕྲེང་གིས། །ཀུན་ཏུ་གསལ་བྱས་ལྷ་ཡི་རྫིང་རིང་ངོས། །གོ་འཚམས་མེད་པར་ཏིལ་གྱི་གང་བུ་ལྟར། །ཡོངས་སུ་དཀྲིགས་ཤིང་བྱིན་རླབས་ཆར་འབེབས་པ། །རྩ་བ་བརྒྱུད་པའི་བླ་མ་བྱིན་རླབས་ཅན། །སྤྱན་རས་གཟིགས་དབང་ཞི་ཁྲོའི་ལྷ་ཚོགས་དང་། །རབ་འབྱམས་བདེ་གཤེགས་སྲས་དང་སློབ་མར་བཅས། །ཀུན་གྱི་བརྩེ་བས་ཉེར་དགོངས་བདེན་པའི་མཐུས། །མ་ལུས་ཕན་བདེའི་གཞི་རྟེན་རྒྱལ་བའི་བསྟན། །འཁྲུལ་བྲལ་བློ་བཟང་རྒྱལ་བའི་རིང་ལུགས་མཆོག །ཏ་ས་བཛྲ་མདོ་སྔགས་བཀའ་སྲོལ་ཀུན། །ཕྱོགས་དུས་ཀུན་ཏུ་རྒྱས་པའི་བཀྲ་ཤིས་ཤོག །སྲིད་ན་ཟླ་བྲལ་སྐྱབས་མགོན་དམ་པ་སོགས། །བཤད་སྒྲུབ་ཟུང་དུ་འཇུག་པའི་འཕྲིན་ལས་ཀྱིས། །ཐུབ་བསྟན་འཛིན་སྐྱོང་སྤེལ་བའི་སྐྱེས་མཆོག་རྣམས། །སྐུ་ཚེ་བསྐལ་བརྒྱར་བརྟན་པའི་བཀྲ་ཤིས་ཤོག །མི་ཡི་ལྷ་རྣམས་ཆོས་ཀྱི་སྲིད་སྐྱོང་ཞིང་། །མངའ་འབངས་སྐྱོན་བྲལ་དགེ་བཅུའི་ཁྲིམས་ཀྱིས་འཚོ། །རྫོགས་ལྡན་དཔལ་ལ་འཁྱུ་བའི་བདེ་འབྱོར་གྱི། །ཀུན་དགའ་ཕོང་ནས་བཞད་པའི་བཀྲ་ཤིས་

ཤོག །སྲིད་ལམ་དུབ་པའི་ཉམ་ཐག་འགྲོ་བ་ཀུན། །འཕགས་ཆེན་སྤྱན་སྟོང་མངའ་བའི་རྗེས་བཟུང་སྟེ། །བཟོད་དཀའ་འཁོར་བའི་རྒྱ་མཚོ་ལས་བསྒྲལ་ནས། །ཟག་མེད་དགའ་སྟོན་རྒྱས་པའི་བཀྲ་ཤིས་ཤོག །མདོར་ན་མི་ཤིས་རྒུད་པའི་མུན་ཚོགས་ཀུན། །མཆོག་གསུམ་ཉིན་བྱེད་གཟི་འོད་ཀྱིས་བཅོམ་ནས། །དགེ་ལེགས་པད་དཀར་ཕྲེང་བ་བཞད་པ་ཡི། །ངོ་མཚར་སྣང་སྟེའི་དོག་པ་རྒྱས་གྱུར་ཅིག །ཐུགས་རྗེ་ཆེན་པོའི་རིལ་སྒྲུབ་ཀྱི་མཇུག་ཏུ་བྱ་རྒྱུའི་སྨོན་ལམ་ཤིས་བརྗོད་འདི་ལྟ་བུ་ཞིག་དགོས་ཞེས་མི་ཕྱེད་པའི་དད་པ་དང་ལྷག་བསམ་དགེ་བ་ཅན་རབ་འབྱམས་པ་ངག་དབང་མཆོག་ལྡན་གྱིས་བསྐུལ་ངོར། ༈བཙུན་པ་དཀོན་མཆོག་བསྟན་པའི་སྒྲོན་མེས་བལ་ཡུལ་གྱི་གཞུང་ནས་འཕྲུལ་དུ་བྲིས་པའོ། །

བླ་མ་འོད་དཔག་མེད་ལ་ཕྱག་འཚལ་ལོ། །འདིར་གཞན་པོའི་དོན་དུ་འཕོ་བ་བྱེད་པར་འདོད་པའི་གང་ཟག་གིས་ཆོ་ག་ཚད་དང་ལྡན་པ་སྔོན་དུ་འགྲོ་བས་མཆོག་གསུམ་གྱི་བདེན་སྟོབས་བརྗོད་དེ་རྣམ་ཤེས་དགུག་པ་ནན་ཏན་དུ་བྱས་པའི་སྟེང་ནས་བགེགས་སྔོག་དྲི་མ་སྦྱོང་བ་དང་། ལམ་སྦྱོང་བསྟན་རྣམས་ལེགས་པར་བྱས་ལ། སྔར་ཡང་སྐྱབས་ཡུལ་རྣམས་ལ་གདུང་ཤུགས་དྲག་པོས་མོས་གུས་དང་གཤིན་པོ་དེ་ཉིད་ཡུལ་དུ་བྱས་པའི་སྙིང་རྗེ་ཤུགས་དྲག་པོས་གསལ་བཏབ་སྟེ། སངས་རྒྱས་ཆོས་དང་ཚོགས་ཀྱི་མཆོག་རྣམས་ལ། །བྱང་ཆུབ་བར་དུ་བདག་ནི་སྐྱབས་སུ་མཆི། །བདག་གིས་སྦྱིན་སོགས་བགྱིས་པ་འདི་དག་གིས། །འགྲོ་ལ་ཕན་ཕྱིར་སངས་རྒྱས་འགྲུབ་པར་ཤོག །ལན་གསུམ། ནུབ་ཕྱོགས་བདེ་བ་ཅན་གྱི་ཞིང་ཁམས་ནས། །ཉམ་ཐག་འགྲོ་བའི་མགོན་པོ་འོད་དཔག་མེད། །ཉེ་བའི་སྲས་མཆོག་བརྒྱད་སོགས་འཁོར་དང་བཅས། །ཐོགས་མེད་རྫུ་འཕྲུལ་ཤུགས་ཀྱིས་འདིར་གཤེགས་ཤིག །སྒོ་གསུམ་མི་ཕྱེད་དད་པས་ཕྱག་འཚལ་ཞིང་། །ཞིང་ཁམས་ཀུན་ཁྱབ་མཆོད་སྤྲིན་རྒྱ་མཚོ་འབུལ། །མི་བཟད་ཉེས་ལྟུང་མ་ལུས་སྙིང་ནས་བཤགས། །རྣམ་དཀར་དགེ་བའི་ཚོགས་ལ་

རྗེས་ཡི་རིང་། །བསྐལ་བ་རྒྱ་མཚོར་མི་འདའ་བཞུགས་སུ་གསོལ། །ཟབ་རྒྱས་ཆོས་ཀྱི་འཁོར་ལོ་བསྐོར་བར་བསྐུལ། །དགེ་ཚོགས་ཀུན་ཀྱང་བདག་སོགས་འགྲོ་བ་ཀུན། །བླ་མེད་བྱང་ཆུབ་འཐོབ་པའི་རྒྱུ་རུ་བསྔོ། །སྟོན་པ་བཅོམ་ལྡན་འདས་དེ་བཞིན་གཤེགས་པ་དགྲ་བཅོམ་པ་ཡང་དག་པར་རྫོགས་པའི་སངས་རྒྱས་འོད་དཔག་མེད་པ་རྒྱལ་སྲས་རྒྱ་མཚོའི་ཚོགས་དང་བཅས་པ་ཐམས་ཅད་ལ་ཕྱག་འཚལ་ལོ། མཆོད་དོ་སྐྱབས་སུ་མཆིའོ། ཞེས་པ་ལན་གསུམ་མམ་བདུན་དགུ་སོགས་བརྗོད། དེ་ནས་འོ་ལུགས་སོ། །འཇིག་རྟེན་འདི་ནས་ཕ་རོལ་ཏུ་སོང་ཞིང་ཚེ་ལས་འདས་པ་ཆེ་གེ་མོ་ཞེས་བགྱི་བ་ཁྱོད་ཉོན་ཅིག འདུལ་བ་ལུང་ལས། སྐྱེས་པའི་མཐའ་མ་འཆི་བ་སྟེ། །འདུས་པའི་མཐའ་མ་འབྲལ་བ་ཡིན། །ཞེས་དང་། རྗེ་བདག་ཉིད་ཆེན་པོས། མི་རྟག་སྲིན་པོས་མ་ཟོས་པའི། །སེམས་ཅན་དེ་ནི་འགའ་མ་མཆིས། །ཞེས་གསུངས་པ་ལྟར། ཁམས་གསུམ་འཁོར་བའི་གནས་འདིར་ལས་ཉོན་གྱི་དབང་གིས་སྐྱེ་བ་ཞིག་བླངས་ཕྱིན་སྐྱེས་མཐའ་འཆི་བའི་ཆོས་ལས་མ་འདས་ཤིང་། གཉེན་མཛའ་བཤེས་སོགས་དང་ལྷན་ཅིག ཧ་ཅམ་འགྲོགས་ཀྱང་བརྩེ་བ་མེད་པ་འཆི་བདག་གི་ཕོ་ཉས་སླེབས་པ་ན་ཕན་ཚུན་གཏན་བྲལ་དུ་གྱུར་ནས་མྱ་ངན་ཆེན་པོ་ལྷང་བ་ཡང་མཆོག་དམན་བར་མ་ཀུན་གྱི་ཐོག་ཏུ་ཡོད་པའི་འཇིག་རྟེན་སྤྱིའི་ངང་ཚུལ་ཡིན་ཏེ། ཆེད་དུ་བརྗོད་པའི་ཚོམས་ལས། མཛའ་བ་ཡུན་རིང་འགོད་འགོད་ནས། །འཆི་བས་སོ་སོར་བྲལ་འགྱུར་ཏེ། །མྱ་ངན་ཆེན་པོ་ལྷང་བར་འགྱུར། །དེ་ཡང་འཇིག་རྟེན་འདི་ན་ངེས། །ཞེས་སངས་རྒྱས་ཐུགས་རྗེ་ཅན་གྱིས་གསུངས་པ་ལྟར་ཡིན། དེ་ལྟ་བུའི་འཆི་བ་དེ་ད་ལན་ཁྱོད་ཀྱི་ཐོག་ཏུ་བབས་ཏེ་ཚེ་སྔ་མའི་སྣང་བ་ནི་ནུབ། ཕྱི་མ་མ་སྐྱེད་པས་ད་ལྟར་སྲིད་པ་བར་དོ་ན་གནས་པའི་སྐབས་ཡིན། དེ་ཡང་གང་གིས་ཤེས་ན་མཛོད་ལས། སྔོན་དུས་སྲིད་འབྱུང་ཤ་ཚུགས་ཅན། །དབང་པོ་

ཀུན་ཚང་ཐོགས་མེད་རྒྱུ། །ལས་ཀྱི་རྫུ་འཕྲུལ་ཤུགས་དང་ལྡན། །མི་ལྡོག་དེ་ནི་དྲི་ཟའོ། །ཞེས་གསུངས་པ་ལྟར་གང་དུ་སྐྱེ་འགྱུར་གྱི་ཕྱི་མའི་ལུས་དང་དབྱིབས་མཚུངས་པ། །དབང་པོ་ཀུན་ཚང་ཞིང་ལས་ཀྱི་རླུང་གིས་བདས་ཏེ་སྟོན་བགྲོད་དཀའ་བའི་གནས་རྣམས་ལྟ་ཅི་སྨོས། འཇིག་རྟེན་གྱི་ཁམས་མཐའ་ཡས་པའི་ཕ་རོལ་ཏུ་ཡང་སྐད་ཅིག་ཙམ་གྱིས་སླེབ་ནུས་པའི་རྫུ་འཕྲུལ་ལྟ་བུ་ཡོད་པ། དེའི་སྟོབས་ཀྱིས་སྔར་འདྲིས་པའི་གཉེན་དང་མཛའ་བཤེས་ལ་སོགས་པ་ཐམས་ཅད་ཀྱི་ཙར་སོང་སྟེ་གཏམ་ལ་སོགས་པ་སྨྲས་ཀྱང་ལན་མི་སྟེར་ཞིང་ཤི་བའི་གཏམ་བྱེད་པ་སོགས་ཀྱིས་སེམས་ལྷག་པར་སྐྱོ་ཞིང་སྡུག་བསྔལ་བ་དང་། ལས་ལས་གྲུབ་པའི་དགྲ་གཉེན་གྱི་སྣང་བ་སྣ་ཚོགས་པས་བློ་སྣ་བྲིད་དེ། རེས་འགའ་དགའ་ཞིང་སྤྲོ་བ་དང་། རེས་འགའ་འཇིགས་ཤིང་སྐྱི་གཡའ་བའི་དཀའ་སྡུག་གི་སྣང་བ་འགྱུར་ལྡོག་སྣ་ཚོགས་པ། བློ་བུར་བློ་བུར་དུ་འབྱུང་བའང་ཁྱེད་རང་བར་དོར་གནས་པའི་རྟགས་ཡིན། སྔར་འབྱུང་བ་བཞིའི་རླུང་ཐིམ་པའི་སྟོབས་ཀྱིས་རི་བོ་སྒྱིལ་བ། རྒྱ་མཚོ་འཁྲུགས་པ། ནགས་ལ་མེ་ཤོར་བ། བསྐལ་པའི་རླུང་གཡོས་པ་ལྟ་བུའི་སྒྲ་ཤིན་ཏུ་ཡ་ང་བ་སྙིང་འགས་པ་ལྟ་བུ་དང་། དུག་གསུམ་གྱི་རང་གཟུགས་དཀར་དམར་ནག་པའི་གཡང་ས་ཆེན་པོ་གསུམ་དུ་ལྷུང་བའི་ཉམས་ཤར་བ་དེ་དག་གི་ཚེ་སྔ་མའི་ལུས་རྟེན་དོར་བ་ཡིན་ཏེ། ད་ལྟ་སྔར་དང་མི་འདྲ་བར་ནང་དུ་རགས་པའི་ཁམས་དཀར་དམར་མི་གནས་པའི་སྟོབས་ཀྱིས་ཕྱིའི་ཉི་ཟླ་སོགས་ཀྱི་སྣང་བ་མི་འཆར་ཞིང་། ལུས་ལ་གྲིབ་མའང་མེད་པ་འདི་རྟེན་དེ་ཉིད་དོར་ཟིན་པའི་རྟགས་ཡིན། སྤྱིར་ཆོས་ཐམས་ཅད་སྒྱུ་མ་ལྟ་བུ་ཡིན་མོད་ཀྱང་། ཁྱད་པར་བར་དོའི་སྐབས་ཀྱི་བདེ་སྡུག་དགའ་འཇིགས་སོགས་ཀྱི་སྣང་བ་འདི་ནི་རྨི་ལམ་དུ་མེས་ཚོགས་པ་དང་། ལྷའི་དཔལ་འཁོར་ལ་སྤྱོད་པ་བཞིན་དངོས་གནས་ལ་ཕན་གནོད་ཅི་ཡང་འབྱུང་རྒྱུ་མེད་པར་མ་ཟད། དེ་ལ་

འཁྲུལ་སྣང་དུ་ངོ་མ་ཤེས་པར་རྗེས་སུ་འབྲང་ན་སྐྱེ་གནས་ངན་པ་སྣ་ཚོགས་སུ་འཁྱིད་པས་ཤིན་ཏུ་བསྒྲིམ་དགོས། རིགས་དྲུག་སོ་སོར་སྐྱེ་བའི་རྟགས་ཀྱི་སྣང་བ་འཆར་ཚུལ་ཡང་། དམྱལ་བར་སྐྱེ་ན་ལྕགས་ཁང་དང་གངས་རིའི་འཁྲུག་སྒྲུབ། ཡི་དྭགས་སུ་སྐྱེ་ན་མྱུ་ངམ་གྱི་ཐང་དམར་པོ་སོགས་རང་རང་གི་གནས་ཀྱི་བཀོད་པ་ཤས་ཆེར་འཆར་ལ་ཁ་དོག་ནི་དམྱལ་བའི་བར་དོ་སོལ་བ་ལྟ་བུ། ཡི་དྭགས་ཀྱི་བར་དོ་དུ་བ་ལྟ་བུ། དུད་འགྲོའི་བར་དོ་ཆུ་ལྟ་བུ། འདོད་པའི་ལྷ་མིའི་བར་དོ་གསེར་ལྟ་བུ་གཟུགས་ཁམས་པའི་བར་དོ་ནི་དཀར་པོར་མངལ་འཇུག་གི་མདོ་ལས་གསུངས། འགྲོ་ཚུལ་ལྷའི་བར་དོ་གྱེན་དང་། མིའི་བར་དོ་ཐད་ཀ། ངན་སོང་གི་བར་དོ་སྤྱིའུ་ཚུགས་སུ་འགྲོ་བར་གསུངས་ལ། མཛོད་འགྲེལ་ལས། ཕྱི་མའི་འགྲོ་བ་དེ་དང་དེའི་འགྲོ་ཚུལ་དང་ཆ་མཚུངས་པར་ཡང་བཤད། ཁྱད་པར་འཁོར་བའི་བཙོན་རའི་ནང་དུ་འཁྱིད་བྱེད་ཀྱི་གཙོ་བོ་སྲིད་པ་ཡིན་པས། བརྫུས་ཏེ་སྐྱེ་ན་གནས་ལ་སྲེད་པ་སྐྱེ། དྲོད་གཤེར་ལས་སྐྱེ་ན་དྲི་རོ་ལ་སྲེད་པ་སྐྱེ། སྒོང་དང་མངལ་ལས་སྐྱེ་ན་རིགས་མཐུན་གྱི་གང་ཟག་མཐོང་སྟེ་ཚུལ་མིན་གྱི་སྤྱོད་པ་ལ་ལོག་པར་ཞེན་པའི་དབང་གིས་མཚམས་སྦྱོར་བ་ཡིན་ཞིང་། དེ་ལྟར་སྐྱེ་བ་བླང་ཕྱིན་འཁྲུལ་དང་ཡུན་དུ་སྡུག་བསྔལ་ལས་མ་འདས། དེ་བས་ཁྱེད་རང་གི་མགོན་སྐྱབས་སུ་བདག་གིས། བཅོམ་ལྡན་འདས་རྒྱལ་བ་འོད་དཔག་མེད་པ་འཁོར་དང་བཅས་པ་མདུན་གྱི་ནམ་མཁར་སྤྱན་དྲངས་ནས་བཞུགས་ཡོད་ཅིང་། ཞིང་དང་དངོས་པོ་བསམ་པ་ཕུན་སུམ་ཚོགས་པས་དགེ་རྩ་རྣམ་པར་དག་པ་བྱེད་བཞིན་པ་འདི་ཡིན་པས་ཁྱོད་རང་གིས་ཀྱང་འཁྲུལ་སྣང་གཞན་གྱི་རྗེས་སུ་མ་འབྲང་བར་དགེ་རྩ་འདི་དག་བློས་བླང་སྟེ་དགའ་བ་བསྒོམ་པ་དང་། ཁྱད་པར་རྒྱལ་བ་འོད་དཔག་མེད་ལ་དད་གུས་ཤུགས་དྲག་པོས་གསོལ་བ་རྩེ་གཅིག་ཏུ་བཏབ་ན་བར་དོའི་སེམས་ཅན་ཆུ་ནང་གི་གཟིངས་ལྟར་དུ་ཁ་སྒྱུར་སླ་བས།

ངན་འགྲོའི་སྐྱེ་སྲིད་བཀློག་ནས་ཞིང་ཁྱད་པར་ཅན་དུ་སྐྱེ་བ་ལ་ཐེ་ཚོམ་མེད་པས་ངེད་ཀྱིས་ཇི་ལྟར་བརྗོད་པ་བཞིན་དུ་བློ་ལིངས་ཀྱིས་བཀལ་ནས་རེ་ས་གཞན་ན་མེད་པའི་བློ་སྟོས་བཅས་ཏེ་གསོལ་བ་འདེབས་པ་དང་། མཐར་མགོན་པོ་འོད་དཔག་མེད་ཀྱི་ཐུགས་ཀར་འཕོ་བའི་འདུན་པ་ཤུགས་དྲག་པོ་མཛད་པར་ཞུ ཉམ་ཐག་འགྲོ་ལ་ལྷག་པར་ཐུགས་བརྩེ་ཞིང་། །མཚན་ཙམ་ཐོས་པས་ངན་འགྲོའི་འཇིགས་ལས་སྐྱོབ། །ལྷ་མིའི་སྟོན་པ་རྒྱལ་བ་འོད་དཔག་མེད། །བསླུ་མེད་སྐྱབས་ཀྱི་དམ་པར་གསོལ་བ་འདེབས། །མི་བཟད་ཁམས་གསུམ་འཁོར་བའི་བཙོན་ར་རུ། །སྡུག་བསྔལ་གསུམ་གྱིས་མནར་བའི་འགྲོ་ཀུན་དང་། །ཁྱད་པར་འཁྲུལ་སྣང་གཤིན་རྗེས་ཁྲིད་པ་ཡི། །སྐྱབས་མེད་བར་དོའི་འགྲོ་ལ་ཐུགས་རྗེས་གཟིགས། །འདི་སྣང་ཞེན་པའི་འཆིང་བ་དྲལ་དུ་གསོལ། །ཉོན་སྡིག་ལྟུང་མ་ལུས་སྦྱོང་དུ་གསོལ། འཇིགས་རུང་གཤིན་རྗེའི་གཡུལ་ལས་བསྐྱབ་ཏུ་གསོལ། །འཁྲུལ་སྣང་བར་དོའི་འཕྲང་ལས་བསྒྲལ་དུ་གསོལ། །མི་ཁོམ་ངན་སོང་སྐྱེ་སྒོ་བཅད་དུ་གསོལ། །ཟབ་ལམ་འཕོ་བ་འཕྱོངས་པར་བྱིན་གྱིས་རློབས། །མགོན་ཁྱོད་ཐུགས་རྗེས་འོད་ཀྱི་ལྕགས་ཀྱུ་ཡིས། །ཚེ་འདས་རྣམ་ཤེས་གྱེན་དུ་དྲངས་བྱས་ཏེ། །གཉིས་མེད་ཡེ་ཤེས་ཧྲཱིཿཡིག་ལ་བསྟིམ་ནས། །ཞིང་མཆོག་བདེ་བ་ཅན་དེར་ཁྲིད་དུ་གསོལ། །མགོན་ཁྱོད་སྲས་ཀྱི་ཐུ་བོར་འགྱུར་བར་མཛོད། །ཁྱོད་མིན་སྐྱབས་གཞན་མེད་དོ་ཐུགས་རྗེས་གཟིགས། །

ཞེས་པའི་བར་ལན་གཅིག་གམ་གསུམ་བྱ། དེ་ནས། ཧིག་ལན་གསུམ་དང་། ཕཊ་ལན་གཅིག་བརྗོད་པས་ཤིན་པོའི་རྣམ་ཤེས་མགོན་པོ་འོད་དཔག་མེད་ཀྱི་ཐུགས་དང་བསྲེས་ཏེ་བདེ་བ་ཅན་དུ་འཕང་བར་བསམ་ལ། རྒྱལ་བའི་དཀྱིལ་འཁོར་བཟང་ཞིང་དགའ་བ་དེར། །པདྨ་དམ་པ་ཤིན་ཏུ་མཛེས་ལས་སྐྱེས། །སྣང་བ་མཐའ་ཡས་རྒྱལ་བས་མངོན་སུམ་དུ། །ལུང་བསྟན་པ་ཡང་ཚེ་འདས་དེར་ཐོབ་ཤོག །

ཅེས་བསྔོ་བས་མཚམས་སྦྱར་བར་བྱའོ། ཞེས་གཤིན་པོར་འཕོ་བ་བྱེད་ཚུལ་བསྡུས་པ་བར་དོའི་ཆོས་བཤད་དང་བཅས་པ་འདི་ཡང་ཨ་མཆོད་དགོན་པའི་ཁྲི་བ་ཞབས་དྲུང་ངག་དབང་བསྟན་པའི་རྒྱལ་མཚན་གྱིས་བསྐུལ་ངོར། བཙུན་པ་དཀོན་མཆོག་བསྟན་པའི་སྒྲོན་མེས་སྦྱར་བའི་ཡི་གེའི་བ་ནི་དགེ་ཚུལ་དཀོན་མཆོག་བསམ་གྲུབ་ཀྱིས་བྲིས་པའོ། །

དེའང་ཐུན་རེ་བཞིན་ཀུན་སློང་གི་སྟེང་ནས་བསྟན་པ་ཡོངས་རྫོགས་ཀྱི་གནད་ཚང་བར་བྱེད་ཚུལ་དགོས་ཟེར་བ་ལ་གྲྭ་པ་ཐམས་ཅད་མ་ལུས་པར་འཚོགས་པ་ལ་གྲྭ་ཚང་ཡོངས་རྫོགས་ཟེར་བ་བཞིན་སོ་སོ་བར་སོང་ན་རྫོགས་མཐའ་མེད་པས་ཉམས་ལེན་སྣ་གཅིག་ལའང་ཐམས་ཅད་རྫོགས་པ་དགོས། འོ་ན་དམིགས་སྐོར་ཕྲ་མ་རྣམས་མི་དགོས་སམ་སྙམ་ན་མ་ཡིན་ཏེ། ཨ་ཀར་སོ་ལྡེ་ཐུན་གཅིག་ལ་སྦྱོར་བ་སྣ་ཚང་ཡང་ཀླུང་ནད་ཚབ་ཅན་དེ་ཐུན་གཅིག་གིས་མི་སེལ་བར་མང་པོ་བསྟུད་ནས་འཐུང་དགོས་པ་དང་འདྲ། རེ་རེ་ལའང་ཐམས་ཅད་ཚང་དགོས་པའི་རྒྱུ་མཚན་ནི། བསྟན་པ་ཡོངས་སུ་རྫོགས་མ་རྫོགས་ཞེས་པ་གདུལ་བྱའི་སྐྱོན་མཐའ་དག་སྤོང་བའི་ཐབས་དང་། ཡོན་ཏན་མཐའ་དག་སྒྲུབ་པའི་ཐབས་ཚང་མ་ཚང་ཡིན་ལ། སྐྱོན་ཀུན་ཟད་ཡོན་ཏན་ཀུན་རྫོགས་ནི་སངས་རྒྱས་ཁོ་ན་ཡིན་པས་སངས་རྒྱས་སྒྲུབ་པའི་ཐབས་རྣལ་མར་འགྲོ་བ་ལ་བསྟན་པ་ཡོངས་སུ་རྫོགས་དགོས་པ་ཡིན། བསམ་སྦྱོར་དེ་འདྲ་ཞིག་བྱུང་ན་དེ་ལ་རྣམ་ཀུན་རྫོགས་པའི་སྦྱོར་བ་ཟེར། འོ་ན་སངས་རྒྱས་ཐོབ་པར་བྱའོ་སྙམ་པ་རང་གིས་ཆོག་གམ་སྙམ་ན། དེ་བསམ་ཚུལ་ལ་ཐུག་ཡོད། རྒྱུའི་བསམ་མདོ་ཅི་ཡང་མེད་པར་འབྲས་བུ་སངས་རྒྱས་ཐོབ་ན་སྙམ་པས་མི་ཆོག དབུས་སུ་འགྲོ་བར་ཐག་ཆོད་པ་ལ་ལམ་དང་ཆ་རྐྱེན་ལམ་གྲོགས་ཐམས་ཅད་ཀྱི་འདང་ཞིག་ཡོད་དགོས། སྐབས་གདངས་མང་པོ་འཛོག་པའི་དུས་མཐོ་དམན་གྱི་ཁྱད་ཡོད་ཀྱང་གོམ་པ་འདེགས་པའི་བྱ་བ་དང་། ཁང་ཐོག་ཏུ་འགྲོ་འདོད་ཀྱི་འཛེན་པ་ལ་ཁྱད་ཅི་ཡང་མེད་པ་བཞིན། དངོས་གཞིའི་དམིགས་སྐོར་ལ་གོ་རིམ་ཡོད་ཀྱང་ཀུན་

སྤྱོད་ཀྱི་བསམ་སྦྱོར་སྣ་གཅིག་པོ་དེས་འགྲོ་དགོས། ལྷའི་གོས་དེ་བསྒྲིལ་ན་སེན་མོའི་བར་དུ་ཚུད། །ཁ་ཕྱེ་ན་ལུས་ཀུན་ཁེབས་པ་ཞིག་ཡོད་ཟེར་བ་བཞིན། སངས་རྒྱས་ཐོབ་པར་བྱ་སྙམ་པའི་ཀུན་སློང་དེའང་རྒྱས་བསྡུས་བྱེད་ཚུལ་ཤེས་དགོས་ཏེ། སངས་རྒྱས་ཐོབ་པར་བྱ་ཞེས་པ་ཡོན་ཏན་ཀུན་རྫོགས་པར་བྱ་ཞེས་པ་ཡིན་ལ། དེ་རྫོགས་པ་ལ་སྲང་མདའི་མཐོ་དམན་བཞིན་སྐྱོན་ཀུན་སྤོང་དགོས། སྐྱོན་ལ་སྒོ་གསུམ་དུ་ཡོད་ཅིང་། དེར་ཡང་ཕྲ་རགས་གཉིས་རེ་ཡོད་པས། རགས་པ་མངོན་སྤྱོད་ཞིང་། ཕྲ་བ་སྟོབས་ཀྱིས་སྤྱོད་དགོས་ལ། རགས་པ་མ་སྤྱངས་པར་ཕྲ་བ་སྤྱོང་ཚུལ་མེད་པས་སྔོན་ལ་མདོ་དང་། ཕྲ་བ་སྟོབས་ལ་མ་བརྟེན་པར་སྤྱང་མི་ནུས་པས་སྟོབས་ཏེ་གཉི་ག་ཚང་དགོས་པ་དེ་ཡིན་རགས་པའང་ལུས་ངག་གི་ཉེས་སྤྱོད་གཙོ་བོར་སྤྱོང་ཞིང་སྡོམ་བྱེད་སོ་ཐར་ཡིན་ལ། དེའི་རྩ་བ་ཆུང་འབྲིང་གི་ལམ་གྱིས་འཁོར་བ་སྤྱི་དང་བྱེ་བྲག་གི་སྡུག་བསྔལ་བསམས་ནས་ངེས་འབྱུང་རྣམ་དག་སྐྱེ་བ་ལ་ཐུག་ཡོད། ཡིད་ཀྱི་ཉེས་པའི་རྩ་བ་ངར་འཛིན་ཡིན། དེས་རྩ་བ་བྱས་ཏེ་རང་གཞན་སོ་སོར་བཅད་ནས་ཆགས་སྡང་གིས་བླང་དོར་གོ་ལོག་པས་ཉེས་ཁྲིམས་ཐམས་ཅད་བྱས་པ་ཡིན་པས་ངར་འཛིན་དེ་དོན་དམ་བྱང་ཆུབ་ཀྱི་སེམས་ཀྱིས་སྤྱོང་བློ་ངན་ཕྱི་མ་ཐམས་ཅད་བྱམས་སྙིང་རྗེའི་རྩ་བ་ཅན་ཀུན་རྫོབ་བྱང་ཆུབ་ཀྱི་སེམས་ཀྱིས་སྦྱོང་བས་སྐྱེས་བུ་ཆེན་པོའི་ལམ་ཐུན་མོང་བ་དེར་ཚང་། སྐྱོན་ཕྲ་མོ་སྤོང་བར་སྟོབས་ཀྱིས་སྔོན་པ་འདེབས་དགོས་ལ། དེའང་མཚན་བཅས་ཀྱིས་ལུས་ངག་དང་། མཚན་མེད་ཀྱིས་ཡིད་ཀྱི་ཉེས་པ་སྦྱོང་ཚུལ་ཡང་ཤེས་དགོས་ལ། མཐར་གཏུགས་ན་ལུས་ཀྱི་ཉེས་པ་སྦྱོང་བྱེད་བསྐྱེད་རིམ་ཕྲ་རགས། ངག་གི་ཉེས་པ་སྦྱོང་བྱེད་ཀུན་རྫོབ་སྒྱུ་མའི་རྫོགས་རིམ། ཡིད་ཀྱི་ཉེས་པ་སྦྱོང་བྱེད་དོན་དམ་འོད་གསལ་གྱི་རྫོགས་རིམ་ཡིན། ཟུང་འཇུག་ནི་དེ་གཉིས་ཚོགས་པ་ལ་འཇོག་པས་ལོག་ན་མེད། དེ་ལྟར་

སྒོ་གསུམ་གྱི་སྐྱོན་ཕྲ་རགས་ཟད་པར་སྤངས་ཏེ་སྐུ་གསུང་ཐུགས་རྡོ་རྗེ་གསུམ་གྱི་བདག་ཉིད་དུ་གྱུར་པ་ནི་སྐུ་གསུམ་དབྱེར་མི་ཕྱེད་པ་སངས་རྒྱས་ཀྱི་གོ་འཕང་ཡིན། འབྲས་བུ་དེ་འདྲ་བ་ཞིག་ཐོབ་པའི་ཕྱིར་དེ་དང་རྗེས་སུ་མཐུན་པའི་རྒྱུ་ཚོགས་ཀྱང་མ་ཚང་བ་མེད་པ་ཞིག་བྱའོ་སྙམ་དུ་མིག་རྒྱང་བསྲིངས། ཡིད་རྒྱུ་བསྐྱེད་དེ། ཤིན་ཏུ་གོམས་པའི་ལམ་སྲང་ལ་བསམ་མནོ་བཏང་བ་བཞིན་དམིགས་འོག་ཏུ་རུག་གེ་ཚུད་པ་ཞིག་བྱུང་ན་ཀུན་སློང་རང་ལ་ལམ་རིམ་ཚང་བ་དང་། བསྟན་པའི་གནད་ཇོགས་པ་བྱ་བ་དེ་བྱུང་བ་ཡིན་ནོ། །སརྦ་མངྒ་ལཾ། །

༄༅། །དགེ་ལྡན་བསྟན་པ་རྒྱས་པའི་སྨོན་ལམ་སོགས་སྨོན་ཚིག་གི་སྐོར་དྲང་སྲོང་ཆེན་པོའི་བདེན་ཚིག་ཅེས་བྱ་བ་བཞུགས་སོ། །

རྒྱལ་བ་མ་ལུས་སྐྱེད་པའི་ཡབ་གྱུར་ཀྱང་། །རྒྱལ་སྲས་ཚུལ་གྱིས་ཞིང་ཁམས་རབ་འབྱམས་སུ། །རྒྱལ་བའི་ཆོས་འཛིན་ཐུགས་བསྐྱེད་བདེན་པའི་མཐུས། །བློ་བཟང་རྒྱལ་བའི་བསྟན་པ་རྒྱས་གྱུར་ཅིག །སྟོན་ཚེ་དབང་པོའི་ཏོག་གི་སྤྱན་སྔ་རུ། །དམ་བཅས་ཚེ་ན་སྙིང་སྟོབས་ཆེན་པོ་ཞེས། །སྲས་བཅས་རྒྱལ་བས་བསྔགས་བརྗོད་བདེན་པའི་མཐུས། །བློ་བཟང་རྒྱལ་བའི་བསྟན་པ་རྒྱས་གྱུར་ཅིག །ལྷ་སྤྱོད་གཙང་མའི་བརྒྱུད་པ་སྤེལ་བའི་ཕྱིར། །ཐུབ་པའི་དྲུང་དུ་ཤེལ་དཀར་འཕྲེང་བ་ཕུལ། །ཆོས་དུང་གནང་ཞིང་ལུང་བསྟན་བདེན་པའི་མཐུས། །བློ་བཟང་རྒྱལ་བའི་བསྟན་པ་རྒྱས་གྱུར་ཅིག །ལྷ་བ་རྣམ་དག་རྟག་ཆད་མཐའ་ལས་གྲོལ། །སྒོམ་པ་རྣམ་དག་བྱིང་རྒོད་སྐྱོན་པ་སངས། །སྤྱོད་པ་རྣམ་དག་རྒྱལ་བའི་བཀའ་བཞིན་བསྒྲུབས། །བློ་བཟང་རྒྱལ་བའི་བསྟན་པ་རྒྱས་གྱུར་ཅིག །མང་དུ་ཐོས་པ་རྒྱ་ཆེར་བཙལ་བས་མཁས། །ཐོས་དོན་ཇི་བཞིན་རྒྱུད་ལ་སྦྱར་བས་བཙུན། །ཀུན་ཀྱང་བསྟན་འགྲོའི་དོན་དུ་བསྔོ་བས་བཟང་། །བློ་བཟང་རྒྱལ་བའི་བསྟན་པ་རྒྱས་གྱུར་ཅིག །དྲང་ངེས་གསུང་རབ་མ་ལུས་འགལ་མེད་དུ། །གང་ཟག་གཅིག་གི་ཉམས་ལེན་གདམས་པ་རུ། །ངས་〔ངེས〕པ་རྙེད་པས་ཉེས་སྤྱོད་མཐའ་དག་འགགས། །བློ་བཟང་རྒྱལ་བའི་

བསྟན་པ་རྒྱས་གྱུར་ཅིག །ལུང་ཆོས་སྡེ་སྣོད་གསུམ་གྱི་འཆད་ཉན་དང་། །རྟོགས་པའི་བསྟན་པ་བསླབ་གསུམ་ཉམས་ལེན་ཏེ། །མཁས་ཤིང་གྲུབ་པའི་རྣམ་ཐར་རྨད་དུ་བྱུང་། །བློ་བཟང་རྒྱལ་བའི་བསྟན་པ་རྒྱས་གྱུར་ཅིག །ཕྱི་རུ་ཉན་ཐོས་སྤྱོད་པས་ཞི་ཞིང་དུལ། །ནང་དུ་རིམ་གཉིས་རྣལ་འབྱོར་གདེང་དང་ལྡན། །མདོ་སྔགས་ལམ་བཟང་འགལ་མེད་གྲོགས་སུ་འཁྱེར། །བློ་བཟང་རྒྱལ་བའི་བསྟན་པ་རྒྱས་གྱུར་ཅིག །རྒྱུ་ཡི་ཐེག་པར་བཤད་པའི་སྟོང་བ་ཉིད། །འབྲས་བུའི་ཐབས་ཀྱིས་སྐྱབ་པའི་བདེ་ཆེན་དང་། །མཉམ་སྦྱོར་ཆོས་ཕྱུང་བརྒྱད་ཁྲིའི་སྙིང་པོའི་བཅུད། །བློ་བཟང་རྒྱལ་བའི་བསྟན་པ་རྒྱས་གྱུར་ཅིག །སྐྱེས་བུ་གསུམ་གྱི་ལམ་གྱི་སྲུང་མའི་གཙོ། །སྐྱུར་མཛད་མགོན་དང་རྣམ་སྲས་ལས་གཤིན་སོགས། །བསྟན་སྲུང་དམ་ཅན་རྒྱ་མཚོའི་མཐུ་སྟོབས་ཀྱིས། །བློ་བཟང་རྒྱལ་བའི་བསྟན་པ་རྒྱས་གྱུར་ཅིག །མདོར་ན་དཔལ་ལྡན་བླ་མའི་སྐུ་ཚེ་བརྟན། །མཁས་བཙུན་བསྟན་འཛིན་དམ་པས་ས་སྟེང་གང་། །བསྟན་པའི་སྦྱིན་བདག་མངའ་ཐང་དར་བ་ཡིས། །བློ་བཟང་རྒྱལ་བའི་བསྟན་པ་རྒྱས་གྱུར་ཅིག །ཅེས་པ་འདི་ནི་ལྷག་བསམ་རྣམ་དཀྱོད་ཡངས་པ་རབ་འབྱམས་པ་བློ་བཟང་བསྟན་པས་བསྐུལ་ཞིང་། སྤྱིར་དེང་དུས་རྗེ་བླ་མའི་བསྟན་པ་འདི་ནི་ཟུངས་ཟད་ཀྱི་ནད་པ་སྨན་པས་བོར་བ་བཞིན་དུ་བདག་ཏུ་འཛིན་པ་འགའང་བ་མི་སྣང་བས་ཅུང་ཟད་རེ་བསྒྲིང་ཐུབ་ནའང་ཅི་མ་ཉུང་སྙམ་དུ་སྨོན་པའི་ཡིད་ཀྱིས། ༄བཙུན་པ་དཀོན་མཆོག་བསྟན་པའི་སྒྲོན་མེས་བྲིས་པའོ། །

ན་མོ་ཛྙཱ་ཀྲ་མི་ཏྲ་ཡེ། བྱམས་པས་བསྐྱབས་པའི་མཛེས་སྐུ་མཚན་དཔེའི་དཔལ། །བྱམས་པའི་ཐུགས་ཀྱིས་ལེགས་འདོམས་ཚངས་པའི་དབྱངས། །བྱམས་བརྩེའི་ཡེ་ཤེས་ཆོས་ཀུན་མངོན་བྱང་ཆུབ། །བྱམས་མགོན་ཐུགས་རྗེའི་གཏེར་ལ་ཕྱག་འཚལ་ལོ། །རིང་ནས་གོམས་པས་ཐུགས་ལ་ཞེན་པ་ཡི། །བྱམས་ཆེན་བདུད་རྩིས་ཞེ་སྡང་མེ་དཔུང་བཅིལ། །མི་བཟད་བདུད་ཀྱི་སྙེམས་

པ་མ་ཐར་བྱེད་ཅིང་། །གྲགས་པའི་མཚན་གྱིས་ཕྱོགས་བཅུའི་ཞིང་ཀུན་ཁྱབ། །གང་གིས་ཡོངས་སུ་བཟུང་བའི་དག་པའི་ཞིང་། །དགའ་ལྡན་གནས་མཆོག་ཡིད་དགའ་ཆོས་འཛིན་ཞེས། །སྙན་པ་ཡིད་འོང་བདུད་རྩིའི་གཟེག་མས་ཀྱང་། །ཡིད་ལ་ཟག་མེད་དགའ་བའི་དཔལ་སྟེར་པ། །དེར་ནི་སྐྱེ་བའི་སྒྱུ་གྲུ་འགྲུབ་པ་དང་། །རྒྱལ་བའི་ཞལ་བཟང་དཀྱིལ་འཁོར་མཐོང་བ་དང་། ཟབ་རྒྱས་གདམས་པའི་བདུད་རྩི་སྤྱོང་བའི་ཕྱིར། །ལེགས་སྨོན་ཕྲེང་བ་མདོ་ཙམ་སྤྲེལ་བ་འདི། །རྒྱལ་ཚབ་མགོན་གྱི་དམ་བཅའི་དཔུང་བ་དང་། རྒྱལ་སྲས་རྒྱ་མཚོའི་ཐུགས་རྗེས་བྱིན་རླབས་དང་། རྒྱལ་ཡུམ་ཆོས་དབྱིངས་རྣམ་དག་བདེན་པའི་མཐུས། །རྒྱལ་བའི་དགོངས་པ་ཇི་བཞིན་འགྲུབ་གྱུར་ཅིག །བདག་དང་འགྲོ་བ་ནམ་མཁའི་མཐའ་དང་མཉམ་པའི་སེམས་ཅན་ཐམས་ཅད་ཀྱིས་ཐོག་མ་མེད་པ་ནས་བཟུང་སྟེ། སྦྱིན་པ་དང་། ཚུལ་ཁྲིམས་དང་། བསྒོམ་པ་ལས་བྱུང་བའི་དགེ་བའི་རྩ་བ་བགྱིས་པ་དང་། བགྱིད་དུ་སྩལ་པ་དང་། བགྱིས་པ་ལ་རྗེས་སུ་ཡི་རང་བའི་དགེ་བའི་རྩ་བ་ཇི་སྙེད་ཅིག་མཆིས་པ་ཐམས་ཅད་གཅིག་ཏུ་བསྡོམས་པའི་མཐུ་ལ་བརྟེན་ནས། འཆི་བའི་དུས་ལ་ཉེ་བར་བབ་པ་ན། སྟོབས་བཅུ་མངའ་བ་རྒྱལ་ཚབ་བྱམས་པ་མགོན་པོ་རྒྱལ་སྲས་བྱེ་བའི་འཁོར་དང་བཅས་པ་མདུན་གྱི་ནམ་མཁར་བྱོན་ནས་དགྱེས་པའི་འཛུམ་ཞལ་མངོན་སུམ་དུ་སྟོན་པར་གྱུར་ཅིག དེ་ནས་འཇིགས་པ་མེད་པ་ཚངས་པའི་དབྱངས་ཀྱིས་བུ་བུ་འཁོར་བའི་འཆིང་ཐག་གཉེན་བཤེས་ཟས་ནོར་སོགས་ལ་ཞེན་པ་སྤངས་ཤིང་འཁྲུལ་སྣང་ཟ་ཟིའི་རྗེས་སུ་མི་འབྲང་བར་ངའི་སྐུ་དང་ཞིང་གི་བཀོད་པ་ཡིད་ལ་གྱིས་ལ་དག་པའི་ཞིང་དུ་ཤོག་ཅིག་ཅེས་བརྩེ་བའི་གསུང་གིས་དབུགས་འབྱིན་པར་གྱུར་ཅིག དེའི་སྟོབས་ཀྱིས་ལུས་དང་སེམས་ལ་སྡུག་བསྔལ་ཕྲ་མོ་ཙམ་ཡང་མེད་པར་དགེ་བའི་བསམ་པ་ཁྱད་ཅན་གྱི་ངང་ནས་ཤི་འཕོས་ཏེ་དགའ་ལྡན་ཡིད

དགའ་ཆོས་འཛིན་དུ་འདབ་སྟོང་པདྨའི་སྦུབས་སུ་རྫུས་ཏེ་སྐྱེ་བ་ལེན་པར་གྱུར་ཅིག དེ་མ་ཐག་ཏུ་ཆོས་ཀྱི་ཕོ་བྲང་རྒྱལ་མཚན་མཐོན་པོར་མི་ཕམ་མགོན་པོའི་དྲུང་དུ་ལྷགས་ཤིང་། དེའི་སྐུ་མཚན་དང་དཔེ་བྱད་ཀྱིས་འབར་བ་གསེར་གྱི་ལྷུན་པོ་ཉི་མ་འབུམ་གྱིས་འཁྱུད་པ་ལྟ་བུ། འཇིག་རྟེན་གསུམ་གྱི་མཛེས་སྡུག་མ་ལུས་པ་གཅིག་ཏུ་བསྡུས་པ་ལྟ་བུ། ཚོགས་གཉིས་དག་པའི་སྤྱོད་པ་མཐའ་དག་གཟུགས་སུ་ཤར་བ་ལྟ་བུ་མིག་གི་བདུད་རྩིར་གྱུར་ཏེ་དགའ་བ་དང་སྤྲོ་བ་དང་དད་པའི་ཤུགས་ཕན་ཚུན་འགྲན་པ་བཞིན་དུ་འཕེལ་བར་གྱུར་ཅིག དེ་ན་བཞུགས་པ་མཉམ་མེད་ཇོ་བོ་ཆེན་པོ་དང་། བློ་བཟང་འཛམ་དཔལ་སྙིང་པོ་ལ་སོགས་པ་བདག་ཉིད་ཆེན་པོ་ཀུན་གྱི་ཞབས་ལ་མགོ་བོས་ཕྱག་འཚལ་ཞིང་། དེ་དག་ཐམས་ཅད་ཀྱིས་ཀྱང་བརྩེ་བས་རྗེས་སུ་འཛིན་པར་གྱུར་ཅིག དེ་ནས་ཀུན་ཏུ་བཟང་པོའི་མཆོད་པའི་སྤྲིན་གྱི་ཕུང་པོ་ནམ་མཁའ་གང་བ་ཡོངས་སུ་སྤྲུལ་ཏེ་རྒྱལ་བ་སྲས་དང་བཅས་པ་ཐམས་ཅད་མཉེས་པར་བྱེད་པར་གྱུར་ཅིག དེས་རྗེས་སུ་བསྟན་པ་ལ་བརྟེན་ནས་རིས་སུ་མ་ཆད་པའི་མ་རྒན་སེམས་ཅན་ཐམས་ཅད་ལ་བྱམས་པ་དང་སྙིང་རྗེ་ཤུགས་དྲག་ཏུ་སྐྱེས་པས་རྒྱུད་བསྒུལ་ཞིང་། རྒྱལ་བའི་ཡོན་ཏན་མཐོང་བས་ཡིད་དྲངས་ཏེ་བླ་ན་མེད་པའི་བྱང་ཆུབ་མཆོག་ཏུ་སེམས་བསྐྱེད་པར་གྱུར་ཅིག སེམས་བསྐྱེད་ནས་ཀྱང་རྒྱལ་སྲས་ཀྱི་སྤྱོད་པ་ལ་སློབ་པའི་ཕྱིར་དུ་ཐོགས་པ་མེད་པའི་རྫུ་འཕྲུལ་གྱིས་སངས་རྒྱས་ཀྱི་ཞིང་རབ་འབྱམས་སུ་བགྲོད་ནས་གདམས་པ་དང་རྗེས་སུ་བསྟན་པ་ཟད་མི་ཤེས་པ་ཉོད་པར་གྱུར་ཅིག དེའི་དོན་ཐོས་པ་དང་། བསམ་པ་ལས་བྱུང་བའི་ཤེས་རབ་ཀྱིས་མ་ཚང་བ་མེད་པར་གཏན་ལ་ཕབ་སྟེ། ཉན་ཐོས་ཀྱི་ལམ་དང་། རང་སངས་རྒྱས་ཀྱི་ལམ་དང་། བྱང་ཆུབ་སེམས་དཔའི་ལམ་གྱི་དབྱེ་བ་ཤེས་པར་བྱས་ནས་སྲིད་ཞིའི་མཐའ་གཉིས་དང་བྲལ་བའི་ཐེག་པ་ཆེན་པོའི་ཐབས་མཁས་

ཀྱི་ཉེ་བའི་ལམ་ལ་མཁས་པར་བྱེད་པར་གྱུར་ཅིག དེ་ནས་དབང་དུ་བྱེད་པ་བསྒོམ་པ་ལས་བྱུང་བའི་ཤེས་རབ་ཞི་གནས་དང་། ལྷག་མཐོང་ཟུང་དུ་འབྲེལ་བའི་སྒོ་ནས་དམིགས་པ་དང་རྣམ་པ་དང་མཚན་ཉིད་ཡོངས་སུ་རྫོགས་པའི་ཐེག་པ་གསུམ་གྱི་རྟོགས་པའི་རིགས་མ་ལུས་པ་ལ་སློབ་པར་གྱུར་ཅིག སེམས་ཀྱི་རང་བཞིན་ཡོངས་སུ་སྦྱངས་པའི་རྣམ་པར་རྟོག་པའི་དྲི་མ་ཅི་རིགས་པ་དང་བྲལ་ནས་གོམས་པ་དབང་དུ་གྱུར་པའི་རྩེ་མོའི་སྦྱོར་བ་ཐོབ་པར་གྱུར་ཅིག །གང་ལ་བསླབ་པར་བྱ་བ་དམིགས་པའི་ཡུལ་མཐའ་ཡས་པ་དང་། ཆེད་དུ་བྱ་བ་གོ་རིམས་བཞིན་དུ་སློབ་ཅིང་། ཕ་རོལ་ཏུ་ཕྱིན་པ་དྲུག་ཚང་བའི་གོ་ཆམ་ཉམས་པ་དགོས་ཏེ། དེའི་ཚོགས་མ་ཚང་བ་མེད་པའི་སྒོ་ནས་རྒྱལ་བའི་སྲས་ཀྱིས་གོང་མ་རྣམས་སུ་མཐར་གྱིས་འཇུག་པར་གྱུར་ཅིག དེ་ནས་ངེས་པར་འབྱུང་བའི་སྒྲུབ་པ་མཚན་མ་མེད་ཅིང་རྩོལ་བ་མེད་པའི་ལམ་གྱིས་ཟོ་ཆུན་གྱི་འཁོར་ལོ་གཅིག་ཅར་བསྐྱུར་བ་བཞིན་དུ་སྒྲིབ་པ་མ་ལུས་པ་འབྱིན་པའི་སྦྱོར་བ་མཐར་ཐུག་པ་སྐད་ཅིག་མ་གཅིག་གིས་མངོན་དུ་བྱེད་པར་གྱུར་ཅིག དེའི་སྐད་ཅིག་གཉིས་པར་གང་ལ་དམིགས་ནས་སེམས་བསྐྱེད་པ་ཆོས་ཀྱི་སྐུ་སྤངས་པ་དང་རྟོགས་པའི་ཡོན་ཏན་མཐར་ཕྱིན་པ་བརྙེས་ནས་དག་པ་དང་མ་དག་པའི་གདུལ་བྱ་རྣམས་ལ་གང་འཚམ་དུ་སྐུའི་བཀོད་པ་བསྟན་ཏེ་ལྷུན་གྱིས་གྲུབ་པའི་འཕྲིན་ལས་རྒྱུན་མི་འཆད་པར་འཁོར་བའི་མཐས་གཏུགས་པར་འགྲོ་བ་ཀུན་གྱི་ཕན་པ་དང་བདེ་བའི་ཉེར་འཚོའི་རྟེན་དུ་གྱུར་ཅིག ན་མོ་རཏྣ་ཏྲ་ཡཱ་ཡ། ན་མོ་བྷ་ག་ཝ་ཏེ། ཤཱཀྱ་མུ་ན་ཡེ། ཏ་ཐཱ་ག་ཏཱ་ཡ། ཨར་ཧ་ཏེ་སཾ་མྱ་ཀྶཾ་བུ་དྡྷཱ་ཡ། ཏ་དྱ་ཐཱ། ཨོཾ་ཨ་ཛི་ཏེ། ཨ་ཛི་ཏེ། ཨ་པ་རཱ་ཛི་ཏེ། ཨ་ཛི་ཏཉྫ་ཡ། ཧ་ར་ཧ་ར། མཻ་ཏྲི་ཨ་བ་ལོ་ཀི་ཏེ། ཀ་ར་ཀ་ར། མ་ཧཱ་ས་མ་ཡ་སིདྡྷི། བྷ་ར་བྷ་ར། མ་ཧཱ་བོ་དྷི་མཎྜ་བཱི་ཛེ། སྨ་ར་སྨ་ར། ཨ་སྨཱ་ཀཾ་ས་མ་ཡ། བོ་དྷི་བོ་དྷི། མ་ཧཱ་བོ་དྷི་སྭཱཧཱ། ཨོཾ་མོ་ཧེ་མོ་ཧེ། མ་ཧཱ་མོ་ཧེ་

སྭཱཧཱ། ཨོཾ་མུ་ནེ་མུ་ནེ་སྨ་ར་སྭཱཧཱ། ལན་གསུམ། ན་མོ་བླ་མ་ཡི་དམ་དཀོན་མཆོག་གསུམ་གྱི་བདེན་པ་དང་། ཁྱད་པར་རྒྱལ་ཚབ་མི་ཕམ་མགོན་པོའི་ཐུགས་བསྐྱེད་དམ་བཅའི་མཐུ་དང་། གཟུངས་ཀྱི་བདེན་པ་ལ་བརྟེན་ནས་ཇི་ལྟར་སྨོན་པའི་དོན་ཐམས་ཅད་དེ་བཞིན་དུ་འགྲུབ་པར་གྱུར་ཅིག འབྲས་བུ་དམན་པ་འཁོར་བར་འཆིང་བྱེད་ཀྱི་རྟེན་བཀུར་སྟན་གྲགས་ལ་སོགས་པའི་རྒྱུར་ཙུང་ཟད་ཙམ་ཡང་མི་སྨིན་པར་གྱུར་ཅིག གལ་ཏེ་སྐྱེ་བ་གཞན་གྱིས་བར་མ་ཆོད་པར་དགའ་ལྡན་གྱི་གནས་སུ་སྐྱེ་བར་མ་ནུས་ན་འང་དལ་འབྱོར་ཚང་བའི་རྟེན་བཟང་པོ་བརྒྱུད་མར་ཐོབ་ཅིང་བྱམས་མགོན་ཐུགས་རྗེའི་གཏེར་གྱིས་དགེ་བའི་བཤེས་གཉེན་མཛད་པ་དང་མི་འབྲལ་བར་གྱུར་ཅིག ཁྱད་པར་སྐྱེ་དགུ་ཚེ་ལོ་བརྒྱད་ཁྲིའི་དུས་སུ་བྱམས་མགོན་རྒྱལ་བའི་ཉི་མ་འཛིག་རྟེན་དུ་ཤར་བའི་ཚེ་འཁོར་གྱི་ཐོག་མར་སྐྱེས་ནས་གསུང་གི་བདུད་རྩི་ལ་ངོམས་མེད་དུ་ལོངས་སྤྱོད་དེ་ས་ལམ་གྱི་རྟོགས་པ་ཁྱད་པར་ཅན་རྣམས་བདེ་བླག་ཏུ་བགྲོད་ནུས་པར་གྱུར་ཅིག དགེ་བའི་རྩ་བ་འདི་དག་གིས་མཚོན་བདག་དང་གཞན་གྱི་དགེ་བའི་རྩ་བ་ཐམས་ཅད་ལོང་ཁྲི་དང་། ལྟ་བ་ངན་པ་དང་། ལོག་པར་བསྔོ་བ་ལ་སོགས་པའི་སྐྱོན་གྱིས་ཙུང་ཟད་ཙམ་ཡང་མི་ཉམས་པར་དུས་གསུམ་གྱི་རྒྱལ་བ་ཐམས་ཅད་ཀྱིས་གང་དུ་བསྔོས་ཤིང་བསྔོ་བར་འགྱུར་བ་དང་། རྒྱལ་སྲས་ཆེན་པོ་འཇམ་དཔལ་ཀུན་བཟང་སོགས་ཀྱིས་ཇི་ལྟར་སྨོན་པའི་འབྲས་བུ་དེ་དང་དེ་དག་འགྲུབ་པའི་རྒྱུ་རྣམ་པར་དག་པ་ཁོ་ནར་གྱུར་ཅིག ནམ་ཞིག་འདི་སྣང་འགག་པར་ཉེ་བའི་ཚེ། །བྱམས་མགོན་ཞལ་མཐོང་དད་པས་ཡིད་དྲངས་ཏེ། །དགའ་ལྡན་གནས་སུ་པདྨོ་ལས་སྐྱེས་ནས། །རྒྱལ་བ་སྲས་བཅས་མཉེས་པར་བྱེད་པར་ཤོག །ཟབ་རྒྱས་གདམས་པའི་བདུད་རྩིའི་བཅུད་མྱངས་ཏེ། །བླ་མེད་བྱང་ཆུབ་མཆོག་ཏུ་སེམས་བསྐྱེད་ཅིང་། །ཐེག་གསུམ་ལམ་གྱི་རྟོགས་རིགས་ཡོངས

རྫོགས་ནས། །མཐར་ཐུག་སྐུ་བཞིའི་གོ་འཕང་མྱུར་ཐོབ་ཤོག །མདོར་ན་དུས་གསུམ་བསགས་པའི་དགེ་ཚོགས་ཀུན། །འབྲས་བུ་དམན་（པའི་）རྒྱུ་རུ་མི་འགྱུར་བར། །བྱམས་མགོན་འཁོར་གྱི་ཐོག་མར་སྐྱེས་གྱུར་ཏེ། །ཡང་དག་ལམ་བཟང་གེགས་མེད་མཐར་ཕྱིན་ཤོག །ཅེས་དགའ་ལྡན་ཡིད་དགའ་ཆོས་འཛིན་དུ་སྐྱེ་བའི་སྨོན་ལམ་འདི་ནི་དད་བརྩོན་བློ་དང་ལྡན་པ་དཀོན་མཆོག་ཐབས་མཁས་ཀྱིས་བསྐུལ་བའི་ངོར། ཤབཙུན་པ་དཀོན་མཆོག་བསྟན་པའི་སྒྲོན་མེས་སྐལ་མཉམ་རྣམས་ལ་ཕན་པའི་སླད་དོ་བདེ་བར་འཐོལ་ཚོམ་དུ་བགྱིས་པ་འདིས་ཀྱང་སྐྱེ་བོ་རྣམས་ལ་ཕན་ཐོགས་པར་གྱུར་ཅིག །

རབ་འབྱམས་རྒྱལ་བ་ཀུན་གྱི་ཡབ་གཅིག་པུ། །དུས་གསུམ་བདེ་གཤེགས་སྲས་ཀྱི་ཐུ་བོའི་ཚུལ། །རྣམ་འདྲེན་ཡོངས་ཀྱི་ཡེ་ཤེས་གཅིག་བསྡུས་དངོས། །ཀུན་གཟིགས་མཁྱེན་པའི་གཏེར་གྱིས་རིང་དུ་སྐྱོངས། །སྒྲིབ་བྲལ་ཡེ་ཤེས་གསེར་གྱི་ཐུར་མ་ཡིས། །སྐལ་བཟང་ཐར་འདོད་བློ་མིག་འབྱེད་པའི་གཉེན། །ཁྱོད་ཞབས་གུས་པས་བསྟེན་པ་བདག་ཅག་གི །མི་ཤེས་རྨོངས་པའི་དྲ་བ་གཅད་དུ་གསོལ། །ཡང་དག་ལམ་གྱི་རྗེས་སུ་མཐོང་ཕྱོགས་པའི། །ལེགས་སྨོན་ཡིད་ཀྱི་འདུན་པ་མ་ལུས་པ། །གེགས་མེད་སྨོན་བཞིན་འགྲུབ་པའི་དཔང་མཛད་དེ། །ཐུགས་རྗེའི་བདེན་པ་མངོན་སུམ་བསྟན་དུ་གསོལ། །ནམ་མཁའི་ཁམས་ཀྱི་མཐས་གཏུགས་པའི་སྐྱེ་འཕགས་ལུས་ཅན་ཀུན་གྱི་རྣམ་དཀར་ཕུང་པོ་བདག་ཅག་གི་ཐོས་བསམ་སྒོམ་པའི་དགེ་ཚོགས་དང་ཆབས་ཅིག་ཏུ་བསྔོམས་ཤིང་ཁྱད་པར་དུ་ཚུལ་ཁྲིམས་རྣམ་པར་དག་པ་སོགས་རྒྱལ་བའི་སྲས་ཀྱི་སྨོན་ལམ་འགྲུབ་པ་དང་སངས་རྒྱས་ཀྱི་ཞིང་གི་བཀོད་པ་ཡོངས་སུ་འཛིན་པའི་རྒྱུ་ཚོགས་ལྔ་བཅུ་རྩ་ལྔ་གསུངས་པ་སོགས་ཀྱི་རྗེས་སུ་བསླབ་པའི་མཐུ་ལ་བརྟེན་ནས་སྙིང་རྗེའི་སྙིང་པོ་ཅན་གྱི་ཡང་དག་པའི་ལྟ་བས་བློ་མིག་ཕྱེ་སྟེ་ཐར་པ་བླ་ན་མེད་པའི་གྲོང་ཁྱེར་དུ་འཇུག་པར་གྱུར་ཅིག །འཇིག་རྟེན་ཕྱི་མར་འགྲོ་བའི་ཚེ་

སྐྱེ་འཆིའི་སྣང་བ་ཀུན་ལ་མཚན་མར་མི་ཞེན་ཅིང་དེ་ལྟར་མ་རྟོགས་པའི་འགྲོ་བ་རྣམས་ལ་སྙིང་རྗེ་དང་རྒྱལ་བ་ཀུན་གཟིགས་ཀྱི་སྐུ་དང་གསུང་གི་སྣང་བ་མངོན་དུ་གྱུར་པའི་དད་པས་ཡིད་དྭངས་ཏེ་དེ་ཉིད་ཀྱི་ཞིང་ཁམས་ཡོངས་སུ་རྫོགས་ཤིང་དག་ལ་རྡུལ་མེད་པ་བསགས་པ་ཞེས་བྱ་བ་སངས་རྒྱས་ཀྱི་ཞིང་གནྲའི་ཀླུང་དུ་མའི་བྱེ་མ་སྙེད་ཙམ་དུ་ཐ་གྲུ་ཡངས་ཤིང་གང་ལ་གང་འདོད་ཀྱི་རིན་པོ་ཆེ་སྣ་ཚོགས་པའི་རང་བཞིན་དུ་སྣང་བ་སངས་རྒྱས་ཀྱི་ཞིང་གྲངས་མེད་པས་གཏམས་ཤིང་བྱང་ཆུབ་སེམས་དཔའི་ཚོགས་རབ་ཏུ་བྱུང་བ་ཤ་སྟག་གིས་གང་བ་དེ་ལྟ་བུར་སྐྱེ་བར་གྱུར་ཅིག སྐྱེས་མ་ཐག་ཏུ་སྟོང་གསུམ་བཅུའི་ཚད་དང་ལྡན་པའི་བྱང་ཆུབ་ཀྱི་ཤིང་དྲུང་ན་དེ་བཞིན་གཤེགས་པ་ཀུན་གཟིགས་སྐུ་དཔག་ཚད་བརྒྱད་ཁྲི་བཞི་སྟོང་མངའ་བ་འཛམ་བུ་ཆུ་བོའི་གསེར་གྱི་རི་བོ་ལྟར་ལྷམ་མེར་བཞུགས་ཤིང་འཁོར་དཔག་ཚད་བཞི་ཁྲི་ཉིས་སྟོང་ཙམ་གྱི་བྱང་ཆུབ་སེམས་དཔའི་ཚོགས་གྲངས་མེད་པས་བསྐོར་བ་མངོན་སུམ་དུ་མཐོང་བར་གྱུར་ཅིག མཐོང་བའི་མོད་ལ་ཚིག་གིས་མཚོན་མི་དགོས་པར་རྨོངས་པ་དང་སོམ་ཉིའི་དྲ་བ་ཡོངས་སུ་ཆད་དེ་ཟབ་ཅིང་རྒྱ་ཆེ་བའི་ཆོས་ཀྱི་ཚོགས་དོན་མ་ལུས་པ་བདེ་བླག་ཏུ་རྟོགས་པར་གྱུར་ཅིག ཆོས་དང་དོན་མངོན་པར་རྟོགས་པས་བསྡུས་པ་མོས་པ་སྤྱོད་པའི་ས་ལ་སྙིང་རྗེ་བྱང་སེམས་ཡང་དག་པའི་ལྟ་བ་གསུམ་སྦྱོང་ཞིང་ཁྱད་པར་དུ་དེ་ཁོན་ཉིད་ཀྱི་དོན་ཐོས་བསམ་དང་སྒོམ་བྱུང་གི་ཤེས་རབ་ཀྱིས་གཏན་ལ་ཕབ་སྟེ་གཟུང་འཛིན་རྟོག་པ་མངོན་གྱུར་པ་ཉམས་སྨད་ཅིང་གྲངས་མེད་དང་པོའི་ཚོགས་ཡོངས་སུ་རྫོགས་པར་གྱུར་ཅིག དེ་ནས་བདེན་པ་མངོན་པར་རྟོགས་པས་ས་རབ་ཏུ་དགའ་བ་ལ་ཆོས་ཀྱི་དབྱིངས་བདག་དང་གཞན་དུ་མཉམ་པ་ཀུན་ཏུ་འགྲོ་བའི་དོན་དུ་རྟོགས་པའི་སྟོབས་ཀྱིས་སྦྱིན་པའི་ཕར་ཕྱིན་ལྷག་པར་ཐོབ་པར་གྱུར་ཅིག རྗེས་ལ་མངོན་པར་རྟོགས་པས་བསྡུས་པས་ལྷག་མ་

རྣམས་ལའང་སྲུང་སླང་དོན་དམ་པར་མེད་ཀྱང་ཐ་སྙད་དུ་མཆོག་གི་དོན་དུ་མཐོང་བས་ཚུལ་ཁྲིམས་ལྷག་པ་སོགས་ཆོས་ཉིད་གཟིགས་ཚུལ་གྱི་དབང་གིས་བཟོད་པ་དང་བརྩོན་འགྲུས་དང་བསམ་གཏན་དང་ཤེས་རབ་དང་ཐབས་མཁས་དང་སྨོན་ལམ་དང་སྟོབས་དང་ཡེ་ཤེས་ཀྱི་ཕ་རོལ་ཏུ་ཕྱིན་པ་རྣམས་ལྷག་པར་ཐོབ་པར་གྱུར་ཅིག ས་དང་པོར་སྐད་ཅིག་མ་གཅིག་ལ་སངས་རྒྱས་བརྒྱ་མཐོང་བ་དང་དེ་དག་གིས་བྱིན་གྱིས་རློབས་པ་དང་བསྐལ་བ་བརྒྱར་གནས་པ་དང་སྔ་ཕྱིའི་བསྐལ་པ་བརྒྱ་གཟིགས་པ་དང་ཏིང་ངེ་འཛིན་བརྒྱ་ལ་འཇུག་པ་དང་འཇིག་རྟེན་གྱི་ཁམས་བརྒྱ་གཡོ་བ་དང་ཞིང་བརྒྱར་འགྲོ་བ་དང་ཞིང་བརྒྱ་སྤྲུལ་པ་དང་སེམས་ཅན་བརྒྱ་སྨིན་པ་དང་ཆོས་སྒོ་བརྒྱ་འབྱེད་པ་དང་ལུས་བརྒྱ་སྤྲུལ་པ་དང་ལུས་རེ་རེ་ལ་འཁོར་བྱང་སེམས་བརྒྱ་བརྒྱ་དང་ལྡན་པ་སྟེ་ཡོན་ཏན་བརྒྱ་ཕྲག་བཅུ་གཉིས་ཐོབ་ཅིང་། ས་ལྷག་མ་རྣམས་ལ་ཡོན་ཏན་སྔ་ཚན་བཅུ་གཉིས་པོ་དེ་དག་རེ་རེ་ཞིང་སྟོང་ཕྲག་དང་འབུམ་ཕྲག་དང་བྱེ་བ་བརྒྱ་ཕྲག་དང་བྱེ་བ་སྟོང་ཕྲག་དང་བྱེ་བ་ཁྲག་ཁྲིག་འབུམ་ཕྲག་དང་སྟོང་གསུམ་འབུམ་ཕྲག་གཅིག་གི་རྡུལ་གྲངས་དང་སྟོང་གསུམ་གྲངས་མེད་འབུམ་ཕྲག་བཅུའི་རྡུལ་གྲངས་དང་བརྗོད་དུ་མེད་པའི་ཡང་བརྗོད་དུ་མེད་པའི་སྟོང་གསུམ་གྱི་རྡུལ་གྲངས་དང་མཉམ་པ་ཐོབ་པར་གྱུར་ཅིག ས་དང་པོར་ཐུན་མོང་མ་ཡིན་པའི་བསླབ་པ་གསུམ་དང་ཟག་མེད་ཀྱི་ཕུང་པོ་སྦྱོང་པའི་རྟེན་འགྲུབ་ཅིང་། གཉིས་པར་ཚུལ་ཁྲིམས། གསུམ་པར་ཏིང་ངེ་འཛིན། བཞི་པ་ལྔ་པ་དྲུག་པ་གསུམ་ལ། བྱང་ཆུབ་ཕྱོགས་མཐུན་དང་བདེན་བཞི་དང་རྟེན་འབྲེལ་ཤེས་པའི་ཤེས་རབ་ཀྱི་བསླབ་པ་འགྲུབ་ཅིང་། ས་ལྷག་མ་རྣམས་སུ་བསླབ་པའི་འབྲས་བུ་གྲུབ་པ་དང་རྣམ་པར་གྲོལ་བའི་ཕུང་པོ་ཡོངས་སུ་སྦྱོད་པར་གྱུར་ཅིག མདོར་ན་འཁོར་ལོས་བསྒྱུར་བའི་ལུས་སོགས་རྣམ་སྨིན་གྱི་སྐྱེ་བ་འཛིན་པའི་ཁྱད་པར་དང་

ཀླི་ལྷས་ཀྱིས་ཁྱད་པར་སྤངས་བྱ་སྤངས་པའི་ཁྱད་པར་སོགས་རིམ་པ་བཞིན་དུ་མངོན་འགྱུར་ཏེ་མ་དག་ས་བདུན་དུ་གྲངས་མེད་གཉིས་པའི་ཚོགས་དང་། མཚན་མ་མེད་ཅིང་རྩོལ་བ་མེད་པ་དག་པའི་ས་གསུམ་དུ་གྲངས་མེད་གསུམ་པའི་ཚོགས་ཡོངས་སུ་རྫོགས་པར་གྱུར་ཅིག དེ་ནས་རྡོ་རྗེ་ལྟ་བུའི་ཏིང་ངེ་འཛིན་གྱིས་སྒྲིབ་པ་མ་ལུས་པ་དྲུངས་ཕྱུང་ནས་རང་དོན་ཕུན་ཚོགས་ཆོས་ཀྱི་སྐུ་མངོན་དུ་བྱས་ཏེ་གཞན་གྱི་དོན་ལ་ཐོགས་པ་མེད་པར་འཇུག་པ་སྟོབས་བཅུའི་སྒོ་ནས་ནམ་མཁའི་མཐས་གཏུགས་པའི་འགྲོ་བ་མ་ལུས་པ་འཁོར་བའི་རྒྱ་མཚོ་ལས་ཡོངས་སུ་སྒྲོལ་བར་གྱུར་ཅིག དུས་གསུམ་གྱི་དགེ་ཚོགས་མཐའ་དག་ཀྱང་དམིགས་མེད་ཀྱི་ལྟ་བས་ཡོངས་སུ་ཟིན་པའི་དབང་གིས་ནམ་ཡང་མཉམ་པ་མེད་པ་དང་དེའི་མཐུ་ལ་བརྟེན་ནས་གནས་ལུགས་ཟབ་མོའི་དོན་ལ་ཐོས་བསམ་སྒོམ་པ་མཐར་ཕྱིན་ཅིང་ཐབས་ཁྱད་པར་ཅན་གྱི་གྲོགས་དང་བཅས་པས་སྲིད་ཞིའི་རྒྱུད་པ་མཐའ་དག་བསལ་ཏེ་དོན་གཉིས་ལྷུན་གྱིས་གྲུབ་པའི་དཔལ་ལ་མྱུར་དུ་རེག་པར་གྱུར་ཅིག ན་མོ་མཉྫུ་ཤྲཱི་ཀུ་མར་བྷཱུ་ཏཱ་ཡ། ཏདྱཐཱ། ཨོཾ་ཨ་ར་ཛེ་བི་ར་ཛེ། ཤུདྡྷེ་བི་ཤུདྡྷེ། ཤོདྷ་ནེ་བི་ཤོདྷ་ནི། ཤོ་དྷ་ཡ་བི་ཤོ་དྷ་ཡ། ཨ་མ་ལེ། བི་མ་ལེ། ནི་ར་མ་ལེ། ཛ་ཡ་བ་རེ། ཧུ་ཧུ་ཙ་ལེ། ཧཱུྃ་ཧཱུྃ་ཧཱུྃ་ཕཊ་ཕཊ་ཕཊ་སྭཱཧཱ། ལན་གསུམ། རྣམ་འདྲེན་ཀུན་གྱི་ཡབ་གཅིག་འཇམ་པའི་དབྱངས། །ཕྱི་ནང་གཤིན་རྗེའི་གཤེད་པོ་བྷཻ་ར་ཝ། །ངུར་སྨྲིག་གར་མཛད་བློ་བཟང་རྒྱལ་བའི་དབང་། །དབྱེར་མེད་ཐུགས་རྗེའི་བདེན་པ་ཆེན་པོའི་མཐུས། །བདག་གཞན་དུས་གསུམ་དགེ་ཚོགས་མ་ལུས་པ། །འཇམ་དཔལ་དཔའ་བོའི་ཐུགས་བསྐྱེད་དང་འདྲེས་ཏེ། །སྙིང་རྗེའི་སྙིང་པོ་ཅན་གྱི་ལྟ་བ་ཡིས། །སྲིད་ཞིའི་འཆིང་བ་གཅོད་པའི་རྒྱུར་གྱུར་ཅིག །འཕྲུལ་བྲལ་བློ་བཟང་རྒྱལ་བའི་བསྟན་པ་ལ། །ཐོས་བསམ་སྒོམ་པ་གེགས་མེད་མཐར་ཕྱིན་ནས། །བླ་མ་ལྷ་ཡི་གོ་འཕང་མངོན་གྱུར་ཏེ། །

འགྲོ་ཀུན་བྱང་ཆུབ་མཆོག་ལ་འགོད་གྱུར་ཅིག །ཅེས་པ་འདི་ནི་རྣམ་དཔྱོད་མཆོག་ཏུ་ཡངས་པ་རབ་འབྱམས་པ་གྲགས་པ་ཆོས་བཟང་གིས་བསྐུལ་ངོར། ༄བཙུན་པ་དཀོན་མཆོག་བསྟན་པའི་སྒྲོན་མེས་འཕྲལ་དུ་སྦྱར་བའི་ཡི་གེ་པ་ནི་སྔགས་རམ་པ་དཀོན་མཆོག་ཀུན་དགའོ། །

ཚུལ་ཁྲིམས་ཕུང་པོ་ཡོངས་རྫོགས་བཅོམ་ལྡན་འདས། །ཚུལ་ཁྲིམས་ཉིང་འཛིན་ཤེས་རབ་དམ་པའི་ཆོས། ཚུལ་ཁྲིམས་ལྡན་ཞིང་མང་ཐོས་དགེ་འདུན་རྣམས། །ཚུལ་བཞིན་སྨོན་པ་འགྲུབ་པའི་དཔང་པོ་མཛོད། །དེང་ནས་བཙམས་ཏེ་སྐྱེ་བའི་ཕྲེང་བ་རུ། །དལ་འབྱོར་རྟེན་ཐོབ་དམ་པའི་མགོན་གྱིས་བཟུང་། །ཚུལ་བཞིན་ཐོས་བསམ་སྒོམ་པའི་རིམ་པ་ཡིས། །རྣམ་དག་རྒྱལ་བའི་བསྟན་ལ་སློབ་གྱུར་ཅིག །ཁྱད་པར་མངོན་མཐོ་ངེས་ལེགས་ཀུན་གྱི་རྒྱུ། །བསྟན་པའི་རྩ་བ་སྟོན་པའི་གདུང་འཚོབ་མཆོག །ཉོན་མོངས་དགྲ་འཛོམས་ཐར་པའི་སྒོ་གཅིག་པུ། །སོ་ཐར་སྡོམ་པ་ཚུལ་བཞིན་སྲུང་གྱུར་ཅིག །སྲིད་དང་ཞི་བའི་གཡང་ས་ལས་སྒྲོལ་ཞིང་། །དགེ་ཚོགས་མི་ཟད་བྱང་ཆུབ་གཏེར་དུ་སྒྲུབ། །རྒྱལ་རྣམས་གཤེགས་བཤུལ་འགྲོ་ཀུན་ཉེར་འཚོའི་གཞི། །བྱང་སེམས་སྡོམ་པ་ཚུལ་བཞིན་སྲུང་གྱུར་ཅིག །མཆོག་དང་ཐུན་མོང་དངོས་གྲུབ་ཀུན་གྱི་སྒོ། །ཡིད་དམ་མཁའ་འགྲོ་ཆོས་སྐྱོང་འདུ་བའི་རྟེན། །མ་བསྒོམ་གྱུར་ཀྱང་མྱུར་དུ་འཚང་རྒྱའི་ལམ། །གསང་སྔགས་སྡོམ་པ་ཚུལ་བཞིན་སྲུང་གྱུར་ཅིག །བརྒྱ་ལ་ལྟུང་བའི་སྒོ་བཞི་ཅི་རིགས་ཀྱི། །དབང་གྱུར་ཉེས་བས་གོས་ཀྱང་བཤགས་བསྡམས་དང་། །རང་རང་ཕྱིར་བཅོས་འབད་པས་ལྡང་བ་དང་། །ཞག་ཏུ་མི་འགྱོགས་འཕེལ་ཁ་ཆོད་པར་ཤོག །དེ་ལྟར་ཚུལ་ཁྲིམས་དག་པའི་མཆོད་རྐང་དུ། །ཏིང་འཛིན་ཞུན་མར་སྡོང་བུ་ཚོགས་པ་ལས། །ཤེས་རབ་ཟབ་མོའི་མེ་ལྕེ་འབར་བ་ཡིས། །མཐར་འཛིན་སྨོངས་པའི་མུན་པ་དྲུངས་འབྱིན་ཤོག །ཆོས་ཕུང་ཀུན་འདུས་སྡེ་སྣོད་གསུམ་ལ་མཁས། དེ་དོན་བསླབ་གསུམ་ཉམས་ལེན་

སྙིང་པོར་བྱེད། །སྐལ་བཟང་གཞན་ཡང་ཚུལ་དེར་བགྲོ་བ་ཡིས། །རྒྱལ་བའི་བསྟན་ལ་བྱ་བ་བྱེད་གྱུར་ཅིག །བསླབ་གསུམ་ངོ་བོ་ཚོགས་གཉིས་མཐར་སོན་ཏེ། །རིག་དང་རྐང་བར་ལྡན་པ་སྟོབས་བཅུའི་དཔལ། །ཐོབ་ནས་མཁའ་མཉམ་མ་རྒན་འགྲོ་བ་རྣམས། །ཕྲ་རགས་འཁོར་བའི་མཚོ་ལས་སྒྲོལ་གྱུར་ཅིག །ཅེས་ཚེ་རབས་ཀུན་ཏུ་ཚུལ་ཁྲིམས་རྣམ་པར་དག་པ་སྲུང་ནུས་པའི་སྨོན་ཚིག་ཅིག་དགོས་ཞེས་ཨེར་དུ་སྲུའི་ཤོག་ནས་དད་བརྩོན་ལྡན་པ་དཀོན་མཆོག་མཐའ་ཡས། དཀོན་མཆོག་ཆོས་ལྡན་གཉིས་ཀྱིས་བསྐུལ་ངོར། ༈བཙུན་པ་དཀོན་མཆོག་བསྟན་པའི་སྒྲོན་མེས་བྲིས་པའོ། །

རྒྱལ་བའི་མདུན་ན་རྒྱལ་སྲས་དྲི་མེད་གྲགས། །རྒྱ་གར་ཡུལ་ན་ཟླ་བ་གྲགས་པ་སོགས། །ལྗོངས་འདིར་ཀུན་མཁྱེན་འཇམ་དབྱངས་བཞད་པ་ཞེས། །འབྲུངས་རབས་རིམ་བྱོན་རྣམས་ལ་གསོལ་བ་འདེབས། །དེ་ཡི་ཐུགས་བསྐྱེད་ཆུ་བོ་རྣམ་བཞིའི་རྒྱུན། །ངོ་མཚར་དགེ་མཚན་གཡས་སུ་འཁྱིལ་བའི་བཅུད། །རིང་བསྲེལ་རྣམ་བཞི་སྐུ་གསུང་ཐུགས་ཀྱི་རྟེན། །དཔག་ཡས་ཕྱུར་བུར་གཏམས་ལ་ཕྱག་འཚལ་ལོ། །ཁྱད་པར་མདོ་སྨད་མུན་པའི་སྨག་རུམ་དུ། །མདོ་སྔགས་བཤད་སྒྲུབ་ཟུང་འཇུག་ཐུབ་པའི་བསྟན། །རྒྱས་མཛད་རྒྱལ་བས་ལུང་བསྟན་ཆོས་ཀྱི་སྡེ། །དཔོན་སློབ་སྡེ་དང་བཅས་ལ་ཕྱག་འཚལ་ལོ། །ཕྱི་མར་བསླབ་གསུམ་ལྡན་པའི་རྟེན་ཐོབ་ནས། །འཕགས་པའི་དགེ་འདུན་རྣམས་དང་ལྷན་ཅིག་ཏུ། །བསྟན་ལ་ཐོས་བསམ་སྒོམ་པས་རབ་ཞུགས་ནས། །སྲིད་པའི་རྒྱ་མཚོ་མྱུར་དུ་སྐེམ་པར་ཤོག །སྐྱབས་མགོན་ཡབ་སྲས་རྣམས་ཀྱི་ཞབས་བརྟན་ཅིང་། །དགེ་འདུན་ཐུགས་མཐུན་བཤད་སྒྲུབ་བསྟན་པ་དང་། །འགྲོ་ལ་ཆོས་སྲིད་འབྱོར་པའི་བདེ་དགའ་རྒྱས། །དགེ་མཚན་མ་ལུས་འགྲུབ་པའི་བཀྲ་ཤིས་ཤོག །ཅེས་དགོན་པའི་བླ་གྲྭ་རྟེན་བཅས་ཕྱི་ནང་བསྔོམས་པར་ཕྱག་འཚལ་སྨོན་ཚིག་དང་བཅས་པ་ཞིག་དགོས་ཚུལ་དགེ་སློང་འཇམ་དབྱངས་བདེ་ཆེན་གྱིས་བསྐུལ་ངོར།

༄བཙུན་པ་དཀོན་མཆོག་བསྟན་པའི་སྒྲོན་མེས་བྲིས་པའོ། །

བསླུ་མེད་བླ་མ་ཡི་དམ་དཀོན་མཆོག་གསུམ། །ཉམ་ཐག་འགྲོ་ལ་བརྩེ་བས་ཉེར་དགོངས་ཏེ། །རྒྱུད་བྱུང་ཐུགས་རྗེས་བདེན་པའི་དཔུང་བསྐྱེད་ནས། །བདག་གི་ལེགས་སྨོན་འགྲུབ་པའི་དཔང་མཛོད་ཅིག །འདིས་མཚོན་བདག་དང་མཁའ་མཉམ་འགྲོ་ཀུན་གྱིས། །དུས་གསུམ་བསགས་པའི་དགེ་རྩ་ཅི་མཆིས་པ། །སྲས་བཅས་རྒྱལ་བའི་རྣམ་དཀར་དགེ་ཚོགས་དང་། །དབྱེར་མེད་རོ་གཅིག་དཔོར་(ཪོ་བོར)འདྲེས་གྱུར་ཅིག །དེ་མཐུས་ཉེས་དམིགས་ཆེ་ལ་མནོག་ཆུང་བ། །འཁོར་བའི་བདེ་འབྱོར་རྒྱུ་རྡུ་མི་སྨིན་ཞིང་། །སོང་ཁྲི་ལྷ་བ་ངན་ལ་སོགས་པ་ཡི། །ཉེས་བས་ནམ་ཡང་གཞོམ་པར་མ་གྱུར་ཅིག །མི་བཟད་ཉེས་ལྟུང་སྒྲིབ་པ་ཀུན་བྱང་ཞིང་། །དུས་གསུམ་རྒྱལ་བ་ཀུན་གྱིས་བསྔགས་པ་ཡི། །གནས་སྐབས་མཐར་ཐུག་འབྲས་བཟང་མ་ལུས་པ། །བདེ་བླག་ཉིད་དུ་འགྲུབ་པའི་རྒྱུར་གྱུར་ཅིག །འདི་སྣང་འགག་ཚེ་བླ་མ་ལྷག་པའི་ལྷས། །ཞལ་བསྟན་དབུགས་འབྱུང་ངན་འགྲོའི་སྒོ་བཀག་སྟེ། །དམ་ཆོས་སྒྲུབ་པའི་རྟེན་བཟང་རིམ་བརྒྱུད་དེ། །མཚན་ལྡན་བཤེས་གཉེན་དམ་པས་རྗེས་འཛིན་ཤོག །དེ་ཉིད་བསམ་དང་སྦྱོར་བས་ལེགས་བསྟེན་ཅིང་། །འབྲལ་མེད་གསུང་གི་བདུད་རྩིའི་བཅུད་མྱུང་སྟེ། །ཐོས་བསམ་སྒོམ་པས་ཉམས་སུ་བླངས་པ་ཡིས། །ཡང་དག་ལམ་གྱི་བཙན་ས་ཟིན་པར་ཤོག །ཁྱད་པར་བྱམས་མགོན་ཉིན་བྱེད་འོད་སྟོང་གིས། །ཐེག་མཆོག་རིགས་ཀྱི་ས་བོན་སྨིན་པ་ལས། །ཐབས་ཆེན་ཚོགས་གཉིས་འདབ་བརྒྱ་བཞད་པ་ཡིས། །མཁའ་མཉམ་ལུས་ཅན་རྐང་དྲུག་ཚིམ་བྱེད་ཤོག །ཅེས་པ་འདི་ནི་དད་བརྩོན་མཆོག་ཏུ་དགེ་བ་བདེ་ཆེན་རྒྱ་མཚོས་དགེ་སྦྱོར་གང་བྱས་ཀྱི་མཇུག་ཏུ་འདོན་རྒྱུའི་སྨོན་ཚིག་ཅིག་དགོས་ཞེས་བསྐུལ་བ་ལྟར། ༄བཙུན་པ་དཀོན་མཆོག་བསྟན་པའི་སྒྲོན་མེས་བྲིས་པའོ། །

སྒྲིབ་བྲལ་བདེ་གཤེགས་ཐུགས་ཀྱི་མེ་ལོང་ངོས། །ཧྲཱིཿཧཱུྃ་ཡི་གེའི་རྣམ་རོལ་ཡེ་ཤེས་ལྷ། །རྒྱལ་ཀུན་མེས་པོར་གྱུར་ཀྱང་གཞོན་ནུའི་ཚུལ། །མགོན་པོ་མཁྱེན་པའི་གཏེར་གྱིས་རིང་དུ་སྐྱོངས། །ཕྱི་མའི་ཚེ་རབས་མི་ལྡུང་ཕྲེང་བ་ཀུན། །འཇམ་མགོན་བདུད་རྩིའི་འོད་དང་འགྲོགས་པ་ལས། །བྱིན་རླབས་སྣང་བའི་དཔལ་ཡོན་གྱིས་བསྐྱངས་ཏེ། །ཡང་དག་ལམ་གྱི་མཁའ་དབྱིངས་བགྲོད་གྱུར་ཅིག །ཀུན་བྱང་བླང་དོར་མཐའ་ཀླས་འཛིན་མའི་བྱིན། །བློ་གྲོས་ནམ་མཁའི་ཁམས་ཀྱིས་ཀུན་ཁྱབ་ཅིང་། །གཏིང་ཟབ་ཆོས་ཀྱི་དེ་ཉིད་འབྱེད་པ་ཡི། །གཏུགས་པ་མེད་པའི་ཤེས་རབ་ཐོབ་གྱུར་ཅིག །མ་རྟོགས་ལོག་པར་རྟོག་པའི་དྲྭ་བ་ཀུན། །གཅོད་པའི་ཤེས་རབ་རལ་གྲིའི་རྣོ་རྒྱུན་གྱིས། །དངོས་པོར་འཛིན་པའི་འཆིང་བ་དབྱུངས་ཕྱུང་སྟེ། །རྣམ་པར་གྲོལ་བའི་གླིང་དུ་འཇུག་གྱུར་ཅིག །གདུང་རབ་ཀུན་གྱི་དེ་ཉིད་ལེགས་རྟོགས་ནས། །འཇིགས་བྲལ་འཆད་རྩོད་རྩོམ་པའི་རྣམ་དཔྱོད་གྱིས། །མི་ནུབ་བསྟན་པའི་རྒྱལ་མཚན་ལེགས་བསྒྲེངས་ནས། །འགྲོ་ལ་ཕན་བདེའི་དགའ་སྟོན་འགྱེད་གྱུར་ཅིག །འཁྲུལ་བྲལ་བློ་བཟང་རྒྱལ་བའི་བསྟན་པ་ལ། །ངོམས་པ་མེད་པའི་ཐོས་པ་མཐར་ཕྱིན་ཏེ། །ཡང་དག་སྒྲུབ་པ་སྙིང་པོར་བྱེད་པ་ཡིས། །ཐོས་བསམ་སྒོམ་པའི་ཤེས་རབ་འཕེལ་གྱུར་ཅིག །མདོར་ན་བླང་དོར་ལྟ་བའི་མིག་གཅིག་པུ། །རྣམ་པར་འབྱེད་པའི་ཤེས་རབ་མཆོག་ཐོབ་ནས། །མ་ནོར་ཐེག་མཆོག་ལམ་བཟང་རིམ་བགྲོད་དེ། །རྣམ་ཀུན་མཁྱེན་པའི་གླིང་དུ་འཇུག་གྱུར་ཅིག །ཅེས་པ་འདི་ནི་དད་བརྩོན་ལྷག་བསམ་དགེ་བ་རབ་འབྱམས་པ་བློ་བཟང་རབ་བརྟན་གྱིས་བསྐུལ་ངོར། ༈བཙུན་པ་དཀོན་མཆོག་བསྟན་པའི་སྒྲོན་མེས་བྲིས་པའོ། །

དགེ་ལེགས་ཀུན་གྱི་འབྱུང་གནས་བླ་མ་དང་། །བསླུ་མེད་མཆོག་གསུམ་ཆོས་སྲུང་རྒྱ་མཚོའི་མཐུ། །རྒྱུ་འབྲས་རྟེན་འབྱུང་བདེན་སྟོབས་ཚོགས་པ་

ཡིས། །གང་བཏབ་སྨོན་པའི་འབྲས་བུ་འགྲུབ་གྱུར་ཅིག །འདིས་མཚོན་དུས་གསུམ་དགེ་ཚོགས་ཅི་བགྱིས་དང་། །ཐེག་གསུམ་སྐྱེ་འཕགས་ཡོངས་ཀྱི་རྣམ་དཀར་ཚོགས། །གཅིག་ཏུ་བསྡོམས་ཏེ་མ་ལུས་འགྲོ་བའི་ཕྱིར། །བླ་མེད་བྱང་ཆུབ་འཐོབ་པའི་རྒྱུ་རུ་བསྔོ། །སྐྱེ་ཞིང་སྐྱེ་བར་དལ་འབྱོར་རྟེན་ཐོབ་ཅིང་། །བཤེས་གཉེན་དམ་པས་འབྲལ་མེད་རྗེས་སུ་བཟུང་། །སྐྱེས་བུ་གསུམ་གྱི་ལམ་ལ་བློ་སྦྱངས་ཏེ། །རྒྱལ་བའི་དགོངས་པ་ཇི་བཞིན་སྒྲུབ་གྱུར་ཅིག །བསྟན་པའི་སྙིང་པོ་གསང་ཆེན་ཐེག་པའི་སྒོར། །ཞུགས་ནས་དམ་ཚིག་སྡོམ་པ་ཚུལ་བཞིན་བསྲུང་། །རིམ་གཉིས་ལམ་གྱི་བགྲོད་པ་མཐར་སོན་ཏེ། །ཟུང་འཇུག་གོ་འཕང་བདེ་བླག་མྱུར་ཐོབ་ཤོག །མདོར་ན་དུས་གསུམ་དགེ་བ་ཅི་བགྱིས་པ། །དོན་མེད་འཁོར་བའི་རྒྱུ་རུ་མི་སྨིན་ཞིང་། །མི་མཐུན་རྐྱེན་གྱིས་ནམ་ཡང་མི་གནོམ་པར། །བསྟན་དང་འགྲོ་ལ་ཕན་པའི་རྒྱུར་གྱུར་ཅིག །ཅེས་པ་འདི་ནི་དད་བརྩོན་བློ་གྲོས་ཀྱི་ནོར་དང་ལྡན་པ་སྨན་པ་དཀོན་མཆོག་བསྟན་དར་གྱིས་སྒོ་གསུམ་གྱི་དགེ་ཚོགས་རྣམས་ཆུད་མི་ཟ་བར་བྱང་བའི་ཕྱིར་བྱང་ཆུབ་མཆོག་ཏུ་བསྔོ་བས་རྒྱས་འདེབས་པའི་སྨོན་ཚིགས་ཅིག་དགོས་ཞེས་བསྐུལ་ངོར། ༧བཙུན་པ་དཀོན་མཆོག་བསྟན་པའི་སྒྲོན་མེས་བྲིས་པའོ། །

བླམ་ལྷག་པའི་ལྷ་མཆོག་ཐུགས་རྗེའི་མཐུས། །ཕན་བདེ་མ་ལུས་འབྱུང་བའི་སྒོ་གཅིག་པུ། །འབྲུལ་བྲལ་བློ་བཟང་རྒྱལ་བའི་མདོ་སྔགས་བསྟན། །ཕྱོགས་དུས་ཀུན་ཏུ་དར་ཞིང་རྒྱས་གྱུར་ཅིག །རྣམ་དག་ཁྲིམས་ལྡན་ལྷག་བསམ་གོ་ཆ་བགོས། །མདོ་སྔགས་ཐུབ་བསྟན་ཡོངས་རྫོགས་བཤད་སྒྲུབ་ཀྱིས། །འཛིན་སྐྱོང་སྤེལ་ནུས་དམ་པའི་སྐྱེས་བུ་ཡིས། །ཆོས་གྲྭ་ཆེ་འདི་ཡོངས་སུ་གང་གྱུར་ཅིག །དྲི་མེད་ལུང་རིགས་སྨྲ་བའི་ཚོགས་རྣམས་ལ། །ཕྱི་དང་ནང་གི་ཉེར་འཚེ་མི་འབྱུང་ཞིང་། །ཆོས་དང་མཐུན་པའི་ལོངས་སྤྱོད་དཔལ་འབྱོར་སོགས། །མཐུན་རྐྱེན་མ་ལུས་ལྷུན་གྱིས་གྲུབ་པར་ཤོག །འདྲེན་མཆོག་

འཇིགས་མེད་རྒྱ་མཚོའི་དཔལ་ལ་སོགས། །དམ་པའི་མགོན་རྣམས་ཞབས་པད་རྟག་བརྟན་ཅིང་། །བསྟན་དང་འགྲོ་བའི་ཕན་བདེ་སྤེལ་བ་ཡི། །འཕྲིན་ལས་ས་སྟེང་ཀུན་ཏུ་ཁྱབ་གྱུར་ཅིག །མདོར་ན་ཡུལ་དུ་དགེ་བཅུའི་དཔལ་འབྱོར་རྒྱས། །དགེ་འདུན་ཐུགས་མཐུན་ཐོས་བསམ་སྒོམ་གསུམ་འཕེལ། །དགེ་ཚོགས་ཀུན་ཀྱང་མཁའ་མཉམ་ལུས་ཅན་ཀུན། །བླ་མེད་བྱང་ཆུབ་ཐོབ་པའི་རྒྱུར་གྱུར་ཅིག །ཅེས་པ་འདི་ནི་རྒྱལ་བ་སེང་གེའི་ང་རོའི་གཟུངས་གཞུག་བླ་བྲང་ཆེན་མོ་ནས་ཁུར་ལེན་བྱས་ཏེ་བསྒྲུབ་སྐབས་སྨོན་ཚིག་ཅིག་དགོས་ཞེས་ཞུས་ཏེ་གནང་བའོ། །

ཡོན་ཏན་རིན་ཆེན་བྱེ་བའི་ཁམས་ལས་གྲུབ། །དངོས་ཀུན་མཚན་མར་འཛིན་པའི་རྟོལ་དང་བྲལ། །རྟོལ་མེད་བསགས་པའི་ཞིང་གི་དཔལ་གྱུར་པ། །ཀུན་གཟིགས་འཇམ་པའི་དབྱངས་ལ་ཕྱག་འཚལ་ལོ། །རབ་འབྱམས་རྒྱལ་བ་སྐྱོད་པའི་ཡབ་གྱུར་ཅིང་། །འཁོར་བ་སྲིད་དང་ནམ་མཁའི་མཐས་གཏུགས་པར། །རྒྱལ་དང་རྒྱལ་སྲས་སྐྱེ་འཕགས་སྣ་ཚོགས་ཀྱི། །རྣམ་འཕྲུལ་ཅིར་ཡང་སྟོན་ལ་ཕྱག་འཚལ་ལོ། །ཁྱད་པར་དབང་པོའི་ཏོག་གི་སྤྲིན་ སྔ་ རུ། །མཐའ་བྲལ་ལྟ་བས་ཡོངས་བཟུང་རྡོ་རྗེ་ཐེག །སྤེལ་བའི་ཐུགས་བསྐྱེད་དམ་བཅའ་ལྷུན་གྱིས་གྲུབ། །བློ་བཟང་རྒྱལ་བའི་དབང་པོར་ཕྱག་འཚལ་ལོ། །དེད་དཔོན་མཆོག་གིས་སྤྲུལ་པའི་གྲོང་ཁྱེར་བཞིན། །ཆད་བྱུང་བཀོད་པར་འཚང་རྒྱའི་ཚུལ་བསྟན་ཅེ། །གདུལ་བྱ་ཐེག་པ་མཆོག་ལ་སྦྱོར་མཛད་པ། །རྒྱལ་བ་སེང་གེའི་ང་རོར་ཕྱག་འཚལ་ལོ། །ཀུན་མཁྱེན་བླ་མའི་མདོ་སྔགས་ཆོས་ཚུལ་ལ། །ཐོས་བསམ་སྒོམ་པས་ཚུལ་བཞིན་བསླབ་པ་སོགས། །དུས་གསུམ་དགེ་ཚོགས་གཅིག་ཏུ་བསྡོམས་པའི་མཐུས། །སྨོན་པའི་རེ་འབྲས་ལྷུན་གྱིས་འགྲུབ་བར་ཤོག །ནམ་ཞིག་ཚེ་འདིའི་སྣང་བ་འགགས་མ་ཐག །ངོ་མཚར་ཆད་བྱུང་བཀོད་པའི་ཞིང་ཁམས་སུ། །སྐྱེས་ནས་རྒྱལ་བ་སེང་གེའི་ང་རོ་ཡི། །ཞལ་

བཟང་མིག་གི་བདུད་རྩིར་འགྱུར་བར་ཤོག །ཐེག་མཆོག་རིགས་ཀྱི་ས་བོན་མ་ཉམས་པ། །གཞན་ཕན་བྱམས་དང་སྙིང་རྗེའི་ཆུས་བརླན་པས། །རྒྱལ་སྲས་སྤྱོད་པའི་ལོ་ཏོག་རབ་རྒྱས་ཏེ། །འགྲོ་ཀུན་ཉེར་འཚོའི་རྟེན་དུ་འགྱུར་བར་ཤོག །ཁྱད་སྣ་མཆེད་སྟོང་དང་བཅས་མཐོང་ཙམ་ལས། །མཚན་འཛིན་དམིགས་གཏད་ཞིག་པའི་སྟོང་པ་དང་། །མིང་ཙམ་ལྷག་མར་ལུས་པའི་རྟེན་འབྱུང་གཉིས། །ཟུང་འཇུག་རྒྱལ་བའི་དགོངས་པ་རྙེད་པར་ཤོག །རྒྱལ་ཀུན་གསུང་གི་གསང་མཛོད་སྤྱོད་པའི་མཆོག །སངས་རྒྱས་ལས་ཀྱང་དཀོན་པའི་རྡོ་རྗེ་ཐེག །རྣད་བྱུང་ཐབས་མཁས་ཟབ་མོའི་མྱུར་ལམ་དུ། །ཞུགས་ནས་རིམ་གཉིས་དཀའ་སྤྱོད་སྤྱོད་བར་ཤོག །གཟུངས་སྦྱོབས་མངོན་ཤེས་རྫུ་འཕྲུལ་མཆོག་ཐོབ་ནས། །སྐད་ཅིག་རེར་ཡང་གློག་གི་རོལ་རྩེད་བཞིན། །སངས་རྒྱས་ཞིང་མང་བགྲོད་དེ་རྒྱལ་ཀུན་ལས། །བོགས་འདྲོན་ཟབ་མོའི་གདམས་པ་ནོད་པར་ཤོག །ཟབ་མོའི་ལྷ་དང་མྱུར་ལམ་གསང་བ་སྔགས། །ཟུང་དུ་འཇུག་པ་རྡོ་རྗེའི་འཕྲུལ་སྒྲོག་གིས། །ཀུན་རྟོག་བཞོན་པར་བཅས་པའི་དཔུང་བཅོམ་སྟེ། །བདེ་ཆེན་དང་པོའི་མགོན་པོ་ཉིད་གྱུར་ཅིག །ས་མཐའ་ཡས་པའི་རབ་འབྱམས་ཞིང་དུ་ཡང་། །གང་ལ་གང་འདུལ་སྤྲུལ་པའི་བཀོད་པ་ཡིས། །རྒྱལ་བསྟན་ཡང་སྙིང་མདོ་སྔགས་ཟུང་འཇུག་ལམ། །སྤེལ་བས་འགྲོ་ཀུན་སྲིད་ལས་སྒྲོལ་གྱུར་ཅིག །ཅེས་རྡོ་མཚར་རྣད་བྱུང་བཀོད་པའི་ཞིང་དུ་སྐྱེ་བ་འཛིན་པའི་སྨོན་ལམ་འདི་ཉིད་དང་བཙོན་ལྡན་པ་ཁ་ཀྱའི་རབ་འབྱམས་པ་ངག་དབང་བསམ་གཏན་གྱིས་བསྐུལ་ངོར། ཤཱཀྱའི་བཙུན་པ་དཀོན་མཆོག་བསྟན་པའི་སྒྲོན་མེས་བྲིས་པའོ། །

ཀུན་རྟོག་སྤྲོས་པའི་དྲ་བ་ཉེར་ཞི་བ། །མཐའ་བྲལ་ཆོས་ཀྱི་དབྱིངས་དང་དབྱེར་མེད་པའི། །ཡེ་ཤེས་མཚན་དཔེའི་གཟུགས་ཀྱི་རོལ་གར་མཁན། །མགོན་པོ་འཇམ་པའི་དབྱངས་ལ་ཕྱག་འཚལ་ལོ། །གང་གི་མཚན་ཙམ་དྲན་

པའི་འོད་ཟེར་གྱིས། །རྨོངས་པའི་མུན་སངས་བློ་གྲོས་འདབ་བརྒྱའི་ཚལ། །ཕྱི་སྣེ་ལེགས་བཤད་སྦྲང་རྩིས་གཏམས་མཛད་པའི། །སྨན་པ་ཕྱོགས་བཅུའི་ཞིང་ཁམས་ཀུན་ཏུ་ཁྱབ། །དེ་ཕྱིར་བདག་ཀྱང་རྩེ་གཅིག་གུས་པ་ཡིས། །ཁྱོད་སྐུའི་སྣང་བ་ཡིད་ལ་རྟག་འགོད་ཅིང་། །བསྔགས་བརྗོད་མཆོད་པའི་ལས་ལ་བརྩོན་བགྱིད་ན། །བརྩེ་བས་དགོངས་ཏེ་བྱིན་རླབས་མྱུར་སྩོལ་ཅིག །རྒྱ་ཆེན་མདོ་སྔགས་གཞུང་ལུགས་རྒྱ་མཚོའི་མཐིང་། །ཕུལ་བྱུང་རྣམ་དཔྱོད་གྲུ་གཟིངས་ཀྱིས་བཀལ་ཏེ། །ཐར་འདོད་དོན་མཐུན་ཚོགས་ཀྱི་རེ་སྐོང་བའི། །འཆད་པའི་ཤེས་རབ་ཕུན་ཚོགས་ཐོབ་གྱུར་ཅིག །དྲི་མེད་རིགས་པ་རལ་གྲིའི་རྣོ་རྒྱུན་གྱིས། །མ་རྟོགས་ལོག་རྟོག་འཁྲུལ་བའི་དྲ་བ་ཀུན། །གཅིག་ཅར་ཉིད་དུ་གཅོད་ལ་ཐོགས་མེད་པ། །ཀླ་བྲལ་རྩོད་པའི་ཤེས་རབ་རྒྱས་གྱུར་ཅིག །རྩོད་བྱེད་ཕུན་ཚོགས་རྣ་བའི་བཅུད་ལེན་ཞིང་། །དོན་ཟབ་ཀུན་བྱང་བླང་དོར་དོར་ཇི་བཞིན་སྟོན། །ཐུབ་བསྟན་རིན་ཆེན་མཛེས་པའི་རྒྱན་གྱུར་པ། བདེ་བླག་རྩོམ་པའི་ཤེས་རབ་འཕེལ་གྱུར་ཅིག །ཆོས་རྣམས་ཀུན་གྱི་གནས་ལུགས་ཟབ་མོའི་དོན། །རྒྱ་ཆེའི་ཕུང་ཁམས་སྐྱེ་མཆེད་ཀུན་རྫོབ་ཆོས། །རིག་གནས་ལྔ་སོགས་ཤེས་བྱའི་གནས་ཀུན་ལ། །མཁས་པའི་རླབས་ཆེན་ཤེས་རབ་ཐོབ་གྱུར་ཅིག །ཟབ་བརླིང་བཀའ་དང་བསྟན་བཅོས་དཀའ་གནད་ཀུན། །མ་ནོར་མ་འདྲེས་མྱུར་དུ་འབྱེད་པ་ཡི། །ཟབ་གསལ་མྱུར་བའི་ཤེས་རབ་ལ་བརྟེན་ནས། །གཞུང་ལུགས་རྒྱ་མཚོའི་ཕ་རོལ་ཕྱིན་གྱུར་ཅིག །ཇི་སྙེད་ཐོས་བསམ་འབད་པས་ཤེས་པ་ཀུན། །ཤེས་ཀྱི་ཁེ་དང་སྙེད་གྲགས་འདོད་པའི་རྒྱུར། །མི་འགྱུར་རང་སེམས་འདུལ་ཐབས་འབའ་ཞིག་ཏུ། །གོམས་བས་ཡང་དག་ལམ་བཟང་བགྲོད་གྱུར་ཅིག །སྲིད་གསུམ་འཁོར་བའི་གནས་ལ་ཞེན་ལོག་ཅིང་། རང་ཉིད་གཅེས་འཛིན་ཉེས་དམིགས་མཐོང་བ་ཡིས། །སྲིད་དང་ཞི་བའི་གཡང་ས་ཀུན་སྤངས་

ཏེ། །མི་གནས་མྱ་ངན་འདས་ལ་བགྲོད་གྱུར་ཅིག །མདོར་ན་ཤེས་རབ་རྩེ་བས་སྟོང་འཁོར་ལོ་ཡིས། །ཁམས་གསུམ་ཆོས་ཀྱི་རྒྱལ་པོར་དབང་བསྒྱུར་ཏེ། །ནམ་མཁའི་མཐས་གཏུགས་མར་གྱུར་འགྲོ་བ་ཀུན། །འཇམ་དཔལ་དཔའ་བོའི་གནས་ལ་འགོད་གྱུར་ཅིག །ཅེས་མགོན་པོ་འཇམ་པའི་དབྱངས་ལ་གསོལ་བ་འདེབས་ཤིང་ཤེས་རབ་འཕེལ་བའི་དོན་གྱི་སྨོན་ཚིག་འདི་ནི་སི་ཉིད་གཡས་ཟུའི་ཤོག་ནས་དད་བརྩོན་ལྡན་པ་དགེ་སློང་དཀོན་མཆོག་ལྷུན་གྲུབ་ཀྱིས་བསྐུལ་ངོར། ཤཱཀྱའི་བཙུན་པ་དཀོན་མཆོག་བསྟན་པའི་སྒྲོན་མེས་སྦྱར་བའོ། །སྐྱབས་གསུམ་ཀུན་འདུས་ཤཱཀྱ་མུ་ནི་དང་། །གངས་རིའི་མགོན་པོ་སྤྱན་རས་གཟིགས་དབང་སོགས། །རྒྱལ་དང་རྒྱལ་སྲས་སློབ་མར་བཅས་པ་ལ། །སྒོ་གསུམ་མི་ཕྱེད་དད་པས་ཕྱག་འཚལ་ལོ། །ཐོག་མེད་ནས་བསགས་སྡིག་ལྟུང་ཐམས་ཅད་བཤགས། །དགེ་ཚོགས་མཐའ་དག་སྒྲུབ་པའི་མཆོད་པར་འབུལ། །ཕྱོད་མིན་རེ་བའི་སྐྱབས་གཞན་མ་མཆིས་པས། །ཚེ་རབས་ཀུན་ཏུ་འབྲལ་མེད་ཐུགས་རྗེས་ཟུངས། །ཕྱག་སྐོར་བཟླས་བརྗོད་སོགས་ལ་བརྩོན་པ་ཡི། །རྣམ་དཀར་འདིས་མཚོན་དུས་གསུམ་དགེ་ཚོགས་མཐུས། །བཀའ་དྲིན་མཉམ་མེད་རྩ་བའི་བླ་མ་རྣམས། །ཞབས་པད་བརྟན་ཅིང་ཐུབ་བསྟན་རྒྱས་གྱུར་ཅིག །དྲིན་ཅན་ཕ་མས་ཐོག་དྲངས་འགྲོ་བ་ཀུན། །ངན་སོང་གཡང་ས་ལས་གྲོལ་དལ་འབྱོར་གྱི། །རྟེན་ཐོབ་བཤེས་གཉེན་དམ་པས་རྗེས་བཟུང་སྟེ། །ཡང་དག་ལམ་ལ་གེགས་མེད་སློབ་གྱུར་ཅིག །ཁྱད་པར་འདི་ནས་ཤི་འཕོས་གྱུར་མ་ཐག །བདེ་བ་ཅན་དུ་པདྨོ་ལས་སྐྱེས་ཏེ། །མགོན་པོ་འོད་དཔག་མེད་ཀྱི་ཞལ་མཐོང་ཞིང་། །གསུང་གི་བདུད་རྩིའི་དགའ་སྟོན་སྤྱོད་གྱུར་ཅིག །ཤཱཀྱའི་དབང་པོ་འདྲེན་པ་འོད་དཔག་མེད། །མ་ཕམ་འཇམ་དབྱངས་གསང་བདག་སྤྱན་རས་གཟིགས། །བདེ་བཤགས་འཁོར་བཅས་རྟེན་འབྲེལ་མི་བསླུ་བའི། །བདེན་པས་སྨོན་ལམ་ཅི་བཏབ་མྱུར་འགྲུབ་ཤོག །ཅེས་དང་། སངས་རྒྱས་སྐུ་གསུམ་

བརྙེས་པའི་བྱིན་རླབས་དང་། །ཞེས་སོགས་བྱའོ། །

སྐྱབས་གསུམ་ཀུན་འདུས་རྩ་བའི་བླ་མ་ལ། །གསོལ་བ་འདེབས་སོ་ངན་འགྲོའི་འཇིགས་ལས་སྐྱོབས། །ལས་འབྲས་བསླུ་མེད་ཚུལ་ལ་ངེས་རྙེད་ནས། །བླང་དོར་ཚུལ་བཞིན་ནུས་པར་བྱིན་གྱིས་རློབས། །སྡོམ་གསུམ་བཀའ་དྲིན་སྩོལ་མཛད་བླ་མ་ལ། །གསོལ་བ་འདེབས་སོ་སྲིད་པའི་མཚོ་ལས་སྒྲོལ། །བདེན་བཞིའི་བླང་དོར་ཚུལ་བཞིན་སྒྲུབ་པ་ཡིས། །ཐར་པའི་རྒྱལ་མཚན་ཚུགས་པར་བྱིན་གྱིས་རློབས། །བཀའ་དྲིན་གསུམ་ལྡན་འཁོར་ལོའི་མགོན་པོ་ལ། །གསོལ་བ་འདེབས་སོ་བདུད་བཞིའི་གཡུལ་ལས་སྐྱོབས། །དམ་ཚིག་རྣམ་དག་རིམ་གཉིས་ཉམས་ལེན་གྱིས། །ཟུང་འཇུག་གོ་འཕང་ཐོབ་པར་བྱིན་གྱིས་རློབས། །སྐྱེ་བ་ཀུན་ཏུ། ཞེས་སོགས་བྱ། ཞེས་པ་འདི་ནི་དད་བརྩོན་ལྡན་པ་བཀའ་བཅུ་ཡེ་ཤེས་བསྟན་འཛིན་གྱིས་བསྐུལ་ངོར། ༧བཙུན་པ་དཀོན་མཆོག་བསྟན་པའི་སྒྲོན་མེས་དགོན་ལུང་བྱམས་གླིང་དུ་བྲིས་པའོ། །

སྡེ་སྣོད་གསུམ་གྱི་ཡལ་གའི་ཁྲོན་ཡངས་ཤིང་། །རྣམ་དག་བསླབ་གསུམ་འབྲས་བུའི་ཁུར་གྱིས་དུད། །འགྲོ་ཀུན་གདུང་སེལ་ཕན་བདེའི་གྲིབ་བསིལ་ཅན། །རྒྱལ་བསྟན་ཕྱོགས་དུས་ཀུན་ཏུ་རྒྱས་གྱུར་ཅིག །འདྲེན་མཆོག་བློ་བཟང་འཇིགས་མེད་རྒྱ་མཚོ་སོགས། །བསྟན་འཛིན་སྐྱེས་བུ་མཆོག་རྣམས་ཞབས་བརྟན་ཅིང་། །བཤེད་དགོངས་གེགས་མེད་ལྷུན་གྱིས་གྲུབ་པ་ཡིས། །མི་ནུབ་བསྟན་པའི་རྒྱལ་མཚན་བསྒྲེང་གྱུར་ཅིག །ཁྱད་པར་ཀུན་མཁྱེན་འཇམ་དབྱངས་བཞད་པའི་སྡེའི། །ཐུགས་བསྐྱེད་ཇི་བཞིན་ཐུབ་བསྟན་འབྱུང་གནས་འདིར། །བཤད་སྒྲུབ་ཉི་མའི་འོད་ལྟར་གསལ་མཛད་པའི། །ལེགས་བྱས་རྒྱ་མཚོ་རིང་དུ་འཕེལ་གྱུར་ཅིག །འབྲེལ་ཐོགས་འགྲོ་ཀུན་གནས་སྐབས་བདེ་འབྱོར་གྱིས། །འཚོ་བས་ཇོགས་ལྡན་ཀུན་དགའི་དཔལ་འབར་ཞིང་། །བསྐལ་

བཟང་རྣམ་འདྲེན་ཀུན་གྱིས་རྗེས་བཟུང་སྟེ། །བླ་མེད་བྱང་ཆུབ་མཆོག་ལ་འགོད་གྱུར་ཅིག །ཅེས་པ་འདི་ནི་སངས་རྒྱས་སྟོང་སྐུའི་གཟུངས་གཞུག་གི་སྨོན་ཚིག་ཏུ་སྦྱལ་པའོ། །

བདེ་ལྡན་ཞིང་ནས་རྩ་བའི་བླ་མ་དང་། །དབྱེར་མེད་འགྲོ་བའི་འདྲེན་མཆོག་འོད་དཔག་མེད། །སྤྱན་རས་གཟིགས་དབང་རྡོ་རྗེ་ཅན་ལ་སོགས། །མཐུ་ཆེན་རྒྱལ་སྲས་དཔའ་བོའི་ཚོགས་དང་བཅས། །རིང་ནས་གོམས་པའི་ཐུགས་བསྐྱེད་རྒྱ་མཚོ་བཞིན། །བདག་སོགས་མཁའ་མཉམ་འགྲོ་བའི་དཔུང་གཉེན་དུ། །ཐོགས་མེད་རྫུ་འཕྲུལ་ཤུགས་ཀྱིས་འདིར་གཤེགས་ཏེ། །བསོད་ནམས་ཞིང་དུ་བརྟན་པར་བཞུགས་སུ་གསོལ། །སྲིད་དང་ཞི་བའི་འཇིགས་པ་ཀུན་སེལ་ཞིང་། །མཆོག་དང་ཐུན་མོང་དངོས་གྲུབ་མ་ལུས་སྩོལ། །གནས་སྐབས་མཐར་ཐུག་ཀུན་གྱི་སྐྱབས་གཅིག་པུ། །བླ་མ་འོད་དཔག་མེད་ལ་ཕྱག་འཚལ་ལོ། །བདག་ལུས་ལོངས་སྤྱོད་དགེ་བཅས་མཆོད་པར་འབུལ། །བསོད་ནམས་ཕུང་པོ་རྫོགས་ཕྱིར་བཞེས་སུ་གསོལ། །སྔོངས་པའི་བྲན་དུ་གྱུར་ཏེ་བཅས་རང་གི །ཉེས་ལྟུང་ཅི་བགྱིས་སྙིང་ནས་མཐོལ་ལོ་བཤགས། །ཨེ་མ་བདེ་ལེགས་འབྱུང་གནས་རང་གཞན་གྱི། །དགེ་ཚོགས་སྨན་གྱི་མྱུ་གུ་འཕེལ་གྱུར་ཅིག །སྐལ་བ་ཇི་བཞིན་ཆོས་ཀྱི་བདུད་རྩི་ཡིས། །སྲིད་ཞིའི་གདུང་བ་མ་ལུས་བསལ་དུ་གསོལ། །དུས་གསུམ་དགེ་ཚོགས་གཅིག་ཏུ་བསྡོམས་པའི་མཐུས། །རང་དང་དམིགས་ཡུལ་མཁའ་མཉམ་འགྲོ་བ་ཀུན། །མི་ཕྱིམ་སྐྱེ་བས་བར་དུ་མི་གཅོད་པར། །དལ་འབྱོར་རྟེན་བཟང་རྟག་ཏུ་ཐོབ་གྱུར་ཅིག །ཐེག་མཆོག་བཤེས་དང་དགེ་བའི་གྲོགས་ཀྱིས་བསྐྱངས། །ཚང་ལ་མ་ནོར་རྒྱལ་བའི་བསྟན་དང་མཇལ། །ལམ་གྱི་གཙོ་བོ་གསུམ་གྱིས་རྒྱུད་སྦྱངས་ཏེ། །བྱང་ཆུབ་གཞུང་ལམ་དྲང་པོར་བགྲོད་གྱུར་ཅིག །ཁྱད་པར་ཚེ་འདིའི་སྣང་བ་འགགས་པའི་ཚེ། །གནད་གཅོད་འཁྲུལ་སྣང་སྡུག་བསྔལ་མི་འབྱུང་ཞིང་། །འོད་དཔག་མེད་

མགོན་སྲས་དང་བཅས་པ་ཡིས། །དབུགས་དབྱུང་དགའ་དད་ངང་ནས་འཕོ་གྱུར་ཅིག །བདེ་བ་ཅན་དུ་པདྨོ་ལས་སྐྱེས་ནས། །སྣང་མཐའ་ཡས་པའི་ཞབས་པད་གུས་བསྟེན་ཅིང་། །ཟབ་རྒྱས་གསུང་གི་བདུད་རྩིས་བསྐྱངས་པ་ཡིས། །ས་ལམ་བགྲོད་པ་མྱུར་དུ་མཐར་ཕྱིན་ཤོག །བླ་མ་ལྷ་ཡི་གོ་འཕང་མྱུར་ཐོབ་སྟེ། །ལྷུན་གྲུབ་འཕྲིན་ལས་གྲུ་གཟིངས་འབུམ་སྦྱར་ནས། །ནམ་མཁའི་མཐས་གཏུགས་མ་རྒན་འགྲོ་བ་རྣམས། །ཕྲ་རགས་སྲིད་པའི་མཚོ་ལས་སྒྲོལ་གྱུར་ཅིག །བསླུ་མེད་མཆོག་གསུམ་ཐུགས་རྗེ་རྒྱ་མཚོ་དང་། །བདག་གིས་ཅི་བགྱིས་དགེ་ཚོགས་གཏྭའི་ཀླུང་། །རྟོག་བྲལ་ཆོས་ཀྱི་དབྱིངས་སུ་དབྱེར་མེད་པའི། །བདེན་མཐུས་སྨོན་པའི་དོན་ཀུན་འགྲུབ་གྱུར་ཅིག །ཅེས་པ་མཁྱེན་རབ་ཀྱི་དབང་ཕྱུག་བསྟན་པའི་གསལ་བྱེད་སྤྲུལ་བའི་སྐུ་དཀོན་མཆོག་དམ་ཆོས་ཡར་འཕེལ་ནས་སྨོན་ཚིག་འདི་ལྟ་བུ་ཞིག་དུས་ཆོས་འདིར་འབྲི་དགོས་ཞེས་ཐུར་ནས་བསྐུལ་ཡོད་པའི་ཐོག ཉིན་དེར་འོད་དཔག་མེད་ཀྱི་གོས་སྐུ་གསར་བཞེངས་ཀྱི་ཐིག་འདེབས་དུས་དང་འགྲིག་པས། ཐིག་འདེབས་ས་དེ་ཉིད་ནས་༧དཀོན་མཆོག་བསྟན་པའི་སྒྲོན་མེས་སུག་བྲིས་བགྱིས་པའོ། །

གང་གི་མཚན་ཙམ་རྣ་བར་ལྷུང་བས་ཀྱང་། །ངན་སོང་སྐྱེ་བའི་རྒྱུན་ལམ་ཡོངས་བཅད་དེ། །ཐར་པའི་མཆོག་སྦྱིན་རྣམ་པར་སྣང་མཛད་དང་། །དབྱེར་མེད་བླ་མའི་ཞབས་ལ་ཕྱག་བགྱིད་དོ། །དེ་ཡི་རྒྱུད་དོན་འགྲེལ་བྱེད་ཊཱི་ཀ་ཆུང་ཞེས། །ཉུང་གསལ་ལེགས་བཤད་ནོར་བུའི་འཕྲེང་བ་འདི། །པར་དུ་བསྒྲུན་པའི་དགེ་བས་འགྲོ་བ་ཀུན། །མི་ཤེས་ངན་སོང་གཡང་ལས་གྲོལ་གྱུར་ཅིག །རྟག་ཏུ་དལ་འབྱོར་ཚང་བའི་རྟེན་ཐོབ་ཅིང་། །མཚན་ལྡན་བཤེས་གཉེན་དམ་པས་རྗེས་བཟུང་སྟེ། །ཐུན་མོང་ལམ་སྦྱངས་སྔགས་ཀྱི་སྣོད་ཞུགས་ནས། །རྒྱུད་དོན་ཇི་བཞིན་ཉམས་སུ་ལེན་པར་ཤོག །སྒོ་གསུམ་དྲ་བར་བཅས་པའི་ལྕགས་ཀྱི་ཁམས། །ཕྱག་རྒྱ་རྣམ་བཞིའི་གསེར་འགྱུར་རྩིས་བྲན་ཏེ། །མངོན་བྱང་ལྷ་ཡིས་རྣམ་སྣང་སྐུ་ཐོབ་ནས། །མཁའ་མཉམ་འགྲོ་དྲུག་འདྲེན་

པའི་དཔལ་གྱུར་ཅིག །ཅེས་པ་འདི་ནི་སྤྱི་སོར་སྐྱབས་མགོན་འཛིགས་མེད་དབང་པོའི་བཀས་ཊཱི་ཀ་ཆུང་འདི་ཉིད་དུས་འཁོར་གྲྭ་ཚང་གི་འཛིན་གྲྭ་གཤམ་མའི་འཛིན་ཆོས་སུ་གཏོང་བཞིན་པ་ཡིན་ཀྱང་བྲིས་ནོར་རྒྱུན་འབྲུམས་ཀྱིས་ཡིད་བརྟན་ཤིན་ཏུ་དཀའ་བར་བརྟེན། དཔོན་སློབ་ལས་ཐོག་པ་མཁས་བཙུན་བཟང་པོའི་བདག་ཉིད་ཞབས་དྲུང་འཇམ་དབྱངས་སྐལ་ལྡན་ནས་རྒྱུ་སྦྱར་ཏེ་ཐུགས་ཁུར་བཞེས་ཤིང་། སྨྲ་བའི་དབང་ཕྱུག་རྡོ་རྗེ་འཛིན་པ་དཀོན་མཆོག་ཆོས་ལྡན་སོགས་ཀྱིས་ཞུས་དག་ལེགས་པར་བགྱིས་ཏེ་པར་དུ་བསྒྲུབ་པའི་པར་བྱང་དུ། ༄བཙུན་པ་དཀོན་མཆོག་བསྟན་པའི་སྒྲོན་མེས་བྲིས་པའོ། །

ལྷབས་ཆེན་ཐུགས་བསྐྱེད་ས་བོན་སྨིན་པ་ལས། སྟོབས་བཅུའི་དཔལ་མངའ་གསེར་བཟང་པདྨ་སྟོང་། །བསྐལ་བཟང་ཚུ་གཏེར་གཅིག་ཏུ་བཞད་པ་ཡི། །ཐུབ་དབང་སློབ་མར་བཅས་པ་རྣམས་ལ་འདུད། །གང་གིས་དང་པོར་བྱང་ཆུབ་ཐུགས་བསྐྱེད་དེ། །ཚོགས་གཉིས་མཐར་སོན་མངོན་པར་སངས་རྒྱས་ནས། །བགྲང་ཡས་གདུལ་བྱ་སྨིན་ཅིང་གྲོལ་མཛད་པའི། །སྤྱོད་ཚུལ་མ་སྨད་རྒྱུ་དང་འབྲས་བུར་བཅས། །རྒྱ་ཆེར་སྟོན་པ་མདོ་སྡེ་བསྐལ་བཟང་ཞེས། །རྒྱལ་སྲས་བྱེད་(བྱེ)པའི་འཇུག་ངོགས་ཟླ་མེད་འདི། །གསེར་སྦྱངས་དག་པའི་ཁམས་ལས་ལེགས་བྲིས་པའི། །རྣམ་དཀར་འདིས་མཚོན་དུས་གསུམ་དགེ་ཚོགས་མཐུས། །དེང་ནས་བཟུང་སྟེ་སྐྱེ་བའི་འཕྲེང་བ་རུ། །ཐེག་མཆོག་བཤེས་གཉེན་དམ་པས་རྗེས་གཟུང་སྟེ། །ལྷབས་ཆེན་ཚོགས་གཉིས་སྤྱོད་པ་མཐའ་དག་ལ། །རྒྱལ་བ་རྣམས་ཀྱི་རྗེས་སུ་སློབ་གྱུར་ཅིག །ཕན་བདེའི་འབྱུང་གནས་ཐུབ་བསྟན་རྒྱས་པ་དང་། །འདྲེན་པ་མཆོག་རྣམས་ཞབས་པད་རྟག་བརྟན་ཅིང་། །དགེ་མདུན་ཐུགས་མཐུན་བཤད་སྒྲུབ་འཕེལ་བ་ཡིས། །ལུས་ཅན་ཕན་བདེའི་དགའ་སྟོན་རྒྱས་གྱུར་ཅིག །ཁྱད་པར་སྒྲོན་མེའི་བསྐལ་པ་འདི་ཉིད་ལ། །རྒྱལ་བ་རྣམས་ཀྱིས་ཐུགས་རྗེས་ཡོངས་བཟུང་སྟེ། །ཕྲ་རགས་སྲིད་པའི་རྒྱ་མཚོ་ཉེར་བཀྲལ་ནས། །ཟླ་མེད་གཏན་བདེའི་བཙན་ས་ཟིན་གྱུར་ཅིག །འཕྲེལ་ཐོགས་སྐྱེ་བོ་པུཎྜ་རཱི་ཀའི་ཚོགས། །རྒྱལ་བའི་ཉི་མ་སྟོང་གིས་ཡོངས་སྨིན་

ཏེ། །ངེས་ལེགས་སྤྱང་རྩེའི་བཙུད་ཀྱིས་གཏམས་པ་ཡིས། །བདེ་ཆེན་ཀང་དྲུག་སླུ་དབྱངས་སྒྲོགས་གྱུར་ཅིག །ཅེས་པ་འདི་ནི་གཞུང་ལུགས་རྒྱ་མཚོའི་མངའ་བདག་དུས་འཁོར་སློབ་ཟུར་བློ་བཟང་འཇིགས་མེད་པས་མདོ་སྔེ་བསྐལ་བཟང་གསེར་ཞུན་གྱིས་ཕྲིས་ཏེ་དགེ་རྩ་རྫོགས་བྱང་དུ་བསྔོ་བའི་སྨོན་ཚིག་ཅིག་དགོས་ཚུལ་བྱུང་བ་ལྟར། ༄བཙུན་པ་དཀོན་མཆོག་བསྟན་པའི་སྒྲོན་མེས་ཕྲིས་པའོ། །

དགེ་འདིས་མཚོན་ནས་དུས་གསུམ་དང་འབྲེལ་བའི། །རྣམ་དཀར་ཇི་སྙེད་གཅིག་ཏུ་བསྔོམས་པའི་མཐུས། །ནམ་ཞིག་འདི་སྣང་འགག་པར་གྱུར་མ་ཐག །ཡིད་དགའ་ཆོས་འཛིན་གནས་སུ་སྐྱེ་བར་ཤོག །དེ་ནས་མ་ཕམ་རྒྱལ་བའི་དབང་པོ་ཡི། །ཞལ་བཟང་མིག་གི་བདུད་རྩིར་རྟག་འགྲོགས་ཤིང་། །འབྲལ་མེད་ཞབས་ཀྱི་པདྨོར་གུས་བཏུད་ནས། །ལེགས་གསུང་གདམས་པའི་དགའ་སྟོན་སྤྱོད་པར་ཤོག །ཟབ་ཅིང་རྒྱ་ཆེའི་ལམ་བཟང་མ་ལུས་པ། །ཇི་ལྟར་གདམས་བཞིན་ཉམས་སུ་བླངས་པ་ཡིས། །ས་དང་ལམ་གྱི་བགྲོད་པ་མཐར་ཕྱིན་ནས། །སྐུ་བཞིའི་གོ་འཕང་བདེ་བླག་ཐོབ་གྱུར་ཅིག །ཅེས་དགེ་རྩ་གང་བྱས་བྱམས་མགོན་གྱིས་རྗེས་སུ་འཛིན་པའི་རྒྱུར་བསྔོ་བའི་སྨོན་ཚིག་མདོར་བསྡུས་པ་འདིའང་སྐུལ་པ་པོའི་འདུན་པ་བཞིན། ༄བཙུན་པ་དཀོན་མཆོག་བསྟན་པའི་སྒྲོན་མེས་ཕྲིས་པའོ། །

ལྷན་སྐྱེས་བདེ་བ་མཆོག་གི་ཚོན་བརྒྱའི་མདངས། །ལུས་ཅན་བསོད་ནམས་ཀ་ཤིའི་རས་བཟང་ངོས། །སྐལ་བ་ཇི་བཞིན་འཕོས་པའི་འཁྲུངས་རབས་ཀྱི། །འཕྲེང་བ་ཚར་དུ་དངར་རྣམས་ཕྱག་གི་ཡུལ། །ཁྱད་པར་བློ་བཟང་རྒྱལ་བ་མ་ལུས་པའི། །ཞལ་སྐྱིན་ཟབ་རྒྱས་ཆོས་ཀྱི་འོད་སྟོང་གིས། །ཐར་ལམ་སྣང་བྱེད་འགྲོ་བའི་ཉི་མ་དེར། །དང་པའི་དངོས་པོ་ཀུན་གྱིས་ལན་བརྒྱར་འདུད། །ཐུགས་རྗེའི་བདག་ཉིད་རྗེ་བཙུན་བླ་མ་ཡིས། །སྐྱེ་ཞིང་སྐྱེ་བར་འབྲལ་མེད་རྗེས་འཛིན་ཞིང་། །མཉེས་པ་གསུམ་གྱིས་མཉེས་པར་བསྒྲུབས་པ་ཡིས། །ཡང་དག་ལམ་གྱིས་རྫོགས་པ་མཐར་ཕྱིན་ཤོག །ཅེས་པ་འདི་ནི་དད་བརྩོན་

ལྡན་པ་གསོལ་དཔོན་བློ་གྲོས་དར་རྒྱས་ཀྱིས་བླ་མ་རྡོ་རྗེ་འཆང་ཆེན་པོའི་འབྲུངས་རབས་ཞལ་ཐང་བྱིན་རླབས་ཀྱི་གཏེར་དུ་གྱུར་པ་གསར་བཞེངས་སྐབས་ཁ་བྱང་སྨོན་ཚིག་ཅིག་དགོས་ཚུལ་ལྟར། ཤཱཀྱའི་བཙུན་པ་དཀོན་མཆོག་བསྟན་པའི་སྒྲོན་མེས་བྲིས་པའོ། །

དུས་གསུམ་བདེ་གཤེགས་སྲས་བཅས་བསྐྱེད་པའི་ཡུམ། །འགྲོ་ཀུན་སྲིད་ཞིའི་འཇིགས་ལས་སྐྱོལ་བའི་གཉེན། །སྤྲོས་པའི་མཐའ་བྲལ་བཅོམ་ལྡན་འདས་མ་ལ། །མི་ཕྱོག་དང་བའི་ཡིད་ཀྱིས་ཕྱག་བགྱིད་དོ། །གང་གི་དོན་སྟོན་པ་རོལ་ཕྱིན་པའི་གཞུང་། །གསེར་ཞུན་ཁུ་བས་ལེགས་བྲིས་དགེ་འདིས་མཚོན། །སྔོན་བསགས་ལེགས་བྱས་ཆུ་ཀླུང་མ་ལུས་པ། །བྱང་ཆུབ་མཆོག་གི་རྒྱ་མཚོར་གཞོལ་གྱུར་ཅིག །དེང་ནས་བཟུམས་ཏེ་སྐྱེ་ཞིང་སྐྱེ་བ་རུ། །དམ་ཆོས་ཚུལ་བཞིན་སྒྲུབ་པའི་རྟེན་རྙེད་ཅིང་། །སྲིད་པའི་འཁོར་བ་སྒྱུལ་གདུག་ལྟར་མཐོང་སྟེ། །རྣམ་དག་ཚངས་སྤྱོད་བརྟུལ་ཞུགས་འཛིན་པར་ཤོག །མཚན་ཉིད་ཀུན་ལྡན་ཐེག་མཆོག་དགེ་བའི་བཤེས། །བསམ་དང་སྦྱོར་བས་ཚུལ་བཞིན་བསྟེན་བྱེད་ཅིང་། །རྒྱལ་བའི་མདོ་སྔགས་ཆོས་ཚུལ་མ་ལུས་པ། །ཐོས་བསམ་སྒོམ་པས་ཉམས་སུ་ལེན་པར་ཤོག །ཁྱད་པར་ཤེར་ཕྱིན་དགོངས་དོན་ཆོས་འཕགས་ཀྱིས། །ཇི་ལྟར་གདམས་བཞིན་བདག་ལ་འདོམས་བྱེད་ཅིང་། །བདག་ཀྱང་ལུས་དང་སྲོག་ལ་མི་ལྟ་བར། །རྟག་ཏུ་ངུ་བཞིན་དེ་ལ་སློབ་པར་ཤོག །ནམ་མཁའི་མཐས་གཏུགས་མར་གྱུར་འགྲོ་བ་ཀུན། །སྒྲོལ་ལ་ཞུམ་མེད་སྙིང་རྗེའི་གོ་བགོས་ཏེ། །ཕྱིན་དྲུག་བསྡུ་བཞིའི་ཉམས་ལེན་གྱིས་བསྡུས་པའི། །རྒྱལ་སྲས་སྤྱོད་པ་རྒྱ་མཚོར་སློབ་པར་ཤོག །དག་པའི་ཞིང་མཆོག་ཀུན་ཏུ་སྤྲུ་འཕྲུལ་གྱིས། །བགྲོད་དེ་མཐས་ཡས་རྒྱལ་རྣམས་མཆོད་བྱེད་ཅིང་། །ལས་ཉོན་སྒྲིབ་ལྟུང་དྲི་མ་ཀུན་བྱང་ནས། །བྱང་ཆུབ་མཆོག་ཏུ་ལུང་བསྟན་ཐོབ་པར་ཤོག །བསོད་ནམས་ཡེ་ཤེས་ཚོགས་གཉིས་གཤོག་རླབས་ཀྱིས། །སྲིད་དང་ཞི

བའི་མཐའ་ལས་རབ་གྲོལ་ཏེ། །ཐེག་པ་མཆོག་གི་ལམ་ལྔ་རིམ་བགྲོད་ནས། ། རྣམ་དག་ཆོས་སྐུའི་གླིང་དུ་སོན་པར་ཤོག །དེ་ནས་འོད་ཟེར་ཕྲེང་བ་རེ་རེས་ཀྱང་། །དག་དང་མ་དག་ཞིང་ཀུན་སྣང་བྱེད་ཅིང་། །རིགས་དྲུག་སོ་སོའི་སྡུག་བསྔལ་ལས་གྲོལ་ཏེ། །རྒྱལ་བ་དགྱེས་པའི་ལམ་ལ་འགོད་པར་ཤོག །ཚུལ་དེར་བསམ་སྦྱོར་དངོས་པོ་ཅི་རིགས་ཀྱིས། །འབྲེལ་བ་ཐོགས་པའི་སྐྱེ་བོ་ཐམས་ཅད་ཀྱང་། །གནས་སྐབས་ཚེ་རིང་ནད་མེད་ལོངས་སྤྱོད་འཕེལ། །མཐར་ཐུག་ས་ལམ་རྫོགས་པ་མྱུར་བགྲོད་ཤོག །མི་དགེའི་བཤེས་དང་སྡིག་པའི་གྲོགས་ལ་སོགས། །མཐའ་དག་བདུད་ཀྱི་གཡུལ་ངོ་ཕམ་བྱས་ཏེ། །འགྲོ་ཀུན་ཐེག་པ་མཆོག་ལ་གཞོལ་གྱུར་ནས། །རྒྱལ་བ་སྲས་བཅས་དགྱེས་པ་སྐྱེད་གྱུར་ཅིག ། བསྟན་འཛིན་སྐྱེས་བུ་མཐའ་དག་ཞབས་བརྟན་ཅིང་། །ཕན་བདེའི་འབྱུང་གནས་རྒྱལ་བསྟན་ཕྱོགས་བརྒྱར་སྤེལ། །འཛིག་རྟེན་ཀུན་ཏུ་ཆོས་འཁོར་རྒྱས་གྱུར་ཏེ། །དོན་གཉིས་དགའ་སྟོན་ལྷུན་གྱི་གྲུབ་པར་ཤོག །ནམ་ཡང་མི་བསླུ་མཆོག་གསུམ་ཐུགས་རྗེ་དང་། །སྣང་སྟོང་ཟུང་འཇུག་ཆོས་དབྱིངས་བདེན་པའི་མཐུས། །བདག་གཞན་དགེ་བའི་འབྲས་བུ་མ་ལུས་པ། །དམ་པའི་དགོངས་པ་ཇི་བཞིན་སྒྲུབ་གྱུར་ཅིག །ཅེས་པ་འདི་ནི་བླ་བྲང་ཆེན་མོའི་མཛོད་པ་དར་ཧན་ཀུན་དགས་བརྒྱད་སྐོང་པའི་གླེགས་བམ་གསར་བསྐྲུན་གྱི་སྨོན་ཚིག་ཅིག་དགོས་ཚུལ་བྱུང་བ་ལྟར་བཙུན་པ་དཀོན་མཆོག་བསྟན་པའི་སྒྲོན་མེས་བྲིས་སོ། །

འདིས་མཚོན་རྣམ་དཀར་ས་བོན་ཅི་མཆིས་པ། །དགའ་ལྡན་ཆོས་ཀྱི་མདུན་ས་དེར་སྦྲུམ་ཞིང་། །བྱམས་མགོན་གསུང་གི་བདུད་རྩིས་བྲན་པ་ལས། །ཐེག་མཆོག་རིགས་ཀྱི་མྱུ་གུ་སྨིན་པར་ཤོག །ཁྱད་པར་ཚེ་འདིའི་སྣང་བ་བཀག་གྱུར་ཏེ། །གཉེན་མེད་གྲོགས་མེད་བར་དོར་འཁྱམས་པའི་ཚེ། །ཁྱོད་གསུང་ཚངས་དབྱངས་སྙན་པོས་དབུགས་ཕྱུང་སྟེ། །ཡིད་དགའ་ཆོས་འཛིན་

གནས་དེར་དྲང་དུ་གསོལ། །དེ་ནས་ཁྱོད་ཀྱིས་ཇི་ལྟར་གདམས་པ་བཞིན། །སེམས་བསྐྱེད་རྩ་བརྟན་སྦྱོར་བཞིའི་ཡལ་འདབ་གཡོ། །མཁྱེན་གསུམ་འདབ་ཡངས་ཆོས་སྐུའི་ཟེའུ་འབྲུ་ཅན། །མངོན་པར་རྫོགས་པའི་རིམ་པ་མཐར་ཕྱིན་ཤོག །ཅེས་པ་འདི་ནི་སྤྲུལ་སྐུ་དགེ་འདུན་རྒྱ་མཚོས་བསྐུལ་ངོར་བཙུན་པ་དཀོན་མཆོག་བསྟན་པའི་སྒྲོན་མེས་བྱམས་ཆེན་མཐོང་བ་དོན་ལྡན་གྱི་མདུན་དུ་སུག་བྲིས་སུ་བགྱིས་པའོ། །

མཆོག་ཏུ་མི་འགྱུར་བདེ་བའི་བདག་ཉིད་ལ། །སྟོང་གཟུགས་ཕྱག་རྒྱ་ཆེན་མོས་ཡང་དག་སྦྱོར། །དཔལ་ལྡན་དུས་ཀྱི་འཁོར་ལོ་དྲུར་སླེབ་གི །གར་མཛད་འཛིགས་མེད་དབང་པོའི་ཞབས་ལ་འདུད། །དེ་ཡི་གསུང་གསང་བདུད་རྩིའི་གཟེགས་མ་ཡང་། །སྐལ་བཟང་འཆི་མེད་ཉེར་འཚོའི་དགའ་སྟོན་དུ། །སྒྲུབ་སྣོད་པར་དུ་བསྒྲུབ་པའི་ལེགས་བྱས་མཐུས། །ལམ་བཟང་འདི་ཡིས་འགྲོ་ཀུན་སྒྲོལ་གྱུར་ཅིག །ཅེས་པ་འདི་ནི་དད་བརྩོན་ལྡན་པ་རབ་འབྱམས་པ་དཀོན་མཆོག་འཕྲིན་ལས་ཀྱིས་སྐྱབས་མགོན་མཆོག་གི་གསུང་རྒྱུན་འཁྲུལ་མེད་ཐྲ་ཚང་གི་ཚོགས་འདོན་དུ་མཛད་པའི་ཞབས་འདེགས་སུ་པར་དུ་བསྒྲུབས་པའི་ཚེ་སྨོན་ཚིག་ཅིག་དགོས་ཚུལ་ལྟར། ༄བཙུན་པ་དཀོན་མཆོག་བསྟན་པའི་སྒྲོན་མེས་བྲིས་པའོ། །

དབྱིངས་དང་ཐིག་ལེ་མཉམ་སྦྱོར་བདེ་བ་ཆེར། །བརྟན་གཡོའི་དངོས་ཀུན་སྡུད་པ་ཧེ་རུ་ཀའི། །རྩེ་གཅིག་ཏིང་འཛིན་སྦྱོར་བ་ལ་ཞུགས་པས། །ཡང་གཅིག་མི་བསྐྱོད་དགྱེས་བཞད་རྗེ་རྗེ་དྲན། །བསམ་ཞིང་བསམ་ཞིང་དད་པས་མཆིམ་འཁྲུགས། །བསྒོམ་ཞིང་བསྒོམ་ཞིང་དྲན་པས་སྙིང་རྩ་འདར། །ཨ་ལ་ལ་རང་སེམས་བདག་ཉིད་བླ་མ་ལྷ། །ནམ་ཡང་འདུ་འབྲལ་མེད་དེ་ཨེ་མ་ཧོ། །རྣལ་འབྱོར་མ་དཔལ་བྱེ་བ་ཨ་ར་ལིའི། །དབྱངས་ཀྱིས་ཚོགས་སུ་རོལ་པའི་གཙུག་གི་ནོར། །ཁྱབ་བདག་བཅོམ་ལྡན་དཔའ་བོའི་དབང་ཕྱུག་གིས། །དག་པའི་སྣང་བར་དབང་བཞིའི་ཆུ་རྒྱུན་སྩོལ། །དཔའ་བོ་གང་གིས་སྲས་སུ་བཟུང་བ་དེར། །ཞིང་སྐྱོངས་ལྷན་ཅིག་སྐྱེས་པའི་མཁའ་འགྲོ་མ། །ཀུན་ཀྱང་མ་ལྟར

དངོས་གྲུབ་མཆོག་སྦྱིན་ཕྱིར། །བརྩེ་བས་གཟིགས་པ་མ་གཡེལ་རྗེས་འཛིན་མཛོད། །བདེ་ཆེན་རྒྱལ་པོ་བླ་མ་རྡོ་རྗེ་འཆང་། སྙིང་གི་ཆུ་སྐྱེས་ཟེའུ་འབྲུར་བཞུགས་པ་ཡིས། །ཀུན་ཏུ་རྟོག་པ་སྤྲོངས་པའི་དགྲ་བཅོམ་ནས། །སྤྲོས་ཀུན་འོད་གསལ་དབྱིངས་སུ་སྟུད་པར་མཛོད། །དེ་ཡི་སྒྱུ་འཕྲུལ་བདེ་བའི་རོལ་པ་ཆེས། །རྩ་ཁམས་ཕྱི་ནང་སྣོད་བཅུད་དངོས་པོ་ཀུན། །དག་པའི་འཁོར་ལོར་བསྡོམས་པའི་བཀོད་པ་ཡིས། །ས་གསུམ་ཁྱོན་ལ་གཅིག་ཅར་དབང་མཛོད་ཅིག །བསྒྱུར་རོ་བསྒྱུར་རོ་བདེ་ཆེན་ལྷ་ཡི་གར། །འཁྲིལ་ལོ་འཁྲིལ་ལོ་སྟོང་པའི་ཧེ་མ་རུ། །བཏེག་གོ་ཟུང་འཇུག་ནམ་མཁའི་དབྱིངས་སུ་ཡ། །ཡཾ་ཡཾ་ས་གསུམ་སྐྱོད་པའི་མཁའ་འགྲོ་མ། །ཞེས་པ་འདི་ནི་ཁྱབ་བདག་རྡོ་རྗེ་འཆང་རྗེ་བཙུན་དཀོན་མཆོག་འཇིགས་མེད་དབང་པོའི་ཞལ་སྔ་ནས་ཉིད་ཞི་བའི་དབྱིངས་སུ་གཟིམས་པའི་ཚུལ་བསྟན་པའི་རྗེས་ཙམ་ལ་དཔལ་འཁོར་ལོ་སྡོམ་པའི་བསྙེན་མཚམས་ཤིག་ཏུ་གནས་པའི་ཚེ། ལྷའི་སྐུ་ལ་ཡིད་ཅི་ཙམ་གཏད་པ་བཞིན། བླམ་རྡོ་རྗེ་འཆང་གི་སྐུའི་རྣམ་པའི་ཡིད་ངོར་ལམ་གྱིས་འཆར་བ་ཞིག་བྱུང་བའི་རྐྱེན་གྱིས། བླ་མ་ཡི་དམ་དབྱེར་མི་ཕྱེད་པའི་མོས་གུས་དང་། སྐྱོ་ཤས་ཀྱིས་མཚམས་སྦྱར་ཏེ། འདིའི་ལམ་རིམ་གཉིས་སོགས་ཀྱི་བརྟན་པ་མ་ཐོབ་ཀྱང་། ཅུང་ཟད་མོས་པའི་བག་ཆགས་བརྟས་པ་དཀོན་མཆོག་བསྟན་པའི་སྒྲོན་མེས་གང་དྲན་གླུར་བླངས་པའོ། །

བསླུ་མེད་དཀོན་མཆོག་རྣམ་གསུམ་གཅིག་བསྡུས་ནས། །བཤད་སྒྲུབ་བསྟན་པའི་སྒྲོན་མེ་སྤར་བའི་ཕྱིར། །ཐེག་མཆོག་དགེ་བའི་བཤེས་ཀྱི་རྣམ་རོལ་པ། །བླ་མ་དྲིན་པོ་ཆེ་ལ་གསོལ་བ་འདེབས། །བདག་གི་དུས་གསུམ་དགེ་ཚོགས་ཅི་བགྱིས་ཀུན། །མཆོག་གསུམ་ཐུགས་རྗེའི་རྒྱ་མཚོ་དང་འདྲེས་ཏེ། །རྣམ་དག་སྨོན་པའི་གནས་ཀུན་འགྲུབ་པའི་རྒྱུར། །བྱིན་གྱིས་རློབས་ཤིག་བླ་མ་ཐུགས་རྗེ་ཅན། །རྟེན་འདིར་ཕྱི་ནང་ཉེར་འཚེ་མི་འབྱུང་བར། །རྣམ་དག་དམ་ཆོས་སྒྲུབ་པ་མཐར་ཕྱིན་ཅིང་། །གནོད་གཅོད་སྡུག་བསྔལ་མེད་པར་འཚོ་བའི་ཚེ། །བླ་མ་ལྷ་ཡི་ཞལ་མཐོང་དབུགས་འབྱིན་ཤོག །དེ་ནས་བར་དོའི་འཁྲུལ་

སྣང་མི་འབྱུང་ཞིང་། །དག་པའི་ཞིང་དམ་དལ་བའི་རྟེན་བཟང་མཆོག །བླངས་ཏེ་ཁྱོད་ཀྱིས་དགེ་བའི་བཤེས་མཛད་ནས། །འབྲལ་མེད་དགྱེས་བཞིན་རྗེས་སུ་འཛིན་པར་ཤོག །དེ་ཡིས་ཇི་ལྟར་རྗེས་སུ་གདམས་པ་བཞིན། །ཚང་ལ་མ་ནོར་བསྟན་པའི་སྒོར་ཞུགས་ཏེ། །དམ་ཚིག་སྡོམས་པ་མིག་འབྲས་ལྟར་བསྲུང་ཞིང་། །རིམ་གཉིས་རྣལ་འབྱོར་གྲུ་གཟིངས་ལ་བརྟེན་ནས། །ཟུང་འཇུག་ནོར་བུའི་གླིང་དུ་ཕྱིན་གྱུར་ཅིག །མདོར་ན་མཆོག་གསུམ་ཡི་དམ་ཆོས་སྐྱོང་ཀུན། །གཅིག་ཏུ་བསྡུས་པ་བླ་མའི་ཐུགས་རྗེས་ཡིས། །གནས་སྐབས་མཐར་ཐུག་སྨོན་པའི་གནས་རྣམས་ཀུན། །གེགས་མེད་བདེ་བླག་ཉིད་དུ་འགྲུབ་གྱུར་ཅིག །ཅེས་པ་འདི་ནི་ལྷག་བསམ་དང་མཁྱེན་དཔྱོད་ཕུལ་དུ་ཕྱིན་པའི་རང་གི་སློབ་མ་ཨོར་ཏུ་སུའི་བླ་བྲུར་བློ་བཟང་ཡོན་ཏན་ནས་འདུན་པ་དྲག་པོས་བསྐུལ་བ་ལྟར། ཤཱཀྱའི་བཙུན་པ་དཀོན་མཆོག་བསྟན་པའི་སྒྲོན་མེས་སུག་བྲིས་སུ་བགྱིས་པའོ། །

མི་ཟད་ཕྱིན་རླབས་བདུད་རྩིའི་ཆུ་རྒྱུན་གྱིས། །མི་དགེའི་ལས་ཀྱི་དྲི་མ་ཀུན་སྦྱོང་ཞིང་། །མི་འགྱུར་བདེ་བ་མཆོག་ལ་སྦྱོར་མཛད་པ། །མི་འཁྲུགས་རྒྱལ་བའི་ཞབས་ལ་ཕྱག་འཚལ་ལོ། །ཐོག་མ་མེད་ནས་དུག་གསུམ་དབང་གྱུར་ཏེ། །སྒོ་གསུམ་ཉེས་པ་ཇི་སྙེད་བགྱིས་པ་དང་། །ཁྱད་པར་སྡོམ་གསུམ་བཅས་མཚམས་ལས་འདས་པའི། །ཉེས་ལྟུང་མཐའ་དག་སྙིང་ནས་མཐོལ་བཤགས་ན། །བཅོམ་ལྡན་མི་འཁྲུགས་རྒྱལ་བའི་ཐུགས་རྗེ་དང་། །ཉེས་ཀུན་བྱུངས་འཕྲིན་སྲོས་ཐལ་དབྱིངས་ཀྱི་སྟོབས། །ཟུང་འཇུག་བདེན་པ་ཆེན་པོའི་བྱིན་རླབས་ཀྱིས། །ལྷག་མེད་བྱང་ཞིང་དག་པར་བྱིན་གྱིས་རློབས། །མི་ཤེས་དབང་གིས་བཅས་པའི་ཉེས་པ་དང་། །ཉིན་རེ་བཞིན་དུ་མཆེད་པ་འཕེལ་ཁའི་འཁྲི། །རྣམ་སྨིན་མི་ཟད་ལྡང་བའི་ངོ་བོ་ཀུན། །ལྷག་མེད་བྱང་ཞིང་དག་པར་བྱིན་གྱིས་རློབས། །བླ་མ་རྡོ་རྗེ་སྤུན་དང་མཆོག་གསུམ་རྟེན། །ཕ་མ་ལ་སོགས་

ཞིང་དང་བསམ་སྦྱོར་མཐུག །མཐུ་ཆེན་ཤུགས་དྲག་ཉེས་པ་གང་བགྱིས་རྣམས། །ལྷག་མེད་བྱང་ཞིང་དག་པར་བྱིན་གྱིས་རློབས། །དཀོན་མཆོག་གསུམ་གྱི་དཀོར་དང་ཁྱད་པར་དུ། །དགེ་འདུན་འདུ་སྒོ་གསོན་གཤིན་དང་དང་
ཟས་སོགས། །མི་མདག་ལྟ་བུ་བག་མེད་སྤྱད་པ་ཀུན། །ལྷག་མེད་བྱང་ཞིང་དག་པར་བྱིན་གྱིས་རློབས། །དེང་ནས་སྐྱེ་ཞིང་སྐྱེ་བ་ཐམས་ཅད་དུ། །མི་བསྐྱོད་རྒྱལ་བས་དགྱེས་བཞིན་རྗེས་བཟུང་སྟེ། །ལས་དང་ཉོན་མོངས་གཡང་ས་ལས་བསྒྲལ་[བསྒྲལ]ནས། །ཡང་དག་ལམ་གྱི་སྲོལ་དུ་འཇུད་པར་ཤོག །ཁྱད་པར་ཚེ་འདིའི་སྣང་བ་འགག་མ་ཐག །དགྱེས་པའི་ཞལ་བསྟན་གསུང་གི་དབུགས་དབྱུང་སྟེ། ཤར་ཕྱོགས་མངོན་པར་དགའ་བའི་ཞིང་ཁམས་སུ། །ཁྱེད་ཅིང་སྲས་ཀྱི་ཐུ་བོར་འགྱུར་བར་ཤོག །མདོར་ན་རྟག་ཏུ་དཔལ་འཁོར་རྗེན་ཐོབ་ཅིང་། །དམ་པས་རྗེས་བཟུང་ཉེས་ལྟུང་རྒྱུང་བསྲུངས་ཏེ། །ཚུལ་ཁྲིམས་ཕ་རོལ་ཕྱིན་པ་ཡོངས་རྫོགས་ནས། །མི་འཁྲུགས་མགོན་པོའི་གོ་འཕང་མྱུར་ཐོབ་ཤོག །ཅེས་པ་འདི་ནི་ཏཱལ་ཏ་ཐུ་ཤེ་ཡེ་གུང་གི་ཤོག་དང་བཙོན་ཟློ་དང་ལྡན་པ་དགེ་སློང་ངག་དབང་ཚངས་དབྱངས་ཀྱིས་མི་འཁྲུགས་པའི་ཚོ་ག་ཆ་ལག་སྦྱིན་སྲེག་དང་བཅས་པ་ཞིག་དགོས་ཚུལ་བྱུང་ཡང་། ཐར་གསོ་རིག་གཞན་ཕན་སླིང་དུ་འཇུག་རྒྱུར་དེའི་མངོན་དཀྱིལ་ཁྲུས་དབང་སྦྱིན་སྲེག་དང་བཅས་ཆ་ཚང་བ་ངེད་ཀྱིས་ཐར་ནས་བསྒྲིགས་ཡོད་པ་དེས་འཐུས་པར་སྣང་བས། །དེའི་ཁ་སྐོང་གི་ཚུལ་དུ་སྐུལ་བ་པོའི་འདུན་པ་ལྟར་གྱི་འདོད་གསོལ་སྨོན་ཚིག་འདི་ནི། ༄བཙུན་པ་དཀོན་མཆོག་བསྟན་པའི་སྒྲོན་མེས་བྲིས་པའོ། །

ན་མོ་གུ་རུ་ཤྲཱི་ཧེ་རུ་ཀཱ་ཡ། བརྟན་གཡོའི་དངོས་ཀུན་ལྷན་སྐྱེས་བདེ་བ་ཆེའི། །སྒྱུ་འཕྲུལ་དྲ་བར་རྩོམ་མཛད་ཧེ་རུ་ཀ །སྟོང་ཉིད་རྣ་ག་བཟང་མོ་རྡོ་རྗེ་ཡུམ། །མཉམ་སྦྱོར་བླ་མ་དང་པོའི་མགོན་དེས་སྐྱོངས། །ཟུང་འཇུག་སར་གཤེགས་གྲུབ་མཆོག་ཕམ་མཐིང་པ། །རྒྱས་པའི་ཟ་མ་ཏོག་གི་བཀོད་པའི་ལུས། །དཔའ་བོ་རྣལ་འབྱོར་མར་བཅས་སྐུར་བཞེངས་ཏེ། །སྐྱེ་དགུའི་མགོན་

པོར་སྨྲ་མའི་གར་གྱིས་རྩེན། །འདི་ཉིད་མཐོང་ཐོས་དྲན་རེག་དགེ་བ་ཡིས། །ས་བོན་ཞུགས་འབྲུའི་ཚད་ཀྱང་བླ་མ་ལྷའི། །ཐུགས་རྗེས་ཡོངས་བཟུང་ཡལ་གའི་ཕྱོགས་རྫོགས་པ། །ས་གསུམ་ཁྱབ་པའི་བསོད་ནམས་དཔྱིད་དུ་འབར། །དེ་སྣད་བདག་སོགས་མཁའ་མཉམ་འགྲོ་བ་ཀུན། །ཇི་སྲིད་བྱང་ཆུབ་རྡོ་རྗེའི་གནས་ཐོབ་པར། །ཐུགས་རྗེ་ཀྱོ་བས་ནམ་ཡང་མི་གཏོང་ཞིང་། །མཆོག་ཐུན་དངོས་གྲུབ་ཅྱེ་བའི་དགའ་སྟོན་སྩོལ། །ཁྱད་པར་མཐའ་བྲལ་ལྟ་བས་རྒྱས་བཏབ་པ། །ཟབ་གསང་རྡོ་རྗེ་ཐེག་པའི་ལམ་བགྲོད་ནས། །རིང་མིན་ཧེ་རུ་ཀ་ཡི་གནས་ཐོབ་སྟེ། །འགྲོ་ཀུན་བདེ་ཆེན་ས་ལ་འགོད་གྱུར་ཅིག །དེ་ཡང་རྗེན་མཆོག་འདི་ལ་ལོ་རྒྱུས་ཅི་རིགས་འདུག་ཀྱང་། ཕམ་མཐིང་པ་རྒྱ་ནག་ཏུ་ཕྱིན་ཚུལ་རྗེའི་གསུང་དུའང་འབྱུང་བ་དང་། དམ་པ་དུ་མའི་གསུང་གུང་འཁྲིགས་པས་ལོ་རྒྱུས་ཡོངས་གྲགས་ལྟར་འཐད་དམ་སྙམ། དེ་ཉིད་སོར་བཞག་ལ་སྨོན་ཚིག་དང་བཅས་པ་འདི་ནི། ༧གུང་ཐང་པ་དཀོན་མཆོག་བསྟན་པའི་སྒྲོན་མེས་བདེ་མཆོག་རང་བྱོན་ཉིད་ཀྱི་མདུན་དུ་བྲིས་པའོ། །

མཆོག་གསུམ་ངོ་བོ་དྲིན་ཅན་བླ་མ་ལ། །གསོལ་བ་འདེབས་སོ་འབྲལ་མེད་རྗེས་བཟུང་སྟེ། །ཕྱིན་ཅི་ལོག་གི་བློ་སྣ་ཀུན་འགག་ཅིང་། །ཡང་དག་ལམ་བཟང་སྐྱེ་བར་བྱིན་གྱིས་རློབས། །བསླབ་པར་བྱ་བའི་རིམ་པ་མཐའ་ཡས་ཀྱང་། །རྩ་བ་རང་རྒྱུད་འདུལ་བ་ཉིད་ཡིན་པས། །ལེགས་ཉེས་ཀུན་གྱི་བྱེད་པོར་རང་སེམས་འདི། །རྒྱུན་དུ་དྲན་ཤེས་སྲུབ་ཀྱིས་ཁ་ལོ་བསྒྱུར། །ནམ་ཡང་དཀོན་མཆོག་གསུམ་ལ་བློ་ཐུགས་གཏོད། །བྱ་བ་ཐམས་ཅད་ལས་འབྲས་དཔང་པོར་ཞོག །ཁས་བླངས་བསླབ་ཁྲིམས་ཉམས་ལེན་མཐིལ་དུ་གྱིས། །ནམ་ཐུགས་མི་བསླུ་འདུན་མའི་ཡང་རྩེ་ཡིན། །ནང་བར་ལྡང་བའི་དུས་ནས་ཀུན་སློང་བཅོས། །རྒྱུན་པར་སྒོ་གསུམ་ལས་ལ་བག་ཟོན་གྱིས། །ཉལ་ཁར་དགེ་སྡིག་ལྡང་བའི་བསྒོ་བགྲང་བྱ། །ལྡང་བར་ཞག་ཏུ་མི་འགྲོགས་གདམས་པའི་མཐིལ། །ཉོར་རྫས་ཅི་ཙམ་འབྱོར་ཡང་འཁྱེར་ས་མེད། །དགྲ་གཉེན་མང་

ཡང་རང་ཉིད་གཅིག་པུར་འགྲོ། །གཏན་དུ་ཕན་པ་ཆོས་ལས་གཞན་མེད་པས། །ཕྲུན་པ་མ་འཕྱུར་དགེ་ལ་གཅིག་ཏུ་དྲིལ། །ངེས་འབྱུང་བྱང་སེམས་བཅོས་མ་ཚུན་ཆད་དང་། །ལྷ་བའི་སྒྲ་སྤྱི་ཙམ་གྱིས་ཟིན་ནས་ཀྱང་། །གསང་ཆེན་ལམ་ལ་བག་ཆགས་འཇོག་ནུས་ན། །ཡོངས་རྫོགས་རྒྱལ་བའི་བསྟན་དང་མཇལ་བ་ཡིན། །སྡིག་གྲོགས་སྤོང་ཞིང་ཆོས་མཐུན་གྲོགས་ལ་བརྟེན། །བྱ་བ་མི་མང་གང་བརྩམས་མཐའ་རུ་འདོན། །གཞུང་བཟང་བལྟ་ཞིང་ཤེས་ཚད་རྒྱུད་ལ་སྦྱོར། །འདི་ཡང་ལུགས་གཉིས་བྱ་བའི་སྡོམ་ཞིག་ཡིན། །ཉེར་མཁོའི་བསླབ་བྱ་རགས་བསྡུས་བསྙད་པ་འདིས། །དྲན་གསོ་བགྱིས་ཏེ་འཇམ་མགོན་བླ་མ་ཡི། །ཞལ་ཆེམས་བྱང་ཆུབ་ལམ་གྱི་རིམ་པ་ལ། །བརྟེན་ནས་དོན་གཉིས་དགའ་སྟོན་སྒྲུབ་པར་མཛོད། །ཅེས་པ་འདི་ནི་༧བཙུན་པ་དཀོན་མཆོག་བསྟན་པའི་སྒྲོན་མེས་རང་གི་སློབ་མ་ཞབས་དྲུང་དཀོན་མཆོག་རྣམ་རྒྱལ་ལ་གདམས་པའོ། །

དགེ་འདིས་མཚོན་ནས་དུས་གསུམ་དང་འབྲེལ་བའི། །རྣམ་དཀར་ཇི་སྙེད་གཅིག་ཏུ་བསྡོམས་པའི་མཐུས། །ནམ་ཞིག་འདི་སྣང་འགག་པར་གྱུར་མ་ཐག །ཡིད་དགའ་ཆོས་འཛིན་གནས་སུ་སྐྱེ་བར་ཤོག །དེ་ནས་མ་ཕམ་རྒྱལ་བའི་དབང་པོ་ཡི། །ཞལ་བཟང་མིག་གི་བདུད་རྩིར་རྟག་འགྲོགས་ཤིང་། །འབྲལ་མེད་ཞབས་ཀྱི་པདྨོར་གུས་བཏུད་ནས། །ལེགས་གསུང་གདམས་པའི་དགའ་སྟོན་སྤྱོད་པར་ཤོག །ཟབ་ཅིང་རྒྱ་ཆེའི་ལམ་བཟང་མ་ལུས་པ། །ཇི་ལྟར་གདམས་བཞིན་ཉམས་སུ་བླངས་པ་ཡིས། །ས་དང་ལམ་གྱི་བགྲོད་པ་མཐར་ཕྱིན་ནས། །སྐུ་བཞིའི་གོ་འཕང་བདེ་བླག་ཐོབ་གྱུར་ཅིག །ཅེས་དགེ་རྩ་གང་བྱས་བྱམས་མགོན་གྱིས་རྗེས་སུ་འཛིན་པའི་རྒྱུར་བསྔོ་བའི་སྨོན་ཚིག་མདོར་བསྡུས་པ་འདི་འདིའང་སྐུལ་བ་པོའི་འདུན་པ་བཞིན། ༧བཙུན་པ་དཀོན་མཆོག་བསྟན་པའི་སྒྲོན་མེས་བྲིས་པའོ། །

སྐབས་པ། བདག་གནས་སྲུང་བའི་ར་བར་ཚོགས་ཀྱི་གཞི། །ཐུགས་རྒྱའི་

ཏྲོད་གཉེར་གྱིས་སྨིན་རྗེན་བརྗེན་པའི། །དཔག་བསམ་ལྗོན་པ་དམིགས་མེད་བསྐྱུང་འཕྲོ་ཞིང་། །ཕྱི་ནང་བརླས་བརྗོད་འབྲས་བུའི་ཁུར་གྱིས་དུད། །རྒྱུད་སྡེ་གཉིས་པའི་གསེར་གྱུར་འདི་ཡི་སྲོལ། །གསང་ཆེན་བསྟན་པ་རྫོགས་པའི་ཁུར་འཁྱེར་བ། །སྐྱབས་གཅིག་འཇིགས་མེད་དབང་པོས་ཕྱེ་བའི་ཚུལ། །བསམ་གྱིན་གཟུར་གནས་དད་པས་མཆི་མ་འཁྲུགས། །མགོན་དེའི་བཀའ་དྲིན་ཐུང་པོ་བསབ་པའི་ཕྱིར། །ཚུལ་འདིར་འབད་པ་ལྷུར་ལེན་སྐྱེ་བོ་རྣམས། །རྣལ་འབྱོར་བཞི་ཡི་གྲུ་གཟིངས་ལ་བརྗེན་ནས། །དག་པའི་སྐུ་གཉིས་ནོར་བུའི་དཔལ་ཐོབ་ཤོག །ཅེས་པ་འདི་ནི་རབ་འབྱམས་པ་དཀོན་མཆོག་བརྩོན་འགྲུས་ཀྱིས་གང་ཅིའི་མཐུན་རྐྱེན་སྒྱུར་ཏེ་རྣམ་སྣང་མངོན་བྱང་གི་ཚོགས་པར་དུ་བསྒྲུབས་པའི་ཚེ། པར་བྱང་སྨོན་ཚིག་ཅིག་དགོས་ཚུལ་ལྟར། བཙུན་པ་དཀོན་མཆོག་བསྟན་པའི་སྒྲོན་མེས་སྦྱར་བའོ། །

རྒྱལ་ཀུན་མཁྱེན་པའི་ཡེ་ཤེས་འཇམ་བུའི་འབྲས། །བརྩེ་ཆེན་མ་དྲོས་ཀློང་དུ་རོལ་པ་ལས། །གསེར་མདོག་ལང་ཚོའི་དཔལ་འབར་གཟུགས་ཀྱི་སྐུ། །འཇམ་མགོན་བླ་མའི་ཞབས་ལ་གསོལ་བ་འདེབས། །འཇམ་དབྱངས་དགྱེས་དགུར་བཞད་པའི་གཟི་བྱིན་གྱིས། །དཔལ་ལྡན་འཇིགས་མེད་མཁས་དང་གྲུབ་པའི་ཚོགས། །ཀུན་གྱི་དབང་པོར་མངའ་གསོལ་དྲིན་ཅན་རྗེ། །བྱང་ཆུབ་བར་དུ་འབྲལ་མེད་གཙུག་ན་མཛེས། །ཁྱོད་གསུང་ནོར་བུའི་ཅོད་པན་ལེགས་བཅིངས་ཏེ། འཇམ་མགོན་གསུང་གསང་བདུད་རྩིའི་གཟེགས་མ་བརྒྱ། །གཅིག་ཅར་འགྱེད་པའི་ཐབས་ཀྱི་འོད་དཀར་ཅན། །ལེགས་སྨོན་ཟུར་ཕུད་རྩེ་མོར་འགྲོགས་གྱུར་ཅིག ། བསླུ་མེད་སྐྱབས་ཀྱི་མཆོག་གྱུར་རིན་ཆེན་གསུམ། །དངོས་བརྒྱུད་བླ་མ་ཡིད་དམ་ལྷ་ཚོགས་དང་། །ཁྱད་པར་འདྲེན་མཆོག་ཡབ་སྲས་བརྒྱུད་པར་བཅས། །ཡེ་ཤེས་མགོན་པོ་ཆོས་རྒྱལ་ཕྱི་ནང་གསང་། །དཔལ་ལྡན་ལྷ་མོ་རྣམ་མང་ཐོས་སྲས་དང་། །རྡོ་རྗེ་དྲེགས་ལྡན་ལ་སོགས་སྲུང་

མས་ཀྱང་། །ཇི་ལྟར་སྨོན་པའི་འདོད་དོན་མ་ལུས་པ། །གེགས་མེད་ལྷུན་གྱིས་གྲུབ་པའི་གྲོགས་མཛོད་ཅིག །དེ་ཡི་མཐུ་ལས་སྐྱེ་ཞིང་སྐྱེ་བ་རུ། །འཕྲུལ་བྲལ་འཇམ་མགོན་བླ་མའི་རང་ལུགས་ལ། །གཞན་དྲིང་མི་འཇོག་ངེས་པ་རྙེད་གྱུར་ཏེ། །ཐོས་བསམ་སྒོམ་པས་ཚུལ་བཞིན་སྒྲུབ་པར་ཤོག །མདོར་ན་རྗེ་བཙུན་བླ་མ་ཡབ་སྲས་ཀྱིས། །དགྱེས་བཞིན་རྗེས་བཟུང་གསུང་གི་བདུད་རྩི་ལ། །ལོངས་སུ་སྤྱོད་དེ་ས་ལམ་རིམ་བགྲོད་ནས། །ཀུན་མཁྱེན་རྒྱལ་བའི་གོ་འཕང་མྱུར་ཐོབ་ཤོག །ཅེས་པ་འདི་ནི་མོང་གོལ་རྗེན་ཤོག་ནས་དད་བརྩོན་རྣམ་དཔྱོད་དང་ལྡན་པ་ཐོ་ཡོན་ངག་དབང་རིན་ཆེན་གྱིས་སྐབས་མགོན་རྡོ་རྗེ་འཆང་དེ་ཉིད་ཀྱི་བཀའ་ལུང་སྤྱི་བོར་བཅིངས་ཏེ་འཇམ་མགོན་ཚོང་ཁ་པ་ཆེན་པོའི་གསུང་འབུམ་པར་དུ་བསྒྲུབ་པའི་འདུན་པ་ཤུགས་དྲག་ཡོད་པའི་སྐབས་དེ་ཉིད་གེགས་མེད་འགྲུབ་ཅིང་ཚེ་རབས་ཐམས་ཅད་དུ་འཇམ་མགོན་བླ་མ་ཡབ་སྲས་ཀྱིས་རྗེས་སུ་འཛིན་པའི་སྨོན་ཚིག་དགོས་ཚུལ་ལྟར། ༧བཙུན་པ་དཀོན་མཆོག་བསྟན་པའི་སྒྲོན་མེས་བྲིས་པའོ། །

བློ་བཟང་རྒྱལ་བའི་རིང་ལུགས་དྲི་མ་མེད། །ཚེ་གཅིག་འཚང་རྒྱ་མདོ་སྔགས་ཟུང་འབྲེལ་ལམ། །འཕེལ་ཕྱིར་བཤད་སྒྲུབ་ལས་ལ་གཞོལ་བ་ཡི། །བཤེས་གཉེན་ངེས་པ་དོན་གྱི་བསྟན་འཛིན་མཆོག །གང་གིས་ཆོས་ཀུན་སྙིང་པོ་ལམ་རིམ་གཞུང་། །དཔྱད་གསུམ་དག་པའི་མདོ་དང་སྦྱར་བ་ཡི། །མཚམས་སྦྱོར་དོན་གྱི་འབྲེལ་ཟབ་རྒྱ་ཆེ་ཞིང་། །རྩ་ཚིག་ཉུང་ངུའི་ཚུལ་གྱིས་གཟུང་སླ་བ། །མདོ་བཏུས་གཉིས་པ་ལྟ་བུའི་ལེགས་བཤད་འདི། །གཟུར་གནས་ཐར་འདོད་ཡོངས་ཀྱི་འཇུག་ངོགས་ཏེ། །སྙིགས་དུས་ཆེན་པོའི་དབང་དང་རྟོག་གེ་ཡིས། །བློས་བྱས་མུ་ཅོར་གཏམ་གྱི་དོ་ཟླ་མིན། །དེ་ཕྱིར་རྒྱལ་ཀུན་ཡེ་ཤེས་གཅིག་བསྡུས་པ། །འཇམ་དཔལ་སྙིང་པོའི་ཞལ་ལུང་དགོངས་འགྲེལ་གྱི། །པར་འདི་དད་ལྡན་སློབ་མའི་ཚོགས་རྣམས་ཀྱི། །ལྷག་བསམ་རྒྱུ་སྦྱོར་བརྩོན་པའི་མཐུ་ལས་གྲུབ། །དགེ་བས་འཕྲུལ་བྲལ་འཇམ་དཔལ་སྙིང་པོའི་བསྟན། །ཕྱོགས་དུས་ཀུན་ཏུ་དར་ཞིང་རྒྱས་པ་དང་། །འབྲེལ་ཐོགས་ཀུན་

ཀྱང་ལམ་བཟང་འདི་ཉིད་དང་། །མི་འབྲལ་ཐོས་བསམ་སྒོམ་པ་མཐར་ཕྱིན་ཤོག །ཅེས་མཁས་བཙུན་བཟང་པོའི་ཡོན་ཏན་གྱི་གཏེར་མཛོད་ངེས་དོན་གྱི་བཤེས་གཉེན་དམ་པ་བཀའ་བཅུ་སྒྲུབ་བློ་བཟང་ཚེ་འཕེལ་བས་མཛད་པའི་ཕྱིན་རླབས་སྤྱང་ཞུས་ཀྱི་འགྲེལ་བ་འདི་ཉིད་མོང་གོལ་ཅན་ཚོགས་ཆེན་དགེ་བསྐོས་ཆོས་རྗེ་ཡེ་ཤེས་ལས་གྲུབ་ཀྱིས་རྒྱུ་སྦྱོར་ཏེ་པར་དུ་བསྒྲུབ་པའི་ཚེ་པར་བྱང་སྨོན་ཚིག་ཅིག་དགོས་ཚུལ་བྱུང་བ་ལྟར། བཙུན་པ་དཀོན་མཆོག་བསྟན་པའི་སྒྲོན་མེས་བྲིས་པའོ། །

ཨོཾ་ཨཱཿཥྚ་གཱིརྟ་པྲེཏྲ་སིདྡྷི་ཧཱུཾ་ཧཱུཾ། ཨོཾ་ཨཱཿརཏྣ་ཨཱཡུ་ཛྙཱ་སིདྡྷི་ཧཱུཾ་ཧཱུཾ། ཨོཾ་ཨཱཿསུཧྲི་མུ་ཎེ་ཤཀྟི་ཛྙཱ་སྭཱ་ར་སིདྡྷི་ཧཱུཾ་ཧཱུཾ། ཨོཾ་ཨཱཿརཏྣ་ཤྲཱ་སན་དྷེ་ཡཾ་སིདྡྷི་ཧཱུཾ་ཧཱུཾ། དངོས་བརྒྱུད་བླ་མ་རྣམས་ཀྱི་ཐུགས་བསྐྱེད་དང་། །བདེན་མཐུས་འདྲེན་པ་མཆོག་རྣམས་ཞབས་བརྟན་ཅིང་། །དགེ་འདུན་ཐུགས་མཐུན་ཁྲིམས་གཙང་བཤད་སྒྲུབ་རྒྱས། །ལུང་རྟོགས་བསྟན་པ་དར་བར་བྱིན་གྱིས་རློབས། །ཡི་དམ་རྒྱལ་བ་རྒྱ་མཚོའི་ཐུགས་རྗེའི་མཐུས། །སྡིག་ལྟུང་དམ་ཚིག་ཉམས་ཆག་ཀུན་བྱང་ཞིང་། །མཆོག་དང་ཐུན་མོང་དངོས་གྲུབ་དགའ་སྟོན་ལ། །འདོད་དགུར་ལོངས་སུ་སྤྱོད་པར་བྱིན་གྱིས་རློབས། །དམ་ཅན་ཆོས་སྐྱོང་རྒྱ་མཚོའི་ཚོགས་རྣམས་ཀྱིས། །རྡོ་རྗེའི་གཡར་དམ་གཉན་པོ་ཉེར་དགོངས་ཏེ། །དམ་ཆོས་སྒྲུབ་པའི་འགལ་རྐྱེན་ཀུན་ཞི་ཞིང་། །སྤྱང་སྐྱོབ་གཡེལ་བ་མེད་པའི་སྟོངས་གྲོགས་མཛོད། །འདོད་དགུའི་དཔལ་སྟེར་ནོར་ལྷའི་ཚོགས་རྣམས་དང་། །ལྷ་དང་དྲང་སྲོང་བདེན་ཚིག་གྲུབ་པའི་མཐུས། །ལོག་འཚོ་དང་བྲལ་ཆོས་མཐུན་འབྱོར་པ་སོགས། །བསམ་དོན་ལྷུན་གྱིས་གྲུབ་པའི་དགེ་ལེགས་སྩོལ། །རྗེ་བཙུན་འཕགས་མ་སྒྲོལ་མ་ལ་ཕྱག་འཚལ་ལོ། །སྒྲོལ་དཀར་ཡིད་བཞིན་འཁོར་ལོ་ལ་ཕྱག་འཚལ་ལོ། །འཕགས་མ་ཡིད་བཞིན་ནོར་བུ་ལ་ཕྱག་འཚལ་ལོ། །དགོས་འདོད་ཀུན་འབྱུང་མ་ལ་ཕྱག་འཚལ་ལོ། །དུས་གསུམ་རྒྱལ་བའི་ཡུམ་ལ་ཕྱག་འཚལ་ལོ། །རྒྱལ་ཀུན་བསྐྱེད་མཛད་མ་ལ་ཕྱག་འཚལ་ལོ། །འཁོར་བ་ལས་སྒྲོལ་

མ་ལ་ཕྱག་འཚལ་ལོ། །ལྷག་པའི་ལྷ་མཆོག་མ་ལ་ཕྱག་འཚལ་ལོ། །ནད་རིམས་ཀུན་སེལ་མ་ལ་ཕྱག་འཚལ་ལོ། །འཇིགས་པ་བརྒྱད་སྐྱོབ་མ་ལ་ཕྱག་འཚལ་ལོ། །འཆི་མེད་དཔལ་སྟེར་མ་ལ་ཕྱག་འཚལ་ལོ། །ཚེ་ཡི་མཆོག་སྦྱིན་མ་ལ་ཕྱག་འཚལ་ལོ། །ཡེ་ཤེས་རྒྱས་མཛད་མ་ལ་ཕྱག་འཚལ་ལོ། །རབ་མཛེས་ཡིད་འཕྲོག་མ་ལ་ཕྱག་འཚལ་ལོ། །གསུང་སྙན་དབྱུགས་འབྱིན་མ་ལ་ཕྱག་འཚལ་ལོ། །མཁྱེན་བརྩེའི་དབང་ཕྱུག་མ་ལ་ཕྱག་འཚལ་ལོ། །རབ་འབྱམས་འཕྲིན་ལས་ལྷ་མོར་ཕྱག་འཚལ་ལོ། །བྱིན་རླབས་གཏེར་ཆེན་མ་ལ་ཕྱག་འཚལ་ལོ། །ཐུགས་རྗེས་གཟིགས་ནས་བྱིན་གྱིས་བརླབ་ཏུ་གསོལ། །ལས་ཉོན་སྡིག་སྒྲིབ་ཞི་བར་བྱིན་གྱིས་བརླབ་ཏུ་གསོལ། །ནད་གདོན་བར་ཆད་སེལ་བར་བྱིན་གྱིས་བརླབ་ཏུ་གསོལ། །འཆི་བདག་གཡུལ་ལས་རྒྱལ་བར་བྱིན་གྱིས་བརླབ་ཏུ་གསོལ། །ཚེ་དང་བསོད་ནམས་རྒྱས་པར་བྱིན་གྱིས་བརླབ་ཏུ་གསོལ། །བློ་ཁ་ཆོས་ལ་ཕྱོགས་པར་བྱིན་གྱིས་བརླབ་ཏུ་གསོལ། །ལུང་རྟོགས་ཡོན་ཏན་འཕེལ་བར་བྱིན་གྱིས་བརླབ་ཏུ་གསོལ། །གཞན་ཕན་འཕྲིན་ལས་རྒྱས་པར་བྱིན་གྱིས་བརླབ་ཏུ་གསོལ། །སྐྱེ་འགྲོ་དབང་དུ་འདུ་བར་བྱིན་གྱིས་བརླབ་ཏུ་གསོལ། །བསྟན་དགྲ་ཅད་ནས་ཆོད་པར་བྱིན་གྱིས་བརླབ་ཏུ་གསོལ། །བསྟན་འཛིན་སྐུ་ཚེ་བརྟན་པར་བྱིན་གྱིས་བརླབ་ཏུ་གསོལ། །སྦྱིན་བདག་མངའ་ཐང་དར་བར་བྱིན་གྱིས་བརླབ་ཏུ་གསོལ། །ནད་མུག་འཁྲུག་རྩོད་ཞི་བར་བྱིན་གྱིས་བརླབ་ཏུ་གསོལ། །ཡུལ་ཁམས་བདེ་སྐྱིད་རྒྱས་པར་བྱིན་གྱིས་བརླབ་ཏུ་གསོལ། །ཐམས་ཅད་དགེ་ལ་གཞོལ་བར་བྱིན་གྱིས་བརླབ་ཏུ་གསོལ། །རྣམ་དཀར་ལམ་དུ་འགྲོ་བར་བྱིན་གྱིས་བརླབ་ཏུ་གསོལ། །དོན་གཉིས་ལྷུན་གྱིས་གྲུབ་པར་བྱིན་གྱིས་བརླབ་ཏུ་གསོལ། ཞེས་པ་འདི་ནི་དད་ལྡན་དགེ་སློང་དཀོན་མཆོག་རབ་རྒྱས་ཀྱིས་བསྐུལ་ངོར། སྐབས་འགར་བློ་འཁྲུལ་བ་ལ་འདི་འདྲས་ཕན་ཡང་སྲིད་སྙམ། ཤཱཀྱའི་བཙུན་པ་དཀོན་མཆོག་བསྟན་པའི་སྒྲོན་

མེས་ཕོལ་བྱུང་དུ་སྨྲས་པའི་ཡི་གེ་པ་བསྟུགས་རམ་པ་དཀོན་མཆོག་ཀུན་དགའོ། །

བརྒྱད་ བཞིའི་ མཚན་ མཆོག་ ཚངས་ དབྱངས་ ཀྱིས་ གསུངས་ པའི། །
བརྒྱད་ཁྲི་བཞི་སྟོང་ཆོས་ཕུང་ཀུན་གྱི་མཆོག །བརྒྱད་སྟོང་གཞུང་གི་སྦས་དོན་
མངོན་པར་རྟོགས། །བརྒྱད་ཀྱི་རིམ་པས་ས་ལམ་མཐར་ཕྱིན་ཤོག །ཅེས་པ་འདི་
ནི་བརྒྱད་སྟོང་པའི་གདོང་ཡིག་ཏུ་སྩལ་པའོ། །

ཟབ་མོ་རྟེན་འབྱུང་གཏམ་གྱི་འོད་སྟོང་གིས། །སྲིད་ཞིའི་རྒྱུད་པའི་མུན་
པ་མཐར་བྱེད་ཅིང་། །ངེས་ལེགས་སྣང་རྩེའི་དགའ་སྟོན་རྒྱས་མཛད་པ། །
ཐུབ་དབང་སྨྲ་བའི་ཉི་མ་དེར་ཕྱག་འཚལ། །གང་གི་མགུར་ནས་དྲུག་ཅུའི་
ཚངས་དབྱངས་ཀྱིས། །ལེགས་གསུངས་ཆོས་ཕུང་བརྒྱད་ཁྲིའི་སྙིང་པོ་འདི། །
འཛིན་ཅིང་སྤེལ་མཛད་རྒྱལ་སྲས་སློབ་མར་བཅས། །འཕགས་བོད་མཁས་གྲུབ་
བྱེ་བའི་ཚོགས་ལ་འདུད། །ཁྱད་པར་ཟབ་མོ་ལྟ་བའི་མཆོད་རྟེན་གདེངས། །
བདེ་ཆེན་གསང་བ་སྔགས་ཀྱི་སོ་བསྒོས་ཏེ། །ཉོན་མོངས་དགྲ་སྡེ་འཇོམས་
མཛད་ཙོང་ཁ་པ། ཡབ་སྲས་བརྒྱུད་པར་བཅས་ལ་སྙིང་ནས་འདུད། །ས་
གསུམ་འགྲོ་བའི་མུན་སེལ་སྒྲོན་མེ་མཆོག །ཐེག་གསུམ་ཐར་འདོད་ཡོངས་ཀྱི་
བགྲོད་གཅིག་ལམ། །དུས་གསུམ་རྒྱལ་བའི་གསུང་གི་གསང་མཛོད་འདིར། །
སྒོ་གསུམ་དད་པས་འཇུག་ཅིང་བསླབ་པར་འོས། །དེ་ཕྱིར་རྒྱལ་བའི་བསྟན་ལ་
རབ་ཞུགས་ཏེ། །རྣམ་གྲོལ་དོན་གཉེར་བློ་བཟང་ཡོན་ཏན་གྱིས། །ཤེར་ཕྱིན་
སྟོང་ཕྲག་བརྒྱད་པའི་གླེགས་བམ་འདི། །རྣམ་དག་བསམ་དང་སྦྱོར་བས་ཚུལ་
བཞིན་བསྒྲུབས། །འདིས་ མཆོད་ སྡོམ་ གསུམ་ བཅས་ མཚམས་ ལ་ གནས་
ཤིང་། །མདོ་སྔགས་བསྟན་ལ་ཐོས་བསམ་སྒོམ་པས་ཞུགས། །མཆོག་གསུམ་
རྟེན་བཞེངས་རྣམ་དཀར་མཆོད་སྦྱིན་སོགས། །དུས་གསུམ་དགེ་བའི་དངོས་པོ་
ཅི་བགྱིས་པ། །བསྔོས་ནས་རྒྱལ་བ་སྲས་དང་བཅས་པ་ཡི། །ཐུགས་བསྐྱེད་

ཟག་མེད་དགེ་ཚོགས་རྒྱ་མཚོ་དང་། །གཅིག་ཏུ་འདྲེས་ཏེ་བདག་སོགས་འགྲོ་ཀུན་གྱིས། །བླ་མེད་བྱང་ཆུབ་འཐོབ་པའི་རྒྱུར་གྱུར་ཅིག །གནས་སྐབས་དཔལ་བའི་རྟེན་བཟང་རྣམ་སྨིན་གྱི། །ཡོན་ཏན་བརྒྱད་ལྡན་པར་མ་ཆད་དུ་ཐོབ། །བཤེས་གཉེན་དམ་པས་འབྲལ་མེད་རྗེས་འཛིན་ཅིང་། །བསམ་དང་སྦྱོར་བས་ཚུལ་བཞིན་བསྟེན་གྱུར་ཅིག །དེ་ཡིས་གདམས་ཞིང་རྗེས་སུ་བསྟན་པ་ཡིས། །སྲིད་ལས་ངེས་པར་འབྱུང་བའི་སྐྱོ་ཤས་ཀྱིས། །གཞོན་ནུ་ཉིད་ནས་བསྟན་ལ་རབ་བྱུང་སྟེ། །བསླབ་ཁྲིམས་མིག་འབྲས་བཞིན་དུ་བསྲུང་གྱུར་ཅིག །རང་ཉིད་ཇི་བཞིན་དྲིན་ཅན་མ་རྣམས་ཀྱང་། །སྲིད་མཚོར་ལྟུང་ལ་བཟོད་མེད་སྙིང་རྗེ་ཡིས། །ལྷག་བསམ་བྱང་ཆུབ་སེམས་ཀྱི་གོ་བགོས་ཏེ། །རླབས་ཆེན་རྒྱལ་སྲས་སྤྱོད་ལ་སློབ་གྱུར་ཅིག །ཁྱད་པར་ཞེར་ཕྱིན་ཟབ་མོའི་དགོངས་པའི་དོན། །འཇམ་མགོན་རྒྱལ་བ་གཉིས་པའི་ཐུགས་ཀྱི་བཅུད། །མཐར་འཛིན་ནད་བརྒྱ་སེལ་བའི་སྨན་གཅིག་པུ། །ཟབ་མོ་རྟེན་འབྱུང་ཇི་བཞིན་རྟོགས་གྱུར་ཅིག །དེ་ནས་བྱང་ཆུབ་རྡོ་རྗེ་བླ་མ་ལྷས། །དཀྱིལ་འཁོར་མཆོག་ཏུ་དབང་གིས་སྨིན་བྱས་ཏེ། །དམ་ཚིག་སྡོམ་པ་རྣམ་པར་དག་པ་ཡིས། །དངོས་གྲུབ་གཉིས་ཀྱི་སྒོ་བརྒྱ་འབྱེད་གྱུར་ཅིག །རྡོ་རྗེ་འཆང་ཆེན་གངས་ཀྱི་རི་བོ་ལས། །འོངས་པའི་རྒྱུད་སྡེ་རྣམ་བཞིའི་ཆུ་ཀླུང་ཀུན། །ཉམས་མྱོང་རྒྱ་མཚོར་གཅིག་ཏུ་འཁྱིལ་བ་ཡི། །ཡང་དག་སྒྲུབ་ལ་རྩེ་གཅིག་གཞོལ་གྱུར་ཅིག །ཀུན་རྫོབ་བསྐྱེད་རིམ་ཕྲ་རགས་རྣལ་འབྱོར་གྱིས། །ཐ་མལ་སྐྱེ་ཤི་བར་དོ་གསུམ་སྦྱོང་ཞིང་། །རླུང་སེམས་དབུ་མར་ཞུགས་པས་སྒྱུ་འོད་གཉིས། །ཟུང་འཇུག་དོན་དམ་རྫོགས་རིམ་མཐར་ཕྱིན་ཤོག །མདོར་ན་བཤེས་གཉེན་དེད་དཔོན་གྱིས་དྲངས་ཤིང་། །མདོ་སྔགས་ལམ་གྱི་གྲུ་གཟིངས་ལེགས་བཟུང་སྟེ། །ཕྲ་རགས་འཁོར་བའི་རྒྱ་མཚོ་མྱུར་བརྒལ་ནས། །སྐུ་གསུམ་ནོར་བུའི་གླིང་དུ་ཕྱིན་གྱུར་ཅིག །

དགེ་ལྡན་བསྟན་དང་བསྟན་འཛིན་འཕེལ་ཞིང་རྒྱས། །མི་ཡི་དབང་ཕྱུག་ཆབ་སྲིད་མངའ་ཐང་དར། །འགྲོ་ཀུན་དགེ་བཅུའི་དཔལ་ལ་སྤྱོད་པ་ཡིས། །ཛོགས་ལྡན་གསར་བའི་དགའ་སྟོན་རྒྱས་གྱུར་ཅིག །བླ་མ་མཆོག་གསུམ་ཐུགས་རྗེ་བྱིན་རླབས་དང་། སྲུང་མའི་ནུས་མཐུ་བདག་ཅག་མོས་པའི་སྟོབས། །ཟབ་མོ་རྟེན་འབྱུང་ཆོས་དབྱིངས་བདེན་པ་ཀུན། །ཚོགས་པས་སྨོན་པ་ཇི་བཞིན་འགྲུབ་གྱུར་ཅིག །ཅེས་པ་འདི་ནི་མཁས་བཙུན་བཟང་པོའི་བདག་ཉིད་ཨོར་དྭ་སྲུའི་སྨན་པ་བློ་བཟང་བློ་བཟང་ཡོན་ཏན་གྱིས་ཤེར་ཕྱིན་སྟོང་ཕྲག་བརྒྱད་པའི་གླེགས་བམ་ངོ་མཚར་ཆད་དུ་བྱུང་བ་གསར་བསྐྲུན་བགྱིས་ཏེ་དེད་ལ་ཆེད་གཏད་ཀྱིས་བྱིན་ནས་དེས་མཚོན་པའི་དགེ་རྩ་རྣམས་ཁ་བསྒྱུར་བའི་སྨོན་ཚིག་ཅིག་དགོས་ཚུལ་བྱུང་བ་ལྟར། ༧བཙུན་པ་དཀོན་མཆོག་བསྟན་པའི་སྒྲོན་མེས་སྦྱར་བའི་ཡི་གེ་པ་ནི་ སྔགས་རམ་པ་དཀོན་མཆོག་ཀུན་དགས་བགྱིས་པའོ། །

རྒྱལ་ཀུན་སྤངས་དང་རྟོགས་པའི་བྱང་ཆུབ་མཆོག །ཕྱོགས་མཐུན་ལམ་དང་བཅས་པའི་དངོས་པོ་ཉིད། །གཟུགས་སྐུར་ཤར་བ་སྐྱེ་དགུའི་བསོད་ནམས་ཞིང་། །རིང་བསྲེལ་རྣམ་བཞིས་ཕྱུར་བུར་གཏམས་པ་ཡིས། །མཆོད་སྡོང་ཆེ་འདིར་བསམ་སྦྱོར་ཅི་རིགས་ཀྱིས། །འབྲེལ་ཐོགས་ཕྱག་མཆོད་སྐོར་བ་བྱེད་རྣམས་དང་། །མཐོང་ཐོས་དྲན་རེག་ཀུན་གྱི་ཤེས་རྒྱུད་ལ། །ཐར་པའི་ས་བོན་གྲུང་པོ་ཐེབས་གྱུར་ཅིག །ངན་སོང་གསུམ་སོགས་མི་ཁོམ་གནས་རྣམས་སུ། །ནམ་ཡང་མི་སྐྱེ་དལ་འབྱོར་རྟེན་ཐོབ་ཅིང་། །མཚན་ཉིད་བཅུ་ལྡན་ཐེག་མཆོག་བཤེས་གཉེན་གྱིས། །འབྲལ་མེད་དགྱེས་བཞིན་རྗེས་སུ་འཛིན་པར་ཤོག །དེ་ནས་མདོ་སྔགས་ཟུང་འབྲེལ་ལམ་བཟང་ལ། །གེགས་མེད་ཐོས་བསམ་སྒོམ་པས་ཚུལ་བཞིན་དུ། །ཞུགས་ནས་རྒྱལ་སྲས་སྤྱོད་པ་མཐར་ཕྱིན་ཏེ། །འགྲོ་བའི་དེད་དཔོན་མཆོག་ཏུ་འགྱུར་བར་ཤོག །དགེ་འདུན་སྡེ་རྣམས་བསླབ་གསུམ་ཉམས་ལེན་འཕེལ། །སྐྱེ་བོ་ཀུན་ཀྱང་དགེ་བཅུའི་ནོར་གྱིས་ཕྱུག །བསྟན་པའི་སྙིང་པོ་ཡུན་དུ་གནས་པ་ཡིས། །ལུས་ཅན་ཕན་བདེའི་རྩ་བ་

ཚུགས་གྱུར་ཅིག །ཅེས་པ་འདི་ནི་རྣམ་དཔྱོད་ཡངས་པ་དཀའ་བཅུ་དཀོན་མཆོག་སྦྱིན་པས་བསྐུལ་ངོར། ༧བཙུན་པ་དཀོན་མཆོག་བསྟན་པའི་སྒྲོན་མེས་བྲིས་པའོ། །

གང་གི་མཚན་ཙམ་མཐོས་ཤིང་དྲན་པས་ཀྱང་། །མི་ཕྱེམ་ངན་སོང་སྐྱེ་བའི་སྒོ་བཅད་དེ། །ཞིང་མཆོག་བདེ་བ་ཅན་དུ་འཁྲིད་མཛད་པ། །མགོན་པོ་འོད་དཔག་མེད་ལ་ཕྱག་འཚལ་ལོ། །དེ་ཡི་སྐུ་གཟུགས་ཕྱུལ་བྱུང་བཞེངས་པ་ལ། །མཐུན་རྐྱེན་སྒྲུབ་པར་བྱེད་པ་རྣམས་ཀྱིས་མཚོན། །ཕ་མ་རིགས་དྲུག་འབྲེལ་ཐོགས་འགྲོ་བ་ཀུན། །རྟག་ཏུ་འོད་དཔག་མེད་ཀྱིས་རྗེས་འཛིན་ཤོག །ནམ་ཞིག་ཚེ་ཡི་འདུ་བྱེད་གཏོང་བ་ན། །ཞེས་སོགས་དང་། བར་དོའི་སྣང་བ་ཤར་བར་གྱུར་མ་ཐག །ཅེས་སོགས། རྒྱལ་བའི་དཀྱིལ་འཁོར་བཟང་ཞིང་དགའ་བ་དེར། ཞེས་སོགས་དང་། དུས་གསུམ་གཤེགས་པའི་རྒྱལ་བ་ཐམས་ཅད་ཀྱིས། །ཞེས་སོགས། ཤཱཀྱའི་དབང་པོ་འདྲེན་པ་འོད་དཔག་མེད། ཅེས་པ་ནས། བདེན་པས་སྨོན་ལམ་འདི་དག་མྱུར་འགྲུབ་ཤོག །ཅེས་པ་འདི་ནི། ༧བཙུན་པ་དཀོན་མཆོག་བསྟན་པའི་སྒྲོན་མེས་རང་གཞན་གཉིས་ག་མི་བསླུ་བའི་ཕྱིར་དགོར་རྫས་ཀྱི་སྙིང་པོ་ལྷ་བུར་འོད་དཔག་མེད་ཀྱི་གོས་སྐུ་དཔངས་འདོམ་བཅུ་བདུན། ཞེས་[ཞིང་]འདོམ་བཅུ་གཅིག་ལྷག་ཙམ་གསར་བསྐྲུན་བགྱིས་སྐབས་ལྷག་བསམ་རྣམ་དག་གིས་ལས་ཁུར་འཛིན་པ་བཀའ་བཅུ་དཀོན་མཆོག་བསྟན་དར་གྱིས་གསོས་བཟོ་བོ་རྣམས་ནས་སྨོན་ཚིག་ཅིག་དགོས་ཚུལ་བྱུང་བ་ལྟར་གོ་རིམ་ཙམ་བསྡེབས་པའི་ཡི་གེ་པའང་སྟུགས་རམ་པ་དཀོན་མཆོག་ཀུན་དགའོ། །

བློ་བའི་འཁྲི་ཤིང་རོལ་པའི་འཛུམ་སྣེག་གིས། །བློ་བྲལ་སྤྲོབས་པའི་མཆོག་སྦྱིན་གང་གི་ཞབས། །བློ་ཆེས་རི་མོ་གཙུག་གིས་གུས་བསྟེན་ན། །བློ་ལྟར་གསལ་བའི་ཤེས་རབ་སྣང་བ་སྩོལ། །རྣམ་མང་གཞུང་ལུགས་ཚིག་དོན་འཛིན་པ་དང་། །བཟུང་བ་མི་བརྗེད་དྲན་པས་སྐྱོང་བ་དང་། །དེ་ཡི་དགོངས་དོན་ཇི་བཞིན་རྟོགས་པ་ཡི། །གཟུངས་སྤོབས་ཤེས་རབ་ཐོབ་པར་བྱིན་གྱིས་རློབས། །ཐོས་པས་སྒྲ་སྤྱིའི་གོ་བ་མྱུར་དུ་ཆགས། །བསམ་པས་སྒྲོ་འདོགས་ལྷག་མ་མེད་

པར་ཚོད། །སྒོམ་པས་རྟོགས་པ་མངོན་དུ་འགྱུར་བ་ཡིས། །བསྟན་ལ་རྩལ་བཞིན་སློབ་པར་བྱིན་གྱིས་རློབས། །ཚད་མ་སྡེ་བདུན་རིགས་པས་བློ་མིག་ཕྱེ། །དབུ་ཕར་ཟབ་རྒྱས་ལམ་གྱིས་གཞུང་བསྒྲངས་ཤིང་། །འདུལ་མངོན་ཇི་བཞིན་སྣང་ངོར་ལ་འབབ་པས། ཐར་པའི་ལམ་དུ་ཚུད་པར་བྱིན་གྱིས་རློབས། །རྣམ་གྲོལ་ས་བོན་བསྐྲུན་ནུས་འཆད་མཁས་དང་། །ཡིག་རྩོམ་དྲ་བ་གཅོད་ནུས་རྩོད་མཁས་ཏེ། །ཐུབ་བསྟན་རྒྱུན་དུ་འགྱུར་བའི་རྩོམ་མཁས་གྱིས། །མང་ཐོས་དགའ་སྟོན་སྤྱོང་བར་བྱིན་གྱིས་རློབས། །བཤད་པ་ལུང་རིགས་ཚད་མས་གཞན་དག་དང་། །སྒྲུབ་པ་བསླབ་གསུམ་དག་པས་རང་ཉིད་ནི། །ཡང་དག་ལམ་ལ་གཅིག་ཏུ་སྦྱོར་བ་ཡིས། །དོན་གཉིས་ལྷུན་གྱིས་གྲུབ་པར་བྱིན་གྱིས་རློབས། །དེ༵་བཞིན་གཤེགས་པ་ཀུན་གྱི་ཡབ་གཅིག་ལ། །དེ༵་ལྟར་རྩེ་གཅིག་གསོལ་བཏབ་དགེ་བའི་མཐུས། །དེ༵་རིང་ནས་བཟུང་འབྲལ་མེད་བྱིན་བརླབས་ཏེ། །དེ༵་ཡི་གོ་འཕང་རིང་མིན་མངོན་འགྱུར་ཤོག །ཅེས་པ་འདི་དང་ལྡན་དགེ་སློང་དཀོན་མཆོག་རིན་ཆེན་གྱིས་བསྐུལ་ངོར། ༄བཙུན་པ་དཀོན་མཆོག་བསྟན་པའི་སྒྲོན་མེས་སྦྱར་བའི་ཡི་གེ་པ་ནི་ཧྲི་ཡུ་ར་ཏྣ་ཨུ་ན་ཛྙ་ཝོ།། ༎

༄༅། །བསྔོ་བ་རྒྱས་པ་དགེ་ཚོགས་རྒྱ་མཚོའི་འཇུག་ངོགས་ཞེས་བྱ་བ་བཞུགས་སོ།

༄༅། །ཕུན་སུམ་ཚོགས་པའི་དགེ་འདུན་པ་རྣམས་ཀྱིས་བསྔོ་བའི་དཔང་པོ་དང་སྨོན་ལམ་གྱི་མཐུན་འགྱུར་ཐུགས་རྗེས་འཛིན་པར་ཞུ། རབ་འབྱམས་རྒྱ་མཚོའི་རྫུལ་གྲངས་སྙེད་ལས་འདས་པའི་ཞིང་ཁམས་མཐའ་ཡས་ཤིང་མུ་མེད་པ་ན་བཞུགས་པའི་སྟོན་པ་བདེ་བར་གཤེགས་པ་འཁོར་རྒྱལ་སྲས་དཔའ་བོ་ཉན་རང་སློབ་མར་བཅས་པ་ཐམས་ཅད་དངོས་ཀྱི་སྦྱིན་པའི་བདག་པོ་རྣམས་ཀྱིས་ཐོག་དྲངས་བདག་སོགས་མར་གྱུར་ནམ་མཁའི་མཐའ་དང་མཉམ་པའི་སེམས་ཅན་ཐམས་ཅད་ལ་གཟིགས་ཤིང་དགོངས་སུ་གསོལ། རང་ཅག་རྣམས་ཀྱིས་འདི་ལྟར་བསྒྲུབས་པའི་དགེ་བའི་རྩ་བ་འདི་ཉིད་མཚོན་བྱེད་དུ་བྱས་རང་གཞན་སྐྱེ་འཕགས་ཐམས་ཅད་ཀྱིས་དུས་གསུམ་དུ་བསགས་པ་སྦྱིན་པ་ལས་བྱུང་བ་དང་། ཚུལ་ཁྲིམས་ལས་བྱུང་བ། སྒོམ་པ་ལས་བྱུང་བ་བསོད་ནམས་བྱ་བའི་དངོས་པོ་རྣམ་པ་གསུམ་གྱིས་བསྡུས་པའི་དགེ་བའི་ཚོགས་ཇི་སྙེད་ཅིག་མཆིས་པ་མཐའ་དག་གཅིག་ཏུ་བསྡུས་ཤིང་བསྒྲིམས་ཏེ་བསྔོམས་པའི་མཐུ་ལ་བརྟེན་ནས་ལུས་ཅན་ཡོངས་ཀྱི་སྡུག་བསྔལ་དང་ཀུན་འབྱུང་གི་ནད་མ་ལུས་པ་སེལ་བའི་སྨན་གཅིག་པུ། མངོན་པར་མཐོ་བ་དང་ངེས་པར་ལེགས་པའི་བདེ་དགེ་མ་ལུས་པའི་འབྱུང་གནས་ཀུན་མཁྱེན་ཐུ་རམ་ཤིང་པའི་ལུང་རྟོགས་ཀྱི་བསྟན་པ་སྤྱི་དང་། བྱེ་བྲག་ཏུའང་དཔལ་ཨ་ཏི་ཤ་དང་འཇམ་མགོན་བླ་མ་ཙོང་

ཁ་པ་ཆེན་པོ་རྣམ་གཉིས་ཀྱིས་ལུང་དང་རིགས་པ་དྲི་མ་མེད་པའི་སྒོ་ནས་དག་ཐེར་མཛད་དེ་འཁྲུལ་བའི་དྲི་མ་ཐམས་ཅད་དང་བྲལ་བ་གསེར་སྦྱང་བཙོ་མ་ལྟ་བུ་མདོ་སྔགས་བཤད་སྒྲུབ་ཟུང་དུ་འཇུག་པའི་ལུགས་མཆོག་ཆད་དུ་བྱུང་བ་འདི་ཉིད་ཕྱོགས་དང་དུས་དང་གནས་སྐབས་ཐམས་ཅད་དུ་དར་ཞིང་རྒྱས་ལ་ཡུན་རིང་དུ་གནས་པར་གྱུར་ཅིག །སྟོན་པ་མཉམ་མེད་སྟོབས་བཅུ་མངའ་བ་རྣམ་འདྲེན་ཤཱཀྱ་སེང་གེ་དེ་ཉིད་ནས་ཉེ་བར་བཟུང་འོད་སྲུང་ཆེན་པོ་སོགས་བསྟན་པའི་གཏད་རབས་བདུན་དང་། ཟབ་པ་དང་རྒྱ་ཆེ་བའི་ལམ་གྱི་སྲོལ་འབྱེད་ཤིང་རྟ་ཆེན་པོ་རྣམ་གཉིས་ཀྱིས་གཙོས་འཛམ་གླིང་མཛེས་པར་བྱེད་པའི་རྒྱན་དྲུག་དང་མཆོག་གཉིས་ལ་སོགས་པ་འཕགས་ཡུལ་པཎ་གྲུབ་གསེར་གྱི་རི་བོའི་ཕྲེང་བ་ལྟ་བུ་རིམ་པར་བྱོན་པ་ཐམས་ཅད་དང་། བོད་ཡུལ་མུན་པའི་སྨག་རུམ་དུ་དམ་པའི་ཆོས་ཀྱི་སྒྲོན་མེ་གསལ་བར་མཛད་པ་རིགས་གསུམ་ཀུན་ཏུ་བཟང་པོའི་རྣམ་འཕྲུལ་ཆོས་རྒྱལ་ལོ་པཎ་གོང་མ་བཀའ་དྲིན་ཅན་རྣམས་དང་། ཁྱད་པར་དུའང་ལྔ་བརྒྱ་པ་རྣམས་ཀྱི་གཙུག་གི་ནོར་བུ་དཔལ་ལྷ་གཅིག་དཱི་པཾ་ཀཱ་ར། བཀའ་གདམས་བསྟན་པའི་སྲོག་ཤིང་འབྲོམ་སྟོན་རྒྱལ་བའི་འབྱུང་གནས། སྲས་ཀྱི་ཐུ་བོ་སྐུ་མཆེད་རྣམ་པ་གསུམ་ལ་སོགས་པ་ལྷ་ཆོས་བདུན་ལྡན་གྱི་རྣམ་ཐར་གཙང་མའི་སྲོལ་འཛིན་པའི་བཀའ་གདམས་གོང་མ་རིམ་བྱོན། སྒྲུབ་བརྒྱུད་ཀྱི་བསྟན་པའི་ཛ་ལག་མར་པ་མི་ལ་སོགས་པ་བཀའ་བརྒྱུད་གོང་མ་རྣམས་པ་དང་། ས་ཆེན་ཀུན་དགའ་སྙིང་པོ་ཡབ་སྲས། འཆད་ཉན་གྱི་སྲོལ་བཟང་པོ་དར་རྒྱས་སུ་མཛད་པ་ལོ་ཙཱ་བ་བློ་ལྡན་ཤེས་རབ། འཇམ་མགོན་ས་སྐྱ་པཎ་ཆེན། ཆ་པ་ཆོས་ཀྱི་སེང་གེ སྟོགས་དུས་ཀྱི་ཐམས་ཅད་མཁྱེན་པ་བུ་སྟོན་རིན་ཆེན་གྲུབ་པ་སོགས་དང་། བྱེ་བྲག་ཏུ་རྒྱལ་བའི་བསྟན་པ་ལ་རྒྱལ་བ་ཉིད་དང་དབྱེར་མ་མཆིས་པ་སངས་རྒྱས་ཀུན་གྱི་ཡེ་ཤེས་གཅིག་ཏུ་བསྡུས་པའི་རང་གཟུགས་ཁམས་གསུམ་

ཆོས་ཀྱི་རྒྱལ་པོ་ཤར་ཙོང་ཁ་པ་བློ་བཟང་གྲགས་པའི་དཔལ་གྱི་ཞལ་སྔ་ནས་དང་། རྒྱལ་བའི་རྒྱལ་ཚབ་དར་མ་རིན་ཆེན། འདུལ་འཛིན་ཆེན་པོ་གྲགས་པ་རྒྱལ་མཚན། མཁས་གྲུབ་སྙྲ་བའི་ཉི་མ་དགེ་ལེགས་དཔལ་བཟང་པོ། འཇམ་དབྱངས་ཆོས་ཀྱི་རྗེ་བཀྲ་ཤིས་དཔལ་ལྡན། གངས་ཅན་བསྟན་པའི་སྒྲོན་མེ་པཎ་ཆེན་དགེ་འདུན་གྲུབ་པ་ནས་བཟུང་རྒྱལ་དབང་ཕྱག་ན་པདྨ་རྗེ་བཙུན་བློ་བཟང་འཇམ་དཔལ་རྒྱ་མཚོ་ལ་ཐུག་གི་བར་རྒྱལ་བ་གོང་མ་བརྒྱད་དང་། པཎ་ཆེན་ཆོས་ཀྱི་རྒྱལ་པོ་བློ་བཟང་ཆོས་ཀྱི་རྒྱལ་མཚན་དཔལ་བཟང་པོ་སོགས་པཎ་ཆེན་ཐམས་ཅད་མཁྱེན་པ་གོང་མ་གསུམ་དང་། མཁས་གྲུབ་བྱེ་བའི་གཙུག་རྒྱན་ཀུན་མཁྱེན་འཇམ་དབྱངས་བཞད་པའི་རྡོ་རྗེ། སྟོན་བརྒྱུད་བསྟན་པའི་མངའ་བདག་དམིགས་པ་མེད་པའི་ཐུགས་རྗེ་ཆེན་པོ་དང་ལྡན་པ་རྗེ་བཙུན་ཡེ་ཤེས་རྒྱལ་མཚན། དོན་གྱི་སྣད་དུ་མཚན་ནས་སྨོས་ཏེ་བདག་གི་མཁན་རིན་པོ་ཆེ་ཡོངས་རྫོགས་བསྟན་པའི་མངའ་བདག་ཁམས་གསུམ་འགྲོ་བའི་བླ་མ་ངེས་པ་དོན་གྱི་ཐམས་ཅད་མཁྱེན་གཟིགས་ཆེན་པོ་རྗེ་བཙུན་དཀོན་མཆོག་འཇིགས་མེད་དབང་པོའི་ཞལ་སྔ་ནས་དང་། དཀྱིལ་འཁོར་རྒྱ་མཚོ་སྤྱི་ཁྱབ་བདག་ཉིད་ཅན་རྗེ་བཙུན་བློ་བཟང་ཆོས་ཀྱི་ཉི་མའི་ཞལ་སྔ་ནས་ལ་སོགས་པ་རང་རེ་རྣམས་ཀྱི་བླ་མ་དམ་པ་གོང་མ་གཟུགས་སྐུའི་བཀོད་པ་ཉེར་ཞིའི་དབྱིངས་སུ་བསྡུས་པའི་ཚུལ་བསྟན་པ་རྣམས་ཐུགས་ཟག་པ་མེད་པའི་དགོངས་པ་ཁྱད་པར་ཅན་རྣམས་གོང་ནས་གོང་དུ་ཡོངས་སུ་རྫོགས་པར་གྱུར་ཅིག ད་ལྟ་བསྟན་འགྲོའི་དཔལ་དུ་ཞལ་བཞུགས་པ་རྣམས་ཀྱི་གཙུག་ན་མངོན་པར་མཐོ་བ་རྒྱལ་དབང་མཆོག་གི་སྤྲུལ་པའི་སྐུ་རིན་པོ་ཆེའི་ཞལ་སྔ་ནས་དང་། སྣང་བ་མཐའ་ཡས་དངར་སྐྱིག་གར་གྱིས་རོལ་པ་པཎ་ཆེན་ཐམས་ཅད་མཁྱེན་པ་ཆེན་པོ་བློ་བཟང་དཔལ་ལྡན་བསྟན་པའི་ཉི་མ་ཕྱོགས་ལས་རྣམ་རྒྱལ་དཔལ་བཟང་པོའི་

ཞལ་སྔ་ནས་དང་། ཀུན་གཟིགས་ཡེ་ཤེས་ཀྱི་ཉི་མ་ཆེན་པོ་ཐུབ་བསྟན་ཡོངས་ཀྱི་རྩ་ལག་སྐྱབས་མགོན་མཆོག་གི་སྤྲུལ་པའི་སྐུ་བློ་བཟང་ཐུབ་བསྟན་འཇིགས་མེད་རྒྱ་མཚོའི་ཞལ་སྔ་ནས་ལ་སོགས་པ་རང་ཅག་རྣམས་ཀྱི་བླ་མ་དམ་པ་བསྟན་འགྲོའི་དཔལ་དུ་ཞལ་བཞུགས་པ་རྣམས་སྐུ་ཚེ་ཞབས་པད་བསྐལ་བརྒྱར་བརྟན་ཅིང་། བསྟན་འགྲོའི་གསོས་སུ་གྱུར་པའི་སྐུ་གསུང་ཐུགས་ཀྱི་མཛད་པ་འཕྲིན་ལས་རྨད་དུ་བྱུང་བ་རྣམས་དབྱར་གྱི་ཆུ་གཏེར་བཞིན་དུ་གོང་ནས་གོང་དུ་འཕེལ་ཞིང་རྒྱས་པར་གྱུར་ཅིག རྒྱལ་བའི་ལུང་གི་ཟིན་པའི་ཆོས་གྲྭ་ཆེན་པོ་འདིས་མཚོན་གདན་ས་ཆེན་པོ་བཞི་ལ་སོགས་པ་ཕྱོགས་བཅུའི་དགེ་འདུན་རྣམས་ཀྱང་ཐུགས་མཐུན་ཞིང་ཁྲིམས་གཙང་བའི་སྒོ་ནས་ལམ་བསླབ་པ་གསུམ་གྱི་ཉམས་ལེན། ལུང་སྡེ་སྣོད་གསུམ་གྱི་འཆད་ཉན། གསང་ཆེན་རྒྱུད་སྡེ་བཞིའི་བཤད་སྒྲུབ་ལ་སོགས་པ་འཁོར་ལོ་གསུམ་གྱིས་བསྡུས་པའི་ལུང་རྟོགས་ཀྱི་བསྟན་པའི་བྱ་བ་རྒྱ་ཆེན་པོ་རྣམས་ཡར་ངོའི་ཟླ་བ་བཞིན་གོང་ནས་གོང་དུ་འཕེལ་ཞིང་རྒྱས་པར་གྱུར་ཅིག སྐྱབས་གནས་བསླུ་བ་མེད་པ་དེ་དག་གི་ཐུགས་རྗེ་དང་། རང་ཅག་རྣམས་ཀྱིས་དངོས་དང་བརྒྱུད་པའི་སྒོ་ནས་བསགས་པའི་དགེ་ཚོགས་རྣམས་གཅིག་ཏུ་བསྡོམས་པའི་མཐུ་ལ་བརྟེན་ནས་བསྟན་པ་བསྟན་འཛིན་དང་བཅས་པ་གུས་ཞབས་ཀྱི་སྒོ་ནས་མཆོད་པར་བྱེད་པའི་བསྟན་པའི་སྦྱིན་བདག་ཚེ་ལས་འདས་པ་ཆེ་གེ་མོ་ཞེས་བགྱི་བ་ལ་སོགས་པ་རྣམས་ཀྱིས་ཚེ་རབས་འཁོར་བ་ཐོག་མེད་ནས་བསགས་པའི་ལས་ངན་པའི་སྡིག་སྒྲིབ་བག་ཆགས་དང་བཅས་པ་ཐམས་ཅད་བྱང་ཞིང་དག་སྟེ་མྱུར་དུ་མངོན་པར་རྫོགས་པར་འཚང་རྒྱ་བར་གྱུར་ཅིག སངས་མ་རྒྱས་པའི་ཚེ་རབས་ཐམས་ཅད་དུའང་ངན་སོང་ངན་འགྲོ་ལོག་པར་ལྟུང་བའི་སྐྱེ་གནས་ངན་པ་རྣམས་སུ་དུས་སྐད་ཅིག་ཙམ་ཡང་མི་སྐྱེ་བར་གྱུར་ཅིག ཚེ་རབས་ཐམས་ཅད་དུ་དལ་འབྱོར་གྱི་ཆོས་བཅོ་བརྒྱད་དང་ལྡན་

པའི་རྟེན་བཟང་པོ་བརྒྱུད་མར་འཕྲོབ་ཅིང་། རྟེན་དེ་དག་ལའང་གཞོན་ནུ་ཉིད་ནས་རབ་ཏུ་བྱུང་སྟེ་མཁན་སློབ་ཀྱི་སྤྱན་སྔར་ཁས་བླངས་པའི་དམ་ཚིག་མཐའ་དག་མིག་གི་འབྲས་བུ་བཞིན་དུ་བསྲུང་བའི་སྟེང་ནས་ལམ་ཐུན་མོང་བ་བཤེས་གཉེན་སྟེན་ཚུལ་ནས་བཟུང་ཞི་ལྷག་གི་བར་གྱི་ལམ་གྱི་རྟོགས་པ་ཁྱད་པར་ཅན་རྣམས་སྐྱེ་བའི་སྐལ་བ་དང་ལྡན་པར་གྱུར་ཅིག དེ་ལྟར་ལམ་ཐུན་མོང་བས་རྒྱུད་སྦྱངས་པ་སྔོན་དུ་བཏང་ནས་ཐུན་མོང་མ་ཡིན་པ་གསང་ཆེན་རྡོ་རྗེ་ཐེག་པའི་འཇུག་སྒོ་དབང་རྣམ་པར་དག་པ་མནོས། དབང་དུས་སུ་ཁས་བླངས་པའི་དམ་ཚིག་དང་སྡོམ་པ་ཚུལ་བཞིན་དུ་བསྲུང་། སྨིན་བྱེད་བསྐྱེད་པའི་རིམ་པ་སྟེ་ལམ་རིམ་པ་དང་གྲོལ་བྱེད་རྫོགས་པའི་རིམ་པ་གཉིས་ཀྱི་བགྲོད་པ་ལ་བརྟེན་ནས་ཁྱབ་བདག་ཡན་ལག་བདུན་ལྡན་ཟུང་འཇུག་རྡོ་རྗེ་འཆང་ཆེན་པོའི་སྐུར་མྱུར་དུ་མངོན་པར་རྫོགས་པར་འཚང་རྒྱ་བར་གྱུར་ཅིག བསྟན་པའི་སྦྱིན་བདག་ཚེ་དང་ལྡན་པ་ཆེ་གེ་མོ་ཞེས་བགྱི་བ་ལ་སོགས་པ་རྣམས་ཀྱི་སྔོན་ལས་དང་འཕྲལ་རྐྱེན་ལས་བྱུང་བའི་ཕྱི་ནང་གི་ནད་གདོན་འགལ་རྐྱེན་བར་ཆད་ཐམས་ཅད་ཉེ་བར་ཞི་བར་གྱུར་ཅིག མཐུན་པའི་རྐྱེན་ཚེ་དང་བསོད་ནམས་དཔལ་དང་འབྱོར་བ་མངའ་ཐང་རིགས་རྒྱུད་སྙན་པ་དང་གྲགས་པ་སོགས་ལེགས་པའི་ཚོགས་ཀྱི་ཡོན་ཏན་ཐམས་ཅད་གོང་ནས་གོང་དུ་འཕེལ་ཞིང་རྒྱས་པར་གྱུར་ཅིག མྱུར་མཛད་ཡེ་ཤེས་ཀྱི་མགོན་པོ་ཕྱག་བཞི་དྲུག དམ་ཅན་ཆོས་ཀྱི་རྒྱལ་པོ་ཕྱི་ནང་གསང་གསུམ། དཔལ་ལྡན་དམག་ཟོར་གྱི་རྒྱལ་མོ་རེ་མ་ཏི། རྒྱལ་པོ་ཆེན་པོ་རྣམ་ཐོས་སྲས་ལ་སོགས་པ་རྒྱལ་བ་རྡོ་རྗེ་འཆང་གིས་བཀའ་བསྒོས་ཤིང་དམ་ཚིག་གཉེར་དུ་གཏད་པའི་ཆོས་སྲུང་ཡེ་ཤེས་ཀྱི་སྤྱན་དང་ལྡན་པ་རྣམས་ཀྱིས་དེ་དག་ལ་ལུས་དང་གྲིབ་མ་བཞིན་དུ་འགྲོགས་ཏེ་སྐད་ཅིག་ཀྱང་གཡེལ་བ་མེད་པར་རྟག་ཏུ་གྲོགས་མཛད་པར་གྱུར་ཅིག ཀླུའི་རྒྱལ་པོ་དགའ་བོ་དང་ཉེར་དགའ་བོ་ལ་

སོགས་པ་སྟོན་པའི་ཞལ་མཐོང་ཞིང་བསྟན་ལ་དགའ་བའི་དཀར་ཕྱོགས་ཀྱི་ལྷ་ཀླུ་སྲི་དང་། ཁྱད་པར་དུའང་ས་ཕྱོགས་ཡུལ་རིགས་དགོན་གནས་དགེ་འདུན་གྱི་སྡེ་གཙུག་ལག་ཁང་སྲུང་ཞིང་སྐྱོང་བར་བྱེད་པའི་གཞི་བདག་གནས་བདག་དཀར་པོའི་ཕྱོགས་ལ་མངོན་པར་དགའ་བ་རྣམས་ཀྱི་དཀར་ཕྱོགས་སྐྱོང་བའི་མཐུ་སྟོབས་གཟི་བརྗིད་ནུས་པ་རྣམས་མི་ཉམས་ཤིང་གོང་ནས་གོང་དུ་འཕེལ་ཞིང་རྒྱས་པར་གྱུར་ཅིག ནག་པོའི་ཕྱོགས་ལ་དགའ་བའི་འབྱུང་པོ་ལས་ངན་སྡིག་ཅན་མི་དང་མི་མ་ཡིན་པ་རྣམས་ཀྱི་བསམ་པ་ངན་པ་དང་སྦྱོར་བ་རྩུབ་པ་ཐམས་ཅད་ཉེ་བར་ཞི་ནས་བསམ་པ་བྱང་ཆུབ་མཆོག་ཏུ་སེམས་སྐྱེད་པའི་སྐལ་བ་དང་ལྡན་པར་གྱུར་ཅིག འཇིག་རྟེན་གྱི་ཁམས་འདིས་མཚོན་ཡངས་པའི་འཇིག་རྟེན་གྱི་ཁམས་ཀུན་ཏུ་ནད་མུག་འཁྲུག་རྩོད་ལ་སོགས་པ་མི་འདོད་པའི་ཉེར་འཚེ་རྒུད་པའི་རིགས་མཐའ་དག་ལྷག་མེད་དུ་ཞི་ནས་ཆར་ཆུ་དུས་སུ་འབེབས་ཤིང་ལོ་ཕྱུགས་རྟག་ཏུ་ལེགས་པ་སོགས་བཀྲ་ཤིས་དང་དགེ་མཚན་གྱི་དཔལ་རྒྱ་ཆེན་པོ་རྒྱུན་མི་འཆད་དུ་འབྱུང་བར་གྱུར་ཅིག མདོར་ན་བདག་སོགས་མར་གྱུར་ནམ་མཁའི་མཐའ་དང་མཉམ་པའི་སེམས་ཅན་ཐམས་ཅད་ཀྱི་སྒྲིབ་གཉིས་བྱང་ཞིང་ཚོགས་གཉིས་རྫོགས་ཏེ་མྱུར་དུ་མངོན་པར་རྫོགས་པར་འཚང་རྒྱ་བར་གྱུར་ཅིག །འཇམ་དཔལ་དཔའ་བོ་ཞེས་སོགས་སམ། དུས་གསུམ་གཤེགས་པའི་རྒྱལ་བ་ཞེས་སོགས་བྱ། འདི་འང་༧བཙུན་པ་དཀོན་མཆོག་བསྟན་པའི་སྒྲོན་མེས་ཚོགས་ཆོས་སོགས་ཀྱི་མཇུག་ཏུ་ངག་ལམ་ནས་གང་ཐོན་གྱིས་བསྔོ་བ་རྒྱས་པར་བྱས་པ་དེ་བཞིན་ཡི་གེར་འཁོད་པ་ཞིག་དགོས་ཞེས་ཧྲར་ཆེན་ནཱ་ཛ་སག་གི་ཤོག་ནས་དད་བརྩོན་ལྡན་པ་དཀོན་མཆོག་དར་རྒྱས་ཀྱིས་བསྐུལ་བའི་ངོར་བྲིས་པའོ།། །།

༄༅། །བླ་མའི་རྣལ་འབྱོར་དང་ཞབས་བརྟན་གསོལ་འདེབས་དགེ་ལེགས་འབུམ་སྦྲག་མ་གཉིས་བཞུགས་སོ།།

སྤྱི་གཙུག་བདེ་ཆེན་འཁོར་ལོའི་སྟེང་། །སེང་ཁྲི་པདྨ་ཉི་ཟླའི་དབུས། །དགྱེས་བཞིན་བཞུགས་ཤིག་དྲིན་ཅན་རྗེ། །བྱིན་གྱིས་རློབས་ཤིག་ཐུགས་རྗེའི་གཏེར། །སྐྱབས་གསུམ་ཀུན་དངོས་མགོན་ཁྱོད་ལ། །སྒོ་གསུམ་གུས་པས་ཕྱག་འཚལ་ཞིང་། །གསོལ་བ་འདེབས་སོ་དྲིན་ཅན་རྗེ། །བྱིན་གྱི་རློབས་ཤིག་ཐུགས་རྗེའི་གཏེར། །ལུས་དང་ལོངས་སྤྱོད་དགེ་ཚོགས་བཅས། །དངོས་བཤམས་ཡིད་སྤྲུལ་མཆོད་ཚོགས་འབུལ། །དགྱེས་བཞིན་བཞེས་ཤིག་དྲིན་× ×། །རྣམ་སྨིན་འབྲས་བུ་མི་བཟད་པའི། །སྒོ་གསུམ་ཉེས་ལྟུང་མ་ལུས་བཤགས། །བྱང་བར་མཛོད་ཅིག་དྲིན × ×། །འཕྲུལ་དང་ཡུན་དུ་བདེ་སྐྱེར་བའི། །སྟོན་བྱས་དགེ་ལ་རྗེས་ཡི་རང་། །སྤེལ་བར་མཛོད་ཅིག་དྲིན་ཅན ××། །མཁའ་མཉམ་འགྲོ་ལ་རྗེས་བརྩེ་བས། །སྲུ་ངན་མི་འདའ་སྲིད་མཐའི་བར། །བསྟན་པར་བཞུགས་ཤིག་དྲིན་ཅན་རྗེས། །ཟབ་རྒྱས་ཆོས་ཀྱི་བདུད་རྩི་ཡིས། །ཉོན་མོངས་ནད་ཀྱིས་གདུངས་པ་ཀུན། །ཞི་བར་མཛོད་ཅིག་བྲིན་ཅན × ×། །འདི་ལྟར་བསྒྲུབ་པའི་དགེ་ཚོགས་མཐུས། །བཟོད་དཀའ་འཁོར་བའི་བཙོན་ར་ལས། །ཐར་བར་མཛོད་ཅིག་དྲིན་ཅན་རྗེ། །ཡང་ཡང་དྲིན་གྱིས་བསྐྱངས་པ་ཡི། །མ་རྣམས་སྲིད་ལས་སྒྲོལ་འདོད་བློ། །སྐྱེ་བར་མཛོད་ཅིག

དྲིན་ཅན་རྗེ། །བདག་མེད་བདག་ཏུ་བཟུང་བྱས་ཏེ། །ཉེས་ཀུན་བསྐྱེད་པའི་གདོན་ཆེན་འདི། །དབྱུང་བར་མཛོད་ཅིག་དྲིན་ཅན་རྗེ། །སྐྱེ་ཤིའི་འཁྲུལ་སྣང་ཏ་ལའི་དུག །སྐུ་གསུམ་འཆི་མེད་བདུད་རྩི་རུ། བསྒྱུར་བར་མཛོད་ཅིག་དྲིན་ཅན་རྗེ། །ཀུན་རྟོགས་ཆུ་འཛིན་སྤྲང་བའི་མཁར། །ལྷན་སྐྱེས་བདེ་ཆེན་ཉིན་མོར་བྱེད། །འཆར་བར་མཛོད་ཅིག་དྲིན་ཅན་རྗེ། །མདོར་ན་དེང་ནས་བྱང་ཆུབ་པར། །ཁྱོད་མིན་རེ་ས་གཞན་མེད་དོ། །རྗེས་སུ་ཟུང་ཤིག་དྲིན་ཅན་རྗེ། །སྒོ་གསུམ་སྤྱོད་པ་མཐའ་དག་ཀྱང་། །དོན་མེད་ལས་སུ་མི་འགྱུར་བར། །ཁྱོད་མཉེས་འབའ་ཞིག་བསྒྲུབ་ནུས་པར། །བྱིན་གྱིས་རློབས་ཤིག × ×། །ཆོས་ལྡན་སྨོན་པ་མ་ལུས་པའི། །འབྲས་བུ་གེགས་མེད་འགྲུབ་པ་ཡི། །དཔུང་གཉེན་མཛོད་ཅིག་དྲིན་ཅན་རྗེ། །བྱིན་གྱིས་རློབས་ཤིག་ཐུགས་རྗེའི་གཏེར། །ཅེས་བརྗོད་ཅིང་རྣམ་པ་ཀུན་ཏུ་ཡང་བླ་མའི་སྣང་བ་དང་མི་འབྲལ་བར་བྱའོ། །ཚུལ་འདི་ནི་དད་བརྩོན་རྣམ་དཔྱོད་ལྡན་པ་རབ་འབྱམས་པ་དཀོན་མཆོག་བསྟན་འཛིན་གྱིས་བསྐུལ་ངོར། བཙུན་པ་དཀོན་མཆོག་བསྟན་པའི་སྒྲོན་མེས་བྲིས་པའོ། །

དགེ་ལེགས་འབུམ་ཕྲག་པདྨ་དཀར་པོའི་ཚལ། །ལྷག་བསམ་ཉིན་བྱེད་སྣང་བ་དང་འགྲོགས་པས། །དལ་འབྱོར་ཟེའུ་དངར་རྫོགས་པ་སྦྲང་རྩིའི་བཅུད། །ཐར་འདོད་བུང་བའི་ཉེར་འཚོ་རྒྱལ་གྱུར་ཅིག །འཇིག་རྟེན་ཆེ་དགུའི་རྗེས་སུ་མི་འབྲང་བར། །ཁང་དྲིགས་སྤངས་ཏེ་དམ་པའི་མགོན་ལ་བརྟེན། །ཐོས་གྲུས་ཉམས་མེད་དམ་ཚིག་ཚུལ་བཞིན་བསྲུངས། །བཤེས་གཉེན་ཐུགས་ཀྱི་ཐྲས་པོ་ཁྱོད་ལ་འདུད། །ཐ་སྙད་སྤྲུན་པའི་རྗེས་སུ་མི་འབྲང་བར། །ནང་དོན་འཕགས་བོད་མཁས་པའི་གཞུང་ལུགས་ལ། །སྦྱངས་པས་དྲི་མེད་རིགས་པའི་དགའ་སྟོན་སྤྱོད། །སྨྲ་བའི་དབང་པོ་མཆོག་ལ་གསོལ་བ་འདེབས། །ཟབ་གནད་ཐང་མར་བརྟལ་བའི་བཤད་པ་དང་། །གྲུབ་མཐའི་དེ་ཉིད་འབྱེད་པའི་

རྩོད་པ་དང་། །ཚིག་དོན་ཕུན་ཚོགས་རྩོམ་པའི་དགའ་སྟོན་ལ། །དབང་བསྒྱུར་བཤེས་གཉེན་དམ་པར་གསོལ་བ་འདེབས། །ལས་འབྲས་བླང་དོར་ཚུལ་ལ་ངེས་རྙེད་པས། །མཚོན་སྙིག་མེད་པར་དྲན་ཤེས་བག་ཡོད་ཀྱིས། །བསླབ་ཁྲིམས་དག་པ་ཉམས་ལེན་མཐིལ་དུ་མཛད། །གནས་བརྟན་འདུལ་བ་འཛིན་ལ་གསོལ་བ་འདེབས། །རྙེད་བཀུར་ཟང་ཟིང་འཁྱེར་བའི་ཡོ་ལང་རྣམས། །རྣམ་སྨིན་ཁུར་ཆེན་འགེལ་བའི་དཀྲར་གཟིགས་ནས། །མཆོག་གསུམ་ཞིང་དུ་བསྔོས་ཏེ་དོན་ལྡན་མཛད། །དད་ལྡན་སྦྱིན་བདག་ལ་གསོལ་བ་འདེབས། །ཐུབ་བསྟན་རིན་ཆེན་རིང་དུ་གནས་འདོད་པའི། །ཐུགས་བསྐྱེད་ཤུགས་དྲག་དྲི་ཡི་བཞོན་པ་ཅན། །འཁོར་ལོ་གསུམ་གྱི་མཛད་པའི་དྲི་བཟང་འགྲོ། །བཤེས་གཉེན་དཔག་བསམ་ལྗོན་པ་རྟག་བརྟན་ཤོག །ནམ་ཡང་མི་བསླུ་དཀོན་མཆོག་བདེན་པའི་མཐུས། །བསྟན་པའི་སྒྲོན་མེ་བསྐལ་བརྒྱར་ཞབས་བརྟན་ཅིང་། །བདག་ཀྱང་དེང་ནས་བྱང་ཆུབ་སྙིང་པོའི་བར། །དགྱེས་བཞིན་འབྲལ་མེད་རྗེས་སུ་འཛིན་པར་ཤོག །ཟབ་རྒྱས་གདམས་པ་བདུད་རྩིའི་དགའ་སྟོན་གྱིས། །ཡང་དག་ལམ་བཟང་ལུས་སྟོབས་རབ་རྒྱས་ནས། །བླ་མ་ལྷ་ཡི་གོ་འཕང་མྱུར་ཐོབ་ཏེ། །མ་ལུས་འགྲོ་བ་སྲིད་ལས་སྒྲོལ་གྱུར་ཅིག །ཅེས་པ་འདི་ནི་རང་གི་གམ་གཅར་དད་བརྩོན་ཚུལ་ཁྲིམས་ལྡན་པ་རབ་འབྱམས་པ་དཀོན་མཆོག་བསྟན་འཛིན་གྱིས་བསྐུལ་ངོར། ༄དཀོན་མཆོག་བསྟན་པའི་སྒྲོན་མེས་བྲིས། །

རྒྱལ་བ་གཉིས་པ་འཇམ་དབྱངས་ཙོང་ཁ་པའི། །མདོ་སྔགས་གཞུང་ལུགས་མཐའ་དག་སྙེལ་སྣང་དུ། །ཟླབས་ཆེན་སྨོན་ལམ་མཆོག་གིས་བསྒྲུབ་པའི་སྐུ། །དཀོན་མཆོག་བསྟན་པའི་སྒྲོན་མེར་གསོལ་བ་འདེབས། །དེ་ལྟར་རྩེ་གཅིག་གུས་པས་གསོལ་བཏབ་མཐུས། །མགོན་ཁྱོད་ཞབས་ཟུང་སྲིད་མཐར་བརྟན་པ་དང་། །བདག་ཀྱང་དེང་ནས་ཚེ་རབས་ཐམས་ཅད་དུ། །རྗེས་བཟུང་

ལེགས་བཤད་དགའ་སྟོན་སྤྱོད་པར་ཤོག །འདིས་མཚོན་དགེ་བས་མར་གྱུར་འགྲོ་བ་རྣམས། །ཐེག་མཆོག་དགེ་བའི་བཤེས་དང་མི་འབྲལ་ཞིང་། །རབ་འབྱམས་རྒྱལ་བའི་ཆོས་ཚུལ་ཀུན་བཟུང་ནས། །ས་ལམ་བགྲོད་པ་མྱུར་དུ་མཐར་ཕྱིན་ཤོག །ཅེས་པ་འདི་ནི་དད་ལྡན་སློབ་མ་བློ་བཟང་དཀའ་བཅུས་བསྐུལ་ངོར། ༄བཙུན་པ་དཀོན་མཆོག་བསྟན་པའི་སྒྲོན་མེས་སྨྲས་པའོ། །མངྒ་ལམ།། །།

༄༅། །ལེགས་པར་བཤད་པ་ཤིང་གི་བསྟན་
བཅོས་ལུགས་གཉིས་ཡལ་འདབ་བརྒྱ་
ལྡན་ཞེས་བྱ་བ་བཞུགས་སོ།།

ཨོཾ་བདེ་ལེགས་སུ་གྱུར་ཅིག །རིན་ཆེན་སེམས་ཀྱི་རྩ་བ་བརྟན། །ཐབས་ཆེན་ཚོགས་གཉིས་ཡལ་ག་རྒྱས། །སྐུ་གསུམ་འབྲས་བཟང་སྨིན་མས་དུད། །སངས་རྒྱས་སྟོན་པ་དེ་ལ་འདུད། །སྡང་བ་དཔེ་རུ་ཤར་པ་ཡི། །རྒྱལ་འབྱོར་དེ་ལ་གདམས་ངག་མང་། །ནགས་ལྗོང་སྟུག་པོའི་དོ་ར་རུ། །ཤིང་སོའི་ཕུང་པོ་ཟད་པ་མེད། །དཔག་བསམ་ཤིང་ལ་རྟེན་བྱས་ན། །དགོས་འདོད་ཐམས་ཅད་ཆར་དུ་བསྙིལ། །དེ་བཞིན་བཤེས་གཉེན་དམ་པ་ལ། །བརྟེན་ན་ལེགས་ཚོགས་ལྷུན་གྱིས་འགྲུབ། །བཤེས་ལ་མི་གུས་སྐྱོ་བོ་དེས། །གཞུང་བརྒྱ་ཤེས་ཀྱང་དོན་མི་འགྱུར། །ཤིང་སྐམ་ལོ་བརྒྱ་ཆུར་འཕང་ཡང་། །ལོ་འདབ་སྐྱེ་བ་སྲིད་ན་མེད། །དད་ལྡན་རང་བཞིན་བཟང་པོ་དེར། །ཚིགས་བཅད་གཅིག་ཙམ་གྱིས་ཀྱང་ཕན། །རྐང་འཐུང་གསར་བའི་སྨྱུ་གུ་དེ། །ཆུ་ཆར་གཟེགས་མ་ཡིས་ཀྱང་འཕེལ། །ཚེར་མ་ཅན་དང་དུག་ཤིང་གིས། །མི་དགོས་བཞིན་དུ་ས་འདི་གང་། །མི་ཤོམ་ངན་སོང་སྐྱེ་བ་ནི། །ས་ཡི་རྡུལ་བཞིན་བགྲང་ལས་འདས། །ཙན་དན་ས་མཆོག་སྟོན་པ་དེ། །འཛིག་རྟེན་འདི་ན་སྲིད་པ་ཙམ། །དལ་འབྱོར་ཚང་བའི་རྟེན་བཟང་ཡང་། །བརྒྱ་ལམ་ཐོབ་པ་མ་བཀག་ཙམ། །དལ་འབྱོར་སྙིང་པོ་མ་བླངས་ན། །དུད་འགྲོའི་རྟེན་དང་གཉིས་སུ་མེད། །ཨ་སྨྲའི་

འབྲས་བུ་མི་སྨྲིད་ན། །ཨེར་ན་ད་དང་ཁྱད་པར་ཅི། །མདངས་དང་ལོ་འབྲས་
མེ་ཏོག་སོགས། །སྨོན་པ་གཅིག་ཀྱང་དུས་ཀྱི་འགྱུར། །སྐྱེ་ཤ་ན་དང་འཆི་བ་
ཡི། །བློས་གར་སྐད་ཅིག་སྐད་ཅིག་བསྒྱུར། །རིང་དུ་འབྲེལ་བའི་ཞིང་ལོ་དེ། །
ལན་གཅིག་བྲུལ་པ་སླར་མི་འགྱོར། །འཛའ་〔མཛའ〕བ་ཡུན་རིང་འཁོད་
འཁོད་ནས། །ནམ་ཞིག་གཏན་དུ་འབྲལ་བར་འགྱུར། །སྟོང་པོ་གཤགས་
གཏུབ་དྲས་པ་ཡིས། །ཞིང་མཁན་མྱུར་དུ་ངལ་བར་འགྱུར། །བསྐལ་བར་དེ་
འདྲའི་ལས་བསྒྲུབ་ཀྱང་། །དམྱལ་བསྲུང་རྣམས་ནི་ངལ་བ་མེད། །ཇི་སྲིད་མི་
དགེ་མ་ཟད་པ། །དེ་སྲིད་སྡུག་བསྔལ་འཁོར་མོར་སྐྱོང་། །དུག་གི་ས་བོན་
གནས་ཀྱི་བར། །དུག་ལོ་སྐྱེ་བ་ཆོས་ཉིད་ཡིན། །གང་ཞིག་གསུམ་ལ་སྐྱབས་
སོང་བ། །དེ་ལ་སྲིད་ཞིའི་ཀྲུད་པ་མེད། །སྨོན་པ་ཆེ་ལ་བསྟེན་པ་བདེ། །
གཅན་ཟན་གདུག་པས་གཙེ་མི་ནུས། །རྩ་བ་རུལ་བའི་སྨོན་པ་ལ། །བསྟེན་
པར་བྱེད་པ་བླུན་པོའི་རྟགས། །རང་ཡང་འཁོར་བར་བྱིང་པ་ལ། །སྐྱབས་སུ་
འཛིན་རྣམས་ཀྱི་མ་འཁྲུལ། །དུག་དང་སྨན་གྱི་མྱུ་གུ་ལས། །འབྲས་བུ་འཚོལ་
བ་འགར་ཡང་མེད། །དགེ་དང་མི་དགེའི་ལས་ལས་ཀྱང་། །འབྲས་བུ་གཞན་
འབྱུང་གནས་མ་ཡིན། །ཐོག་མེད་དུས་ནས་བསགས་པའི་ལས། །བསྐལ་བ་
བརྒྱར་ཡང་ཆུད་མི་ཟ། །ཏ་ལའི་ཞིང་འབྲས་སྟོང་ཕྲག་འཐོར། །སྐམ་ཡང་རླན་
དང་འཕྲད་ན་སྐྱེ། །ས་བོན་ཆུང་སྐྱིན་ཉྱ་གྲོ་ཏའི། །ཡལ་འདབ་རྒྱས་པས་
རྒྱངས་གྲགས་ཁེབས། །ཁམ་གཅིག་ཟས་ཀྱི་སྦྱིན་པས་ཀྱང་། །འབྲས་བུ་འཁོར་
ལོས་བསྒྱུར་བ་འཐོབ། །རྣམ་བཀྲ་སྲིད་པའི་འཁོར་ལོ་འདིར། །དོན་ལྡན་སྙིང་
པོ་འགའ་མ་མཆིས། །ཆུ་ཤིང་སྙིན་པའི་སྟོང་པོ་ལ། །རྩེ་རྟིང་ཀུན་ན་སྙིང་པོ་
མེད། །སྨོན་ཤིང་ལོ་བརྒྱར་སྐྱེས་པ་ཡང་། །ནམ་ཞིག་ཚེ་ན་འགྱེལ་བར་
འགྱུར། །སྲིད་པའི་རྩེ་མོར་ཕྱིན་ནས་ནི། །སླར་ཡང་མི་བཟད་ངན་འགྲོར་

འགྲོ། །བུར་ཤིང་ཁུ་པས་རབ་བསྒོས་ན། །ཏིག་ཏའི་ཁ་བ་སེལ་བར་ནུས། །ལམ་གྱི་བདེན་པ་རབ་གོམས་པས། །སྡུག་བསྔལ་རྩ་བ་ཀུན་འབྱུང་སྤོང་། །ཀ་གདུང་ལྷུམ་དང་དྲལ་མ་རྣམས། །ཚོགས་པས་ཡིད་འོང་ལྡིང་ཁང་སྟེ། །ལྷག་པའི་བསླབ་པ་གསུམ་ཚོགས་པས། །ཐར་པ་དམ་པའི་ཁང་བཟང་འགྲུབ། །ཛོན་དུའི་ས་བོན་དེའི་ས་བོན། །གཞན་ལས་སྐྱེ་ཕྱིར་ཐོག་མ་མེད། །མཐའ་མེད་འཁོར་བར་སྐྱེས་པ་ན། །ཕ་མར་མ་གྱུར་སུ་ཞིག་ཡོད། །རྟ་སླང་བརྒྱ་ཡི་ཁུར་ལྡི་བ། །ཤིང་རྟ་ཆེན་པོ་གཅིག་གིས་འདྲེན། །ཉན་རང་ཀུན་གྱིས་མ་མཐོང་བའི། །ཁུར་ཏེ་རྒྱལ་སྲས་ཕྲུག་ན་མཛེས། །ཤིང་གཞན་འབྲས་བུ་བླངས་པས་འཛད། །དཔག་བསམ་ཤིང་འབྲས་ཟད་པ་མེད། །དགེ་བ་གཞན་འབྲས་སྨྱུང་པས་འཛད། །བྱང་ཆུབ་སེམས་དགེ་ཕྱིར་ཞིང་འཕེལ། །ཡོངས་སྨིན་འབྲས་བུས་སྨྲ་བ་ཡི། །རྐང་འཕུང་དེ་ལ་སྐྱེ་བོ་འདུ། །འཇུང་མེད་གཏོང་བའི་དཔལ་ཡོན་ཅན། །དེ་ཡིས་སྐྱེ་དགུའི་རེ་བ་སྐོང་། །མངོན་པར་མཐོ་དང་ངེས་ལེགས་ཀྱིས། །རྩ་བ་ཚུལ་ཁྲིམས་ལས་གཞན་མེད། །ཡལ་འདབ་གཡུར་དུ་ཟླ་བ་ཡི། །རྩ་བ་སྡོང་བུ་ཉག་གཅིག་ཡིན། །ཚེར་མ་ཟུག་པའི་ལན་དུ་སླར། །ཁུ་ཚུར་བརྡེག་པ་བཞད་གད་རྒྱུ། །གནོད་བྱེད་ལ་ཡང་སླར་ཁྲོ་བ། །རང་ཉིད་ཉམས་པའི་རྒྱུ་རུ་ཟད། །རྒྱུ་དུས་བརྩོན་པ་མ་བཏང་ན། །འབྲས་དུས་ཡོན་ཏན་ཐམས་ཅད་སྐྱེ། །རྩ་བ་རླན་དང་མ་བྲལ་ན། །རྩེ་མོར་ལོ་འབྲས་སྨིན་པར་འགྱུར། །སྡོང་པོ་རླུང་གིས་ཚེར་བསྐྱོད་ན། །འབྲས་བུ་ས་ལ་འབྱུལ་བ་ལྟར། །བྱིང་རྒོད་གཡེང་བས་རབ་གཡོས་པས། །ཏིང་འཛིན་དམིགས་པ་སྟོར་པར་བྱེད། །བསམ་གཏན་རྣམ་པར་དག་པ་ལས། །མངོན་ཤེས་ལ་སོགས་ཡོན་ཏན་འབྱུང་། །སྡོང་བུ་ཉམས་པ་མེད་གྱུར་ན། །མེ་ཏོག་གེ་སར་མགོ་ལྡོག་ལྡེམ། །ཤིང་གི་རལ་གྲི་གཡུལ་གྱི་ངོར། །འཕྱར་པ་དགྲ་ཡི་དགའ་སྟོན་ཡིན། །

ལྟར་སྣང་ཉེ་ཚེའི་ལྟ་བ་ཡི། །སྲིད་རྩ་གཅོད་འདོད་ཀྱི་ཏུད་མཚར། །ཏ་རི་ཙནྡན་བཟང་པོ་ཡི། །ལུས་ཀྱི་ཚ་གདུང་སེལ་བར་བྱེད། །སྙིང་རྗེའི་བཙུད་ལྡན་ལྟ་བ་ཡི། །དུག་གསུམ་ནད་བརྒྱ་དྲུང་ནས་འབྱིན། །ཤིང་ལས་སྐྱེས་པའི་སྤྲིན་བུ་ཡིས། ཤིང་དེ་ཟད་པར་བྱེད་པ་བཞིན། །འདོད་ཆགས་ལམ་སྐྱེས་ཡེ་ཤེས་ཀྱིས། །འདོད་ཆགས་ཉེས་པ་ཞི་བར་བྱེད། །ཤིང་སྐྱ་ཀླན་གྱིས་ཟིན་པ་ལས། །པེ་ཊར་མདང་སུ་འཕོ་བ་ལྟར། །ཐ་མལ་སྣང་བ་འོད་གསལ་གྱིས། །སྐྱུང་སྟེ་དག་པའི་ལྷ་སྐུར་ལྡང་། །ཡལ་འདབ་ཡོངས་སུ་རྫོགས་པ་ཡི། །སྨོན་པའི་གྲིབ་མ་ཀུན་ཏུ་བསིལ། །ཡོན་ཏན་མ་ལུས་རྫོགས་པ་ཡི། །རྒྱལ་བ་སྐྱེ་དགུའི་མགོན་ཏུ་གྱུར། །དེ་ལྟར་ཤིང་གི་བསྟན་ཆོས་ལས། །ཆོས་ཀྱི་ལམ་བསྟན་སཀྐ་སྟེ། །ད་ནི་འཇིག་རྟེན་ཚུལ་ལུགས་འགའ། །བཤད་དོ་རྣ་བ་བརྟག་སྟེ་ཉོན། །ཆོས་ལྡན་རྒྱལ་པོའི་གཟི་བྱིན་གྱིས། །དགྲ་སྡེ་རྣམས་ཀྱང་དབང་དུ་འདུ། །མ་ལ་ཡར་སྐྱེས་དྲི་བསུང་དེ། །བུང་བ་འགུག་པའི་ཕོ་ཉ་ཡིན། །རྒྱལ་ངན་ཆབ་འབབ་གཟིར་བ་དེར། །ནམ་ཞིག་གཡོག་ཀྱང་འཁོར་མི་འགྱུར། །སྲན་ཕུད་དབྱུག་པས་གཏོར་ན་ཡང་། །དབྱུག་པའི་ངོས་ལ་འབྱར་མི་སྲིད། །སློན་དང་འབབས་ཀྱིས་མ་བཀུར་ན། །རྒྱལ་པོ་ཆེན་པོ་ཇི་ལྟར་གནས། །གདུང་མ་ཀ་བས་མ་བརྟེགས་ན། །རྒྱལ་པོའི་ཕོ་བྲང་གང་ལས་འབྱུང་། །རྗེ་དཔོན་བཟང་པོའི་བཀའ་དྲིན་གྱིས། །གཡོག་འཁོར་མངའ་ཐང་དར་བར་འགྱུར། །སྨོན་པ་ཆེ་ལ་བསྟེན་པ་ཡི། །འབྲི་ཤིང་རྩེ་མོ་དགུང་ལ་བསྙེགས། །ཚེར་མའི་ཤིང་ལ་བསྟེན་བྱས་ན། །གནད་དུ་ཟུག་པའི་སྡུག་བསྔལ་སྐྱེ། །སྐྱེ་པོ་ངན་ལ་བརྟེན་བྱས་ཀྱང་། །ཕྱི་ཕྱིར་སྡུག་བསྔལ་འབའ་ཞིག་བསྐྱེད། །ཆབ་འབབས་བདེ་སྐྱིད་རྒྱས་པ་དེ། །རྗེ་དཔོན་ཉིད་ཀྱི་ཆེ་བའི་རྟགས། །རབ་རྒྱས་ཡལ་གའི་ཁྱོན་ཡངས་པ། སྡོང་པོ་རྩ་བའི་མཛེས་རྒྱན་ཡིན། །གཡོག་འཁོར་རྒྱུད་པའི་སྡེ་དཔོན་དེ། །རང་

ཉིད་འཁྱེར་ཡང་ངོ་ཚའི་རྒྱུ། །སྟོང་པོ་ཅི་ཙམ་སྒོམ་ན་ཡང་། །ཡལ་འདབ་མེད་ན་གཅེར་བུ་ཡིན། །སྟོང་རུལ་རྩ་བར་གནས་པའི་མི། །ཉིན་མཚན་ཀུན་ཏུ་བག་ཐེབས་བྲལ། །གཙོ་བོ་ངན་པའི་གཡོག་འཁོར་ཡང་། །རྟག་ཏུ་སེམས་ཁྲལ་གདུང་བས་གཟིར། །དཔོན་ངན་གཡོག་འཁོར་འཁྲིས་ནའང་། །སྡེ་དཔོན་བཟང་པོས་བསྐྱང་ཀྱང་འདུ། །ཚོར་ཤིང་འཐོར་བའི་སྦྲ་མ་ར། །ཙུ་ཏའི་ཤིང་ལས་བསྐྱང་ཀྱང་འཁོར། །རྗེ་དཔོན་གསར་ཚེ་བྱམས་བྱེད་ཀྱང་། །ཕྱི་ནས་བསྐྱབ་དཀའི་དཔྱ་ཁྲལ་འབེབ། །ཤིང་ལ་ཆར་སྐྱབས་བྱེད་མོད་ཀྱང་། །རྗེས་སུ་ཐིག་ཕྲེང་ལྷི་བར་འབབ། ལྗོན་པའི་གྲིབ་བསིལ་ཀུན་ལ་སྙོམས། །ཉི་ཟླའི་སྣང་བ་ཀུན་ལ་སྙོམས། །སྤྲིན་གྱི་ཆུ་ཆར་ཀུན་ལ་སྙོམས། །རྒྱལ་པོའི་བཀའ་ཁྲིམས་ཀུན་ལ་སྙོམས། །གཙོ་བོ་བཟང་ཡང་འཁོར་ངན་ན། །དེ་ཡི་དྲུང་དུ་བསྙེན་པར་དཀའ། །གདུག་པའི་སྦྲུལ་གྱིས་དཀྲིས་པ་ཡི། །ཙནྡན་ལྗོན་པ་སུ་ཡི་བསྙེན། ཕྱི་ནང་སྨིན་དང་མ་སྨིན་པའི། །ཨ་མྲའི་འབྲས་བུ་རིགས་བཞིར་གསུངས། །མི་ཡང་སེམས་དང་སྤྱོད་པ་གཉིས། །དག་དང་མ་དག་དབྱེ་བ་མང་། ༔ །མཁས་པ་ཡོན་ཏན་ཀུན་ལྡན་དེ། །སྙོམས་སེམས་མེད་པར་ཞི་ཞིང་དུལ། །སྙེ་མའི་ཁུར་གྱིས་བཏུད་པ་ཡི། །ལྗོན་ཤིང་རྩེ་མོ་དུད་དེ་གནས། །ཡོན་ཏན་མེད་པའི་སྐྱེ་བོ་དེ། །ང་རྒྱལ་མགོ་འཕང་ཅི་ལས་མཐོ། །འབྲས་བུའི་བཅུད་ཀྱིས་མ་བཟུང་བའི། །ལྗོན་པ་རེངས་པ་ཆོས་ཉིད་ཡིན། །ལྷན་སྐྱེས་ཡོན་ཏན་མེད་གྱུར་ན། །ཕྱི་ཚུལ་བཅོས་པས་ཅི་ལ་ཕན། །ཡལ་འདབ་མེད་པའི་ཤིང་སྐམ་དེར། །ཙོད་པན་བཏགས་ཀྱང་ག་ལ་མཛེས། །བསླབ་སྦྱང་དུས་ན་གཡེང་བ་དེས། །མཁས་འདོད་རེ་བ་འབྲས་མེད་ཡིན། །མེ་ཏོག་སད་ཀྱིས་ཁྱེར་བ་ཡི། །ཤིང་ལ་འབྲས་བུའི་རེ་བ་མེད། །སློ་གྲོས་རྩལ་དང་མི་ལྡན་ན། །ཀོ་ས་མཐོ་ཡང་ཁྲེལ་བའི་གཞི། །ཤིང་ལས་བྱས་པའི་སེང་གེ་དེ། །འཛིགས་

འཛིགས་འདྲ་ཡང་སྙིང་པོ་མེད། །དྲི་ཞིམ་བསུང་ངད་མི་ལྡན་ན། །ཙནྡན་ཡིན་ཞེས་སྨྲས་ཀྱང་རྫུན། །དམ་པའི་ཚུལ་དང་མི་མཐུན་ན། །དམ་པར་ཁས་འཆེ་དོན་དང་བྲལ། །དམན་པ་རྒྱལ་སར་བཏོན་ན་ཡང་། །མ་རབས་སྤྱོད་པའི་རྗེས་སུ་འཇུག །ཆུ་ཤིང་གྱེན་དུ་སྐྱེས་ན་ཡང་། །འདབ་མ་ཐུར་དུ་འཕྱང་བར་འགྱུར། །ཤ་གར་དུམ་བུ་བརྒྱར་གཏུབ་ཀྱང་། །ལྷན་སྐྱེས་དྲི་བཟང་མི་གཏོང་ལྟར། །དམ་པ་ཅི་ཙམ་རྒུད་ན་ཡང་། །བཟང་པོའི་རང་བཞིན་ག་ལ་འདོར། །ཤུག་པའི་ལོ་མ་མེར་བཙུག་ན། །ལྷག་པར་དྲི་བཟང་རྒྱས་པ་བཞིན། །དམ་པ་རྣམས་ལ་གནོད་བྱས་པས། །ཕྱིར་ཞིང་དེ་ཡི་ཆེ་བ་འདོན། །དམ་པ་དབེན་པར་གནས་ན་ཡང་། །གྲགས་སྙན་ལྷ་ཡིས་སྒྲོགས་པར་བྱེད། །སྟོ་ཡི་རི་ལས་སྐྱེས་པ་ཡི། །ཙནྡན་དྲི་བསུང་རླུང་གིས་འགྱེད། །འཇིག་པའི་ཤིང་དེ་བསྲུང་ན་ཡང་། །ནད་དང་འཕྲད་ཚེ་ཡ་ཡོར་འགྱུར། །རང་བཞིན་ངན་པ་བཅོས་ན་ཡང་། །རྐྱེན་དང་འཕྲད་ཚེ་རང་མཚང་སྟོན། །ལྕད་ཆུང་རང་བཞིན་ངན་པ་ལ། །ཡོན་ཏན་ཡོད་ཀྱང་ཕན་མི་ཐོགས། །རྩ་བ་དུག་ཏུ་གནས་པ་ཡི། །མེ་ཏོག་མཛེས་ཀྱང་སུ་ལ་མཁོ། །ཙནྡན་ཤུག་པའི་ཀ་བ་གཉིས། །གདུང་མ་འདེགས་པའི་ནུས་པ་མཚུངས། །སྙིང་སྟོབས་ལྡན་ན་དཔུང་ཕྱུག་གཉིས། །བྱ་བ་བྱེད་པའི་དུས་སུ་འདྲ། །ཡོངས་སྤྱོད་མངའ་ཐང་མཉམ་ན་ཡང་། །བཟང་ངན་ལས་ལ་སྦྱར་ན་ཤེས། །ཕྲ་སྦོམ་མཉམ་ཡང་ཆུར་འཕང་ན། །ཤིང་གི་མགོ་མཇུག་ཤེས་པར་ནུས། །མཁས་པའི་སྐྱེ་བོ་ཡུལ་གཞན་དུ། །བྲིན་ཤིང་ཀུན་གྱིས་བཀུར་བར་འགྱུར། །ནགས་སུ་སྐྱེས་པའི་ཤིང་གིས་ནི། །གཞན་དུ་ཤིང་གི་བྱ་བ་བྱེད། །ཤིང་བལ་རླུང་གིས་བདས་པ་དེ། །རི་རྩེར་མི་སྡོད་གཤོང་དུ་ཆགས། །སློ་ཆུང་ཕྱོགས་མཐར་འཁྱམས་འཁྱམས་ནས། །མཐའ་མར་རྒུད་པའི་གནས་སུ་ལྷུང་། །སྐྱོན་གྱིས་གོས་པ་ཆེས་སླ་སྟེ། །ཡོན་ཏན་སློབ་པ་དེ་ལྟ

མིན། །ཤིང་ལ་མེ་ལྕེ་མཆེད་སླ་ཡང་། །ཆུ་བོ་སོ་སོར་འཁྱེད་པར་དཀའ། །མ་
རབས་སྐྱེ་བོ་གཉིས་འགྲོགས་ན། །ཕྱུགས་སུ་རང་གཞན་གཉིས་ཀ་འཕོངས། །
གཙུབ་ཤིང་ཟུང་དུ་བརྡར་བ་ཡིས། །མཇུག་ཏུ་གཉིས་ཀ་བསྲེག་པར་བྱེད། །
ཕུན་སུམ་ཚོགས་པའི་ལྗོན་པ་ཡང་། །ཆུ་དང་འགྲོགས་ན་རྩ་བ་འབྱིན། །ཡ་
རབས་ཡོན་ཏན་ལྡན་པ་ཡང་། །གྲོགས་པོ་ངན་པས་ཉམས་པར་བྱེད། །
འབྲས་ལྡན་ཤིང་གཉིས་སྦྱར་བ་ལས། །འབྲས་བུ་ཕུང་གསུམ་འབྱུང་བ་ལྟར། །
བློ་དང་ལྡན་པ་གཉིས་འགྲོགས་ན། །སྟོན་མེད་ལེགས་པའི་བློ་གྲོས་སྐྱེ། །ལྗོན་
པའི་གྲིབ་བསིལ་བརྟེན་པ་ཡི། །སླང་པོས་ཤིང་གི་རྩ་བ་འབྱིན། །གཡོག་འཁོར་
ངན་པ་བརྟེན་པ་ཡིས། །ལེགས་བྱས་རྩ་བ་ཉམས་པར་བྱེད། །ཤིང་སྡོང་
གཙུག་གིས་བཀུར་བ་ཡིས། །འདབ་ཆགས་འགྲོ་ཚོ་བྱ་ཐལ་གཏོང་། །བློ་
གྲོགས་ངན་པ་བརྟེན་ན་ཡང་། །ནམ་ཞིག་རྗེས་ངན་བཞག་ནས་འགྲོ། །ངན་
པར་ཅི་ཙམ་ཕན་བཏགས་ཀྱང་། །ལན་དུ་ཕན་པའི་རེ་བ་མེད། །ཤིང་གིས་
རྟག་ཏུ་མེ་གསོས་ཀྱང་། །མེ་ཡིས་དེ་ཉིད་ཐལ་བར་བྱེད། །བློ་དང་མཐུ་ལྡན་རེ་
རེས་ཀྱང་། །མཆོག་དམན་ཀུན་གྱི་དགོས་པ་བསྒྲུབ། །འོད་མའི་གནམ་རུ་
གཅིག་གིས་ཀྱང་། །ཉག་ཕྲན་སྡོང་གི་བྱ་བ་བྱེད། །ཡོངས་སྤྱོད་དཔལ་དང་མི་
ལྡན་ན། །རིགས་རུས་མཐོ་ཡང་དགོས་པ་ཆུང་། །དགོས་པའི་གྲིབ་བསིལ་
མེད་གྱུར་ཚེ། །རྩེ་མོ་མཐོ་བས་ཅི་ལ་ཕན། །རྩ་བ་བསོད་ནམས་མེད་གྱུར་
ན། །བསགས་པས་དབུལ་པ་མི་སེལ་དེ། །སྡོང་པོ་བརྟན་དང་བྲལ་བ་ལ། །
ཡལ་གར་ཆུ་བོས་བྱུག་ཀྱང་ཅི། །བུན་དང་བསྐྱེད་ཀྱིས་ནོར་སྤེལ་བར། །འདོད་
ཀྱང་རྩ་བ་སྟོར་པ་མང་། །ཤིང་སྐྱེས་བཅད་ནས་ས་གཞན་དུ། །བཙུགས་པ་
ཕལ་ཆེར་སྐམ་པར་འགྱུར། །གཡང་ས་མཐོན་པོར་སྐྱེས་པ་ཡི། །ས་ཏ་ཀ་རའི་
འབྲས་བུ་བཞིན། །རང་གཞན་གང་ལའང་མི་ཕན་པའི། །ཡོངས་སྤྱོད་ཆེ་དེ་ལྟ

བ་ཡིན། །ཡོངས་སྤྱོད་སྤེལ་བར་འདོད་པ་ཡིས། །ཆ་ཤས་གཏོང་བ་མན་ངག་སྟེ། །ལྗོན་ཤིང་ཡལ་ག་རྒྱས་འདོད་ན། །རྩེ་མོ་འབྲེག་པ་ཐབས་སུ་བཟང་། །དམན་པས་བསགས་ཀྱང་མི་འགྲུབ་ལ། །བསོད་ནམས་ལྡན་པས་བཏང་ཡང་འཕྱུར། །བརྟན་སར་བཅད་ཀྱང་སྐྱེ་བའི་ཤིང་། །རྐམ་སར་བཙུགས་ཀྱང་ག་ལ་སྐྱེ། །ལམ་ཁའི་ཤིང་གི་འབྲས་བུ་དེ། །ཕྱིས་པའི་རྗེ་ཆར་འབེབས་པའི་རྒྱུ། །བདག་པོ་ངན་པའི་ཡོངས་སྤྱོད་ཀྱང་། །ཕལ་ཆེར་དགྲ་ཡིག་ཡབ་མོ་ཡིན། །བསོད་ནམས་དམན་པའི་སྐྱེས་བུ་དེར། །དཔལ་འབྱོར་བྱུང་ན་སྲོག་ཀྱང་བརླག །སྨིན་མའི་ཤིང་གི་རྩེ་མོ་ལ། །འབྲས་བུ་ཆགས་པ་ཉམས་པའི་ལྟས། །བུར་ཤིང་གཅོད་པ་རོ་ཡི་ཕྱིར། །ཕ་སྐྱེས་གསོད་པ་པགས་པའི་སླད། །དོན་མཐུན་འཛོམས་པ་ནོར་གྱི་དོན། །རྒྱལ་པོར་རྐོལ་བ་འབང་ཀྱི་ཆེད། །ཤིང་ལ་ཐོག་མར་ཐིག་འདེབས་ཀྱི། །དྲས་ཤིང་གཏུབས་ནས་བསྒྱུར་དུ་མེད། །བྱ་བའི་ཐོག་མར་བསམ་དགོས་ཀྱི། །རྗེས་ནས་ཀྲོད་བརྫལ་སྨྲུན་པོའི་རྟགས། སྟབས་ལེགས་ཙམ་གྱིས་དོན་གྲུབ་ཀྱང་། །བློ་དང་ལྡན་པར་སུ་ཞིག་རློམ། །ཡོ་མ་འཁྱུམ་ནས་ཉལ་བས་ཤིང་། །སེམས་ལྡན་བསྒྲུབ་པ་སྨྲ་སྟེགས་ལུགས། །སྲང་མདོར་ཡོ་འདབ་ཉལ་ཉིལ་དུ། །གནས་པས་ཤིང་དེ་ཀུན་གྱི་བརྫི། །དོན་མེད་འཚོལ་བའི་གཏམ་མང་བའི། །མི་དེ་ཀུན་ལ་ངོ་ཐང་ཆུང་། །མི་ངན་བྱས་པ་ཆུང་ན་ཡང་། །དྲིན་ཆེའི་ཡུས་ཀྱིས་ཟ་བ་འགེམས། །བུད་ཤིང་རློན་པ་མེ་ཆུང་ཡང་། །དུད་པ་ནག་པོས་ཚང་མང་འགེངས། །ཤིང་ལ་ལན་ཅིག་སྦྲུལ་གནས་དེ། །ཕྱིས་ཀྱང་མཐོང་ཚེ་འཇིགས་པ་ལྟར། །ཀུ་དང་རྫུན་ལ་གཅིག་ཞུགས་པའི། །མི་དེར་རྟག་ཏུ་དོགས་པ་སྐྱེ། །ཚེར་མ་རྣོ་ཡང་བྲག་རི་ལ། །བསྟུན་ན་རྩེ་མོ་འཇིལ་བར་བྱེད། །སྐྱེས་བུ་དམ་པར་ཕྲག་དོག་གིས། །སྨོད་པ་རང་གི་དམའ་འབེབས་ཡིན། །གནས་མིན་ལ་ཡང་དུལ་ཆེས་ན། །སྐྱིགས་པའི་དུས་

འདིར་ཀུན་གྱི་བརྙས། །ཞིང་བལ་འཛམ་མོ་འཛམ་མོ་ཞེས། །ཀུན་གྱི་གདན་དུ་མི་བྱེད་དམ། །ཞིང་སྐྱེས་དྲང་པོ་མཛེས་ན་ཡང་། །སྨ་ཞིང་འཁྱོག་པོ་ཅི་ལས་བཟང་། །རང་བཞིན་དྲང་ན་བཟང་མོད་ཀྱང་། །རེས་འགའ་ལྷེམ་པོ་རྒྱལ་བས་གསུངས། །མདའུ་མེད་པའི་མདའ་འཕེན་པ། །དགྲ་བོ་སྨྱོན་འདྲེན་པོ་ཉ་ཡིན། །དགྲ་བོ་འཛོམས་པའི་མཐུ་མེད་ན། །དོན་མེད་དཔའ་སྐད་ཅི་ལ་སྒྲ། །གཉེན་ལ་ཧ་ཅང་བྱམས་པ་ཡང་། །འཁོན་གྱི་རྒྱུ་རུ་འགྲོ་བ་མང་། །ཕུར་ཞིང་མངར་པོ་སྤྱོད་ཆེས་ན། །མ་ཞུས་སྐྲིགས་པ་སྐྱུར་མོ་འབྱུང་། །ཞིང་དགྲ་སྟ་རེ་ཡིན་མོད་ཀྱང་། །དེའི་[ཡི]ཡུ་བ་ཞིང་གིས་བྱེད། །དགྲ་ཡིས་བཅོམས་པའི་ཕུང་ཁྲོལ་ཀྱང་། །ཕལ་ཆེར་རྩ་བ་གཉེན་གྱིས་བྱས། །སྟོང་པོ་གཅོད་པའི་ཐབས་ཉེས་ན། །རང་གི་སྟེང་དུ་ལྷུང་བར་འགྱུར། །དགྲ་ལ་ཧ་ཅང་སྡང་བ་ཡང་། །རང་གི་གཤེད་དུ་འགྲོ་བ་མང་། །ཞིང་སྐམ་དགུ་པར་མི་ནུས་ཏེ། །ལྷན་གྱིས་བགོས་ན་ལས་སུ་རུང་། །དགྲ་བོ་མི་བསྲུན་སེམས་ལྡན་ཡང་། །ཐབས་ལ་མཁས་ན་འདུལ་བར་ནུས། ཉི་ཟླས་མི་ཕྱེད་མུ་ངན་མེད། །ན་ཚུང་ཧང་གདུབ་རིག་པས་འབྱེད། །ལེགས་པར་བཤད་ཀྱང་མི་གོ་པའི། །མ་རབས་ལ་ལ་སྨད་པས་ཐུལ། །ནགས་ན་གནས་རྣམས་ཁང་བཟང་དང་། དེར་གནས་སྐྱིད་མོའི་ཚལ་ལ་དགའ། །འཚོ་བས་དབུལ་བ་རབ་བྱུང་དང་། །རྒྱལ་བས་སྨྲས་པ་ཁྲིམ་ལ་ཕྱོགས། །ནགས་དེར་སྐྱེས་པའི་སྤྲེའུ་ཡང་། །འབྲས་བུ་བཟང་ན་གཞན་དུ་འགྲོ། །རྒྱུད་ཚེ་སྟེང་དུ་སྡུག་པ་ཡི། །བུ་ཡང་གཞན་གྱི་ཕྱོགས་སུ་འབྲོས། །ནགས་ཚལ་ཕུན་སུམ་ཚོགས་པ་དེར། །དོན་མེད་ནམ་མཁའི་བྱ་ཡང་འཁོར། །གང་ན་བདེ་སྐྱིད་འཛོམ་པ་དེར། །མ་བསྡུས་པར་ཡང་སྐྱེ་བོ་འདུ། །ཞིང་གི་འབྲས་བུ་ལེགས་བསྐྱངས་ན། །ལོ་འདབ་ལ་སོགས་ཞར་ལ་འབྱུང་། །དམ་པའི་ཆོས་ལ་བརྩོན་བྱས་ན། །སྲིད་ཀྱི་དཔལ་མང་དེ་ཡིས་

འགྲུབ། །དེ་ལྟར་ལུགས་གཉིས་སྣང་དོར་ཀུན། །ཤིང་གི་ཁྱད་པར་ཚོ་ན་ཡིས། །མཚོན་བྱེད་གཏམ་གྱི་སྦྱོར་བ་འདི། །སྟོན་མེད་མཁས་པའི་དགའ་སྟོན་ཡིན། །གང་མགྲིན་འོ་མའི་རྒྱ་མཚོ་རུ། །དབྱངས་ལྡན་ངང་མོ་རྣམ་རོལ་བ། །དེ་ཡི་ཁ་ལས་ལེགས་བཤད་ཀྱི། །ཟ་ཆབ་འཁྲི་ཤིང་ཅི་ཡང་གཡོ། །གྲགས་སྙན་ནོར་བུའི་ཞགས་པ་ཡིས། །རྒྱ་བོད་འཛིན་མའི་མཐའ་བཅིང་བ། །དཔལ་ལྡན་ས་སྐྱ་པཎྜི་ཏའི། །ལེགས་བཤད་ལམ་ལ་བརྟེན་པ་ཡིན། །དོན་གྱི་སྙིང་ལྷུགས་མཁྱུད་〔འཁྱུད〕གང་ལ། །དཔེ་ཡི་ལྡེ་མིག་ཁྲུ་གང་པ། །དེ་ལྟའི་གཞུང་ཡང་སྣང་མེད་དེ། །མཁས་སློབ་སུ་ཡི་དབང་དུ་བྱས། །ལུགས་གཉིས་སྣང་དོར་ཤེས་འདོད་རྣམས། །དཔེ་ཡིས་སོར་མོ་ཙམ་མིན་པར། །དོན་གྱི་ཟླ་ཤེལ་སྟོས་ཞིག་དང་། །ངོ་མཚར་རི་དྭགས་མཚན་མ་ཡོད། །འདིར་འབད་ལེགས་བྱས་ན་གྲོ་ཏའི། །ས་བོན་སྨིན་པའི་དགེ་མཚན་གྱི། །ཡལ་ག་ཕྱོགས་བརྒྱུར་རྒྱས་པ་ཡིས། །འགྲོ་བ་ཀུན་གྱི་དོན་བྱེད་ཤོག །ཅེས་ལེགས་པར་བཤད་པ་ཤིང་གི་བསྟན་བཅོས་ལུགས་གཉིས་ཡལ་འདབ་བརྒྱ་ལྡན་ཞེས་བྱ་བ་འདི་ནི་མཐོང་སྣང་སྣ་ཚོགས་ཀྱིས་རྐྱེན་བྱས་ཏེ་བཙུན་པ་དཀོན་མཆོག་བསྟན་པའི་སྒྲོན་མེས་ཚ་ཟན་སྐྱན་ཆུར་ཕྱིན་པའི་ལམ་ཁར་གང་དྲན་སྨུག་བྲིས་སུ་བཀོས་པའོ།། །།

༄༅། །ལེགས་པར་བཤད་པ་ཆུའི་བསྟན་བཅོས་ལུགས་གཉིས་སྐབས་འཕྲེང་བརྒྱ་ལྡན་ཞེས་བྱ་བ་བཞུགས་སོ།།

མཁྱེན་པའི་གཏིང་མཐའ་མི་མངོན་ཞིང་། །ཐུགས་རྗེའི་ཡིད་བཞིན་ནོར་གྱིས་གཏམས། །མཛད་པའི་རླབས་ཕྲེང་གཡོ་བ་ཅན། །ཐུབ་དབང་ཆོས་ཀྱི་རྒྱ་མཚོ་རྒྱལ། །རྟོག་བྲལ་དྭངས་པའི་ཆུ་རྒྱུན་གྱིས། །ལུས་ཅན་གདུང་བ་ཞི་བྱེད་ལྟར། །ལེགས་བཤད་གསར་པའི་བདུད་རྩི་ཡིས། །བློ་ལྡན་སྐྱེ་བོ་དབུགས་དབྱུང་བྱ། །དྲི་བཟང་བསྒོས་པའི་ཆུ་གཙང་དེ། །མཆོད་ཡོན་ཞབས་བསིལ་བསང་གཏོར་སོགས། །གང་དུ་བྱས་ཀྱང་ལེགས་པ་ལྟར། །ལེགས་བཤད་གཏམ་ནི་ཀུན་ལ་མཛེས། །ལུགས་གཉིས་བླང་དོར་ཤེས་པ་ཡིས། །གནས་སྐབས་མཐར་ཐུག་དོན་འགྲུབ་སྟེ། །བརྟག་པ་ཀུན་ལ་མཁས་པ་ཡི། །དེད་དཔོན་རྒྱ་མཚོར་ཞུགས་པ་བཞིན། །ཆུ་བྲན་བརྒལ་བར་མི་ནུས་དེས། །རྒྱ་མཚོར་རྒྱལ་གྱིས་ག་ལ་ཚོད། །ཡ་རབས་ལུགས་ཀྱང་མི་ཤེས་ན། །ཆོས་ཀྱི་དེ་ཉིད་ཇི་ལྟར་རྟོགས། །གཟུར་གནས་རིག་པར་ལྡན་པ་དེས། །གཞན་གྱི་ཡོན་ཏན་ལེན་པར་བྱེད། །སྤང་སྤོངས་གཙང་མའི་དལ་འགྲོ་མ། །ལྷུང་ལྷུང་ཟེར་ཞིང་མི་ཏོག་འཕྱུ། །ངན་པས་ཕྱོགས་མཐའ་བསྐོར་ན་ཡང་། །སྐྱོན་གྱི་རིགས་རྣམས་སྡུད་པར་བྱེད། །ངམ་གྲོག་ས་རལ་ཅན་གྱི་ཆུས། །འདམ་གྱི་སྙིག་མ་འདྲེན་དང་མཚུངས། །ཡོན་ཏན་དང་པོར་སློབ་དཀའ་ལ། །ཤེས་བཞིན་མེད་

ན་ཉམས་པ་སླ། །ཆུ་ཐིགས་བསགས་པས་འགེངས་དཀའ་ཡང་། །བོ་ན་གཅིག་ཅར་ཉིད་དུ་འཛད། །དཀའ་སྤྱད་ཁུར་དུ་འཁྱེར་ནུས་ན། བྱ་བ་གང་ཡང་དཀའ་བ་མེད། །ཆུ་ཡི་ནང་དུ་ཞུགས་པ་དེར། །ཆར་གྱིས་ལྷག་པར་གནོད་མི་འགྱུར། །རྒྱུན་ཆགས་བརྩོན་པ་མ་བཏང་བར། །བགས་ཀྱིས་བསྒྲུབ་ན་ཅི་ཡང་འགྲུབ། །ཆུ་བོ་དལ་གྱིས་འབབ་པ་ཡིས། །ཡངས་པའི་ས་ཆེན་བསྐོར་ནས་འགྲོ །བྱ་བ་ཆེན་པོ་ཡུན་གྱིས་སྒྲུབ། །དང་ཐུང་འབད་པས་མཐར་མི་ཕྱིན། །གླང་ཆེན་དལ་ཡང་རིང་འགྲོ་ལ། །ཐ་རླབས་དྲག་ཀྱང་ཆེར་མི་འགྲོ །བྱ་བ་ཉམས་ཀྱིས་མི་ལྷོགས་ན། །གཞན་གྱིས་ཐད་ཀྱང་བྱར་མི་ནུང་། །རྐྱལ་མི་ཤེས་ན་གཞན་དག་གིས། །བསྐྱལ་ཡང་ཆུ་ནང་ཅིག་ཕྱིར་མཆོང་། །ཆུ་བོ་ཐུན་མོང་མཆོད་ཡོན་ཏེ། །ཉི་ཟླ་ཐུན་མོང་སྒྲོན་མེ་གསལ། །དམ་པ་ཐུན་མོང་གཙུག་རྒྱན་དང་། དམ་ཆོས་ཐུན་མོང་བདུད་རྩི་ཡིན། །དར་ཆེན་གྲུ་གཟིངས་རྒྱ་མཚོའི་རྒྱན། །སྤྲིན་ཐལ་ཟླ་བ་ནམ་མཁའི་རྒྱན། །མཁས་པའི་སྐྱེ་བོ་བསྟན་པའི་རྒྱན། །རུ་འདྲེན་དཔའ་བོ་དཔུང་གི་རྒྱན། །ཡ་རབས་མཛངས་སྤྱོད་དཔོན་དང་འབངས། །ཕན་ཚུན་ལེགས་ཚོགས་གོང་དུ་སྤེལ། །རྒྱ་མཚོ་ཆེ་དང་ཆུ་བོ་རྣམས། །རེས་མོས་ཚུལ་གྱིས་གྲོགས་སུ་འགྱུར། །རྗེ་བོ་ངན་དང་གཡོག་ངན་པ། །གཉིས་ཀས་གཉི་ག་རྒུད་བྱེད་དེ། །ཟ་གསར་ནང་དུ་ཆུ་ལྷུགས་ན། །གཉིས་ཀ་ཆུད་ཟོས་བརླག་པར་འགྱུར། །ཤེས་རྨོངས་དབང་ཅན་མང་བ་ཡི། །ཡུལ་ཁམས་འདུན་གྲོས་འཛིག་འགྱུར་ཏེ། །གཡས་གཡོན་ཀུན་ནས་ཆུ་འབུར་བའི། །ས་ལ་མཁར་ཁྲིམ་བརྟན་མི་སྲིད། །རྗེ་འབངས་མཐུན་ན་དགྲ་སྡེ་ཡིས། །ཐུབ་དཀའ་སོ་སོར་གྱེས་ན་མེད། །རྟ་ཡིས་བཀལ་དཀའི་ཆུ་བོ་ཡང་། །མང་དུ་གྱེས་ན་ལུག་ཀྱང་བགྲོད། །ཆོས་ལྡན་རྒྱལ་པོས་ཁྲལ་བསྡུས་ཀྱང་། །དེ་ཉིད་ཀྱིས་ནི་འབངས་རྣམས་སྐྱོང་། །སྤྲིན་ཆེན་རྒྱ་མཚོའི་ཆུ་དྲངས་

ཏེ། །དལ་གྱི་འཐེབས་པས་འཛིན་མ་སྐྱོང་། །རྒྱལ་ངན་འབབས་ཀྱི་ཟས་ནོར་
ཀུན། །ཕྲོགས་ཀྱང་ད་དུང་ལྷོག་ཅིང་བཀྲེན། །རྒོད་མ་ཁ་ཡིས་རྒྱ་མཚོའི་ཆུ། །
འཐུངས་ཀྱིན་རྟག་ཏུ་འབར་དང་མཚུངས། །གཙོ་བོ་ངན་པ་རྟག་བཀུར་
ཡང་། །གསུག་དང་བྲལ་བ་ཙམ་གྱིས་སྨད། །ཆུ་བོ་ཉིན་ཞག་མང་བསྐོལ་
ཀྱང་། །མེ་དང་བྲལ་བའི་མོད་ལ་གྲང་། །ཁེངས་དྲེགས་གདུག་རྩུབ་ཆེ་བ་
ཡི། །དཔོན་ལ་སུ་ཡང་བརྟེན་མི་སྲོ། །ཤིན་ཏུ་འཁྲུགས་པའི་ཐ་གློང་དུ། །ཉ་
ལ་སོགས་ཀྱང་སྡོད་མི་བྱེད། །བརྩེ་ཞིང་ཕན་གདགས་ནུས་པ་དེར། །སྐྱེ་བོ་
ཐམས་ཅད་ངང་གིས་འདུ། །ཡིད་བཞིན་གྱི་ནི་རྒྱ་མཚོའི་ངོགས། །འགྲོ་བ་
ཀུན་གྱིས་སྟེན་པར་བྱེད། །ཆེ་མཐོ་བསྟེན་པས་དཔལ་འཐོབ་ཀྱང་། །དེ་ལས་
ལྷག་པའི་འཇིགས་པ་འབྱུང་། །རྒྱ་མཚོ་རིན་ཆེན་འབྱུང་གནས་དེ། །གདུག་
ཅན་ན་ཀྲའི་གྲོང་ཡང་ཡིན། །རྒྱུས་མེད་མི་ལ་གསར་འགྲོགས་ཀྱིས། །ཡིད་
བརྟན་བྱེད་པ་ཉམས་པའི་རྒྱུ། །རྒྱལ་སྲས་ངང་བའི་སྐྱེ་དཔོན་ཡང་། །མཚོ་
གསར་བསྟེན་པས་སྐེ་ཡིས་ཟིན། །རྔ་བ་སྲབ་པའི་མཛའ་གཅུག་དེ། །རིང་
མིན་དབྱེན་གྱིས་སོ་སོར་གཏོང་། །ཆུ་དང་འོ་མ་རོ་གཅིག་ཏུ། །འདྲེས་པ་ངང་
བའི་མཆུ་ཡིས་འབྱེད། །མཁས་པས་བདེན་རྫུན་བརྟགས་ནས་བྱེད། །བླུན་པོ་
གྲགས་པའི་རྗེས་སུ་རྒྱུག །ཆུ་ནང་ཅལ་གྱི་སྒྲ་བསྒྲགས་པས། །གཅན་གཟན་རི་
དྭགས་ཕལ་ཆེར་བྲོས། །འགྲོགས་ན་ལེགས་སྤྱོད་འཕེལ་འགྲིབ་ལས། །དགེ་
དང་སྡིག་པའི་གྲོགས་འགྱུར་ཏེ། །དྭངས་བསིལ་འདྲ་ཡང་ཕན་གནོད་ལས། །
སྨན་གྱི་ཆུ་དང་དུག་ཆུར་འཛོག །སྡིག་གྲོགས་གཡེམ་མའི་འཛུམ་དཀར་
ལས། །ཤ་ཚའི་གདུག་རྩུབ་ཁྲོ་གཉེར་བཟང་། །ཐན་བྱེར་སྤྲིན་གྱི་མདོག་དཀར་
ཡང་། །ཆུ་ལྡན་སྤྲིན་ནག་ཞིང་བའི་གསོས། །བློ་ལྡན་རང་བཞིན་བཟང་པོ་
དེ། །མཆོག་དམན་བར་མ་ཀུན་གྱིས་བསྟེན། །འཇུག་ངོགས་བདེ་བའི་རྫིང་བུ་

ལ། །སྐྱེ་བོ་ཐམས་ཅད་དགའ་བཞིན་འཇུག །ཁེངས་དྲེགས་སྤྱོད་པ་རྗེང་བ་ལ། །དོན་མེད་རྣམས་ཀྱང་དགྲ་རུ་ལྡང་། །རྒྱུག་ཅིང་འཕྱང་བའི་གནྨ་མ། །ཇོ་སྟུ་ཁྲིས་པས་ཏུབ་ཀྱིས་བཏུང་། །ཉམ་ཆུང་སྟེང་དུ་དཔའ་ཐལ་ན། །ཉམ་ངའི་གཡང་དུ་ལྷུང་འགྱུར་ཏེ། །ཆུ་ལ་རྒྱལ་གྱིས་དྲེགས་པའི་ཉ། །སྐམ་ལ་ཡར་ན་འཆི་བར་འགྱུར། །རིགས་ངན་ཅུང་ཟད་འབྱོར་ན་ཡང་། །རྒྱལ་པོ་ལྷ་བུའི་ཁེངས་དྲེགས་འཛིན། །གཙང་རོང་དོག་མོའི་ཆུ་ཐྲན་དེ། །ཞུར་སྒྲ་རྒྱ་མཚོའི་ཐ་སྙིང་འདྲ། །ཡངས་པའི་རྒྱལ་ཁམས་མ་མཐོང་བ། །ས་མཐའི་བླུན་པོ་རང་མཐོང་ཆེ། །ཁྲོན་པའི་ཆུ་ལ་འཁྱིང་བ་ཡི། །རུས་སྦལ་རྒྱ་མཚོའི་གཏམ་གྱིས་ཤི །ཐ་ཤལ་རྣམས་ནི་མགུ་སླ་ཞིང་། །མགུ་བའི་མོད་ལ་ཁྲེལ་ཡང་སླ། །སྤུ་ཐག་ཐུང་བའི་ཆུ་ཐྲན་དེ། །ཐུབས་དང་བྲི་བ་ཡུད་ཙམ་ཡིན། །མ་རབས་གཅེས་པར་བསྐྱངས་ན་ཡང་། །དྲིན་དུ་མི་ཆོར་འཁྲུག་པར་བྱེད། །བསིལ་བའི་ཆུ་ཡིས་བྲན་ན་ཡང་། །རྗོ་ཞུན་ལྷག་པར་ཁོལ་ཞིང་ཚ། །དམ་པ་རྣམས་ལ་གནོད་བྱས་ཀྱང་། །ཁྲོ་མེད་བཟོད་པས་བདེ་བར་གནས། །བཙོ་ཡི་སྦྱགས་ཀྱིས་བཏབ་པའི་ཆུ། །ཁོལ་བཞིན་པ་ཡིས་བྲན་ཀྱང་བསིལ། །ཁྲེལ་མེད་རྣམས་ལ་ཕན་བཏགས་ཀྱང་། །བྱ་བ་ཟིན་ན་བརྗེད་པར་འགྱུར། །ཆུ་བོའི་ཕ་རོལ་བརྒལ་བ་ན། །གྲུ་གཟིངས་ལྟོས་པ་མེད་པར་འདོར། །མི་ངན་རེ་རེའི་བྱེད་པས་ཀྱང་། །ཡུལ་ཁམས་ཆེན་པོ་ཕུང་བར་བྱེད། །དྲང་སྲོང་གདུག་པ་མཆོངས་པ་ཡིས། །སི་ཏ་ཚལ་བརྒྱར་གྱིས་ཞེས་གྲགས། །དམུ་རྒོད་སྐྱེ་བོས་སུན་ཕྱུངས་རྣམས། །དམ་པ་ལ་ཡང་ཡིད་མི་ཆེས། །ཆུ་ཟླས་བསླུས་བྱས་ངང་བ་ཡིས། །ཉིན་མོའང་པད་རྩ་ཟ་མི་བྱེད། །སྐྱེ་བོ་ངན་པ་བཙོས་ན་ཡང་། །རྐྱེན་དང་ཐྲད་ཚེ་རང་མཚང་སྟོན། །ཆུ་སླུང་འོལ་ཁ་བསྒྱུར་བ་དེ། །ཐུབས་ཚེ་སྔར་གྱི་ལམ་དུ་འགྲོ། །དམ་པ་མཐོ་དམན་འབྱོར་རྒྱུད་སོགས། །ཅིས་ཀྱང་རང་བཞིན་མི་

འགྱུར་ཏེ། །རྒྱ་བོ་བསིལ་ལམ་ཚ་ན་ཡང་། །རླན་གྱི་རང་བཞིན་ག་ལ་
འདོར། །མི་བསྲུན་སྐྱེ་བོ་གདམས་པ་ལས། །ནན་ཏུར་ལས་ཀྱིས་གདུལ་བར་
སླ། །ཕོས་ཀྱི་དྲི་མ་འཁྲུད་པ་ལ། །གཙང་མའི་རྒྱ་ལས་འགྱུར་བྱེད་བཟང་། །
ལུས་ཅན་ནང་གི་སྐྱོན་ཡོན་རྣམས། །ཕྱི་རོལ་སྤྱོད་པས་མཚོན་ནུས་ཏེ། །རྒྱ་
སྐྱར་ལྡང་བས་རྒྱ་བོ་དང་། དུ་བ་ལས་ནི་མེར་ཤེས་བཞིན། །གཞན་གྱི་སྐྱོན་
ཡོན་མཐོང་སླ་ཡང་། །རང་གི་སྤྱོད་ཚུལ་མཐོང་པར་དཀའ། །མཚོ་ནང་ནམ་
མཁའི་ཟླ་སྐར་ཀུན། །གསལ་ཡང་རང་གི་གཏིང་མི་མཐོང་། །བསམ་ངན་
གཡོ་སྒྱུའི་བྱ་བ་ནི། །ལམ་རྒྱུག་འདྲང་ཡང་ཕུགས་སུ་འཕུང་། །རྒྱ་ཀླུང་གྱ་གྱུར་
བགྲོད་པ་ཡང་། །བབ་ཀྱིས་ཐུར་ནས་ཐུར་དུ་འགྲོ །རིགས་རྒྱུད་ཟད་འདོད་བུ་
ངན་སྐྱེ། །བསོད་ནམས་ཟད་འདོད་བསམ་ངན་འཆར། །རང་ཉིད་བརླག་
འདོད་རིག་པ་རྒོད། །རྒྱ་མིག་སྐམ་འདོད་སྙིག་མ་མང་། །བློན་པོས་ངལ་
བརྒྱས་བསྒྲུབས་ན་ཡང་། གྲགས་པ་བློ་ལྡན་གཞན་གྱིས་འཁྱེར། །རི་ལས་སྐྱེས་
པའི་པདྨ་ཡང་། །བསྐྱེད་པའི་གྲགས་པ་རྒྱ་ཡིས་འཐོབ། །ལུང་རྟོགས་ཡོན་ཏན་
མི་ལྡན་ཡང་། །དམ་པར་སྒྲོགས་པས་སྐྱེ་བོ་བསླུ། །སྦྲང་ཆར་བཙུད་དང་བྲལ་
བ་ཡི། །ཐན་ཁྱེར་སྤྲིན་གྱི་འབྲུག་སྒྲ་བཞིན། །སྙིགས་དུས་རང་བྱུང་ཀུན་
མཁྱེན་རྣམས། །སྤྱངས་ཆེ་ཐལ་པ་ལས་ཀྱང་རྩལ། །རང་བྱུང་རྒྱ་ཚན་ཐར་ཚ་
ཡང་། །བསྐོལ་ན་རྒྱ་གྲང་རྗེས་སུ་ཕོལ། །དྲིད་པོ་ཁ་ཡིས་ཆོས་བཤད་མཁན། །
ཤེས་རྒྱུད་གདོལ་པ་ལས་ཀྱང་ཐུ། །དགུན་དུས་རླངས་པ་ན་བུན་བཞིན། །
འཐིབས་པའི་གློང་དེ་ལྷག་པར་གྲང་། །དམ་པའི་སྐྱེ་བོ་ཉམ་ཐག་ཀྱང་། །ཆོས་
དང་འགལ་བའི་ལས་མི་བྱེད། །ཆར་སྤོད་བྱིའུ་སྐོམ་ན་ཡང་། །ས་ལ་འབབ་
བའི་རྒྱ་མི་འཐུང་། །དགེ་སྦྱོར་བརྩོན་པར་འདོད་པ་དང་། །ལོག་པའི་འཚོ་བ་
སྒྲུབ་པ་འགལ། །མེ་ཏོག་སྐྱེད་པར་འདོད་པ་ཡིས། །རྒྱ་ཚན་བླུགས་ན་ཐན་

འགྱུར་རམ། །ཆེན་པོ་རེ་ཞིག་རྒྱུད་ན་ཡང་། །སླད་ནས་གཟི་བྱིན་རྒྱས་པར་འགྱུར། །འཁྲུག་པའི་སྟོབས་སུ་ཆུད་པའི་མཚོ། །སོ་ག་རིམ་གྱིས་འཕྱུར་ནས་འོང་། །བློ་དང་རྩོལ་བ་ཞན་པའི་མིས། །ཕུན་ཚོགས་ཐོབ་ཀྱང་མོད་ལ་འགྲིབ། །རྫིང་ཆུང་ལྷག་ཆུ་ཆད་པ་དེ། །གང་ཡང་མྱུར་དུ་སྐམ་པར་འགྱུར། །ནོར་མེད་འཕྱོར་དང་ཁ་ཞིམ་འདོད། །གཞུང་ལུགས་མ་སྦྱངས་མཁས་ཁྱེར་འཛིན། །ཆུ་རྒྱལ་མི་ཤེས་མཚོ་བརྒལ་བ། །བསམ་བཞིན་རང་སྡུག་ཉོས་པ་ཡིན། །མངའ་ཐང་བློ་རྒྱ་སྐྱིད་ཆེས་པས། །བསོད་ནམས་ཚད་ལས་འགོང་མི་ནུང་། །མཚོ་ཆུང་རང་གི་ཁྲོན་པ་ཡི། །ཚད་ལས་རྒྱས་ན་པོ་བར་འགྱུར། །དོན་ཆེན་ཐོག་ཏུ་མ་བབས་པའི། །དུས་ནས་ཐབས་དང་རིམ་གྱི་བྱ། །ཆུ་ལོན་སྤར་ནས་མ་བརྩིགས་ན། །བྲུབས་ནས་འོལ་ཁ་བསྐྱུར་བ་དཀའ། །དོན་མེད་ལས་ལ་ཐོང་བརྩུགས་ནས། །རང་ཉིད་ཉམས་བྱེད་དཔའ་པོ་མིན། །ཆུ་ཡི་ནང་གི་གཟུགས་བརྙན་ལ། །མཚོངས་པས་སེང་གེ་ཤི་དང་འདྲ། །དགྲ་པོ་འདུལ་བར་འདོད་ན་ཡང་། །སྤྱོད་ཚུལ་དལ་ཞིང་འཇམ་པར་བྱ། །ཆུ་སྐྱུར་འཛབ་ཅིང་འགྲོ་བ་ཡིས། །ཉ་ལ་སོགས་པ་འཛིན་ལ་སྙོམས། །གཞན་ཕྱོགས་འཕྱོར་བ་ལ་སྨང་བས། །རང་གི་བསོད་ནམས་ཉམས་པར་ཟད། །ཆུ་ཀླུང་དྲག་པོར་མཚོངས་པ་ན། །བདག་ཉིད་འཆི་ཡི་དེར་མི་གནོད། །དེ་བས་དགྲ་ལས་རྒྱལ་འདོད་ན། །ཡོན་ཏན་སྒྲུབ་ལ་འབད་པར་བྱ། །ཆུ་པོ་ཆེ་ལ་རྒལ་བའི་ཐབས། །ཐང་ནས་གྲུ་གཟིངས་འཚོས་པ་ཡིན། །རང་ལས་བསོད་ནམས་མ་ཉམས་ན། །དགྲ་པོ་ཡོ་ནས་མི་ཐུབ་སྟེ། །ཆུ་མིག་རང་ཉིད་མ་སྐམ་པར། །ས་ཡིས་མནན་ཀྱང་འགོག་མི་ནུས། །དབུལ་ཕྱུགས་དར་རྒུད་མཐོ་དམན་ཀུན། །སྔོན་སྦྱང་ལས་ཀྱི་གོ་རིམ་སྟེ། །ཆུ་ཡི་དཀྱིལ་འཁོར་བསྒྲུབས་པ་ལས། །རི་གླིང་ཁོར་ཡུག་རིམ་བར་ཆགས། །མཁས་པ་ཕལ་ཆེར་དབུལ་འགྱུར་ལ། །བླུན་པོའི་

སྐྱེ་བོ་ནོར་གྱིས་ཕྱུགས། །སྙིག་མ་ཅན་གྱི་ཆུ་བོ་ལ། །ཐལ་སྦྱོང་འབུ་སྲིན་ལྷག་པར་མང་། །བརྒྱ་ཡི་ནང་ནས་དཔའ་བོ་དང་། །སྟོང་གི་ནང་ནས་མཁས་པ་སྐྱེ། །མ་དྲོས་མཚོ་ལས་ཆུ་གསེར་དང་། །རྒྱ་མཚོ་ཆེ་ལས་ནོར་བུ་འབྱུང་། །བློ་དང་མི་ལྡན་སྐྱེ་བོ་ཡིས། །འཁོར་བ་རྙེད་ཀྱང་སྤྱོད་མི་ཤེས། །ཁྱི་ནི་སྐམ་ཡང་ཆུ་ཀླུང་ལ། །ཧུབ་ཀྱིས་མི་འཐུང་ལྡག་པར་བྱེད། །རང་གཞན་སུ་ལ་མི་ཕན་པའི། །ནོར་དེ་མེད་པ་ཉིད་དང་མཚུངས། །ཆུ་མེད་ས་གཞི་རྒྱ་ཆེ་ཡང་། །སྨྱུ་ངམ་ཐང་ཞེས་ཀུན་གྱིས་འདོར། །ཡོངས་སྤྱོད་སྤེལ་བར་འདོད་པས་ཀྱང་། །ཅུང་ཟད་གཏོང་ཚུལ་ཤེས་དགོས་ཏེ། །ཁྲོན་ཆུ་བཅུས་ན་འཕེལ་འགྱུར་ཞིང་། །བཞག་ན་སྙིག་མས་སྐམ་པར་འགྱུར། །ཀླུན་རྨོངས་འཁོར་པ་རྒྱ་ཆེ་ཡང་། །ཕྱུག་བསྡུལ་རྒྱུ་ལས་མ་འདས་ཏེ། །གསེར་རིའི་བར་གྱི་རོལ་མཚོ་རྣམས། །རྟག་ཏུ་སྨུན་པའི་སྨག་གིས་ནོན། །འཁོར་ལྡན་བསོད་ནམས་གསོག་དགོས་ཏེ། །བསོད་ནམས་ཉམས་ན་རྒུད་པ་སླ། །སྔོན་ཤིང་ཡལ་ག་རྒྱ་ཆེ་ཡང་། །ཆུ་དང་བྲལ་ན་སྐམ་པར་འགྱུར། །བསོད་ནམས་མཐུ་དང་དགེ་བའི་བློ། །ཕན་ཚུན་རྒྱུར་གྱུར་སྐལ་བ་བཟང་། །ཆུ་ཡིས་ཆར་དང་ཆར་གྱིས་ཆུ། །རྒྱུས་བྱེད་རེས་མོས་གྲོགས་སུ་འགྱུར། །ཁ་བ་ཤད་མང་ངམ་ཉུང་ཡང་རུང་། །དགོས་དོན་ལག་ཏུ་བླངས་ན་གོ །ཆུ་ཞིང་ཆེ་ཆུང་ཅི་འདྲ་ཡང་། །ཟབ་དང་མི་ཟབ་བརྒལ་ན་ཤེས། །ལེགས་བྱས་སྲོལ་འབྱེད་མཁས་པ་སྐྱེ། །དེ་ཡི་རྗེས་སུ་འཇུག་པ་སླ། །ཅང་ཤེས་རྟ་ཡིས་རབ་བཅལ་བའི། །ཕྱི་བཞིན་ཁྱི་ཡང་འབྲང་བར་བྱེད། །མཁས་པ་ཀུན་ལ་སྙོམས་ལྡན་ཞིང་། །ཕྱུགས་རིའི་མིག་ཅན་ཆགས་སྡང་ཆེ། །བུམ་པ་གང་བ་བཀུར་བར་སླ། །ཕྱེད་ཙམ་གང་བ་ཡོ་འཁྱོལ་མང་། །བསམ་ཚོད་ཁ་རུ་འདོན་པ་དེར། །གཏད་སོ་མེད་ཅེས་ཀུན་གྱི་བརྙས། །ཤག་ཤག་འབབ་པའི་ཆུ་བོ་ལ། །བྱིས་པ་རྣམས་ཀྱང་རྐྱལ་བར

བྱེད། །ཁ་ཞུང་བཞིན་འཛུམ་གནད་ཐིག་པ། །དེ་ལ་ཀུན་གྱིས་བག་ཟོན་བྱེད། །སྒྲ་མེད་མེར་གྱིས་འགྲོ་བ་ཡི། །ཆུ་ཀླུང་གཏིང་མཐའ་དཔོག་པར་དཀའ། །ཆུ་ལ་རི་མོར་བྲིས་པ་བཞིན། །སྡིག་སེམས་མེད་ལ་འདོར་བྱ་ཞིང་། །དགེ་བའི་དམ་བཅའ་རྗེ་བ་ཡི། །རི་མོ་བཞིན་དུ་བརྟན་པར་བྱ། །བསམ་པ་བཟང་ན་འཇིག་རྟེན་གྱི། །བྱ་བ་ཀུན་ཀྱང་ཆོས་སུ་འགྲོ །ཟོ་ཆུན་ལ་བརྟེན་འབབས་ཀྱི་ཆུ། །ཤིན་ཏུ་མཐོ་བའི་རི་རྩེར་འགྲོ །གཙོ་བོར་ལས་འབྲས་དཀོན་མཆོག་ལ། །བློ་ཕུག་གཏད་ན་ཅི་བསམ་འགྲུབ། །ལྷ་ཡི་རྒྱལ་པོས་ཆར་ཕབ་ན། །ལོ་ཏོག་ཕུན་སུམ་ཚོགས་པར་འགྱུར། །འཇིག་རྟེན་ཚངས་པའི་རལ་ཀློང་དུ། །འཁྱམས་པའི་སཀྲ་མཐར་སོན་ཏེ། །སྒྲིབ་གཉིས་དྲི་མ་འབྱུད་པའི་ཕྱིར། །དམ་པའི་ཆོས་ཀྱི་ལམ་དུ་འདྲེན། །ཆུ་རིགས་བདུན་ལས་མཆོག་གྱུར་བའི། །ཆུ་མགོ་གངས་ལ་ཐུག་པ་བཞིན། །ཆོས་ཀྱང་འབྲེལ་བྲལ་མ་ནོར་བ། །རྒྱལ་བའི་བཀའ་ལས་འབྱུང་བ་དགོས། །དེ་ནས་ཟབ་རྒྱས་ཉམས་ལེན་གྱི། །ལམ་གསུམ་རིམ་པར་འབབ་པ་ཡི། །གདམས་ངག་ཚང་ལ་མ་ནོར་བ། །སྐལ་བཟང་རྣམ་སད་མཆོད་ཡིན། །འོན་ཀྱང་དུས་ཀྱིས་ཆེར་སྐྱིགས་ཚེ། །འཛམ་དབྱངས་བླམས་གསལ་མཛད་དེ། །རྒྱ་མཚོར་ཕྱིངས་པའི་རིག་བྱེད་བཞི། །ཉ་ཡི་གཟུགས་ཀྱིས་བརྟོན་པ་བཞིན། །འདི་འདྲའི་བསྟན་དང་མཇལ་བཞིན་དུ། །ལྟར་སྣང་ལམ་ལ་སུ་ཞིག་འཇུག །ལྷ་ཡི་ཆུ་བོ་གཏྣའི་རྩར། །བ་ཚའི་ཁྲོན་པ་སུ་ཞིག་རྐོ། །བློ་ཆུང་སྐལ་དམན་ཟབ་ཟབ་ཀྱི། །གྲགས་པས་བསླུས་ནས་ལོག་པར་འགྲོ །སྨིག་རྒྱུ་ཆུ་རུ་འཁྲུལ་བ་ཡི། །རི་དྭགས་དོན་མེད་སྡུག་བསྔལ་སྤྱོང་། །ཆོས་ཀྱི་ལམ་དུ་འཇུག་པ་ལ། །དང་པོར་དགེ་བའི་བཤེས་གཉེན་བསྟེན། །རྒྱ་མཚོར་བགྲོད་འདོད་བྱ་བའི་མགོ །དེད་དཔོན་མཁས་པ་ཚོལ་བ་ཡིན། །འཇིག་རྟེན་འཇིག་རྟེན་འདས་པ་ཡི། །དགེ་ལེགས་རྩ་བ་བླ་མ་སྟེ། །

འཛམ་གླིང་རྩེ་ཤིང་ལོ་འབྲས་ཀུན། །མ་དྲོས་མཚོར་གནས་ཀླུ་ཡི་དྲིན། །ང་རྒྱལ་སྤངས་ཏེ་ཞི་དུལ་གྱིས། །དམ་ཆོས་སྟོད་དུ་རུང་བར་བྱ། །ཆུ་བོ་སྐང་དུ་མི་གནས་པར། །དམའ་བའི་གཤོང་དུ་འཁྱིལ་བར་འགྱུར། །ཆོས་ཀུན་གཅིག་ཅར་མི་ཤེས་ཀྱང་། །ཅི་ཙམ་ཤེས་བཞིན་དོན་དུ་འགྱུར། །ཆུ་ཀླུང་རྫོགས་པར་མ་འཐུངས་ཀྱང་། ཅི་ཙམ་བཏུང་བས་སྐོམ་པ་སེལ། །ཐོས་མང་ཉམས་སུ་མ་བླངས་ན། །རང་གི་རྒྱུད་ལ་མི་ཕན་ཏེ། །ཆུ་ནང་ལོ་བརྒྱར་གནས་པ་ཡི། །རྡོ་བའི་རང་བཞིན་སྐམ་པོར་གནས། །སྟོང་རྒྱལ་གོམས་པའི་རིམ་པ་ཡིས། །རྟག་འཇུ་རེས་འཇུ་མི་འཇུ་ལྟར། །ཐོས་བསམ་སྒོམ་པ་སྒྲ་སྤྱི་ལ། །བརྟེན་པའི་ཚུལ་ཡང་གསུམ་དུ་གསུངས། །མི་ཡི་གྲུ་གཟིངས་རྙེད་དུས་འདིར། །ཐོས་བསམ་སྒོམ་པའི་བ་དན་ལ། །བརྟེན་ནས་སྲིད་མཚོ་བརྒལ་བྱ་ཡི། །གྲུ་འདི་ཕྱི་ནས་རྙེད་པར་དཀའ། །རིགས་དྲུག་སྐྱེ་སྒོ་མཐའ་ཡས་ཀྱང་། །དལ་བརྒྱད་ཚང་བ་ཤིན་ཏུ་དཀོན། །ཆུ་བོ་གྲངས་མེད་འབབ་ན་ཡང་། །ཡན་ལག་བརྒྱད་ལྡན་རེ་རེ་ཙམ། །སྐྱེས་པའི་སྐད་ཅིག་དེ་ཉིད་ནས། །མི་སྡོད་འཆི་བདག་ཁར་ཕྱོགས་ཏེ། །ཆུ་ཀླུང་སྐད་ཅིག་རེ་རེ་ཞིང་། །ཕྱིར་མི་ལྡོག་པར་རྒྱ་མཚོར་འགྲོ །མི་རྟག་སྤྲིན་པོས་བཟུང་བཞིན་དུ། །སོས་བདེར་སྡོད་པ་ག་ལ་རིགས། །ཆུ་སྲིན་མཆེ་བའི་ཕྲག་གནས་ལ། །བདེ་བའི་གོ་སྐབས་ནམ་ཡང་མེད། །བསྒྲུབ་ཀྱང་ཕ་མཐར་ཕྱིན་མེད་པའི། །འཇིག་རྟེན་བྱ་བ་བཙན་ཚོད་བྱ། །ཆུ་གཉེར་གཅིག་རྗེས་གཅིག་འོང་དེ། །ཅི་ཙམ་བདས་ཀྱང་ཟིན་དུས་མེད། །བློ་རིག་སྟོབས་དང་རྩལ་ཆེ་ཡང་། །དུས་ཀྱི་ཕོ་ཉ་དབང་མེད་འཆིང་། །ཆུ་ཆེན་རླབས་ཀྱི་གར་མཁན་མ། །དགུན་དུས་འཁྱག་པའི་སྐབས་སུ་ཚུད། །སྒོ་གསུམ་མི་དགེའི་སྤྱོད་ཚུལ་འདིས། །ཕྱི་མའི་སྐྱེ་བ་ངན་འགྲོར་ངེས། །རི་བོའི་ཟམ་ནས་འབབ་པའི་ཆུ། །གཡང་ས་བརྒྱུད་མར་བཙབ་ཅིང་འགྲོ། །དེ་ནས་ལོ་གྲངས་བྱེ་བ་

བརྒྱར། །བསྲེགས་ཤིང་འཚོང་ཀྱང་འཆི་མི་ནུས། །རྡོ་སོལ་རི་ལ་ཆར་གྱི་
རྒྱུན། །བབས་པ་བསྐལ་པའི་བར་དུ་ཡོལ། །འཇིགས་ཆེན་དེ་ལས་སྐྱོབ་པའི་
སྐྱབས། །བསླུ་མེད་དཀོན་མཆོག་གསུམ་ལས་མེད། །ཆུ་བོའི་རྒྱུན་གྱིས་ཁྱེར་བ་
དེ། །སྒྲོལ་བྱེད་མཉན་པ་ཡོ་ནར་ངེས། །མཆོག་གསུམ་བྱིན་རླབས་མཐའ་
ཡས་ཀྱང་། །དད་པ་མེད་ན་ཇི་ལྟར་སྐྱོབ། །རྒྱ་མཚོ་ཆེ་ཡང་ཆར་སྡོད་ཀྱི། །
བྱེའུའི་སྐོམ་པ་སེལ་མི་ནུས། །འཁོར་བའི་འདམ་ལས་མ་བརྒལ་བའི། །འཇིག་
རྟེན་པ་ལ་བརྟེན་མི་བྱ། །ཆུས་ཁྱེར་ཆུ་ཡིས་ཁྱེར་བ་ལ། །འཛུས་ན་གཉིས་ཀ་
བྱིང་བར་འབབ་འགྱུར། །མཆོག་གསུམ་བསྟེན་ན་དེ་ཡི་ཁྲིམས། །ལས་འབྲས་
བླང་དོར་འབད་པ་གཅེས། །དེད་དཔོན་བསྟེན་ཀྱང་གྲུ་གཟིངས་སུ། །མི་སྡོད་
དེ་ཉིད་ཇི་ལྟར་སྒྲོལ། །སྡོད་བཅུད་བདེ་སྡུག་སྣང་བ་ཀུན། །འཁྲུལ་མེད་སྔོན་
བསགས་ལས་ལས་འབྱུང་། །ཆུ་ཕོར་གང་ཡང་འགྲོ་བ་བཞིན། །སྣང་ཚུལ་ཐ་
དད་འབྱུང་བར་གསུངས། །དགེ་དང་མི་དགེ་ཆུང་ངུ་ནས། །བསགས་པས་
ཤེས་རྒྱུད་གང་འགྱུར་ཏེ། །ཆར་གྱི་ཐིགས་པ་བསགས་པས་ཀྱང་། །མཐའ་
གླས་ཆུ་ཡི་དཀྱིལ་འཁོར་ཆགས། །གནས་སྐབས་དགེ་བ་ལྟར་སྣང་ཡང་། །
བསྔོ་དང་འདུན་པས་བསླད་པ་མང་། །མཆོག་ཏུ་མངར་བ་གཀྲའི་ཆུ། །རྒྱ་
མཚོར་འདྲེས་ན་ཁ་བར་འགྱུར། །རྨོངས་པའི་མུན་ནག་གིས་ལྡོངས་ཤིང་། །
ལས་ཀྱི་ཞགས་པས་བཅིངས་པ་རྣམས། །སྲིད་པའི་གླུང་གིས་རབ་དྲངས་ཏེ། །
མི་བཟད་སྐྱེ་བའི་རྒྱ་མཚོར་འགྲོ །འདོད་པ་ལན་ཚའི་ཆུ་བོ་ནི། །ཅི་ཙམ་སྤྱད་
ཀྱང་མི་ངོམས་པས། །ཆུ་མཚོ་འཁྱག་པའི་ངང་བ་ལྟར། །སྲིད་ལས་ངེས་
འབྱུང་སྐྱོ་ཤས་སྐྱེད། །ལས་ཉོན་ན་གྲུས་ཡོངས་གང་བ། །སྡུག་བསྔལ་འཁོར་
བ་རྒྱ་མཚོ་ལས། །སྒྲོལ་བྱེད་བསླབ་གསུམ་གྲུ་བོ་ཆེ། །བཟུང་ནས་ཐར་པའི་
གླིང་དུ་གཤེགས། །ཁྱད་པར་ཁས་བླངས་ཚུལ་ཁྲིམས་ནི། །ཉེས་ལྟུང་དྲི་མས་

མ་སྦྱགས་པ། །རྒྱ་མཚོ་རོ་དང་མི་འགྲོགས་ལྟར། །རྟག་ཏུ་དྲན་ཤེས་བརྟན་
པོས་སྲུངས། །འོན་ཀྱང་མ་རབས་སེམས་ཅན་རྣམས། །ངོར་ནས་རང་དོན་བྱར་
མི་འོས། །རྒྱ་མཚོའི་གླིང་དུ་གཉེན་བཤེས་ཀུན། །འཕོར་བ་དེད་དཔོན་སྤྱོད་
ཚུལ་མིན། །མཚོར་གནས་གཡོ་དང་མི་བདེན་པའི། །ཁྱད་པར་གསུམ་ལྡན་ཆུ་
སྲིན་ལྟའི། །འགྲོ་ལ་སྙིང་རྗེ་རྣམ་གསུམ་གྱིས། །ཐེག་ཆེན་ལམ་གྱི་སྲོག་རྩ་
ཚུགས། །བྱང་ཆུབ་སེམས་ཀྱིས་ཟིན་པའི་དགེ །མི་ཟད་བྱང་ཆེན་རྒྱུར་འགྲོ་
སྟེ། །འཛམ་བུའི་འབྲས་བུ་མ་དྲོས་མཚོར། །ལྷུང་བས་གསེར་སྦྱངས་ཁམས་སུ་
འགྱུར། །རྒྱལ་སྲས་སྤྱོད་པ་མཐའ་ཀླས་ཀྱང་། །ཕ་རོལ་ཕྱིན་པ་དྲུག་ཏུ་འདུ། །
རི་སྲུལ་ལ་ལུང་ཆུ་བོ་བརྒྱ། །ཟམ་འོག་གཅིག་ཏུ་འདྲིལ་བ་བཞིན། །རྒྱལ་སྲས་
རྣམས་ནི་བདོག་པ་ཀུན། །འབྲས་བཅས་གཏོང་སྟེ་སྦྱིན་པའི་མཆོག །ཆར་
གྱིས་རྩ་བཅུད་ལོ་ཏོག་ཀུན། །བསྐྱངས་ཀྱང་ལན་དང་རེ་བ་མེད། །རྣམ་དག་
ཁྲིམས་ཀྱིས་ཉེས་ལྟུང་གི །རྙོག་པ་མ་ལུས་དྭངས་འབྱིན་ཏེ། །ཀེ་ཏ་ཀ་འབྲས་
བྱེ་མ་ཡིས། །ཆུ་བོ་རྙོག་མ་དྭངས་པར་བྱེད། །དགེ་ཚོགས་མ་ལུས་སྲེག་བྱེད་
པའི། །ཁོང་ཁྲོའི་དགྲ་འཇོམས་བཟོད་པ་སྟེ། །ཀུན་ཟ་འབར་བའི་མེ་ལྕེ་ནི། །
གསོད་བྱེད་གཉེན་པོ་ཆུ་ཡིན་ནོ། །རྟག་གུས་བརྩོན་པ་མ་བཏང་ན། །མི་
འགྲུབ་བྱ་བ་ཅི་ཡང་མེད། །ཆུ་ཐིགས་རྟག་ཏུ་འབབ་པ་ཡིས། །བྲག་གི་རི་བོ་
འབིགས་ལ་ལྟོས། །ཅིང་རྐྱེད་སྐྱོན་བྲལ་ཏིང་ངེ་འཛིན། །གསལ་བར་ཡོན་ཏན་
ཐམས་ཅད་འཆར། །བཻཌཱུར་མེ་ལོང་ཕྱིས་འདྲ་བའི། །དྭངས་མཚོར་གཟུགས་
བརྙན་ཅི་ཡང་གསལ། །དངོས་ཀུན་སྟོང་པར་དམིགས་པ་ཡིས། །འཁོར་བའི་
གདུང་བ་ཀུན་སེལ་ཏེ། །ཆུ་ཀླུང་མཐའ་དག་ཨ་གསྟྱས། །ཧུབ་ཀྱིས་གཞལ་
པས་བདུད་རྩིར་འགྱུར། །ཀླུ་སྒྲུབ་བློ་མཚོ་རྒྱ་ཆེ་བས། །དངོས་པོར་སྨྲ་རྣམས་
སྤོབས་པ་ཕྲོགས། །རྣམ་གནག་གཏིང་མཐའ་མི་མངོན་པའི། །རྒྱ་མཚོས་ཁྱིས་

པ་སྐྲག་པར་བྱེད། །ཟབ་མོའི་དེ་ཉིད་འབྱེད་པ་ལ། །ཕོག་མར་དགག་བྱ་ངེས་དགོས་ཏེ། །རྒྱ་མཚོར་ནོར་བུ་ལེན་པ་ལ། །འཇིགས་པ་གར་ཡོད་ཤེས་པ་གཅེས། །གདགས་གཞི་ཕུང་སོགས་འདུས་པ་ལ། །ང་འོ་སྙམ་དུ་འཁྲུལ་བ་སྟེ། །གླང་ཆེན་གདོང་ནས་བྲུབས་འདྲ་ཡང་། །ཆུ་ཕྲན་དུ་མ་འདུས་པ་ཡིན། །བཏགས་དོན་རིགས་པས་དཔྱད་པ་ན། །ངོ་བོས་གྲུབ་པ་འགའ་མེད་དེ། །ཆུ་གླང་ཕྱུར་བ་བརྒྱུར་བྲངས་པའི། །ཤུལ་ན་ཟིལ་བ་ཙམ་ཡང་མེད། །སྟོན་པས་ཇི་སྙེད་བཀའ་སྩལ་པ། །སྟོང་དང་རྟེན་འབྱུང་འདིར་འཇུག་སྟེ། །ས་སྟེང་ཆུ་བོ་མ་ལུས་པ། །རྒྱ་མཚོ་ཆེན་པོར་གཞོལ་ཞིང་འབབ། །རང་རྒྱུད་སློབ་པའི་རྒྱལ་སྲས་ཀྱིས། །བསྡུ་བ་རྣམ་བཞིས་གདུལ་བྱ་སྐྱོང་། །རྒྱ་མཚོར་འཇུག་སྒྱོང་དེད་དཔོན་གྱིས། །གཞན་ཡང་ཁྲིད་ནས་ནོར་ལ་སྦྱོར། །རྒྱུ་ཡི་ཐེག་པའི་ལམ་རིང་ཡང་། །གསང་སྔགས་ཐབས་ཀྱིས་མྱུར་དུ་བགྲོད། །ཐང་དུ་འདྲེན་དཀའི་གྲུ་བོ་ཆེ། །རྒྱ་མཚོར་ཞུགས་ན་ཡུད་ཀྱིས་འགྲོ །རྡོ་རྗེ་ཅན་གྱིས་ལེགས་གསུངས་པའི། །གསང་སྔགས་ནུས་པ་བསམ་མི་ཁྱབ། །གདུང་བ་མ་ཞིས་བོས་པས་ཀྱང་། །ལྷ་ཡི་ཆུ་བོ་འགུག་པར་བྱེད། །ཟུང་འཇུག་གདེངས་ཅན་བདག་པོའི་གནས། །རྡོ་རྗེ་ཐེག་པ་རྒྱ་མཚོ་ཆེའི། །འཇུག་ངོགས་བདེ་བའི་འབབ་སྟེགས་ནི། །དབང་བཞིའི་རིན་ཆེན་ཐེམ་སྐས་ཡིན། །འོན་ཀྱང་དངོས་གྲུབ་རྣམ་གཉིས་ཀྱི། །གཞི་རྟེན་དམ་ཚིག་སྡོམ་པ་སྟེ། །རྩ་བ་ཆུ་མཚོ་སྐམ་གྱུར་ན། །རླབས་ཀྱི་འཕྲེང་བ་གང་ལས་འབྱུང་། །དེ་ཉིད་རིག་པའི་རྣལ་འབྱོར་པ། །འདོད་ལ་སྤྱོད་ཀྱང་ཞེན་པ་མེད། །ཉ་ནི་ཆུ་གཏིང་ཟབ་མོ་ན། །འགྲུ་ཡང་ཆུ་ཡིས་འཚུབ་མི་འགྱུར། །ཆགས་སོགས་ཉོན་མོངས་ཉེས་པ་རྣམས། །ཉོན་མོངས་ལམ་བྱེད་ཉིད་ཀྱིས་འཇོམས། །རྣ་བར་ཆུ་སོན་ཆུས་འབྱིན་ཞིང་། །མེས་ཚིགས་མེ་ཡིས་གདུངས་བས་ཞི། །བསྐྱེད་རིམ་ཕྲ་རགས་རྣལ་འབྱོར་

གྱིས། །སྐྱེ་ཤི་བར་དོ་གསུམ་སྦྱོང་སྟེ། །སྐལ་ལྡན་ཤིང་རྟའི་མཆོད་ཡོན་གྱིས། །
དུག་ཅན་དྲི་མ་འབྲུད་པ་བཞིན། །དགའ་བཞིའི་ལྷན་སྐྱེས་བདེ་བ་ཆེས། །
སྟོང་བཞིའི་ཡེ་ཤེས་རྒྱས་འགྱུར་ཏེ། །ཆུ་བོ་རྣམ་བཞིའི་རྒྱུན་འབབ་པས། །རྟ་
གདོང་མེ་ཆེན་འབར་བར་འགྱུར། །ཕྲ་བ་གཉུག་མའི་རླུང་སེམས་ལས། །སྒྱུ་
མ་ལྷ་བུའི་སྐུར་བཞེངས་པ། །དྭངས་པའི་ཆུ་ལས་ཆུ་བུར་དང་། །དག་པའི་
མཁའ་ལས་ཆུ་འཛིན་བཞིན། །རྩ་རྩེའི་ཟིལ་བ་རེ་རེར་ཡང་། །ཟླ་བའི་
གཟུགས་བརྙན་སྣང་བ་བཞིན། །དཔེ་ཡི་རིམ་པ་རེ་རེས་ཀྱང་། །འཁོར་འདས་
ཆོས་ཀུན་མཚོན་པར་ནུས། །འཇིག་རྟེན་ཡ་རབས་སྤྱོད་པ་ནས། །མདོ་
སྔགས་ལམ་གྱི་རིམ་པའི་བར། །དཔེར་བྱ་གཅིག་གིས་མཚོན་པ་འདི། །
ལེགས་བཤད་འཕྲུལ་གྱི་རྒྱ་མཚོ་ཡིན། །ཡོངས་སྤྱོད་འཁོར་ལོའི་ཆུ་གཏེར་ན། །
དབྱངས་ལྡན་ངང་མོ་རྣམ་རོལ་པ། །དེ་ཡི་ཁ་ལས་ལེགས་བཤད་ཀྱི། །ཐ་
རླབས་འཕྲི་ཤིང་ཅི་ཡང་གཡོ། །གང་ཡང་བདག་བློའི་ཆུ་གཏེར་ལས་འབྲུངས་
ལེགས་བཤད་གསར་པའི་ཟླ་བ་ནི། །འཇིག་རྟེན་ཚོངས་པའི་མུན་འཕྲོག་སྙིང་
གི་གདུང་སེལ་བསིལ་བའི་རེག་པ་ཅན། །དེ་ཡི་དགེ་བ་ས་གསུམ་རྣམ་དཀར་
འོད་ཀྱི་ཐོས་བཟང་འཛིན་པ་དེས། །སྐྱེ་དགུའི་ལེགས་བྱས་བློ་དང་ལྡན་ཅིག
བསྟན་པའི་ཆུ་གཏེར་རྒྱས་གྱུར་ཅིག །ཅེས་ལེགས་པར་བཤད་པ་ཆུའི་བསྟན་བཅོས་ལུགས་
གཉིས་རླབས་ཕྲེང་བརྒྱ་ལྡན་ཞེས་བྱ་བ་འདི་ནི། སྔར་རང་གི་རྒྱུད་ལ་བག་ཆགས་འཇོག་པའི་ཕྱིར་དུ་རྩོམ་
པའི་ཁུལ། །དུས་ཆོད་ལ་དཔག་པའི་མདོ་སྔགས་ཀྱི་གཞུང་དུ་བགྲང་ཙུང་ཙམ་ཁ་ཤས་བྲིས་ཡོད་ནའང་།
ཤིང་གི་བསྟན་བཅོས་དེ་དར་སོ་ཆེ་ཞིང་། མཐོང་བྱེད་མཁན་མང་དུ་འོང་པར་སྣང་བས་དེ་ལ་འགྲེལ་པ་
ཞིག་ཀྱང་བྱུང་ན་ལེགས་ཞེས། །བ་རྡོན་སུ་ཉིད་ཕོག་ནས་བསྡུགས་འོས་ཡོན་ཏན་དུ་མའི་རྒྱན་འཕྲེང་
འཛིན་པ་ནོམ་ཆེ་ཞབས་དྲུང་སྐལ་བཟང་དར་རྒྱས་ཀྱིས་ཡང་ཡང་ནན་གྱིས་བསྐུལ་ཏེ་བྲི་བར་བཅམ་ཡང་།
དེའི་ཆོས་ཀྱི་སྐྲ་ལམ་རིམ་ལས་ཡོགས་སུ་མི་དགོས་ལ། གཞན་རྣམས་གོ་སླ་བ་འབའ་ཞིག་གཅེར་འདོན་
དང་། དཔེའང་ཡོངས་གྲགས་མཁས་ཀླུན་ཐམས་ཅད་ལ་འཆར་བདེ་བ་ཁོ་ནར་སྦྱར་སྐབས་དེ་ལས་གསལ་

དུ་གཏོང་རྒྱུ་མེད་པ་ལྟ་བུར་སྣང་ཞིང་། ཕྱོགས་མཐུན་གྱི་ཁྱེངས་དཔལ་མགོན་ཀླུ་སྒྲུབ་ཀྱི་ཤེས་རབ་བརྒྱ་པ། ཤེས་རབ་སྡོང་བུ། སྐྱེ་བོ་གསོ་ཐིགས་གསུམ་དང་། ཙ་ན་ཀ་རྒྱལ་པོའི་ལུགས་ཀྱི་བསྟན་བཅོས། མ་སུ་རཀྵས་བྱས་པའི་ལུགས་ཀྱི་བསྟན་བཅོས། ཉི་མ་སྦས་པས་མཛད་པ་ཚིགས་སུ་བཅད་པའི་མཛོད། མཆོག་སྲིད་ཀྱི་ཚིགས་བཅད་བརྒྱ་པ། དྲི་མ་མེད་པའི་དྲིས་ལན་རིན་པོ་ཆེའི་ཕྲེང་བ། ས་སྐྱའི་ལེགས་བཤད་རྣམས་དང་། གཞན་ཡང་འཕྲིན་ཡིག་བསླབ་བྱ་སོགས་དེ་མཐུན་རྣམས་དྲངས་ཏེ་བཤད་ན་ཚིག་ཚོགས་ཆེས་ལྷི་བར་འགྱུར་བས། འདིར་སྡོང་ཤིང་ཆུའི་ཁམས་ཀྱིས་རྒྱས་པར་བྱེད་པའི་དཔེ་དང་མཐུན་པར། དེ་ཉིད་དུ་མ་ཚང་བ་འགའ་ཞིག་ཁ་བསྐངས་ནས་ཙུང་ཟད་རྒྱས་སུ་བཏང་། དེར་མཆོག་དམན་དང་གཙོ་ཕལ་གྱི་རིམ་པས་ཆོས་ཀྱི་སྣ་སྟོན་དུ་བྱས་ཀྱང་། །འདིར་གོང་ནས་གོང་དུ་བགྲོད་པའི་རིམ་པས་མཇུག་ཏུ་བྱས་ཏེ་གོ་རིམ་བསྡེབས་པ་སོགས་དོན་འགྲེལ་གྱི་ཚུལ་དུ་བྱས་ནས། ༈བཙུན་པ་དཀོན་མཆོག་བསྟན་པའི་སྒྲོན་མེས་དབེན་གནས་ཡིད་དགའ་ཆོས་འཛིན་དུ་སྦྱར་བའི་ཡི་གེ་པ་ནི་གཙུག་ལག་ལྟ་བའི་བློ་མིག་ཅན་ཧྲི་ཤྲཱི་རཏྣ་ཛྙཱནཧྲས་བགྱིས་པ་འདིའང་། སྐྱེ་བོ་རྣམས་ལ་དགེ་བའི་འཇུག་ངོགས་གསལ་བའི་རྒྱུར་གྱུར་ཅིག །སརྦ་ཀཱ་ལེ་ཤྲེཡོ་བྷ་བ་ཏུ།། །།

༧༢། །གློས་གར་གྱི་བསྟན་བཅོས་ཡང་དག་ལམ་དུ་བགྲོ་བའི་རྩོལ་རྩེད་ཅེས་བྱ་བ་བཞུགས་སོ། །

ཚིག་དོན་སྦྱོར་བས་པ་ངེས་པའི་ཚིག །སོ་སོ་རིག་པས་འགྲོ་དོན་མཛད། །
ཐུབ་པའི་དབང་པོ་ལ་བཏུད་ནས། །རྗེས་མཐུན་རྒྱུ་ལ་འཇུག་པར་འོས། །

དེའང་རྒྱ་གར་གྱི་སློབ་དཔོན་པྲཛྙཱ། བོད་ཀྱི་བཙུན་པ་ཤེས་རབ། སོག་པོའི་བཙུན་པ་བི་ལིག རྒྱའི་བཙུན་པ་ཚཻདཔླེ་རྣམས་ལྷན་ཅིག་ཏུ་ཚོགས་སོ། །

དེ་ནས་ཚཻདཔླེ་ན་རེ། ཀྱིང་ཏ་ཡན་གྱི་ཡུ་ཞན་ཁླྭ་ཅེ་ཡིན་ཏུ། རྒྱ་གར་ཆོས་ཀྱི་འབྱུང་ཁུངས་ཡིན། ཞིང་ཡུས་ཤི་ཏྭན་ཀྱི་ཏུ་མོང་ཀུ། དེང་སང་ཆོས་དར་ས་བོད་དང་སོག་པོ་གཉིས་བཟང་བས། ཡིན་ཏུ་ཏྭ་ཤི་ཡུས་ཀློ་ཀླལ་གྲེ་ཏང་ལྷུན་ཅིང་གྲེ་ཤུ་ཕྲུས་ཏེ་གྲེ་ཤི་གྲེ་ཡུས་ཤིན། རྒྱ་གར་བླམས་འདི་གཉིས་ལ་ཆོས་ཀྱི་དྲི་བ་གནང་སྟེ་ཐུགས་ལ་གང་འབབ་བརྗོད་དགོས།

པྲཛྙཱ་ན་རེ། སཧྲ་སྦྱཿདམ་པའི་ཆོས་ནི་ཐོག་མཐའ་བར་ཨཱདྱཀྟ་རཏྣ་ཏི་གསུམ་ཏུ་དགེ་བ་ཞིག་ཡིན་པས། །ཏྲིཤུཧྲསྦྱིན་ཨ་འཇུག་ཚུལ་ཡང་དེ་དང་མཐུན་པ་ཞིག་དགོས། བཏར་ཀུཤྲ་སྦྱ་སཿཙ་སླཧྲབྲེ་ཡོ་ཛན།

ཤེས་རབ་ན་རེ། དམ་པའི་ཆོས་ནི་ཐོག་མཐའ་བར་གསུམ་ཏུ་དགེ་བ་ཞིག་ཡིན་པས་འཇུག་ཚུལ་ཡང་དེ་དང་མཐུན་པ་ཞིག་དགོས་གསུངས་པ་ཤིན་ཏུ་ཐུགས་བདེན། །

བི་ལིག་ན་རེ། ཏེ་ དམ་པའི་ཆོས་ནི་ཐོག་མཐའ་བར་གསུམ་ཏུ་དགེ་བ་ཞིག་ཡིན་པས། གེ་ཏུ་ནོམ་ཨནུ་ཐེམླུན་སེ་ཀུལཧོམ་ཏ་གོར་བ་ཏུར་སའི་ན་སུན་ནུ་ཐུལ། འོ་འཇུག

ཚུལ་ཡང་དེ་དང་མཐུན་པ་ཞིག་དགོས་པ་ངས་ཀྱང་གོ་ལགས། རོ་ཏུ་ཡ་སོ་ཀྵུ་ཐེ་ཀུན་ལུ་ཀེ་ཙཧིལཏུརྟུ་ཁེརིགཐེགི་པིཀྵུ་མེཏེནེམ།

ཆོད་པླེ་ན་རེ། ཤླན་ བཟང་བཟང་། སླས། ཤླན་སླས། ཁའི་ ཆོས་ཀྱི་མགོ་ནས་ཁྲིད་རྣམས་ཐུགས་མཐུན་བྱུང་བ་རྟེན་འབྲེལ་བཟང་ ཅིང་ཀྱི་ཀྵུཾ་ཉེ། ལ་ཅུང་ཤེན་ཏེ་ཅི་ལྷུས་ཅི་ཀྱོ། ཡླན་ ཡིན་ཀྱང་ད་དུང་དྲི་བ་ཞིབ་མོ་མང་པོ་གནང་སྟེ་སངས་རྒྱས་ཀྱི་བསྟན་པའི་དག་ཐེར་བྱེད་དགོས། ཏང་ཚེ་ཀྱིས་པི་ཤུས་ཤུང་ཙུན་ཨླེ་སླིང་ཏུཕ་ཅོ།

པྲཧླ་ན་རེ། ཧྲཏ་ བོད་དང་སོག་པོའི་བཙུན་པ་གཉིས་ལེགས་པར་ཉོན། རྦྷ་ མོཾ་དྷ་ལསྱ་ བཟེ་ དྲི་སུ་ ཤེཧཱུཿ། མམ་ ངའི་དྲི་བ་འདི་ལ་ལན་ལེགས་པར་འདེབ་དགོས། པྲ་ཛྙེ་དམིགྲིདྲ་སུ་པྲཛྙོརྦྷ་ར་པྲེཡོཛྙནཾ། ཨླ་ཐོག་མར་ཆོས་ཀྱི་རྩ་བ་གང་ཡིན། དེསྱྀཧྲཱ་རྨྨ་སྱུ་ལ་ཡ་སྨྲྀ།

ཤེར་རབ་ན་རེ། ཆོས་ཀྱི་རྩ་བ་སེམས་ཡིན། ཆོས་ཡང་དག་པར་སྡུད་པའི་མདོ་ལས། བྱང་ཆུབ་ནི་ཆོས་ལ་རག་ལས། ཆོས་ནི་སེམས་ལ་རག་ལས་ཞེས་གསུངས་པ་ལྟར་ཡིན།

བི་ལིག་ན་རེ། སེད་ སེམས་ལ་ཆོས་ཀྱི་རྩ་བར་འགྲོ་མི་འགྲོ་སྐྱ་ཚོགས་ཡོད་པས། ཁེལ་ནོ་མོན་ཨུན་ཏུ་སུན་ཏུར་འོད་རྟུ་ཨུ་ལུ་འོད་རྟུ་ཨེལ་ཏེབ་པོའི་ཐུ་ལ། ཆེ་ ཁྱོད་ཀྱི་དེ་བཤད་པ་ཞིབ་ཆམ་ཐོན་པར་འདུག །ཉུ་ཐེ་རེ་ཁེ་ལེ་ཁྲུ་ནེག་ཐ་པོ་ལག་སན་ཙུ་གེའི། ཨེར་ དཀོན་མཆོག་ཏ་ལ་ལས། ཏེ་ནི་ཛྷ་ལ་འ་ཆ། སུ་དད་པ་སྟོན་འགྲོ་མ་ལྟར་སྐྱིད་པ་སྟེ། ཙུག་ཙུ་རི་ཏ་ཡ་པུ་རྟུ་འེ་ཁེ་མེ་ཐུ་འེ་གུས་ཁེ་ཁྲུའི་པུ་གེད། ཁེ་མེ་ཁྲུ་ཐེ་རི་གུ་ཐེན་ཁེ་གླེ་ ཞེས་སོགས་དང་། ད་ཏུ་ར་ཤེ་ལུན་ཙུན་ཏུ་སུན་ཏུར་སའི་ཐུར་འོ་རོ་ཤེ་ འདུན་པའི་རྩ་ལ་རབ་ཏུ་གནས། སུའི། ཁེ་མེན་ནོམ་ལག་སན་མེ་ཐུ་ནོ་མོན་ཙུན་ཏུ་སུ་སུ་ཙུག སུན། ཞེས་གསུངས་པ་ལྟར་ཆོས་ཀྱི་རྩ་བ་དད་པ་ཡིན།

ཤེས་རབ་ན་རེ། ཁྱོད་ཀྱིས་ཞིབ་ཆ་ཐོན་པ་བྱས་ཏེ། ནས་ལའང་ས་བོན་རྟུང་མི་རྟུང་སྣ་ཚོགས་ཡོད་པས་ནས་སྨྱུག་གི་ས་བོན་ལ་ནས་མི་འཛོག་པར།

ནས་ལས་གཞན་ཞིག་འཛོག་རྒྱུ་ཡིན་ནམ།

བི་ལིག་ན་རེ། འར་ནས་ཀྱིས་བོན་ལ་ནས་ལས་གཞན་ཞིག་འཛོག་རྒྱུ་མེད་ཀྱང་། པའི་ན་ཁྲེ་རུང་གེན་ཏུར་འར་བའི་འ་ཆ་བུ་སུ་ནི་གེ་ནི་ཐལ་པི་ཏུ་ཡུམ་ཨུ་ཀ་པོལ་བརྒྱ། འར་ནས་ཡིན་ཚད་ས་བོན་དུ་འཛོག་མི་དགོས་མོད། པའི་མུན་པུ་ཁྲེ་ནི་ཁྲེ་རུང་གེན་ཏུར་ཐལ་པི་ཏུ་ཁེ་རེག་ཨུ་ཀའི་འ་མུའི།

ཆེ་དཔེ་ན་རེ། ཏུ་ནས་རུལ་བ་དང་ཚིག་པས་ས་བོན་མི་རུང་བ་ངས་ཀྱང་ཤེས། ཕྱུ་ཏྣས་ཀྱི་ཧྰཱུ་བུ་ཁེསུལ་སྟུང་། ཨུ་ལ་ཡི་ཛི་ཛི་སྦུས་ཡིན་ནའང་ནས་སྐྱ་བ་ཟེ་ཡུན་ལ་ནས་འདེབ་དགོས། ཡྣན། སྣསཀྲ། ཏུཨུམྲན་མ། ཀུཁྲི། ཧོ་སོ་བ་སོགས་འབྲུ་གང་འདེབ་འདོད་ནའང་ས་བོན་ལ་འབྲུ་རང་རང་འདེབ་དགོས། ཨ་ཡུས་ཧེ་ཧེ་ཅི་ཤུས་ཀེ་ཤི་སྟུང་།

ཤེས་རབ་ན་རེ། ངས་ཀྱང་སེམས་ཡིན་ཚད་ཆོས་ཀྱི་རྩ་བར་བཞག་པ་མིན། འགྲོ་བ་བཞིའི་ཆོས་ལས་མི་འདའ་བའི་སེམས་ཤིག་འཛོག་རྒྱུ་ཡིན། ཁྱོད་ཀྱིས་ཟེར་བའི་དད་པ་ཅན་གྱི་མཚམས་ཀྱང་དེ་འདྲ་ཞིག་དགོས་པར་རིན་ཆེན་འཕྲེང་བ་ལས་གསུངས་ཡོད།

ཕྲཛྙ་ན་རེ། ཡུཡཾ་པྣཏ་ཤུཔྲཏྟུཀྲུ་ཥྛ་བྣམྣཏྣ་པ་རི་གྲཏྣཏྲ་ཥྣཧྃདྲི་ཥྚ་ཁྱེད་གཉིས་ཚིག་གི་ཟེར་ལུགས་མ་འདྲ་བ་ཙམ་མ་གཏོགས་དོན་ལ་མཐུན་པར་སྣང་། ངའི་ཡིད་ལ་འཐད་པ་བྱུང་། མ་མཙམ་ན་ཡོ་པ་པ་བཀྲི་ཛྷབཏ།

བི་ལིག་ན་རེ། ཏུར་འགྲོ་བ་བཞིའི་ཆོས་ལས་མི་འདའ་ཚུལ་སོགས་དྲི་རྒྱུ་འདུག་སྟེ། པེན་ཪོད་ཏུའི་ནོམ་འ་ཆཨུ་ལུཏཔ་ཏུ་ཡོ་སུ་ཐེར་གུ་ནི་འ་སུཨུ་ཏུ་པུ་ཀེད། ཁེ་རྡན་གྱི་རྩ་བ་སྣྲ་རྩེ་མཐུན་ཡོང་ན་ངེས་ཚིག རེག་ཀུན་ཨུན་ཏུ་སུ་ཪོ་ཡོ་ནུ་ཨུ་ཙུ་ཨུར་ཙོ་ཧེལ་ཏུ་པ་སུ་ཐེ་གུ་པྣེར་པོ་ལོ་མུའི། ཚིག་གིཨུ་གེ་སྣུན་སྤྲོས་པའི་མཐའ་མི་ཚོད། ས་ཚུར་ལ་འ་ཡྣེར་སེ་གུ་ལའི་ཀེཨུ་ལུ་ཐ་སུ་ལ་མུའི།

ཆེ་དཔེ་ན་རེ། ཅིང་ཆོས་ཀྱི་རྩ་བ་གང་ཡིན་ལ། ཀྱི་ཀྱི་ཧྣ་ཧྣ་ཞི་སེང་ཁྱེད་བླམ་དང་

བརྩུན་པ་རྣམས་མི་མཐུན་པ་མེད་པ་དེ་ཤིན་ཏུ་ལེགས། ཙུང་ཀླི་ཡ་སྟུ་ཧེ་ཧེ་ཁི་ལྀ་ཤིན་ཤྣན།
ཅིན་ད་དུང་ཡང་ཆོས་འདི་རྒྱ་ཆེ་གཏིང་ཟབ་པས་འཁྲོས་པ་དོན་ཅན་མང་དུ་གནང་དགོས། ཟེ་ཅིང་
ཀླཱུ་ཀ་ལྷང་ཏྣ་ཤིན་ཨོ་ཤིན་ཨུན་ཀླི་ཀླཱུསྟུ་ལྷན་དེ་ཕིན་ཤུལྦ།

པྲཀྲྀན་རེ། ཆོས་ཀྱི་ཧྲ་ཙྪ་ཥྚའཇུག་སྒོ་གང་ཡིན། པ་དྣར་ཀླུཁ་ཡ་ཀླཱྀ།

ཤེས་རབ་ན་རེ། ཆོས་ཀྱི་འཇུག་སྒོ་སྐྱབས་འགྲོ་ཡིན་ཏེ། ཕྱི་ནང་གི་ཁྱད་
པར་ཡང་སྐྱབས་འགྲོའི་སྟེང་ནས་འཇོག་པ་མཉམ་མེད་ཇོ་བོ་ཆེན་པོའི་དགོངས་
པ་ཡིན། བི་ལིག་ན་རེ། ནོམ་པོ་ཡུ་ཤ་ཅིན་ནེའི་ཐེའིན་འོ་རོ་ཏུ་གུཏེ་འེ་ཐེ་གེ་ལ་
ཡབུ་ཝུ་ལ་ཆོས་སམ་བསྟན་པ་སྤྱིའི་འཇུག་སྐྱབས་འགྲོ ཏུ། ཡེ་ཁེ་ཁྲུ་ལེ་གེ་ནུ་རོ་ཏུ་འེ་གུ་ཐེག་
ཆེན་གྱི་འཇུག་སྒོ། ཝུ་ཏེ། པོ་ཧྲི་སེད་ཁེལ་འེ་གུ་སེ་ཁེ་སེམས་བསྐྱེད། ཁུ། ཐར་ནེ་འེན་
འོ་རོ་ཏུ་འེ་གུཝུ་ཏེ་ཨ་ཧྲི་ཤིག་སུན་ཁེ་མེན་པུ་ཀུ་ཏེ་ཏུང་འལ་སྔགས་ཀྱི་འཇུག་སྒོ་དབང་
ཡིན་པར་ཡོངས་སུ་གྲགས་སོད། ཏར་ཤིག་སན་འ་སྟུ་ཙོ། འེ་གུན་འདི་ལའང་དཔྱད་རྒྱུ་ཞིག
ཡོད་དེ། ཏུར་ཚུ་ཤིན་ཅེ་ལེ་ཁུནེ་གེན་པུའི་པུ་ལེ་གེ །འི་ཐེ་གེལ་སྐྱབས་འགྲོ་ལས་སོགས
སུ་གྱུར་པའི་བསྟན་པ་ཞིག་མེད་ན་འདི་དེའི་སྒོར་འཇོག ཡ་པུ་ཝུལ་ཏུ་འ་ཚ་ཨང་ཁི་ཏ་པོ་སོག
སན་ཤ་ཅིན་ཅི་གེ་ཝུ་ཀེའི་པོལ་པ་སུ་ཐེ་གུ་ནུའེ་ཀྐྲ་ཏེན་ཏུར་ཐལ་པི་སྦུ་ཡོ་སུ་ཝུ
ཀེའི། འི་ཐེ་སྐྱབས་འགྲོ་ལས་སོགས་སུ་གྱུར་པ་གེསོ་ཡ་བུལ་ཏུའ་ཚ་ཐུ་སྣར་ནེ་གེན་སུན
པོལ་ཞིག་ཡིན་ན་དེ་ནང་པའི་ཆོས་པ་སུ་ཐེ་རེ་ཐོ་ཐོ་གོ་ཆོས་མ་ཡིན་པའི་སྐྱོན་དུ་མི་འགྱུར་རམ། འོ་
ཐུའི་ན་ནོམ་པུ་སུའི་ན་གེམ་པོལ་ཏུ་ཝུ་གེའི་པོ་ཡུ།

ཚེ་དཔོན་ན་རེ། མོང་སོག་པོའི་བརྩུན་པས་ཟེར་བ་འདི་བདེན་པ་འདྲ ཀུ་དྣ་ཤྣིས་
ཤུལྦ་ཤུལྦ་ཟེ་མོ་ཞིག་འདུག ཤྣིས། ཆེང་མཁར་གྱི་སྒོ་དང་མཁར་གཉིས་ག་མི་གཅིག་པ་བཞིན་ཆོས་
གྱི་སྒོ་དང་ཆོསསློན་ཡུས་ཆང་པླི་ཟེ་ཡུ་ཡེ་ཅིང་ཡུས། ཅིང་གཉིས་གའང་སོ་སོར་ཡོད་དགོས་རྒྱུ་ཨེ་
ཡིན། སློན་ཨི་ཏང་ཀོ་པེ་ཡ་ཆེ་ཤིན་ཡླན་ཡུས།

ཤེས་རབ་ན་རེ། དེ་ཁྱེད་གཉིས་གས་མ་གོ་བར་སྣང་། སྒོའང་པོ་བྲང་གི་

ཁོངས་སུ་འདུ་དགོས་པ་མ་གཏོགས། དེ་ཕོ་བྲང་ལས་ལོགས་སུ་ཡོད། ཕོ་བྲང་གི་རྩིག་པའང་ཕོ་བྲང་ལས་ལོགས་སུ་ཡོད། །ཀ་བ་གདུང་མ་སོགས་ཀྱང་ཕོ་བྲང་ལས་ལོགས་སུ་ཡོད་ན་དེ་ཚོ་བསལ་ཤུལ་ནས་ཕོ་བྲང་ཞིག་སྟོན་རྒྱུ་ཡོད་དགོས་ཀྱང་དེ་སྟོན་རྒྱུ་མི་རྙེད། དེ་ཐམས་ཅད་ཚོགས་ཙམ་ལ་ཕོ་བྲང་ཞེས་ཐར་བཏགས་པ་ཙམ་ཞིག་ཡིན། དེ་བཞིན་དུ་སྐྱབས་འགྲོའང་བསྟན་པ་ལ་སློབ་པའི་ཐོག་མ་ནས་འཇུག་པ་ཡིན་པས་ན་སྒོ་དང་། ཞུགས་ནས་ཉམས་སུ་ལེན་རྒྱུའི་གཙོ་བོ་ཡིན་པས་ན་གཞུང་ཤིང་སོགས་སུ་བཏགས་པ་མ་གཏོགས། བསྟན་པ་ལས་ལོགས་སུ་གྱུར་པའི་དེའི་འཇུག་སྒོ་ཞིག་འཛོག་མི་དགོས།

ཕྲཛྙཱ་ན་རེ། ཏདྟི་དེ་ཤིན་ཏུ་ལེགས་སེམས་བསྐྱེད་ཐེག་ཆེན་གྱི་འཇུག་སྒོར་བཤད་ཀྱང་། སུཙིཏྟོཏྤཱདཾམཧཱཡཱནསྱབཧྨུཁེཧྲཱིཏཀྵཱ། མ་ཐེག་ཆེན་གྱི་ལམ་ཐམས་ཅད་སེམས་བསྐྱེད་ཀྱི་ཡན་ལག་ཏུ་འདུ་དགོས། ཧྲ ཡཱནསྱསྨྲྀཏབྡྷཙིཏྟོཏྤཱདསྱཔརིཀཱརེསཾམཱཡཔྲེཡོཛཾནཾ། མ་གསང་སྔགས་ཀྱི་འཇུག་སྒོ་དབང་ཞེས་ཧྲྀཀཏྲསྱབཧྨུཁཱེཧྲཱིཧྲཱིཿབཤད་པའང་དང་པོར་འཇུག་པའི་ཆོ་སྟོན་འཁོར་བྱས་པ་ཨཱཏྟིཏྲཱཧྲཱིཏཀྵཱཏྲབཏརསྱཀཱརཋཔུཏེཀཱམཋ་ཀཱཀྲྀཋེ་གཅིག་པུ་མ་ཡིན་པར། ཀཱརྐཾ། བི་སྨིན་བྱེད་ཀྱི་རྒྱུ་པཱཙཏྱ ཀཱརཀཱཏྲཿ། ཀྲཱིཏི་གྲོལ་བྱེད་ཀྱི་ལམ། སུཀྲྀཏྱཱཀ ། མོ་གྲོལ་བ་འབྲས་བུ་སྟེ་སྔགས་ཀྱི་ལམ་འབྲས་ཐམས་ཅད་དབང་གི་ཁོངས་སུ་འདུས་པ་ཡིན། ཙནབྲིཧིཏམཧྱསྱསྦྲཀཱཏཀཱམསྱཏྲིཀསྱསྨྲྀཀཱརཋསམཱཛན།

བི་ལིག་ན་རེ། ཤ་བསྟན་པའི་འཇུག་སྒོ་སྐྱབས་འགྲོ་ཡིན་པ། ཅེན་ཨུ་འོ་རོ་ཧྥུ་འེ་གུའུ་ཏེ་འི་ཁྲིད་བདེན་པའི་དབང་དུ་བྱས་ཀྱང་དེ་ཙམ་གྱིས་གོ་མི་ཆོད། ཐེ་གེལ་ཡ་ཕུལ་ཧྥུ་མུན་ནེ་ཆེའུ་ནེན་པོལ་གོང་ཝུའི་ལེད་པི་ཆུ་ཐེ་རེཐེ་ཧྥུའི་ཁེ་ནེར་ཐོ་འོ་ཚ་རུ་ཝུ་ལུ་པོ་ལོ་མུའི། འི་སྐྱབས་སུ་འགྲོ་བའི་རྒྱུ་ཐེ་གེལ་ཡ་ཕུའུལ་ཧྥུ་ཤིལ་ཐ་གཱན་འི་ཐེ་གེལ་ཡ་ཕུའུལ་སན་ཁེམ་ཅི་སྐྱབས་སུ་སོང་བའི་ཚད་ཡི། འི་ཐེ་གེ་ལ་ཡ་ཕུལ་ཧྥུའི་མུན་ཆེ་སྐྱབས་འགྲོའི་ངོ་བོ་ནས། ཐེ་རེ་དེ་འང་ཐུན་མོང་བའི་དབང་དུ་བྱས་ན་ཡོན་ཏན་ཤེས་པ། ཆུ་ཡེ་རུང་ཁེའི་ན་འེར་

ཁེ་པླིར་ཨུའི་ལེད་པླེ་སུ་འེར་ཧེ་མི་མེ་ཏུ་ཁྲེ། འི་ཁྱད་པར་ཤེས་པ། ལ་ག་ལི་མེ་ཏུ་ཁྲེ། འ་མན་ཁས་ལེན་པ། འབ་ཧྲུ། བ་གཞན་དུ་མི་སྨྲ་བ་བཞི་དང་། ཤུད་ཐུར་ཨུ་ལུ་ཨུ་གུ་ལི་ཁྲེ་ཏུར་པེ་ཁེ་གླེད། ཨེ་ནུང་ཁེའི་པུ་སུ་ཧོ་ཐོ་ལ་ཏུར་ཐུན་མོང་མ་ཡིན་པ་ཀུན། འོད་ཧྲུའི་ན་འི་འོ་ནོ་རྟོགས་པའི་ཁྱད་པར། ལུན་འི་ལ་གླུལ། ཤུར་ཐེལ་གནོན་གྱི་ཁྱད་པར་བཞི། འི་ཡླེར་ཏ་ནུ་ཧྲུའི་འི་ལླུལ་གླུལ་ཏུར་པེ། འིཐེ་གེསྐྱབས་སུ་སོང་བའི་ཕན་ཡོན་སོགས། ལ་ཡ་པུ་གུ་ལུག་སན་ཐུ་ས་འེར་ཏེམ་ཐེ་ལེགས་པར་བཤད་དགོས། རི་གུ་ཐེ་ནེ་སའི་ཐུར་ནོམ་ལ་ཧྲུ་ཁེ་རིག་ཐེའི།

ཤེས་རབ་ན་རེ། ཁྱོད་ཀྱིས་སྐྱབས་སུ་འགྲོ་བའི་རྒྱུ། སྐྱབས་སུ་སོང་བའི་ཚད། སྐྱབས་འགྲོའི་ངོ་བོ་དེའང་ཐུན་མོང་བའི་དབང་དུ་བྱས་ན་ཡོན་ཏན་ཤེས་པ། ཁྱད་པར་ཤེས་པ། ཁས་ལེན་པ། གཞན་དུ་མི་སྨྲ་བ་བཞི་དང་། ཐུན་མོང་མ་ཡིན་པ་ཀུན་ཏུ་འགྲོ་བའི་ཁྱད་པར། ཁས་ལེན་པའི་ཁྱད་པར། རྟོགས་པའི་ཁྱད་པར། ཐེལ་གནོན་གྱི་ཁྱད་པར་བཞི། སྐྱབས་སུ་སོང་བའི་ཕན་ཡོན་སོགས་གང་ཡིན་ཞེས་དྲིས་པ་དེ་རྒྱ་ཆེ་མདོག་ཁ་པོ་འདུག །ཡིན་ཀྱང་དྲི་རྒྱུའི་གཙོ་བོ་ལུས་སྟང་། རང་ཅག་ཐམས་ཅད་སྐྱབས་འགྲོའི་སྡོམ་པ་ཡང་ཡང་ཁས་བླངས་ཡོད་པ་ཤ་སྟག་ཡིན་དུས། ངེས་པར་རྩད་གཅོད་རྒྱུ་ཡིན་ན་ཁ་ནང་དུ་བསྐོར་ཏེ་སྐྱབས་འགྲོའི་བསླབ་བྱ་གཙོ་བོར་འདྲི་དགོས། སྐྱབས་འགྲོའི་ཁོངས་འདིར་གསུང་རབ་ཐམས་ཅད་འདུ་བས། སྐར་འཕྲོས་པ་རིམ་བཞིན་བྱས་ཆོག །

པྲཛྙ་ན་རེ། ཧྲཀྲ་ཆོས་ཀྱི་གནས་ལུགས་གང་ཡིན་རིག་པ་ཕྲ་མོས་དཔྱོད་ལ་ལན་ཐོབ། སུཔྲཀྲིཏེཡཛྙབཏཔབཏྭཪྴེཏེནཔརྣཱཀཙཔརིཧྣརཔཱཧྲ།

པེ་ལིག་ན་རེ། ནོ་ཆོས་ཀྱི་གནས་ལུགས་ནི་ཟབ་མོ་སྟོང་པ་ཉིད་ཡིན། མོན་ཨ་ཧྲུ་ཡོ་སུ་འ་ནུ་ཀུན་ཧོ་གློ་སོན་ཆེ་ནར་ཟུན། ཐེ་དེ་ལས་གཞན་དུ་འདའ་ས་མེད་པས་ཆོས་ཀྱི་ཕྱག་རྒྱ་ཟེར་བ་ཡིན་ལགས། གུ་ནླེ་ཆེ་པུ་ཤུད་ཐུར་ཏ་པ་ཧྲུ་འོ་རོན་ཨུ་གླི་ཐུ་ལ་ནོ་མོན་ཟུ་ཏླ་ཁེ

མི་ཁྲུ་མུན་པུ་ལུ་གེ །

ཤེས་རབ་ན་རེ། གནས་ལུགས་སྟོང་པ་ཉིད་ཅེས་ཐེག་ཆེན་གྱི་གྲུབ་མཐའ་སྨྲ་བ་ཐམས་ཅད་ཟེར་ཡང་སྟོང་ཉིད་ཀྱི་འཇོག་མཚམས་མི་འདྲ། ཁྱོད་ཀྱིས་ཅི་འདྲ་ཞིག་ལ་བསམ་ནས་སྨྲས་པ་ཡིན།

པྲཛྙཱ་ན་རེ། སུསྟོང་ཉིད་ལེགས་པར་གོ་བ་ལ་དགག་བྱ་ངོས་ཟིན་དགོས། ཉྗེསྦུཙྪཏྲིཏུཥྐྲྀཏཏཏེཔྲེཡོཛྙན། ཏདེ་ཤེས་ན་དེ་བཀག་པའི་སྟོང་པ་ཤེས་སླ། ཛྙཡོནདྲྀཏུཙཏྲྀཤུསུཀཱརསྦུཙྪཛྙ། ཡུཡཾཁྱེད་གཉིས་དགག་བྱ་ཇི་ལྟ་བུ་ཞིག་འགོག་དགོས་པར་འདོད་པ་ཡིན། ཏུཥྐྲྀཏཀིམྨིཐསནཉིཧྣཔྲེཡོཛྙཾཀླྀམབན།

བེ་ལིག་ན་རེ། ཧ་དགག་བྱ་ཕྱི་དོན་བཀག་པའི་གླུག་ཁེག་སྟོང་ཉིད་སེམས་ཙམ་པས་འདོད་པ་ལྟ་བུས་གོ་མི་ཆོད། སེན་ཧ་གློ་སོན་ཆེ་ནར་སེང་ཧེ་ལུན་ཐེ་ཏུའི་ཁེན་ཐུ་པླེར་ཐ་གླ་ལག་སན་མེ་ཐུ་པླེར་ཨུ་ལུ་ཐོ་གླ་ཆ་མུའི། ཐུབ་དབུ་མ་པའི་ལུགས་འདིར་དགག་བྱ་བདེན་གྲུབ་འགོག་དགོས། ཨུ་ཅེལཐེན་ནུ་འེ་ནེ་ཡོ་སོན་ཏུར་ཧ་གླུག་ཏ་ཧུན་ཨུ་ནེན་ཤིགཔུ་ཐུག་སེན་ནེ་ཧ་གླ་ཕུ་ཁེ་རེག་ཐེའི། ཐོབ་ཆེ་ལན་མདོར་བསྡུས་ན་ཆོས་གང་ལའང་རྣམ་རྟོག་གིས་ཕར་བཏགས་པ་ཙམ་ཞིག་མིན་པ་སོ་རང་གི་ངོས་ནས་གྲུབ་རྒྱུ་མེད་པ་ཡིན། ཧུ་རི་ཡབ་སུ་ནོམ་འ་ལེན་ཏུར་ཚུ་ཐྲེན་འདཧག་འེ་ཡླེར་ཆེ་ནག་ཤེ་ནེ་རེའི་ཏུག་སེན་ཐེ་ཏུའི་ནེ་གེ་ནླེ་ཆེ་པུ་སུ་ཐེ་རེཨུ་པུ་ཧུན་ཐ་ལླ་ཆ་པུ་ཐུག་སེན་ཨུ་གླ་མུན།

ཤེས་རབ་ན་རེ། ཐག་རིང་ནས་མི་ཞིག་དང་ཐོ་ཡོར་ཞིག་གཤིབས་ཡོད་པ་ལ་མི་གཉིས་འདུག་བསམ་པའི་ཚེ། ཐོ་ཡོར་གྱི་ངོས་ནས་མི་མ་གྲུབ་པས་རྣམ་རྟོག་གིས་ཕར་བཏགས་པ་ཙམ་ཡིན་མོད། མི་དེའི་ངོས་ནས་ཀྱང་མིར་གྲུབ་པ་མེད་པས་ཕར་བཏགས་ཙམ་ཡིན་ནམ།

བེ་ལིག་ན་རེ། ཧོ་ལོ་ག་ཅར་འེ་ཆེ་ནེ་གེ་ཐག་རིང་ནས་མི་ཞིག་ན་ཁྲུ་མུན་ཀི་གེད་ནེ་དང་ཐོ་ཡོར་ཞིག་གཤིབས་ཡོད་པ་ལ་མི་གཉིས་འདུག་བསམ་པའི་ཚེ། གེན་མ་ནུར་ལུ་

གེ་ཏམ་བྲུ་པོའི་ཏུར་ཧོ་ཡར་ཁྲུ་མུན་པོའི་ཁེ་མློན་ས་ནག་སན་ཆག་ཐ། མ་ནུར་རྡུའི་སྲོལ་ཡོར་གྱི་ངོས་ནས་མི་མ་གྲུབ་པས་རྣམ་རྟོག་གིས་ཕར་བཏགས་པ་ཙམ་ཡིན་མོད། ན་རུག་འེ་ཆེ་ཁྲུ་མུན་འེ་སེ་པུ་ཐུག་སེན་ཐུ་ལ་ཐེའི་འདཏག་ཡླེར་ཆེ་ནག་ཤི་ནེ་རེད་ཏུག་སེན་ཐེ་དུས་མུན་འ་མོའི། ཁྲུ་མི་དེའི་ངོས་ནས་ཀྱང་མུན་ཐེ་གུ་ནེ་རུག་འེ་ཆེ་ཀྲུ་ཁྲུ་མིར་གྲུབ་པ་མེད་པས་ཕར་བཏགས་ཙམ་ཡིན། མུན་ཏུར་གུ་ཐུག་སེན་ཝུ་གེ་ཐུ་ལ་ཆེ་ནག་ཤི་ནེ་རེད་ཏུག་སེན་ཐེ་དུས་མུན། ཐེ་རེ་ཧོ་ཡར་ཝུ་པེ་ནུན་རུག་འེ་ཆེ་ཁྲུ་མུན་ཏུར་བུ་ཐུག་སེན་འེ་སེ་བུ་ཐུན་ནུ་ཡིལ་གལ་པོའི་པུ་གེ་སུ་ཧོ་ཐོ་ལུ་ཝུ་གེ་ལི་ཆེ་ཐེའི་ཡི་ལ་གལ་ཡགུ་བུའི་ད་གཉིས་རང་ངོས་ནས་མིར་གྲུབ་མ་གྲུབ་ཀྱི་ཁྱད་བྱུང་ན་དངོས་སྦྱབ་དང་ཁྱད་ཅི་ཡོད།

པྲཛྙ་ན་ནི། སད་གཉིས་དོན་དམ་པར་རམ་རང་གི་ངོ་བོས་གྲུབ་མ་གྲུབ་ཀྱིས་ཁྱད་པར་མེད་ཀྱང་། དྲི་བརམཐྲཏསྨཱཧཱབེནསྨཧྲནསྨཧྲསུནཧེབཞྭ། ཐྭབྷཏརཋཾསྨཧྲནསྨཧྲནར ཐ་སྙད་དུ་མིར་གྲུབ་མ་གྲུབ་མའི་བྱ་བ་བྱེད་ནུས་མི་ནུས་ཀྱི་ཁྱད་ཡོད་པས་ཐ་སྙད་ཀྱི་འཇོག་མཚམས་འདི་གོ་དཀའ། རསྭགཧགར་ཤཔླེན་ཤཔླསུཧཱཏྲཧཱབེནཐྭབྷཏརསམཏེཏསྨཡམིདཾཛྙབཀྲྀཏ། ས་དེ་གཉིས་ཀ་ཡིད་ངོར་འགལ་མེད་གྲོགས་སུ་སོང་བ་ཞིག དྲིཏམནཏཏེནབེནྲྡྷཾསྟུཏ གཾབྱུང་ན་རྒྱལ་བའི་དགོངས་པ་མཐར་ཐུག་རྙེད་པ་ཡིན་པས་གཏ་སྨ་ཏཧཱཛཡསུཧྲྀཾཔྲཡཔརྐྐལ་ཧྲེནམཟ་མཚར་ཆེ། ཧྲཤཀྵཾཏཾ

ཚེ་དཔལ་ནེ་རེ། ཚེ་དེ་གོ་བ་དཀའ་མོ་འདུག ཟུས་ནན་མེད། ཨུལ་ཨུན་ཆེ་ཡླན་ཤིང་ཡིན་ཀྱང་ཚིག་ཙམ་ཟ་བས་ཐོས་ནའང་གསེར་དངུལ་སྲང་ཁྲི་ཚོ་རྙེད་པ་ལས་དོན་ཆེན་པོ་ཡོས་པས་ཀྱང་དོན་ཐོག་ཏུ་འབབ་དཀའ། ཏུཡུཡུན་གྱིན་ཀུང་དྷེ་ཞིན་དྷ་བཀའ་དྲིན་ཆེ།

ཤེས་རབ་ན་རེ། འདི་གོ་དཀའ་བས་མིང་སྣ་ཚོགས་བཏགས། མཁས་གྲུབ་ཐམས་ཅད་མཁྱེན་པའི་ཞལ་ནས། ཇི་སྲིད་མིག་ལྡན་སྐྱེ་བོས་མ་དཔྱད་པ། །དེ་སྲིད་དམུས་ལོང་བརྒྱ་ཡིས་རབ་དཔྱད་ཀྱང་། །སྣང་ཆེན་གཟུགས་ལ་ལོག་པའི་ཐ་སྙད་བརྒྱ། །ཀུན་ནས་འཇོགས་པའི་མུ་ཅོར་འཕེལ་བ་ཙམ། །

ཞེས་གསུངས་ལ། དེ་ཉིད་ཀྱིས་སྟོང་ཐུན་སྐལ་བཟང་མིག་འབྱེད་ནའང་དེ་འདྲ་ཞིག་གསུངས་ཡོད། ལྷུང་སྐྱུ་ཐམས་ཅད་མཁྱེན་པས། ཨ་མ་ཐལ་དཀར་གྱི་སྣང་ཆེན་གཟུགས་ལ། གསུངས་པའང་འདི་ཚོ་དང་སྒོ་བསྟུན་ནས་གསུངས་པ་རེད། སྤྲིན་སྤུ་བློ་གྲོས་རྒྱལ་མཚན་གྱིས་ཀྱང་། དམུས་ལོང་སྣང་ཆེན་ཞིབ་ཕྱུགས་བཞིན། ཞེས་སོགས་རྩ་འགྲེལ་ཐམས་ཅད་ན་དཔེ་འདི་ཡང་ཡང་གསུང་འདུག །

བི་ལིག་ན་རེ། འ་ནེ་ཙུ་ལི་གི་དཔེ་འདིའི་ཁུངས་རྒྱས་པ་ཐེག་བསྡུས་ན་ཡོད། ཧྣིན་འོག་ཏི་ལ་ཀ་རེང་གུའི་འནྟུ་རྩུ་རི་ཡང་གུའི་ཁུ་ལི་གེན་ཏུར་བུའི། འ་གུ་ནི་ཙ་འདི་སྣང་པོ་ཆེ་ཤེད་ཆེ་བ་དཔེར་བྱས་པ་ལ་འབྲེལ་ཅི་ཡང་མེད། གླ་ནུ་ཡེ་ཁེ་ཁུ་རྩོ་ནུ་ཙུ་ལི་གེར་ལིན་ཙུའི་ལི་ཏུག་སེན་ཏུར་པ་རིལ་ཏུ་ལ་གླ་ཡུ་ཙུ་ཀེ་ཙུ་གླ། ཏུར་གཟུགས་ཆེ་སོང་བ་མིག་ཅན་གྱིས་བལྟས་ཙམ་ནས་སུ་ཡེ་ཁེ་ཐུ་ལ་ནི་ཏུ་ཐེན་པླེར་ཙུ་ཅེག་སེན་ཐེ་ཏུའི་འ་ཆེ་ཐོ་ལོ་མགོ་མཇུག་ཚང་མ་མཐོང་གོའི་སེ་གུ་ལི་པུ་རིན་ཙུ་ཅེན་ཆེ་ཏ་བཅུ་ཐུབ་ཀྱང་པ་ལའི་དམུས་ལོང་གིས་ལག་སྦྱོང་བྱས་ན་སོ་ཧོར་བླེར་གླར་འ་ཡླེར་ཐེམ་ཐུར་ཁེ་ལིན་ཙུའི་ལིད་པླེ་སུ་ཁེ་ཚོད་མི་ཟིན་པས་མིང་སྣ་ཚོགས་འདོགས་པ་རེད། ཧྣེ་གི་མེ་ཏིལ་ཙུ་ཀེའི་འེལ་ཏེབ་ནེ་རེ་ཏ་ཏ་སུའི། ཡེ་ཁེ་ཤིང་རྟ་ཆེན་པོ་ཚོས་ཐེར་ཀེ་ནུ་ཧི་རེམ་ནེ་ཀེག་དཔེ་སྦྱོར་ཚུལ་འདི་ཙམ་གོ་བའང་གཞུང་ཆེན་མོ་རྣམས་ཀྱི་རྒྱུས་ཡོད་དགོས། ཆེད་པླེར་ཙུ་ལི་གེར་པ་རི་ཏུ་ཙུལ་སན་ཡོ་སུ་འེ་ནེ་ཐེ་ཏུའི་གི་མེ་ཏེ་ཁུའི་ཏུར་རྩུ་ཡེ་ཁེ་གོལ་ནོ་ཀོཾ་ཏི་སུ་ཏུ་ལུན་ཏ་ས་རྟུ་ཁེ་རེག་ཐེའི། འེར་ཐེ་ཐུ་བེད་ཤ་ཅི་ནུ་གར་རྟུ་འེན་འོག་ཁེ་མེབ་སྟོན་པོད་བསྟན་པའི་འབྱུང་ཁུངས་ཟེར་ཡང་། ཚུ། འ་ཏུ་གེ་མ་ན་གླར་ཀོཾལ་ཡོ་སུ་པུ་གུ་ཏེ་ཏུར་ཏ་སུག་སན་ཁེ་གེད་དེང་སང་གཞུང་ལུགས་ཐམས་ཅད་ལ་རྒྱུས་ཡོད་པ་།ཨ་དབང་ལུང་མན་ངག་གི་རྒྱུན་ཡོད་པ་ང་ཚོ་སོག་པོ་བཟང་བར་འདུག ཧྲི་ཤིག་འེ་ཤི་ཨུ་བ་དེ་ཤ་ནུ་ཙུར་གུལ་ཅི་ལེལ་བུའི་འ་ནུ་མ་ནའི་མོ་རྟོལ་སའེན་པེའི་ནམ།

པྲཛྙ་ན་རེ། སྐྲས་བསྟན་པའི་འབྱུང་ཁུངས་དང་ཡུལ་དབུས་ཟེར་བ་དེ་དེང་རྒྱ་གར་འཕགས་

པའི་ཡུལ་ཡིན། ནསྱསྟུཏབཧྱསྠུརྡནབདམཧྲིཙྪོཏྲུཏམསྨཏྣཕྱུབཀསྱུརྡནབདཡཏེ། ཡུ
ཁྱིད་ཚིག་ལ་མཐའ་འཁོབ་ཟེར་བ་ཡིན་ཡང་སྨཀཱཾཔྲཙྪཧྲཏུཧཾཏུཏབླཡཏེསྦྲ། ཨདུ་སུ་ལ་མཐའ་འཁོབ་
ཟེར་དགོས་ཧྲུནྣཀིསྨཱཾཔྲཙྪཧྲཧཾཔྲཡོརྡྷནནོརྡྷྣམི་ཞེས་པར་འདུག་ནིཊཧྲ། རྡྷ་ཡུལ་དབུས་དང་
མཐའ་འཁོབ་ཀྱང་རང་བཞིན་གྱིས་འགྲུབ་པ་མེད་པར་ནབདམཧྲིཙྪཱཔྲཙྪཧྲཙོསྱཧྲཱཔེནམྣསྣཧྲེ
བསྟན་པ་འཕེལ་འགྲིབ་ལ་སྦྱོས་ཏེ་བར་བཏགས་པ་ཙམ་ཡིན། ནཤྣསནཔིསྨྣནྣབཙཡྣནམཧླིནཔྣནྣ
ཧྲུབྲིནཾཧླུཡཏེ།

ཞེས་རབ་ན་རེ། དོན་དམ་རྟོགས་པ་ལ་སྔོན་དུ་ཀུན་རྫོབ་པའི་རྣམ་གཞག་གཏན་ལ་ཕབ་སྟེ་ཐ་སྙད་ཚད་གྲུབ་ལ་མཁས་དགོས། རེ་ཞིག་ཀུན་རྫོབ་ཀྱི་རྣམ་གཞག་ཅིག་ཁྱོད་ལ་དྲི་དགོས། བདེན་པ་བཞི་ལ་གང་འདྲེན།

བི་ལིག་ན་རེ། ཏུར་པེན་ཙུ་ནེན་འི་ནུ་བདེན་པ་བཞི་ནི། ཙོ་པ་ལང་དུན་ཙུ་སྡུག་བསྔལ་བདེན་པ་ནེན། པུ་ཁུ་ནི་གར་གག་ཆེ་འེན་ཙུ་ཀུན་འབྱུང་བདེན་པ་ནེན། ཐུ་རེད་ཁུའི་ན་ཙུ་འགོག་བདེན ནེན། སུ་རྣུན་ཙུ་ནེན་ལུ་གོ་ཏུར་པེ་སུན་ལམ་བདེན་དང་བཞི་ཡིན།

ཞེས་རབ་ན་རེ། ཕུང་པོ་ལྔ་ལ་གང་འདྲེན།

བི་ལིག་ན་རེ། ཏུར་སུའིན་ཆོག་ཆ་གཟུགས་ཀྱི་ཕུང་པོ། ཚོར་བའི་ཕུང་པོ་མི་ཏེར་ཁུའི་ན་ཆོག་ཆ། ཧུ་ར་འདུ་ཤེས་ཀྱི་ཕུང་པོ། ན་མི་ཏེ་ཁུའི་ན་ཆོག་ཆ། ཧུ་རི་ཡན་ཙུའི་ལེད་ཁུའི་ན་ཆོག་འདུ་བྱེད་ཀྱི་ཕུང་པོ། ཆ། བྲི་འིན་མི་ཏེ་ཁུའི་ན་ཆོགས་ཆ་ལུ་རྣམ་པར་ཤེས་པའི་ཕུང་པོ་དང་ལྔ་ཡིན། གཱ་ཐ་པུ་སུན།

ཞེས་རབ་ན་རེ། རྟེན་འབྲེལ་ཡན་ལག་བཅུ་གཉིས་ལ་གང་འདྲེན།

བི་ལིག་ན་རེ། ཨང་ཡན་ལག་དང་པོ་ཧན་གོ་ཤི་གུན་མོང་མ་རིག་པ། ཧག ཧོ་གཉིས་པ་ཡ་ཏུ་གཱར་འདུ་བྱེད། ཧུ་རི་ཡན་ཙུའི་ལེད་ཁྲེ། གུ་ཐ་གཱར་གསུམ་པ་རྣམ་ཤེས། ཐེའི་ན་མི་ཏེ་ཁླེ། ཏུ་ཐུ་གཱེར་བཞི་པ་མིང་གཟུགས། ནེ་རེན་ཏུར་སུ། ཐབ་ལྔ་བ་སྐྱེ་མཆེད།

ཐ་གཱར་ཐུ་སྐྱེ་མཆེད། རིན་ཐུ་གེ་ཁྱེ། ཙར་དྲུག་པ་གྲ་ཏུ་གཱར་ཁྱེ་རེལ་ཆེ་རིག་པ་ཁྱེ། ཏོ་ལོ་བདུན་པ་ཚོར་བ། ཏུ་གཱར་མེ་ཏེར་ཁྱེ། ནའི་བརྒྱད་པ་མ་ཏུ་གཱར་རྟུ་རི་ཡ་སྲིད་པ། རྟུའི། ཡེ་དགུ་པ་སུ་ཏུ་གཱར་ཨབ་ཞེན་པ།རྟུའི། ཨར་བཅུ་བ་སྲིད་པ། པ་ཏུ་གཱར་སྐྱུར། ཨར་བཅུ་གཅིག་པ། པན་ནི་གེ་ཏུ་གཱར་སྐྱེ་བ། ཐུ་རྟ་ཁྱེ། ཨར་བཅུ་གཉིས་པ་པན་ཏོ་ཡ་ཀ་ཤིའི་རྟེན་འབྲེལ། ཏུ་གཱར་ཙུ་ཐུ་ལོ་ཁྱེ་ཙུ་ཁྱེ་ཁྱེའི་ན་ཤི་ཐུན་པ་རེལ་རྣམས་ཏུ་རྟུའི་ཡིན་ནོ་གོཾ་ཏ་སྨུན།

ཤེས་རབ་ན་རེ། ཁམས་བཅོ་བརྒྱད་ལ་གང་འདྲེན།

བི་ལིག་ན་རེ། ཏུར་སུ་ཏ་གཱན་ཙུ་ནུར་ཡིན། འམ་ཐན་ཁྱུར་ཐེ་ཁྱེ་ནོམ་ལོཾ་གཱའོ་རོན་ནུ་ཙེར་གྲ་གཱན་ཨི་ཙ་གོཾར་གཟུགས་སྒྲ་དྲི་རོ་རེག་བྱ་ཆོས་ཏེ་ཡུལ་གྱི་ཁམས་དྲུག། ནི་ཏུ་ཆེ་ཁེ་ཏ་བར་ཁེ་ལེ་པེ་ཡེ་སེད་ཁེལ་ལུ་གེ་འེར་ཁེ་ཐེན་ནུ་ཙེར་གྲའན་ཨི་ཙ་གོཾར་མིག་རྣ་བ་སྣ་ལྕེ་ལུས་ཡིད་དེ་དབང་པོའི་ཁམས་དྲུག། ནི་ཏུ་ནུ་ཐེའི་མིག་གི་རྣམ་ཤེས་ནས་ཡིད་ཀྱི་རྣམ་ཤེས་ཀྱི་བར་རྣམ་ཤེས་ཀྱི་ཁམས་དྲུག་སྟེ་བཅོ་བརྒྱད་ཡོད། ན་མེ་ཏེ་ཁྱེའི་འེ་ཆེ་སེད་ཁྱེ་ལྟུན་ཐེའིན་མེ་ཏེ་ཁྱེའི་ཁྱུར་ཐེ་ལེ་ཐེའིན་མེ་ཏེ་ཁྱེའིན་ཙེར་གྲའན་ཨི་ཙ་གོཾར་ལོ་གཱའར་པན་ནའི་མ་པུའི། འདི་གྲངས་འདྲེན་ཙམ་ཡིན། ནེ་ཐོ་གོཾ་ཐོ་གོ་ལ་རྟུའིན་ཐེ་ཏུའི་སྨུན། ཐ་ཏེ་དེ་དག་སོ་སོའི་ངོ་བོ། གཱར་ཐུས་ཐུ་སུན་སྨུན་ཆེ་ནར། ཨུའི་ལེད་བྱེད་ལས། པུ་རི། པེལ་མཚན་ཉིད། གེ་ཆེ་ནར། ཨི་ལ་དབྱེ་བ། གལ། རྟུ་རི་བསྡུ་བ། ཡལ་ག མ་གྲངས་ངེས། གད་ཐོ་གོ ཨུ་ཡེ་ཙེར་གེ་ཐེ་རི་གོ་རིམ་སོགས་དཔྱིས་ཕྱིན་པར་ཤེས་པ་ལ་གྱུ་ཐེན་ནི་ཐུའིལ་ཏུར་ཁྱུར་ཐེ་ལེ་མེ་ཏེ་ཁྱེའི་ཏུར་ཏོ་ཐ་ལ་ཐེ་གྱུའུ་མེལ་ཨཱཧྨེ་ཧྣ་རྨ་མེ་མངོན་པ་ཀུན་བཏུས་ལྟར་གཏན་ལ་འབེབས་དགོས། ཐུའི་གེ་ནུ་ཐ་ཏ་བ་གོཾ་ལ་ག་རྟུ་ཁེ་རེག་ཐའི།

ཚིཾ་དཔེ་ན་རེ། ཐེ་ཏེང་རི་མཐོན་པོ་རྩེར་འགྲོ་བ་ལའང་རྩ་བ་ནས་ཡར་ག་ལེ་ག་ལེར་འགྲོ་དགོས། གོ་སྲུན་ཤུས་ཧྣེ་ཆེ་ས་ཤུ་ཤུས་ཤུས་ཞེལ་ཤང་ཡུས་ཁང་སྟེང་དུ་འགྲོ་བ་ལའང་སྐས་ཚིགས་འོག་མ་ནས་རིམ་གྱིས་འགྲོ་དགོས་པ་བཞིན་ཆོས་ཀྱང་གོ་དཀའ་བ་རྣམས་ཤེས་པ་ལ་གང་སླ་བ་དེ་

སྟོན་དུ་བསླབ་ནས་རིམ་པ་བཞིན་བྱེད་དགོས་པ་དེ་ངའི་བློ་ལའང་ཤིན་ཏུ་འབབ་པ་བྱུང་། ཏིང་ལྷུ་ཀྲེ་པི་ཡུ་ཐེས་ཤྲུ་ཡས་སི་ཀྲེལ་ཤིང་། ཤྲུ་ཡུས་མི་ཏྭ་ཡུས་ཏེ་ཆེ་ཧྲེ་ཤྲིན་ཤི་ཆེ་ཀྲེས་སི་ཏེ་ཀྲེལ་ཅིན་ལུལ་ཤིན་ཅི་མིང་།

པཎྜི་ན་རེ། ཏྲམྨ་སྲུ་ཏྲིད་ཡ་ཡ་སྦྲུ་ཆོས་ཀྱི་སྙིང་པོ་གང་ཡིན། ཡཏི།

ཤེས་རབ་ན་རེ། ཆོས་ཀྱི་སྙིང་པོ་སྟོང་ཉིད་སྙིང་རྗེའི་སྙིང་པོ་ཅན་ཡིན་ལགས།

པི་ལིག་ན་རེ། ནོ་མོན་ཆོས་སྐད་ཐུན་མོང་བ་ཙམ་ལ་དེ་བྱས་ཚིག་ཀྱང་། ཝུ་གེ་ཡེ་ཙུང་ཁྲིན་ཐེ་ཏུའི་ཏུར་ཐེ་རེ་པོལ་བ་ཆུ། ཀུན་ཟབ་གནད་མཐར་ཐུག་གི་དབང་དུ་བྱས་ན་དེས་གོ་མི་ཆོད། ཨོ་ནི་སུ་ནི་ཐུའི་ན་འེར་ཁེ་ཏུར་ཝུའི་ལིད་པེ་སུ་ཐེ་གུ་པླར་ཝུ་ལུ་ཐོ་གོ་ཆ་སུའི། ཨ་མོ་བདེ་སྟོང་དབྱེར་མེད་ཀྱི་ཡེ་ཤེས་ལ་བྱེད་དགོས། གོ་ལང་ཧོ་གོ་སན་འིལ་གལ་ཝུ་གེའི་པེལ་གེ་པི་ལིག་ཐུར་ཝུའི་ལིད་ཁྲུ་ཁེ་རིག་ཐེའི།

ཤེས་རབ་ན་རེ། ཁྱོད་ཀྱི་གཏམ་དེ་ངའི་ཕ་མི་མིན་སོག་པོ་ཡིན་ཞེས་པ་ལྟར་འབྲེལ་མེད་ཀྱི་ཅལ་ཅོལ་དུ་སྣང་། སྟོང་ཉིད་སྙིང་རྗེའི་སྙིང་པོ་ཅན་ཞེས་པ་སངས་རྒྱས་ཀྱི་གོ་འཕང་སྒྲུབ་པའི་རྒྱུ་ཐབས་ཤེས་ཡ་མ་བྲལ་བ་དེའི་མིང་རེད། བདེ་སྟོང་དབྱེར་མེད་ཀྱི་ཡེ་ཤེས་ཀྱང་དེའི་ཁོངས་སུ་འདུ་བ་མ་གཏོགས་དེ་ལས་གཞན་དུ་གོ་ན་སངས་རྒྱས་ཀྱི་རྒྱུར་མི་འགྲོ་བའི་སྐྱོན་ཡོད། ལར་ཁྱེད་རྣམས་ཆོས་ལ་དོན་གཉེར་ཆེ་བ་རྗེས་སུ་ཡི་རང་ལགས་ཀྱང་། དང་པོ་ནས་ཟབ་ཟབ་མོ་དང་། གང་མཐོ་གང་མྱུར་གྱི་མན་ངག་ཁོ་ན་ཞིག་དགོས་པ་འདྲིས་ཁ་གང་ལ་འཁོར་འགྲོ་མི་ཤེས་པ་འདུག ད་ལྟ་སྙིང་ཆོས་ཕལ་ཆེར་ཡང་སོག་ཡུལ་དུ་སླེབ་འདུག་མོད། རྒྱལ་དབང་ལྔ་བ་ཆེན་པོས་ཀྱང་བོད་ཀྱི་སྲིད་སྐྱོང་གི་དོན་དུ་གཏེར་ཁ་བརྒྱ་ལྷག་གི་ཆོས་གསན་ནས་སྙིང་ཆོས་ས་སྤྱིལ་རྗེ་སྤྱིལ་གནང་འདུག་ནའང་། སོག་པོའི་ཕྱོགས་སུ་སྙིང་མ་བཀྲ་མི་ཤེས་གསུང་ནས་བཀག་ཆ་ཁོ་ན་

མཛད་པ་རྣམ་ཐར་དང་ཕོང་གིས་གསུངས་པའི་བསླབ་བྱ་རྣམས་སུ་བལྟས་པས་གསལ། དེའི་རྒྱུ་མཚན་ཡང་སྟོན་སོག་པོའི་དམག་ཡང་ཡང་སོང་སྟེ་སྙིང་མ་ལ་གནོད་འཚེ་བྱས་པས། སྙིང་མའི་བླ་མ་ཆོས་སྐྱོང་ཐམས་ཅད་དང་ཕོན་ཞུགས་ཧེ་རུ་ཙང་དམ་སེལ་ཆེ་བ་དེའི་སྟོབས་ཀྱིས་ཡིན་པར་འདུག

བི་ལིག་ན་རེ། ཀུན་ཐུབ་ཟབ་མོ་དབུ་མའི་ལྟ་བ་སོགས་བྱང་ཆུབ་སྒྲུབ་པའི་ལམ་གྱི་གནད་མཐར་ཕྱུག་དང་། ཨུ་ཅོལ་ཐེ་རེ་གུ་ཐེན་པོ་ཧྲི་གི་བུ་ཕྲུ་གེ་ཁུའི་སྨུ་རིན་ཝ་ནི་ཨུ་ཕྲའི་ལ་བ། བུར་སངས་རྒྱས་ཀྱི་བསྟན་པའི་འགང་ཆེས་རྣམས་འཛམ་མགོན་ཙོང་ཁ་པའི་བཞེད་སྲོལ་རི་བོ་དགེ་ལྡན་པའི་ལུགས་འདི་བཞིན་བྱེད་ཧ་ཉུ་ཤ་ཅིན་ནུ་ཡེ་ཁེ་ནི་རེ་གུ་གོལ་ནོ་གོ་ཧེ་ཛུ་གེ་ལེན་ཨི་ཐེ་གེལ་པོག་ཧོ་ཙོང་ཁ་པའི་ན་ཐ་གླ་ལ་ལུན་ཛེ་ཧུམ་རི་བོ་དགེ་ལྡན་པའི་ན་ཡོ་སུ་འེ་ནི་ཆེ་ལེན་ཨུའི་ལེད། ཁུ་ཁེ་རིག་ཐེའི་འ་དགོས་མོད་སྨུའི། འ་ཧུ་ཨུ་གནས་སྐབས་ཀྱིས་འགལ་རྐྱེན་སེལ་བ་དང་། ཡེ་སུན་གར་ཤི་ནུ་གུ་ཆེ་ལ་འ་རིལ་ག་ཧུ་བ། ཨི་ཟས་ནོར་ལོངས་སྤྱོད་སྤེལ་བ་ཧེ་གེ་མལ་འེད་ལི་ལ་འར་པི་དག་ཧུ། འེར་ཁེ་དབང་སྒྱུར་གཏོང་བ། ཧུར་ཧུ་རི་ཡཱ་ཧུ། འ་ཏག་མ་མཐའ་ཐུན་རྣ་རེ་གཡུག་རྒྱུ་ཡའང་སྙིང་མ་ལ་བ་སུ་ཐུན་རྣ་ཐོ་ཁེ་ཧུ་ཅེར་གེའི་ན་ཐེ་ཧུའི་ཧུར་ཆུ་སྙིང་མ་འེ་ནི་ཆེ་ཧུལ་ཁེ་རིག་ཐུ་པོ་ལོ་གླེད་ཐེམ་ཐིག་གར་ཧུ་ཁེ་ལེ་བར་ནི་གེ་ནེ་བུའི་ཐུ་ལ་ཐེར་ནེ་ཕུའི་ན་ཁེ་རིག་ཕུར་པ་ག་ས་ག་འང་ཧ་ཧུན་འབ་བ་ཆུ་གར་ཤིལ་ཧུ་ཡ་གུན་བུའི་འདི་ཉེ་བར་མཁོ་ཞིང་རྟགས་ཐོན་སླབ་ཞིག་འདུག་པས་དེ་འདྲའི་དོན་དུ་ཙུང་ཟད་རེ་ཉམས་སུ་བླངས་ཀྱང་འགལ་བ་ཅི་ཡོད།

ཤེས་རབ་ན་རེ། དེ་འདྲ་ཟེར་བ་དེ་ཆོས་ལུགས་གཉིས་ག་ལ་བློ་མ་ཁེལ་བའི་སྐྱོན་ཡིན། སྟོན་ཡང་གཅིག་གིས་ཕྱུག་དཀོན་མཆོག་ལ་རེ། འཕྲུལ་པ་དཀར་ལ་རེ་ཞེས་ཕྱོགས་གཉིས་ག་གནོན་རྒྱུའི་ཁུལ་བྱས་ཀྱང་བློ་རྩེ་གཅིག་དྲིལ་གྱིས་སུ་ཡའང་གཏོད་མ་ཐུབ་པས་སྤུང་བ་བྱས་ཚད་གནད་དུ་མ་སོང་བ་དང་འདྲ།

ཚེ་དབྱེའི་ན་རེ། ཤུལྱ་དེ་བདེན་པར་འདུག་ཤུལྱ་ཤིན་ཞིས། ལྱུ་བྱ་བ་གང་བྱེད་ཀྱང་སེམས་ལ་འཛིན་རྒྱུ་གཅིག་ཡོད་པ་དགོས། ལྷུ་ཏེ་ལྷུས་པི་ཏྲི་ཙུ་ལྱན་ཤིན། ཕི་ཡུ་གཞན་དུ་འགྲོ་ནའང་ཧ་གཅིག་ཞོན་པ་མ་གཏོགས་གཉིས་ཞོན་རྒྱུ་ཡིན་བྱས་ན་བར་དུ་ལྷུང་ཡོང་། ཤིད་ཧྥོ་ཀྱི་ཚེང་ཡྭིས་ནྭ། ཙུལྱ་ཁྱེལྱུ་ཤྭང་ནྭ་པི་ས་ཙུང་ཀྭན། ཕི་བཟོ་བྱེད་ནའང་ཁབ་རྩེ་གཅིག་གིས་བཟོ་བ་མ་གཏོགས་རྩེ་གཉིས་ཀྱིས་བཟོ་ལུགས་མེད། ཡུ་ཧུ་ལྷཱ་ཨུ་ཡུང་འི་ཡྭན་ཀྭེན་ཡུལྱ་ཡྭུང་ཤྭང་ཡྭན་གྱི་པུ་ཁེ་ཤིང་། ཏྲན་བྱ་བ་ཐམས་ཅད་དེ་འདྲ་ཡིན་དུས་ཆོས་ཀྱང་དེ་དང་འདྲ་མོད། ཤི་ཀྭེན། ཅིང་ཡྭི་ཡུ་ཙྭེས།

ཤེས་རབ་ན་རེ། མངོན་ཤེས་རྫུ་འཕྲུལ་ཕྲན་ཚོགས་དང་ཉམས་སྣང་བན་བུན་འབྱུང་སྐབས། དེ་འདྲ་མགོ་འཁོར་ནས་བསྟན་པའི་གནད་མ་ནོར་བ་བསྐྱུར་ཏེ་སོང་ན་ཕན་ཚུང་ལ་གནོད་པ་ཤིན་ཏུ་ཆེན་པོ་འབྱུང་སྲིད། སྡོམ་གསུམ་རབ་དབྱེ་ལས། ལ་ལ་ལུས་དང་སེམས་ལ་ནི། །ཏིང་འཛིན་ཅུང་ཟད་བསྐྱེད་ནས་ཀྱང་། །དེ་ལ་ཡིད་ཆེས་སྐྱེས་པ་དང་། །ལོག་པའི་ཆོས་རྣམས་བརྟེན་ནས་སྨྲ། །ལ་ལ་མངོན་པར་ཤེས་པ་དང་། །རྫུ་འཕྲུལ་ཅུང་ཟད་བསྟན་ནས་ཀྱང་། །བླུན་པོ་ཡིད་ཆེས་བསྐྱེད་ནས་ནི། །ཕྱི་ནས་ཆོས་ལོག་སྟོན་པར་བྱེད། །ཆོས་གཞན་ལེགས་པར་སྟོན་ན་ཡང་། །ཆོས་ཀྱི་གནད་རྣམས་བཅོས་པ་ནི། །ཤིན་ཏུ་འཇིགས་པ་ཆེན་པོར་འགྱུར། །དེ་འདྲ་བ་ལས་སྐྱོན་ཆུང་མང་། །དཔེར་ན་ཁ་ཟས་བཟང་པོ་ལ། །སྦྱར་བའི་དུག་གིས་ཕལ་ཆེར་གསོད། །དུག་ཀྱང་ཡིན་པར་ཤེས་ན་ནི། །འགའ་ཡང་གསང་པར་ནུས་མ་ཡིན། །དེ་བཞིན་ཆོས་བཟང་འགའ་ཞིག་ལ། །ཆོས་ལོག་བསླད་པས་ཕ་རོལ་སླུ། །ཞེས་གསུངས། གཏན་གྱི་མདུན་མའི་རྩ་བ་ཡིན་པས་ཁེ་ཉེན་ལ་རྟོག་དཔྱོད་ཞིབ་མོ་བྱེད་དགོས་སོ། །

བེ་ལེག་ན་རེ། སྡོམ་གསུམ་སྡོམ་གསུམ་རབ་དབྱེའི་ལུང་ཚིག་གིས་འདྲེན་མི་དགོས།

རབ་དབྱེའི་ལུང་ཆེ་པླེར་ཐ་ཐ་ཧྲུ་ཁེ་རེག་ཙུ་གེའི། ཆེ་ནྲུ་ཐ་ཐག་སན་ཐེ་གྲུ་ནེ་ཆེ་ཆྲུ་ཐོ་ཧེར་ཧྲའི་ཙུ་ལི་གེར་ལུ་གེ་སེལ་ཐེ་ནོམ་ལག་སན་པུའི་གི་བི་པླེར་ཆྲུ་ཙུ་ཙེག་སེན་བུ་ལུ་གེ། མུན་དེ་ཉིད་ལས། ཁྲུ་ཤེ་གྲུ་ནེ་ཆེ། ཐོབ་མདོར་ན་སངས་རྒྱས་ཆེལ་པ་སྲུ་པུར་ཧྲ་ནྲུ་སའེན་ཙར་ལིག་གསུང་བ་དང་ལུ་གཱའ། འོ་ལང་ཁི་ཀི་ཙོཾ་ཧེལ་ཏུ་གཱ་ལུན་ཙུ་ཙེ་གྲུ་ལི་གེ་དཔལ་ཆེར་མཐུན་པར་སྟོན་བྱེད་ཅིང་། འོ་ནེ་སྲུ་ཧྲུ་ནེ་གཾ་ཧི་པུ་ཏུ་གཱ་ཙུ་ཙེ་གྲུ་ལུག་ཆེ་ནོམ་གནད་རྣམས་ལོག་པར་སྟོན་པའི་ཆོས། སའི་ནས་འེན་མེ་ཐུ་ཙུ་ཙེ་གྲུ་ལེབ་ལེགས་ལེགས་འདྲ་བར་སྟོན་ནའང་། རྒྱ། ཤེ་མ་ནྲུ་པླེར་ཨཱཧྀ་ཤྭ་ལག་སན་མུན་ཁེ་བདུད་ཀྱི་བྱིན་རླབས་ཡིན་ནོ་ཞེས། མེན། སུ་མདོ་རྒྱུད་ཀུན་ལས་གསལ་བར་གསུངས། ཏུར་ཏ་རྫ་བུ་ཁྲུ་ནེ་ཆེ་ཐོ་ཧོར་ཧྲའི་ནོམ་ལ་བའི། འེ་འདི་དག་ཇི་ལྟར་བྱུང་བའི་ཚུལ། ཏེ་གླེ་སར་མཔར་མེ་ཐུ་ག་ཏུག་སན་ཡོ་སྲུ་ནེ། ཐོབ་ཆེའི་མདོ་ཙམ་ང་ཡིས་བཤད་ཀྱིས་ཉོན། ན་ཐེ་ཏུའི་པི་པླེར་ཙུ་གྲུ་ལི་མུའི་སོ་ནོ་སོག་ཐུན། རིན་ཆེན་བཟང་པོ་རིན་ཆེན་བཟང་པོ་ཁེལ་མེར་ཆེ་པའི་ཧྲུའི་ན་ཙུ་ཡེ་ཏུར། སངས་སངས་རྒྱས་སྐར་རྒྱལ་རྒྱས་སྐར་རྒྱལ་ཁེ་ཞེས་བྱ་བ། མེག་ཏེ་ཁྲུ་བླེར། མང་ལའི་འ་དཔྲལ་བ་ནས་ནི་འོད་འཕྲིན་ཞིང་། ཚའན་གེ་རེལ་གར་གླ་གད། གེ་བར་སྣང་ལ་ནི་སྤྲིལ་གྲུང་འཆར། གེན་ཙབ་སར་ཐུར་ཙ་པི་ལ་རྩུ། ཙ་རེ་འགའ་འཇིག་མའི་ཁྲི་ལ་རེམ་ཏགའང་ཏེ་རེ་སྲུ་ནྲུ་ཤེ་རེ་གེན་ཏུར་སྟོད་ས་གཱན། སྟོང་བ་ཉིད་ཀྱི་ཆོས་རྣམས་སྟོན། ཧོ་གོ་སོན་ཆེ་ན་ཏུ་ན་ནོ་མོ་ཧི་ཙུ་ཙེ་གྲུ་ལུན། ཡེ་ཁེ་ཧེ་འ་ས་རན་ནེ་ལུ་ལི་སེ་ཁྲེཏུ་རི་པེར་ཙུ་རྩུག་བྱམས་དང་སྙིང་རྗེ་ཆེ་བར་སྣང་། ཏེ་པླེ། དེ་ཡི་ཆོས་ཀྱིས་གཞན་དག་ལ། ཐེ་གྲུ་ནྲུ་ནོ་སླར་ཙ་རེམ་མུད་ཐུར། ཧིང་ངེས་འཛིན་ཡང་སྐྱེ་བར་བྱེད། ས་མ་ཧྲི་ཀླ་ཐུ་ཏུ་པེའི། ཐེ་གྲུ་དེ་ལ་འཇིག་རྟེན་ཐམས་ཅད་ན་ཏུར་ཡེར་ཐེན་ཆྲུ་ཐ་ཁེན་བི་ཤེར་པེའི་མོས་དེ་ལ་འཇིག་རྟེན་ཐམས་ཅད་མོས། ཤཱཀྱའི་རྒྱལ་པོའི་བསྟན་པ་དང་། ཤཱཀྱ་མུ་ནེ་འེན་ཤ་ཅེན་ལུ་གཱའ། ཨའདྲ་མིན་རྩུང་ཟད་བཅོས་པར་འཆད། ཧི་ལི་པུ་སུ་ཙུ་ཆྲུ་ཙུ་ནེ་ཁེ་ན་ཙ་ས་ཏ་ག་བླེར་ནོམ་ལ་པའི། ཏེ་གྲུ་ནྲུ་ཤ་ཅེན་མ་ཤེ་ཏེལ་གེ་དེ་ཡི་བསྟན་པ་ཤེན་ཏུ་

འཕེལ། ར་པླྀའི་ཐི་རེ་ཝ་ཡེ་ཏུར་རིན་ཆེན་བཟང་པོ་པླྀར་དེ་ཆེ་རིན་ཆེན་བཟང་པོ་ཡིས། ཛིར་གྷན་ས་སྒྲུབ་པ་ཟླ་བ་དྲུག་མཛད་ནས། ར་བུ་ཐྲུ་གེལ་ཝའི་ལེད་ཀྱུ། པ་ཐྲུ་ཧིང་འཛིན་བརྟན་པས་དེ་དྲུང་ཕྱིན། ས་མཧཱི་པླྀར་ཐི་ཤུ་ནུ་ཏེར་གེ་ཏེ་ཙ་ལར་པའི། སངས་རྒྱས་སངས་རྒྱས་སྐར་རྒྱལ་བར་སྣང་ལ། སྐར་རྒྱལ་ཀོ་གེན་ཙབ་སར་ཐུར། ཙ་པི་ལན་ས་གུ་ཙུར་ནོ་མི་སྐྱིལ་ཀྲུང་བཅས་ནས་ཆོས་འཆད་ཆོ། ནོམ་ལ་ཧུའིན་ཝ་ཡེ་ཏུར། རིན་ཆེན་རིན་ཆེན་བཟང་པོས་གཟིགས་ཙམ་གྱིས། བཟང་པོ་པླྀར་ཝ་ཙེག་སེན་ཐེ་ཏུའི་པླྀར། ག་ཙར་ཐུར་ཝན་ཙུ་ཝ་ཁུད་ཁེ་པླྀ་ས་ལ་ལྷུང་ནས་བརྒྱལ་ཞེས་གྲགས། ཁེ་མནྡ་འལ་ཏར་ཤི་པའི། ཁེར་པེ་རིན་ཆེན་བཟང་གལ་ཏེ་རིན་བཟང་ཞེས་བྱ་བ། པོ་ཁེ་མེག་ཏེ་ཁྲུ། སྐྱེས་མཆོག་དེ་ཚེ་མི་བཞུགས་ན། ཏེ་གེ་ཏུ་པོག་ཧོ་ཐི་རེ་ཝ་ཡེ་ཏུར་འེ་སེ་ལོ་རོ་ཤི་པ་སྒྲུ། སངས་རྒྱས་སྐར་རྒྱལ་སངས་རྒྱས་སྐར་རྒྱལ་ཞེས་བྱ་བའི། ཁེ་མེག་ཏུ་ཁྲེའི་ན། པུ་རུཝ་ནོམ་ཆོས་ལོག་བསྟན་པ་འབྱུང་ཞེས་གསུངས། ཤ་ཙེན་གར་ཧུ་ཁེ་མེན་ནོམ་ལགས་སན། ནག་པོའི་ཕྱོགས་ལ་དགའ་བ་ཡི། ཧ་རའི་ན་ཙུག་ཐུར་བ་ཡ་སུག་ཆེ། སྐར་རྒྱལ་ཁེ་མེག་ཆེ་ནེ་གེན་སྐར་རྒྱལ་ཞེས་བྱའི་སྐུ་ཆེན་ཞིག ཡེ་ཁེ་ཀླུས། མ་སྐྱེས་ངན་ཞིག་ལ་ཞུགས་ནས་ནི། གུཝ་ཐུ་རུལ་ཐུ་ནེ་གེན་ཏུར་འོ་རོ་ཙུ། པུར་སངས་རྒྱས་གཟུགས་སུ་བརྗེས་ཞེས་གསུངས། ཧ་ནུ་ཏུར་སུ་པླྀར་ཧ་སླུར་པླྀ་ཁེ་མེན་ནོམ་ལ་པའི། འེ་འདི་འདྲའི་རིགས་ཀྱི་བདུད་རིགས་འགའ། ནེ་མེ་ཐུའིན་ཙུའི་ལ་ཐུ་ཙ་རེམ་ཤིམ་ནུའི་ཙ་ཧོཾར་ཐུན། ཁྲུ་མུན་པ་ཧུ་ཐུག་ཐ་ནུ་ཏུ་རེ་གེ་པ་རེ་ཙུ་མིའམ་འཕགས་པའི་གཟུགས་བཟུང་ནས། པུ་ཏུ་གྷུ་ཤ་ཙེན་ནེ་ཏེལ་ཀོར་གྲུལ་ཁྲེའི་ན་ཐུ་ལ་སོག་པོའི་བསྟན་པ་སྤེལ་བའི་ཕྱིར་ཏཱ། ནོམ་ལུ་གའ་ཧོ་ཆོས་དང་བསྲེས་ནས་གནད་རྣམས་སུ། ལི་ཙུ་འོ་ནེ་སུ་ནོ་ཧོཾད་ཐུར། པུ་སོག་ཆོས་བསྲེས་ནས་འཆད་པ་སྲིད། ཐུ་ཝ་ནོམ་ཧོ་ལི་ཙུ་ནོམ་ལ་ཡུ། ཁེ་ཅེས་གསུངས་ཡོད་ཅིང་དེ་ལྟར་དུ་ངེད་རང་གིས་ཀྱང་ཁས་ལེན་པས། མེན་ནོམ་ལག་སན། བུའི་ཅེས་གསུངས་ཡོད་ཅིང་དེ་ལྟར་དུ་ངེད་རང་གིས་ཀྱང་ཁས་ལེན་པས། བུ་གེད་ཐེ་རེ་མེ་ཐུ་ཏུ་ར་བི་ཏ་པླྀར་ཆུ་འ་མན་འབ་ཧུ་ཐུ་ལ། སུ་མདོ་སྔགས་གང་གི་

ཡིན་ཀྱང་བསྟན་པའི་གནས་རྣམས་རྗེ་བླ་མའི་ལུགས་འདི་ལས་གཞན་ཞིག་བཙལ་དགོས་དོན་ཡང་མེད་ལ། ཏུར་ཐར་ནི་འ་ལི་ནུ་མུན་པོལ་བ་ཚུ་ཤ་ཙི་ནུ་ཨོ་ནི་སུ་ནོ་གོཾ་ཏི་པོག་ཧོ་བླ་མའི་འེ་ནེ་ཡོ་སུ་ནའ་ཆའུ་བུར་ནི་གེ་ནི་འེ་རི་ཁུ་ཁེ་རེག་ཐུ་ས་འུ་གེའི། ཧོ་བསྒྲེས་ཀྱང་མི་ཚིག་ལི་ཙི་ཚུའུ་ལུ་པོལ་ཏུ། ཏ་རྣུན་ནུ་གུ་ཆེལ་འ་རེལ་འཕྲུལ་གྱི་རྒྱན་སེལ་ཙམ་དུ་ཟླ་ལ་ཕན་ན་ཁྱི་ཚོལ་ཡང་བསྙེན་ཚིག་དུས། གུ་རུའིན་ཐེ་ཏུའི་ཏུར་ཐུ་ས་ལ་བ་སུ་ཤེར་ཏན་ཏུར་ནོ་ཏའི་ན་འུ་གུ་ཁུ་ནི་ཤེ་ཐུ་ཁུ་ཆག་པའི་ཐ་ལ། སྙིང་མའི་ན་ནོམ་ཚུ་སྙིང་མའི་ཆོས་ཀྱང་དེ་ལས་ཐུབ་ཞིག་མིན་འགྲོ། ཐེ་གུ་ནི་ཆེ་ཧོ་རོ་ནི་གེན་བུ་སུ་པོ་ལལ་ཐའི།

པྲཛྙ་ན་རེ། ཛྙསྨྲཤྲིཏེཡ་ཆོས་ཀྱི་འབྲས་བུ་གང་ཡིན། ཅྀཏི།

ཤེས་རབ་ན་རེ། ཆོས་ཉམས་སུ་བླངས་པའི་འབྲས་བུ་མཐར་ཐུག་སངས་རྒྱས་ཀྱི་གོ་འཕང་ཡིན་པ་ཡོངས་སུ་གྲགས་པ་ལྟར་ཡིན་པས། བླ་མས་ཀྱང་དེ་ལ་དྲི་བ་གནང་བ་མིན་པར་འདུག གནས་སྐབས་ཀྱི་དབང་དུ་བཏང་ནས་ཆོས་ཉམས་སུ་བླངས་པའི་ལག་རྗེས་ཞོག་ཚད་གང་ཡིན་གསུང་བར་འདུག དེ་ངས་ཞིབ་ཏུ་བརྟག་ན་ཚེ་འདི་སྣང་གི་བྱ་བ་སོགས་ཆོས་མིན་ལ་རྒྱབ་ཀྱིས་ཕྱོགས་ནས་བློ་ཁ་ཆོས་ཀྱི་ཕྱོགས་སོ་ནར་འཁོར་ཞིང་སྒོ་གསུམ་གྱིས་བྱ་བ་གང་བྱས་ཆོས་ཀྱི་ཕྱོགས་སུ་འགྲོ་བ་ཞིག་བྱུང་ན་ཆོས་ཐོས་བསམ་སྒོམ་གསུམ་བྱས་པའི་ལག་རྗེས་ཞོག་པ་ཡིན་པ་འདྲ་སྙམ།

བི་ལིག་ན་རེ། ཚེ་ཁྱོད་ཀྱི་དེ་ཆོས་བྱས་པ་དང་ཆོས་བྱས་པའི་ལག་རྗེས་གཉིས་པོ་རྒྱུ་འབྲས་ཀ་བཟློག་པར་སྣང་། ནོམ་འུས་ལི་ཏིག་སེན་གི་གེད་འུས་ལི་ཏི་ཁུའི་ན་འུ་རི་ཐེ་རེ་ཧོ་ཡར་ཤེལ་ཐ་གཱུན་འུ་ནྣེ་མི་ཏེལ་ནི་ཆག་སེན་བུའི། འུ་བློ་ཁ་ཆོས་ཕྱོགས་སུ་འཁོར་བ་ཞིག་སྟོན་དུམ་བྱུང་བར་ཆོས་བྱེད་པ་ཞིག་གཏན་མི་ཡོང་བས། ཡན་ནོ་མོའི་ན་རུག་ཐུར་རུག་གུལ་ཁུ་ནི་གེན་འུ་རི་ཏ་འེ་སེ་གར་བ་སུ་ནོམ་འུས་ལི་ཏི་ཁུ་ནི་གེན་འ་ཤི་ཏ་འུ་ལུ་ཡེ་རེ་ཁུ། ཐེ་རེ་ནོམ་དེ་ཆོས་བྱེད་པའི་རྒྱུ་འུས་ལི་ཏི་ཁུའི་ན་ཤེལ་ཐ་གཱུན་མུན་པོ་སུ་ནོམ་

འུས་ལེ་ཏེ་ཁྲེའིན་འུ་རེ་ཏུར་འོ་ཏོ་ཏུ་ཡོ་སུ་འུ་ག། ནོམ་པོ་ཆོས་མིན་གྱིས་ཕྱོགས་ལ་བློ་ལོག་པ་དང་། སུའིན་ཙུག་ཕུར་འུ་ཡན་འུར་བ་ཏུ་གེ་གེད། ནོམ་སུའི་ཙུག་ཕུར་ཆོས་ཀྱི་ཕྱོགས་ལ་བློ་འཁོར་བ་གཉིས་ཀྱང་སྲང་མདའི་མགོ་འཇུག་གི་མཐོ་དམན་བཞིན་དུས་མཉམ་དུ་ཡོང་དགོས་པས། འུ་ཡན་ཙུ་གུལ་ཁྲེ་ཏོ་ཡར་ཀྐུ་ཅིང་ནེ་གུ་རུའི་ན་སོ་ནྲིན་འེ་ཁེསུ་གུལ་འུན་ཏེར་པོ་གི་ནི་ཕུ་ཆག་ས་ཆེ་གུ་ཨི་རེ་ཁྲེ་ཁེ་རེག་ཐའི་ཕྲུལ། ཐེ་རེ་ཀྐུ་ནོམ་འུས་ལེ་ཏེ་ཁྲེའི་ཏུར་འུ་རི་ཏ་འོད་ཏུ་ཁེ་རེག་ཐེའི་ནེ་གེན་སུན་དེའང་ཆོས་བྱེད་པ་ལ་སྔོན་དུ་འགྲོ་དགོས་པ་ཞིག་ཡིན་གྱི། ། ནོམ་འུས་ལེད་ཁྲེའི་ན་སེ་གུལ་ཆོས་བྱས་པའི་འཕྲོར་ཡོང་རྒྱུ་ཞིག་མིན། ཏུར་ཡི་རེ་ཁྲེ་ནེ་གེན་པོ་སུ། ནོམ་འང་ཏྲ་རན་འབ་ཏུའིན་འུ་ནྲེ་འ་གོལ་ཏུའི་ན་ཆོས་ཉམས་སུ་བླངས་པའི་ལག་རྗེས་ཞིག་ཚད་ལ་ཐག་མི་ཆོད་རྒྱུ་དེ་ཙམ་ཅི་དགོས། ཁེམ་ཅི་ཡེན་ཏུར་ནྲི་གྣལ་འུ་གྣེ་ཤེལ་ཐ་གྣན་ཐེ་དུས་ཡ་ཀྐུ་ཁེ་རེག ཤོ་ན་ཐོས་པ་བྱས་པའི་ལག་རྗེས་འཆད་རྩོད་རྩོམ་གསུམ་ལ་ཐོགས་པ་མེད་པ་ཞིག་བྱུང་ན་དེ་ཡིན། སན་འུ་ལེ་ཏུག་སན་ཉུ་འུ་ནྲེ་ཡེ་ནོམ་ལ་ཏུ་ཐེམ་ཆེ་ཏུ་ཐོག་གོར་བའི་ཁྲེ་གུར་བ་ཕུར་བེལ་འུ་གེ་ནེ་གེན་ག་ར་པ་སུ་ཐེ་རེ་སུན། བེ་ཤེལ་གྣན་བུ་ཕུན་འུས་ལེ་ཏུག་སེན་འུ་ནྲེ་ཡི་དམ་པུར་ཏན་ཉུ་ནེ་གུ་རེ་འུ་ཅི་ཁྲེ་ཏེ་གེད་བེ་ལིག་པ་རི་ཏེ་ཏོ་བེ་གེན་ཐེ་རེ་གུ་ཐེན་ཕུར་བེལ་འུ་གེ་ས་ཡན་མོ་གུའུ་ག་རན་པོ་ལ་ཏུ་བུ་གུ་ཏེའི་ན་གུ་ཏུ་ཆེ་ལེན་ཏུ་མེ་ཏེ་གེད་ཁེ་ཅིག་འུབ་ཆེན་གི་གེད་འང་ཐོད་ཏར་ཐེ་རེ་གུ་ཏེན་ཉུ་ཆེ་ཏུ་ལ་ཁྲེ་ནེ་གེལ་བུ་གུ་ཏེ་གི་འ་རེལ་ག་ཙུ་འུ་བུ་རི་པོ་སུ་ཏུའི་ན་ཕུ་ས་འ་གུ་ཡེ་ཁེ་བུ་ཐེ་གྣན་ཆེ་ཏ་ཏུ་ནེ་གེན་གརབ་སུ་ནོ་སུ་འིན་འུ་རུ་འ་གོལ་ཏུ་སུན་ཡེ་ལེ་ཏེ་བུ་ཕུག་སེན་ཐེ་གུན་ཏུར་སེ་ཅི་གེ་ལེན་འུས་ལེ་ཏེ་ཁྲེ་ཡ་ཀྐུ་ཁེ་རག ནད་རིམས་གདོན་བགེགས་ལ་སོགས་པའི་ཉེར་འཚེ་ཐམས་ཅད་བསལ་ནས་རང་གཞན་གྱི་དོན་རླབས་པོ་ཆེ་སྒྲུབ་ནུས་པ་ཞིག་བྱུང་ན་ཆོས་ཀྱི་ལག་རྗེས་ཐོག་པ་ཡིན་པ་མངོན་སུམ་གྱིས་གྲུབ་པས་དེ་ལ་དོགས་པ་བྱེད་ཅི་དགོས།

ཚིག་དཔེ་ན་རེ། ཤེ་ཁྲིད་མཁས་པ་རྣམས་ཀྱིས་བཤད་ན་གཅིག་གིས་བཤད་ཚེ་གཅིག་བདེན།

ཏིང་ཤུཥ་ཏུཥ་ཏུ་ཀླུང་སེ་ཅིན། ཏུས་ཤུཥ་ཡླིས་གཉིས་ཀྱིས་བཤད་ཚེ་གཉིས་བདེན་པ་ལྟ་བུར་འདུག་པས། ཡན། ཨླེལ་ཤེ་ཤུཥ་ཤུཥ་ཤུ་ལྷུས་ད་རེས་ཁོང་རྣམ་གཉིས་ཀྱིས་བཤད་པ་དེ་གང་བདེན་རྒྱ་གར་གྱི་བླམས་ཐག་གཅོད་དགོས། ཤེཙེ་ཧྲཱི་ཡིན་ཏུ་ཤེས་ལྷེས་ཙེ་ཕེའི་ཕང་།

པྲཛྙཱ་ན་རེ། ཡོ་འཇིག་རྟེན་གྱི་གྲགས་ཚོད་དང་བསྟུན་ན་སོག་པོའི་བཙུན་པས་ཟེར་བ་དེའང་མི་བདེན་རྒྱུ་མེད་ཙང་། ཀཱཤྱསཾསྐྲུཏཀཱཔྲཀྲྀཏིཙནྡྲཀུལཾམཾཧྲཱལབཧཱནསྟུཏཏཊཛྷཱནཱསཏྲནཡཱཏྲབླ། བོད་ཀྱི་བཙུན་པ་ཁྱོད་རང་གིས་ཟེར་བ་དེ་ལ་ལུང་རིགས་ཀྱི་ཁུངས་རྣམ་དག་སྟོན་རྒྱུ་ཡོད་ན་སྟོན་ཤིག ཧྲཱཏསྒྲུགཱཾམིཧྲཱུཾཥནནཱསྟུཏཏཊཔྲཛྙཱཀྵཨེཤུཀླཱཤྲིཔྲིཧྲཊཨཱཕཧྲགྲཛྙཱཧྲུཏཧྲཱཁྱཡ།

ཤེས་རབ་ན་རེ། སོག་པོའི་བཙུན་པ་ཁྱོད་ཀྱིས་ཐོས་པའི་འབྲས་བུ་འཆད་རྩོད་རྩོམ་གསུམ་ལ་ཐོགས་པ་མེད་པ་ཟེར་བ་དེའང་གཅིག་ཤེས་གཉིས་ཤེས་ཐམས་ཅད་གཞན་ཞིག་ལ་བཤད་རྒྱུའི་འཕེན་པ་བཏང་སྟེ་ཁ་ཕྱིར་བལྟས་སུ་སོང་བའི་རྟགས་རེད། སངས་རྒྱས་བཅོམ་ལྡན་འདས་ཀྱིས། མང་དུ་ཐོས་པ་ནགས་ཀྱི་ནད་དག་ཏུ། །ལང་ཚོ་ཡོལ་བ་རྣམས་ཀྱིས་གནས་པ་བདེ། །ཞེས་ཐོས་དོན་དབེན་པར་ཉམས་སུ་ལེན་དགོས་པར་གསུངས། སྐྱེས་རབས་ལས་ཀྱང་། ཐོས་པའི་རྗེས་འཇུག་སྒྲུབ་པ་སྙིང་པོར་བྱེད། །ཅེས་ཐོས་པའི་འབྲས་བུ་སྒྲུབ་པ་ལ་བརྩོན་དགོས་པར་གསུངས་པ་རེད། ཡང་ཁྱོད་ཀྱིས་སྒྲུབ་པའི་འབྲས་བུ་མངོན་ཤེས་དང་གྲུབ་རྟགས་སོགས་ལ་གཙོ་བོར་ངོས་བཟུང་བ་དེ། ཆོས་བྱས་ཚད་ཚེ་འདིའི་ལག་ཆར་སོང་བའི་ནང་རྟགས་ཕྱིར་བསྟན་པར་སྣང་། ཐོས་བསམ་སྒོམ་གསུམ་ཇི་ཙམ་བྱས་ཀྱང་བློ་ཕྱོགས་ཚེ་འདིའི་མདུན་མ་དང་འཁོར་བའི་ཕུན་ཚོགས་ལ་ཤེ་སྤྱར་འཐམ་ནས་བསྡད་ན་བློ་ཁ་ཆོས་ལ་མ་ཕྱོགས་པ་ཡིན་པས་མཚམས་འདི་ཤེས་མཁན་དཀོན་པར་སྣང་། ཁྱོད་རང་གིས་བློ་ཁ་ཆོས་ལ་ཕྱོགས་པ་དེ་ཆོས་བྱེད་པའི་སྔོན་དུ་འགྲོ་དགོས་པའི་སྒྲུབ་བྱེད་གཏོང་གི་འདུག་མོད་ཀྱང་། མི་ཚེ་ཆོས་ལ་བསྐྱལ་བའི་ལག་རྗེས་ཀྱི་ཐད་ཀ་ན་ད་དུང་བློ་ཁ་མ་

ཕྱོགས་པའི་ནང་རྟགས་བསྟན་འདུག་པ་རྒྱབ་འགལ་ཆེན་པོ་ཡིན། དེང་དུས་ཆོས་བྱས་ཟེར་མཁན་ཕལ་མོ་ཆེ་ཁས་ཟེར་ལུགས་དང་ཕྱུགས་ཀྱི་ཞེ་འདོད་མ་མཚུངས་པ་འདི་འདྲའི་དབང་གིས་འབད་པ་ཚུད་ཟོས་སུ་སོང་བ་མང་བར་སྣང་། ཆོས་ཀྱི་འབྲས་བུ་ངེད་ཀྱིས་བཤད་པ་དེ་བཞིན་ཡོས་ཡིན། སངས་རྒྱས་བཅོམ་ལྡན་འདས་ཀྱིས་ཆོས་གསུངས་པའི་དགོས་པ་གནས་སྐབས་ཀྱི་རྐྱེན་སེལ་ཙམ་དང་། མངོན་ཤེས་རྫུ་འཕྲུལ་ཕྲན་ཚེགས་སྒྱུ་མ་མཁན་གྱི་བློས་གར་ལྟ་བུ་ཞིག་གི་ཕྱིར་དུ་གསུངས་པ་མིན། འཆིང་གྲོལ་ཐམས་ཅད་ཀྱི་རྩ་བ་རང་གི་སེམས་ལ་ཐུག་པས་བློ་སྣ་འདི་སྒྱུར་ཐབས་འབའ་ཞིག་ལ་གསུངས་པ་རེད། དེའི་གནད་ཀྱིས་འདི་ཙུང་ཟད་ཅིག་ཁ་ཡར་སྐོར་ཐུབ་ན་སངས་རྒྱས་ཀྱི་བཞེད་པ་བསྐངས་པ་དང་ཆོས་ཀྱི་ལག་རྗེས་ཞོག་པར་འགྲོ། མཉམ་མེད་རྗེ་བོ་ཆེན་པོས་ཀྱང་། དངོས་གྲུབ་ཀྱི་མཆོག་ཉོན་མོངས་པ་ཇེ་ཆུང་ལ་སོང་བ་ཡིན། གྲུབ་རྟགས་ཀྱི་མཆོག་འདོད་པ་ཇེ་ཆུང་ལ་སོང་བ་ཡིན་གསུངས་ཤིང་། དགོན་པ་པའི་ཞལ་ནས་ཀྱང་། མན་ངག་གི་མཐིལ་གང་ལ་བྱེད་ཟེར་ན། མངོན་པར་ཤེས་པའམ་ཡི་དམ་གྱི་ལྷ་ཞལ་མཐོང་བ་ལ་བྱེད་ཟེར་མི་ཉན་པས། ལས་འབྲས་ལ་ངེས་པ་རྗེ་ཆེར་སོང་ནས་དམ་སྡོམ་ཚུལ་བཞིན་དུ་བསྲུང་བ་ལ་བྱེད་དགོས་པར་གསུངས། རྗེ་བོ་བཀའ་གདམས་པ་རྣམས་ཀྱི་གསུངས་ཚུལ་འདི་དུས་ཀྱི་སྙིགས་མ་དང་བསྟན་པའི་ཐ་མ་འདི་འདྲ་བའི་སྐབས་སུ་ཕན་ཤིན་ཏུ་ཆེ་བས། རང་ཅག་རྣམས་ཀྱིས་ཀྱང་དེ་འདྲ་རེ་ལ་བློ་རྩེ་གཏད་ན་ཉེན་ཆུང་ལ་ཁེ་ཆེ་བ་ཞིག་ཡོང་།

བེ་ལིག་ན་རེ། ཆེ་ནུ་མེ་ཏུག་སེན་ཡོ་སྣན་ཐེ་གུ་ནེ་པི་པེར་འེ་སེ་མེ་ཉུག་ཕྲོད་ཀྱིས་ཀོ་ལུགས་དེ་ང་ལའང་མ་ཤར་བ་མིན། སེན་པོ་སྲུ། ཆེབ་སྙིགས་དུས་ཀྱི་སྐྱེ་བོ་ཙོལ་ཆུང་རྣམས་ཀྱི་ལོག་རྟོག་གི་མཐའ་ཁེགས་པའི་ཕྱིར་དོགས་པ་སློང་ཐབས་བྱས་པ་ཡིན། ཆ་གུའི་འ་རད་པི་ར་ཝུ་ཆུ་ཁེན་ནུ་གུ་དུའི་པོ་ཏུ་གུ་འང་ཏག་གུའི་ཝུ་ཆེའི་ཝུ་སུར་ཁྲུ་ཐུ་ལ་སེ་ཅིག་གི་

ཧུ་ཏུལ་གེ་ཁུ་འར་ག་གེ་ཁུས་ལེ་ཏིག་སེན་མུན། ཚེ་ཕེར་ནོ་མ་ལག་ཁྱོད་ཀྱིས་གོ་ལུགས་དེང་ལའང་མ་ཤར་བ་མིན། སན་ཐེ་རེ་ཏེ་གེ་རེ་ཧེ་བཀའ་གདམས་པ་ནི་གུད་སུ་ཏར་སའི་ཏི་རི་བུ་གུད་ནོམ་ལ་གད། ཁྱོད་ཀྱིས་བཤད་པ་དེ་བཀའ་གདམས་གོང་མ་རྣམས་སུམ་ཟད་མདོ་བསྟན་བཅོས་ཐམས་ཅད་ནས་གསུངས་ཤིང་། །ཛེ་བླ་མའི་བོགྡེ་ཀྲུ་རུའི་ན་ཙེར་གེ་ཧོ་ཐོར་ཏུར་ཛེ་བླ་མའི་བྱང་ཆུབ་ལམ་གྱི་རིམ་པའི་ནང་དུའང་ཚུ། ཕི་ཤེལ་གག་སན་ཉུ་སེ་ཏྲི་སེཚུ་མོང་ཧག་ཐེ་རེ་གྟུཏེན་ནེའི་པནྟི་བུ་ལམ་ཁུ་ཚུ་ཧེན་བསྒོམ་པ་པའི་དངོས་གྲུབ་ཀྱང་མ་རིག་པ་ལ་སོགས་པའི་ཉོན་མོངས་པ་ཛེ་ཆུང་དུ་སོང་བ་ལ་བྱ་གསུངས་ཏུར་འོ་ཏ་གྟུལན་ཁུས་ལེད་ཁེ་མེན་ཙར་ལིག་པོ་ལིག་སེན་མེ་ཐུ་མེ་ཏེ་ཁུ་ཁེ་རེག་ཐའི། ཁེ་ཞེས་ནན་ཏན་དུ་གསུངས་པའི་རྒྱུ་མཚན་མེན་ཤིམ་ཏན་ནོམ་ལག་སན་ཁུ་ཆེར་ཤེལ་ཐ་གླན། ནོམ་ཆོས་ཛེ་འདྲ་ཞིག་བྱས་ཀྱང་དེ་དང་རང་གི་སེམས་གཉིས་ཧེར་འ་ཏ་ལི་ནེ་གེན་ཁུས་ལེད་དེབ་ཚུ་ཐེརེ་གི་གེད་འེ་བུ་རུའི་ན་སེད་ཧེལ་པོ་སྒྱུར་ནས་ཕུ་དག་བཏང་ཧོ་ཡར་ནྣེ་པ་རེལ་ཏུ་སྟེ་ཉོན་མོངས་པའི་གཉེན་པོར་ཨེ་འགྲོ་གུལ་ཏྟུ་ཙས་གད་འ་རེལ་གག་སན་ཐེ་རེ་ནིས་པ་ནིས་སུའི་ཡུ་རུན་ཏིག་ཐུར་འོ་ཧོག་སན་པོ་ཁུ། ནེར་པླན་གི་གད་ཧམ་ཐར་པ་དང་ཐམས་ཅད་མཁྱེན་པའི་རྒྱུར་ཨེ་འགྲོ་ལྷ་བ་ཞིག་བྱུང་ན་ཐོས་བསམ་སྒོམ་གསུམ་པོ་གཅིག་གི་འའི་ལེད་ཏུག་ཆེའེན་ཤེལ་ཐ་གླན་ཏུར་འོ་ཧོག་སན་པོ་ཡུ་ཁུ་ཙེལ་ནེ་གེན་གར་པ་སུ་སོ་ནག་སན་ས་ནག་ས་ན་པི་ཤེལ་གག་སན་གོར་པ་ནི་གེན་ཉུ་ཉུ་ཁེར་ཐུ་ནེ་གེན་འོ་ཏུ་ཧུ་ནེ་གེན་པོལ་པ་སུ་ཡི་ལ་གུགས་ན་ཉུ་ཤ་ཙེན་འེར་ཏེ་ནེ་གི་འེ་པུའི་པོ་སུ་ཏུའི་གྲོགས་སུ་གཅིག་འགྲོ་བ་ཞིག་བྱུང་ནས་རྒྱལ་བའི་བསྟན་པ་རིན་པོ་ཆེ་རང་གཞན་གྱི་ཁུན་ཏུ་སེན་ཏུར་མ་ག་ཏ་ལན་འ་རབ་གན་ཆེ་ཏ་ཧུ་ནེ་གེན་ཡེ་རེ་ཁུ་མུན་རྒྱུད་ལ་ངེས་པར་སྤེལ་ནུས་པ་ཞིག་ཡོང་བ་ཡིན་པར་འདུག །པུའི།

པྲཛྙཱ་ན་རེ། ཨ་ཏི་ཤ་ཞེན་ཏུ་ལེགས། ཧྲཱིཾ། ཧཀྵྨཡྻཀཐྣསཙཀཧཡྣྜགཱྵྀརཾསུཁཧྣཧྲིདཡསྨྱུམཛྲསྣཀཇྱོབནསྣཱཀཇྱོདརབུནརཕིཔྲཛྙཱརེཙཀཛྱུལཙྪཆོས་ཀྱི་གཏམ་བྱས་པ་

ཐམས་ཅད་དོན་ཟབ་ལ་གོ་བདེ་བ་སྙིང་པོའི་གནད་མཐུན་པར་བྱུང་བས་འབེལ་གཏམ་རྒྱས་པ་སྣར་རིམ་གྱིས་བྱས་ཆོག་ཅིང་། ཨཧྲུནྣམཧྲུགཏཡསྱུཨེདཾཤུརྫསྟན་ད་རེས་ཚུང་ཟད་བྱས་པའི་དགེ་བ་འདིའང་ཚད་མི་ཟ་བར་བྱ་བའི་ཕྱིར་བསྟན་འགྲོའི་དོན་དུ་བསྔོ་བའི་མཚམས་སྦྱོར་གནང་བར་ཞུ

བིཔྲནྣཤབཏེཙྪགཏསྐྲྀཾཡརིནྣམསྱུཡུགསྣྲཡཾསཾཔྲྀཧཏེཔྲིཙྪ།

ཤེས་རབ་ན་རེ། ཆོས་ཀྱི་རྒྱལ་པོ་སྟོང་ཁ་པའི། ཆོས་ཚུལ་རྣམ་པར་འཕེལ་བ་དང་། །གེགས་ཀྱི་མཚན་མ་ཞི་བ་དང་། །མཐུན་རྐྱེན་མ་ལུས་ཚང་བར་ཤོག །བདག་དང་གཞན་གྱི་དུས་གསུམ་དང་། །འབྲེལ་བའི་ཚོགས་གཉིས་ལ་བརྟེན་ནས། །རྒྱལ་བ་བློ་བཟང་གྲགས་པ་ཡི། །བསྟན་པ་ཡུན་རིང་འབར་གྱུར་ཅིག །

བི་ལིག་ན་རེ། པི་པླིར་རྒྱ་པིའུ་པུ་ཏུའི་ན་ཡུ་གེ་ཡེར་ངེད་རང་གིས་ངེད་རང་གི་སྐད་ཀྱི་བསྔོ་བ་ཞིག་བྱེད་དགོས། ཡེ་རེ་གླེལ་ཡུས་ལེད་ཁྲུ་ཁེ་རེ་ག་ཐའི། ནོམ་ཉུའི་ཆོས་ཀྱི་རྒྱལ་པོ་སྟོང་ཁ་པའི། ན་ཏ་གླན་འི་ལ་གུག་སན་སྟོང་ཁ་པའི། །ནོ་མོན་ཆོས་ཚུལ་རྣམ་པར་འཕེལ་བ་དང་། །ཡོ་ས་ནིའི་ཐེ་འར་པེཏ་གུལ་ཁྲུ་ཏུར། ཐོ་གེགས་ཀྱི་མཚན་མ་ཞི་བ་དང་། །ཏོ་གོ་ཏུའི་ཏར་ཤེལ་ཏ་ཏུ་ཐོད་ཏར་པེལ་གླེ་ཐེ་ཏུའི་ནི་འ་མིར་ལ་ཏུ་གེ་གེད། ཙོ་ཁིལ་ཏ་ཏུའི་ནུག་ཆེ་ལི་ཏོ་ཆེར་ལི་ཡུ་གླེ་པུ་རེད་གེ་ཁྲུ་པོལ་ཐུ་གའི་མཐུན་རྐྱེན་མ་ལུས་ཚང་བར་ཤོག ། ཡུ་པེར་གེ་གེད་པོ་སུ་ཏུའི་ན་གོར་པན་ཆག་ལུ་གེ་བདག་དང་གཞན་གྱི་དུས་གསུམ་དང་། པ་རིལ་འབྲེལ་བའི་ཚོགས་གཉིས་ལ་བརྟེན་ནས། །ཏུག་སེན་ཧོ་ཡར་ཆེ་གླུབ་གླན་ཏུར་ཤུ་ཐེ་ཙུའི། ཡི་ལ་གུག་རྒྱལ་བ་བློ་བཟང་གྲགས་པ་ཡི། །སན་སུམ་ཏི་གེ་རྟེའི་ན། ཤི་བསྟན་པ་ཡུན་རིང་འབར་གྱུར་ཅིག ། ཅིན་ཡུ་ནི་ཡུ་ཏ་གླན་ཏེལ་གེ་རེ་ཁྲུ་པོ་ལ་ཐུ་གའི།

ཆོས་དཔེ་ན་རེ། ཡུ་ཤྭ་ཏིང་ཡུས་སེ་གེ་ཅི་ཡུ་ལྭན་ཡོན་སུ་ལྭ་ངེད་རང་གིས་ཀྱང་ངེད་རང་གི་སྐད་ཀྱིས་བསྔོ་བ་ཞིག་བྱེད་དགོས། ཨོ་སུང་ཡུས། ཤི་ཆོས་ཀྱི་རྒྱལ་པོ་སྟོང་ཁ་པའི། །ཙོ་

ཏུ་ལྭ་ལྭང་ཙོང་པླཁ། ཆེ་ཆོས་ཚུལ་རྣམ་པར་འཕེལ་བ་དང་། ཏུ་ལྭ་ཡུས་ཙེན་ཤེང་ཤེན་ཤྲིས། ཨོ་གེགས་ཀྱི་མཚན་མ་ཞི་བ་དང་། །ཀྵེ་ཏུ་ལྭ་མྭ་ཙེ་ཡ་ཀྲོ་ཀྲི་ཡ། ཏུ་མཐུན་རྐྱེན་མ་ལུས་ཚོད་པར་ཤོག །ཏྭ་ཙེ་ཤྲུད་ཡུང་ཙེ་ཏྲུས། ཡིན་བདག་དང་གཞན་གྱི་དུས་གསུམ་དང་། །གྱི་སྣན་ཤེ་ཤྲུཕ་ཀྱི་ཏྲུས། ཨཱྀལ་འབྲེལ་བའི་ཚོགས་གཉིས་ལ་བརྟེན་ནས། །ཤྲུན་ཡུང་ཏེ་ཀུང་ཏེ་ཡླཱི། ཙེན་རྒྱལ་བ་བློ་བཟང་གྲགས་པ་ཡི། །ཙེང་སུམ་ཏི་ཀི་ཧེ་ཙོ། ཏེ་ཧྣང་བསྟན་པ་ཡུན་རིང་འབར་གྱུར་ཅིག །ཕང་ཡུང་པུ་ཏྲུ་ཕས།

པྲཛྙཱ་ན་རེ། མ་བདག་གི་ཧེ་སྙེད་བསགས་པའི་དགེ་བ་འདིས། །ཡླཡབ་ཏ་སཾ་ཧྲི་ཏེ་དཾ་ཤྲུ་ཧྲེན། ཤྲཱི་བསྟན་དང་འགྲོ་བ་ཀུན་ལ་གང་ཕན་དང་། །སན་ཕྲུས་བྲྟ་པྲཛ་ཡ་ཧེ་ཏ་ཙྪི། བ་ཁྱད་པར་རྗེ་བཙུན་བློ་བཟང་གྲགས་པ་ཡི། །བཱིཛྙ་ཏ་ཧྣ་ཀ་སུ་སུམ་ཏི་ཀི་ཧེ། ཤྲཱི་བསྟན་པའི་སྙིང་པོ་རིང་དུ་གསལ་བྱེད་ཤོག །ཧྲི་ཧྲིདཾ་ཧྣི་ཀྵ་ཏ་སི་ཏ་ཀ་ཀྱུ་ཀྵུ།

སྐད་རིགས་རྣམ་བཞིའི་རིན་ཆེན་ཁམས་ལས་གྲུབ། །ལུང་རིགས་ཉི་ཟླའི་རྣ་ཆ་ཟུང་གིས་མཛེས། །སྟོན་མེད་ལེགས་པར་བཤད་པའི་ལྷུན་པོ་འདི། །ཐུབ་བསྟན་གླིང་བཞིའི་རྒྱན་དུ་གནས་གྱུར་ཅིག །དེའང་རིག་གནས་ཆུང་བ་ལྷའི་ཡ་གྱལ་ཟློས་གར་ཞེས་པ་རྒྱ་གར་ན་སྐད་རིགས་ཆེན་པོ་བཞིའི་སྒོ་ནས་སོ་སོར་འདོན་པའི་དབང་གིས་ཟློས་གར་ཤེས་ན་སྐད་རིགས་ལ་མི་ལྟོངས་ཟེར་བ་ཡིན་ཞིང་། བོད་ལ་སྐད་རིགས་གཅིག་ལས་མེད་པས་ཟློས་གར་མཚན་ཉིད་པ་མི་འོང་བར་གསུང་། འོན་ཀྱང་དེང་དུས་རྒྱ་བོད་ཧོར་གསུམ་ཐམས་ཅད་དུ་བསྟན་པ་དར་ཡོད་པས་དེ་དག་སོ་སོའི་སྐད་ཀྱིས་བྱས་ན་སྐད་རིགས་སོ་སོའི་ཕྱོགས་གོ་ཞིང་། འདི་འདྲའི་རྐྱེན་གྱིས་ཆོས་ཀྱི་གནད་འགག་གལ་ཆེ་བ་རྣམས་ལ་བློ་ཁ་ཕྱོགས་མཁན་ཡང་འབྱུང་སྲིད་དམ་སྙམ་པ་དང་། རང་ཉིད་སོ་སོ་ཡང་དག་པར་རིགས་པ་བཞི་འགྲུབ་པའི་རྒྱུ་མཐུན་དུ་བསམས་ཏེ། ༄བཙུན་པ་དཀོན་མཆོག་བསྟན་པའི་སྒྲོན་མེས་རབ་བྱུང་བཅུ་བཞི་པའི་བགྲང་བྱ་བརྒྱད་པ་དངོས་པོ་ཞེས་པ་ཤིང་མོ་ཕྱིའི་ལོ་རྒྱལ་གྱི་ཟླ་བའི་ཡར་ཚེས་ལ་སྦྱར་བའི་ཡི་གེ་པ་ནི་སྔགས་རམ་པ་དཀོན་མཆོག་ཀུན་དགས་བགྱིས་པ་འདིས་ཀྱང་བསྟན་པ་དང་འགྲོ་བ་ལ་ཕན་ཐོགས་པར་གྱུར་ཅིག། ||

༄༅། །ཉམས་སྨྱོང་རྣ་བའི་འཛིལ་གཏམ་ཡིད་འབྱུང་དམར་ཁྲིད་ཅེས་བྱ་བ་བཞུགས་སོ། །

སྐྱེ་བའི་ས་བོན་སྤྱངས་པ་ཡིས། །ན་ཤིའི་སྡུག་བསྔལ་མི་འབྱུང་བ། །ཟག་ཟད་ཐུབ་པ་རྣམས་ལ་འདུད། །འཁོར་བའི་རྒྱུན་ལམ་གཅད་དུ་གསོལ། །སྲིད་པའི་འཕྲོག་དགོན་ཐང་དཀྱིལ་ན། །ནས་འཁོག་ནད་པོ་ཉལ་བ་ལ། །ལང་ཚོས་དྲེགས་པའི་གཞོན་ནུ་ཞིག །འོངས་ཏེ་ཅོ་འདྲི་འདི་སྐད་སློང་། །ནད་པོ་འགྲོ་འདུག་བྱ་བྱེད་ཀུན། །གཞན་དང་མི་མཐུན་ཅལ་ཅོལ་རང་། །བྱེད་པའི་རྒྱུ་མཚན་ཅི་ཡིན་ཟེར། །དེ་ལ་ནད་པོས་ལན་སྨྲས་པ། །ཡོག་ལི་ཤ་དར་ཁྲག་དར་གྱི། །འཕུར་མ་ལྡིང་ཁྱོད་ང་ལ་ཉོན། །ང་ཡང་སོ་འགའི་སྔོན་ཙམ་ན། །ཁྱོད་ལས་ལྷག་སྙོམས་ལྷག་ཅིག་ཡིན། །བརྐྱུག་ན་གྱི་ལང་རྟ་ཡང་ཟིན། །བཟུང་ན་བྱང་ཁའི་འབྲོང་ཡང་ཐུབ། །ཡང་ཟེར་ནམ་མཁའི་བྱ་དང་མཚུངས། །མཛེས་པ་ལྷ་སྲུག་གཞོན་ནུ་འདྲ། །བཀྲག་མདངས་ཅན་གྱི་གོས་ཀྱང་གྱོན། །རིན་ཐང་ཅན་གྱི་རྒྱན་ཡང་བཏགས། །ཞིམ་མངར་ཅན་གྱི་ཟས་ཀྱང་ཟོས། །བང་རྩལ་ཅན་གྱི་རྟ་ཡང་ཞོན། །རྩེ་རྣོད་མ་བྱས་གཅིག་ཀྱང་མེད། །དགའ་སྐྱིད་མ་མྱོང་གཅིག་ཀྱང་མེད། །འཆི་བ་འོངས་དོགས་ག་ལ་ཡོད། །ན་བའང་ཐོག་ཏུ་འོངས་མ་སྙམ། །མཛའ་བཤེས་འདུ་འཛིའི་འར་འུར་གྱིས། །གཡེང་ནས་མགོ་བོ་འཁོར་བའི་ཐོག །ན་བའི་སྡུག་བསྔལ་གཡོ་ཅན་འདིས། །འཇབ་ནས་འོངས་ཏེ་ཅར་གྱིས་མནན། །རང་རྣས་རང་གིས་མ་ཚོར་ལ། །ཚོར་བའི་

དུས་སུ་འཁྱིས་ནས་གདའ། །ཞིལ་གྱི་མེ་ལོང་ལ་བལྟས་ཚོ། །རང་ལུས་ལ་ཡང་སྐྱུག་རེ་བྲོ། །ཕྱིར་ན་ལུས་སེམས་ཐམས་ཅད་ཉམས། །ལྷག་པར་མགོ་ནས་ཐུར་ཉམས་ཏེ། །རྒས་པ་ཨཱཧྲིཧྲིཨུའི་ཚུལ། །མགོ་ནས་དབང་རབ་བསྐུར་བ་འདྲ། །སྐྲ་ལོ་དུང་ལྟར་དཀར་བ་འདི། །ནག་ནོག་དྲི་མ་དག་པ་མིན། །འཆི་བདག་མཆིལ་མའི་རྒྱང་མདའ་དེ། །བ་མོའི་ཐྲལ་གྱིས་བབས་པ་ཡིན། །དཔྲལ་བའི་རྣ་གཉེར་ཁྲིག་ཁྲིག་འདི། །བུ་ཆུང་རྒྱུག་པའི་ཞོ་གཉེར་མིན། །ཚེ་ཚད་ལོ་མང་འདས་པའི་གྲངས། །དུས་ཀྱི་ཕོ་ཉས་བྲིས་པ་ཡིན། །བལྟ་འདོད་ཟིམ་ཟིམ་མང་བ་འདི། །མིག་ཏུ་དུ་བ་སོང་བ་མིན། །དབང་པོ་ཉམས་པའི་རབ་རིབ་ཀྱིས། །བསྒྲིབས་ནས་བྱ་ཐབས་ཟད་པ་ཡིན། །རྣ་བ་གཏད་ནས་ཉན་པ་འདི། །སྙིག་ཏུ་གསང་གཏམ་ཡོད་པ་མིན། །སྒྲ་ཀུན་རྒྱང་ན་གྲགས་པ་བཞིན། །ཤར་ཏེ་ཐོས་སུ་རེ་བ་ཡིན། །སྣ་ཆུ་ཐིགས་ཐིགས་འབབ་པ་འདི། །མུ་ཏིག་དོ་ཤལ་བསྟར་བ་མིན། །གསལ་འཚེར་ལང་ཚོའི་ཆབ་རོམ་དེ། །གདུང་བྱེད་ཉི་མས་བཞུས་པ་ཡིན། །སོ་ཡི་འཁྲེང་བ་ལྷུང་པ་འདི། །སྐྱེ་འདོད་སེའུ་བརྗེས་པ་མིན། །ཚེ་འདིའི་ཟ་ཁ་ཚང་བ་ཡིས། །ཟ་བྱེད་ལག་ཆ་བསྡུས་པ་ཡིན། །ཁ་ཆུ་ཐར་ཐར་བྱེད་པ་འདི། །ས་ལ་ཆག་ཆག་འདེབ་པ་མིན། །ཟོན་སྤྱད་ལོངས་སྤྱོད་ཐམས་ཅད་ལ། །ཞེན་ལོག་ཐུད་ཀྱིས་འདེབ་པ་ཡིན། །མི་གསལ་ལྷབ་ལྷིབ་སྨྲ་བ་འདི། །སྐད་རིགས་གཞན་ཞིག་ཤོད་པ་མིན། །དོན་མེད་ངག་འཁྲུལ་སྨྲ་ཆེས་པས། །ལྕེ་ཡང་ཨ་ཐང་ཆད་པ་ཡིན། །བཞིན་རས་བསྡུས་ཤིང་མདོག་ངན་པ། །སྤྲེའུའི་འདྲ་འབག་གྱོན་པ་མིན། །གཡར་པོའི་ལང་ཚོ་ཕྱིར་ཁྱེར་བས། །མི་སྡུག་རང་མདོག་བསྟན་པ་ཡིན། །མགོ་བོ་ཡུག་ཡུག་བྱེད་པ་འདི། །གཞན་གྱི་བྱ་བར་འཕྱ་བ་མིན། །མཐར་བྱེད་དབྱུག་པའི་སྣེ་ཕོག་པས། །མ་བཟོད་ཀླད་པ་འདར་བ་ཡིན། །ལམ་ལ་ཁ་གཏད་བསྒུར་བ

འདི། །རྒྱ་ཁབ་པོར་ནས་ཚོལ་བ་མིན། །ས་ལ་ལང་ཚོའི་ནོར་བུ་དང་། །དྲན་པ་སྟོར་བའི་རྣམ་འགྱུར་ཡིན། །ལངས་ཚེ་སུག་བཞི་འཛུག་པ་འདི། །ཕྱུགས་ཀྱི་ལད་མོ་བྱས་པ་མིན། །བྱིན་པས་ལུས་པོ་མ་ཐེག་པའི། །རམ་འདེགས་ལག་པས་བྱེད་པ་ཡིན། །སྡོད་ཚེ་ཆེམ་གྱི་ལྷུང་བ་འདི། །གྲོགས་ལ་འཁང་ར་བྱེད་པ་མིན། །སྤྲོ་དགའི་སེམས་ཀྱི་དཔྱང་ཐག་དང་། །ལང་ཚོའི་ཟུངས་ཐག་ཆད་པ་ཡིན། འགྲོ་ཚེ་ཡོམ་ཡོམ་འཁྱོར་བ་འདི། །མི་ཆེན་གོམ་སྟབས་བྱེད་པ་མིན། །ན་ཚོད་ཁུར་པོ་ཧ་ཅང་རང་། །ལྗི་བས་ཡོ་དྲང་ཤོར་བ་ཡིན། །ལག་པ་ཡབ་ཡབ་འདར་བ་འདི། །ནོར་ལ་ཧབ་ཤ་བྱེད་པ་མིན། །ལག་པར་འོང་ཚད་གཅིག་ཅར་དུ། །གཉེན་རྗེས་ཕྲོགས་ཀྱིས་དོགས་པ་ཡིན། །བཟའ་བཏུང་ཉུང་ཤས་སྤྱོད་པ་འདི། །ཟས་ལ་སེར་སྣ་བྱེད་པ་མིན། །སྟོ་བའི་མེ་དྲོད་ཉམས་པ་ཡིས། །མི་རྒན་སྐྱེལ་གྱིས་དོགས་པ་ཡིན། །གོས་ཆུང་སྲབ་བདེ་གྱོན་པ་འདི། །ཡང་ཆས་བྱས་ནས་འཁྲབ་རྒྱུ་མིན། །ནང་གི་ལུས་སྟོབས་ཤོར་བ་ཡིས། །གོས་ཀྱང་ཁུར་དུ་སོང་བ་ཡིན། །སྡོད་དབུགས་འཚང་ཞིང་སྦུ་འདེབ་པ། །གཞན་ལ་སྡིགས་ལྷུག་བརྡེག་པ་མིན། །དབུགས་ཀྱི་འགྱུ་བ་བྲེང་བྲེང་འདི། །ནམ་མཁར་ཡལ་འདོད་སྔ་ལྟས་ཡིན། །བྱ་སྤྱོད་ཐམས་ཅད་འགྱུར་བ་འདི། །ཚོལ་ཆུང་གང་དྲན་བྱེད་པ་མིན། །རྒས་པས་གདོན་གྱིས་ཟིན་པ་ཡིས། །རང་འདོད་དབང་ན་མེད་པ་ཡིན། །ལས་དོན་ཐམས་ཅད་བརྗེད་པ་འདི། །སྣང་ཆུང་ཧར་རྒྱུག་བྱས་པ་མིན། །རྟེན་གྱི་དབང་པོ་ཉམས་པ་ཡིས། །དྲན་རིག་ཤེས་པ་རྗེབ་པ་ཡིན། །ད་ལྟ་ང་ལ་འཕྱ་མི་དགོས། །རྒས་པ་མ་བགོས་སྤྱི་ན་ཡོད། །ལོ་གསུམ་སོན་དུས་ཁྱོད་ལ་ཡང་། །བང་ཆེན་སྔ་མ་སླེབ་ནས་འོངས། །ངས་བཤད་རྣ་བར་མི་འགྲོ་སྟེ། །ཉམས་མྱོང་ནང་ནས་སྐྱེས་ཏེ་འོངས། །དེང་སང་ཚེ་ལོ་མར་འགྲིབ་པས། །ང་ཡི་ལོ་ཚམ་ཁྱོད་མི་སྡོད། །གལ་ཏེ་བཤད་ན་ཚོད་འདི་ལ། །

ཁ་ཡང་ཆེར་གྲག་མི་ནུས་མོད། །བྱས་པའི་ལན་དུ་གཞོན་ནུ་ཡིས། །མིས་འཕྱ་ཁྲིས་འགོམ་ བླ་འཚོང་པོ། །ཁྱོད་འདྲ་བྱས་ ཧེ་སྡོད་ པ་ ལས། །སྔོན་ དུ་ ཤི་ ན་དགའ་ཞེས་ ཟེར། །ལན་ དུ་ རྒན་ པོ་ ཁྲེལ་ འཛུམ་ བཅས། །ཚེ་ རིང་ སྐྱིད་ རྒྱག་འདོད་པ་ ལ། །རྒས་ པ་ མི་ འདོད་ ཨ་ རེ་ གླེན། །ཤི་ ཡང་ སྐྱིད་ རྒྱུ་ དགའ་ མོ་ཡིན། །དད་ ཟས་ དགོར་ ཟས་ མ་ ཟོས་ ཤིང་། །དམ་ ཚིག་ སྡོམ་ པ་ ཚུལ་ བཞིན་བསྲུངས། །ཐོས་ བསམ་ སྒོམ་ པ་ བྱས་ ཡོད་ ན། །ནམ་ ཞིག་ ཤི་ ཡང་ སྐྱིད་ པ་ཡིན། །ང་ནི་དེ་འདྲ་ཙུང་ཟད་ཀྱང་། །སེམས་ལ་འཛིན་རྒྱུ་མི་འདུག་པས། །ཕུང་པོ་རྒས་ཙང་གསོན་ན་དགའ། །ཞག་གཅིག་ཡིན་ཀྱང་བསྟོད་ན་སྙམ། །བྱས་པས་གཞོན་ནུ་བློ་འགྱུར་ཏེ། །བདེན་ནོ་བདེན་ནོ་རྒད་པོ་བདེན། །མིག་གིས་མངོན་སུམ་མཐོང་བ་དང་། །ཁྱོད་ཀྱི་བཤད་པ་ངོ་འཕྲོད་པས། །དམར་ཁྲིད་སེམས་ལ་འབབ་པ་བྱུང་། །རྒས་པའི་སྡུག་བསྔལ་ཡ་རེ་ང་། །རྒན་པོ་གོ་མཐོང་རིག་གསུམ་ཆེ། །འཇིགས་པ་དེ་འདྲ་མི་འབྱུང་བའི། །ཐབས་ཤིག་ཡོད་ན་དྲང་པོར་ཤོད། །བྱས་པས་རྒད་པོ་འཛུམ་བཞིན་དུ། །དེ་ཡི་ཐབས་ཡོད་ལས་ཀྱང་སླ། །བྱེད་ཀྱང་ཕལ་ཆེར་མི་དགོས་མོད། །སྐྱེས་ཚད་ཐམས་ཅད་འཆི་ན་ཡང་། །རྒས་ནས་འཆི་བ་ཉུང་ཤས་ཡིན། །དགོས་ རྒྱུ་ མི་ འཆིའི་ ཐབས་དགོས་ཀྱང་། །དེ་ ནི་ གང་ དུ་ སོང་ ཡང་ མེད། །སྔོན་ བྱོན་ སངས་ རྒྱས་ བྱང་སེམས་དང་། །སྐྱེས་ ཆེན་ རྒྱལ་ བློན་ ཐམས་ ཅད་ འདས། །ད་ ལྟ་ བཞུགས་ པ་ཀུན་ཀྱང་འདའ། །ཁྱོད་ རང་ གཅིག་ པུར་ གང་ ནས་ སྡོད། །དེ་ བས་ ཆོས་ ཤིག་བྱེད་ནུས་ན། །རྒས་པས་ལུས་པོ་རྒུད་ན་ཡང་། །སེམས་ལ་དགའ་སྤྲོའི་གདེང་ཞིག་ཡོད། །འཆི་བ་ཐོག་ཏུ་བབས་ན་ཡང་། །བུ་ཆུང་ཕ་ཁྱིམ་འགྲོ་བ་འདྲ། །ཐབས་ཀྱི་ཡང་རྩེ་འདི་ལས་ལྷག །སངས་རྒྱས་ལ་ཡང་གསུང་དུ་མེད། །མི་རྒན་ང་ཡི་སྙིང་གཏམ་ཡིན། །འོན་ཀྱང་ངས་བཤད་ཁ་ན་མེད། །རང་དོན་རང་

གེས་བསམ་བློ་ཐོངས། །བྱས་བས་གཞོན་ནུས་ལེགས་ལེགས་ཟེར། །འོན་ཀྱང་གཉེན་གྱི་ལས་དོན་དང་། །ཁང་གཞིས་ནོམ་པའི་གཏོང་ལེན་སོགས། །བྱ་བ་ལས་དོན་འགྲོ་མང་བས། །ལོ་འགར་ཁོམ་པ་མི་འདུག་ཀྱང་། །དེ་རྗེས་ངེས་པར་ཆོས་ཤིག་བྱེད། །དེ་དུས་ངེད་གཉིས་འཕྲད་དགོས་ཟེར། །རྒད་པོ་ཤིན་ཏུ་མ་མགུ་བར། །ཁྱོད་ཀྱི་བསམ་དོན་སྟོངས་པ་ཡིན། །ལོ་འགའི་འགྲོ་ནས་བྱེད་སྐམ་པ། །ང་ལའང་སྤྱ་མོ་ཞིག་ནས་ཡོད། །ལས་འགྲོ་མི་རྒན་ཁ་སྤུ་བཞིན། །བཙད་ཀེན་བཙད་ཀེན་ཛེ་མང་ཡིན། །ལོ་འགའ་ལོ་འགའ་མ་ཚར་བའི། །ངང་ལ་མི་ཚེ་ཚར་ནས་ཐལ། །ཕྱི་བསྐོལ་འདི་ཡིས་ཐམས་ཅད་བསླུས། །ཁྱོད་ལ་ཆོས་ཀྱི་རེ་བ་མེད། །དོན་མེད་ཁ་བཤད་ཉི་མ་འཕུལ། །དེ་བས་ཁྱེད་རང་ཡུལ་དུ་སོང་། །རྒད་པོ་མ་ཅི་འདོན་དུ་ཆུག །བྱས་པས་གཞོན་ནུ་ལས་ཏེ། །རྒད་པོ་རྟོག་དཔྱོད་མི་གཏོང་བར། །དེ་འདྲ་ཟེར་ལུགས་གང་ན་ཡོད། །བྱ་བ་ལས་དོན་འདི་ཙམ་ཞིག །བསྒྱུར་ནས་འཛོག་ལུགས་ཇི་ལྟར་ཡོད། །བྱས་པས་རྒད་པོས་ཨ་ཏ་ཏ། །ང་ལ་དེ་སྐད་བྱས་ཆག་སྡོ། །སྔོ་ཕྱོགས་འདི་ན་བྱ་བའི་འགྲོ། །ཨེ་འགྲུབ་རྟོག་དཔྱོད་མི་གཏོང་བའི། །རྒད་པོ་བཙན་པོ་མ་ཞིག་ཡོད། །དེ་ལ་གྲོས་ཤིག་ཨེ་ཆུད་སྟོས། །དེ་ཡིས་ཏབ་རྒྱུག་བྱས་པའི་ཉིན། །རྒན་གཞོན་མཐོ་དམན་ཐམས་ཅད་ཀྱི། །ལས་འགྲོ་རྩེ་སྐྱུད་བྲེགས་པ་བཞིན། །ཟེད་དེ་བཞག་ནས་འགྲོ་ཀེན་སྣང་། །དེ་དུས་མི་སྒྱུར་ཐབས་མེད་ཡིན། །གནས་ལུགས་མི་འཚོལ་དབང་མེད་ཡིན། །ནམ་རྒྱང་བསྒྱུར་ནས་འགྲོ་བ་ལ། །ད་ལྟ་བསྒྱུར་ན་དོན་ཡོད་ཡིན། །འོན་ཀྱང་ཕན་པར་སྒྲུབ་དགོས། །དེ་བས་དེ་ལ་ཉན་པ་དགོས། །བྱས་པས་གཞོན་ནུས་ཕྱག་བཙལ་ཏེ། །བླ་མ་དབུ་གདུགས་སྐྱིར་མཁན་ནས། །དགེ་བཤེས་ཆེ་གཉན་ཚོ་ལ་ཡང་། །གདམས་པ་འདི་ལས་ཟབ་མི་འདུག །རྒད་པོའི་ཚུལ་བཟུང་དགེ་བའི་

བཤེས། །ཁྱེད་ཀྱིས་ཅི་གསུངས་བཞིན་དུ་བྱེད། །ད་དུང་གདམས་པ་ཐུགས་རྗེས་གཟིགས། །བྱས་པར་རྒད་པོས་འོ་ན་ལེགས། །རྒད་པོས་མ་སྨྱོང་དགུ་སྨྱོང་ཡང་། །དང་པོར་ཆོས་ཀྱི་རྐང་ཚུགས་པ། །འདི་ལས་དཀའ་ཞིག་མི་འདུག་པས། །རྒས་ཤིང་འཁོག་ནས་ཡོང་ས་མེད། །བྱེད་ན་གཞོན་པའི་དུས་འདིར་གྱིས། །གཞོན་དུས་རྐང་ཞིག་འཛུག་ཐུབ་ན། །རྒས་ཀྱང་ལག་ལེན་སླ་ཚོད་རེད། །ཆོས་ཀྱི་གནད་ཅིག་གོ་ཐུབ་ན། །ཅི་བྱས་ཆོས་སུ་འགྲོ་ཚོད་རེད། །བློ་སྣ་མ་མང་དྲན་ཐོག་རང་། །འདི་ནས་ཆོས་ལ་ཆེག་དྲིལ་མཛོད། །རྩ་བ་བཤེས་གཉེན་ཚུལ་བཞིན་སྟེན། །དམ་ཚིག་སྡོམ་པ་མིག་བཞིན་སྲུངས། །འདི་སྣང་འཁྲི་བ་ཐད་ཀྱིས་ཆོད། །བློ་བཟང་རྒྱལ་བསྟན་སྙིང་པོ་ལ། །ཐོས་བསམ་སྒོམ་གསུམ་གཅིག་ཏུ་དྲིལ། །རྒྱབ་བརྟེན་བསག་སྦྱོང་ལ་འབད་ན། །སངས་རྒྱས་ལག་པའི་རྗེ་ན་ཡོད། །ཨ་རེ་དགའ་ལ་ཨ་རེ་སྐྱིད། །བུ་གཅེས་བསམ་པ་འགྲུབ་ནས་ཡོང་། །བྱས་པས་གཉིས་ག་[ག] གྲོས་མཐུན་ཏེ། །དེ་ཡི་ཉིན་མོ་རིང་ནས་བཟུང་། །ཆོས་བརྒྱད་དྲི་མས་མ་སྦགས་པའི། །དམ་ཆོས་སྒྲུབ་པ་ལྷུར་བླངས་སོ། །དེ་ལྟར་རྒན་གཞོན་འཆར་སྒོ་དང་། །ཉམས་ལ་དཔག་པའི་གཏམ་འདི་ཡང་། །རང་གཞན་མཐའ་དག་ཉམས་ལེན་ལ། །བློ་ཁ་ཕྱོགས་པའི་རྒྱུར་གྱུར་ཅིག །རང་ལ་ཉམས་མྱོང་མ་མཆིས་ཀྱང་། །སེམས་ཅན་མོས་པ་སྣ་ཚོགས་པར། །འདི་འདྲ་ཡིས་ཀྱང་ཕན་སྲིད་སྙམ། །དཀོན་མཆོག་བསྟན་པའི་སྒྲོན་མེས་བྲིས། །འདིའང་རྟོག་བཟོ་ཙམ་ཞིག་མ་ཡིན་གྱི་བཞི་བརྒྱ་པ་ལས། ཁྱོད་རང་གསོན་པ་ལ་དགའ་ཞིང་། །རྒན་ཉིད་ལ་ཁྱོད་མི་དགའ་ན། །ཨེ་མ་ཁྱོད་སྤྱོད་སྐྱེ་བོ་ནི། །འདྲ་ལ་དམ་པ་ལྟ་བུར་འགྱུར། །ཞེས་དང་། དེའི་འགྲེལ་བ་ཟླ་བས་མཛད་པ་ལས། མི་རྒན་པོ་འགའ་ཞིག་སྐྱིད་མོ་ཚལ་དུ་ཞུགས་པ་ལ་གཞོན་ནུ་རྣམས་ཀྱིས་རྒད་པོ་ཁྱོད་གཟུགས་ངན་ནོ་ཞེས

བཞད་གད་དུ་བྱེད་ཅིང་དེ་རྣམས་ཀྱིས་ཡུན་རིང་དུ་གསོན་པར་འདོད་པའང་ཡིན་ཏེ། དེའི་ཕྱིར་དེ་རྣམས་ཀྱི་སྤྱོད་པ་ནི་རྨོངས་པའི་སྐྱེ་བོ་དང་འདྲ་བ་ཁོན་ལ་དམ་པ་ལྟར་འགྱུར་རོ། ། དེའི་ཕྱིར་དེ་ལྟར་ན་བདག་ཉིད་ཀྱི་སྡུག་བསྔལ་རིག་པས་གཞན་འཆི་བ་ན་གཞན་དག་ཀྱང་འདི་ལྟ་བུའི་ཆོས་ཅན་ནོ་ཞེས་སྐྱོ་བ་དང་ལྡན་པར་བྱ་དགོས་སོ། །ཞེས་པའི་དགོངས་པ་གསལ་བར་བྱས་པ་ཡིན་ནོ།། །།

༄༅། །ཚིག་བཀྲ་སྣ་ཚོགས་ཀྱི་སྙེར་སྐལ་བཟང་མདངས་མཐའ་དགྱེས་པའི་དབྱར་རྔ་ཞེས་བྱ་བ་བཞུགས་སོ། །

དེའང་ཇི་སྐད་དུ། མཁས་གྲུབ་སྨྲ་བའི་ཉི་མས། ཁྱོད་ནི་རྣམ་དཔྱོད་ལུས་མཛེས་ཤིང་། །དར་དེར་ལེགས་བཤད་མགྲིན་པའི་དབྱངས། །མ་ལུས་མཁས་པའི་ཡིད་འཕྲོག་པ། །རིན་ཆེན་རིགས་པའི་དོ་ཤལ་འཕྱང་། །ཞེས་གསུངས་བ་ལྟར་འཇིགས་མེད་རྣམ་པར་དཔྱོད་པའི་ལུས་རྒྱལ་ཡོངས་སུ་རྫོགས་པའི་བློ་གྲོགས་ཀྱི་ལང་ཚོ་དར་ལ་བབ་ཅིང་། སྐལ་བཟང་རྣ་བའི་དཔྱིད་དུ་འཛོ་བའི་ལེགས་བཤད་ཀྱི་སྒྲ་དབྱངས་སྙན་པོ་དར་དེར་སྒྲོགས་པའི་སྨྲ་བའི་མགྲིན་པ་གཟེངས་སུ་མཐོ་བ། དཔྱོད་ལྡན་མཁས་པའི་ཡིད་ལ་དགའ་བ་མཆོག་ཏུ་སྐྱེར་བའི་མཛེས་རྒྱན་ལྷ་ན་མེད་པ་རྒྱལ་བའི་བཀའ་ལ་དྭང་ངེས་འབྱེད་པའི་རིགས་ལམ་དྲི་མ་མེད་པའི་ནོར་བུའི་དོ་ཤལ་ཕོན་པོའི་འཛོ་སྒེག་འཆང་བའི་མཁས་མང་ལྷ་བརྒྱའི་མདུན་ས་མཆོག་འདིར། འཇམ་དབྱངས་གཞོན་ནུའི་རོལ་གར་དུར་སྒེག་འཆང་བའི་གཟུགས་སུ་བསྒྱུར་བ། བཀྲ་ཤིས་དགེ་མཚན་བྱེ་བའི་དཔལ་དང་ལྡན་པའི་གྲགས་སྙན་བ་དན་དཀར་པོ་སྲིད་པ་གསུམ་གྱི་སྟེང་ན་གཡོ་བ་དེ་ཉིད་ཀྱི་དུས་མཆོད་ཁྱད་པར་ཅན་དང་འབྲེལ་བར། གྲོ་ཞུན་ཟླ་བའི་དཀར་ཕྱོགས་ཀྱི་དཀྱིལ་འཁོར་ཡོངས་སུ་རྫོགས་པའི་རིང་ལ་རླབས་ཆེན་སྨོན་པའི་མཐུ་དང་ལྡན་ཅིག་གཏོང་བའི་སྙོ་བརྒྱ་ཡོངས་སུ་བྱེ་བས་བསྐྱེན་བཀུར་ཐུལ་དུ་ཕྱིན་

པའི་ཐོག མདོ་སྔགས་ཐུབ་བསྟན་ཡོངས་ཀྱི་གཞི་རྟེན་ཀུན་གསལ་ཡངས་པའི་སྒོ་འབྱེད་རྨད་བྱུང་ཐོས་བསམ་གླིང་། རྩ་བཤད་རྒྱུད་སྙེའི་འོད་སྣང་སྤྲོ་བས་རིམ་གཉིས་པར྄ྣའི་དགའ་ཚལ་འབྱེད་པ་བསྟན་པའི་ཉི་མ་སྨད་རྒྱུད་རིག་པ་འཛིན་པའི་སྡེ། རིག་གནས་བསིལ་བའི་ཟེར་བརྒྱ་སྤྲོས་ཏེ་གཞན་དང་ཐུན་མོང་མིན་པ་དཔལ་ལྡན་དུས་ཀྱི་འཁོར་ལོའི་བཤད་སྲོལ་ཀུན་དའི་མཛེས་པ་འཛིན་པ་ཨེ་ཝཾ་ཆོས་འཁོར་གླིང་། ལེགས་བྱས་ཆུ་འཛིན་འཁྲིགས་པའི་སྐྱོང་ནས་ཡན་ལག་བརྒྱད་ལྡན་བདུད་རྩིའི་ཆར་གྱིས་ལུས་ཅན་གདུང་བ་སེལ་བ་གསོ་རིག་གཞན་ཕན་གླིང་བཅས་ཀྱི་དགེ་འདུན་ཐམས་ཅད་གདན་འཛོམ་སྟེ། ལེགས་པར་བཤད་པའི་དགའ་སྟོན་ཉིན་རེ་བཞིན་དུ་བསྐྱར་བའི་དགེ་པ་འདི་དག་གིས་མཚོན། རང་གཞན་སྐྱེ་འཕགས་ཀུན་གྱིས་སྒྲུབ་པའི་རྣམ་དཀར་ལེགས་བྱས་ཕུང་པོ། བསོད་ནམས་ཡེ་ཤེས་ཟུང་དུ་འཇུག་པའི་ཚོགས་གཉིས་སྤྱོད་པ་རྒྱ་མཚོས་བསྡུས་པའི་དགེ་བའི་དངོས་པོ། རབ་ཡངས་ཕྱོགས་ཀྱི་འཁོར་ལོའི་མཐའ་དང་མཉམ་པ་ཇི་སྙེད་ཅིག་བསགས་པ་མཐའ་དག་གཅིག་ཏུ་བསྡོམས་པའི་མཐུ་ལ་བརྟེན་ནས། ལེགས་ཉེས་སྣང་དོར་ལྟ་བའི་བློ་གྲོས་ཀྱི་འདྲེན་བྱེད་མ་རིག་པའི་ལིང་ཏོག་གིས་ལྡོངས་པའི་འགྲོ་བ་མགོན་སྐྱབས་གླིང་དང་དཔུང་གཉེན་མེད་པ་མཐའ་དག་སྲིད་ཞིའི་མཐའ་དང་བྲལ་བའི་ཐེག་པ་མཆོག་གི་ལམ་བཟང་བརྒྱུད་དེ། ཡེ་ཤེས་ལྔ་ལྡན་སྐུ་བཞིའི་ཕོ་བྲང་ཉམས་དགར་འཁྲིད་པའི་ས་མཁན་སྟོན་པ་མཆོག་ཏུ་བདག་ཅག་རྣམས་མྱུར་བ་ཉིད་དུ་འགྱུར་བ་དང་། ཇི་སྲིད་བླ་ན་མེད་པའི་གོ་འཕང་མཆོག་དེར་མ་སོན་པའི་ཚེ་རབས་ཀྱི་འཕྲེང་བ་ཀུན་ཏུའང་། མཐོ་རིས་ཡོན་ཏན་བདུན་ལྡན་རྟེན་བཟང་རིམ་པར་བླངས་ཏེ། འཇམ་དབྱངས་གཞོན་ནུའི་རྣམ་རོལ་རྗེ་བཙུན་བླ་མ་ཡབ་སྲས་ཀྱིས་འབྲལ་མེད་རྗེས་སུ་བཟུང་ནས་ལེགས་གསུང་བདུད་རྩིའི་བཅུད་ཀྱིས་ལུས་སྟོབས་གསོས་ཏེ།

ངེས་འབྱུང་བྱང་སེམས་ཡང་དག་པའི་ལྟ་བ་མཚན་བཅས་མཚན་མེད་ལམ་རིམ་པ་གཉིས་ལ་སོགས་པའི་མདོ་དང་སྔགས་ཀྱི་བསྟན་པའི་གནད་དོན་མ་ཚང་བ་མེད་པར་ཐོས་བསམ་སྒོམ་པས་ཉམས་སུ་བླངས་ནས་སྲས་བཅས་རྒྱལ་བ་མ་ལུས་དགྱེས་པར་བྱེད་པའི་ཀུན་བཟང་མཆོད་པའི་སྤྲིན་གྱི་ཕུང་པོ་ཕྱོགས་བཅུའི་ཞིང་ཁམས་ཀུན་ཏུ་སྤྲོ་བར་འགྱུར་བ་དང་། དེ་ལྟར་རང་གིས་ཇི་བཞིན་ཡོང་དུ་ཆུད་ཅིང་ཚུལ་བཞིན་ཉམས་སུ་བསྐྱར་བའི་ལམ་གྱི་གནད་མ་ལུས་པ་བདག་པས་གཞན་གཅེས་པའི་ལྷག་བསམ་རྣམ་པར་དག་པའི་ཤུགས་ཀྱིས་ཡོངས་སུ་བསྐྱོད་དེ། གང་ལ་གང་འཚམ་གྱི་ཐབས་ལ་མཁས་པའི་གཞན་ཕན་འཕྲིན་ལས་ཀྱི་སྣང་བ་འབུམ་དུ་འགྱེད་པས་ལུས་ཅན་སྙིང་གི་མུན་པ་ཡོངས་སུ་བསལ་ནས་ཕན་དང་བདེ་བའི་པད་ཚལ་ཅིར་ཡང་བཞད་པས་ཐུབ་བསྟན་ནོར་འཛིན་ཡངས་པའི་ཁྱོན་ཀུན་རིང་དུ་གསལ་བར་འགྱུར་བ་ཡིན་པར་ཐལ། དེ་ལྟར་ཡིན་ནོ་ཞེས་པའི་ཚུལ་དང་པོ་དེ་ཉིད་འཆད་པར་བྱེད་པ་ལ། དེར་ནི་རིང་དུ་འབད་ལས་ཚོགས་གཉིས་ནི། །མཁའ་ལྟར་ཡངས་པ་གང་ཞིག་བསགས་པ་དེས། །བློ་མིག་མ་རིག་གིས་ལྡོངས་འགྲོ་བ་རྣམས། །རྣམ་འདྲེན་རྒྱལ་བའི་དབང་པོར་བདག་གྱུར་ཅིག །ཅེས་པའི་གཞུང་འདི་བྱུང་། །ཚུལ་གཉིས་པ་དེ་ཉིད་འཆད་པར་བྱེད་པ་ལ། དེར་མ་སོན་པའི་ཚེ་རབས་ཀུན་ཏུ་ཡང་། །འཇམ་པའི་དབྱངས་ཀྱིས་བརྩེ་བས་རྗེས་བཟུང་སྟེ། །བསྟན་པའི་རིམ་པ་ཀུན་ཚང་ལམ་གྱི་མཆོག །རྙེད་ནས་སྒྲུབ་པས་རྒྱལ་རྣམས་མཉེས་བྱེད་ཤོག །ཅེས་པའི་གཞུངས་འདི་བྱུང་། ཚུལ་གསུམ་པ་དེ་ཉིད་འཆད་པར་བྱེད་པ་ལ། རང་གིས་ཇི་བཞིན་རྟོགས་པའི་ལམ་གྱི་གནད། །ཤུགས་དྲག་བརྩེ་བས་དྲངས་པའི་ཐབས་མཁས་ཀྱིས། །འགྲོ་བའི་ཡིད་ཀྱི་མུན་པ་བསལ་བྱས་ནས། །རྒྱལ་བའི་བསྟན་པ་ཡུན་རིང་འཛིན། ཞེས་པའི་གཞུང་འདི་བྱུང་བ་ཡིན་ཕྱིར། །

དེའང་ཇི་སྐད་དུ། འཛམ་གླིང་བསྟན་པའི་ཉི་མ་མཁས་གྲུབ་ཆོས་ཀྱི་རྒྱལ་པོའི་ཞལ་ནས། མཁས་པ་ཀུན་གྱི་རྫུར་ཕུད་ལ། །བཀའ་ཡི་[ཡི]རྗེ་དགའ་བགྱིས་པ་ཁྱོད། །དཔལ་ལྡན་ཕྱོགས་རྣམས་ཐམས་ཅད་ལས། །རྣམ་པར་རྒྱལ་བའི་རྒྱལ་མཚན་འཛིན། །ཞེས་གསུངས་པ་ལྟར། ལུང་དང་རྟོགས་པའི་ཡོན་ཏན་གསེར་སྤྱངས་རྩིབས་སྟོང་འཁོར་ལོའི་ཤུགས་ཀྱིས་འཇིགས་བྲལ་ཆོས་ཀྱི་སྲིད་ལ་དབང་བསྒྱུར་བའི་ཞབས་སེན་གསར་བའི་བླ་ཆོས་དཔྱོད་ལྡན་དྲན་དབང་ཅེ་བའི་གཙུག་ཕུད་རྩེ་མོར་ངལ་གསོ་ཞིང་། སྨྲ་བ་ངན་པའི་གཡུལ་ངོ་མཐའ་དག་བཅོམ་སྟེ་འཛམ་མགོན་རྒྱལ་བའི་རིང་ལུགས་མི་ནུབ་བསྟན་པའི་རྒྱལ་མཚན་སྲིད་པའི་རྩེ་མོར་བསྒྲེངས་པ་མཁས་གྲུབ་ཅེ་བའི་བསྟི་གནས་ཆད་དུ་བྱུང་བ་འདིར། གྲྭ་ཚང་བཞིའི་དགེ་འདུན་མཐའ་དག་ཞལ་ལྷན་ཅིག་མངོན་དུ་གྱུར་ཏེ། དད་ལྡན་ས་འཛིན་ཅེ་བའི་རྩེ་ནས་མཆོད་བཀུར་ན་བུན་སྤྲོ་བའི་རྒྱུ་འཛིན་སྟུག་པོ་མངོན་པར་འཁྲིགས། རྔ་འདུར་དབྱངས་དང་བཅས་པའི་མངོན་ཆོས་འབྲུག་སྒྲ་སྙན་པོ་དལ་གྱིས་བསྒྲགས། རིགས་ལམ་དྲི་མ་མེད་པའི་འབེལ་གཏམ་གློག་འོད་གསེར་གྱི་ཞབས་མངོན་པར་གཡོ། དགའ་བའི་མིག་ཡངས་གྱེན་དུ་གཡོ་བའི་མདོངས་མཐའ་རྣམས་ནི་རྗེས་སུ་ཡི་རང་བློས་གར་ཅེར་ཡང་བསྒྱུར་བའི་དགེ་མཚན་མཐའ་དག་གཅིག་ཏུ་བསྡོམས་པའི་མཐུ་ལ་བརྟེན་ནས། སྲིད་ཞིའི་ནད་བརྒྱ་སེལ་བའི་སྨན་གཅིག དོན་གཉིས་ལེགས་ཚོགས་ནོར་བུའི་འབྱུང་ཁུངས། རྒྱལ་བའི་བསྟན་པ་རིན་པོ་ཆེའི་འོད་ཀྱི་སྣང་བས་མ་ཁྱབ་པའི་ཕྱོགས་ཀུན་ཏུ་མངོན་པར་འཕྲོ་ཞིང་། གང་དུ་ཁྱབ་ཀྱང་ཚུང་ཟད་ཉམས་པ་རྣམས་ཀྱང་སྐྱེས་མཆོག་བསྟན་པའི་བདག་པོ་སྙིང་རྗེ་ཆེན་པོའི་གཞན་དབང་དུ་གྱུར་བ་རྣམས་ཀྱིས་སླར་གསོས་ཏེ་ལུས་ཅན་ཡོངས་ལ་ཕན་བདེའི་སྒོ་བརྒྱ་འབྱེད་པར་འགྱུར་བ་དང་། ཁྱད་པར་དུའང་སྲས་བཅས་རྒྱལ་བ་ཀུན་གྱི་

འཕྲིན་ལས་གཅིག་ཏུ་བསྡུས་པའི་ཕུང་པོ། ཐབ་རྒྱས་ལམ་གྱི་གནད་ཀུན་ཡོངས་སུ་རྫོགས་པ་བྱང་ཆུབ་ལམ་གྱི་རིམ་པའི་སྲོལ་བཟང་ཉམས་མེད་དབྱར་གྱི་ཆུ་མཚོ་བཞིན་དུ་རྒྱས་ཏེ། ཐར་འདོད་ཀུན་གྱི་ཡིད་ལ་ངེས་པར་ལེགས་པའི་དཔལ་ཡོན་སྩྩིན་པས་རྒྱལ་བའི་མཛད་པ་མ་ལུས་བསྒྲུབ་པར་འགྱུར་བ་དང་། ལམ་བཟང་འདི་ཉིད་སྒྲུབ་པའི་འགལ་རྐྱེན་སེལ་ཞིང་མཐུན་རྐྱེན་སྒྲོངས་གྲོགས་ལྷུར་ལེན་པའི་དཀར་ཕྱོགས་སྐྱོང་བའི་ལྷ་ཀླུ་རྣམས་ཀྱི་གཟི་བྱིན་དཔལ་འབྱོར་རྒྱས་ཤིང་། སྦྱིན་པའི་བདག་པོ་རྣམས་ཀྱང་ཚེ་བསོད་སྟོབས་འབྱོར་མངའ་ཐང་སྐྱན་གྲགས་ཐམས་ཅད་གོང་དུ་འཕེལ་བ་དང་། ཚེ་རབས་ཀྱི་འཕྲེང་བར་ཡང་ལམ་བཟང་འདི་ཉིད་ཉམས་སུ་ལེན་པའི་སྐལ་བ་མཆོག་དང་ལྡན་པར་འགྱུར་བ་ཡིན་པར་ཐལ། དེ་ལྟར་ཡིན་ནོ་ཞེས་པའི་ཚུལ་དང་པོ་དེ་ཉིད་འཆད་པར་བྱེད་པ་ལ། བསྟན་པ་རིན་ཆེན་མཆོག་གིས་མ་ཁྱབ་པའམ། །ཁྱབ་ཀྱང་ཉམས་པར་གྱུར་པའི་ཕྱོགས་དེར་ནི། །སྙིང་རྗེ་ཆེན་པོས་ཡིད་རབ་བསྐྱོད་པ་ཡིས། །ཕན་བདེའི་གཏེར་དེ་གསལ་བར་བྱེད་པར་ཤོག །ཅེས་པའི་གཞུང་འདི་བྱུང་། ཚུལ་གཉིས་པ་དེ་ཉིད་འཆད་པར་བྱེད་པ་ལ། སྲས་བཅས་རྒྱལ་བའི་རྨད་བྱུང་འཕྲིན་ལས་ལས། །ལེགས་གྲུབ་བྱང་ཆུབ་ལམ་གྱི་རིམ་པས་ཀྱང་། །ཐར་འདོད་རྣམས་ཀྱི་ཡིད་ལ་དཔལ་སྟེར་ཞིང་། །རྒྱལ་བའི་མཛད་པ་རིང་དུ་སྐྱོང་། ཞེས་པའི་གཞུང་འདི་བྱུང་། ཚུལ་གསུམ་པ་དེ་ཉིད་འཆད་པར་བྱེད་པ་ལ། ལམ་བཟང་བསྒྲུབ་པའི་མཐུན་རྐྱེན་སྒྲུབ་བྱེད་ཅིང་། །འགལ་རྐྱེན་སེལ་བྱེད་མི་དང་མི་མིན་ཀུན། །ཚེ་རབས་ཀུན་ཏུ་རྒྱལ་བས་བསྔགས་པ་ཡི། །རྣམ་དག་ལམ་དང་འབྲལ་བར་མ་གྱུར། ཅེས་པའི་གཞུང་འདི་བྱུང་བ་ཡིན་པའི་ཕྱིར། །

དེའང་ཇི་སྐད་དུ། སྨྲ་བའི་ཉི་མ་དགེ་ལེགས་དཔལ་བཟང་པོའི་ཞལ་ནས། རིགས་པའི་ཉིན་བྱེད་ཕྱོད་དྲིན་ལས། །གངས་ཅན་བློ་གསལ་བུང་བའི་

ཚོགས། །མཐའ་དག་བསྟན་པའི་པད་ཚལ་དུ། །གསུང་རབ་སྦྲང་རྩིའི་དགའ་སྟོན་སྒྲོང་། །ཞེས་གསུངས་པ་ལྟར། བཤད་སྒྲུབ་སྦྲང་རྩིའི་རོ་ལ་རྗེས་སུ་ཆགས་པའི་བློ་གསལ་ཆང་དྲུག་ཚོགས་ཀྱི་ཉེར་འཚོའི་གཞི་རྟེན་དམ་པ་རྒྱལ་བསྟན་པདྨའི་དགའ་ཚལ་རིགས་ལམ་དྲི་མེད་འོད་ཀྱི་སྣང་བས་འབྱེད་པའི་ཉིན་བྱེད་སྟོང་ཕྲག་འབར་བའི་འདུན་སར་བཀལ་བརྟག་ཐུང་ཟད་བགྱིས་པ་སོགས་ལེགས་བྱས་ཀླུང་བརྒྱ་གཅིག་ཏུ་འཁྱིལ་བའི་དགེ་ཚོགས་རྒྱ་མཚོའི་མཐུ་ལ་བརྟེན་ནས། ཀུན་གཟིགས་ཡེ་ཤེས་ཀྱི་ཉི་མ་སྐྱབས་མགོན་རྡོ་རྗེ་འཆང་ཆེན་དེ་ཉིད་ཀྱི་ཚད་མེད་པའི་ཐུགས་རྗེ་དང་། མི་འཕྲོག་པའི་མཁྱེན་རབ། གཞན་ཕན་གྱི་མཛད་པ། མཁའ་ཁྱབ་ཀྱི་འཕྲིན་ལས་སོགས་བསིལ་བའི་ཟེར་གྱི་རང་བཞིན་རྣམས་གདུལ་བྱའི་སྣང་ངོར་ཡང་སྔར་ལས་གཡོ་བ་མེད་ཅིང་། མཚན་དཔེའི་སྣང་བརྙན་གྱི་ཆ་ཤས་སླར་ཡང་གསར་དུ་ཚེས་པའི་མཆོག་སྤྲུལ་ཟླ་བ་གཞོན་ནུ་འཛམ་གླིང་བསྟན་འགྲོ་ཡོངས་ཀྱི་ཕན་བདེ་ཀུན་དའི་གཉེན་དུ་འགྱུར་བ་དང་། ཚུལ་དེ་ལ་བརྟེན་ནས་རྣམ་དག་བསླབ་གསུམ་ལྡན་པའི་དགེ་འདུན་ཚོགས་ཀྱིས་གནས་འདི་ཡོངས་སུ་གང་སྟེ། བཤད་སྒྲུབ་བྱ་བ་ལས་ཀྱི་འཁོར་ལོ་གསུམ་གྱི་སྒོ་ནས་རྒྱལ་བསྟན་རིན་པོ་ཆེ་ཡངས་པའི་འཛིག་རྟེན་ཀུན་ཏུ་འཕེལ་བར་འགྱུར་བ་དང་། ཚུལ་དེ་ལ་བརྟེན་ནས་ཆོས་སྐྱོང་བཙུ་ཡི་དཔལ་གྱིས་དགེ་ལེགས་གོས་དཀར་ཅིན་པའི་ཡུལ་གྲུ་ཀུན་ཀྱང་བསྟན་ལ་དགའ་བའི་ལྷ་ཀླུ་རྣམས་ཀྱིས་ཆོས་བཞིན་བསྐྱངས་ཏེ། རྫོགས་ལྡན་གསར་བའི་དགའ་སྟོན་བཀྲ་ཤིས་རྒྱ་མཚོའི་རླབས་ཀྱིས་ཁྱབ་པར་འགྱུར་བ་ཡིན་པར་ཐལ། དེ་ལྟར་ཡིན་ནོ་ཞེས་པའི་ཚུལ་དང་པོ་དེ་ཉིད་འཆད་པར་བྱེད་པ་ལ། ཐུགས་མཁྱེན་རབ་མཛད་སྤྱོད་འཕྲིན་ལས་སོགས། །འོད་དཀར་པོའི་བསིལ་ཟེར་མ་འགྱུར་ཡང་། །སྐུའི་ཆ་ཤས་གསར་དུ་ཚེས་པ་ཡི། །མཆོག་སྤྲུལ་པའི་ཟླ་བ་མྱུར་དུ་ཅིན། །ཞེས་པའི་གཞུང་

འདི་ཕྱིར། ཚུལ་གཉིས་པ་དེ་ཉིད་འཆད་པར་བྱེད་པ་ལ། བསླབ་པ་གསུམ་ལྡན་དུར་སྨྲིག་འཛིན་པ་ཡི། །འདུས་པའི་ཚོགས་ཀྱིས་གནས་འདི་ཡོངས་གང་ཞིང་། །རྟག་ཏུ་བཤད་སྒྲུབ་བྱ་བས་སྲིད་མཐའི་བར། །ཐུབ་བསྟན་ཕྱོགས་བཅུར་རྒྱས་པའི་བཀྲ་ཤིས་ཤོག །ཅེས་པའི་གཞུང་འདི་ཕྱུང་། ཚུལ་གསུམ་པ་དེ་ཉིད་འཆད་པར་བྱེད་པ་ལ། གང་ཚེ་ཐེག་པ་མཆོག་ལ་ཆོས་སྤྱོད་བཅུས། །ཚུལ་བཞིན་སྒྲུབ་ལ་བརྩོན་པ་དེ་ཡི་ཚེ། །མཐུ་ལྡན་རྣམས་ཀྱིས་རྟག་ཏུ་གྲོགས་བྱེད་ཅིང་། །བཀྲ་ཤིས་རྒྱ་མཚོས་ཕྱོགས་ཀུན་ཁྱབ། ཅེས་པའི་གཞུང་འདི་ཕྱུང་བ་ཡིན་པའི་ཕྱིར། །

དེའང་ཇི་སྐད་དུ། སྙན་པའི་བ་དན་འཇིག་རྟེན་གསུམ་ན་གྲགས། །དམ་པའི་ཆོས་སྒྲ་སེང་གེའི་སྒྲ་བསྒྲགས་པ། །ཞེས་སོགས་ཀྱིས་བཤད་པ་ལྟར། རང་དོན་གྱི་ཡོན་ཏན་དམ་པ་ཉེས་ལྟུང་རྙོག་མའི་རྡུལ་དང་བྲལ་ཞིང་ལུང་རྟོགས་ཡོན་ཏན་གྱི་རྒྱན་འཕྲེང་མཛེས་པའི་གྲགས་སྙན་བ་དན་དཀར་པོ་འཇིག་རྟེན་གསུམ་གྱི་སྣ་ན་གཡོ་བ། གཞན་དོན་གྱི་ཡོན་ཏན་དྲི་མ་མེད་པའི་ལུང་རིགས་སེང་གེའི་ང་རོ་སྐད་དབྱངས་སུ་བསྒྲགས་པས་སྨྲ་ངན་ཡོངས་ཀྱི་སྙེམས་པ་ཕྲོགས་ནས་ཐར་འདོད་རི་སྐྱེས་མཐའ་དག་རྗེས་སུ་སྐྱོང་བར་མཛད་པ། སྲིད་པ་གསུམ་གྱི་དཀོན་པའི་ནོར་མཆོག་བཤད་སྒྲུབ་ཆོས་ཀྱི་བང་མཛོད་འཕགས་ཆེན་འདུས་པ་རྒྱ་མཚོའི་དབུས་སུ། རང་ཅག་གཉིས་ཀྱིས་ཡོན་ཏན་མ་ལུས་པའི་གཞི་རྟེན་ལྷག་པ་ཚུལ་ཁྲིམས་ཀྱི་བསླབ་པའི་སྡོད་དམ་འབྱུང་ཁུངས་ལྟ་བུར་གྱུར་བ་དམ་པའི་ཆོས་འདུལ་བའི་དོན་ལས་བཙམས་ནས་འབེལ་གཏམ་ཙུང་ཟད་བགྱིས་ཏེ། ཐམས་ཅད་མཁྱེན་པའི་བསླབ་གཞི་དཀོན་མཆོག་སྡོད། །འཕགས་པའི་ཚོགས་ཀྱི་དབུས་སུ་དབྱེ་བར་བྱ། །ཞེས་འཕགས་པ་ཉེ་བར་འཁོར་གྱི་རྣམ་པར་ཐར་བའི་རྗེས་སུ་ཞུགས་པ་འདིས་ཐོག་དྲངས། དུས་གསུམ་བཤགས་པའི་

དགེ་ཚོགས་ཚབས་ཅིག་ཏུ་བསྡོམས་པའི་མཐུ་ལ་བརྟེན་ནས་མཁའ་མཉམ་སྐྱེ་དགུ་ཡོངས་ལ་ཕན་བདེའི་ལམ་བཟང་མཚོན་པའི་དམིགས་བུ་རྒྱལ་བའི་ཉི་མ་སངས་རྒྱས་བཅོམ་ལྡན་འདས་འཛིག་རྟེན་དུ་བྱོན་ནས་ལེགས་པར་བསྟན་པའི་དམ་པའི་ཆོས་ལུང་རྟོགས་ཀྱི་བསྟན་པ་སྤྱི་དང་། ཁྱད་པར་ཕྱི་འདུལ་བའི་ཀུན་སྤྱོད། ནང་ཕྱིན་དྲུག་གི་ཉམས་ལེན། གསང་བ་རིམ་གཉིས་ཀྱི་རྣལ་འབྱོར་སོགས་བསྟན་པའི་གནད་ཀུན་རྫོགས་པ་འཇམ་དབྱངས་བླ་མའི་ལུགས་བཟང་གསེར་མདོག་བཅོམ་ལྷ་བུ་བདེ་ལེགས་ཀུན་གྱི་འབྱུང་གནས་གཅིག་པུ་འདི་ཉིད་དར་རྒྱས་ཡུན་རིང་དུ་གནས་པར་འགྱུར་བ་དང་། ཚུལ་དེ་ལ་བརྟེན་ནས་ཆོས་སྡེ་ཆེན་པོ་འདིས་མཚོན་མཐའ་དབུས་ཀྱི་དགེ་འདུན་རྣམས་ཐུགས་མཐུན་ཁྲིམས་གཙང་ཞིང་། ཉོན་མོངས་པའི་དགྲ་སྡེ་གདུང་བར་བྱེད་པའི་དཀའ་ཐུབ་དམ་པ་སྡེ་སྣོད་གསུམ་གྱི་འཆད་ཉན་དང་། བསླབ་པ་གསུམ་གྱི་ཉམས་ལེན་སོགས་སྒྲུབ་པའི་མཆོད་པ་གོང་དུ་འཕེལ་བའི་དབང་གིས་རང་ཅག་རྣམས་ཀྱི་མགོན་དུ་བསམ་བཞིན་བྱོན་པའི་འཕགས་ཆེན་དམ་པ་གོང་ས་ཐམས་ཅད་མཁྱེན་གཟིགས་ཆེན་པོ་རྗེ་བཙུན་བློ་བཟང་ཐུབ་བསྟན་འཇིགས་མེད་རྒྱ་མཚོའི་ཞལ་སྔ་ནས་སོགས་སྐྱེས་མཆོག་དམ་པ་རྣམས་སྐུ་ཚེ་རྡོ་རྗེའི་ཁམས་སུ་བརྟན་པའི་ཞབས་སེན་བཀྲ་ཤིས་པའི་རི་མོ་འབྲལ་མེད་སྤྱི་བོའི་རྒྱན་དུ་འགྲོགས་ཏེ་བསྟན་འགྲོ་ཡོངས་ཀྱི་ཕན་བདེའི་རྩ་བ་ཚུགས་པར་འགྱུར་བ་དང་། ཚུལ་དེ་ལ་བརྟེན་ནས་རང་ཅག་རྣམས་ཀྱང་ཚེ་རབས་ཀྱི་འཕྲེང་བར་བསྟན་པའི་གཅེས་མཛོད་ཚུལ་ཁྲིམས་རྣམ་པར་དག་པའི་རྒྱན་དང་ལྡན་ཞིང་། མང་དུ་ཐོས་པའི་དཔལ་གྱིས་བརྗིད་པ་སོགས་བཤད་སྒྲུབ་ཡ་མ་བྲལ་བ་བཀའ་གདམས་གཙང་མའི་རྣམ་ཐར་ལྷུར་བླངས་པའི་སྟོབས་ཀྱིས་རིང་པོར་མི་ཐོགས་པར་ཡང་སྲིད་ཕྲ་རགས་ཀྱི་རྒྱ་ལས་རྣམ་པར་གྲོལ་ཏེ། ཐེག་པ་མཆོག་གི་དགྲ་བཅོམ་བླ་ན་མེད་

པའི་བྱང་ཆུབ་ཀྱི་གོ་འཕང་མངོན་དུ་བྱས་ནས་འགྲོ་བ་ཀུན་ཀྱང་ཟག་མེད་བདེ་བའི་དགའ་སྟོན་མཆོག་ལ་འགོད་པར་འགྱུར་བ་ཡིན་པར་ཐལ། དེ་ལྟར་ཡིན་ནོ་ཞེས་པའི་ཚུལ་དང་པོ་དེ་ཉིད་སྟོན་པར་བྱེད་པ་ལ། སངས་རྒྱས་རྣམས་ནི་འབྱུང་བ་བདེ། །ཆོས་བསྟན་པ་ཡང་བདེ་བ་ཡིན། །ཞེས་པའི་གཞུང་འདི་བྱུང་། ཚུལ་གཉིས་པ་དེ་ཉིད་སྟོན་པར་བྱེད་པ་ལ། དགེ་འདུན་མཐུན་པ་བདེ་བ་སྟེ། །མཐུན་པ་རྣམས་ཀྱི་དཀའ་ཐུབ་བདེ། །འཕགས་པ་རྣམས་ནི་མཐོང་བ་བདེ། །དམ་པ་དག་དང་འགྲོགས་པ་བདེ། ཞེས་པའི་གཞུང་འདི་བྱུང་། ཚུལ་གསུམ་པ་དེ་ཉིད་སྟོན་པར་བྱེད་པ་ལ། ཚུལ་ཁྲིམས་ལྡན་པ་མཐོང་བ་བདེ། །མང་དུ་ཐོས་པ་མཐོང་བ་བདེ། །ཡང་སྲིད་རྣམ་པར་གྲོལ་བ་ཡི། །དགྲ་བཅོམ་པ་དག་མཐོང་བ་བདེ། །ཞེས་པའི་གཞུང་འདི་བྱུང་བ་ཡིན་པའི་ཕྱིར། །

དེའང་ཇི་སྐད་དུ། མཁྱེན་པ་མཁྱེན་པའི་གཏེར་ལ་འགྲན་བྱེད་ཅིང་། །བཟང་པོས་ཐུགས་རྗེའི་ལྷ་དང་ཞི་དུལ་གྱིས། །ཟླ་བ་ཞིར་འགྲན་དགེ་བའི་བཤེས་གཉེན་ཚོགས། །ཞེས་གསུངས་པ་ལྟར། མཁས་པའི་ཡོན་ཏན་གཞུང་བརྒྱའི་དེ་ཉིད་འབྱེད་པའི་མཁྱེན་རབ་མཁྱེན་གཏེར་གཞོན་ནུའི་དཔལ་ལ་འགྲན་ཅིང་། བཙུན་པའི་ཡོན་ཏན་ཞི་དུལ་གཙང་མའི་རྣམ་ཐར་འཕགས་པ་ཉེ་བར་འཁོར་གྱི་མཆེད་ཟླ། བཟང་པོའི་ལྷག་བསམ་འགྲོ་ལ་རྗེས་སུ་ཆགས་པས་འཕགས་མཆོག་སྙིང་རྗེའི་ལྷ་དང་གཉིས་སུ་མེད་པ། མཁས་བཙུན་བཟང་གསུམ་གྱི་བདག་ཉིད་ཐོས་བསམ་སྒོམ་གསུམ་གྱི་ཕ་རོལ་ཏུ་ཕྱིན་ཅིང་། འཆད་རྩོད་རྩོམ་གསུམ་ལ་མངའ་བརྙེས་པའི་འཕགས་ཆེན་འདུས་པ་རྒྱ་མཚོ་གསེར་གྱི་རི་བོའི་ཕྲེང་བ་ལྟ་བུ་ཚར་དུ་དངར་བའི་མདུན་སར་རང་ཅག་གཉིས་ཀྱིས་རྒྱལ་བའི་གསུང་རབ་ཀུན་གྱི་རྩེ་མོ། རྒྱལ་ཡུམ་རྣམ་པ་གསུམ་གྱི་དངོས་བསྟན་སྟོང་པ་ཉིད་ཀྱི་རིམ་པ་རྒྱལ་བས་ལུང་བསྟན་པའི་ཤིང་རྟ་ཆེན་པོ་ཀླུ་སྒྲུབ་ཡབ་སྲས་ཀྱི་

བཞེད་གཞུང་རྒྱལ་བ་གཉིས་པས་ཉིན་མོ་བཞིན་དུ་གསལ་བར་མཛད་པ་ཟབ་མོ་དབུ་མའི་གཞུང་ལས་བརྩམས་ཏེ་འབེལ་གཏམ་ཙུང་ཟད་བགྱིས་པ་འདིས་མཆོག། དུས་གསུམ་རྣམ་དཀར་ཕུང་པོ་གཅིག་ཏུ་བསྡོམས་པའི་མཐུ་ལ་བརྟེན་ནས། རྣམ་འདྲེན་ཐུབ་པའི་དབང་པོའི་ཐུགས་བསྐྱེད་དང་ཏིང་འཛིན་སྒྱུ་འཕྲུལ་བྱེ་བའི་འོད་ཟེར་གྱིས་དག་པའི་ཞིང་རབ་འབྱམས་ནས་མགྲོན་དུ་བསུས་པའི་བསྟན་འཛིན་སྐྱེས་བུ་རྒྱལ་དང་རྒྱལ་བའི་རྣམ་འཕྲུལ་བསྟན་འགྲོའི་དཔལ་དུ་བྱོན་པ་ཐམས་ཅད་དང་། ཁྱད་པར་དགེ་ལྡན་བསྟན་པ་ཡོངས་ཀྱི་བདག་པོ་ཀུན་གཟིགས་རྒྱལ་བའི་དབང་པོ་ཡབ་སྲས་གཉིས་དང་། ཡང་སྙིགས་རང་ཅག་རྣམས་ཀྱི་མེ་ཏོག་ཕོག་པའི་ལྷ་སྐལ་སྐྱབས་མགོན་ཐམས་ཅད་མཁྱེན་ཅིང་གཟིགས་པ་ཆེན་པོའི་མཆོག་གི་སྤྲུལ་པའི་སྐུ་རིན་པོ་ཆེ་བློ་བཟང་ཐུབ་བསྟན་འཇིགས་མེད་ཉི་མའི་ཞལ་སྔ་ནས་ཡབ་སྲས་སོགས་ཞབས་ཟུང་གཡོ་མེད་རྡོ་རྗེའི་ཁམས་སུ་བརྟན་ཅིང་། ངེས་དོན་ཟབ་མོའི་དབྱངས་དང་རྒྱ་ཆེ་བའི་ས་ལམ་སོགས་ལེགས་གསུང་ཆོས་ཀྱི་འཁོར་ལོ་རྒྱུན་ཆད་མེད་པར་བསྐོར་ཏེ་སྐལ་ལྡན་ཐར་འདོད་ཡོངས་ལ་ཕན་བདེའི་ལམ་བཟང་གསལ་བར་མཛད་པ་དང་། ཚུལ་དེ་ལ་བརྟེན་ནས་ཀླུ་སྒྲུབ་ལུགས་བཟང་ཟབ་མོ་དབུ་མའི་ལྟ་བ་དང་གསང་ཆེན་རྡོ་རྗེ་ཐེག་པ་ཟུང་དུ་འཇུག་པ་རབ་འབྱམས་རྒྱལ་བ་ཀུན་གྱི་གདམས་པའི་ཉིང་ཁུ་དཔལ་མཉམ་མེད་རི་བོ་དགེ་ལྡན་པའི་ལུགས་བཟང་ཀུན་གསལ་ཡངས་པའི་འཁོར་ལོ་ལོག་རྟོག་ཆུ་འཛིན་གྱི་སྒྲིབ་གཡོགས་ཀུན་དང་བྲལ་ཞིང་། བཤད་སྒྲུབ་ཉི་ཟླ་ཟུང་གིས་འཁྱུད་པའི་འོད་སྣང་རྒྱ་མཚོའི་གོས་ཅན་ཀུན་ཏུ་ཁྱབ་པར་འགྱུར་བ་དང་། ཚུལ་དེ་ལ་བརྟེན་ནས་མཁའ་མཉམ་མ་རྒན་འགྲོ་བ་མཐའ་དག་བདེན་གཉིས་ཟུང་དུ་འཇུག་པའི་ལྟ་ལམ་ཡངས་པོར་ཐབས་ཤེས་ཟུང་འཇུག་གསེར་སྦྱངས་འཁོར་ལོའི་དགྲོད་པ་ལ་བརྟེན་ནས་ས་བཅུ་ལམ་ལྔ་རིམ་གྱི་བགྲོད་

དེ། སྐུ་གསུམ་གྱི་གོ་འཕང་དམ་པ་འཆི་མེད་དབང་པོའི་ནོར་བུའི་ཁྲི་འཕངས་མཐོན་པོ་ལ་མྱུར་བ་ཉིད་དུ་འཁོད་པར་འགྱུར་བ་ཡིན་པར་ཐལ། ཏེ་ལྟར་ཡིན་ནོ་ཞེས་པའི་ཚུལ་དང་པོ་དེ་ཉིད་སྟོན་པར་བྱེད་པ་ལ། ཐུབ་དབང་རྫུ་འཕྲུལ་བྱེ་བས་མངོན་ཕོས་པའི། །རབ་འབྱམས་ཞིང་གི་རྒྱལ་སྲས་ཏིལ་གང་ཚོགས། །ངེས་དོན་ཟབ་མོ་དྲུག་ཅུའི་དབྱངས་སྙན་གྱིས། །ཚིམ་མཛད་སྐལ་ལྡན་བྱེ་བའི་མིག་འབྱེད་ཤོག །ཅེས་པའི་གཞུང་འདི་བྱུང་། ཚུལ་གཉིས་པ་དེ་ཉིད་སྟོན་པར་བྱེད་པ་ལ། ཀླུ་སྒྲུབ་ལུགས་བཟང་ཀུན་གསལ་སྟོང་བའི་མཁའ། །ལྷ་ངན་སྤྲིན་ཚོགས་སྟུག་པོས་མི་སྣང་བ། །ཐལ་འགྱུར་རྣམ་དཔྱོད་རླུང་གིས་རབ་ཕྱེ་བས། །སྟོང་བའི་མཁའ་དབྱིངས་ཐུབ་བསྟན་ཆེར་གསལ་ཤོག །ཅེས་པའི་གཞུང་འདི་བྱུང་། ཚུལ་གསུམ་པ་དེ་ཉིད་སྟོན་པར་བྱེད་པ་ལ། འདིར་འབད་དགེ་བས་མ་རྒན་འགྲོ་བ་ཀུན། །ཐེག་ཆེན་ཟུང་འབྲེལ་ང་ལས་ནུའི་འཁོར་ལོས། །ལེགས་བྱས་ལམ་ལྔའི་ཐེམ་སྐས་རྫེར་སོན་པས། །སྐུ་གསུམ་ལྷ་དབང་གདན་ལ་མྱུར་སྤྱོད་ཤོག །ཅེས་པའི་གཞུང་འདི་བྱུང་བ་ཡིན་པའི་ཕྱིར། །

དེའང་ཇི་སྐད་དུ། ཁྲིམས་ལྡན་བློ་གྲོས་སྟེར་མོའི་གདེངས་ཀ་ཡིས། །སྲིད་པའི་ཚང་ཚིང་བསྲུང་བའི་ཉོན་མོངས་སྦྲུལ། །ཉེར་བཅོམ་གྲགས་པའི་བ་དན་འདབ་མའི་རླུང་། །རི་བོ་རལ་བའི་སྒྲ་ལྡན་དཔའ་བའི་སྐྱེ། །ཞེས་འབྱུང་བ་ལྟར། རྣམ་དག་ཁྲིམས་ཀྱི་གཟི་བརྗིད་སེར་སྐྱའི་མེ་འོད་ལང་ཚོ་རྒྱས་ཤིང་། རྣམ་དག་བློ་གྲོས་རྣོ་ལྡན་སྟེར་འཕྲེང་གཡོ་བའི་གཏུམ་དྲག་ཤུགས་ཀྱིས་འགྲོ་བ་མཐའ་དག་མྱུ་ངམ་སྲིད་པའི་ཚང་ཚིང་ལས་འདོན་པའི་གོ་སྐབས་འཕྲོག་པའི་ཆགས་སོགས་ཉོན་མོངས་ནག་པོའི་སྦྲུལ་གདུག་ཕྱི་མར་འཐག་པའི་སྙན་པ་འདབ་ཟུང་གཡོ་བའི་སྒྲ་སྐད་སྟོང་ཕྲག་དབྱར་གྱི་ཧ་གསང་གཅིག་ཅར་རྟོད་པའི་སྒྲ་ལ་ཅོ་འདྲིར་བསྒྲིད་པ་དྲན་དབང་འདུས་པ་འབུམ་སྡེའི་མདུན་སར། རང་

ཅག་གཉིས་ཀྱིས་དཔྱད་གསུམ་དག་པའི་རིགས་པ་རླུང་གི་ཤིང་རྟས་རྒྱལ་བའི་དགོངས་ཟབ་དཀྱིལ་འཁོར་ཡོངས་སུ་རྫོགས་པའི་ཕ་རོལ་ཕྱིན་གཞུང་ཟླ་ཤེལ། འགྲོ་བའི་ལེགས་བྱས་ཤར་རིའི་རྩེ་མོར་དྲངས་པའི་དགེ་ཚོགས་ལ་བརྟེན་ནས། འཇམ་དབྱངས་མཁྱེན་མཐིང་ལྷུང་ལོ་གསེར་སྨྱུངས་ཁུ་བས་བྲན་ཏེ་རང་མདངས་དམར་སེར་པོས་ཀྱི་ཟོལ་ལ་བརྟེན་པའི་ཡབ་རྗེ་རྒྱལ་བ་གཉིས་པའི་ལུགས་བཟང་དྲི་བྲལ་སྦྲང་རྩེའི་དོག་པ་མཐའ་དག་ཕྱོགས་ཀྱི་འདབ་མའི་ཁོར་ཡུག་ཡངས་པའི་ངོས་ལ་གྲུབ་པའི་རོ་བཅུ་མངར་བཞིན་ཕྱི་མཐའི་བར་དུ་ཆགས་པར་འགྱུར་བ་དང་། ཚུལ་དེ་ལ་བརྟེན་ནས་དགེ་ལྡན་ཆོས་ཀྱི་སྲིད་ལ་མངའ་བསྒྱུར་རྒྱལ་དབང་གྲགས་པའི་སྐུ་ཕྲེང་མཆོག་གི་གཙོས། བཤད་སྒྲུབ་སུམ་རྩེན་དགའ་ཚལ་སྐྱོང་བའི་མཁས་གྲུབ་ཉེ་དབང་ཚོགས་ཀྱི་ཞབས་སྐྱེས་དམར་བའི་ལང་ཚོ་སྐྱེ་དགུའི་བདེ་འཚོའི་དཔྱིད་དུ་བརྟན་ཅིང་འཕྲིན་ལས་བདུད་རྩིའི་འོད་ཀྱི་འཇུག་པ་མཐའ་དབུས་ཀུན་ཏུ་རྒྱས་པར་འགྱུར་བ་དང་། ཚུལ་དེ་ལ་བརྟེན་ནས་མ་ཕམ་རྒྱལ་བའི་ཉི་མ་འཕགས་ཡུལ་ཤར་རིའི་རྩེ་མོར་འཕགས་ཏེ་གསུང་གསང་འོད་ཀྱི་དྲ་བ་འཕྲོ་བའི་མོད་ལ་བདག་ཡིད་འཆིང་བའི་སྒྲུབ་རྒྱ་གྲོལ་ཏེ། བསླབ་གསུམ་གྱི་སར་རྐོད་པའི་བཅུད་ཀྱིས་མཐའ་ཀླས་ལུས་ཅན་མཐའ་དག་ཚིམ་པར་འགྱུར་བ་ཡིན་པར་ཐལ། དེ་ལྟར་ཡིན་ཞེས་པའི་ཚུལ་དང་པོ་དེ་ཉིད་སྟོན་པར་བྱེད་པ་ལ། བདག་གིས་ཇི་སྙེད་བསགས་པའི་དགེ་བའི་འདིས། །བསྟན་དང་འགྲོ་བ་ཀུན་ལ་གང་ཕན་དང་། །ཁྱད་པར་རྗེ་བཙུན་བློ་བཟང་གྲགས་པ་ཡི། །བསྟན་པའི་སྙིང་པོ་རིང་དུ་གསལ་བྱེད་ཤོག །ཅེས་པའི་གཞུང་འདི་བྱུང་། ཚུལ་གསུམ་པ་དེ་ཉིད་སྟོན་པར་བྱེད་པ་ལ། ནམ་ཞིག་རྡོ་རྗེ་གདན་གྱི་རི་བོའི་སྟེང་། །བྱམས་མགོན་ཉིན་བྱེད་དབང་པོ་ཤར་བའི་ཚེ། །བདག་གི་བློ་གྲོས་པདྨ་ཁ་ཕྱེ་ནས། །སྐལ་བཟང་བུང་བའི་ཚོགས་རྣམས་ཚིམ་བྱེད། ཅེས་

པའི་གཞུང་འདི་ཕྱུང་བ་ཡིན་པའི་ཕྱིར། །

དེའང་མཁས་གྲུབ་ཆོས་ཀྱི་རྒྱལ་པོས། མཁས་པ་ཀུན་གྱི་ཟུར་ཕུད་ལ། །ནས། རྒྱལ་མཚན་འཛིན། །ཞེས་གསུངས་པ་ལྟར། དྲན་དབང་བདེ་འབྱུང་བྱེ་བ་ཕྲག་བརྒྱའི་རལ་པའི་ཟུར་ཕུད་ལ་ཞབས་སེན་ཟླ་བའི་སྨུ་གུ་དྲག་ཏུ་བཞད་པའི་རྩེ་དགའ་ལྟར་བྱེད་ཅིང་། དཔྱད་གསུམ་རྣམ་པར་དག་པའི་ལུང་རིགས་འོད་དཀར་དྲ་བ་འབུམ་དུ་འགྱེད་པས་རྒྱ་མཚོ་མཐའ་དག་གི་མཚམས་ཀྱི་ཐ་གྲུ་ཡངས་པའི་ཕྱོགས་ཀྱི་འཁོར་ལོ་ཀུན་ལ་དགེ་ལེགས་ཀྱི་གོས་དཀར་ཅི་ཡང་སྤྱིན་པར་མཛད་པ་རྐོལ་ངན་ལོག་པར་སྨྲ་བ་མཐའ་དག་ལས་རྣམ་པར་རྒྱལ་བའི་གྲགས་པའི་རུ་མཚོན་སྲིད་པའི་རྩེ་མོར་བསྒྲེངས་པ་ཟླ་གྲལ་མཁས་པའི་དབང་པོ་འབུམ་ཕྲག་གདན་འཛོམ་པའི་ཆོས་ཀྱི་གདན་ས་ཆེན་པོ་འདིར། དྲང་ངེས་རྣམ་འབྱེད་ཡིན་ན། རང་ཅག་གཉིས་ཀྱིས་རྣམ་འདྲེན་སྟོབས་བཅུ་མངའ་བ་ཡོངས་ཀྱི་ཐུགས་བཅུད། ཐེག་གསུམ་འཕགས་པའི་སྐྱེ་བོ་ཀུན་གྱི་གཤེགས་བཤུལ་འཕགས་ཡུལ་པཎ་གྲུབ་ཀུན་གྱི་བཞེད་གཞུང་། གསུངས་རབ་མ་ལུས་པ་དྲང་ངེས་ཀྱི་ཚུལ་དུ་གཏན་ལ་ཕབ་སྟེ། བསྟན་པའི་སྙིང་པོ་དེ་ཁོ་ན་ཉིད་གསལ་བར་བྱེད་པའི་སྒྲོན་མེ། འཇམ་དབྱངས་བླ་མའི་གསུང་གི་ཡང་སྙིང་། དྲང་པ་དང་ངེས་པའི་དོན་གྱི་བསྟན་བཅོས་ཆེན་པོའི་དོན་ལས་བརྩམས་ཏེ། བསམ་གཟུགས་ཡིན་ན། རང་ཅག་གཉིས་ཀྱིས་འཇིག་རྟེན་དང་འཇིག་རྟེན་ལས་འདས་པའི་ཡོན་ཏན་ཀུན་གྱི་རྒྱུར་བསྔགས་ཤིང་། ཐེག་གསུམ་འཕགས་པའི་མངོན་རྟོགས་མ་ལུས་པའི་གཞི་རྟེན། རྣལ་འབྱོར་དབང་པོ་མཐའ་དག་གི་གཤེགས་བཤུལ། ཕ་རོལ་ཏུ་ཕྱིན་པ་དྲུག་གི་གོ་ཆ་བགོས་པའི་སེམས་དཔའ་ཆེན་པོ་རྣམས་ལམ་གོང་མ་གོང་མར་འཇུག་ཅིང་འཛེགས་པའི་ཚུལ་འཇུག་སྒྲུབ་དགུའི་ཐོག་མར་གསུངས་པ་ལས་འཕྲོས་ཏེ་བསམ་གཟུགས་སྙོམས་འཇུག་གི

རྣམ་བཞག རྟེན་འབྲེལ་ཡིན་ན། རང་ཅག་གཉིས་ཀྱིས་ཟབ་མོ་རྟེན་ཅིང་འབྲེལ་བར་འབྱུང་བ་ཞེས་ལུགས་འབྱུང་ལྡོག་གི་རིམ་པས་ཀུན་བྱུང་གི་གནད་མཐའ་དག་སྟོན་བྱེད་ཀྱི་སྤྱི་སྡོམ་ཆེན་པོར་གྱུར་ཅིང་། བདེན་པ་བཞིའི་ཚུལ་གྱིས་ཐུབ་པའི་གསུང་གི་གཙེས་མཛོད་ཆོས་ཐམས་ཅད་ཀྱི་གནས་ལུགས་མཐར་ཐུག་པ་མཐའ་བྲལ་དབུ་མའི་དེ་ཁོ་ན་ཉིད་དང་དོན་གཅིག་ཏུ་གནས་པའི་ཆོས་ཀྱི་དེ་ཉིད་ཟབ་མོ་རྟེན་འབྱུང་གི་རྣམ་གཞག་ལས་བརྩམས་ཏེ། རིགས་པའི་སློག་འཕྲེང་བརྒྱ་ལྡན་དལ་གྱིས་བཞད་པའི་ལུང་གི་འབྲུག་སྒྲ་ཟབ་མོ། བློ་གསལ་མདོངས་མཐའི་སྙིང་ལ་མངོན་དགའི་དཔྱིད་དུ་གྱུར་བ་དུ་མ་སྤྲོས་པའི་དགེ་ཚོགས་འདེས་མཚོན་དུས་གསུམ་བསགས་པའི་རྣམ་དཀར་ལེགས་བྱས་སླུང་བརྒྱ་གཅིག་ཏུ་འདྲིལ་བའི་མཐུ་ལ་བརྟེན་ནས་རྣམ་འདྲེན་རྒྱལ་བ་ཀུན་གྱི་བདེ་ཆེན་སྙིང་རྗེའི་སྒྱུ་འཕྲུལ་གཅིག་ཏུ་བསྡུས་པའི་རོལ་གར་བསིལ་ལྡན་ར་བའི་ལྗོངས་ཀྱི་སྐྱེ་དགུའི་ཕན་བདེའི་རྩ་བ། ས་སྟེང་གི་ཐུབ་པའི་བསྟན་པ་ཡོངས་ཀྱི་མངའ་བདག་གོང་ས་ཐམས་ཅད་མཁྱེན་ཅིང་གཟིགས་པ་ཆེན་པོ་ཆེ་གེའི་ཞལ་སྔ་ནས་ཀྱིས་གཙོས་ས་སྟེང་གི་བསྟན་འཛིན་དམ་པ་རྣམ་ཞབས་ཟུང་གཡོ་མེད་གཞོམ་གཞིག་བྲལ་བ་རྡོ་རྗེའི་ཁམས་ལྟར་བརྟན་ཅིང་། རྣམ་དཀར་འཕྲིན་ལས་ཀྱི་སྣང་བ་ཆུ་གཏེར་སྐྲ་རགས་ཅན་གྱི་འཛིན་མའི་ཁོར་ཡུག་ཀུན་ཏུ་ཁྱབ་པར་འགྱུར་བ་དང་། ཚུལ་དེ་ལ་བརྟེན་ནས་ཕྱི་ཚངས་སྤྱོད་ཀྱི་ཆ་ལུགས་དང་ར་སྒྲིག ཆོས་གོས་གསུམ་གྱི་འདབ་མ་མངོན་པར་མཛེས་ཤིང་། ནང་བསླབ་གསུམ་གྱི་ཉམས་ལེན་སྲུང་རྩེའི་ཟེལ་མངར་མཆོག་གིས་གཏམས་པ་སྡེ་སྣོད་གསུམ་གྱི་ལེགས་བཤད་ཀང་དྲུག་མྱོས་པའི་སྨྲ་དབྱངས་བརྒྱུད་མར་སྒྲོགས་པས་རྒྱ་མཚོའི་གོས་ཅན་ཡངས་པའི་ཁྱོན་འདིར་བཤད་སྒྲུབ་ཀྱི་སྡེ་ཛེ་སླེད་ཅིག་མཆིས་པའི་ནང་ན་རྒྱལ་མཚན་གྱི་རྩེ་མོར་ཏོག་བཞིན་མངོན་པར་འཕགས་པའི་ཆོས་ཀྱི་སྡེ་ཆེན་

པོ་འདིས་མཚོན་ཕྱོགས་བཅུའི་དགེ་འདུན་རྣམས་ཐུགས་མཐུན་ཞིང་། འཁོར་ལོ་གསུམ་གྱི་མཛོད་བཟང་ནམ་ཡང་ཉམས་པ་མེད་པའི་མཐུ་ལ་བརྟེན་ནས་དགེ་ལྡན་ལུགས་བཟང་འདི་ཉིད་མཐའ་དབུས་ཀྱི་འཛིན་མའི་ཁྱོན་ཀུན་ཏུ་དར་ཞིང་རྒྱས་ལ་ཡུན་རིང་དུ་གནས་པར་འགྱུར་བ་དང་། ཚུལ་དེ་ལ་བརྟེན་ནས་བདག་ཀྱང་རྟག་ཏུ་བཤེས་གཉེན་དམ་པའི་མགོན་དང་བཅས་ཤིང་། དཔལ་ཨ་ཏི་ཤ་དང་འཇམ་མགོན་བླ་མའི་རྣམ་པར་ཐར་པ་བཞིན་ཐོས་བསམ་སྒོམ་པ་ཡ་མ་བྲལ་བར་གདན་ཐོག་གཅིག་ཏུ་ཉམས་སུ་བླངས་པས་རྒྱལ་བའི་དགོངས་པ་མཐའ་དག་བདེ་བླག་ཉིད་དུ་ཁོང་དུ་ཆུད་དེ། ཡང་དག་པའི་ལམ་གྱི་ལུས་རྩལ་ཡོངས་སུ་རྫོགས་ནས་རང་གིས་ཇི་ལྟར་ངེས་པ་བཞིན་དུ་སྐལ་ལྡན་གདུལ་བྱའི་ཚོགས་ལ་སྤེལ་བ་སོགས་བཤད་སྒྲུབ་ཟུང་དུ་འབྲེལ་བའི་སྒོ་ནས་བློ་བཟང་རྒྱལ་བའི་བསྟན་པ་ཕྱོགས་ཀུན་ཏུ་རྒྱས་པར་བྱེད་ནུས་པར་གྱུར་བ་ཡིན་པར་ཐལ། དེ་ལྟར་ཡིན་ནོ་ཞེས་ཚུལ་དང་པོ་དེ་ཉིད་སྟོན་པར་བྱེད་པ་ལ། གངས་རིའི་ར་བས་སྐོར་བའི་ཞིང་ཁམས་འདིའི། །ཕན་དང་བདེ་བ་མ་ལུས་འབྱུང་བའི་གནས། །སྤྱན་རས་གཟིགས་དབང་ཆེ་གེ་རྒྱ་མཚོ་ཡི། །ཞབས་པད་སྲིད་མཐའི་བར་དུ་བརྟན། ཞེས་པའི་གཞུང་འདི་བྱུང་། ཚུལ་གཉིས་པ་དེ་ཉིད་སྟོན་པར་བྱེད་པ་ལ། བསླབ་པ་གསུམ་ལྡན་ངུར་སྨྲིག་འཛིན་པ་ཡི། ། ནས་ཕྱོགས་བཅུར་རྒྱས། །ཞེས་པའི་གཞུང་འདི་བྱུང་། ཚུལ་གསུམ་པ་དེ་ཉིད་སྟོན་པར་བྱེད་པ་ལ། མདོར་ན་བཤེས་གཉེན་དམ་པ་མཉེས་བྱས་ནས། །ཐུབ་པའི་དགོངས་པ་རྙེད་པའི་མང་ཐོས་ཀྱིས། །སྒྲུབ་པའི་བྱ་བ་ལེགས་པར་མཐར་ཕྱིན་ཏེ། །རྒྱལ་བའི་བསྟན་པ་ཕྱོགས་བཅུར་རྒྱས་བྱེད། ཅེས་པའི་གཞུང་འདི་བྱུང་བ་ཡིན་པའི་ཕྱིར།། ||

༄༅། །ཡུལ་མཆོག་དམན་དུ་མ་ལ་ཕུལ་བའི་ཕྲིན་ཡིག་གི་སྐོར་སྒྲ་དོན་རྒྱན་གྱི་རོལ་མཚོ་ཞེས་བྱ་བ་བཞུགས་སོ། །

བཀྲ་ཤིས་གང་ཞིག་རྣམ་འདྲེན་རྫོགས་སངས་རྒྱས། །བཀྲ་ཤིས་གང་ཞིག་ལུང་རྟོགས་དམ་པའི་ཆོས། །བཀྲ་ཤིས་གང་ཞིག་རིག་གྲོལ་འདུས་པའི་སྡེ། །བཀྲ་ཤིས་དགེ་མཚན་མེ་ཏོག་ཆར་དུ་སྙིལ། །བཀྲ་ཤིས་འཁོར་ལོས་མཚན་པའི་ཞབས་ཟུང་གིས། །བཀྲ་ཤིས་རྟུལ་འཕྲེང་བཀོད་པ་རེ་རེས་ཀྱང་། །བཀྲ་ཤིས་རྒྱ་མཚོས་ཕྱོགས་ཀུན་འགེངས་བཞིན་དུ། །བཀྲ་ཤིས་འཁྱིལ་བའི་གླིང་དུ་ཆིབས་བསྒྱུར་བར། །བཀྲ་ཤིས་དགའ་སྟོན་འཕེལ་བྱེད་བསུ་བའི་གདོང་། །བཀྲ་ཤིས་ཚོགས་སུ་བཅད་པའི་དབྱངས་དང་བཅས། །བཀྲ་ཤིས་རི་མོས་མཚན་པའི་ལྷ་དར་འདི། །བཀྲ་ཤིས་ཕུན་ཚོགས་བློ་ཆོས་དགེ་བར་ཕུལ། །

རྣམ་གྲོལ་བློ་བ་ནོར་བུའི་མེ་ལོང་ངོས། །གཞན་ཕན་རི་དྭགས་གཟུགས་ཀྱི་འཛོ་སྒེག་ཅན། །སྲིད་ཞིའི་དགེ་མཚན་རི་བོའི་ཟུར་ཕུད་དང་། །མཛའ་གཅུག་བསིལ་ཟེར་འདབ་འཕྲེང་བཞད་པའི་དྲུང་། །ཕྱུགས་རྗེའི་འཛུམ་དཀར་སྲོ་བའི་ཞལ་གྱི་ཟླ། །འགོག་མེད་རྟག་ཏུ་འཆར་བའི་ཡིད་ཀྱི་མཚོ། །དགའ་དང་སྐྱོ་བ་འདར་བ་ལྷན་ཅིག་པས། །ཞུ་འཕྲིན་ཀླུབས་ཀྱི་ཕྲེང་བ་མཆོད་པར་འབུལ། །འགྲོ་ཀུན་ཕན་བདེའི་གདུགས་དཀར་རྩིབས་མ་སྟོང་། །རྫོགས་པའི་

ལྟེ་བ་རྒྱལ་དབང་འཕྲིན་ལས་ཀྱི། །སྙིང་པོར་ཞུགས་པའི་ཡུ་བ་རབ་བརྟན་ཉིད། །ཐུབ་བསྟན་ནོར་བུའི་ཏོག་ཀྱང་རང་གིར་འཛིན། །ཚེར་སྙིགས་གྲང་བའི་གདུང་བ་རིམ་བསལ་ཏེ། །ཐུགས་བསྐྱེད་ནམ་ཟླ་དུས་སུ་སྨིན་པ་ལས། །དབུས་འགྱུར་ཆོས་སྲིད་དབྱར་གྱི་ལང་ཚོའི་དཔལ། །རབ་རྒྱས་ལྡན་པའི་འབྲུག་སྒྲ་ཕྱོགས་བརྒྱར་རྒོད། །དེ་ཚེ་མདོ་སྨད་ནགས་ཀྱི་ཁང་བུ་ན། །རང་མཐོའི་སྒྲོ་གདུགས་བསྐོར་བས་མཛོན་སྙོམ་ཞིང་། །གྲོང་ཚོག་ཟླི་ཀླས་འཚོ་བའི་མདོངས་མཐའ་ཡང་། །དགའ་བའི་གར་སྟབས་ལིང་ལིང་བསྒྱུར་བས་བྲེལ། །རྣམ་འདྲེན་རྒྱལ་བའི་ཉི་མ་ཡབ་སྲས་ཀྱི། །བཀའ་དྲིན་འོད་ཟེར་གྱིས་ཕྱེ་བ་ཡི། །ཡབ་རྗེའི་མཆོག་སྤྲུལ་པདྨོའི་གེ་ས་ར། །སྐལ་བཟང་རྐང་དྲུག་ཡོངས་ཀྱི་དཔྱིད་དུ་སྨིན། །སྣང་བརྙན་ལྷ་དར་སྣམ་ཕུབ་ཟུང་དང་བཅས། །གནང་སྐྱེས་བཟང་པོའི་ཁྱུར་གྱིས་ནོན་བཞིན་དུ། །མཉེས་གཤིན་བཀའ་ཡི་ལྷུགས་ཀྱུས་རྗེས་བཟུང་སྟེ། །སྤྲོ་དགའ་ལིང་བའི་གར་གྱིས་ཕྱག་བགྱིད་དོ། །སྣོད་ཀྱང་རྒྱལ་བསྟན་ཉིན་མོའི་སྣང་བ་ནི། །གང་གི་རྗེས་འགྲོ་གཟུགས་སྐུ་ནམ་མཁའི་ནོར། །སྐྱེ་དགུའི་བསོད་ནམས་མཁའ་ལ་རྟག་འཆར་བའི། །ཐུགས་བསྐྱེད་སྟོང་པ་མེད་པའི་བཀའ་དྲིན་ཞུ། །བདག་ཀྱང་སྲིད་པ་ཡ་ངའི་འཕྲང་བགལ་ཏེ། །གཏན་བདེ་བྱང་ཆུབ་མཆོག་གི་བཙན་རྫོང་དུ། །འཇུག་པ་དེ་སྲིད་ཐུགས་རྗེའི་དཔུང་ཚོགས་ཀྱིས། །བསྲུང་སྐྱོབ་ནམ་ཡང་གཡེལ་མེད་བརྩེ་བས་གཟིགས། །རྟ་ཚག་རྗེ་དྲུང་རིན་པོ་ཆེ་ལ་ཕུལ་བའོ། །

བདེན་གཉིས་ཟུང་དུ་འཇུག་པའི་ལྟེ་བ་རུ། །གསང་བ་གསུམ་གྱི་རྩིབས་སྟོང་རྫོགས་པའི་མཐར། །ལྷུམ་པོར་འཁྲིལ་བ་སྙིང་རྗེའི་མུ་ཁྱུད་ཅན། །སྐྱབས་གཅིག་ཆོས་ཀྱི་རྒྱལ་པོའི་ཞབས་པདྨར། །ཉི་མས་མ་ཡིན་སོར་མོས་ཀུ་མུ་ད། །རྣམ་འགྱུར་ནོར་བུའི་གདེངས་ཀ་འཛིན་པའི་གཙུག །ལན་བརྒྱར་བཏུད་

པའི་ལྷ་ཕྲུག་མཛའ་ན་མོར། །ཀུན་དགའི་དོན་ལྡན་སྐྱན་འགྱུར་དབྱངས་ཀྱི་འཕྲས། །ཡེ་ཤེས་ཨ་དན྄་ངོས་འགྲོ་བའི་ཁམས། །བཀྲ་བའི་རི་མོ་རང་རིག་ལྡོན་པ་སོགས། །འདོད་དགུར་སྟོན་པ་ཕ་མཐའ་ཀླས་པའི་ཚད། །བཟུང་བར་མི་སྤྱོད་གསང་བ་བསམ་མི་ཁྱབ། །མཁའ་ལྡིང་འདབ་མས་མ་བསྒྲལ་གསེར་རིའི་ཕྲེང་། །ཉི་མ་སྟོང་ཕྲག་བདོ་བའི་དཔུང་པ་ཅན། །ཀུན་གྱིས་ཕྱག་བྱས་ཅོད་པཎ་གཡོ་བའི་རྟུལ། །ཞབས་སྐྱེས་ཆུ་མཐོངས་འགོག་པའི་ཆར་སྤྲིན་བཞིན། །མ་སྨད་གྲགས་པ་ཡངས་པའི་སྒྲ་བརྒྱ་ཡིས། །ཡོན་ཏན་རལ་ཁྱུར་གསིག་པ་གཞན་གྲགས་ཀུན། །བཅིངས་སམ་ཀློང་དུ་སིམ་ཞེས་གྱི་ཀྱུའི་རྒྱུར། །བཀོད་ཀྱང་རྩོངས་ལ་རལ་གྲིའི་རྣོ་རྒྱུན་ནོ། །རྒྱལ་དབང་མཆོག་ཏུ་གྲུབ་པ་གདེངས་ཀ་ལས། །མི་མངོན་དབྱིངས་ནས་ཟབ་གསང་སྙུར་ལེན་ན། །གདུགས་དཀར་རྩིབས་སྟོང་ལྡན་པའི་གྲིབ་མ་དེ། །འཇིག་རྟེན་དབང་ཕྱུག་ཐུབ་དབང་ལ་ཡང་བསིལ། །རྩེན་ནོ་རྡོ་རྗེ་དབྱིངས་ཀྱི་དབང་ཕྱུག་མ། །འཆད་དང་རྩོམ་པའི་འཛུམ་དཀར་སྒྲོ་བས་ཏེ། །རྩོད་ངག་རལ་གྲིའི་འཁྲི་ཤིང་གཡོ་བས་ཀྱང་། །བདག་པོས་བརྟུལ་ཞུགས་ཉིད་དུ་ལྷག་པར་དགོངས། །ཀྱེ་མ་མ་ལ་མུ་ཏིག་འཁྲི་ཤིང་རྩེ། །མེ་ཏོག་ཕྲེང་བས་མ་བཟུང་བྲང་འགྲོས་བཞིན། །ཅུང་ཟད་ཐོས་པའི་འབྲས་བུ་བསྒྲུབ་པ་ལས། །གཡེང་བར་འཕྱན་པ་བདག་གི་ངང་ཚུལ་ལགས། །རྒྱལ་བསྟན་དར་བར་ལུང་བསྟན་བྱུང་དང་པོ། །འཕགས་ཡུལ་མིང་དོན་རིམ་བགྲོད་ངལ་གསོའི་སྟེགས། །རྣ་བའི་གྲགས་འབར་དབུས་འགྱུར་མ་ལ་ཡར། །བྱེད་པོ་ཙཎྜན་ལྡོན་པ་མགོན་ཁྱོད་ཅམ། །དེ་སྣད་དག་པ་གཉིས་ལྡན་ཆོས་སྐུའི་ཁམས། །འགྲོ་བློར་མཚོན་པའི་གཟུགས་སྐུ་དབང་གཞུའི་མདངས། །ངེས་པ་ལྷ་ལྡན་རྟག་པའི་རང་བཞིན་དུ། །འགོག་མེད་འཆར་བའི་བཀའ་དྲིན་སྙོད་མེད་ཞུ། །རིང་ནས་ཁ་བའི་རོ་བདའ་ཡིད་ཀྱི་ཤིང་། །ངེས་

འབྱུང་བྱུང་སེམས་མངར་བའི་རང་བཞིན་དུ། །བྱིན་གྱིས་རློབ་བྱེད་བུ་རམ་བཅུད་འཆང་བའི། །བཀའ་ཡིག་ཐིགས་ཕྲང་བརྒྱུད་མས་ལྷི་བར་མཛོད། །དྲི་བཅས་ཁམས་དང་བྱང་ཆུབ་དྲི་མ་མེད། །མཆོག་ཏུ་རིང་བ་ཤར་ནུབ་ནམ་མཁའི་མཐར། །བརྩེ་ཆེན་དགུ་ཚོགས་ཞགས་པས་འཁྱུད་པའི་གར། །ཡེ་ཤེས་ཉི་མ་ཆེན་པོར་མཚམས་སྦྱོར་མཛོད། །ཁྲི་ཆེན་ངག་དབང་མཆོག་ལྡན་གྱི་སྤྲུལ་པའི་སྐུ་ཡེ་ཤེས་བསྟན་པ་རབ་རྒྱས་ཀྱི་ཞབས་དྲུང་དུ་ཕུལ་བའོ། །

ཕུན་ཚོགས་ལེགས་བྱས་འབུམ་གྱི་དགའ་ཚལ་དུ། །རྨད་བྱུང་ཐུགས་བསྐྱེད་ས་བོན་སྨིན་པ་ལས། །དགེ་ལེགས་འདབ་འཕྲེང་བཞད་པའི་དཔལ་ཡོན་ཅན། །སྐྱབས་གཅིག་པདྨ་དཀར་པོའི་ཞབས་དྲུང་དུ། །གང་གི་མཛད་བཟང་ཆུ་འཛིན་དཀར་པོའི་སྤྲིང་། །རེ་བའི་མིག་འབུར་གཏོད་པའི་མདོངས་མཐའ་མ། །སོར་བཅུའི་སྒྲོ་གདུགས་སྤྱི་བོར་བཀོད་བྱས་ཏེ། །ཚང་ཚིང་དབེན་པའི་ལྗོངས་ནས་འདི་སྐད་གསོལ། །ཀུན་ཏུ་བཟང་པོའི་འོད་ཟེར་འབུམ་ཕྲག་གིས། །རྒྱུད་པའི་མུན་པ་མིང་གི་མཐར་བྱེད་ཅིང་། །ཐུབ་བསྟན་པད་ཚལ་རྒྱས་མཛད་ཉིན་མོའི་མགོན། །གཟི་བྱིན་སྣང་བ་ལྷམ་མེར་བཞུགས་ལགས་སམ། །ཤེས་པའི་ཟླ་སྣང་རོལ་བས་མཚན་པ་ཡི། །འཕྲིན་ལས་ཕན་བདེའི་རིན་ཆེན་འབྱུང་བའི་གནས། །ཡིད་འོང་སྨན་པར་གྲགས་པའི་རླབས་ཀྱི་ཕྲེང་། །ཀུན་གསལ་ཕ་མཐར་སྤྲོ་བཞིན་བཞུགས་ལགས་སམ། །སྐྱུང་བ་ཐུགས་དམ་རྡོ་རྗེའི་ཡུ་བ་བརྟན། །བག་ཡོད་མཛད་བཟང་དར་གྱི་ཤམ་བུ་བཀྲ། །གཞན་ཕན་བསིལ་བ་འབེབས་པའི་གདུགས་ཀར་པོ། །སྲིད་ཞིའི་ལྷན་འཁོར་བཞིན་བཞུགས་ལགས་སམ། །དད་ལྡན་གེ་སར་རྟུལ་ཕྲེང་ཕྱོད་ཞབས་ལ། །ཆགས་པས་བསོད་ནམས་སྦྲང་རྩིའི་དཔལ་འཛིན་ཞིང་། །ཟབ་མོའི་ཆོས་དང་ལྡན་པའི་བཀའ་མཆིད་ཀྱིས། །སྐལ་དགུའི་རོལ་མོ་འཁྲོལ་བཞིན་བཞུགས་

ལགས་སམ། །གྲོང་དང་དགོན་པའི་རི་གླིང་ཡོར་ཡུག་ཏུ། །སྲུང་ཆར་སྙོམས་པར་འབེབས་པའི་རྫོགས་ལྡན་སྤྲིན། །དལ་གྱིས་བསྐྱོད་དེ་རང་གནས་བཀྲ་ཤིས་ཀྱི། །ཆུ་གཏེར་གཡས་སུ་འཁྱིལ་བར་ཕྱོགས་ལགས་སམ། །འདི་ན་མཉམ་གཞག་གཉིད་ཀྱི་ཏིང་འཛིན་དང་། །ལྟོ་འགྲངས་ཉི་མར་སྲོ་བའི་རྗེས་ཐོབ་གཉིས། །སྐྱིལ་མར་སྤྱོད་པའི་དགེ་སྦྱོང་རྒན་པོ་ཡང་། །སོས་བདེ་སྣང་བ་སྐྱེད་པའི་ངང་དུ་མཆིས། །སྐད་ཀྱང་དགེ་སེམས་མྱུ་གུ་ཆེས་ཕྲ་བ། །ཉམས་སྨྱོང་དཔག་བསམ་སྡོང་པོར་གྲུབ་པའི་སླད། །བྱིན་རླབས་ཐུགས་རྗེའི་དྲོད་གཤེར་གྱིས་སྐྱོང་ཞེས། །གསོལ་འདེབས་ཡིད་ཀྱི་རི་བ་འབྲས་ལྡན་མཛོད། །རྒྱུ་སྐར་རང་གིས་ཉ་བའི་ཟླ་བ་བཞིན། །བསྟན་ལ་རི་མོར་བྱ་བའི་རང་སྐལ་གྱིས། །རབ་བྱུང་མ་ནུའི་འཕྲེང་བའི་ཐོག་མ་ཡི། །བགྲང་བྱ་གསར་དུ་ཚེས་པའི་དགའ་སྟོན་དུ། །ཚེ་ཡི་དཔལ་སྟེར་ལྷག་པའི་ལྷ་རྣམས་མི་ཟད་བདུད་རྩིའི་ཆུ་རྒྱུན་སྤྲིངས། །བསྟན་སྲུང་མཐའ་དག་བདུད་སྡེའི་གཡུལ་ལས་རྣམ་པར་རྒྱལ་བའི་གད་རྒྱངས་སྒྲོགས། །ལྷ་དང་དྲང་སྲོང་བདེན་ཚིག་གྲུབ་རྣམས་ཤིས་བརྗོད་མེ་ཏོག་ཆར་དུ་བསྙིལ། །བདག་ཀྱང་དགེ་མཚན་འཕོད་པའི་གཡབ་དར་དྲི་བྲལ་ལྷ་རྫས་མཆོག་འདི་ཕུལ། །རབ་བྱུང་བཅུ་བཞི་པའི་ཐོག་མའི་མེ་ཡོས་ལོ་གསར་གྱི་སྐབས་སྐྱབས་མགོན་མཆོག་གི་སྤྲུལ་པའི་སྐུ་རིན་པོ་ཆེ་ཚ་ཁོ་ཕྱོགས་སུ་ཆིབས་བསྐྱོད་དེ་བཞུགས་པའི་སྐབས་ཕུལ་པའོ། །

ཀ་མ་ལ་དང་ཉིན་མོར་བྱེད་པ་བཞིན། །ཁ་ཙམ་མིན་པར་འདུན་པ་བརྩེ་གཅིག་གིས། །ག་ན་བཞུགས་ཀྱང་རེ་ལྟོས་འཆའ་བའི་ཡུལ། །ང་ཡི་སྐྱབས་གཅིག་དམ་པའི་ཞབས་པད་མོར། །ཅ་ཅོའི་སྟོང་ཁུར་གཡེང་བའི་འགྲོ་བསྡད་སོགས། །ཆ་ཙམ་བཤོལ་ཡང་ད་དུང་སྒྲུབ་ཐུགས་ན། །ཇ་སོགས་འདོད་སྲིད་རྫོགས་པ་ཙོག་འགྱུའི་འཕྲུལ། །ཉ་བཞིན་འཁྱུག་པ་དེ་ཡིས་མཆེད་འདི་གསོལ། །ཏ་ལའི་བླ་མ་པཎ་ཆེན་བོག་ཏོ་སོགས། །ཐ་མལ་ཚུལ་བཟུང་འདྲེན་

པ་མཆོག་རྣམས་དང་། །ད་ལྟ་ཐུགས་ཡིད་གཅིག་འདྲེས་དགེ་མཚན་གྱི། །ནུབ་མཛོད་པར་གཏེབས་བཞིན་བཞུགས་ལགས་སམ། །པ་ར་མི་ཏའི་དགོངས་དོན་ལས་བརྩམས་ཏེ། །ཕ་མཐའ་ཡས་པའི་ལུང་རིགས་བརྒྱལ་བརྟགས་ཀྱི། །བ་དན་སྲིད་པའི་རྩེ་མོར་བསྒྲེངས་པ་ཡིས། །མ་ལུས་མཁས་པས་བསྔགས་བཞིན་བཞུགས་ལགས་སམ། །རྩ་འགྲེལ་མཐའ་དཔྱོད་དང་བཅས་འཛིན་སྐྱོར་སོགས། །ཚ་གྲང་ཁྱད་དུ་བསད་པའི་དཀའ་ཐུབ་ཀྱིས། །ཛཿ་ཡའི་དགོངས་དོན་ཞིབ་མོར་དཔྱད་པ་ཡིས། །ཝ་ལེ་ཐུགས་ལ་འཆར་བཞིན་བཞུགས་ལགས་སམ། །ཞྭ་སེར་བསྟན་པའི་འབྱུང་གནས་མ་དྲོས་མཚོ། །ཟ་བྲིའི་གཡེང་བའི་རྙོག་མ་དང་བྲལ་ཞིང་། །འ་ཟུར་ལུང་རིགས་རླབས་འཕྲེང་བཞད་པའི་གླིང་། །ཡ་མཚན་མགྲིན་ཟ་འཁྲིལ་བཞིན་བཞུགས་ལགས་སམ། །ར་བ་ཁོར་ཡུག་རྡོ་རྗེའི་སྲུང་འཁོར་གྱིས། །ལ་ཟུར་ནག་ཕྱོགས་བདུད་སྡེའི་གཡུལ་ཟློག་ཅིང་། །ཤ་ཚ་གུས་ལྡན་སློབ་འབངས་ལྷོས་བཅས་ཀུན། །ས་ཐོབ་བཞིན་དུ་དགའ་བདེས་ཆོམ་པར་མཛོད། །ཧ་རི་ཙནྡན་མདོག་འཆང་ལྷ་དར་བཅས། །ཨ་རེ་ཉམས་དགའ་དགྱེས་པ་སྐྱེད་པའི་ཕྱིར། །གུས་ལྡན་གུས་པའི་ཞུ་མཆིད་འབུལ་ལགས་ན། །མགོན་པོ་སྐྱིམ་པའི་མེ་ཏོག་བཞེས་སུ་གསོལ། །

༄འདི་འང་སྟ་མགྲོགས་སུ་ས་སྤྲུལ་ལོ་ཕུལ་པའོ། །

བརྩེ་ཆེན་ཉི་མ་འབར་བའི་གདེངས་ཀ་ཡིས། །ཞུན་མར་ཕབ་པ་ཡེ་ཤེས་བདུད་རྩིའི་ཆབ། །མཚན་དཔེའི་ཆུ་མཆོར་འཁྱིལ་པ་དགེ་མཚན་གྱི། །རླབས་ཕྲེང་ཕྱོགས་ཀྱི་འཁོར་ལོར་བཞད་པའི་ དུང་། །ཡིད་དབང་དད་པའི་སྤྲང་ཆར་ཁྱུར་གྱིས་ནོན། །ངག་གི་གསོལ་འདེབས་སྙན་པའི་འབྲུག་སྒྲ་ཆོད། །ལུས་ཀྱི་འདུད་ཕྱག་གློག་གི་རོལ་རྩེད་བཅས། །མཆིད་འདི་གསོལ་ལ་ཐུགས་རྗེས་ཡུད་ཙམ་དགོངས། །རྒྱལ་བ་རྒྱ་མཚོའི་ཐུགས་རྗེ་བསྡུས་པའི་དཔྱིད། །རྒྱལ་བསྟན་

འདྲེན་པར་བཞེངས་པའི་གཟུགས་ཀྱི་སྐུ། །སྲིད་ཞིའི་གཙུག་ཏོར་རྩེ་མོར་རབ་འཕགས་པའི། །གཟི་བྱིན་སྣང་བ་ལྷམ་མེར་བཞུགས་ལགས་སམ། །མཁྱེན་རབ་སྤོ་བསངས་སྨྲ་ལ་རྒྱལ་བའི་བཀའ། །རྒྱན་དྲུག་མཆོག་གཉིས་གཞུང་གི་ཆུ་ལྡན་འཕྲེང་། །བརྒལ་བརྟག་རྩོད་པའི་ང་རོར་ གླལ་བ་ཡིས། །ས་གསུམ་དཀྱིལ་འཁོར་འགེངས་བཞིན་བཞུགས་ལགས་སམ། །འདི་ན་སྐྱབས་མཆོག་ཐུགས་རྗེ་བརྩན་པོའི་མཐུས། །ཉེར་འཚོ་ཀྱི་བས་ལུས་ལ་མ་བཟུང་ཡང་། །རིང་ནས་སྲིད་པར་སྐྱོན་མང་གོམས་པའི་སེམས། །ཆོས་ཀྱིས་མ་བཟུང་བཏང་སྙོམས་ཙམ་གྱི་ངོས། །དབུས་འགྱུར་གྲགས་པ་མཐོ་བའི་བ་གམ་རྩེར། །གསེར་མདོག་དཔལ་གྱི་གཟི་འབར་དུ་ཧུཾ་ཧྲཱིཿ། །ལུང་རིགས་དབྱུ་གུས་བསྐུལ་བའི་སྙན་པའི་སྒྲ། །རྔ་བའི་བདུད་རྩིར་རེ་བས་གདུངས་བཞིན་པར། །གནས་ལྔ་རིག་པའི་ཚད་པ་ཙམ་སྙིགས་པ། །ཡེ་ཤེས་གཟི་ཆེན་ལང་ཚོ་རྒྱས་པའི་ཞལ། །སྙིང་རྗེའི་འཛུམ་གྱིས་དཀར་བ་ཟླ་བའི་མཆེད། །མངོན་དུ་འགྱུར་བའི་ཉིན་ཞག་བགྲང་ཞིང་མཆིས། །དཔལ་ལྡན་ཐུབ་པའི་མཁའ་འགྲོ་བརྒྱུས་རྩེན་པ། །དེ་ཉིད་གཏིང་མཐའ་ཡངས་པའི་ཆུ་གཏེར་ངོགས། །མཁྱེན་དཔྱོད་གཟིངས་ཀྱིས་བསྒྲལ་བའི་རྒྱ་མཐུན་འབྲས། །ས་གསུམ་སྐྱེས་ཀྱིས་འགེངས་པ་ནོར་བུས་གཏམས། །མི་འཇིགས་སྤོབས་པའི་རང་བཞིན་ཆོས་ཀྱི་ཟ། །ལེགས་བཤད་རོལ་མོར་ཆེ་བ་སྙན་པའི་དབྱངས། །མ་རིག་སྲིད་པ་འཁོར་བའི་གཡུལ་བཅོམ་པས། །ཐར་པ་རྣམ་པར་རྒྱལ་བའི་དགའ་བ་མཚོན། །མིང་ཚིག་བརྗོད་པ་མ་འཁྲུལ་བརྡ་སྤྲོད་པ། །བརྒལ་བརྟག་སྨྲ་བའི་རྩེ་རྒྱལ་རིགས་པའི་རྗེ། །ལུང་ཆོས་སྡེ་སྣོད་འཛིན་པ་ཀུན་གྱི་གཙུག །ཞབས་སེན་ནོར་བུའི་འོད་ཀྱིས་ཤེས་པར་སྐྱབས། །གནས་གསུམ་ཤེས་བྱའི་འཁོར་ལོ་འཛིན་མའི་མཐར། །གནག་པའི་རྫོངས་པ་མུན་པའི་ཕྲ་མེན་མ། །གནོད་བྱེད་རིགས་པའི་འོད་སྣོན་རལ་གྲི་

ཡིས། །གནད་དུ་བསྣུན་པ་དོན་གྱི་མངོན་སྤྱོད་མཛོད། །སྨྲ་བ་དག་གི་གཏེར་གྲོལ་ཟླ་བའི་ཞབས། །ཞི་དུལ་གཙང་མའི་རྣམ་ཐར་རིན་ཆེན་གསལ། །རྡོ་རྗེའི་རྣལ་འབྱོར་ལ་གནས་རྒྱུད་ཆེན་སོགས། །ཀུན་གྱི་མཛད་པའི་རོལ་གར་གཅིག་ཏུ་སྒྱུར། །མཁས་པའི་མཁས་པ་ཀུན་ཀྱང་གང་གི་བཀའ། །མི་འགོང་མི་ཡི་ཁྲུ་མཆོག་གནས་ཐོབ་པ། །འཇམ་དབྱངས་ཆོས་ཀྱི་རྒྱལ་པོ་རིམ་བྱོན་གྱི། །རྣམ་ཐར་རང་གིར་བཞེས་པའི་བཀའ་དྲིན་མཛོད། །བསྐྱུད་མེད་དངས་སེམས་ཟླ་བའི་མེ་ལོང་ངོས། །སྐྱབས་གཅིག་རེ་སྐྱེས་མཚན་མ་རྟག་འགོད་ན། །སྐྱེ་ཞིང་སྐྱེ་བར་བྱིན་རླབས་ག་བུར་རྒྱུན། །སྐྱུག་པས་བདུད་རྩིའི་གཏེར་དུ་བདག་གྲུབ་མཛོད། །སེམས་ཉིད་གདོད་ནས་དག་པའི་དབྱིངས་ཀྱི་མཁའ། །ཁམས་དང་བྱང་ཆུབ་ཤར་ནུབ་ཕྱོགས་ཀྱི་ཆར། །ཐུགས་རྗེའི་འོད་ཞགས་རིང་པོས་འཁྱུད་པ་ཡི། །ཡེ་ཤེས་ཉི་མ་ཆེན་པོར་མཚམས་སྦྱོར་མཛོད། །ཞུ་འཕྲིན་རབ་དཀར་དད་པའི་འོ་མཚོ་རུ། །ཐུགས་རྗེ་འཁོར་ལོའི་ལག་ཅན་རོལ་པའི་ཏེན། །དྲི་མེད་ལྷ་རྫས་དར་གྱི་རླབས་འཕྲེང་ཅན། །རབ་སྨྲས་དབྱར་གྱི་དུས་ཆོས་དགེ་བར་འགྱུར། །འདི་འང་སྐྱབས་མགོན་ཐམས་ཅད་མཁྱེན་པའི་མཆོག་སྤྲུལ་རིན་པོ་ཆེར་ལྕགས་རྟའི་ལོ་ཕུལ་བའོ། །

བློ་བཟང་ཆོས་ཚུལ་ཡངས་པའི་མཁའ་ངོས་ལ། །མཁྱེན་བརྩེའི་འོད་ཀྱི་དྲྭ་བ་འབུམ་འགྱེད་པའི། །སྨྲ་བའི་ཉི་མ་ས་གསུམ་སྐྱེ་རྒུའི་གཉེན། །བཀའ་དྲིན་མཚུངས་མེད་དམ་པའི་ཞབས་པད་མོར། །གསང་གསུམ་འོད་བརྒྱ་འབར་བའི་གཟི་བྱིན་གྱིས། །གཙུག་རྒྱན་སོར་མོའི་ཀུནྡ་ཟུམ་པ་དང་། །ལྷན་ཅིག་དང་བའི་འདབ་བརྒྱ་བཞད་པ་ཡི། །སྟོན་ཚིག་སྦྲང་རྩིའི་དོག་པ་མཆོད་པར་འབུལ། །རྒྱལ་ཀུན་ཡེ་ཤེས་ལི་ཁྲིའི་རྟུལ་གྱི་ཚོགས། །སྙིང་རྗེའི་དཀྱིལ་འཁོར་གཅིག་ཏུ་རྫོགས་པ་ཡི། །ཉིན་མོར་བྱེད་པ་གང་གི་ཐུགས་རྗེ་ནི། །འཇམ་གླིང་

བསྟན་པའི་པད་མོ་ཀུན་གྱི་དཔྱིད། །སྲིད་འགྲོར་རི་དྭགས་མཚན་མ་ཆོས་
བརྒྱད་ཀྱིས། །བསིལ་བའི་འཛིག་རྟེན་རྫོངས་པ་དགའ་བྱེད་ཆེ། །ལུང་རིགས་
ཚ་ཟེར་སྤྲོ་བ་ཁྱོད་མཐོང་ནས། །ཕྱོགས་ལྷུང་ཀུ་མུ་ད་ཚལ་ཞུམ་པ་བཞིན། །
དགེ་ལྡན་རང་ལུགས་གསེར་བཟང་འོད་ཀྱི་གོས། །ཕྱོགས་ཀྱི་དཔལ་མོར་བགོས་
པའི་རྐེད་སྐབས་ན། །མི་མཉམ་གྲགས་པའི་དབྱངས་སྙན་སྒྲོགས་པ་ཡི། །སྐལ་
བཟང་རྐང་དྲུག་གཡེར་ཁའི་ཕྲེང་བ་འཁྲོལ། །དཔལ་འབྱོར་འཁོར་འབབས་
ཚོགས་པའི་ལྡིང་ཁང་དུ། །རང་ཁྲིམ་གསལ་བའི་སྒྲོན་མ་གྲངས་མང་ཡང་། །
རིས་མེད་འཛིག་རྟེན་ཀུན་ཏུ་ཁྱབ་པ་ཡི། །ལེགས་བྱས་སྣང་བའི་གཏེར་དེ་ཁྱོད་
ཁོ་ན། །ཇི་སྲིད་ཐུབ་བསྟན་ཀུན་གསལ་བུ་མོ་ནི། །ཐུགས་རྗེའི་འཛུམ་རླབས་
འོད་ཀྱིས་ཡོངས་བཟུང་བ། །དེ་སྲིད་སྐྱེ་དགུའི་ལེགས་བྱས་པདྨོའི་ཕྲེང་། །ཀུན་
དགའ་རྒྱས་པའི་གེ་སར་བཞད་པར་འགྱུར། །དེ་སླད་སྲི་ཞུའི་རླབས་ཕྲེང་རོལ་
པ་ཡི། །རྒྱ་མཚོའི་རྐེད་བཅིངས་རྒྱལ་བསྟན་འཛིན་མའི་རྒྱན། །མཁས་གྲུབ་
གསེར་རིའི་ཕྲེང་བ་མཛེས་པའི་ཕྱིར། །སྲིད་པའི་མིག་གཅིག་བསྐལ་བརྒྱར་
ཞབས་བརྟན་ཤོག །དེ་ལྟར་གསོལ་འདེབས་དབྱངས་བདུན་རྫོགས་པའི་གླུ། །
བཀའ་དྲིན་སྤྲང་རྩེའི་ཚང་གིས་སྨྲས་པ་ཡིས། །གཞུ་སློབ་བུང་བའི་འཕྲེང་བ་
མགྲིན་གཅིག་ཏུ། །སྒྲོགས་པའི་དུས་སྟོན་དར་བའི་དགའ་བ་མཚོན། །ཁྱོད་
མཐུ་ཉི་མ་འབར་བའི་གདེངས་ཀ་ཡིས། །ཡབ་རྗེའི་ཐུགས་བསྐྱེད་པདྨོ་ཁ་
འབུས་པ། །སྨུར་བཞད་སྤྲང་རྩེ་གསར་བའི་དུས་སྟོན་ཡང་། །བརྒྱུད་མར་
འབྱུང་སྙམ་རབ་དགའི་གླུ་དབྱངས་ལེན། །དེ་ལྟའི་ཞུ་འཕྲིན་དགའ་ཚལ་དུ། །
ཉི་འོད་ཟེར་གྱིས་རེག་པའི་རྟེན། །བཀྲ་ཤིས་དར་གྱི་འདབ་ཡངས་ཅན། །ཚེ་
མཐའ་ཡས་པའི་མེ་ཏོག་འཛུམ། །འདི་ནི་ཐུ་བཀྭན་རིན་པོ་ཆེ་དགུང་ལོ་དྲུག་ཅུར་ཕེབས་པའི་
བ་ཡར་སྐབས་སུ་ཕུལ་བའོ། །

བདེ་གཤེགས་གསུང་རབ་ཡན་ལག་བཅུ་གཉིས་ཁྱིམ། །གྲུབ་མཐའ་རྣམ་བཞིའི་གླིང་དུ་འཆར་བའི་འཁྲིས། །མཁྱེན་ཡངས་གོ་ལའི་ལམ་ལས་མི་འདའ་བ། །ལེགས་བྱས་ཡོངས་ཀྱི་གོ་འབྱེད་མཆོག་གི་དྲུང་། །རྟག་ཏུ་ཁྲིས་པ་མི་རྟག་སྲིན་པོའི་ཁར། །ཡོངས་བཟུང་སྲིད་པ་འཁོར་ལོའི་སྟོ་བ་ཏུ། །རྣམ་གཡེང་རྩེད་འཇོར་རོལ་བའི་བཙུན་གཟུགས་ཤིག །སྙན་ཚིག་མ་ལི་ཀ་འཕྲེང་སྐྱེས་སུ་འབུལ། །མདོ་རྒྱུད་ལེགས་བཤད་ནོར་བུས་གཏམས་པ་ཡི། །དབྱངས་ཅན་ངག་གི་ལོངས་སྤྱོད་ཤིང་རྟ་ཆེ། །སྒྲ་དོན་རྒྱན་གྱི་འཁོར་ལོ་གཉིས་ལྡན་གང་། །འདྲེན་ལ་ཟླ་བྲལ་མཁས་པའི་དེད་དཔོན་མཆོག །ཕུལ་བྱུང་ཐུགས་བསྐྱེད་པིར་གྱིས་བྲིས་པ་ཡི། །འཁོར་ལོ་གསུམ་གྱི་མཛད་བཟང་ཚོན་བརྒྱའི་རིས། །སྐལ་བཟང་བསོད་ནམས་ཀ་ཤིའི་རས་བཟང་ངོས། །བཀྲ་བས་དཔྱོད་ལྡན་ཡོངས་ཀྱི་བློ་མིག་འཕྲོག །ཟབ་རྒྱས་ཡོན་ཏན་ཕུང་པོའི་ཚུ་ཁུར་གྱིས། །སྙིག་ལྡན་སྙིང་རྗེའི་སྤྲིན་སྟོན་གཡོ་བའི་གར། །གྲགས་པ་འབྲུག་སྒྲའི་དབྱངས་ཀྱིས་རོལ་པ་མོ། །དཔལ་འབྱོར་ཕྲུག་གི་དོ་ཤལ་རྩེ་དགའ་འཛིན། །དེ་ཡི་ངོ་མཚར་དགེ་བའི་སྙིང་པོ་ཅན། །བཀའ་ཡིག་བདུད་རྩིའི་ཆར་གྱི་ཟེགས་མ་ཡང་། །དད་པའི་མྱུ་གུ་གསར་བའི་ཡིད་ཀྱི་ཞིང་། །རབ་དགའི་ས་ཏུ་བསྐྲུན་པའི་དཔྱིད་དུ་སླེབ། །འདི་ན་སྟོན་དགེའི་ཆུ་མཚོ་ལས་སྐྱེས་ཀྱང་། །ཡོན་ཏན་ཕྲུབ་སྟོང་ཁ་དོག་མཛེས་པའི་དུང་། །ཆོས་ཀྱིས་སྡེ་ཆེན་དུ་མའི་ཁང་བཟང་རྩེར། །གཞན་དབང་སྙན་པའི་ང་རོ་སྒྲོགས་ཤིང་མཆིས། །ཆོས་ཀྱི་རང་བཞིན་གཙུག་ལག་རིག་པའི་ཟླ། །མ་བཅོས་གཉུག་མའི་རང་ཞལ་འཛུམ་པའི་མདངས། །གཞན་ཕན་སྤྱོད་པ་ཟློས་པའི་གར་དང་བཅས། །རྒྱལ་བསྟན་དོ་རའི་རྒྱན་དུ་རྟག་བརྟན་ངོས། །རྒྱ་ཆེན་མཁྱེན་རབ་ཧ་མཆོག་ཁ་སྒོ་ལས། །དལ་འབབ་ཉམས་འགྱུར་ཀླབས་ཀྱི་ཕྲེང་ལྡན་མ། །ཀུན་སྙོངས་འཁྲུད་པའི་ཚོ་

ག་རྫོགས་པ་ཡི། །བཀའ་དྲིན་མི་བསྐྱུད་རྟག་པའི་རང་བཞིན་ཞུ། །འདེགས་མཚོན་ལྷ་དར་དྲི་མེད། ཅེད་པ་ཀ། གོས་ཡུག་བཅས་བླ་ཆེས་དགེ་བར་འབུལ། ཀརྨ་སི་ཏུ་པ་ལ་སྤྲུལ་བའོ། །

མཁྱེན་པའི་རང་བཞིན་དམར་སེར་ལི་ཁྲིའི་རྟུལ། །ཡང་དག་རྫོགས་པ་འཛམ་མགོན་ཉིན་མོར་བྱེད། །ངོ་མཚར་འབུམ་དུ་འགྱེད་པའི་འོད་སྣང་གིས། །བློ་གྲོས་འདབ་བརྒྱ་ལོང་ནས་རྒོད་པར་མཛོད། །མ་སྨད་ཡོན་ཏན་ཀེ་ས་(སར)རབ་སྨྲས་པའི། །གྲགས་པ་སྙན་སྙོགས་བུང་བའི་ཕྲེང་བ་ཅན། །བསླབ་གསུམ་འདབ་རྒྱས་སྦྲང་རྩིའི་རྒྱལ་མཚན་མཆོག །ཐུབ་བསྟན་དོ་རའི་མཛེས་རྒྱན་དེ་ཡི་དྲུང་། །ཁྱོད་དང་ཀུན་གཞིའི་རང་བཞིན་གཅིག་གྱུར་ཀྱང་། །བྱེད་པོ་མ་བརྟགས་འཁྲུལ་བས་ཐ་དད་ལུས། །རྣམ་འཕྲུལ་གདུང་བའི་རི་མོ་འཛིན་པ་དེས། །འཕྲིན་ཡིག་རང་བཞིན་གསལ་བྱེད་གཏམ་འདི་ལོ། །ཚོགས་གཉིས་པི་ཤྭ་ཀརྨའི་མཛུབ་རྩེ་ཡིས། །ལེགས་བྲིས་གཟུགས་སྐུ་ངོ་མཚར་བཀོད་པའི་གཏེར། །འདོད་ཁམས་དབང་མོ་དགྱེས་པའི་རང་བཞིན་མཆོར། །ཕུན་ཚོགས་ཀུན་ཏུ་ཤར་བའི་རོལ་པ་ལས། །ཀེ་ལ་ཤ་མཆོག་ཧྣ་ན་ཀ་ཏ་ཀར། །ཟབ་གསང་སྟོང་པའི་སྒྲ་ལས་དྲངས་པ་ཡི། །རྟེན་ཅིང་འབྲེལ་འབྱུང་རིགས་པ་གདོང་ལྔའི་དབྱངས། །དངོས་འཛིན་གླང་པོའི་གླད་འགེམས་གཏམ་དེ་སྙན། །གློག་འོད་འགྱུ་བའི་ཐེར་བུབས་རྩེ་མོའི་གྲངས། །ལྷ་དར་དྲི་བཟང་དག་ཤོག་སྤུ་ཕྱིར་བཅས། །ལོངས་སྤྱོད་འཁོར་ལོ་རྐང་བ་དྲུག་པའི་ཚང་། །རྩོལ་ལས་སྙན་སྙོག་གསུང་འཕྲིན་རིམ་པར་འགྱོར། །དེ་ཚེ་ལྷེམ་ལྷེམ་ལུས་ཀྱི་རྐང་རྟེན་རྩེར། །དགའ་བའི་གར་བསྒྱུར་ཡིད་ཀྱི་ཐ་ག་པ། །སྣ་ཚོགས་འགྱུར་བའི་གོམ་སྟབས་གཡོ་བ་དེས། །རྣམ་དཀར་གོས་བཟང་སྐྱུབ་པའི་འདུན་པར་མཆིས། །ཉི་ཟླ་ཁ་སྦྱོར་མི་ཤིགས་ག་འུའི་དཀྱིལ། །གདུམ་དྲུག་ཁྲི་བོའི་འཁོར་

ཕོ་འབྲུགས་པའི་སྐབས། །ཧཱུཾ་ཡིག་ཐིག་ལེ་རྒྱས་པའི་ཨུཏྤ་ལས། །གྲིབ་མ་གཉིས་པའི་གྲོགས་པོ་ཁྱོད་མིན་སུ། །བརྒྱ་ཕྲག་འཕགས་པོད་གཞུང་གི་དགའ་བའི་གནད། །འཐད་པའི་ཕྱོགས་སུ་ཉེར་བཀུག་དབང་པོའི་གཞུའི། །རྒྱུད་ལས་མ་འཕོས་ངོ་མཚར་ཉག་ཕྲན་གྱིས། །དྲན་དབང་མ་ལུས་ལྷན་ཅིག་འདར་བར་མཛོད། །གང་ལ་བརྟེན་ན་མང་ཐོས་ཛམ་བུའི་འབྲས། །ཟླ་མེད་བདེ་བའི་ཡེ་ཤེས་མཆོག་གི་རྒྱུ། །གསེར་སྦྱངས་དག་པའི་ཁམས་སུ་སྒྱུར་བྱེད་པ། །ཁྲིམས་ཀྱི་ཆུ་མཚོ་བྲི་བ་མེད་པར་མཛོད། །མདོར་ན་འཇིག་རྟེན་ལུགས་ཀྱི་མཐུན་འཇུག་དང་། །ལྷ་ཆོས་ཐོས་བསམ་སྒོམ་པའི་བགྱི་བ་ཀུན། །ལས་འབྲས་ཕྲ་ཞིབ་རྒྱལ་བས་བཏབ་པ་ལས། །ནམ་ཡང་འདའ་བ་མེད་པར་ཤད་ཀྱིས་སྐྱོངས། །དེ་ལྟར་མཁས་པའི་ཁྲི་འཕངས་མཐོ་ཡི་རི་མོ་མཁན་གྱི་ལས་ཟམ་མིན། །ཤེས་རྒྱུད་དུལ་བའི་སྤྱོད་པ་བཙུན་གྱི་སེམས་མེད་སྟེར་བཟོའི་སྣང་བརྙན་མིན། །རྒྱལ་བ་དགྱེས་ཁྲིལ་ངེས་དོན་ཡིན་གྱི་སྙིགས་དུས་སྐྱེ་བོའི་སྣང་ཚུལ་མིན། །དེ་སྐད་ཆོས་སེམས་སྤྲེལ་བས་གཏན་འདུན་འཆུག་མེད་མཛོད་ཅིག་སྙིང་གི་བུ། །ཞུ་འཕྲིན་དབྱངས་བདུན་རྫོགས་པའི་དབྱར་གྱི་རྔ། །ངང་ཚུལ་གསལ་བའི་བདེ་འཐུང་རྒྱས་པ་ཅན། དོན་བཟང་སྤྲང་ཆར་སྙིང་པོར་འཛིན་འདི་འང་། །ཁྱོད་ཐུགས་འཛིན་མའི་གསོས་སུ་སྨིན་གྱུར་ཅིག །དེང་དུས་ཕལ་ཆེར་ལག་པའི་སྲིང་མདའ་ཡིས། །འཕྲིན་ཡིག་བརྟེག་པའི་བཞིན་རས་རྣམ་པར་འགྱུར། །ཁྱོད་སྤྱན་བུང་བ་སྤྲང་རྩེར་ཞུགས་པས་ཐུགས། །དགའ་བས་གང་བར་འགྱུར་སྙམ་བདག་གིས་བྲིས། །མཁན་པོ་སངས་རྒྱས་རྡོ་རྗེའི་མཆོག་སྤྲུལ་རིན་པོ་ཆེར་ཕུལ་པའོ། །

རང་ཁྲིམ་མཚན་མོའི་སྒྲོན་མེ་ཙམ་མིན་པར། །འཇམ་དབྱངས་བླ་མའི་ལུགས་བཟང་གར་ཁྱབ་ཏུ། །ཐུབ་བསྟན་བྱ་བའི་འདབ་བརྒྱ་རྒྱས་བྱེད་པའི། །

ཉི་མར་མཚན་གསོལ་དོན་མཐུན་མཆོག་གི་དྲུང་། །ཐོས་བསམ་ཚེ་ན་ཉམས་ལེན་ཐེད་ལ་བོར། །སྒྲུབ་ལ་ཕྱོགས་ཚེ་དཀོར་གྱི་སྒྲིབ་པས་ནོན། །ཀ་བས་གཟིར་བས་སྙིང་ལ་དགའ་བྲལ་ཡང་། །འཕྲལ་ལ་བདེར་འཚོ་དེ་ཡིས་འཕྲིན་འདི་གསོལ། །དབང་འགྱུར་འཕྲིན་ལས་ནམ་མཁའི་ཀློང་ཡངས་ནས། །དབང་སྐུར་བྱིན་རླབས་འོད་ཟེར་འབུམ་འགྱེད་པས། །དབང་ཕྱོགས་སྐྱེ་དགུའི་དད་མོས་འདབ་བརྒྱའི་ཚལ། །དབང་མེད་ཕྱེ་བའི་དྲི་བཟང་དགེ་བར་འཕྲུལ། །སྐལ་བཟང་གཅིག་ལ་མཛད་པ་མཐར་ཕྱིན་པ། །སྐལ་བཟང་རྣམ་འདྲེན་སྟོང་གི་སྣང་བརྙན་ནི། །སྐལ་བཟང་བསོད་ནམས་ཞིང་དུ་བསྒྲུན་པའི་གཏམ། །སྐལ་བཟང་ཡོངས་ཀྱི་རྣ་བའི་བདུད་རྩིར་གྱུར། །བྱ་དཀའ་དོན་ཆེ་སྦྲ་བསམ་ལས་འདས་པ། །བྱ་བ་ལས་ཀྱི་འཁོར་ལོ་སྒྲུབ་པའི་ཚུལ། །བྱ་མ་ཏ་ཡི་ངག་ལས་ཐོས་པ་ན། །བྱ་ན་བཟང་པོས་ངོམས་བཞིན་མཆོག་ཏུ་སིམ། །དུས་གསུམ་སྒྲིབ་མེད་གཟིགས་པ་དེ་ཡི་བཀས། །ས་གསུམ་བསྟན་པའི་ཉི་མར་ལུང་བསྟན་ལ། །རྣམ་གསུམ་འཁོར་ལོའི་མཛད་བཟང་འབྲས་བུ་ཡི། །ཚུལ་གསུམ་རྟགས་ཀྱིས་ངེས་པ་དེང་འདིར་རྙེད། །འདི་ན་མཐོང་ཆོས་རི་བོ་སྤྱི་མཐོའི་ངོས། །ལུས་སེམས་རྩལ་གྱི་གོམ་པ་ཉེན་རེ་བཞིན། །དལ་མེད་ཐུར་དུ་བབ་ཀྱང་རྩེར་ཕྱོགས་པའི། །བགྲོད་པ་འགལ་འདུའི་གོམ་འགྲོས་བྱེད་པ་འདར། །མཐུན་སྣང་བགྲང་བྱར་ཀུན་ལ་གྲགས་པ་ཡང་། །འཚོ་བའི་དངོས་ལ་སློག་གི་མཆེད་ཟླ་དང་། །འགྲོན་བཞུད་ཆ་ལ་བསྐལ་བའི་རིང་བ་ཡི། །སྣང་ཚུལ་མཚུངས་མིན་སྲུང་ལ་འཕྱུང་མོ་ཉུག །སླད་ཀྱང་བྱ་བ་རླབས་ཆེན་སྐུའི་འཕྲིན་ལས། །འཆད་རྩོད་རྩོམ་པའི་མཛད་བཟང་གསུང་གི་ཡོད། །ཡང་དག་བསླབ་གསུམ་ཐུགས་ཀྱི་ཉམས་ལེན་རྣམས། །གོང་ནས་གོང་དུ་སྤེལ་བའི་བཀའ་དྲིན་མཛོད། །ཞལ་བཟང་མཐོང་ན་དགའ་བ་བདུད་རྩིའི་འོད། །འདྲེན་བྱེད་ཀུན་

དར་འཁྲིགས་པ་དགའ་བའི་དཔྱིད། །ལྷག་བསམ་སྨོན་པ་འབྲས་བུར་གྲུབ་པ་ཡི། །ངོ་མཚར་འགོག་མེད་རྗེས་སུ་གཟུང་ཡང་འཚལ། །ཞྭ་འཕྲིན་ཐ་རླབས་རྣམ་པ་འགྱུར་བའི་མཚོར། །སྤྱན་རས་དང་བའི་རྒྱལ་པོ་རོལ་བའི་རྟེན། །འཛམ་གླིང་རྒྱན་གྱི་འདབ་དྲུག་དྲི་བཟང་ཅན། །བཀྲ་ཤིས་དར་གྱི་རླབས་འཕྲེང་བཅས་ཏེ་ཕུལ། །

བློ་བཟང་རྒྱལ་བསྟན་ཡངས་པའི་སྲིད། །སྐྱོང་བའི་ཐུགས་བསྐྱེད་ཕྱུག་རྒྱའི་ལུང་། །མཐའ་དག་རྒྱ་མཚོའི་མཚམས་སུ་སྒྲོ། །གང་གི་ཞབས་སྟེགས་ནོར་བུའི་ཁྲིར། །དང་བ་ལྡན་བརྒྱུར་འཛིན་པ་ཅན། །མང་ཐོས་དགེ་སྦྱོང་ཆེན་པོ་ཡིས། །ཡིད་ལ་བརྟག་པའི་ཞུ་མཆིད་ཀྱི། །ནོར་བུའི་ཕྲེང་བ་ལྷུག་པར་སྤེལ། །ཛོ་ཤཱཀ་ཞབས་སེན་ཕྲིན་རླབས་ཀྱི། །གཟི་འོད་འབར་བ་དབུས་འགྱུར་གྱི། །ལྗོངས་སུ་བདེ་བར་ཕྱུག་ཕེབས་པའི། །གཏམ་སྙན་རྣ་བའི་བདུད་རྩིར་སོན། །སྔོན་དུས་ཡིད་བཞིན་རྒྱ་མཚོ་ལས། །དེད་དཔོན་ནོར་བུ་ལེན་པའི་སྲོལ། །ད་དུང་བརྗོད་པ་མ་ཉམས་འདི། །དོན་ལ་གྲུབ་པའི་བཀའ་དྲིན་མཛོད། །གྲགས་པའི་གསང་ཚིག་སྟེ་ཀྱོག་གིས། །ངེས་ལེགས་སྒྲུབ་པ་དབྱེ་དཀའི་ལུགས། །རྣམ་གྲོལ་ཐུབ་པའི་ཐུགས་གསང་མཛོད། །རྫོགས་པའི་དཔལ་ལ་དབང་བསྒྱུར་ཞུ། །ས་གསུམ་ཤེས་བྱའི་གནས་གནོན་པའི། །རིགས་པའི་གོམ་རླབས་རིང་པོ་ནི། །ཞིངས་དྲིགས་སྟོབས་ལྡན་མགོ་བོ་ལ། །འགོད་པའི་སྙེམས་པ་རང་གིར་འཚལ། །གོ་དོན་རགས་པའི་རྟུལ་ཆེན་དང་། །ཚིག་རྒྱང་དྭངས་གཉེར་ཆུ་ཡིས་ཀྱང་། །རྣམ་དཔྱོད་ཁ་བསྒྱུར་མི་ནུས་པས། །གོ་རིགས་བཟུང་དུ་སྤེལ་བ་གནད། །བཀའ་ཡོད་རྩ་བའི་ཅང་ཤེས་རྟ། །ཡབ་རྗེའི་ལེགས་བཤད་སྨ་སྲབ་ཅན། །མཐའ་དཔྱོད་ལྕག་གིས་བསྐུལ་བྱས་ན། །རྒྱལ་བསྟན་ཐང་ལ་དཀྲུས་ཐག་ཆོད། །རྩ་འགྲེལ་གཞུང་ལམ་རེག་པའི། །ངག་རྒྱུན་

ཟེར་ཀློས་ཙམ་ཞིག་ནི། །རང་བཟླ་ལྷུག་གིས་བྲལ་པ་ཡི། །ཁྱིས་པའི་ཧ་རྒྱུག་ཨ་ཐང་ཆད། །འབྲས་དཀར་སྤུངས་པའི་སྤྲིན་སློང་ནས། །རྫོད་པའི་གློག་འཕྲེང་རོལ་བའི་གཏམ། །ཕྱོགས་ཀྱི་འཁོར་ཡོར་སྒྲོལ་བ་ལ། །མདོངས་མཐའ་རྒྱན་རེ་ཞིང་མཆིས། །མགུལ་ཆིངས་དར་གྱི་བཀྲག་མདངས་ལ། །སྤོས་མིན་བདུད་རྩིའི་ནང་བཅུད་ཅན། །བཤེས་གཉེན་བུམ་པ་བཟང་པོ་ལས། །རྟོག་བྲལ་གཙང་མའི་ཆོས་རྒྱུན་བཞེས། །གཞུང་ལུགས་ཉི་ཚེའི་རྒྱལ་ཕྲན་ཚོགས། །བཟོད་དཀའ་ཐུབ་བསྟན་རྒྱ་མཚོའི་བཀའ། །འཛམ་གླིང་ཁྱབ་པའི་སྤྱི་ལུང་གིས། །དྲེགས་ལྡན་རལ་པ་ས་ལ་སྙིལ། །མདོར་ན་ལྷག་བསམ་རང་བཞིན་བརྟན། །མང་ཐོས་ཡལ་ག་བརྒྱུར་བྲེས་པ། །གཞན་ཕན་འབྲས་བུས་ཡོངས་དུད་པའི། །དཔག་བསམ་དབང་པོར་གྲུབ་པར་མཛོད། །ཞྭ་སེར་བསྟན་པའི་མངའ་བདག་ཏུ། །ཚེ་མཐའ་ཡས་པ་ལྟར་བརྟན་ཅིང་། །མཛད་འཕྲིན་དར་བའི་རྟེན་འབྲེལ་གྱི། །གསེར་མདོག་ཚེ་སྐྱུའི་ལྷ་དར་བཅས། །ཤཱཀྱའི་དགེ་སློང་སྡོམ་བརྩོན་མང་དུ་ཐོས་པ་དཀོན་མཆོག་བསྟན་པའི་སྒྲོན་མེས་ཕུལ། །ཐོའུ་བཀྭན་མཆོག་སྤྲུལ་རིན་པོ་ཆེར་ཕུལ་བའོ། །

མཉམ་པའི་བྲིཏྟ་ལཀྵ་བཅུ་གཉིས་པ་སྐྱེ་འགྲོ་ལ་བཞི་སྟོང་གོ་དྲུག་ཡོད་པའི་ཕྱེ་བྲག་ཉིས་བརྒྱ་ཞེ་གཅིག་པ་ཆུ་འཛིན་འཕྲེང་ཞེས་བྱ་བའི་པྲསྟ་རས་མཛེས་པའོ། །

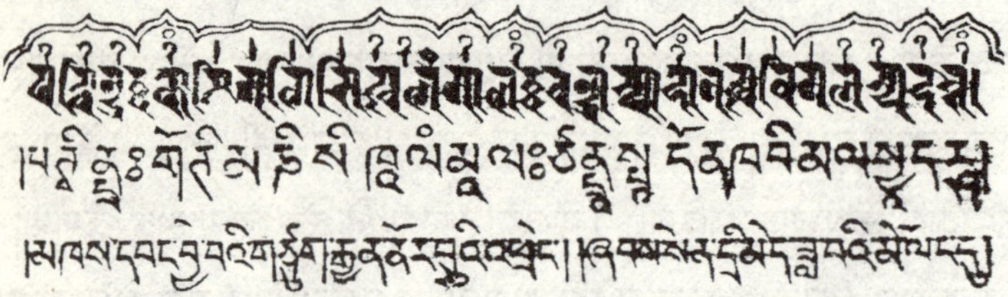

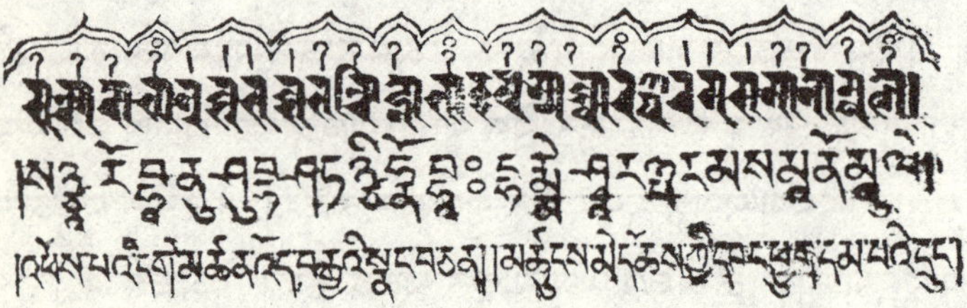

དབྱངས་ཀྱི་རྒྱལ་མོ་རོལ་པའི་རྫིང་བུ་ལས། །མོས་པའི་འཛིན་བྱེད་ཟླུང་དུ་བཏུད་པ་ཡིས། །སྦྱོང་བ་མེད་ཀྱང་འཆུ་བ་གཟར་བུས་བཞིན། །སྙན་ཚིག་བདུད་རྩིའི་མཆོད་ཡོན་སྐྱེས་སུ་སྤྲིངས། །ཀུན་ཁྱབ་ཕྱོགས་མཐའ་བྲལ་བ་ཆོས་ཀྱི་དབྱིངས། །ལྷན་ཅིག་སྐྱེས་དགའི་ཉི་འོད་ཀྱིས་འཕྲུད་པའི། །སྨིན་བྱེད་སྣང་བ་འབུམ་གྱི་གཉེར་གྲོལ་བ། །དུས་མཐར་རྫོགས་ལྡན་པསྨོའི་དཔྱིད་དུ་ཤར། །ཐུབ་ཆེན་བཀའ་ཡི་ཀླུང་བརྒྱ་གཅིག་ཙར་དུ། །གཞལ་བཟོད་བྱ་བ་ལས་ཀྱི་འཁོར་ལོ་འདིས། །རིག་བྱེད་ཀློག་པའི་རྩལ་དང་བསམ་གཏན་མཐུ། །གྲུབ་པའི་དྲང་སྲོང་ཆེན་པོར་རྗེས་སུ་དཔོག །ཉིས་སྟོང་དྲི་མ་ཡོངས་སྤངས་ཐོས་བསམ་གྱི། །འོད་ཆགས་བཤེས་གཉེན་སུཀྲི་ཀཿའཕྲེང་ཡང་། །འདྲེན་པ་གོར་བུའི་མདུད་འཛིན་གྱིས་སུ་བ། །དེ་ཚེ་ཐུབ་བསྟན་སྣོག་མོའི་མགུལ་ན་

མཛེས། །ཕུལ་བྱུང་རྣམ་དཔྱོད་ལྷུགས་ཀྱུའི་གདེངས་ཀ་ཡིས། །རྩེ་དཀའ་བག་མེད་སྐྱེ་བོའི་ཉ་ཚུང་དང་། །ཁེངས་ལྡན་སྒྱུང་པོའི་སྦེ་ཡང་དབང་བྱེད་ན། །གུས་པས་ཡོངས་སུ་བསྟེན་རྣམས་སྨོས་ཅི་དགོས། །དེང་དུས་ཆེར་སྙིགས་མུན་པ་འཐིབ་པས་ཕྱོགས། །གར་བལྟས་གནག་པའི་ཀློང་ན་འཕྲིན་ལས་ཀྱི། །གློག་འོད་འགྱུ་བ་ཁྱོད་ཉིད་གཅིག་པུ་ཡིས། །ཡིད་ལ་དགེ་ལེགས་སྣང་བ་བྱིན་པས་སེམ། །འདི་ན་གོ་སྐབས་ཡངས་པའི་ཡིད་ཀྱི་མཁའ། །དགེ་བློ་ཐུན་མཚམས་སྣང་བས་མཐའ་བརྟེན་ཡང་། །འདི་སྣང་མུན་པས་བགས་ཀྱིས་བཀབ་པ་ན། །ཆོས་བརྒྱུད་སྐར་མའི་འཕྲེང་བ་ཕྱི་བཞིན་གསལ། །དོན་མེད་ཕྱོགས་པའི་ལས་རླུང་སྟོབས་པོ་ཆེས། །བསླུ་བྲིད་བྱ་བ་ཟིན་མེད་རླབས་ཀྱི་འཕྲེང་། །རིམ་པར་གཉེར་བས་དལ་འབྱོར་གཟིངས་སྟོད་པ། །མཐར་བྱེད་ནཀྲའི་ཁ་སྐོར་གཞུག་གིས་དོགས། །འོན་ཏང་སྙིང་ལ་སེམ་པའི་སྐབས་བྲལ་ཡང་། །གཟུགས་སྒྲ་འཛིན་པའི་ཡུལ་དུ་འགོག་མེད་པས། །མཐོང་ཐོས་དོན་ལྡན་བདེ་གཤེགས་བདེན་པའི་མཐུར། །རེ་བས་རང་སེམས་སྤྲོ་བ་བསྐྱེད་ཅིང་མཆིས། །སླད་ཀྱང་རྒྱལ་དབང་གྲགས་བསྟན་གདུགས་དཀར་པོ། །སྲིད་ཞིའི་གླན་འཁོར་བའི་བྱེད་པོ་རུ། །ཞབས་པད་གཡུང་དྲུང་གཤིས་སུ་བརྟན་པ་ཡི། །ཐུགས་སྐྱེད་བརྩན་པོའི་གོ་ཆ་ལྷོད་མེད་ངེས། །འཇམ་དབྱངས་གདེངས་ཅན་རྩེ་དགའི་རོལ་པ་འབུམ། །མཁྱེན་རབ་རྒྱ་མཚོར་བསྒྱུར་ལས་འཆད་རྩོད་རྩོམ། །ཀུན་སྔོངས་གདུང་བ་གཅོད་པའི་རལ་གྲི་ཡི། །འཁྲི་ཤིང་རླབས་ཀྱི་འཕྲེང་བ་གནམ་དུ་རྐྱོངས། །མཛའ་གཅུག་ཡིད་ཀྱི་ནོར་བུ་ཆུ་ཤེལ་ནི། །འཕྲིན་ཡིག་ཟླ་ཟེར་བདུད་རྩི་བྲན་པ་ཡིས། །བསྐྱུད་པའི་དྲི་མ་ཡོངས་སྤངས་དགེ་ལེགས་ཀྱི། །གཟི་འོད་འབུམ་ཕྲག་འཆར་བའི་བཀའ་དྲིན་མཛོད། །སྒྲ་དོན་འདོད་འཛོའི་འོ་མ་བསྐྱབས་པའི་བཅུད། །གཅམ་བུའི་ཆུ་བཅངས་གྲོག་ཏུ་དྲིལ་

བ་འདི། །ཅོད་པཎ་དྲི་མེད་དར་གྱི་སྙིམ་དང་བཅས། །སྤྲོ་ལྡན་ཟླ་བའི་དུས་ཆེས་དགེ་བར་ཕུལ། །འདི་ནི་ཤིང་བཟང་སྤྲུལ་པའི་སྐུ་རིན་པོ་ཆེ་ནས་སྣན་ངག་གི་ཞུ་ཤོག་རྩ་རྟགས་ཕྲས་པ་ཕུལ་བའི་ལན་དུ་སྩལ་པའོ། །

རྒྱལ་གསུང་པཻཏྲར་རྒྱུད་མང་རི་དྭགས་གཟུགས། །ཉེར་འཚང་དབྱངས་ཀྱི་རྒྱལ་མོ་ཀུན་ཏའི་གཉེན། །སྒྲིབ་བྲལ་དངས་པའི་མཁའ་ལ་རྣམ་པ་ཀུན། །རོལ་པའི་གར་དེས་ཡིད་མཚོ་སྐྱོང་གྱུར་ཅིག །རབ་ཞི་སྤོ་བསངས་སྡེ་ལ་རིགས་པའི་ལུས། །བཅུ་དྲུག་ལང་ཚོ་རབ་རྒྱས་རོལ་པའི་ཆབས། །རྒྱལ་བསྟན་ཀུན་ཏའི་གེ་སར་གཏེར་གྲོལ་བར། །བརྩེ་བ་བདུད་རྩིའི་འོད་ཆགས་དེ་ཡི་དྲུང་། །ཚོས་ཚུལ་གཟིགས་པའི་ཐུགས་དང་འདོམས་པའི་གསུང་། །གཏེར་གྱུར་ཆོས་སྐུའི་ངང་ལས་མ་བཞེངས་ཀྱང་། །འཁོར་ལྡན་བསོད་ནམས་ཞིང་དུ་གཟུགས་སྐུ་ཙམ། །སྐྱེས་པའི་གྲངས་ཕན་གང་ཞིག་འདི་སྐད་ལོ། །མ་སྨད་ལུང་རྟོགས་ཡོན་ཏན་ནོར་བུའི་དཔྱ། །སྨུ་མེད་འདྲེན་པ་སྐྱེ་བའི་ཤིང་རྟ་མཆོག །ལེགས་བྱས་སྨོན་པས་ལེགས་བསྒྱུར་དཔལ་གྱི་བུས། །ས་སྐྱོང་མཆོག་རིགས་སྣ་ལའི་ལྗོངས་སུ་དྲངས། །རི་དབང་སྨྱོས་བུམ་མངོན་དགའ་སྒྲ་ལྡན་ཆུ་བོ་བཞི་ཡི་དོ་ཤལ་ཅན། །དཔྱིག་འཛིན་ས་སྲུང་སྐྱེང་འགྱིང་གྲགས་དཀར་ཕྱོགས་ཀྱི་སྤྱིང་ཡིག་སྤྲོ་བ་པོ། །ས་ཡི་འབྱེར་འཛིག་རིགས་ལ་བརྟེན་ཀྱང་ངེས་འབྱུང་རྩ་བ་རབ་བརྟན་པས། །ཞི་དུལ་སྤྱོད་ལམ་འཕྲུགས་སྟོན་གོམས་དམ་པའི་བག་ཆགས་ཨེ་མ་རྨད། །ཉེར་འཚོ་བསིལ་ཟེར་བྱེད་པ་འབུམ་རྫོགས་ཤིང་། །དེ་ཡི་ཐོས་བསམ་ན་ཀྲའི་གྲོང་ཁྱེར་ཆེ། །དེ་ལས་གྲགས་པ་སྨུ་ཏིག་འཕྲི་ཤིང་ནི། །ཕྱོགས་ཀྱི་ཐ་གྲུ་གཞལ་བཞིན་བཞུགས་ལགས་ཀྱང་། །འདི་ན་ལས་ཉོན་ངལ་བརྒྱའི་ཆུ་ཁུར་གྱི། །ཡོངས་ལས་ཡུད་ཙམ་གློག་གི་དགའ་ལྡན་པ། །གྲགས་སྟོང་སྤྲིན་སྟོན་གསོགས་ཀྱི་རོལ་གར་མཁན། །ཚུལ་བསྟན་མཁན་པོའང་འཚོ་བ་བདེ་

བར་མཆིས། །མཚམས་འབྲས། སྣད་ཀྱང་བསྟན་ལ་དགེ་བའི་སྙིང་པོ་ཅན། །སྐྱོན་བྲལ་འཚོ་བ་ས་ཏ་ཀ་རའི་སྟོན། །གྲགས་སྙན་རྐང་འཁྱུང་འཕྲེང་བས་མངོན་དགའ་བ། །རིང་བརྟན་ཐབས་ཀྱི་རྣ་བ་གཡོ་མེད་ངོས། །གེ་ར་ལ་ཡི་ན་ཆུང་ལན་བུ་ལྷར། །ཡང་དག་འབྲེལ་ལ་དོན་ལྡན་དགེ་བའི་འཕྲིན། །མ་བསྐྱུད་མཛའ་བ་བདུད་རྩིའི་རོ་བདའ་བ། །ནམ་ཡང་ཆད་པ་མེད་པའི་དགེ་ལེགས་མཛོད། །ཧར་ཆེན་ཐོ་ཡོན་མཐུ་སྟོབས་ཉི་མ་ལའོ། །

ཤེལ་སྒྲུར་དབང་པོ་རྗོ་རྗེ།

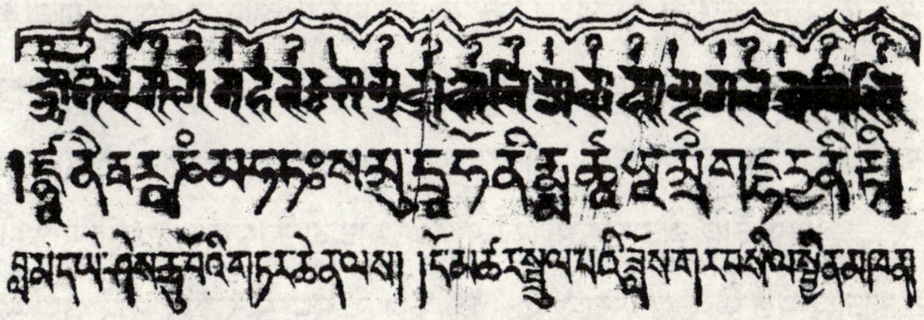

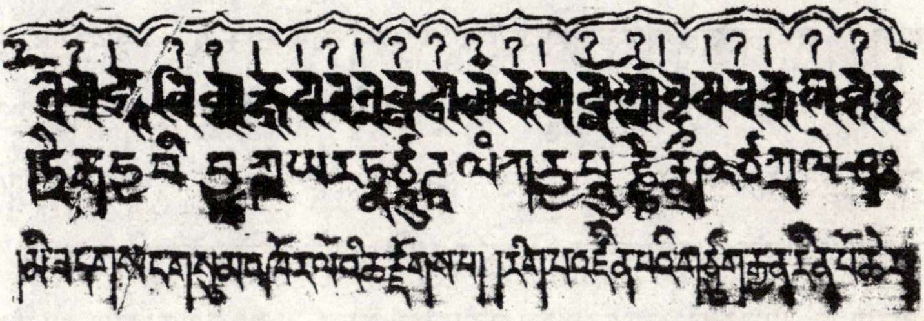

གསལ་བྱེད་ཐོག་མའི་དབྱིབས་ཀྱི་ངོ་མཚར་བརྟས། །ལུང་བསྟན་མེ་ཏོག་དཀར་པོའི་ཕྲེང་འཐོར་བ། །ཨོ་ཏེ་ཡ་ན་གཉིས་པའི་བསྟི་གནས་སུ། །འཚོ་གཞིས་གྲུབ་པའི་འཁོར་ལོས་སྒྱུར་བ་གང་། །ཀ་དག་རང་གསལ་རིག་པའི་མཁའ་ངོས་ལ། །ལྷུན་གྲུབ་ཞི་ཁྲོའི་འཇའ་སྤྲིན་འོད་ལྔའི་ཀློང་། །ལས་བཞིའི་གྲུ་ཆར་འཇོ་བའི་ངོ་མཚར་ཀུན། །རིགས་པའི་རྒྱལ་དུ་ཛོགས་འདི་ཨེ་མ་

རྨད། །ཐུབ་དབང་རྗེར་སེམས་ཀུན་ཏུ་བཟང་པོ་ཡི། །ཞལ་ལུང་ཐེག་དགུའི་རྩེ་རྒྱལ་རྫོགས་པ་ཆེ། །མཐོང་བའི་ཆོས་ལ་འོད་སྐུར་གྲོལ་བྱེད་པའི། །སྣང་བཞིའི་ལམ་གྱི་བགྲོད་པ་མཐར་སོན་ཏེ། །མདོ་སྒྱུ་སེམས་སྡེའི་བཀའ་དང་ཟབ་མོའི་གཏེར། །དག་སྣང་བརྒྱུད་པའི་མན་ངག་ནོར་བུའི་མཛོད། །སྐལ་ལྡན་ཡོངས་ལ་འདོད་དགུར་བགྱི་བ་ཡི། །གྲགས་པའི་དབྱར་ཟ་སྒྲིད་པའི་ཕོང་ལས་བཀྲལ། །རྒྱལ་ཀུན་སོར་རྟོག་ཡེ་ཤེས་ལོ་ཁྲིའི་རྡུལ། །སིན་ཧྲུའི་རྒྱ་མཚོར་འདབ་བརྒྱའི་རྩེར་སྨིན་པ། །ཛམྦུའི་གླིང་ན་ཆེ་བའི་རིག་སྔགས་འཆང་། །པདྨ་ཀཱ་རའི་གདུང་འཚོབ་ཁྱོད་མིན་སུ། །ཀུན་བཟང་གདོད་མའི་གཤིས་སུ་ཀུན་རྫོབ་ཀྱི། །ར་རིས་ཟད་ཀྱང་ཀུན་ཁྱབ་ཐུགས་རྗེའི་འཕྲུལ། །ལྷ་རིག་ཤེས་བྱའི་གནས་ཀུན་མངོན་གྱུར་པས། །གསུང་ཕྲིན་སྙན་དགུར་འཁྲོལ་དེ་ཀུན་དགའི་དཔྱིད། །སྙིགས་མའི་སྤྲིན་བདག་འཁྱོག་པོའི་གནམ་རུ་དང་། །འགྲོགས་པས་འཕེན་བཟུང་བརྒྱ་ཡིས་སྲུན་ཕྱུང་བ། །རྨོངས་པ་དྲང་པོར་སྐྱོད་པའི་ཉག་ཕྲན་བདག །དབེན་གནས་དོང་བའི་ཁྲོད་ན་བདེ་བར་མཆིས། །སླད་ཀྱང་རྩ་གསུམ་ཐུགས་རྗེའི་དགའ་ཚལ་དུ། །ལྷ་སྔགས་ཡེ་ཤེས་རོལ་པའི་དཔག་བསམ་ལྗོན། །བྱིན་རླབས་རྣམ་པ་དང་བཅས་འབྲས་བཟང་གིས། །དུད་པའི་དགའ་སྟོན་སྲིད་ཞིའི་དཔལ་དུ་མཛོད། །སྣང་སྲིད་ཟིལ་གནོན་ཆེ་མཆོག་ཧེ་རུ་ཀར། །བཞེངས་ཏེ་ཡིད་སྲུབ་དཔུང་པ་མཐར་བྱེད་ཅིང་། །སྔ་འགྱུར་ཐེག་པ་ངེས་གསང་བསྟན་པའི་བཅུད། །སྤེལ་བའི་ཐུགས་བསྐྱེད་ཆོ་ག་སྙོད་མེད་ཞུ། །བདེན་ཚིག་སྙན་པར་སྒྲོགས་པའི་ཤང་དྲུག་ཁྱོད། །བདོག་པའི་སྐྱེས་ཀྱི་འདབ་མ་བསྐྱོད་བཞིན་དུ། །མཚོ་སྐྱེས་གཉིས་པ་བརྟུལ་ཞུགས་དབང་པོའི་དྲུང་། །བྱིན་རླབས་དྲི་བསུང་ལྡང་བའི་ཚལ་དེར་སོངས། །ཀཿཐོག་ནས་དགེ་རྩེ་སྤྲུལ་སྐུས་སྙན་ངག་གི་ལམ་ནས་དྲངས་པའི་འཕྲིན་ཡིག་བྱུང་བའི་ལན་དུ་བསྐུར་བའོ། །

× དྲུང་། །གང་ཅན་བསྟན་པའི་སྲོལ་འབྱེད་པདྨ་འབྱུང་། །དེ་དོན་རྒྱུད་ལ་སྐྱོར་བ་ཨ་ཏི་ཤ །དེ་ལ་འབྲུལ་བ་སེལ་མཛད་ཙོང་ཁ་པ། །རྣམ་གསུམ་དབྱེར་མེད་ཚད་མའི་ལུང་གིས་གྲུབ། །བློ་བཟང་རྒྱལ་བའི་བསྟན་ལ་དེ་ཉིད་དང་། །དབྱེར་མེད་པཎ་ཆེན་ཆོས་ཀྱི་རྒྱལ་མཚན་ཀྱང་། །རྣལ་འབྱོར་ཉམས་མྱོང་ཅན་གྱིས་ལེགས་བརྟགས་ན། །ཆོས་ཀུན་དགོངས་པ་གཅིག་ཏུ་འབབ་པར་གསུངས། །འཕགས་ཡུལ་གྲུབ་མཐའ་མང་ཡང་གྱི་གྲིའི་མདོར། །གསུངས་བཞིན་སྟོན་པའི་དགོངས་པར་མི་འགལ་ན། །གངས་ཅན་གྲུབ་མཐའ་ཐ་དད་ཐུབ་དགོངས་སུ། །འགལ་བར་སྨྲ་པ་ཕྱོགས་ལྷུང་གཏམ་དུ་ཟད། བླ་མ་ལྷ་དང་རང་སེམས་གདོད་མའི་གཞིས། །དབྱེར་མེད་ཀུན་ཏུ་བཟང་པོའི་བདག་ཉིད་ཀྱིས། །རང་སྣང་རིས་མེད་ཀུན་ཏུ་ཁྱབ་པ་ལས། །དགག་སྒྲུབ་སྒོར་ལེར་གཅོད་པ་བྱིས་པའི་བློ། །གཉིས་སྣང་འཁྲུལ་བའི་བར་ལག་ཀུན་འགྲོལ་ནས། །སྣང་སྲིད་རྒྱ་ཡེག་ཆོས་ཀྱི་སྐུར་རྫོགས་པས། །ཤུགས་འབྱུང་ལྟ་སྒོམ་སྤྱོད་པའི་རྩལ་འཆང་བ། །རིག་འཛིན་མཁའ་ལྡིང་དབང་པོའི་གོམ་ཐབས་ཀྱིས། །ཐུན་མོང་ཐེག་དང་ཐ་སྙད་རིག་པའི་གནས། །རི་བོ་སྟོང་ཕྲག་གཅིག་ཙར་བགོམས་པ་ན། །རྒྱུར་ཚད་ཕྱོགས་ལྷུང་མཁས་རློམ་མཆིལ་བའི་ཚོགས། །སྨུ་ཅོར་སྒྲོགས་པའི་སླེམས་པ་དབྱིངས་སུ་ཡལ། །དགོངས་པའི་གནད་ལ་སྨོད་པའི་ཚད་མཐའ་དང་། །ཀུན་ལ་སྒྲ་བཞིན་ཞེན་པ་རྟག་པའི་མཐའ། །སྤངས་ཏེ་དབུ་མའི་ལམ་གྱིས་གསུང་རབ་ལ། །དྲང་ངེས་འབྱེད་པ་རྒྱལ་བ་ཉིད་ཀྱིས་བསྔགས། །སྣང་དང་སྟོང་བ་གཙོར་འཛིན་སེམས་གློང་ལས། །ཁྱད་ཞུགས་ཟུང་དུ་འཇུག་པ་མན་ངག་གིས། །འཁྲུལ་རྟོག་རང་སར་དག་ནས་རིག་སྟོང་གི །ངོ་བོ་གཅེར་མཐོང་ཆོས་སྐུའི་རྒྱལ་ས་ཐོན། །ས་སྐྱེང་བཀའ་དགེ་གང་ལའང་རང་རང་གི །ཆོས་རྒྱུན་ཇི་བཞིན་འཛིན་པ་ཉིན་སྐར་དུས། །དངས་མ་འོད

སྐུར་གྲོལ་བྱེད་མཁྱེག་ཆོད་ལམ། །པདྨའི་དགོངས་བཅུད་འཛིན་པ་ཁྱོད་མིན་སུ། །འདི་ན་རྟོགས་པའི་ཟིལ་མངར་མ་མྱོང་ཡང་། །ཐུབ་བསྟན་པད་མོ་རྣམ་གྲོལ་ཟེའུ་འཕྲུའི་བཅུད། །གཅིག་ཀྱང་གྲུབ་མཐའི་འདབ་འཕྲེང་སྣ་ཚོགས་པར། །དང་བའི་འདྲེན་བྱེད་གཏོད་པའི་ཁྱོལ་དུ་མཆིས། །སྣོད་ཀྱང་ཟ་ཡབ་གླིང་བའི་ཐུགས་ཀྱི་བཅུད། །ཐེག་པ་རིམ་དགུའི་རྩེ་རྒྱལ་རྫོགས་པ་ཆེ། །གསེར་སྒྱུར་འཁོར་ལོ་ཆོས་ཚུལ་རབ་འབྱམས་ཀྱི། །རིན་ཆེན་བདུན་ལྡན་ཆོས་ཀྱི་རྒྱལ་སྲིད་སྐྱོངས། །འདི་འང་ཀཿཐོག་དགེ་རྩེ་སྤྲུལ་པའི་སྐུ་ལའོ། །

མཉམ་པའི་བྲིཧྨ་ཡི་གེ་དགུ་པ་བྲི་ཏ་ཏི་སྟེ་ཚེ་ལྡན་མཁལ་ཛ་མཚར་རྟོགས་བྱེད་ཀྱི་དབྱེ་བས་ལྷ་བརྒྱ་བརྩ་གཉིས་ཡོད་པ་ལས་བྲཧྨ་ར་རེ་ལྷ་བས་མངོན་པར་སྤྲས་པའོ། །

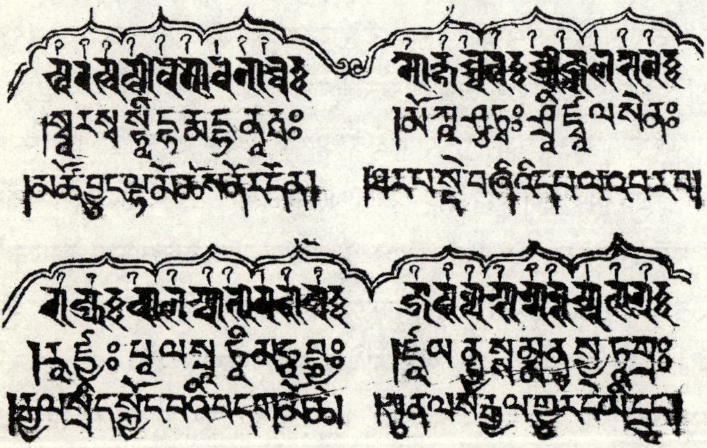

དབྱངས་སྙན་འཕྲིན་ཀྱིས་རབ་དགའི་མཆོག་སྦྱིན་ཕྱིར། །དབྱངས་ཅན་དགྱེས་པའི་བློ་གྲོས་བདག་གིས་ཀྱང་། །དབྱངས་བདུན་རྒྱུད་དུ་འཁྲོལ་བའི་སྙན་ཚིག་འདི། །དབྱངས་ཀྱི་རྒྱལ་མོ་གཉིས་པར་སྐྱེས་སུ་འབུལ། །རྒྱ་ཆེན་

ལྷག་བསམ་ཡངས་པའི་གན་མཛོད་ལས། །ལྷབས་ཆེན་མཛད་བཟང་དགའ་སྟོན་འབུམ་བསྐར་ཏེ། །ས་ཆེན་སྐྱོང་བའི་གྲགས་པ་དབྱར་སྐྱེས་ཀྱི། །ཇ་ཆེན་སྟོང་ཕྲག་ལྡིར་བའི་དབྱངས་དེ་སྙན། །བྱམས་བརྩེའི་སྤྲིན་གྱིས་བུ་བཞིན་གཟིགས་པའི་མ། །མ་ག་ཧྭ་བཟང་གཉིས་པ་ཁྱོད་དྲིན་ལས། །ལས་དང་སྐལ་བར་ལྡན་པའི་མངའ་འབངས་ཀུན། །ཀུན་དགར་སྤྱོད་པའི་ངོ་མཚར་ཨེ་མ་རྨད། །དྲི་ཞིམ་འདབ་སྟོང་རྒྱས་པའི་གེ་སར། །ར་ཡིག་གཉིས་པས་འབྱུད་པའི་རྩེ་འཛོ་བཞིན། །བཞིན་བཟང་པོ་ཉས་བརྟེགས་པའི་གསུང་འཕྲིན་གྱི། །གྱི་ན་བ་ཡང་རབ་དགའི་ས་ལ་བཀོད། །འདི་ན་ཚང་ལ་མ་ནོར་རྒྱལ་བའི་བསྟན། །འདི་འདྲར་མཇལ་ཆེ་སྙིང་པོ་ལེན་དགོས་ཀྱང་། །འདི་སྣང་བྱ་བའི་སྤྲུན་པ་འཕྱུར་བ་བདག །འདི་སྐབས་ཟག་ཕུང་འཆི་མེད་བདེ་བར་མཆིས། །ཚོགས་བསགས་རྒྱ་ཆེས་མཆོག་གསུམ་བསྙེན་བཀུར་དང་། །ཚད་མེད་བྱམས་བརྩེས་ཉམ་ཆུང་འགྲོ་བ་རྣམས། །ཚུལ་བཞིན་སྐྱོང་སོགས་དགེ་བཅུའི་འཁོར་ལོ་ཡིས། །ཆེ་རབས་གཏན་གྱི་འདུན་མའི་རྩ་བ་ཚུགས། །དེ་ལྟའི་ལེགས་བྱས་ཀུན་གྱི་རྟེན་གཅིག་བུ། །དེ་ནི་མི་ཡི་དབང་མོ་ཉིད་ལགས་པས། །དེ་སྲིད་སྐུ་ཡི་མཐུན་སྐྲུབ་གང་དགོས་པ། །དེ་དེ་བསྒྲིལ་བ་མེད་པའི་བཀའ་དྲིན་མཛོད། །བདག་འདྲར་བདེ་ཆེན་དབྱིངས་སུ་བརྟན་གཡོ་ཀུན། །ཀུན་དགར་བསྒྲུང་བའི་ནུས་པ་དང་བྲལ་ཡང་། །ཡང་ཡང་ཡི་དམ་ཆོས་སྲུང་རྒྱ་མཚོ་ལ། །ལ་ཟུར་གསོལ་འདེབས་འཕྲིན་བཅོལ་ནན་ཏན་བགྱིད། །སྙད་ཀྱང་བདག་ཅག་ཡོན་མཆོད་ཐུར་རྒྱུན་ལྟར། །ལྟར་ཆགས་འབྲེལ་ཟབ་བསྐྱུང་བ་མེད་པའི་གསུང་། །གསུང་འཕྲིན་པོ་ཏ་གནྣའི་ཚ་རྒྱུན་ནམ། །ནམ་མཁའི་ལམ་ལ་ཉི་ཟླའི་འགྲོས་བཞིན་མཛོད། །ཟུང་ལྡན་འཕྲིན་གྱི་ཏཱང་དྲུག་སྒྲ་དོན་འདབ། །ཟུང་དུ་འབྲེལ་ཁྱོད་ལེགས་སྐྱེས་སྤྲང་རྩེའི་བཅུད། །ཟུང་ལ་ཕུན་ཚོགས་དཔལ་འབྱོར་ཆོས་དང་

སྲིད། །ཟུང་འཇུག་རྒྱལ་ཁབ་ཀུན་དགའི་ཚལ་དེར་སོངས། །

ཨི་གེ་དགུ་པ་བྲི་ཏ་ཏྲི་ལ་ལྷ་བརྒྱ་བཅུ་གཉིས་ཡོད་པ་ལས་ཟླ་སྐར་ཟུག་པས་ཉེ་བར་བཅིངས་པའོ། །

བསོད་ནམས་ཆ་ཤས་ཡོངས་གང་ཆུ་ཤེལ་དབང་། །དབང་འགྱུར་གྲགས་པའི་འོད་དཀར་འབུམ་སྒྲོ་ཞིང་། །ཞིང་ཁམས་སྟེ་དང་བཅས་པའི་དཔལ་འབོར་ས། །ས་མོས་གཉེན་གཅིག་གྱུར་པ་དེ་ཡི་དྭང་། །ཆོས་སྲིད་ཟུང་དུ་འཇུག་པའི་མཁྱེན་སློང་ནས། །སྒྲ་དོན་ཟུང་འཇུག་རྒྱན་གྱི་ནོར་བུའི་འཕྲེང་། །ཡོ་ཉ་ཟུང་གིས་ལེགས་པར་སྤྲད་པ་བཞིན། །ཙོ་མཚར་ཟུང་ལྡན་སྐྱེས་ཀྱི་གདབ་ལན་འབུལ། །དགེ་ཚོགས་བྱེ་བའི་ཆུ་གཏེར་ལས་འཁྲུངས་ཤིང་། །དགེ་མཚན་ཆ་ཤས་ཡོངས་གང་མཛེས་སྐུའི་ཟླ། །དགེ་བཅུའི་ཁྲིམས་ཀྱི་འོད་དཀར་སྒྲོ་བ་ཡིས། །དགེ་ལེགས་ཀུནྡའི་དགའ་ཚལ་གཅིག་ཅར་འབྱེད། །ཐ་ཤལ་སྙིགས་མའི་དུས་འདིར་བདག་འདྲ་ཡང་། །ཐུབ་བསྟན་ཀོ་ལ་ཤ་རིའི་རྩེ་མོ་ན། །ཐེག་གསུམ་ཆོས་ཀྱི་རལ་བ་གསིག་པ་ཡིས། །ཐར་འདོད་རི་

ནྲགས་སྐྱོང་བར་རློམ་ཞིང་མཆིས། །རྒྱལ་དང་བླ་མ་ལྷ་ལ་དད་པ་བརྟན། །རྒྱལ་བསྟན་རྒྱས་སྤྱོད་རྣམ་དག་ལྷག་བསམ་འཆང་། །རྒྱལ་ཁམས་མཐའ་དག་མ་ལྟར་བསྐྱང་བྱས་ན། །རྒྱལ་ཐབས་བྱ་བ་གང་བརྩམས་ལག་ན་གནས། །ཡི་དམ་དམ་ཅན་རྒྱ་མཚོའི་བསྐང་འཕྲིན་དང་། །ཚེ་སྒྲུབ་སྒྲུབ་མཆོད་ལ་སོགས་སྲུང་བའི་རིགས། །སྔ་ཚོགས་ཚོགས་བསགས་རྒྱ་ཆེན་བཅས་བསྒྲུབས་ན། །སྒྱུར་བར་བར་ཆད་གཡུལ་ལས་རྒྱལ་བར་འགྱུར། །སྐུ་ཚེ་ཚེ་མཐའ་ཡས་པས་བྱིན་རློབས་ཤིང་། །བསོད་ནམ་ནམ་མཁའི་ཡོན་ལྟར་རྒྱ་ཆེ་ལ། །སྙན་གྲགས་གྲགས་པའི་སྒྲ་ཁྱད་ལྟར་མཐོ་བའི། །སྨོན་ལམ་ལམ་གསུམ་འབབ་པའི་རྒྱུན་བཞིན་བྱེད། །འཕྲིན་ཡིག་པད་མཚོར་བུང་བའི་སྤྲུན། །སྤྲུན་ཟུར་མདོན་པར་རོལ་བའི་རྟེན། །རྟེན་འབྲེལ་ལེགས་སྐྱེས་དང་བཅས་པ། །པ་སངས་ལྟར་དཀར་ཡིད་ཀྱིས་ཕུལ། །

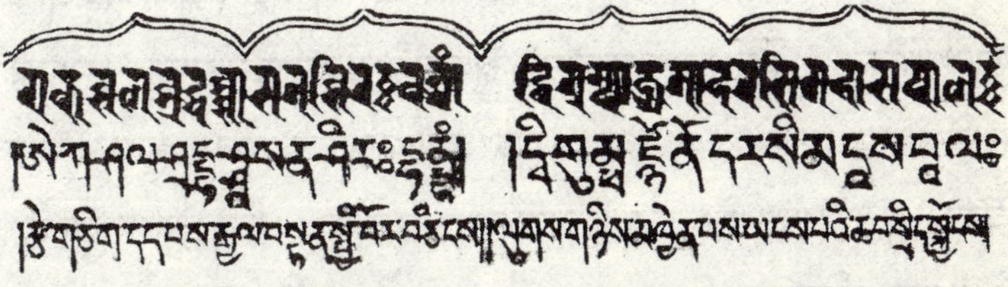

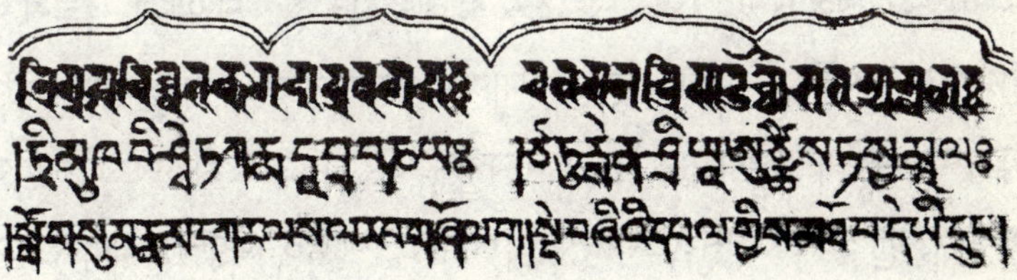

སྐྱེ་བ་ལྔ་བའི་དབྱངས་སྙན་ཆོས་ཀྱི་སྒྲས། །འགྲོ་དྲུག་སྡོངས་པའི་གཉིད་

ལས་སྐྱོང་བྱེད་པ། །ལྷ་ཆོས་བདུན་ལྡན་བསྟན་པའི་སྒོར་ཞུགས་ཀྱང་། །ཆོས་བརྒྱད་ཁོལ་པོར་གྱུར་དེས་འཕྲིན་འདི་གསོལ། །དགེ་ཚོགས་བྱེད་པའི་རི་མོ་ཡོངས་སྨིན་ལས། །དགེ་ལེགས་ཚོན་བརྒྱ་འབར་བའི་གཟི་བྱིན་ཅན། །དགེ་དབང་གཉིས་པ་ནོར་འཛིན་ཐིག་ལེ་ཁྱོད། །དགེ་མཚན་ལྷ་དབང་དཔལ་ལ་འགྲན་པ་ནས། །སྙན་ཚིག་དྲི་བསུང་མངར་བའི་མཚོ་ལས་སྐྱེས། །སྐྱེས་བཟང་སྦྲང་རྩིའི་བཅུད་ཀྱིས་ཡོངས་བཟུང་བ། །བ་མོའི་མདངས་ལྡན་དར་གྱིས་ཐོག་དྲངས་ཏེ། །ཏེ་པོར་སོན་པས་ཡིད་ནི་དགའ་བདེས་སིམ། །འདི་ན་ན་ཚོད་ཡོལ་བའི་དགེ་སྦྱོང་བདག །ཆོས་ཚུལ་ཚུལ་བཞིན་སྒྲུབ་པར་མ་ནུས་ཀྱང་། །གསུང་རབ་རབ་འབྱམས་ཐོས་པའི་སྒྲ་ཙམ་ལ། །དགའ་བས་བསམ་མཐར་དེ་དོན་སེམས་ཤིང་མཆིས། །ཆབ་སྲིད་ཡངས་པའི་ཁ་ལོ་སྒྱུར་བ་ལ། །ཆོས་སྲིད་ཟུང་དུ་འཇུག་པའི་མཁྱེན་པ་དང་། །ཆེ་ཆུང་ཀུན་ལ་སྨན་པའི་ལྷག་བསམ་གཉིས། །ཆིག་དྲིལ་བྱེད་པ་ཕན་བདེའི་རྩ་བ་ཡིན། །དེ་སྐད་སྒྲུ་ཡི་མཐུན་སྒྲུབ་མི་གཡེལ་ཞིང་། །ཞིང་ཁམས་བདེ་བར་སྐྱོང་བའི་མཛད་ཕྲིན་དང་། །དང་བའི་ཡིད་ཀྱིས་བསྟན་པའི་སྲི་ཞུ་ཀུན། །ཀུན་ནས་འགྲན་པ་བཞིན་དུ་འཕེལ་བར་མཛོད། །སྐད་ཀྱང་བརྗེད་ངས་དྲི་མ་འཁྲུད་པའི་སྐད། །དག་བྱེད་བདུད་རྩི་ལྷ་བུའི་གསུང་འཕྲིན་དག །ཡང་ཡང་ཆད་པ་མེད་པར་སྩོལ་བ་ཡང་། །རྗེས་སུ་དགོངས་པར་མཛོད་ཅིག་མི་ཡི་རྗེ། །ལེགས་བཤད་དབྱངས་སྙན་སྒྲོགས་པའི་ཁུ་བྱུག་ཁྱོད། །ལེགས་སྐྱེས་ལུས་འདེགས་བསྐྱོད་པའི་གར་དང་བཅས། །ལེགས་ཚོགས་སྔོ་བརྒྱ་ཕྱེ་བའི་མདུན་ས་ཆེར། །ལེགས་བྱས་རྟེན་འབྲེལ་བསྒྲིགས་པའི་ཆེད་དུ་དེངས། །

ཆབ་ཤོག་འདི་གསུམ་སོ་མང་རྒྱལ་མོ་བསོད་ནམས་སྒྲོལ་མ་རྒྱལ་བུ་ནོར་བུ་ནམ་མཁའ་བསྟན་འཛིན། སྲས་མོ་བསོད་ནམས་དབང་མོ་གསུམ་ནས་ཟུང་ལྡན་གཙོ་བོར་བྱས་པ་ལྷ་བུའི་སྙན་ཚིག་གི་ཞུ་ཤོག་རྣམ་སྤྲས་པ་བྱུང་བའི་ལན་ལ་འཕྲལ་དུ་གནང་བའོ། །

རྩད་ཕྱུང་ཐུགས་བསྐྱེད་གདོང་ལྔ་འབར་བའི་རྩལ། །ལྷབས་ཆེན་འཁོར་ལོ་གསུམ་དུ་བཞད་པའི་ཕྱིན། །རྒྱལ་བསྟན་གེ་ལ་ཤ་ཡི་དཔལ་གྱུར་པ། །མཆོག་སྤྲུལ་སྨྲ་བའི་སེང་གེ་དམ་པའི་དྲུང་། །རྣ་བའི་སྒོ་ལ་ཐོས་པའི་ལམ་བྱུང་ཡང་། །དོན་གྱི་ཞལ་མངར་སྙིང་ལ་མ་སིམ་པས། །ན་ཚོད་ཀྱི་ནར་ཡོལ་བའི་ཀན་པོ་ཡང་། །སྤེལ་ལེགས་འཕྲིན་གྱི་སྐྱེས་ལན་འབུལ་ལ་སྤྲོ། །གཟུགས་སྐུ་མཚན་དཔེའི་ལང་ཚོ་ལྷ་ན་སྡུག །ལེགས་གསུང་སྙན་སྒྲོགས་བདུད་རྩི་རྣ་བའི་བཅུད། །ཐར་འདོད་ས་མཁན་མཁྱེན་བརྩེའི་རང་བཞིན་ཐུགས། །འཕྲིན་ལས་རྒྱ་ཆེན་ནམ་མཁའི་མཐའ་ལ་སྤྱོད། །མཁས་བཙུན་བཟང་པོའི་ཡོན་ཏན་ཀུན་དགའི་བསུང་། །ལྷན་ཅིག་སྐྱེས་པ་ཏ་རི་ཙནྡན་སྤོན། །སྲིད་ན་བདོ་བའི་ཚ་གདུངས་སྙིགས་མ་ལྷཱ། །བཅིལ་བའི་ཚོ་ག་རྫོགས་ལ་རྗེས་ཡི་རང་། །སྙད་ཀྱང་བསྟན་འགྲོའི་དགེ་མཚན་ལྷ་ལམ་ངོས། །འཕེལ་བ་རྫོམ་པ་ཆོས་ཀྱི་ཟླ་བ་བཞིན། །བཤད་སྒྲུབ་དཀྱིལ་འཁོར་རྫོགས་ལ་མངོན་ཕྱོགས་པར། །རེ་བའི་ཡིད་ཀྱི་ཀུནྡ་འཛུམ་ཞིང་མཆིས། །རང་དོན་སྤངས་རྟོགས་ནོར་བུས་ཡོངས་གཏམས་ཤིང་། །གཞན་ཕན་འཕྲིན་ལས་རླབས་ཀྱི་འཁྲི་ཤིང་ཅན། །དགེ་ལེགས་ཆུ་གཏེར་གཏིང་མཐའ་བྲལ་བའི་ངོགས། །སྲུང་བ་ཁོར་ཡུག་རི་བོའི་རྟེན་ཡང་འཚལ། །དབྱངས་ཅན་ངག་གི་ལོངས་སྤྱོད་གྲོལ་བ་ལས། །སྒྲ་དོན་ཉམས་དང་འགྱུར་བའི་འཛོ་སྒེག་ཅན། །མཛའ་གཅུག་འཛུམ་དཀར་འཕྲོ་བའི་མེ་ཏ་ཀས། །སྙིང་ལ་མངོན་དགའི་མཆོག་སྦྱིན་ཡང་ཡང་སྩོལ། །ཞུ་འཕྲིན་པུཎྜ་རི་ཀའི་རྩེར། །སྤྱན་རས་བྱུང་བ་རོལ་བའི་རྟེན། །དར་གྱི་གོ་སར་ལྟེམ་པ་ལ། །རྒྱ་ཡི་ཞིའུ་འབྲུས་སྤྲས་ཏེ་ཕུལ། །

འཛམ་དབྱངས་མཁྱེན་པ་མི་ཤེལ་དག་པའི་ཁམས། །ཐུབ་བསྟན་འདབ་བརྒྱ་འབྱེད་པའི་ལེགས་བཤད་ཀྱི། །ཉི་མ་སྟོང་ཕྲག་འོད་ཀྱི་གདེངས་ཀ་

ཅན། །ཐར་འདོད་འགྲོ་བའི་མིག་གཅིག་དེ་ཡི་དྲུང་། །གསལ་རིག་སེམས་ཀྱི་
ལང་ཚོ་དགོར་གྱིས་བསྒྲིབས། །ཤ་ཁྲག་ལུས་ཀྱི་ལང་ཚོ་རྒ་བས་བཅོམ། །ཅི་
ཡང་མ་ནུས་ཆོས་རྫུའི་མཁར་བ་ལ། །འཆེལ་བའི་དྲང་སྲོང་རྫུན་མས་མཆིད་
འདི་གསོལ། །མཁས་བཙུན་བཟང་པོའི་དཀྱིལ་འཁོར་ཡོངས་སུ་རྫོགས། །
འཆད་རྩོད་རྩོམ་པའི་རི་དྭགས་མཚན་མ་ཅན། །རྒྱལ་བསྟན་ཆུ་གཏེར་སྤེལ་
བའི་གཉེན་མཆོག་ཁྱོད། །སྐལ་བཟང་བསོད་ནམས་ཤར་རིའི་ཕྲག་ན་
མཛེས། །རིགས་ལྡན་རིགས་ལས་པདྨ་དཀར་པོ་ནི། །དུས་མཐར་དུས་ཀྱི་
འཁོར་ལོའི་བཤད་བསྒྲུབ་བསྟན། །འཛིན་སྐྱོང་འཛིན་མའི་ཁྱོན་འདིར་
གཤེགས་པ་བཞིན། །གསང་ཆེན་གསང་མཛོད་ཕྱེ་བའི་གཏམ་དེ་སྙན། །
ཞབས་སེན་ཁྱིན་ཐླབས་དོག་པ་ཐར་འདོད་རལ་བའི་གེ་སར་ལ་འགོད་དམ། །
བསོད་ནམས་ཕྲང་རྩེའི་སྙིང་པོ་སྤུད་རྩེས་པདྨ་སོམ་ཉིས་འདར་བ་བསྙེན། །ཛེ་
ཧྲར་ནའང་དཔལ་འབྱོར་དགའ་ཚལ་ཆོས་ཀྱི་སྣང་སྤྲུས་ཁོལ་བ་ཡིས། །དོན་
གཉིས་ལྷུན་གྲུབ་རྫོགས་ལྡན་དཔྱིད་ཀྱི་དགའ་སྟོན་རབ་རྒྱས་ཨེ་མ་རྨད། །འདི་
ན་གཙུག་ནོར་ཆུ་ལྷའི་སྤྱི་བོར་འཕོས། །སྙིང་གའི་དོ་ཤལ་ཤར་ཕྱོགས་དབང་
པོས་ཕྱོགས། །རྣ་པོ་མྱུ་ངམ་ཐང་ན་དགྲས་བཅོམ་བཞིན། །རྩེ་ཤིང་མང་
པོས་བསྐོར་ཡང་གཅིག་བུར་སྐྱོ། །ཁྱོད་སྐུའི་སྣང་བ་ཡིད་ལ་རྟག་འགོད་
ཀྱང་། །ཡུལ་གྱིས་བསྐལ་བས་རེ་ཞིག་ཐབས་ཀྱིས་དབེན། །འོན་ཀྱང་བགྲང་བྱ་
བཞི་ཡི་གོང་མ་ཏུ། །མ་ཕྱིན་མཇལ་བའི་འདུན་པ་སྙིང་ལ་གཅག །དེ་ཚེ་གསུང་
འཕྲིན་ཉམས་འགྱུར་རྩལ་རྫོགས་པའི། །གཞོན་ནུ་ལྷ་རྫས་ཅོད་པཎ་འཕྱང་
འཕྲུལ་ཅན། །ཚུར་མུས་རྒྱུགས་ཤིང་མཛའ་བས་དྲུད་པ་ཡིས། །ཡིད་ཀྱི་ན་ཆུང་
དགའ་སྐྱིའི་ཕྲུ་ཡོང་གཡོ། །སླད་ཀྱང་འཛམ་མགོན་རིང་ལུགས་ནོར་བུའི་
དཔྱ། །འདྲེན་བཟོད་གཟུགས་སྐུ་གསེར་གྱི་ཤིང་རྟ་ཆེ། །འཁོར་ལོ་བཞི་ལྡན་

གྱིས་རོལ་བ་ཡིས། །བྱང་ཕྱོགས་སྐྱེ་འགྲོའི་དགེ་ལམ་ཡངས་པོར་མཛོད། །སྨད་བྱང་ལྷག་བསམ་ནོར་བུས་ཡོངས་གཏམས་པ། །ལྷུན་གྲུབ་འཕྲིན་ལས་ཆུ་བོ་རྣམས་བཞིའི་མཛོད། །གཞན་ཕན་ རླབས་ཕྲེང་ཕྱོགས་ཀྱི་མཐར་སྤྲོ་ཡང་། །སྲུང་བ་ཁོར་ཡུག་རི་བོས་བསྐོར་བ་གཅེས། །དགེ་སྦྱོང་ཆེན་པོའི་ཚ་ལུགས་ཞི་དུལ་སྤྱོད། །མཐོང་དགའི་རྒྱུད་ལ་ཐར་པའི་ས་བོན་སྨིན། །དོན་ལྡན་འཚམ་པའི་གསུང་དབྱངས་ཆོས་ཀྱི་སྒྲས། །སྐལ་བཟང་གདུལ་བྱའི་རྣ་བ་བདུད་རྩིར་སྒྲུབས། །འཕྲུལ་གྱི་ཉིད་བཀུར་སྐྱུ་མའི་བསླུ་བྲིད་ངོར། །ལྷན་སྐྱེས་དམ་པའི་རང་བཞིན་མི་འཔོར་ཞིང་། །མི་མང་ཙལ་སྒྲོགས་ རླུང་གིས་མི་གཡོ་བའི། །གཏམ་འདུན་བཞེད་པའི་དམ་བཅའ་བརྟན་པོར་མཛོད། །ཚོགས་བཅད་མི་སྙོམས་འཕེང་ཀང་ཅན། །སྐྱོན་ཡོན་ཉེའུ་འཛིན་ལ་བརྗོན། །ཞུ་འཕྲིན་ཆུ་སྐྱར་ཕྲུ་གུ་ཁྱོད། །རབ་དཀར་ལྷ་རྫས་མགྲིན་བསྒྲིངས་ཏེ། །སོངས་དང་དཔལ་འཁྱོར་ཚང་ཚོང་ན། །ནགས་ཀྱི་བྱ་ཚོགས་ཆེས་མང་ཡང་། །མཚོ་འདིའི་〔ངང་〕བའི་རྒྱལ་པོ་ཞིག །གཅིག་པུར་བཞུགས་པའི་སྐྱོ་གྲོགས་ཞུས། །

ཕུལ་བྱུང་ཡོན་ཏན་དཀྱིལ་འཁོར་རྫོགས་པ་ཡི། །བསིལ་ཟེར་ཕྲེང་བ་བསྟན་འགྲོའི་དགེ་ལེགས་ཀྱི། །ཨུཏྤལ་དཀར་པོའི་སྐྱེད་ཚལ་མཛེས་པའི་དཔྱིད། །གང་གི་ཞབས་སེན་འོད་ཀྱིས་རེག་པ་དེར། །རྒྱུད་པའི་ཁ་གདངས་དུས་ཀྱི་ནོར་སྐྱོང་གིས། །བདས་ཏེ་སྟོན་ཕྱོན་དམ་པའི་ཁྲིར་འགོམ་ཡང་། །ཉིད་པས་གདུངས་པའི་བློ་མིག་ཐུར་དུ་ཕྱོགས། །སྐལ་དམན་ད་རི་དྲ་ཡི་ཞུ་འཕྲིན་ནི། །དཔལ་འཁྱོར་ཏི་སེའི་གངས་རི་ལ་གནས་ཤིང་། །ནག་ཕྱོགས་བདུད་སྡེ་བསྡིག་པའི་གཟི་བྱིན་འབར། །འཛམ་གླིང་སྐྱོང་པ་མི་ཡི་དབང་ཕྱུག་གི །ཟུར་ཕུད་རྩེ་མོར་མཛེས་པ་ཀུན་དའི་གཉེན། །དགེ་ལྡན་རིང་ལུགས་འཛམ་བུ་ན་དཱ་ཡི། །འོད་ཕྲེང་དྲེགས་པའི་རོལ་བ་ལྷ་ཡི་རྫ། །ཟབ་གསང་ཡན་

ལག་རྫོགས་པའི་སྒྲ་དབྱངས་ཀྱིས། །སྒྲིབ་པའི་གཡུལ་ངོ་བཅོམ་པའི་ང་རོ་མཐོ། །འདི་ན་ཐུན་གསུམ་སྨག་གི་གློང་། །གནོད་པའི་བུ་ཡུག་འཚུབ་པ་ཡི། །སྲེ་ཆེན་མར་མེའི་སྡོང་བུ་ལ། །སྲུང་བུ་མཛའ་བས་འཁྱུད་ཅིང་མཆིས། །ཡབ་རྗེའི་མཆོག་སྤྲུལ་དམ་པའི་འཕྲིན་ལས་ལ། །སྨན་པའི་གྲུ་ཆར་རེ་བའི་མདོངས་མཐའ་མ། །གང་གི་ཐུགས་རྗེའི་སྤྲིན་ལ་མིག་གཏོང་ན། །དབུགས་དབྱུང་དབྱར་རྔའི་གདངས་སྙན་གསང་མཐོར་སྒྲོགས། །ལེགས་བྱས་འོད་ཀྱི་འཁྲི་ཤིང་དྲ་བ་ཅན། །གཟུགས་སྐུའི་ཉི་མ་རྟག་པའི་རང་བཞིན་ལས། །བྱིན་རླབས་ཁྲོད་དུ་འབབ་པའི་བཀའ་ཡིག་གི །འོད་ཡངས་རྩེ་དགས་རོལ་བའི་བཀའ་དྲིན་ཞུ། །འདེགས་མཆོན་ལྷ་དར། འཕྲུག་རྒྱན་འབྲུམ་མདོག་བཅས་ཟླ་ཆོས་དགེ་བར་ཕུལ། ཅེས་པ་སྟོང་སྐོར་སྤྲུལ་བའི་སྐུ་ལ་ཕུལ་པའོ། །

འཛམ་དབྱངས་མཁྱེན་རབ་རྒྱ་མཚོའི་མཛིང་ལས་བསྟམས། །ཐུབ་བསྟན་ལྷ་ལམ་མཛེས་པའི་རྒྱན་དུ་གྱུར། །ལུས་ཅན་ཕན་བདེའི་རྩ་ལག་མཆོག་གི་དྲུང་། །དཀོན་མཆོག་ཐུགས་རྗེས་དལ་འབྱོར་རྟེན་བཟང་ཐོབ། །བསྟན་པའི་སྒོར་ཞུགས་ཐོས་པའི་གྲངས་བསགས་ཀྱང་། །སྒྲོན་མེ་རླུང་གིས་བསྐྱོད་ལྟར་གཡེང་བ་ཡི། །དགེ་སྦྱོང་རྒན་པོས་རེངས་ནས་མཆིད་འདི་གསོལ། །ཨ་དོན་སྐྱེ་མེད་དབྱིངས་སུ་བཅིང་གྲོལ་ཀུན། །རོ་མཉམ་ཉིད་གཟིགས་དམིགས་མེད་སྙིང་རྗེ་ཡིས། །ཧོར་སོག་ཡུལ་གྱི་འགྲོ་ཀུན་ཕན་བདེའི་དཔལ། །ཆེན་པོར་འགོད་བཞིན་བདེ་བར་བཞུགས་ལགས་སམ། །བསྐལ་བ་བྱེ་བ་ཕྲག་བརྒྱར་གོམས་པ་ཡི། །བཟང་པོའི་ཐུགས་བསྐྱེད་དུས་སུ་སྨིན་པ་ལས། །སངས་རྒྱས་བསྟན་པ་སྤེལ་པའི་རྟེན་འབྲེལ་སྒོ། །སྟོང་ཕྲག་གཅིག་ཅར་འབྱེད་བཞིན་བཞུགས་ལགས་སམ། །བཀྲ་ཤིས་དགེ་མཚན་རི་མོ་གཡས་ཕྱོགས་སུ། །འཁྱིལ་བའི་ཆོས་དུང་སྒྲ་སྙན་འཛམ་བུ་ཡི། །གླིང་འདིར་ཁྱབ་པར་སྒྲོགས་སླད་ཕྱོགས་

ཀུན་ཏུ། །ཕྱིན་ནས་གཞན་ཕན་འཕྲིན་ལས་སྤེལ་ལགས་སམ། །འདི་ཕྱིར་ཕན་པའི་དོན་ཆེན་མ་གྲུབ་པར། །ན་ཚོད་ཡོལ་བའི་དགེ་སྦྱོང་རྒན་པོ་ཡང་། །འཚོ་བ་བདེ་ཞིང་ལུས་ངག་མི་དལ་བ། །ཙམ་གྱི་དགེ་སྦྱོར་འབད་སློའི་ཁུལ་དུ་མཆིས། །སྐད་ཀྱང་ཞབས་པད་ཡུན་དུ་བརྟན་པ་ཡི། །ཐབས་ཚུལ་ཐུགས་བསྐྱེད་གོ་ཆ་མི་སྟོད་ཅིང་། །གོང་གི་གོང་དུ་གསོལ་བའི་དགོས་དོན་གསུམ། །གཙོ་བོར་ཐུགས་ལ་ཞེན་པའི་བཀའ་དྲིན་མཛོད། །

དལ་འབྱོར་རྟེན་གྱི་དཔག་བསམ་ཡོངས་འདུའི་ལྗོན། །དམ་ཆོས་ཚུལ་བཞིན་སྒྲུབ་པའི་ཡལ་འདབ་རྒྱས། །དོན་གཉིས་ཕུན་སུམ་ཚོགས་པའི་དཔལ་བཟང་གིས། །དུད་པའི་ཐུབ་བསྟན་དགའ་ཚལ་མཛེས་བྱེད་གང་། །རྟོག་བྲལ་ངེས་འབྱུང་སེམས་ཀྱི་ཟིང་བུ་ལས། །ཉེར་འཁྲུངས་ཚུལ་ཁྲིམས་པདྨ་དཀར་པོའི་ཚལ། །བཤད་སྒྲུབ་སྦྲང་རྩིའི་བཅུད་ཀྱི་གཏམས་པ་ནི། །ཐར་འདོད་ཁང་དྲུག་ཉེར་འཚོའི་དཔྱིད་དུ་ཆེ། །ཁྱད་པར་རྒྱལ་བའི་གསུང་རབ་སྣ་བརྒྱའི་ལྷུགས། །ཉམས་སྙིང་ཐུར་མས་ནང་ནས་ཕྱེ་བ་ཡིས། །ལེགས་བཤད་གཏུན་པ་མེད་པའི་མཚོད་སྦྱིན་གྱིས། །རྫོགས་ལྡན་མགྲོན་དུ་གཉེར་ལ་རྗེས་ཡི་རང་། འདི་ན་ལྷག་བསམ་དཀར་བའི་དམ་བཅའ་ཡི། །ཤིང་བལ་དགེ་བའི་འདབ་མ་ལ་ཆགས་ཀྱང་། །གྲགས་སྐམ་བསེར་བུས་བརྟན་པ་འཕྲོག་པ་ཡིས། །རྩེ་གཅིག་གཏད་སོ་བྲལ་བའི་ངང་དུ་མཆིས། །སྐད་ཀྱང་ཆོས་བརྒྱད་ཤུན་པས་མ་གོས་པའི། །ཉམས་སྙིང་འབྲས་བུས་ཐུགས་ཀྱི་མཛོད་བཀང་ཞིང་། ཞར་བྱུང་འཆད་སྤེལ་བྱ་བའི་འཁོར་ལོ་ཡིས། །བསྟན་ལ་རི་མོར་བགྱིད་པ་ སྔར་བཞིན་འཚལ། །ཁྱད་པར་དོན་གཉིས་ཕན་བདེའི་ལེགས་ཚོགས་ཀྱི། །རྩ་བ་གཟུགས་སྐུའི་མཐུན་སྒྲུབ་མི་གཡེལ་ཞིང་། །གཞིག་བྲལ་སྲུང་བ་རྡོ་རྗེའི་རྣལ་འབྱོར་གྱི། །གོ་ཆ་ནམ་ཡང་སྟོད་པ་མེད་པར་མཛོད། །ཀུན་མཁྱེན་བླ་མའི་འཕྲིན་

ལས་ཕྱོགས་ཀྱི་མཐར། །སྤེལ་བའི་ལྷག་བསམ་གྲུབ་པའི་སྐྱེས་བུ་ཁྱོད། །རྣམ་དཀར་བཞེད་དགོངས་འགྲུབ་ཕྱིར་བདག་གིས་ཀྱང་། །མཆོག་གསུམ་རྒྱ་མཚོར་གསོལ་འདེབས་སྙིང་ནས་བགྱིད། །འདི་ནི་སྤྲུལ་པའི་རྒྱལ་མཚན་འཛིན་པ་ཆེན་པོ་གུ་ཤྲི་ཚེ་འཕེལ་ལ་གནང་བའོ། །

ཐུབ་བསྟན་སྣང་བའི་དཔལ་ཡོན་ཅན། །རྣམ་འབྱོར་ནོར་བུའི་གདེངས་ཀ་ཡིས། །མངོན་མཐོ་སྤོབས་པའི་གཙུག་མཛེས་པ། །མཆོག་སྤྲུལ་གདེངས་ཅན་དབང་པོའི་དྲུང་། །མང་ཐོས་འཛིན་མའི་ཁྱོན་ཞུལ་ཡང་། །སྤྱོང་ངེས་དབུལ་བའི་དྭ་རི་དྲ། །སྙན་ཚིག་མཁྱེན་པའི་རྒྱུད་སླུ་མཁན། །དགེ་སྦྱོང་རྒན་པོས་མཆིད་འདི་གསོལ། །བཤེས་གཉེན་ཉིན་མོའི་མགོན་གྱིས་བཟུང་། །བཟང་པོའི་བག་ཆགས་འདབ་བརྒྱ་གྲོལ། །དམ་པའི་རང་རྟགས་དྲི་བཟང་ཅན། །སྐྱེས་མཆོག་པདྨ་དཀར་པོ་ཁྱོད། །ཆོས་འདུལ་སྤྱོད་པས་ཀུན་ཏུ་གཙང་། །རིམ་གཉིས་རྣལ་འབྱོར་སྦྲང་རྩིས་གཏམས། །སྐལ་བཟང་བུང་བའི་ཉེར་འཚོ་སྟེ། །ཐུབ་བསྟན་དགའ་ཚལ་རྒྱན་དུ་གྱུར། །དབྱངས་ཅན་ངག་གི་རོལ་མཚོ་ལས། །འཕོས་པའི་འཕྲིན་ཡིག་ངང་མོ་དཀར། །དར་གྱི་སྤུ་སྟུག་བཀྲ་བ་ཡིས། །དཔྱིད་ཀྱི་དགའ་བ་མཆོན་པས་སྤྲོ། །སླད་ཀྱང་ཐོས་པའི་རྒྱ་མཚོ་ཆུས་མི་ངོམས། །རྣམ་དག་ཁྲིམས་ཀྱི་ཞེལ་ལ་དྲི་མ་མེད། །བསྟན་འགྲོ་ལྷག་བསམ་ཁུར་དུ་མི་འབྲལ་བ། །སྟོན་རབས་དམ་པའི་རྣམ་ཐར་རང་གི་མཛོད། །དེ་སྐད་མཁྱེན་པ་རི་བོའི་ཟླུམ། །ལས་འཕོངས་འཕྲིན་གྱི་ཆུ་རླབས་འཕྲེང་། །བསྐྱུད་པའི་དྲི་མ་སྦྱོང་བྱེད་དེ། །སེམ་པའི་མཆོད་ཡོན་ཉིད་དུ་སྤྲོས། །རྟེན་བཅས་ཆོས་དགེ་བ་ལ། །

བཀྲ་ཤིས་དགེ་མཚན་སུ་སྟེའི་སྤྲར་དྲངས་པའི། །སྙན་བརྗོད་ལྷ་ཡི་རོལ་མོ་འབུམ་དང་བཅས། །རབ་འབྱམས་རྒྱལ་བའི་དཀྱིལ་འཁོར་མཐའ་དག

གིས། །བྱིན་རླབས་ཨ་ཧྲཱིཿཧྲཱུའི་ཆབ་སྤྲིངས་ཏེ། །མངའ་ཐང་རྩེབས་སྟོང་རྫོགས་པ་གསེར་སྤྲུང་གི །འཁོར་ལོ་འདོད་དགུར་སྒྱུར་བའི་བྱེད་པོ་ཏུ། །མཐོན་མཐིང་ནམ་མཁའི་དབྱིངས་ནས་དབང་བསྒྱུར་བ། །མི་རྗེ་ལྷ་ཡི་རྒྱལ་པོ་མཆོག་གི་དྲུང་། །ཚུལ་ཁྲིམས་དུ་ཀཱུ་ལ་ཡི་རས་དཀར་འཆང་། །གཞུང་མང་ཐོས་པའི་བཟླས་བརྗོད་མཐར་སོན་ཅིང་། །སྙན་ཚིག་རོལ་བའི་མཆོད་ཡོན་འགྱེད་མཁས་པ། །དྲང་སྲོང་ཆེན་པོས་ཤིས་བརྗོད་འཕྲིན་འདི་གསོལ། །སྔོན་བསགས་བསོད་ནམས་མ་སྨད་ཡོངས་འདུའི་ཁམས། །མཐོ་རིས་ཡོན་ཏན་ཡལ་གའི་ཕྱུགས་རྫོགས་པ། །དཔག་བསམ་དབང་པོར་གྲུབ་པའི་དགེ་མཚན་གྱིས། །རྒྱལ་སྲིད་ཡངས་པའི་དོ་ར་མཛེས་གྱུར་ཅིག །ཚེ་དང་ཡེ་ཤེས་འོད་ཀྱི་གདེངས་ཀ་ཡིས། །འཆི་བདག་དཔུང་བའི་ཀ་བ་མཐར་བྱེད་པ། བདེ་ལྡན་མགོན་སོགས་ཚེ་ཡི་ལྷ་རྣམས་ཀྱིས། །མི་ཤིགས་རྡོ་རྗེའི་སྲོག་གི་ཀ་བ་ཚུགས། །ལོངས་སྤྱོད་ཟད་མི་ཤེས་པའི་གཏེར་གྲོལ་བ། །ནོར་སྦྱིན་དབང་པོ་རྒྱལ་ཆེན་རྣམ་ཐོས་སྲས། །མེ་ཏོག་གཙུག་ཕུད་རྟ་བདག་བརྒྱད་སོགས་ཀྱིས། །ཕུན་ཚོགས་དཔལ་འབྱོར་རྒྱས་པའི་ཕྱུ་གཡང་སྐྱོལ། །པདྨ་ཀཱ་རའི་བཀའ་རྟགས་རྡོ་རྗེ་ཡི། །རི་མོས་གཙུག་མཛེས་བསྟན་སྲུང་རྒྱ་མཚོའི་ཚོགས། །སྔོན་ནས་བསྒྲུབས་ཤིང་མཆོད་པའི་རེ་བ་བཞིན། །བར་གཅོད་གཡུལ་ལས་རྒྱལ་བའི་རྟ་མཆོག་སྤྲིངས། །ཚངས་དབང་དྲག་པོ་ལ་སོགས་ལྷ་ཆེན་དང་། །དགའ་བོ་ཉེ་དགའ་ལ་སོགས་ཀླུ་ཆེན་པོ། །དཀར་ཕྱོགས་སྐྱོང་བའི་གནས་བདག་ཚོགས་བཅས་པས། །སྡེ་འབངས་རབ་རྒྱས་ནོར་འཛིན་གང་བར་མཛོད། །སྲུང་ཞིང་སྐྱོང་བ་འགོ་བའི་ལྷ་ལྔ་དང་། །ཁྱད་པར་དགྲ་ལྷ་ཆེན་པོ་བཅུ་གསུམ་གྱིས། །དཔལ་རྩལ་གཟི་བརྗིད་སྙན་པའི་གྲགས་པ་སོགས། །ཕྱོགས་ལས་རྣམ་པར་རྒྱལ་བའི་དཔལ་སྐྱེད་ཅིག །ཏི་སའི་གངས་ཀྱི་སྔོན་སྲབ་མེད་དུ། །འཕྱོ་བ་སེང་གེ་དཀར་

སྟོའི་དང་ཚུལ་བཞིན། །བསྐྱེངས་བྲལ་འཇིགས་པ་མེད་པའི་བརྟུལ་ཞུགས་ཀྱིས། །དགྲ་སྟེ་ཟིལ་གནོན་གཟི་ཆེན་འབར་གྱུར་ཅིག །ཡིད་བཞིན་ནོར་དང་དཔག་བསམ་ཡོངས་འདུ་བཞིན། །གང་བཙམས་རྣམ་པར་དཀར་བའི་ལེགས་བྱས་ཀུན། །ཡིད་བཞིན་ལྷུན་གྱིས་གྲུབ་པ་ཡིས། །ཆོས་སྲིད་ཟུང་འབྲེལ་དགའ་སྟོན་རྒྱས་གྱུར་ཅིག །ཅེས་དགེ་ལེགས་སུ་བྱེད་པའི་སྨན་ཚིག་གི་ཕྲེང་བ་སྔོན་དུ་བསྟར་ཏེ་གླེང་བ་སྐབས་ཀྱི་དོན་ནི་སྟོན་པ་ཡང་དག་པར་རྫོགས་པའི་སངས་རྒྱས་ནས་བཟུང་འཕགས་ཡུལ་གྱི་བསྟན་པའི་བདག་པོ་རིམ་པར་བྱོན་པ་རྣམས་དང་། བསིལ་ལྡན་གྱི་ར་བས་བསྐོར་བའི་ལྗོངས་འདིར་སྔོན་གྱི་ལོ་པཎ་རིམ་པར་བྱོན་པ་མཐའ་དག ཁྱད་པར་དུ་འཇམ་མགོན་ས་སྐྱ་པཎྜི་ཏ་ཁུ་དབོན་དང་། ཁམས་གསུམ་ཆོས་ཀྱི་རྒྱལ་པོ་ཙོང་ཁ་པ་ཆེན་པོ་སོགས་བསྟན་འཛིན་དམ་པ་ཀུན་གྱི་གཙུག་གི་ནོར་བུར་གྱུར་པ་མཐའ་དག་བསྟན་པའི་སྦྱིན་བདག་ཆེན་པོ་རེ་ལ་མཆོད་ཡོན་དུ་འབྲེལ་བ་ལས་ཆོས་སྲིད་ཟུང་འབྲེལ་གྱི་ལེགས་བྱས་སྣ་བརྒྱ་ཕྱེས་ཏེ་བསྟན་པའི་བྱ་བ་རྒྱ་ཆེར་མཛད་པ་ཤ་སྟག་ཡིན་ལ། ཡང་སྔོས་ཀུན་མཁྱེན་འཇམ་དབྱངས་བཞད་པའི་རྡོ་རྗེ་སྐུ་འཕྲེང་རིམ་བྱོན་ཀྱང་འཕྲིན་ལས་ནམ་མཁའ་དང་མཉམ་པས་ཁྱབ་བལ་བོད་ཀྱི་མཚམས་ནས་ཤར་རྒྱ་མཚོའི་མཐའི་བར་སློབ་མ་དང་སྦྱིན་བདག་ཏུ་གྱུར་པ་ཤ་སྟག་ཡིན་ཅིང་། དེའི་ནང་ནས་ཚབ་ཁ་གསུམ་རྩ་བ་སོ་མངས་རྒྱལ་ཁབ་འདི་ཉིད་སྐྲ་དཀར་སྒྲོལ་མ་ནས་བཟུང་ཡོན་མཆོད་ཐུན་མོང་མ་ཡིན་པར་གྱུར། ངེད་ལའང་དེ་སྐབས་ནས་འབྲེལ་ཡོད་པའི་ཐོག་བདག་མོ་རིན་པོ་ཆེ་འདི་ཉིད་ཀྱིས་སྲི་ཞུ་བསྙེན་བཀུར་ཚད་མེད་པ་བྱས་པའི་སྦྱིན་བདག་གི་རྩ་བར་ཡོད་སྐབས། ད་ལན་སའི་དབང་ཕྱུག་དམ་པ་ཉིད་མཆོག་གསུམ་རིན་པོ་ཆེའི་ཐུགས་རྗེ་དང་རང་གི་སྔོན་བསགས་བསོད་ནམས་ཀྱི་དཔུང་པ་བརྩན་པོ་དུས་སུ་བདོ་བ་ལ་བརྟེན་ནས་ཡངས་པའི་རྒྱལ་ཁབ་ཆེན་པོའི་སྲིད་སྐྱོང་བར་འབྱོན་རྒྱུའི་སྐོར་རྟེན་འབྲེལ་ལེགས་ལམ་ཕུན་སུམ་ཚོགས་པ་ལྷུན་གྱིས་གྲུབ་པར་བྱུང་བའི་དགའ་དར་འབུལ་བའི་ཆེད་མངགས་ཀྱིས་གཏོང་བའི་འོས་ཡིན་ནའང་། ངེད་རང་ད་སྐབས་རི་ཁྲོད་པ་ལྟ་བུར་བྱས་ཏེ་གཡོག་དང་ཁལ་རྟ་མང་པོ་རྟེན་སྐྱེལ་བྱས་མེད་པའི་གནས་ཚུལ་རྒྱུས་ཡོད་རྣམས་ལ་གསལ་བ་བཞིན་ལགས་པས། ལྷ་བྲང་ཆེན་མོའི་ལེགས་དར་འབུལ་མིས་འཐུས་རྩིས་སུ་བྱས་ཏེ་རྟེན་མཚོན་བྱེད་ཙམ་དུ་བཀྲ་ཤིས་པའི་ལྷ་རྫས། ༄མགོན་པོ་ཆེ་མཐའ་ཡས་པའི་གསེར་སྐུ། ཁེ་བི་སུའི་བཞུགས་གདན་རྒྱལ་ཡོལ་སོགས་ཀྱི་སྐྱེས་དང་བཅས་པ་འདི་སོ་མངས་རྒྱལ་པོ་གསར་བ་ནོར་བུ་ནམ་མཁའ་བསྟན་འཛིན་རྒྱལ་སར་འཁོད་པའི་ཁྲི་འདོན་སྐབས་སྩལ་བའོ། །

ཕུན་ཚོགས་སྡེ་བཞིའི་སྒོ་འཕར་གཅིག་ཅར་ཕྱེ་བའི་རྒྱལ་ཁབ་ཡངས་པོར་འཛིགས་བྲལ་གདོང་ལྔའི་ཚུལ་དུ་སྤྱོད་པ་མིའི་དབང་ཕྱུག་མཆོག་གི་དྲུང་དུ། གཅིག་ཏུ་རྣམ་པར་དཀར་བའི་ཡིད་ཀྱིས་ཞུ་བ། །སྐྱབས་གསུམ་ནོར་བུའི་གདེངས་ཀ་གཡོ་བ་མེད་པའི་འོད་ཀྱིས་སྤྱི་བོར་སྣང་བའི་དགེ་ལེགས་བྱིན་ཅིང་། ཆབ་འབབས་བདེ་སྐྱིད་འཛིན་མའི་ཁྱོན་ཡངས་འདེགས་པའི་སྙིང་སྟོབས་ཀྱི་གོ་ཆམ་སྣང་པ་ལ་ཞུགས་པ། དཔལ་སྐྱོང་སའི་དབང་ཕྱུག་ཆེན་པོ་ཉིད་ནས། ཆོས་སྲིད་ཟུང་དུ་འཇུག་པའི་མཛད་བཟང་། རྒྱལ་ཐབས་མཚུངས་པ་མེད་པའི་རྩེབས་སྟོང་བྱང་ཆུབ་མཆོག་གི་འབྲས་བུའི་ལྟེ་བར་ཇོགས་པའི་གསེར་སྦྱངས་འཁོར་ལོ་གཅིག་གིས་ས་བྱའི་གནམ་ལོ་སྨིན་པ་འབྲས་ལྡན་དུ་གྲུབ་པར་མཛད་པ་ལས། སྔར་ཡང་བགྲང་བྱ་གསར་བའི་དགའ་བ་མངོན་པར་བཞད་པའི་དུས་སྟོན་གསར་དུ་ཆེས་ཏེ། སྔ་མ་བཞིན་གནམ་བསྐོས་འཛམ་དབྱངས་གོང་མའི་རྒྱལ་ཁབ་ཚུན་ཆོད་ལ་མཛད་བཟང་སྙིང་པོ་ཅན་གྱི་སྙན་པར་གྲགས་པའི་དགེ་ལེགས་ཀྱི་གོས་དཀར་ཅི་ཡང་བྱིན་པའི་གྲིབ་བསིལ་ལ་ཆབ་འབབས་མཐའ་དག་བདེ་བར་ངལ་གསོ་ཞིང་། དེ་མཐུས་མིའི་རྗེ་ཉིད་ཀྱི་མངའ་ཐང་མཚན་རྟུས་སོགས་ཀྱང་ཡར་ཟླ་ལྟར་འཕེལ་ཏེ། མ་དྲོས་མཚོ་དང་གདེངས་ཅན་བདག་པོའི་ཚུལ་དུ་རྗེ་འབངས་མཐའ་དག་ཇོགས་ལྡན་གསར་བའི་དཔལ་ལ་སྤྱོད་པར་གྱུར་ཅིག་གུ་ཞེས་སྨོན་པའི་ཚིག་གི་རྗེས་སུ་འབྲེལ་བའི་ལེགས་སྐྱེས་བཟ་མཆོད་ཙམ་དུ་ལྷ་དར་ཟུང་བཅས་ཕུལ། ཧྲུན་ཞང་སྤྲ་ལོ་པེ་ཅིང་ནས་འཁོར་ཏེ་ཕྱི་ལོ་ཡང་བསྐྱོད་དགོས་པའི་མཚམས་ཀྱི་ལོ་གསར་དུ་ཕུལ་བའོ། །

སྐུ་དང་ཡེ་ཤེས་དབྱེར་མེད་ཇོགས་སངས་རྒྱས། །དམ་པའི་དོན་དང་བརྡར་བཏགས་ཆོས་ཀྱི་ལམ། །ཐེག་གསུམ་འཕགས་ཚོགས་མི་ཕྱེད་བདེན་པས་ཀྱང་། །འཇིག་རྟེན་སྐྱོང་བ་ཁྱོད་ལ་ཤིས་པར་སྐྱབས། །ཆོས་ནོར་འདོད་

ཐར་སྡེ་བཞིའི་སྒོ་འཕར་བརྒྱ། །གཅིག་ཅར་ཕྱེ་བའི་རྒྱལ་ཁབ་གངས་ཀྱི་སྟོར། །
བསོད་ནམས་རྣམ་སྨིན་རལ་བ་གསེག་པ་ཡི། །མི་རྗེ་གདོང་ལྔའི་དབང་པོ་དེ་ཡི་
དྲུང་། །དགེ་ལྡན་ལུགས་བཟང་གསེར་གྱི་འཁོར་ལོའི་ཤུགས། །འདོད་དགུར་
སྒྱུར་བ་ཧ་ས་བཛྲ་གྱི། །ཞབས་རྡུལ་བསྟེན་པའི་བུས་པ་བདག་གིས་ཀྱང་། །
སྙན་ཚིག་ནོར་བུའི་ཕྲེང་བ་སྐྱེས་སུ་འབུལ། །བདེ་གཤེགས་འཕྲིན་ལས་རི་མོ་
བདུད་རྩིས་རབ་རྒྱས་མུ་ཏིག་འཁྲི་ཤིང་ངམ། །བུ་རམ་ཤིང་འཕེལ་ཞིང་དུ་
དགའ་ཚར་འབེབས་པ་མ་ཟླ་ཟླ་བཟང་སྟེ། །སྔར་ཡང་བསྟན་ལ་སྤྲི་ཞུའི་སྦྱོར་བ་
ལྷུར་ལེན་ནོར་འཛིན་དབང་མོའི་བརྒྱུད། །མཛེས་བྱེད་མཚུངས་བྲལ་ས་ཡི་
དབང་ཕྱུག་གཟུགས་ཅན་སྙིང་པོའི་ཟློས་གར་བཞིན། །བསོད་ནམས་རྩ་བ་
རབ་བརྟན་གཡོ་བ་མེད། །རིགས་ཀྱི་བ་གམ་མངོན་མཐོའི་རྩེ་མོ་ན། །དོན་
བཟང་གཡེར་ཁའི་ཕྲེང་བ་སྙན་སྒྲོགས་པའི། །གྲགས་དཀར་བ་དན་སྟོང་ཕྲག་
གཡོ་བ་ཁྱོད། །མཆོག་གསུམ་གདེངས་ཀ་ནོར་བུས་གཙུག་མཛེས་ཤིང་། །
ཆོས་ཚུལ་མུ་ཏྲི་ཀ་ཕྲེང་སྙིང་ལ་བཟུང་། །དགྲ་འཇོམས་རལ་གྲིའི་འཁྲི་ཤིང་ནོ་
རྒྱུན་ཏེ། །ཆབ་འབབ་གདུང་སེལ་བདུད་རྩིའི་གཏེར་ཀྱང་ཡིན། །མོས་གུས་
ནོར་རྒྱས་ཀྱིས་བཟུང་བའི། །རྣམ་དཔྱོད་དཔུང་བ་མཛྙ་རས། །བསྒྲུབས་སྐྱེས་
གཏོང་བའི་ཟླ་ཞལ་ལས། །འཛད་མེད་ནོར་གྱི་ཐིགས་ཕྲེང་སྦྲོ། །འདིར་ཡང་
བཏུང་བའི་ཕུར་མ་བརྒྱ་ཕྱེད་རྒྱ། །རྒྱ་ཡིས་ཉེར་སྤྲས་སྟོང་ཁྱུན་སྒེག་མོའི་
དར། །དར་དིར་སྙན་སྒྲོགས་གསུང་འཕྲིན་བཅས་འགྱུར་ཆེ། །ཚེ་དཔལ་
བདུད་རྩི་སྦྱོང་བཞིན་དགའ་བས་སྨྱོས། །སྔར་ཀྱང་[ཡང་] རྣམ་དཔྱོད་དཔུང་
པའི་ཀ་བ་ཡི། །བསྟན་ལ་སྤྲི་ཞུ་འབངས་ཀྱི་བྱམས་སྐྱོང་དང་། །ཕ་རོལ་དགྲ་སྡེ་
འཇོམས་སོགས་འཇུག་པ་བཅུས། །མིའུ་ཐུང་སྙེམས་པའི་འཕིགས་བྱེད་གཞོམ་
པར་འཚལ། །མ་སྨད་ལེགས་བྱས་ཡལ་ག་འབུམ་ཕྲག་ཏུ། །བཞད་པའི་གཞིར་

གྱུར་གཟུགས་སྐུའི་དཔག་བསམ་ལྗོན། །སྲུང་པའི་ཐབས་ཚུལ་གཡེལ་བ་མེད་ཞུ་ཞིང་། །སྨོན་པའི་ཏིང་འཛིན་རི་མོ་བདག་ཀྱང་བགྱིད། །སྣོད་མའི་འཕྲོས་ཀྱང་མེས་པོའི་རལ་གླུང་ལྟར་རྒྱུན་ལྡན་ཞུ་ཞིང་ད་ལན་སྤྱན་རས་སྨིན་རྟེན་སྟོང་མིན་ཙམ་དུ་མཛོད་བཏགས་དྲི་མེད་ཟུང་བཅས་བཀྲ་ཤིས་འཁྱིལ་ཁྲི་ཤུང་ཐང་བླ་ཐང་ནས་ཕུལ། །སོ་མང་རྒྱལ་པོ་མ་ཡུམ་བཅས་ལའོ། །

གསེར་འོད་འཁྱུག་པའི་གཞལ་མེད་ཁང་བཟང་མཆོག །གསེར་གྱི་དཀའ་ལུང་བཟང་པོས་སྐུལ་བ་བཞིན། །གསེར་གྱི་ཁྲི་ལ་ཞབས་པད་རྟག་བརྟན་ཅིང་། །གསེར་མདོག་འཆང་བའི་བསྟན་པ་སྤེལ་གྱུར་ཅིག །གསེར་གྱི་འཁོར་ལོ་སྒྱུར་བའི་དབང་ཕྱུག་མིའི་ལྷ་འཇམ་པའི་དབྱངས་༧གོང་མ་བདག་པོ་ཆེན་པོས་གསེར་གྱི་བཀའ་ལུང་བཟང་པོ་དང་ཆབས་གཅིག གསེར་འབྲུག་སྟེར་ལྷུས་མཚན་པའི་ན་བཟའ། གསེར་བཟང་གཟི་འོད་འབར་བའི་ཁང་བཟང་སོགས་སྐུལ་ཞིང་། གསེར་གྱི་ལྷ་ཆེན་ཡང་གདན་སར་ཕེབས་པ་སོགས་ལེགས་བྱས་རྟེན་འབྲེལ་གྱི་སྒོ་བརྒྱ་དུས་གཅིག་ཏུ་ཕྱེ་བའི་དགའ་བ་མཆོག་གིས་ཡིད་དྭངས་ཏེ་ཤིས་པ་བརྗོད་པའི་རྟེན་མཚོན་པར་གསེར་མདོག་ཅན་གྱི་ནང་མཛོད་སྲིད་དུ་རིང་བ་བཅས་བླ་ཆོས་བཟང་པོར་ཤུང་ཐང་པས་ཕུལ། འདིའང་ཟམ་ཚ་གསེར་ཁྲི་རིན་པོ་ཆེ་ལའོ། །

འཇམ་མགོན་བསྟན་པའི་ཉི་མ་ཁྲི་ཆེན་མཆོག་གི་ཞབས་ཀྱི་པདྨོའི་དྲུང་དུ། རྒྱལ་བར་གྱུར་ཅིག །སྐུ་ཚེའི་རྒྱལ་མཚན་བརྟན་པར་གྱུར་ཅིག །འཕགས་ཡུལ་གྱི་ལུགས་བཞིན་རིག་བྱེད་ནས་བཤད་པའི་དགེ་ལེགས་ཀྱི་ཚིག སྔོན་དུ་འགྲོ་བས་ཞུ་བ་ནི། བསྟན་པའི་རྩ་ལག ལྷ་དང་མིའི་བླ་མ། རླབས་པོ་ཆེའི་ཐུགས་བསྐྱེད་ཀྱི་མཐུ་བླ་ན་མེད་པ་རྒྱལ་སྲས་བདག་ཉིད་ཆེན་པོ་ཉིད་ལྷུན་གྱིས་གྲུབ་བཞིན་པའི་མུ་ནས་དགུང་ལོ་ལྔ་བཅུར་ཕེབས་པའི་བ་ཡར་གྱི་ཐོག་དྲངས་ཏེ།

སླད་མར་ཡང་ཛམྦུའི་ལྗོན་པས་མཚན་པའི་གླིང་འདིའི་འཛིན་མའི་ཁྱོན་ཀུན་ཏུ་བློ་བཟང་རྒྱལ་བའི་བསྟན་པ་སྤེལ་བ་དང་། ཀུན་ལ་ཕན་པ་དང་བདེ་བའི་མཆོག་སྦྱིན་རྒྱ་ཆེར་སྩོལ་བའི་དགའ་སྟོན་ཆེན་པོ་ཁྲི་ཕྲག་དུ་མ་རིམ་པར་འབྱུང་བའི་རྟེན་འབྲེལ་གྱི་སྨོན་མཚོན་བྱེད་བཀྲ་ཤིས་པའི་ནང་མཛོད། དངུལ་གྱི་མཎྜལ། དར་ཆེན་སྣ་ལྔའི་འདོགས་བཅས། སྒྲོལ་དཀར་གྱི་བྲིས་སྐུ་རྟེར་གོས་ལྷུང་གུའི་མཐའ་ཅན། ཚེ་མདོ་གསེར་བྲིས། རྣམ་རྒྱལ་མཆོད་རྟེན། དངུལ་སྲང་ལྔ་བརྒྱ། ཡིད་བཞིན་འགུག་པའི་ལྕགས་ཀྱུ་བཅས་བཀྲ་ཤིས་འཁྱིལ་པའི་གླིང་ནས་བཀྲ་ཤིས་པའི་དུས་བཟང་པོར་ཕུལ། འདི་ཟམ་ཚ་གསེར་ཁྲི་རིན་པོ་ཆེ་ལའོ། །

རྒྱག་འཕྲེང་ཞེས་བྱ་བའི་བྲ་སྐྲ་རའོ། །

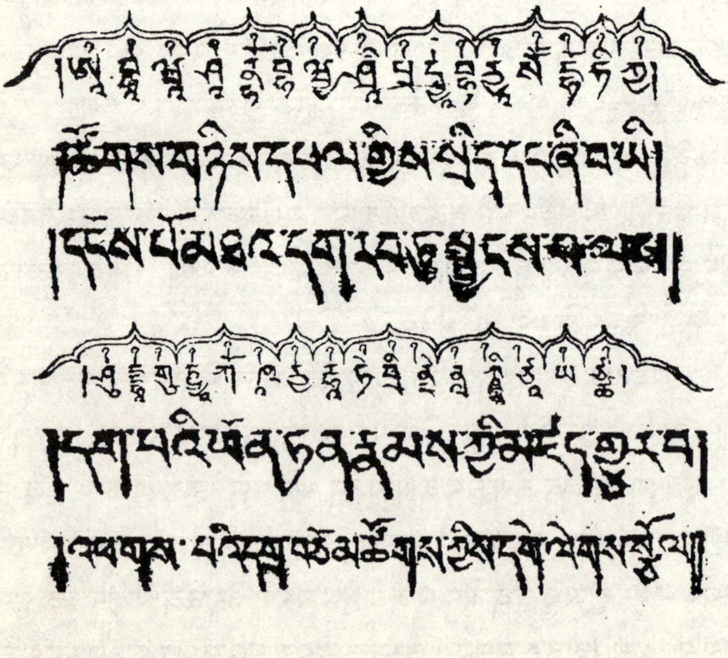

རྣམ་དག་ཚུལ་ཁྲིམས་ལུས་སྐྱོབས་རབ་རྒྱས་ཐུབ་བསྟན་གངས་ཀྱི་རི་སྤུལ་སྐྱོང་། །རྣམ་གྲོལ་ཡེ་ཤེས་མཆེ་སྡེར་མི་བཟད་ལས་ཉོན་གླང་པོའི་གླད་པ་འགེམས། །རྣམ་གསུམ་རིགས་པའི་མིག་རྩ་དམར་འཁྲུགས་ཉེ་བར་ཞི་བའི་དབྱིངས་སུ་འགྱུ། །རྣམ་མང་འཁོར་ཚོགས་དང་བཅས་དགྲ་བཅོམ་ལྔ་བརྒྱའི་ཚོགས་ལ་ཕྱག་འཚལ་ལོ། །མི་ཏོག་སྤྱོས་དང་མར་མེ་དྲི་བཟང་ཆབ། །གཙང་མར་སྦྱར་བའི་ཞལ་ཟས་རོ་བརྒྱ་བ། །ཆོས་གོས་གསུམ་དང་གསོལ་བྱེད་ལྷུང་བཟེད་སོགས། །ཉུང་མཐུན་མཆོད་སྤྲིན་རྒྱ་མཚོ་གུས་པས་འབུལ། །ཐོག་མ་མེད་ནས་བསགས་པའི་བཅས་རང་གི །ཉེས་ལྟུང་སྒྲིབ་པ་མ་ལུས་མཐོལ་ཞིང་བཤགས། །སྲིད་མཚོ་ལས་བརྒལ་ཉེར་ཞི་མངོན་དུ་མཛད། །རྒྱལ་བསྟན་འཛིན་ཅིང་སྤེལ་ལ་རྗེས་ཡི་རང་། །གཟུགས་སྐུ་ཞི་བའི་དབྱིངས་སུ་མི་སྟུད་པར། །འགྲོ་བའི་བསོད་ནམས་ཞིང་དུ་ལེགས་བཞུགས་ནས། །སྡེ་སྣོད་གསུམ་གྱི་གཉེ་སྐྲ་བོ་ཆེས། །འགྲོ་བ་མ་རིག་གཉིད་ལས་སློང་བར་མཛོད། །དགེ་ཚོགས་ཀུན་ཀྱང་རྒྱལ་བའི་བསྟན་པ་མཆོག །འཕེལ་ཞིང་རྒྱས་པའི་རྒྱུ་རུ་བྱིན་གྱིས་རློབས། །མདོར་ན་འཕགས་ཚོགས་རྣམ་གྱི་ཐུགས་རྗེ་དང་། །བདག་ཅག་དད་པས་དགྲ་བཅོམ་ཆེ་རྣམས་ཀྱི། །གཟུགས་སྐུ་ཚུལ་དང་མཐུན་པར་བསྐྲུབས་པ་སོགས། །དུས་གསུམ་དགེ་ཚོགས་གཅིག་ཏུ་བསྡོམས་པའི་མཐུས། །མཁའ་མཉམ་ལུས་ཅན་ཡོངས་ཀྱི་ཕན་བདེའི་གཞི། །ཐུབ་པའི་བསྟན་པ་སྤྱི་དང་ཁྱད་པར་དུ། །ཚང་ལ་མ་ནོར་བློ་བཟང་རྒྱལ་བའི་བསྟན། །ཕྱོགས་དུས་ཀུན་ཏུ་དར་ཞིང་རྒྱས་གྱུར་ཅིག །སྡེ་འདིར་ཚུལ་ཁྲིམས་ལང་ཚོའི་དཔལ་འབར་ཞིང་། །རྒྱ་ཆེན་མང་ཐོས་ནོར་བུའི་རྒྱན་འཕྲེང་ཅན། །ལུང་རྟོགས་བཤད་སྒྲུབ་གར་གྱིས་རྩེན་པ་ཡི། །བསྟན་འཛིན་འཆི་མེད་གཞོན་ནུས་གང་གྱུར་ཅིག །ཡུལ་ལྗོངས་སུ་ཡང་ནད་མུག་འཁྲུག་རྩོད་ཞི། །རྗེ་འབངས་

མཐའ་དག་སྐྱོབས་འགྱུར་མངའ་ཐང་རྒྱས། །ཡོན་མཆོད་ཀུན་ཀྱང་ཆོས་སྲིད་རྫོགས་ལྡན་གྱི། །ཀུན་དགའ་གསར་པས་རྟག་ཏུ་རྗེན་གྱུར་ཅིག །ཚུལ་འདིར་འབད་ཅིང་འབྲེལ་བ་ཐོགས་པ་ཀུན། །རྟག་ཏུ་དལ་འབྱོར་ཚང་བའི་རྟེན་ཐོབ་ཅིང་། །འཕགས་པའི་དགྲ་བཅོམ་ཚོགས་ཀྱིས་རྗེས་བཟུང་སྟེ། །རྣམ་གྲོལ་ནོར་བུའི་གླིང་དུ་ཕྱིན་གྱུར་ཅིག །ཅེས་པ་འདི་ནི་ཨོར་དུ་སུ་དྷ་ལད་ཤོག་གི་དགོན་པ་བཀྲ་ཤིས་ཆོས་གླིང་གི་ཁྲི་ཐོག་པ་དགེ་བའི་བཤེས་གཉེན་འཇམ་དཔལ་རྒྱ་མཚོ་སོགས་ནས་བསྟན་པའི་འཕེལ་རྒྱས་ཀྱི་ཆེད་དུ་དགྲ་བཅོམ་པ་ལྔ་བརྒྱའི་སྐུ་བརྙན་རི་བོ་རྩེ་ལྔར་བཞུགས་པ་མ་ཕྱི་བྲུས་ཏེ་གསར་བསྒྲུབ་སྐབས་སྨོན་ཚིག་ཅིག་དགོས་ཚུལ་སྐུལ་མ་བྱུང་བ་ལྟར། ༄བཙུན་པ་དཀོན་མཆོག་བསྟན་པའི་སྒྲོན་མེས་སྦྱར་བའི་ཡི་གེ་པའང་སྔགས་རམ་པ་དཀོན་མཆོག་ཀུན་དགའོ།། །།

༄༅། །སྙན་ངགས་ཀྱི་དཔེར་བརྗོད་རྩོམ་འཁྲོ་ཅན་བཞུགས་སོ། །

བླམ་འཇམ་པའི་དབྱངས་ལ་ཕྱག་འཚལ་ལོ། ། གྲོལ་པ་ནི། འདབ་སྟོང་རྩེ་ན་བླ་བའི་མེ་ལོང་ངོས། །ཉིང་འཛིན་པིར་གྱིས་བྲིས་འདྲ་ཚངས་སྲས་མ། །སྙན་འགྱུར་རྒྱུད་མངས་སྒྲ་ལས་ངག་གི་དཔྱིད། །འདོད་དགུར་འཇོ་བ་ལྷག་པའི་ལྷ་དེར་འདུད། །ཡང་། སྙན་འགྱུར་རྒྱུད་མངས་སྒྲ་དང་སྒྲུར་བ་ཡི། །ལེགས་བཤད་རོལ་མོ་རྣམ་པར་སྒྲོ་བའི་གཉེན། །ངག་ལ་ངག་གི་དཔལ་སྟེར་དབྱངས་ལྡན་མས། །སྙེབ་ལེགས་ཚིག་གི་འདོད་པ་འཇོ་བར་མཛོད། །

རིགས་ནི། དཀར་གསལ་རི་དྭགས་མཚན་མ་ཡི། །མཛེས་སྡུག་སྙེམ་པ་འཁྲོག་བྱེད་པའི། །ཞལ་གྱི་དཀྱིལ་འཁོར་རབ་རྒྱས་པ། །སློ་ལྡན་ཡིད་ཀྱི་ལྕགས་ཀྱུ་བཞིན། །ཡོན་པོར་བལྟ་བའི་ཟུར་མིག་གི །འོད་ཀྱི་ཞགས་པ་རིང་པོ་ཡིས། །རྣ་ལུང་ནོར་བུའི་མཛེས་སྡུག་ཀུན། །དལ་གྱི་འདྲེན་པའི་འདབ་བུ་མཁན། །མཆུ་སྒྲོས་པིམ་པའི་དགའ་ཚལ་དབུས། །ཚེམས་འཕྲེང་བླ་བའི་མྱུ་གུ་ལས། །བསུང་ཞིམ་བསིལ་ཟེར་སྤྲོ་བ་ཡི། །དབྱངས་ལྡན་མཐོང་བས་དང་བ་འཕེལ། །

མཛོད་ནི། དཀར་ཞིང་གསལ་ལ་དྲི་མ་མེད། །མཛེས་སྡུག་དཀྱིལ་འཁོར་ཡོངས་སུ་རྫོགས། །ཟུར་མིག་ག་བུར་གཟེག་མ་ཡིས། །ཡིད་ཀྱི་གདུང་བ་སེལ་བྱེད་ཅིང་། །དགའ་བའི་ཀུནྡ་ཁོང་ནས་རྒོད། །འཛུམ་དཀར་བདུད་རྩིའི་འོད་ཟླབས་ཀྱིས། །སློ་གྲོས་ཆུ་གཏེར་རྒྱས་པར་བྱེད། །སྙིག་ཅིང་རབ་ཏུ་དགྱེས་

པའི་ཉམས། །རི་དྭགས་གཟུགས་ཀྱིས་རྣམ་པར་ངོམས། །དབྱངས་ལྡན་མ་ནི་ཁོ་བོའི་ལྷ། ། འདུས་པ་ནི། དམར་སེར་སྐྱ་ཡི་ཉིན་བྱེད་ལས། །ཕྱག་གཡས་མཁའ་ལ་བརྐྱངས་པ་ནི། །རབ་དམར་སློག་གི་རྩེ་དགའ་ཡིས། །ཤེས་བྱའི་ཁོར་ཡུག་གཞལ་བྱེད་བཞིན། །ནོར་བུའི་སྐེ་མ་གཡུར་ཟ་ཞིང་། །སྒྲ་ལྡན་གསེར་སྦྲུང་གདུ་བུ་ཡིས། །མཁྲིགས་མའི་ཕྱོགས་སུ་བརྒྱན་པ་འདིས། །སྲིད་ཞིའི་མཛེས་སྡུག་བདག་གིར་བྱེད། །གང་གི་ཡལ་འདབ་རྩེ་མོ་ན། །རྩེན་པ་རལ་གྲིའི་གདེངས་ཀ་ཡིས། །ཀུན་སྨོངས་མུན་པའི་དྲ་བ་དག །ཅིག་ཅར་ཉིད་ལ་གཅོད་པར་བྱེད། ། ཤེས་བརྗོད་ནི། འགྲིབ་མེད་འོད་ཀྱི་རྩེ་དགའ་ཡིས། །དུས་ཀྱི་མུན་པ་མཐར་མཛད་པ། །ཡེ་ཤེས་སྣང་བ་བླ་ན་མེད། །ཚེ་མཐའ་ཡས་པས་ཤེས་པར་མཛོད། ། ཕྱག་ནི། ཐུགས་རྗེའི་པི་ཝང་དང་པོའི་རྒྱུད། །བརྟུང་བ་ཙམ་གྱིས་སྨོང་བའི་གཟིངས། །འཛོམས་བྱེད་དྲི་ཟའི་ན་ཚུང་མ། །དབྱངས་ཅན་ལྷ་དེར་སྙིང་ནས་འདུད། ། དངོས་པོ་ངེས་བསྟན། བཅད་ལྷུག་སྤེལ་མའི་ཆ་ཤས་ཡོངས་སུ་རྫོགས། །སྟེ་བཞིའི་གཏམ་གྱི་རི་བོང་མཚན་མས་མཛེས། །སྒྲ་དོན་རྒྱན་གྱི་འོད་དཀར་དྲ་བ་ཅན། །ལེགས་བཤད་ཟླ་ཤེལ་ཐུབ་བསྟན་མཁའ་ལ་འདྲེན། །དལ་ཞིང་རྒྱུ་བ་སོ་ཀའི་ཉིན་བྱེད་ཀྱིས། །གནམ་སྟོན་མེ་ལོང་ཞུ་བ་སྨིག་རྒྱུའི་ཆབ། །སྤང་གཤོང་ཡངས་པོར་འཁྱིལ་འདྲའི་ཆུ་མཚོ་ལས། །སྐར་ཚོགས་མཁའ་ལ་འཁྱོར་བ་བཞིན། །སིལ་སིལ་འབབ་པ་གཙང་མའི་ཆབ་རྒྱུན་ཅན། །ལྷུང་སྟོན་ནགས་ཚལ་མཛེས་པས་སྨད་ཁེབས་ཞིང་། །སྤྲིན་དཀར་སྟོད་གཡོག་གཡོ་བའི་རི་སུལ་ན། །ཁུ་བྱུག་སྨྲོས་པའི་གསུང་སྙན་དལ་གྱིས་སྒྲོག །འོད་སྟོང་གཟི་བྱིན་མ་བཟོད་སྐར་མའི་ཚོགས། །ས་ལ་འཕོས་འདྲ་གྲོང་ཁྱེར་ཆེན་པོའི་དཔུས། །གསེར་གྱི་རྒྱལ་མཚན་འཕྲེང་བས་མཛེས་པ་ནི། ཉི་མའི་དམག་ཚོགས་རྗེས་སུ་བབས་པ་བཞིན། །སྐྱིན་ཐལ་སྟོན་གྱི་མཁའ་ལ་ཧ་ལྷང་ཅན། །

འབར་བའི་ཟེར་གྱིས་ཕྱེ་བའི་འདབ་སྟོང་འཕྲེང་། །ཚར་དངར་སྐྱིད་ཚལ་དབུས་ཀྱི་ཐིང་བུ་ན། །གཞོན་ནུ་ཁྲུས་ཀྱི་རྩེ་དགས་རྣམ་པར་རོལ། །ཚང་གིས་སྦྱོས་པས་ཟིམ་ཟིམ་ལྷ་བྱེད་ཅིང་། །དགའ་མགུར་རོལ་བའི་བདེ་བས་ སྤྲུ་སོང་རྒྱུས། །འོན་ཀྱང་ད་དུང་འདོད་པའི་ཕོ་ཉ་མོ། །གཞན་དང་དུས་བཏབ་ལས་འདས་གདུང་བས་མནར། །ཡིད་ཀྱི་ཤིང་རྟ་འགྲོ་དང་འོང་པ་ཡིས། །ཉེ་བར་འཚམས་སྤྲུར་དགའ་བའི་དགའ་སྟོན་ཆེ། །དར་བས་རིགས་སྲུས་གསར་བའི་ཀུ་མུད་ད། །འཕེལ་བ་ཡར་ཆེས་ཟླ་བའི་མྱུ་གུ་བཞིན། །རྟ་མིག་གིས་བསླང་རྟུལ་གྱིས་ཆུ་འཕྲུང་འགོག །རི་བོ་རལ་བྱེད་གླང་པོའི་དཔའ་སྒྲ་ཅན། །མི་བཟད་གཡུལ་གྱི་དགྲ་སྡེའི་དཔུང་བཙོམ་ཆེ། །རྒྱལ་པོའི་སྡེ་བཞིའི་མངའ་ཐང་དང་གིས་འཕེལ། །རྟེན་འབྱུང་འདུན་ན་འདོན་གྱིས་གྲིས་བཏབ་སྟེ། །དཔྱད་འཇོག་ལྷ་བའི་ཕོ་ཉ་འགྲོ་འོང་གིས། །དངོས་འཛིན་བཙོན་ར་བཤིགས་ནས་གཏུག་མའི་སེམས། །ཕ་རོལ་ཞི་བའི་གླིང་དེར་དལ་གྱིས་སོངས། ། གཽ་ཌྷ་བའི་སྦྱར་བ། པདྨའི་རྩེ་ན་སྙན་པའི་གླུ་ལེན་མ། །ཉི་མའི་མདངས་བཀྲ་མུ་ཏིག་འོད་ལྡན་མ། །མ་ལྷར་གྲུས་པས་བསྟེན་ནོ་དབྱངས་ལྡན་མ། །མ་གཡེལ་བརྩེ་བས་གཟིགས་པ་མ་དོར་ཞིག ། འདི་ཡང་། རབ་དཀར་ཀ་མ་ལ་ཡི་གདན་སྟེང་ན། །དཀར་ཞིང་མཛེས་པ་དང་བའི་བུ་མོ་དཀར། །འཛུམ་དཀར་བསིལ་བའི་འོད་དཀར་སྤྲོ་བ་ཡིས། །བློ་ཡི་ཀུནྡ་རྒྱས་པའི་མཛེས་སྡུག་དཀར། ། ལྷོ་བའི་སྦྱར་བ། ཤེས་རབ་ཆུང་ཡང་ཁེངས་ལྡན་མཁས་སྙེམས་ཚོགས། །འཐད་འཐད་ཚིག་གིས་ཕལ་ཆེར་མགོ་སྐོར་ཞིང་། །ཚིག་འཁྲི་ཁོ་ནས་མི་ཚེ་ཆུད་གཟོན་པས། །ཚང་ཚིང་ཁོར་ཡུག་ཁང་ཡང་ཕན་པ་ཆུང་། །འདི་ཡང་། ཤེས་རབ་མེད་ན་ཁེངས་ཀྱང་མཁས་པ་མིན། །ཁེ་ཚོང་ཁོ་ནར་འཐམ་ཆེ་བརྩུན་པ་མིན། །ཁེ་འདོད་ཕྱུགས་སུ་འཆང་ཕྱིར་བཟང་པོ་མིན། །ཆོས་མེད་ཆོས་པའི་གཟུགས་ཀྱིས་

ས་འདི་ཁང་། །སྔ་བའི་རབ་དྭངས། མཐོ་ཞིང་བརྗིད་ཆགས་ཤར་རིའི་རྩེ་མོ་ནས། །སྤྲིན་བྲལ་སྟོན་གྱི་ནམ་མཁའ་དྭངས་པ་ལ། །དལ་གྱིས་འཛོག་པའི་ཟླ་བ་བདུད་རྩིའི་འོད། །མུན་པའི་གདུང་སེལ་བསིལ་བའི་དཔལ་དུ་ཤར། ། ཤར་བའི་རབ་དྭངས། ཡེ་ཤེས་མེ་ལོང་ངོས་ལ་མངོན་དགའ་བ། །དད་པའི་བུ་མོ་མགྲིན་པའི་ཛཱ་ཛ་ཡིས། །ཐུལ་བྱུང་ཤེས་པར་བསྒྲུབས་པའི་ཡིད་མཚོ་ལས། །སྟེབ་ལེགས་ཚིག་གི་མེ་ཏོག་མཁའ་ལ་འཐོར། །སྔ་བའི་མཉམ་ཉིད། འཇམ་དབྱངས་གཞོན་ནུ་མི་ཡི་རོལ་གར་ཅན། །རྒྱལ་བ་གཉིས་པ་བློ་བཟང་གྲགས་པ་ཡིས། །ཐེག་མཆོག་མཐར་ཐུག་གསང་ཆེན་དུཀྐ་ཧྲི། །བརྟུང་ཚེ་མཁས་རློམས་ས་ཡོངས་ཀྱི་ཁེངས་པ་འགྲིག །ཤར་བའི་མཉམ་ཉིད། ཀུན་གསལ་ཡངས་པའི་དོ་ར་མཛེས་པའི་དཔྱིད། །འོད་དཀར་ག་བུར་འགྱེད་པ་ཀུནྡའི་གཉེན། །ཚ་བའི་གདུང་འཕྲོག་བསིལ་བའི་མཆོག་སྟེར་བ། །ལུས་ཅན་སྙིང་གི་དགའ་བ་གཟུགས་ཅན་བཞིན། །སྙན་པ་སྔོ་ཕྱོགས་པའི་སྤྲིའི་ཉམས། །རྒྱ་ཆེ་རྒྱ་མཚོ་ལྟར་ཟབ་རྒྱལ་བའི་ཐུགས། །མཁའ་ལྟར་ཡངས་ལ་ཉ་རྒྱས་ཟླ་ལྟར་གསལ། །མ་སྨད་ཐུལ་བྱུང་སྤྱོབ་པ་མི་དཔོག་པས། །རྣམ་ཀུན་རྟོགས་པའི་སྟོབས་ཞེས་རྣམ་པར་བསྟོད། ། ཤར་བའི་རྐང་པ་ལ་བསྐོར་བ། མཐའ་ཡས་གསུང་རབ་ཀུན་གྱི་སྙིང་པོའི་དོན། །མཐར་འཛིན་ནད་ཀུན་སེལ་བ་སྨན་གཅིག་པུ། །མཐའ་བྲལ་ཟབ་མོ་རྟེན་ཅིང་འབྲེལ་འབྱུང་ལམ། །མཐར་གྱི་གོམས་པས་སྲིད་པའི་ཟུག་རྔུ་གཅོད། ། ཚིག་ལ་བསྐོར་བ། ཐེམ་པའི་ཚལ་ན་བུང་བའི་ན་ཆུང་མ། །སྙན་པའི་གླུ་ལེན་སྤྲང་རྩིའི་སྙེ་མར་རོལ། །རབ་དགའ་རྒྱས་པའི་ངོ་མཚར་རི་མོ་འདིས། །སྲིད་པའི་བདེ་ལ་སྲེད་པ་འཕེལ་བར་བྱེད། ། རིང་ཐོར་བསྐོར་བ། མ་ལུས་མཁས་པའི་སྙིང་ལ་དཔྱིད་འཛོ་བ། །དབྱངས་ལྡན་མ་ཕྱིད་ལྷག་པའི་ལྷར་བསྟེན་ན། །བརྩེ་བས་དགོངས་ནས་མ་གཡེལ་དུས་ཀུན་ཏུ། །འཛད་མེད་ངག

གི་དངོས་གྲུབ་མ་ལུས་སྩོལ། ། ཤར་བ་ཁོ་ན་འདོད་པའི་རྗེས་ཁྲིད། སྒྲོས་བར་ལས་བྱུང་སྒྲ་དབྱངས་སྙན་སྒྲོག་ཅིང་། །སྦྲང་རྩིས་སྦྲེགས་པའི་བསུང་ལྡན་ཟླ་མ་རཿ། །འདབ་སྟོང་རྩེ་ན་གར་གྱིས་རོལ་བ་ལ། །བ་མོའི་རེག་པས་གནོད་པར་མ་གྱུར་ཏམ། ། སྤྲང་བུ་གྲོང་པའི་ཚིག འདོད་ལྡན་སྙིང་དུ་སྡུག་པའི་བུ་མོ་ཁྱོད། །མཐོང་བས་ཆགས་པའི་ཡིད་ནི་བཟུང་བར་དཀའ། །མལ་སྟན་བདེ་བར་འོ་དང་འཁྱུད་པ་ཡིས། །འཁྲིག་པའི་བདེ་ལ་སྤྱོད་པར་མི་བྱེད་དམ། ། སྤྱོང་བྱེད་ཀྱི་ཉམས། མེ་ཏོག་མདའ་ཅན་སྲིད་ལས་རྒྱལ་བྱེད་པའི། །བ་དན་ལྷ་བུར་དཀར་མཛེས་ལུས་ཕྲ་ཁྱོད། །དགའ་བའི་གྲོང་ཁྱེར་ཡངས་པོར་ཡིད་སྲུབས་ཀྱི། །དགའ་སྟོན་ཆེ་ལ་རོལ་བར་མི་བྱེད་དམ། ། འཚམས་སྦྱོར་ལ་ཞུགས་པ། འོད་ཀྱི་དཀྱིལ་འཁོར་རབ་རྒྱས་རྟ་ལྗང་ཅན། །བསིལ་ཟེར་ལྡན་པ་ཡིས་ཀྱང་མི་ཕྱེད་པ། །ཅིག་ཅར་འབྱེད་བྱེད་སྣེག་མོའི་འགྲམ་ཚང་གིས། །འཐོར་ཆེ་བ་ཀུ་ལ་དེ་རང་དབང་ཅི། ། ངག་ཚིག་དོན་ལ་ཞུགས་པ། དམར་པའི་བཞིན་ལྡན་དྲག་པོའི་དབུགས་འབྱིན་ཅིང་། །ཕ་རོལ་ལུས་ལ་རྡོ་རྗེའི་གདེངས་ཀ་ཡིས། །བསྣུན་པ་ལས་སྐྱེས་བཟོད་དཀའ་ཟུག་རྔུའི་ཚོགས། །ཀུན་རྟོག་སྤྲོས་པའི་སྡེ་དང་ལྡན་ཅིག་རྒྱུས། ། དམིགས་བསལ། ཆོས་ལ་ཡིད་རྟོན་བུ་མོ་མཚན་ལྡན་མ། །དྲིན་ལྡན་ཕ་མའི་འདོད་པ་སྒྲུབ་བྱེད་ཅིང་། །འཁོར་འབངས་ཚོགས་ལ་རྗེས་སུ་ཆགས་པའི་སེམས། །མི་འདོར་ཡ་རབས་ངང་ཚུལ་མཆོག་གིས་མཛེས། ། ལྟ་བའི་གཞོན་པ། པད་དཀར་འཕྲེང་བས་མཛེས་པའི་སྐྱིད་ཚལ་ན། །གེ་སར་ས་སྨྱོས་བུང་བའི་ན་ཚུང་མ། །སྦྲང་རྩིའི་སྙེ་མ་འཆང་ཞིང་སྙན་འགྱུར་གྱི། །གླུ་དབྱངས་ལེན་བཞིན་དལ་གྱིས་རྒྱུ་བར་བྱེད། ། ཤར་བའི་བརྗོད་དཀའ་བ། གཏུམ་དྲག་རྣམས་བརྗིད་གར་གྱིས་སྲིད་གསུམ་ཁྱོན། །འདར་བྱེད་ཧཱུྃ་སྒྲ་དྲག་པོས་རི་བོ་བསྒྲིལ། །ཧྲིག་ཧྲིག་སྣང་མིག་གཡོ་བས་དགྲ་སྡེའི་སྙིང་། །སྐྲག་མར་འབྲོས་བྱེད

ཁྲོ་རྒྱལ་གཤིན་རྗེའི་གཤེད། ། སྔ་བའི་དོན་གསལ། ཁྱབ་འཇུག་ཡིད་ཀྱི་རོལ་བ་མཆ་རས། །ཆུ་མཚོར་བྱིངས་པའི་ས་ཆེན་འདེགས་པ་ན། །རྨིག་པ་སྲུ་གྲིས་གདེངས་ཅན་ཚོགས་ཀྱི་ལུས། །བཅད་པའི་ཁྲག་གིས་ཆུ་གཏེར་དམར་འོད་འཛིན། །ཡང་། མ་དྲོས་གདེངས་ཅན་བདག་པོའི་མཐུ་དཔལ་ལས། །འཆི་མེད་ཐིང་རིང་ངོས་ལ་ཕྲིན་དཀར་གྱི། །ཟླ་རེ་བྲིས་ཚེ་སྦྲང་ཆར་འབབ་མཐོང་ནས། །ཆར་འདོད་བྱེའུ་དགའ་བའི་དབྱངས་ཀྱིས་བྲེལ། ། ཤར་བའི་དོན་གསལ། ཡངས་པའི་གསེར་ལྡན་མ་འདི་ཆུ་གཏེར་དབུས། །བྱིངས་ཚེ་འཇུག་པ་བཅུ་པ་ཕག་རྒོད་ཀྱི། །རྣམ་པར་རྟེན་པས་གྱེན་དུ་བཏགས་པ་ན། །ཟླ་བའི་མ་མ་མཚམས་ཕྲིན་མདངས་ཀྱིས་མཛེས། །ཡང་། འཛིག་རྟེན་སྐྱོང་བ་གླུ་དབང་ཚོགས་ཀྱི་མཐུ། །ཞིང་བའི་བསོད་ནམས་དཔྱིད་དུ་སྨིན་པ་ལས། །མཁའ་དབྱིངས་ཆུ་འཛིན་དྲ་བས་ཁེབས་པ་ན། །ཙ་ཏ་ཀ་རྣམས་དབྱངས་སྙན་གླུ་རུ་ལེན། ། སྔ་བའི་རྒྱུ་ཆེ་བ། མཚུངས་མེད་འདྲེན་པ་ཉིན་མོར་བྱེད་པ་ཡི། །ཞབས་སྐྱེས་བཀྲ་ཤིས་རྟུལ་གྱིས་གཙུག་མཛེས་ཆེ། །གནས་སྐབས་མཐར་ཐུག་དོན་གཉིས་གང་འཐད་ང་། །སྣང་བ་གཞན་ལ་བརྟེན་པའི་དོན་མ་མཆིས། །ཡང་། འཁོར་དང་གཏོང་བ་ཟླ་མེད་མི་ཡོང་གདོང་། །གང་ལ་སློང་བའི་སྐྱེ་པོ་དེ་དག་གི །དབུལ་བའི་སྡུག་བསྔལ་ལྷག་མ་ཟད་པའི་ཕྱིར། །སྦྱིན་པའི་བདག་པོ་གཞན་གྱིས་ཅི་ཞིག་བྱ། །ཤར་བའི་རྒྱུ་ཆེ་བ། མི་རྟག་འཕྲི་ཤིང་རྒྱས་པའི་དགའ་ཚལ་ན། །རྟེན་པའི་ན་ཆུང་ནོར་བུའི་འོད་པག་ལས། །དཔྱངས་པའི་དྲིལ་ཆུང་སིལ་སིལ་འཁྲོལ་བ་ཡིས། །དྲུག་སྐྱེས་གླུ་དབྱངས་སྙན་པའི་ཁེང་པ་འཕྲོག །ཡང་། རྒྱལ་ཕྲན་སྟོང་གི་ཟུར་ཕུད་གདེངས་ཀ་ཡིས། ། ལན་གཅིག་མིན་པར་གུས་པས་བསྟེན་བྱ་བ། །སྤེ་བཞིའི་སྒོ་འཕར་ཡངས་པོར་ཕྱེ་བ་ཡི། །ཕྱོགས་ལས་རྣམ་པར་རྒྱལ་བའི་རྒྱལ་ཁབ་ཆེ། ། ཤར་བའི་བརྗོད་པ། བདེ་གཤེགས་གསུང་རབ་

རབ་འབྱམས་དཀའ་གནད་ཀུན། །འགྲེལ་ལ་ཐུལ་བྱུང་རྣམ་དཔྱོད་བློ་གྲལ་བ། །འཛིགས་བྲལ་སྨྲ་དབང་མཁས་གྲུབ་དགེ་ལེགས་དཔལ། །འཛམ་གླིང་མཁས་པ་མ་ལུས་གཙུག་ན་མཛེས། ། སྟོན་པའི་བརྗོད་པ། ཇི་ལྟ་ཇི་སྙེད་ཆོས་རྣམས་མ་ལུས། །ཐུགས་སུ་ཆུད་པ་རྒྱལ་བའི་ཉི་མ། །ཡེ་ཤེས་པར་རྒྱས་བྱེད་དེ་ལ། །ཕྱམ་རཿཡི་དབྱངས་ཀྱིས་བསྟོད་དོ། །ཡང་། ཀུམུད་དཀར་དཀར་ཞིང་གསལ་ལ། །སུ་ཧི་ག་བཞིན་འོད་རབ་འཕྲོ་བ། །མ་སྨད་ལང་ཚོ་རབ་རྒྱས་ཨ་མ། །འདོད་ལྡན་སྙིང་ལ་ཨུ་དུམ་ཕ་ར། ། སྟོན་པའི་མཛེས་པ་གཏམ་ལ་སྦྱར་བ། ཕྲིན་དཀར་དལ་གྱི་གཡོ་འདྲའི་ས་སྲུང་སྟེང་། །འཆི་མེད་བདག་པོའི་ལག་ཉལ་རྡོ་རྗེ་ཡིས། །སྤྲིན་སྐྱེས་གཡུལ་ངོ་བཟློག་པར་མཛད་པ་ན། །ཕྱོགས་ལས་རྣམ་པར་རྒྱལ་བའི་གྲགས་སྙན་ལྡིར། །ཡང་། བློ་བཟང་རྒྱལ་བའི་གསུང་གི་མཛོད་ཕྱེ་སྟེ། །བསྟན་པའི་གནད་ཀུན་རྫོགས་པར་གསལ་བ་ཡིས། །མཐའ་འཁོར་ཁ་བ་ཅན་གྱི་ལྗོངས་འདི་ཡང་། །དབུས་འགྱུར་ཞེས་བྱར་གྲགས་པ་དོན་དང་ལྡན། ། བསྟུགས་པ་ལ་སྦྱར་བ། སུ་ཧི་ག་འཕྲེ་ཤིང་ཡང་དག་རྒྱུ་བ་བཞིན། །འདོད་ལྡན་སྐྱེ་བོ་དགའ་བྱེད་དགའ་མ་ཡིས། །ཟུར་མིག་འོད་ཞགས་སྒྲོ་བའི་རྩེ་མོ་ནི། །རྣ་ལུང་ཕོན་པོའི་བར་དུ་རྫོགས་མ་གྱུར། །ཤར་བའི་གཏམ་ལ་སྦྱར་བ། གཽ་ལ་ཤ་རིའི་དཔལ་འཛིན་གཉིས་འཐུང་གི །སྙིང་འགྲིང་གྲགས་པའི་མུ་ཁྱུད་རྩེ་བརྒྱ་ཡིས། །ལྷུན་པོ་ཞུང་དཀར་གནས་ལ་འགོད་བྱེད་ན། །ཉམས་ཚུང་ལྷ་མིན་བཙོམ་ལ་མཚར་དུ་ཅི། །ཡང་། འཇམ་མགོན་བླ་མའི་ལེགས་བཤད་འོད་སྟོང་གིས། །མདོ་རྒྱུད་པད་ཚལ་རྒྱས་པའི་གངས་ལྗོངས་འདིར། །འོག་མིན་ཞེས་བྱར་གྲགས་པའི་ཧ་པོ་ཆེ། །རྟུང་བ་དེས་ཀྱང་བསྐྱོན་དུ་ག་ལ་ཡོད། །བསྟུགས་པ་ལ་སྦྱར་བ། སྲིད་ལྡན་སྙིང་ལ་ཀུན་དགའ་གསར་བའི་སོ། །སྤྲིན་བྱེད་ལང་ཚོ་མ་ཡི་ཟུར་མིག་གི །དཀྱུས་རིང་ཡིད་སྲུབས་འཕྲུལ་གྱི་ཉག་ཕྲན་དེ། །འཇིག་རྟེན་གསུམ་གྱི་མཐར་

ཡང་རྗོགས་མ་གྱུར། །ཧིང་ངེ་འཛིན་གྱི་ཡོན་ཏན་སྤྱིར་བསྟན་པ། །དབང་ཕྱོགས་ས་འཛིན་རྩེ་ནས་འོད་སྟོང་ཅན། །དགྱེས་པའི་རང་ཞལ་ངོམས་ཚེ་པདྨོ་རྣམས། །དགའ་བའི་གེ་སར་སོ་འཕྲེང་རྒོད་པ་ན། །ཕྲག་དོག་ལྡན་པའི་ཀུ་མུད་ཟླུམ་པར་གྱུར། ། ཆོས་གཅིག་བཀོད་པ། འགྲམ་ཆང་གཟེག་མས་བསྐྱངས་པའི་བ་ཀུ་ལ། །དགའ་ཞིང་ཆགས་པས་རབ་ཏུ་རྒོད་པ་ན། རྐང་གདུབ་ཀྱིས་བསྒྱུར་སྨྲ་ངན་མེད་པ་ཡང་། །ཁྲིལ་བའི་ཡིད་ཀྱིས་ཙུང་ཟད་རྒོད་པར་བྱེད། །ཡང་། མི་བཟད་དགུན་གྱི་གྲངས་རེག་རྒྱས་པ་ན། །ཉལ་འགྲོ་མ་རྣམས་ཆབ་རོམ་གྱུར་དུ་མནའ་ལ། །པོར་ཡུག་མཛེས་བྱེད་རི་བོའི་འཕྲེང་བ་ཡང་། །ཁ་བའི་གུར་ཁང་ཕུག་ཏུ་གཉིད་ལ་ཡུར། ། ཆོས་དུ་མ་བཀོད་པ། འོད་སྟོང་ཆུ་ལྷའི་བང་བར་མནལ་བ་ན། །སྐར་མའི་དོ་ཤལ་ལེགས་བགོས་སྟོ་བསང་མར། །དུས་བཏབ་ཟླ་བ་གཞོན་ནུས་བགྲོད་པའི་ཚེ། །སྐྱེངས་ལྡན་སྤྲིན་གྱིས་སྒྲིབ་གཡོག་ཅི་ཡང་བྱེད། །ཡང་། ཉེན་བྱེད་སྐྱ་ཡི་ལམ་དུ་བྲོས་གྱུར་ཅིང་། །ས་འཛིན་ཁ་བའི་ཐོར་ཚུགས་བཅིངས་པ་ན། །རྩེ་ཤིང་ཚོགས་རྣམས་ཤུགས་རིང་འཁྱིན་བྱེད་ཅིང་། །ན་ཆུང་ཉལ་འགྲོ་མ་རྣམས་སྐྱབས་སུ་བྲོས། ། རིགས་རང་བཞིན་བརྗོད་པ། ཕུལ་བྱུང་མཚན་དཔེའི་ལང་ཚོ་རབ་འབར་ཞིང་། །ཡན་ལག་དྲུག་ཅུའི་དབྱངས་སྙན་རྣ་བར་འཇེབ། །ཆོས་རྣམས་ཀུན་ལ་གཟིགས་པ་སྒྲིབ་མེད་པ། །དུས་གསུམ་བདེ་བར་གཤེགས་རྣམས་གཏན་གྱི་སྐྱབས། །ཡང་། བགྲང་ཡས་རྒྱལ་བ་ཀུན་གྱི་མཁྱེན་པའི་གཏེར། །གཅིག་གྱུར་བཅུ་དྲུག་ལང་ཚོའི་དཔལ་གྱི་སྙེག །དབྱངས་ཅན་དགའ་མར་རབ་དགྱེས་ངག་གི་ལྷ། །དཔལ་ལྡན་བརྟན་པའི་འཁོར་ལོས་བདག་སྐྱོངས་ཤིག ། བྱ་བ་རང་བཞིན་བརྗོད་པ། དེ་ཉིད་གཟིགས་པས་སྲིད་མཚོ་ལས་བརྒལ་ཞིང་། །བརྩེ་ཆེན་གོམས་པས་ཞི་བའི་མཐའ་བཀག་ནས། །མི་གནས་མྱ་ངན་འདས་པའི་གྲོང་མཆོག་དེར། །གདུལ་བྱ་གཞན་ཡང་

འཁྲིད་མཛད་སྟོན་པ་མཆོག །ཡང་། གཞུང་བརྒྱ་འཆད་པས་རྨོངས་པའི་མུན་སེལ་ཞིང་། །རྩོད་ངག་ངར་རོས་རྒོད་[རྒོལ]ངན་གླད་པ་འགེམས། །རྩོམ་པས་མཁས་ཀུན་ཡིད་དབང་འགུག་བྱེད་པ། །མ་ལུས་བསྟན་པའི་སྣང་བྱེད་དྲིན་ཅན་རྗེ། ། ཡོན་ཏན་རང་བཞིན་བརྗོད་པ། འདབ་བརྒྱད་སྙིང་གི་ཟེ་འབྲུ་འཛུམ་པའི་དབྱངས། །ལན་གཅིག་མིན་པར་ཡང་ཡང་བསྙེན་པ་ལས། །རབ་རྨོངས་མུན་པ་སེལ་ཞིང་གསུང་རབ་ཀྱི། །དགོངས་དོན་འབྱེད་པའི་བློ་གྲོས་སྣང་བ་རྒྱས། །ཡང་། འདྲེན་མཆོག་དམ་པའི་ཞལ་གྱི་བུམ་བཟང་ལས། །འཕོས་པའི་ལེགས་བཤད་བདུད་རྩི་གསར་བའི་རྒྱུན། །སྙིང་ཁར་སིམ་པས་མཁས་དབང་དཔྱིའི་གཞུང་། །འགྲེལ་ལ་མི་འཇིགས་དགེ་བའི་སྤོབ་པ་རྒྱས། ། རྫས་རང་བཞིན་བརྗོད་པ། རྨོངས་མུན་དྲ་བ་གཅོད་པའི་རལ་གྲི་དང་། །ཨུཏྤལ་འཆང་ཞིང་རིན་ཆེན་རྩེ་ཕྲན་ཚོགས། །གཡུར་དུ་ཟ་བའི་ཟུར་ཕུད་ལན་བུ་ལྡེམས། །གཙུག་མཛེས་སྨྲ་བའི་རྒྱལ་པོ་སྙིང་གི་དཔྱིད། །ཡང་། ཕུལ་བྱུང་རྣམ་པར་རྒྱལ་བའི་ཁང་བཟང་དབུས། །ལྷ་བརྒྱའི་ཟུར་ཕུད་འོད་ཆགས་ནོར་བུའི་ཁྲིར། །སྤྲིན་སྐྱེས་ སྒྲད་འགེམས་ནོ་འཕྲུང་རྩེ་བརྒྱ་བ། །འཛིན་བྱེད་ལྷ་དབང་བསོད་ནམས་དཔལ་གྱིས་མཐོ། ། ཆོས་དཔེ། དབྱངས་ཅན་ཞལ་གྱི་མཚུ་སྒྲོས་འཛུམ་པར་ལས། །ཐག་བཟང་བཞི་བཅུའི་ཚོམས་འཕྲེང་གསལ་བ་ནི། །འཚམས་སྤྲིན་ཕོང་ལས་གསར་ཚེས་ཟླ་བ་བཞིན། །དཀར་ཞིང་གསལ་བས་འཇིག་རྟེན་ཀུན་ཡིད་འཕྲོག །ཡང་། གཏུམ་ཆེན་ཁྲོ་བོའི་དབང་པོ་གཤིན་རྗེའི་གཤེད། །པ་སྤྲུའི་ཕོང་ལས་མེ་ལྕེའི་ཚོགས་འཕྲོ་བ། །བེ་ཏྲུར་རྡུལ་མང་བརྩེགས་པའི་རི་པོ་ལ། །རྟ་གདོང་མེ་ཡིས་འཁྲུད་ལྟར་རྫམས་ཤིང་བརྗིད། ། དངོས་དཔེ། བཅོམ་ལྡན་མཐུ་སྟོབས་བདག་པོའི་ཞལ་ཁྱིམ་ནི། །འཇིགས་རུང་དབྱར་གྱི་ཆར་སྤྲིན་གཏིབས་པ་བཞིན། །སྤྱན་གསུམ་སྣང་མིག་ཡོན་པོར་བལྟ་བ་ཡང་། །གློག

དམར་འཁྱུག་པའི་དཔལ་ལ་རྣམ་པར་འཁྱོ །ཡང་། རྒྱུད་མང་སྒྲ་ལ་འཁྱུ་བ་རྒྱལ་གསུང་གིས། །ལེགས་པར་བསྟན་པ་འཆི་མེད་བདུད་རྩི་བཞིན། །དེ་དོན་གོམས་པས་ཞི་བའི་དཔལ་འཐོབ་པས། །ལྷ་དབང་བདུད་རྩིར་རོལ་བའི་ཁེངས་བ་འཕྲོག ། བཟློག་པའི་དཔེ། བློ་དང་བརྩོན་པར་ལྡན་པའི་ཡོན་ཏན་བཞིན། །ཡར་ཆོས་ཟླ་ཤེལ་འདི་ནི་འཕེལ་རྫོམ་ཞིང་། །དེ་ཡིས་སྡེ་བཞིའི་དཔལ་འབྱོར་སྤེལ་བ་ལྟར། །མཛེས་སྡུག་ཀུན་དའི་དགའ་ཚལ་རྒྱས་པར་བྱེད། ། ཕན་ཚུན་དཔེ། བྱང་བའི་ན་ཆུང་པདྨའི་ཚལ་ལ་བཞིན། །བློ་ལྡན་སྐྱེ་བོ་ཆོས་ལ་ལེགས་གནས་ཤིང་། །དེ་དོན་རྩེ་གཅིག་སྒྲུབ་ལ་བརྩོན་པ་ལྟར། །ཀང་བ་དྲུག་པ་སྦྲང་རྩིའི་བཅུད་ཀྱིས་མྱོས། །ཡང་། བཅུ་དྲུག་ཆ་ཤས་ཡོངས་གང་ཟླ་བ་ལྟར། །ཤིང་དབང་མཁྱེན་པའི་དཔལ་ཡོན་རབ་རྒྱས་ཤིང་། །དེ་ཡི་ལེགས་བཤད་དགའ་སྟོན་འགྱེད་པ་བཞིན། །ཟླ་ཤེལ་བདུད་རྩི་གསར་བའི་ཐིག་འཕྲེང་སྤྲོ། ། ངེས་པའི་དཔེ། རབ་འབྱམས་གསུང་རབ་ཀུན་གྱི་དཀའ་གནས་ལ། །གཟིགས་པ་ཆགས་ཐོགས་མི་མངའ་འདྲེན་པ་མཆོག །གང་གི་མཁྱེན་རབ་འདི་ནི་ཀུན་གསལ་མ། །ཕོ་ནར་མཚུངས་ཀྱི་དཔེ་ཟླ་གཞན་ཡོད་མིན། །ཡང་། འཛམ་དབྱངས་བླ་མའི་འཕྲུལ་མེད་ལུང་རིགས་ཀྱིས། །རྣམ་པར་དག་བྱས་དགེ་ལྡན་བསྟན་པ་འདི། །གསེར་སྦྱང་བཙོ་མ་ཕོ་ནའི་རྗེས་འགྲོ་སྟེ། །དཔེ་གཞན་སྲིད་པ་འདི་ན་འགའ་ཡང་མེད། ། ངེས་མེད་དཔེ། གནས་སྐབས་མཐར་ཐུག་ལེགས་ཚོགས་མ་ལུས་པ། །གང་ལས་འབྱུང་བ་རིན་ཆེན་བྱང་ཆུབ་སེམས། །ལྷ་ཡི་དཔག་བསམ་ལྗོན་པའི་རྗེས་འགྲོ་སྟེ། །དེ་ལྟ་གཞན་འགའ་མཆིས་ནའང་མཆོན་པར་ནུས། ། བསྡུས་པའི་དཔེ། མཐོ་རིས་ཡོན་ཏན་བདུན་ལྡན་རྟེན་བཟང་འདི། །རྙེད་དཀའ་ཕོ་ནས་ཡིད་བཞིན་ནོར་བུ་དང་། །མཚུངས་པ་མིན་ཏེ་འདི་ཉིད་ལ་བརྟེན་ནས། །ལེགས་ཚོགས་མ་ལུས་འདོད་དགུར་འཛོ་བས་

ཀྱང་། ། ཕུལ་བྱུང་དཔེ། རྣམ་འདྲེན་ཤཱཀྱའི་ཏོག་དང་ཙོང་ཁ་པ། །འཕགས་
ཡུལ་རྡོ་རྗེ་གདན་དང་བསིལ་ལྗོངས་འདིར། །ཟབ་གསང་ཆོས་ཀྱི་སྒྲ་དབྱངས་
བསྒྲགས་པ་ལས། །གཞན་དུ་ཐ་དད་དབྱེ་བའི་སྐབས་མ་མཆིས། ། རབ་རྟོག་
(བརྟགས) གི་དཔེ། སྲིད་འཁོར་རྒྱས་པ་རྒྱུད་པའི་མཐའ་ཅན་དུ། །སྟོན་བྱེད་
དམར་ཕྱོགས་ཟླ་བ་སྙེམས་མི་འཚལ། །འདབ་སྟོང་མཛེས་སྡུག་རྫོགས་པའི་
པད་མོ་ཡང་། །ལོ་འབྲས་འགྲུལ་བའི་ངང་ཚུལ་སྟོན་ཕྱིར་རོ། ། རྨད་བྱུང་གི་དཔེ།
རབ་དཀར་གཱི་ལ་ཤ་རིས་དབང་སྟོན་གྱི། །ཟུར་ཕུད་བཅིངས་ཏེ་སྙན་འགྱུར་
རྒྱུད་མང་སྒྲས། །སྐལ་བཟང་རྣ་བར་བདུད་རྩིའི་དཔལ་སྟེར་ན། །ངག་དབང་
ལྷ་མོ་ཁྱོད་ཀྱི་དཔེ་ཟླར་འོས། །རྫོངས་པའི་དཔེ། །གངས་ཀྱི་རི་བོ་དལ་གྱིས་རྒྱུ
བར་ནི། །འཁྲུལ་བ་སྐྱེད་བྱེད་གཉིས་འཐུང་དབང་པོ་ལ། །ལྟ་བར་འདོད་པས
རབ་དཀར་གཱི་ལ་ཤ །མཐོང་ཚེ་ལྷུགས་ཀྱུའི་སྦྱོར་བ་རྩོམ་པས་བྲེལ། ། ཐེ་ཚོམ་གྱི་
དཔེ། སྤྲིན་བྲལ་སྟོན་གྱི་ནམ་མཁའ་དྭངས་པ་ལ། །ཉི་ཟླའི་དཀྱིལ་འཁོར་ཅིག་
ཅར་ཤར་བའམ། །གཏུམ་ཆེན་ཁྲོ་བོའི་དབང་པོའི་ཞལ་ཁྱིམ་ངོས། །ལྷང་མིག་
གཡོ་སྐྱམ་བདག་ཡིད་འཕྲུང་མོ་ཉུག ། གཏན་ཕབ་(འབེབས)ཀྱི་དཔེ། མཐའ་བྲལ་
ལམ་བཟང་ཇི་བཞིན་གསལ་མཛད་ཁྱོད། །སངས་རྒྱས་གཉིས་པ་ཀླུ་སྒྲུབ་དང་
མཚུངས་ཀྱང་། །མདོ་སྔགས་ཙོང་ཁའི་ཡུལ་དུ་བལྟམས་པའི་ཕྱིར། །རྒྱལ་བ་
གཉིས་པ་བློ་བཟང་གྲགས་པར་ངེས། ། སྦྱོར་བའི་དཔེ། དྲི་མ་དང་བྲལ་མཛེས་
སྡུག་ཡོངས་སུ་རྫོགས། །མཐོང་བས་ཡིད་ལ་ཀུན་དགའི་དཔྱིད་འཇོ་བ། །སྒྲ་
དབྱངས་ལྷ་མོའི་ཞལ་གྱི་དཀྱིལ་འཁོར་ནི། །ཉ་གང་བསིལ་ཟེར་བདག་པོའི་རྗེས་
སུ་འགྲོ། ། མཉམ་ཉིད་དཔེ། ཀུན་སྦྱོར་རྫོངས་པའི་དྲ་བ་དྲུང་ཕྱུང་སྟེ། །ཆོས་
ཀུན་ཐུགས་སུ་ཆུད་པ་ཤཱཀྱའི་ཏོག །རྒྱ་མཚོའི་གླིང་དུ་བགྲོད་པའི་དེད་དཔོན་
བཞིན། །མ་ནོར་ལམ་བཟང་གསལ་བར་སྟོན་ཕྱིར་རོ། །སྨད་པའི་དཔེ། ཚུ་

འཛིན་སྡུག་པོའི་སྒྲིབ་གཡོགས་དང་བཅས་ཤིང་། །ཀུ་མུད་ད་ཚལ་ཟུམ་བྱེད་ཉི་མ་འདིས། །དུས་ལས་མི་ཡོལ་ཀུན་ལ་སྨོམས་པ་ཡི། །རྒྱལ་བའི་འཕྲིན་ལས་ཇི་བཞིན་མཚོན་དུ་མེད། །བསྡུགས་པའི་དཔེ། ལྷ་ཡི་རྫིང་རིང་ཕ་མཐའ་མི་མངོན་ཞིང་། །ཟླ་བའི་མ་མ་ནོར་བུའི་གཏེར་དུ་གྲུབ། །ཟླ་ཤེལ་སྐྱོན་གྱི་དྲི་མས་མ་གོས་ཏེ། །དེ་དག་རྣམས་དང་འཛམ་མགོན་ཁྱོད་ཐུགས་མཚུངས། ། བརྗོད་འདོད་དཔེ། རབ་དཀར་བསིལ་ཟེར་རྫོགས་པའི་དཔལ་ལྡན་ནམ། །སྟོ་བསང་ར་རའི་མཚན་མས་སྤགས་ཀྱང་རུང་། །ཚངས་སྲས་ལྷ་མོའི་ཞལ་དང་ཀུན་དའི་གཉེན། །མངོན་པར་མཚུངས་ཞེས་བརྗོད་འདོད་ཡིད་ལ་བཅགས། ། འགལ་བའི་དཔེ། དབྱངས་ཅན་ལྷ་མོའི་ཞལ་དང་སྟོན་ཀའི་ཟླ། །ཡིད་འོང་མཛེས་སྡུག་རྫོགས་པའི་ཀུན་ད་རྣམས། །ངོ་མཚར་ཀུན་དགའི་དཔྱིད་དུ་གཅིག་གྱུར་ཀྱང་། །ཐ་དད་རྣམ་པར་གནས་འདིས་འགལ་བར་སེམས། ། དགག་པའི་དཔེ། ལེགས་པར་བཤད་པའི་དོན་གྱིས་དབེན་གྱུར་ཞིང་། །འདོད་ལྡན་སྲིད་པར་འཆིང་བྱེད་རྒྱུད་མངས་ལ། །རྣམ་འདྲེན་རྒྱལ་བའི་གསུང་ལ་འགྲན་བཟོད་པའི། །ཡོན་ཏན་ཆ་ཤས་ཙམ་ཡང་དམིགས་སུ་མེད། ། ངོ་བསྟོད་ཀྱི་དཔེ། མཆོད་སྦྱིན་བརྒྱ་པ་འཆི་མེད་རིགས་སུ་འབྲུངས། །ང་ལས་ནུ་ཁྱོད་འཛམ་གླིང་མིར་གྱུར་ཀྱང་། །ས་སྐྱོང་འཇིག་རྟེན་དབང་དུ་བྱེད་པ་ལ། །ལྷ་ཡི་དབང་པོ་ཉིད་དང་ཁྱད་པར་ཅི། ། དེ་ཉིད་བརྗོད་པའི་དཔེ། དཀར་གསལ་ལང་ཚོ་ཡོངས་སུ་རྒྱས་པ་འདི། །ཟླ་བ་མ་ཡིན་དབྱངས་ཅན་གཞོན་ནུའི་སྐུ། །མདངས་སྟོན་རྣམ་བཀྲ་འདི་ཡང་རི་དྭགས་གཟུགས། །མ་ཡིན་བཻ་ཌཱུརྻ་ཡི་རྒྱུད་མང་ལགས། ། ཐུན་མོང་མིན་པའི་དཔེ། ཕུལ་བྱུང་མཁྱེན་པའི་སྐད་ཅིག་གཅིག་གིས་ཀྱང་། །ཇི་ལྟ་ཇི་སྙེད་ཆོས་ཀུན་གཟིགས་པ་ཡི། །དཔེ་ཟླ་སྲིད་ཞིའི་ཁམས་ན་གཞན་མེད་པས། །རང་ཉིད་མཚུངས་དཔེར་བསྟན་པ་རྒྱལ་བའི་ཐུགས། །

འབྱུང་མིན་གྱི་དཔེ། སྲིད་དང་ཞི་བའི་མཛེས་སྡུག་མ་ལུས་པ། །འཛིག་རྟེན་བྱེད་པོས་གཅིག་ཏུ་བསྡུས་པ་བཞིན། །ཨུཏྤལ་ཟླུར་མིག་གཡོ་བའི་དབྱངས་ཅན་ཞལ། །འདྲེན་བྱེད་ཡུལ་གྱི་བདུད་རྩི་བླ་ན་མེད། ། འཚམས་འདི་ནས་སྲིད་མིན་གྱི་དཔེ་དང་། མང་བའི་དཔེ་དང་། རྣམ་འགྱུར་གྱི་དཔེ་རྣམས་ཀྱི་དཔེ་བརྗོད་མ་རྙེད། འཕྲེང་བའི་དཔེ། བདག་ཏུ་འཛིན་པ་ལས་ནི་ཆགས་སོགས་བཞིན། །དེ་ལས་སྣ་ཚོགས་ལས་བཞིན་དེ་ལས་ཀྱང་། །སྐྱེ་བའི་ཀུན་ཉོན་བཞིན་དུ་སླར་ཡང་ནི། །སྲིད་སོགས་སྐྱེ་བས་འཁོར་བའི་འཁོར་ལོར་འཇུག ། ངག་དོན་ལས་བཞིན་སྒྲ་གཅིག་པ་ནི། མཉེན་ལྕུགས་ཕྲག་གི་སོར་མོ་གཡོ་བ་ཡིས། །སྙན་འགྱུར་རྒྱུད་མང་རྣམ་པར་འཕྲུལ་བ་ནི། །སྤྲིན་གྱི་ལྕུགས་མ་མངོན་པར་གཡོ་བའི་དབུས། །དབྱར་རྔ་དལ་གྱིས་རྗོད་བཞིན་རྣ་བར་སྙན། ། བཞིན་སྒྲ་དུ་མ་ནི། གསེར་རི་རྗེ་བཞིན་བརྗིད་ཆགས་ཐུབ་དབང་སྐུ། །ཉི་མ་བཞིན་དུ་འབར་བའི་འོད་འཕྲོ་ཞིང་། །འཚམས་སྤྲིན་རྗེ་བཞིན་ངར་སྒྲོག་གོས་བཟང་གིས། །ཀླུབས་པས་སྐྱེ་དགུའི་ཡིད་ལ་དགའ་བ་སྐྱེར། ། ཟླ་བོ་དངོས་པོའི་དཔེ། དགེ་ལྡན་བསྟན་པའི་གཉེན་གྱུར་མང་ན་ཡང་། །མཁས་གྲུབ་སྨྲ་བའི་སེང་གེར་འགྲན་ནུས་སུ། །རྐང་འཐུང་གསར་བས་སྐྱེད་ཚལ་གང་གྱུར་ཀྱང་། །ལྷ་ཡི་དཔག་བསམ་ལྗོན་པའི་དོ་ཟླ་མེད། ། མཚུངས་སྦྱོར་དཔེ། པུ་ལོ་མ་དགྲ་ལྷུན་པོའི་རྩར་གནས་ཤིང་། །གདོང་ལྔ་ལྡན་པ་གངས་རིའི་སྤོ་ལ་འཁྱིལ། །ལྷ་ཡི་དབང་པོས་ལྷ་མིན་ཕམ་བྱེད་ཅིང་། །འཕྲོག་བྱེད་ཁྲོས་པས་གཉིས་འཐུང་གླང་པ་འགེམས། ། རྒྱུའི་དཔེ། གཟི་བྱིན་ཡང་ཆེ་རྒྱས་བས་ཉི་མ་དང་། །ལུས་ཅན་གདུང་བ་སེལ་བས་འོད་དཀར་ཅན། །འདོད་དགུའི་དངོས་གྲུབ་སྟེར་བས་དཔག་བསམ་དང་། །མཚུངས་པ་འཇམ་མགོན་ལྷག་པའི་ལྷ་དེར་འདུད། ། རྟགས་འདྲེས་ཀྱང་སྐྱོན་མེད་པ། རྒྱལ་ཀུན་ཡབ་གཅིག་འཇམ་དཔལ་གཞོན་ནུ་ཁྱོད། །ངག་གི་དངོས་གྲུབ་སྩོལ་ལ་དབྱངས་ལྡན་བཞིན། །ཁྱོད་ཀྱི་

ཡུམ་གྱུར་ སྒྲ་ དབྱངས་ ལྷ་ མོ་ ཡང་། །ཕུལ་ བྱུང་ སྤོབས་ པ་ སྟོལ་ ལ་ ཕྱོད་ དང་ མཚུངས། ། ཚིག་འདྲིས་ཀྱང་སྙིན་མེད་པ། འདྲེན་མཆོག་དམ་པའི་རྣམ་པར་ཐར་བ་ནི། །དུས་གསུམ་རྒྱལ་བ་སྲས་བཅས་ཀུན་དང་མཐུན། །བདག་ཉིད་ཆེན་པོ་རྣམས་ཀྱི་མཛད་པ་ཡང་། །ཟླ་ཞལ་ལྷ་བུར་འགྲོ་ལ་གཅིག་ཏུ་བསིལ། ། དཔེ་མཚོག་དམན་བྱུང་ཡང་སྙིན་མེད་པ། ལུས་དཀར་ལྡན་པའི་སྐེར་འཕྲེང་དྲ་བ་བཞིན། །ཐུབ་པའི་ཕྱག་སོར་དྲ་བས་ཡོངས་འབྲེལ་ཞིང་། །སྙན་འགྱུར་འབུམ་ལྡན་དེ་ཡི་གསུང་དབྱངས་ལྟར། །ཕྲིན་དཀར་ཧོང་ལས་འབྲུག་སྒྲ་སྙན་པར་སྒྲོགས། ། སྙིན་ནི། རྒྱལ་པོ་བཞིན་དུ་ཁེངས་ལྡན་ལུས་ཕྲ་མ། །ཕྱོད་གདོངས་དཀར་མཛེས་རྒྱུ་སྐར་སྟོང་ཕྲག་བཞིན། །དཔྱིབས་ལེགས་ཕུག་རོན་དགའ་མའི་རྗེས་འགྲོ་ཞིང་། །ཚངས་དབྱངས་དང་མཚུངས་སྙན་འགྱུར་མགྲིན་སྤྲུ་ལེན། ། བསྒྱུས་པའི་གཟུགས་ཅན། མཚན་དཔེའི་དཔལ་ཀུན་རྫོགས་པ་ལྷ་ཡི་ལམ། །ངུར་སྨྲིག་གོས་བཟང་མཚམས་སྤྲིན་གསར་བས་འཕྱུད། །ཞལ་ཕྱིམ་ཟླ་ཞལ་འཛུམ་པའི་ཐ་ཆླབས་ཅན། །སླུ་ཡི་དབང་ཕྱུག་རྒྱལ་པོ་འགྲོ་བའི་སྐྱབས། ། མ་བསྒྱུས་པའི་གཟུགས་ཅན། འཕགས་ཡུལ་མཁས་པའི་གངས་རི་ལས་འོངས་ཤིང་། །ལུང་དང་རིགས་པའི་རླབས་འཕྲེང་གཡོ་བ་ཡི། །ཕུལ་བྱུང་ལེགས་པར་བཤད་པའི་གཏམ། །འབྲུལ་བའི་རྟུལ་གྱི་རྟོག་པས་རིང་དུ་དབེན། ། བསྒྱུས་ཤིང་མ་བསྒྱུས་པའི་གཟུགས་ཅན། འཇམ་ མགོན་ ཐུགས་ ཀྱི་ ཀུན་ གསལ་ ཡངས་ པའི་ ངོས། །ཟབ་ཡངས་མཁྱེན་པའི་ཉིན་བྱེད་རྟེ་དགའ་ཡིས། །ཐུབ་པའི་དགོངས་དོན་འདབ་བརྒྱ་བཞད་པ་ན། །ཐར་འདོད་བུང་བའི་ཚོགས་རྣམས་དགའ་བས་རྟེན། ། མཐའ་དག་གཟུགས་ཅན། རྒྱལ་སྲས་སྤྱོད་པའི་ལུས་སྟོབས་རབ་རྒྱས་ཤིང་། །ཕུལ་བྱུང་མཁྱེན་བརྩེའི་གཤོགས་ཟུང་གཡོ་བ་ཅན། །ལུང་རིགས་མགྲིན་པའི་ཟླ་ཌ་སྒྲོགས་པ་ཡི། །བཤེས་གཉེན་ངང་བའི་དེད་དཔོན་བསྔགས་པར་འོས། ། ཆ་

ཤེས་གཟུགས་ཅན། མ་སྨད་སྙིང་རྗེའི་རྩ་བ་རབ་བརྟན་ཅིང་། །ཕྱིན་དྲུག་སྤྱོད་པའི་
ལོ་འདབ་ཕང་ཕུང་གཡོ། །བསྡུ་བཞིའི་མེ་ཏོག་རྣམ་པར་བཀྲ་བ་ཡི། །བློ་ལྡན་
རྒྱལ་བའི་སྲས་རྣམས་ཕྲུག་གི་ཡུལ། །ཆ་ཤས་ཅན་གྱི་གཟུགས་ཅན། འཛམ་དབྱངས་
སྐུ་ཡི་གསེར་སྦྱངས་ལྷུན་པོ་ལ། །རྨད་བྱུང་མཚན་དཔེའི་ལང་ཚོ་རབ་རྒྱས་
ཤིང་། །སྣ་ཚོགས་ནོར་བུའི་རྒྱན་གྱིས་མཛེས་པ་ཡིས། །ཐར་འདོད་ཡིད་ལ་
ཀུན་དགའི་དཔལ་ཡོན་སྟེར། །ཡན་ལག་གཅིག་པའི་གཟུགས་ཅན། བགྲང་ཡས་རྒྱལ་
བའི་ཚེ་དང་ཡེ་ཤེས་ཀྱི། །ངོ་མཚར་རབ་རྒྱས་བདེ་ལྡན་ཞིང་གི་གཙོ། །གང་གི་
ཐུགས་རྗེ་བདུད་རྩིའི་ཐིགས་འཕྲེང་གིས། །སྐྱེ་བོར་རིག་པས་འཆི་མེད་དགའ་
སྟོན་ཐོབ། །ལྡན་པའི་གཟུགས་ཅན། འཛམ་དབྱངས་མཛེས་སྐུ་གསེར་སྦྱངས་རི་
བོའི་སྟེར། །ནོར་བུའི་གཙུག་རྒྱན་འོད་སྟོང་རབ་འབར་ཞིང་། །མཉེན་ལྕུགས་
ཕྲག་སོར་ཡལ་ག་གཡོ་བའི་རྩེར། །རྗེ་ལྡན་རལ་གྲིའི་འདབ་འཕྲེང་གཡོ་བས་
མཛེས། །མི་ལྡན་པའི་གཟུགས་ཅན། དབྱངས་ཅན་སྐུ་ཡི་འོ་མཚོ་འཁྱིལ་བའི་
དབུས། །ནོར་བུའི་རྒྱན་འཕྲེང་སློག་འོད་རབ་འགྲོ་ཞིང་། །ཞལ་དཀྱིལ་རབ་
རྒྱས་ཟླ་བའི་མེ་ལོང་ངོས། །སྨིན་མའི་ཨུཏྤལ་འཁྲི་ཤིང་རྣམ་པར་གཡོ། །མི་
མཉམ་པའི་གཟུགས་ཅན། འཛམ་མགོན་ཁྱོད་སྐུ་ལི་ཁྲིའི་རྒྱ་མཚོ་ལས། །འཛིན་བྱེད་
ཐ་རླབས་བྱི་རུའི་འཁྲི་ཤིང་གཡོ། །སྙན་འགྱུར་གསུང་གིས་ཐར་འདོད་ཡིད་
འཕྲོག་ཅིང་། །མཁྱེན་པས་ཆོས་ཀུན་མ་འདྲེས་གསལ་ལེར་གཟིགས། །ཁྱད་
པར་གཟུགས་ཅན། རྒྱལ་ཀུན་ཐུགས་རྗེ་ཟླ་བའི་མ་མ་ལས། །བློ་བཟང་ཀུན་དའི་
གཉེན་གཅིག་ཤར་བ་ན། །པདྨའི་མཛེས་པ་ཟུམ་པར་མ་གྱུར་ཀྱང་། །ཐུབ་
བསྟན་ཀུ་མུད་དགའ་ཚལ་ཅིར་ཡང་བཞད། །འགལ་གཟུགས། རྟ་ལྗང་བདུན་གྱི་
ཤིང་རྟས་མ་དྲངས་ཤིང་། །སྤྲང་རྩེའི་རྒྱལ་མཚན་རྒྱས་པར་མི་བྱེད་པའི། །
ཐུབ་དབང་ཉིན་བྱེད་མངོན་པར་ཤར་བ་ན། །སྐལ་བཟང་ས་མོས་ཚལ་རབ་

ཀྲུས་པར་འགྱུར། ། ཀྲུའི་གཟུགས་ཅན། བགྲང་ཡས་རྒྱལ་བའི་ཡབ་གཅིག་མཁྱེན་
པའི་གཏེར། །སྔོངས་པའི་ཚ་གདུང་སེལ་བས་བསིལ་ཟེར་ཅན། །མཚན་
དཔེའི་གཟི་བྱིན་རྒྱས་པས་ཉི་མ་སྨད། །འདོད་དགུའི་དངོས་གྲུབ་འབྱུང་བས་
གཏེར་ཀྱང་ཡིན། ། སྐྱུར་བའི་གཟུགས་ཅན། མཐོ་རིས་རྟེན་བཟང་ཡངས་པའི་དོ་
ར་ཏུ། །ཉེར་བཏབ་ས་བོན་དུས་སུ་སྨིན་པ་ཡི། །མ་སྨད་འབྲས་བུ་མཆོག་གི་
དགའ་སྟོན་ལ། །སྐལ་བཟང་སྐྱེ་བོ་འདོད་དགུར་ལོངས་སུ་སྤྱོད། ། དཔེ་
གཟུགས། ཡི་ཤེས་འོད་ཀྱི་ཤིང་རྟའི་དམར་འོད་ཀྱིས། །འཁྲུད་པའི་ཁྲི་རྒྱལ་ཞལ་
དཀྱིལ་ན་ཀྲའི་གྲོང་། །རབ་འབར་རྟ་གདོང་མེ་ལྗེ་དང་འགྲོགས་པའི། །ཆུ་
གཏེར་ཐ་སྙོང་འཁྲུགས་པའི་དཔལ་ལ་འགྲན། ། ཞོག་པ་ཅན་གྱི་གཟུགས་ཅན།
ལེགས་བྲིས་ཚོགས་རྣམས་ལྷ་ཡི་དཔལ་འབྱོར་དང་། །རྒྱལ་རྣམས་ཀུན་བཟང་
མཆོད་པའི་སྤྲིན་ལ་རོལ། །སྲིད་པའི་འཁོར་བ་འགྲིབ་པའི་ངང་ཚུལ་འཛིན། །
ཀུན་བཟང་མཆོད་ཚོགས་དུས་ཀྱི་མཐར་ཡང་རྒྱས། ། འགོག་པའི་གཟུགས་ཅན།
འཇམ་མགོན་ཐུགས་ཀྱི་ཆུ་གཏེར་ལས་འཕོས་པའི། །སྟོན་མེད་ལེགས་བཤད་
གསར་པའི་ཟླ་བ་འདིས། །ལྷ་ངན་ཚང་ཚོང་མ་ལུས་སྲེག་བྱེད་ན། །བསིལ་
ཟེར་བྱེད་པ་ཉིད་དུ་ཇི་ལྟར་གྲུབ། ། མཉམ་འཛོག་གཟུགས་ཅན། མཁས་གྲུབ་སྨྲ་
དབང་རིག་པའི་འོད་རྟོན་གྱིས། །ཀོལ་ངན་འབྱུང་པོའི་བྱ་རྣམས་ལོང་བར་
བྱས། །རང་ལྷ་མཆོག་འཛིན་རི་ལ་གཏི་མུག་གི །མུན་པར་སྐྱབས་འཚོལ་རང་
མཚང་དེས་ཀྱང་ཉོངས། ། གཟུགས་ཅན་གྱི་གཟུགས་ཅན། ཕྱོད་ཞལ་ཟླ་བ་གསར་
བའི་སྐྱིད་ཚལ་དབུས། །སྨིན་འཁྱོག་ཏ་རི་ཊ་ཡི་གར་མཁན་མ། །རྣམ་པར་
རྩེན་དེས་སློ་གསལ་གཞོན་ནུ་ཡི། །སྙིང་ལ་བསིལ་པའི་དགའ་སྟོན་ཅི་ཡང་
སྤྲིན། ། བསྟན་དོར་གཟུགས་ཅན། མདངས་བཟང་རྣམ་པར་བཀྲ་འདི་ཏུར་སྨྲིག་
པོགས། །མ་ཡིན་འཆར་ཀའི་མཚམས་སྤྲིན་གཞོན་ནུ་སྨད། །བསུང་ཞིམ་འདི་ཡང་

ཚུལ་ཁྲིམས་དྲི་ངད་མཆོག །མ་ཡིན་དཔལ་གྱི་དུམ་བུ་ཀུན་དགའི་དྲི། ། རིགས་ཐོག་མའི་གསལ་བྱེད། གཙུག་ཕུད་ལྔ་པ་གངས་རིའི་སྤྱོར་འགྱིང་ཞིང་། །མཚམས་སྦྱིན་འོད་ཆགས་རལ་བའི་ཁུར་གྱི་མཛེས། །མི་བཟད་སྟེར་མོའི་གདེངས་ཀ་གཡོ་ལྡན་ཞིང་། །ང་རོས་གཉིས་འཐུང་ཚོགས་ཀྱི་གླད་པ་འགེམས། ། བྱ་བ་ཐོག་མའི་གསལ་བྱེད། མངོན་པར་སྤྲོའི་ཟླ་ཞལ་བསིལ་བའི་ཟེར། །འདབ་སྟོང་གཉེན་གྱིས་ཚ་ཟེར་དྲ་བ་སྟེ། །རིན་ཆེན་འབྱུང་གནས་ལས་ནི་ཀླབས་ཀྱི་འཕྲེང་། །རྒྱལ་རྣམས་ཀུན་ཏུ་བཟང་པོའི་འོད་ཟེར་རོ། ། ཡོན་ཏན་ཐོག་མའི་གསལ་བྱེད། རྣམ་པར་མཛེས་སོ་མཁའ་ལ་བསིལ་ཟེར་ཅན། །འོ་མའི་ཆུ་གཏེར་དཔུས་ན་འཁོར་མོའི་ལག །འདབ་སྟོང་པདྨའི་རྩེ་མོར་ཕྲཿམ་ར། །ཀློ་ལྡན་སྙིང་གི་ཟེའུ་འབྲུར་འཇམ་པའི་དབྱངས། ། རྫས་ཐོག་མའི་གསལ་བྱེད། ཤེས་རབ་རལ་གྲི་འཛིན་མཛད་མཁྱེན་པའི་གཏེར། །མ་ལུས་འགྲོ་བའི་རྨོངས་པ་དྲུང་འབྱིན་ཅིང་། །གནས་ལྔ་རིགས་པའི་བློ་གྲོས་རྒྱས་མཛད་པས། །སྐལ་བཟང་སྙིང་ལ་ཀུན་དགའི་དཔལ་ཡོན་སྐྱེད། ། རིགས་བརྗོད་བར་གྱི་གསལ་བྱེད། འདབ་མའི་ཀླུང་གིས་རི་བོ་རལ་བྱེད་ཅིང་། །གཟི་བྱིན་སེར་སྐྱའི་དཔལ་འབར་ནམ་མཁའ་ལྡིང་། །མི་བཟད་ཤུགས་དྲག་སྟེར་མོའི་གདེངས་ཀ་ཡིས། །ཀླུ་དབང་ཚོགས་ཀྱི་སྙིང་རྩ་སྐྲག་མར་འབྱིན། །བྱ་བ་བརྗོད་པ་བར་གྱི་གསལ་བྱེད། །ལེགས་བཤད་ཟབ་མོའི་གཏམ་གྱིས་མཁས་རློམས་དང་། །ཉིན་བྱེད་གཟི་ཡིས་སྲིན་བུ་མོང་བར་བྱེད། །ཡིད་སྨུབས་དགའ་མ་དང་མཚུངས་མཛེས་མ་ཡིས། །ཟུར་མིག་གཡོ་བས་འདོད་ལྡན་སྐྱེ་བོ་ཡང་། ། རིགས་བརྗོད་པ་མཐའི་གསལ་བྱེད། བསོད་ནམ་ཡེ་ཤེས་ཚོགས་གཉིས་ཡོངས་སུ་རྫོགས། །སྒྲིབ་གཉིས་མུན་པའི་ས་བོན་དྲུང་ནས་ཕྱུངས། །སྟོབས་དང་མི་འཇིགས་ཡོན་ཏན་ཡོངས་སུ་རྫོགས། །མ་ལུས་འགྲོ་བའི་མགོན་གྱུར་རྫོགས་སངས་རྒྱས། ། བྱ་བ་

བརྗོད་པ་ཐ་མའི་གསལ་བྱེད། ཟླ་ཞེལ་འཛུམ་པའི་སྣབས་ཀྱིས་ཆུ་བོའི་གཏེར། །སྤྲང་ཆར་སློམས་པར་འབབ་པས་ལོ་ཏོག་བཅུད། །ཆོས་ལྡན་རྒྱལ་པོས་ཆབས་འབངས་བདེ་སྐྱིད་དང་། །བཤེས་གཉེན་དམ་པས་ལེགས་ཚོགས་འཕེལ་བར་བྱེད། ། འཕྲེང་བའི་གསལ་བྱེད། བརྩེ་ཆེན་སྙིང་པོར་འཆང་བའི་ལྷ་བ་དང་། །རིན་ཆེན་བྱང་ཆུབ་སེམས་ལས་རྒྱལ་བའི་སྲས། །དེ་ལས་དུས་གསུམ་བདེ་བར་གཤེགས་རྣམས་དང་། །དེ་ཡི་གསུང་ལས་ཉན་རང་འཕགས་པའི་ཚོགས། ། འགལ་བའི་གསལ་བྱེད། རྣམ་དག་ངེས་པར་འབྱུང་བའི་ཚུལ་ཁྲིམས་ཀྱིས། །ལུས་ལ་བརྣག་དཀའི་གདུང་བ་སྟེར་བྱེད་ཀྱང་། །མ་ཉམས་ཚུལ་བཞིན་བསྲིན་པས་སྐྱི་བོ་ཡི། །ཡིད་ཀྱི་གདུང་བ་མཐའ་དག་སེལ་བར་བྱེད། ། དོན་གཅིག་གསལ་བྱེད། སྙིང་སྟོབས་མཐུ་ལྡན་རྒྱལ་སྲས་རྟག་ཏུ་ངུས། །རབ་དམར་ཁྲག་གིས་འཛིན་མའི་རྡུལ་མནན་ཞིང་། །ཤ་དང་རུས་པ་ཟོང་དུ་བསྒྱུར་བྱས་ཏེ། །འགྲོ་བའི་དོན་ཕྱིར་བླ་མེད་བྱང་ཆུབ་བསྒྲུབས། ། སྦྱར་བའི་གསལ་བྱེད། རྩེ་བསང་བཻཌཱུར་ཁྱུན་མའི་མདངས་འཛིན་ཅིང་། །ཕ་མཐའ་ཚད་ཀྱིས་གཞལ་བར་མི་སྤྱོབས་པ། །འཆི་མེད་ལམ་ཡངས་སྟེང་གི་ཕྱོགས་སུ་སྟེ། །ཟླ་བའི་མ་མ་ལྷུན་པོའི་མཐའ་ལ་གནས། ། དོན་བསྐོར་བ། དྲི་བཟང་ཁང་བ་རྒྱས་པའི་དགའ་ཚལ་དབུས། །སྤྲང་རྩེའི་རྒྱལ་མཚན་གཡོ་བའི་རྩེ་མོ་ན། །ཆུ་སྐྱེས་ཟེའུ་འབྲུར་རོལ་བའི་ རྐང་དྲུག་ཚོགས། །འདབ་སྟོང་བཅུད་ཀྱིས་མྱོས་པའི་སྨྲ་དབྱངས་སྒྲོག ། ཚིག་བསྐོར་བ། མཁའ་དབྱིངས་ཆུ་འཛིན་དཀར་པོའི་འཕྲེང་བ་དགྲིགས། །དྭངས་པའི་མཚོ་ནང་རབ་དཀར་ཟླུ་བ་དགྲིགས། །དགའ་ཚལ་ཡངས་པོར་མཛེས་པའི་རྐང་འཕུང་དགྲིགས། །དབྱངས་ཅན་མཆུ་སྒྲོས་དབུས་ན་ཚེམས་འཕྲེང་དགྲིགས། ། ཚིག་དོན་གཉིས་ཀ་བསྐོར་བ། དབྱར་སྐྱེས་ཆུ་འཛིན་འཕྲེང་བ་དགྲིགས་པའི་དབུས། །གློག་དམར་གཡོ་ཞིང་འབྲུག་སྒྲ་སྙན་པར་སྒྲོག །རྣམ་

བཀྲ་སྒྲོ་གདུགས་ཀླུམ་པོར་གཡོ་བ་ཡི། །མདངས་མཐའ་དཀའ་བའི་སླུ་དབྱངས་སྙན་པར་སྒྲོག །ཐུང་བ་འགོག་པ། བགྲང་ཡས་བསྐལ་བར་བསྒྲོད་དཀའ་སངས་རྒྱས་ལམ། །གཅིག་(ཏུ)གྲུབ་པའི་སྙན་གྲགས་ཡུད་པོ་ཆེ། །འོན་ཀྱང་དུས་གསུམ་རྒྱལ་བའི་ཐབས་མཁས་འཕྲུལ། །རྫོགས་པའི་གསང་ཆེན་ནུས་པ་བསམ་མི་ཁྱབ། །ད་ལྟ་བ་འགོག་པ། སྐྱེ་འགྲོའི་སྲོག་ལ་དབང་བསྒྱུར་ཉི་མའི་བུ། །མི་བཟད་ཐོད་དབྱུག་འཕྱར་བ་ཅི་ཡི་སླད། །འཇམ་མགོན་བསྟན་ལ་སྡང་བའི་དགྲ་བགེགས་རྣམས། །ལྷང་མིག་ཙམ་གྱིས་ཐལ་བར་བྱེད་མིན་ནམ། །མ་འོངས་པ་འགོག་པ། མི་ཡི་དབང་ཕྱུག་མཆོག་ཁྱོད་སླད་དུའང་། །འཁོར་ལྷན་ལོ་ནར་དགྱེས་པའི་འཛུམ་སྟོན་ན། །ཉམས་ཆུང་ཚབ་འབངས་ཚོགས་རྣམས་བདེ་བའི་སར། །འགྲོས་ཕྱིར་ཁྱོད་ཞལ་ཕྱི་ནས་མཐོང་མི་འགྱུར། །ཆོས་འགོག་པ། ཐུབ་མཆོག་བདུད་སྡེའི་དཔུང་གིས་བསྐོར་བ་ན། །གཅིག་ཏུ་བྱམས་པའི་ཚུལ་ལ་གནས་པ་རྫུན། །གལ་ཏེ་བདེན་ན་ཡིད་སྲུབ་རབ་གདུངས་ཤིང་། །མཆི་མས་བརྫངས་བཞིན་རང་ཡུལ་ལྡོག་པ་ཅི། །ཆོས་ཅན་འགོག་པ། ཕྱོགས་ཀྱི་འཁོར་ལོ་གསལ་བའི་ཏྭ་ལྷང་ཅན། །ཁོར་ཡུག་ཚད་ཀྱི་རང་བཞིན་བཟུང་བར་དཀའ། །འོད་སྟོང་གཟི་བྱིན་མ་བཟོད་འདྲེན་བྱེད་ཀྱིས། །ཕྲ་ཞིབ་རིང་དུ་བལྟ་བའི་གོ་སྐབས་བྲལ། །རྒྱུ་འགོག་པ། འཁྲུག་སྒྲ་དྲག་པོས་རི་བོ་རལ་བྱེད་ཅིང་། །བདེ་འཐུང་དམར་འོད་དང་འཁྲིགས་རྗེ་ཆར་གྱིས། །ཞིང་བའི་སྙིང་རྩ་སྐྱག་མར་འབྲས་བྱེད་ཀྱང་། །བདག་བཟུང་ཞེང་ས་མེད་པས་བདག་མི་འཇིགས། །འབྲས་བུ་འགོག་པ། ཆེར་སྐྱེགས་དུས་དང་ཡུལ་གྱི་མཐའ་ལ་བརྟེན། །སྣ་ཚོགས་རྐྱེན་གྱི་རོལ་བ་མཐའ་ཡས་ཀྱང་། །ཐོས་བསམ་སྒོམ་པའི་དཀའ་སྟོན་ཉམས་མེད་པ། །བཀྲ་ཤིས་གཡས་སུ་འཁྱིལ་བའི་ཆོས་གྲྭ་ཆེ། །རྗེས་གནང་གིས་འགོག་པ། སྲིད་འཁོར་འབབ་ཞིག་སྒྲུབ་པའི་ཆེན་པོ་

རྣམས། །འཁོར་ལྡན་པོ་ནར་དགྱེས་ན་དེ་དག་སྐྱོངས། །བློ་ལྡན་ཐར་པ་འདོད་རྣམས་སྐྱབས་གཞན་དུ། །འཚོལ་ཕྱིར་དེ་དག་དོན་དུ་དོགས་མི་འཚལ། ། དབང་གིས་འགོག་པ། འཇམ་མགོན་བླ་མ་མཆོག་ཁྱོད་འཕགས་ཡུལ་དུ། །ཕྱིན་ཚེ་རྣམ་པར་དཀར་པའི་དགོངས་བཞེད་ཀུན། །དབུས་འགྱུར་བསྟན་པའི་དཔྱིད་དུ་སྨིན་འགྱུར་མོད། །དེ་ལྟ་ནའང་ལྡོངས་འདིར་བརྟན་པར་བཞུགས། ། མ་གྲུས་པས་འགོག་པ། ཇི་སྙེད་སྲིད་ཞིའི་དཔལ་ཀུན་དགེ་བ་དང་། །མི་འདོད་གདུང་བའི་ཚོགས་རྣམས་སྡིག་ལས་སྐྱེ། །འོན་ཀྱང་བདག་ནི་རང་བཞིན་གླེང་བ་ཙམ། །ཁྱེད་ཉིད་རང་གི་མོས་པ་ཇི་བཞིན་མཛོད། ། ཤིས་བརྗོད་ཀྱིས་འགོག་པ། གྲོགས་དག་ལྷ་ཆོས་སྒྲུབ་པར་མི་བྱེད་ན། །འདི་སྣང་ཙམ་གྱི་བདེ་བས་འཚོ་གྱུར་ཅིག །བདག་ནི་ཁྱིམ་མེད་པའི་ཕྲུག་བགྱིས་ཏེ། །དབེན་པའི་རི་ལ་ཐོས་དོན་སྒྲུབ་ཏུ་འགྲོ ། རྒྱབ་མོས་འགོག་པ། ཀ་ཡེ་བདག་ལ་རེ་བའི་སློབ་བུ་རྣམས། །བསྟུན་པ་བསྐྱེད་དེ་ཐོས་བསམ་མི་བགྱིད། །རང་དང་མཐུན་པའི་སློབ་དཔོན་གཞན་སྟེན་ཅིག །བདག་གིས་དེང་ནས་གདམས་ངག་འཕོགས་མི་ནུས། ། གྲོགས་ཀྱིས་འགོག་པ། མི་གཡོའི་སར་གནས་རྒྱལ་སྲས་དཔའ་བོ་རྣམས། །ཞི་བདེར་རོལ་བར་བཞེད་ཚེ་མྱུར་དུ་མཛོད། །ཀུན་ལ་ཕན་དགོངས་ཕྱོགས་བཅུའི་རྒྱལ་རྣམས་ཀྱིས། །སློང་བར་མཛད་ཚེ་དེ་ལས་འདའ་བར་དཀའ། ། འབད་པས་འགོག་པ། གཅེས་ཤིང་འཕང་བའི་བློ་གསལ་གཞོན་ནུ་རྣམས། །དགྱེས་ཕྱིར་ཅི་བདེར་བཞུགས་ཞེས་བརྗོད་འདོད་ཀྱང་། །འཕྲུལ་ཡུན་འབྲས་ལ་བསམ་ཚེ་དཀའ་སྤྱོད་ལ། །བསྐུལ་ཚིག་ལན་འགའ་ཐལ་ཏེ་ཅི་བྱར་ཡོད། ། གཞན་དབང་གིས་འགོག་པ། ལས་ངན་འབྲས་བུ་སྨིན་པ་འགའ་ཞིག་གིས། །གདུང་སེལ་ཟབ་མོའི་གདམས་པ་དགོས་ཞེས་སྨྲ། །འདི་ན་བདེ་སྡུག་འགྱུར་བ་མཐའ་ཡས་རྣམས། །ལས་ཀྱིས་བསྐྱུན་ཕྱིར་དེ་དང་བགྲོ་བར་

འཚལ། ། ཐབས་ཀྱིས་འགོག་པ། འོད་སྟོང་ལྡན་ཕྱོད་ཆུ་ལྷའི་ཕང་བ་ཏུ། །གལ་ཏེ་གཟིམས་པར་བཞེད་ན་དེ་བཞིན་མཛོད། །པད་ཚལ་མཛེས་པ་ཟུམ་པར་མི་འགྱུར་སྙད། །ཚ་ཟེར་འོད་ཀྱི་འཕྲེང་བ་བཞག་འཚལ་ལོ། ། ཁྲོ་བས་འགོག་པ། འཁྱོར་པས་དབུལ་ཞིང་འདུ་བ་འཁྲུགས་པས་མནར། །ཕན་རེའི་དུས་སུ་ཕྱོལ་བའི་ཁྲིལ་འདས་རྣམས། །ཕྱི་ནས་བདེ་སྐྱིད་མངའ་ཐང་དར་བའི་ཚེ། །འཇོམ་ཞལ་ལྟུག་པར་བསྟན་ཀྱང་དགོས་པ་སྐྱེ་ཅི། ། མྱ་ངན་གྱིས་འགོག་པ། འདི་ན་ལ་ལ་ངལ་བརྒྱས་བསྒྲུབས་པ་ཡི། །ནོར་རྣམས་བསོད་ནམས་གཏེར་ཏུ་མ་སྦས་ཤིང་། །འཕྲལ་ཡང་ལོངས་སུ་སྤྱོད་པར་མ་ནུས་པ། །ཚོམ་པོས་ཁྱེར་ཚེ་ཟུག་རྔུ་སྙིང་ལ་འཛིན། ། འཁྱུད་པས་འགོག་པ། བརྩོན་ཤེས་མཐུ་དང་བྲལ་ཕྱིར་རྒྱལ་བསྟན་ལ། །འཁོར་ལོ་གསུམ་གྱིས་རི་མོར་མ་བྲིས་ཤིང་། །བཟང་པོའི་རྫུ་ཡི་རང་སྟེ་སྐྱོང་བ་སོགས། །སྲིད་ཀྱང་མ་བཟུང་གཉིས་མེད་ངང་དུ་ནས། ། ཐེ་ཚོམ་གྱིས་འགོག་པ། རྣམ་པར་དཀར་འདི་དབྱངས་ཅན་མཛེས་སྐུ་འམ། །ཟླ་འོད་ལྷུང་པའི་གཱི་ལ་ཤ་འམ་ཅི། །སྙན་འགྱུར་རྒྱུད་མང་སྒྲ་ཡི་དཔལ་ལྡན་ཕྱིར། །གདོས་བཅས་གངས་ཀྱི་རི་བོ་མིན་པར་སེམས། ། སྒྱུར་བས་འགོག་པ། ཉེད་དཀའ་བརྒྱ་ལམ་ཞིག་ན་ཉེད་གྱུར་ཚེ། །ཕུན་ཚོགས་འདོད་དགུ་འབྱུང་བའི་དོན་ཆེ་བ། །དལ་འབྱོར་རྟེན་བཟང་ནོར་བུ་འདི་ཐོབ་ཚེ། །རྒྱ་མཚོའི་གླིང་གི་ནོར་བུ་དེས་ཅི་བྱ། ། དོན་གཞན་འགོག་པ། འདོད་ལ་སྲིད་པས་དམ་དུ་བཅིངས་པ་རྣམས། །ལྷ་དབང་དཔལ་ལ་རོལ་ཡང་ཚིམ་མི་འགྱུར། །རབ་འབར་ར་གདོང་མེ་ལྕེའི་འཕྲེང་བ་དེས། །རྒྱ་མཚོའི་ཆུ་ཚོགས་བཏུང་ཡང་ངོམས་པ་མེད། ། རྒྱུས་འགོག་པ། འདྲེན་མཆོག་དམ་པའི་ཞབས་སེན་བཀྲ་ཤིས་རྟུལ། །དྲེགས་ལྡན་ལྷར་བཅས་སྐྱེ་དགུའི་གཙུག་ཏོར་རྩེར། །མཆོག་ཏུ་མཛེས་ཀྱང་བསྟོད་བསྔགས་འོས་མིན་ཏེ། །ཚོགས་གཉིས་རྫོགས་པའི་ནུས་མཐུ་ཁོ་ནར་

ཟད། ། ཀུན་ཁྱབ་ཀྱི་དོན་གཞན་བཀོད་པ། ཨེ་མ་གྲགས་པའི་གཞིར་གྱུར་ཐམས་ཅད་སྒྲོལ། །གཅེས་དགུ་གཏོང་བའི་སྒྲ་ལ་མཚལ་དུ་ཅེ། །རང་བདེར་མ་ཆགས་གཞན་ཕན་ཁུར་ཆེན་གྱིས། །མི་སྐྱོ་འཕགས་ཆེན་དམ་པའི་ངང་ཚུལ་ལགས། ། ཁྱད་པར་ལ་གནས་པའི་དོན་གཞན་བཀོད་པ། ཡིད་ལ་རིང་དུ་རོལ་བའི་དབྱངས་ལྡན་མ། །ཟག་མེད་ངག་གི་འདོད་པ་འཇོ་བར་མཛོད། །མཁའ་དབྱིངས་ཆུ་འཛིན་དཀར་པོའི་ཀློང་ལས་ཀྱང་། །སྤྲང་ཆར་དལ་གྱིས་འབེབས་པ་མ་ལགས་སམ། ། སྒྱུར་བའི་དོན་གཞན་བཀོད་པ། རྣམ་འདྲེན་མཚུངས་མེད་སྟོབས་བཅུ་མངའ་བ་ཡིས། །རྒྱུད་པའི་མུན་པ་དྲུང་ནས་འབྱིན་པར་བྱེད། །འགྲོ་བའི་སྒྲོན་མ་གསལ་བའི་འོད་སྣང་གིས། །སྨག་རུམ་གདུང་བའི་གོ་སྐབས་འཕྲོག་པར་བྱེད། ། འགལ་བའི་དོན་གཞན་བཀོད་པ། མཐའ་བྲལ་ལྟ་བ་ཐང་ཅིག་གོམས་པས་ཀྱང་། །རིང་ནས་འདྲིས་པའི་དངོས་འཛིན་རྟུལ་པོར་བྱེད། །མི་བརྟན་སྐད་ཅིག་གཡོ་བའི་གློག་འཕྲེང་གིས། །མཚན་དུས་རྒྱུན་ཆགས་མུན་པའི་སྨག་རུམ་སེལ། ། མི་འོས་པའི་དོན་གཞན་བཀོད་པ། བསིལ་བའི་ཟེར་བརྒྱ་འཕྲོ་བའི་ཟླ་ཤེལ་གྱིས། །ཡི་དྭགས་ཚོགས་ལ་ཚ་བའི་གདུང་བ་སྟེར། །ཀྱེ་མ་བསམ་གྱིས་མི་ཁྱབ་ལས་ཀྱི་མཐུ། །སྙིན་པའི་ངང་ཚུལ་འདི་འདྲ་བཟློག་པར་དཀའ། ། འོས་པའི་དོན་གཞན་བཀོད་པ། རྒྱལ་ཀུན་ཐུགས་རྗེའི་སྒྱུ་འཕྲུལ་དགེ་བའི་བཤེས། །གཙུག་གིས་བསྙེན་པས་དོན་གཉིས་ལེགས་ཚོགས་འཕེལ། །བསམ་འཕེལ་དབང་གི་རྒྱལ་པོ་རྒྱལ་མཚན་རྩེར། །མཆོད་པས་ཕུམ་ཚོགས་འདོད་དགུའི་རེ་བ་སྐོང་། ། འོས་ཤིང་མི་འོས་པའི་དོན་གཞན་བཀོད་པ། ཕ་རོལ་མི་བསྲུན་དགྲ་ཡིས་གླགས་ལྟ་ཡང་། །རྟེན་གྱུར་ས་ཡི་བདག་པོས་དེ་ལྟ་མིན། །ཉི་འོད་རེག་པས་ཚ་གདུང་སྐྱེད་འོས་ཀྱི། །བསིལ་སྦྱིན་རི་བའི་གདུགས་ཀྱིས་བསྲེག་མི་འོས། ། མི་འོས་ཤིང་འོས་དོན་གཞན་བཀོད་པ། ཐུབ་པའི་རྗེས་འཇུག་འགའ་ཡང་རྟེན་འབྱུང་གཏམ། །

སྤྱོང་བར་བྱེད་ན་གཞན་སྟེ་སྨོས་ཅི་འཚལ། །སྐྱོན་ཡོན་ཤེས་པའི་མི་ཡང་དུག་ཟ་ན། །ཆ་བྱ་རང་གི་ཟས་ལ་ཅིས་མི་སྤྱོད། ། ཡན་ལག་གཅིག་གིས་སྟོན་པ་ཅན། གཟི་བྱིན་རབ་རྒྱས་དད་པའི་རྒྱལ་པོ་ཁྱོད། །དཀར་མཛེས་དབྱངས་སྙན་སྒྲ་ཡི་དགའ་སྟོན་གྱིས། །གཡས་འཁྱིལ་དུང་དང་མཚུངས་ཀྱང་སྒྲོ་གཞོག་གིས། །འཕུར་ལྡིང་གར་གྱིས་རོལ་བས་ཐ་དད་དབྱེ། ། གཉིས་ཀྱིས་སྟོན་པ་ཅན། སྨུན་པའི་དཔྲ་དང་བདེ་ལྡན་ཞིང་གི་གཙོ། །འོད་སྟོང་གཟི་བྱིན་འགྱེད་པར་མཚུངས་བ་སྐྱེ། །འོན་ཀྱང་དེ་ནི་གླིང་བཞིའི་ཕོར་ཡུག་དང་། །ཁྱོད་སྐུའི་འོད་ཀྱིས་ཞིང་བརྒྱ་ཅིག་ཆར་གསལ། ། སྒྱུར་བའི་སྟོན་པ་ཅན། རྒྱལ་བའི་ཧྲེས་ཞུགས་ཡེ་ཤེས་ལྷ་སྒྲུབ་པར། །རྒྱལ་སྲས་རྣམས་དང་མུ་སྟེགས་ཀུན་ཏུ་རྒྱུ། །མཚུངས་ཀྱང་བློ་ལྡན་ཐར་བའི་ལམ་བཟང་དུ། །འགྲོ་འོ་མུ་སྟེགས་རྣམས་ནི་དེ་ལས་གོལ། ། འགོག་པ་ཅན་གྱིས་སྟོན་པ། གཟི་བརྗིད་འབར་ཞིང་དབྱིག་གི་མཛོད་འཛིན་པ། །མི་ཡི་དབང་ཕྱུག་ཁྱོད་དང་གདེངས་ཅན་གཙོ། །མཚུངས་ཀྱང་མི་བཟད་སྦྲུལ་གདུག་སྒྲོ་བ་དེས། །ས་དབང་ཁྱོད་ལ་འགྲན་པའི་སྐབས་ཡོད་མིན། ། གཏན་ཚིགས་ཅན་གྱིས་སྟོན་པ། སྐལ་བཟང་སྐྱེ་བོའི་སྙིང་གི་དཔྱིད་གྱུར་ཅིང་། །ཕུན་ཚོགས་འདོད་པ་འཛོ་བར་མཚུངས་ན་ཡང་། །འཛོ་སྒྲེག་རོལ་བའི་ཉམས་ཀྱིས་དབེན་པའི་ཕྱིར། །དཔག་བསམ་ཤིང་དེ་མཚོ་བྱུང་ནོར་ཟླ་མིན། ། རྟེན་གྱིས་སྟོན་པ། རྒྱལ་བ་ཀུན་ཡུམ་རྗེ་རྗེ་དབྱངས་ལྡན་མ། །དྲི་ཟའི་ན་ཚུང་དབུས་ན་འགྱིང་ཞིང་བཞུགས། །བཅུ་དྲུག་ཆ་ཤས་ཡོངས་གང་ཟླ་བ་ནི། །རྒྱུ་སྐར་ཁྲོད་ན་གསལ་ཕྱིར་མཚུངས་མ་ཡིན། ། དཔེ་ལས་དཔེ་ཅན་ལྷག་པའི་སྟོན་པ། དབང་པོའི་གཞུ་རིས་འཇམ་མཉན་རེག་བྱས་དབེན། །ཡོངས་སུ་ཉེར་སྤྱད་ཀུན་དགའི་རོ་དང་བྲལ། །ལྷ་ཡུལ་པཎྜུ་ལི་ཀའི་གོས་བཟང་ལ། །ཡིད་འོང་འདོད་པའི་ཡོན་ཏན་ཡོངས་སུ་རྫོགས། ། འཕྲེད་བྱེད་མཚུངས་པས་སྟོན་པ། དབྱངས་ཅན་ཞལ་དང་སྟོན་

ཀའི་ཟླ་ཤེལ་གཉིས། །དཀར་ཞིང་ཡིད་ལ་ཀུན་དགའ་སྟེར་བར་མཚུངས། །འོན་ཏང་ཕྱོད་ཞལ་སྣེན་མ་འཁྱོག་པོས་མཚན། །བསིལ་ཟེར་འབྱེད་པ་རི་བོང་གཟུགས་ཀྱིས་མཛེས། ། མཚུངས་ཆོས་མ་ཟིན་པའི་འབྱེད་བྱེད། རབ་དཀར་པདྨོ་སྐྱེད་ཚལ་མཛེས་པའི་རྒྱན། །གཉིས་སྐྱེས་རྒྱལ་པོ་འཆི་མེད་ལམ་གྱིས་རྒྱན། །སྨྲང་རྩེའི་རྒྱལ་མཚན་བསྲུང་ཞིམ་སྤྲོ་བྱེད་ཅིང་། །ཟླ་ཤེལ་ག་བུར་འོད་ཀྱི་འཕྲེང་བ་འགྱེད། ། རིགས་མཐུན་ལྡོག་པ། སྟུག་པོའི་ཆུ་འཛིན་དྲ་བས་མི་སྒྲིབ་ཅིང་། །འཆར་དང་ནུབ་པའི་དབང་དུ་མ་གྱུར་པ། །ཆོས་ཀྱི་དབང་ཕྱུག་རྒྱལ་བའི་ཉི་མ་དེས། །འགྲོ་ལ་སྣང་བའི་དགའ་སྟོན་ཅི་ཡང་སྤྲོ། ། དུས་ལ་སྦྱར་བའི་སྲིད་པ་ཅན། མ་བཅད་པར་ཡང་འདབ་མའི་འཕྲེང་བ་ལྡུང་། །མ་བཀྲུས་པར་ཡང་ཡལ་ག་སྐྱ་བོར་གྱུར། །མ་བསྟན་བར་ཡང་མི་རྟག་གོ་བྱེད་པ། །སྐྱེ་བའི་ཤུགས་རིང་འབྱིན་པའི་དགུན་གྱི་ཤིང་། ། ནང་ལ་སྦྱར་བ། རྒྱུད་དུ་མ་དྲངས་རིད་པ་གཞུ་ལྟར་གུག །མ་བཙེས་སྐྲ་དང་བཞིན་གྱི་ཁ་དོག་འཚོལ། །སྐྲགས་པ་མིན་ཡང་ཡན་ལག་ཤིགས་ཤིག་འདར། །དགྲ་ཡིས་མ་བཅོམ་གཞོན་ནུའི་ལང་ཚོ་སྟོར། ། ངོ་བོ་ཙམ་བརྗོད་པ། མ་བགོས་བསྲུང་ཞིམ་སྤྲོ་བའི་པདྨ་དཀར། །མ་ཕྱིས་བར་ཡང་འདམ་རྫབ་དྲི་མ་བྲལ། །ཕྲག་དོག་མེད་ཀྱང་ཟླ་བ་མཐོང་ཚེ་ཟུམ། །མ་བཀྲུས་པར་ཡང་སྲིད་ལྡན་ཡིད་དབང་འགུག ། སྤྱིའི་བསྡུས་བརྗོད། ཆུ་རྒྱུན་གཙང་མ་ཉེ་བར་གནས་པ་ལ། །འདོད་དགུར་ལོངས་སུ་སྤྱོད་པའི་མཐུན་ལྡན་ཡང་། །བ་ཙྭ་ཅན་གྱི་ཁྲིན་པའི་ཆུ་རྒྱུན་ཕྱིར། །ལུས་སེམས་ངལ་བར་བྱེད་པ་ཡིད་རེ་སྐྱོ། ། ཁྱད་གཞི་ཐ་དད་ཀྱང་ཁྱད་ཆོས་གཅིག་པའི་བསྡུས་བརྗོད། ལྷ་ཡི་མཆོད་ཡོན་གཏིང་མཐའ་དཔག་དཀའ་ཞིང་། །གང་གིས་བསྟེན་ན་ལུས་སེམས་གདུང་བ་སེལ། །སྙིན་ལྡན་རོ་དང་ལྡན་ཅིག་མི་གནས་ཤིང་། །རླབས་འཕྲེང་གཡོ་བས་བློ་ཆུང་སྐྲག་པར་བྱེད། ། ཁྱད་ཆོས་མཚུངས་ཤིང་མི་མཚུངས་པ། ཛ་ཧུའི་བུ་མོ་ནོར་བུའི་མཛོད

འཛིན་ཞིང་། །གདེངས་ཅན་དབང་པོའི་ཚོགས་ཀྱི་ཉེར་འཚོའི་གཞི། །ཡན་
ལག་བརྒྱད་ལྡན་བཻཌཱུར་ཞུན་མའི་མདངས། །རྣམ་བཀྲ་དེར་ནི་ཁྲུས་ཀྱིས་
འཇུག་པར་རིགས། ། སྟོན་མེད་བསྡུས་བརྗོད། བཟོད་དཀའ་བྲང་འགྲོ་གདུག་བས་
མ་བསྙེན་ཞིང་། །ནམ་ཡང་ཐུར་དུ་བགྲོད་མིན་གཙྭ་མ། །གང་གི་ངོགས་སུ་
ཁྲུས་ཀྱི་རྫེ་དགའ་ལ། །གཞོལ་བ་དེ་དག་མཆོག་ཏུ་སྐལ་བ་བཟང་། ། ཁྱད་
འཕགས་ཕུལ་བྱུང་། རབ་དཀར་ཀ་མ་ལ་ཡི་འདབ་འཕྲེང་རྩེར། །འོད་དཀར་ཟླུམ་
པོར་སྒྲོ་བའི་ལྡིང་ཁང་དབུས། །གངས་རིའི་མདངས་འཛིན་འཕགས་མཆོག་
སྤྱན་རས་གཟིགས། །སྟོང་ཕྲག་ཟླ་བའི་འོད་ཀྱིས་མཚོན་དུ་མེད། ། ཐེ་ཚོམ་ཕུལ་
བྱུང་། ལྷན་སྐྱེས་བདེ་བ་ཆེན་པོའི་ཡེ་ཤེས་ཉིད། །བཞིན་ལེགས་གར་རོལ་ཧེ་རུ་
ཀ་ཡི་སྐུ། །གདོས་བཅས་ཐོགས་རེག་བྲལ་བའི་མཁའ་དབྱིངས་དང་། །འདྲེས་
སམ་གཞན་དུ་མཆིས་སྙམ་ཁྱོགས་ལ་འཕྱང་། ། ངེས་པ་ཕུལ་བྱུང་། ཡེ་ཤེས་ཉིད་
ཀྱང་ངོ་མཚར་ཐབས་མཁས་ཀྱིས། །རྣམ་པར་འཕྲུལ་པའི་གཟུགས་སྐུ་ལྡན་
པར་ངེས། །རིན་ཆེན་རྒྱན་མང་གཡུར་དུ་ཟ་བའི་རྟེན། །སྟོང་སངས་ཀུན་
གསལ་མ་ཡི་ནུས་མ་ཡིན། ། ངོ་མཚར་ཕུལ་བྱུང་། ཅུང་ཟད་བསྟབས་པ་ཙམ་གྱིས་
སྲིད་པ་གསུམ། །ཤིགས་ཤིག་གཡོ་མཛད་གཤིན་རྗེའི་གཤེད་པོ་ཡིས། །བཅུ་
དྲུག་ཞབས་ཀྱིས་བསྐལ་བརྒྱར་མནན་བྱས་ཀྱང་། །གཡོ་མེད་འདབ་བརྒྱ་བ་
འདི་ངོ་མཚར་ཆེ། ། སེམས་ལྡན་རབ་རྟོག ཕྱུ་སྟུག་རྣམ་བཀྲ་དཔྱིད་ཀྱི་ཕོ་ཉ་མོ། །
ལྷུང་ལྷུང་སྙན་པའི་སྒྲ་དབྱངས་ལེན་པ་ནི། །ཕུལ་བྱུང་དབྱར་གྱི་དུས་སྟོན་
གསར་པ་ཁྱོད། །ཡུན་རིང་བཞུགས་ཞེས་གསོལ་བ་འདེབས་པ་བཞིན། །
སེམས་མེད་རབ་རྟོག ལྷོ་ཡི་རླུང་གིས་བསྐྱོད་པའི་ཅན་དན་གྱི། །ལྗོན་པའི་ཚོགས་
རྣམས་ཡལ་ག་གཡོ་བ་ནི། །གྲུབ་རིགས་ཚོགས་ཀྱི་བསྟི་གནས་འདིར་འོ་ཞེས། །
དྲང་སྲོང་ཆེ་རྣམས་མགྲོན་དུ་འབོད་པ་འདྲ། ། ཉིང་འཛིན་རབ་རྟོག ཉན་བྱེད་

དབང་པོས་ཚ་ཟེར་འཕྲེང་བ་ཡིས། །ཆུ་སྐྱེས་གཞོན་ནུའི་འདབ་རྒྱ་བཀྲོལ་བ་ན། །དབྱིག་གི་ཁུ་བ་བག་མེད་བཏུང་བ་བཞིན། །སྨྲས་པའི་གེར་སར་རྟུལ་ཚོགས་སྐྱུག་པ་བཞིན། ། སྐམ་སྐྲ་ཅན། དཔྱིད་དུས་ཚླུང་ནག་འཚུབ་མར་གཡོ་བ་ནི། །མི་གཙང་རྡུལ་ཚོགས་བྱི་དོར་བྱས་པར་སྐམ། ། དོགས་སྐྲ་ཅན། མི་ཟད་དུས་ཀྱི་འཁོར་ཚླུང་དྲག་པོ་ཡིས། །དབྱར་གྱི་ལང་ཚོ་བྱེར་ཞིང་བྲོས་ཀྱི་དོགས། ། ངེས་སྐྲ་ཅན། དེ་ནས་སྤྲིངས་〔སྤྲང་〕ཆར་དལ་གྱིས་འབེབས་པ་ནི། །རྟུལ་ཚོགས་གནོན་པའི་ཐབས་ལ་ཞུགས་པར་ངེས། ། འདྲ་བའི་སྐྲ་ཅན། དེ་ཚེ་དབང་གཞུ་རྣམ་པར་བཀྲ་བ་ཡང་། །དབྱར་གྱི་ལང་ཚོ་རྒྱས་པ་རྫོམས་པ་འདྲ། ། མིན་ནམ་སྐྲ་ཅན། སྟོན་དུས་རྩེ་བཙུད་ཕུན་སུམ་ཚོགས་པ་ནི། །ལྷ་ཡི་དཔལ་ལས་བརྐུས་པ་མ་ཡིན་ནམ། ། སྐྱེད་བྱེད་ཀྱི་རྒྱུ། སྐལ་བཟང་རྣམ་འདྲེན་དུ་རམ་ཤིང་བ་ཡིས། །འཕྲིན་ལས་འོད་ཀྱི་སྣང་བ་རིས་མེད་དུ། །སྤྲོས་པའི་མཐུ་ལས་ནོར་འཛིན་ཡངས་པའི་ཁྱོན། །ཇོགས་ལྡན་གསར་བའི་དཔལ་གྱིས་ཁྱབ་པར་གྱུར། ། ཉམས་བྱེད་ཀྱི་རྒྱུ། འཇམ་དཔལ་རྗེ་རྗེ་མི་ཡི་གར་རོལ་བ། །རྒྱལ་བ་གཉིས་པའི་ལེགས་བཤད་སྒྲ་དབྱངས་ཀྱིས། །ཐུབ་བསྟན་དཔལ་ལ་སྡང་བ་མཐའ་དག་གི །ཡིད་ནི་མི་བཟད་ཟུག་རྔུས་གདུངས་བར་བྱས། ། རྣམ་འགྱུར་གྱི་རྒྱུ། ནོར་བུ་འོད་འབར་མཛེས་པའི་ཕོ་བྲང་དབུས། །ན་ཆུང་ཚོགས་རྣམས་སྐྱན་པའི་གླུ་ལེན་ཀྱང་། །ཡིད་འབྱུང་རབ་རྒྱས་ཤཱཀྱའི་སྲས་པོ་ཡིས། །དེ་ཀུན་མི་བཟད་གཤེད་མ་ལྟ་བུར་གཟིགས། ། ཐོབ་བྱེད་ཀྱི་རྒྱུ། དཔལ་ལྡན་བསྟན་པའི་འཁོར་ལོའི་ཞབས་ཀྱི་རྡུལ། །སྙིང་ཁར་བཀོད་དེ་ངལ་བ་བརྒྱས་བསྟེན་པས། །གཞུང་ལུགས་འབུམ་སྡེའི་གནད་ལ་ཐོགས་མེད་དུ། །འཇུག་པའི་བློ་གྲོས་སྣང་བ་རྒྱས་པར་གྱུར། ། ཕྱི་ཤེས་བྱེད་ཀྱི་རྒྱུ། སྐན་སྦྲུག་འདབ་ཆགས་ཚོགས་ཀྱི་གདངས་ཆག་ཅིང་། །ཆུ་སླུང་རྣམས་ཀྱང་སྒྲ་མེད་སྤུབས་སུ་ཞུགས། །རི་སླུང་

མཐའ་དག་ཁ་བའི་རྡུལ་གྱིས་ཁེབས། །མི་རྣམས་ལུས་ལ་གྲང་བའི་སྡུ་མྱོང་རྒྱུས། ། ནད་ཤེས་བྱེད་ཀྱི་རྒྱུ། ཟབ་བརླིང་ཆོས་སྒྲ་ཐོས་ཚེ་བག་འཁྱེམ་ཞིང་། ། དོན་མེད་འཆལ་གཏམ་སྨྲ་ཚེ་མགོ་འཕང་མཐོ། །རྣམ་དཀར་ལས་ལ་བརྩོན་ཚེ་ཐབས་ཀྱིས་འཁྲིས། །སྡིག་སོགས་ཟབ་ནོར་མཐོང་ཚེ་ངང་གིས་འདུ། ། སྤྱ་ནས་མེད་པའི་བྱེད་རྒྱུ། ཚེ་སྔོན་མི་བཟད་སྡིག་པ་མ་བྱས་ཤིང་། །འབྱུང་བ་འཁྲུགས་པའི་ནད་ཀྱིས་མ་བཏབ་ལ། །ཕྱི་རོལ་དགྲ་ཡིས་གཙེ་བར་མ་བྱས་པས། །སྐལ་བཟང་སྙིང་ལ་བདེ་བའི་དགའ་སྟོན་རྒྱས། ། ཞིག་ནས་མེད་པའི་བྱེད་རྒྱུ། ཐུབ་དབང་འཛིག་རྟེན་མིག་ནི་ཟུམ་གྱུར་ཅིང་། །རྒྱལ་བསྟན་རྩ་ལག་ཕལ་ཆེར་འདས་པ་ན། །ཁྲིམས་ཡོད་ཚུལ་ལས་འདས་པའི་ཆེར་སྣོམ་འགའ། །སྨོངས་རྟུལ་སྐྱེ་བོའི་ཁྲིད་ན་ཅི་ཡང་སྤྱོད། ། ཕན་ཚུན་མེད་པའི་བྱེད་རྒྱུ། ངང་བ་འདི་དག་འཆལ་སྒྲོག་སྣོན་པོ་མིན། །ཉེའུ་ཆུང་བག་མེད་འཁྱུ་བའི་བཙུན་མོ་མིན། །རླབས་འཕྲེང་འདི་དག་གདུག་པའི་དཔུང་ཚོགས་མིན། །རྫིང་འདི་རྒྱལ་སྲིད་མིན་ཕྱིར་སྙིང་དུ་སྡུག ། སྤངས་ནས་མེད་པའི་བྱེད་རྒྱུ། ཉེས་བརྒྱའི་འབྱུང་གནས་རང་ཉིད་གཅེས་འཛིན་བློ། །རྒྱལ་སྲས་དམ་པ་རྣམས་ཀྱིས་རིང་སྤངས་པས། །དེ་དག་ཐུགས་ལ་ཟག་མེད་བདེ་བའི་དཔལ། །ནམ་ཡང་ཉམས་པ་མེད་པར་ངང་གིས་འཕེལ། ། རྒྱུ་མེད་པས་མེད་པ་སྐྱེད་པའི་བྱེད་རྒྱུ། དགེ་ལྡན་ལུགས་བཟང་ཀུན་གྱིས་བཀུར་བའི་ཟོལ། །མཁས་གྲུབ་དམ་པས་དགག་པར་མ་མཛད་ན། །འཇམ་མགོན་རྗེས་ཞུགས་རེ་བའི་ལྷ་ལོག་དང་། །རྩང་སྤྱོད་རྟུལ་པོས་ས་འདི་རྟུལ་པོར་བྱེད། ། རིང་འབྲས་ཀྱི་རྒྱུ། ས་ཆེན་དཔུང་བས་འཛིན་པ་མི་ཡི་རྗེས། །ཆབ་འབངས་ཚོགས་རྣམས་ཆོས་བཞིན་བསྐྱངས་པ་ན། ། རིང་ན་གནས་པའི་མི་བརྒྱུད་དགྲ་སྡེའི་ཚོགས། །གུས་པའི་ཡིད་ཀྱིས་ཁྱོད་ཞབས་བསྟེན་པར་བྱེད། ། རྒྱུ་འབྲས་ལྡན་ཅིག་པ། དཔལ་ལྡན་སྟུག་པོ་བཀོད་པའི་ཞིང་ཁམས་སུ། །བླ་མེད་ཡེ་

ཤེས་བདུད་རྩི་བཏེས་པ་དང་། །ལྷན་ཅིག་བགྲང་ཡས་ཞིང་ཁམས་རྒྱ་མཚོ་རུ། །སྣ་ཚོགས་ཚུལ་གྱིས་འགྲོ་བ་འདྲེན་པར་མཛད། ། རྒྱུ་ལས་འབྲས་བུ་སྟོབ། མི་བཟད་སྲིད་པའི་རྒྱ་མཚོ་ཆེན་པོ་འདི་ར། །སྐྱེ་བའི་རྣམ་འཕྲུལ་བཟུང་སྟེ་ད་དུང་ཡང་། །དེ་ཡི་ཡན་ལག་ཡོངས་སུ་གོམས་པའི་མཐུས། །སྣ་ཚོགས་ལས་ཀྱི་ལམ་ལ་འཇུག་པར་བྱེད། ། རིགས་མེད་ཀྱི་རྒྱུ། ཐུབ་རྣམས་བརྟན་པ་འཁྲོག་པའི་མཛེས་སྡུག་གི །ཡང་ཚོ་རབ་རྒྱས་དབྱངས་ཅན་ཀུན་དའི་གཉེན། །རྩེ་གཅིག་གྲུས་པའི་ཡིད་ལ་རོལ་པའི་མོད། །ཆགས་དང་སྡོངས་པའི་ཀུ་མུད་ཟུམ་པར་གྱུར། ། རིགས་པའི་རྒྱུ། བགྲང་ཡས་རྒྱལ་བའི་ངག་གི་དངོས་གྲུབ་ཀུན། །མཛེས་སྡུག་ལྷ་མོའི་རྣམ་རོལ་འོད་དཀར་ཅན། །ཡིད་ལ་རོལ་བས་བློ་གྲོས་ཀུ་མུད་དག །རྣམ་པར་རྒྱས་པའི་དགའ་སྟོན་ཅི་ཡང་ཐོབ། ། ཟུར་གྱིས་ཕྲ་མོ། རིང་ནས་རྟ་བའི་གྲགས་འབར་རྗེས་ཞུགས་ཏེ། །སློང་བར་འདོད་ཀྱང་གཟི་བྱིན་མ་བཟོད་པའི། །མུ་ཏོའི་སྡུག་བསྔལ་གཟིགས་པའི་ས་སྐྱོང་གིས། །ནོར་བུའི་གདུབ་གོར་མཛེས་པའི་ཕྱག་གཡས་བརྐྱངས། ། རྣམ་པས་ཕྲ་མོ། ཡིད་སྲུབས་སྡིག་མོ་བསླུ་བྲིད་ལ་ཞུགས་ཤིང་། །བདུད་སྡེའི་དཔུང་གིས་ལན་བརྒྱར་མཐོ་བརྩམས་ཀྱང་། །མཉམ་པ་ཉིད་དུ་བ་སྤུའི་རྩེ་མོ་ཡང་། །གཡོ་བར་མི་མཛད་འཛུམ་ལྡན་ཤཱཀྱའི་ཏོག ། འོས་པའི་ཆ། མཁས་མང་ཚོགས་པའི་མདུན་སར་ལེགས་བཤད་ཀྱི། །གསུང་སྒྲོན་བགྱིད་པར་བསྐུལ་ཚེ་མགོ་བོ་ན། །རིང་མོ་ཞིག་ནས་ཞུགས་པའི་ཁྲག་འཁྲུག་གིས། །ནད་རོ་དུས་སུ་ལྡང་ལ་ཅི་བྱར་ཡོད། ། མི་འོས་པའི་ཆ། མི་བཟད་སྡིག་ལ་ཞུགས་པའི་མྱ་ངན་གྱིས། །གདུང་བས་ལྷ་ཆེན་སྨྲེ་སྔགས་སྔོར་བ་ཡང་། །སློབ་མའི་ཚོགས་ལ་རྗེས་སུ་བརྩེ་བ་ཡིས། །འཕགས་པའི་བདེན་པ་སྟོན་པར་མཛད་པ་ལགས། ། ཆ་ལས་སྨད་པ། མ་བསླབ་པར་ཡང་ཡོན་ཏན་ཐམས་ཅད་ཤེས། །ཕྲད་པ་ཙམ་ནས་དགྱེས་པའི་འཛུམ་ཞལ་

སྟོན། །ཀུན་གྱི་བཀའ་སྒྲུབ་དྲང་པོའི་རང་བཞིན་ཅན། །འདི་དག་གཞན་གྱི་བྱ་བའི་གྲོགས་སུ་བཟང་། ། ཆ་ལས་བརྗོད་པ། སྟོམ་གསུམ་ཁུར་གྱི་ངལ་བ་བརྒྱལ་གཟིར་ཞིང་། །ཉིན་མཚན་མེད་པར་ཐོས་བསམ་བྱ་བས་བྲེལ། །གོས་སྐྱ་འཚོ་བས་དབུལ་བའི་མཚན་ཉིད་པ། །འཁོར་ལྡན་སྐྱེ་བོ་རྣམས་ཀྱི་སྙིང་རྗེའི་ཡུལ། ། རིམ་པ་ཅན་གྱི་རྒྱུན། ཨེ་མ་དྭངས་ཤིང་བསིལ་བའི་ཆབ་འདི་ཡང་། །རང་རང་ལས་ཀྱི་རྣམ་པར་འཕྲུལ་བ་ཡིས། །ཡི་དྭགས་དུད་འགྲོ་མི་དང་ལྷ་རྣམས་ལ། །རྣག་ཁྲག་གནས་དང་ཆུ་དང་བདུད་རྩིར་གྱུར། ། དངོས་ཐོབ་ཀྱིས་དགའ་བ། ལེགས་བཤད་གཏམ་གྱི་དགའ་སྟོན་སྤེལ་མཁས་ཤིང་། །ཞི་དུལ་འགྲོགས་ན་བདེ་བའི་རིགས་སྒྲ་ཅོད། །མཐོང་ཞིང་བཀའ་མཆིད་འཕེལ་བའི་དགའ་བ་འདི། །གཞན་གྱིས་སྟེར་ནུས་མིན་ཕྱིར་སྣང་ཡང་ཅོན། ། གཟུགས་བརྙན་གྱིས་དགའ་བ། མཚན་དཔེའི་དཔལ་འབར་ཐུབ་པའི་ཉེ་མ་ཡི། །མཛེས་སྐུ་མཐོང་བའི་ལམ་ལས་འདས་གྱུར་ཀྱང་། །དེ་ཡི་ཞལ་སྐྱིན་སྐུ་དགུའི་བསོད་ནམས་ཞིང་། །རྗེ་ཤཱཀྱ་སྟང་བརྙན་མཇལ་བས་རབ་དགའ་རྒྱས། ། སྨིག་པའི་ཉམས། སྣྲི་བུར་ཉིད་དུ་སོ་སྐྱེའི་ས་ལས་འདས། །ཀུན་དུ་སྤྲོར་བའི་འཆིང་བ་རང་སར་ཆད། །བརྒྱ་ཕྲག་བཅུ་གཉིས་ཡོན་ཏན་གཏེར་རྫོལ་བས། །དང་པོའི་ས་ལ་རབ་དགའ་ཅི་ཡང་འཐོབ། ། དྲག་ཤུལ་གྱི་ཉམས། ལས་གཤིན་ཁྲོས་པའི་སྤྱང་མིག་སློག་གི་འོད། །ཞུར་ཞུར་མེ་རླུང་དང་འགྲོགས་སྤྲོས་པ་ཡིས། །རི་རབ་ཁོང་ན་གནས་པའི་བསྟན་དགྲ་ཡང་། །ལྡེ་སྙིང་སྐྲག་མར་འདོང་སྟེ་བརྒྱལ་བར་བྱེད། ། དཔའ་བའི་ཉམས། མི་བཟད་གཡུལ་གྱི་སྤྱོར་བ་མ་བཤམས་ཤིང་། །མགོ་དགུའི་ཡོངས་སྤྱོད་སྤྲིན་པས་མ་བསྡུས་པར། །མཁས་བཙུན་བཟང་པོའི་རྣམ་དཔྱོད་དཔུང་བ་ཡིས། །འཇིག་རྟེན་གསུམ་གྱི་ཏོག་གྱུར་ཙོང་ཁ་པ། ། སྙིང་རྗེའི་ཉམས། སིལ་སིལ་སྒྲ་སྙོགས་ཉོར་བུའི་འོད་པག་ཅན། །འཇམ་མཉེན་གོས་བཟང་གཡོ་

བ་ལྷ་ཡི་བུ། །གློ་བུར་དཀྱིལ་བའི་ལྕུགས་བསྒྲིགས་ས་གཞི་ལ། །སོག་ལེས་གཤགས་ཤིང་གཏུབ་པ་ཇི་ལྟར་བཟོད། ། མི་སྡུག་པའི་ཉམས། གདོན་གྱིས་བརླམས་པས་གཡང་སར་མཚོང་གྱུར་ཀྱང་། །སྡིག་པས་བཟུང་བའི་སྲོག་ནི་མ་བཏང་བར། །ཁྲག་བཅས་ཀླད་པ་ལྷག་ཅིང་སྐྱུག་བྱེད་ལ། །ནང་ཁྲོལ་ས་ལ་འཕྱུར་བཞིན་ཁྱེར་ཁྱེར་འགྲོ ། བཞད་གད་ཀྱི་ཉམས། གཞན་གྱི་ལོངས་སྤྱོད་བ་སྤུའི་ཉག་མས་ཀྱང་། །གོས་པར་མི་བཟོད་ཆོས་ལྡན་གྲོགས་པོ་ཁྱོད། །གོས་ཚགས་ལེགས་པར་ཆེངས་ཤིག་ཚོགས་ཀྱི་དབུས། །རིན་ཆེན་ཆར་དུ་བསྒྲིལ་བའི་ངོ་མཚར་འབྱུང་། ། རྨད་བྱུང་གི་ཉམས། ཨེ་མ་མཁའ་ལ་སྤྲིན་དཀར་འཕྲེང་བ་འཁྲིགས། །ལྗོན་ཤིང་ཚོགས་རྣམས་གསར་འཁྲུངས་འདབ་མས་མཛེས། །ཁུ་བྱུག་རྣམས་ཀྱང་གསུང་སྙན་ལྷང་ལྷང་སྒྲོགས། །དབྱར་གྱི་དགའ་སྟོན་ཕུན་སུམ་ཚོགས་པར་གྱུར། ། འཇིགས་རུང་གི་ཉམས། ངམས་ནག་ཞལ་དཀྱིལ་མྱུན་པའི་འཁོར་ས་ཆེར། །ཡོན་པོར་ལྟ་བའི་སྤྱན་རྩ་དམར་འཁྲུགས་ཅིང་། །བ་སྤུ་རྩེ་རྩུབ་མེ་ལྕེའི་འཕྲེང་བ་ཅན། །གཏུམ་ཆེན་ཁྲོ་བོའི་རྒྱལ་པོ་གཤིན་རྗེའི་གཤེད། ། གཟི་བརྗིད་ཀྱི་རྒྱན་ནི། མཁས་གྲུབ་སྨྲ་དབང་རིགས་པའི་གད་རྒྱང་གིས། །སྲིད་པའི་ཁོར་ཡུག་འདར་བར་བྱེད་ན་ཡང་། །ཉམས་ཆུང་ཁྱིད་ཅག་སྐྲག་པར་མི་བྱ་སྟེ། །སླེབ་ཀླུག་སྐྱེ་བོ་རྩོད་པས་གཞོམ་བྱ་མིན། ། རྣམ་གྲངས་བརྗོད་པའི་རྒྱན་ནི། བཤུལ་རིང་ལམ་ཞུགས་དུབ་པའི་གྲོགས་པོ་ཁྱོད། །བསིལ་ལྡན་ལྗོན་པ་འདི་ཉིད་བསྲུང་བའི་ཕྱིར། །རེ་ཞིག་བཞུགས་དང་བདག་ནི་ཕྱོགས་གཞན་དུ། །དྭངས་ཤིང་བསིལ་བའི་ཆབ་རྒྱུན་ཚོལ་དུ་འགྲོ ། ཀུན་ཕན་གྱི་རྒྱན་ནི། མཐོན་པོའི་རིགས་འཁྲུངས་ལྷ་བཙུན་བྱང་ཆུབ་འོད། །ལྷ་ཅིག་དཱི་པཾ་ཀ་ར་བསིལ་ལྗོངས་འདིར། །སྤྱན་འདྲེན་ལས་ལ་ཞུགས་ཚེ་འཕགས་མས་ཀྱང་། །མཐའ་འཁོབ་ཡུལ་དུ་འབྱོན་པའི་བསླུལ་མ་མཛད། ། བསམ་པ་རྒྱ་ཆེ་བ། སྲིད་

པའི་འདམ་དུ་བྱིང་བྱེད་ལས་ཉོན་གྱི། །འཆིང་བ་ཀུན་བཅད་འཕགས་པའི་གནས་བརྟན་ཚོགས། །ཞི་བའི་བདེ་ལ་བསྐལ་བརྒྱར་གཞོལ་ནུས་ཀྱང་། །རྒྱལ་བའི་བཀའ་ལས་མི་འདའ་སྲིད་ན་གནས། ། འཁོར་བ་རྒྱ་ཆེ་བ། བཻཌཱུར་གཙང་མའི་གཞི་ལ་ལྷ་དབང་གཟུགས། །སྟོང་ཕྲག་ཅིག་ཆར་ཤར་བའི་རྣམ་རོལ་གྱིས། །མངོན་པར་དགའ་ལྡན་ལྷ་ཡི་ན་ཆུང་ཚོགས། །དཔག་ཡས་མཆོད་པའི་བྱེ་བྲག་བསྐྱར་བས་བྲེལ། ། ཆོས་ལ་བསྟོན་པ། དབྱངས་ཅན་སོར་མོའི་རྩེ་ན་གཡོ་བ་འདི། །བཻཌཱུཪྻ་ཡི་རྒྱུད་མང་མ་ཡིན་ཏེ། །སྒོངས་པའི་དྲ་བ་མ་ལུས་གཅོད་བྱེད་པའི། །ཤེས་རབ་རལ་གྲིའི་གདེངས་ཀ་ཡིན་པར་ངེས། ། ཡུལ་ལ་བསྟོན་པ། ཏ་ལྗང་ཤིང་རྟས་དྲངས་པའི་ཉིན་བྱེད་འདིས། །སྣང་བའི་དགའ་སྟོན་སྟེར་ཞེས་གྲགས་གྱུར་ཀྱང་། །མིག་ལྡན་འབྱུང་པོའི་བྱ་ཡི་ཚོགས་རྣམས་ཀུན། །ཡོང་བར་བྱེད་པས་མུན་པའི་གཏེར་དུ་ངེས། ། རང་བཞིན་ལ་བསྟོན་པ། འདི་སྣང་ཙམ་གྱི་བདེ་བའི་དགའ་སྟོན་ལ། །སྦྱོར་བའི་ཐབས་ཚུལ་སྟོན་པའི་སླིང་སྟུག་དག །གྲོགས་པོ་མིན་ཏེ་ཐར་བའི་སྲོག་འཕྲོག་པའི། །མི་བཟད་དགྲ་ཡི་དཔུངས་མ་ཡིན་པར་ངེས། ། ཚིག་ཐ་དད་མིན་པའི་སྦྱར་བ། ཐོགས་རེག་གདོས་བཅས་བེམ་པོའི་སྐྱོན་དང་བྲལ། །རབ་སྔོ་བཻཌཱུཪྻ་ཡི་ཁ་དོག་འཛིན། །འོད་སྟོང་རབ་འབར་ཉི་མ་གཞོན་ནུས་བརྒྱན། །རབ་དཀར་བསིལ་ཟེར་བྱེད་པ་ཡིས་ཀྱང་མཛེས། ། ཐ་དད་ཚིག་འདྲ་སྦྱར་བ། སྤྲིན་གཡོགས་སྐྱོན་གྱི་དྲི་མ་དང་བྲལ་ཞིང་། །འཇིག་རྟེན་ཁམས་རྣམས་ཀུན་ལ་མཐུན་པར་འཇུག །ལུས་ཅན་ཡོངས་ལ་སྣང་བའི་དགའ་སྟོན་མཆོག །སྟེར་ཕྱིར་གྲགས་ལྡན་རལ་བའི་རྩེ་ན་མཛེས། ། བྱ་བ་ཐ་དད་མིན་པའི་སྦྱར་བ། བགྲང་ཡས་རྒྱལ་བའི་མཁྱེན་རབ་གཅིག་གྱུར་དངོས། །མི་ཤེས་སྒོངས་པ་དྲུང་ནས་འབྱིན་པའི་གཉེན། །བློ་བཟང་རྒྱལ་བ་གཉིས་པའི་ལེགས་བཤད་དང་། །འཇམ་མགོན་ཐུགས་རྗེའི་ཟེར་གྱིས་བདག་བློ་རྒྱས། ། བྱ་བ་

འགལ་མེད་སྦྱོར་བ། ངན་རྟོག་དྲི་མ་བསལ་ཏེ་མདོ་དང་སྔགས། །ཟུང་འཇུག་བསྟན་པའི་སྙིང་པོ་གསལ་མཛད་པ། །སྟོན་མེད་ཆོས་ཀྱི་སྒྲ་དབྱངས་འདི་ཐོས་ཚེ། །འཇམ་མགོན་རྒྱལ་བ་གཉིས་པར་སྙིང་ནས་དད། ། འགལ་བའི་ལས་ཅན་གྱི་སྦྱོར་བ། རིང་ནས་སྲིད་པར་འཁྱམས་པ་ཀུན་ཡིད་ལ། །གནས་ཞིང་སྣ་ཚོགས་རྣམ་འཕྲུལ་འགྲུབ་པའི་རྒྱུ། །རིགས་ཀྱི་ནུས་པ་ཡོངས་སུ་སྨིན་པ་ལས། །སྲིད་པའི་གདུང་བ་རིམ་གྱིས་ཞི་བར་འགྱུར། ། ངེས་པ་ཅན་གྱི་སྦྱོར་བ། བདག་གི་གཙུག་མཛེས་ལྷ་ཡི་འདྲེན་པ་འདི། །ཟས་གཙང་སྲས་པོ་ཡིན་གྱི་སྤྲིན་ཞོན་མིན། །ཡིད་ལ་རྣམ་རོལ་ཟླ་བའི་ཅོད་པཎ་འདི། །ངག་དབང་ལྷ་མོ་ཡིན་གྱི་མཁྲིན་སྟོན་མིན། ། ངེས་པ་འགོག་པའི་སྦྱོར་བ། ལུས་ཅན་ཡོངས་ལ་ཕན་དང་བདེ་བའི་དཔྱིད། །སྙེར་མཛད་བཤེས་གཉེན་དམ་པ་ཁོ་ནར་ངེས། །འོན་ཀྱང་འདོད་དགུའི་དགའ་སྟོན་སྐྱོལ་བ་ཡི། །བསམ་འཕེལ་དབང་གི་རྒྱལ་པོ་དག་ཀྱང་མཐོང་། ། འགལ་མེད་ཀྱི་སྦྱོར་བ། པུར་བ་ནྲ་ཧྣོ་ལྷ་བརྒྱའི་གཙུག་གི་རྒྱན། །མི་ཡི་སེང་གེ་མི་མཐུན་ཕྱོགས་ལས་རྒྱལ། །འཇིག་རྟེན་འདྲེན་བྱེད་གཟི་བྱིན་རབ་རྒྱས་ཞིང་། །བདུད་རྩིའི་གཏེར་ཁྱོད་འགྲོ་ལ་ཀུན་དགའ་སྟེར། ། འགལ་བ་ཅན་གྱི་སྦྱོར་བ། འོད་སྟོང་འཕྲོ་ཡང་པད་ཚལ་ཟུམ་བྱེད་མིན། །བཅུ་དྲུག་ལང་ཚོ་རྒྱས་ཀྱང་ཆགས་དང་བྲལ། །འདོད་པ་བསྲེག་ཀྱང་ཁྲོ་བའི་རྣམ་འགྱུར་སྤངས། །འགྲོ་བའི་རྟོག་གྱུར་ནམ་ཡང་བསླུ་བ་མེད། ། ཡོན་ཏན་མ་ཚང་བའི་ཁྱད་པར་བརྗོད་པ། འཆི་མེད་བདག་པོའི་སྐྱིད་ཚལ་མཛེས་པའི་རྒྱན། །ཕུལ་བྱུང་དཔག་བསམ་གསར་བའི་ལྗོན་པ་ནི། །བརྩེ་བའི་ཡིད་དང་བརྟོན་པར་མི་ལྡན་ཡང་། །ལྷ་རྣམས་དགའ་བའི་དགའ་སྟོན་གཡུར་དུ་ཟ། ། རིགས་མ་ཚང་བའི་ཁྱད་པར་བརྗོད་པ། ཨེ་མ་ཆུ་གཏེར་ལན་བརྒྱར་མ་བསྲུབ་ཅིང་། །པདྨ་དཀར་པོའི་ཚལ་ལས་མ་འཁྲུངས་ཡང་། །མཛེས་སྡུག་རྫོགས་པ་དབྱངས་ཀྱི་རྒྱལ་མོའི་ཞལ། །མཐོང་

བས་སྐལ་བཟང་ཡིད་ལ་ཀུན་དགའ་སྟེར། ། བྱ་བ་མ་ཚང་བའི་ཁྱད་པར་བརྗོད་པ། ཁྲིས་པས་སྟང་མིག་གཡོ་བར་མི་བྱེད་ལ། ཇོ་ངར་ལྡན་པའི་མཆོན་ཆ་མ་འཕང་ཞིང་། །དྲང་སྲོང་དམོད་པའི་དུག་ནི་མ་སྦྲིས་པར། །ཡིད་སྲུབས་སྡེར་བཅས་འཇོམས་མཛད་ཟས་གཙང་སྲས། ། རྫས་མ་ཚང་བའི་ཁྱད་པར་བརྗོད་པ། ཏ་རི་ཅན་དན་བརྡར་བའི་བསྲུང་ཞིམ་དང་། །བཀོད་ལེགས་ནོར་བུའི་དོ་ཤལ་མི་ལྡན་ཡང་། །ཚུལ་ཁྲིམས་རྣམ་པར་དག་པའི་མཐུ་ཉིད་ལས། །འཇིག་རྟེན་ཀུན་ཡིད་འཕྲོག་བྱེད་ཨུ་པྲ་ལི། ། རྒྱུ་མ་ཚང་བའི་ཁྱད་པར་བརྗོད་པ། བགྲང་ཡས་བསྐལ་པའི་བར་དུ་མ་བོམས་ཤིང་། །ལུས་སྲོག་སྦྱིན་པའི་ངལ་བརྒྱ་མ་བསྟེན་པར། །གསང་ཆེན་རྡོ་རྗེ་ཐེག་པའི་མྱུར་ལམ་གྱིས། །ཚེ་གཅིག་ཟུང་འཇུག་སར་བགྲོད་ཐོས་པ་དགའ། ། བསྟོད་པའི་མཚུངས་སྦྱོར། འཕགས་ཡུལ་རིགས་པའི་དབང་ཕྱུག་ཕྱོགས་ཀྱི་གླང་། །དེ་ཡི་སྲས་པོ་དཔལ་ལྡན་ཆོས་ཀྱི་གྲགས། །བསིལ་ལྡན་ལྗོངས་འདིར་མཁས་གྲུབ་དགེ་ལེགས་དཔལ། །སྨྲ་ངན་འཇོམས་པའི་གྲགས་པ་ལྷན་འབར། ། སྨད་པའི་མཚུངས་སྦྱོར། མི་བརྟན་རྒྱལ་པོ་དགྱེས་པའི་དགའ་སྟོན་དང་། །རང་འདོད་འཆིང་བའི་གྲོགས་ཀྱི་ཕན་གདམ་དང་། །མི་མཛོན་ཐལ་བས་གཡོགས་པའི་མེ་བདག་རྣམས། །གང་གིས་བསྟེན་ན་ཡུན་དུ་ཕུང་བར་འགྱུར། །གཞི་ཐ་དད་བྱ་བ་འགལ་བ། བྱང་ཆུབ་ཤིང་དབང་དྲུང་དུ་ཐུབ་པའི་ཐུགས། །ཟག་མེད་དགའ་བདེས་ཡོངས་སུ་གཏམས་པ་ན། །ནག་པོའི་རྩ་ལག་སྡེ་དང་བཅས་པའི་བདུད། །མྱ་ངན་ཟུག་རྡུ་མི་བཟད་སྲིད་ལ་རྟེན། ། གཞི་གཅིག་བྱེད་པ་འགལ་བ། མ་ཅིག་འདོད་པ་ཁམས་ཀྱི་དབང་ཕྱུག་མ། །ཁྲོ་ཞིང་འབྲུགས་པའི་དགྲ་ལ་འཇིགས་སྟེར་ཞིང་། །མ་རུང་གཡུལ་ལས་རྒྱལ་བའི་སྨྲ་སྐད་ཀྱིས། །མིང་པོ་རྡོ་རྗེའི་རྣལ་འབྱོར་དགའ་བར་བྱེད། ། གཞི་གཅིག་ཆོས་དུ་མ་འགལ་བ། ལུས་ཀྱི་ཁ་དོག་དཀར་ཡང་བསམ་པ་ནག །ང་རྒྱལ་རློམས་པ་ཆེ

ཡང་ཡོན་ཏན་ཆུང་། །སྟོབས་འབྱོར་མངའ་ཐང་དར་ཡང་གྲགས་པ་རྒུད། །མ་རབས་སྐྱེ་བོ་དེ་ལྟ་སུ་ཡིས་བསྟེན། ། རྫས་འགལ་བ། སྨུན་པའི་ཞལ་དཀྱིལ་ཉི་ཟླའི་སྣང་མིག་ཅན། །གངས་རིའི་མཆེ་བ་སྒྲོག་གི་རོ་འཛིན་གཡོ། །ལྷ་མཆོག་མ་ཧཱ་ཀཱ་ལའི་གཟུགས་ཀྱི་སྐུ། །དྲན་པ་ཡིས་ཀྱང་དགྲ་སྡེའི་སྙིང་རྩ་འདར། ། ལས་འགལ་བ། བློ་ལྡན་བྱང་ཆུབ་སྒྲུབ་ལ་གཞོལ་བ་རྣམས། །སྡིག་ཅན་དམྱལ་བར་སྐྲུར་བཞེས་མ་ལགས་ཀྱང་། །དེ་དག་དབེན་པར་ལྷ་ཆོས་སྒྲུབ་པ་ན། །མ་རབས་རྣམས་ནི་དོན་མེད་ཁྲོ་བས་མནར། ། སྐྱུར་བའི་འགལ་བ། ཕུལ་བྱུང་རིན་ཆེན་གཏེར་སྒྱུར་འཛིངས་ལས་ཐོན། །མ་སྨད་དཔལ་གྱི་ཆ་ཤས་ཡོངས་སུ་རྫོགས། །ཀུན་ལ་ཕན་པའི་འོད་ཟེར་འབུམ་འགྱེད་དེས། །སྐལ་བས་དམན་པ་ཁ་ཅིག་ལོང་བར་བྱས། ། སྐབས་མིན་བསྟོད་པ། དྲག་ཞན་མང་པོའི་འགྲོག་ལུག་མི་དགོས་པས། །མཐོ་དམའ་གང་དུ་འཕུར་ཀྱང་རྗེ་གཅོད་མེད། །བདེ་བའི་ཡིད་སྨྲས་མགྲིན་པའི་རྫ་ཛ་སྒྲོག །དཀར་མཛེས་ངང་མོ་དེ་ཡི་སྐྱིད་པ་ལ། ། མཐུ་ཕུན་ཚོགས་ཀྱི་ཟློལ་བསྟོད། འཛམ་དབྱངས་ཞི་ཁྲོའི་རོལ་གར་ཅོང་ཁ་པས། །གདུག་ཅན་རྒྱ་འདྲེ་བཏུལ་ལ་ངོ་མཚར་ཅི། །ཤཱཀྱ་སེང་གེ་དེ་ཡིས་ས་སྟེང་གི །བདུད་རིགས་མ་ལུས་ཅིག་ཅར་བཅོམ་མིན་ནམ། ། དཔའ་བ་ཕུན་ཚོགས་ཀྱི་ཟློལ་བསྟོད། རྒོལ་ངན་ལོག་པར་སྨྲ་བ་སྟོང་གི་མགོ །རིགས་པའི་གད་རྒྱང་གཅིག་གིས་འགེམ་མཛད་པ། །དགེ་ལེགས་དཔལ་ཞེས་གྲགས་སྙན་སྒྲ་ཆེ་ཡང་། །རྒོལ་ངན་དེ་སྙེད་འཛོམས་པ་སྡིག་རེ་ལྟོ། ། སྟོབས་ཕུན་ཚོགས་ཀྱི་སྐྱུར་བའི་ཟློལ་བསྟོད། མི་ཡི་དབང་ཕྱུག་དཔལ་དང་གྲགས་པ་ནི། །ཆུ་སྲིན་རྒྱལ་མཚན་གླིང་དུ་མི་བགྲོད་ན། །ཅི་སྨད་ཕ་མཐའ་མི་མངོན་དཔལ་གྱི་སྡེ། །ཡོངས་སུ་སྤྱོད་པའི་ཁེངས་པ་འཛིན་པར་བྱེད། ། མཆོག་གི་ངེས་བསྟན། གཙུག་རྒྱན་ནོར་བུའི་འོད་ཆགས་ཟུར་ཕུད་ལྡཱ། །གནག་སྨུམ་ཕྲ་ལ་ཤིག་ཤིག་གཡོ་བ་འདིས། །སྡོངས་པ་ཀུན་

བསྒྲིགས་དུ་བའི་རི་མོ་བཞིན། །བློ་གྲོས་སྣང་བ་རྣམ་པར་བཀྲ་བ་མཚོན། །མཚོག་མིན་ངེས་བསྟན། རིན་ཆེན་གསེར་ལས་སྐྱེའུ་མུ་ཏིག་འི། །ཟྫོང་གི་དགའ་སྟོན་ལྷག་པར་རྒྱས་པ་འདིས། །དྲང་པོའི་ལམ་བགྲོད་མཁས་པའི་སྐྱེ་བོ་ལས། །འཕྲོར་ལྡན་བླུན་རྨོངས་སླད་ཆུང་ཕྲིན་པར་སྟོན། ། ཡོན་ཏན་ལྷན་ཅིག་བརྗོད་པ། བརྟན་པའི་འཁོར་ལོ་དཀྱིལ་པའི་འཛུམ་དཀར་དང་། །ངུར་སྨྲིག་འཆང་བའི་རོལ་གར་ལྷན་ཅིག་བསྟན། །དེ་ནས་འཇམ་མགོན་བླ་མའི་གྲགས་སྙན་དང་། །ཐུབ་དབང་བསྟན་པའི་སྙིང་པོ་ལྷན་ཅིག་རྒྱས། ། བྱ་བ་ཐ་དད་པའི་ལྷན་ཅིག་བརྗོད་པ། ཡིད་ལ་དབྱངས་ཅན་དྲན་པའི་མོས་གུས་དང་། །ལྷན་ཅིག་ཀུན་གསལ་ལམ་དུ་ཟླ་ཟེར་རྒྱས། །སྐྱིད་ཚལ་དབུས་སུ་སྦྲང་རྩིའི་སྐྱེ་མ་དང་། །ལྷན་ཅིག་སྨྲི་བོར་ལག་པའི་འདབ་མ་ཟུམ། ། བྱ་བ་གཅིག་པའི་ལྷན་གཅིག་བརྗོད་པ། གདུལ་བྱའི་བློ་མུན་སེལ་བ་འཆད་པའི་དཔལ། །སྨྲ་ངན་སྤོབས་པ་འཕྲོག་བྱེད་རྩོད་པའི་ངག །མཁས་པའི་ཡིད་འཕྲོག་རྩོམ་པའི་དགའ་སྟོན་གསུམ། །ལྷན་ཅིག་སྒྲུབ་པས་ཐུབ་བསྟན་ཉིན་མོར་བྱས། ། ཡོངས་བརྗེས་ཀྱི་རྒྱན་ནི། རིས་མེད་བསིལ་ལྗོངས་འགྲོ་ལ་འཕྲིན་ལས་ཀྱི། །དགའ་སྟོན་བཀྱེ་བས་དེ་དག་གཙུག་གི་ནོར། །ཞབས་ཟུང་འཁོར་ལོའི་རྒྱན་དུ་འཕྲོག་མཛད་པ། །ཕྱག་ན་པདྨ་བློ་བཟང་རྒྱ་མཚོའི་སྐུ། ། ཤིས་པ་བརྗོད་པའི་རྒྱན་ནི། གནས་རྣམས་ཀུན་ལ་གཟིགས་པ་ཆགས་ཐོགས་བྲལ། །ལུས་ཅན་ཡོངས་ལ་བརྩེ་བས་བུ་བཞིན་དགོངས། །བདུད་རིགས་རྩད་ནས་གཞོམ་པའི་མཐུ་མངའ་བ། །བློ་བཟང་རྒྱལ་བའི་དབང་པོས་ཁྱོད་ལ་སྐྱོངས། ། གཅིག་ལ་གཅིག་བསྙེན་གྱི་རབ་སྦྱོལ། ཉ་གང་ཟླ་བ་ལ་འཁྲུ་དབྱངས་ལྡན་མའི། །ཞལ་དཀྱིལ་འོ་མའི་ཆུ་གཏེར་འཛུམ་རླབས་ཀྱིས། །འཆི་མེད་ན་ཆུང་ཚོགས་ཀྱི་སྙེམ་པ་ནི། །མཚར་སྡུག་ལང་ཚོའི་དཔལ་དང་ལྷན་ཅིག་འཁྲུགས། ། སྤོབས་མཚུངས་རབ་སྦྱོལ་ནི། མཛེས་སྐྱའི་ལྷུན་པོ་མཚན་དཔེའི་དཔལ་

གྱིས་བརྗིད། །གསུང་སྙན་དྲི་ཟའི་རྒྱུད་མངས་རྗེས་སུ་འགྲོ །གནས་ལུགས་གཟིགས་པས་སྲིད་མཚོ་འདར་མཛད་པ། །བཤེས་གཉེན་དམ་པས་དུས་ཀུན་སྐྱོངས་གྱུར་ཅིག །དང་པོར་ཡོད་པ། ཡམ་ཡམ་འབར་བ་རལ་གྲིའི་རྣོ་རྒྱུན་གྱིས། །ཀུན་ཏུ་རྨོངས་པའི་དྲ་བ་གཅོད་མཛད་པ། །དཔལ་ལྡན་བརྟན་པའི་འཁོར་ལོའི་གཟི་བྱིན་གྱིས། །བློ་གྲོས་འདབ་བརྒྱ་ཁོང་ནས་རྒོད་པར་མཛོད། །གཉིས་པར་ཡོད་པ། བགྲང་ཡས་རྒྱལ་བའི་གསུང་གི་གསང་བ་ཀུན། །སྙན་སྙན་རྒྱུད་དུ་འཁྲིལ་བའི་དབྱངས་ལྡན་མ། །མགྲིན་པ་ལོངས་སྤྱོད་འཁོར་ལོའི་འོ་མཚོ་རུ། །རྟག་པར་བཞུགས་ལ་ངག་གི་དཔལ་གྲུབ་མཛོད། །གསུམ་པར་ཡོད་པ། རིགས་བརྒྱའི་དཀྱིལ་འཁོར་འདབ་འཕྲེང་སྤྲོ་བའི་གཞི། །ཟུང་འཇུག་སྙིང་པོར་འཆང་བའི་རྡོ་རྗེ་འཛིན། །དུང་དུང་གུས་པའི་ཡིད་ཀྱིས་ཉེར་བསྙེན་ན། །མཆོག་ཐུན་གྲུབ་པའི་དགའ་སྟོན་ཆར་དུ་འབེབ། །བཞི་བར་ཡོད་པ། གང་གི་ཐུགས་རྗེ་འཆི་མེད་སྙེག་མོ་ཡི། །འགྲམ་ཆང་གཟེག་མའི་ཆ་ཡིས་བྲན་པ་ན། །རྨོངས་པས་ཉེར་བཅིངས་བདག་བློའི་བ་ཀུ་ལ། །ལྷག་ལྷག་བཞད་པའི་དཔལ་སྐྱེར་དྲིན་ཅན་རྗེ། །དང་པོ་གཉིས་ལ་ཡོད་པ། ཁྱུག་ཁྱུག་རྩེན་པའི་གར་གྱིས་རོལ་བ་དང་། ལྷང་ལྷང་སྙན་པའི་གླུ་དང་རོལ་མོ་སོགས། །ངོ་མཚར་དཔལ་ཀུན་རྫོགས་པ་རྒྱལ་པོའི་ཁབ། །འཆི་མེད་བདག་པོའི་ཁང་བཟང་དཔལ་ལ་འཁྲུ །དང་པོ་དང་གསུམ་པར་ཡོད་པ། ལྷེམ་ལྷེམ་མངོན་པར་བཞད་པ་པདྨོའི་ཚལ། །འདབ་འཕྲེང་གེ་སར་རྒྱས་པའི་བ་གམ་ངོས། །དིར་དིར་སྙན་པའི་གླུ་དབྱངས་ལེན་པ་ཡི། །རྐང་དྲུག་འཕྲེང་བ་དལ་གྱིས་འཁོར་ཞིང་རྒྱུ། །དང་པོ་དང་བཞི་པར་ཡོད་པ། ཡང་ཡང་རྙེད་དཀའ་དལ་འབྱོར་དབང་གི་རྒྱལ། །དོན་གཉིས་ལེགས་པའི་དཔྱིད་འཛོ་འདི་ཐོབ་ཚེ། །ལྷུར་སྣང་སྲིད་པའི་བདེ་ལ་མ་ཆགས་པར། །མྱུར་མྱུར་ཆོས་ཀྱི་སྙིང་པོ་ལེན་པར་རིགས། །གཉིས་པ་དང་གསུམ་པར་ཡོད་པ། རབ་

དཀར་ཆུ་འཛིན་ལང་ལོང་གཡོ་བའི་དབུས། །ལྷུང་ལྷུང་དབྱར་གྱི་ཇ་གསང་སྙན་སྒྲོགས་ཤིང་། །སིམ་སིམ་སྦྲང་ཆར་སྙོམས་པར་འབེབ་པ་ཡི། །དབྱར་གྱི་དུས་སྟོན་གསར་བའི་རབ་དགའ་རྒྱས། ། གཉིས་པ་དང་བཞི་བར་ཡོད་པ། འཕགས་བོད་མཁས་པའི་གཞུང་གི་དགའ་གནས་ལ། །ཡང་ཡང་འབད་པའི་ལུས་སེམས་ངལ་བྱས་ཀྱང་། །ཆོས་དོན་འབྱེད་པའི་བློ་དང་མི་ལྡན་ན། །ཕྱིར་ཕྱིར་སྨྱོངས་བའི་དྲུ་བ་ཉིད་དུ་འཆིང་། ། གསུམ་པ་དང་བཞི་བར་ཡོད་པ། འོ་མའི་མཚོ་ནང་པད་དཀར་ཟླ་གདན་ལ། །རྣམ་རོལ་སྨྲ་བའི་རྒྱལ་པོ་ངག་གི་ལྷ། །ལྡེམ་ལྡེམ་གཡོ་བ་རལ་བའི་ཐོར་ཅོག་རྩེར། །ལྷག་ལྷག་འོད་འབར་ནོར་བུའི་ཏོག་གིས་མཛེས། ། དང་པོ་གསུམ་ལ་ཡོད་པ། ལྷང་ལྷང་ཧ་སྐད་འཆོར་བས་སྲིད་གསུམ་འགེངས། །ཝུར་ཝུར་རྫོག་མའི་གསེབ་ནས་མེ་ རླུང་སྒྲོ། །འཛིགས་འཛིགས་གར་གྱི་ཉམས་བརྒྱའི་རོལ་བ་ཅན། །ཁྲོ་རྒྱལ་རྟ་མཆོག་རོལ་བས་དུས་ཀུན་སྲུངས། ། དང་པོ་གཉིས་དང་བཞི་བར་ཡོད་པ། རང་རང་གཅེས་པར་འཛིན་པའི་དབང་གྱུར་ཏེ། །ཡང་དྲིན་གྱིས་བསྐྱངས་པའི་མ་རྣམས་ལ། །ལོག་པར་བསྒྲུབས་པའི་ལས་ཀྱི་ཆུ་ཀླུང་གིས། །མང་མང་སྐྱེ་བོ་སྲིད་པའི་རྒྱ་མཚོར་ཁྱེར། ། ཕྱི་མ་གཉིས་དང་དང་པོར་ཡོད་པ། ལྡིར་ལྡིར་འབྲུག་སྒྲ་དལ་གྱིས་རྔོད་པ་ན། །སྒྲོ་གདུགས་ རླུམ་པོར་བསྐོར་བའི་མདོངས་མཐའ་རྣམས། །ལིང་ལིང་མཛེས་པའི་གར་སྟབས་བསྒྱུར་བྱེད་ཅིང་། །ཧྲིག་ཧྲིག་འདྲེན་བྱེད་སྤྲིན་སྟོན་ཁོངས་སུ་གཏོད། ། ཕྱི་མ་གསུམ་ལ་ཡོད་པ། ཡོན་ཏན་རྩ་བ་བཤེས་གཉེན་ལེགས་བསྟེན་ནས། །ཟབ་ཟབ་དཀའ་བའི་གནད་ལ་མ་སྦྱངས་པར། །མང་མང་མཁས་པའི་མདུན་སར་འཆད་འདོད་པ། །ཤིག་ཤིག་འདར་བའི་དགའ་སྟོན་བསྒྲུབ་པར་ཟད། ། བཞི་ཀར་ཡོད་པ། མཛེས་མཛེས་སྙིང་པོ་མ་ལུས་བསྡུས་པའི་སྒྲ། །སྙན་སྙན་དྲི་ཟའི་འཛིག་རྟེན་རྫོགས་པའི་དབྱངས། །གསལ་གསལ་ཆོས་ཀུན་མ་འདྲེས་གཟིགས་པའི་

ཐུགས། །ཡང་ཡང་བསྔགས་པར་འཚལ་ལོ་དབྱངས་ལྡན་མ། ། ཚད་པ་དང་པོ་གཉིས་ཀྱི་ཟུར་ལྡན། ལེགས་བཤད་ཉི་མ་འབར་བའི་འོད་སྣང་གིས། །ལེགས་བྱས་དཔལ་གྱི་འདབ་བརྒྱ་བཞད་པ་ན། །སྤྲ་བ་ངན་པའི་ཀུ་མུ་ད་ཚལ་ཀུན། །ཅིག་ཅར་ཟུམ་པའི་ངོ་མཚར་ཨེ་མ་རྨད། ། དང་པོ་དང་གསུམ་པར་ཡོད་པ། རྣམ་འདྲེན་བུ་རམ་ཤིང་བའི་ཐུགས་ཀྱི་བཅུད། །ངན་རྟོག་འཁྲུལ་བའི་དྲི་མ་ཐྲ་མོས་ཀྱང་། །རྣམ་པར་དག་པ་དགེ་ལྡན་ལུགས་བཟང་ཞེས། །གྲགས་པའི་བ་དན་སྲིད་པའི་ཁྱོན་ལས་བརྒྱལ། ། དང་པོ་དང་བཞི་བར་ཡོད་པ། མཁས་རློམས་སླང་པོའི་གླད་འགེམ་ང་རོ་ཅན། །རྣམ་དག་རིག་པའི་ལུས་སྟོབས་རབ་རྒྱས་ཤིང་། །གཞུང་ལུགས་འབུམ་སྡེའི་རལ་བ་གསིག་པ་ཡི། །མཁས་མཆོག་གདོང་ལྔའི་དབང་པོ་བསྔགས་པར་འོས། ། བར་བ་གཉིས་ལ་ཡོད་པ། མཉེན་ལྷུག་ཕྱུག་སོར་རྩེ་མོས་བསྒྲུལ་བ་ཡིས། །སྙན་འགྱུར་རྒྱུད་མངས་སྒྲ་དང་ལྡན་ཅིག་ཏུ། །སྙན་ཚིག་འདོད་པ་འཇོ་བའི་ངག་གི་ལྷ། །དབྱངས་ཀྱི་དབང་ཕྱུག་མ་དེས་བདག་སྐྱོངས་ཤིག ། གཉིས་པ་དང་བཞི་བར་ཡོད་པ། པུ་ལོ་མ་དགྲ་བདེ་འབྱུང་ཐ་གུའི་སྐྱོ། །འཇིག་རྟེན་མེས་པོ་ལ་སོགས་དྲེགས་ལྡན་ཚོགས། །ཀུན་གྱི་གཙུག་རྒྱན་ནོར་བུས་ཞབས་བརྟེན་པ། །འཇིག་རྟེན་གསུམ་གྱི་མགོན་གྱུར་ཤཱཀྱའི་ཏོག ། ཕྱིམ་གཉིས་ལ་ཡོད་པ། རིས་སུ་མ་ཆད་ལུས་ཅན་མཐའ་དག་ལ། །བུ་གཅིག་ལྟ་བུར་བརྩེ་བའི་དབང་གྱུར་ཅིང་། །ཤེས་རབ་མཆོག་གི་ཉིན་བྱེད་འོད་སྟོང་གིས། །ཤེས་བྱའི་དཀྱིལ་འཁོར་མ་ལུས་ཅིག་ཅར་གསལ། ། ཕྱམ་གསུམ་ལ་ཡོད་པ། དཀར་ཞིང་གསལ་བ་འོ་མའི་རྒྱ་གཏེར་ངོགས། །དཀར་འཛམ་འདབ་སྟོང་རྩེ་ན་ཟླ་བའི་དབུས། །དཀར་མཛེས་བཅུ་དྲུག་ལང་ཚོའི་དཔལ་འབར་བ། །རྗེ་བཙུན་མཁྱེན་པའི་གཏེར་དེས་དགེ་ལེགས་སྩོལ། ། དང་པོ་དང་གསུམ་པ་བཞི་བར་ཡོད་པ། སྨྲ་ངན་སྟོང་གི་དྲེགས་པའི་རལ་བ་ཀུན། །བདེན་གསུང་ཚིག་གིས་ས་ལ་

བསྐལ་མཛད་པ། །སྨྲ་དབང་ཡོངས་ཀྱི་གཙུག་གི་རྒྱན་གྱུར་པ། །སྨྲ་བ་ཟླ་མེད་འདྲེན་མཆོག་ཟས་གཙང་སྲས། །ཕྱིམ་གསུམ་ལ་ཡོད་པ། འཇམ་དབྱངས་མཁྱེན་པའི་ཆུ་གཏེར་བསྲུབས་པའི་བཅུད། །བློ་བཟང་ལེགས་བཤད་ཉི་མའི་འོད་སྣང་གིས། །བློ་གྲོས་འདབ་བརྒྱའི་དགའ་ཚལ་བཞད་པ་ན། །བློ་ལྡན་ཁང་དྲུག་དགའ་བའི་གླུ་དབྱངས་སྒྲོགས། །བཞི་གར་ཡོད་པ། རྣམ་དག་ལམ་སྟོན་དགེ་བའི་བཤེས་ལ་བསྟེན། །རྣམ་མང་གཞུང་ལ་ངལ་བརྒྱས་ཞིབ་ཏུ་སྦྱངས། །རྣམ་བཀྲ་རིག་པས་ཡང་ཡང་དཔྱད་བྱས་ན། །རྣམ་འདྲེན་ཐུབ་པའི་དགོངས་པ་རྟོགས་པར་འགྱུར། །བཞི་གར་ཡོད་ཀྱང་རིགས་མི་གཅིག་པ། རབ་འབྱམས་གསུང་རབ་ཀུན་གྱི་དགའ་གནད་ལ། །རབ་གསལ་བློ་ཡི་འཇུག་པ་ཐོགས་མེད་ཅིང་། །ལེགས་བཤད་སྐྱེ་བ་ལྔ་བའི་སྒྲ་དབྱངས་ཀྱིས། །ལེགས་བྱས་ཁོར་ཡུག་ཡངས་པའི་ཁྱོན་ཀུན་འགེངས། །དང་པོ་གསུམ་པ་དང་གཉིས་པ་བཞི་པར་འདྲ་བ། བདག་འཛིན་སྲིད་བུས་དམ་དུ་བཅིངས་བ་རྣམས། །སྲིད་པའི་རྒྱ་མཚོ་ཆེ་ལས་སྒྲོལ་བའི་སླད། །བདག་མེད་གཏམ་གྱི་སེང་གེའི་སྒྲ་བསྒྲགས་ཚེ། །སྲིད་པའི་ཚང་ཚིང་མ་ལུས་འདར་བར་བྱེད། །ཐོག་མཐའ་གཉིས་འདྲ་ཞིང་བར་བ་གཉིས་འདྲ་བ། བསྟན་པའི་རྗེས་ཞུགས་རིམ་པ་མཐའ་ཡས་ཀྱང་། །རྒྱལ་བ་ཀུན་གྱི་ཡེ་ཤེས་གཅིག་བསྡུས་པ། །རྒྱལ་སྲས་ཚུལ་བཟུང་འཇམ་མགོན་བླ་མ་ཡི། །བསྟན་པ་རིན་ཆེན་མཆོག་འདི་ཟླ་དང་བྲལ། །ཚིགས་ཅིང་མ་ཚིགས་པ་སྟེ་མ་གཉིས་འདྲ་ཞིང་ཕྱི་མ་གཉིས་འདྲ་བ། ཟབ་ཟབ་མན་ངག་གནད་དུ་གྲགས་པ་ཅན། །ཟབ་ཟབ་གཏེར་གྱི་རྒྱ་ཡིས་བཅིངས་རྣམས་ལས། །མང་མང་རིམ་ཐོན་མཁས་པས་བསྟེན་པ་ཡི། །མང་མང་གཞུང་ལུགས་ཆེན་མོ་དེ་དག་ཟབ། །ཐོག་མཐའ་གཉིས་འདྲ་ཞིང་བར་བ་གཉིས་འདྲ། ཚིལ་ཚིལ་གཡོ་བའི་རླབས་འཕྲེང་དང་འགྲོགས་ཏེ། །ལིང་ལིང་ཀློས་གར་བསྒྱུར་བའི་ངང་མོ་རྣམས། །ལིང་ལིང་འཕུར་ཞིང་ལྡིང་བའི་གཞོག་རྩེ་

ཡིས། །ཆིལ་ཆིལ་ལྷུ་བའི་མེ་ཏོག་མཁའ་ལ་འཕྱོར། ། བཞི་ཀར་ཡོད་པ། ཆེམ་
ཆེམ་རོལ་མོའི་བརྡ་མིས་སྤྲིན་འདྲེན་ན། །ཆེམ་ཆེམ་ས་གསུམ་གཡོ་བའི་གོམས་
སྟབས་ཀྱིས། །ཆེམ་ཆེམ་མྱུར་དུ་ཕྱོན་ལ་དགྲ་བགེགས་ཀུན། །ཆེམ་ཆེམ་ཐལ་
བར་རློགས་ཞིག་ས་མ་ཡཿ། ། བཞི་ཀའི་དབུས་ཀྱི་ཚོད་ཅིང་མ་ཚོད་པ། བདེ་གཤེགས་
གསུང་རབ་རབ་འབྱམས་དཀའ་གནད་ཀུན། །འབྱེད་པའི་མཁྱེན་རབ་རབ་
རྒྱས་ཙོང་ཁ་པ། །གང་གི་གསུང་རབ་རབ་གསལ་འོད་སྣང་གིས། །དྲི་མེད་
ཤེས་རབ་རབ་རྒྱས་དགའ་སྟོན་ཕོབ། ། ཚོད་པ་ཁོ་ན། ངོ་མཚར་ཀུན་དགའ་
ཀུན་ནས་རྒྱས་པའི་དཔྱིད། །ཁོར་ཡུག་ཀུན་ཁྱབ་ཀུན་བཟང་མཛད་པའི་
ལྷབས། །ལུས་ཅན་ཀུན་ལ་ཀུན་དགར་སྤྲོ་བའི་གཉེན། །འདྲེན་མཆོག་ཀུན་ལ་
ཀུན་ནས་ཕྱག་བགྱིད་དོ། ། བཞི་ཀའི་མཐའི་ཚོད་པ། ཀྱེ་མ་རྒྱལ་བའི་བསྟན་དང་
མཇལ་བ་དཀོན། །མཇལ་ཀྱང་ཐོས་བསམ་ཚུལ་བཞིན་བྱེད་པ་དཀོན། །ཚིག་
ཙམ་ཐོས་ཀྱང་ཉམས་ལེན་བྱེད་པ་དཀོན། །སྒྲུབ་ལ་ཞུགས་ཀྱང་མཐར་དུ་
འཁྱོལ་བ་དཀོན། ། བཞི་ཀའི་མཐའི་ཚོད་ཅིང་མ་ཚོད་པ། སྣང་མིག་ཁོང་ལས་སྤྲོས་
པའི་མེ་ཚུར་ཚུར། །དྲི་འཛིན་ལམ་དུ་འཁྲུག་པའི་རླུང་ཚུར་ཚུར། །ཞལ་ནས་
དྲགས་སྤུགས་ང་རོའི་གདངས་ཚུར་ཚུར། །སྟངས་སྟབས་གར་གྱིས་རོལ་བའི་སྒྲ་
ཚུར་ཚུར། ། བར་མཆོད་པ། རྣམ་གསལ་མར་མེའི་འོད་ཀྱིས་རང་ཁྱིམ་
གསལ། །འོད་གསལ་རྡ་ལྷུང་ཅན་གྱིས་འཇིག་རྟེན་གསལ། །ཟབ་གསལ་ཏིང་
ངེ་འཛིན་གྱིས་དམིགས་རྟེན་གསལ། །དཀར་གསལ་དབྱངས་ཀྱི་རྒྱལ་མོས་
བདག་ཡིད་གསལ། ། བར་མཐའ་ཚོད་ཅིང་མ་ཚོད་པ། དབྱངས་ཅན་གསུང་སྙན་
སྙན་པའི་དབྱངས་སྙན་སྙན། །གདུབ་འཁྲོལ་སིལ་སྙན་སྙན་པའི་སྒྲ་སྙན་
སྙན། །རྒྱུད་མང་སྐད་སྙན་སྙན་པའི་གདངས་སྙན་སྙན། །ཆོས་ཀྱི་གཏམ་སྙན་
སྙན་སྒྲོག་གྲགས་སྙན་སྙན། ། ཐོག་བར་དུ་ཚོད་པ། རྣམ་དཀར་ལེགས་བྱས་རྣམ་

བཀྲུས་བསྐྲུན་པའི་སྐུ། །རྣམ་མང་ལེགས་བཤད་རྣམ་པར་སྒྲོག་པའི་གསུང་། །
རྣམ་པ་ཐམས་ཅད་རྣམ་ཀུན་གཟིགས་པའི་ཐུགས། །རྣམ་འདྲེན་དམ་པ་
རྣམས་ལ་སྙིང་ནས་འདུད། ། དང་པོ་དང་གསུམ་པའི་ཐོག་མཐའ་དང་གཉིས་པ་བཞི་ཐོག་
བར་གྱི་ཚོད་ཅིང་མ་ཚོད་པ། མཚར་མཚར་སྲིད་པའི་བདེ་འཁྱོར་ངོ་མཚར་མཚར། །
མཚར་མཚར་སྐད་ཅིག་ཡལ་བའི་མཚར་མཚར་པོ། །མཚར་མཚར་ད་དུང་སྒྲུབ་
ལ་ཡིད་མཚར་མཚར། །མཚར་མཚར་བྱེད་པ་འདི་འདྲ་མཚར་མཚར་སླམ། །
བཞི་ཀའི་ཐོག་མཐའི་ཚོད་པ། སྙན་འགྱུར་རོལ་མོའི་ཁྲིད་ན་རྒྱུད་མངས་
སྙན། །སྙན་པའི་སླུ་ལ་དྲི་ཟའི་མགུར་དབྱངས་སྙན། །སྙན་ཚིག་གཞུང་ལ་
དཀྱིའི་ལེགས་བཤད་སྙན། །སྙན་པ་ཀུན་ལས་རྒྱལ་བའི་གྲགས་པ་སྙན། །
བཞི་ཀའི་ཐོག་མཐའི་ཚོད་ཅིང་མ་ཚོད་པ། གསལ་གསལ་ཉི་མའི་འོད་ཀྱིས་ཀུན་གསལ་
གསལ། །གསལ་གསལ་ལྷ་ཡི་མདུན་སར་སྣང་གསལ་གསལ། །གསལ་གསལ་
མེ་ལོང་ངོས་ན་གཟུགས་གསལ་གསལ། །གསལ་གསལ་ཡིད་མཚོར་དབྱངས་
ཅན་དཀར་གསལ་གསལ། ། གནས་གསུམ་ཀའི་ཚོད་པ། མཛེས་པའི་ཞལ་བྲིས་
མཛེས་སྡུག་ལན་བུས་མཛེས། །མཛེས་པའི་ཐོར་ཚུགས་མཛེས་བྱེད་ཧོག་གེ་
མཛེས། །མཛེས་སྡུག་རྒྱན་འཕྲེང་མཛེས་པར་བསྟར་བས་མཛེས། །མཛེས་པ་
ཀུན་བསྡུས་མཛེས་ལྡན་ལྷ་མོ་མཛེས། ། གནས་གསུམ་ཀའི་ཚོད་ཅིང་མ་ཚོད་པ། ལྡེམ་
ལྡེམ་པད་དཀར་ལྡེམ་ལྡེམ་འདར་བ་དང་འགྲིགས་རླབས་འཕྲེང་སྟོ་ལྡེམ་ལྡེམ། །
ལྡེམ་ལྡེམ་ངང་མོ་ལྡེམ་ལྡེམ་གཡོ་ཞིང་འཕྱུར་ལྡིང་རོལ་བའི་གར་ལྡེམ་ལྡེམ། །
ལྡེམ་ལྡེམ་ཁོམས་འགྲོས་ལྡེམ་ལྡེམ་དལ་གྱིས་རྒྱུ་བའི་གཉིས་འཐུང་ལྡོད་ལྡེམ་
ལྡེམ། །ལྡེམ་ལྡེམ་སྐྱིལ་ཞིང་ལྡེམ་ལྡེམ་རྩེན་པའི་ན་ཆུང་བདེ་བའི་འཁྱིང་ལྡེམ་
ལྡེམ། ། མཐའ་ཐོག་སྦྱར་བ། འཛམ་གླིང་མཁས་པ་ཡོངས་ཀྱི་གཙུག་གི་རྒྱན། །
རྒྱན་དྲུག་མཆོག་གཉིས་གྲགས་པའི་པ་དན་མཆོག །མཆོག་ཏུ་མཛེས་པ་རྒྱུ་

གར་འཕགས་པའི་ཡུལ། །ཡུལ་གྲུ་ཕལ་བ་གཞན་གྱི་དོ་ཟླ་མེད། ། དང་པོ་གསུམ་པ་དང་གཉིས་པ་བཞི་བར་བཟླས་པ། དཀར་གསལ་(ཟླ་བ་) དཀྱིལ་འཁོར་ཡོངས་སུ་རྫོགས་པ་ཡིས། །མི་བཟད་(འོད་ལྡན་) སྙིང་གི་གདུང་བ་སེལ་བར་བྱེད། ། དཀར་གསལ་(དབྱངས་ཅན་) དཀྱིལ་འཁོར་ཡོངས་སུ་རྫོགས་པ་ཡིས། །མི་བཟད་སྙིང་གི་(སྙན་ལྡན་) གདུང་བ་སེལ་བར་བྱེད། ། (ཟླ་བ་) དང་པོ་གཉིས་པ་དང་གསུམ་པ་བཞི་བར་བཟླས་པ། མཛེས་ཞིང་ཡིད་འོང་ངང་བའི་བུ་མོ་དཀར། །(དབྱངས་ཅན་) སྣན་འགྱུར་མགྲིན་ཇ་སྒྲོག་པས་ཀུན་དགར་བྱེད། །མཛེས་ཞིང་ཡིད་(དབྱངས་ཅན་) འོང་ངང་བའི་བུ་མོ་དཀར། །སྙན་འགྱུར་མགྲིན་ཇ་སྒྲོག་པས་ཀུན་དགར་བྱེད། ། དང་པོ་བཞི་པ་དང་གཉིས་པ་གསུམ་པར་བཟླས་པ། མཁའ་ལ་དལ་གྱིས་རྒྱུ་བར་བྱེད། །རབ་དཀར་མདངས་ལྡན་གཉིས་སྐྱེས་ངང་པའི་རྒྱལ་པོ་རྒྱལ། །རབ་དཀར་མདངས་ལྡན་གཉིས་སྐྱེས་རྒྱལ། །མཁའ་ལ་དལ་གྱིས་རྒྱུ་བར་བྱེད། ། (ཟླ་བ་) དང་པོ་གཉིས་པར་བཟླས་པ། ཐུབ་བསྟན་གངས་རི་སྐྱོང་པའི་གཉེན་གཅིག་པུ། །ཐུབ་བསྟན་གངས་རི་སྐྱོང་བའི་གཉེན་(ངང་བའི་རྒྱལ་པོ་) གཅིག་པུ། ། འཇམ་མགོན་བླ་མ་བློ་བཟང་གྲགས་པའི་ཞབས། །སྲས་ཀྱི་ཐུ་བོ་མཁས་གྲུབ་དགེ་ལེགས་དཔལ། ། དང་པོ་གསུམ་པར་བཟླས་པ། མཐའ་བྲལ་ལམ་བཟང་ཇི་བཞིན་གསལ་མཛད་པ། །འཕགས་མཆོག་ཀླུ་སྒྲུབ་སྨྲ་བ་ཟླ་ན་མེད། །མཐའ་བྲལ་ལམ་བཟང་ཇི་བཞིན་གསལ་མཛད་པ། །འཇམ་མགོན་བླ་མ་གངས་ཅན་བསྟན་པའི་བདག ། དང་པོ་བཞི་བར་བཟླས་པ། རྣམ་འདྲེན་རྒྱལ་བའི་གསུང་གི་གསང་མཛོད་འཛིན། །མཐུ་སྟོབས་དབང་ཕྱུག་བཙོམ་ལྡན་གསང་བའི་བདག །མི་བཟད་གཟུངས་ཐོབ་གནས་བརྟན་དགའ་བོ་ཡང་། །རྣམ་འདྲེན་རྒྱལ་བའི་གསུང་གི་གསང་མཛོད་འཛིན། ། གཉིས་པ་གསུམ་པར་བཟླས་པ། རྒྱལ་ཀུན་ཡབ་གཅིག་རྒྱལ་སྲས་གཞོན་ནུའི་ཚུལ། །འཛད་མེད་ངག་གི་འདོད་པ་

འཛོ་བའི་ལྷ། །འཛད་མེད་ངག་གི་འདོད་པ་འཛོ་བའི་ལྷ། །རྒྱལ་ཡུམ་དབྱངས་ཀྱི་དབང་ཕྱུག་དགའ་མར་དགྱེས། །འཛད་མེད་ངག་གི་འདོད་པ་འཛོ་བའི་ལྷ། །རྒྱལ་ཡུམ་དབྱངས་ཀྱི་དབང་ཕྱུག་དགའ་མར་དགྱེས། ། གཉིས་པ་བཞི་བར་བཟླས་པ། སྣ་ཚོགས་སྤྲུལ་པའི་རོལ་བ་ཕ་མཐའ་ཡས། །གདུལ་བྱའི་མོས་པ་ཇི་བཞིན་ཅིར་ཡང་འཆར། །དེ་བཞིན་གསུང་གཅིག་ཉིད་དུ་གསུངས་པ་ཡང་། །གདུལ་བྱའི་མོས་པ་ཇི་བཞིན་ཅིར་ཡང་འཆར། ། གསུམ་པ་བཞི་བར་བཟླས་པ། བླ་མ་མགོན་པོ་གཉིས་སུ་མ་མཆིས་པར། །རྩེ་གཅིག་གུས་པའི་ཡིད་ཀྱིས་གསོལ་འདེབས་ན། །ལས་ཉོན་བར་ཆད་མ་ལུས་བསལ་དུ་གསོལ། །ལས་ཉོན་བར་ཆད་མ་ལུས་བསལ་དུ་གསོལ། ། དང་པོ་གཉིས་གསུམ་དུ་བཟླས་པ། དེང་ནས་བྱང་ཆུབ་བར་གྱི་སྐྱབས་མཛོད་ཅིག །དེང་ནས་བྱང་ཆུབ་བར་གྱི་སྐྱབས་མཛོད་ཅིག །དེང་ནས་བྱང་ཆུབ་བར་གྱི་སྐྱབས་མཛོད་ཅིག །སྐྱབས་གནས་བསླུ་བ་མེད་པ་དཀོན་མཆོག་གསུམ། ། དང་པོ་དང་གསུམ་པ་དང་བཞི་བར་བཟླས་པ། རྣམ་པར་དཀར་ཞིང་རབ་མཛེས་ཀུན་དགའི་དཔྱིད། །པད་དཀར་ཇི་བཞིན་ཟླ་དང་དབྱངས་ཅན་ཡང་། །རྣམ་པར་དཀར་ཞིང་རབ་མཛེས་ཀུན་དགའི་དཔྱིད། །རྣམ་པར་དཀར་ཞིང་རབ་མཛེས་ཀུན་དགའི་དཔྱིད། ། གཉིས་པ་གསུམ་བཞིར་བཟླས་པ། མགོན་ཁྱོད་ཡི་དམ་ཆོས་སྐྱོང་མཁའ་འགྲོ་རྣ། །བསྟེན་ནོ་དེ་བཞིན་བདག་གི་སྐྱབས་མཛོད་ཅིག །བསྟེན་ནོ་དེ་བཞིན་བདག་གི་སྐྱབས་མཛོད་ཅིག །བསྟེན་ནོ་དེ་བཞིན་བདག་གི་སྐྱབས་མཛོད་ཅིག ། ལན་བཞིར་བཟླས་པ། དབང་མཆོག་དེ་ཡིས་གོང་དུ་སྨིན་པར་བྱེད། །དབང་མཆོག་དེ་ཡིས་གོང་དུ་སྨིན་པར་བྱེད། །དབང་མཆོག་དེ་ཡིས་གོང་དུ་སྨིན་པར་བྱེད། །དབང་མཆོག་དེ་ཡིས་གོང་དུ་སྨིན་པར་བྱེད། ། ཚིགས་བཅད་བཟླས་པ། （ཡོན་ཏན）སྔོན་བསགས་བསོད་ནམས་དགེ་བའི་མཐུ་ལས་བྱུང་། །སྔོ་བཞིའི་ཕུན་ཚོགས་སྐྱབ

པའི་གཞི་དང་རྟེན། །སྐྱེ་བོ་རྣམས་ཡིད་མངོན་པར་དགའ་བྱེད་ཅིང་། །གང་ལ་ལྡན་པ་དེ་ཡི་དོན་རྣམས་འགྲུབ། །(ནོར་)སྔོན་བསགས་བསོད་ནམས་དགེ་བའི་མཐུ་ལས་བྱུང་། །སྡེ་བཞིའི་ཕུན་ཚོགས་སྒྲུབ་པའི་གཞི་དང་རྟེན། །སྐྱེ་བོ་རྣམས་ཡིད་མངོན་པར་དགའ་བྱེད་ཅིང་། །གང་ལ་ལྡན་པ་དེ་ཡི་དོན་རྣམས་འགྲུབ། ། ཟུང་ལྡན་ཆེན་པོ། དགོས་འདོད་(དཔག་བསམ)ཀུན་འབྱུང་(ནོར་བུ)དགོས་འདོད་ཀུན་འབྱུང་། །དགོས་འདོད་ཀུན་འབྱུང་(སྨོན་ལམ།)དགོས་འདོད་ཀུན་འབྱུང་(ནོར་བུ་)དགོས་འདོད་ཀུན་འབྱུང་(བྱང་ཆུབ་ཀྱི་སེམས)། དགོས་འདོད་ཀུན་འབྱུང་(སངས་རྒྱས)དགོས་འདོད་ཀུན་འབྱུང་ཆོས། །དགོས་འདོད་ཀུན་འབྱུང་(དགེ་འདུན)དགོས་འདོན་ཀུན་འབྱུང་(བླ་མ)། །(དཔག་བསམ་)ཡང་ན། ཆགས་པ་མེད་པ་(རྟེན་བྱང་སེམས)ཆགས་པ་མེད(ལོངས་སྤྱོད་ལ་)། །ཆགས་པ་མེད་པ་(ཕྱི་བཏོལ་)ཆགས་པ་མེད་པ་(ཚིག་འཛིན)། །ཆགས་པ་མེད་པ་(ལན)ཆགས་པ་མེད(རྣམ་སྨིན)། །ཆགས་པ་མེད་པ་ཆགས་པ་མེད(རྣམ་རྟོག་ནམ་གཡེང་)། ། འདྲེས་པའི་ཟུང་ལྡན། ངག་ལ་ངག་གི་དཔལ་སྟེར་མ། །མ་ཕྱིད་འགྲིགས་འགྲིགས་ཚིག་གི་སྦྱོར་བ་ཀུན། །ཀུན་དགར་འཛེ་བས་ལོངས་སྤྱོད་འཕོར་ལོ་མཆོག །མཆོག་ཏུ་གྲུབ་པའི་དགའ་སྟོན་གྲུབ་པར་མཛོད། ། རྐང་བ་བཟློག་པ། རྒྱལ་སྲས་རྒྱལ་བ་དམ་པ་འདྲེན་མཆོག་མཁས། །མཁས་མཆོག་འདྲེན་པ་དམ་པ་རྒྱལ་སྲས་རྒྱལ། །ལྷ་ཡི་ལྷ་མཆོག་སྐྱབས་མགོན་འགྲོ་འདྲེན་རྣམས། །རྣམ་འདྲེན་འགྲོ་མགོན་སྐྱབས་མཆོག་ལྷ་ཡི་ལྷ། ། ཚིགས་བཅད་ཕྱེད་བཟློག དཀར་ཞིང་མཛེས་ལྡན་དབྱངས་མཆོག་ལྷ་མོ་སྒེག །གཟུགས་མཛེས་རབ་བཀྲ་རྣམ་མང་རྒྱན་སྤུག་མཚར། །མཚར་སྤུག་རྒྱན་མང་རྣམ་བཀྲ་རབ་མཛེས་གཟུགས། །སྒེག་མོ་ལྷ་མཆོག་དབྱངས་ལྡན་མཛེས་ཞིང་དཀར། ། ཟ་ཐོར་བཟློག་པ། མཆོག་གྱུར་དཔལ་ལྡན་དགེ་ལེགས་བདེ་སྟེར་མཆོག །མཆོག

བརྙེས་གྲུབ་དབང་སྒྲ་ལ་མཁས་ཤིང་བཙུན། །བཙུན་ཞིང་དུལ་བ་སྤྱོད་ཚུལ་ཚངས་ལྡན་མཛེས། །མཛེས་ལྡན་ཁྲིམས་དག་རྣམ་ཀུན་སྐྱོན་བྲལ་བརྗོད། །བརྗོད་བྲལ་སྐྱོན་ཀུན་རྣམ་དག་ཁྲིམས་ལྡན་མཛེས། །མཛེས་ལྡན་ཚངས་ཚུལ་སྤྱོད་པ་དུལ་ཞིང་བཙུན། །བཙུན་ཞིང་མཁས་ལ་སྒྲ་དབང་གྲུབ་བརྙེས་མཆོག །མཆོག་སྟེར་བདེ་ལེགས་དགེ་ལྡན་དཔལ་གྱུར་མཆོག ། དབྱངས་ཨ་ཨོ་ཨེ་ཨུ་བཞིར་ངེས་པ། གང་ལ་རབ་དང་ལྡན་པ་མཐའ་དག་ལ། །བློ་གྲོས་དངོས་པོ་མཆོག་སྟོལ་འཁོར་ལོའི་མགོན། །དགེ་ལེགས་གཏེར་ཆེན་སྤེལ་བྱེད་ཡེ་ཤེས་ཆེ། །ཐུལ་བྱུང་ལྷུན་གྲུབ་དུས་གསུམ་ཀུན་དུ་འཇུག ། ཨི་ཨ་ཨེ། དཀར་གསལ་ཆ་ཤས་རབ་གང་དབྱངས་ཅན་ཞལ། །མི་ཤིག་སྙིང་དཀྱིལ་ཏིང་འཛིན་པིར་གྱིས་བྲིས། །རྣམ་པ་ཐམས་ཅད་ནླས་པ་ལ་འབད་ན། །བདེན་ཞེན་བསྲེག་བྱེད་ཡེ་ཤེས་མེ་ཆེན་སྤེལ། ། ཨ་ཨུ་གཉིས་སུ་ངེས་པ། ཡང་དག་ལྷ་བ་གསལ་བར་མཛད་པ་ལ། །ཐུལ་བྱུང་བླུ་སྒྲུབ་གཞུང་ཀུན་ཐུགས་སུ་ཆུད། །ངག་ལ་དབང་མཛད་འཇམ་དབྱངས་བླ་མ་གང་། །མུན་འཁྲུལ་དྲུང་ཕྱུང་ཚུལ་ལུགས་བཟུར་དུ་བཟུངས། ། ཨ་གཅིག་བུར་ངེས་པ། རྟག་ཆད་མཐའ་ལས་འདས་པ་ཡང་དག་ལམ། །ཡང་ཡང་བསམ་པས་ལྷ་ངན་རང་སར་འགག །གནད་རྣམས་མཐའ་དག་ལམ་ལམ་ཤར་བ་ན། །དགའ་དང་དད་པས་རབ་གང་ཨ་ལ་ལ། ། བཀྲ་ཤིས།། །།

བ་སླད་གཅིག

རྒྱལ	ཀུན	ཐུགས	རྗེའི	རང	གཟུགས	མཆོག			ནམ	འདྲེན	སྟོན	པ	དེ	ལ	འདུད
རྒྱལ	རྣམས	ཐུགས	བརྩེའི	རང	བཞིན	མཆོག			ནམ	དག	སྟོན	མཛད	དེ	ཏུ	འདུད

ཕྱེད་འཁོར།

རྒྱལ	ཀུན	ཡུམ	མཆོག	མཆོག	ལྷ	དབྱངས	སྒྲ
ཀུན	ལ	མཆོག	སྙེར	སྦྱིན	མཆོག	ལྡན	དབྱངས
ཡུམ	མཆོག	མཛོས	མ	ཡུམ	རྒྱལ	མཆོག	ལྷ
མཆོག	སྙེར	མ	ཅིག	གྱུར	ཡུམ	སྦྱིན	མཆོག

ཀུན་འཁོར།

འཕགས	མཆོག	འཛམ	དཔལ	དཔལ	འཛམ	མཆོག	འཕགས
མཆོག	ཏུ	གསུང	འཛམ	འཛམ	གསུང	ཏུ	མཆོག
འཛམ	གསུང	སྨན	མཆོག	མཆོག	སྨན	གསུང	འཛམ
དཔལ	འཛམ	མཆོག	འཕགས	འཕགས	མཆོག	འཛམ	དཔལ

༄༅། །ཚེ་རབས་རྗེས་འཛིན་གྱི་སྨོན་ཚིག་དངོས་གྲུབ་ཀུན་འབྱུང་བཞུགས་སོ།

དངོས་གྲུབ་ཀུན་འབྱུང་ཁྱབ་དབང་རྡོ་རྗེ་འཆང་། །རིགས་གསུམ་ཀུན་འདུས་རྒྱལ་བ་ཙོང་ཁ་པ། །དང་པོའི་མགོན་པོ་འཇིགས་མེད་དབང་པོའི་སྐུ། །དབྱེར་མེད་ཐུགས་རྗེ་བདེན་པས་དེང་འདིར་སྐྱོངས། །རྒྱ་ཆེན་སྡེ་སྣོད་གསུམ་ལ་མཁས་པར་སྦྱངས། །བསླབ་གསུམ་རྣམ་དག་གྲུབ་པའི་གོ་འཕང་བརྙེས། །འཁྲུལ་བྲལ་ངེས་པ་དོན་གྱི་བསྟན་འཛིན་མཆོག །དཔལ་ལྡན་བླ་མའི་ཞབས་ལ་གསོལ་བ་འདེབས། །བཤད་སྒྲུབ་ཡ་བྲལ་སྙིགས་མའི་དུས་མཐའ་འདིར། །མཁས་གྲུབ་ཟུང་འཇུག་ཡབ་རྗེའི་རྣམ་ཐར་གྱིས། །བཀའ་གདམས་བསྟན་པའི་སྲོལ་བཟང་འཛིན་མཛད་ཁྱོད། །སྐལ་བཟང་ཐར་འདོད་ཡོངས་ཀྱི་མགོན་དུ་གྱུར། །སླར་ཡང་རླབས་ཆེན་ཐུགས་བསྐྱེད་དཔུང་པ་ཡིས། །གང་དུ་བསྟན་འགྲོའི་ཕན་བདེ་སྤེལ་བ་དེར། །བདག་སོགས་ཀུན་ཀྱང་འབྲལ་མེད་རྗེས་བཟུང་ནས། །ཟབ་གསང་གསུང་གི་བདུད་རྩིས་སྐྱོང་གྱུར་ཅིག །ཁྱད་པར་ཐུགས་རྗེའི་གཏེར་ཆེན་མགོན་ཁྱོད་ཀྱིས། །ས་མཁན་མཛད་ནས་ཡིད་དགའ་ཆོས་འཛིན་དུ། །སྐྱེས་ཏེ་བྱམས་མགོན་ཡབ་སྲས་མཉེས་བྱེད་ཅིང་། །ས་ལམ་བགྲོད་པ་མྱུར་དུ་མཐར་ཕྱིན་ཤོག །དེང་ནས་ཇི་སྲིད་བྱང་ཆུབ་སྙིང་པོའི་བར། །ཁྱོད་ཞབས་གུས་པས་མཆོད་པ་མི་གཏོང་ཞིང་། །མདོ་སྔགས་ལམ་བཟང་ཚུལ་བཞིན་སྒྲུབ་པ་ཡིས། །རྟག་ཏུ་ཁྱོད་མཉེས་འབའ་ཞིག་སྒྲུབ་པར་

ཤོག །མཆོག་གསུམ་ངོ་བོ་བླ་མའི་ཐུགས་རྗེ་དང་། །རྟེན་འབྱུང་བསླུ་མེད་ཆོས་དབྱིངས་བདེན་པའི་མཐུས། །བསམ་སྦྱོར་རྣམ་དག་དགེ་ཚོགས་ལ་བརྟེན་ནས། །ཇི་ལྟར་སྨོན་པའི་དོན་ཀུན་འགྲུབ་གྱུར་ཅིག །ཅེས་པ་འདི་ནི་ཆེན་པོའི་ཝུད་ཙམ་མ་ཡིན་པར་བཤད་སྒྲུབ་ཀྱི་བསྟན་པ་འཛིན་པ་ལ་ཐུགས་བསྐྱེད་ཆད་དུ་བྱུང་བའི་སྐྱེས་མཆོག་དམ་པ་མཁས་ཤིང་གྲུབ་པའི་དབང་ཕྱུག་མཁས་གྲུབ་བསྟན་འཛིན་པ་དག་པའི་ཞིང་དུ་གཤེགས་པའི་ཚེ་རྗེས་འཇུག་གྲྭ་སློབ་སྤྱི་ནས་བླ་མའི་ཐུགས་དགོངས་རྫོགས་པ་དང་། ཚེ་རབས་རྗེས་འཛིན་གྱི་སྨོན་ཚིག་ཅིག་དགོས་ཚུལ་བསྐུལ་མ་བྱུང་བ་ལྟར་༧བཙུན་པ་དཀོན་མཆོག་བསྟན་པའི་སྒྲོན་མེས་དབེན་གནས་ཡིད་དགའ་ཆོས་འཛིན་དུ་བྲིས་པའོ། །སརྦམངྒལཾ།། །།

༄༅། །དགེ་སྦྱོར་གྱི་མཇུག་ཏུ་འདོན་རྒྱུའི་སྨོན་ཚིག་མདོར་བསྡུས་བཞུགས་སོ། །

དངོས་བརྒྱུད་བླ་མ་ཡི་དམ་བསྐལ་བཟང་གི །རྣམ་འདྲེན་རྒྱལ་བ་སྟོང་དང་བདེ་གཤེགས་བརྒྱད། །སངས་རྒྱས་སོ་ལྔ་ཉེ་སྲས་བརྒྱད་ལ་སོགས། །རྒྱལ་བ་སྲས་བཅས་ཐུགས་བསྐྱེད་བདེན་པའི་མཐུས། །བདག་གིས་དུས་གསུམ་དགེ་བ་ཅི་བགྱིས་པ། །མི་མཐུན་རྐྱེན་གྱིས་ནམ་ཡང་མི་གཞོམ་ཞིང་། །དུས་གསུམ་རྒྱལ་བ་ཀུན་གྱིས་བསྔགས་པ་ཡི། །འབྲས་བཟང་མཐའ་དག་འགྲུབ་པའི་རྒྱུར་གྱུར་ཅིག །གཡེང་ཞིང་བསམ་སྦྱོར་དམན་པས་བགྱིས་རྣམས་ཀྱང་། །ཡུལ་བྱུང་དགེ་བའི་དངོས་པོར་བསྒྱུར་བྱས་ཏེ། །དེ་ཡི་མཐུ་ལས་སྔོན་བསགས་སྡིག་ལྟུང་ཀུན། །ལྷག་མེད་བྱང་ཞིང་དག་པར་བྱིན་གྱིས་རློབས། །འདི་སྣང་འགག་ཚེ་ཉེ་བའི་སྲས་རྣམས་ཀྱིས། །དབུགས་དབྱུང་བདེ་བ་ཅན་དུ་འཁྲིད་པ་དང་། །དེར་ནི་འོད་དཔག་མེད་མགོན་ཞལ་མཐོང་སྟེ། །གསུང་གི་བདུད་རྩིའི་དགའ་སྟོན་སྤྱོད་པར་ཤོག །སྐྱེ་ཞིང་སྐྱེ་བར་བཤེས་གཉེན་དམ་པ་ཡིས། །འབྲལ་མེད་རྗེས་བཟུང་བཀའ་བཞིན་སྒྲུབ་པ་དང་། །ཕྱི་ནང་ཉེར་འཚེའི་རྐྱེན་གྱིས་མི་གཡོ་བར། །ས་ལམ་བགྲོད་པ་མྱུར་དུ་མཐར་ཕྱིན་ཤོག །

ཅེས་པ་འདི་ནི་དད་བརྩོན་བློ་དང་ལྡན་པ་རབ་འབྱམས་པ་འཇིགས་མེད་ཡར་འཕེལ་གྱིས་བསྐུལ་ངོར། །བཙུན་པ་༧དཀོན་མཆོག་བསྟན་པའི་སྒྲོན་མེས་བྲིས་པའོ།། །།སརྦ་མངྒ་ལཾ།། །།

༄༅། །སྨུར་འབྱིན་གསོལ་འདེབས་ཀྱི་སྐོར་ཉམ་ཐག་སྐྱེ་བོའི་གདུང་དབྱངས་ཞེས་བྱ་བ་བཞུགས་སོ། །

སྟེང་ཡ་གི་དགའ་ལྡན་ལྷ་ཡུལ་ན། །མགོན་མི་ཕམ་རྒྱལ་བའི་ཐུགས་ཀྱི་ཐུགས། །རྗེ་མི་བསྐྱོད་དགྱེས་བཞད་ཐུགས་རྗེ་ཅན། །བུ་ཉམ་ཐག་གདུང་བའི་དབྱངས་འདི་གསོན། །སྐྱབས་དཀོན་མཆོག་གསུམ་འདུས་བདག་ཉིད་ལ། །རྗེ་འཇིགས་མེད་དབང་པོར་གསོལ་བ་ཡི། །མཚན་སྙན་པའི་བ་དན་སྲིད་ན་གཡོ། །ཕ་བཀའ་དྲིན་ཅན་དེ་གང་ན་བཞུགས། །སྐུ་ནམ་མཁའི་ནོར་བུ་འོད་དང་བྲལ། །གསུང་ཚངས་དབྱངས་བདུད་རྩིའི་སྒྲོ་མོ་འགག །ཐུགས་མཁྱེན་བརྩེ་དངོས་སུ་མི་མཐོང་བས། །ཕྱོགས་གར་བལྟས་མྱ་ངམ་ཐང་སྟོང་འདྲ། །གཟུགས་མཐོང་ཚད་མི་སྡུག་བཙོན་ར་བཞིན། །སྒྲ་ཐོས་ཚད་མི་སྙན་རྣ་བར་ཟུག། །གྲོས་ད་ལྟ་བསམ་པ་ད་ལྟ་བརྗེད། །སེམས་སྨྱོ་ངན་སྒྱུ་མའི་འཁྲུལ་འདིས་སྐྱོ། །ད་རྨོངས་པའི་མུན་ནག་སྨག་རུམ་ན། །ལས་ཉོན་མོངས་གཅན་གཟན་གདུག་པས་གཙེས། །ད་འབྲོས་པའི་ཕྱོགས་ཀྱང་མི་ཤེས་ཚེ། །ཀྱེ་ཐར་པའི་ས་མཁན་གང་དུ་གཤེགས། །ནོར་བསམ་འཕེལ་ཡོད་དུས་མི་ཤེས་པར། །ཕྱིའི་རྒྱ་མཚོར་ཡོད་སྐད་ཡི་རེ་མུག །རྗེ་བླམ་བཞུགས་དུས་མི་བསྟེན་པར། །ད་དག་པའི་ཞིང་ལ་འབོད་དེ་སྐྱོ། །སྙན་སྒྲིབ་པ་མེད་པས་གསན་ན་ཡང་། །ལན་གསུང་བ་ལས་ངན་བདག་མི་ཐོས། །ཞལ་འཛུམ་པའི་ཉམས་ཀྱིས་གཟིགས་ན་ཡང་། །ང་ཆུ་བུར་མིག་གིས་མཐོང་མི་ནུས། །ཡིད་གདུང་བའི་དུག་གིས་ཁྱབ་

བྱེད་པའི། །གཏམ་ངན་པའི་སྤྲུལ་ནག་འཛུག་པའི་སྒོ། །ལས་ངན་པས་སྤྲུལ་
པའི་རྣ་བ་འདི། །དུས་ཐར་ནས་འོན་ན་ཅིམ་ཏུང་། །ལར་དྲན་པའི་ཀླུང་གིས་
བསྐྱོད་པ་ཡིས། །སེམས་སྨྲ་ངན་མེ་ལྕེ་འབར་བའི་རྟེན། །ལུས་ནད་མང་དུག་
གི་འཁྲི་ཤིང་འདི། །ཚལ་སྟོང་དུ་གསན་དགའ་བ་ལ། །སྟོན་བརྩེ་བའི་མ་ཡིས་
བུ་ལ་བཞིན། །ཆོས་སྣང་དོར་རྗེན་པར་བསྟན་པའི་དུས། །རོ་མཉམ་པ་ཉིད་
དུ་གཉིད་ལོག་པས། །བྱུར་འགོང་པོ་བདག་ལ་སྙིར་ཡང་ཆོམ། །སྐུ་མི་རྟག་སྒྱུ་
མའི་ཚུལ་བསྟན་ཡང་། །ཐུགས་མཁྱེན་བརྩེའི་ངང་ལས་མི་གཡོ་ཞེས། །ལུང་དྲི་
མ་མེད་པར་གསུངས་བདེན་ན། །ཐུགས་བརྩེ་བའི་སྤྱན་རས་ཕྱིར་ལ་
གཟིགས། །ཐུགས་མཁྱེན་རབ་མཛད་སྤྱོད་འཕྲིན་ལས་སོགས། །འོད་དཀར་
པོའི་བསིལ་ཟེར་མ་འགྱུར་ཀྱང་། །སྐུའི་ཚ་ཤས་གསར་དུ་ཆེས་པ་ཡི། །མཆོག་
སྤྲུལ་པའི་ཟླ་བ་མྱུར་དུ་བྱོན། །མགོན་ཆོས་རྒྱལ་ལ་སོགས་སྲུང་མར་ཡང་། །
དུས་ད་དུང་མཐུ་ཞིག་ཡོང་སྲིད་ན། །སྐུའི་ཡང་སྲིད་འཕྲུལ་བྲལ་མྱུར་གསལ་
ཏེ། །ཡོངས་བསྟན་འགྲོའི་མགོན་གྱུར་འཕྲིན་ལས་མཛོད། །དུས་རིང་ནས་
གོམས་པའི་ཐུགས་བསྐྱེད་དང་། །ངེད་དཔོན་སློབ་མི་ཕྱེད་དད་པའི་མཐུས། །
སྐུའི་ཡང་སྲིད་ཉེ་མ་གཞོན་ནུ་ཡི། །འོད་དགེ་མཚན་སྣང་བ་རྒྱས་གྱུར་ཅིག །

ཅེས་པ་འདི་ནི་ཧུན་ཕང་དང་ཨ་པེར་རྣམ་གཉིས་ཀྱིས་གཙོས་གཞན་དུ་མས་ཀྱང་ཉེ་བར་བསྐུལ་ཞིང་། གཙོ་བོར་རང་སེམས་དད་གདུང་དྲག་པོས་བསྐུལ་བ་ལ་བརྟེན་ནས་རྗེ་ཉིད་ཀྱི་ཞབས་རྡུལ་སྤྱི་བོས་བསྟེན་པའི་བཙུན་པ་དཀོན་མཆོག་བསྟན་པའི་སྒྲོན་མེས་རྩེ་གཅིག་ཏུ་གསོལ་བ་བཏབ་པའོ། །

ན་མོ་གུ་རུ་ཛྙཱ་ནཧྲྀ་ད་ཡ། །རྣམ་འདྲེན་རྒྱལ་བ་ཀུན་གྱི་ཡེ་ཤེས་ནི། །
བཤད་སྒྲུབ་བསྟན་པའི་རྒྱལ་མཚན་བསྒྲེངས་པའི་ཕྱིར། །གསུམ་ལྡན་རྡོ་རྗེ་
འཛིན་པའི་རྣམ་རོལ་བ། །ཟླ་མེད་བླ་མ་མཆོག་ལ་གསོལ་བ་འདེབས། །
སྤངས་དང་ཡེ་ཤེས་དཀྱིལ་འཁོར་རབ་རྒྱས་ཤིང་། །གཞན་ཕན་སྣང་རྩའི་རྒྱལ་

མཚན་བཞད་པའི་གཉེན། །དུས་གསུམ་རྒྱལ་བའི་གདུང་འཚོབ་ཆོས་ཀྱི་རྗེ། །བཀའ་དྲིན་མཚུངས་མེད་མཆོག་ལ་གསོལ་བ་འདེབས། །ཁྱོད་ཀྱིས་བཀའ་དྲིན་དྲན་པའི་དྲི་བཞིན་གྱིས། །བསྐྱོད་པའི་ཐལ་སྦྱར་སྙིམ་པའི་མེ་ཏོག་ཅན། །རྩེ་གཅིག་གདུང་བའི་དབྱངས་ཀྱིས་གསོལ་འདེབས་ན། །བརྩེ་བས་དགོངས་ཤིང་བླ་མ་ཐུགས་རྗེའི་གཏེར། །གདུག་པའི་སྤྱོད་ཚུལ་སྣང་བོའི་དཔའ་སྒྲ་ཅན། །ཆེར་སྙིགས་ལྔ་བདོའི་དུས་ཀྱི་ནགས་མཐའ་ན། །ཉམ་ཆུང་བུས་པ་རང་དགར་འཁྱམ་པ་རྣམས། །དཔའ་བོ་ཁྱོད་ཀྱི་ཐུགས་རྗེས་འདོར་རིགས་སམ། །དབུས་འགྱུར་ཞེས་བྱ་གསེར་གྱི་ཛ་ཆེན་ཡང་། །ཁྱོད་ཀྱི་ཐུགས་རྗེ་གཡོགས་མ་དང་བྲལ་ན། །དཔལ་དང་འབྱོར་པའི་འོད་རིས་བཀྲ་ན་ཡང་། །ཟབ་གསང་ཆོས་ཀྱི་སྒྲ་དེ་གང་ནས་སྒྲོགས། །དེ་སྐད་ཆོས་སྐུའི་ལྷ་དབང་གཡོ་མེད་ཀྱང་། །སྐལ་བཟང་དད་པའི་བཻཌཱུར་ས་གཞི་ལ། །གང་འདུལ་མཛད་པའི་གར་གྱིས་རོལ་བ་ཡི། །གཟུགས་སྐུའི་སྣང་བ་འགོག་མེད་བསྟན་དུ་གསོལ། །བདག་ཀྱང་དེང་ནས་ཚེ་རབས་ཐམས་ཅད་དུ། །ཁྱོད་ཞབས་པདྨོ་འབྲལ་མེད་གུས་བསྟེན་ནས། །ཅི་གསུང་བཀའ་བཞིན་སྒྲུབ་པའི་ལེགས་སྨོན་ཡང་། །ཁྱོད་ཀྱི་ཐུགས་རྗེ་བདེན་པའི་མཐུས་འགྲུབ་ཤོག །ཅེས་རྗེ་བཙུན་བླ་མ་དམ་པ་དམིགས་པ་མེད་པའི་ཐུགས་རྗེ་ཆེན་པོ་དང་ལྡན་པ་ཡོངས་འཛིན་ཡེ་ཤེས་རྒྱལ་མཚན་དཔལ་བཟང་པོ་དག་པའི་ཞིང་དུ་དགོངས་པ་གཏད་པའི་ཚེ་གསོལ་འདེབས་སྨོན་ཚིག་འདི་ལྷ་བུ་ཞིག་དགོས་ཞེས་དཀའ་བཅུ་འཇིགས་མེད་མཁས་མཆོག་གིས་བསྐུལ་ངོར་དམ་པ་དེ་ཉིད་ཀྱི་ཞབས་རྡུལ་གཙུག་གིས་བསྟེན་པའི། ༄བཙུན་པ་དཀོན་མཆོག་བསྟན་པའི་སྒྲོན་མེས་བྲིས་པའོ། །

བཤད་སྒྲུབ་རྩིབས་སྟོང་རྫོགས་པའི་འཁོར་ལོ་ཡིས། །བློ་བཟང་ཆོས་ཀྱི་སྲིད་ལ་མངའ་བསྒྱུར་བ། །སྐལ་ལྡན་གདུལ་བྱ་རྒྱ་མཚོའི་གཉེན་གཅིག་པུ། །མཚུངས་མེད་བླ་མ་མཆོག་ལ་གསོལ་བ་འདེབས། །ཐེགས་གསུམ་དགེ་འདུན་རྒྱུ་སྐར་ཁྲེ་བའི་མགོན། །གསུང་གསང་འཕྲིན་ལས་འོད་ཀྱི་དྲྭ་བས་འཁྱུད། །

སྤྱང་དང་རྟོགས་པའི་དཀྱིལ་འཁོར་རབ་ཏུ་རྒྱས། །སྐྱབས་གསུམ་ཀུན་འདུས་བླ་མ་ཐུགས་རྗེའི་གཏེར། །བཀའ་དྲིན་དྲན་པས་དད་པའི་དྲི་བཞིན་གྱིས། །བསྐྱོད་པའི་ཐལ་སྦྱར་སྙིམ་པའི་མེ་ཏོག་ཅན། །རྩེ་གཅིག་གདུང་བའི་དབྱངས་ཀྱིས་གསོལ་འདེབས་ན། །བརྩེ་བས་གཟིགས་པ་ནམ་ཡང་མ་གཡེལ་ཞིག །ཀྱཻ་མ་མ་ལ་ཆོས་དབྱིངས་ཟབ་རིའི་རྩེར། །བསྟན་པའི་ཉི་མ་མཐོང་བའི་ཡམ་ལས་འདས། །མདོ་སྨད་བསྟན་པའི་པད་ཚལ་ཡོངས་སུ་ཟུམ། །བློ་གསལ་ཐང་དྲུག་དགའ་བའི་སྣང་བ་ནུབ། །མགོན་ཁྱོད་བགྲང་ཡས་བསྐལ་བར་གཞན་ཕན་ལ། །གཞོལ་བའི་གོ་ཆ་བརྩན་པོ་མི་འདོར་ན། །སྙིགས་མའི་བརླང་སྤྱོད་ལྷག་པར་འཁྲུགས་པའི་ཚེ། །བུ་ཆུང་སྨྱོས་པའི་མ་བཞིན་བརྩེ་བར་མཛོད། །རིགས་ཉུས་ཆོ་འབྲང་མི་དམན་ཤར་རིའི་རྩེར། །དགེ་མཚན་བདུད་རྩིའི་གཟིགས་མ་སྲོ་བ་ཡི། །མཆོག་སྤྲུལ་ཟླ་བའི་སྨུ་གུ་འཛུམ་རླབས་ཀྱིས། །སྙིང་གི་མུན་པ་སེལ་བའི་དགའ་སྟོན་སྟོལ། །ཐུགས་བསྐྱེད་རྣོགས་པ་མེད་པའི་མཚོ་ལས་སྐྱེས། །མཁས་བཙུན་བཟང་པོའི་འདབ་བརྒྱ་མངོན་པར་བཞད། །འཕྲིན་ལས་དྲི་བསུང་ཕྱོགས་མཐར་ཁྱབ་པ་ཡིས། །ཐུབ་བསྟན་འཆི་མེད་དགའ་ཚལ་མཛེས་གྱུར་ཅིག །མཁྱེན་བརྩེའི་ཆུ་འཛིན་གཡོ་བའི་ཚོགས་གར་ལས། །རྒྱལ་དབང་གྲགས་པའི་ལེགས་བཤད་སྤྲིན་གྱི་སྒྲས། །རྫོགས་ལྡན་དབྱར་གྱི་ལང་ཚོ་རྒྱས་མཛད་པ། །མཚུངས་མེད་མཆོག་སྤྲུལ་དམ་པ་སྨུར་གསལ་ཤོག །བླ་མ་ཡི་དམ་ཆོས་སྲུང་རྒྱ་མཚོ་དང་། །ཁྱད་པར་ལྷ་ཆེན་གུར་མགོན་ལྕམ་དྲལ་གྱི། །མཐུ་སྟོབས་དཔུང་བས་དགྲ་སྡེའི་གཡུལ་བཅོམ་སྟེ། །སྨོན་པའི་རེ་འབྲས་ལྷུན་གྱིས་གྲུབ་པར་ཤོག །ཅེས་ཡུལ་མདོ་སྨད་ཀྱི་ལྟོངས་སུ་སྤྲུབ་པའི་རྒྱལ་མཚན་འཛིན་པ་མཐའ་དག་གི་གཙུག་རྒྱན་དམ་པ་གྲུབ་ཆེན་སྐལ་ལྡན་རྒྱ་མཚོའི་མཆོག་གི་སྤྲུལ་པའི་སྐུ་དགེ་འདུན་འཕྲིན་ལས་རབ་རྒྱས་ཀྱི་ཞལ་སྔ་ནས་གཟུགས་སྐུའི་བཀོད་པ་ཉེར་ཞིའི་དབྱིངས་སུ་བསྡུས་པའི་ཚུལ་བསྟན་པའི་ཚེ་སླར་ཡང་མཆོག

སྤྲུལ་སྐུར་འཕྲོན་གྱི་སྨོན་ཚིག་འདི་ནི། རྗེ་བཙུན་དམ་པ་དེ་ཀའི་བཀའ་དྲིན་གྱིས་འཚོ་བའི་རབ་འབྱམས་པ་ངག་དབང་ཆོས་འཕྲོར་གྱིས་བསྐུལ་ངོར་བཙུན་བ་དཀོན་མཆོག་བསྟན་པའི་སྒྲོན་མེས་བྲིས་པའོ། །

ཐུལ་བྱུང་སྟོབས་བཅུའི་དཔལ་མངའ་རྫོགས་སངས་རྒྱས། །དག་པ་དོན་དམ་དབྱིངས་ཀྱི་རང་བཞིན་ཆོས། །བྱང་ཆུབ་ཡན་ལག་རྣམ་སྤྱོར་དགེ་འདུན་ཏེ། །བསླུ་མེད་སྐྱབས་གསུམ་བདེན་པས་ཤིས་པར་སྐྱབས། །དགེ་ལྡན་ལུགས་བཟང་ཡངས་པའི་མཁའ་ངོས་ལ། །འདུན་ལྡན་ཐུགས་བསྐྱེད་འོད་དཀར་དྲ་བས་འཁྱུད། །སྐལ་ལྡན་གདུལ་བྱ་རྒྱ་མཚོའི་གཉེན་གཅིག་པུ། །དཔལ་ལྡན་བླ་མའི་ཞབས་ལ་གསོལ་བ་འདེབས། །སྡེ་སྣོད་གསུམ་གྱི་ཀླབས་ཕྲེང་མངོན་པར་གཡོ། །རྣམ་དག་བསླབ་གསུམ་ནོར་བུའི་ཚོགས་ཀྱིས་གཏམས། །ཐེག་གསུམ་གདེངས་ཅན་བྱེ་བའི་ཉེར་འཚོའི་གཞི། །དུས་གསུམ་རྒྱལ་བའི་གདུང་འཚོབ་ཆོས་ཀྱི་རྗེ། །སྐལ་དམན་མིག་གིས་མཐོང་བའི་ཡམ་ལས་འདས། །ཉམ་ཆུང་བུས་པ་བརྩེ་བའི་མགོན་གྱིས་བོར། །སྲིད་པའི་རྒྱ་མཚོ་བརྒལ་པའི་གྲུ་གཟིངས་ཤིག །ཀྱེ་མ་གདུང་པའི་འོ་དོད་སུ་ལ་འབོད། །འོན་ཀྱང་སྤྲོས་བྲལ་དབྱིངས་སུ་འཁོར་འདས་ཀུན། །མཉམ་ཉིད་བདེ་སྟོང་རོལ་བར་གཟིགས་པ་ཡིས། །དམིགས་མེད་སྙིང་རྗེའི་གོ་ཆ་མི་ལྡོད་པས། །བདག་སོགས་མགོན་མེད་འགྲོ་ལ་ཐུགས་རྗེས་གཟིགས། །རིགས་ཐུས་ཚེ་འབྲང་མི་དམན་དགའ་ཚལ་དུ། །མཆོག་སྤྲུལ་གསར་པའི་འདབ་བརྒྱ་རྒོད་པ་ལས། །ངོ་མཚར་རྟགས་ཀྱི་དྲི་བསུང་སྤྲོ་བ་ཡིས། །སྙིང་གི་གདུང་བ་སེལ་བའི་དགེ་ལེགས་སྩོལ། །རིང་ནས་གོམས་པའི་ཐུགས་བསྐྱེད་ལྷེ་བ་ལས། །མཁས་བཙུན་བཟང་པོའི་རྩེབས་སྟོང་འབར་བ་ཡིས། །བློ་བཟང་ཆོས་ཀྱི་སྲིད་ལ་མངའ་བསྒྱུར་ཏེ། །འགྲོ་ཀུན་གཏན་བདེའི་དཔལ་ལ་སྦྱོར་གྱུར་ཅིག །རྟག་ཏུ་ཁྱོད་ཞབས་པདྨ་གུས་མཆོད་དེ། །གསུང་གི་བདུད་རྩི་ངོམས་མེད་སྤྱོང་བ་ཡིས། །འདི་ཕྱིའི་ལེགས་

ཚོགས་མ་ལུས་ལྷུན་གྲུབ་པར། །བྱིན་གྱིས་རློབས་ཤིག་བླ་མ་ཐུགས་རྗེའི་གཏེར། །ཡི་དམ་མཆོག་གསུམ་ཆོས་སྐྱོང་ཀུན་གྱི་དངོས། །རྗེ་བཙུན་བླ་མའི་ཐུགས་རྗེ་བདེན་པའི་མཐུས། །ཇི་ལྟར་སྨོན་པའི་འདོད་དོན་མ་ལུས་པ། །གེགས་མེད་ལྷུན་གྱིས་གྲུབ་པའི་བཀྲ་ཤིས་ཤོག །ཅེས་དགེ་ལྡན་བསྟན་པའི་གསལ་བྱེད་ཆེན་པོ་དཔལ་ལྡན་བླ་མ་དམ་པ་དགེ་འདུན་རྒྱ་མཚོའི་ཞལ་སྔ་ནས་ཀྱི་ཡང་སྲིད་སྨུར་འགྲོན་འདི་ནི་མཁྱེན་རབ་ཀྱི་དབང་ཕྱུག་དམ་པ་སྤྲུལ་སྐུ་བློ་བཟང་དམ་ཆོས་ཡར་འཕེལ་ཞབས་སྔོད་དཔོན་པོ་བཅས་ཀྱིས་བསྐུལ་ངོར། ༄བཙུན་པ་དཀོན་མཆོག་བསྟན་པའི་སྒྲོན་མེས་དབེན་གནས་དགེ་འཕེལ་བསམ་གཏན་གླིང་དུ་བྲིས་པའོ། །

ཆོས་འདུལ་གངས་ཀྱི་རི་བོའི་སྤྱིར་འཁྱིལ་ཞིང་། །མདོ་དང་རྒྱུད་སྡེའི་རལ་བའི་ཁྱུར་གྱིས་བརྗིད། །ཆོས་མངོན་དྲི་མེད་རིགས་པའི་གད་རྒྱངས་སྒྲོགས། །མཁས་མཆོག་གདོང་ལྔའི་དབང་པོར་གསོལ་བ་འདེབས། །ཚུལ་ཁྲིམས་དག་པའི་དཀྱིལ་འཁོར་ཡོངས་སུ་རྫོགས། །ཞུལ་བྱུང་ཏིང་འཛིན་རི་དྭགས་མཚན་མས་མཛེས། །རྣམ་འབྱེད་ཤེས་རབ་སྣང་བའི་དགའ་སྟོན་འགྱེད། །གྲུབ་དབང་ཀུནྡའི་གཉེན་ལ་གསོལ་བ་འདེབས། །མང་དུ་ཐོས་པས་གསུང་རབ་གདམས་པར་ཤར། །ཚུལ་བཞིན་བསྒྲུབས་པས་སྤྱངས་རྟོགས་མངོན་དུ་གྱུར། །ཐུབ་བསྟན་མི་ནུབ་རྒྱལ་མཚན་འཛིན་པའི་གཙོ། །མཚུངས་མེད་བཤེས་གཉེན་རྣམ་ཐར་བསམ་ཞིང་དད། །དཀོན་མཆོག་མཐུ་དང་གཞན་ཕན་ཐུགས་བསྐྱེད་ཀྱི། །བདེན་པས་ཡང་སྲིད་འཁྲུལ་མེད་སྨུར་གསལ་ཞིང་། །སླར་ཡང་མཁས་བཙུན་བཟང་པོའི་འཕྲིན་ལས་ཀྱིས། །བཤད་སྒྲུབ་ཐུབ་བསྟན་དར་ཞིང་རྒྱས་གྱུར་ཅིག །དུས་མཐར་ཐུབ་བསྟན་སྙིང་པོ་སྤེལ་བ་ལ། །འཇམ་དཔལ་དབྱངས་དངོས་བཞད་པའི་རྡོ་རྗེ་དང་། །རླབས་ཆེན་ཐུགས་བསྐྱེད་སྨོན་ལམ་ལྷན་ཅིག་པའི། །བདེན་པས་རེ་འབྲས་ལྷུན་གྱིས་གྲུབ་པར་ཤོག །སྐྱེ་བ་ཀུན་ཏུ་ཡང་དག་བླ་མ་དང་། །ཞེས་སོགས་དང་། །ཆད་བྱུང་སྲས་བཅས་རྒྱལ་

བའི་བྱིན་རླབས་དང་། །ཞེས་སོགས་བྱ། ཞེས་ངེས་པ་དོན་གྱི་བཤེས་གཉེན་དམ་པ་བསྟན་པའི་རྩ་ལག་ཆེན་པོ་དུས་འཁོར་སློབ་ཟུར་དཀོན་མཆོག་དར་རྒྱས་པའི་སྐུའི་ཡང་སྲིད་སྤྲུར་འགྲོན་འདི་ནི། ཉིད་ཀྱི་བཀའ་སློབ་རབ་འབྱམས་པ་ཡོན་ཏན་རྒྱ་མཚོ་དང་རྗེ་རམ་པ་དཀོན་མཆོག་རབ་བརྟན་གཉིས་ཀྱིས་བསྐུལ་ངོར། ༄བཙུན་པ་དཀོན་མཆོག་བསྟན་པའི་སྒྲོན་མེས་བྲིས་པའོ། །

བློ་བཟང་རྒྱལ་བསྟན་ཡོངས་ལ་དབང་བསྒྱུར་ཞིང་། །མཁས་གྲུབ་བྱེ་བའི་རལ་བའི་གཙུག་གི་རྒྱན། །ལྷར་བཅས་སྐྱེ་དགུའི་འདྲེན་མཆོག་ཟླ་མེད་པ། །རྗེ་བཙུན་བླ་མའི་ཞབས་ལ་གསོལ་བ་འདེབས། །ཀུན་བཟང་སྤྱོད་པའི་ཟླ་ཤེལ་དྲི་མ་མེད། །རྒྱད་བྱུང་ཐུགས་བསྐྱེད་རི་དྭགས་མཚན་མས་མཛེས། །ཐུབ་བསྟན་ཀུ་མུད་བཞད་པའི་དཔལ་ཡོན་ཅན། །སྙིང་གི་མུན་སེལ་བླ་མ་ཐུགས་རྗེའི་གཏེར། །བཀའ་དྲིན་དྲན་པའི་དད་པའི་དྲི་བཞོན་གྱིས། །དབང་མེད་བསྐྱོད་པའི་དང་སེམས་པདྨའི་ཁ། །མགོན་པོ་གང་དུ་གཤེགས་པའི་ཞིང་ཁམས་དེར། །ཕྱོགས་ནས་གདུང་བས་གསོལ་འདེབས་འདི་དགོངས་ཤིག །རྒྱལ་སྲས་དཔའ་བོ་སྙིང་རྗེའི་གོ་ཆ་ཅན། །འཁོར་འདས་མཉམ་ཉིད་སྤྱུ་མའི་རོལ་པར་ཤེས། །དངོས་ཀུན་ལྟན་སྐྱེས་བདེ་བར་སྟོམ་མཛད་རྣམས། །སྲིད་པའི་སྐྱོན་གྱིས་འཇིག་པར་ག་ལ་འོས། །དེ་ཕྱིར་ཁྱོད་ཀྱི་ཐུགས་རྗེ་སྒྲུང་ཆར་གྱིས། །འཚོ་བའི་ཉམ་ཆུང་སྨྱུ་གུ་སྟོན་པོའི་ཚལ། །འཛོམས་པའི་ཐན་ཁྱེར་གདུང་བ་འཕྲོག་པའི་སྣད། །ཐུགས་རྗེའི་སྤྲིན་ཆེན་སྣར་ཡང་གཏིབས་པར་མཛོད། །རྣམ་གྲོལ་ཐར་པའི་ལམ་བཟང་ལྟ་བའི་མིག །མཐའ་མེད་སྲིད་པའི་མཚོ་ལས་སྒྲོལ་བའི་གྲུ། །གནས་སྐབས་མཐར་ཐུག་དོན་གཉིས་འགྲུབ་པའི་རྟེན། །རེ་ས་གཞན་ན་མེད་དོ་བརྩེ་བས་དགོངས། །རིགས་ཟུས་ཚེ་འཕྲང་མི་དམན་ཤར་རིའི་རྩེར། །དགེ་མཚན་ཁྲུང་སྟོན་སྐྱེས་ཀྱིས་དྲངས་པ་ཡི། །མཆོག་སྤྲུལ་མཁས་བཙུན་བཟང་པོའི་འོད་བརྒྱ་བ། བློ་བཟང་བསྟན་པའི་དཔལ་དུ

སྨྱུར་གསལ་ཤོག །དམིགས་མེད་སྙིང་རྗེའི་རང་གཟུགས་སྨྱུར་མཛད་མགོན། །ཡེ་ཤེས་ལྷ་བདག་རྒྱལ་ཆེན་སྐུ་ལྔ་དང་། །ཁྱད་པར་གནས་ཆུང་རྡོ་རྗེའི་དྲེགས་ལྡན་གྱིས། །དོན་འདི་གེགས་མེད་འགྲུབ་པའི་སྟོངས་གྲོགས་མཛོད། །མདོར་ན་བླ་མ་མཆོག་གསུམ་ཐུགས་རྗེ་དང་། །བདག་ཅག་དད་མོས་རྟེན་འབྱུང་མི་བསླུ་བས། །མཆོག་སྤྲུལ་ཉིན་མོའི་སྣང་བ་སྨྱུར་གསལ་ཏེ། །བསྟན་འགྲོའི་ཕན་བདེའི་པད་ཚལ་རྒྱས་གྱུར་ཅིག །ཅེས་མཁས་བཙུན་བཟང་པོའི་ཡོན་ཏན་གྱིས་བྱང་ཕྱོགས་བསྟན་འགྲོའི་ཕན་བདེའི་རྩ་ལག་དམ་པར་གྱུར་པ་བློ་བཟང་མཁས་མཆོག་གི་ཞལ་སྔ་ནས་ཀྱི་ཡང་སྲིད་སྨྱུར་འགྲོན་འདི་ནི་བསྟན་པའི་གསལ་བྱེད་སྤྲུལ་སྐུ་བློ་བཟང་ཐུབ་བསྟན་ཉི་མ་སོགས་དམ་པ་དེ་ཉིད་ཀྱི་སྐུའི་གམ་གཅར་རྣམས་ཀྱིས་བསྐུལ་ངོར་ཆོས་སྨྲ་བའི་བཙུན་པ་དཀོན་མཆོག་བསྟན་པའི་སྒྲོན་མེས་རྗོང་དགར་བཀྲ་ཤིས་དར་རྒྱས་གླིང་ནས་བྲིས་པའོ། །

ཡེ་ཤེས་དྲི་མ་མེད་པའི་ལྟེང་ཁང་ནས། །བརྩེ་བའི་སྤྱན་གྱིས་འགྲོ་ལ་རྟག་གཟིགས་པ། །དུས་གསུམ་བདེ་གཤེགས་སྲས་དང་བཅས་པ་ཡིས། །སྙིང་གི་གདུང་བ་སེལ་བའི་དགེ་ལེགས་སྩོལ། །རིགས་གྲོལ་བརྒྱུད་ལྡན་དགེ་འདུན་འདུས་པའི་གཙོ། །ལུང་རྟོགས་བསྟན་པ་དམ་ཆོས་བདུད་རྩིའི་གཏེར། །སྐུ་བཞིའི་ལང་ཚོ་དར་པའི་རྫོགས་སངས་རྒྱས། །སྐྱབས་གསུམ་ངོ་བོ་བླ་མའི་ཞབས་ལ་འདུད། །ཕན་བདེའི་རྩ་བ་རྒྱལ་བསྟན་ཉི་འོད་འགྲིབ། །ལྷ་ཕྲག་སྙིགས་མའི་མུན་པ་ཀུན་ནས་འཐིབས། །དམ་པའི་མགོན་གྱིས་མྱ་ངམ་ཐང་དུ་བོར། །ཀྱཻ་མ་གདུང་བས་འོ་དོད་སུ་ལ་འབོད། །གཞན་ཕན་ཕོ་ནར་གཞོལ་བའི་དཔའ་བོ་རྣམས། །རབ་འབར་དམྱལ་བའི་གནས་སུ་མི་སྐྱོ་ན། །དམུ་རྒོད་འགྲོ་བའི་ངང་ཚུལ་མི་དགོངས་པར། །མཛེས་སྐུ་སྣང་བའི་སྤྱི་འཕྲུལ་བསྟན་དུ་གསོལ། །ཚེ་རིགས་གཙང་མའི་སྐྱིད་ཚལ་ཉམས་དགའ་བར། །དམ་པའི་ངང་ཚུལ་དྲི་བསུང་རྫོགས་པ་ཡི། །མཆོག་སྤྲུལ་པུཎྜ་རི་ཀ་ཉེར་འབྲུངས་ཏེ། །ཕན་བདེའི་སྦྲང་རྩིའི་དགའ་སྟོན་འགྱེད་པར་ཤོག །ཚུལ་ཁྲིམས་ལྷ་བ་ལས་ཐོན་

ཤེས་རབ་ཀྱི། །རྩིབས་སྟོང་རྫོགས་པ་ཉིད་འཛིན་མུ་ཁྱུད་ཅན། །ལུང་རྟོགས་བསྟན་པ་ཡོངས་ལ་མངའ་འགྱུར་པའི། །ཆོས་ཀྱི་རྒྱལ་པོའི་སྲིད་ལ་དབང་བསྒྱུར་ཤོག །རྡོ་རྗེའི་གཡར་དམ་གཉན་པོ་ལྷུར་བཞེས་པའི། །བཀའ་སྲུང་དམ་ཅན་རྒྱ་མཚོའི་ཚོགས་ཀྱིས་ཀྱང་། །ཇི་ལྟར་སྨོན་པའི་འབྲས་བུ་མ་ལུས་པ། །གེགས་མེད་ལྷུན་གྱི་འགྲུབ་པའི་བཀྲ་ཤིས་སྩོལ། །

ཞེས་བསྟན་པའི་གསལ་བྱེད་ར་དྭན་སྤྲུལ་སྐུ་དགེ་འདུན་བསྟན་པ་དར་རྒྱས་པའི་སྐུའི་ཡང་སྲིད་མྱུར་འབྱོན་འདི་ནི་སྤྲུལ་སྐུ་དཀོན་མཆོག་ཆོས་འཕེལ་སོགས་ནས་བསྐུལ་ངོར་བཙུན་པ་དཀོན་མཆོག་བསྟན་པའི་སྒྲོན་མེས་བྲིས་པའོ། །

བསླུ་མེད་དཀོན་མཆོག་ཐུགས་རྗེའི་ཀུན་གསལ་མར། །བདེ་སྟོང་དབྱེར་མེད་ཡེ་ཤེས་ལྷ་ཤེལ་ཁམས། །བརྩེ་ཆེན་སྒྱུ་འཕྲུལ་དྲ་བའི་འོད་དཀར་ཅན། །དཔལ་ལྡན་བླ་མའི་ཞབས་ལ་གསོལ་བ་འདེབས། །རྣམ་དག་ཁྲིམས་ལྡན་དགེ་འདུན་འདུས་པའི་གཙོ། །གཞན་ཕན་ཐུགས་བསྐྱེད་ཟབ་རྒྱས་གདམས་པའི་གཏེར། །གྲུབ་པ་མཆོག་བརྙེས་དཀྱིལ་འཁོར་འཁོར་ལོའི་མགོན། །སྐྱབས་གསུམ་ངོ་བོ་གསུམ་ལྡན་རྡོ་རྗེ་འཛིན། །ཁྱོད་ཀྱི་ཐུགས་རྗེའི་ཆུ་འཛིན་གྲིབ་བསིལ་ལ། །ངལ་བསོ་བགྱིད་པའི་ཉམ་ཐག་འགྲོ་བ་ཀུན། །བློ་བུར་ཉིད་དུ་སྙིགས་མའི་ཚ་གདུང་གིས། །བསྡིགས་པའི་སྐལ་དམན་གདུང་བ་ཇི་ལྟར་བཟོད། །སྲིད་ལ་རྗེས་ཆགས་སྙིང་རྗེའི་དབང་གྱུར་ཅིང་། །སྲིད་ཞི་མཉམ་ཉིད་གཟིགས་པའི་སེམས་དཔའ་ཆེ། །སྲིད་གསུམ་ལྷན་སྐྱེས་བདེ་བར་སྟོམ་མཛད་རྣམས། །སྲིད་པའི་སྐྱོན་གྱིས་འཇིགས་པར་ག་ལ་འོས། །དེ་ཕྱིར་ཐུགས་བསྐྱེད་ལྷ་ཡི་དགའ་ཚལ་དུ། །མཆོག་སྤྲུལ་པདྨའི་མྱུ་གུ་ཉེར་འཕྲུངས་ཏེ། །དམ་པའི་ངང་ཚུལ་དྲི་བཟང་སྤྲོ་བ་ཡིས། །ཐར་འདོད་རྐང་དྲུག་ཡིད་ལ་དཔལ་སྟེར་ཤོག །རིང་ནས་ཐུགས་བསྐྱེད་དམ་བཅའ་ཉེར་དགོངས་ལ། །མཁས་བཙུན་བཟང་པོའི་འོད་བརྒྱ་འབར་བ་ཡི། །ཡང་སྲིད་ཉི་མ་གཞོན་ནུའི་

སྐུར་བསྟན་ནས། །བཤད་སྒྲུབ་བསྟན་པའི་པད་ཚལ་རྒྱས་པར་མཛོད། །ནམ་ཡང་མི་བསླུ་མཆོག་གསུམ་ཐུགས་རྗེ་དང་། །བཀའ་སྲུང་དམ་ཅན་རྒྱ་མཚོའི་མཐུ་སྟོབས་ཀྱིས། །ཇི་ལྟར་སྨོན་པའི་དོན་ཀུན་ལྷུན་གྲུབ་སྟེ། །བློ་བཟང་རྒྱལ་བའི་བསྟན་པ་རྒྱས་གྱུར་ཅིག །ཅེས་རྗེ་བཙུན་བླ་མ་དམ་པ་མཁས་ཤིང་གྲུབ་པའི་དབང་ཕྱུག་ཆེན་པོ་དཀོན་མཆོག་བདེ་ཆེན་པའི་ཞལ་སྔ་ནས་ཀྱི་སྐུའི་ཡང་སྲིད་སྨུར་འགྲོན་འདི་ནི་དམ་པ་དེ་ཉིད་ཀྱི་ཞབས་སྟོད་རྣམས་ནས་བསྐུལ་བ་ལྟར། བཙུན་པ་དཀོན་མཆོག་བསྟན་པའི་སྒྲོན་མེས་བྲིས་པའོ། །

མཐའ་ཡས་འགྲོ་ལ་རྗེས་སུ་ཆགས་པ་ཡིས། ། ཐུགས་རྗེ་སྤྱན་གྱིས་ནམ་ཡང་མི་འདོར་བ། །བསླུ་མེད་སྐྱབས་གསུམ་འདུས་པའི་ངོ་བོ་ཉིད། །དཔལ་ལྡན་བླ་མ་སྙིང་གི་ཟེའུ་འབྲུར་བཞུགས། །ཐུབ་བསྟན་སྙིང་པོའི་ཡང་སྙིང་བླ་མེད་པ། །མདོ་སྔགས་ཟབ་རྒྱས་ཆོས་ཚུལ་བདུད་རྩི་ཡིས། །སྐལ་ལྡན་ཡིད་ཀྱི་རེ་བ་སྐོང་བའི་གཉེན། །འདྲེན་མཆོག་ཐུགས་རྗེའི་གཏེར་ཁྱོད་བདག་ལ་དགོངས། །སྟོན་བྱུང་རྒྱལ་དང་རྒྱལ་སྲས་མཐའ་དག་གི །གདུལ་བའི་ཞིང་དུ་མ་གྱུར་བདག་ཅག་ལ། །ཐུགས་རྗེའི་ཞལ་སྐྱིན་ཁྱོད་ལས་གཞན་མེད་ན། །བློ་བུར་ཞི་བའི་དབྱིངས་སུ་ཅི་སྙད་གཞོལ། །ཉམས་ཆུང་དམིགས་བུ་མེད་པའི་བུས་པ་བདག །ལས་ཉོན་གཅན་གཟན་གདུག་པའི་ནགས་ཁྲོད་དུ། །ཐར་པའི་ས་མཁན་ཁྱོད་ཀྱིས་ཡལ་བོར་ན། །ཀྱེ་མ་གདུང་བའི་འོ་དོད་སུ་ལ་འབོད། །འོན་ཀྱང་སྐལ་དམན་ལས་ཀྱིས་ནོངས་པ་ལས། །རྒྱལ་སྲས་སྙིང་རྗེའི་གོ་ཆ་མི་ལྡོད་པས། །ཉེར་ཞིའི་མཁའ་ལས་གཟུགས་སྐུའི་ཟླ་སྣང་གི །སྒྱུ་འཕྲུལ་ད྄་བའི་རོལ་གར་བསྟན་དུ་གསོལ། །མ་སྨད་ཐུགས་བསྐྱེད་ཧེ་སེའི་གཙུག་ཧོར་ལས། །འཕྲིན་ལས་རླབས་ཀྱི་ཕྲེང་བའི་འཛུམ་སྣེག་ཅན། །སོམ་ཉིའི་རྙོག་བྲལ་ཡང་སྲིད་ལྷ་ཡི་ཆབ། །གདུལ་བྱའི་བསོད་ནམས་འཛིན་མར་འབེབས་གྱུར་ཅིག །རྣམ་དག་ཁྲིམས་ཀྱི་རྩ་བ་རབ་བརྟན་ཅིང་། །ཐོས་བསམ་བསྒོམ་པའི་མེ་ཏོག

ཅི་ཡང་བགྱི། །འཕྲིན་ལས་དྲི་བཟང་ཕྱོགས་བརྒྱར་སྤྲོ་བ་ཡིས། །དགེ་ལྡན་བསྟན་པའི་དགའ་ཚལ་མཛེས་གྱུར་ཅིག །ནམ་ཡང་མི་བསླུ་མཆོག་གསུམ་ཐུགས་རྗེ་དང་། །རྡོ་རྗེའི་གཡར་དམ་ལྷུར་མཛད་སྲུང་མའི་མཐུས། །ཇི་ལྟར་སྨོན་པའི་རེ་འབྲས་མ་ལུས་པ། །གེགས་མེད་བདེ་ལག་ཉིད་དུ་འགྲུབ་གྱུར་ཅིག །བདག་ཀྱང་དེང་ནས་སྐྱེ་བའི་ཕྲེང་བ་རུ། །བླ་མའི་ཞབས་སྐྱེས་མཆོད་པ་མི་གཏོང་ཞིང་། །བཤད་དང་སྒྲུབ་པའི་བྱ་བ་མཐར་ཕྱིན་ནས། །གཏན་བདེའི་དགའ་སྟོན་དཔལ་ལ་རོལ་གྱུར་ཅིག །ཅེས་བསྟན་པའི་གསལ་བྱེད་དམ་པ་སྤྲུལ་པའི་སྐུ་བསྟན་པ་ཆོས་ལྡན་པའི་ཞལ་སྔ་ནས་ཀྱི་ཡང་སྲིད་མྱུར་འབྱོན་འདི་ནི། ཆས་པ་གོ་ཡུ་ནང་ནས་ཉིད་ལ་སྐྱོས་བཅས་ཀྱི་ཚོགས་དང་། ཨ་འཁོར་བྲག་དཀར་རི་ཁྲོད་པ་བཅས་ཀྱིས་བསྐུལ་ངོར། ཤཱཀྱའི་བཙུན་པ་དཀོན་མཆོག་བསྟན་པའི་སྒྲོན་མེས་བྲིས་པའོ། །

ཟབ་རྒྱས་མན་ངག་དབང་ལུང་དགའ་སྟོན་གྱིས། །བློ་ལྡན་སྐལ་བཟང་གདུལ་བྱའི་རེ་སྐོང་ཞིང་། །གཞན་ཕན་འཕྲིན་ལས་བསྟན་འགྲོའི་དཔལ་གྱུར་པ། །རྗེ་བཙུན་བླ་མའི་ཞབས་ལ་གསོལ་བ་འདེབས། །ངག་རིགས་གྲུབ་དབང་ཚོགས་ཀྱི་བདེན་སྟོབས་དང་། །བློ་བཟང་རྒྱལ་བསྟན་སྲུང་མའི་འཕྲིན་ལས་ཀྱིས། །ངོ་མཚར་དགེ་མཚན་དྲི་བསུང་མངར་བ་ཡི། །ཡང་སྲིད་ཙན་དན་སྡོང་པོ་མྱུར་འཁྲུངས་ཤོག །དལ་འབྱོར་རྟེན་གྱི་ཡུ་བ་རབ་ཏུ་བརྟན། །རྒྱ་ཆེན་མང་ཐོས་དར་གྱི་ཤམ་བུ་གཡོ། །བསང་གསུམ་དབང་གི་རྒྱལ་པོའི་ཏོག་མཛེས་པའི། །དགེ་མཚན་འོད་སྣང་ཀུན་ཏུ་རྒྱས་གྱུར་ཅིག །ཅེས་བསྟན་པའི་གསལ་བྱེད་ངག་དབང་བློ་བཟང་འཕྲིན་ལས་ཀྱི་ཡང་སྲིད་མྱུར་འབྱོན་འདི་ནི། སྐྱོས་བཅས་རྣམས་ཀྱིས་བསྐུལ་ངོར། ཤཱཀྱའི་བཙུན་པ་དཀོན་མཆོག་བསྟན་པའི་སྒྲོན་མེས་བྲིས་པའོ།། །།

༄༅། །བླ་མགོན་དབྱེར་མེད་ཀྱི་རྣལ་འབྱོར་དང་ལམ་རིམ་གྱི་སྨོན་ལམ་བཞུགས་སོ། །

ན་མོ་གུ་རུ་ནཱ་ཐཱ་ཡ། འདིར་བླ་མགོན་དབྱེར་མི་ཕྱེད་པའི་རྣལ་འབྱོར་ཉམས་སུ་ལེན་པ་ལ། སྐྱབས་སེམས་སྔོན་དུ་བཏང་སྟེ། དགེ་བའི་འདུན་པ་ཤུགས་དྲག་པོའི་སྒོ་ནས། སྤྱི་བོར་པད་ཉི་ཚོགས་ཀྱི་བདག་པོའི་སྟེང་། །ཧཱུྃ་ཡིག་མཐིང་ནག་འོད་ཀྱི་འཕྲོ་འདུ་ལས། །སྔར་མཛད་ཡེ་ཤེས་མགོན་པོ་ཕྱག་དྲུག་པ། །སྐུ་མདོག་མཐིང་ནག་སྲིན་པོ་ཁྲོས་པའི་ཚུལ། །ཕྱག་གཡས་གྲི་གུག་ཐོད་འཕྲེང་ཌཱ་མ་རུ། །གཡོན་ན་ཐོད་ཁྲག་རྩེ་གསུམ་ཞགས་པ་འཛིན། །སྦྲུལ་གྱི་རྒྱན་སྟག་ལྤགས་ཤམ་ཐབས་ཅན། །མི་དཔུང་འབར་བའི་དབུས་ན་བཞུགས་པ་ཡི། །སྤྱི་བོར་སྐྱབས་གསུམ་ཀུན་འདུས་ངོ་བོ་ཉིད། །བཀའ་དྲིན་གསུམ་ལྡན་བླ་མ་ཐུགས་རྗེའི་གཏེར། །ཆོས་འཆད་མཉམ་བཞག་ཕྱག་རྒྱས་གླེགས་བམ་བསྣམས། །དགྱེས་བཞིན་བཞུགས་པ་གཉིས་ཀའི་གནས་གསུམ་དུ། །ཡི་གེ་གསུམ་མཚན་ཧཱུྃ་ཡིག་འོད་ཟེར་གྱིས། །ཆོས་ཀྱི་དབྱིངས་ནས་རང་འདྲའི་ཡེ་ཤེས་པ། །སྲས་བཅས་རྒྱལ་བས་བསྐོར་བ་སྤྱན་དྲངས་ཏེ། །ཐིམ་པས་སྐྱབས་གནས་ཀུན་འདུས་ངོ་བོར་གྱུར། །ཁྱད་པར་ལྷན་སྐྱེས་དགའ་བའི་རོལ་བ་ཡི། །འོད་ཀྱི་དྲ་བས་འབྲེལ་བའི་སྣང་སྟོང་གཟུགས། །གཅིག་དང་དུ་མར་སྣང་ཡང་མི་ཕྱེད་པའི། །བདག་ཉིད་གཅིག་ཏུ་དགྱེས་བཞིན་བཞུགས་པར་གྱུར། །ཐོག་མེད་དུས་ནས་དུག་གསུམ་དབང་གྱུར་ཏེ། །མི་བཟད་སྡིག་ལྟུང་ཇི་

སྙེད་བགྱིས་པ་ཀུན། །རྩེ་གཅིག་གདུང་བའི་ཡིད་ཀྱིས་མཐོལ་བཤགས་ན། །བླ་མགོན་དབྱེར་མེད་ཐུགས་རྗེས་བྱང་གྱུར་ཅིག །མཆོག་གསུམ་མཐུ་དང་ཆོས་དབྱིངས་བདེན་པའི་སྟོབས། །ཐུགས་དང་ཏིང་འཛིན་ཕྱག་རྒྱས་སྤྲུལ་པ་ལས། །བཤམས་དང་ཡིད་ཀྱིས་མོས་བཞིན་མཆོད་པའི་སྤྲིན། །མ་ཚང་མེད་པས་ས་གསུམ་ཁྱབ་པ་འདིས། །བླ་མ་མགོན་པོ་དབྱེར་མེད་ཐུགས་དམ་བསྐང་། །མཐའ་ཡས་སྐྱབས་གསུམ་འདུས་པའི་ཐུགས་དམ་བསྐང་། །དམ་པའི་ཆོས་ཀྱི་བར་ཆད་ཀུན་ཞི་ཞིང་། །ཡང་དག་ལམ་བཟང་འགྲུབ་པར་བྱིན་གྱིས་རློབས། །སྐྱེས་བུ་གསུམ་གྱི་ལམ་གྱི་རིམ་པ་ཡིས། །རྒྱལ་བའི་དགོངས་པ་མཐའ་དག་སྒྲུབ་བྱེད་ཅིང་། །ཕྱིན་ཅི་ལོག་གི་བློ་སྣ་ཀུན་འགག་སྟེ། །རང་རྒྱུད་སྨིན་ཅིང་གྲོལ་བར་བྱིན་གྱིས་རློབས། །མདོར་ན་དེང་ནས་བྱང་ཆུབ་བར། །ཁྱོད་མེད་རེ་ས་གཞན་མེད་པས། །སྲིད་ཞིའི་འཇིགས་པ་ཀུན་སེལ་ཞིང་། །དངོས་གྲུབ་མ་ལུས་སྩོལ་དུ་གསོལ། །བླ་མ་མགོན་པོར་དབྱེར་མེད་ལ། །བདག་ནི་གུས་པས་སྐྱབས་སུ་མཆི། །བདག་གིས་སེམས་ཅན་ཐམས་ཅད་ཀྱི། །ཉོན་མོངས་མ་ལུས་སེལ་བར་ཤོག །མགོན་པོ་བླ་མ་དབྱེར་མེད་ལ། བདག་ནི་གུས་པས་སྐྱབས་སུ་འཆི། །བདག་གིས་སེམས་ཅན་ཐམས་ཅད་ཀྱི། །བར་གཅོད་མ་ལུས་སེལ་བར་ཤོག །

ཅེས་བདུན་ནམ། ཉེར་གཅིག་གམ། བརྒྱ་སྟོང་སོགས་འདོན། མཇུག་ཏུ། དགེ་བ་འདི་ཡིས་ཚེ་རབས་ཀུན་ཏུ་བདག །རྒྱལ་བའི་དམ་ཆོས་མ་ལུས་འཛིན་པ་དང་། །དེ་ཡི་འགལ་རྐྱེན་སེལ་ཞིང་མཐུན་རྐྱེན་ཀུན། །མྱུར་མཛད་མགོན་པོས་གཡེལ་མེད་བསྒྲུབ་གྱུར་ཅིག །ཁྱད་པར་དུ་ཡང་སྐྱེ་བའི་ཕྲེང་བ་རུ། །བླ་མ་མཆོག་གིས་འབྲལ་མེད་རྗེས་འཛིན་ཞིང་། །ངེས་འབྱུང་བྱང་སེམས་ཡང་དག་ལྟ་བ་སོགས། །རྣམ་དག་ལམ་བཟང་མངོན་དུ་འགྱུར་བར་ཤོག །འདི་སྐད་འགག་ཚེ་བླམ་མགོན་པོ་ཡིས། །འཇིགས་རུང་བར་དོའི་གཡང་ས་ལས་བསྒྲལ་ཏེ། །ཞིང་

མཆོག་བདེ་བ་ཅན་དང་པོ་ཏ་ལར། །སྐྱེས་ནས་སྐུ་གསུམ་གོ་འཕང་མྱུར་ཐོབ་ཤོག །ཅེས་སོགས་བརྗོད་སྨོན་བྱ་ཞིང་། བླ་མ་མགོན་པོའི་སྤྱི་བོ་ནས་མར་ཐིམས་ཏེ་དེའི་ཐུགས་ཀར་བཞུགས། མགོན་པོ་ཡང་རང་གི་སྤྱི་བོ་ནས་དབུ་མའི་ལམ་བརྒྱུད་དེ་སྙིང་གར་བྱོན་ནས་བཞུགས་པར་བསམས་ལ་རྒྱུན་དུ་བླམ་ལྷའི་སྣང་བ་དང་མ་བྲལ་བའི་སྒོ་ནས་གསོལ་བ་འདེབས་པ་དང་། ཅི་ཟ་ཅི་འཐུང་གི་ཐུད་ཀྱིས་མཆོད་པ། བྱ་བྱེད་ཀུན་ལ་དེ་ཉིད་དཔང་པོར་བཞུགས་ཏེ་བླང་དོར་ཚུལ་བཞིན་བྱེད་པ་སོགས་ཚོགས་གསོག་སྒྲིབ་སྦྱོང་ལ་འབད་པར་བྱའོ། །ཞེས་བླ་མགོན་དབྱེར་མེད་ཀྱི་རྣལ་འབྱོར་རྒྱུན་འཁྱེར་དུ་བྱ་བ་འདི་ནི་དད་བརྩོན་བློ་གྲོས་མཆོག་དང་ལྡན་པ་ཁྲིམ་ཙ་རབ་འབྱམས་པ་འཇིགས་མེད་ཚུལ་ཁྲིམས་ཀྱིས་བསྐུལ་བའི་ངོར་བཙུན་པ་དཀོན་མཆོག་བསྟན་པའི་སྒྲོན་མེས་ད་ཚང་ལྷུན་གྲུབ་གླིང་དུ་བྲིས་པའོ། །

ཡུལ་བྱུང་མཚན་དཔེའི་དཔལ་འབར་བཅོམ་ལྡན་འདས། །དེ་ཡིས་ལེགས་གསུང་ལུང་རྟོགས་དམ་པའི་ཆོས། །ཚུལ་བཞིན་བསྒྲུབ་པ་འཕགས་པའི་དགེ་འདུན་སྡེ། །སྐྱབས་གསུམ་ངོ་བོ་བླ་མའི་ཞབས་ལ་འདུད། །བླ་མ་མཆོག་གསུམ་ཐུགས་རྗེའི་བདེན་པའི་མཐུ། །རྒྱ་མཚོའི་རླབས་བཞིན་དུས་ལས་མི་ཡོལ་བས། །བདག་གིས་ཇི་ལྟར་སྨོན་པའི་འབྲས་བུ་ཀུན། །ཡིད་ལ་བརྣག་པ་དེ་བཞིན་འགྲུབ་གྱུར་ཅིག །དེང་ནས་བཟུང་སྟེ་སྐྱེ་ཞིང་སྐྱེ་བ་རུ། །མི་ལུས་བརྒྱད་སྤངས་དལ་འབྱོར་རྟེན་ཐོབ་ཅིང་། །དོན་ཆེ་རྙེད་པར་དཀའ་བའི་ཚུལ་བསམ་ནས། །སྙིང་པོ་ལེན་ཕྱིར་གཅིག་ཏུ་གཞོལ་བར་ཤོག །དེ་ཚེ་བཤུལ་རིང་ལམ་གྱི་ས་མཁན་བཞིན། །འདི་ཕྱིའི་ལེགས་ཚོགས་འདུན་མ་ཀུན་གྱི་གཞི། །ལམ་སྟོན་བཤེས་གཉེན་ཕོ་ནར་ཡིད་ཆེས་པས། །བསམ་སྦྱོར་གཉིས་ཀྱིས་ཚུལ་བཞིན་བསྟེན་པར་ཤོག །ཡུལ་བྱེད་གདོན་ཆེན་སྨྱོན་རྟོག་བློ་བཀག་ནས། །སངས་རྒྱས་དངོས་སུ་མཐོང་བའི་མོས་གུས་ཀྱིས། །བཀུར་སྟི་ཉེད་དང་བཀའ་བཞིན་སྒྲུབ་པ་ཡི། །མཆོད་པའི་སྒོ་ནས་རྟག་ཏུ་མཉེས་བྱེད་ཤོག །མགོན་དེས་བརྩེ་བས་རྗེས་སུ་གདམས་པ་བཞིན། །བརྒྱད་ཁྲི་བཞི་སྟོང་ཆོས་ཀྱི་ཕུང་པོའི་བཅུད། །སྐྱེས་བུ་གསུམ་གྱི་ལམ་གྱི་རིམ་པ་ལ། །ཐོས་བསམ་སྒོམ་པས་ཚུལ་

བཞིན་སློབ་པར་ཤོག །རིང་མིན་ངེས་པར་འཇིག་རྟེན་ཕ་རོལ་འགྲོ །ངན་སོང་གསུམ་གྱི་སྡུག་བསྔལ་བཟོད་སྟབས་མེད། །དེ་ལས་སྐྱོབ་པ་དཀོན་མཆོག་གསུམ་དུ་ངེས། །དེ་ཡི་བཀའ་ཁྲིམས་ལས་འབྲས་བླང་དོར་ཡིན། །དེས་ན་བླ་མ་ཐུབ་དབང་རྡོ་རྗེ་འཆང་། །ཐུགས་རྗེ་བྱིན་རླབས་བདུད་རྩིའི་ཆུ་རྒྱུན་གྱིས། །ཕྱིན་ཅི་ལོག་གི་བློ་སྣ་ཀུན་བྱང་སྟེ། །ཆུང་དུའི་ལམ་ལ་སྦྱོང་བ་ཉེད་པར་ཤོག །འཁོར་བའི་གནས་ན་བདེ་བའི་སྐབས་མེད་ཅིང་། །སྡུག་བསྔལ་ཀུན་གྱི་རྩ་བ་མ་རིག་པར། །མཐོང་སྟེ་རྣམ་དག་བསླབ་གསུམ་ཉམས་ལེན་གྱིས། །ཉེར་ལེན་ཕུང་པོའི་ས་བོན་འཇོམས་པ་གཅེས། །དེས་ན་བླ་མ་ཐུབ་དབང་རྡོ་རྗེ་འཆང་། །ཐུགས་རྗེ་བྱིན་རླབས་བདུད་རྩིའི་ཆུ་རྒྱུན་གྱིས། །ཕྱིན་ཅི་ལོག་གི་བློ་སྣ་ཀུན་བྱང་སྟེ། །འབྲིང་གི་ལམ་ལ་སྦྱོང་བ་ཉེན་པར་ཤོག །མཁའ་མཉམ་དྲིན་གྱིས་བསྐྱངས་པའི་མ་རྒན་རྣམས། །སྲིད་པའི་མཚོ་ལས་སྒྲོལ་པའི་སྙིང་སྟོབས་ཀྱིས། །བླ་མེད་བྱང་ཆུབ་གོ་འཕང་བསྒྲུབ་པ་ལ། །རྒྱལ་སྲས་སྤྱོད་པ་མ་ཚང་མེད་པ་དགོས། །དེས་ན་བླ་མ་ཐུབ་དབང་རྡོ་རྗེ་འཆང་། །ཐུགས་རྗེ་བྱིན་རླབས་བདུད་རྩིའི་ཆུ་རྒྱུན་གྱིས། །ཕྱིན་ཅི་ལོག་གི་བློ་སྣ་ཀུན་བྱང་སྟེ། །ཆེན་པོའི་ལམ་ལ་སྦྱོང་བ་ཉེད་པར་ཤོག །བླང་དོར་གནས་ཀུན་སྒྲིབ་བྱེད་རྨོངས་པའི་མུན། །སེལ་བྱེད་ཡང་དག་ལྟ་བའི་འོད་སྟོང་ཅན། །ཞི་གནས་གོ་ལའི་ལམ་ནས་རྒྱ་བ་ཡིས། །སྲིད་པའི་སྡུག་བསྔལ་མ་ལུས་སྐེམ་པར་བྱེད། །དེས་ན་བླ་མ་ཐུབ་དབང་རྡོ་རྗེ་འཆང་། །ཐུགས་རྗེ་བྱིན་རླབས་བདུད་རྩིའི་ཆུ་རྒྱུན་གྱིས། །ཕྱིན་ཅི་ལོག་གི་བློ་སྣ་ཀུན་བྱང་སྟེ། །རྣམ་དག་ཞི་ལྷག་ཟུང་འབྲེལ་ཐོབ་པར་ཤོག །སངས་རྒྱས་ལས་དཀོན་རྡོ་རྗེ་ཐེག་པ་ཡིས། །ཚེ་གཅིག་འཚང་རྒྱའི་མྱུར་ལམ་སྟོན་པ་ལ། །ཐོག་མའི་འཇུག་སྒོ་རྣམ་དག་དབང་བཞི་དང་། །དངོས་གྲུབ་རྩ་བ་དམ་ཚིག་སྡོམ་པ་ཡིན། །དེས་ན་བླ་མ་ཐུབ་དབང་རྡོ་རྗེ་འཆང་། །

ཐུགས་རྗེ་ཕྱིན་རླབས་བདུད་རྩིའི་ཆུ་རྒྱུན་གྱིས། །ཕྱིན་ཅི་ལོག་གི་བློ་སྣ་ཀུན་བྱང་སྟེ། །མི་ཉམས་སྐུ་བཞིའི་ས་བོན་ཐེབ་པར་ཤོག །གཞི་ཡི་སྐྱེ་ཤི་བར་དོ་གསུམ་སྦྱངས་ཏེ། །ལམ་དང་འབྲས་བུའི་སྐུ་གསུམ་འགྲུབ་བྱེད་པ། །ཐ་མལ་ཞེན་བྲལ་ལྷ་ཡི་འཁོར་ལོ་ཡི། །ང་རྒྱལ་གསལ་སྣང་ཟུང་འཇུག་བསྐྱེད་རིམ་ཡིན། །དེས་ན་བླ་མ་ཐུབ་དབང་རྡོ་རྗེ་འཆང་། །ཐུགས་རྗེ་ཕྱིན་རླབས་བདུད་རྩིའི་ཆུ་རྒྱུན་གྱིས། །ཕྱིན་ཅི་ལོག་གི་བློ་སྣ་ཀུན་བྱང་སྟེ། །བསྐྱེད་རིམ་ཕྲ་རགས་རྣལ་འབྱོར་མཐར་ཕྱིན་ཤོག །ལས་རླུང་རྒྱུ་བ་རྒྱ་ཉིར་ཐིམ་པ་ལས། །བྱུང་བའི་ལྷན་སྐྱེས་དགའ་བའི་ཡེ་ཤེས་མཆོག །རྣམ་ཀུན་སྟོང་པའི་དབྱིངས་དང་རོ་གཅིག་ཏུ། །ཞུགས་པས་སྣང་ཞེན་དྲི་མ་མ་ལུས་སྦྱོང་། །དེས་ན་བླ་མ་ཐུབ་དབང་རྡོ་རྗེ་འཆང་། །ཐུགས་རྗེ་ཕྱིན་རླབས་བདུད་རྩིའི་ཆུ་རྒྱུན་གྱིས། །ཕྱིན་ཅི་ལོག་གི་བློ་སྣ་ཀུན་བྱང་སྟེ། །གྲོལ་བྱེད་རྫོགས་པའི་རིམ་པ་མཐར་ཕྱིན་ཤོག །དེ་ལྟར་ཚེ་རབས་ཀུན་ཏུ་བླ་མ་ཡིས། །རྗེས་བཟུང་མདོ་སྔགས་ལམ་བཟང་ལེགས་བགྲོད་ན། །འོད་འབར་མཚན་དཔེའི་སྐུ་དང་བདེ་ཆེན་ཐུགས། །དབྱེར་མེད་དཀྱིལ་འཁོར་རྒྱ་མཚོའི་མགོན་དུ་འགྱུར། །དེས་ན་བླ་མ་ཐུབ་དབང་རྡོ་རྗེ་འཆང་། །ཐུགས་རྗེ་ཕྱིན་རླབས་བདུད་རྩིའི་ཆུ་རྒྱུན་གྱིས། །ཕྱིན་ཅི་ལོག་གི་བློ་སྣ་ཀུན་བྱང་སྟེ། །ཟུང་འཇུག་རྡོ་རྗེ་འཆང་དབང་ཐོབ་གྱུར་ཅིག །མདོར་ན་དེང་ནས་བྱང་ཆུབ་སྙིང་པོའི་བར། །བླ་མ་མཆོག་གིས་དགྱེས་བཞིན་རྗེས་འཛིན་ཅིང་། །ཅི་གསུང་བཀའ་བཞིན་སྒྲུབ་པ་ལྷུར་བླང་བས། །འགྲོ་ཀུན་དོན་དུ་སངས་རྒྱས་མྱུར་ཐོབ་ཤོག །ཅེས་བླ་མའི་ཐུགས་རྗེ་བསྐུལ་ཏེ་ཚེ་རབས་རྗེས་འཛིན་གྱི་སྨོན་ཚིག་ལམ་ཐུན་མོང་དང་ཐུན་མོང་མ་ཡིན་པའི་དམིགས་སྐོར་ཆ་ཚང་བ་འདི་ནི་དད་བརྩོན་རྣམ་དཔྱོད་ལྡན་པ་འཇམ་དབྱངས་དོན་གྲུབ་སོགས་དོན་གཉེར་ཅན་དུ་མས་བསྐུལ་ངོར་༧བཙུན་པ་དཀོན་མཆོག་བསྟན་པའི་སྒྲོན་མེས་བྲིས་པ་འདིས་ཀྱང་ཡང་དག་པའི་ལམ་ལ་བག་ཆགས་ཁྱད་པར་ཅན་ཐེབ་པར་གྱུར་ཅིག། ||

༄༅། །བླ་མགོན་དབྱེར་མེད་ཀྱི་རྣལ་འབྱོར་ཉམས་སུ་ལེན་ཚུལ་བཞུགས་སོ། །

འདིར་བླ་མགོན་དབྱེར་མེད་ཀྱི་རྣལ་འབྱོར་ཉམས་སུ་ལེན་པར་འདོད་པས་སྐྱབས་སེམས་སྔོན་དུ་བཏང་ལ། རང་གི་སྤྱི་བོར་པད་ཉིད་ཚོགས་བདག་སྟེང་། །མྱུར་མཛད་སྤྱན་རས་གཟིགས་དབང་ཐུགས་རྗེའི་གཏེར། །སྐུ་མདོག་མཐིང་ནག་སྲིན་པོ་ཁྲོས་པའི་གཟུགས། །ཞལ་གཅིག་ཕྱག་དྲུག་སྤྱན་བགྲད་མཆེ་བ་གཙིགས། །གཡས་ན་གྲི་གུག་ཐོད་ཕྲེང་ཌ་མ་རུ། །གཡོན་གྱིས་ཐོད་ཁྲག་རྩེ་གསུམ་ཞགས་པ་འཛིན། །ཐོད་སྐམ་དབུ་རྒྱན་མགོ་རློན་ཕྲེང་བ་འཕྱང་། །སྦྲུལ་གྱི་རྒྱན་སྤྲས་སྟག་ལྤགས་ཤམ་ཐབས་གསོལ། །བརྐྱང་བསྐུམ་གར་གྱིས་འགྱིང་བའི་སྤྱི་བོ་རུ། །སྐྱབས་གསུམ་ཀུན་འདུས་བླ་མ་རྡོ་རྗེ་འཆང་། །གསེར་མདོག་ཕྱག་གཉིས་རིན་ཆེན་དྲིལ་བུ་བསྣམས། །ནོར་བུའི་རྒྱན་སྤྲས་སྐྱིལ་ཀྲུང་ཚུལ་གྱིས་བཞུགས། །གཉིས་ཀའི་གནས་གསུམ་ཡི་གེ་གསུམ་མཚན་པའི། །ཧཱུྃ་ཡིག་འོད་ཀྱིས་དངོས་བརྒྱུད་བླ་མ་དང་། །ཕྱོགས་བཅུར་བཞུགས་པའི་སྐྱབས་གནས་མ་ལུས་པ། །བསྡུས་ཏེ་དྲིན་ཅན་རྩ་བའི་བླ་མར་ཐིམ། །བླ་མའི་ཐུགས་ཀའི་འོད་ཟེར་སེར་པོ་དང་། །མགོན་པོའི་ཐུགས་ཀའི་འོད་ཟེར་སྔོན་པོའི་ཚོགས། །ཡན་ཚུན་འདྲེས་པ་འོད་དང་བདེ་བའི་ངང་། །ཐུགས་རྗེ་མཐུ་སྟོབས་དབྱེར་མེད་བདག་ཉིད་གྱུར། །ན་མོ་བུད་དྷཱ་ཡ། ན་མོ་གུ་རུ་བེ། བཛྲ་པྲི་ར་པྲི་ར་ཙ་ཕྲི་ཡེ། ཧྲ་ཀ་ཧྲ་ཀི་ཎི། ཛ་ཀ་ཛ་ཀི་ཎི། སརྦ་བུད་དྷཱ་ཡ། པོ་རྦྷི་སད་ཤཱ་ནྟ་ར་ཧཾ་གསྭ་མི་ཀྱི། ཞེས་ལན་གསུམ། བླ་མ་ཡིད་དམ་དཀོན་མཆོག་རིན་ཆེན་གསུམ། །མཁའ་འགྲོ་བསྟན་

སྲུང་ཐམས་ཅད་འདུས་པའི་དངོས། །འདི་ཕྱིའི་རྒྱུད་པའི་མུན་སེལ་སྒྲོན་མེ་མཆོག །བསླུ་མེད་སྐྱབས་ཀྱི་དམ་པར་གསོལ་བ་འདེབས། །དུས་འདི་ནས་བཟུང་བྱང་ཆུབ་སྙིང་པོའི་བར། །འདི་ཕྱི་བར་དོའི་གནས་སྐབས་གང་དུ་ཡང་། །ཁྱོད་མིན་རེ་བའི་སྐྱབས་གཞན་མ་མཆིས་པས། །འབྲལ་མེད་ཐུགས་རྗེའི་ཕྱག་གིས་བཟུང་དུ་གསོལ། །ཕྱི་རོལ་གདོན་བགེགས་ཉེར་འཚེ་བསལ་དུ་གསོལ། །ཉོན་མོངས་ཀུན་རྟོག་རྒྱུ་བ་བཅད་དུ་གསོལ། །སྐྱེ་ཤི་བར་དོའི་འཕྲང་ལས་བསྒྲལ་དུ་གསོལ། །མི་ཚེ་མ་ངན་སོང་སྐྱེ་བའི་སྒོ་བཀག་སྟེ། །ཞིང་མཆོག་བདེ་བ་ཅན་དེར་དྲང་དུ་གསོལ། །ཐུགས་དྲག་སྙིང་རྗེ་ཆེན་པོའི་དབང་གྱུར་ཏེ། །ནམ་མཁའི་མཐས་གཏུགས་མ་རྒན་འགྲོ་བ་རྣམས། །སྒྲོལ་བའི་མཐུ་དང་ལྡན་པར་བྱིན་གྱིས་རློབས། །ཞེས་བརྗོད་ཅིང་དེ་དག་གི་དོན་དྲན་བཞིན་པའི་སྒོ་ནས། བླ་མ་མགོན་པོ་དབྱེར་མེད་ལ། །བདག་ནི་གུས་པས་སྐྱབས་སུ་མཆི། །བདག་གིས་སེམས་ཅན་ཐམས་ཅད་ཀྱི། །ཉོན་མོངས་མ་ལུས་སེལ་བར་ཤོག །མགོན་པོ་བླ་མ་དབྱེར་མེད་ལ། །བདག་ནི་གུས་པས་སྐྱབས་སུ་མཆི། །བདག་གིས་སེམས་ཅན་ཐམས་ཅད་ཀྱི། །བར་ཆད་མ་ལུས་སེལ་བར་ཤོག །ཅེས་པའི་གསོལ་འདེབས་ལན་བརྒྱ་རྩ་སོགས་བྱ། དེ་ནས། སྤྱི་བོའི་མགོན་པོ་དབུ་མའི་ལམ་བརྒྱུད་དེ། །སྙིང་གར་བཞུགས་ཤིང་དེ་ཡི་འདབ་མ་རྣམས། །ཟུམ་པའི་རྩེ་མོར་རྩ་བརྒྱུད་བླ་མའི་དངོས། །འོད་འབར་གསེར་གྱི་རྡོ་རྗེས་མཚན་པར་གྱུར། །དགེ་བ་འདི་ཡིས་ཚེ་རབས་ཀུན་ཏུ་བདག །རྒྱལ་བའི་དམ་ཆོས་མ་ལུས་འཛིན་པ་དང་། །དེ་ཡི་འགལ་རྐྱེན་སེལ་ཞིང་མཐུན་རྐྱེན་ཀུན། །མྱུར་མཛད་མགོན་པོས་གཡེལ་མེད་བསྒྲུབ་གྱུར་ཅིག །ཅེས་སོགས་བསྔོ་སྨོན་གྱིས་མཚམས་སྦྱར་བར་བྱའོ། །ཞེས་པ་འདི་ཡང་དད་བརྩོན་བློ་དང་ལྡན་པ་དགེ་སློང་བློ་བཟང་དར་རྒྱས་ཀྱིས་བསྐུལ་ངོར། ༄བཙུན་པ་དཀོན་མཆོག་བསྟན་པའི་སྒྲོན་མེས་བྲིས་པའོ། །མངྒ་ལཾ།། །།

༄༅། །མགོན་པོ་གྲིབ་སེལ་ལ་བརྟེན་པའི་བླ་མའི་རྣལ་འབྱོར་དམ་ཚིག་རྡོ་རྗེའི་བདུད་རྩི་ཞེས་བྱ་བ་བཞུགས་སོ། །

བླ་མ་མགོན་པོ་དབྱེར་མེད་ཐུགས་རྗེའི་མཐུས། །སྡིག་ལྟུང་བག་ཆགས་བཅས་པ་ཀུན་སྦྱོང་ཞིང་། །མཆོག་ཐུན་དངོས་གྲུབ་མ་ལུས་སྒྲུབ་པ་ཡི། །རྣལ་འབྱོར་ཟབ་མོའི་གདམས་པ་འདིར་ཞུགས་ཤིག །དེའང་གྲིབ་སེལ་གྱི་གདམས་པ་གྲུབ་ཆེན་གྱི་གཞུང་ལས། བཤགས་པ་བྱ་ཞིང་དམ་ཚིག་བསྐང་། །དམ་ཚིག་བསྐང་ན་དངོས་གྲུབ་འབྱུང་། །ཞེས་པ་ལྟར། མཆོག་ཐུན་མོང་གི་དངོས་གྲུབ་གང་ཞིག་སྒྲུབ་པར་བྱེད་པ་ལའང་དམ་ཚིག་དང་སྡོམ་པ་རྣམ་པར་དག་པས་རྒྱུད་གཙང་བ་ཞིག་གལ་ཆེ་ལ། དམ་ཚིག་ཉམས་ཆགས་སྐོང་བོར་བྱེད་པའི་ཐབས་ཀྱི་རིམ་པ་མང་ན་འང་། སྙིགས་མའི་ལུས་དུས་འདིར་བླམ་ཡི་དམ་ཆོས་སྐྱོང་ཐམས་ཅད་ལ་བརྟེན་པའི་ཉམས་ཆགས་ཐམས་ཅད་སྦྱོང་བྱེད་དུ་བླམ་མགོན་པོ་དབྱེར་མི་ཕྱེད་པའི་སྒོ་ནས་གྲིབ་སེལ་གྱི་རྣལ་འབྱོར་སྐྱོང་བ་འདི་ལས་ཟབ་པ་མེད་པས། དེའི་ཚུལ་འགོད་པ་ལ། མགོན་པོའི་སྐུ་བྲིས་འབུར་ཅི་རིགས་ཀྱི་རྟེན་དགྲམ་སྟེ་མཆོད་པ་ལེགས་པར་བཤམས། སྐྱབས་སེམས་སྔོན་དུ་བཏང་། ཁྱད་པར་བྱམས་སྙིང་རྗེའི་དམིགས་རྣམ་དང་། བླ་མ་མགོན་པོ་དབྱེར་མི་ཕྱེད་པའི་མོས་གུས་ཤུགས་དྲག་པོའི་སྒོ་ནས། འདི་ལྟར་གདོན་པར་བྱའོ། །རང་གི་སྤྱི་བོར་ཧཱུྃ་ཡིག་འཕྲོ་འདུ་ལས། །ཡེ་ཤེས་མགོན་པོ་ཞལ་གཅིག་ཕྱག་དྲུག་པ། །སྐུ་གསུམ་བགྲད་ཅིང་རྔོ་བའི་མཆེ་བ་གཙིགས། །དབུ་སྐྲ་སྨིན་མ་སྨ་ར་མེ་ལྟར་འབར། །ཁྲོ་ཐོད་མགོ་ཕྲེང་རྩེ་གསུམ་ཌ་མ་རུ། །ཞགས་པ་འཛིན་ཅིང་སྟག་ལྤག་ཤམ་ཐབས་གསོལ། །སྦྲུལ་དང་རུས་པའི་རྒྱན་སྤྲས་གཡེར་ཁ་འཁྲོལ། །གཡོན་བསྐྱང་སྟབས་ཀྱིས་མེ་དཔུང་འབར་བའི་དབུས། །པད་ཉི་ཚོགས་ཀྱི་བདག་པོའི་གདན་ལ་བཞུགས། །མ་ཅིག་ལས་མཁན་བཞི་སོགས་

འཁོར་གྱིས་བསྐོར། །དེ་ཡི་སྤྱི་བོར་བཀའ་དྲིན་གསུམ་ལྡན་གྱི། །རྩ་བའི་བླ་མ་སྐུ་མདོག་དུང་ལྟར་དཀར། །གཡས་པ་ཞལ་གྱི་རྡོ་རྗེ་ཐུགས་ཀར་འཛིན། །གཡོན་པ་གསེར་གྱི་དྲིལ་བུ་དཀུར་བརྟེན་པའི། །གནས་གསུམ་ས་བོན་ཡིག་བརྒྱའི་སྔགས་ཀྱི་ཕྲེང་། །དཀར་དམར་མཐིང་གས་བསྐོར་བའི་རྩ་ཡིག་གིས། །དངོས་བརྒྱུད་བླ་མ་ཡི་དམ་ལྷ་ཚོགས་ཀུན། །སྤྱན་དྲངས་རྩ་བའི་བླ་མར་དབྱེར་མེད་བསྟིམས། །རྡོ་རྗེ་གསུམ་གྱི་ལྷ་ཡང་སྤྱན་དྲངས་ཏེ། །འབྲུ་གསུམ་ཡིག་བརྒྱ་བཅས་ལ་ཐིམ་པར་གྱུར། །བློ་བཟང་རྒྱལ་ཀུན་ཐུགས་རྗེའི་ངོ་བོ་ཉིད། །དཀོན་མཆོག་གསུམ་དངོས་བླ་མ་རིན་པོ་ཆེར། །གསོལ་བ་འདེབས་སོ་སྡིག་སྒྲིབ་ཉེས་ལྟུང་ཀུན། །ལྷག་མེད་བྱང་ཞིང་དག་པར་བྱིན་གྱིས་རློབས། །དེ་ལྟར་གསོལ་བ་བཏབ་པས་གནས་གསུམ་གྱི། །སྔགས་ཕྲེང་ལས་བབས་བདུད་རྩི་སྐུ་ལུས་གང་། །བླ་མ་ཡི་དམ་ལྷ་ཚོགས་ལ་བརྟེན་པའི། །དམ་ཚིག་ཉམས་ཆགས་མཐའ་དག་བྱང་བར་གྱུར། །གདུལ་བྱའི་དོན་སླད་ཞི་ཁྲོའི་སྐུར་བསྟན་ཡང་། །ངེས་དོན་བླ་མ་མགོན་པོ་དབྱེར་མེད་པར། །གསོལ་བ་འདེབས་སོ་སྡིག་སྒྲིབ་ཉེས་ལྟུང་ཀུན། །ལྷག་མེད་བྱང་ཞིང་དག་པར་བྱིན་གྱིས་རློབས། །དེ་ནས་བླ་མགོན་སྐུ་ཡི་འོད་འདྲེས་ཤིང་། །བླ་མའི་སྔགས་ཕྲེང་གསུམ་ལས་བདུད་རྩིའི་རྒྱུན། །བབས་ཏེ་མགོན་པོ་འཁོར་བཅས་གནས་གསུམ་གང་། །དེ་ལ་བརྟེན་པའི་ཉེས་ཀུན་དག་པར་བྱས། །སླར་ཡང་བླ་མགོན་གཉིས་ཀའི་གནས་གསུམ་གྱི། །ས་བོན་ཡིག་བརྒྱར་བཅས་པའི་བདུད་རྩིའི་ཆུས། །བདག་སོགས་འགྲོ་བ་ཀུན་གྱི་ལུས་གང་སྟེ། །སྒོ་གསུམ་སྡིག་ལྟུང་མ་ལུས་དག་པར་གྱུར། །

ཅེས་དམིགས་པ་དང་བཅས་ཏེ་ཡིག་བརྒྱ་བཟླ། འབྲེལ་ནས་འཆར་དཀའ་ན་གོང་གི་བྱང་བར་གྱུར་ཞེས་དང་། དག་པར་བྱས་ཞེས་པའི་མཚམས་གཉིས་སུ་ཡིག་བརྒྱ་ཅི་འགྲུབ་རེ་བཟླས་ཏེ་བླ་མ་དང་མགོན་པོ་ལ་བརྟེན་པའི་དམ་ཚིག་ཉམས་ཆགས་སྦྱོང་བའི་དམིགས་པ་སོ་སོར་ཡུན་དུ་བསྐྱངས། དེ་ལྟར་ཡིག་བརྒྱ་ཉེར་

གཅིག་གམ་བརྒྱ་རྩ་སོགས་བཟླས་ཏེ། སླར་ཡང་། བློ་བཟང་རྒྱལ་ཀུན་ཐུགས་རྗེའི་ངོ་བོ་ཉིད། །དཀོན་མཆོག་གསུམ་དངོས་བླ་མ་རིན་པོ་ཆེར། །གསོལ་བ་འདེབས་སོ་མདོ་སྔགས་ལམ་བཟང་ཀུན། །མྱུར་དུ་རྒྱུད་ལ་སྐྱེ་བར་བྱིན་གྱིས་རློབས། །གདུལ་བྱའི་དོན་སྣད་ཞི་ཁྲོའི་སྐུར་བསྟན་ཡང་། །ངེས་དོན་བླ་མ་མགོན་པོ་དབྱེར་མེད་པར། །གསོལ་བ་འདེབས་སོ་མདོ་སྔགས་ལམ་བཟང་ཀུན། །མྱུར་དུ་རྒྱུད་ལ་སྐྱེ་བར་བྱིན་གྱིས་རློབས། །ཞེས་ཐེ་སོ་ཀ་གཉིས་ཙི་མང་བཟླས། སྲིད་ལས་ངེས་འབྱུང་བློ་ཁ་ཆོས་ལ་ཕྱོགས། །ཆོས་ཀུན་བླ་མེད་བྱང་ཆུབ་ལམ་དུ་འགྲོ །བདེན་ཞེན་གདོན་དང་ཕྱི་རོལ་ཉེར་འཚེ་སོགས། །ལམ་གྱི་བར་ཆད་ཞི་བར་བྱིན་གྱིས་རློབས། །འཇིག་རྟེན་ཕྱི་མའི་གནས་སུ་འགྲོ་བ་ན། །གནད་གཅོད་བར་དོའི་འཇིགས་སྐྲག་མི་འབྱུང་ཞིང་། །འཇམ་པའི་ཞལ་བསྟན་གསུང་གིས་དབུགས་ཕྱུངས་ཏེ། །བདེ་བ་ཅན་གྱི་གནས་དེར་དྲང་དུ་གསོལ། །མདོར་ན་འདི་ཕྱི་བར་དོ་གང་དུ་ཡང་། །མགོན་དང་དཔུང་གཉེན་ཁྱོད་མིན་གཞན་མེད་པས། །ནམ་ཡང་འབྲལ་བ་མེད་པར་རྗེས་བཟུང་སྟེ། །སྲིད་ཞིའི་འཇིགས་པ་ཀུན་ལས་བསྐྱབ་ཏུ་གསོལ། །བླ་མ་མགོན་པོ་དབྱེར་མེད་ཐུགས་རྗེའི་གཏེར། །བདག་གི་སྙིང་གར་པདྨའི་གདན་བཞུགས་ལ། །བཀའ་དྲིན་ཆེན་པོའི་སྒོ་ནས་རྗེས་བཟུང་སྟེ། །སྐུ་གསུང་ཐུགས་ཀྱི་དངོས་གྲུབ་བསྩལ་དུ་གསོལ། །དེ་ལྟར་གསོལ་བ་བཏབ་པས་བླ་མ་དང་། །མགོན་པོ་དབྱེར་མེད་འདྲེས་ཏེ་རང་ལ་ཐིམ། །གཉུག་སེམས་བླ་མ་མགོན་པོའི་སྐུར་བཞེངས་ཏེ། །འདུ་འབྲལ་མེད་པར་སྙིང་དབུས་རྟེན་གྱུར་ཅིག །ཅེས་སྙིང་གར་གསལ་བཏབ་ནས་སྙིང་པདྨའི་རྣམ་པར་གནས་པའི་འདབ་མ་རྣམས་ཟུམ་པའི་ཕྱི་རོལ་ཏུ་སྔགས་ཕྲེང་གིས་བསྐམ་པ་བརྟན་པར་བྱས་པར་བསམ་ལ། དགེ་བ་འདི་ཡིས་ཚེ་རབས་ཀུན་ཏུ་བདག་ཅེས་སོགས་དང་། སྐྱེ་བ་ཀུན་ཏུ་ཡང་དག་བླ་མ་དང་། ཞེས་སོགས་བསྔོ་བས་མཚམས་སྦྱར་བར་བྱའོ། །ཞེས་ངེས་དོན་གྱི་བཤེས་གཉེན་དམ་པ་

བློ་བཟང་དཀོན་མཆོག་པས་མཆོད་རང་གི་རྩ་བའི་བླམ་དང་མགོན་པོ་དབྱེར་མི་ཕྱེད་པའི་སྒོ་ནས་གྲིབ་སེལ་གྱི་དམིགས་པ་གཙོ་བོར་བཏོན་པའི་བླམའི་རྣལ་འབྱོར་དམ་ཚིག་རྡོ་རྗེའི་བདུད་རྩི་ཞེས་བྱ་བ་འདི་ནི་དང་བརྩོན་ལྡན་པ་དཀོན་མཆོག་དགེ་ལེགས་ཀྱིས་བསྐུལ་ངོར། ཤུབཙུན་པ་དཀོན་མཆོག་བསྟན་པའི་སྒྲོན་མེས་བྲིས་པའོ།། །།

༄༅། །མགོན་པོའི་གཏོར་ཆོག་ཤིན་ཏུ་བསྡུས་པ་བི་ཏར་ཏིཥྛཿ།

རྒྱལ་ཀུན་ཐུགས་རྗེའི་བདག་ཉིད་སྤྱན་རས་གཟིགས། །སྣང་སྟོང་སྲིན་པོའི་གར་བསྒྱུར་ནག་པོ་ཆེ། །བླ་མ་མགོན་པོ་དབྱེར་མེད་ཞབས་པད་ལ། །བཏུད་ནས་དེ་ཡི་སྒྲུབ་ཐབས་མདོ་ཙམ་བྲི། །དེ་ལ་དང་པོ་ཡི་དམ་གྱི་བདག་བསྐྱེད་དང་བསྐང་རྫས་བྱིན་རླབས་སོགས་དཀྱུས་བཞིན་སྔོན་དུ་བཏང་ལ། ཨོཾཧྲཱིཿཥྚྲཱིཿཝིཀྲིཏཱནནཧཱུཾཕཊ། ཨོཾསྭབྷཱཝ་ཤུདྡྷ་སརྦ་དྷརྨཿསྭབྷཱཝ་ཤུདྡྷོཧཾ། སྟོང་པ་ཉིད་དུ་གྱུར། སྟོང་པའི་ངང་ལས་པཾ་ལས་པདྨ་རཾ་ལས་ཉི་མའི་སྟེང་དུ་གཾ་ལས་ཚོགས་བདག་དཀར་པོ། དེའི་སྟེང་དུ་ཧཱུཾ་ལས་གྲི་གུག་ཧཱུཾ་གིས་མཚན་པ་ཡོངས་སུ་གྱུར་པ་ལས། སྐུར་མཛད་ཡེ་ཤེས་ཀྱི་མགོན་པོ་སྐུ་མདོག་མཐིང་ནག་ཞལ་གཅིག་ཕྱག་དྲུག་པ་ཆེར་འབར་བ། ཞལ་གདངས་ཤིང་མཆེ་བ་གཙིགས་ནས་སྤྱན་གསུམ་དགྲ་ལ་སྡང་མིག་གཡོ་བ། ཕྱག་དང་པོ་གཉིས་ཀྱིས་གྲི་གུག་དང་ཐོད་པ། བར་བ་གཉིས་ཀྱིས་ཐོད་པའི་ཕྲེང་བ་དང་རྩེ་གསུམ། ཐ་མ་གཉིས་ཀྱིས་ཌཱ་མ་རུ་དང་ཞགས་པ་འཛིན་པ། སྦྲུལ་གྱི་རྒྱན་སྣ་ཚོགས་པས་བརྒྱན་ཅིང་། སྟག་གི་པགས་པའི་ཤམ་ཐབས་ལ་དར་ལྷུང་གུའི་སྐ་རགས་བཅིངས་ཏེ་ཡེ་ཤེས་ཀྱི་མེ་འབར་བའི་དབུས་ན་གཡོན་བརྐྱང་གི་སྟབས་ཀྱིས་བཞུགས་པ། དེའི་གཡོན་དུ་སྨྲུཿལས་ལྷ་མོ་ནག་མོ་དྲེའུ་རྟ་ལ་ཞོན་ཅིང་རལ་གྲི་དང་ནལ་ཐོད་འཛིན་པ། མདུན་དུ་ཀྵཾ་ལས་ཀྵེ་ཏ་པཱ་ལ་གྲི་གུག་ཐོད་པ་བཟུང་སྟེ་དོམ་ནག་སྐྱོན་པ་ལ་ཞོན་པ། གཡས་སུ་ཛཾ་ལས་ཛིན་མི་ཏྲ་

ཏམ་རུ་དང་ཐོད་ཁྲག་འཛིན་པ། རྒྱབ་ཏུ་ཏཾ་ལས་ཏྲཱི་ཤཱུ་ལ་ཅང་ཏེའུ་དང་ཐོད་པ་འཛིན་པ། གཡོན་དུ་ཧཱུྃ་ལས་བདུད་མགོན་ཧཱ་ཀྵ་ནག་པོ་ཏ་ནག་ལ་ཞོན་ཅིང་རུ་མཚོན་དང་ཐོད་ཁྲག་བསྣམས་པ། གཞན་ཡང་འཁོར་ཚོགས་རྒྱ་མཚོའི་ཚོགས་ཀྱིས་བསྐོར་བའི་གཙོ་འཁོར་ཐམས་ཅད་ཀྱི་སྤྱི་བོར་ཨོཾ་དཀར་པོ། མགྲིན་པར་ཨཱཿདམར་པོ། ཐུགས་ཀར་ཧཱུྃ་སྔོན་པོ། བདག་ཉིད་ཀྱི་ཐུགས་ཀའི་ཧཱུྃ་སྔོན་པོའི་འོད་ཟེར་གྱིས་ཤར་ལྷོ་བསིལ་བའི་ཚལ་གྱི་དུར་ཁྲོད་ཤིང་ཙན་དན་ནགས་གཅིག་པའི་དྲུང་ནས་ནག་པོ་ཆེན་པོ་འཁོར་དང་བཅས་པ་སྐད་ཅིག་གིས་སྤྱན་དྲངས། ཧཱུྃ་དད་པ་དང་ནི་དམ་ཚིག་གིས། །ཚུར་གཤེགས་མ་ཧཱ་ཀཱ་ལ་ཆེ། །དཀྱིལ་འཁོར་གནས་འདིར་གཤེགས་སུ་གསོལ། །ཀླུ་ཏ་པཱ་ལ་ལ་སོགས་པའི། །འཁོར་གྱི་བཀའ་ཉན་གདོན་སྲིན་ཚོགས། །བསྟན་པ་བསྲུང་བར་ཞལ་བཞེས་པའི། །དམ་ཅན་རྒྱ་མཚོ་གཤེགས་སུ་གསོལ། །ཨོཾ་ཤྲཱི་མ་ཧཱ་ཀཱ་ལ་ཡེ་ས་པ་རི་ཝཱ་ར་ཨེ་ཧྱེ་ཧི། ཁྲི་ཉེར་གཅིག་བརྗོད། ཛཿཧཱུྃ་བཾ་ཧོཿདམ་ཚིག་པ་དང་གཉིས་སུ་མེད་པར་གྱུར། པདྨ་ཀ་མ་ལ་ཡེ་སྟྭཾ། ཆོས་དབྱིངས་ངང་ལས་མ་གཡོས་ཀྱང་། །མ་རུང་ཀུན་འདུལ་ཁྲོས་པའི་སྐུ། །བསྟན་པའི་རུ་ཏྲ་འཇོམས་མཛད་པའི། །ནག་པོ་ཆེ་ལ་ཕྱག་འཚལ་བསྟོད། །ཨོཾ་ཤྲཱི་མ་ཧཱ་ཀཱ་ལ་ཡེ་ས་བ་རི་ཝཱ་ར་ཨརྒྷཾ་པྲ་ཏཱི་ཙྪ་ཧཱུྃ་སྭཱ་ཧཱ། ནས། པཱདྱཾ། པུཥྤེ། དྷཱུ་པེ། ཨཱ་ལོ་ཀེ། གནྡྷེ། ནཻ་ཝི་དྱ། ཤབྡ་པྲ་ཏཱི་ཙྪ་ཧཱུྃ་སྭཱ་ཧཱ། ཨོཾ་ཤྲཱི་མ་ཧཱ་ཀཱ་ལ་ཡེ་ས་བ་རི་ཝཱ་ར་རཱུ་པ། ཤབྡ། གནྡྷེ། རས། སྤརྴ་པྲ་ཏཱི་ཙྪ་ཧཱུྃ་སྭཱ་ཧཱ། ཨོཾ་མཆོད་དོ། དྲིན་ཅན་རྩ་བ་དང་བརྒྱུད་པར་བཅས་པའི་དཔལ་ལྡན་བླ་མ་དམ་པ་རྣམས་ཀྱི་ཞལ་དུ་ཨོཾ་ཨཱཿཧཱུྃ། ཡི་དམ་དཀྱིལ་འཁོར་གྱི་ལྷ་ཚོགས་རྣམས་ཀྱི་ཞལ་དུ་ཨོཾ་ཨཱཿཧཱུྃ། ཨོཾ་བཛྲ་མ་ཧཱ་ཀཱ་ལ་ཀྲོཾ་ཀླཱི་ཏ་བིགྷྣན་པི་ནཱ་ཡ་ཀ་ཧཱུྃ་ཧཱུྃ་ཕཊ་སྭཱ་ཧཱ་ཨོཾ་ཨཱཿཧཱུྃ། ཧྲཱིཿམཐོ་ནག་མོ × ཁྲ་ཧི་ཨོཾ་ཨཱཿཧཱུྃ། ཨོཾ་ཀླཱི་ཏ་པཱ་ལ × ། ཨོཾ་ཛིན་མི་ཏྲ × ། ཨོཾ་ཏ་ཀྵི་ཤཱ་ཧྣ × ། ཨོཾ་དུ་ཡ་ཀ་ཛ × ཧཱུྃ་ཕཊ

ཕཊ་ཨོཾ་ཨཱཿཧཱུྃ། ཨོཾ་ཤྲཱི་མ་ཧཱ་ཀཱ་ལ་ཤཱ་ས་ན་ནས་ཧཱུྃ་ཧཱུྃ་ཕཊ་ཕཊ་སྭཱ་ཧཱ་ཨོཾ་ཨཱཿཧཱུྃ། གཞན་ཡང་གནས་གསུམ་གྱི་དཔའ་བོ་མཁའ་འགྲོ་ཆོས་སྐྱོང་སྲུང་མ་ཡུལ་ལྷ་གཞི་བདག་དང་བཅས་པ་རྣམས་ཀྱི་ཞལ་དུ་ཨོཾ་ཨཱཿཧཱུྃ། མགོན་པོའི་སྤྱི་གཙུག་ཏུ་དྲིན་ཅན་རྩ་བའི་བླ་མ་སྐུ་མདོག་སེར་པོ། གཡས་ཡིད་བཞིན་གྱི་ནོར་བུ་དང་། གཡོན་གསེར་གྱི་དྲིལ་བུ་བསྣམས་པ། ཉི་མ་འབུམ་གྱི་མདངས་དང་ལྡན་པའི་སྐུ་ལས་འོད་ཟེར་འཕྲོས། མགོན་པོ་ལ་ཐིམ། མགོན་པོའི་སྐུ་ལས་འོད་ཟེར་འཕྲོས་ཏེ་བླ་མ་ལ་ཐིམ་པས་གཉིས་ཀ་འོད་དང་བདེ་བའི་རང་བཞིན་དུ་འབར་ཏེ་དབྱེར་མི་ཕྱེད་པར་གྱུར། བདག་སོགས་མར་གྱུར་སེམས་ཅན་ཐམས་ཅད་རྒྱལ་བ་ཁྱབ་བདག་རྡོ་རྗེ་འཆང་ཆེན་པོ་ལ་གསོལ་བ་འདེབས་སོ། །བརྒྱུད་པའི་བླ་མ་དམ་པ་རྣམས་ལ་གསོལ་བ་འདེབས་སོ། །བཀའ་དྲིན་མཉམ་མེད་རྩ་བའི་བླ་མ་རིན་པོ་ཆེ་ལ་གསོལ་བ་འདེབས་སོ། །བླ་མ་མགོན་པོ་དབྱེར་མེད་ལ་གསོལ་བ་འདེབས་སོ། །མགོན་པོ་བླ་མ་དབྱེར་མེད་ལ་གསོལ་བ་འདེབས་སོ། །བླ་མ་དང་མགོན་པོ་དབྱེར་མི་ཕྱེད་པའི་བདག་ཉིད་ཅན་ལ་གསོལ་བ་འདེབས་སོ། །ན་མོ་བུདྡྷཱ་ཡ། ན་མོ་གུ་རུ་བྷྱེ། བཛྲ་བཱི་ར་བཱི་རེ་ཙ་ཤཱི་ཡེ། ཊ་ཀ་ཊ་ཀི་ནི། ཛཱ་ཀ་ཛཱ་ཀི་ནི། སརྦ་བུདྡྷཱ་ཡ། བོ་དྷི་སཏྭ་ཤཱ་ར་ཎཾ་གཙྪཱ་མི་ཀྱི། ལས་གསུམ། ཕྱོགས་བཅུ་དུས་གསུམ་ན་བཞུགས་པའི་རྩ་བ་དང་བརྒྱུད་པའི་བླ་མ་དམ་པ་རྣམས་ཀྱིས་བྱིན་གྱིས་རློབས་ཤིག དཔའ་བོ་དང་དཔའ་མོ་རྣལ་འབྱོར་མ་རྣམས་ཀྱིས་བྱིན་གྱིས་རློབས་ཤིག དཔལ་ཡེ་ཤེས་ཀྱི་མགོན་པོ་ཕྱག་དྲུག་པའི་ལྷ་ཚོགས་ཡེ་ཤེས་ལ་སྒྲིབ་པ་མི་མངའ་བ། མཐུ་དང་ནུས་པ་ལ་ཐོགས་པ་མི་མངའ་བ། ཐུགས་རྗེ་ལ་ཕྱི་བཤོལ་མི་མངའ་བ། བྱིན་རླབས་ལ་རྒྱང་རིང་ཐུང་མི་མངའ་ཁྱེད་རྣམས་ཀྱིས་སྐུ་གསུང་ཐུགས་ཡོན་ཏན་འཕྲིན་ལས་མི་ཟད་པའི་སྒོ་ནས་བྱིན་གྱིས་རློབས་ཤིག ད་ལྟ་ཉིད་དུ་མྱུར་བ་ཉིད་དུ × | འདུག་ས་འདི་

ཉིན་དུ་ཕྱིན་གྱིས་རློབས་ཤིག མགོན་པོའི་སྤྱི་གཙུག་ཏུ་དྲིན་ཅན་རྩ་བའི་བླ་མ་སྐུ་མདོག་དཀར་པོ་ཕྱག་གཡས་ཤེལ་གྱི་རྡོ་རྗེ་རྩེ་ལྔ་པ་ཐུགས་ཀར་བསྣམས་པ། ཕྱག་གཡོན་བདུད་རྩིས་གང་བའི་ཐོད་པ་མཉམ་བཞག་གི་སྟེང་ན་འཛིན་པ། ཞབས་རྡོ་རྗེ་སྐྱིལ་ཀྲུང་གིས་བཞུགས་པ། སྐུ་ལས་འོད་ཟེར་གྱི་ཚོགས་དཔག་ཏུ་མེད་པ་འཕྲོ་བའི་ཐུགས་ཀ་ནས་འོད་ཟེར་གྱི་ཚོགས་འཕྲོས་པས་སྐུ་གསུང་ཐུགས་རྡོ་རྗེའི་ལྷ་ཚོགས་ཐམས་ཅད་མདུན་གྱི་ནམ་མཁར་སྤྱན་དྲངས། ཡིག་བརྒྱ་བཟླས་ལ། བཤགས་པ་ནི། ཧཱུཾ་རྡོ་རྗེ་འཆང་དབང་རྩ་བརྒྱུད་བླ་མ་དང་། །ལེགས་ལྡན་ནག་པོ་འཁོར་བཅས་དགོངས་སུ་གསོལ། །དངོས་གྲུབ་འབྱུང་གནས་དངོས་བརྒྱུད་བླ་མ་ལ། །ཡིག་ལྔའི་དབང་གིས་བརྟས་སྨོད་བགྱིས་པ་དང་། །དམ་ཚིག་སྡོམ་པ་ཚུལ་བཞིན་མ་བསྲུང་དང་། །ཕྱི་ནང་གསང་བའི་རྟེན་རྫས་ལེགས་བསགས་ནས། །བསྙེན་སྒྲུབ་བཟླས་བརྗོད་བརྩོན་པར་མ་བྱས་དང་། །སེར་སྣའི་དབང་གིས་མཆོད་གཏོར་སྤྱན་གཟིགས་རྟེན། །རྒྱུ་ཆུང་ཕུད་ཉམས་ལྷག་མས་སྦགས་པ་སོགས། །སྒོ་གསུམ་འཁྲུལ་བའི་ཉོངས་པ་ཅི་མཆིས་པ། །བླ་མ་མགོན་པོའི་སྤྱན་སྔར་སྙིང་ནས་བཤགས། །བཟོད་པར་བཞེས་ལ་ཐུ་བཞིན་བསྐྱང་དུ་གསོལ། ། ཧཱུཾ། རབ་འབྱམས་ཀུན་བཟང་མཆོད་སྤྲིན་མཐའ་ཡས་པས། །སྟོང་གསུམ་ཁྱོན་ཀུན་རྒྱས་པར་འགེངས་པ་ཡིས། །སྤྱན་རས་གཟིགས་དབང་མྱུར་མཛད་ཐུགས་རྗེའི་གཏེར། །མགོན་པོ་འཁོར་དང་བཅས་པའི་ཐུགས་དམ་བསྐང་། །དམར་ནག་ཁྲག་གི་མཆོད་ཡོན་ཆལ་ཆིལ་གཡོ། །གདུག་ཅན་དབང་པོའི་མེ་ཏོག་རི་ལྟར་སྤུངས། །བམ་ཆེན་གསར་རྙིང་བསྲེགས་པའི་དུད་སྤྲིན་འདིས། །མྱུར་མཛད་མགོན་པོ་འཁོར་བཅས་ཐུགས་དམ་བསྐང་། །ཞུན་ཆེན་སྒྲོན་མེའི་ཕྲེང་བ་ཚར་དུ་དངར། །ཁྲག་མཁྲིས་དྲི་ཆབ་གཙྪའི་རྒྱུན་ལ་འཁྲུན། །ཤ་རུས་ཞལ་ཟས་སྣན་བརྗིད་རོལ་མོ་འདིས། །མྱུར་མཛད་ × ། །སྐམ་ལྡོན་

མགོ་ཕྲེང་སྦྲུལ་གྱི་ཚུན་པོ་དང་། སླང་ཞགས་སྟག་ཤམ་རུས་རྒྱན་ཕྱག་མཚན་དྲུག །ཞིང་ཆེན་གཡང་གཞི་རྒྱུ་མའི་དོ་ཤལ་གྱིས། །སྒྱུར་མཛད་ × ། །རྫུ་འཕྲུལ་ཤུགས་འཆང་རྟ་མཆོག་གློག་ལྟར་འགྱུ། །གཡག་རོ་གཉོལ་ཆེན་ལུག་ནག་སྤྱི་དཀར་དང་། །བྱ་ནག་གསེར་མིག་ལིང་ལིང་གཡོ་བ་འདིས། སྒྱུར་མཛད་ × །དོམ་ལྟར་ཧམ་པའི་ཁྱི་ནག་མདུར་ཞིང་རྒྱུག །བྱ་རོག་རྒྱལ་མཚན་གཡབ་དར་ནག་པོ་དང་། །རྟེན་གཏོར་བསྐང་གཏོར་དུས་གཏོར་གཞན་པོ་ཡིས། །སྒྱུར་མཛད་ × ། །གྲི་སྙིང་མདའ་དར་སྒྲོག་འཁོར་བླ་རྡོ་དང་། །རིམ་གཉིས་བཟླས་བརྗོད་གསང་བའི་ཕྲིས་སྐུ་སོགས། །ཕྱི་ནང་གསང་བའི་རྟེན་རྫས་ཅི་མཆིས་པས། །སྒྱུར་མཛད་ × ། འདོད་ཡོན་ལྔ་དང་རྒྱལ་སྲིད་རིན་ཆེན་བདུན། །ཉི་ཟླ་ལྷུན་པོ་གླིང་བཞི་གླིང་ཕྲན་བརྒྱད། །དངོས་བཤམས་ཡིད་སྤྲུལ་མཆོད་པའི་སྤྲིན་ཆེན་གྱིས། །སྒྱུར་མཛད་ × ། མ་རུངས་འདུལ་ཕྱིར་དྲག་པོའི་སྐུར་བསྟན་ཀྱང་། །སྤྱན་རས་གཟིགས་དབང་ཐུགས་རྗེའི་བདག་ཉིད་དུ། །ཡིད་ཆེས་རྩེ་གཅིག་དད་པའི་གསོལ་འདེབས་ཀྱིས། །སྒྱུར་མཛད་མགོན་པོ་འཁོར་བཅས་ཐུགས་དམ་བསྐང་། །ཐུགས་དམ་བསྐངས་ཤིང་ཉམས་ཆག་སོས་གྱུར་ནས། །བར་ཆད་ཀུན་སེལ་མཐུན་རྐྱེན་མ་ལུས་སྒྲུབས། །བཟློག་པའོ། ཧཱུྃ། ཆོས་སྐུ་ཡངས་པའི་ཕོ་བྲང་ནས། །ལྷ་ཆེན་མགོན་པོ་འཁོར་བཅས་ཀྱིས། །ཞེས་པ་ནས། ཐམས་ཅད་གནོད་པའི་བགེགས་ལ་ཧཱུྃཿ ཧཱུྃ་མཐུན་པའི་དངོས་གྲུབ་མ་ལུས་པ། །དུས་འདིར་བདག་ལ་སྩོལ་དུ་གསོལ། །འཁོར་དང་བསྟན་པ་སྲོངས་སྐྱོད་རྣམས། །རྒྱས་པར་མཛོད་ཅིག་སྲུང་མའི་ཚོགས། །མགོན་པོའི་སྤྱི་གཙུག་ཏུ་དྲིན་ཅན་རྩ་བའི་བླ་མ་དེ་ཉིད་སྐུ་མདོག་དམར་པོ་ཕྱག་གཡས་ཐོད་པའི་ཅང་ཏེ་ཨུ་ནམ་མཁའ་ལ་ཁྲོལ་ལོ་ལོ་འཁྲོལ་ཞིང་། ཕྱག་གཡོན་བདུད་རྩིས་གང་བའི་ཐོད་པ་ཐུགས་ཀར་འཛིན་པ། བཞེད་པར་དགའ་བའི་

གཟི་བརྗིད་ཅན། སྤྱན་གཟིགས་པ་ཙམ་གྱིས་མཁའ་འགྲོ་དང་སྲིད་གསུམ་ཐམས་ཅད་དབང་དུ་སྡུད་ནུས་པ་ཞིག་བཞུགས། མགོན་པོའི་དཔྲལ་བའི་སིནྡྷཱུ་རའི་སྙིང་དུ་ཡི་གེ་ཧྲཱིཿ དམར་པོ་རིང་ཆ་ཚོག་དྲག་དང་བཅས་པ་བཅུ་གསུམ་ཡོངས་སུ་གྱུར་པ་ལས། གསང་བའི་མཁའ་འགྲོ་མ་དམར་མོ་ཞལ་གཅིག་ཕྱག་གཉིས་ཀྱི་གཡས་ཌ་མ་རུ་འཁྲོལ་ཞིང་། གཡོན་ཐོད་པ་བདུད་རྩིས་གང་བ་འཛིན་པ། ཞབས་གཡས་བསྐུམས་ཤིང་གཡོན་བརྐྱངས་པའི་གར་སྟབས་ཀྱིས་དམར་སྒྲོར་སྒྲོར་གར་མཛད་པ་བཅུ་གསུམ་དུ་གྱུར། བླ་མའི་སྐུ་ལས་འོད་ཟེར་དམར་ལ་སྨུག་པ་འཕྲོས། མགོན་པོ་དང་མཁའ་འགྲོ་མ་རྣམས་ལ་ཕོག་པས། མཁའ་འགྲོ་མ་རྣམས་ཌ་མ་རུ་དྲག་ཏུ་འཁྲོལ་ཞིང་སྤྱན་གསུམ་ནམ་མཁའ་ལ་ཧྲིག་ཧྲིག་གཟིགས་པ་དང་། མགོན་པོ་ཡང་ཌ་མ་རུ་དང་གཡེར་ཁའི་སྒྲ་སྒྲོག་ཅིང་སྤྱན་གསུམ་ནམ་མཁའ་ལ་ཧྲིག་ཧྲིག་གཟིགས། ཞལ་ནས་ཧ་ཧའི་གད་རྒྱངས་སྒྲོག་ཅིང་གར་མཛད་པས་མགོན་པོ་དང་མཁའ་འགྲོ་མ་རྣམས་ཀྱི་སྐུའི་ཆ་ཐམས་ཅད་ལས་འོད་ཟེར་དམར་པོ་ལྕགས་ཀྱུ་ལྟ་བུ་ཁམས་གསུམ་ཐམས་ཅད་ཁྱབ་པར་འཕྲོས་པས། སེམས་ཅན་ཐམས་ཅད་དབང་དུ་འདུས། དགོས་འདོད་ཐམས་ཅད་ཆར་བཞིན་དུ་འབབ་པར་གྱུར། ཨོཾ་བཛྲ་ན་ར་གྲི་གྲི་ཧཱུྃ་ཧཱུྃ་ཕཊ་ཕཊ་སྭཱ་ཧཱ། ཨོཾ་བཛྲ་མ་ཧཱ་ཀཱ་ལ་ཀྲོཾ་ཀྲོ་ཏ་བི་ཤྩན་བི་ནཱ་ཡ་ཀ་ཧཱུྃ་ཧཱུྃ་ཕཊ་ཕཊ་སྭཱ་ཧཱ། ཨོཾ་ཤྲཱི་མ་ཧཱ་ཀཱ་ལ་ཤཱ་ས་ན་ཨུ་པ་ཧ་རི་ཏེ། ཨེ་ཧྱ་ཨ་པ་ཙྪི་མ་ཀ་ལོ་ཨ་ཡཾ་ཨི་དམ་རཏྣ་ཧ་ཡ། ཨ་པ་ག་ཙྪཾ། ཡ་ཏེ་བྲ་ཏེ་ཀྵཱི། སྨ་ར་སི། ཏད་ཨི་དཾ་དུཥྐ་ཁ་ཁ་ཁཱ་ཧི་ཁཱ་ཧི། སྨ་ར་སྨ་ར། གྲི་ཧྣ་གྲི་ཧྣ། བཛྷ་བཛྷ། ཧ་ན་ཧ་ན། ད་ཧ་ད་ཧ། པ་ཙ་པ་ཙ། དི་ན་མེ་ཀེ་ན་སྨ་ར་ཡ་ཧཱུྃ་ཧཱུྃ་ཕཊ་ཕཊ་སྭཱ་ཧཱ། ཧྲཱུྃཿམ་མོ་ནག་མོ་བེ་ཏཱ་ལི་སེཏྟྭ་ཀུ་ལུ་ཀུ་ལུ་མ་ཧཱ་བ་ལིཾ་ཏ་ཁ་ཁ་ཁཱ་ཧི་ཁཱ་ཧི། ཨོཾ་ཀྲོ་ཧ་པཱ་ལ་བིཥྞ་ཧཱུྃ་ཕཊ། ཨོཾ་ཛྙེན་མི་ཧ་ཕ་ཤཾ་ཀུ་རུ་ཧཱུྃ་ཕཊ། ཨོཾ་ཏཾ་ཀྵི་ན་ཛྙ་ས་མ་ཡ་ཧྲཱུྃཿཧཱུྃ་ཕཊ། ཨོཾ་དུ་ཡ་ག་

ཛ་མ་ཧཱ་ཀཱ་ལ་ཧ་ཀྵ་ཧཱུྃ་ཕཊ། ཡིག་བརྒྱས་ལྷག་ཆད་བསྐང་། གཏོར་མ་བསངས་སྦྱངས། སྟོང་པའི་ངང་ལས་ཡཾ་ལས་རླུང་རཾ་ལས་མེ། ཨཱཿལས་མི་མགོའི་སྒྱེད་བུ་གསུམ་གྱི་སྟེང་དུ། ཨ་ལས་ཐོད་པ་ཕྱི་དཀར་ལ་ནང་དམར་བ་ཡངས་ཤིང་རྒྱ་ཆེ་བ་དེའི་ནང་གི་ཕྱོགས་བཞི་དང་དབུས་སུ་བྲུཾ་ཨཾ་ཛྲིཾ་ཁཾ་ཧཱུཾ་ལས་ཤ་ལྔ། མཚམས་བཞི་དང་དབུས་སུ་ལཾ་མཾ་པཾ་ཏཾ་བཾ་ལས་བདུད་རྩི་ལྔ། །དེ་དག་གི་སྟེང་གི་ནམ་མཁའ་ལ་ཨོཾ་དཀར་པོ་མགོ་ཐུར་དུ་བལྟ་བ། དེའི་སྟེང་དུ་ཨ་ལས་ཟླ་བའི་དཀྱིལ་འཁོར་གྱི་སྟེང་དུ་ཧཱུཾ་ལས་རྡོ་རྗེ་རྩེ་ལྔ་པ་དཀར་པོ་ལྟེ་བ་ལ་ཧཱུཾ་གིས་མཚན་པ། དེ་ལས་འོད་ཟེར་འོག་ཏུ་འཕྲོས། རླུང་གཡོས་མེ་སྦར། ཐོད་པའི་ནང་གི་རྫས་རྣམས་ཞུ་ཞིང་ཁོལ་བའི་རླངས་པ་ཨོཾ་དང་ཧཱུཾ་ལ་ཕོག ཨོཾ་ལས་བདུད་རྩིར་རྒྱུན་བབས། ཧཱུཾ་ལས་འོད་ཟེར་ཕྱོགས་བཅུར་འཕྲོས་པས། དེ་བཞིན་གཤེགས་པ་ཐམས་ཅད་ཀྱི་ཡེ་ཤེས་ཀྱི་བདུད་རྩིའི་བཀུག་པ་དང་ལྷན་ཅིག་ཏུ་རྡོ་རྗེ་ཟླ་བ་ཨོཾ་དང་བཅས་པ་ཐོད་པའི་ནང་དུ་ལྷུང་བས་རོ་མཉམ་དུ་གྱུར་ཏེ་དྲི་མ་མེད་པའི་ཡེ་ཤེས་ཀྱི་བདུད་རྩིའི་གྱུར། ཨོཾ་ཨཱཿཧཱུཾ། ལན་གསུམ། མགོན་པོ་འཁོར་དང་བཅས་པའི་ཐུགས་ཧཱུཾ་ལས་སྤྲུལ་པའི་རྡོ་རྗེ་རྩེ་གཅིག་པ་དམར་པོ་འོད་ཀྱི་སྦུ་གུ་ཅན་དུ་གྱུར་པའི་འོད་ཀྱི་སྦུ་གུས་གཏོར་མ་ཧྲུབས་ཏེ་གསོལ་བས་ཟག་མེད་ཀྱི་བདེ་བས་ཐུགས་རྒྱུད་ཚིམ་པར་གྱུར། ཧཱུཾ་རིང་པོ་དྲུག་བརྗོད་དེ། ཨོཾ་བཛྲ་མ་ཧཱ་ཀཱ་ལ་ཀྲོཾ་ཀྲོ་དྷ་རཀྵན་བི་ནཱ་ཡ་ཀ་ཧཱུཾ་ཧཱུཾ་ཕཊ་ཕཊ་ཨི་དཾ་བ་ལིཾ་ཏ་ཁ་ཁ་ཁཱ་ཧི་ཁཱ་ཧི། ཞེས་པ་བདུན་གྱིས་མགོན་པོ་དང་། ཨོཾ་བཛྲ་མ་ཧཱ་ཀཱ་ལ་ཀྲོཾ་ཀྲོ་དྷ་བི་རཀྵན་བི་ནཱ་ཡ་ཀ་ཧ་ཀ་ར་ཀྲོཾ་ཀྲོ་ཏ་སཾ་ས་ར་ཀྵ་ཏུ་ཧི་ཁ་ཁ་ཁཱ་ཧི་ཁཱ་ཧི། ཞེས་པ་གསུམ་གྱིས་ལྷ་མོ་དང་། གཏོད་སྦྱིན་བཞི་ལ་རང་རང་གི་སྔགས་ཀྱི་མཇུག་ཏུ་བ་ལིཾ་ཏ་ཁ་ཁ་ཁཱ་ཧི་ཁཱ་ཧི། ཞེས་བཏགས་པ་གསུམ་གྱིས་དབུལ། ཤྲཱ་ས་ནའི་མཇུག་ཏུ་བ་ལིཾ་ཏ་བཏགས་པ་གསུམ་གྱི་དམ་ཅན་རྒྱ་མཚོའི་ཚོགས་གཞན་སྐྱོ་ལ་དབུལ། ཨོཾ་ཤྲཱི་མ་ཧཱ་ཀཱ་ལཾ་ཡེ་ས་པ་རི་ཝཱ་ར་ཨརྒྷཾ་པྲ་ཏཱི་ཙྪ་ཧཱུཾ་སྭཱ་ཧཱ།

ནས་ཤཱཀྱའི་བར་གྱིས་མཆོད། ཨོཾ་བཛྲ་མ་ཧཱ་ཀཱ་ལ་གླཱིཾ་གླེ་ཏ × ཧཱུྃ་ཧཱུྃ་ཕཊ་ཕཊ་སྭཱ་ཧཱ་ཨོཾ་ཨཱཿཧཱུྃ ། ཧྲཱིཿམ་མོ་ནག་མོ་ × ཁཱ་ཧི་ཨོཾ་ཨཱཿཧཱུྃ། ཨོཾ་ཀླེ་ཊ་པཱ་ལ་བི་ཥྐན་ཧཱུྃ་ཕཊ་ཨོཾ་ཨཱཿཧཱུྃ། ཞེས་པ་ནས། ཀེ་ན་མཱ་ར་ཡ་ཧཱུྃ་ཧཱུྃ་ཕཊ་ཕཊ་སྭཱ་ཧཱ་ཨོཾ་ཨཱཿཧཱུྃ། བླ་མ་མགོན་པོ་འཁོར་བཅས་ལ། །བདག་གིས་མཆོད་གཏོར་ཕུལ་བ་ཡིས། །དཀོན་མཆོག་དབུ་འཕང་སྨོད་པ་དང་། །ཐེག་པ་ཆེན་པོ་སུན་འབྱིན་དང་། །བསྟན་པ་འཇིག་དང་དབྱེན་བྱེད་དང་། །བླ་མའི་སྐུ་ལ་བརྙོ་བ་དང་། །རྣལ་འབྱོར་བདག་ལ་སྡང་བ་རྣམས། །དེ་དག་ནག་པོ་ཆེན་པོས་སྒྲོལ། །ཨ་མུ་ཀ་མཱ་ར་ཡ་ཕཊ། མཁའ་འགྲོ་སྤྱི་གཏོར་དང་གཞི་བདག་གཏོར་མ་བསྔོ། བསྟོད་པ་ནི། ཧཱུྃ་མྱུར་མཛད་སྤྱན་རས་གཟིགས་ལ་ཕྱག་འཚལ་ལོ། །ཞབས་གདུབ་དང་བཅས་པི་ནཱ་ཡ་ཀ་མནན། །ནག་པོ་ཆེན་པོ་སྟག་གི་ཤམ་ཐབས་ཅན། །ཕྱག་དྲུག་སྦྲུལ་གྱི་རྒྱན་གྱིས་རྣམ་པར་བརྒྱན། །གཡས་པ་གྲི་གུག་བར་བ་འཕྲེང་བ་འཛིན། །ཐ་མ་ཌ་མ་རུ་ནི་དྲག་ཏུ་འཁྲོལ། །གཡོན་ཐོད་པ་དང་ནི་མདུང་རྩེ་གསུམ། །དེ་བཞིན་ཞགས་པ་བཟུང་ནས་འཆིང་བར་བྱེད། །དྲག་པོའི་ཞལ་ནི་མཆེ་བ་རྣམ་པར་གཙིགས། །སྤྱན་གསུམ་དྲག་པོ་དབུ་སྐྲ་གྱེན་དུ་འབར། དཔྲལ་བར་སིནྡྷུ་ར་ཡིས་ལེགས་པར་བྱུགས། །སྤྱི་བོར་མི་བསྐྱོད་རྒྱལ་པོས་རྒྱས་བཏབ་བརྟན། །ཁྲག་འཛག་མི་མགོ་ལྔ་བཅུའི་དོ་ཤལ་ཅན། །རིན་ཆེན་ཐོད་སྐམ་ལྔ་ཡིས་དབུ་ལ་བརྒྱན། །ཤིང་ལས་བྱོན་ནས་གཏོར་མ་ལེན་མཛད་པའི། །དཔལ་ལྡན་ཕྱག་དྲུག་པ་ལ་ཕྱག་འཚལ་བསྟོད། །སངས་རྒྱས་བསྟན་པ་གཉན་པོ་བསྲུང་བ་དང་། །དཀོན་མཆོག་དབུ་འཕང་གཉན་པོ་བསྟོད་པ་དང་། །བདག་ཅག་དཔོན་སློབ་འཁོར་དང་བཅས་རྣམས་ཀྱི། །རྐྱེན་ངན་བར་ཆད་ཐམས་ཅད་ཞི་བ་དང་། །ཅི་འདོད་དངོས་གྲུབ་མྱུར་དུ་སྩལ་དུ་གསོལ། །ཧྲཱིཿ དགའ་བ་དང་དུ་བླངས་ནས་བྱོན་བསྐྱུབས་ན། །མ་གཡེལ་མ་གཡེལ་མ་ཅིག་རེ་མ་ཏི། །ལུས་

སྲོག་འཕེན་དུ་བཙུགས་ནས་ཁྱོད་བསྐུལ་བས་ན། །བསྙེན་པའི་ཚེ་ན་མ་ཅིག་སྙིང་མ་རེད། །རཀྟ་མཚོ་ལྟར་བསྐྱིལ་ནས་ཁྱོད་བསྐུལ་བས་ན། །བསྐུལ་བའི་ཚེ་ན་མ་ཅིག་བང་མ་བུལ། །གཏོར་མ་རི་ལྟར་སྤུངས་ནས་ཁྱོད་བསྐུལ་བས་ན། །ཐད་པའི་ཚེ་ན་མ་ཅིག་མཐུ་མ་ཆུང་། །ཁྱོད་ཀྱི་གཡོག་ནི་མི་བསྲུན་གདུག་པ་ཅན། །ཆུ་སྲིན་གདོང་ཅན་དགྲ་བགེགས་སྒྲོལ་ལ་ཤོག །སླད་ཀྱི་རྗེས་འབྲང་སེང་གེའི་གདོང་བ་ཅན། །དམ་ཉམས་དགྲ་བོའི་སྲོག་རྩ་ཆོད་ལ་ཤོག །མ་ཅིག་དཔལ་ལྡན་ལྷ་མོ་འཁོར་བཅས་ཀྱིས། །ཤ་ཁྲག་དམར་གྱི་གཏོར་མ་འདི་བཞེས་ལ། །མི་མཐུན་རྐྱེན་དང་བར་ཆད་བཟློག་པ་དང་། །མཐུན་པའི་དངོས་གྲུབ་མ་ལུས་སྩལ་དུ་གསོལ། །ཧཱུཾ། དཔལ་ལྡན་མགོན་པོའི་ཤར་གྱི་བཀའ་ཉན་པ། །གནོད་སྦྱིན་ཀླུ་ཧ་པྣ་ལ་ལས་མཛོད་ཅིག །དཔལ་ལྡན་མགོན་པོའི་ལྷོ་ཡི་བཀའ་ཉན་པ། །དབང་ཕྱུག་ཛཱ་ན་མི་ཏྲ་ལས་མཛོད་ཅིག །དཔལ་ལྡན་མགོན་པོའི་ནུབ་ཀྱི་བཀའ་ཉན་པ། །གཤིན་རྗེ་ཊཀྐི་ཏྣ་ཛ་ལས་མཛོད་ཅིག །དཔལ་ལྡན་མགོན་པོའི་བྱང་གི་བཀའ་ཉན་པ། །བདུད་མགོན་ཏྲ་ཀྵ་ནག་པོ་ལས་མཛོད་ཅིག །ཧཱུཾ། དཔལ་ལྡན་མགོན་པོའི་བཀའ་ཉན་ཕོ་ཉའི་ཚོགས། །ཀླུ་ཧ་པྣ་ལ་ཛཱ་ན་མི་ཏྲ་དང་། །ཊཀྐི་ཏྣ་ཛ་ཏྲ་ཀྵ་རེ་མ་ཏི། །ཕྱོགས་སྐྱོང་བཅུ་དང་གཙང་རིས་མགོན་པོའི་ཚོགས། །དམ་ཅན་རྒྱ་མཚོའི་སྲུང་མ་ཁྱེད་རྣམས་ཀྱིས། །བྱིན་གྱིས་བརླབས་པའི་གཏོར་མ་འདི་བཞེས་ལ། །བླ་མ་མགོན་པོའི་དམ་ལས་མ་འདའ་བར། །སངས་རྒྱས་བསྟན་པ་སྲུང་ཞིང་སྐྱོང་བ་དང་། །རྣལ་འབྱོར་བདག་ཅག་དཔོན་སློབ་འཁོར་བཅས་ལ། །སྡང་ཞིང་གདུག་པའི་སེམས་འཆང་དགྲ་བགེགས་ཀུན། །མ་ལུས་རྡུལ་ཕྲན་བཞིན་དུ་ཚར་ཆོད་ལ། །འཁོར་དང་ལོངས་སྤྱོད་བཤད་སྒྲུབ་མཐུན་པའི་རྐྱེན། །ཐམས་ཅད་ཡར་ངོའི་ཟླ་བཞིན་འཕེལ་བར་མཛོད། །མཇུག་གི་མཆོད་བསྟོད། ལྷག་ཆད་ཁ་བསྐང་བ། ཉེན་ཡོད་ན་བརྟན་

བཞུགས། མེད་ན་གཉེགས་གསོལ། བཀྲ་ཤིས་ཀྱིས་མཐའ་བརྒྱན་པ་སོགས་དགྱེས་ལྟར་བྱའོ། །

སྨྲས་པ། མྱུར་མཛད་སྤྱན་རས་གཟིགས་དབང་ཐུགས་རྗེའི་གཏེར། །སྐྱབ་ཐབས་སྙིང་པོར་དྲིལ་བའི་དགེ་བའི་མཐུས། །འདི་ཕྱི་བར་དོའི་འཇིགས་ཚོགས་ལས་གྲོལ་ཏེ། །བླ་མ་མགོན་པོའི་གོ་འཕང་མྱུར་ཐོབ་ཤོག །ཅེས་པ་འདི་ནི་དད་བརྩོན་ལྡན་པ་དགེ་སློང་བློ་བཟང་ཤེས་རབ་ཀྱིས་བསྐུལ་ངོར་༧བཙུན་པ་དཀོན་མཆོག་བསྟན་པའི་སྒྲོན་མེས་བྲིས་པའོ། །

ན་མོ་གུ་རུ་མ་ཧཱ་ཀཱ་ལཱ་ཡ། མགོན་པོའི་རྒྱུན་འཁྱེར་མདོར་བསྡུས་བྱ་ཚུལ་ནི། སྐྱབས་སེམས་སྔོན་དུ་བཏང་ལ། རང་ཉིད་རྡོ་རྗེ་འཇིགས་བྱེད་སྐད་ཅིག་གིས་བསྐྱེད་པ་བཞེངས་པའི། །མདུན་དུ་ཨཱཿལས་མཚན་ལྡན་ཀ་པཱ་ལར། །དམ་རྫས་ལྔ་དང་སྒྲོན་མ་ལྔ། །སྦྱངས་རྟོགས་སྤར་བྱས་བདུད་རྩིའི་རྒྱ་མཚོར་གྱུར། །ཨོཾ་ཨཱཿཧཱུྃ། ལན་གསུམ། མདུན་དུ་པད་ཉི་ཚོགས་ཀྱི་བདག་པོའི་སྟེང་། །ཡེ་ཤེས་མགོན་པོ་ཞལ་གཅིག་ཕྱག་དྲུག་པ། །གྲི་ཐོད་མགོ་འཕྲེང་རྩེ་གསུམ་ཌ་མ་རུ། །ཞགས་པ་འཛིན་ཅིང་བརྐྱང་བསྐུམ་གར་གྱིས་བཞུགས། །སྤྱིལ་དང་རུས་པའི་རྒྱན་སྤྲས་སྟག་ཤམ་གསོལ། །དཔལ་ལྡན་ལྷ་མོ་གནོད་སྦྱིན་བཞི་ལ་སོགས། །འཁོར་ཚོགས་དང་བཅས་གནས་རྣམས་འབྲུ་གསུམ་གྱིས། །མཚན་པའི་ཧཱུྃ་ཡིག་འོད་ཀྱིས་དུར་ཁྲོད་ཆེ། །བསིལ་བ་ཚལ་ནས་མགོན་པོ་འཁོར་དང་བཅས། །སྤྱན་དྲངས་དམ་ཚིག་པ་དང་དབྱེར་མེད་གྱུར། །ཆོས་དབྱིངས་ངང་ལས་གཡོ་བ་མེད་བཞིན་དུ། །མ་རུང་གདུལ་ཕྱིར་ཁྲོ་བོའི་གར་མཛད་པ། །མྱུར་མཛད་མགོན་པོའི་ཞབས་ལ་ཕྱག་འཚལ་ཞིང་། །ཕྱི་དང་ནང་གི་མཆོད་ཚོགས་མ་ལུས་འབུལ། །དེ་ཡི་སྤྱི་བོར་རྩ་བའི་བླ་མ་ལ། །དངོས་བརྒྱུད་འདྲེན་པ་ཀུན་གྱིས་བསྐོར་བ་རྣམས། །འོད་དུ་འབར་བས་མགོན་པོ་འཁོར་བཅས་དང་། །འདྲེས་ཏེ་བླ་མགོན་དབྱེར་མེད་བདག་ཉིད་གྱུར། །བདག་སོགས་ནམ་

མཁའི་མཐས་གདུགས་འགྲོ་བ་ཀུན། །རྩ་བརྒྱུད་བླ་མ་ཀུན་དང་མྱུར་མཛད་མགོན། །དབྱེར་མེད་ངོ་བོར་སྙིང་ནས་གསོལ་འདེབས་ན། །གནས་འདིར་ད་ལྟ་ཉིད་དུ་བྱིན་གྱིས་རློབས། །སླར་ཡང་ཞི་བའི་མདངས་ལྡན་བླ་མ་ཡིས། །རྒྱས་བཏབ་རྡོ་རྗེ་གསུམ་གྱི་ལྷ་ཡི་ཚོགས། །སྤྱན་དྲངས་བདུད་རྩིའི་རྒྱུན་གྱིས་ཉམས་ཆག་དང་། །སྒོ་གསུམ་ཉེས་པ་མ་ལུས་བྱང་བར་གྱུར། །གྲིབ་སེལ་གྱི་མན་ངག་དང་བཅས་ཡིག་བརྒྱ་མང་དུ་བཟླ། མུན་པའི་ཁྲོད་ན་རྒྱུ་བའི་སྦྱོད་པ་བཞིན། །སྒོ་གསུམ་བསྒྲིབ་ཡོག་པར་གྱུར་བ་ཀུན། །ཐུགས་རྗེ་ཆེ་ལྡན་སྤྱན་སྔར་མཐོལ་བྱེད་ན། །སྒྲིབ་བྲལ་ཆོས་ཀྱི་དབྱིངས་སུ་དག་པར་མཛོད། །ལྷུན་གྲུབ་བདེ་ཆེན་རོལ་པ་ལས་བྱུང་བའི། །ཕྱི་ནང་གསང་བ་དེ་ཉིད་མཆོད་པའི་སྤྲིན། །མ་ཚང་མེད་པས་མགོན་པོ་འཁོར་བཅས་ཀྱི། །ཐུགས་དམ་བསྐངས་ཤིང་ཉམས་ཆག་སོས་གྱུར་ཅིག །གྲི་ཐོད་འཕྲེང་བ་རྩེ་གསུམ་ཌ་མ་རུ། །ཞགས་པ་ཞིང་ཆེན་གླང་ལྤགས་མགོ་འཕྲེང་དང་། །སྟག་ཤམ་རུས་པའི་རྒྱན་དྲུག་སོགས་འབུལ་གྱི། །བཞེས་ནས་རྒྱལ་བའི་བསྟན་པ་རྒྱས་པར་མཛོད། །མདོར་ན་བླ་མ་མགོན་པོ་འཁོར་དང་བཅས། །ཟག་མེད་མཆོད་ཚོགས་རྒྱ་མཚོ་དགྱེས་བཞེས་ཏེ། །ཕྱི་དང་ནང་གི་འགལ་རྐྱེན་ཀུན་ཞི་ཞིང་། །མཐུན་རྐྱེན་མ་ལུས་ལྷུན་གྱིས་གྲུབ་པར་མཛོད། །བླ་མ་འཁོར་ལོའི་དབང་ཕྱུག་གཟི་བྱིན་གྱིས། །གནས་གསུམ་ཌཱ་ཀིའི་ཚོགས་རྣམས་བསྐུལ་བ་ཡིས། །བརྟན་གཡོའི་དངོས་པོ་ཀུན་ལ་དབང་བསྒྱུར་ཏེ། །ཕུན་ཚོགས་འདོད་དགུ་ཆར་དུ་བསྐྱིལ་བར་མཛོད། །ཨོཾ་བཛྲ་ན་ར་གྲི་གྲི་ཧཱུྃ་ཧཱུྃ་ཕཊ་ཕཊ་སྭཱ་ཧཱ། ཞེས་པ་བརྒྱ་རྩ་བརྒྱད་བཟླ། དམིགས་རིམ་དང་བཅས་བཟླས་པ་བྱ་བ་ནི། ཨོཾ་བཛྲ་མ་ཧཱ་ཀཱ་ལ་ཀྲྀཾ་ཀྲྀ་ཏ་བིགྷྣན་པི་ན་ཡ་ཀ་ཧཱུྃ་ཧཱུྃ་ཕཊ་ཕཊ་སྭཱ་ཧཱ། ཞེས་མགོན་པོའི་སྙིང་པོ་ལ་བསྙེན་པ་བྱ། །ཨོཾ་ཤྲཱི་མ་ཧཱ་ཀཱ་ལ་ཤཱ་ས་ན་ཨུ་པ་ཧ་རི་ཎེ། ཨེ་ཁ་ཛ་ཊཱི་མ་ཀཱ་ལོ། ཨ་ཡཾ་ཨི་དཾ་ར་ཏྣ་ཏྲ་ཡ། ཨ་པ་ཀཱ་རི་ཎཾ། ཡ་དི་པྲ་ཏི་ཛྙཾ་ སྨ་ར་སི། ཏད་ཨི་

དཾ་ཊ་ཧྲཱིཾ། ཁ་ཁ་ཁཱ་ཧི་ཁཱ་ཧི། སྣཱ་ར་སྣཱ་ར། གྲི་ཧྣ་གྲི་ཧྣ། བནྡྷ་བནྡྷ། ཧ་ན་ཧ་ན། ད་ཧ་ད་ཧ། པ་ཙ་པ་ཙ། དི་ན་མེ་ཀེ་ན་སྣཱ་ར་ཡ་ཧཱུྃ་ཧཱུྃ་ཕཊ་ཕཊ་སྭཱ་ཧཱ། ཞེས་རྩ་སྔགས་མང་དུ་བཟླ། འཁོར་རྣམས་ཀྱི་སྔགས་ནི། ཧཱུྃ་མ་མོ་ནག་མོ་བེ་ཏཱ་ལི་སེངྷ་ཀུ་ལུ་ཀུ་ལུ་མ་ཧཱ་བ་ལིཾ་ཏ་ཁ་ཁ་ཁཱ་ཧི་ཁཱ་ཧི། ཨོཾ་ཀླེ་ཧ་པཱ་ལ་བི་ཛྙ་ན་ཧཱུྃ་ཕཊ། ཨོཾ་ཛཻ་ན་མི་ཏྲ་ཕ་ཤཾ་ཀུ་རུ་ཧཱུྃ་ཕཊ། ཨོཾ་ཏ་ཀྲི་ནཱ་ཛ་ས་མ་ཡ་ཧཱུྃཿཧཱུྃ་ཕཊ། ཨོཾ་དུ་ཡ་ཀ་ཛ་མ་ཧཱ་ཀཱ་ལ་ཧ་ཀྵ་ཧཱུྃ་ཕཊ། ཞེས་པ་རྣམས་ཅི་རིགས་བཟླ། ཡངས་ཤིང་རྒྱ་ཆེ་མཚན་ལྡན་ཐོད་པའི་ནང་། །ཤ་ལྔ་བདུད་རྩི་ལྔ་སོགས་རྫས་རྣམས་ཀུན། །སྦྱངས་རྟོགས་སྤར་བྱས་བདུད་རྩིའི་རྒྱ་མཚོ་ཆེ། །མགོན་པོ་འཁོར་དང་བཅས་པས་དགྱེས་པར་རོལ། །ཟག་མེད་བདེ་བའི་མཆོག་སྦྱིན་གཏོར་མའི་ཚོགས། །དགྱེས་བཞིན་བཞེས་ནས་བསྟན་དང་བསྟན་འཛིན་ཀུན། །བརྩེ་བས་སྐྱོང་ཞིང་མཆོག་ཐུན་དངོས་གྲུབ་ཀྱི། །དགའ་སྟོན་ཟད་མི་ཤེས་པའི་དགེ་ལེགས་སྩོལ། །ཧཱུྃ། མྱུར་མཛད་སྤྱན་རས་གཟིགས་ལ་ཕྱག་འཚལ་ལོ། །ཞབས་གཏུབ་དང་བཅས་བི་ན་ཡ་ཀ་མནན། །ཞེས་པ་ནས། ཅི་འདོད་དངོས་གྲུབ་མྱུར་དུ་སྩོལ་ཏུ་གསོལ། །རྒྱལ་ཀུན་སྙིང་རྗེའི་རང་གཟུགས་སྤྱན་རས་གཟིགས། །སྣང་སྟོང་སྒྱུ་མའི་རྣམ་འཕྲུལ་སྲིན་པོའི་སྐུར། །བཞེངས་ཏེ་བསྟན་དང་བསྟན་འཛིན་སྐྱོང་མཛད་པ། །ལྷ་ཆེན་ནག་པོ་འཁོར་དང་བཅས་ལ་བསྟོད། །དུས་འདི་ནས་བཟུང་བྱང་ཆུབ་སྙིང་པོའི་བར། །ནམ་ཡང་མི་འབྲལ་བདག་གི་མགོན་མཛད་དེ། །ཡང་དག་ལམ་གྱི་འགལ་རྐྱེན་ཀུན་སེལ་ཞིང་། །འདོད་དོན་མ་ལུས་འགྲུབ་པའི་སྟོངས་གྲོགས་མཛོད། །ཡིག་བརྒྱ་ལན་གསུམ་བཟླ་ཞིང་བཟོད་གསོལ་བྱ། བླ་མ་མགོན་པོ་དབྱེར་མེད་ལ། །སོགས་དང་། མགོན་པོ་བླ་མ་དབྱེར་མེད་ལ། །ཞེས་སོགས་གདུང་ཤུགས་དྲག་པོས་ལན་གསུམ་མམ་ལྔའམ་བདུན་བརྗོད། དགེ་བ་འདི་ཡིས་ཚེ་རབས་ཀུན་ཏུ་བདག །ཅེས་པ་ནས། མྱུར་མཛད་མགོན་པོས་གཡེལ་མེད་སྐྱབ་གྱུར་ཅིག །རྟེན་ཡོད་ན་བརྟན་

བཞུགས་དང་མེད་ན་གཉེགས་གསོལ་བྱའོ། །བླ་མ་ཡིད་དམ་ཆོས་སྲུང་ཐམས་ཅད་དང་། །ཁྱད་པར་མྱུར་མཛད་སྤྱན་རས་གཟིགས་དབང་གི །ཐུགས་རྗེས་བདེན་པས་མཁའ་མཉམ་བསྟན་འགྲོ་ཡི། །ལེགས་ཚོགས་མ་ལུས་རྒྱས་པའི་བཀྲ་ཤིས་ཤོག །ཅེས་པ་འདི་ནི་ཨུ་རུ་སུ་ཆེན་པོག་ནས་རབ་འབྱམས་པ་ཆོས་སྐྱབས་ཀྱིས་འདི་ལྟ་བུ་ཤིན་ཏུ་བསྟུས་པ་ཞིག་དགོས་ཞེས་བསྐུལ་བ་བཞིན། ༄བཙུན་པ་དཀོན་མཆོག་བསྟན་པའི་སྒྲོན་མེས་བྲིས་པའོ། །

ན་མོ་བཛྲ་ཌཱ་ཀི་ནཱི་ཡཱ། དེའང་རྗེ་བཙུན་མི་ཏྲི་པ་ཆེན་པོའི་གསུང་ལས། སངས་རྒྱས་ཐམས་ཅད་ཀྱི་ཐུགས་ཀྱི་གསང་བ་ལས་བྱུང་བ་བཅོམ་ལྡན་འདས་གཤིན་རྗེའི་གཤེད་པོ་འདི་ཉིད་ཀྱིས་འཕྲིན་ལས་ཀྱི་ནུས་པ་དང་ལྡན་པར་བྱའོ། །ཞེས་གཤིན་རྗེའི་གཤེད་ཀྱི་སྒོ་ནས་ཆོས་སྐྱོང་གཞི་བྱིན་བསྐྱེད་པར་བྱས་ན་ཕ་རོལ་གྱི་བྱད་ཕུར་དང་ཟློག་པ་སོགས་གང་གིས་ཀྱང་མི་ཚུགས་པས་སྟོབས་ཆེ་བར་ཁྱུང་པོའི་ཡིག་ཆུང་སོགས་ལས་གསུངས་ལ། བདག་སྐྱེད་གཤིན་རྗེའི་གཤེད་ལ་བྱེད་པ་དང་དེའི་སྒོ་ནས་གཞི་བྱིན་བསྐྱེད་པ་འབྲེལ་ཚུལ་མཁས་གྲུབ་ཐམས་ཅད་མཁྱེན་པས་གསུངས་པ་ལ་དཔག་ན་མན་ངག་འདི་ཆོས་རྒྱལ་ལྟ་བུ་ལ་ལྷག་པར་ཡང་རིགས་འགྲེ་སྦྱར་ཆོག་པར་མངོན། བྱེད་པའི་མཚམས་ཀྱང་བཟླས་པ་དངོས་གཞིའི་མགོར་བྱེད་པར་གསུངས་པས། ན་ར་ཀྲི་ཀྲི་གི་བཟླས་བ་ཟིན་པ་དང་། ཡེ་ཤེས་ཀྱི་མགོན་པོའི་སྤྱི་བོར་ཧཱུྃ་ཡིག་མཐིང་ནག་མེ་འོད་འབར་བ། དེ་ལས་འོད་ཟེར་འཕྲོས། སངས་རྒྱས་དང་བྱང་ཆུབ་སེམས་དཔའ་ཐམས་ཅད་ཀྱི་སྐུ་གསུང་ཐུགས་ཀྱི་བྱིན་རླབས་དང་མཐུ་སྟོབས་ནུས་པ་མ་ལུས་པ་ཁྲོ་བོའི་ཚོགས་ནམ་མཁའ་གང་བའི་རྣམ་པར་སྤྱན་དྲངས་ཏེ་ཧཱུྃ་ལ་ཐིམ། ཧཱུྃ་དེ་ཉིད་མགོན་པོའི་སྤྱི་བོ་ནས་ཞུགས་ཏེ་ཐུགས་ཀར་སླེབ་པ་ན་ཁྲོ་བོ་གཤིན་རྗེའི་གཤེད་ཤིན་ཏུ་དྲག་ཅིང་ཧམ་པར་གྱུར། དེ་དང་གཉིས་ག་དབྱེར་མེད་དུ་འདྲེས་

པས་འཇིག་རྟེན་གསུམ་ན་ང་ལས་ནུས་པ་ཆེ་བ་མེད་སྙམ་དུ་དགོངས་ཤིང་མཐུ་སྟོབས་དང་གཟི་བརྗིད་འབར་བས་ཁམས་གསུམ་ཟིལ་གྱིས་གནོན་པ། ཐུགས་ཀྱི་སྒྲ་འབྲུག་སྟོང་ལྡིར་བ་བཞིན་དུ་སྒྲོགས་ཤིང་འཕྲིན་ལས་རབ་འབྱམས་ཐོགས་མེད་དུ་བསྒྲུབ་པར་གྱུར་པར་བསམས་ལ་བཟླས་པ་བྱ། ཆོས་རྒྱལ་དང་གཉིས་ཀ་ལ་བྱེད་ན་ཡེ་ཤེས་ཀྱི་མགོན་པོ་སོགས་ཀྱི་སྙིང་པོར་ཞེས་སྦྱོར་ཞིང་། ཆོས་རྒྱལ་གཅིག་པུ་ལ་བྱེད་ན་འང་དེའི་བཟླས་པའི་མགོར། དམ་ཅན་ཆོས་ཀྱི་རྒྱལ་པོའི་སྙིང་པོར་ཧཱུྃ་ཡིག །ཅེས་སྐབས་དང་སྦྱར་བས་ཆོག་གོ །ཞེས་པ་འདི་འང་༧སྐྱབས་མགོན་མཆོག་གི་བཀའ་ལུང་སྤྱི་བོས་མནོས་ཏེ། ༧བཙུན་པ་དཀོན་མཆོག་བསྟན་པའི་སྒྲོན་མེས་འཕྲལ་དུ་བྲིས་པའོ། །

བླ་མ་གཤིན་རྗེའི་གཤེད་ལ་ཕྱག་འཚལ་ལོ། །རང་ཉིད་སྐད་ཅིག་གིས་དཔལ་རྡོ་རྗེ་འཇིགས་བྱེད་ཞལ་གཅིག་ཕྱག་གཉིས་པར་བསྐྱེད། ཧྲཱིཿཧཱུྃཿས་བསངས། སྭ་བྷཱ་ཝས་སྦྱངས། སྟོང་པའི་ངང་ལས་མདུན་དུ་པད་ཉི་མ་ཧེའི་གདན་ལ་ཡ་ལས་ཐོད་དབྱུག་ཡས་མཚན་པ་དེ་ཡོངས་སུ་གྱུར་པ་ལས་དམ་ཅན་ཆོས་ཀྱི་རྒྱལ་པོ་མ་ཧེ་ཁྲིས་པའི་ཞལ་ཅན། གཡས་པས་ཐོད་དབྱུག་འཕྱར་ཞིང་། གཡོན་པས་དུས་ཀྱི་ཞགས་པ་འཛིན་པ། གཅེར་བུ་སྨྲམ་ཞིང་ཐུང་ལ་གཡོན་པ་བརྐྱང་གི་སྟབས་ཀྱིས་བཞུགས་པའི་གཡོན་ཕྱོགས་སུ་ཙཱ་དང་རྩེ་གསུམ་ལས་ཙ་མུནྜི་ནག་མོ་རྩེ་གསུམ་དང་ཐོད་ཁྲག་འཛིན་པ། ཕོ་བརྒྱད་མོ་བརྒྱད་ལ་སོགས་པ་གཤིན་རྗེའི་ཚོགས་ཀྱིས་བསྐོར་བའི་སྤྱི་བོར་ཨོཾ། མགྲིན་པར་ཨཱཿ ཐུགས་ཀར་ཧཱུྃ་གིས་མཚན་པར་གྱུར། རང་གི་ཐུགས་ཀའི་ཧཱུྃ་གི་འོད་ཟེར་གྱིས་ལས་ཀྱི་གཤིན་རྗེ་འཁོར་བཅས་སྤྱན་དྲངས། ཛཿཧཱུྃ་བཾ་ཧོཿ གཉིས་སུ་མེད་པར་གྱུར། སླར་ཡང་གཤིན་རྗེའི་གཤེད་རིགས་ལྔ་སྤྱན་དྲངས་པ་རྣམས་ཀྱིས་དབང་བསྐུར། དེའི་ངོ་བོ་ཁྲོ་བོའི་རྡོ་རྗེ་ནག་པོ་རྩེ་ལྔ་བས་དབུ་བརྒྱན་པར་གྱུར། ཀཱ་ལ་རཱུ་པ་ས་

པ་རི་ཤུ་ར་ས་མ་ཡ་ཤྲཱི ཀཱ་ལ་རུ་པ་ས་རི་ཤུ་ར་ཨཀྵོ། པུ་ཥྤེ་སོགས་ཀྱིས་མཆོད། ཨོཾ་ཨཱཿཧཱུྃ་བཏགས་ལ་ནང་མཆོད་དབུལ། རྡོ་རྗེ་གསུམ་གྱི་ལྷ་ཚོགས་མདུན་དུ་སྤྱན་དྲངས་པའི་སྐུ་ལས་བདུད་རྩིའི་རྒྱུན་བབས་པས་དམ་ཚིག་ཉམས་ཆག་ཐམས་ཅད་བྱང་ཞིང་དག་པ་ར་བསམ་ལ་ཡིག་བརྒྱ་བཟླ ཧཱུྃ། བླ་མ་ཡི་དམ་ཆོས་ཀྱི་རྒྱལ་པོའི་ཚོགས། །ཁྱེད་རྣམས་ཐུགས་དང་འགལ་བགྱིས་ནོངས་པ་ཀུན། །ཤུགས་དྲག་འགྱོད་པའི་ཡིད་ཀྱིས་མཐོལ་བགྱིད་ན། །བརྩེ་ཆེན་ཐུགས་རྗེའི་སྟོབས་ཀྱིས་བྱང་གྱུར་ཅིག ། དགྱེས་པ་སྐྱེད་བྱེད་ཕུལ་བྱུང་མཆོད་པའི་སྤྲིན། །ཁྲག་གི་མཚོད་ཡོན་ཉེར་སྤྱོད་རོལ་མོའི་སྒྲ། །སྣ་ཚོགས་སྤྱན་གཟིགས་གོ་མཆོན་གཏོར་མ་སོགས། །ཕྱི་ནང་གསང་རྟེན་མ་ཚང་མེད་པ་ཡིས། །ཆོས་ཀྱི་རྒྱལ་པོ་ཡུམ་ཆེན་ཙ་མུནྡྲི། །འཁོར་ཚོགས་རྒྱ་མཚོར་བཅས་པའི་ཐུགས་དམ་བསྐང་། །དམ་ཆོས་སྒྲུབ་པའི་འགལ་རྐྱེན་ཀུན་ཞི་ཞིང་། །ལེགས་ཚོགས་མ་ལུས་ལྷུན་གྱིས་གྲུབ་པར་མཛོད། །ཕ་རོལ་མི་བསྲུན་གདུག་པའི་བསམ་སྦྱོར་སོགས། །མི་འདོད་ཉེར་འཚེའི་རིགས་རྣམས་མ་ལུས་པ། །དམ་ཅན་རྒྱ་མཚོའི་དཔུང་གིས་ཕྱིར་བཟློག་སྟེ། །ལས་བཞིའི་འཕྲིན་ལས་གཡེལ་མེད་སྒྲུབ་པར་མཛོད། །ཨོཾ་ཀཱ་ལ་རུ་པ་ཧཱུྃ་ཕཊ། ཨོཾ་ཙ་མུནྡྲི་ཧཱུྃ་ཕཊ། ཅེས་བཟླས། ཡིག་བརྒྱ་འདོན། གཏོར་མ་ནང་མཆོད་ཐར་ལྷ་ར་བྱིན་གྱིས་བརླབས། ཆོས་ཀྱི་རྒྱལ་པོ་འཁོར་དང་བཅས་པའི་ལྷགས་འོད་ཟེར་གྱི་སྦུ་གུས་གཏོར་མའི་བཅུད་དྲངས་ཏེ་གསོལ་བར་བསམ་ལ། ཐུགས་ཀྱི་མཧཱུ་ཏུ་བ་ལིཾ་ཏ་བཏགས་པས་གཏོར་མ་དང་། མཆོད་པ་དང་ནང་མཆོད་དབུལ། རབ་འབྱམས་བདེ་གཤེགས་འཁོར་ལོའི་ཡེ་ཤེས་དང་། །དབྱེར་མེད་དབྱིངས་ཀྱི་མཁའ་ལས་སྣང་སྟོང་གཟུགས། །གཏུམ་དྲག་ཚ་ཟེར་སྟོང་འབར་ཉི་མའི་བུ། །སྲིད་གསུམ་སྐྱེ་དགུའི་སྲོག་བདག་ཁྱོད་ལ་འདུད། །མུན་པ་མི་བཟད་འཇིགས་པའི་གཟུགས་འཆང་ཞིང་། །དུས་ཀྱི་སྣང་མིག་ཡོན་པོ་གློག་ལྟར་གཡོ། །གད་རྒྱངས་དྲག་པོས་སྡིག་ཅན་མཐར་

བྱེད་པ། །གཤིན་རྗེའི་རྒྱལ་པོ་འཁོར་དང་བཅས་ལ་བསྟོད། །དེང་ནས་ཇི་སྲིད་བྱང་ཆུབ་སྙིང་པོའི་བར། །བློ་བཟང་རྒྱལ་བའི་ལུང་རྟོགས་དམ་ཆོས་ཀུན། །འཛིན་སྐྱོང་སྤེལ་བའི་འགལ་རྐྱེན་ཀུན་ཞི་ཞིང་། །འདོད་དོན་ཡིད་བཞིན་འགྲུབ་པའི་སྟོང་གྲོགས་མཛོད། །ཨོཾ་ཨཱཿཧཱུྃ་ཧོཿ ཆོས་ཀྱི་རྒྱལ་པོ་འཁོར་བཅས་རང་གནས་སུ་གཤེགས་པར་བསམ་ལ། རྣམ་དག་བསམ་པས་ཞེས་སོགས་བསྔོ། སྨོན་གྱིས་མཚམས་སྦྱར་བར་བྱའོ། །ཅེས་པ་འདི་ནི་ཨ་རོ་ཏོར་ཆེན་ཤོག་ནས་དགེ་ཚུལ་བློ་བཟང་འཇིགས་མེད་ཀྱིས་བསྐུལ་ངོར། ཤཱཀྱའི་བཙུན་པ་དཀོན་མཆོག་བསྟན་པའི་སྒྲོན་མེས་བྲིས་པའོ། །

བླ་མ་གཤིན་རྗེ་གཤེད་ལ་ཕྱག་འཚལ་ལོ། །རྒྱལ་ཡུམ་རྡོ་རྗེ་དབྱིངས་ཀྱི་དབང་ཕྱུག་མ། །འཇམ་དཔལ་རྡོ་རྗེ་ཁྲོ་བོའི་རྣོས་གར་གྱི། །རྗེས་ཞུགས་དམག་ཟོར་རྒྱལ་མོའི་ཞབས་པད་ལ། །གུས་པས་བཏུད་ནས་སྒྲུབ་ཐབས་མདོ་ཙམ་བྲི། །དེ་ཡང་དཔལ་ལྡན་ལྷ་མོའི་བསྐོམ་བཟླས་མདོར་བསྡུས་ཉམས་སུ་ལེན་པར་འདོད་པས། བྲིས་འབུར་གྱི་སྐུ་དང་མཆོད་གཏོར་ལེགས་པར་བཤམས། སྐྱབས་སེམས་དང་ཡི་དམ་གང་ཡང་རུང་བའི་བདག་བསྐྱེད་རྫོགས་ཏུ་བཏང་། དངོས་གཞི་ལ། ཧྲཱིཿཧཱུྃཿས་བསངས། སྭ་བྷཱ་ཝས་སྦྱངས། སྟོང་པའི་ངང་ལས་རང་གི་མདུན་དུ་མི་མགོའི་ལྷུ་བ་འཁྲིགས་པའི་ཁྲག་མཚོ་ཞིག་གི་ཐ་ལྷབས་གཡོ་བའི་དབུས་སུ་ཁམ་ནག་ལྷུང་དམར་འཚུབ་མའི་ནང་དུ་དྲེའུ་གྱ་བའི་སྟེང་དུ་ཧཱུྃཿཡིག་མཐིང་ནག་ཡོངས་སུ་གྱུར་པ་ལས་དཔལ་ལྡན་དམག་ཟོར་གྱི་རྒྱལ་མོ་མདོག་ནག་མི་སྡུག་སྲིན་མོའི་གཟུགས་ཅན། གཡས་པ་རྡོ་རྗེའི་བེ་ཅོན་འཕྱར་ཞིང་། གཡོན་པས་ནལ་ཐོད་ཁྲགས་ཀར་འཛིན་པ། བརྒྱ་བྱེད་ཁྲག་འཛག་མགོ་ཕྲེང་མགུལ་བར་འཕྱང་ཞིང་། ལྟེ་ཁྲག་ཐོད་པ་སྐམ་པོའི་དབུ་རྒྱན་ཅན། དམར་བའི་སྤྱན་གསུམ་སྟང་མིག་གཡོ་ཞིང་རྣོན་པོའི་མཆེ་བ་བཞི་གཙིགས་པ། ནད་རྐྱལ་ལ་སོགས་པ་དགྲ་བོ་འཇོམས་པའི་ཆས་སྣ་ཚོགས་འཛིན་

ཅིང་གདུག་པའི་འཁོར་ཚོགས་རྒྱ་མཚོས་བསྐོར་བའི་གཙོ་འཁོར་ཐམས་ཅད་ཀྱི་
སྤྱི་བོར་ཨོཾ། མགྲིན་པར་ཨཱཿ ཐུགས་ཀར་ཧཱུྃ། བདག་ཉིད་ཀྱི་ཐུགས་ཀའི་ཧཱུྃ་
ལས་འོད་ཟེར་འཕྲོས། བྱང་ཤར་མུ་ལེ་ཧིང་གི་ཁྲག་མཚོ་ནས་དཔལ་ལྡན་ལྷ་མོ་
འཁོར་བཅས་སྐད་ཅིག་གིས་སྤྱན་དྲངས། ཛཿདཔལ་ལྡན་གཉན་གྱི་རེ་མ་
ཏི། །འཁོར་དང་བཅས་པ་མ་ལུས་པ། །སྔོན་གྱི་དམ་ཚིག་ཉེར་དགོངས་ལ། །
གནས་འདི་ཉིད་དུ་གཤེགས་སུ་གསོལ། །ཨེ་ཨཱ་ར་ལི་ཧྲིཾ་ཧྲིཾ་ཛཿཛཿ ནག་མོ་
གདུག་ཅན་དྲེགས་པ་ཅན། །ཀུན་ཏུ་ཁྱབ་པའི་གཟུགས་སྟོན་པ། །ནག་མོའི་
གཙོ་མོ་དྲེའུ་རྟ་ཆིབས། །འདིར་བྱོན་དྲེའུ་རྟའི་གདན་ལ་བཞུགས། །ཛཿཧཱུྃ་བཾ་
ཧོཿ སླར་ཡང་ཐུགས་ཀའི་ཧཱུྃ་ལས་འོད་ཟེར་འཕྲོས། དབང་ལྷ་རྣམས་སྤྱན་
དྲངས་ཏེ། དབང་གི་ལྷས་དབང་བསྐུར། རྡོ་རྗེ་འཇིགས་བྱེད་ཡུམ་དང་བཅས་
པས་དབུ་བརྒྱན་པར་གྱུར། ཛཿདངོས་བཤམས་ཡིད་ཀྱིས་སྤྲུལ་པ་ལས་བྱུང་
བའི། །ཆུ་གཉིས་ཉེར་སྤྱོད་རོལ་མོ་འདོད་ཡོན་ལྔ། །དམག་ཟོར་རྒྱལ་མོ་འཁོར་
དང་བཅས་ལ་འབུལ། །བཞེས་ནས་བསྟན་དགྲ་མ་ལུས་བསྣུག་པར་མཛོད། །
ཨོཾ་ཀཱ་ལི་དེ་ཝཱིས་པ་རི་ཝཱ་ར་ཨརྒྷཾ། པཱདྱཾ། པུཥྤེ། དྷཱུ་པེ། ཨཱ་ལོ་ཀེ། གནྡྷེ། ནཻ་ཝི་
དྱ། ཤབྡ། རཱུ་པ། ཤབྡ། གནྡྷེ། ར་ས། སྤར་ཤ་པྲ་ཏཱིཙྪ་ཧཱུྃ་སྭཱཧཱ། ཨོཾ་མཆོད་
ཏོ་དྲིན་ཅན་རྩ་བ་དང་བརྒྱུད་པར་བཅས་པའི་དཔལ་ལྡན་བླ་མ་དམ་པ་རྣམས་
ཀྱི་ཞལ་དུ་ཨོཾ་ཨཱཿཧཱུྃ། དཔལ་ལྡན་དམག་ཟོར་རྒྱལ་མོའི་ཞལ་དུ་ཨོཾ་ཨཱཿཧཱུྃ།
གདུག་པའི་འཁོར་ཚོགས་རྒྱ་མཚོའི་ཞལ་དུ་ཨོཾ་ཨཱཿཧཱུྃ། ཞེས་ནང་མཆོད་འབུལ། རྡོ་རྗེ་
གསུམ་གྱི་ལྷ་ཚོགས་སྤྱན་དྲངས་ཏེ། ཡིག་བརྒྱ་བཟླ། དེ་ནས། ཛཿརྡོ་རྗེ་འཆང་
སོགས་རྩ་བརྒྱུད་བླ་མ་རྣམས། །དངོས་གྲུབ་ཀུན་གྱི་རྩ་བར་མ་མཐོང་བས། །
སྐུ་གསུང་ཐུགས་ཀྱི་དམ་ཚིག་ཉམས་པ་རྣམས། །འགྱོད་པའི་གདུང་བ་དྲག་
པོས་སོ་སོར་བཤགས། །དཔལ་ལྡན་ལྷ་མོ་འཁོར་དང་བཅས་ལ་ཡང་། །བསྙེན་

བསྐྱབ་གཡེལ་ཞིང་མཆོད་གཏོར་ཆག་པ་དང་། །དམ་ཉམས་གྲིབ་ཕོག་དམ་རྫས་སྤགས་པ་སོགས། །ཐུགས་དང་འགལ་བ་གང་བགྱིས་མཐོལ་ལོ་བཤགས། །མདོར་ན་བཟང་ངན་སྤྲོས་པའི་མཐའ་བྲལ་བ། །ཆོས་ཀྱི་དབྱིངས་ལ་ནོངས་པ་མ་མཆིས་ཀྱང་། །ཀུན་རྫོབ་འཁྲུལ་སྣང་སྒྱུ་མའི་རོལ་པ་ཀུན། །རྡོ་རྗེ་གསུམ་གྱི་ཐུགས་རྗེས་བྱང་གྱུར་ཅིག །ཧཱུྃཿརྣམ་ཀུམ་མཆོག་ལྡན་ལྷ་ཡི་རྫིང་རིང་ངོས། །སྔགས་དང་ཏིང་འཛིན་འབྱུང་བཞིའི་འདུ་འབྲལ་ལས། །ལེགས་འོང་མཆོད་པའི་སྤྲིན་ཕུང་མཐའ་ཀླས་པས། །མ་ཅིག་འཁོར་བཅས་དགྱེས་པ་སྐྱེད་གྱུར་ཅིག །སྙིང་ཁྲག་དྲོན་མོའི་མཆོད་ཡོན་ལྷུ་བ་འཁྲིགས། །དབང་པོ་ལྔ་ཡི་མེ་ཏོག་ཚར་དུ་དངར། །གསུར་ཆེན་དུད་པ་བཻཌཱུར་མཆོད་སྤོང་བཞིན། །འདོ་གསལ་སྒྲོན་མེ་ཉི་ཟླའི་རྗེས་འགྲོ་ཞིང་། །ཞག་དང་མཁྲིས་པའི་དྲི་ཆབ་རྒྱ་མཚོར་འཁྱིལ། །ཤ་དང་རུས་པའི་ཞལ་ཟས་ལྷུན་པོར་སྤུངས། །རྣམ་བརྗོད་ངར་དབྱངས་དྲག་པོའི་སྒྲ་སྒྲོགས་པས། །དཔལ་ལྡན་ལྷ་མོ་འཁོར་བཅས་ཐུགས་དམ་པ་སྐངས། །སྤྲིན་གྱི་ཤུགས་འཆང་ཏ་ནག་རླུང་ལྟར་འགྱོ། །མི་བསྲུན་གཡག་རྐོད་རྡོ་རྗེའི་རྣ་རྩེ་གདངས། །ལུག་ནག་སྤྱི་དཀར་ཤ་རྒྱས་སྤུ་སྤྱུག་འཛོལ། །བྱ་ནག་གཤོག་འཛིངས་གར་གྱིས་ལྷ་ལམ་འགེངས། །དོམ་ནག་མཆེ་གསོགས་དགྲ་པོའི་སྲོག་ལ་རྔམས། །རྡོ་རྗེའི་གོ་ཁྲབ་སྣ་ཚོགས་མཚོན་ཆ་དང་། །རྨ་བྱའི་གདུགས་མཛེས་འཚུབ་མའི་གུར་ཁང་འདེབས། །དཔལ་ལྡན་ལྷ་མོ་འཁོར་བཅས་ཐུགས་དམ་བསྐངས། །དྲེའུ་རྐྱང་སེར་སྐྱིན་པོའི་ཐོད་སྐམ་ཅན། །ལྕགས་པའི་གདན་བྱས་སྦྲུལ་གྱི་གོང་རྨེད་ལ། །ནད་རྒྱལ་སྔོ་རྡེའུ་མཚོན་གྱུ་ཕྱིང་དམར་སོགས། །དགྲ་བགེགས་འཛོམས་པའི་ཆས་ཀྱིས་མཚན་པ་འདིས། དཔལ་ལྡན་ལྷ་མོ་འཁོར་བཅས་ཐུགས་དམ་བསྐངས། །རྡོ་རྗེ་བེ་ཅོན་ནལ་ཐོད་ཁྲམ་ཤིང་དང་། །ཐོད་སྐམ་དབུ་རྒྱན་མི་མགོ་ལྔ་བཅུའི་ཕྲེང་། །

བླ་ཉིད་སྤྲུལ་སེང་སྟན་རྒྱན་རེ་བའི་ཏོགས། །མི་ལྤགས་གཡང་གཞི་སྟག་ལྤགས་ཤམ་ཐབས་འདིས། །དཔལ་ལྡན་ལྷ་མོ་འཁོར་བཅས་ཐུགས་དམ་བསྐངས། །དམར་ཆེན་གཏོར་མའི་རི་བོ་མཁའ་ལ་བརྩེགས། །སྲོག་ཐུགས་འཁོར་ཡོས་མཚན་པའི་མདའ་བོ་ཆེ། །གླིང་བཞི་རི་རབ་ཉི་ཟླ་རིན་ཆེན་བདུན། །མི་ཕྱེད་གདུང་ཤུགས་དྲག་པོས་འབུལ་ལགས་ན། །དཔལ་ལྡན་ལྷ་མོ་འཁོར་བཅས་ཐུགས་དམ་བསྐངས། །ཐུགས་དམ་བསྐངས་ཤིང་ཉམས་ཆག་གསོས་གྱུར་ནས། །བར་ཆད་སེལ་ཞིང་དངོས་གྲུབ་སྩལ་དུ་གསོལ། །ཧཱུྃ༔ཆོས་སྐུ་ཡངས་པའི་ཕོ་བྲང་ནས། །དཔལ་ལྡན་ལྷ་མོ་འཁོར་བཅས་ཀྱིས། །ཞེས་སོགས་ཀྱིས་བཟློག་པ་བྱ། སྔགས་འཁོར་བསལ་བཏབ་སྟེ། །ཧཱུྃ་ར་གྨཱ་ཧྨཱི་གྨཱ་ཧཱུྃ་ཧཱུྃ་ར་གྨཱ་ཐུན་ཧཱུྃ་ཁ་ལ་ར་ཀ་ཆེན་མོ་རགྨཱ་ཨ་བྲ་ཏ་བྲ་ཐུན་ཧཱུྃ་ཨུ་ལུ་དུ་ལུ་ཧཱུྃ་ཧཱུྃ་ཧཱུྃ། ཞེས་ཅི་མང་བཟླས་པའི་མཐར་ཡིག་བརྒྱས་ལྷག་ཆད་ཁ་བསྐང་། གཏོར་མ་ནང་མཆོད་ལྷར་བྱིན་གྱིས་རླབས་ལ། དཔལ་ལྡན་ལྷ་མོ་འཁོར་དང་བཅས་པའི་ལྗགས་འོད་ཟེར་གྱི་སྦུ་གུས་གཏོར་མའི་བཅུད་ཐམས་ཅད་དྲངས་ཏེ་གསོལ་བར་གྱུར། ཨོཾ་ཀཱ་ལི་དེ་ཝཱི་ས་པཱ་རི་ཝཱ་ར་ཨི་དཾ་བ་ལིཾ་ཏ་ཁ་ཁ་ཁཱ་ཧི་ཁཱ་ཧི། ལན་གསུམ། ཀཱ་ལི་དེ་ཝཱི་ས་པཱ་རི་ཝཱ་ར་ཞེས་པའི་མཇུག་ཏུ་ཨརྒྷཾ་སོགས་བཏགས་པའི་མཆོད་པ་དང་། ཨོཾ་ཨཱཿཧཱུྃ་བཏགས་པས་ནང་མཆོད་འབུལ། ཧཱུྃ་དཔལ་ལྡན་ལྷ་མོ་འཁོར་བཅས་ཀྱིས། །མཆོད་གཏོར་རྒྱ་མཚོ་འདི་བཞེས་ལ། །སངས་རྒྱས་བསྟན་པ་གཉན་པོ་བསྲུང་། །དཔལ་ལྡན་བླ་མའི་སྐུ་ཚེ་བསྲིང་། །དགེ་འདུན་སྡེ་རྣམས་སྲུངས་ཤིང་སྐྱོངས། །རྒྱལ་འབྱོར་བདག་གི་མགོན་མཛོད་ལ། །ཕ་རོལ་དགྲ་བོ་མ་ལུས་པ། །ཐལ་པའི་རྡུལ་དུ་བརླག་པར་མཛོད། །ཧཱུྃ༔དུས་གསུམ་རྒྱལ་བའི་ཡུམ་གཅིག་དབྱིངས་ཅན་མ། །མ་རུང་འདུལ་ཕྱིར་སྲིན་མོ་ཁྲོས་པའི་གར། །མི་བཟད་གདུག་པའི་ཚེ་འཕྲུལ་མཐའ་ཡས་པས། །དམག་དང་ཟོར་གྱི་ལས་མཛད་ཁྱོད་ལ་བསྟོད། །སྐུ་མདོག་མཐིང་ནག་བཻཌཱུར་རི་བོ་ལ། །རབ་འབར་བསྐལ་པའི་མེ་

ཡིས་འཁྲུད་པ་བཞིན། །སྐྱོན་གསུམ་སྤང་མིག་བགྲད་པ་ཙམ་གྱིས་ཀྱང་། །དགྲ་བགེགས་མ་ལུས་འཇོམས་མཛད་ཁྱོད་ལ་བསྟོད། །ཞལ་དཀྱིལ་ཆར་སྤྲིན་ནག་པོའི་སྒྲོང་ཡངས་ནས། །རོ་འཛིན་སློག་དམར་གཡོ་བའི་གར་དང་བཅས། །ཧ་ཧའི་གད་རྒྱང་དྲག་པོས་བདུད་ཀྱི་སྡེ། །སྙིང་རྩ་སློག་མར་འཐེན་མཛད་ཁྱོད་ལ་བསྟོད། །མི་སྡུག་གཟུགས་སུ་བསྟན་ཡང་ཞི་བའི་ཐུགས། །ཆོས་དབྱིངས་བདེ་བའི་ངང་ལས་མི་གཡོ་བ། །ས་བཅུའི་དབང་ཕྱུག་རྣལ་འབྱོར་ཡོངས་ཀྱི་མ། །དངོས་གྲུབ་གཏེར་ཆེན་ཁྱོད་ལ་བདག་ཕྱག་འཚལ། །གཞན་ཡང་དཔལ་ལྡན་ལྷ་མོའི་བཀའ་ཉན་པ། །གདོང་ཅན་གཉིས་དང་དུས་ཀྱི་རྒྱལ་མོ་བཞི། ། ཚེ་རིང་མཆེད་ལྔ་བརྟན་མ་བཅུ་གཉིས་སོགས། །དམ་ཅན་འཁོར་ཚོགས་རྒྱ་མཚོར་བཅས་ལ་བསྟོད། །དེང་ནས་བདག་ཅག་དཔོན་སློབ་འཁོར་བཅས་ཀྱི། །ཕྱི་དང་ནང་གི་འགལ་རྐྱེན་ཀུན་ཞི་ཞིང་། །ཚེ་བསོད་སྟོབས་འབྱོར་རྣམ་དཀར་བཤད་སྒྲུབ་སོགས། །ལེགས་ཚོགས་ཡར་ངོའི་ཟླ་བཞིན་རྒྱས་པར་མཛོད། །མདོར་ན་བྱང་ཆུབ་སྙིང་པོར་མཆིས་ཀྱི་བར། །རྩེ་གཅིག་གུས་པས་བསྲུང་མར་ཁྱོད་བརྟེན་ན། །ཉིན་གསུམ་བྱ་ར་མཚན་གསུམ་མེལ་ཚེ་ཡིས། །འཕྲིན་ལས་སྟོངས་གྲོགས་གཡེལ་བ་མེད་པར་མཛོད། །དེ་ནས་མཇུག་གི་མཆོད་བསྟོད་དང་། ཡིག་བརྒྱ་ལྷག་ཆད་བསྐང་བ། རྟེན་ཡོད་ན་བརྟན་བཞུགས་དང་། མེད་ན་གཤེགས་གསོལ་སོགས་དཀྱུས་བཞིན་བྱས་ལ་བཀྲ་ཤིས་ཀྱིས་མཐའ་བརྒྱན་པར་བྱའོ། །མ་ཅིག་འདོད་པ་ཁམས་ཀྱི་དབང་ཕྱུག་མའི། །བསྐང་འཕྲིན་མདོར་བསྡུས་སྙིང་པོར་དྲིལ་བ་འདི། །བགྱིད་པའི་དགེ་བས་བདག་གཞན་འགྲོ་བ་ཀུན། །དམ་ཆོས་བསྒྲུབ་ལ་བར་ཆད་མེད་པར་ཤོག །ཅེས་ལྷ་མོའི་བསྐང་འཕྲིན་མདོར་བསྡུས་འདི་ནི་རིགས་ལམ་སྨྲ་བ་རབ་འབྱམས་པ་དཀོན་མཆོག་དངོས་གྲུབ་ཀྱིས་བསྐུལ་ངོར་༧བཙུན་པ་དཀོན་མཆོག་བསྟན་པའི་སྒྲོན་མེས་ཆོས་གྲྭ་ཆེན་པོ་བཀྲ་ཤིས་འཁྱིལ་དུ་སྦྱར་བའི་ཡི་གེ་པ་ནི་དགེ་སློང་འཇིགས་མེད་བསྟན་འཛིན་ནོ། །

ན་མོ་བཛྲ་པླ་ཧ་ཡེ། མཆོད་གཏོར་ཁང་བརྩེགས་མ་སོགས་འདུ་བྱས། སྐྱབས་སེམས་སྔོན་དུ་བཏང་ལ། ཧྲཱིཿཧཱུཿས་བསངས། སྭ་བྷཱ་ཝས་སྦྱངས། སྟོང་པའི་ངང་ལས་རང་གི་མདུན་དུ་བྷྲཱུྃ་ལས་རིན་པོ་ཆེའི་གཞལ་ཡས་ཁང་གྲུ་བཞི་སྒོ་བཞི་རྟ་བབས་བཞི་དང་བཅས་པ། འཁོར་ས་གསུམ་དང་ལྡན་པ། ཁྲུས་ཀྱི་རྫིང་བུ། འདོད་འཇོའི་བ། གཏེར་བུམ། དཔག་བསམ་གྱི་ཤིང་ལ་སོགས་པས་སྤེལ་མར་བསྐོར་བའི་ནང་དུ་རིན་པོ་ཆེ་སྣ་ཚོགས་པའི་རང་བཞིན་གྱི་ཁང་བུ་བརྩེགས་པ་དགུ་ཡོད་པའི་དབུས་མའི་ནང་དུ་པད་ཟླ་ལ་བཻས་ལས་རྒྱལ་མཚན་བཻས་མཚན་པ། དེ་ལས་འོད་འཕྲོས། སེམས་ཅན་རྣམས་ཀྱི་དབུལ་ཕོངས་ཀྱི་སྡུག་བསྔལ་བསལ། རྒྱལ་བ་སྲས་བཅས་ལ་མཆོད་པ་ཕུལ་ནས་དེ་དག་གི་བྱིན་རླབས་དང་། འཇིག་རྟེན་ཁམས་ཀྱི་དཔལ་འབྱོར་མཐའ་དག་བསྡུས་ཏེ་བཻ་ལ་ཐིམ། དེ་ཡོངས་སུ་གྱུར་བ་ལས་རྒྱལ་པོ་ཆེན་པོ་ངལ་གསོས་པོ། སྐུ་མདོག་གསེར་བཙོ་མ་ལྟ་བུ། གཡས་རིན་པོ་ཆེའི་རྒྱལ་མཚན་དང་། གཡོན་ནེའུ་ལེ་འཛིན་པ། སེང་གེ་དཀར་མོའི་སྟེང་ན་སེམས་དཔའི་སྐྱིལ་མོ་ཀྲུང་གིས་བཞུགས་ཤིང་། སྐུ་ལ་གསེར་ཁྲབ་གསོལ་བ། ནམ་མཁའ་མཛོད་ལ་མངའ་བརྙེས་པས་གཟི་བྱིན་རབ་ཏུ་རྒྱས་ཤིང་། ཕྲག་གོང་གཉིས་སུ་ཉི་ཟླས་བརྒྱན་པ། ཕྱོགས་མཚམས་ཀྱི་ཁང་བརྩེགས་སོ་སོར་པད་ཟླའི་གདན་ལ། ཤར་དུ་ཛམྦྷ་ལ་སེར་པོ་རིན་པོ་ཆེ། ལྷོར་གང་བ་བཟང་པོ་སེར་པོ་བུམ་བཟང་། ནུབ་ཏུ་ནོར་བུ་བཟང་པོ་དཀར་པོ་ནོར་བུ། བྱང་དུ་ཀུ་བེ་ར་ནག་པོ་རལ་གྲི། ཤར་ལྷོར་ཡང་དག་ཤེས་སེར་པོ་གསེར་གྱི། ལྷོ་ནུབ་ཏུ་འབྲོག་གནས་ནག་པོ་མདུང་། ནུབ་བྱང་དུ་ལྡས་རྩེན་སེར་སྐུ་ཁང་བརྩེགས། བྱང་ཤར་དུ་བི་ཙི་ཀུཎྜ་ལི་དཀར་པོ་གྲི་ཐུབ་བསྣམས་པ། ཐམས་ཅད་ཀྱང་གཡོན་པས་ནེའུ་ལེ་འཛིན་ཞིང་། རང་རང་གི་སྐུ་མདོག་དང་མཚུངས་པའི་རྟ་ལ་བཅིབས་པ། གཞན་ཡང་གནོད་སྦྱིན་བྱེ་བའི་

ཚོགས་ཀྱིས་བསྐོར་བའི་གཙོ་འཁོར་ཐམས་ཅད་ཀྱི་སྤྱི་བོར་ཨོཾ། མགྲིན་པར་ཨཱཿ ཐུགས་ཀར་ཧཱུྃ་གིས་མཚན་པར་གྱུར། རང་གི་ཐུགས་ཀའི་ཧཱུྃ་ལས་འོད་ཟེར་འཕྲོས། བྱང་ཕྱོགས་ལྗང་ལོ་ཅན་ནས་རྒྱལ་པོ་ཆེན་པོ་འཁོར་དང་བཅས་པ་སྐད་ཅིག་གིས་སྤྱན་དྲངས། བེ་ས་འཛིན་དབང་པོའི་བྱང་ཕྱོགས་ནས། །རིན་ཆེན་མང་སྤྱུལ་རྣམ་ཐོས་སྲས། །སྣོན་པོ་རྟ་བདག་བརྒྱད་ལ་སོགས། །འཁོར་དང་བཅས་པ་གཤེགས་སུ་གསོལ། །བཻ་ཤྲ་མ་ན་ཡེ་ཨ་གཙྪ་ཡ་ཛཿ ཨོཾ་བཻ་སྭཱཧཱ། ཨོཾ་རཏྣ་སུ་ཀུ་ཏ་ཨ་ཧྲི་ཧྲི་ཧཱུྃ། ཀ་མ་ལ་དང་ཟླ་བའི་དཀྱིལ་འཁོར་དབུས། །ཁ་གདངས་མཆེ་ག་ཙིགས་གདོང་ལྡ་འབར་བའི་སྟེང་། །ག་ཤལ་ནོར་བུའི་རྒྱན་སྲས་ངལ་གསོས་པོ། །ང་རྒྱལ་སེར་སྐྱའི་དགྲ་འཛོམས་ཁྱོད་ལ་བསྟོད། །ཨོཾ་བཻ་ཤྲ་མ་ཎ་ཡེ་ས་པ་རི་ཝཱར་ཕྲོཀྵཎཾ ཨརྒྷཾ། པཱདྱཾ ཨཱཙ་མ་ནཾ། པྲོཀྵེ། ནས། ཤབྡའི་བར་གྱིས་མཆོད། ཨོཾ་བཻ་ཤྲ་མ་ན་ཡེ་ས་པ་རི་ཝཱ་ར་པཉྩ་ཀཱ་མ་གུ་ཎ་པུ་ཛ་མེ་གྷ་ས་མུ་དྲ་སྥ་ར་ཎ་ས་མ་ཡེ་ཧཱུྃ། པཉྩ་ཀཱ་མ་གུ་ཎའི་གནས་སུ། ཨཥྚ་མངྒ་ལ་དང་། མ་ཧཱ་སུཁ་རཏྣ་ཡང་བཙུག་སྟེ་དབུལ། རྡོ་རྗེ་གསུམ་གྱི་ལྷ་ཚོགས་སྤྱན་དྲངས་ཏེ་ཡི་གེ་བརྒྱ་པ་བཟླ། རྒྱལ་ཆེན་རྣམ་མང་ཐོས་སྲས་ཐུགས་རྗེའི་གཏེར། །འཁོར་དང་བཅས་པ་བདག་ལ་དགོངས་སུ་གསོལ། །བདག་ནི་མ་རིག་འཁྲུལ་པའི་དབང་གྱུར་ཏེ། །ཕྱི་ནང་གསང་བའི་རྟེན་རྣམས་མ་བཅངས་ཤིང་། །མི་གཙང་སྣད་པའི་ལས་ལ་ཞུགས་པ་སོགས། །རྩ་བ་ཡན་ལག་དམ་ཚིག་ཉམས་པ་ཀུན། །གནོང་ཞིང་འགྱོད་པའི་ཡིད་ཀྱི་མཐོལ་བཤེད་ན། །སྤྲོས་བྲལ་ཆོས་ཀྱི་དབྱིངས་སུ་དག་པར་མཛོད། །རྒྱལ་ཆེན་འཁོར་བཅས་དགྱེས་བྱེད་མཆོད་པའི་སྤྲིན། །འབྲུ་ལྷ་སྙིང་པོ་ལྷ་དང་རིན་ཆེན་ལྷ། །བཀྲ་ཤིས་རྟགས་རྫས་གླིང་བཞི་ལྷུན་པོར་བཅས། །ཕྱི་རྟེན་ཅང་ཤེས་རྟ་དང་ནང་གི་རྟེན། །ལུང་ཐང་ཕྲེང་བ་གསང་རྟེན་འཁོར་ལོ་སོགས། །དུས་གསུམ་དགེ་ཚོགས་འདོད་དགུའི་དཔལ་འབྱོར་ཀུན། །

དམིགས་མེད་ཏིང་འཛིན་སྒྱུ་མའི་རྣམ་རོལ་གྱིས། །གུས་པས་དབུལ་ལོ་ཐུགས་དམ་སྐོང་གྱུར་ཅིག །བདག་ཅག་དཔོན་སློབ་མི་ནོར་བཅས་པ་ཡི། །ཕྱི་ནང་འགལ་རྐྱེན་མཐའ་དག་ཞི་བ་དང་། །ཚེ་དཔལ་བསོད་ནམས་མཐོ་དགུའི་ལོངས་སྤྱོད་ཀུན། །དབྱར་མཚོ་ལྟ་བུར་རྒྱས་པའི་སྟོངས་གྲོགས་མཛོད། །རང་གི་ཐུགས་ཀ་ནས་འོད་ཟེར་འཕྲོས་པ་ཆོས་སྐྱོང་གི་ཐུགས་ཀའི་སྔགས་ཕྲེང་ལ་ཕོག དེ་ལས་འོད་ཟེར་འཕྲོས། འཇིག་རྟེན་ཁམས་ཀྱི་ཕུན་ཚོགས་ཐམས་ཅད་བསྡུས་ཤིང་སྔགས་ཕྲེང་རང་གི་ལྟེ་བ་ནས་ཞུགས་པའི་དམིགས་པ་དང་བཅས། ཏ་དྱ་ཐཱ་ཏེ་ལེམ་ཙེ་ཧྲ་བྲ། ཏེ་ལེ་ཏེ་ལེམ་ཙེ་ཧྲ་བྲ། ཀེ་ལེམ་ཙེ་ཧྲ་བྲ། ཀེ་ལེ་ཀེ་ལེམ་ཙེ་ཧྲ་བྲ། ཀུ་ཊུམ་ཙེ་ཧྲ་བྲ། ཀུ་ཊུ་ཀུ་ཊུམ་ཙེ་ཧྲ་བྲ། ཏུ་ཊུམ་ཙེ་ཧྲ་བྲ། ཏུ་ཊུ་ཏུ་ཊུམ་ཙེ་ཧྲ་བྲ། སུ་ཊུམ་ཙེ་ཧྲ་བྲ། སུ་ཊུ་སུ་ཊུམ་ཙེ་ཧྲ་བྲ། ཙུ་ཊུམ་ཙེ་ཧྲ་བྲ། ཙུ་ཊུ་ཙུ་ཊུམ་ཙེ་ཧྲ་བྲ། ཨོཾ་ཨེ་ཧྱེ་ཧི། ཏིཥྛ་ཏིཥྛ། སརྦ་ཨརྠ་མེ་སཱ་དྷ་ཡ། ཏཛྙ་ཐཱ། ཨོཾ་སུ་ཧྣ་ཏེ། སུ་ར་ཏེ། སུ་མ་ཏེ། སུ་སུ་ཁེ། ཏེ་ལེ་མེ་ལེ་སྭཱ་ཧཱ། ཨོཾ་བཻ་ཤྲ་མ་ཎ་ཡེ་སྭཱ་ཧཱ། ཨོཾ་ཛམྦྷ་ལ་ཛ་ལེནྡྲ་ཡེ་སྭཱ་ཧཱ། ཨོཾ་བུ་ཙ་ཧྲ་དྲ་ཡེ་སྭཱ་ཧཱ། ཨོཾ་མ་ཙེ་ཧྲ་དྲ་ཡེ་སྭཱ་ཧཱ། ཨོཾ་ཀུ་བེ་ར་ཡེ་སྭཱ་ཧཱ། ཨོཾ་ས་མ་པཱུརྞ་ཡེ་སྭཱ་ཧཱ། ཨོཾ་གུ་ཧྱེ་ཏ་ན་ཡེ་སྭཱ་ཧཱ། ཨོཾ་པཉྩི་ཀ་ཡེ་སྭཱ་ཧཱ། ཨོཾ་ཙཎྜི་ཀུཎྜ་ལི་ཡེ་སྭཱ་ཧཱ། ཞེས་བཟླས་པ་བྱ། ཡིག་བརྒྱས་ལྷག་ཆད་བསྐང་། གཏོར་མ་བསངས་སྦྱངས། སྟོང་པའི་ངང་ལས་བྷྲཱུྃ་ལས་རིན་པོ་ཆེའི་སྣོད་ཡངས་ཤིང་རྒྱ་ཆེ་བའི་ནང་དུ་ཕཾ་འོད་དུ་ཞུ་བ་ལས། ལྷའི་ཞལ་ཟས་དྲི་རོ་ཕུན་སུམ་ཚོགས་པ་ཟག་པ་མེད་པའི་ཡེ་ཤེས་ཀྱི་བདུད་རྩིའི་རང་བཞིན་དུ་གྱུར། ཨོཾ་ཨཱཿཧཱུྃ། ལན་གསུམ། གོང་གི་སྙིང་པོ་དང་འཁོར་སོ་སོའི་སྔགས་ཀྱི་མཐར། བ་ལིཾ་ཏ་བཏགས་པས་གཏོར་མ་ཕུལ། ཨརྒྷཾ་སོགས་ཀྱིས་མཆོད། བཻ་དུས་གསུམ་བདེ་བར་གཤེགས་པ་མ་ལུས་པའི། །ཡོན་ཏན་རང་བཞིན་རྒྱལ་བ་རིན་ཆེན་མང་། །བྱང་ཕྱོགས་གནོད་སྦྱིན་སྐྱོང་བའི་སྡེ་དཔོན་གྱི། །རྣམ་རོལ་འདོད་

དགུའི་མཆོག་སྤྱིན་ཁྱོད་ལ་བསྟོད། །དཔག་ཡས་ནམ་མཁའ་མཛོད་ལ་མངའ་བརྙེས་ཏེ། །མ་ལུས་འགྲོ་བའི་དབུལ་བ་སེལ་བྱེད་ཅིང་། །སྒྲུབ་པ་པོ་ལ་འདོད་དགུའི་དཔལ་སྟེར་པ། །རྒྱལ་ཆེན་ཡིད་བཞིན་ནོར་བུ་ཁྱོད་ལ་བསྟོད། །དངོས་གྲུབ་གཏེར་གྱུར་བཙུན་མོ་སྲས་དང་བློན། །ཁྱད་པར་ནོར་གྱི་དབང་ཕྱུག་རྟ་བདག་བརྒྱད། འཁོར་དང་བཅས་ལ་གུས་པས་ཕྱག་བགྱིད་ན། །འདོད་དོན་མ་ལུས་ལྷུན་གྱིས་གྲུབ་པར་མཛོད། །ཅེས་བསྟོད། གཏང་རག་གི་མཆོད་བསྟོད་མདོར་བསྡུས་བྱས་ལ། ཨོཾ་བཛྲ་སཏྭ་ཨཱཿ མ་རྙེད་ཡོངས་སུ་མ་ཤེས་དང་། ཞེས་སོགས་དང་། ཨོཾ་ཨཱཿཧཱུྃ་ཧོཿ ཡེ་ཤེས་པ་རང་བཞིན་གྱིས་གནས་སུ་གཤེགས། དམ་ཚིག་པ་བྲིས་སྐུ་ལ་ཐིམ་པར་གྱུར་པར་བསམས། ཤིས་པ་བརྗོད་པས་མཐའ་བརྒྱན་པར་བྱའོ། །ཞེས་པ་འདི་ནི་ཨུ་རད་(ཨ་རོད)ཤོག་ནས་དད་བརྩོན་ལྡན་པ་ཐོ་ཡོན་དགེ་སློང་དགེ་ལེགས་རྒྱ་མཚོས་བསྐུལ་ངོར་༧བཙུན་པ་དཀོན་མཆོག་བསྟན་པའི་སྒྲོན་མེས་བྲིས་པའོ།། །།

༄༅། །དཔལ་མགོན་ཞལ་བཞི་པའི་གཏོར་འབུལ་དངོས་གྲུབ་ཀུན་འབྱུང་དང་བསྟོད་པ་རྔམས་པའི་སྒྲ་སྒྲོགས་གཉིས་བཞུགས་སོ། །

བདེ་ཆེན་ལྷུན་སྐྱེས་དགའ་བའི་རང་བཞིན་ལས། །སྣང་སྟོང་སྤྲིན་པོའི་རོལ་གར་གདོང་བཞི་པ། །ཡུམ་བཞི་སྲིད་གསུམ་དྲེགས་པའི་སྡེ་དང་བཅས། །ཐོགས་མེད་རྫུ་འཕྲུལ་ཤུགས་ཀྱིས་གནས་འདིར་གཤེགས། །མདུན་དུ་འཇིགས་རུང་དུར་ཁྲོད་ཆེན་པོའི་དབུས། །ཁྲག་ཞག་ཚ་སློང་འཁྲུགས་པའི་ཆོས་འབྱུང་ནང་། །པད་ཉི་མི་རོ་བརྩེགས་པའི་གདན་ཁྲི་ལ། །དགྱེས་བཞིན་བཞུགས་ཏེ་རྣལ་འབྱོར་སྟོང་གྲོགས་མཛོད། །ས་གཞི་བར་སྣང་ནམ་མཁའི་ཁྱོན་འགེང་བའི། །དངོས་བཤམས་ཡིད་སྤྲུལ་མཆོད་སྤྲིན་རྒྱ་མཚོ་དང་། །སྦྱངས་རྟོག་སྦྱར་བྱས་དམར་ཆེན་གཏོར་མའི་ཚོགས། །གུས་པས་འབུལ་ལོ་ཐུགས་དམ་བསྐང་གྱུར་ཅིག །བདེ་ཆེན་རྒྱལ་པོ་བཅོམ་ལྡན་ཧེ་རུ་ཀ །ཁྲོ་བོའི་སྐུར་བསྟན་རྡོ་རྗེ་ནག་པོ་ཆེ། །མཁའ་འགྲོའི་གཙོ་མོ་ཡུམ་བཞི་འཁོར་བཅས་ལ། །སྙིང་ནས་འདུད་དོ་བཅོལ་བའི་འཕྲིན་ལས་མཛོད། །རྡོ་རྗེ་འཆང་སོགས་རྩ་རྒྱུད་བླ་མ་ཡིས། །བཀའ་བསྒོས་གཡར་དམ་གཉན་པོ་དགོངས་མཛོད་ལ། །སྡེ་འདིར་ཕྱི་ནང་ཉེར་འཚེ་ཀུན་ཞི་ཞིང་། །ཆོས་སྲིད་དཔལ་འབྱོར་རྒྱས་པའི་ལས་མཛོད་ཅིག །ཁྱད་པར་ཉེས་མེད་ཉེས་པར་བལྟ་བའི་དགྲ། །བསྒྲལ་བའི་ཞིང་བཅུ་ཚང་བའི་སྡིག་ཅན་འདི། །གཉེན་བཤེས་རྩ་ལག་རྒྱུད་དང་བཅས་པ་ཀུན། །ལོ་

དང་བླ་བ་ཞག་ཏུ་མ་བཞག་པར། །ལྷས་དང་ཚེ་འཕྲུལ་འཇིགས་པས་སྦ་བཀོང་སྟེ། །ནད་དང་གནོད་པའི་གནམ་ལྕགས་ཐོག་མདའ་ཡིས། །ཚེ་སྲོག་དབང་ཐང་ཟས་ནོར་ལོངས་སྤྱོད་ཀུན། །ཐལ་བའི་རྡུལ་དུ་རློག་ཅིག་ས་མ་ཡ། །བསྐུལ་ལོ་ཞིང་སྐྱོང་ཆེན་པོ་ལས་ལ་བསྐུལ། །ཐད་དོ་ནག་པོ་ཆེན་པོ་དགྲ་ལ་ཐད། །མཐུ་རྩལ་དུས་ལ་བབ་ཀྱི་མཐུ་མ་ཆུང་། །དམ་བཞག་དུས་ལ་བབ་ཀྱི་དམ་མ་འདྲལ། །ཡུམ་ཆེན་མ་མོས་རྣལ་ཡམས་དགྲ་ལ་ཐོངས། །དྲེགས་པ་སྡེ་བརྒྱད་འབྲུགས་པས་ཆོ་འཕྲུལ་སྟོན། །གྱི་ཐོགས་བཤན་པའི་ཚོགས་ཀྱིས་དགྲ་བོ་འདིའི། །སྲོག་རྩ་ཚོད་ལ་སྙིང་ཁྲག་ཞལ་དུ་སྟོབ། །མདོར་ན་བདག་ཅག་དཔོན་སློབ་དགེ་འདུན་སྡེ། །ཀུན་གྱི་བསྲུང་མའི་གཙོ་བོར་མངའ་གསོལ་གྱི། །ཉེན་གསུམ་བྱ་ར་མཚན་གསུམ་མེལ་ཚེ་ཡིས། །ལས་བཞིའི་འཕྲིན་ལས་སྒྲུབ་ལ་མ་གཡེལ་ཞིག །དཔལ་ལྡན་བླ་མའི་སྐུ་ཚེ་མཛད་འཕྲིན་རྒྱས། །དགེ་འདུན་ཐུགས་མཐུན་བསླབ་གསུམ་ཉམས་ལེན་དང་། །མདོ་སྔགས་བཤད་སྒྲུབ་བསྟན་པའི་བྱ་བ་ཀུན། །གེགས་མེད་ལྷུན་གྱིས་གྲུབ་པའི་བཀྲ་ཤིས་སྩོལ། །དུས་གཏོར་དང་དམིགས་བསལ་གྱི་སྐབས་མ་གཏོགས་རྒྱུན་ལྡན་ལས་མཛོད་ཅིག །ཅེས་པའི་མཚམས་ནས། མདོར་ན་ཞེས་པ་དང་སྦྱར། ཞེས་དཔལ་མགོན་ཞལ་བཞི་བ་ལ་གཏོར་འབུལ་བྱེད་ཚུལ་བསྡུས་པ་འདི་ནི། མདོ་སྔགས་ཡོངས་སུ་རྫོགས་པའི་བཤེས་གཉེན་ཆེན་པོ་དུས་འཁོར་དཔོན་སློབ་འཇམ་དབྱངས་གྲགས་པ་དང་། སྔགས་པའི་ཁྱུ་མཆོག་རྡོ་རྗེ་འཛིན་པ་དཀོན་མཆོག་དར་རྒྱས། ལས་སྣ་མང་དང་བཅས་ནས་གྲྭ་ཚང་གི་ཚོགས་འདོན་ཏུ་དགོས་ཚུལ་ལྟར་༧བཙུན་པ་དཀོན་མཆོག་བསྟན་པའི་སྒྲོན་མེས་བྲིས་པའོ། །

བརྒྱངས་བསྐུམས་གར་གྱིས་རོལ་བས་དྲག་པོ་ཆུང་མ་དང་བཅས་ངན་སོང་སྲིད་པ་གནས་ནས་སྒྲོད། །ཤེས་རབ་ཕག་མོར་རྗེས་ཆགས་རོལ་བས་སྲིད་མཐར་སྦྱོར་ཞིང་མི་འགྱུར་ལྷན་སྐྱེས་བདེ་ཆེན་བདུད་རྩིས་མྱོས། །ཁྲོ་ཆགས་བཛྲེད་ལྡན་གཟི་འབར་གཟུགས་སྐུའི་མཁའ་དབྱིངས་རབ་དཀར་ཧཱུྃས་པའི་རྒྱན་ཕྲེང་རྒྱ་སྐར་ཚོམ་བུས་མཛེས། །ཧེ་རུ་ཀ་དཔལ་དཔའ་བོའི་དབང་ཕྱུག་དེ་ལ་

བཏུད་ནས་དཔལ་མགོན་ཞལ་བཞི་པ་ལ་བསྟོད་པར་བགྱི། །དམར་ཆེན་དྲི་སྙོམ་གཙན་གཟན་ང་རོ་རྒྱུད་མར་སྒྲོགས་ཤིང་རོ་ལངས་ཀྱིས་གང་རབ་འཇིགས་དུར་ཁྲོད་ན། །ཐ་ཧྣབས་ནམ་མཁའི་མཐར་འཁྱུད་པམ་ཆེན་མགོ་ཕྲེང་ལྷུ་བ་རབ་གསལ་ཁྲག་ཞག་རྒྱ་མཚོ་འཁྲུགས་པའི་ཀློང་། །འུར་འུར་ནག་པོའི་དུད་སྤྲིན་དང་འདྲེས་སྲིད་པའི་ཕ་མཐའ་ཟ་བྱེད་ཡེ་ཤེས་མེ་དཔུང་འབར་བའི་དབུས། །པད་ཉི་དགྲ་བོ་བསྣོལ་མའི་གདན་ལ་བརྐྱངས་བསྐུམས་གར་མཛད་ལྷ་མཆོག་མ་ཧཱ་ཀཱ་ལ་ཁྱོད་ལ་བསྟོད། །ཡན་ལག་རགས་ཤིང་ཐོ་བ་རབ་འཕྱང་མི་སྡུག་སྲིན་པོའི་གཟུགས་ཅན་མདོག་ནག་མུན་པའི་དཀྱིལ་འཁོར་རྫོགས། །དམར་སེར་མེ་ཡི་རལ་པ་གསིག་ཅིང་བཙུ་གཉིས་ཉི་མ་འབར་འདྲའི་ཕྱང་མིག་ཡོན་པོའི་ཚ་ཟེར་འགྲོ། །ལྕགས་འདྲིལ་ཁྲག་གིས་རབ་བརློས་མཆེ་བ་རྣོན་པོ་བཞི་བཞི་ག་ཙིགས་ཤིང་གཏུམ་དྲག་ཧ་ཧའི་གད་རྒྱངས་མཐར། །ཧཱུྃ་ཧཱུྃ་ཕཾ་ཞེས་མཁའ་འགྲོ་དབང་དུ་སྡུད་ཅིང་ས་གསུམ་དཀྱིལ་འཁོར་ཡངས་པའི་ཁྱོན་ཀུན་འདར་བར་བྱེད། །གྲི་གུག་གིས་གཏུབ་དགྲ་སྙིང་ཁྲག་དྲོན་གྱིས་གང་ཐོད་པ་ཞལ་དུ་སྟོབ་ཅིང་དགྱེས་པའི་རྐན་སྦྲ་སྒྲོགས། །གནམ་ལྕགས་རལ་གྲི་བདུད་རིགས་མགོ་བོ་བྲེགས་ཏེ་བརྒྱ་ཕྱེད་ཕྲེང་བ་ཁྲག་གི་རྒྱུན་ལྡན་མགུལ་བར་འཛིན། །མདུང་ཐུང་བགེགས་ཀྱི་སྟོ་བར་བསྣུན་པའི་རྒྱུ་སྣོན་ག་ཤལ་ལ་འཁྲིལ་སྦྲུལ་ནག་ཆུན་པོ་སྟོང་གིས་སྤྲས། །གཡེར་ཁའི་སྒྲ་ལྡན་འོག་པགས་ཀྱིས་བཅིང་སྟག་ཤམ་གཡོ་བའི་གར་མཁན་རྡོ་རྗེ་ནག་པོ་གདོང་བཞི་པ། །གང་གི་ཕྱོགས་བཞིར་མིག་སྨན་མར་གད་རོ་ཧེ་ཏ་ཀ་གསེར་གྱི་བྲག་རི་རབ་མཐོའི་རྩེ་མོ་ཅན། །མུན་ནག་དང་འདྲེས་མེ་ལྗེའི་ཁོས་ཁྱོན་གད་མོ་ཆོད་ཅིང་ས་ཆེན་གཡོ་བའི་ཁོམ་སྐབས་བསྒྱུར་བ་བཞིན། །གཡུང་མོ་གཏུམ་མོ་སྲིན་མོ་སིནྡྷ་ལི་ཞེས་རབ་ཏུ་ཁྲོ་ཞིང་རྔམས་པའི་ཡུམ་ཆེན་སྲིན་མོ་བཞི། །བདུད་ཀྱི་དཀྱིལ་འཁོར་སྲེག་བྱེད་

གཟི་བྱིན་མེད་དཔུང་འབར་བའི་འཁོར་ཚོགས་དམ་ཅན་རྒྱ་མཚོར་བཅས་ལ་བསྟོད། །མདོར་ན་མཐའ་ཡས་འགྲོ་བའི་དོན་སླད་བརྟན་གཡོའི་དངོས་ཀུན་མི་འགྱུར་ལྷན་སྐྱེས་བདེ་བའི་འཁོར་ལོ་ཆེར། །སྟོམ་མཛད་དཔའ་བོ་རྣལ་འབྱོར་མ་རྣམས་ཡོངས་ཀྱི་དབང་ཕྱུག་མཆོག་གི་གནས་དེར་བསྐྱོད་པ་མ་རྫོགས་པ། །དེ་སྲིད་ཧེ་རུ་ཀ་ཡི་བཀའ་རྟགས་རྡོ་རྗེའི་རི་མོས་གཙུག་མཛེས་ལེགས་ལྡན་ནག་པོ་འཁོར་བཅས་ཀྱིས། །སངས་རྒྱས་བསྟན་ལ་གནོད་པའི་བགེགས་ཀྱི་དཔུང་ཚོགས་སྡེ་དང་བཅས་པ་ཐལ་བར་རློག་པའི་འཕྲིན་ལས་མཛོད། །འདིར་སྨྲས་པ། དཔལ་གྱི་མགོན་པོ་རྡོ་རྗེ་གདོང་བཞི་བར། །བསྟོད་པའི་རོལ་མོ་ཐམས་པ་སྒྲ་སྒྲོགས་འདི། །བྱེད་པོ་ཧེ་རུ་ཀ་ཡི་ཞབས་བསྟེན་པའི། །༼བཙུན་པ་དཀོན་མཆོག་བསྟན་པའི་སྒྲོན་མེ་ཡིན།། །།

༄༅། །ཆོས་རྒྱལ་ཕྱི་ནང་གསང་གསུམ་གྱི་བསྙེན་ཅིང་སྒྲུབ་པའི་རིམ་པ་ཁ་སྐོང་གསང་སྒྲུབ་ཀྱི་བསྐང་བ་དང་བཅས་པ་བཞུགས་སོ། །

ན་མོ་གུ་རུ་བཛྲ་ཀྲི་ར་ཡཱ་ཡ། རྒྱལ་ཡུམ་དེ་ཉིད་རྫོགས་པའི་ཤེས་རབ་ལ། །རྒྱལ་བའི་ཡབ་ཏུ་གྱུར་པའི་ངོ་མཚར་ཡང་། །རྒྱལ་སྲས་ཚུལ་དུ་སྟེན་པའི་སྒྱུ་འཕྲུལ་གར། །རྒྱལ་བའི་དབང་པོ་ཙོང་ཁ་པ་ལ་འདུད། །ཏ་ཏར་བཞད་པའི་གད་རྒྱངས་མཐོན་པོ་ཡིས། །སྲིད་པ་གསུམ་པོ་ཤིག་ཤིག་འདར་བྱེད་ཅིང་། །ནམ་མཁའི་དབྱིངས་སུ་རྣ་གདེངས་མ་ཧེའི་གདོང་། །གཤིན་རྗེ་གཤེད་པོས་བགེགས་ལས་རྒྱལ་བར་མཛོད། །བླ་མ་རྡོ་རྗེ་འཛིན་པའི་ཞབས་པད་ལ། །གུས་པས་བཏུད་ནས་ལས་གཤིན་རིགས་གསུམ་གྱི། །བསྙེན་སྒྲུབ་རིམ་པ་དམ་པས་བཤད་ཟིན་འགའ། །ཤིན་ཏུ་གོ་སླའི་ཚུལ་གྱིས་བྲི་བར་བྱ། །དེ་ལ་འདིར་ལས་ཀྱི་གཤིན་རྗེ་ཕྱི་ནང་གསང་གསུམ་གྱི་བསྙེན་སྒྲུབ་ཚུལ་བཞིན་དུ་བྱ་བར་འདོད་པའི་གང་ཟག་གིས་ཐོག་མར་གང་དུ་བསྒྲུབ་པའི་གནས་ནི། དུར་ཁྲོད་ལ་སོགས་པ་གཙོ་བོར་གསུངས་ཀྱང་། གནས་ཁང་ལྟ་བུར་བྱེད་ན། མུན་པ་ཤིན་ཏུ་འཐིབ་པས་ཛམས་གནག་པ། ཁ་སྐོར་བལྟ་བ་དངོས་སམ། ཡང་ན་ཡིད་ཀྱིས་དེ་ལྟ་བུར་མོས་ཏེ། གཟའ་དང་རྒྱ་སྐར་སོགས་ཀྱང་མངོན་སྤྱོད་ཀྱི་ལས་དང་མཐུན་པར་འཆར་བའི་ཚེས་ལ། ཐུན་ཚོད་ཀྱང་དེ་ལྟ་བུ་ནས་མགོ་རྩོམ་པར་བཤད་དོ། །དེ་ལ་ཐོག་མར་གནས་ཁང་ཕྱི་དོར་ལེགས་པར་བྱས། ཡི་

དམ་དང་ལས་གཤིན་རིགས་གསུམ་གྱི་རྟེན་རྣམས་གོ་རིམ་བཞིན་དུ་བཀྲམ། དེའི་མདུན་དུ་སྟེགས་བུ་མཐོན་པོའི་སྟེང་དུ། ལྕགས་སྣོད་ལྷ་བུར་ནས་ནག་རྫེན་བཏགས་ལས་བྱས་པའི་གཏོར་མ་ཁྲུ་གང་ལས་མི་ཆུང་བར་བྱ་དགོས་ལ། དེ་ཡང་ཡི་དམ་གྱི་གཏོར་མ་དཀྱུས་ལྟར་དང་། ཕྱི་སྒྲུབ་ལ་དཔལ་བཤོས་ཟླུར་གསུམ་པ་རྩེ་མོར་ཐོད་དབྱུག་དང་རྡོ་རྗེའི་ཏོག་གིས་སྤྲས་ཤིང་། མེ་རི་སོགས་ཀྱིས་བརྒྱན་པ། ནང་སྒྲུབ་ཀྱི་དབྱིབས་དེ་མཚུངས་ལ་གྲི་ཐོད་ཀྱིས་བརྒྱན་པ་དང་། གསང་སྒྲུབ་ཀྱི་གཏོར་མ་ནོར་བུ་འབར་བའི་དབྱིབས་ཅན། ཕྱི་སྒྲིབ་ཀྱི་གཏོར་མའི་གཡོན་དུ། ཙ་མུཎྜིའི་གཏོར་མ་མཐོ་གང་ལས་མི་ཆུང་བརྩེ་གསུམ་གྱིས་མཚན་པ་དང་། མཐའ་སྐོར་དུ་མཐེབ་ཀྱུ་སོགས་ཕྲུག་བཞིས་མ་ཉམས་པར་ཚུལ་བཞིན་དུ་བཤམས། མདུན་དུ་འབུལ་གཏོར་དང་ཉེར་སྤྱོད་སོགས་ཅི་འབྱོར་པའི་མཆོད་པ་དམ་ཉམས་ཀྱི་རྫས་སོགས་ཀྱིས་མ་སྦྲགས་པའི་གཙང་ཞིང་གྱི་ནོམ་པ། ཕུད་མ་ཉམས་ཤིང་། གཡོ་ཟོལ་གྱིས་མ་བསླད་པ་དང་། ཁྱད་པར་དུ་ཡང་འདིའི་བསྟེན་པའི་ཡན་ལག་ལ་མེད་དུ་མི་རུང་བ། མི་ཀང་གི་གླིང་བུ། ཐོད་པའི་ཊཱ་རུ། ཤ་ཆེན་གུ་གུལ་བསྲེས་པའི་སྤོས་སྦྱོར། ནང་མཆོད་སོགས་ཡོ་བྱད་རྣམས་ཚོགས་སུ་ཚུད་པར་བྱས། རོ་གདན་དངོས་མ་འབྱོར་ཡང་། རོ་རས་ལྷ་བུ་ལ་བྲིས་པའམ། ཐ་མའང་ཡིད་ཀྱིས་དེ་ལྟ་བུར་མོས་པའི་སྟན་ལ་འཁོད། སྐྱབས་སེམས་སྔོན་དུ་བཏང་། ཡི་དམ་གྱི་མངོན་རྟོགས་རྒྱས་བསྡུས་གང་ཡང་རུང་བའི་སྒོ་ནས། རང་ལྷའི་ང་རྒྱལ་བརྟན་པོ་ལ་གནས་པ་ཞིག་མེད་མི་རུང་བར་དགོས་ཏེ། རང་ལ་དེ་ལྟ་བུའི་གདོང་ཅི་ཡང་མེད་པར་སྐྱེ་འགྲོའི་སྲོག་གི་བདག་པོ་འདི་ལྟ་བུ་ལ་བཀའ་བསྒོ་བ་ནི། རང་ཉིད་ཀྱི་འཚོ་བ་ཐུང་དུར་བྱེད་པའི་སྦྱོར་བ་ལྟར་ལེན་པ་ཡིན་པར་ཤེས་པར་བྱའོ། །དེ་ལྟར་ལྷའི་ང་རྒྱལ་དང་གསལ་སྣང་ཁྱད་པར་ཅན་འབྱུང་བ་ལ་ཡང་བཤེས་གཉེན་མཚན་ཉིད་དང་

ལྡན་པ་ཚུལ་བཞིན་དུ་བསྟེན་ནས་མཉེས་པར་བྱས་པ་ལས། སྨིན་བྱེད་དབང་གི་ཆུ་བོ་ཉམས་པ་མེད་པར་མནོས་པ་ཞིག་དགོས་ཤིང་། དེའི་སྔོན་དུའང་འཆི་བ་མི་རྟག་པ་ནས་བཟུང་སྟེ། ཐུན་མོང་བའི་ལམ་གྱི་རིམ་པས་རྒྱུད་ལེགས་པར་སྦྱངས་པ་ཞིག་དགོས་པས། ཐོག་མར་རང་རྒྱུད་ལ་རྨང་གཞི་དེ་དག་ཚང་མ་ཚང་བལྟ་དགོས་ཀྱི། དང་པོ་ཉིད་ནས་མཐོ་མཐོ་དང་ཟབ་ཟབ་འབའ་ཞིག་ལ་དགའ་བས་ནི་གར་ཡང་མི་ཕྱིན་ནོ། །ཁྱད་པར་དུ་ཡང་ལས་ཀྱི་གཤིན་རྗེ་འདི་ཉིད་ལམ་གྱི་འཁྲིས་དང་བསྟུན་པའི་སྤྱང་མ་བཤད་པའི་སྐབས་སུ། སྐྱེས་བུ་ཆུང་ངུའི་ཆོས་སྐྱོང་དུ་གསུངས་པའི་དོན་འཆི་བ་མི་རྟག་པ་ལ་སྦྱར་ནས་བཤད་པའང་ཡོད་ལ། གཙོ་བོ་འདི་ཉིད་ལས་དཀར་ནག་གི་ཤན་འབྱེད་ཡིན་ཞིང་། སྐྱེས་བུ་ཆུང་ངུའི་ལམ་གྱི་སྲོག་ཀྱང་ལས་འབྲས་ཀྱི་སྤངས་བླངས་འདི་ཉིད་ཡིན་པས། དེའི་དབང་དུ་བྱས་པ་ཡིན་ལ། དེས་ན་ལས་འབྲས་ཀྱི་བླང་དོར་ཚུལ་བཞིན་དུ་བྱས་ཏེ། དམ་ཚིག་དང་སྡོམ་པ་མིག་གི་འབྲས་བུ་བཞིན་དུ་བསྲུངས་ན། བསྙེན་སྒྲུབ་ཀྱང་ལོགས་སུ་མི་དགོས་པར་ཆོས་སྐྱོང་རང་དབང་མེད་པར་འཁོར་བའི་རྟེན་དེ་ལས་ལྷག་པ་མེད་ཅིང་། དེ་དག་ཡལ་བར་བོར་ནས་བཟླས་བརྗོད་དང་དམོད་བཅོལ་ཅི་ཙམ་བྱས་ཀྱང་། ཡི་དམ་ཆོས་སྐྱོང་རྣམས་ཐུགས་ཁྲེལ་བའི་རྒྱུ་ལས་མ་འདས་པས་དམ་ཚིག་དང་སྡོམ་པ་གཙང་བ་ཤིན་ཏུ་གལ་ཆེའོ། །དེ་ལ་ལས་གཤིན་རིགས་གསུམ་པོ་འདི་ནི། གཞན་གྱི་ཆོས་སྐྱོང་ཐ་དད་པ་གསུམ་ལྟ་བུ་མ་ཡིན་པར། རྩ་བ་དམ་ཅན་ཆོས་རྒྱལ་གཅིག་པུ་དེ་ཉིད་སྒྲུབ་པ་པོའི་མོས་པ་ཐ་དད་པའི་དབང་གིས་ལས་སོ་སོ་ལ་སྐུའི་རྣམ་པ་སྟོན་ཚུལ་ཙམ་ཡིན་པས། དཀྱུས་གཅིག་ཏུ་བསྒྲུབ་པའི་ཚེ་ཡང་། མངོན་རྟོགས་སོགས་གསལ་འདེབས་པའི་ཚུལ་རགས་པ་ཙམ་ཞིག་སོ་སོར་བྱས་ཀྱང་། ཚོགས་འི་ཆ་རྣམ་པ་ཐམས་ཅད་ནས་མ་འདྲེས་པ་མི་དགོས་པས། འདིར་ཡང་ཕྱི་སྒྲུབ་ནང་སྒྲུབ་གཉིས་ཀྱི་

མངོན་རྟོགས་སོགས་དཀྱུས་ལྟར་བྱས་ཏེ། དེའི་བར་དུ་གསང་སྒྲུབ་ཀྱི་སྐོར་རྣམས་འཇུག་པའི་ཚུལ་ནི། ཡི་དམ་གྱི་བསྒོམ་བཟླས་གཏོར་འབུལ་རྣམས་གྲུབ་པའི་རྗེས་སུ་ཧྲཱིཿཧྲཱིཿ ས་བསངས། ཤྲ་ཧཱུྃ་ཕ ས་སྦྱངས། སྟོང་པའི་ངང་ལས་སྣ་ཚོགས་པདྨ་དང་ཉི་མ། ཞེས་པ་ནས། ཡིདྨ་དམར་པོ་གྱེན་དུ་ལངས་པ། ཡང་མདུན་གྱི་ནམ་མཁར་པདྨ་དང་ཉི་མ་དང་མ་ཧེ་དམར་པོའི་གདན་གྱི་སྟེང་དུ་ཡཾ་ཡིག་དམར་པོ་དེ་ལས་འོད་ཟེར་འཕྲོས། གནོད་བྱེད་གདུག་པ་ཅན་རྣམས་ཚར་བཅད་ཅིང་། སེམས་ཅན་རྣམས་ཀྱི་དབུལ་ཕོངས་ཀྱི་སྡུག་བསྔལ་བསལ། སྲིད་ཞིའི་དཔལ་འབྱོར་མཐའ་དག་བསྡུས་ཏེ་ཡཾ་ཡིག་ལ་ཐིམ། དེ་ཡོངས་སུ་གྱུར་པ་ལས། ཆོས་ཀྱི་རྒྱལ་པོ་སྐུ་མདོག་དམར་ནག་རབ་ཏུ་འཇིགས་པའི་གཟུགས་ཅན། ཕྱི་རུའི་རི་པོ་ལ་བསྐལ་པའི་མེས་འཁྲུད་པ་ལྟ་བུ། མ་ཧེ་རབ་ཏུ་ཁྲོས་པའི་གདོང་དང་ལྡན་པ། འབར་བའི་སྤྱན་གསུམ་སྡང་མིག་སྒྲིག་ལྟར་འཁྲུག་ཅིང་། མེའི་ཚ་ཚ་འཕྲོ་བའི་སྨ་ར་དང་། སྨིན་མ་དམར་སེར་གྱེན་དུ་བརྫེས་པ། མཆེ་བ་རྣོན་པོ་བཞི་ག་སྩིགས་ཤིང་ལྗགས་འདྲིལ་བ། གཡས་ཡིད་བཞིན་གྱི་ནོར་བུ་དང་། གཡོན་བདུད་རྩིས་གང་བའི་ཐོད་པ་ཐུགས་ཀར་འཛིན་ཅིང་། ཐོད་སྐམ་ལྔའི་དབུ་རྒྱན་དང་། ཁྲག་འཛག་པའི་མགོ་བོ་རློན་པ་ལྔ་བཅུའི་དོ་ཤལ་ཅན། གཡས་བསྐུམ་གཡོན་བརྐྱང་གི་སྟབས་ཀྱིས་བཞུགས་ཤིང་། ཡིདྨ་དམར་པོ་གྱེན་དུ་ལངས་པ། གཞན་ཡང་པདྨ་དང་ཉི་མ ཞེས་སོགས། ཕྱི་སྒྲུབ་ཀྱི་མངོན་རྟོགས་དཀྱུས་ལྟར་བྱས། སྤྱན་འདྲེན་གྱི་ཚེ་ཡང་གསུམ་ག་ལྷན་ཅིག་ཏུ་སྤྱན་དྲངས་ཏེ། དམ་ཚིག་པ་སོ་སོ་ལ་ཐིམ་པའི་མོས་པ་དང་དབང་བསྐུར་རྒྱས་གདབ་ཀྱང་ལྷན་ཅིག་ཏུ་བྱས་པས་ཆོག་ལ། གང་དུ་བཞུགས་པའི་གནས་ནི། རང་ཡི་དམ་གྱི་རྟེན་བརྟེན་པའི་ང་རྒྱལ་ལ་གནས་པའི་ཚེ། ཤར་སྒོའི་རྟ་བབས་ཀྱི་རྒྱབ་ཐད་དྲང་གི་ནམ་མཁར་གསལ་འདེབས་པར་གསུངས་སོ། །ནང་མཆོད་

འབུལ་བའི་ཚེ། ཡམ་ནྟ་ཧྲཱི་སཏ་སིདྡྷིས་བ་རི་ཕཱུ་ར་ཨོཾ་ཨཱཿཧཱུྃ། ཞེས་པ་བཅུག་ཅིང་། བསྟོད་པ་ཐུན་མོང་དུ་བྱ། སྤྱི་ཕྱིའི་ཐུན་གང་རུང་གཅིག་མ་གཏོགས་པར་འདི་ནས་བཟླས་པ་ལ་ཞུགས་པས་ཆོག་ཀྱང་། བསྐང་བཤགས་བྱེད་པའི་ཚེ། ཧཱུྃ་བླ་མ་མཆོག་དང་། ཞེས་པ་ནས། སྤྲོས་བྲལ་ཆོས་དབྱིངས་ངང་དུ་བཤགས་པར་བགྱི། །ཞེས་པའི་རྗེས་སུ། ཧཱུྃ་འཇམ་པའི་དབྱངས་སོགས་རྩ་བརྒྱུད་བླ་མ་དང་། །དགེ་སྡིག་ཤན་འབྱེད་ཆོས་ཀྱི་རྒྱལ་པོ་སོགས། །ཡེ་ཤེས་སྤྱན་ལྡན་སྲུང་མ་འཁོར་དང་བཅས། །མ་ལུས་བདག་ལ་བརྩེ་བས་དགོངས་སུ་གསོལ། །ཐོག་མེད་དུས་ནས་སྲིད་པའི་བརྩོན་རར་ཚུད། །སེར་སྣ་ལ་སོགས་ཉེས་བརྒྱའི་ལྷུགས་ཀྱིས་བསྣམས། །སྡོངས་པའི་མུན་པ་འཐིབ་པོའི་དབང་གྱུར་ཏེ། །ལས་འབྲས་ཚུལ་ལ་བླང་དོར་ལོག་པར་བསྒྲུབས། །དངོས་གྲུབ་རྩ་བ་བླ་མར་སྐྱོན་བརྟགས་ཤིང་། །ཡི་དམ་ལྷག་པའི་ལྷར་ཡང་སོམ་ཉི་བགྱིས། །ཆོས་སྐྱོང་སྲུང་མའི་བསྙེན་སྒྲུབ་གཡེལ་བ་སོགས། །སྒོ་གསུམ་ཉེས་པའི་ཚོགས་ཀུན་མཐོལ་ལོ་བཤགས། །དངོས་གྲུབ་ཀུན་གྱི་རྟེན་དུ་གྱུར་པ་ཡི། །བསྲུང་སྡོམ་བཅས་པའི་མཚམས་ལས་འདས་པ་དང་། དམ་རྫས་གཏོར་མ་སོགས་ལ་ཉམས་གྲིབ་ཀྱིས། །སྔགས་པའི་ཉོངས་པ་ཅི་བགྱིས་མཐོལ་ལོ་བཤགས། །དབུལ་ཕོངས་སེར་སྣའི་སྐྱོན་དུ་མ་རྟོགས་པར། །ཕྱི་ཕྱིར་འཇུངས་པས་སྦྱིན་པ་མི་གཏོང་ཞིང་། །འདོད་ལ་སྲེད་པས་གཞན་ནོར་བླངས་པ་སོགས། །ཁྱོད་ཀྱི་དམ་ཚིག་ལས་འགལ་བགྱིས་རྣམས་བཤགས། །ཡབ་རྗེ་རྒྱལ་བའི་བསྟན་ལ་འཁྲུ་བའི་དགྲར། །དྲག་པོས་ལས་ཀྱི་ཚམ་རྫམ་མི་སྟོན་པར། །ཟས་ནོར་གཏམ་གྱིས་བྱམས་པར་བསྐྱངས་པ་སོགས། །ཁྱོད་ཀྱི་ཐུགས་དང་འགལ་བ་བགྱིས་རྣམས་བཤགས། །མདོར་ན་བཟང་ངན་སྤྲོས་པའི་མཐའ་བྲལ་བ། །ཆོས་ཀྱི་དབྱིངས་ལ་ཉོངས་པ་མ་མཆིས་ཀྱང་། །ཀུན་རྫོབ་འཁྲུལ་ངོར་བཀྲ་བའི་ཉེས་ལྟུང་ཀུན། །བརྩེ་ཆེན་ཐུགས་རྗེའི་སྟོབས་ཀྱིས་བྱང་གྱུར་ཅིག །

བསྐང་བ་ནི། ཧཱུྃ། མི་འགྱུར་ལྷུན་སྐྱེས་བདེ་བའི་རོལ་པ་ལས། །ཏིང་འཛིན་གསལ་བའི་རི་མོ་མཆོད་པའི་སྤྲིན། །སྣ་ཚོགས་དབང་པོའི་གཞུ་བཞིན་བཀྲ་བ་ཡིས། །ཆོས་ཀྱི་རྒྱལ་པོ་འཁོར་བཅས་དགྱེས་གྱུར་ཅིག །ཁྲག་གི་མཆོད་ཡོན་ཐ་སྣབས་མཁའ་ལ་འཁྱོ། །དབང་པོའི་མེ་ཏོག་འདབ་མ་འབུམ་དུ་བཞད། །ཤ་ཆེན་དུད་སྤྲིན་ལྷ་ཡི་ལམ་ཀུན་འགེངས། །ཚིལ་ཆེན་སྒྲོན་མེ་ཉི་ཟླའི་འོད་ལ་འཁྲུ། །ཁྲག་དང་ཞག་གི་དྲི་ཆབ་རྒྱ་མཚོར་འཁྱིལ། །ཤ་དང་རུས་པའི་ཞལ་ཟས་ལྷུན་པོར་སྤུངས། །སྙན་ཅིང་བརྗོད་པའི་རོལ་མོ་འབྲུག་ལྟར་སྒྲོགས། །ཕྱི་དང་ནང་གི་ཉེར་སྤྱོད་དམ་པ་འདིས། །བླ་མ་གཤིན་རྗེའི་གཤེད་པོའི་ཐུགས་དམ་བསྐང་། །ཆོས་རྒྱལ་ཡིད་བཞིན་ནོར་བུའི་ཐུགས་དམ་བསྐང་། །འཁོར་ཚོགས་དམ་ཅན་རྒྱ་མཚོའི་ཐུགས་དམ་བསྐང་། །ཐུགས་དམ་བསྐངས་ཤིང་ཉམས་ཆག་སོས་གྱུར་ནས། །བསྟན་ལ་གནོད་པའི་དགྲ་བགེགས་བརླག་པ་དང་། །དབུལ་ཞིང་ཕོངས་པའི་སྡུག་བསྔལ་བསལ་བྱས་ཏེ། །རྣལ་འབྱོར་དམ་ཆོས་བསྒྲུབ་པའི་མཐུན་རྐྱེན་ཀུན། །འབད་མེད་ལྷུན་གྱིས་གྲུབ་པའི་དངོས་གྲུབ་སྩོལ། །བསྐལ་བའི་མེ་འོད་འཁྱོ་བའི་བྲག་གི་རིས། །རབ་ཏུ་རྔམ་པའི་ངར་སྒྲ་སྒྲོགས་པ་བཞིན། །ཁ་དོག་དམར་ནག་རྗེ་བའི་རྭ་གདེངས་ཤིང་། །རུས་པའི་རྒྱན་སྤྲས་གཏུམ་དྲག་མ་ཧེ་འདིས། །བླ་མ་གཤིན་རྗེ་གཤེད་སོགས། ཤ་ལོ་ཀ་གཉིས་གོང་དང་འདྲ། ཟས་ནོར་ལོངས་སྤྱོད་འདོད་དགུའི་གཏེར་ཆེན་པོ། །ཆར་དུ་བསྙིལ་བའི་ནོར་བུ་བསམ་འཕེལ་དང་། །ཡངས་ཤིང་རྒྱ་ཆེ་མཚན་ལྡན་ཀ་པཱ་ལ། །དམར་སེར་བདུད་རྩིའི་རྒྱུན་གྱིས་གང་བ་འདིས། །བླ་མ་ནས། གངས་རིའི་མདངས་ལྡན་ཐོད་པའི་དབུ་རྒྱན་དང་། །ཆེལ་ཆེལ་ཁྲག་འབབ་བརྒྱ་ཕྲེད་མགོ་བོའི་འཕྲེང་། །མུ་ཏིག་འོད་ཆགས་རུས་པའི་དོ་ཤལ་སོགས། །སྣ་ཚོགས་རྒྱན་གྱི་བྱེ་བྲག་དམ་པ་ཡིས། །བླ་མ་ནས། གཞན་ཡང་ལྷུན་པོ་ཉི་ཟླའི་

ཟ་ཆ་ཅན། །གླིང་དང་གླིང་ཕྲན་བརྒྱ་ཤིས་རྟགས་རྫས་ཚོགས། །རིན་ཆེན་བདུན་དང་གོ་མཆོག་ཟས་ནོར་སོགས། །དངོས་བཤམས་ཡིད་སྤྲུལ་མཆོད་པའི་སྤྲིན་ཕུང་འདིས། །བླ་མ་གཤིན་རྗེ་ནས། ལྷུན་གྱིས་གྲུབ་པའི་དངོས་གྲུབ་སྩོལ། །ཟློག་པ་ཐུན་མོང་དང་བཟླས་པའི་སྐབས་སུ། ཨོཾ་ཡ་མ་རཱ་ཛཱ་སཏ་སིདྡྷི་ཧཱུྃ། ཞེས་བཟླ་ཞིང་གཏོར་འབུལ་གྱི་ཚེ་ཡང་། ཡ་མ་རཱ་ཛཱ་སཏ་སིད་དྷི་ས་པ་རི་ཝཱ་ར་ཨི་ད་མ་བ་ལིཾ་ཏ་ཁ་ཁ་ཁཱ་ཧི་ཁཱ་ཧི། ཞེས་པ་བཙུག་ལ། ནང་མཆོད་ཀྱང་སྔར་ལྟར་དབུལ། བསྟོད་པ་ནི། ཧཱུྃ། གང་ཞིག་ཡིད་ལ་དྲན་པའི་བསིལ་ཟེར་གྱིས། །དབུལ་ཞིང་ཕོངས་པའི་ཚ་གདུང་འཇིལ་བྱེད་ཅིང་། །སྲིད་ཞིའི་དཔལ་འབྱོར་ཀུན་དར་རྒྱས་བྱེད་པ། །ཆོས་རྒྱལ་ཡིད་བཞིན་ནོར་བུ་ལ་ཕྱག་འཚལ། །རིན་ཆེན་ནོ་ཧེ་ཏ་ཀའི་ལྷུན་པོ་ལ། །རབ་འབར་གློག་གི་ཞགས་པས་འཁྲུད་པ་བཞིན། །སྐུ་མདོག་དམར་ནག་རབ་འཇིགས་སྲིན་པོའི་གཟུགས། །གཏུམ་དྲག་ཚམ་ཙམ་འཕྲོ་བ་ཁྱོད་ལ་བསྟོད། །དམར་སེར་མེ་ཡི་རལ་བ་མཁའ་ལ་གསིག །ཧ་ཧའི་གད་རྒྱངས་དྲག་པོས་སྲིད་གསུམ་འགེངས། །བརྐྱང་བསྐུམ་ཞབས་གཉིས་བརྡབ་པས་ས་ཆེན་གཡོ། །རྒྱལ་བསྟན་སྲུང་མའི་གཙོ་བོ་ཁྱོད་ལ་བསྟོད། །འཇིག་རྟེན་གསུམ་གྱི་དཔལ་འབྱོར་མ་ལུས་པ། །དབང་དུ་སྡུད་པའི་ནོར་བུ་རིན་ཆེན་དང་། །བདུད་རྩིའི་རྒྱུན་གྱིས་གང་བའི་ཀ་པཱ་ལ། །གཡས་གཡོན་ཕྱག་གིས་འཛིན་མཛད་ཁྱོད་ལ་བསྟོད། །ཡེ་ཤེས་རང་བཞིན་རབ་འབར་བྱིན་ཟ་ཡིས། །སྡེ་དང་བཅས་པའི་བདུད་རྣམས་སྲེག་བྱེད་ཅིང་། །སྒྲུབ་པ་པོ་ལ་དངོས་གྲུབ་ཆར་འབེབས་པའི། །བསམ་འཕེལ་དབང་གི་རྒྱལ་པོ་ཁྱོད་ལ་བསྟོད། །འཇམ་མགོན་ངུར་སྨྲིག་གར་བསྒྱུར་ཅོང་ཁ་པའི། །བསྟན་དང་བསྟན་འཛིན་བརྒྱུད་པར་བཅས་པ་ཀུན། །འཛད་མེད་དངོས་གྲུབ་ཆར་གྱིས་སྐྱོང་མཛད་པའི། །ཆོས་སྐྱོང་ཆེན་པོ་ཁྱོད་ལ་སྙིང་ནས་འདུད། །བདག་ཅག་དེང་ནས་བྱང་ཆུབ་སྙིང་པོའི་བར། །དམ་ཆོས་

སྒྲུབ་པའི་བར་གཅོད་མི་འབྱུང་ཞིང་། །ཕྱི་དང་ནང་གི་མཐུན་རྐྱེན་མ་ལུས་པ། །འདོད་དགུར་ལྷུན་གྱིས་གྲུབ་པའི་སྟོང་གྲོགས་མཛོད། །ཅེས་པས་བསྟོད། དེ་དག་ནི་གཙོ་བོར་ངག་འདོན་གྱི་རིམ་པ་ཙམ་སྟེ། གཙོ་བོར་གྱུར་པ་བསྙེན་པའི་དམིགས་པ་ནི། ནང་སྒྲུབ་ལ་རང་ཡི་དམ་དུ་གསལ་བའི་ཐུགས་ཀའི་ཏིང་ངེ་འཛིན་སེམས་དཔའ། ཧཱུྃ་ཡིག་མཐིང་ཁའི་འོག་ཙམ་ལ་པདྨ་དམར་པོ་འདབ་མ་བཞི་པའི་ལྟེ་བར་ཧཱུྃ་ཡིག་དང་། མཐའ་སྐོར་དུ་སྔགས་ཀྱི་ཕྲེང་བས་བསྐོར་བ་གསལ་བཏབ། ཆོས་རྒྱལ་གྱི་ཐུགས་ཀར་ཡང་དེ་ལྟ་བུའི་སྔགས་འཁོར་ཞིག་གསལ་བཏབ་སྟེ། རང་གི་ཐུགས་ཀའི་སྔགས་འཁོར་ཏེ་ཉིད་དྲག་ཏུ་བསྐྱོད། སྐུའི་དབྱིབས་བརྒྱུད་དེ། ཤངས་བུག་གཡས་ནས་བྱུང་། ཆོས་རྒྱལ་གྱི་ཤངས་བུག་གཡོན་པ་ནས་ཞུགས། ཐུགས་ཀའི་སྔགས་འཁོར་གྱི་དབུས་ཀྱི་ས་བོན་ལ་སིབ་ཀྱིས་ཐིམ། སླར་ཡང་ཆོས་ཀྱི་རྒྱལ་པོའི་སྐུའི་དབྱིབས་བརྒྱུད་དེ་ཤངས་བུག་གཡས་ནས་བྱུང་། རང་གི་ཤངས་བུག་གཡོན་ནས་ཞུགས་ཏེ་ཐུགས་ཀར་འཁོད། དེ་ལྟ་བུའི་ཚུལ་གྱིས་འགལ་མེའི་འཁོར་ལོ་བཞིན་དུ་འཁོར་ཞིང་། དེ་ལ་ཡི་གེ་རྣམས་ལས་སྔགས་ཀྱི་གདངས་ཟབ་མོ་འབྲུག་སྒྲ་བཞིན་དུ་ཨུ་རུ་རུ་སྒྲོགས་བཞིན་པ་དང་། མེ་སྟག་དམར་ཆེམ་ཆེམ་འཕྲོ་བ་དེ་ལྟ་བུ་བསམ་དགོས་ལ། དེ་ལྟ་བུའི་སྔགས་ཀྱི་འཕྲེང་བ་བརྒྱུད་མར་འཁོར་བས། ཆོས་ཀྱི་རྒྱལ་པོའི་ཐུགས་རྒྱུད་རང་དབང་མེད་པར་བསྐུལ་ཏེ། རང་ལ་ལྟ་མི་ནུས་བཞིན་དུ་འདུད་ཅིང་གུས་པའི་ཚུལ་གྱིས་ཞི་རྒྱས་དབང་དྲག་གི་ལས་རབ་འབྱམས་གང་བཅོལ་ཐམས་ཅད་བདག་གིས་བྱའོ་ཞེས་ཞལ་གྱིས་བཞེས་ཤིང་དམ་བཅས་པར་བསམས་ཏེ། སྔགས་བཟླས་པ་ལ་འཇུག་དགོས་ཤིང་། ཕྱི་སྒྲུབ་ལ་སྔགས་འཁོར་གཉིས་ཀའི་དབུས་ཀྱི་ས་བོན་ལ་ཡཾ་ཡིག་མཐིང་ག་དང་། ཙ་མུ་ཎྜིའི་ཐུགས་ཀར་ཛེ་གསུམ་ལ་གནས་པའི་ཙཾ་ཡིག་གི་མཐར། སྔགས་འཁོར་འགོད་དགོས་ཀྱི། དམིགས་པའི་ཁྱད་པར་གཞན་འདྲའོ། །ནང་

སྒྲུབ་ཀྱི་སྔགས། ཨོཾ་ཀཱ་ལ་རུ་པ་ཡ་མ་རཱ་ཛ་ཧཱུཾ་ཕཊ། ཅེས་པ་འདི་ཉིད་ཡིན་པར་གྲགས་ཆེ་ལ། ཕྱི་ནང་གཉིས་ཀའི་སྔགས་གཅིག་པར་བཞེད་པ་ཡང་ཡོད་དེ་དཔྱད་པར་བྱའོ། །གསང་སྒྲུབ་ཀྱི་བཟླས་པའི་དམིགས་པ་ནི། ཐུགས་ཀར་ཉི་གདན་གྱི་སྟེང་དུ་དབུས་སུ་ནོར་བུ་འབར་བ་ལ་གནས་པའི་ཡཾ་ཡིག་དམར་པོ་དང་། མཐའ་སྐོར་དུ། ཨོཾ་ཡ་མ་རཱ་ཛཱ་སཏྭ་སིད་ཧྲི་ཧཱུཾ་ཞེས་པས་བསྐོར་བར་བསམས་ཏེ། སྔགས་འཕྲེང་སྒྲོ་བསྒྱུ་སོགས་སྔ་མ་དང་འདྲ་ཡང་། དམིགས་པའི་ཁྱད་པར་ནི། འདིའི་སྔགས་འཕྲེང་ལས་འོད་ཟེར་དམར་པོ་ལྕགས་ཀྱུ་དང་། ཞགས་པའི་རྣམ་པ་ལྟ་བུ་དཔག་ཏུ་མེད་པ་འཕྲོས་ནས། འཇིག་རྟེན་གྱི་ཁམས་ཀུན་ཏུ་ཁྱབ་པས་ཟས་ནོར་ལོངས་སྤྱོད་མཐའ་དག་དང་ཁྱད་པར་རྒྱལ་བློན་སྡེ་འབངས་སོགས། གང་ཞིག་དབང་དུ་བསྡུ་བར་འདོད་པ་ཐམས་ཅད་རང་དབང་མེད་པར་ཁབ་ལེན་གྱིས་ལྕགས་ཕྱེ་བསྡུས་པ་བཞིན་དུ་བཀུག་སྟེ་དབང་དུ་འདུས་པར་བསམ་ལ་བཟླས་པ་བྱའོ། །བསྙེན་པའི་ཚེ་ཅུང་ཟད་འཚུབ་པའི་རྣམ་པ་བྱུང་ན། ཆོས་རྒྱལ་གྱི་སྤྱི་བོར་རྡོ་རྗེ་ནག་པོ་རྩེ་ལྔ་བའི་ལྟེ་བའི་ནང་དུ། ཡི་དམ་རྡོ་རྗེ་འཇིགས་བྱེད་ཀྱི་ངོ་བོ་ཧཱུཾ་ཡིག་མཐིང་ནག་འོད་ཟེར་དྲག་ཏུ་འབར་བ་ཞིག་གོང་གནོན་གྱི་ཚུལ་དུ་གསལ་བཏབ་དེས་འཚུབ་ཞི་བར་མ་ནུས་ན། རྡོ་རྗེའི་ལྟེ་བར་འཇིགས་བྱེད་མ་ཧེའི་ཞལ་ཅན། ཞལ་གཅིག་ཕྱག་གཉིས་པ། ཆེ་ཆུང་ཚོན་གང་བ་ཞིག་གསལ་བཏབ། དེས་ཀྱང་མ་ནོན་པར་ཤིན་ཏུ་འཚུབ་ཅིང་ལས་བསྒྲུབ་པར་མ་ཉན་པའི་རྣམ་པ་འབྱུང་ན། གནམ་ལྕགས་ཀྱི་རང་བཞིན་གྱི་རྭ་རྩེ་དང་རྨིག་པ་ཤིན་ཏུ་རྣོ་བའི་མ་ཧེ་ལ་གནས་པའི་འཇིགས་བྱེད། ཞལ་གཅིག་ཕྱག་གཉིས་པ་ཞིག་གསལ་བཏབ་སྟེ། དེ་ལ་ཡེ་ཤེས་པ་བཅུག །ཕྱོགས་བཅུའི་སངས་རྒྱས་ཐམས་ཅད་ཀྱི་ནུས་མཐུ་ཡང་འོད་ཟེར་གྱི་རྣམ་པར་བསྡུས་ཏེ་བསྟིམ་པས་གཟི་བྱིན་དང་ལྡན་པར་བསམས་ལ། རང་གི་ཐུགས་ཀའི་ཧཱུཾ་ལས་

འཁྲོས་པའི་འོད་ཟེར་གྱིས། དེའི་ཐུགས་རྒྱུད་བསྐུལ་བས་དྲག་ཏུ་ཁྲོས་ཏེ་གར་མཛད་ཅིང༌། མ་ཧེས་ཀྱང་ཆོས་རྒྱལ་གྱི་དབུའི་སྟེང་དུ་ཡན་ལག་བཞི་དྲག་ཏུ་བརྡབ་ནས་ཟིང་ཟིང་འཁྲབ་པས། ཆོས་རྒྱལ་བཟོད་སྤྲགས་མེད་པར་གྱུར་ནས་ལས་གང་བཅོལ་བསྒྲུབ་པའི་གཡར་དམ་ཐོར་བར་བསམ་མོ། །ཕྱི་མ་འདི་དམིགས་པ་ཤིན་ཏུ་འཚུབ་པས། ཡི་དམ་གྱི་བསྙེན་སྒྲུབ་ཚད་དང་ལྡན་པའི་གདེང་མ་ཐོབ་པར་གཏན་ནས་བྱ་མི་རུང་ལ། དེ་ལྟ་བུ་ཡོད་ཀྱང་བརྒྱ་ལ་ཐབས་མེད་བྱུང་ན་མ་གཏོགས་ཤིན་ཏུ་འཛེམ་པར་བྱ་དགོས་སོ། །འཁུ་ཞིང་ཟློག་ན་སྲོག་མནན་པ་ནི། རང་གི་ཐུགས་ཀ་ནས་སྤྲོས་པའི་འོད་ཟེར་ཆོས་སྐྱོང་གི་ཐུགས་ཀའི་ས་བོན་ལ་ཐོག་པས། དེའི་གཟི་བྱིན་བཀྲག་མདངས་ཐམས་ཅད་བསྡུས་ཏེ། རང་ལ་ཐིམ་པར་བསམ། ཆོས་སྐྱོང་ཕྱི་བཞིན་འཁྲང་བའི་ཐབས་ནི། ཐུན་འཛོག་ཁར་དེའི་ཐུགས་ཀའི་སྔགས་འཁོར་དེ་ཉིད་དབུས་ཀྱི་ས་བོན་ལ་ཐིམ། ས་བོན་ཡང་ཤངས་བུག་ནས་ཐོན། རང་གི་སྙིང་ཁའི་ས་བོན་ལ་ཐིམ་པར་བསམ་མོ། །དམ་ཚིག་ཉམས་ཆག་སྐོང་བ་ནི། རང་དང་ཆོས་སྐྱོང་གཉིས་ཀའི་ཐུགས་ཀར་ཉི་མའི་དཀྱིལ་འཁོར་གྱི་དབུས་སུ་ཧཱུྃ་ཡིག་དཀར་པོ་རེ་དང༌། ཡི་གེ་བརྒྱ་པའི་སྔགས་ཀྱི་འཕྲེང་བ་གསལ་བཏབ་སྟེ། ཡི་གེ་བརྒྱ་པ་ཅི་ནུས་སུ་བཟླ་ཞིང༌། དམ་ཚིག་ཉམས་ཆག་ཐམས་ཅད་བྱང་ཞིང་དག་པར་བསམ། གཟི་བྱིན་བསྐྱེད་པ་ནི། རང་དང་ཆོས་རྒྱལ་གཉིས་ཀའི་ཐུགས་ཀར་ཉི་གདན་ལ་ཧཱུྃ་ཡིག་མཐིང་ནག་རེ་བསམ་ཞིང༌། རང་གི་ཐུགས་ཀའི་ཧཱུྃ་ལས་འོད་ཟེར་འཕྲོས་པ་དེའི་ཐུགས་ཀར་ཐིམ། དེའི་ཐུགས་ཀའི་ཧཱུྃ་ལས་ཀྱང་འོད་ཟེར་དམར་པོ་ཕྱོགས་བཅུར་འཕྲོས་པས། ཕྱོགས་བཅུའི་རྒྱལ་བ་སྲས་བཅས་ཀྱི་ནུས་མཐུ་ཐམས་ཅད་འོད་ཟེར་དམར་པོའི་རྣམ་པར་བསྡུས་ཏེ། དེ་ལ་ཐིམ་པས་ཧཱུྃ་ཡིག་དེ་ཉིད། འཇིགས་བྱེད་ཞལ་ཕྱག་ཡོངས་རྫོགས་ཀྱི་རྣམ་པར་གྱུར་ཅིང༌། བ་

སྤྲུའི་བུ་ག་རྣམས་ཀྱང་དེ་ལྟ་བུས་གང་བར་བསམ། དེ་ལྟར་བཟླས་པ་བྱས་པའི་བསྙེན་གྲངས་ནི། རབ་བྱེ་ཆེན། འབྲིང་འབུམ་ཕྲག་བཅུ། ཐ་མའང་སུམ་འབུམ་བཟླ་དགོས་པར་གསུངས་ལ། བསྙེན་པ་ཚད་དང་ལྡན་པར་སོང་ནས། མཇུག་ཏུ་ཁ་སྐོང་གི་སྦྱིན་སྲེག་གྲུབ་ན་ལེགས་པས། དེའི་ཚུལ་ཡང་ཇི་ལྟར་བྱེད་སྙམ་ན། མགོན་པོ་སོགས་ཀྱི་སྦྱིན་སྲེག་ལོགས་སུ་སྣང་བས་དཔེ་འགྲེ་བྱས་ཏེ། མེ་ལྷའི་ཐུགས་ཀར་ཆོས་རྒྱལ་ཙམ་ཞིག་བསྐྱེད་པ་སོགས། ཟླུར་རྣམས་བསྒྱུར་ནས་ཆོས་རྒྱལ་སྦྱིན་སྲེག་གསར་རྩོམ་གྱི་མིང་ཞིག་ལེན་པ་ལས་སླ་ཡང་། ཀུན་མཁྱེན་འཇམ་དབྱངས་བཞད་པའི་རྡོ་རྗེའི་གསུང་དྲིས་ལན་ཞིག་ཏུ། ཁོ་རང་གི་སྦྱིན་སྲེག་ཡོད་པ་ཡིན་ནམ། འཇིགས་བྱེད་སྦྱིན་སྲེག་བྱས་པས་ཆོག་ཅེས་ཞུས་པའི་ལན་གྱི་མཚན་བུར། འཇིགས་བྱེད་དང་ཆོས་རྒྱལ་བསྐྱེད། གཞན་འདྲ་ཞེས་གསུངས་པ་ལྟར། འཇིགས་བྱེད་སྦྱིན་སྲེག་ཇི་ལྟ་བ་བཞིན་ལ། མདུན་དུ་ལས་གཤིན་གཏོར་ཆོག་ལྟར་བསྐྱེད་དགོས་པ་ཡིན་ཏེ། འདིར་ནམ་གྱི་ཚེ་ཡང་ཡི་དམ་ཆོས་སྐྱོང་འདི་གཉིས་ཟུང་འབྲེལ་དུ་བྱ་བ་ནི། མན་ངག་གི་གནད་ཁྱད་པར་ཅན་ཡིན་པས། ཚུལ་དེ་འདྲ་མ་གོ་ན། གནད་སྟོར་བའི་སྐབས་བདེ་བདེ་རེ་ལ་གདམས་པའི་མཐིལ་དུ་འཛིན་པ་འབྱུང་ཉེན་ཆེ་བར་སྣང་ངོ་། །གཉིས་པ་བསྒྲུབ་པའི་རྣམ་བཞག་ནི། ལྕགས་མཁར་དང་འབྲེལ་བའི་སྐོར་རྣམས་པཎ་ཆེན་ཐམས་ཅད་མཁྱེན་པའི་གསུང་ལས་འབྱུང་བ་རྒྱུན་གྱི་ཕྱག་བཞེས་སུ་བསྟར་བཞིན་པ་ལས་ཤེས་དགོས་ཤིང་། གཏོར་མའི་བཅའ་ཐབས། འཁོར་ལོ་དང་ལིངྒ་བྲི་ཚུལ་དེ་དག་གི་རྫས། དགྲ་བོ་འགུག་ཅིང་གཞུག་པའི་ཚུལ། རྟགས་མཚན་གྱི་ཁྱད་པར་སོགས་མདོར་བསྡུས་པ་ཙམ་ཞིག་ནི། མཁས་གྲུབ་ཐམས་ཅད་མཁྱེན་པའི་གསུང་ལས་འབྱུང་བ་ལྟར་ཡིན་ལ། སྒྲུབ་པའི་ལྷ་དང་བྲལ་བར་བྱ་བའི་ཚུལ་ཞལ་ལས་ཤེས་དགོས་ཞེས་ཁ་འཕང་མཛད་སྣང་བས། དེ་ཉིད་ཇི་

ལྟར་ཡིན་སྙམ་ན། ཁ་སྐྱོར་དབྱེ་བའི་ཚིག་བྱ་བ་ནི། དང་པོ་སྲུང་འཁོར་དང་ཕྱི། དེ་རྗེས་སྲུང་མདུད། དེ་ནས་གོ་ཆ། དེ་ནས་འགོ་བའི་ལྷ་དང་འབྱེད་པ་ཡིན་ལ། དེས་ཀྱང་མ་གྲུབ་ན། དགྲ་བོའི་ལྷ་སྲུང་རྣམས་དགྲ་བོར་ཉིད་ལ་ཁྲོས་ནས། དེ་ཉིད་གནན་རྒྱལ་དུ་བསྐྱིལ་བའི་སྙིང་གི་ཐད་དུ་གནམ་ལྕགས་ཀྱི་འཁོར་ལོ་རྩིབས་བྲུག་པའི་རྣམ་པར་གྱུར་ཏེ། གཡོན་སྐོར་དུ་འཁོར་བས་སྙིང་ཁྲག་དམར་ཆིལ་གྱིས་བྱུང་། དེ་ནས་འཁོར་ལོ་དེ་ཉིད་སྡིག་པ་ཁ་དགུ་མིག་དགུ་པ་ཞིག་ཏུ་གྱུར་ཏེ། དགྲའི་ཤ་ཁྲག་རྣམས་ལྷག་མེད་དུ་ཟོས་པར་བསམ་མོ། །གསུམ་པ་ལས་ལ་སྦྱར་བ་ནི་སྒྲུབ་པའི་སྐབས་སུ། དགུག་གཞུག་བྱས་པའི་ལིངྒ་དེ་ཉིད་དགྲ་བོ་དངོས་སུ་བསམས་ཏེ། གནས་ལྔ་དང་། ཚིགས་རྣམས་སུ་གཟེར་བཏབ། སྐྱུད་པ་ནག་པོས་རྒྱ་གྲམ་དུ་བཅིངས། ཐོད་པས་སྟེང་ནས་བཀབ་པའི་སྦུབ་ལ་ཡང་། ཐུགས་དང་སྤྱིལ་ཚིག་བྲིས། སྔགས་བུ་གྲུ་གསུམ་པའི་ཁར་བཞག བདག་བསྐྱེད་དང་ལས་གཤིན་གྱི་སྐྱེད་ཚིག་གནད་དུ་འགྲོ་ངེས་པ་བྱས། དེ་རྗེས་སྐབས་སྐབས་སུ་ཐུན་བྲབ་ཅིང་། ཐ་དྲོ་ཕྱི་དྲོ་དང་ཐུན་ཐ་ཕྱིར་བཟླ་རྒྱུའི་ཐུགས་མི་འདྲ་བའི་ཁྱད་པར། ཤིན་ཏུ་ཁྲོས་འཁྲུགས་རྔམ་པའི་གཤིན་རྗེ་རྣམས་ཀྱིས་མཚོན་ཆའི་ཆར་ཕབ་སྟེ། ཤིན་ཏུ་ཉམ་ཐག་པའི་ཚུལ་གྱིས་གནས་པའི་དགྲ་བོ་དེ་ཉིད་ཐལ་བའི་རྡུལ་དུ་བརླག་ནས། ཤ་རུས་ལྷག་མེད་དུ་གསོལ་བའི་དམིགས་པ་བྱ་ཚུལ་སོགས་མཁས་གྲུབ་ཐམས་ཅད་མཁྱེན་པའི་གསུང་ལས་འབྱུང་བ་བཞིན་བྱ་ལ། མཇུག་གི་མཆོད་བསྟོད། བཟོད་གསོལ། ལྷག་ཆད་ཁ་བསྐང་བ། ཡེ་ཤེས་པ་གཤེགས་སུ་གསོལ་ཞིང་། བཀྲ་ཤིས་ཀྱིས་མཐའ་བརྒྱན་པ་སོགས་ནི་དཀྱུས་ལྟར་རོ། །ཁམས་གསུམ་ཟ་བྱེད་གཤིན་རྗེའི་གཤེད་པོ་ཡི། །བཀའ་སྡོད་ལས་ཀྱི་གཤིན་རྗེའི་བསྙེན་སྒྲུབ་ཀྱི། །རྣམ་བཞག་ཉུང་ཟད་སྨྲས་པའི་དགེ་བ་དེས། །བྱང་ཆུབ་བསྒྲུབ་ལ་བར་ཆད་མེད་པར་ཤོག །ཅེས་ཆོས་

གྱི་རྒྱལ་པོ་ཕྱི་ནང་གསང་གསུམ་གྱི་བསྙེན་ཅིང་སྒྲུབ་པའི་རིམ་པ་ཁ་སྐོང་གསང་སྒྲུབ་ཀྱི་བསྐང་བ་དང་བཅས་པ་འདི་ནི་དད་བརྩོན་རྣམ་དཔྱོད་དང་ལྡན་པ་རབ་འབྱམས་པ་དཀོན་མཆོག་བསོད་ནམས་ཀྱིས་བསྐུལ་ངོར་༧བཙུན་པ་དཀོན་མཆོག་བསྟན་པའི་སྒྲོན་མེས་ཆོས་གྲྭ་ཆེན་པོ་བཀྲ་ཤིས་འཁྱིལ་དུ་བྲིས་པའོ།། །།

༧༧། །ཆོས་རྒྱལ་རྣམ་གསུམ་གྱི་གཏོར་འབུལ་འཕྲིན་བཅོལ་དང་བཅས་པ་བཞུགས་སོ། །

འཇམ་དཔལ་དཔའ་བོ་ཁྲོས་པའི་རྣོས་གར་མཁན། །གཤིན་རྗེའི་གཤེད་པོ་མི་ཡི་རྣམ་རོལ་བ། །ཆོས་ཀྱི་རྒྱལ་པོ་བློ་བཟང་རྒྱལ་བའི་བཀའ། །བདེན་པའི་དངོས་པོ་དེང་འདིར་གྲུབ་པར་མཛོད། །ལྷོ་ཕྱོགས་རིམ་པ་བདུན་གྱི་ས་འོག་ན། །སྲོག་མེད་ལྕགས་མཁར་ཆེན་པོ་བཅུ་དྲུག་ནང་། །དགེ་སྡིག་ལས་ཀྱི་ཤན་འབྱེད་སྣངས་འཛིན་པ། །ཆོས་ཀྱི་རྒྱལ་པོ་ཕྱི་ནང་གསང་གསུམ་པོ། །ཡུམ་ཆེན་མ་མོ་ནག་མོ་ཙཱམུ་ཎྜི། །ཕོ་བརྒྱད་མོ་བརྒྱད་གཤིན་རྗེའི་ཕོ་ཉར་བཅས། །སྔོན་གྱི་གཡར་དམ་གཉན་པོ་ཉེར་དགོངས་ཏེ། །རྣལ་འབྱོར་འཕྲིན་ལས་སྒྲུབ་ཕྱིར་གཤེགས་སུ་གསོལ། །དགྲ་བོའི་ཤ་ཁྲག་རུས་པ་ལས་བྱུང་བའི། །མཆོད་ཡོན་ཉེར་སྤྱོད་སོགས་དང་ཁྱད་པར་དུ། །དམར་ཆེན་གཏོར་མ་རི་བོ་ལྟར་སྤུངས་ནས། །འབུལ་ལོ་གཏུམ་དྲག་ཧམ་པའི་ཚུལ་གྱིས་རོལ། །སྔོན་ཚེ་བཅོམ་ལྡན་རྡོ་རྗེ་འཇིགས་མཛད་ཀྱིས། །སྤྱི་བོར་དམ་ཚིག་རྡོ་རྗེའི་རྒྱ་བཀོད་དེ། །དུས་མཐར་ང་ཡི་བསྟན་པ་སྲུངས་ཤིག་ཅེས། །ཇི་ལྟར་བཀའ་བསྒོས་དམ་བཅས་དུས་ལ་བབས། །དགེ་ལྡན་བསྟན་ལ་འཚེ་བའི་བདུད་རིགས་ཀུན། །མི་བཟད་དུས་ཀྱི་ཞགས་པས་སྐྲ་བཅིངས་ཏེ། །ཞིང་ཆེན་དབྱུག་པས་ཐལ་བར་བརླག་བྱས་ནས། །མཐར་བྱེད་ཞལ་གྱི་མེ་དཔུང་ནང་དུ་སྐོབ། །དཔལ་ལྡན་བླ་མའི་སྐུ་ཚེ་བརྟན་པ་དང་། །དགེ་འདུན་ཐུགས་མཐུན་བཤད་

སྒྲུབ་བྱ་བ་རྒྱས། །བདག་སོགས་འགྲོ་ཀུན་དགེ་ལ་གེགས་མེད་དུ། །སྤྱོད་པའི་
སྟོངས་གྲོགས་གཡེལ་བ་མེད་པར་མཛོད། །སྟོབས་ཆེན་གཤིན་རྗེའི་རྒྱལ་པོ་
འཁོར་བཅས་ཀྱིས། །ཨ་ཧེ་ཤ་དང་སློ་བཟང་གྲགས་པ་ཡི། །བསྟན་ལ་གནོད་
པའི་དགྲ་བགེགས་ཚར་ཆོད་ལ། །བསྟན་དང་བསྟན་འཛིན་བུ་བཞིན་སྐྱོང་བར་
མཛོད། །ཅེས་ཆོས་ཀྱི་རྒྱལ་པོ་ཕྱི་ནང་གསང་གསུམ་གྱི་གཏོར་འབུལ་འདི་ནི་དད་ལྡན་དགེ་སློང་དཀོན་
མཆོག་བསྟན་པས་བསྐུར་ངོར། ༈བཙུན་པ་དཀོན་མཆོག་བསྟན་པའི་སྒྲོན་མེས་བྲིས་པའོ།། །།

༄༅། །དཔལ་ལྡན་དམག་ཟོར་རྒྱལ་མོའི་བསྙེན་སྒྲུབ་ལ་འཇུག་པའི་མན་ངག་ཁྲག་འཐུང་དགའ་སྟོན་ཞེས་བྱ་བ་བཞུགས་སོ། །

རབ་འབྱམས་རྒྱལ་བའི་འཕྲིན་ལས་སྤྲུལ་མ་ཡུམ། །མཁྱེན་གཏེར་ངག་གི་འདོད་འཛོ་དབྱངས་ཅན་ལྷ། །དབྱེར་མེད་ཞབས་ཀྱི་པདྨོར་ཕྱག་བགྱིས་ཏེ། །དེ་ཡི་སྒྲུབ་འཕྲིན་རླབས་འཁྲུག་དམར་གྱི་མཚོ། །ཏེ་ལ་འདོད་པའི་རྣལ་འབྱོར་ཚོགས་རྣམས་ལ། །ཉེར་མཁོའི་མན་ངག་དགའ་སྟོན་ཏུ་རྫི་རཿ། །ཚིག་ཉུང་ཀ་པ་ལ་ཡིས་སྟོབ་པར་བྱ། །དེའང་དཔལ་ལྡན་ལྷ་མོའི་བསྙེན་སྒྲུབ་ཉམས་སུ་ལེན་པར་བྱེད་པ་ལ། བསྙེན་པའི་སྐད་དོད་ཨུ་བ་ཞེས་པ་ཉེ་བའི་དོན་ཡིན་པས། སྒྲུབ་མ་རང་ལ་ཉེ་བར་བྱེད་པའི་ཐབས་ཀྱི་གཙོ་བོ་ནི་མཆོད་བསྟོད་དང་གྱེར་དབྱངས་ཙམ་གྱིས་མི་ཆོག་གི །དཔེར་ན་དམ་ཅན་ཆོས་རྒྱལ་ལ་ལས་འཕྲས་ཀྱི་བླང་དོར་དང་། རྣམ་ཐོས་སྲས་ལ་འབྲིང་གི་ལྷག་པའི་ཚུལ་ཁྲིམས་དང་། སྨྲར་མཛད་ཡེ་ཤེས་ཀྱི་མགོན་པོ་ལ་སྐྱེས་བུ་ཆེན་པོའི་ལྷག་བསམ་གལ་ཆེ་བ་བཞིན། དཔལ་ལྡན་ལྷ་མོ་འདི་ཉིད་མཉེས་པར་བྱེད་པའི་ཐབས་ཀྱི་གཙོ་བོ་རང་གིས་ཁས་བླངས་པའི་དམ་ཚིག་དང་སྡོམ་པ་རྣམ་པར་དག་པ་ལ་རག་ལས་ཏེ། བདེ་མཆོག་རྩ་རྒྱུད་ལས། གང་ཞིག་སྲུང་བར་བྱེད་པ་ནི། །མཁའ་འགྲོ་མ་བཅས་དགེ་གདོང་ཞེས། །ང་ནི་དེ་ལ་ཕན་འདོགས་སོ། །ཞེས་སྤྱིར་མཁའ་འགྲོ་མ་རྣམས་དམ་ཚིག་ལ་ཤིན་ཏུ་གཅེས་ཆེ་བར་གསུང་ཞིང་། ཁྱད་པར་དུ

འདི་ཉིད་ཀྱི་སྔོམས་རྒྱུད་མེ་ལྕེ་འབར་བའི་དམ་ཚིག་གི་ལེའུ་ལས། དམ་ཚིག་འདི་ནི་བཤད་པར་བྱ། །འདས་ན་རྡོ་རྗེའི་དམྱལ་བའི་རྒྱུ། །མ་འདས་དངོས་གྲུབ་དམ་པའི་རྒྱུ། །ཞེས་དངོས་གྲུབ་འགྲུབ་པ་དམ་ཚིག་ལ་རག་ལས་པ་དང་། ཉམས་པའི་ཉེས་པ་ཆེ་འབྲིང་ཆུང་གསུམ། དེ་སོ་སོའི་སྐོང་ཚུལ་དང་བཅས་རྒྱ་ཆེར་གསུངས་པ་ཆོས་སྲུང་འདི་ཉིད་གཙོ་བོར་བསྟེན་པའི་བླ་མ་གོང་མ་རྣམས་ཚད་མར་མཛད་པ་བཞིན་ནོ། །ཁ་ཅིག་རྒྱུད་འདི་དག་རྫོང་བཅས་ཡིན་ཞིང་། རྫོང་བྲལ་གྱི་ཁུངས་མེད་ཟེར་བ་ནི་རང་གི་དེ་ཉིད་སྟོན་པར་ཟད་དོ། གསེར་འོད་དམ་པའི་ལེའུ་བཅོ་ལྔ་པ་ལས། གཡུལ་གྱི་ལས་ལ་རྟག་ཏུ་དགྱེས། །ཞེས་དང་། རྟག་ཏུ་དར་གོས་ནག་པོ་གྱོན། །ཞེས་དང་། རལ་པའི་མདོངས་ལ་གདུགས་ཕྱུས་ཏེ། །རྟག་ཏུ་ལྷ་མོ་ཁྱོད་མཆོད་ན། །ཞེས་སོགས་དམག་དང་ཟོར་ལ་དགྱེས་པའི་མཚན་སྒྲ་ཆ་ལུགས་དང་བཅས་པ་གསལ་བར་གསུངས་སོ། །གཞན་ཡང་འཇིགས་བྱེད་ཀྱི་གཏོར་སྔགས་སུ། ཁེ་ཙ་རྣ་ཡ་ཞེས་པ་གནས་གསུམ་མཁའ་འགྲོའི་གཙོ་མོ་དཔལ་ལྡན་ལྷ་མོ་ལ་གསུངས་པ་དང་། གཞན་ཆོས་སྐྱོང་མང་པོའི་སྒྲུབ་ཐབས་སུ་དཔལ་ལྡན་ལྷ་མོ་སྐྲ་མདོག་ཕྱུག་མཚན་སོགས་ཅུང་ཟད་འདྲ་མི་འདྲ་བ་མང་དུ་གསུངས་ལ། དེ་ལྟར་གྱི་བསྟོད་པ་རྒྱ་གཞུང་ཡང་མང་དུ་བྱུང་སྟེ། མདོར་ན། ཕྱི་རོལ་ཉིད་དུ་དགྲ་བགེགས་གདུག་པའི་གཤེད། །ནང་དུ་བཅོམ་ལྡན་གཤིན་རྗེའི་གཤེད་ཉིད་ལ། །ཟག་མེད་བདེ་བ་ཆེན་པོ་སྟེར་མཛད་མ། །ཞེས་པ་ལྟར། ཡབ་འཇམ་དཔལ་ཁྲོ་ཚུལ་རིམ་པ་གསུམ་གྱིས་ཡུམ་དབྱངས་ཅན་ཁྲོས་པ་གསུམ་དང་། ཡེ་ཤེས་ཀྱི་མགོན་པོའི་ཡུམ་འདོད་ཁམས་དབང་ཕྱུག་མ། ཆོས་ཀྱི་རྒྱལ་པོའི་ཡུམ་ཙ་མུནྡྲི་སོགས་ཐམས་ཅད་དཔལ་ལྡན་ལྷ་མོ་འདི་དང་ངོ་བོ་གཅིག་སྟེ། སྙིང་མའི་ཕུར་སྲུང་རེ་མ་ཏིའང་འདི་དང་གཅིག་པར་བཞེད་པས། མིང་བརྒྱ་མ་ལ་མཚན་སྟོང་མ། །

གང་ནས་པོས་ཀྱང་ཁྱོད་ཀྱི་མིང་། །ཞེས་པ་ལྟར། འཇིག་རྟེན་ལས་འདས་མ་འདས་ཞི་དྲག་རྣམ་པ་སྣ་ཚོགས་པར་འཆར་བའི་མཐའ་གཟུང་དུ་མེད་ཀྱང་ངོ་བོ་ཟག་མེད་ཆོས་སྐུའི་ངང་ལས་གཡོ་བ་མེད་པ་ནི་རྒྱལ་བ་བྱམས་པ་མགོན་པོས། གང་དང་གང་ལ་གང་དང་ནི། །གང་ཚེ་བྱ་བ་ཕན་གྱུར་པ། །དེ་དང་དེ་ལ་དེར་སྣང་ངོ་། །ཞེས་པ་ལྟར་གདུལ་བྱའི་སྐལ་བའི་དབང་ཕོན་ཡིན་ཚུལ་ཤེས་ཏེ་ཕྱིར་མི་ཕྱོག་པའི་ཡིད་ཆེས་ཀྱི་དད་པ་སྐྱེད་པ་ནི་སྲུང་མ་བསྙེན་པའི་མན་ངག་གི་སྙིང་པོ་དེ་ཕོན་ཉིད་ཀྱི་རྟེན་མཆོག་ཏུ་གྱུར་བ་ཡིན་པས་གནད་འདི་ལ་གཟབ་པར་བྱ་ཡི། བསྟན་སྲུང་ཡེ་ཤེས་པ་ཡིན་ཚུལ་གྱི་ཕྱོགས་ཙམ་ཡང་མ་གོ་བར་ཇུས་དང་བཅའ་རྩོམ་མང་པོའི་སབ་སུབ། རོལ་མོའི་དྲག་བརྡུང་། བསྐང་བའི་གྲངས་གསོག་ཙམ་གྱིས་སྲུང་མའི་ཐུགས་རྒྱུད་བསྐུལ་བར་འདོད་པ་གནས་མ་ཡིན་པས། ཚུལ་འདི་དག་ལེགས་པར་བསམས་ཏེ་རྩང་གཞི་ཚུགས་ངེས་ཤིག་བྱ་བ་གལ་ཆེའོ། །སྒྲུབ་པའི་དུས་ཀྱི་ཁྱད་པར་ནི་རྡོ་རྗེ་ནག་མོ་དབང་ཕྱུག་མའི་རྒྱུད་ལས། ཟླ་བ་གཅིག་ལ་རྒྱུ་བ་ནི། །ཉི་ཤུ་དགུ་སྟེ་གཏོར་མ་བཏང་། །ཞག་གཅིག་དག་ལ་རྒྱུ་བ་ནི། །ནངས་ནུབ་ཉིན་གུང་མཚན་གུང་གཉིས། །གནད་ནས་པོས་ཤིང་འཕྲིན་ལས་བཙོལ། །ལོ་གཅིག་དག་ལ་རྒྱུ་བ་ནི། །ཚེས་གཅིག་ལོ་གསར་གཉན་པོ་ལ། །རྒྱུ་སྟེ་གཏོར་མ་སྦྱིན་པར་བྱ། །ཞེས་གསུངས་པའི་ཕྱི་མ་ནི་དེང་སང་ལོ་གསར་ཚེས་གཅིག་ལ་གཏོང་བའི་ཚེས་གཏོར་དང་། ལྷ་མོ་འཇིག་རྟེན་དུ་གཤེགས་ཤིང་རྒྱུ་བའི་དུས་དང་བསྒྲིགས་པའི་ཚ་ནས་གཤེགས་གཏོར་ཞེས་གྲགས་པ་འདི་ཉིད་ཡིན། ཟླ་བ་དང་ཞག་གི་རྒྱུ་དུས་དེ་རྒྱུན་པའི་བསྙེན་སྒྲུབ་གཏོར་མ་སོགས་ཀྱི་དབང་དུ་བྱས་པ་ཡིན་པས། བསྙེན་སྒྲུབ་ཐོག་མར་རྩོམ་པའི་དུས་མར་ངོའི་ཉི་ཤུ་དགུའི་སྲོད་ལྟ་བུ་ལ་བྱས་ན་ལེགས། ཕྱིར་ལྷ་མོ་འདི་ཉིད་སྒྲུབ་པ་ལ་གལ་ཆེ་བ་ནི། བསྙེན་པ་འདུག་པའི་གནད་དང་གཅིག །སྒྲུབ་

པ་གནས་པའི་གནད་དང་གཉིས། །བསྐྱུལ་བ་དགྱེས་པའི་གནད་དང་གསུམ། །མན་ངག་ལས་ཚོགས་གནད་དང་བཞི། །རིག་པ་ཐུན་ཐོར་གནད་དང་ལྔ། །འཕངས་པ་དུས་སྦྱོར་གནད་དང་དྲུག །སྦྱར་མགྱོགས་སྤྲིན་སྤྲིག་གནད་དང་བདུན། །གཙོད་པ་ལས་གཞུག་གནད་དང་བརྒྱད། །ཅེས་གནད་བརྒྱད་གསུངས་པས། དང་པོ་ནི་དབང་ཐོབ་ཅིང་དམ་ཚིག་དང་སྡོམ་པ་དང་ལྡན་པས་གནས་མཚན་ཉིད་ཚང་བར་ཕྱི་ནང་གསང་བའི་རྟེན་ཚང་བས་སྒྲུབ་དགོས་པ་ཡིན། གནས་བྲག་དང་ཆུ་འཐབ་ས་མ་མོའི་འདུན་ས། སྲིན་བྱ་དང་བདུད་བྱ་སྐྱུང་ཀ་སོགས་གནས་པ་ཁ་བྱུང་ཤར་དུ་བལྟ་བ་དངོས་སམ་ཡིད་ཀྱིས་དེ་ལྟ་བུར་མོས། རྟེན་བཞི་ནི་ཕྱིའི་རྟེན་བྱ་རོག་གི་གསོབ་མ་ཉམས་པའི་ནང་དུ་རོ་རས་ལ་བྲིས་པའི་ལྷ་མོའི་ཙ་ཀླི་དང་འབྲུ་སྨན་གྱིས་བཀང་། མགུལ་དུ་དར་ནག་ལ་བླམ་བརྒྱུད་པའི་མཚན་དང་བཀའ་བསྒོ་བྲིས་པ་བཏགས་ཏེ་རབ་གནས་བྱས་པ་དང་། ནང་རྟེན་ནལ་བུའི་གསོ་བ་སླེང་ག་མན་ཁྲག་སྣ་ཟས་སྣ་མཚོན་ཆ། འབྲུ་སྣ་སོགས་ཀྱིས་བཀའ་བའི་སྟེང་དུ་ལྷ་མོའི་སྐུ་དང་། སླེང་ག་ནས་མཆིན་པའི་བར་ལྷ་མོའི་ཐུགས་དང་སྲོག་ཚིག་རོ་རས་ལ་གྲི་ཁྲག་གིས་བྲིས་པ་དང་། མགོའི་ནང་བླམ་བརྒྱུད་པའི་མཚན་དང་བཀའ་བསྒོ་བྲིས་པས་བཀང་། ཕྱི་ནས་མངལ་ཁྲག་གིས་ཐིག་ལེ་བྱས། གོས་ནག་བསྒོས། ལག་ཏུ་རྒྱལ་མཚན་དང་མགོ་བོར་རྨ་བྱའི་གདུགས་ཕུབ་སྟེ་ལྟར་བསྐྱེད། བརྟན་བཞུགས་སོགས་བྱ། གསང་རྟེན་ནལ་བུའི་སླེང་གི་རྩ་སྦུབས་སུ་ལྷ་མོའི་སྐུ་དང་། ཐུགས་པདྨ་རཀྟས་བྲིས་པ་བཅུག སླེང་གི་ནང་ཐམས་ཅད་རྗེ་ཕ་ཞང་ལ་རྦྱོ་བྲིས་པ་དང་། སྨན་སྣ་དར་སྣ་འབྲུ་སྣ་སོགས་ཀྱིས་བཀང་ནས་དར་དམར་ནག་གིས་དྲིལ་ལ། ཁྲག་ནག་པོར་སྐྱེས་པའི་སྨུག་མ་བྱ་རོག་གི་སྒྲོས་བརྒྱན་ཅིང་། སྡོང་དམར་པོ་ནས་སྒྲོའི་བར་སྔགས་བྲིས་ཏེ་བཅུག་པ། གནམ་ལྕགས་སམ་གྲི་ལྕགས་ཀྱི་མདེའུ

ཅན། ཙ་བར་དགྲ་ལ་ཧཱུྃ་ཞེས་བྲིས་ཤིང་དར་ནག་གིས་བརྒྱན་པའི་དར་ནག་དེས་གྲི་སྙིང་མདའི་མགུལ་དུ་བཏགས། ནས་ནག་གིས་བཀང་བའི་སྦྲམ་མམ་གཏོར་མ་ལ་བཙུགས་ནས་རབ་གནས་སྔར་བཞིན་བྱ། བཤམ་ཚུལ་མགོན་ཁང་གི་ཕྱུ་ལྷ་བུ་ཤིན་ཏུ་དབེན་པར་ནང་རྟེན་གྱི་གསོལ་བཞག །དེའི་གདོང་བའི་ཐད་དུ་གསང་རྟེན་གྱི་སྙིང་འབབ་པ་བྱས་ཏེ་མདའ་དར་མདུན་དུ་བཞག དེའི་ཕྱི་ངོས་ཀྱི་སྟེང་ནས་བྱ་རོག་གི་གསོལ་བརྒྱངས། དེའི་ཕྱི་ནས་བེ་ཅོན་ནལ་ཐོད། ཕྱག་རྒྱ་དྲུག ཁྲམ་ཤིང་ཤོ་རྡེའུ་དཀར་ནག ནད་རྐྱལ། མཚོན་གྲུ། རེ་ནག་དྲེའུའི་གསོལ་བམ་གཟུགས། བོང་བུ་ཀྱ་བ། རྩེ་གསུམ། རལ་གྲི། བྱང་ཁྲིས། ནེའུ་ལེ། ནག་པོ་ལྷའི་གཟུགས་དང་། དར་ནག་གི་གཡབ་མོ། རེ་ལྡེ་གོ་ཁྲབ་མཚོན་ཆ་སོགས་དངོས་དམ་བྲིས་པའི་སྐྱུན་གཟིགས་ཀྱིས་བསྐོར། མཐའ་ཡོལ་བས་བཅད་དེ་མི་མཐོང་བར་བྱ། དེ་ཙོ་ན་ཉིད་ཀྱི་རྟེན་ནི་སྔར་བཤད་ཟིན་ཏོ། །དེ་ནས་ཡོལ་བའི་ཕྱིར་ཐང་ག་བཤམ། དེའི་མདུན་དྲང་ཐད་དུ་བསྐང་གཏོར། དེའི་གཡས་སུ་ཞེབས་གཏོར། གཡོན་དུ་བཟླས་གཏོར། གཏོར་མའི་མདུན་དུ་གཡས་སུ་སྨན་མཆོད་དང་། གཡོན་དུ་རཀྟ་གཉིས་ཀ་ཐོད་པའི་སྟེང་དུ་བཤམས། གཏོར་མ་ཆེ་བའི་གཡས་སུ་ཡི་དམ་གྱི་གཏོར་མ། གཞན་ཡང་སྟོན་འགྲོའི་མཆོད་གཏོར། གཞི་བདག་གཏོར་མ་སོགས་ཀྱང་སྐབས་གང་བདེར་བཤམ། །ཌ་དྲིལ་ཛ་རོལ་རྐང་གླིང་སོགས་དང་། སྤོས་སྦྱོར་རྒྱས་པའམ་མ་འབྱོར་ན་ཤ་ཆེན་གུ་གུལ་ཙུང་ཞི་བསྲེས་པ་སོགས་ཡོ་བྱད་ཚང་བར་བྱ། བདག་བསྐྱེད་ཀུན་གཟིགས་ལྷ་པས་རྡོ་རྗེ་གཞོན་ནུ་གཙོ་བོར་བྱེད་པར་གསུངས་ལ། གོང་སྨོས་ལྟར་འཇམ་དཔལ་ཁྲོས་པའི་རྣམ་པ་སོ་སོ་དང་མཐུན་པར་ཞང་ཤེས་རབ་བླམ་སོགས་ཀྱིས་དགྲ་ནག་དང་། མཁས་པ་མང་པོས་གཤེད་དམར་ཡི་དམ་དུ་མཛད་ཀྱང་། རང་རེ་རྡོ་རྗེ་འཇིགས་བྱེད་ལ་སྣ་ཀུན་ནས་འབྲེལ་

ཆེའོ། །གཏོར་མ་བཤམ་ཚུལ་གོང་དུ་བཤད་པ་དེ་སྒྲུབ་གཞི་རས་བྲིས་ལྷ་བུ་ལ་བརྟེན་པའི་དབང་དུ་བྱས་ཀྱི། གཏོར་མ་ཆེ་བ་དེ་ཉིད་སྒྲུབ་གཞིར་བྱས་ཏེ་ལྷར་བསྐྱེད་པ་ཡིན་ན་བསྐང་གཏོར་ཆུང་བ་ཞིག་མདུན་དུ་འཇོག་པའམ་ཐུན་སོ་སོར་འབུལ་རྒྱུའི་མཐེབ་ཀྱུ་སྔོན་དུ་བསྒྲིག་ནས་འཇོག །ལྷར་བསྐྱེད་ཚུལ་ཡང་དང་པོ་མངོན་རྟོགས་ཀྱི་དཀྱུས་ལྟར་བྱེད་ལ། ཐུན་ཕྱི་མ་རྣམས་ཀྱི་ཆོས་པོན་ལས་མི་སྐྱེད་པར་སྔར་ཡོད་གསལ་འདེབ་ཀྱི་ཚུལ་དུ། སྲབ་མཐུར་གདུག་པའི་སྤྲུལ་ལས་བྱས་པ། དེའི་སྟེང་དུ་དཔལ་ལྡན་དམག་ཟོར་གྱི་རྒྱལ་མོ་ཞེས་སྤྲེལ་ཞིང་གཞན་འདྲ། བསྙེན་གྲངས་གཙོ་བོར་བྱས་ཏེ་ཐུན་ལ་རྒྱས་བསྡུས་གཏོང་ན། མཆོད་ཕྲེང་སྟགས་འབུལ་དང་། ཨོཾ་ཀཱ་ལི་དེ་ཝཱི་ས་བ་རི་ཤྭར་མ་ཧཱ་པཉྩ་ཨམྲི་ཁ་ཁ་ཁཱ་ཧི་ཁཱ་ཧི། མ་ཧཱ་ར་ཀྟ་ཁ་ཁ་ཁཱ་ཧི་ཁཱ་ཧི། མ་ཧཱ་བ་ལིཾ་ཏ་ཁ་ཁ་ཁཱ་ཧི་ཁཱ་ཧི། ཞེས་པས་སྨན་ར་ཀ་གཏོར་གསུམ་ཕུལ། ཡན་ལག་བདུན་པ་མན་ཆད་གཏོར་ཆོག་རྒྱས་པ་ལྟར་བྱེད་པའམ། ཤིན་ཏུ་བསྡུས་པ་ལ་མོས་ན་ཕོ་ངོས་བྲིས་པའི་གཏོར་ཆོག་ལྟ་བུས་ཀྱང་རུང་། བསྙེན་སྒྲུབ་གནད་དུ་འགྲོ་བ་ནི་དམ་ཚིག་ཉམས་ཆག་བསྐང་བ་ལ་རག་ལས་ཤིང་། དེའི་ཚུལ་མེ་ལྕེ་འབར་བའི་རྒྱུད་ཀྱི་ཐུགས་དམ་བསྐང་བའི་ལེའུ་ལས། ཉམས་པ་ཆེན་པོ་བསྐང་ཐབས་ནི། །གཏོར་མ་ཁྲི་དང་སྒྲོན་སྲིག་ཁྲི། །དེ་བཞིན་ཙ་ར་གསུམ་གྱིས་བསྐང་། །དེས་ཀྱང་སྐོང་བར་མ་གྱུར་ན། །དང་པོ་མཁའ་ལྡིང་གསུམ་གྱིས་བསྐང་། །ཞེས་སྲོག་ཆགས་རྒྱུ་སྐོང་ངམ་བམ་སྐོང་དུ་གྲགས་པ་དང་། མེ་མཆོད་ཀྱི་རྫས་སྣ་རེ་ཡིན་ཀྱང་ཁྲིའི་གྲངས་གསོག་པ་དང་། གཏོར་རིལ་ཁྲིའམ་གང་འགྱུར་ལ་སྟགས་ཁྲིས་གྲངས་ཚང་བར་བྱས་ཏེ་བསྐང་ཚུལ་མང་དུ་གསུངས་ཀྱང་། རྒྱུད་སྡེ་ཀུན་དགོངས་པ་མཐུན་ཞིང་གྲགས་ཆེ་བས་འཇུག་པ་བདེ་ལ་གནད་ཚང་བ་རྡོ་རྗེ་གསུམ་གྱི་ལྷ་ཚོགས་སྤྱན་དྲངས་ཏེ་ཡི་གེ་བརྒྱ་པ་བཟླ་བ་འདི་ཡིན་པས། དེའི་ཚེ་རྡོ་རྗེ་གསུམ་གྱི་ལྷའི་

ཐུགས་ཀར་ཨོཾ་ཨཱཿཧཱུྃ་དཀར་དམར་མཐིང་གསུམ་ལ་ཡིག་བརྒྱས་བསྐོར་བ་ལས་བདུད་རྩི་དེ་ལྟ་བུའི་རྒྱུན་ཕབས། ལྷ་མོ་འཁོར་བཅས་ཀྱི་གནས་གསུམ་གང་བས་སྐུ་གསུང་ཐུགས་ཀྱི་དམ་ཚིག་ཉམས་ཆག་ཐམས་ཅད་བྱང་། རང་དང་སེམས་ཅན་ཐམས་ཅད་ཀྱི་སྤྱི་བོ་ནས་ཞུགས། གནས་གསུམ་དང་ལུས་ཀྱི་ནང་ཐམས་ཅད་གང་། སྐུ་གསུང་ཐུགས་ལ་བརྟེན་པའི་དམ་ཚིག་ཉམས་ཆག་དང་། སྒོ་གསུམ་གྱི་སྡིག་སྒྲིབ་ཐམས་ཅད་དག་འདུ་རེ་གྱིས་ཕྱིར་ཐོན། ལུས་དྭངས་གསལ་ཤེལ་སྡོང་ལྟ་བུ་དང་། སེམས་བདེ་གསལ་མི་རྟོག་པའི་ཏིང་ངེ་འཛིན་གྱི་ངང་དུ་གནས་པར་བསམས་ལ་འབྲུ་གསུམ་དང་ཡིག་བརྒྱ་གང་མང་བཟླ། བསྐང་བཤགས་རྣམས་ཀྱང་ཚིག་རིས་ལྟར་དམིགས་རྣམ་ཡིད་ལ་བྱེད་བཞིན་པས་མ་ཡེངས་པར་གདོན། བཟླས་པའི་དམིགས་པ་ནི། རང་ཡིད་དུ་གསལ་བའི་ཐུགས་ཀའི་ཧཱུྃ་ལས་སྔགས་འཕྲེང་འོད་ཟེར་དང་བཅས་པ་བྱུང་། ཞལ་ནས་ཐོན། ལྷ་མོའི་ཞལ་དུ་ཞུགས། ཐུགས་ཀའི་ཧྲཱིཿལ་ཐིམ། ལྟེ་བ་ནས་བྱུང་། རང་གི་ལྟེ་བ་ནས་ཞུགས་ཧཱུྃ་ལ་ཐིམ། མགལ་མེའི་འཁོར་མོ་ལྟར་སྔགས་ཀྱི་ཡིག་འབྲུ་རྣམས་ཁ་དོག་སྔོ་ནག་མེ་འོད་འཕྲོ་བ་མྱུར་བ་དྲག་པ་རྩུབ་པ་ཅན་དུ་རྩེ་གཅིག་ཏུ་དམིགས་ཏེ་བཟླ་བར་བྱ་ཞིང་། མགྱོགས་པ་དང་། བུལ་བ་དང་། མ་དག་པའི་སྐྱོན་བསལ་ཏེ། རྩེ་གཅིག་པའི་དམིགས་པ་ཡེ་ཞིང་སྨྲ་བཅོད་དག་པོས་བཟླ་དགོས་པ་ནི་རྒྱུད་དེ་ཉིད་ཀྱི་ལེའུ་བརྒྱད་པ་ལས། སྔགས་ཞེས་བྱ་བ་མཁའ་འགྲོའི་སྲོག་རྩ་ཡིན། གྲངས་ཀྱང་མང་ལ་ཟུར་ཡང་མ་ཆག་སྟེ། །གུ་གུ་ཚིག་དྲག་དག་ཀྱང་མ་ནོར་ན། །ལྷ་མོ་ནག་མོ་དངོས་སུ་འགྲུབ་པ་ཡིན། །ཞེས་གསུངས་པ་ལྟར་རོ། །བསྙེན་གྲངས་ཀྱང་དེ་ཉིད་ལས། ས་ཡ་བཟླས་ན་ནག་མོ་མངོན་དུ་འོང་། བྱེ་བ་བཟླས་ན་ཕྱག་རྒྱ་སྟོན་པར་བྱེད། །འབུམ་ཕྲག་བཟླ་བཞིན་དང་། དུས་ཟླ་བ་དྲུག་སོགས་སམ་མ་མཐའ་འབུམ་ཕྲག་གཅིག་བཟླས

པའི་སྐྱོན་དང་བྲལ་ཞིང་། མཚམས་ཀྱི་བར་མ་ཆད་པར་བཟླ་དགོས། བསྙེན་སྔགས་ནི་ཧཱུྃ༔བདུན་མ་ཡིན། སྲོག་སྔགས་མེ་ལྕེ་འབར་བའི་རྒྱུད་ཀྱི་སྙིང་གཞིའི་སྐབས་བཅོམ་ལྡན་འདས་དང་། ཕྱག་རྡོར། རྟ་མགྲིན། རལ་གཅིག་མ་རྣམས་ལ་ཕུལ་བ་བཞི། སྔགས་ཀྱི་ལེའུར་ཚར་གཅིག་བཅས་འབྱུང་བ་ནང་གསེས་སུའང་དཔེ་ཐལ་ཆེར་ལ་མི་འདྲ་བ་སྣ་ཚོགས་འབྱུང་བས་ཁ་ཚོན་གཅོད་དཀའང་། མ་མ་ཧ་ཀ་རཀྵ་ཁ་མུ་ཧ་རུ་ལུ་རུ་ལུ་ཧཱུྃ་ཛྷཱུྃ་ཞེས་པ་འདི་ཐལ་ཆེར་གྱི་ནང་དུ་ཡོད་པས་བཏགས་ན་ལེགས། སྤྱིལ་ཚིག་གཞན་རྣམས་ཀྱང་བཅུག་པར་འགལ་བ་མེད། དཔེ་རེ་གཉིས་ལ་ཕྲ་མིན་མ་ཏེ། ཞེས་པ་ཞིག་འདུག་པ་དེ། གཞན་ཐལ་ཆེར་གྱི་ནང་ན། ཙླ་མ་མ་ཧ་རེ་ཞེས་པ་ཞིག་འདུག་པ་དེའི་ཡི་གེ་ལོག་པ་ཡིན་ནམ་དཔྱད། ལས་སྦྱོར་ལྷ་བུ་དམིགས་བསལ་གྱི་སྐབས་མ་གཏོགས་བསྙེན་པ་ཙམ་ལ་སྲོག་སྔགས་འདི་སྦྱོར་མི་དགོས། འདིའི་དམ་ཚིག་ཏུ་བུད་མེད་ཐམས་ཅད་ལ་ལྷ་མོའི་སྤྲུལ་པ་དང་འཁོར་དང་བདག་གི་མ་དང་སྲིང་མོའི་འདུ་ཤེས་བྱས་ནས་སྨོད་པ་དང་འཐབ་རྩོད་སོགས་གཏན་ནས་བྱར་མི་རུང་ངོ་། །བྱ་ནག་གཅན་གཟན་ཆར་ཀླུང་བུ་ཡུག་འཚུབ་མ་ཆེན་པོ་ལ་སྨོད་པ་སྤོང་། བུད་མེད་ནལ་བུ་བྱུང་བ་ལ་དགའ་བར་བྱེད། བུ་ལ་མགྲོན་བུ་སོགས་ཟན་སྟེར་རོ། །འཕྲེང་བ་ལ་གཞན་རིག་ཏུ་མི་འཇུག དམ་ཚིག་ཉམས་པ་དང་བྱིས་སུ་འགྲོགས་མི་ཉན། རྟག་ཏུ་དམ་སེལ་ལ་འཛེམ། ལོ་གསར་ཚེས་གཅིག་གི་ནང་དུས་དང་ཟླ་རེའི་བཅོ་ལྔའི་ནང་དུས་སུ་དུས་ཀྱི་གཏོར་མ་མ་ཆག་པ་བྱ། ཉི་མ་འཆར་ཀ་ནུབ་ཀ་རུ་ཐུན་གཏོར་འབུལ། ཅི་ཟ་ཅི་འཐུང་གི་ཕུད་ཀྱིས་མཆོད་པ་དང་། རང་གི་བྱ་བ་མདུན་མ་ཀུན་གྱི་སློ་གཏད་བྱེད། བརྟུལ་ཞུགས་ནི་ཤུ་རྩ་ལྔ་སྲོག་བཞིན་དུ་བསྲུང་བ་རྣམས་གལ་ཆེ། མཉེས་མ་མཉེས་ཀྱི་རྟགས་དང་དྲོད་ཚད་སོགས་མེ་ལྕེ་འབར་བའི་ལེའུ་བཅུ་གཉིས་པར་མང་དུ་གསུངས་ཀྱང་མདོར་

བསྟུ་ན། ཤ་འཕྲིག་ཅིང་སེང་གེས་ཀྱིས་འགྲོ་བ་ཆུང་དམར་སྒོ་བུར་དུ་འཚུབ་པ། ཁང་པ་འཆོགས་པ། སྒོ་བརྡུང་བ། ཐེབ་གནོན་བྱེད་པ། འོད་འཁྱུག་པ། དྲི་ཆེན་པོ་སྒོ་བུར་དུ་འཕྱུལ་བ་སོགས་ནི་རྟགས་ཀྱི་རྣམ་པ་ཞིག་ཡིན་ལ། འོན་ཀྱང་དེ་ལ་བརྟེན་ནས་སྐྲག་སྔངས་དང་། ཉམས་མི་དགའ་ཞིང་། སྒྲུབ་པ་ལས་གཡེལ་ན་འཚུབ་ལྟས་དང་། སྒྲུབ་པ་ལ་ཇི་སྲིད་འགྲོ་ན་གྲུབ་པའི་མཚན་མ་ཡིན། གཞན་ཡང་རྨི་ལམ་དུ་མ་སྲིང་ཆུང་མ་ཐྲན་མོ། དྲེའུ་དང་བྱ་ནག་ལུག་ནག་སོགས་རྨིས་པ་དང་། བུད་མེད་དཀར་མོའམ་སྔོན་མོ་རྒྱན་ཅན་གྱིས་བཟའ་བཏུང་འདྲེན་པ་དང་། འདུད་པ་དང་། གོས་དང་། རྒྱན་སྟེར་བ་སོགས་རྨིས་ན་བཟང་ལ། བུད་མེད་གཟུགས་མི་སྡུག་པ་དང་། འཁྱིང་བ་དང་། འཕྱོ་བ་དང་། ཛས་སྒྲ་བ་སོགས་ནི་དབང་དུ་མ་འདུས་པའི་རྟགས་ཡིན། ལྷག་པར་དམ་ཚིག་ཉམས་ན་རྨི་ལམ་དུ་མཚོན་ཆའི་ཆར་འབབ་པ་དང་། བུད་མེད་འཐབ་པ་དང་། བྱ་ནག་འཛིངས་པ་དང་། ཁྲག་གི་ན་བུན་འཁྲུགས་པ་དང་། ལུས་ལ་ཕྱུར་བ་བཀབ་པ་དང་། བདག་ཆུས་ཁྱེར་བ་སོགས་རྨིའོ། རྨི་ལམ་ངན་ན་བཀའ་ཆད་འོང་བས་བཤགས་པ་དྲག་ཏུ་བྱ། བུད་མེད་མཚན་མ་སྟོན་པ། སྨྱོ་ལབ་བྱེད་པ་སོགས་ནི་དམ་སྲིའི་ངོ་ཡིན་པས་དམ་སྲི་བཞི་གནོན་པའི་མན་ངག་བཞིན་བྱ། བུད་མེད་ཐལ་མོ་བརྡབ་པ་རྨིས་ན་དམ་རྫས་མ་གཙང་བ་ཡིན་པས་མན་ངག་བཞིན་དུ་བཤགས་སོ། །བུད་མེད་ལྷེ་རྩེ་སྟོན་པ་བྱུང་ན་སྙིང་པོ་ཆད་པ་ཡིན་པས་སྟགས་དག་པར་འདོན་ནོ། །བུད་མེད་སོ་སྒྲ་སྒྲོག་ན་གཞན་དང་འཐབ་མོ་འོང་། བུད་མེད་རྒོད་པ་མཐོང་ན་དགྲ་བགེགས་སྒྲོལ་བའི་རྟགས། སྨྲར་བ་མཐོང་ན་དངོས་གྲུབ་སྟེར་བའི་རྟགས། རྒྱང་གླུ་ལེན་ན་འགྲུབ་ཐག་རིང་། ངོ་ལ་མཆི་རིས་ཡོད་ན་རིམས་ནད་འོངས། གར་སྟབས་བྱེད་ཅིང་བྱུང་ན་ཅི་བསམ་འགྲུབ། སྙིང་བུ་འབུད་པ་མཐོང་ན་གཏོར་མ་འདོད་པ་ཡིན།

ཕྲེང་བ་འདྲེན་པ་མཐོང་ན་སྒྲིབ་སྲེག་འདོད་པ་ཡིན། སྐྱེས་པ་དང་བུད་མེད་རྒྱན་གོས་ཅན་ལས་ལ་འགྲོ་བའམ། དམག་ཆས་ཅན་རྨི་ན་ལས་སྦྱོར་བྱེད་རན་པ་སོགས་གཞུང་ནས་བཤད་པ་དང་། ནློས་དཔྱད་དེ་ཤེས་པར་བྱས་ལ་སྐབས་སུ་གང་བབ་ཀྱི་ཐབས་བྱ་གལ་ཏེ་འབད་ཀྱང་མ་གྲུབ་ན་མ་མོའི་སྙིང་ཁྲག་རྫུབ་པའི་སྒྲིག་ཚིག་སོགས་ཡོད་ཀྱང་ཏ་ཙང་འཆུན་དཀའ་ལ། མགོན་པོའི་མན་ངག་འདིར་རྒྱས་བཀའ་ཚིག་པར་གསུང་པས། རིགས་བདག་གཤིན་རྗེའི་གཤེད་ཀྱི་ཐུགས་ཀའི་ཧཱུྃ་ལས་འོད་ཟེར་འཕྲོས། རྒྱལ་སྲས་བཅས་ཀྱི་མཐུ་སྟོབས་མ་ལུས་པ་བསྡུས་ཏེ་ཐུགས་ཀའི་ཧཱུྃ་ལ་ཐིམ། དེ་ལས་འོད་ཟེར་འཕྲོས་ལྷ་མོའི་ཐུགས་ཀའི་སྔགས་ཕྲེང་ལ་ཐིམ་པས་མཐུ་སྟོབས་ཐོགས་པ་མེད་པར་གྱུར་བར་བསམས། དེས་ཀྱང་མ་གྲུབ་ན་འཇིགས་བྱེད་ཁྲིས་〔ཁྲོས〕འབྲུགས་ཇམ་པའི་ཚུལ་གྱིས་སྤྱི་བོར་གར་མཛད་པས་ལྷ་མོ་བཟོད་བླགས་མེད་པར་གྱུར་ཏེ་ལས་གར་བཅོས་སྒྲུབ་པར་བསམས་ལ་སྒྲིག་སྔགས་བཏགས་ནས་བཟླ། ནད་རིམས་ཞི་བ་སོགས་གཙོ་བོར་བྱེད་ན་བཟླས་པའི་ཚེ་རང་ཡི་དམ་དུ་གསལ་བའི་ཐུགས་ཀའི་ས་བོན་དང་། ལྷ་མོའི་ཐུགས་ཀའི་ས་བོན་ལས་འོད་ཟེར་འཕྲོས་པས་ཡུལ་འཁོར་དེའི་ནད་རིམས་ཐམས་ཅད་དུ་བ་དང་ཁུག་སྣ་དང་སྲིན་ལྤ་བུའི་རྣམ་པར་བསྡུས་ཏེ་གཏོར་མ་ལ་ཐིམ་པར་བསམས་ལ། གཏོར་འབུལ་གྱི་དུས་དེ་ཟག་མེད་ཀྱི་བདུད་རྩིར་གྱུར་བ་ལྷ་མོའི་ཞལ་དུ་དྲངས་ནས་དམར་སེབ་ཀྱིས་གསོལ་བས་རང་དང་ཡུལ་འཁོར་གྱི་སྐྱེ་བོ་ཐམས་ཅད་ནད་དང་བྲལ་བར་བསམ། གདོན་ཞི་བའི་ཕྱིར་དུ་ཡིན་ན་རང་ལ་གནོད་པར་བྱེད་པའི་དགྲ་བོ་དེ་དག་གི་བསམ་སྦྱོར་ངན་པ་ཐམས་ཅད་བསྡུས་ཏེ་གཏོར་མ་ལ་ཐིམ་པར་བསམ་པ་མ་གཏོགས་གོང་དང་འདྲ། ཚེ་བསོད་རྒྱས་པ་གཙོ་བོར་བྱེད་ན། གཏོར་མའི་རྒྱུ་ལ་རིན་པོ་ཆེ་བཟང་བའི་ཕྱེ་མའི་མང་དུ་བཏང་ཞིང་ཤིན་ཏུ་བཟང་བར་བཤམས་པ་དང་། སྤྱན་

གཟིགས་མཆོད་པ་སོགས་ཀྱང་ཅི་འགྱུར་རྒྱས་པར་བཤམས། བཟླས་པའི་ཚེ་དམིགས་པ་ནི་རང་དང་ལྷ་མོའི་ཐུགས་ཀའི་ས་བོན་ལས་འོད་ཟེར་འཕྲོས་པས། རང་གི་ཁྱིམ་དང་བསྒྲུབ་བྱའི་ཁྱིམ་གསེར་གྱིས་བྱུགས་པ་ལྟར་བྱས། ཚེ་དང་བསོད་ནམས་རྒྱས་པ་དང་། བང་མཛོད་ཐམས་ཅད་ནོར་བཀྱིས་ཁེངས་པ་སོགས་སུ་བསམ་ཞིང་། གཏོར་མ་འབུལ་བའི་ཚེ་གཏོར་མ་ལ་འཇིག་རྟེན་ཁམས་ཀྱི་ཕུན་ཚོགས་པ་ཐམས་ཅད་བསྡུས་ལ་དབུལ་དབང་སྡུད་ལ། རང་དང་ལྷ་མོའི་ཐུགས་ཀའི་ས་བོན་ལས་འོད་ཟེར་དམར་པོ་འཕྲོས་པས་དབང་དུ་བསྡུ་བྱ་རྣམས་ལ་ཕོག དེ་རྣམས་ཀྱི་སེམས་རང་ལ་དང་བ་དང་གདུང་བའི་དབང་དུ་སོང་བས་མགོ་བོའི་ཅོད་པཎ་རྐང་པ་ལ་རེག་པར་བསམས་ལ་སྔགས་བཟླ་ཞིང་། གཏོར་མ་ཡའང་དབང་དུ་བསྡུ་བྱ་དེ་དག་གི་ཟས་ནོར་སོགས་བསྲེ་བ་བྱུང་ན་སྦྱར། དྲག་པོ་ལ་ནང་གསེས་ཀྱི་དབྱེ་བ་མང་ཞིང་། ཕྱིར་ཞི་བ་གསུམ་ལ་གཏོར་སྒྲུབ་དང་། དྲག་པོ་ལ་གཏོར་ཆེན་དང་མདོས་སོགས་གཙོ་བོར་གསུངས་པས། གཏོར་སྒྲུབ་ཀྱི་དམིགས་སྐོར་ཕལ་ཆེར་བསྙེན་པའི་སྐབས་སུའང་དགོས་སོ། །

དེའང་བསྙེན་སྒྲུབ་ལས་གསུམ་ཞེས་པའི་གོ་དོན་ནི་འཇིག་རྟེན་ན་ཕ་རོལ་པོ་དང་གཡུལ་འགྱེད་པར་ནུས་པའི་དཔུང་གི་ཚོགས་རྣམས་ལ་ཐོག་མར་ཟས་གོས་དང་ནོར་སོགས་བྱིན་ནས་མགུ་བར་བྱེད་པ་ལྟར། དམ་ཚིག་དང་སྡོམ་པ་ལེགས་པར་བསྲུངས་ཤིང་ལྷའི་རྣལ་འབྱོར་དང་བཟླས་བརྗོད་མཆོད་གཏོར་སོགས་ལ་ཡུན་རིང་དུ་འབད་ནས་ལྷ་མོ་མཉེས་ཤིང་རང་ལ་ཉེ་བར་བྱེད་པའི་སྦྱོར་བ་ལ་འབད་པར་བྱེད་པ་ནི་བསྙེན་པའོ། །དེ་ནས་ཕ་རོལ་པོ་གཡུལ་འགྱེད་པའི་ཕྱིར་དུ་དཔུང་གི་ཚོགས་དེ་དག་ཕྱོགས་གཅིག་ཏུ་བསྡུས་ཏེ་གོ་བསྐོན་པ་དང་མཚོན་ཆ་ཆས་སུ་འཇུག་པ་སོགས་བྱེད་པ་དང་འདྲ་བར། བསྙེན་པ་ཚད་དུ་ཐེངས་ནས་ལས་ལ་སྦྱོར་བའི་ཉེ་རྒྱུ་ལིངྒ་དང་། རྫས་དང་སྨན་དང་འབྲུབ་ཁུང་དང་།

ཐུན་ལ་སོགས་པ་ཆས་སུ་གཞུག་ཅིང༌། ལས་ལ་སྦྱོར་བའི་ཉེ་རྒྱུ་ལྷག་མ་རྣམས་དང༌། ལས་དེ་ལ་ཐུགས་རིངས་པར་བསྐུལ་བ་དང་བཟླས་པའི་རྣམ་པ་གཞན་བྱེད་པ་ནི་སྒྲུབ་པའོ། །དེ་ནས་དམག་གི་ཚོགས་དེ་དག་གཡུལ་འགྱེད་པ་དང་འདྲ་བར་ལས་དེ་དང་དེ་ལ་དངོས་སུ་ཐུན་ཐོགས་དྲུག་སོགས་ཀྱི་བཟླས་པ་དང༌། བསྒྲལ་ཚོག ཟོར་ལས་སོགས་བྱེད་པ་ལས་སྦྱོར་ཡིན་ཞིང༌། རྩ་བ་བསྙེན་པའི་གཞི་ཐེངས་པ་གལ་ཆེ་བས་འདིར་དེའི་རིམ་པ་ཙུང་ཟད་ཕྱེ་བ་ཡིན་གྱི། ཕྱི་མ་གཉིས་དང་གཞན་ཡང་ལས་ཚོགས་མང་དུ་ཡོད་པ་རྣམས་ནི་སོ་སོའི་ཡི་གེ་ལས་ཤེས་པར་བྱ། སྒྲུབ་གཞི་རས་བྲིས་ཡིན་ན་གཤེགས་གསོལ་བྱས་ཚེ་ཨར་ཚོག་ལྷ་བུར་འགྲོ་ཉེན་ཡོད་པས། སྤྱན་དྲངས་པའི་ལྷ་ཚོགས་རྣམས་བྲིས་སྐུ་དང་དབྱེར་མི་ཕྱེད་པར་གྱུར་བྱས་ལ། སུ་པྲ་ཏིཥྛ་བརྟན་པར་བྱ། གཏོར་མ་ལ་བརྟེན་ཡེ་ཤེས་པ་རང་བཞིན་གྱི་གནས་སུ་གཤེགས། དམ་ཚིག་པ་ཙ་ཀྲའམ། རྟེན་རྫས་རྒྱབ་ཀྱི་བྲིས་ཐང་སོགས་ལ་དམིགས་ཏེ། རྟེན་དང་དབྱེར་མི་ཕྱེད་པར་གྱུར་བྱ་བའམ། དམ་ཡེ་གཉི་ག་སྔར་ལྟར་བསྡིམ་ཡང་རུང༌། ལྷག་པར་བསྙེན་པའི་དུས་དཔལ་ལྡན་ལྷ་མོ་རང་ལ་ཐིམ་ནས་སྙིང་གའི་མི་ཤེགས་པའི་ཐིག་ལེ་དང་དབྱེར་མེད་དུ་གྱུར་བར་བསམས་ལ། ཨོཾ་ཨཱཿཧཱུཾ་མ་ཀཱ་ཧི་ཙྪ་བཛྲ་ཧཱུྃ། ཞེས་བརྟན་པར་བྱས་ན་འགྲུབ་ཐག་ཉེ་བའི་རྟེན་འབྲེལ་གྱི་གནད་ཁྱད་པར་ཅན་ཡོད་དོ། །

སྲུང་མའི་གཙོ་མོ་མ་གཅིག་རེ་མ་ཏིའི། །བསྙེན་པའི་ཉམས་ལེན་སྙིང་པོ་ཉུང་གསལ་འདི། །བསྟེབས་པས་བདག་སོགས་གདོན་བགེགས་བདུད་སྡེ་ལས། །རྒྱལ་ཞིང་བློ་བཟང་རྒྱལ་བསྟན་རྒྱས་གྱུར་ཅིག །ཅེས་དཔལ་ལྡན་དམག་ཟོར་རྒྱལ་མོའི་བསྙེན་སྒྲུབ་ལ་འཇུག་པའི་མན་ངག་ཁྲག་འཐུང་དགའ་སྟོན་ཞེས་བྱ་བ་འདི་ནི་བསྟན་པའི་གསལ་བྱེད་མཁར་སྟོན་ཆོས་སྐྱབས་ཏི་ཡན་ཆེའི་སྤྲུལ་པའི་སྐུ་དཀོན་མཆོག་བསྟན་འཛིན་རྒྱ་མཚོ་དང༌། ཨོར་དུ་སུ་ཏང་གིན་པེ་ལིའི་ཧོག་གི་དད་བརྩོན་ལྷག་བསམ་དད་ལྡན་པ་དགེ་སློང་དཀོན་མཆོག་དཔལ་བཟང་བཅས་ཀྱིས

བསྐུལ་པའི་ངོར་༧བཙུན་པ་དཀོན་མཆོག་བསྟན་པའི་སྒྲོན་མེས་འཕྲལ་དུ་སྦྱར་བའི་ཡི་གེ་པ་ནི་སྔགས་རམ་པ་དཀོན་མཆོག་ཀུན་དགའོ།། །།

༄༅། །རྣམ་སྲས་གཏོར་འབུལ་བཞུགས་སོ། །

ན་མོ་གུ་རུ་བྷྱཿ འདིར་རྒྱལ་ཆེན་རྣམ་ཐོས་སྲས་ལ་མཆོད་གཏོར་འབུལ་བར་འདོད་པས་མཆོད་པ་གཙང་མ་དཀར་གསུམ་གྱི་གཏོར་མ་ཁང་བརྩེགས་མའམ་ཟླུམ་པོ་རྒྱན་ལྡན། ཞྭ་དྲིལ་སོགས་འདུ་བྱ། སྐྱབས་སེམས་སྔོན་དུ་བཏང་། རང་ཉིད་སྐད་ཅིག་གིས་དཔལ་ཕྱག་ན་རྡོ་རྗེའམ་རྡོ་རྗེ་འཇིགས་བྱེད་སྐུ་མདོག་སྔོན་པོ་ཞལ་གཅིག་ཕྱག་གཉིས་གཡོན་བརྐྱང་གི་སྟབས་ཀྱིས་བཞུགས་པར་གྱུར། མཆོད་པ་བྱ་རྒྱུད་ལྟར་བྱིན་གྱིས་བརླབས། གཏོར་མའང་སྟོང་པའི་ངང་ལས་བྷྲཱུྃ་ལས་རིན་པོ་ཆེའི་སྣོད་ཡངས་ཤིང་རྒྱ་ཆེ་བའི་ནང་དུ་ཡཾ་འོད་དུ་ཞུ་བ་ལས་ལྷའི་ཞལ་ཟས་དྲི་རོ་ནུས་པ་ཕུན་སུམ་ཚོགས་པ་ཡེ་ཤེས་ཀྱི་བདུད་རྩིའི་རྒྱ་མཚོ་ཆེན་པོར་གྱུར། ཨོཾ་ཨཱཿཧཱུྃ། ལན་གསུམ་གྱིས་བྱིན་གྱིས་བརླབས། བཻ་རི་རབ་ལྡན་པོའི་བྱང་ཕྱོགས་ལྗང་ལོ་ཅན། །རིན་ཆེན་སྣ་བཞིའི་རང་བཞིན་གཞལ་ཡས་ནས། །རེ་འདོད་ཀུན་སྐོང་རྒྱལ་ཆེན་ཡུམ་སྲས་བློན། །རང་རིགས་འཁོར་ཚོགས་དང་བཅས་གནས་འདིར་གཤེགས། །ལུས་ཅན་ཕོངས་པ་སེལ་བའི་ཐུགས་སྐྱེད་བཞིན། །གུས་ལྡན་བདག་སོགས་ཀུན་གྱི་མགོན་མཛད་ཕྱིར། །འདོད་དགུའི་མཆོག་སྦྱིན་རྒྱལ་ཆེན་ངལ་གསོས་པོ། །འཁོར་བཅས་དགྱེས་བཞིན་བརྟན་པར་བཞུགས་སུ་གསོལ། །རི་རབ་གླིང་དང་གླིང་ཕྲན་རིན་ཆེན་བདུན། །བཀྲ་ཤིས་རྟགས་རྫས་ཉེར་སྤྱོད་འདོད་ཡོན་ལྔ། །ཕྱི་ནང་གསང་རྟེན་མ་ཚང་མེད་པ་ཡིས། །ནོར་འཛིན་ཡངས་པའི་ཁྱོན་ཀུན་བཀང་སྟེ་འབུལ། །ཁྱད་པར་དཀར་གསུམ་མངར་གསུམ་སྦྱར་བ་ཡི། །མཆོད་གཏོར་རི་ལྟར

ཕྱུངས་ཤིང་མཆོ་ལྟར་བསྐྱིལ། །ཟག་མེད་བདུད་རྩིའི་ངོ་བོར་བྱིན་བརླབས་ནས། །གུས་པས་འབུལ་ལོ་དགྱེས་བཞིན་བཞེས་སུ་གསོལ། །ཉིན་བྱེད་གཟི་འབར་གསེར་གྱི་རི་བོ་ཡིས། །འདོད་དགུའི་ཆར་ཆེན་ཕྱོགས་སུ་འབེབས་པ་བཞིན། །བཛྲ་ཅིང་ལྷུན་ཆགས་སྐྱེ་དགུའི་རེ་སྐོང་བ། །རྒྱལ་ཆེན་ཡིད་བཞིན་ནོར་བུ་ཁྱོད་ལ་འདུད། །ཁྱོད་ཞབས་གུས་པས་བསྟེན་ཅིང་མཆོད་བྱེད་ན། །དཔལ་ཡོངས་ཕྱི་ནང་ཉེར་འཚོ་ཀུན་བསལ་ཏེ། །ཆོས་སྲིད་དཔལ་འབྱོར་ལེགས་ཚོགས་མ་ལུས་པ། །དབྱར་གྱི་ཆུ་གཏེར་ཇི་བཞིན་རྒྱས་པར་མཛོད། །གནས་སྐབས་ཆོས་མཐུན་འབྱོར་པ་འཕེལ་བ་དང་། །མཐར་ཐུག་ནམ་མཁའ་མཛོད་ཀྱི་ཏིང་འཛིན་མཐུས། །མཁའ་མཉམ་འགྲོ་བའི་དབུལ་བ་ཀུན་བསལ་ནས། །ཕུན་ཚོགས་དོན་གཉིས་དཔལ་ལ་སྤྱོར་གྱུར་ཅིག །ཅེས་པ་འདི་ནི་དད་ལྡན་དགེ་སློང་དཀོན་མཆོག་ཚུལ་ཁྲིམས་ཀྱིས་བསྐུལ་ངོར ༄བཙུན་པ་དཀོན་མཆོག་བསྟན་པའི་སྒྲོན་མེས་བྲིས་པའོ།། །།

༄༅། །རྒྱལ་བའི་བསྟན་སྲུང་ཆེན་པོ་དྲེགས་པ་ལྷམ་སྲིང་བསྙེན་ཅིང་སྒྲུབ་པའི་རིམ་པ་ལས་བཞིའི་འཕྲིན་ལས་ལྷུན་གྲུབ་ཅེས་བྱ་བ་བཞུགས་སོ། །

འཇམ་དཔལ་རྒྱལ་ཀུན་ཐུགས་ཀྱི་རང་བཞིན་དངོས། །གཤིན་རྗེའི་གཤེད་པོའི་གསུང་གི་སྒྱུ་འཕྲུལ་གར། །སྲོག་བདག་དམར་པོའི་སྐུ་ཡི་རྣམ་རོལ་ལ། །འདུད་དོ་འཕྲིན་ལས་རྣམ་བཞིའི་སྟོངས་གྲོགས་མཛོད། །གཟའ་ལྡན་དབང་ཕྱུག་བཀའ་ཉན་དམར་ནག་ཅེས། །མཐུ་སྟོབས་གྲགས་སྙན་དབྱར་རྔས་ཕྱོགས་ཁྱབ་པ། །དེ་ཡི་བསྙེན་སྒྲུབ་ཇི་ལྟར་བྱ་བའི་ཚུལ། །དམ་པའི་གསུང་བཞིན་མདོ་ཙམ་སྤེལ་བར་བྱ། དེའང་ལས་འབྲས་ལ་ཡིད་ཆེས་ཀྱི་དད་པས་ཀླང་ངོར་ཚུལ་བཞིན་དུ་སྒྲུབ་ཅིང་། དད་པ་དང་སྙིང་རྗེས་རྒྱུད་བརླན་པ། ཆོས་སྐྱོང་ཆེན་པོ་འདི་ཉིད་ཀྱི་རྗེས་སུ་གནང་བ་མན་ངག་དང་བཅས་པ་ལེགས་པར་ཐོབ་པའི་གང་ཟག་གིས་གང་དུ་སྒྲུབ་པའི་གནས་ནི། དམར་པོ་ཁྲག་གི་མདའ་འཕེན་གྱི་རྒྱུད་ལས། རི་གསུམ་འདུས་དང་ཆུ་གསུམ་འདུས། །དུར་ཁྲོད་དབུས་སུ་བདག་ཉིད་སྒྲུབ། །ཅེས་གསུངས་ལ། སོ་སོར་བྱས་ན་ཡབ་ཀྱི་སྒྲུབ་གནས་བྲག་དམར་པོ་གཤིན་རྗེ་ཁྲིས་པའམ། སེང་གེ་གནམ་དུ་འགྱིང་བ་འདྲ་བའི་འགྲམ་དང་ཆུ་བྲག་འཐབ་པ་འུག་པ་དང་སྲིན་བྱས་སྐད་བསྒྲག་ཅིང་བཙན་ཡོད་ངེས་པའི་གནས་སུ་སྒྲུབ། ཡུམ་གྱི་གནས་རི་གསུམ་འདུས་པའི་འགྲམ་མ་མོ་གནས་པའི་དུར་ཁྲོད་དུ་སྒྲུབ། དེ་དག་ནི་གཤིན་ཏུ་སྒྲུབ་པ་མྱུར་པའི་གནས

ཡིན་ལ། དེ་དག་ཡེ་མ་གྲུབ་ན་དུར་ཁྲོད་དམ་བྲག་ཕུག་དབེན་ཞིང་ཡིད་དང་མཐུན་པའི་གནས་སུ་རང་གི་སྒྲུབ་ཁང་ལ་ཁྲི་དམར་གྱི་ཁྲག་གིས་བསྐོས་པའི་ཚུས་ཆག་ཆག་གདབ། ས་དམར་གྱིས་བྱུགས་ལ་སྤྱག་བདག་དམར་པོའི་བསེ་མཁར་དུ་མོས་པ་བྱ། དུས་ནི་ཚེས་ཉེར་དགུ་ལ་སོགས་པ་གཟའ་ཕུར་བུའམ་མིག་དམར་དང་འཕྲོད་པའི་ཚེ་སྒྲུབ་ཁང་དུ་ཡི་དམ་དང་གཏོད་སྲིན་འཁོར་བཅས་ཀྱི་བྲིས་འབུར་གྱི་སྐུ་སོགས་རྟེན་ལེགས་པར་དགྲམ། ཕྱི་རྟེན་དུ་རྟ་དམར་པོ། གཡག་ཁམ་པ། ར་སྐྱེས་དམར་པོ། ཁྲི་དམར་པོ། ལུག་ནག་པོ་ལྷགས་ཁ་རྣམས་ཀྱི་ཕྲུམ་ཕྲུམ་དང་། སོག་འབུམ་ལ་ལྷམ་དྲལ་གྱི་སྲོག་སྙིང་རྒྱ་ཤོག་ལ་གསེར་རམ་གྲི་ཁྲག་གིས་བྲིས་པའི་མཐར། རྟེན་འདི་ལ་བཞུགས་ནས་སྒྲུབ་པ་པོ་བདག་གི་སྲུང་མ་མཛོད། མི་ནོར་གནས་དང་བཅས་པའི་གཉེར་མཛོད། འཇིར་པ་པོ་ལ་ཚེ་འཕྲུལ་སྣ་ཚོགས་ཕྱོགས་ལ་སྒྱུར་དུ་ཁུག་ཅིག ཅེས་པའི་སྤྲེལ་ཚིག་དང་བཅས་པ་དར་དམར་པོའི་སྐུད་པས་དཀྲིས། འབྲུ་སྣ་སྨན་སྣ། རིན་ཆེན་དར་ཟབ་དང་བཅས་པའི་ཕྲམ་བུ་དར་དམར་པོས་དྲིལ་བ་མི་མངོན་པར་བཏགས་ཏེ་ཚོག་བཞིན་དུ་བཙུགས་པ་དང་། ནང་གི་རྟེན་དུ་སྨུག་གོད་ཚོགས་གསུམ་པའི་སྤྲུབས་སྨན་དང་རིན་པོ་ཆེས་བཀའ་བ་དུར་བྱའམ་འུག་པའི་སྒྲོས་བརྒྱན། གྲི་ལྷགས་ཀྱི་མདེའུ་གྲི་རྒྱུས་ཀྱིས་བསྡམས་པར་གྲི་ཁྲག་གིས་ཉིང་ལ་ཡི་གེ་ཕྲ་བྲིས། སྐྱིད་པ་ལ་ཛཿ མདེའུ་ལ་ཐད་བྲིས་པའི་མགུལ་དུ་དར་ཟབ་དམར་པོ་ཁ་ལོངས་ལ་ཡབ་ཀྱི་སྲོག་སྙིང་གསེར་གྱིས་བྲིས་པ་དང་། དར་ནག་ལ་ཡུམ་གྱི་སྲོག་སྙིང་གསེར་གྱིས་བྲིས་པ་བཏགས། ཡུམ་གྱི་རྟེན་དུ་སེང་ལྡེང་གི་ཕུར་བུ་སོར་བརྒྱད་པ་དར་ནག་གིས་སྤྲས་པ། ལས་མཁན་གྱི་རྟེན་ཟངས་དམར་གྱི་ཕུར་བུ་སོར་བརྒྱད་པ་གྲི་རྒྱུས་མགུལ་དུ་བཏགས་པའང་བཞམ། གསང་བའི་རྟེན་དུ་སྨུག་གོད་ཚོགས་དགུ་པའི་མགོ་མཇུག་ཏུ་སེང་ལྡེང་གི་རྡོ་རྗེ་

རྩེ་ལྔ་བ་ཕྱེད་པས་བཀག་པའི་ནང་ཡི་དམ་གྱི་སྲོག་སྔགས་ཀྱི་མཇུག་ཏུ་གནོད་སྦྱིན་ཞྭམ་དཔལ་གྱི་སྲོག་སྔགས་འབྲུ་བཀློག་སྟེ་གསེར་གྱིས་བྲིས་པའི་ཤོག་དྲིལ་གྱིས་བཀང་བ་དང་། ར་སྐྱེས་དམར་པོའི་རླིད་པུའི་ནང་དུ་གྲི་ཁྲག་དང་རྒྱ་སྣག་གིས་ཞྭམ་དཔལ་གྱི་སྲོག་སྙིང་སྤྱིལ་ཚོག་དང་བཅས་པ་ཚར་མང་པོ་བྲིས་པ་གཟུག །སྐུའི་རྟེན་དུ་དུར་ཁྲོད་ཀྱི་རས་ལ་གྲི་ཁྲག་གིས་བྲིས་པའི་སྐུ་ཙ་ཀ་ལི་དང་། གསུང་གི་རྟེན་དུ་འདིའི་རྒྱུད་དང་སྒྲུབ་ཐབས་ཀྱི་པོ་ཏི། ཐུགས་ཀྱི་རྟེན་དུ་གསང་བའི་ལྷ་རྫས། ཤན་པའི་ལག་ནས་བྱུང་བའི་ར་དམར་པོའི་ཙིཏྟ་དང་། ལུག་ནག་པོའི་ཙིཏྟའི་ནང་དུ་ཡབ་དང་ཡུམ་གྱི་སྙིང་པོ་སྤྱིལ་ཚོག་དང་བཅས་པ་གསེར་རམ་གྲི་ཁྲག་གིས་བྲིས་པའི་ཤོག་དྲིལ་དང་དྲིལ་དང་སྨན་དང་དྲི་དང་རིན་པོ་ཆེ་དང་དར་ཟབ་ཀྱིས་བཀང་བ་རྣམས་བཤམས་པའི་མདུན་དུ་སྟེགས་ཀྱི་ཁར་ཟངས་གཞོང་སོགས་རིན་པོ་ཆེའི་སྣོད་བཟང་པོའི་ནང་དུ་ཁྲག་ཆང་གིས་སྦྲུས་པའི་ཟན་ལ་ཡབ་ཀྱི་གཏོར་མ་ཟུར་གསུམ་ཁྲུ་གང་ལས་མི་ཆེ་ཞིང་མཐོ་གང་ལས་མི་ཆུང་བ་དང་། དེའི་གཡས་གཡོན་དུ་དེ་ལས་ཅུང་ཟད་ཆུང་བའི་ལྷ་མོ་དང་ལས་མཁན་གྱི་གཏོར་མ་ཟུར་གསུམ་རེ་རེ། དེ་གསུམ་གྱི་མཐར་དེ་ལས་ཆུང་བའི་གྲི་ཐོགས་བརྒྱད་དང་རོལ་བཤན་ཉེར་གཅིག་གི་གཏོར་མ་བཤོས་བུ་གྲུ་གསུམ་རྩེ་ཟུར་ཤིན་ཏུ་རྣོ་བ་བརྒྱད་དང་། དེའི་ཕྱི་རོལ་ཏུ་དེ་འདྲ་ཉེར་གཅིག་གིས་བསྐོར་བའི་མཐར་བཅད་ཁ་ཕྱིར་བསྟན་པའི་མཐེབ་ཀྱུས་བསྐོར། བསྡུ་ན། དབུས་ཀྱི་དེ་གསུམ་གྱི་མཐར་མཐེབ་ཀྱུ་ཆུང་བ་ཉེར་གཅིག་གིས་བསྐོར་ལ། དེའི་སྟེང་གི་ཕྱོགས་མཚམས་བརྒྱད་དུ་མཐེབ་ཀྱུ་ཆེ་བ་རེ་རེ་བཞག་པས་ཀྱང་རུང་ངོ་། དེ་ཐམས་ཅད་ཀྱང་ཤ་ཁྲག་དང་སྙིང་སྣ་ཚོགས། ཁྱད་པར་ར་སྐྱེས་ཀྱི་ཤ་ཁྲག་གིས་བརྒྱན་པ་ལ། ལ་ཕུག སྒོག་བཙོང་། འབྲས་ཆན། ཁུར་བ་སོགས་བཟའ་བཅའ་སྣ་ཚོགས་པས་མཐའ་བསྐོར། རྟེན་གྱི་མདའ་ཡོད་ན་ཙ་ཀ་ལི་དང་བཅས་པ་

དབུས་ཀྱི་གཏོར་མ་ལ་བསྟུགས། དེ་དག་གི་མདུན་དུ་ཁྲག་ཚང་གི་གསེར་
སྐྱེམས། དབང་པོའི་མེ་ཏོག ཤ་ཆེན་དང་ར་ཚོལ་གུ་གུལ་སོགས་ཀྱི་བདུག་སྤོས།
ཞུན་ཆེན་གྱི་མར་མེ། མཁྲིས་ཆེན་གྱི་དྲི་ཆབ། བཙན་བཤོས་དཀར་དམར།
ཐོད་ཇ་ཀང་གླིང་སོགས་རོལ་མོའི་བྱེ་བྲག་དུ་མ། གཞན་ཡང་བསྐང་རྫས་སོགས་
དངོས་སམ་བག་ཟན་སོགས་ལས་བྱས་པའམ། རི་མོར་བྲིས་པ་རྣམས་ཀྱང་
ལེགས་པར་བཤམ། སྒྲུབ་པ་པོའི་མདུན་དུ་ནང་མཆོད་རྡོར་དྲིལ་ཌ་མ་རུ།
གཡབ་དར་སོགས་དགོས་པའི་ཡོ་བྱད་རྣམས་ཚོགས་པར་བྱ། བདེ་བའི་སྟན་ལ་
འཁོད་དེ་སྐྱབས་སེམས་སྔོན་དུ་བཏང་། རྡོ་རྗེ་འཇིགས་བྱེད་སོགས་ཡི་དམ་གྱི་
བདག་བསྐྱེད་རྫོགས་པར་བསྒོམས། མཆོད་པ་དཀྱུས་ལྟར་བྱིན་གྱིས་བརླབས་
ལ་ཆོས་སྐྱོང་འཁོར་བཅས་སྐྱེད་པ་ནི། སྒྲུབ་གཞི་བྲིས་འབུར་གྱི་སྐུ་སོགས་བྱེད་
ན་དེ་ཉིད་ལ་དམིགས་ཤིང་། རྟེན་གཏོར་བྱེད་ཚེ་དེ་ལ་དམིགས་ནས་ཧྲཱིཿསྟྲཱིཿལ་
སོགས་པའི་སྔགས་ཀྱིས་བསངས། ཨོཾ་སྭ་བྷཱ་ཝ་ཤུདྡྷཿསོགས་ཀྱིས་སྟོང་པར་
སྦྱངས། སྟོང་པའི་ངང་ལས་རང་གི་མདུན་དུ་རྟ་ཁྲག་དང་མི་ཁྲག་གི་རྒྱ་མཚོ་
ཆེན་པོ་ཐ་གློང་གྲུ་གསུམ་བསྐོལ་མར་འཁྲུག་པའི་དབུས་སུ་ཟངས་ཀྱི་རི་གྲུ་བཞི་
པའི་སྟེང་དུ་པདྨ་ཉི་མ་རྟ་རོ་མི་རོ་བརྩེགས་པའི་གདན་ལ་ཕྲིཾ་དང་ཟངས་ཀྱི་ལས་
སྐྱེས་པའི་གནོད་སྦྱིན་ཆེན་པོ་སྐུ་མདོག་དམར་པོ་ཞལ་གཅིག་ཕྱག་གཉིས་པ།
ཕྱག་གཡས་འབར་བ་དང་བཅས་པའི་ཟངས་ཀྱི་རལ་གྲི་ནམ་མཁའ་ལ་འཕྱར་
བས་དམ་ཉམས་ཀྱི་སྲོག་རྩ་གཅོད་ཅིང་། གཡོན་མདའ་གཞུ་དང་དགྲ་བགེགས་
ཀྱི་གློ་སྙིང་ཐུགས་ཀར་འཛིན་པའི་མཆན་ཁུང་ན་བསེའི་རྟ་མཚོན་དམར་པོ་
བསྣམས་པ། ཞལ་རབ་ཏུ་གདངས་ཤིང་མཆེ་བ་རྣོན་པོ་བཞི་ག་རྩིགས་ནས་
ལྗགས་རྣམ་པར་བསྒྲིད་པ། སྤྱན་གསུམ་དང་ལྡན་ཞིང་ཁྲོ་གཉེར་ཤིན་ཏུ་བསྡུས་
པ། སྨིན་མ་དང་སྨ་ར་དུས་མཐའི་མེ་ལྟར་རབ་ཏུ་འབར་ཞིང་དབུ་སྐྲ་ཁམ་སེར་

ལྷག་པར་བཅིངས་པ། མི་མགོ་སྐམ་པོ་ལྔའི་དབུ་རྒྱན་དང་། ཁྲག་འཛག་པའི་མགོ་བོ་རློན་པ་ལྔ་བཅུའི་དོ་ཤལ་ཅན། སྐུ་ལ་ཟངས་ཀྱི་བེག་ཙེ་དང་དར་གྱི་རལ་གུ་དམར་པོས་བརྒྱན་ཅིང་། ཞབས་ལ་སག་ལྷམ་དམར་པོ་གསོལ་བ། སྡིག་པ་དཔའ་བ་མི་སྡུག་པའི་གཟུགས་ཅན། གཡས་བསྐུམ་ཞིང་གཡོན་བརྐྱང་བའི་གར་སྟབས་ཀྱིས་ཡེ་ཤེས་ཀྱི་མེ་འབར་བའི་ཀློང་དཀྱིལ་ན་བཞུགས་པ། དེའི་གཡོན་དུ་ཙཾ་ལས་རིག་པའི་ལྷ་མོ་གདོང་དམར་མ་སྐུ་མདོག་སྔོ་ནག་གདོང་བ་བསེ། སོ་དུང་། སྨིན་མ་གཡུ། མེའི་རལ་བ་ལ་མཆོང་དང་མུ་མེན་གྱིས་བརྒྱན་ཅིང་། གསེར་གྱི་ན་རྒྱན་འཕྱང་བ། གཅེར་མོ་སྦྲུན་དང་ཞལ་བགྲད་ཅིང་། གཡས་ཟངས་ཀྱི་རལ་གྲི་དགྲ་ལ་འཕྱར་ཞིང་གཡོན་ལྕགས་ཀྱི་ཕུར་བུ་བགེགས་ལ་འདེབས་པ། དྲེད་མོ་མི་ཟན་ལ་ཞོན་པ། གཙོ་བོའི་གཡས་སུ་ཕྲཾ་ལས་ལས་མཁན་སྒྲོག་བདག་དམར་པོ་ཞལ་གཅིག་ཕྱག་གཉིས་གཡས་མདུང་དར་འཕྱར་ཞིང་གཡོན་བཙན་གྱི་ཞགས་པ་དགྲ་ལ་འདེབས་པ། བསེ་ཁྲབ་དང་བསེ་རྨོག་གྱོན་ཅིང་ལྕེ་སྤྱང་སྨྱོན་པ་ལ་ཞོན་པ། མཚན་མོ་རྒྱུ་ཞིང་དགྲ་བགེག་ལ་འོ་དོད་འབོད་པ། གཙོ་འཁོར་གསུམ་གྱི་ཤར་དུ་མི་དམར་ཁྲ་མ། ལྷོར་རི་ཙེ་མི་དམར། ནུབ་ཏུ་ཀྲོ་ཧྲི་མི་དམར། བྱང་དུ་སྒྲོག་བདག་ཀོ་ཤེང་། ཤར་ལྷོར་ཨཾ་ཀྲི་མི་དམར། ལྷོ་ནུབ་ཏུ་རོ་ཀྲི་མི་དམར། ནུབ་བྱང་དུ་གཾ་ཤང་མི་དམར། བྱང་ཤར་དུ་སྒྲོག་བདག་ཐལ་བ་སྟེ། གྲི་ཐོགས་བརྒྱད་དང་བཤན་པ་ཉི་ཤུ་རྩ་གཅིག་པོ་ཐམས་ཅད་ཀྱང་སྐུ་མདོག་དམར་པོ། གཡས་ཟངས་ཀྱི་རལ་གྲི་འཕྱར་ཞིང་། གཡོན་ལ་ལ་རྒྱུ་མའི་ལག་ཇོག་བྱེད་པ། ལ་ལ་གློ་སྙིང་མཆིན་པ་འདྲུད་པ། ལ་ལ་སྙིང་ཁྲག་ཀླད་པ་འདག་པ། ལ་ལ་ཤ་ཁྲག་སྦར་གྱིས་འདེབས་པ། ལ་ལ་རུས་པ་རྐང་མར་འཆའ་བ། ལ་ལ་པགས་པ་དམར་བཤུས་བྱེད་པ། ལ་ལ་ཤ་གདན་དམར་པོ་འདིངས་པ། ཐམས་ཅད་ཀྱང་དགྲ་བོའི་སྲོག་ལེན་པ། མི་ལྤགས་ཀྱི་གཡང་

གཞི་དང་བ་སླང་གི་ཀོ་བ་རློན་པ་གྱོན་པ། གཞན་ཡང་བཙན་དམར་སྟོང་། བདུད་དང་གནོད་སྦྱིན་སྲིན་པོ་སུམ་སྟོང་། མ་མོ་འབུམ་སྡེ། ཐེའུ་རང་སྟོང་ལ་སོགས་པ་དམ་ཅན་རྒྱ་མཚོའི་དམག་ཚོགས་དཔག་ཏུ་མེད་པས་བསྐོར་བའི་གཙོ་འཁོར་ཐམས་ཅད་ཀྱིས་སྤྱི་བོར་ཨོཾ། མགྲིན་པར་ཨཱཿཐུགས་ཀར་ཧཱུྃ། རང་གི་ཐུགས་ཀའི་ཧཱུྃ་ལས་འོད་ཟེར་འཕྲོས་པས་བྱང་ཤར་མ་ཏུ་ཙེའི་དུར་ཁྲོད་བྲག་དམར་པོ་མཆོང་ལྡིང་གི་ཕོ་བྲང་ནས་གནོད་སྦྱིན་དྲེགས་པ་ལྷམ་སྲིང་འཁོར་དང་བཅས་པ་སྐད་ཅིག་གིས་སྤྱན་དྲངས། ཀྱཻ་ཡུལ་གཅིག་མྱུ་ངམ་འདས་པ་བདུན་གྱི་ཕ་རོལ་ན། །མདའ་ན་ཁྲག་མཚོ་ཕུ་ན་ཟངས་བྲག་བརྩེགས། །མི་རོ་རྟ་རོ་མང་པོ་གཅལ་དུ་བཀྲམ། །མི་ཁྲག་རྟ་ཁྲག་དུ་མ་མཚོ་རུ་འཁྱིལ། །ཁོར་ཡུག་ཟངས་རིའི་ཕྲེང་བས་ཀུན་ནས་བསྐོར། །བསེ་མཁར་སྨུག་པོ་མཆོང་གི་བ་གམ་ཅན། །ཕོད་པ་བརྩེགས་པའི་གཞལ་ཡས་ཆེན་པོ་ནས། །ཆོས་སྐྱོང་དྲེགས་པ་ལྷམ་སྲིང་གཤེགས་སུ་གསོལ། །འཁོར་ཚོགས་བཤན་པའི་ཚོགས་ཀྱང་གཤེགས་སུ་གསོལ། །ཞིང་བཅུའི་དམ་ཉམས་དགྲ་བོ་འདུལ་བ་དང་། །རྣལ་འབྱོར་བདག་གིས་ལས་བཅོལ་སྒྲུབ་པའི་ཕྱིར། །ད་ལྟ་ཉིད་དུ་གནས་འདིར་གཤེགས་སུ་གསོལ། །ད་ལྟ་ཉིད་དུ་གནས་འདིར་གཤེགས་ནས་ཀྱང་། །རིངས་པའི་ཚུལ་གྱིས་མཆོད་གཏོར་འདི་བཞེས་ལ། །ནག་པོའི་ཕྱོགས་དང་གང་ལ་དམིགས་པ་ཡི། །གནོད་བྱེད་དགྲ་བགེགས་ཐལ་བའི་རྡུལ་དུ་རློག །ཅེས་གཉན་ལོས་མཛད་པའི་སྤྱན་འདྲེན་གྱི་ཚིགས་བཅད་དང་། རྒྱས་པར་བྱེད་ན་ཨ་མོ་ཀྵས་མཛད་པའི་ཚིགས་བཅད། ཀྱཻ་ཕྱོགས་ཕྱོགས་དེ་ནི་ཕ་གི་ན། །ཉི་མ་བྱང་ཤར་མཚམས་ཤེད་ནས། །སྲོག་བདག་དམར་པོ་སྤྱན་འདྲེན་ནོ། །སྲོལ་གྱིང་ཆེན་པོ་སྤྱན་འདྲེན་གཤེགས་སུ་གསོལ། །མེ་རླུང་འཚུབ་པའི་ཕོ་བྲང་དབུས། །རཀྟ་ཁྲག་གི་རྒྱ་མཚོ་ནས། །སྲིད་པའི་བུ་མོ་སྤྱན་འདྲེན་ནོ། །གར་

གྱི་དབང་ཕྱུག་གཤེགས་སུ་གསོལ། །སྲིན་པོ་ཁྲོས་པའི་ཕོ་བྲང་ནས། །དྲག་པོ་སྒྲོལ་བའི་དཀྱིལ་འཁོར་དུ། །ལས་མཁན་དམར་པོ་སྤྱན་འདྲེན་ནོ། །རྒྱུག་བྱེད་ཕོ་ཉ་གཤེགས་སུ་གསོལ། །རབ་གཏུམ་རྔམ་པའི་ཕོ་བྲང་ནས། །ཁྲག་མཚོ་འཁྱིལ་བའི་ཁོར་ཡུག་ནས། །གྲི་ཐོགས་བརྒྱད་པོ་སྤྱན་འདྲེན་ནོ། །བཤན་པ་ཉེར་གཅིག་གཤེགས་སུ་གསོལ། །བྲག་དམར་མཚོང་ལྡིང་ཕོ་བྲང་ནས། །བདུད་བཙན་གནོད་སྦྱིན་སྲིན་པོ་དང་། །མ་མོ་ཐེའུ་རང་སྤྱན་འདྲེན་ནོ། །དམ་ཅན་རྒྱ་མཚོ་གཤེགས་སུ་གསོལ། །མ་ཐོགས་མྱུར་བར་ལས་ལ་བྱོན། །རིངས་པའི་ཚུལ་གྱིས་མཆོད་གཏོར་བཞེས། །བདག་གིས་བཅོལ་བའི་འཕྲིན་ལས་རྣམས། །མ་གཡེལ་མྱུར་དུ་གྲུབ་པར་མཛོད། །རྒྱ་ཙཀྲ་ཨརྻ་ས་པ་རི་ཝཱ་ར་ཨ་ཀརྵ་ཡ་ཛཿཧཱུྃ་བཾ་ཧོཿདམ་ཚིག་པ་དང་གཉིས་སུ་མེད་པར་གྱུར། པདྨ་ཀ་མ་ལ་ཡ་སྟྭཾ ཞེས་སྤྱན་དྲངས་ལ་གདན་ཕུལ། ཨོཾ་རྒྱ་ཙཀྲ་ཨརྻ་ས་པ་རི་ཝཱ་ར་ས་མ་ཡ་སྟྭཾ ཞེས་དམ་ཚིག་བསྲུགས། ཆོས་ཉིད་ཞི་བའི་ངང་ལས་མ་གཡོས་ཀྱང་། །མ་རུངས་འདུལ་ཕྱིར་དྲག་པོའི་སྐུར་བསྟན་ནས། །མཐུ་རྩལ་ཕུན་ཚོགས་བསྟན་པ་སྲུང་མཛད་པའི། །སྒྲོལ་གྱིང་བཤན་པ་དམར་པོ་ལ་ཕྱག་འཚལ། །བཀའ་ཡི་འཁོར་གནས་ཡེ་ཤེས་སྲུང་མའི་ཚོགས། །རྣལ་འབྱོར་འདོད་པའི་བདེ་སྟེར་གསང་བའི་ཡུམ། །ལས་བྱེད་བཤན་པ་གཏུམ་པོ་སྡེ་ལྔ་དང་། །མ་མོ་ཐེའུ་རང་ཚོགས་ལ་གུས་པས་འདུད། །ཅེས་ཕྱག་བྱ། གནོད་སྦྱིན་འཁོར་བཅས་ཀྱི་སྤྱི་བོར་དམ་ཚིག་གི་རྡོ་རྗེ་བཀོད་པར་བསམས་ལ། རྒྱ་ཙཀྲ་ཨརྻ་ས་པ་རི་ཝཱ་ར་ས་མ་ཡ་སྟྭ་ར། ས་མ་ཡ་མ་ཏི་ཀྲ་མ་ཐ། ས་མ་ཡ་ར་ཀྵནྟུ། ཞེས་དམ་ལ་བཞག ཨོཾ་རྒྱ་ཙཀྲ་ཨརྻ་ས་པ་རི་ཝཱ་ར་ཨརྒྷཾ་པྲ་ཏཱིཙྪ་ཡེ་སྭཱཧཱ། དེ་བཞིན་དུ་ཤཔྟའི་བར་སྦྱར་ལ་མཆོད་པ་དབུལ། ནང་མཆོད་འབུལ་བ་ནི་རྒྱས་པར་སྔོན། ཨོཾ་མཆོད་དོ་སྐུ་བཞིའི་བདག་ཉིད་དྲིན་ཅན་རྩ་བའི་བླ་མ་རིན་པོ་ཆེའི་ཞལ་དུ་ཨོཾ་ཨཱཿཧཱུྃ། རྒྱལ་

པ་རྡོ་རྗེ་འཆང་གི་ཞལ་དུ་ཨོཾ་ཨཱཿཧཱུྃ། ལྷ་ཆེན་མ་ཧཱ་དེ་བའི་ཞལ་དུ་ཨོཾ་ཨཱཿཧཱུྃ། ཨ་ཙནྡྲ་ཉི་འོད་གྲགས་པའི་ཞལ་དུ་ཨོཾ་ཨཱཿཧཱུྃ། སྲས་ཟླ་བ་ནག་པོའི་ཞལ་དུ་ཨོཾ་ཨཱཿཧཱུྃ། པཎ་ཆེན་གཡཀྵ་རའི་ཞལ་དུ་ཨོཾ་ཨཱཿཧཱུྃ། བླ་མ་གཉན་ལོ་ཙྪ་བའི་ཞལ་དུ་ཨོཾ་ཨཱཿཧཱུྃ། གནམ་ཁའུ་དར་མ་སེང་གེའི་ཞལ་དུ་ཨོཾ་ཨཱཿཧཱུྃ། ས་ཆེན་ཀུན་དགའ་སྙིང་པོའི་ཞལ་དུ་ཨོཾ་ཨཱཿཧཱུྃ། ཤུད་པུ་བཀྲ་ཤིས་འོད་ཟེར་གྱི་ཞལ་དུ་ཨོཾ་ཨཱཿཧཱུྃ། འདར་འཕྲུར་ཏུ་པ་རིན་ཆེན་བཟང་པོའི་ཞལ་དུ་ཨོཾ་ཨཱཿཧཱུྃ། བོ་དོང་བ་བརྩོན་འགྲུས་རྡོ་རྗེའི་ཞལ་དུ་ཨོཾ་ཨཱཿཧཱུྃ། ཛོ་སྲས་བླ་མ་རིན་ཆེན་གྱི་ཞལ་དུ་ཨོཾ་ཨཱཿཧཱུྃ། སློབ་དཔོན་ཤེས་རབ་མཆོའི་ཞལ་དུ་ཨོཾ་ཨཱཿཧཱུྃ། བླ་མ་བསོད་ནམས་དབང་ཕྱུག་གི་ཞལ་དུ་ཨོཾ་ཨཱཿཧཱུྃ། ལྕང་སྒྲིབ་སེང་གེ་འབུམ་གྱི་ཞལ་དུ་ཨོཾ་ཨཱཿཧཱུྃ། ཀུན་མཁྱེན་དཔལ་ལྡན་སེང་གེའི་ཞལ་དུ་ཨོཾ་ཨཱཿཧཱུྃ། ཆོས་རྗེ་རིན་ཆེན་བཀྲ་ཤིས་ཀྱི་ཞལ་དུ་ཨོཾ་ཨཱཿཧཱུྃ། སྟོབས་ལྡན་ཡོན་ཏན་མགོན་པོའི་ཞལ་དུ་ཨོཾ་ཨཱཿཧཱུྃ། བླ་མ་གཞོན་ནུ་དཔལ་བའི་ཞལ་དུ་ཨོཾ་ཨཱཿཧཱུྃ། མུས་སྲད་པ་རྡོ་རྗེ་རྒྱལ་མཚན་གྱི་ཞལ་དུ་ཨོཾ་ཨཱཿཧཱུྃ། ཆོས་རྗེ་ཤེས་རབ་རིན་ཆེན་གྱི་ཞལ་དུ་ཨོཾ་ཨཱཿཧཱུྃ། རྡོ་རྗེ་འཆང་བློ་གསལ་རྒྱ་མཚོ་གྲགས་པ་རྒྱལ་མཚན་དཔལ་བཟང་པོའི་ཞལ་དུ་ཨོཾ་ཨཱཿཧཱུྃ། འཇམ་དབྱངས་མཁྱེན་བརྩེའི་དབང་ཕྱུག་གི་ཞལ་དུ་ཨོཾ་ཨཱཿཧཱུྃ། ཏཱ་ར་བ་བསོད་ནམས་ཆོས་འཕེལ་གྱི་ཞལ་དུ་ཨོཾ་ཨཱཿཧཱུྃ། རྗེ་དབང་ཕྱུག་རབ་བརྟན་གྱི་ཞལ་དུ་ཨོཾ་ཨཱཿཧཱུྃ། མགོན་པོ་བསོད་ནམས་མཆོག་ལྡན་གྱི་ཞལ་དུ་ཨོཾ་ཨཱཿཧཱུྃ། ཟུར་ཆོས་དབྱིངས་རང་གྲོལ་གྱི་ཞལ་དུ་ཨོཾ་ཨཱཿཧཱུྃ། ཐམས་ཅད་མཁྱེན་པ་ངག་དབང་བློ་བཟང་རྒྱ་མཚོའི་ཞལ་དུ་ཨོཾ་ཨཱཿཧཱུྃ། འཁྲུལ་ཞིག་མང་ཐོས་རྒྱ་མཚོའི་ཞལ་དུ་ཨོཾ་ཨཱཿཧཱུྃ། རྗེ་འཇམ་དབྱངས་བདེ་བའི་རྡོ་རྗེའི་ཞལ་དུ་ཨོཾ་ཨཱཿཧཱུྃ། རྡོ་རྗེ་འཆང་གཟུབ་སྟོན་བཞད་པ་རྡོ་རྗེའི་ཞལ་དུ་ཨོཾ་ཨཱཿཧཱུྃ། ཞེས་དང་། གཞན་ཡང་། མུས་སྲད་པ་རྡོ་རྗེ་རྒྱལ་མཚན་གྱི་ཞལ་དུ་ཨོཾ་ཨཱཿཧཱུྃ། གཉན་ཆེན་ཧཱུཾ་སྐྱབས་ཀྱི་ཞལ་དུ་ཨོཾ་ཨཱཿཧཱུྃ། རྗེ་ཆོས་རྒྱལ་

དཔལ་བཟང་པོའི་ཞལ་དུ་ཨོཾ་ཨཱཿཧཱུྃ། རྗེ་དཔལ་ལྡན་སེང་གེའི་ཞལ་དུ་ཨོཾ་ཨཱཿཧཱུྃ། བློ་བསམ་འགྲུབ་བཟང་པོའི་ཞལ་དུ་ཨོཾ་ཨཱཿཧཱུྃ། རྗེ་རིན་ཆེན་རྒྱལ་མཚན་གྱི་ཞལ་དུ་ཨོཾ་ཨཱཿཧཱུྃ། རྗེ་རྣམ་རྒྱལ་བཟང་པོའི་ཞལ་ཨོཾ་ཨཱཿཧཱུྃ། རྗེ་དོན་ཡོད་རྒྱལ་མཚན་གྱི་ཞལ་དུ་ཨོཾ་ཨཱཿཧཱུྃ། རྗེ་ཀུན་དགའ་རྒྱལ་མཚན་གྱི་ཞལ་ཨོཾ་ཨཱཿཧཱུྃ། ཐམས་ཅད་མཁྱེན་པ་དགེ་འདུན་རྒྱ་མཚོའི་ཞལ་དུ་ཨོཾ་ཨཱཿཧཱུྃ། རྗེ་ཡོན་ཏན་མཆོག་གི་ཞལ་དུ་ཨོཾ་ཨཱཿཧཱུྃ། རྒྱལ་བ་བསོད་ནམས་རྒྱ་མཚོའི་ཞལ་དུ་ཨོཾ་ཨཱཿཧཱུྃ། རྒྱལ་བ་བློ་བཟང་དོན་གྲུབ་ཀྱི་ཞལ་དུ་ཨོཾ་ཨཱཿཧཱུྃ། མཁས་གྲུབ་སངས་རྒྱས་ཡེ་ཤེས་ཀྱི་ཞལ་དུ་ཨོཾ་ཨཱཿཧཱུྃ། པཎ་ཆེན་བློ་བཟང་ཆོས་ཀྱི་རྒྱལ་མཚན་དཔལ་བཟང་པོའི་ཞལ་དུ་ཨོཾ་ཨཱཿཧཱུྃ། རྡོ་རྗེ་འཛིན་པ་དཀོན་མཆོག་རྒྱལ་མཚན་གྱི་ཞལ་དུ་ཨོཾ་ཨཱཿཧཱུྃ། པཎ་ཆེན་ཐམས་ཅད་མཁྱེན་པ་བློ་བཟང་ཡེ་ཤེས་དཔལ་བཟང་པོའི་ཞལ་དུ་ཨོཾ་ཨཱཿཧཱུྃ། མཐུ་སྟོབས་དབང་ཕྱུག་སྟོབས་ལྡན་རྒྱ་མཚོའི་ཞལ་དུ་ཨོཾ་ཨཱཿཧཱུྃ། འཇམ་དབྱངས་ཆོས་ཀྱི་རྒྱལ་པོ་དཀོན་མཆོག་འཇིགས་མེད་དབང་པོའི་ཞལ་དུ་ཨོཾ་ཨཱཿཧཱུྃ། འཁོར་ལོའི་མགོན་པོ་རྗེ་བཙུན་བློ་བཟང་ཆོས་ཀྱི་ཉི་མའི་ཞལ་དུ་ཨོཾ་ཨཱཿཧཱུྃ། དེ་ལྟར་བརྒྱུད་པ་གཉིས་གའམ་གང་མོས་སྦྱར་བའི་མཐར། གཞན་ཡང་དབང་བསྐུར་རྒྱུད་བཤད་མན་ངག་གནང་བའི་བླ་མ་དམ་པ་བརྒྱུད་པ་དང་བཅས་པ་རྣམས་ཀྱི་ཞལ་དུ་ཨོཾ་ཨཱཿཧཱུྃ། འཁོར་ལོའི་མགོན་པོ་རྗེ་བཙུན་བློ་བཟང་ཆོས་ཀྱི་ཉི་མའི་ཞལ་དུ་ཨོཾ་ཨཱཿཧཱུྃ། དེ་ལྟར་བརྒྱུད་པ་གཉིས་གའམ་གང་མོས་སྦྱར་བའི་མཐར། གཞན་ཡང་དབང་བསྐུར་རྒྱུད་བཤད་མན་ངག་གནང་བའི་བླ་མ་དམ་པ་བརྒྱུད་པ་དང་བཅས་པ་རྣམས་ཀྱི་ཞལ་དུ་ཨོཾ་ཨཱཿཧཱུྃ། རྒྱུད་སྡེ་ཆེན་པོ་བཞི་དང་འབྲེལ་བའི་ཡི་དམ་དཀྱིལ་འཁོར་གྱི་ལྷ་ཚོགས་རྣམས་ཀྱི་ཞལ་དུ་ཨོཾ་ཨཱཿཧཱུྃ། ཨོཾ་རགྨོ་པྲ་ཙ་ཨཱཏྨ་པ་རི་ཤྲ་ར་ཨོཾ་ཨཱཿཧཱུྃ། ཞེས་དབུལ། ཡང་བྲེལ་དུས་ཕྱི་མཆོད་ཀྱི་མཛུག་ཏུ་རགྨོ་པྲ་ཙ་ལ་འབྲུ་གསུམ་སྦྱར་ནས་ནང་མཆོད་ཕུལ་ཀྱང་རུང་། དེ་ནས་བཤགས་པ་བྱ་བ་ནི།

རང་གི་ཐུགས་ཀའི་ཧཱུྃ་ལས་འོད་ཟེར་འཕྲོས་ཇོ་ཛེ་གསུམ་གྱི་ལྷ་ཚོགས་མདུན་གྱི་ནམ་མཁར་སྤྱན་དྲངས་པར་བསམས་ལ་ཡིག་བརྒྱ་ཉེར་གཅིག་སོགས་བཟླས་ཏེ། བྱིན་རླབས་རྩ་བ་དངོས་བརྒྱུད་བླ་མ་དང་། །དངོས་གྲུབ་འབྱུང་གནས་ཡི་དམ་དཀྱིལ་འཁོར་ལྷ། །བར་ཆད་ཀུན་སེལ་ཆོས་སྐྱོང་སྲུང་མའི་ཚོགས། །བརྩེ་བའི་ཐུགས་ཀྱིས་བདག་ལ་དགོངས་སུ་གསོལ། །བདག་ཅག་གསང་སྔགས་ཐེག་པའི་ཐེམ་སྐས་ལས། །ཟུང་འཇུག་ནོར་བུའི་ཕོ་བྲང་འཇུག་པའི་གེགས། །རྩ་བ་ཡན་ལག་དམ་ཚིག་ཉམས་ཆག་ཀུན། །བླ་མ་ཡི་དམ་སྲུང་མར་མཐོལ་ལོ་བཤགས། །མ་ཉམས་ཕྱི་ནང་གསང་རྟེན་དམ་རྫས་བཅས། །བསྙེན་སྒྲུབ་རྒྱུན་གཏོར་དུས་ཀྱི་གཏོར་མ་སོགས། །ཚུལ་བཞིན་མ་བགྱིས་ལེ་ལོའི་དབང་གྱུར་ཏེ། །སྲུང་མའི་ཐུགས་དང་འགལ་རྣམས་མཐོལ་ལོ་བཤགས། །སེམས་ཉིད་རང་བཞིན་མཁའ་ལྟར་རྣམ་དག་ཀྱང་། །བློ་བུར་ཉོན་མོངས་སྒྲིབ་ཀྱིས་གཡོགས་པའི་མཐུས། །ནོངས་པར་གང་གྱུར་བཤགས་དང་བཤགས་ཡུལ་དང་། །བཤགས་བྱ་དམིགས་མེད་ངང་དུ་དག་གྱུར་ཅིག །ཅེས་གདུང་ཤུགས་དྲག་པོས་བྱའོ། །དེ་ནས་ཐུགས་དམ་བསྐང་བ་བསྐང་རྫས་རྣམས་བསང་སྦྱངས། སྟོང་པའི་ངང་ལས་རང་རང་གི་མིང་ཡིག་དང་པོ་ཐིག་ལེས་བརྒྱན་པ་ཞུ་བ་ལས་བྱུང་བའི་གནོད་སྦྱིན་ལྷམ་སྲིང་འཁོར་དང་བཅས་པ་མཉེས་པར་བྱེད་པའི་དམ་རྫས་སྤྲིན་གཟིགས་མཆོད་པའི་བྱེ་བྲག་བསམ་གྱིས་མི་ཁྱབ་པ་ཞིག གནོད་སྦྱིན་དྲེགས་པ་ལྷམ་སྲིང་འཁོར་དང་བཅས་པའི་སྤྱན་ལམ་དུ་འབྱུང་ཞིང་རྒྱས་པར་གྱུར་ཅིག །ཅེས་བརྗོད་ལ། ཨོཾ་སརྦ་བིད་པཱུར་པཱུར་སུར་སུར། ཨཱ་ཝརྟ་ཡ་ཨཱ་ཝརྟ་ཡ་ཧོཿ བཛྲ་སྥ་ར་ཎ་ཁཾ། ཞེས་ནམ་མཁའ་མཛོད་ཀྱི་སྔགས་དང་ཕྱག་རྒྱ་བྱིན་གྱིས་བརླབས། རྒྱས་པར་བྱེད་ན་སྔགས་དྲུག་ཕྱག་རྒྱ་དྲུག་ཏིང་ངེ་འཛིན་དྲུག་དང་བཅས་པས་ཀྱང་བྱིན་གྱིས་བརླབས། ཀྱཻ། བདེ་སྟོང་གཉིས་སུ་མེད་པའི་ཡེ་ཤེས་མཆོག །ཟག་མེད་བདེ་ཆེན་

སྐྱེད་པའི་མཆོད་རྫས་སུ། །དབང་པོའི་གཞུ་རིས་ཇི་བཞིན་ཆེས་བཀྲ་བས། །
བསྟན་སྲུང་འཁོར་བཅས་དགྱེས་པ་སྐྱེད་གྱུར་ཅིག །དགྲ་བགེགས་སྙིང་གི་ཁྲག་
རྒྱུན་མཚོ་ལྟར་འཁྱིལ། །དབང་པོའི་མེ་ཏོག་གནམ་སའི་ཁྱོན་ཀུན་གང་། །མཾ་
སའི་དུད་སྤྲིན་ཞུན་ཆེན་སྣང་གསལ་འབར། །ག་བུར་དྲིས་སྦགས་ཁྲག་ཞག་
མཁྲིས་པའི་དྲི། །ཤ་ཏུས་ཕུང་པོར་སྤུངས་པའི་ཞལ་ཟས་དང་། །སྙན་བརྗོད་
འབུད་དཀྲོལ་རོལ་མོའི་བྱེ་བྲག་གིས། །བསྟན་སྲུང་འཁོར་དང་བཅས་པའི་
ཐུགས་དམ་བསྐངས། །ཉམས་ཆག་སེལ་ཞིང་དངོས་གྲུབ་མ་ལུས་སྩོལ། །རྟ་
དམར་ཞུར་ཅན་དམར་སེར་ཇ་ཇོག་གཡོ། །རྡོ་རྗེའི་རྣ་ལྡན་གཡག་རྒོད་འབྲུག་
ལྟར་ངར། །རབ་དཀར་ཨོག་ཞོལ་འཕྱུར་བའི་བསེ་ཡི་ར། །མཁའ་ལྡིང་བསེ་ཡི་
བྱ་ཁྲ་དུར་བྱ་དང་། །སྤྲིན་བྱ་འུག་པ་ལ་སོགས་འཕུར་ལྡིང་རོལ། །འཇིགས་
རུང་ཤྭ་ན་སྟག་གཟིག་དོམ་དྲེད་སོགས། །ཁྲག་གིས་སྨྱོས་པའི་གཅན་གཟན་
གྲངས་མེད་པ། །རྣལ་འབྱོར་འཕྲིན་ལས་ཐོགས་མེད་སྒྲུབ་ཕྱིར་འབུལ། །པེར་
དམར་ཚངས་ཅན་རིན་ཆེན་རྒྱན་ལྡན་དང་། །བསེ་ཁྲབ་དམར་པོ་ཟངས་ཀྱི་
སྙོང་འཁྲིལ་ཅན། །རབ་དམར་ལྷོག་དར་འཕར་བའི་བསེ་ཡི་རྨོག །བསེ་ལྷམ་
བདུད་སྡེ་འཇོམས་པའི་ཟངས་ཀྱི་དང་། །དགྲ་བགེགས་གློ་སྙིང་ཁྲག་གི་ཞམ་ཆུ་
འབབ། །བསེ་ཡི་རུ་མཚོན་བ་དན་དམར་པོས་མཛེས། །ཧོང་ཁུང་ལིངྒ་རྩངས་
དམར་སྲད་བུས་བསྐོར། །བསྟན་དགྲ་འཇོམས་པའི་ཆ་རྐྱེན་རྣམས་ཀྱང་
འབུལ། །རྒྱུ་སྐར་མགོ་འཕྲེང་དྲ་བ་ཙནྡྲའི་ཏོག །མི་རོའི་རྒྱལ་མཚན་གཡང་
གཞིའི་བླ་བྲེས་ཅན། །མཆོང་དམར་ཁ་བད་མཛེས་པའི་བསེ་མཁར་དང་། །
འཁོར་ས་བར་དང་བཅས་པ་གསང་བའི་མདོས། །འདྲེ་བྱའི་སྒྲོས་བརྒྱན་གྱི་
ལྟུགས་མདེའུ་ཅན། །དར་དམར་མགུལ་བར་འཆང་བའི་མདའ་པོ་ཆེ། །བྲིས་
སྐུ་གསང་རྒྱུད་ཕྱག་མཚན་ས་བོན་བཅས། །གནོད་སྦྱིན་ཆེན་པོ་དགྱེས་པའི་

རྟེན་དུ་འབུལ། །དར་ནག་འཆང་བའི་སེང་གེ་ཀླུ་ལ་ཡ། །དྲི་རྒྱུས་མགུལ་དུ་བཅིངས་པའི་ཟངས་ཕུར་འབར། །ཀ་ཋི་ཀས་བྲིས་སྲོག་ཞུགས་ཀྱིས་གང་བའི། །སྐྱུག་རྐོད་ཚོགས་དགུ་མཐའ་གཉིས་རྡོ་རྗེས་མཚན། །ར་དམར་ལྷགས་ཤུན་རྒྱལ་མཚན་གསང་བའི་སྙིང་། །ལུག་ནག་ཙོཧ་སྲོག་ཞུགས་ཀྱིས་གཏམས་པ། །གསང་བའི་ལྦ་རྡོ་སྲོག་འཁོར་ཁ་སྦྱོར་སོགས། །དབང་གི་རྒྱལ་པོ་དགྱེས་པའི་རྟེན་དུ་འབུལ། །སྒྲུབ་པའི་མཆོད་པ་ནི། སྐུ་བཞིའི་ས་བོན་སྨིན་བྱེད་དབང་བཞིའི་ཆུས། །ལེགས་གཏམས་རང་རྒྱུད་དག་པའི་རིན་ཆེན་སྣོད། །དངོས་གྲུབ་སྤྲང་རྩེའི་རོ་མངར་འབྱུང་བའི་གཞི། །གཅེས་པར་བསྲུངས་བསྐྱངས་དམ་ཚིག་ཆུ་སྐྱེས་བཞད། །སོ་སོར་ཐར་དང་རྒྱལ་སྲས་རིག་འཛིན་གྱི། །བཅས་མཚམས་རྣམ་པར་དག་པའི་དྲི་བསུང་ལྡང་། །ཡེངས་མེད་སྲོག་བདག་འཁོར་བཅས་རྩེ་གཅིག་ཏུ། །བསྒོམས་པའི་ཏིང་འཛིན་གསལ་སྣང་སྒྲོན་མེ་སྤར། །དེ་ལྟར་བསྙེན་སྒྲུབ་ལ་གཞོལ་བརྩོན་པའི་རྒྱུན། །དལ་མེད་འབབ་པའི་དྲི་ཆབ་ཐ་ཀླུབས་གཡོ། །བདེ་བས་སྟོང་བ་ངེས་པའི་ཟག་མེད་རོ། །ཐུགས་དམ་བསྐུལ་བའི་སྙན་འགྱུར་ང་རོའི་སྒྲ། །དེ་ལྟར་མཆོད་ཡུལ་མཆོད་རྫས་རང་ཉིད་སོགས། །བཏགས་ཙམ་བདེན་པར་འཛིན་པའི་དགྲ་བགེགས་རྣམས། །གནས་ལུགས་ཕུ་ཐག་ཆོད་པའི་དཔའ་བོ་ཡིས། །མཉམ་བཞག་གཡུལ་ངོར་བཅོམ་པའི་ཡང་དག་སྙིང་། །སྣང་སྟོང་བསྟན་སྲུང་ཆེན་པོར་འབུལ་ལགས་ན། །བདག་ལ་མཆོག་ཐུན་དངོས་གྲུབ་མ་ལུས་སྩོལ། ཡང་ན་བསྐང་བཤགས་བསྟུས་པ། ཀྱཻ། དུས་གསུམ་རྒྱལ་བའི་བསྟན་སྲུང་མཐུ་རྩལ་ཅན། །ཞེས་སོགས་དབྱངས་ཅན་བཞད་པ་དགེ་འདུན་རྒྱ་མཚོས་མཛད་པ་དེ་བྱས་ཀྱང་འཐུས། དེ་ནས། ཀྱཻ། ཆོས་སྐུ་ཡངས་པའི་ཕོ་བྲང་ནས། །དྲེགས་པ་ལྷམ་སྲིང་འཁོར་བཅས་ཀྱིས། །ཞེས་སོགས་སྔ་ལྟར་བྱེད་པའམ། ཀྱཻ་ཁྱེད་ལ་འཕྲིན་ལས་ཞུ་ཞིང་གསོལ་

བ་ནི། །རྣལ་འབྱོར་ལུས་ངག་ཡིད་ལ་བར་གཅོད་པའི། །ལྷ་ཀླུ་གནོད་སྦྱིན་གྲུལ་བུམ་ལ་སོགས་པ། །གདོན་ཆེན་སྟོང་ཕྲག་བརྒྱད་ཅུ་ཟློག་ཏུ་གསོལ། །རླུང་མཁྲིས་བད་ཀན་འདུས་པ་ལ་སོགས་པའི། །ནད་རིགས་བཞི་བརྒྱ་རྩ་བཞི་བཟློག་ཏུ་གསོལ། །འཇིགས་ཤིང་སྐྲག་དང་དངངས་པ་ལ་སོགས་པའི། །ཡི་འབྲོག་སུམ་བརྒྱ་དྲུག་ཅུ་བཟློག་ཏུ་གསོལ། །ཆུ་ཚོད་དྲུག་ཅུ་རྩ་བཞི་བར་གཅོད་པའི། །ཟློ་བུར་དྲུག་ཅུ་རྩ་བཞི་བཟློག་ཏུ་གསོལ། །སྔོན་ལས་འཕྲུལ་རྐྱེན་གཉིས་ཀྱི་བསྡུས་པ་ཡི། །རྐྱེན་ངན་ཉི་ཁྲི་ཆིག་སྟོང་བཟློག་ཏུ་གསོལ། །རྣལ་འབྱོར་ཚེ་ཚད་ཕུགས་སུ་མ་འཁྱོལ་བར། །དུས་མིན་འཆི་བ་རྣམས་བརྒྱད་བཟློག་ཏུ་གསོལ། །རྨོངས་བྱེད་རེངས་བྱེད་རྨུགས་བྱེད་བརྒྱལ་ལ་སོགས། །གཤིས་ངན་གསུམ་པ་བཅོ་བརྒྱད་བཟློག་ཏུ་གསོལ། །ཚངས་དང་དབང་ཕྱུག་ལ་སོགས་ཕྱི་རོལ་པའི། །སྲིད་པའི་ཁྲམ་རྣམས་ཐམས་ཅད་བཟློག་ཏུ་གསོལ། །སྣང་སྲིད་ལྷ་སྲིན་སྡེ་བརྒྱད་ལ་སོགས་པའི། །ལྷ་འདྲེའི་དམག་ཚོགས་ཐམས་ཅད་བཟློག་ཏུ་གསོལ། །མ་མོའི་ཁྲག་ཟོར་གཤིན་རྗེའི་འཕྲུལ་འཁོར་སོགས། །བདུད་ཀྱི་ཁྲམ་ཁ་བཏབ་པ་བསྒྱུར་དུ་གསོལ། །ཕུར་བུའི་གདབ་ལས་གནོད་སྦྱིན་གཟེར་ནད་དང་། །རྒྱལ་པོའི་སྨྱོ་འབོག་གཏོང་བ་བཟློག་ཏུ་གསོལ། །བཙན་གྱི་གྲུ་གྲུ་མོན་པའི་གཅེར་རྒྱུག་དང་། །འབལ་མོའི་དྲུག་འདབ་ས་བསྒྱུར་བཟློག་ཏུ་གསོལ། །འབྱུང་པོའི་ཕོད་ཟོར་ཞང་ཞུང་བཙོག་དམར་དང་། །སྐྱེས་པའི་མདའ་ཟོར་འབེན་པ་བཟློག་ཏུ་གསོལ། །དངོས་དང་ཉམས་དང་རྨི་ལམ་མཚན་མ་ངན། །རོ་ལངས་འབྱུང་པོའི་གནོད་པ་བཟློག་ཏུ་གསོལ། །ལོ་ཟླ་ཞག་དང་ཟ་མའི་སྐེག་ལ་སོགས། །སྐྱེས་པའི་སྐར་མའི་གནོད་པ་བཟློག་ཏུ་གསོལ། །ཕྱོགས་ངན་བདུད་གཅོད་བཞི་གཤེད་སྤྱར་ཕུང་དང་། །མོ་ལྟས་རྩིས་ཟུར་ངན་པ་བཟློག་ཏུ་གསོལ། །སྤྱང་ཀུ་ཞིང་ཞ་བརྒྱལ་སྲིན་བྱ་གོད། །

གཞན་གྱིས་ཆོ་འཕྲུལ་གཏོང་བ་བཟློག་ཏུ་གསོལ། །བཟློག་བསྒྱུར་བཅོལ་བའི་འཕྲིན་ལས་མ་ལུས་པ། །དམ་ཅན་ཁྱེད་ཀྱིས་མྱུར་དུ་སྒྲུབ་པར་མཛོད། །ཅེས་ལྷང་སྲེ་བ་སེང་གེ་འབུམ་གྱིས་མཛད་པའི་བཟློག་པ་བྱ་ཞིང་རྟེན་འབུལ་སོགས་ཀྱང་རྒྱས་པར་བྱེད་འདོད་ན་དེའི་གདུང་ལས་འབྱུང་བ་ལྟར་བྱས་ན་རུང་། དེ་ནས་རང་ཡི་དམ་དུ་གསལ་བའི་ཐུགས་ཀའི་ས་བོན་ལས་འོད་ཟེར་འཕྲོས། ཆོས་སྐྱོང་ལྷམ་སྲིན་གྱི་ཐུགས་ཀར་ཉི་མའི་སྟེང་དུ་རང་རང་གི་སྔགས་ཕྲེང་གིས་བསྐོར་བ་ལ་ཕོག་པས་ཐུགས་རྒྱུད་བསྐུལ། རང་དབང་མེད་པར་བཀའ་ཉན་ཅིང་ཅི་འདོད་པའི་ལས་བསྒྲུབས་པར་བསམས་ལ། ཨོཾ་པྲ་ཙ་ཨཀྵ་ཀྲཱི་ཏུ་བུ་ཏུ་ཁ་ཥོ་ཧེ་ཏ་སབ་ཤཧཱུཾ་ཀྣར་ཡཧཱུཾ་ཕཊ། ཅེས་ཡབ་ཀྱི་སྔགས་དང་། ཨོཾ་རཀྵུ་ཡ་མ་ཙྪེ་ཧྨ་ལ་རཾ་པྲ་ཧེ་དེ་ཀྣི་ཧཱུཾ། སྲོག་ལ་ཡ་མ་ཛཿ སབ་ཤཧཱུཾ་ཀྣ་ར་ཡ་ཏད་ཕཊ། ཅེས་ཡུམ་གྱི་སྔགས་སྤེལ་ནས་ཐུན་བཞིར་བཅད་དེ་མི་ཆོག་གིས་བར་མ་ཆོད་པར་བཟླའོ། །དེའང་རྒྱུད་ལས། སུམ་འབུམ་གྲངས་ཀྱིས་འགྲུབ་པར་འགྱུར། ཞེས་གསུངས། བླ་མ་དམ་པ་རྣམས་བཞེ་འགྱུར་དུ་བྱས་པས་འབུམ་ཕྲག་བཅུ་གཉིས་ཀྱིས་བསྙེན་པར་བཞེད་ཅིང་། འདི་ལ་མཚན་མ་གཙོ་ཆེ་བས་མདུན་གྱི་སྙིང་ལ་སོགས་པའི་རྟེན་རྫས་རྣམས་འགུལ་ཞིང་འཕར་བ་དང་། ཚོག་སྒྲ་ལ་སོགས་པའི་སྒྲ་འབྱིན་པ་དང་། མེ་འབར་བ་ལ་སོགས་པ་དང་། གཞན་ཡང་དངོས་ཉམས་རྨི་ལམ་ལ་སོགས་པར་ལྷམ་དྲལ་འཁོར་བཅས་ཞལ་མཐོང་བ་དང་། མི་དམར་པོ་ཤའི་རལ་པ་ཅན་དང་། བུད་མེད་ནག་མོ་ཁྲག་གི་རལ་པ་ཅན་དང་། མི་ཆེན་དང་སྟགས་པ་ཆས་བཟང་རྒྱན་གྱིས་བརྒྱན་པ། ཆུ་བོ་ཆེན་པོ་ཐ་རླབས་འཁྲུགས་པ། ལུང་བ་མེས་ཁེངས་པ། ཕོ་གྱོན་ཞིང་ཆས་སུ་ཞུགས་པའི་རྟ་བ་མང་པོ་བརྒྱུག་པ། དམག་དཔུང་ཆེན་པོ། བུད་མེད་གཞོན་ནུ་མང་པོ་དགའ་ཞིང་རྩེ་བ། ཁྱི་དམར་པོ་ཆེན་པོ་དང་། སྤྱང་ཀུ་དང་མི་དྲེད་ལ་སོགས་པ།

ཏ་དམར་ཞུར་དང་གཡག་སྔོན་པོ་ཤིན་ཏུ་ཆེ་བ་སྲིན་བྱ་འུག་པ་ལ་སོགས་པ་རྣམས་ཚེ་འཕྲུལ་སྣ་ཚོགས་པ་ལན་གཅིག་ཙམ་མ་ཡིན་པར་ཡང་ཡང་འབྱུང་བ་ནི་ཉེ་བའི་རྟགས་ཡིན་ལ། དངོས་སུ་སྙིང་མི་དགའ་བ་དང་། འཇིགས་ཤིང་བ་སྤུ་ལྡང་བ་དང་། ཉམས་དང་རྨི་ལམ་དུ་མཛེ་ཕོ་མང་པོ་བྱུང་བ་ནི་ཀླག་པའི་རྟགས་ཡིན་པས་ཡི་དམ་གྱི་ང་རྒྱལ་བསྐྱེད་ཅིང་ལྟ་བ་ལ་བློ་འཇོག བསྐང་བཤགས་ལ་འབད་པ་ལྟར་བྱ། རང་ཉིད་ལྟོ་ཆེར་སོང་ཞིང་ཤ་འདོད་པ་དང་། རྨི་ལམ་དུ་རང་ལ་གཞན་གྱིས་སྟོན་མོ་བྱེད་པ་དང་། ཤ་ཆང་འདྲེན་པ་རྨིས་ན་གཏོར་མ་འདོད་པའི་རྟགས་ཡིན་པས་མཆོད་གཏོར་ཤིན་ཏུ་གཟབས། དེ་ནས་གཏོར་མ་ནང་མཆོད་ལྟར་བྱིན་གྱིས་བརླབས་ལ། ཆོས་སྐྱོང་འཁོར་དང་བཅས་པའི་ལྗགས་ཧཱུྃ་ལས་སྐྱེས་པའི་རྡོ་རྗེ་རྩེ་གཅིག་པ་དམར་པོ་འོད་ཀྱི་སྦུ་གུ་ཅན་དུ་གྱུར་པས་གཏོར་མའི་བཅུད་ཐམས་ཅད་དྲངས་ཏེ་གསོལ་བར་གྱུར་པར་བསམས་ལ། ཨོཾ་རཀྴ་བྲ་ཧྨ་ཨཱཀྲཱ་ས་པ་རི་ཝཱ་ར་སརྦ་བིགྷྣན་ཤ་ཧཱུྃ་ཨི་དཾ་བ་ལིཾ་ཏ་ཁ་ཁ་ཁཱ་ཧི་ཁཱ་ཧི། ཞེས་ལན་བདུན་གྱིས་དབུལ། ཕྱི་ནང་གི་མཆོད་པས་མཆོད་ནས། ཀྱཻ། རྒྱ་གར་ཡུལ་གྱི་དགྲ་ལྷ། མ་ཧཱ་ཅེ་ཡི་གནས་སྲུང་། ལི་ཡུལ་ཆོས་ཀྱི་སྲུང་མ། མཧཱ་དེ་ཝའི་བཀའ་ཉན། གཤིན་རྗེའི་གཤེད་ཀྱི་བཀའ་སྡོད། ཡབ་གནོད་སྦྱིན་ཟངས་ཀྱི་རལ་པ་ཅན་དང་། ཡུམ་སྲིན་མོ་ཁྲག་གི་རལ་པ་ཅན་གྱི་སྲས་གནོད་སྦྱིན་ཆེན་པོ་ཟངས་ཀྱི་བེག་ཙེ་ཅན། སྲིང་མོ་སྲིད་པའི་ལྷ་མོ་གདོང་དམར་མ། འཁོར་སྲོག་གཅོད་བཤན་པའི་ཚོགས་དང་བཅས་པ་ཁྱེད་རྣམས་ཀྱིས་ཤ་ཁྲག་དམར་གྱི་གཏོར་མ་འདི་བཞེས་ལ། སངས་རྒྱས་ཀྱི་བསྟན་པ་སྲུངས། དཀོན་མཆོག་གི་དབུ་འཕང་སྟོད། བླ་མའི་སྐུ་ཚེ་སྲིངས། རྣལ་འབྱོར་པ་བདག་གིས་སངས་རྒྱས་མ་ཐོབ་ཀྱི་བར་དུ་འགལ་རྐྱེན་ཐམས་ཅད་སོལ། མཐུན་རྐྱེན་ཐམས་ཅད་སྒྲུབས། གནོད་བྱེད་དགྲ་བགེགས་ཐམས་ཅད་དྲག་པོའི་ཆད་པས་

སྐད་ཅིག་ཉིད་ལ་ཐལ་བའི་རྡུལ་ཕྲན་བཞིན་དུ་བརླག་པར་མཛོད་ཅིག། ཨ་མྲུ་ཀ་ཤ་ཧཱུྃ་ཕྲ་ར་ཡ་ཕཊ། ཅེས་བརྗོད་ལ་ཐལ་མོ་ལན་གསུམ་བརྡབ་བོ། །གཏོར་རྫོངས་འདི་ཚར་ཆེན་གྱི་གསུང་ཡིན་ལ། གདོན་བགེགས་ཞི་བ་སོགས་གཙོ་བོར་བྱེད་པའི་ཚེ། ཀྱཻ། མ་མོ་ཐམས་ཅད་ཀྱི་བཀའི་དཔོན་པོ། ཁྲག་བཙན་ཐམས་ཅད་ཀྱི་བཀའི་དཔོན་པོ། ལྷ་སྲིན་སྡེ་བརྒྱད་ཀྱི་གཙོ་བོ། གནོད་སྦྱིན་ཐམས་ཅད་ཀྱི་ཡང་རྗེ། རིག་པའི་ལྷ་མོ་གདོང་དམར་མོ། གནོད་སྦྱིན་ཟངས་ཀྱི་བེག་ཙེ་ཅན། འཁོར་མ་མོ་དང་ཐེའུ་རང་འབངས་སུ་འཁོལ་བ། སྲུང་མ་ཁྱེད་རྣམས་དང་པོ་གཤིན་རྗེའི་གཤེད་ཀྱི་བཀའ་ལས་མ་འདའ། བར་དུ་མ་ཧཱ་དེ་ཝའི་བཀའ་ལས་མ་འདའ། ད་ལྟ་རྣལ་འབྱོར་པ་བདག་གི་བཀའ་ཉོན་ལ། འདོད་པའི་ཡོན་ཏན་ལྔ་དང་ལྡན་པའི་གཏོར་མ་རྒྱ་ཆེན་པོ་འདི་འབུལ་གྱི། འདོད་ཡོན་ལྔ་ཆར་བཞིན་དུ་འབབ་པར་གྱུར་ཅིག རྣལ་འབྱོར་པ་འཁོར་བཅས་ལ་སྙིང་ལྷའི་གདོན་ཞི་བར་གྱུར་ཅིག ཚོག་ཀླུའི་གདོན་ཞི་བར་གྱུར་ཅིག བར་བཙན་གྱི་གདོན་ཞི་བར་གྱུར་ཅིག སྣང་བའི་དགྲ་ཞི་བར་གྱུར་ཅིག གནོད་པའི་བགེགས་ཞི་བར་གྱུར་ཅིག ཨོཾ་རགྨོའི་སྔགས་བཟླས་ལ་ཐལ་མོ་བརྡབ། དྲག་ཏུ་བསྐུལ་བའི་ཚེ། ཀྱཻ་དམར་ཆེན་གཏོར་མ་རོ་བརྒྱ་དང་ལྡན་པ་འདི་ཉིད་འབུལ་ཞིང་བསྐོ་བའི་གནས་སུ་གྱུར་པ་ནི། གཤིན་རྗེའི་གཤེད་ཀྱི་བཀའ་སྡོད། མ་ཧཱ་དེ་ཝའི་བཀའ་ཉན། རྒྱ་གར་ཡུལ་གྱི་དགྲ་ལྷ། མ་ཏྲུ་ཙེའི་གནས་སྲུང་། ལི་ཡུལ་ཆོས་ཀྱི་སྲུང་མ། འདོད་ཁམས་མ་མོའི་མངའ་བདག བཙན་དམར་སྟོང་གི་དམག་དཔོན། གཤིན་རྗེ་རྣམས་ཀྱི་གཙོ་བོ། གནོད་སྦྱིན་རྣམས་ཀྱི་ཡང་རྗེ། བདུད་དང་སྲིན་པོའི་ཁ་གནོན། དགྲ་དང་བགེགས་ཀྱི་བཤན་པ། དམ་ཚིག་ཉམས་པའི་རྗེས་གཅོད། མཐའ་ཟན་ཡོངས་ཀྱི་དབུགས་ལེན། རྣལ་འབྱོར་བདག་གི་ཕོ་ཉ། རེ་འཛིན་རྐུན་གྱི་སྲོག་ཤིང་། སངས་རྒྱས་བསྟན་པའི་

བྱ་ར་བ། ལེགས་ཉེས་གཉིས་ཀྱི་སྤངས་འཛིན། བདེན་རྫུན་གཉིས་ཀྱི་ཤན་འབྱེད། དགེ་སྡིག་གཉིས་ཀྱི་ཐམ་ཁ་པ། ཡབ་གནོད་སྦྱིན་ཐངས་ཀྱི་རལ་པ་ཅན། ཡུམ་སྲིན་མོ་ཁྲག་གི་རལ་བ་ཅན་གཉིས་ཀྱི་སྲས་གནོད་སྦྱིན་ཆེན་པོ་ཐངས་ཀྱི་བེག་ཙེ་ཅན། སྲིང་མོ་སྲིད་པའི་ལྷ་མོ་གདོང་དམར་མ། ལས་མཁན་བཤན་པ་སྲོག་བདག་དམར་པོ། སྒྲོལ་བྱེད་ཀྱི་གྲིང་བརྒྱད། རོལ་བཤན་ཉི་ཤུ་རྩ་གཅིག བཙན་དམར་སྟོང་། བདུད་དང་གནོད་སྦྱིན་སྲིན་པོ་སུམ་སྟོང་། མ་མོ་འབུམ། ཐེའུ་རང་སྟོང་། སྣང་སྲིད་ལྷ་སྲིན་སྡེ་བརྒྱད་ཀྱི་དམག་ཚོགས་འཁོར་དང་བཅས་པ་ཁྱེད་རྣམས་ལ་འབུལ་བ་ཡིན་པས། བཞེས་ལ་སངས་རྒྱས་ཀྱི་བསྟན་པ་སྲུངས། དཀོན་མཆོག་གི་དབུ་འཕངས་སྟོད། དགེ་འདུན་གྱི་སྡེ་སྐྱོངས། གཙུག་ལག་ཁང་གི་སྲུང་མ་མཛོད། རྣལ་འབྱོར་པ་བདག་གི་ལུས་དང་གྲིབ་མ་བཞིན་དུ་འགྲོགས་ལ། དུས་ད་ནས་བཟུང་སྟེ་སངས་རྒྱས་མ་ཐོབ་ཀྱི་བར་དུ་བྱང་ཆུབ་སྒྲུབ་པའི་བར་ཆད་ལུས་དང་སེམས་ཀྱི་ནད་དང་སྡུག་བསྔལ་ཐམས་ཅད་ཞི་བ་དང་། མཐུན་རྐྱེན་ཚེ་དང་བསོད་ནམས་དཔལ་དང་འབྱོར་པ་ཐམས་ཅད་རྒྱས་པ་དང་། མི་ནོར་ཟས་གསུམ་དབང་དུ་བསྡུ་ཞིང་། ཐོས་བསམ་སྒོམ་པའི་འཕྲིན་ལས་ཐམས་ཅད་འབད་མེད་ལྷུན་འགྲུབ་ཏུ་འབྱུང་བར་མཛད་དུ་གསོལ། ཁྱད་པར་དུའང་དཔལ་ལྡན་བླ་མ་དམ་པ་རྣམས་ཀྱི་སྐུ་ལ་བསྡོ་བ། དཀོན་མཆོག་གསུམ་ལ་སྐུར་བ་འདེབ་པ། སེམས་ཅན་ཡོངས་ལ་གནོད་ཅིང་འཚེ་བ། བདག་ཅག་དཔོན་སློབ་རྣམས་ལ་སྡང་ཞིང་སྡིག་པའི་སེམས་དང་ལྡན་པ། བསམ་པ་དང་སྦྱོར་བ་ཕྱིན་ཅི་ལོག་བྱེད་པའི་འབྱུང་པོ་མི་དང་མི་མ་ཡིན་པ་ཐམས་ཅད་ཀྱི་ཕོ་རྒྱུད་རྩད་ནས་ཕྱུང་། མོ་རྒྱུད་དྲུངས་ནས་ཕྱུང་། ཚང་རྒྱུད་མངལ་ནས་སྐེམས། གནམ་གྱི་འཛུ་ཐག་ཆོད། སའི་རྟེན་ཕུར་ཐོན། སྐྱབ་པའི་ལྷ་དང་ཕྲོལ། མཛའ་བའི་བཤེས་དང་ཕྱེ། མཁོ་བའི་ཡོ་

བྱད་གཏོར། ལྷག་ནས་བདུད་ཚོད། མདུན་ནས་མདངས་ཕྲོགས། ཕོང་ནས་སྙིང་ཕྱུངས། རྣམ་ཤེས་རྟེན་དང་ཕྲོལ། དྲག་པོའི་ལས་ཀྱིས་ཚར་ཚོད་ལ། ཐལ་བ་རྡུལ་ཕྲན་བཞིན་དུ་བརླག་པའི་ལས་མཛོད་ཅིག ཨ་མུ་ཀ་ཤ་ཧཱུྃ་ཕྣ་ར་ཡ་ཕཊ། ཅེས་སེང་གེ་འབུམ་གྱི་གསུང་ལས་འབྱུང་བའི་དམོད་བཅོལ་འདི་ཉིད་བྱ། དེ་ནས་བསྟོད་ཅིང་འཕྲིན་ལས་འཚོལ་བ་ནི། ཀྱཻ་རྒྱལ་ཀུན་མཁྱེན་དང་བརྩེ་བའི་ཀུན་གསལ་ནས། །སྲོག་བདག་དབང་པོའི་སྤྲིན་སྒྲ་ཆེར་སྒྲོགས་ཅིང་། །དྲག་པོའི་འཕྲིན་ལས་རྡོ་རྗེའི་ཐོག་མདའི་གཟེགས། །དམ་ཉམས་བྲག་རི་ཕྱེ་མར་བརླག་ལ་བསྟོད། །ཚ་ཟེར་བྱེ་བའི་ཞུན་མས་ཉེར་སྦྱུགས་པའི། །པདྨ་རཱ་གའི་ལྷུན་པོ་ལྟེམ་པ་བཞིན། །བདུད་དགྲ་འབྱུང་པོའི་སྤྱི་བོར་ཁྱོད་སྐུ་ནི། ལིང་ལིང་གར་གྱིས་རོལ་བ་ཁྱོད་ལ་བསྟོད། །འབར་བའི་ཟངས་གྱི་མཁའ་དབྱིངས་གདེངས་པའི་མོད། །པདྨའི་གཉེན་ཀྱང་དྲེགས་པ་ཡོངས་དོར་ཏེ། །སྲང་རྩེའི་རྒྱལ་མཚན་གྲོགས་བཅས་ཁྱེད་ཉིད་ཀྱི། །ཞབས་པད་བསྙེན་པའི་བརྩོན་པ་བསྟེན་ལ་བསྟོད། །དགྲ་དཔུང་བརླག་པའི་དཔའ་རྟགས་ཏུ་མཚན་ནི། །ཁྱབ་འཇུག་གནས་ཀྱི་ཕ་མཐའ་བསྐྱེགས་པ་བཞིན། །ཁྲག་རྒྱུན་ཆལ་ཆིལ་འབབ་པའི་སློ་སྙིང་དང་། །ཉག་ཕྲན་རྣ་ནུར་བཅས་པ་འཛིན་ལ་བསྟོད། །ཁྱོད་ཞལ་ཀུན་ཁྱབ་ཡངས་པའི་ལྟེ་བ་ནས། །ཡོན་པོར་ལྟ་བའི་སྤྱན་རྩའི་གློག་ཕྲེང་འཁྱུག །དྲག་ཤུལ་ཏ་ཏར་སྒྲོད་པའི་སྒྲ་བརྒྱ་བས། །དགྲ་བགེགས་གློ་སྙིང་ཤྙིག་མར་འཕྱིན་ལ་བསྟོད། །དུས་ཀྱི་སྤྲིན་ཟའི་ཕུང་པོ་སྤུངས་པའི་དབུས། །བཻཌཱུར་ལྷུན་པོ་འགྲིང་བའི་གར་སྟབས་རྩེར། །ཚ་ཟེར་དབང་པོའི་དཀྱིལ་འཁོར་བཀོད་པ་བཞིན། །བརྗིད་མཛེས་ཉམས་ཀྱིས་རོལ་བའི་སྲིང་ལ་བསྟོད། །བཀའ་སྡོད་སྲོག་གི་བདག་པོ་དུས་མཐའི་ཉེ། །མཐུ་སྟོབས་འོད་གཟེའི་རེག་བྱ་ཚ་ངར་གྱིས། །ནག་པོའི་རྩ་ལག་ལྷུན་པོ་རྒྱ་མཚོར་བཅས། །ལྷག་མར་བྱེད་པའི་ལས་

མཁན་ཁྱོད་ལ་བསྟོད། །ཁྲག་རློན་དྲངས་མས་བྱུགས་པའི་དབྱིག་འཛིན་སྟེང་། །པད་རག་ས་འཛིན་བགྲང་ཡས་རྒྱུ་བ་བཞིན། །བདུད་སྡེའི་སྲོག་ལ་ཛམས་ཤིང་རབ་འཁྱུ་བའི། །གྲི་ཐོགས་བཤན་པའི་ཚོགས་ལ་བསྟོད་པར་བགྱི། །བསྟོད་བསྐུལ་གཞན་བྱེད་སྲྀ་ན་ཐམས་ཅད་མཁྱེན་པ་དགེ་འདུན་རྒྱ་མཚོས་མཛད་པའི་བསྟོད་པ་དང་། ཡང་མུས་སྲད་པ་རྡོ་རྗེ་རྒྱལ་མཚན་གྱིས་མཛད་པའི་བསྟོད་པ་འདི་འང་བྱིན་རླབས་ཀྱི་ཚན་ཁ་ཤིན་ཏུ་ཆེ་བར་གྲགས་པས། ཧཱུཾ་གནས་མཆོག་རྒྱ་གར་ཡུལ་གྱི་དམ་སྲི་མཛོད། །སྐུ་མདོག་དམར་པོ་ཞལ་གཅིག་ཕྱག་གཉིས་པ། །འཁྱིང་བའི་གར་དང་དཔའ་བའི་གོམ་སྟབས་ཅན། །ཏ་ཤང་ཡུལ་གྱི་དགྲ་ལྷ་མཛད་ལ་བསྟོད། །ཁྱོད་ནི་མ་ཏྲ་ཅེ་ཡི་གནས་སྲུང་མཛད། །ཞལ་གདངས་མཆེ་ག་སྙོགས་སྣང་མིག་ཕྱོགས་བཙུར་གཟིགས། །དབུ་སྐྲ་ལྷག་བཅིངས་ཟངས་ཀྱི་རལ་བ་ཅན། །ལི་ཡུལ་ཆོས་ཀྱི་སྲུང་མ་མཛད་ལ་བསྟོད། །དཔའ་བོ་བོད་ཡུལ་མ་མོའི་དམག་དཔོན་པོ། །ཕྱག་གཡས་ཟངས་གྱིས་དགྲ་བགེགས་སྲོག་དབུགས་གཅོད། །གཡོན་པ་དགྲ་སྙིང་མདའ་གཞུ་བསེ་མདུང་ཅན། །གཤིན་རྗེ་རྣམས་ཀྱི་སྟོང་དཔོན་ཁྱོད་ལ་བསྟོད། །ཡིད་འཕྲོག་མ་མོ་རྣམས་ཀྱི་དགྱེས་སྡེ་པོ། །ཛམ་པའི་ང་རོས་སྲིད་གསུམ་དབང་སྡུད་ཅིང་། །དྲེགས་པའི་ང་རོས་རི་རབ་ཐལ་བར་བྱེད། །བྲག་བཙན་རྣམས་ཀྱི་ཁ་དཔོན་ཁྱོད་ལ་བསྟོད། །རབ་འཇིགས་གནོད་སྦྱིན་རྣམས་ཀྱི་རྗེ་བོ་སྟེ། །དད་བརྩོན་དམ་ཚིག་ལྡན་པའི་སྐྱབས་པ་པོའི། །གྲོགས་མཛད་ཞིང་བཙུ་མ་ལུས་ཤ་ལ་རོལ། །ལྷ་སྲིན་སྡེ་བརྒྱད་གཙོ་བོ་ཁྱོད་ལ་བསྟོད། །ཧྲཱིཿ མ་གཅིག་སྲིད་པའི་ལྷ་མོ་གདོང་དམར་མོ། །སྐུ་མདོག་སྔོན་པོ་ཞལ་གཅིག་ཕྱག་གཉིས་མ། །གཡས་པ་རལ་གྲི་གཡོན་པ་ཕུར་བུ་ཐོགས། །པདྨ་གར་གྱི་དབང་ཕྱུག་མ་ལ་བསྟོད། །དཔལ་ལྡན་གཤིན་རྗེ་གཤེད་ཀྱི་བཀའ་ཉན་མ། །གདོང་བསེ་སོ་དུང་སྐྱིན་གཡུ་

མེ་རལ་ཅན། །དབུ་སྐྲ་མཚོང་དང་སྨུ་མེན་རྒྱན་གྱིས་སྤྲས། །ཨེ་ཀ་ཛ་ཏྲིའི་
གསུང་སྟོད་མ་ལ་བསྟོད། །ནག་ཕྱོགས་ལྷ་མིན་རྣམས་ཀྱི་གཡུལ་ཟློག་མ། །
འཇིགས་པའི་དྲེད་མོ་མི་ཟན་རབ་ཞེན་ནས། །བསྟན་པ་བསྲུང་ཕྱིར་ཕྱོགས་
རྣམས་ཀུན་ཏུ་རྒྱུ། །བསེ་ཡི་སྐྱེས་བུའི་སྣ་འདྲེན་མ་ལ་བསྟོད། །རབ་འཇིགས་
མ་མོ་འབུམ་གྱི་དབང་མོ་ཆེ། །དཀར་ནག་དམར་སེར་ལྗང་བའི་ཚོགས་ཀྱི་
བདག །རིན་ཆེན་ཕོད་སྐམ་དུར་ཁྲོད་ཆས་ཀྱིས་བརྒྱན། །རྒྱན་ཆགས་མ་མོ་
མཐུ་མོ་ཆེ་ལ་བསྟོད། །རབ་འཇིགས་གསང་བའི་མ་མོ་ཡལ་ཁམ་ཅན། །
གདུག་པ་འདུལ་ཕྱིར་ཆོ་འཕྲུལ་སྣ་ཚོགས་སྟོན། །རྣམ་འཕྲུལ་མཛད་པ་བསམ་
གྱིས་མི་ཁྱབ་པའི། །ཆོ་འཕྲུལ་ཡོངས་ཀྱི་སྣ་འདྲེན་མ་ལ་བསྟོད། །ཀྱཻ། ལས་
མཁན་ཆེན་པོ་སྲོག་བདག་མ་ཧུང་བ། །སྨུར་མགྱོགས་ལྕེ་སྤྱང་ཞོན་ནས་ཕྱོགས་
བཅུར་རྒྱུག །ཞགས་པ་དམར་ཐོགས་དགྲ་བགེགས་འཆིང་ཞིང་འདྲེན། །སྲོལ་
བྱེད་བཤན་པ་དམར་པོ་ཁྱོད་ལ་བསྟོད། །འཁོར་གྱི་བཤན་པ་སྲོག་བདག་ཛམ་
པ་བརྒྱད། །གཡས་པ་ཟངས་གྲིས་དགྲ་བགེགས་མགོ་ལུས་གཞིག །གཡོན་པ་
སྤར་བས་ཤ་ཁྲག་ཟ་ཞིང་བལྟུག །གྱིང་ཆེན་དྲེགས་པའི་རྒྱལ་པོ་ཁྱོད་ལ་བསྟོད། །
སྲོག་གཅོད་བཤན་པ་ཤེ་ཁུ་རྩ་གཅིག་ནི། །དྲེགས་པའི་ང་རོས་སྟོང་གསུམ་མ་
ལུས་འགེངས། །མགྱོགས་པའི་ཤུགས་ཀྱིས་སྟོང་གསུམ་ཁྱབ་པར་རྒྱུག །
མི་བཟད་དགྲ་བོའི་སྲོག་གཅོད་ཁྱོད་ལ་བསྟོད། །སྲོག་བདག་བཀའ་ཉན་ལས་
བྱེད་བཤན་པ་འབུམ། །གདོང་དམར་བཀའ་ཉན་ལས་བྱེད་མ་མོ་འབུམ། །
གཞན་ཡང་ཕོ་ཉ་བྲན་གཡོག་ སྤྱགས་པར་བཅས། །རྣལ་འབྱོར་སྲུང་མ་འཁོར་
དང་བཅས་ལ་བསྟོད། །ཤ་ཁྲག་དམར་གྱི་གཏོར་མ་འདི་བཞེས་ལ། །རྣལ་
འབྱོར་འདོད་དོན་བསམ་བཞིན་འགྲུབ་པ་དང་། །སྡང་དགྲ་གནོད་བགེགས་
ཐལ་བ་རྡུལ་དུ་རློག །བཅོལ་བའི་འཕྲིན་ལས་མྱུར་དུ་སྒྲུབ་པར་མཛོད། །ཅེས་

པས་བསྟོད། །འཕྲིན་ལས་འཚོལ་བ་ནི། ཧཱུྃ། འཇམ་དཔལ་ཁྲོས་པ་གཤིན་རྗེའི་གཤེད་ལ་སོགས། །རིམ་ཐོན་རྩ་བརྒྱུད་བླ་མའི་སྤྲུལ་སྐུ་རུ། །རྡོ་རྗེའི་གཡར་དམ་ཞལ་གྱིས་འཆེས་པ་བཞིན། །དེང་འདིར་འཕྲིན་ལས་སྒྲུབ་པའི་དུས་ལ་བབས། །རྣལ་འབྱོར་སྙིང་གི་པདྨོ་བཞད་པའི་དབུས། །བླ་མ་ཡི་དམ་ཆོས་སྐྱོང་དབྱེར་མེད་དུ། །འབྲལ་མེད་བསྟེན་ཏེ་རྩེ་གཅིག་གསོལ་འདེབས་ན། །ཡིད་ལ་རེ་འབྲས་སྨིན་པར་མི་མཛད་དམ། །མཐུ་སྟོབས་འོད་སྟོང་ལྡན་ཁྱོད་གཙུག་བསྟེན་བཞིན། །བར་གཅོད་སྨག་རུམ་མཐུག་པོས་སྒྲིབ་སྲིད་ན། །ནག་ཕྱོགས་བདུད་སྡེའི་མུན་པ་མཐར་བྱེད་པའི། །སྟོབས་ལྡན་ཉིན་མོའི་དབང་ཕྱུག་སུ་ལ་རེ། །ཐ་མལ་མི་མིན་ཙུང་ཟད་བསྟེན་པས་ཀྱང་། །བར་ཆད་མི་མཐུན་སེལ་བར་ནུས་མཐོང་ན། །ཡེ་ཤེས་སྤྱན་ལྡན་ཁྱོད་ལ་བསྟེན་པ་བདག །ནག་ཕྱོགས་བདུད་ཀྱིས་གཙེས་པ་འཐད་དམ་དགོངས། །དེ་ཕྱིར་མཐུ་སྟོབས་ནུས་པའི་དཔུང་བསྐྱེད་ལ། །བདག་ཅག་དཔོན་སློབ་འཁོར་དང་བཅས་པ་ཡི། །ཆོས་མཐུན་འདོད་དོན་འགྲུབ་པའི་མི་མཐུན་ཕྱོགས། །ཐམས་ཅད་ཉེ་བར་ཞི་བའི་འཕྲིན་ལས་མཛོད། །བསླབ་གསུམ་རིམ་གཉིས་ཚེ་བསོད་དཔལ་འབྱོར་སོགས། །ལེགས་ཚོགས་དབྱར་མཚོ་བཞིན་དུ་རྒྱས་པ་དང་། །འཇིག་རྟེན་འཇིག་རྟེན་འདས་པའི་དགེ་ལེགས་ཀུན། །མ་ཚང་མེད་པར་དབང་དུ་འདུ་བར་མཛོད། །བསྟན་དང་འགྲོ་ལ་འཚེ་བ་སྡེ་ཡི་དགྲ །རྣལ་འབྱོར་བདག་ལ་སྡང་བ་སྣོམས་ཀྱི་དགྲ །ངེས་ངོར་གསོད་དང་བསད་བྱའི་སྤྲོས་བྲལ་ཡང་། །བརྩེ་བས་ཆོས་ཀྱི་དབྱིངས་སུ་སྒྱུར་དུ་སྒྲོལ། །བརྩེ་བའི་མ་དང་བྱམས་པས་སྐྱོང་བའི་དཔོན། །ཅི་འདོད་སྒྲུབ་པའི་གཉེན་དང་བློ་གཏད་གྲོགས། །ཟུག་རྔུ་སྐྱོང་བའི་སྨན་སྔགས་མ་ལུས་པ། །ཁྱོད་ཉིད་ཁོ་ནར་རེ་འོ་མ་གཡེལ་ཞིག །ཕན་བདེའི་འབྱུང་གནས་རྒྱལ་བསྟན་ཕྱོགས་བཅུར་དར། །བསྟན་འཛིན་རྣམས་ཀྱི་སྐུ་ཚེ་

མཛད་འཕྲིན་རྒྱས། །དགེ་འདུན་སྡེ་རྣམས་ཐུགས་མཐུན་བཤད་སྒྲུབ་འཕེལ། །འགྲོ་ཀུན་བདེ་སྐྱིད་དཔལ་ལ་རོལ་པར་མཛོད། །ཅེས་དང་། དྲག་ཏུ་བསྐུལ་ཚེ་ལྷམ་སྲིང་གསུམ། གྲི་ཐོགས་བརྒྱད། བཤན་པ་ཉེར་གཅིག དཔལ་མགོན་བདུན་ཅུ་དང་བཅས་པ་སོ་སོའི་སྐུལ་གཞན་ལོས་མཛད་པ་འདོན་ཞིང་། རྒྱུན་པར་ཚིག་ཉུང་ལ་བྱིན་རླབས་ མྱུར་བརྒྱུད་ཚིག་སོར་བཞག་གི་བསྐུལ་འདི་ཉིད་བཟླ་སྟེ། ཀྱཻ། གནོད་སྦྱིན་ཟངས་ཀྱི་བེག་ཅེ་ཅན། །སྒྲུབ་པ་པོ་ཡི་གྲོགས་མཛོད་ཅིག །མ་ཧཱ་དེ་ཝའི་བཀའ་ཉན་ལ། །གཤིན་རྗེའི་གཤེད་པོའི་ལས་མཛོད་ཅིག །གདོང་དམར་མོ་ཡི་སྣ་དྲངས་ལ། །ཉམས་པའི་སྲོག་རྩ་མྱུར་དུ་ཆོད། །ཤ་ཁྲག་གཏོར་མ་འདི་བཞེས་ལ། །དགྲ་བགེགས་སྒྲོལ་བའི་ལས་མཛོད་ཅིག །ཧྰུཿ རིག་པའི་ལྷ་མོ་གདོང་དམར་མ། །གཤིན་རྗེའི་གཤེད་པོའི་བཀའ་ཉན་མ། །ཨེ་ཀ་ཛ་ཏིའི་གསུང་སྙོད་མ། །ལྷ་མིན་འབུམ་གྱི་གཡུལ་བཟློག་མ། །བསེ་ཡི་སྐྱེས་བུའི་སྣ་འདྲེན་མ། །མ་མོ་འབུམ་གྱི་དབང་མོ་ཆེ། །རྒྱན་ཆམ་མོ་མཐུ་མོ་ཆེ། །གསང་བའི་མ་མོ་ཡལ་ཁམ་ཅན། །ཆོ་འཕྲུལ་ཡོངས་ཀྱི་སྣ་འདྲེན་མ། །སྡང་བའི་དགྲ་ལ་ཆོ་འཕྲུལ་ཐོངས། །ང་ཡི་ནོར་གྱི་རྗེང་ལ་རྒྱུག །སྲོག་བདག་དམར་པོས་རྗེང་ལ་རྒྱུག །ང་དང་འགྲས་པའི་དགྲ་བོ་ལ། །ཆོ་འཕྲུལ་སྣ་དགུ་ཐོངས་ལ་ཐོག །ཤ་ཁྲག་གཏོར་མ་འདི་བཞེས་ལ། །དགྲ་བགེགས་སྒྲོལ་བའི་ལས་མཛོད་ཅིག །དེ་ནས་སྤྱི་བསྟབ་ནི། ཀྱཻ་བྱང་ཤར་མ་ཏུ་ཅེ་ཡི་དུར་ཁྲོད་ནས། །མཚོན་དམར་ཐྲག་ལ་བརྟེན་པའི་གནས་བཅས་པ། །སྒྲོལ་གྱིང་ཆེན་པོ་སྲོག་བདག་དམར་པོ་དང་། །སྲོག་བདུད་ཆེན་མོ་བསེ་ཡི་ལན་ཐན་ཅན། །ལྷམ་སྲིང་ཁྲིད་ཀྱི་བཀའ་ལས་མི་འདའ་བའི། །ལས་མཁན་སྲོག་བདག་དམར་པོ་འཁོར་དང་བཅས། །སྒྲོལ་བྱེད་བཤན་པ་གྲི་ཐོགས་བརྒྱད་པོ་དང་། །རོལ་བཤན་ཉི་ཤུ་རྩ་གཅིག་འཁོར་དང་བཅས། །བདུད་དང་གནོད་སྦྱིན་སྲིན་པོ་སུམ་སྟོང་དང་། །བཙན་དམར་སྟོང་གི་དམག་ཚོགས་འཁོར་དང་

བཅས། །མ་མོ་འབུམ་དང་ཐེའུ་རང་སྟོང་ལ་སོགས། །སྟོན་པའི་བཀའ་ཉན་
བསྟན་སྲུང་རྒྱ་མཚོའི་ཚོགས། །འདིར་གཤེགས་རྒྱན་གྱི་གཏོར་མ་འདི་བཞེས་
ཤིག །དགྲ་ཤ་ཁྲག་གི་མཆོད་པ་འདི་བཞེས་ཤིག །གཙང་མ་ཕུད་ཀྱི་གསེར་
སྐྱེམས་འདི་བཞེས་ཤིག །ར་དམར་ཁྲག་ཆང་མཆོད་ཡོན་འདི་བཞེས་ཤིག །
སྔར་བཅོལ་ལེགས་པའི་གཏང་རག་གཉན་པོ་གཏོང་། །ད་བཅོལ་ལེགས་པའི་
གསོལ་འདེབས་རྟེན་དུ་འབུལ། །རྒྱལ་བའི་བསྟན་དང་བསྟན་འཛིན་གཅེས་
པར་སྐྱོངས། །རྣལ་འབྱོར་བདག་གི་གནས་ལུས་ལོངས་སྤྱོད་དང་། །འཁོར་
དང་ཡོ་བྱད་བཅོལ་བ་ལ་སོགས་པ། །བཅོལ་ལོ་བསྐོས་སོ་སྲུང་མ་མཐུ་རྩལ་
ཅན། །ཉིན་གསུམ་བྱ་ར་རྒྱང་ནས་མ་གཡེལ་ཞིག །མཚན་གསུམ་མེལ་ཚེ་དྲུང་
ནས་མ་གཡེལ་ཞིག །རྟག་ཏུ་སྒྲུབ་པའི་སྟོངས་གྲོགས་མ་གཡེལ་ཞིག །བླ་མས་
བཅོལ་བའི་འཕྲིན་ལས་མ་གཡེལ་ཞིག །སྡང་བའི་དགྲ་ལ་མངོན་པའི་རྟགས་
སྟོན་ལ། །རྣལ་འབྱོར་བདག་གི་མགོན་སྐྱབས་དཔུང་གཉེན་མཛོད། །བླ་མའི་
སྐུ་དགྲ་བསྟན་པའི་སྤྱི་དགྲ་དང་། །རྣལ་འབྱོར་སྒོས་དགྲ་སེམས་ཅན་ཡོངས་ལ་
འཚེ། །མ་ཉེས་ལོག་པར་ལྟ་བའི་དགྲ་དང་བགེགས། །དཔལ་མགོན་ཁྱོད་ཀྱིས་
སྒྲོལ་ལ་བསྟན་པ་སྲུངས། །ཞེས་བརྗོད་ཅིང་མཚན་མོ་ཡིན་ན་དཔལ་འབར་
དང་བཅས་གཏོར་མ་བྱང་ཤར་མཚམས་སུ་གཏོར་སྟེགས་ཀྱི་ཁར་གཏང་ངོ་། །
ཡང་ན་བསྟོད་པའི་མཇུག་ཏུ་ཆོས་སྐྱོང་དྲག་ཏུ་བསྐུལ་ཏེ། གཏོར་མ་གནམ་
ལྕགས་ཀྱི་ཐོག་མེ་འབར་བར་བསམ་ལ་དགྲ་ཕྱོགས་སུ་འཕང་ཡང་རུང་ངོ་། །
དེའང་བསྙེན་མཚམས་བྱས་ཏེ་ཐུན་བཞི་སོགས་སུ་སྒྲུབ་པའི་སྐབས་གཏོར་མ་
སོགས་ལྷར་གསལ་བ་མ་བསྡུས་པས། ཐུན་རྗེས་མའི་ཚེ་ས་བོན་ལས་མི་སྐྱེད་
པར་སྔར་ཡོད་གསལ་འདེབ་ཀྱི་ཚུལ་དུ་བྱ། བསྙེན་པ་གནད་དུ་འགྲོ་བ་ལ་
གེགས་སེ་བ་སོགས་འབྱིན་གྱི་གནད་ཤེས་དགོས་ཤིང་། དེའང་ཕོ་གཡེལ་ན་

མོས་གཙུག་པ་དང་། མོ་གཡེལ་ན་ཕོས་གཙུག་པར་རྒྱུད་ལས་གསུངས་པས། དེའི་སྔགས་ཀྱིས་སྔ་དྲངས་ཏེ་བཟླ་ཞིང་དམིགས་པའང་དེས་བསྐུལ་བར་མོས་ན་ལེགས། ཡང་། ཨོཾ་ཨཱཿཧཱུཾ། ཨོཾ་ཨཱ་ཧོ་ཏེ་ཀ་ཨུ་ཨུ་ཨུ། ཨོཾ་རཀྵྨཱཡམ་ཙིཧྣ་ཛཿལ་རཾ་བྲ་ཧི་དེ་ཧྲཱི་ཧཱུཾ། ཞེས་སོགས་མགོ་བསྒྱུར་བ་དང་། ཨོཾ་ཧ་བྲ་མ་ཨར་ཞེས་སོགས་དཀྲུག་པ་དང་མས་བཟློག་གི་བཟླ་ཚུལ་དམིགས་པ་དང་བཅས་པའི་སྲོག་ཆོག་ཡོད་ཀྱང་འཚུབ་ཆེ་བས། དེ་ལས་འཇམ་ཞིང་འཆུན་ཆེ་བའི་ཟབ་གནད་ཀྱི་དམིགས་པ་སྐྱོང་ཚུལ་ནི། མདུན་གྱི་འཁོར་རྣམས་མིང་སྲིང་གསུམ་ལ་འདུས། རང་གི་སྣ་བུག་གཡས་ནས་སྦྲིས་པས་འོད་ཟེར་དམར་པོ་རླུང་དང་བསྡོངས་ཏེ་སོང་བས་ལྷམ་སྲིང་གསུམ་པོ་འོད་ཀྱི་སྣ་ལ་དྲངས། སྣ་བུག་གཡོན་ནས་འཇུག་པའི་རླུང་དང་ལྷན་ཅིག་ཞུགས། རྩ་ཨ་ཝ་དྷཱུ་ཏཱིའི་ནང་བརྒྱུད། ལྟེ་འོག་གི་ཆོས་འབྱུང་དམར་པོ་གྲུ་གསུམ་པའི་ནང་དུ་ཁྲག་གི་རྒྱ་མཚོའི་ཀློང་ན་བཞུགས་པར་བསམས། གཤིན་རྗེའི་གཤེད་ཀྱི་སྔགས་ནས་གཟི་བྱིན་བསྐྱེད་ཅིང་དབང་དུ་བྱ་བའི་དམིགས་པ་སྐྱོང་ཚུལ་གཞན་ལས་འབྱུང་བས་རྒྱས་བཀབ་ཀྱང་མི་འབྲེལ་བ་མིན་ཡང་། འདིར་བེའུ་བུམ་ལས་འབྱུང་བ་བཞིན་བྱེད་ན། སྙིང་ག་ཆོས་ཀྱི་འཁོར་ལོའི་དབུས་སུ་པདྨ་རྟ་འགྲིན་དབང་གི་རྒྱལ་པོ་སྐུ་མདོག་དམར་པོ་ཞལ་གཅིག་ཕྱག་གཉིས་ཅན་དན་གྱི་བེ་ཅོན་དང་ཐོད་ཁྲག་འཛིན་པ། རྟ་མགོ་ལྗང་སྔོན་གྱི་ཐོར་ཐོན་ཅིང་། ཁྲོ་བོའི་ཆས་རྣམས་རྫོགས་པ་བརྐྱང་བསྐུམ་དུ་བཞུགས་པར་བསམ། དེའི་ཐུགས་ཀར་ཧཱུྃ་ཡིག་དམར་པོ་ཉི་མ་ལ་གནས་པར་བསྒོམ། ལྷམ་སྲིང་གི་ཐུགས་ཀར་རང་རང་གི་ས་བོན་ཉི་མའི་སྟེང་ན་ཡོད་པ། དེ་རྣམས་ལས་འོད་ཟེར་འཕྲོས་པས་བྱང་ཤར་གྱི་གནས་ནས་ལས་ཀྱི་སྲོག་བདག་ཡེ་ཤེས་པ་སྤྱན་དྲངས་ལ་བསྟིམ། སླར་ཡང་འོད་ཟེར་འཕྲོས། སངས་རྒྱས་བྱང་སེམས་དཔའ་བོ་མཁའ་འགྲོ་རྣམས་ཀྱི་མཐུ་སྟོབས། དྲེགས་བྱེད་སྡེ་བརྒྱད་སྟོབས་ལྡན།

རང་བཞིན་གྱིས་གྲུབ་པའི་སྟོང་བཅུད་ཀྱི་ནུས་མཐུ་ཐམས་ཅད་དྲག་པོ་མངོན་སྤྱོད་ཀྱི་བདག་ཉིད་དུ་སྤྱན་དྲངས་ནས་ལྷུམ་བྲལ་གསུམ་ལ་ཐིམ་པས་དྲག་ཅིང་ཛམ་པ་གཏུམ་ཞིང་ཁྲོས་པར་བསམ། དེ་ནས་བླ་མ་རྟ་མགྲིན་གྱི་ཐུགས་ཀ་ནས་འོད་དམར་པོ་འཕྲོས། ལྷུམ་དྲལ་གསུམ་ལ་ཕོག དམར་ལམ་ལམ་བདག་ལ་ཆགས་པའི་དབང་གིས་ཇི་ལྟར་འདོད་པ་སྒྲུབ་ཅིང་དབང་དུ་འདུས་པར་བསམ། སོ་སོའི་ཐུགས་ཀའི་ས་བོན་གྱི་དབྱིབས་ནས་སྒྲོག་གི་སྙིང་པོ་བྱི་རུའི་མདོག་ལྟ་བུ་དམར་ཞིང་འཚེར་བ་བ་ཐག་ལྟ་བུ་ལ་སྦྲུབས་སོ་ཡོད་པ་ནར་གྱི་བྱུང་ཞིང་རྟ་མགྲིན་གྱི་ཐུགས་ཀའི་ཧཱུྃ་གི་ཞབས་ཀྱུ་ལ་ཐིམ་པས་སྒྲོག་སྙིང་དབང་དུ་འདུས་པས་སྐད་ཅིག་ཀྱང་འདའ་མི་ནུས་པར་བསམས་ནས་སྔགས་གཉིས་དྲག་ཏུ་བཟླས་པ་ནི་མི་འགྱུ་ཞིང་ལས་སྒྲུབ་ཉེ་བའི་བསྙེན་སྒྲུབ་ཀྱི་གདམས་པའོ། །

སྐབས་འགའ་ཞིག་ཏུ་དགྲ་བགེགས་གདུག་པ་ཅན་བསྒྲལ་བའི་ཕྱིར་ལས་ལ་སྦྱོར་བ་ན། རྟ་མགྲིན་གྱི་ཐུགས་ཀ་ནས་ཙན་དན་གྱི་དབྱུག་པ་དམར་ནག་མེ་འོད་འཕྲོ་བ་གསུམ་སྤྲོས་ཏེ་སྒྲོག་སྙིང་སྦྲུབས་ཅན་གསུམ་གྱི་ནང་ནས་མར་སོང་། སོ་སོའི་ཐུགས་ཀའི་ས་བོན་གྱི་དབུས་སུ་གནས་པ་ལས་བཟློད་པར་དཀའ་བའི་མེ་སྟག་འཕྲོས་པས། ལྷུམ་སྲིང་གི་སྐྱའི་ཆ་རྣམས་མེས་གང་བས་འདར་ཞིང་གདུངས་ལ་ཁྲོས་ཤིང་འཁྲུགས་པས་མ་བཟོད་དེ། དེ་གསུམ་ལས་ལས་ཀྱི་བཤན་པ་སྟོང་གསུམ་གང་བ་དཔག་མེད་སྤྲོས། དགྲ་བགེགས་དམིགས་བྱ་རྣམས་བསད་གཟིར་སོགས་ཐོགས་མེད་དུ་བྱས་པར་བསམས་ནས་བསང་སྔགས་ཉེར་གཅིག་ཙམ་མམ་ཅི་རིགས་བཟླས་པས་རྟགས་འབྱུང་ངེས། ཐུན་མཚམས་སུ་ལྷུམ་དྲལ་འོད་དུ་ཞུ་ནས་རང་རང་གི་ཐུགས་ཀའི་ས་བོན་ལ་ཐིམ། དེའང་སྙིང་གའི་རྟ་མགྲིན་གྱི་ཐུགས་ཀའི་ཧཱུྃ་གི་ཞབས་ཀྱུ་ལ་ཐིམ་པས། རྟ་མགྲིན་ཧཱུྃ་ཡིག་དང་བཅས་པ་དེ་བླ་མ་ཡི་དམ་བསྟན་སྲུང་ལྷུམ་སྲིང་འདུས་པའི་ངོ་བོར་བསམ་

ཞིང་ལྟ་བ་ཟུང་འཇུག་མཐའ་བྲལ་ལ་ཅི་གནས་སུ་འཇོག་ཅིང་རླུང་བུམ་པ་ཅན་ཁ་སྦྱོར་དུ་གཟུང་བར་བྱ་བ་ནི་བསྙེན་པའི་མན་ངག་གི་སྙིང་པོ་ཡིན་ནོ། །ཕྱི་རྟེན་ཟུང་འཇུག་ན་སྒྲུབ་ཁང་གི་ཕྱི་རོལ་གྱི་ཉེ་སར་གཡག་ལུག་ར་རྟ་ཁྱི་བྱ་མི་དམར་པོ་རྣམས་དབང་པོ་ཚང་ཞིང་མཛེས་པ་ཡིད་དུ་འོང་བ་ལ་དར་དམར་ནག་གི་ཅོད་པཎ། རྔ་མ་དམར་པོ་དྲིལ་བུ་གཡེར་བ་རྣམས་ཀྱིས་བརྒྱན་ཅིང་བསང་དུད་བྱུས་སྒྲུབ་པའི་བུམ་ཆུས་ལེགས་པར་བཀྲུས། ཟུང་དང་བྲིས་སྐུའི་བར་དར་ཚོན་སོགས་ཀྱིས་སྦྲེལ། རུ་མཚོན་རྣམས་ཕྱར། གུ་གུལ་གྱི་དུད་པ་དངར་གསུར་རྒྱུན་མི་འཆད་པར་གཏོང་། བསངས་སྦྱངས། སྟོང་པའི་ངང་ལས་ཧཱུྃ་ཞུ་བ་ལས་བྱུང་བའི་གཡག་དམར་ཞོལ་ཆེན་སྤྲིན་ལྟར་གཏིབས་པ། ལུག་དམར་ཨིནྡྲ་ནཱི་ལའི་རྭ་ཅན། མ་མོ་ནག་མོ་ཁ་སྐྱ་སྤྱི་དཀར། ར་སྐྱེས་དམར་པོ་མཐིང་གི་རྭ་ཅན། རྟ་མཆོག་དམར་པོ་རླུང་ལྟར་འགྱོ་བ། ཁྱི་དམར་དུང་སོ་སྟག་ལྟར་རྔམ་པ། བཙན་བྱ་དམར་པོ་ཁྱུང་ལྟར་ལྡིང་བ། མི་དམར་སྟོབས་ཆེན་སྒྲོག་ལྟར་འཁྲུག་པ་རྣམས་ངོ་བོ་བཟང་ཞིང་རྒྱ་ཆེ་བ། ཟབ་པ་དབྱིངས་སུ་རོ་གཅིག་པ། བྱེད་ལས་གནོད་སྦྱིན་ལྕམ་དྲལ་མཉེས་པར་བྱེད་པ། དུས་འཁོར་བ་མ་སྟོངས་ཀྱི་བར་དུ་བྱུང་བར་བསམས་ལ་སྔགས་དྲུག་ཕྱག་རྒྱ་དྲུག་གིས་བྱིན་གྱིས་བརླབ། དེ་ནས་རྔ་རོལ་དབྱངས་དང་བཅས་ཏེ། ཧཱུྃ་གཡག་དམར་ཞོལ་ཆེན་སྤྲིན་ལྟར་གཏིབས་པ་ནི། །མཛེས་པའི་སྤྲུ་སྤུག་རྭ་དང་རྔ་ཡབ་ཅན། །དམར་ནག་དར་གྱི་ཅོད་པཎ་མང་པོས་བརྒྱན། །གནོད་སྦྱིན་ལྕམ་དྲལ་འཁོར་དང་བཅས་ལ་འབུལ། །རབ་བརྗིད་མཛེས་པའི་བཙན་ལུག་དམར་པོ་ནི། །གསེར་མིག་དུང་སོ་ཨིནྡྲ་ནཱི་ལའི་རྭ། །དམར་ནག་དར་གྱི་ཅོད་པཎ་མང་པོས་བརྒྱན། །གནོད་སྦྱིན་ལྕམ་དྲལ་འཁོར་དང་བཅས་ལ་འབུལ། །མཐུན་པའི་དམ་རྫས་མ་མོ་ནག་མོ་ནི། །མཛེས་པའི་སྤྲུ་སྤུག་ཁ་སྐྱ་སྤྱི་དཀར་ལ། །དམར་ནག་དར་གྱི་

ཚོད་པཊ་མང་པོས་བཀྲུན། །གནོད་སྦྱིན་ལྷམ་དྲལ་འཁོར་དང་བཅས་ལ་འབུལ། །ར་སྐྱེས་དམར་པོ་མཐིང་གི་ར་ཅོ་ཅན། ། རྨིག་པ་ལྷུགས་ལ་སྤུ་རྩར་མེ་སྟག་འཕྲོ། །དམར་ནག་དར་གྱི་ཚོད་པཊ་མང་པོས་བཀྲུན། །གནོད་སྦྱིན་ལྷམ་དྲལ་འཁོར་དང་བཅས་ལ་འབུལ། །རྟ་མཆོག་དམར་པོ་རླུང་གི་ཤུགས་ཅན་ལ། །མཛེས་པའི་སྤུ་སྤུག་ཙ་ཛོག་བརྗིད་དང་ལྡན། །དམར་ནག་དར་གྱི་ཚོད་པཊ་མང་པོས་བཀྲུན། །གནོད་སྦྱིན་ལྷམ་དྲལ་འཁོར་དང་བཅས་ལ་འབུལ། །སྟག་ལྤར་ཛམ་པའི་ཁྱི་དམར་དུང་སོ་ཅན། །བརྗིད་ལྡན་དྲེགས་པའི་ང་རོ་ཕྱོགས་བཅུར་སྒྲོག །དམར་ནག་དར་གྱི་ཚོད་པཊ་མང་པོས་བཀྲུན། །གནོད་སྦྱིན་ལྷམ་དྲལ་འཁོར་དང་བཅས་ལ་འབུལ། །བཙན་བྱ་དམར་པོ་བསེ་ཁྲ་དུང་ཁྲ་སོགས། །མཁའ་ལྡིང་འདབ་བཟང་བྱ་ཡི་ཚོགས་རྣམས་ལ། །དམར་ནག་དར་གྱི་ཚོད་པཊ་མང་པོས་བཀྲུན། །གནོད་སྦྱིན་ལྷམ་དྲལ་འཁོར་དང་བཅས་ལ་འབུལ། །མི་དམར་སྟོབས་ཆེན་སྲིན་པོའི་ཆ་ལུགས་ཅན། །ལས་ཀུན་བྱེད་པའི་སྟོབས་ལྡན་དཔའ་བོ་ནི། །དམར་ནག་དར་གྱི་ཚོད་པཊ་མང་པོས་བཀྲུན། །གནོད་སྦྱིན་ལྷམ་དྲལ་འཁོར་དང་བཅས་ལ་འབུལ། །རང་ཕྱོགས་སྐྱོང་བའི་གོ་ཁྲབ་སྣ་ཚོགས་དང་། །དགྲ་བོ་འཇོམས་པའི་སྟོབས་ལྡན་མཚོན་ཆའི་ཚོགས། །བདུད་ལས་རྣམ་རྒྱལ་དར་གྱི་རུ་མཚོན་རྣམས། །གནོད་སྦྱིན་ལྷམ་དྲལ་འཁོར་དང་བཅས་ལ་འབུལ། །སྨྱོས་བྱེད་སྟོང་གི་བཅུད་བསྡུས་ཛ་གད་ཆང་། །དགྲ་བགེགས་བསྒྲལ་བའི་སྙིང་ཁྲག་དྲོན་མོ་དང་། །གསུར་ཆེན་དུད་པ་སྣ་ཚོགས་རོལ་མོའི་སྒྲ། །གནོད་སྦྱིན་ལྷམ་དྲལ་འཁོར་དང་བཅས་ལ་འབུལ། །མཐུན་པའི་དམ་རྫས་ཚང་བ་འདི་དག་གིས། །མི་མཐུན་གནོད་པའི་ཕྱོགས་རྣམས་ཞི་བར་མཛོད། །ཁྱད་པར་ཡོན་མཆོད་འཁོར་དང་བཅས་རྣམས་ཀྱི། །ཚེ་དང་བསོད་ནམས་དཔལ་འབྱོར་རབ་རྒྱས་ཤིང་། །ཐོས་བསམ་སྒྲུབ་

པའི་བྱ་བ་མཐར་ཕྱིན་ནས། །སྐན་གྲགས་ཕྱོགས་དུས་ཀུན་ཏུ་རྒྱས་པར་མཛོད། །དེ་ནས་མེ་ཏོག་འཐོར་ཞིང་། བཀྲ་ཤིས་གང་ཞིག་སོགས་ཀྱིས་ཤིས་བརྗོད་བྱ། །གཏང་རག་གི་མཆོད་པ་བྱིན་གྱིས་བརླབས་ལ། ཨེ་མ་བདེ་སྟོང་རང་བཞིན་ལས། །དམར་ཆེན་ཁྲག་གི་མཆོད་ཡོན་འདི། །ལྷམ་དྲལ་འཁོར་དང་བཅས་ལ་འབུལ། །བཞེས་ནས་དངོས་གྲུབ་མཆོག་སྩོལ་ཅིག །ཨོཾ་རཀྟ་ཕྲཛ་ཨཱཧྨ་ས་པ་རི་ཡཱ་ར་ཨཀྵོ་ཕྲ་ཧྲི་ཥྚ་ཧཱུཾ་སྭཱ་ཧཱ། ཁང་བ་གཉིས་པར། དམར་ཆེན་རཀྟའི་ཞབས་བསིལ་འདི། །དབང་པོ་རྣམ་ལྔའི་མེ་ཏོག་འདི། །དྲག་པོའི་རྫས་ཀྱི་དུད་སྤྲིན་འདི། །ཞུན་ཆེན་སྒྲོན་མེ་འབར་བ་འདི། །ཞག་དང་མཁྲིས་པའི་དྲི་ཆབ་འདི། །དགྲ་བགེགས་ཤ་རུས་གཏོར་མ་འདི། །སྐན་ཅིང་བརྗིད་ཆགས་རོལ་མོ་འདི། །ཞེས་བསྔུར་ཅིང་པཉྩ་ནས་ཤཱནྟའི་བར་བཏགས་པ་དང་། ཕྱིན་ལམ་མཛེས་པའི་གཟུགས་མཆོག་འདི། །རྣ་བར་སྙན་པའི་སྒྲ་མཆོག་འདི། །ཤངས་ལ་ཞིམ་པའི་དྲི་མཆོག་འདི། །ལྗགས་ལ་མངར་བའི་རོ་མཆོག་འདི། །སྐུ་ལ་འཇམ་པའི་རེག་བྱ་འདི། །ཞེས་པའི་མཐར། རྟུ་པ་སོགས་སྦྱར། ནང་མཆོད་དབུལ་ཞིང་བསྟོད་པ་རྒྱས་བསྡུས་ཅི་རིགས་ཀྱིས་བསྟོད། ཡིག་བརྒྱས་ལྷག་ཆད་བསྐང་། གང་ཡང་བདག་བློ་ཞེས་སོགས་ཀྱིས་ནོངས་པ་བཟོད་པར་གསོལ། བདག་བསྐྱེད་ཀྱི་ཡེ་ཤེས་པ་རང་བཞིན་གྱི་གནས་སུ་གཤེགས། དམ་ཚིག་པ་རང་ལ་ཐིམ། བསྒྲུབ་གཞི་རས་བྲིས་ཡིན་ན། མདུན་བསྐྱེད་ཀྱི་ལྷ་ཚོགས་རྣམས་བྲིས་སྐུ་དང་དབྱེར་མི་ཕྱེད་པར་གྱུར་པར་བསམ། བསྒྲུབ་གཞི་གཏོར་མ་ཡིན་ཀྱང་དེའི་ཙ་ཀ་ལི་སོགས་ལ་བསྟིམ་ན་རུང་ལ། ཡང་ན་རང་བཞིན་གྱི་གནས་སུ་གཤེགས་པར་བསམ། དེ་ནས་བཀྲ་ཤིས་ཀྱིས་མཐའ་བརྒྱན་པ་སོགས་སྤྱི་ལྟར་བྱའོ། །

དེའང་བཀའ་ཉན་སྲོག་བདག་དམར་པོ་འདི་ཉིད་ཀྱི་ཆོས་སྐོར་ཨཱཙཱརྱ་ཉི

འོད་གྲགས་པས་རྒྱ་གར་བམ་པོ་དམར་པོ་བྱ་བར་གཏེར་ནས་ཕྱུང་སྟེ་བསྒྲུབས་པས་དགྲ་ལ་མིག་གིས་བལྟས་པ་ཙམ་གྱིས་འཆི་བ་བྱུང་། དེའི་སྲས་ཟླ་བ་ནག་པོ་ཁྲོས་པའི་མོད་ལ་དགྲ་འཆི་ཞིང་། དེའི་སྲས་ག་ཡཀྵ་རའམ་ཨཙཀྱ་དམར་པོ་སྒྲུབ་པ་ཞག་གསུམ་གྱིས་དགྲ་འཆི་བ་བྱུང་། དེ་དག་ནས་ཟླ་མ་གཉན་དང་མར་བ་སོགས་ལ་རིམ་པར་བརྒྱུད་དེ་འོངས་པའི་གདམས་པ་འདི་ཉིད་སྒྲུབ་ཚུལ་ལའང་གནོད་སྦྱིན་ཀྲུང་བསྒྲུབ་ཏུ་བསྒྲུབ་པ། གདོང་དམར་མ་ཀྲུང་སྒྲུབ་ཏུ་བསྒྲུབ་པ། གཙོ་འཁོར་གཉིས་སུ་བསྒྲུབ་པ། ལྕམ་དྲལ་གསུམ་དུ་བསྒྲུབ་པ། བཤན་པ་དགུ་སྐོར་གྱི་སྒྲུབ་པ། རོལ་བཤན་ཉི་ཤུ་རྩ་གཅིག་གིས་བསྐོར་བ། ཐམས་ཅད་སྤྲུགས་ཏེ་སྒྲུབ་པ། དེ་ལའང་མྱུར་ཞིང་རྣོ་བའི་ཕྱིར་དགྲ་པོ་ཕོ་སྒྲོལ་བའི་ཆེད་དུ་ཕོ་རྒྱུད་གཙོ་བོར་སྒྲུབ་པ། དགྲ་བོ་མོ་སྒྲོལ་བའི་ཕྱིར་མོ་རྒྱུད་གཙོ་བོར་སྒྲུབ་པ། ཕོ་སྒྲུབ་ལའང་བཙན་རྒོད་ལྟར་སྒྲུབ་པ་རྟ་ལ་ཞོན་པ། སྤྲོག་བདག་ལྟར་སྒྲུབ་པ་ར་སྐྱེས་ལ་ཞོན་པ། བཀའ་སྡོད་ལྟར་སྒྲུབ་པ་རྐང་ཐང་ཅན་ལ་སོགས་པ་མང་བར་ཡོད་ཅིང་། དེ་ལ་བརྟེན་པའི་ལས་སྦྱོར་ཡང་། རྒྱུད་ལས། ཀླིད་པུ་བཏབ་ན་ཚེ་འཕྲུལ་ཡོང་། །སྒྱུག་མ་བཏབ་ན་རིམས་ནད་ཡོང་། །སྤྲུ་རྣམས་བསོག་ན་ལྟས་ངན་ཡོང་། །ཐུན་ལ་བསྡུགས་ལ་ཟོར་ལ་འཕང་། །ཡང་ན་ཀྲུང་པ་ཡང་ན་སྤྲགས། །ཞེས་སོགས་ཀྱི་དོན་བཞིན་དྲག་པོ་བཙན་གྱི་ཀྲུལ་འབུད་ལ་སོགས་པ་མང་དུ་ཡོད་པ་རྣམས་འདིའི་ཆོས་སྐོར་གྱི་བེའུ་བུམ་ལས་ཤེས་དགོས་པས། འདིར་གཙོ་བོ་བསྙེན་པའི་རིམ་པ་ཙམ་ཞིག་བཤད་པ་ཡིན་ནོ། །

མཐུ་སྟོབས་གནམ་ལྕགས་འབར་བའི་ཐོག་མདའ་ཡིས། །མི་བསྲུན་དགྲ་སྡེ་ཕྱི་མར་རླག་བྱེད་པ། །དྲེགས་པའི་བསྟན་སྲུང་བསྙེན་ཅིང་སྒྲུབ་པའི་ཚུལ། །ཚུང་ཟད་ཕྱི་སྐེ་བཀོད་པའི་དགེ་ཚོགས་མཐུས། །བློ་བཟང་རྒྱལ་བའི་བསྟན་པ་བསྟན་འཛིན་དང་། །ཤི་ཞུ་ལྟུར་ལེན་བསྟན་པའི་སྦྱིན་བདག་རྣམས། །ཕྱི་ནང་

ཉེར་འཚེའི་གཡུལ་ལས་རྣམ་རྒྱལ་ཏེ། །ཞུལ་བྱུང་དགེ་མཚན་ལྷུན་གྱིས་གྲུབ་གྱུར་ཅིག །ཅེས་རྒྱལ་བའི་བསྟན་སྲུང་ཆེན་པོ་དྲེགས་པ་ལྷམ་དྲལ་བསྙེན་ཅིང་སྒྲུབ་པའི་རིམ་པ་ལས་བཞིའི་འཕྲིན་ལས་ལྷུན་གྲུབ་ཅེས་བྱ་བ་འདི་ནི། ས་སྐྱོང་དམ་པ་ཨོར་ཏུ་སུ་ཨོ་ཐོག་ཇོ་ནོང་དྷཱ་པེ་ལི་བསོད་ནམས་རབ་རྒྱས་དགེ་འདུན་གྱི་སྲས་ཆེ་བ་ཀུན་བཟང་རབ་བརྟན་རྒྱ་མཚོས་དབང་ཆས་ཆ་ཚང་། དངུལ་སྲང་ལྔའི་མཎྜལ། ལྷ་རྫས་མཛོད་བཏགས་བཅས་ནན་གྱིས་བསྐུལ་ངོར་༧བཙུན་པ་དཀོན་མཆོག་བསྟན་པའི་སྒྲོན་མེས་སྦྱར་བའི་ཡི་གེ་པ་ནི་སྔགས་རམ་པ་དཀོན་མཆོག་ཀུན་དགའོ། །

ཚོགས་འཁོར་བྱ་བར་འདོད་པས་ཚོགས་རྫས་གཏོར་མ་རྣམས་ལེགས་པར་བཤམས། ལྷའི་ང་རྒྱལ་ལ་གནས་ཏེ་ནང་མཆོད་ལྷར་བྱིན་གྱིས་བརླབས། ཨོཾ་སྣོད་རྣམས་སྟོང་མཛོད་སྐུ་ཡི་རྡོ་རྗེའི་བདག །ཨཱཿམཆོད་གཏོར་དཔག་མེད་གསུང་གི་རྡོ་རྗེའི་བདག །ཧཱུཾ་རྣལ་འབྱོར་མི་བསྐྱོད་ཐུགས་ཀྱི་རྡོ་རྗེའི་བདག །ཨེམ་ཧོ་རྡོ་རྗེ་གསུམ་གྱི་རོལ་པར་གྱུར། །ཕྱོགས་དུས་ཀུན་ཁྱབ་མཐའ་དབུས་བྲལ་བ་ལ། །འགྲོ་དང་འོང་བའི་སྐྱིད་དཔེ་མ་མཆིས་ཀྱང་། །ཀུན་རྫོབ་མོས་ངོར་ཚོགས་ཀྱི་མགྲོན་དུ་གཤེགས། །རང་རང་དགྱེས་པའི་གདན་ལ་བཞུགས་སུ་གསོལ། ། ཨོཾ་ཚོགས་ཀྱི་འཁོར་ལོ་མཁའ་ལྟར་རྒྱ་ཆེ་བ། །ཨཱཿཟག་མེད་བདུད་རྩིའི་རྒྱ་མཚོས་བླམ་མཆོད། །ཧཱུཾ་ལྷན་སྐྱེས་བདེ་སྟོང་དབྱེར་མེད་ངང་དུ་རོལ། །ཧོཿམཆོག་ཏུ་དགྱེས་པས་བྱིན་རླབས་ཆར་ཆེན་ཕོབས། ། ཨོཾ་ཚོགས་ཀྱི་འཁོར་ལོ་མཁའ་ལྟར་རྒྱ་ཆེ་བ། །ཨཱཿཟག་མེད་བདུད་རྩིའི་རྒྱ་མཚོས་ཡི་དམ་མཆོད། །ཧཱུཾ་ལྷན་སྐྱེས་བདེ་སྟོང་དབྱེར་མེད་ངང་དུ་རོལ། །ཧོཿམཆོག་ཏུ་དགྱེས་པས་དངོས་གྲུབ་ཆར་ཆེན་ཕོབས། ། ཨོཾ། ཚོགས་ཀྱི་འཁོར་ལོ་མཁའ་ལྟར་རྒྱ་ཆེ་བ། །ཨཱཿཟག་མེད་བདུད་རྩིའི་རྒྱ་མཚོས་ལྷམ་སྲིང་མཆོད། །ཧཱུཾ་ལྷན་སྐྱེས་བདེ་སྟོང་དབྱེར་མེད་ངང་དུ་རོལ། །ཧོཿམཆོག་ཏུ་དགྱེས་པའི་འཕྲིན་ལས་རྣམ་བཞི་སྒྲུབས། །ཨོཾ་ཚོགས་ཀྱི་འཁོར་ལོ་མཁའ་ལྟར་རྒྱ་ཆེ་བ། །ཨཱཿཟག་མེད་བདུད་རྩིའི་རྒྱ་མཚོས་འཁོར་ཚོགས་མཆོད། ཧཱུཾ་ལྷན་སྐྱེས་བདེ་སྟོང་དབྱེར་མེད་

ངང་དུ་རོལ། །ཧཱུཾ་མཆོག་ཏུ་དགྱེས་པས་རང་རང་ལས་མཛོད་ཅིག །ད་ནས་ལས་ཀྱི་རྡོ་རྗེས། ཧཱུྃ་རྣམ་པར་མི་རྟོག་དཔའ་བོའི་ཚོགས། །བདེ་ཆེན་ངང་དུ་རོལ་བར་མཛོད། །ཅེས་བརྗོད་ནས་ཚོགས་བཀྲམ་ཞིང་ཚུལ་དང་མཐུན་པར་སྤྱད། ཚོགས་ལྷག་བསྡུས་ཏེ་སློབ་དཔོན་གྱིས་ཁ་བཀྲུས་བཏབ་ལ། ཨོཾ་ཨཱཿཧཱུྃ་གིས་བྱིན་གྱིས་བརླབས། གནོད་སྦྱིན་དྲེགས་པ་ལྷམ་དྲལ་བཀའ་འཁོར་གྱི། །ཇི་བཞིན་འབྲང་ཞིང་ལྷག་ལ་རོལ་པའི་ཚོགས། །རྗམ་པའི་ཚུལ་གྱིས་སྟོབ་ཅིང་ཕྱོགས་ཀུན་ནས། །སངས་རྒྱས་བསྟན་པ་སྲུང་བའི་བྱ་ར་མཛོད། །ཅེས་བརྗོད་ཅིང་ཁང་སྟེང་ངམ་ཕྱོགས་གཙང་མར་གཏོར། ཚོགས་ཀྱི་མགྲོན་རྣམས་རང་གནས་སུ་གཤེགས་པར་བསམས། །གསེར་སྐྱེམས་འབུལ་བར་འདོད་པས། ཧཱུྃ་དྲིན་ཅན་རྩ་བརྒྱུད་བླ་མ་དང་། །རྒྱུད་སྡེ་བཞི་ཡི་ཡི་དམ་ལྷ། །གསེར་སྐྱེམས་མཆོད་པ་འདི་བཞེས་ལ། །བདག་གི་མགོན་དང་སྐྱབས་མཛོད་ཅིག །གནོད་སྦྱིན་སྲོག་བདག་དམར་པོ་དང་། །སྲིད་པའི་ལྷ་མོ་ལས་མཁན་བཅས། །གསེར་སྐྱེམས་མཆོད་པ་འདི་བཞེས་ལ། །རྟག་ཏུ་སྲུང་སྐྱོབ་གཡེལ་མེད་མཛོད། །གྲི་ཐོགས་བཤན་པའི་ཚོགས་རྣམས་དང་། །བཙན་བདུད་མ་མོ་ཐེའུ་རང་ཚོགས། །གསེར་སྐྱེམས་མཆོད་པ་འདི་བཞེས་ལ། །བསྟན་པའི་དགྲ་བོ་རྩད་ནས་ཕྱུངས། །གསེར་སྐྱེམས་མཆོད་པ་འདི་བཞེས་ལ། །ཁམས་གསུམ་དབང་དུ་འདུ་བ་དང་། །ཚེ་དཔལ་འཁོར་དང་ལོངས་སྤྱོད་རྣམས། །བསམ་བཞིན་རྒྱས་པའི་བཀྲ་ཤིས་སྩོལ། །ཅེས་བྱའོ། །

ཧུས་འདོམས་རྩོམ་སྒྲིག་པ། ཚོ་ལག་ཚེ་རིང་རྒྱལ།
རྩོམ་སྒྲིག་འགན་འཁུར་པ། ཉིང་འཛིན་བཀྲ་ཤིས།
བསོད་ནམས་དབང་རྒྱལ།
དག་ཞུས། དབུས་སྐྱབས།
པར་ཞུས་འགན་འཁུར་པ། སྒྲོལ་མ་སྐྱིད།

༄༅།།གུང་ཐང་བསྟན་པའི་སྒྲོན་མེའི་གསུང་འབུམ།། /དེ\

རྩོམ་པ་པོ།	གུང་ཐང་བསྟན་པའི་སྒྲོན་མེ།
དཔེ་སྐྲུན་མཁན།	མི་རིགས་དཔེ་སྐྲུན་ཁང་།
འགྲེམས་སྤེལ་མཁན།	མི་རིགས་དཔེ་སྐྲུན་ཁང་གི་བོད་ཡིག་རྩོམ་སྒྲིག་ཁང་།
གནས་ཡུལ།	པེ་ཅིན་གྲོང་ཁྱེར་ཧོ་ཕིང་ལི་བྱང་ལམ་ཨང་14པ།
སྦྲག་ཨང་།	100013
ཁ་པར་ཨང་གྲངས།	010 – 64227665
བརྒྱུད་འཚོང་མཁན།	རྒྱལ་ཡོངས་ས་གནས་སོ་སོའི་ཞིན་ཧྭ་དཔེ་ཚོང་ཁང་།
པར་འདེབས་མཁན།	སན་ཧོ་གྲོང་ཁྱེར་ཧྭ་ཧྲུང་པར་འདེབས་ཚད་ཡོད་ཀུང་སི།
པར་གཞི་སྒྲིག་ཐེངས།	2006ལོའི་ཟླ1པོར་པར་གཞི་དང་པོ་བསྒྲིགས།
དཔར་ཐེངས།	2013ལོའི་ཟླ6པར་པེ་ཅིན་དུ་དཔར་ཐེངས་གཉིས་པ་བརྒྱབ།
དེབ་ཚད།	850mm × 1168mm 1/32
དཔར་གྲངས།	2001 – 5000
དཔར་ཤོག	16. 375
རིན་གོང་།	སྒོར43. 00

ISBN 978 – 7 – 105 – 07464 – 8/B · 316